ALGÉRIE,

PAR MM. LES CAPITAINES DU GÉNIE,

ROZET ET CARETTE.

—

ÉTATS TRIPOLITAINS,

PAR M. LE Dʳ FERD. HOEFER.

—

TUNIS,

PAR LE Dʳ LOUIS FRANK,

ANCIEN MÉDECIN DU BEY DE TUNIS ET DE L'ARMÉE D'ÉGYPTE.

REVUE ET ACCOMPAGNÉE D'UN PRÉCIS HISTORIQUE,

PAR M. J. MARCEL,

ANCIEN MEMBRE DE L'INSTITUT D'ÉGYPTE, PROFESSEUR SUPPLÉANT
AU COLLÈGE DE FRANCE.

PARIS,

FIRMIN DIDOT FRÈRES, ÉDITEURS,

IMPRIMEURS DE L'INSTITUT, RUE JACOB, 56.

1850.

L'UNIVERS.

HISTOIRE ET DESCRIPTION
DE TOUS LES PEUPLES.

ALGÉRIE.
ETATS TRIPOLITAINS.
TUNIS.

PARIS.
TYPOGRAPHIE DE FIRMIN DIDOT FRÈRES,
RUE JACOB, 56.

L'UNIVERS,

ou

HISTOIRE ET DESCRIPTION

DE TOUS LES PEUPLES,

DE LEURS RELIGIONS, MOEURS, COUTUMES, etc.

ALGÉRIE,

PAR M. E. CARETTE.

DÉLIMITATION.

Frontières politiques : à l'est ; à l'ouest. — Limites naturelles : au nord ; au sud.

L'Algérie a une frontière politique à l'est et à l'ouest et une limite naturelle au nord et au sud.

Frontière de l'est. — La frontière de l'est la sépare de la régence de Tunis. Elle commence dans le sud vers le 32º degré de latitude, et passe entre les terres de parcours de deux oasis, dont l'une appartient à la régence de Tunis et l'autre à l'Algérie. La première est le Belad-el-Djérid, la seconde est l'Ouad-Souf. Comment la délimitation peut-elle s'établir dans de vastes plages sablonneuses vouées éternellement au parcours? Le voici ; la région, généralement déserte, qui s'étend entre les deux oasis est parcourue, chaque année, au printemps, par les troupeaux de deux tribus nomades, les Hamâma et les Rbêia. Les Hamâma dépendent du Belad-el-Djérid, et conséquemment de Tunis. Les Rbêia dépendent de l'Ouad-Souf, et conséquemment d'Alger. Les uns et les autres conduisent leurs troupeaux dans la région voisine de leurs oasis respectives. Au rapport des voyageurs, les Rbêia ne dépassent pas une certaine montagne de sable appelée *Bou-Nâb*, et les Hamâma ne dépassent pas un certain puits appelé El-Asli ; c'est donc entre ces deux points, séparés entre eux par une distance d'environ vingt-cinq kilomètres, que la ligne frontière doit tomber.

Au nord de ces deux positions règne l'immense plaine du lac Melr'ir', rendue presque impraticable autant par le manque absolu d'eau que par des dangers d'une nature toute particulière et sur lesquels nous donnerons plus tard quelques détails. Parmi le petit nombre de passages qui traversent cette solitude, il en est deux, dont l'un, appelé Mouia-et-Tadjer (l'eau du négociant), appartient notoirement à la régence d'Alger, et dont l'autre, appelé Foum-echchot (la bouche du lac), appartient à la régence de Tunis. Le large espace qui les sépare est demeuré jusqu'à ce jour vierge de pas humains. On peut donc, sans craindre de voir jamais naître aucune contestation à cet égard, regarder cette large bande neutre comme la frontière des deux États.

Au nord de cette région aride et déserte la végétation reparaît, d'abord rabougrie et chétive, assez régulière cependant pour rappeler avec elle le régime du parcours. Les tribus qui au printemps livrent à leurs troupeaux ces vastes pâturages sont les Frâchich à Tunis, et les Nememcha à Alger.

1re *Livraison.* (ALGÉRIE.)

Une rivière sépare sur presque toute l'étendue de leur territoire de parcours les deux grandes peuplades : c'est l'Ouad-Helal, qui prend sa source un peu au sud de Tébessa. Ce cours d'eau trace donc également la séparation des deux États.

La frontière de l'Algérie passe à quelques kilomètres de Tébessa.

Frontière de l'ouest. — La délimitation de l'Algérie et de l'empire de Maroc a été fixée par le traité conclu le 18 mars 1845, entre M. le général comte de la Ruë, plénipotentiaire de l'*empereur des Français*, et Sidi-Ahmida-ben-Ali, plénipotentiaire de l'empereur de Maroc.

Il a été arrêté en principe que la limite *resterait telle qu'elle existait entre les deux pays avant la conquête de l'empire d'Algérie par les Français* (art. 1er).

Les plénipotentiaires ont déterminé *la limite au moyen des lieux par lesquels elle passe*, sans laisser aucun signe visible sur le sol (art. 2).

Sans entrer dans le détail de cette délimitation, nous dirons que la frontière de l'Algérie telle qu'elle a été fixée d'un commun accord entre les deux plénipotentiaires, passe dans le sud à vingt-cinq kilomètres à l'est de l'oasis marocaine de Figuig, dans le nord à dix kilomètres de la ville marocaine d'Oudjda, et qu'elle vient aboutir sur la côte à vingt-quatre ou vingt-six kilomètres à l'ouest de Djema-Ghazaouat ou Nemours, qui est notre dernier établissement maritime de ce côté.

Ainsi délimitée, l'Algérie embrasse de l'est à l'ouest à peu près la même largeur que la France. La distance en ligne droite de La Calle à Nemours est de quatre-vingt-quinze myriamètres, et celle de Strasbourg à Brest de quatre-vingt-dix. Elle se trouve en outre, si l'on y comprend la Corse, renfermée à peu près entre les mêmes méridiens. En effet La Calle tombe sous le méridien d'Ajaccio, et Nemours sous le méridien qui contient Cherbourg, Rennes, Nantes, la Rochelle et Bayonne. Ajoutons cette dernière particularité, que le méridien de Paris passe à quelques lieues seulement à l'ouest d'Alger.

Limites naturelles.

Limite naturelle du nord. La limite naturelle de l'Algérie au nord, c'est la Méditerranée. Elle baigne la côte suivant une ligne inclinée généralement à l'est-nord-est, de sorte que les deux points extrêmes du littoral algérien présentent une différence assez considérable en latitude; tout le rivage est compris entre le 37e et le 35e degré. Deux pointes seulement dépassent dans le nord le 37e parallèle ; ce sont le cap de Fer et les Sept Caps. Aucune anfractuosité ne dépasse dans le sud le 35°. La différence entre les latitudes des points extrêmes est donc environ de deux degrés ou deux cents kilomètres. C'est cette disposition combinée avec l'obliquité résultant des différences de longitude qui produit l'inégalité des distances entre la côte de France et les principaux ports de l'Algérie.

La distance moyenne de Marseille à l'Algérie est de huit cent quatre kilomètres.

La plus grande distance, celle d'Oran, est de neuf cent quatre-vingt-dix kilomètres.

La plus courte, celle de Bougie, est de sept cent six kilomètres.

Le mouillage de Bougie, qui est le plus rapproché de la côte de France, est en même temps le meilleur de la côte d'Afrique. C'est une double propriété qui ne peut manquer d'exercer une grande influence sur l'avenir de cette ville, dès que l'Algérie sera entrée dans la voie d'un développement normal.

Au reste, la distance absolue n'est pas le seul élément qui mesure la facilité des communications entre notre frontière maritime de France et notre frontière maritime d'Algérie. Elle dépend encore de la fréquence et de la direction des vents.

Dans le bras de mer qui sépare la Provence de notre colonie d'Afrique, les vents régnants sont ceux de la partie est et de la partie ouest; on les désigne par le nom *de traversiers;* ils poussent également d'Europe en Afrique et d'Afrique en Europe.

Mais les vents de la partie ouest l'emportent de beaucoup sur les autres, et parmi les différentes directions dans lesquelles ils soufflent, c'est celle du nord-ouest qui domine, autant par la fréquence que par l'intensité : or cette direction est beaucoup plus favorable pour naviguer du nord au sud que du sud au nord. Il en résulte un fait assez remarquable; c'est qu'il est plus facile d'aller en Algérie que d'en revenir.

Limite naturelle du sud. — La délimitation méridionale des États barbaresques est restée pendant fort longtemps dans une obscurité profonde. Allaient-ils se perdre par degrés insensibles dans les profondeurs de l'Afrique centrale, ou bien s'arrêtaient-ils à des bornes précises, infranchissables? C'étaient des questions que la géographie n'avait ni résolues ni même posées. En 1844 d'honorables députés demandaient encore au gouvernement du haut de la tribune si l'Algérie ne devait pas s'allonger jusqu'à Timbektou.

C'est alors que je fis connaître la limite naturelle qui borne l'Algérie au sud; je vais reproduire les résultats principaux de ce travail (1).

La limite méridionale de l'Algérie est une ligne d'oasis unies entre elles par des relations journalières, rattachées aux populations du nord par les premières nécessités de la vie, séparées brusquement des populations du sud par les habitudes, par les besoins et par un abîme de sables arides et inhabités, qui commence au pied même de leurs palmiers.

Ces oasis sont au nombre de six, savoir : l'Ouad-Souf (méridien de Philippeville), l'Ouad-R'ir', et Temacin (méridien de Djidjeli), Ouaregla (méridien de Bougie), l'Ouad-Mzab (méridien d'Alger), et enfin les Oulâd-sidi-Cheik (méridien de Mostaganem et d'Oran).

Au midi de cette ligne les premières villes que l'on rencontre sont celles de R'dâmes et d'El-Golea, R'dâmes sur la route du Fezzan, El-Golea sur la route du Touât.

L'oasis algérienne la plus voisine de R'dâmes est l'Ouad-Souf; elle en est éloignée de quatre cents kilomètres. L'oasis algérienne la plus voisine d'El-Golea est l'Ouad-Mzab; elle en est éloi-

(1) *Recherches sur la géographie et le commerce de l'Algérie méridionale*, liv. Ier, chap. IV.

gnée de deux cent quatre-vingt-dix kilomètres en ligne droite.

Les communications entre l'Ouad-Souf et R'dâmes sont assez rares, et elles exigent des caravanes nombreuses; car la région qu'il faut traverser n'est plus le Sahara, où l'on ne voyage jamais plus de deux jours sans rencontrer une oasis; c'est un désert hérissé de montagnes de sable qui se succèdent sans interruption depuis le moment où l'on perd de vue les palmiers de R'dâmes jusqu'à ce que l'on touche ceux de l'Ouad-Souf. Dans une traversée aussi longue et aussi rude il n'existe qu'un seul puits. Encore court-on le risque d'y rencontrer les Touâreg, qui, dans l'espoir de piller les caravanes, peuvent les attendre à coup sûr au voisinage de ce point de passage obligé. Des difficultés et des dangers de cette nature établissent une ligne de démarcation aussi impérieuse que la traversée d'un bras de mer.

Entre l'Ouad-Mzab et El-Golea les communications ont lieu par Metlili. C'est une ville située à quarante-cinq kilomètres environ ouest-sud-ouest de R'ardeia, chef-lieu de l'Ouad-Mzab. La proximité et le commerce mettent les deux villes en relations journalières. Entre Metlili et El-Golea les communications sont beaucoup plus rares. L'espace qui les sépare est une contrée hérissée de roches nues et sillonnée de ravins arides. Pour trouver un peu d'eau il faut se résigner à un allongement considérable. Ces difficultés établissent entre les deux points une véritable solution de continuité.

C'est cependant par Metlili que les communications de l'Algérie avec le sud présentent le moins d'obstacles. Cette ville est la véritable porte de sortie méridionale de nos possessions. Elle donne passage au peu de marchandises que l'Algérie verse encore dans le Soudan ou que le Soudan lui expédie. Mais cela ne suffit pas pour lui enlever le caractère de frontière naturelle que lui assignent les deux cents kilomètres de roches arides et inhabitables situées entre elle et El-Golea.

Quant aux oasis de l'Ouad-R'ir', de Temacin et d'Ouaregla, elles ne communiquent avec R'dâmes et El-Golea que par l'Ouad-Souf ou par l'Ouad-Mzab. Elles n'ont pas de relations immédiates avec le sud. La limite de leurs territoires marque donc la limite de la contrée à laquelle elles appartiennent.

La dernière oasis algérienne à l'ouest est celle des Oulad-Sidi-Cheik, qui dans le sud communique plus particulièrement avec l'oasis de Touât. Mais les distances sont très-considérables et les puits très-rares; ainsi pour se rendre de la principale ville des Oulad-Sidi-Cheik à Timimoun, qui est la principale ville du Touât, il faut traverser un espace de quinze grandes journées de marche dans les sables, sans rencontrer autre chose qu'un ou deux puits misérables, au fond desquels le voyageur cherche quelquefois en vain une goutte d'eau. De pareils obstacles limitent aussi bien le territoire des nations que la cime des montagnes, que les vagues de la mer.

Nous ajouterons un dernier fait qui nous paraît fixer d'une manière décisive la limite naturelle de l'Algérie. La population nomade des six oasis vient chaque année s'établir dans la zone septentrionale et y acheter la provision de blé nécessaire à la consommation de tout le Sahara.

Au delà des six oasis aucune peuplade ne participe à ce mouvement, aucune ne dépasse la ligne qu'elles déterminent.

Cette ligne forme donc comme une crête naturelle de partage entre les intérêts qui se tournent vers le nord et les intérêts qui se tournent vers le sud. C'est à partir de cette ligne, où finit le Sahara, que commence, à proprement parler, le désert, vaste solitude parcourue plutôt qu'habitée par la redoutable tribu des Touâreg, qu'elle sépare à la fois de la race blanche et de la race noire.

Le bord du désert établit donc pour l'Algérie au sud une délimitation aussi rigoureuse que le rivage de la Méditerranée au nord.

L'Algérie telle que nous venons de la définir est comprise entre le 32º et le 37º degré de latitude, entre le 6º degré de longitude orientale et le 4º degré de longitude occidentale. Elle embrasse donc cinq degrés du nord au sud et dix degrés de l'est à l'ouest.

Elle occupe une superficie de trois cent quatre-vingt-dix mille neuf cents kilomètres carrés ou trente-neuf millions quatre-vingt-dix mille hectares. La superficie de la France étant de cinq cent vingt-sept mille six cent quatre-vingt-six kilomètres carrés ou cinquante-deux millions sept cent soixante-huit mille six cents hectares, il en résulte que l'étendue de l'Algérie est les *trois quarts* de celle de la France.

DIVISION.

Division naturelle en deux régions. — Division politique en trois provinces. — Subdivisions des trois provinces.

L'Algérie présente dans sa distribution intérieure une loi entièrement conforme à celle qui fixe la délimitation de son territoire : elle a des divisions naturelles du sud au nord et des divisions politiques de l'est à l'ouest.

Entre le rivage de la Méditerranée et la ligne d'oasis qui la limitent, l'une au nord et l'autre au sud, règne une ligne intermédiaire, tracée de l'est à l'ouest, et qui, comme elles, traverse l'Algérie d'une frontière à l'autre.

Cette ligne la partage en deux zones connues sous les deux noms de Tell et de Sahara.

Le Tell est la zone qui borde la Méditerranée;

Le Sahara est celle qui borde le désert; mais les deux zones se distinguent et se définissent surtout par la différence de leurs produits : le Tell est la région des céréales; le Sahara est la région des palmiers.

La ligne qui délimite le Sahara et le Tell n'a rien d'apparent, rien qui la signale aux regards du voyageur, lorsqu'il ignore la série des points que la tradition locale reconnaît pour lui appartenir.

Quelques-uns de ces points portent le nom de Foum-es-Sahara (la bouche du Sahara). Telle est la gorge étroite et profonde à l'issue de laquelle est situé le village d'El-Gantra, sur la route de Constantine à Biskra.

En général la ligne de séparation du Tell et du Sahara suit le pied des versants méridionaux d'une double chaîne; dirigée au sud-est dans la partie orientale et à l'est-nord-est dans la partie occidentale de nos possessions.

La distance du Sahara à la mer est

variable; c'est sous le méridien de Bône qu'elle est la plus grande. A la hauteur de cette ville le Sahara ne commence qu'à deux cent quatre-vingt-dix kilomètres du littoral. Constantine, quoique située dans l'intérieur des terres, se trouve encore éloignée de cent quatre-vingts kilomètres de la limite du Tell. Alger n'en est qu'à cent dix kilomètres, et Oran à quatre-vingt-dix. Ainsi le Sahara est trois fois plus rapproché de la côte sous le méridien d'Oran que sous celui de Bône.

La délimitation reconnue et consacrée par la population indigène assigne au Tell cent trente-sept mille neuf cents kilomètres carrés et au Sahara deux cent cinquante-trois mille kilomètres carrés de superficie.

La définition seule des deux zones suffit pour faire pressentir l'influence capitale que cette division naturelle doit exercer sur l'existence et la destinée de l'Algérie. Les populations sahariennes n'ayant pas de blé, ou n'en obtenant que des quantités insignifiantes, se trouvent dans la nécessité d'en acheter aux tribus du Tell. Cette obligation les amène chaque année dans la zone du littoral, et les rend inévitablement tributaires du pouvoir qui l'occupe.

Division politique.

L'ensemble des deux zones naturelles qui composent l'Algérie est coupé transversalement par des lignes qui en déterminent la division politique.

Elles partagent l'étendue de nos possessions en trois provinces que l'usage a fait désigner par les noms de leurs chefs-lieux. Chaque province comprend à la fois une portion du Tell et une portion du Sahara.

Bien que la division en provinces ait surtout un caractère politique, elle se rattache cependant à la division naturelle par un lien de dépendance que nous devons faire connaître.

Chaque année au printemps les tribus de Sahara viennent s'établir, avec tout le mobilier de la vie nomade, vers les limites méridionales du Tell.

Elles y demeurent pendant tout l'été, vendant leur récolte de dattes et achetant leur provision de blé.

Les lieux de séjour sont presque invariables; chaque année la même époque retrouve les mêmes tribus campées aux mêmes lieux.

Les transactions nombreuses qui s'accomplissent durant cette période de l'année, et qui intéressent toute la population de l'Algérie, se concentrent sur certains points, qui réunissent alors dans un mouvement de fusion commerciale les deux zones extrêmes de nos possessions.

Dans ce mouvement d'échange, chacun des marchés consacrés à ces transactions appelle à lui un certain nombre de tribus du Tell et du Sahara.

Il se forme ainsi divers faisceaux d'intérêts, dont les fils partant les uns du nord, les autres du sud, viennent converger et se réunir en certains points fixes.

L'ordre administratif aussi bien que l'intérêt politique font un devoir de respecter dans la formation des provinces l'existence et l'intégrité de ces faisceaux. On voit comment une division politique tracée dans le Tell détermine une division correspondante dans le Sahara.

L'étendue relative du Tell et du Sahara varie sensiblement dans les trois provinces. Dans la province d'Alger la surface du Tell n'est que le tiers de celle du Sahara; elle en est la moitié dans la province d'Oran; elle est presque les deux tiers dans la province de Constantine.

Ainsi, au point de vue de l'agriculture et de la colonisation la province d'Alger est la moins bien partagée des trois; la province d'Oran occupe la seconde place, et la province de Constantine la première. C'est là que l'étendue relative du Tell, ou des terres de labour, est la plus considérable.

Si l'on compare l'étendue absolue du Tell dans les trois provinces, c'est encore celle de Constantine qui l'emporte sur les deux autres. En effet dans les provinces réunies d'Alger et d'Oran, le Tell, ou région des terres de labour, occupe un espace de soixante-quatre mille cinq cents kilomètres carrés. Dans celle de Constantine seule il couvre une étendue de soixante-treize mille quatre cents kilomètres carrés.

La province de Constantine ouvre donc à elle seule un champ plus large à la colonisation agricole que les deux autres ensemble.

La division de l'Algérie en provinces ne correspond en aucune façon à la division administrative et politique de la France. Il n'y a aucune comparaison à établir pour l'étendue entre une province algérienne et un département français. La plus petite province, qui est celle d'Oran, contient cent deux mille kilomètres carrés de superficie; le plus grand département, qui est celui de la Gironde, en contient dix mille huit cent vingt-cinq. La plus petite province d'Algérie est donc dix fois plus vaste que le plus vaste des départements français.

Au taux superficiel de nos divisions métropolitaines, l'Algérie, qui occupe en surface les quatre cinquièmes de la France, devrait contenir soixante-huit départements.

Au-dessous du partage en provinces il n'existe aucune division régulière et normale; la population indigène a ses circonscriptions aussi inégales d'étendue que dissemblables de forme; l'administration française a aussi ses circonscriptions, non moins inégales non moins dissemblables, et en outre beaucoup plus incertaines dans leur délimitation.

Nous ne nous arrêterons point à cette division, œuvre encore informe, sans homogénéité, sans fixité, et surtout sans unité, organisation éphémère, provisoire, variable, que chaque jour modifie sans la compléter.

Nous dirons seulement que les provinces comprennent trois sortes de territoires : des territoires civils, mixtes et arabes; qu'elles se subdivisent soit en arrondissements, cercles et communes, soit en caïlitats, agaliks, caïdats et cheïkats; qu'elles reconnaissent en outre des directions et des sous-directions des affaires civiles correspondant aux préfectures et aux sous-préfectures françaises, des commissariats civils, des directions et des bureaux arabes, des divisions et des subdivisions militaires.

Il faut espérer que la division territoriale de l'Algérie sortira quelque jour de ce chaos, pour rentrer dans un cadre régulier, normal, analogue à celui dont la métropole lui offre le modèle.

CONFIGURATION GÉNÉRALE

Massif méditerranéen. — Massif intérieur. — Zone des landes. — Zone des oasis.

Lorsque l'on côtoye le rivage de l'Algérie, depuis la frontière de Tunis jusqu'à celle de Maroc, on voit se dérouler une série de montagnes qui bornent l'horizon à une distance variable, mais toujours assez rapprochée. Le plus souvent elles bordent le littoral, et viennent se terminer aux falaises abruptes dont la Méditerranée baigne la base; quelquefois le rideau s'éloigne et dessine le fond des golfes, à une distance de trente à quarante kilomètres.

Cette zone montagneuse occupe dans la direction du sud au nord une profondeur moyenne d'environ vingt lieues. Elle est traversée par les différents cours d'eau, qui, sur des pentes en général fort roides, descendent à la Méditerranée. La physionomie fortement houleuse de ce massif donne aux vallées qui le sillonnent une forme généralement tortueuse; elle produit certaines coupures étroites et profondes qui se remarquent dans le cours des principales rivières, du Chélif près de Médéa, du Bou-Sellam près de Sétif, du Roumel à Constantine, et de la Seybouse près de Guelma.

Quoique généralement montueuse et ravinée, la zone du littoral renferme quelques plaines assez étendues, qui forment exception à sa constitution générale, et contribuent, comme toutes les exceptions, à la mettre en relief. Telles sont la plaine de Bône, celle de la Métidja, la vallée plate et longue du Chélif inférieur, et enfin la plaine d'Oran.

Au delà de cette première zone, formée d'une longue agglomération de montagnes, la configuration du sol change d'aspect et de caractère.

De l'est à l'ouest, depuis la frontière de Tunis jusqu'à celle de Maroc, règne une autre zone, presque aussi large que la première, formée d'une suite d'immenses plaines.

Ici les eaux, arrêtées par le bourrelet montagneux du littoral, ne trouvent pas d'issue à la Méditerranée; elles s'acheminent par des déclivités assez douces vers de grands lacs salés appelés *Chott* ou *Sebkha*, qui occupent le fond des plaines.

Il n'existe qu'une seule exception à cette

règle; c'est le Chélif, qui traverse à la fois et la zone plane de l'intérieur et le bourrelet montueux du littoral.

Cette suite de bassins fermés, larges et plats, détermine, en y joignant la vallée supérieure du Chélif, cinq régions, que les indigènes désignent par les noms suivants :

1° Les Sbakh, 2° le Hodna, 3° le Zaréz, 4° le Sersou, 5° les Chott.

A travers l'immensité des plaines dont se compose cette seconde zone surgissent quelques montagnes, qui de loin en loin font exception à la conformation générale de la contrée et en rompent l'uniformité. Elles établissent une séparation naturelle entre les cinq régions dont elle se compose.

L'horizon de cette contrée plane est borné au sud par un second rideau de montagnes, tendu encore de la frontière orientale à la frontière occidentale de l'Algérie.

L'Aurès dans la province de Constantine et le Djebel-Amour dans la province d'Alger en sont les deux masses les plus remarquables.

Enfin au sud de ce second bourrelet de montagnes règne une seconde zone de plaines, plus vaste encore que la première; elle se compose comme elle de bassins fermés, au fond desquels s'étendent de larges lacs de sel ; comme elle aussi, elle renferme, exceptionnellement encore, quelques massifs de montagnes, mais plus rares et moins élevés.

C'est l'arrière-scène du Sahara, et pour ainsi dire le vestibule du désert. Cette seconde nappe va se terminer dans le sud, à la ligne d'oasis qui forme la limite naturelle de l'Algérie.

Ainsi, dans sa configuration orographique, cette contrée se partage du nord au sud en quatre zones sensiblement parallèles à la côte ; deux zones généralement montueuses et deux zones généralement plates.

Presque toutes les eaux qui traversent le premier massif vont aboutir à la Méditerranée ; au contraire presque toutes les eaux qui traversent le second massif restent captives dans l'intérieur des terres, et vont aboutir à des bas-fonds sans issue.

Tels sont les caractères physiques éminents des deux zones montueuses.

On peut donc appeler la première MASSIF MÉDITERRANÉEN et la seconde MASSIF INTÉRIEUR.

Quant aux deux zones plates, elles contiennent l'une et l'autre d'immenses espaces dépourvus d'eau; c'est là leur caractère commun. Mais la première reste livrée à son aridité, ne comporte en général que peu de culture, et n'admet guère que le régime du parcours.

La seconde possède des eaux souterraines assez abondantes, qui s'obtiennent par le forage de puits et donnent naissance aux oasis.

On exprime donc le caractère distinctif de chacune de ces deux zones en appelant la première ZONE DES LANDES et la seconde ZONE DES OASIS.

En résumé, l'observateur qui pourrait embrasser d'un seul coup d'œil l'ensemble des mouvements orographiques qui couvrent le sol de l'Algérie verrait deux larges sillons se dessiner de l'est à l'ouest en travers de sa surface. Dans les parties saillantes il reconnaîtrait le massif méditerranéen et le massif intérieur; dans les parties creuses la zone des landes et celle des oasis.

Comment cette division, déterminée par les ondulations matérielles du sol, rentre-t-elle dans la division en Tell et Sahara, fondée sur la différence des produits ? Le voici.

Le massif méditerranéen appartient exclusivement au Tell.

La zone des oasis appartient exclusivement au Sahara.

Les deux bandes intermédiaires, la zone des landes et le massif intérieur offrant, à raison même de leur situation, un caractère moins prononcé, appartiennent, dans l'est, à la région du Tell, et dans l'ouest à la région du Sahara.

Ainsi dans le massif méditerranéen il n'y a point un seul point où la datte mûrisse.

Dans la zone des oasis, au contraire, partout où l'industrie de l'homme peut obtenir de l'eau, le palmier donne des fruits.

Dans la zone des landes la région orientale (plaine des Sbakh) ne produit pas de dattes, mais elle donne assez de céréales pour la consommation de ses habitants. C'est pour cela qu'ils lui ont assigné une place dans le Tell.

La région centrale (plaine du Hodna) produit des dattes. Trois localités s'y adonnent à la culture du palmier : ce sont les bourgs de Msîla et de Mdoukal et la petite ville de Bou-Sada. C'est pour cela que les indigènes ont compris cette région dans le Sahara.

Msîla est le point le plus rapproché de la côte où la datte mûrisse : elle est située à cent vingt-trois kilomètres au sud de Bougie.

La région occidentale de la zone des landes, formée des plaines de Zarez, de Sersou et des Chott, ne produit ni dattes ni blé; aussi ces landes ingrates seraient-elles à juste titre repoussées par les deux régions, si les pâturages dont elles se couvrent durant la saison des pluies ne leur assignaient une place naturelle dans le domaine des peuples pasteurs et dans la circonscription générale du Sahara.

ASPECT DE LA CÔTE.

Établissements français du littoral. — La Calle. — Bône. — Ruines d'Hippône. — Philippeville. — Stôra. — Kollo, point non occupé. — Djidjeli. — Golfe de Bougie; Bougie. — La Kabilie proprement dite. — Dellis. — ALGER et ses environs. — Boufarik. — Blida. — Sidi-Feruch. — Le tombeau de la chrétienne. — Cherchell. — Tenez. — Mostaganem. — Arzeu. — Oran. — Mers-el-Kébir. — De Mers-el-Kébir à la frontière du Maroc. — Nemours. — Résumé.

Description de la côte. — Établissements français formés sur le littoral.

Caractère général de la côte d'Algérie. — Ce qui forme le caractère général de la côte d'Algérie, c'est l'encaissement des vallées, et la roideur d'inclinaison des lignes d'écoulement qui aboutissent à la Méditerranée. A Alger la plaine de la Métidja, qui de part et d'autre va se perdre dans la mer par des pentes en apparence douces, se trouve déjà relevée de trente à cinquante mètres. Blida, située au fond de cette grande plaine, à cinq lieues et demie seulement de la côte en ligne droite, domine cependant de deux cent soixante mètres la surface des eaux. Voici un parallèle qui nous paraît mettre en relief ce caractère éminent des côtes d'Algérie. Constantine est sé-

parée de l'embouchure du Roumel par une distance en ligne droite de dix-sept lieues; Paris est séparé de l'embouchure de la Seine par une distance en ligne droite de trente-cinq lieues. Si les pentes étaient égales, la hauteur du Roumel à Constantine serait la moitié de la hauteur de la Seine à Paris; et comme le niveau de la Seine au pied du pont de la Tournelle est supérieur de vingt-quatre mètres cinquante centimètres à celui de l'Océan, la différence entre le niveau du Roumel à Constantine et celui de la Méditerranée devrait être d'environ douze mètres : elle est de quatre cent quatre-vingt-quinze mètres! La place du Palais-Royal à Paris domine de trente-deux mètres cinquante centimètres le niveau de l'Océan ; la place de la Kasba à Constantine domine le niveau de la Méditerranée de six cent quarante-quatre mètres.

Et cependant Constantine n'est pas une exception. Le plateau de Sétif, situé dans les mêmes conditions de distance à la mer, la domine de onze cents mètres. Il en est de même du plateau de Médéa. Miliana, Mascara, Tlemcen, occupent des régions hautes de huit cents à neuf cents mètres.

Ainsi, relativement à nos côtes de France, et surtout aux côtes de l'Amérique, où les grands fleuves ont des pentes insensibles, la côte de l'Algérie se présente à celui qui l'aborde par le nord comme une muraille rugueuse sur laquelle les eaux roulent et se précipitent avec impétuosité.

C'est pour cela qu'elle n'a pas de fleuves navigables. Mais en revanche la vitesse des courants et la fréquence des chutes la dotent d'une spécialité qui peut-être n'appartient au même degré à aucune contrée du monde.

Les rivières de l'Algérie, dépourvues de toute valeur comme moyen de transport, en ont une considérable comme puissance motrice et comme puissance fécondante. Là où elles se précipitent entre les rochers il est facile et peu dispendieux d'employer les eaux à la création d'usines. Là où elles coulent dans les vallées il est facile de les détourner pour les employer aux irrigations. La conformation des berges les rend également propres à ce double usage, et ce

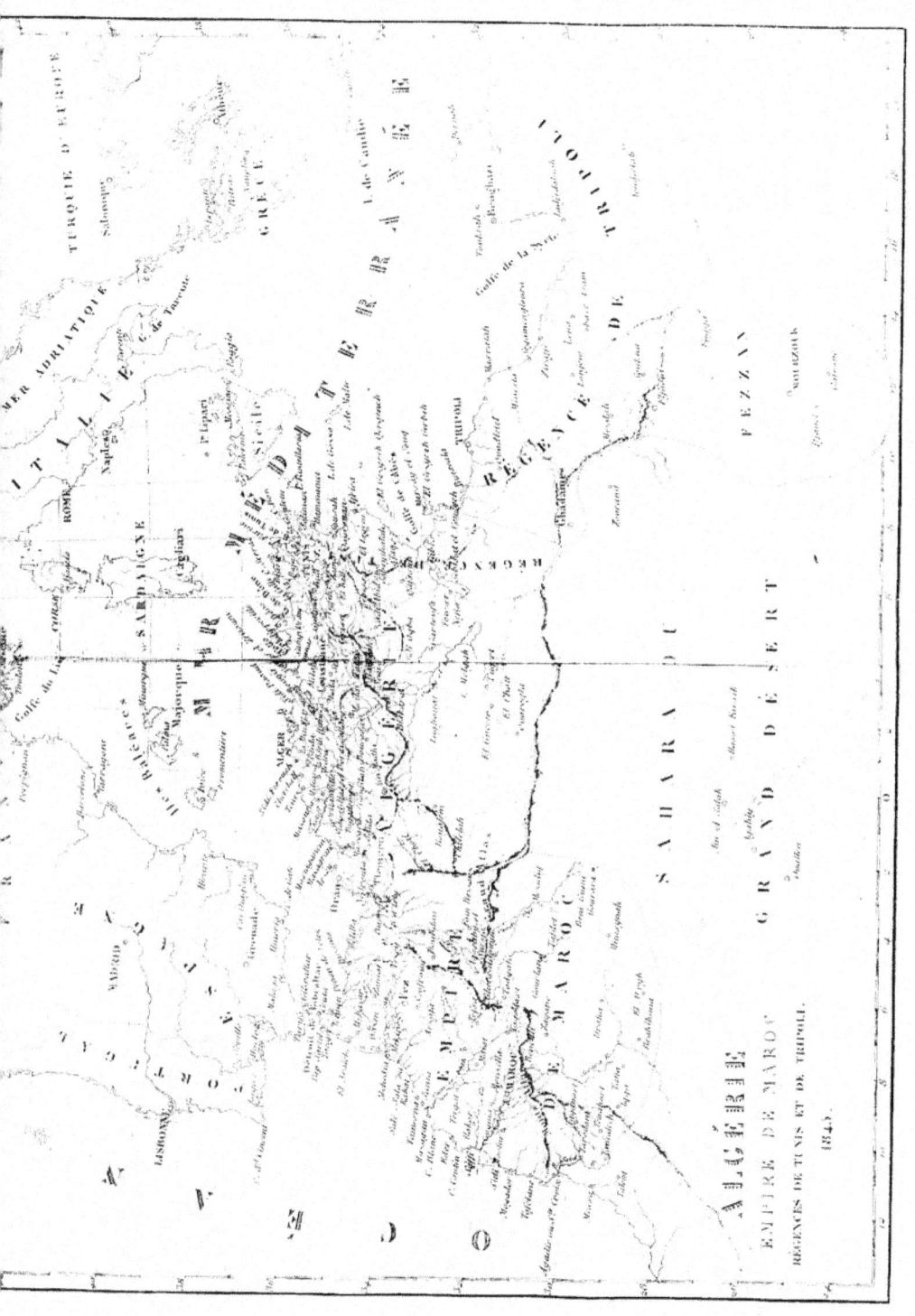

qui semble au premier abord un vice radical devient à ce nouveau point de vue une qualité éminente.

Aspect des côtes d'Algérie de l'est à l'ouest.

Ile de la Galite. — A treize lieues environ au nord de l'île de Tabarka, où vient aboutir la frontière orientale de l'Algérie, s'élève une île déserte, longue de près d'une lieue de l'est à l'ouest, surmontée de deux pics, dont le plus élevé a quatre cent soixante-seize mètres. Ces deux pointes se voient de fort loin. Lorsque le temps est clair on les découvre de Bône, malgré la distance de vingt-huit lieues qui les en sépare.

Cette île, que les géographes de l'antiquité appellent *Galata*, porte aujourd'hui le nom de *Galite*. Elle se présente comme une masse grise et aride; elle est peuplée exclusivement de lapins et de chèvres, qui dévorent toutes les plantes naissantes; ce qui contribue à lui donner un air triste et désolé. Mais en débarquant on y trouve une petite couche de terre végétale qui permettrait de la mettre en culture.

Il y existe un assez bon mouillage du côté de la terre ferme; une source, située au fond d'une grotte basse, à côté du point de débarquement, fournit en toute saison l'eau nécessaire à l'approvisionnement d'un navire.

Les restes de construction que renferme l'île de la Galite prouvent qu'elle a été autrefois habitée. Au sommet du pic il existe encore un pan de mur, reste d'une ancienne vigie. Les pierres en sont reliées par un ciment extrêmement dur, formé de chaux et de fragments de briques.

La Galite, depuis que ses habitants l'ont abandonnée, a servi de refuge aux pirates. Pendant les guerres de l'empire les croiseurs anglais y avaient établi des vigies. Durant les premières années de l'occupation française c'était le rendez-vous et l'entrepôt des contrebandiers italiens, qui apportaient aux Arabes des munitions et des armes. Les bateaux coralliers, qui joignent souvent quelque industrie clandestine à leur industrie apparente, y relâchaient fréquemment avant que nos bâtiments de guerre vinssent la visiter. La suffisance des eaux, l'abondance du gibier et du poisson en rendent le séjour supportable.

Il règne à l'est de la Galite des courants dangereux, qui portent sur l'île. C'est ce qui a fait dire aux vieux marins de la Méditerranée que *l'île de la Galite attire les bâtiments*. Aussi recommandent-ils, lorsqu'on se trouve à l'est, de ne pas trop s'en approcher.

Quoique l'île soit déserte, presque tous les habitants des côtes de l'est la regardent comme une dépendance de l'Algérie; et les visites de nos navires de guerre équivalent d'ailleurs à une prise de possession.

A six lieues ouest-sud-ouest de la Galite, à onze lieues nord de la terre ferme, il existe deux écueils, dont l'un est recouvert de quatre brasses d'eau et l'autre d'une brasse. On les appelle *Sorelli*, les deux sœurs. Le 20 décembre 1847, à dix heures du soir, par une nuit sombre, la frégate anglaise *l'Avenger* vint donner sur ces roches; en quelques instants l'équipage, composé de deux cent soixante et dix personnes, avait péri, à l'exception de cinq matelots et de trois officiers, qui purent gagner la côte sur une des chaloupes de la frégate. Le 26 l'écueil était encore couvert de débris.

La Calle. — En revenant de la Galite vers la terre ferme, et longeant la côte, la première saillie qui se remarque sur un rivage en général bas et uniforme est celle du cap Roux. Il se compose de roches roussâtres, escarpées de tous côtés. On y remarque une grande tranchée, partant du sommet et descendant jusqu'à la mer. C'est par là que la compagnie française d'Afrique faisait descendre directement les blés achetés aux Arabes, dans les bâtiments destinés à les recevoir. Elle y avait construit un magasin, dont on aperçoit encore les débris sur un roc qui, vu de la mer, paraît inaccessible. On retrouve dans le choix de cette position un nouveau témoignage des tribulations que le commerce français en Afrique eut à subir pendant les deux derniers siècles.

Lorsque le navire a dépassé de quelques lieues les falaises du cap-Roux et le cône isolé de Monte-Rotundo, qui domine le cordon bas, rocailleux et uniforme de la côte, on découvre en avant, projetée sur des terres plus hautes, une petite tour ronde élevée sur un mamelon. C'est le moulin de la Calle, espèce de vigie construite par l'ancienne compagnie d'Afrique, et restaurée par les Français depuis que la position a été réoccupée.

La Calle est bâtie sur un rocher isolé, rattaché au continent par un petit isthme de sable bas et étroit que la mer franchit dans les gros temps.

Le rocher de la Calle est miné par les eaux; quelques blocs détachés du massif et tombés à la mer portent encore des traces de construction, et annoncent qu'il s'y produit de temps en temps des éboulements. Il existe en outre dans le roc des trous verticaux naturels, parfaitement cylindriques, qui descendent du sol de la ville jusqu'à la mer, et au fond desquels les vagues s'engouffrent avec des bruits sourds et sinistres.

La presqu'île rocheuse détermine une petite darse, où les corailleurs et les petits caboteurs trouvent un abri : ils y sont assez bien couverts des vents du nord et du nord-est; mais quand les bourrasques du nord-ouest s'élèvent ils doivent au plus tôt se hâler à terre; car les vents de cette partie y donnent en plein, et y soulèvent une mer affreuse. Le poste du moulin occupe une colline qui domine l'entrée de la darse. On voit que la position de la Calle ne brille pas sous le rapport nautique; mais elle est voisine d'un riche banc de corail, que la compagnie française d'Afrique a exploité pendant plus d'un siècle.

Abandonnée en 1827 par les Français, lors de la dernière rupture avec la régence, la Calle fut livrée aux flammes; elle rentra en notre pouvoir neuf ans après. Au mois de juillet 1836 un petit détachement fut envoyé pour reprendre possession de cet ancien comptoir, auquel se rattachait le souvenir de tant d'avanies. Il ne rencontra pas de résistance; un groupe d'Arabes sans armes, assis paisiblement sur les ruines de cette ville française, attendait avec impatience l'arrivée de ses anciens maîtres, dont ils reconnaissaient les droits. La petite garnison trouva la Calle dans l'état où l'incendie de 1827 l'avait laissée. Les poutres carbonisées, les murs debout mais calcinés, les rues couvertes d'herbes, prouvaient que les indigènes, après y avoir mis le feu, ne s'en étaient plus inquiétés : ils avaient abandonné aux bêtes fauves les restes de ces demeures de pierres qu'ils dédaignaient pour eux-mêmes.

L'établissement de la Calle se fait remarquer par un luxe d'eau et de verdure assez rare en Afrique. Trois lacs, éloignés moyennement de la ville de deux mille quatre cents mètres et très-rapprochés les uns des autres, tracent autour d'elle comme un large canal; l'espace intérieur pourrait être facilement séparé du continent si la sécurité dont cette ville n'a cessé de jouir ne rendait cette mesure inutile. Au-dessus de ces trois bassins se déploie un large éventail de forêts où domine le chêne-liége, et dont on peut évaluer la contenance à quarante mille hectares; une partie de ces forêts a été livrée à l'exploitation. Ces entreprises doivent augmenter la population de la Calle, qui jusqu'ici est demeurée très-faible; elle se composait au 1er janvier 1847 de deux cent trente-trois Européens, dont cent dix français.

De la Calle à Bone. A quelques lieues à l'ouest de la Calle, sur un escarpement rougeâtre, saluons les ruines d'une vieille forteresse qui rappelle encore un souvenir national. Ce sont les débris de l'établissement connu sous le nom de *Bastion de France,* qui devança celui de la Calle. Les Arabes l'appellent encore *Bestioun.* Quoique ces ruines datent à peine de deux siècles, elles ont déjà revêtu la teinte fauve que le temps en Afrique applique sur les édifices romains.

A quelque distance de cette ruine française nous atteignons le cap Rosa, terre basse, sans culture, couverte de broussailles; lieu sauvage, presque inhabité, peuplé de bêtes fauves et de gibier, où se trouvent les débris d'un temple de Diane mentionné sur les itinéraires romains.

Les parages du cap Rosa offrent pendant la belle saison l'aspect le plus animé; la mer y est couverte d'une multitude de barques, dont les unes glissent sous leur voile triangulaire et dont les autres demeurent immobiles. La cause de cette animation est enfouie au fond des eaux : il y a là un trésor sous-marin exploité depuis plusieurs siècles ; c'est le banc de corail le plus beau et le plus riche de la côte d'Afrique.

Le golfe de Bône, dans lequel nous entrons, est compris entre les hautes falaises du cap de Garde, qui se rattache aux cimes de l'Edough, et les terres basses du cap Rosa. Au moment où l'on arrive en face de ce large bassin les plages et les plaines disparaissent derrière l'horizon de la mer ; il ne paraît au-dessus des eaux que quelques sommets lointains de montagnes dont on croit qu'elles baignent le pied. Cette illusion prête tout d'abord au golfe une profondeur démesurée ; mais à mesure que l'on se rapproche le contour de la plage se dessine plus nettement, et en limite l'étendue.

Enfin on distingue les édifices blancs de la ville de Bône, bâtie au fond du golfe, au point où le sombre rideau des falaises vient se perdre dans la ligne blanche de la grève.

Au moment où le navire arrive au mouillage une apparition assez remarquable attire l'attention du voyageur. Il voit surgir de la mer la forme colossale d'un lion, accroupi au pied des rochers, la tête haute, et tournée vers l'entrée du golfe, dont il semble être le gardien. C'est un îlot d'un seul bloc.

Bône. — Cette ville est mentionnée dans les itinéraires anciens sous le nom d'Aphrodisium. Mais elle est appelée *Annaba* (la ville aux jujubes) par les indigènes, qui, fidèles à l'histoire, ont conservé le nom de *Bôna* aux restes de l'ancienne Hippône.

Il a déjà paru dans cet ouvrage, à la naissance de cette publication, une notice qui retraçait l'image de Bône, telle que la conquête nous l'avait livrée. Depuis lors cette petite ville, alors pauvre, sale, misérable, dévastée, et dépeuplée par des violences récentes, a complétement changé d'aspect : à la place de ses masures se sont élevés des édifices d'un style simple, mais d'une apparence décente ; les marais qui croupissaient devant ses portes et infectaient l'air de miasmes mortels ont entièrement disparu, d'abord sous des remblais informes, plus tard sous des maisons et des jardins. La population, réduite alors à l'eau malsaine de ses citernes, a vu arriver dans l'enceinte de ses murs, par les soins des ingénieurs français, l'eau pure et limpide de la montagne. Aussi l'inauguration de la première fontaine publique y fut-elle accueillie avec enthousiasme. Les indigènes de la ville et des environs se réunirent autour du réservoir d'eau vive, et témoignèrent par des danses et des feux de joie le prix qu'ils attachaient à ce bienfait. Les travaux d'assainissement exécutés dans la plaine, les plantations faites autour de la ville, l'introduction des eaux courantes dans l'enceinte de ses murs, ont complétement changé la physionomie de Bône, qu'elles ont replacée dans des conditions normales de salubrité.

Ajoutons encore, pour rendre justice à tous, que les *hordes barbares du voisinage*, mentionnées dans un précis qui date des premiers jours de la conquête, se sont apprivoisées depuis seize ans au contact de notre civilisation. Aujourd'hui ces *hordes barbares* connaissent nos usages, acceptent notre domination, et entrent sincèrement dans nos vues.

Ainsi les premières pages de cette publication, esquisse de l'état du pays en 1830, donnent au lecteur la mesure des progrès accomplis depuis cette époque par la domination française et la civilisation européenne.

C'est à mille mètres à peine de la ville, au fond du golfe, que la Seybouse débouche dans la mer. Cette rivière, qui dans la saison des pluies roule avec l'impétuosité d'un torrent ses eaux chargées de vase et de débris, conserve pendant l'été, jusqu'à deux kilomètres environ de son embouchure, une largeur et une profondeur qui la rendent navigable. C'est une des rares exceptions de ce genre que présente la côte de l'Algérie.

La ville de Bône, outre la sécurité dont elle jouit, la fertilité de son territoire, l'aspect pittoresque de ses environs, trouve encore dans ses mines de fer et dans ses forêts de nouveaux éléments de prospérité. Le mont Edough renferme à lui seul vingt-cinq mille hectares de bois ; quant au fer, on peut dire qu'il est partout. Plusieurs concessions ont déjà été faites. Le gisement le plus remarquable est celui de Mokta-el-Hadid ;

c'est une haute colline formée exclusivement de minerai de fer magnétique; les Arabes l'ont appelée Mokta-el-Hadid (la carrière de fer) à cause d'une haute et large caverne taillée dans la masse métallifère, reste d'anciennes exploitations.

La population de Bône se composait au 1er janvier 1847 de six mille six cents Européens, dont mille neuf cent soixante et un Français, et de trois mille sept cent quatre-vingt-treize indigènes, dont deux mille quatre cent soixante-trois musulmans, six cent treize nègres et sept cent dix-sept israélites.

Ruines d'Hippône.

Ne quittons pas Bône sans saluer ces ruines célèbres sur lesquelles plane le souvenir d'une des plus grandes illustrations du monde chrétien.

Elles occupent deux mamelons verdoyants situés à douze cents mètres de la ville actuelle, à quelques centaines de mètres au-dessus de la Seybouse, tout près de son embouchure.

On y parvient en remontant dans la plaine le cours d'un ruisseau, la Boudjima, que l'on traverse sur un pont d'origine antique, restauré il y a une dizaine d'années par les Français. Au débouché de ce pont deux chemins se présentent: l'un en face, c'est la route de Constantine; l'autre à droite conduit à Hippône. Dès les premiers pas apparait une trace de muraille qu'à son épaisseur on reconnaît pour avoir fait partie des anciens remparts. A quelque distance de là, dans la plaine qui sépare les deux mamelons, un pan de mur rougeâtre, haut d'environ dix mètres, épais de trois, se montre parmi les touffes d'oliviers et de jujubiers qui ombragent le tombeau de la ville ancienne. On y remarque la naissance d'un arceau fort élevé. D'énormes fragments d'une maçonnerie épaisse et solide gisent à l'entour; quelques antiquaires voient dans ces débris un reste des remparts ; d'autres y cherchent les vestiges de cette basilique de la Paix, dans laquelle saint Augustin prononça son fameux discours *De tempore barbarico*, où, à l'approche des Vandales, qui s'avançaient de l'ouest, il exhorte le peuple d'Hippône à la résignation et au courage.

Le débris le plus curieux et le mieux conservé de l'ancienne Hippône est celui que l'on rencontre en gravissant la colline la plus rapprochée de Bône par le versant qui regarde la mer. Là, au-dessus des arbres séculaires qui couvrent la déclivité inférieure de la montagne, s'élève un grand mur adossé aux pentes du mamelon. Au pied de cette muraille règnent de vastes souterrains, dont les voûtes ont éprouvé par l'effet du temps, et peut-être aussi des tremblements de terre, de larges ruptures. Ces ouvertures béantes laissent voir plusieurs salles carrées, séparées par d'énormes arceaux. Plusieurs des piédroits sont endommagés ou abattus, et les arceaux, privés de leurs supports, ne se soutiennent plus que par la force d'adhérence du mortier. Dans les voûtes demeurées intactes on remarque vers la clef des ouvertures carrées de soixante à soixante et dix centimètres de côté, ménagées par l'architecte romain. Elles font connaître la destination primitive de ces souterrains, qui ne pouvaient être que de grands réservoirs ; on voit encore au-dessus des principaux piédroits de petites galeries voûtées, dont le sol, disposé en forme de cunette et cimenté, dirigeait les eaux dans les citernes. Rien ne révèle la destination de la haute muraille adossée à la montagne ; mais il est à présumer qu'elle appartenait, comme les substructions imposantes qu'elle domine, à un édifice considérable.

Il n'existe pas de source auprès d'Hippône, et le voisinage de la mer altère trop celles de la Seybouse et de la Boudjima pour qu'il soit possible d'en faire usage. Les ingénieurs romains y avaient pourvu par la création d'un aqueduc, qui prenait naissance dans les pentes du mont Edough, traversait sur des arches deux vallées profondes et la rivière de l'Armua (aujourd'hui Boudjima), et conduisait ainsi dans la cité royale les eaux de la montagne. On retrouve les traces imposantes de cet aqueduc sur toute l'étendue de son ancien parcours, depuis la prise d'eau dans les gorges sauvages de la montagne jusqu'aux citernes monumentales dont on vient de lire la description.

Il existe encore en face du coteau d'Hippône, sur le bord de la Seybouse, des restes de maçonnerie, des éperons déchaussés, restes probables d'un quai de débarquement. C'est là sans doute que les galères romaines, moins volumineuses que nos bâtiments actuels, venaient aborder.

Avant que le bélier des Vandales n'eût renversé les remparts d'Hippône et commencé sur ses basiliques, sur ses palais, sur ses habitations, sur ses aqueducs même, l'œuvre de destruction que le temps et les Arabes ont achevée, la campagne d'Hippône, vue de la plus haute de ses deux collines, où l'on pense que s'élevait la résidence des rois de Numidie, devait offrir un magnifique spectacle. De quelque côté qu'on se tournât, on voyait descendre en espaliers, s'allonger dans la plaine ou remonter sur le mamelon voisin, les terrasses d'une ville riche et animée, comme devaient l'être les grandes cités de l'Afrique romaine. Une ceinture de tours et de courtines en dessinait les contours.

Au pied du coteau, l'Ubus, qui est la Seybouse actuelle, déployait son cours; on le voyait monter du nord au midi, puis se replier vers le couchant, puis disparaître comme un filet noir au milieu de la nappe d'or dont la culture couvrait les plaines. Au delà s'étendait le golfe, vaste croissant, dont l'œil dominait toute l'étendue. C'était d'abord une grève aux contours réguliers; mais bientôt le rivage changeait d'aspect. À droite il s'escarpait en dunes de sable, sur lesquelles se dessinait comme une large déchirure l'embouchure de la Mafrag, qui était alors le Rubricatus. Au delà le regard allait se perdre dans la direction du promontoire où s'élevait le temple de Diane, et que nous appelons aujourd'hui le cap Rosa. A gauche et à un mille environ la côte commençait à se hérisser de falaises. C'est là qu'était assise la petite ville d'Aphrodisium, devenue l'Annaba des Arabes et la Bône française.

Entre le nord et le couchant l'horizon était borné par la haute chaîne du Pappua, appelé depuis Djébel-Edough. Des bois séculaires, qui ont survécu à tous les orages, quelques champs cultivés, des prairies, des rochers arides nuançaient ce vaste rideau et dentelaient la crête de la montagne.

Le pied du Pappua et la partie haute de la plaine étaient semés de mamelons, où parmi les oliviers, les jujubiers et les myrthes devaient apparaître de blanches villas, signes de bien-être et de prospérité.

Mais le fond de la plaine, submergé pendant l'hiver, desséché au retour de l'été, avait dû être longtemps un foyer d'exhalaisons marécageuses, qui rendaient insalubre le séjour des deux villes. Pour combattre cette influence pestilentielle, dont l'histoire de Pinien et de Mélanie, racontée par saint Augustin, prouve que l'antiquité n'avait pas entièrement détruit l'effet, un système de canaux avait été combiné de manière à jeter toutes les eaux dans l'Ubus. L'Armua, sujet comme aujourd'hui à des crues rapides, franchissait ses berges en hiver; on lui avait creusé un débouché; un large canal le recevait au-dessus d'Hippône, passait derrière les deux collines, et venait traverser sous des arches le quai de l'Ubus. C'est par cette combinaison d'ouvrages, dont nous avons nous-même retrouvé les vestiges, qu'on était parvenu à assurer l'écoulement des eaux.

Sept chaussées pavées de larges dalles partaient d'Hippo-Regius. Deux conduisaient à Carthage, l'une par le littoral, l'autre par l'intérieur; une troisième se dirigeait sur Tagaste, patrie de saint Augustin, et pénétrait de là dans l'Afrique proconsulaire; une autre, remontant le cours de l'Ubus, allait aboutir à la ville importante de Tipasa, construite à l'une des sources du Bagrada. Une autre unissait Hippo-Regius à Cirta, capitale de la Numidie. Enfin les deux voies les plus occidentales menaient à la colonie de Rusicada, où est aujourd'hui Philippeville, l'une par le littoral, l'autre par l'intérieur.

C'est par cette dernière que devait arriver le flot vandale en l'année 430 de notre ère, année funeste, qui unit dans une destinée commune Hippône royale et saint Augustin.

Il existe encore dans le voisinage des ruines d'Hippône de nombreux vestiges des villas et des bourgades qui, au temps de sa splendeur, devaient animer ces plaines et ces coteaux, devenus silencieux et mornes.

Parmi ces ruines une des plus remarquables porte le nom de Guennara. C'est là que doit avoir existé la bourgade de Mutugenne, nommée plusieurs fois dans la correspondance de saint Augustin. Quatre hautes murailles encore debout, construites moitié en briques (1), moitié en pierres jaunies par le temps, tristes et inhabitées, voilà ce qui reste aujourd'hui de cette petite ville morte; et afin que toujours et partout la mort ne se montre point à nous comme le néant, mais comme une transformation de la vie, des myriades d'oiseaux et un figuier au feuillage large et vert sont les hôtes vivants et vivaces de cette demeure depuis longtemps abandonnée par les hommes.

Le voyageur qui parcourt ces plaines rencontre aussi çà et là quelques débris d'apparence plus modeste et de date plus récente ; ce sont des puits, dus à la charité de quelques bons musulmans qui, pour l'amour de Dieu (fi Sab-Illah), ont voulu de leurs propres deniers fournir de l'eau au voyageur altéré. C'est dans cette vue qu'ont été bâtis ces petits monuments d'utilité publique. Aussi portent-ils en général le nom de *Sebbala*, expression du sentiment religieux qui a présidé à leur fondation. Il en existe un assez grand nombre au voisinage de toutes les grandes villes, et l'on ne s'étonnera pas, nous le pensons, de trouver ces pieuses inspirations de la bienfaisance musulmane associées au souvenir de saint Augustin.

La chaîne du mont Edough s'avance comme un trumeau de séparation entre le golfe de Bône et celui de Philippeville; elle s'étend depuis le cap de Garde, qui ferme le premier, jusqu'au cap de Fer, qui ouvre le second.

Le cap de Garde, appelé par les Arabes Ras-el-Hamra (le cap de la rouge), est formé de terres élevées, d'un aspect sauvage et d'une aridité repoussante. Les profondes crevasses qui le sillonnent, les déchirements produits par le choc des vagues, les débris et les grandes

(1) Les dimensions des briques méritent d'être mentionnées ; car elles n'ont pas moins de cinquante centimètres de largeur dans les deux sens, sur douze centimètres d'épaisseur.

masses de roches qui l'entourent, tout porte l'empreinte de la désolation. Si l'on s'en rapproche par mer, on y découvre de larges et profondes cavernes.

Un petit édifice carré se détache en blanc sur le versant oriental du morne, dont il occupe un des contre-forts. C'est le fort génois : il est situé à deux lieues de Bône et habité par une petite garnison française. Il protège une baie assez commode et l'un des meilleurs mouillages de l'Algérie.

Tout près de là, dans un des ravins qui sillonnent la masse rocheuse du cap, il existe une carrière de marbre blanc, qui dut être exploitée pendant des siècles par les Romains, à en juger par la haute et profonde excavation taillée à pic dans le banc calcaire. On y retrouve la trace encore fraîche du ciseau des carriers. Quelques colonnes ébauchées gisent abandonnées sur la rampe qui servait à l'extraction des blocs. Les Arabes, profitant des débris de pierres accumulés en ce lieu par les travaux de l'antiquité, en ont construit un petit marabout que la piété des fidèles a couvert d'oripeaux. Entre cet édifice, de forme basse et de couleur terne, et cette haute et large muraille taillée dans le roc vif, il y a toute la distance des deux civilisations que ces monuments représentent : on dirait une petite touffe de mousse venue sur un vieux chêne mort.

Depuis le cap de Garde jusqu'au cap de Fer la côte déroule une longue série de falaises couronnées par les pentes rapides du mont Edough. Quelques accidents se détachent sur ce cordon abrupte, et fixent l'attention du voyageur. Tantôt ce sont de petites plages défendues par des roches détachées ; une de ces baies, plus profonde que les autres, forme le petit port de Takkouch. Là se trouvent, à demi cachées dans un massif d'oliviers sauvages, les ruines d'une ville romaine appelée jadis *Tacatua*. Tantôt ce sont des rochers de formes bizarres et fantastiques, analogues au lion de Bône. L'un d'eux, par exemple, lorsqu'on se trouve dans ces parages après midi, apparaît de loin comme une énorme voile latine complétement noire ; aussi les marins indigènes l'appellent-ils *la voile noire*.

Quelquefois un marabout blanc se

montre de loin sur la crête des falaises. Les marabouts en Algérie occupent presque toujours des sites pittoresques. Ils sont couverts généralement d'une couche de chaux, qui contraste avec la teinte noire des tentes ou le vert foncé de la végétation ; ce qui les fait apercevoir de très-loin. Souvent l'œil cherche en vain dans les profondeurs de l'horizon d'autres témoins de la présence des hommes; seuls ils animent les solitudes où le hasard les a placés L'un de ces marabouts solitaires élevés au pied de l'Edough porte le nom de Sidi-Akkêcha. Il est situé au fond d'une petite baie, où les caboteurs viennent quelquefois chercher un abri; il occupe le sommet d'une colline, dont le pied est garni de beaux vergers ; ce qui fait ressortir la sauvage aridité des abords du cap de Fer. Ce marabout fut, il y a quelques années, le théâtre d'une exécution sanglante, dont nous raconterons bientôt les détails.

Un autre marabout, situé un peu à l'est de Sidi-Akkêcha, offre un intérêt d'un genre différent. On l'aperçoit au pied du cap Arxin, que les indigènes appellent *Ras-Aouàm, le cap Nageur*. Au-dessus dans la montagne règne une sombre forêt, entrecoupée de hauts rochers et enveloppée fréquemment par des brumes qui l'assombrissent encore. Il nous est arrivé plusieurs fois de traverser cette partie de l'Edough au milieu des nuages, et nous nous reportions involontairement à ces bois sacrés de l'antiquité, à ces sanctuaires redoutables au fond desquels le paganisme accomplissait d'horribles sacrifices et célébrait des mystères lugubres. Par une coïncidence remarquable, il existait autrefois, précisément au-dessous de ces forêts, à côté du marabout blanc, une ville romaine, dont les ruines y subsistent encore, et cette ville est mentionnée par les itinéraires anciens sous le nom de *Sulluco*, forme un peu altérée de *sub luco, sous le bois sacré*.

Mont Edough. — Arrêtons-nous un moment dans ce massif tapissé de bois, veiné de métaux, destiné, par sa proximité de la mer et les éléments de richesse industrielle qu'il possède, à devenir l'un des points les plus intéressants de notre colonie.

Le mont Edough ne se perd point, comme tant d'autres, dans la foule de noms barbares que les bulletins militaires ont cherché vainement à tirer de leur obscurité. Il renferme la fameuse mine d'Aïn-Barbar, et à ce titre il a reçu, dans ces derniers temps, le baptême d'une célébrité toute spéciale, la célébrité que donne la police correctionnelle.

Il est limité à l'est, à l'ouest et au nord par la Méditerranée, au sud par la vaste plaine du lac Fzara, et forme ainsi une longue presqu'île de quatre-vingt-dix mille hectares de superficie entièrement circonscrite par des régions basses qui l'isolent de toutes parts. Il contient une population d'environ neuf mille habitants, tous indigènes.

Les deux points culminants de cette chaîne sont, à l'est, celui d'Aïn-bou-Sis, et à l'ouest celui du Chahiba. Entre ces deux sommets règne une dépression considérable, occupée par l'antique marabout de Sidi-bou-Medîn, sanctuaire vénéré, visité en pèlerinage par tous les bons musulmans de la contrée circonvoisine. L'espace qui sépare Sidi-bou-Medîn du Chahiba est traversé par une vallée étroite, ombragée de beaux arbres : c'est là que repose le trésor tant disputé d'Aïn-Barbar.

De la longue corde tendue entre Aïn-bou-Sis et le Chahiba partent les rugosités qui, dans les quatre directions cardinales, déterminent les pentes générales de la montagne.

L'ensemble de la chaîne représente donc assez fidèlement une grande tente dont le Chahiba et l'Aïn-bou-Sis seraient les montants, et dont les piquets seraient plantés sur les bords de la Méditerranée et du lac Fzara.

L'histoire place au pied de cette montagne deux des épisodes les plus imposants de l'histoire d'Afrique. Lorsque le roi vandale Genseric vint mettre le siége devant Hippône, l'année même qui vit mourir saint Augustin, les habitants de l'Edough, spectateurs naturels de ce grand événement, virent s'éteindre à la fois du haut de leurs montagnes la domination du grand peuple et l'existence du grand homme.

Un siècle après Bélisaire ramenait en Afrique l'étendard de l'empire. Le dernier des successeurs de Genseric, Gélimer, fuyait devant lui, et dans sa fuite il demandait un asile aux gorges de l'Edough, appelé alors Pappua. C'est de là qu'il envoyait demander à Bélisaire *une cithare, un pain et une éponge*, message emblématique que l'archéologie n'a pas encore expliqué.

Des souvenirs plus modernes, des souvenirs qui se rattachent directement à l'occupation française, ajoutent à ces traditions antiques l'intérêt d'un drame récent.

Pendant les premières années de notre conquête les montagnards de l'Edough restèrent à peu près étrangers à ce qui se passait dans la plaine de Bône, située au pied de leurs rochers. Quelques Français habitant cette ville s'aventuraient de loin en loin dans la montagne, bien armés, bien escortés, et ils atteignaient ainsi le pic le plus voisin de Bône ; mais arrivés sur la crête dont le prolongement forme le cap de Garde ils s'arrêtaient prudemment, et redescendaient vers la ville.

Cet état de choses dura dix ans, les montagnards ne paraissant à Bône que pour vendre du charbon, des fagots ou des fruits, les touristes téméraires de Bône n'allant dans l'Edough qu'afin de pouvoir dire qu'ils y étaient allés.

Quant à l'état politique des tribus on ne savait trop qu'en penser. Les montagnards ne commettaient aucun acte d'hostilité collective, mais ils s'abstenaient aussi de toute manifestation bienveillante.

Cet état d'équilibre incertain durait depuis l'origine, lorsqu'une circonstance inattendue vint tout à coup porter le trouble dans la montagne et dessiner nettement les positions.

Vers la fin de 1841, un marabout de la tribu des Beni-Mohammed, qui occupe le cap de Fer à l'extrémité de la chaîne, s'imagina que la Providence l'avait choisi pour être le libérateur de sa patrie. Ce nouveau Pierre-l'Ermite se mit donc à parcourir toutes les tribus de l'Edough et à y prêcher la guerre sainte. De là il pénétra dans les montagnes du Zerdêza, qui s'élèvent de l'autre côté du lac (1),
et chercha ainsi à y ranimer le fanatisme de ses co-religionnaires.

Quoique les populations de ces montagnes ne soient pas plus belliqueuses que ne le sont en général les tribus de la province de Constantine, cependant Si-Zerdoud parvint à trouver des auditeurs qui crurent en lui et prirent les armes.

Deux actes d'hostilité préludèrent à cette petite croisade : un officier envoyé avec une faible escorte sur le marché des Beni-Mohammed près du cap de Fer y fut assassiné de la main même de Zerdoud. Peu de temps après le camp d'El-Harrouch fut attaqué par les tribus du Zerdêza, à la tête desquelles figurait encore Zerdoud.

En même temps des actes de brigandage isolés, provoqués par les prédications du marabout, furent commis dans la plaine de Bône, ordinairement si sûre et si tranquille. Dans l'espace de quelques jours Si-Zerdoud devint la terreur de toute la contrée.

Informé de ces événements, le général Baraguay d'Hilliers, que les Arabes appellent Bou-Dera (l'homme au bras), à cause d'une glorieuse infirmité, le général Baraguay d'Hilliers prit ses mesures pour mettre à la raison ce fanatique et ses adhérents.

Trois colonnes partirent à la fois de Constantine, de Philippeville et de Bône, et se dirigèrent vers le massif isolé de l'Edough. La vigueur et l'ensemble de ces opérations combinées ne tardèrent pas à amener la soumission du Zerdêza.

Cependant Si-Zerdoud, retiré dans le Djebel-Edough, y continuait ses prédications et y entretenait la résistance. Mais elle ne fut pas de longue durée. Les trois colonnes pénétrèrent dans la montagne par la plaine du lac, c'est-à-dire par le sud, et après avoir traversé la chaîne à la hauteur du port de Takkouch, finirent par acculer les insurgés dans la petite pointe de terre occupée par le marabout de Sidi-Akkêcha.

Les montagnards demandèrent l'aman, qui leur fut aussitôt accordé ;

---

(1) Le massif du Zerdêza occupe le centre de l'espace compris entre Constantine, Guelma, Bône, Philippeville et El-Harrouch. Le camp d'El-Harrouch, situé sur la route de Philippeville à Constantine, en est le poste le plus rapproché.

mais pendant les pourparlers de soumission un coup de fusil parti de la broussaille vint blesser à côté du général un de ses mkahli ou hommes d'armes indigènes. Aussitôt la trêve fut rompue ; le général français, indigné d'une aussi odieuse infraction aux lois de la guerre, donna l'ordre de tout massacrer, et cet ordre fut exécuté sur-le-champ. Quelques Arabes, placés dans l'impossibilité de fuir autrement, tentèrent un moyen désespéré de salut en se jetant à la mer : ils se noyèrent ; les autres, au nombre d'une centaine, furent impitoyablement égorgés.

Cet acte de rigueur, ordonné et accompli immédiatement après l'attentat qui l'avait provoqué, cette punition terrible mais subite d'un crime flagrant produisit une impression profonde sur toutes les tribus. Dans une vengeance aussi prompte, aussi éclatante que la foudre, elles crurent voir la trace du doigt de Dieu. Au moment de l'exécution c'était une rigueur salutaire ; une heure après ce n'eût été qu'une barbarie inutile.

Cependant l'auteur de l'insurrection, le marabout Zerdoud, n'était point au nombre des victimes ; on sut bientôt qu'au moment où les Arabes s'étaient décidés à demander l'aman il s'était jeté dans les bois avec quelques partisans exaltés, et avait ainsi échappé au massacre.

Mais l'effroi répandu dans toute la contrée par l'hécatombe de Sidi-Akkècha devait produire ses fruits.

Quelques jours après un indigène se présentait à la porte du commandant supérieur de Philippeville, et demandait à lui parler en secret. C'était le secrétaire de Zerdoud ; il venait offrir de livrer son maître.

Une petite colonne partit aussitôt sous la conduite de ce guide, et força la marche en suivant ses traces. Elle pénétra dans les montagnes par les forêts qui en couvrent les versants méridionaux au sud de Sidi-Akkècha. On arriva ainsi au-dessus d'un ravin profond couvert d'épaisses broussailles. Alors le guide, élevant la main dans la direction où la gorge paraissait se rétrécir et s'approfondir le plus, dit à voix basse au chef de la colonne : C'est là.

A l'instant les soldats se mirent en devoir de cerner le point indiqué ; mais avant que ce mouvement ait pu s'exécuter d'une manière complète le bruit de la marche des troupes dans le fourré s'était fait entendre jusqu'au fond de ces retraites silencieuses. Tout à coup le massif de broussailles qui cachait le fond du ravin s'agita d'une manière étrange. Un homme en sortit. — C'est lui, dit tout bas le guide.

Aussitôt le bruit d'une décharge de mousqueterie fit retentir les échos de la montagne.

Zerdoud tomba pour ne plus se relever.

Sa tête et son bras furent séparés de son corps, pour être exposés aux yeux de tous les Arabes, comme le seul acte de décès auquel ils pussent ajouter foi. C'était le moyen d'ôter tout prétexte à des contes absurdes et de prévenir de nouveaux malheurs.

Depuis cette époque l'Edough est demeuré fidèle aux promesses de soumission qu'il avait faites et au besoin de tranquillité qu'il éprouve. Non-seulement les montagnards viennent comme par le passé apporter à Bône les produits de leur modeste industrie ; mais ils accueillent avec une hospitalité cordiale les Français qui leur rendent visite.

Les habitants de Takkouch ont demandé la création d'un établissement français à côté de leur port, qui offrirait ainsi un débouché à leurs produits. Ils ont offert de former une garde nationale pour contribuer à la défense de ce port.

Devant le pic d'Aîn-bou-Sîs, sur le col appelé Fedj-el-Mâdel, s'est élevé un petit village français, composé de trois ou quatre maisons. Là sans fossé, sans mur d'enceinte, sans haie même, vivent en cénobites quelques gardes forestiers. Une route tracée par les ordres du général Randon conduit à cet établissement, qui, placé à cinq lieues de Bône, parmi les bois et les montagnes, jouit d'une sécurité que rien jusqu'à ce jour n'est venu troubler.

Dans le cours de l'été 1845 nous parcourions le théâtre des événements qui viennent d'être racontés. En passant auprès d'un ravin désert, silencieux, sauvage, les Arabes qui nous accompagnaient quittèrent un moment la route, et s'approchèrent avec respect d'un petit dé en maçonnerie blanche, à demi caché dans les broussailles; c'était la tombe de Zerdoud.

Quelques jours après, en descendant, à la tombée de la nuit, le défilé d'Aoun, pour aller camper dans la plaine située en arrière du cap de Fer, nous aperçûmes sur la gauche, dans une anfractuosité déserte de la montagne, une tente isolée au fond de laquelle brillait une lumière. Tous les regards de nos guides indigènes se portèrent à la fois vers ce point; nous traversions la tribu des Beni-Mohammed, où l'insurrection avait pris naissance: cette tente solitaire avait été celle de l'agitateur, elle abritait encore sa veuve et son fils.

Golfe de Philippeville. — Philippeville. — Stôra. — Kollo.

Après avoir doublé le cap de Fer on entre dans le golfe de Philippeville, le rentrant le plus profond de la côte d'Algérie; il n'a pas moins de trente-neuf lieues d'ouverture de l'est à l'ouest, sur six lieues d'enfoncement du nord au sud. Il est compris entre le cap de Fer à l'est et le cap Bougaroni à l'ouest. La saillie du cap Srigina le divise en deux baies, celle de Kollo et celle de Stôra.

Cet immense bassin se fait remarquer par l'aspect verdoyant des terres qui le circonscrivent; quelques sites délicieux apparaissent au fond de petites plages entrecoupées de pointes de roches. L'un des plus agréables est formé par la petite vallée de l'Ouad-el-Rira, qui descend des versants occidentaux du Fulfula, et vient déboucher à la mer, au pied du cap de ce nom. Lorsque la mode aura accrédité en France l'usage des villas algériennes, ces vallons frais et ombragés se couvriront d'habitations blanches, et ces belles campagnes, aujourd'hui délaissées, emprunteront à la culture le seul charme qui leur manque aujourd'hui, celui de l'animation.

Philippeville. — La partie la plus reculée du golfe est bordée par une plage de sable où jusqu'en 1838 les embarcations des navires français envoyés pour reconnaître la côte étaient accueillies à coups de fusil. C'est là que s'est élevé Philippeville. Elle occupe l'emplacement d'une ville romaine, appelée Rusiccada, dont le nom s'est conservé sous la forme Ras-Skikda, appliquée à l'un des deux mamelons entre lesquels s'étendait l'ancienne ville.

L'histoire ne nous a pas fait connaître l'importance de la colonie de Rusiccada, mais les débris accumulés sur le sol ont permis de l'apprécier; on y a trouvé un théâtre bâti sur le penchant de la colline de l'ouest, et du côté opposé un amphithéâtre destiné peut-être aux représentations navales appelées par les anciens naumachies. Enfin des citernes monumentales existaient dans la région élevée du mamelon de l'ouest. Çà et là surgissaient des cintres de voûtes, des restes de temples, et enfin des constructions de formes bizarres, dont la destination primitive n'a pu encore être assignée avec certitude.

Tous ces vestiges, qui témoignent de l'importance de l'ancienne Rusiccada, de la solidité et de la grandeur de ses monuments, se voyaient à la surface du sol au moment où les Français prirent possession de la plage et de la vallée de Skikda. Mais quand la pioche eut commencé à remuer la terre pour y asseoir les fondations de la nouvelle ville, elle mit au jour des inscriptions, des statues, des colonnes, des sculptures, et surtout un énorme amas de pierres de taille, héritage de générations depuis longtemps éteintes qui a déjà fourni les matériaux d'une cité neuve, et qui est loin encore d'être épuisé.

A deux mille mètres à l'est de Philippeville une petite rivière débouche à la mer: c'est le Safsaf, dont la belle vallée est devenue depuis quelques années l'objet de concessions aussi importantes par la position des concessionnaires que par l'étendue des lots.

La fondation de Philippeville date du mois d'octobre 1838. Dès le mois de janvier une première reconnaissance avait été dirigée de Constantine jusqu'au point où est aujourd'hui le camp du Smendou, c'est-à-dire à six lieues et demie. Au mois d'avril une seconde exploration atteignit les ruines de l'ancienne Rusiccada. Au mois de septembre la route était ouverte et viable jusqu'au col de Kentours, à neuf lieues de Constantine;

quelques jours après les deux camps intermédiaires de Smendou et d'El-Harrouch furent établis. Ce dernier n'était éloigné de la mer que d'une journée de marche. Enfin le 5 octobre une colonne expéditionnaire, commandée par M. le maréchal Vallée, partit de Constantine. Le même jour elle allait bivouaquer au camp du Smendou. Le 6 elle passa la nuit au camp d'El-Harrouch, et le 7, à quatre heures du soir, le drapeau tricolore fut arboré définitivement sur les ruines de la colonie romaine.

C'était le premier exemple d'une prise de possession accomplie sur le littoral par une colonne française arrivant du sud; quoiqu'on fût en pays kabile, l'occupation eut lieu sans résistance. Seulement dans la nuit quelques coups de fusil tirés sur les avant-postes protestèrent contre une conquête à laquelle les Kabiles devaient bientôt souscrire.

L'emplacement de Philippeville, acquis au prix d'une expédition coûteuse, pouvait à bon droit être regardé comme la propriété du vainqueur. Toutefois le gouvernement, quoique maître du terrain, craignit de laisser à son premier pas sur le territoire kabile le caractère d'une usurpation. Appréciant la nature du droit de propriété chez les peuples d'origine berbère, leurs habitudes de stabilité, l'intérêt qu'il avait lui-même à respecter, à encourager ces habitudes, il voulut obtenir, moyennant indemnité, la cession des terrains nécessaires à la fondation de la ville qu'il projetait. C'est ainsi que la France inaugura sa domination sur le territoire kabile, et il est certain que cet acte d'équité scrupuleuse contribua puissamment à lui concilier l'esprit de ces peuples.

Le génie militaire arrêta immédiatement le tracé de la ville nouvelle; une grande rue fut ménagée au fond de la vallée étroite qui sépare les deux mamelons; ce fut la ligne de séparation entre les constructions militaires et les constructions civiles.

Philippeville devenait le port de Constantine, le vestibule de toute la province; aussi prit-elle un accroissement rapide : les constructions s'élevèrent comme par enchantement; une agitation électrique, une activité fébrile animèrent tout à coup ce rivage, qui depuis près de quinze siècles n'avait vu que des ruines mornes et silencieuses à côté de huttes éparses et chétives.

Au mois d'avril 1839, c'est-à-dire six mois après sa fondation, Philippeville comptait déjà 716 habitants. Au 1er janvier 1847 elle renfermait une population de 5,003 Européens, dont 2,520 Français, et de 849 indigènes, dont 652 musulmans, 58 nègres et 139 israélites, auxquels il faut ajouter une population indigène flottante de 246 personnes. Il est à remarquer que c'est de toutes les villes d'origine française celle où les indigènes se sont établis en plus grand nombre.

Stora. — La plage découverte de Philippeville battue en plein par le vent et la houle appelait, comme complément indispensable, un point de débarquement. Il n'en existait à proximité qu'un seul, à une lieue de la ville, au fond d'une anse, abrité des vents d'ouest par des hauteurs abruptes, incultes, couvertes de broussailles qui se dressent alentour comme un rideau. Ce point portait dans la géographie indigène le nom de Stôra, nom qui signifie lui-même *rideau* (1). La position de Stôra fut donc occupée, et se transforma bientôt en village.

On y a trouvé, comme à Philippeville, des restes imposants de constructions romaines, de vastes magasins voûtés et de magnifiques citernes, dont le génie militaire a tiré parti, en les rétablissant avec autant de soin que d'intelligence dans l'état où elles se trouvaient il y a deux mille ans. Aujourd'hui la citerne monumentale de Stôra est à la fois un édifice d'une utilité présente incontestable et un modèle curieux de restauration archéologique.

Il faut le dire, la position de Stôra est malheureusement aussi ingrate pour les architectes que celle de Philippeville est désespérante pour les marins. Quoi que l'on fasse, le village se trouve impérieusement borné dans son développement par la roideur des pentes qui le dominent.

On se flattait du moins de trouver une ample compensation à ce vice radical

(1) C'est de là sans doute qu'est venu notre mot de *store*.

dans la sûreté du mouillage, lorsque la mer vint tout à coup restreindre une confiance un peu trop hâtive et réduire à sa juste valeur le mérite nautique de Stôra. Nous pensons faire acte de justice en rappelant les principales circonstances de cette affreuse catastrophe, circonstances aussi honorables pour la population de Philippeville que pour la marine française.

Le 16 février 1841 nous débarquions à Philippeville, après une traversée délicieuse, par une mer calme et un beau temps; c'était peu de jours après l'horrible tempête qui bouleversa la rade de Stôra. Tout le rivage était jonché de débris. Nous trouvâmes la population de Philippeville consternée des malheurs dont elle venait d'être témoin; presque tous les navires à l'ancre avaient été brisés contre les rochers. L'île de Sridjina, qui forme la pointe de Stôra, avait, disait-on, plusieurs fois disparu sous les eaux quoiqu'elle ait plus de vingt mètres de hauteur.

Mais parmi tant d'épisodes lugubres il y en avait un qui dominait tous les autres : c'était le naufrage de la gabarre de l'État *la Marne*.

Dès les premiers coups de la tempête les équipages de presque tous les navires marchands étaient descendus à terre. Il n'en fut pas, il ne pouvait pas en être de même de la marine militaire : là tout le monde resta à son poste; plusieurs passagers des bâtiments de commerce y avaient même cherché un refuge, comme dans une arche inviolable; ils eurent à se repentir cruellement du parti qu'ils avaient pris.

Ce fut vers midi que ce malheureux navire commença à traîner ses ancres, et vers deux heures le commandant fit tirer le canon d'alarme. Aussitôt la population et une partie de la garnison de Philippeville coururent au village de Stôra et se réunirent sur l'étroite plage qui faisait face au bâtiment en détresse. Les différents services s'entendirent pour faire préparer et apporter tout ce qui, dans le matériel confié à leur garde, pouvait devenir instrument de sauvetage. En même temps une ambulance fut organisée pour donner aux naufragés les premiers secours.

Le commandant de *la Marne*, reconnaissant l'impuissance de ses ancres, avait fait couper les câbles, qui ne faisaient plus que gêner sa manœuvre, et il gouvernait pour s'échouer sur une plage de sable, qui aurait favorisé le sauvetage des hommes; mais par malheur il traînait encore une dernière ancre, dont il avait été impossible de rompre la chaîne.

Le navire, horriblement tourmenté par la mer, montrait alternativement aux spectateurs du rivage sa quille et son pont : on voyait alors sur ce plancher, qui allait se rompre, tout ce que peuvent la discipline et la confiance: parmi les cent vingt matelots qui composaient l'équipage, et dont plus de la moitié allaient rendre à Dieu leur âme résolue, pas un cri, pas un signe d'hésitation ou de découragement. Tous, attentifs à la voix du commandant, qui seule se faisait entendre, exécutaient ses ordres avec calme et précision. Les nombreux témoins de cette scène imposante en conserveront toute leur vie le souvenir religieux.

Cependant la gabarre chassait toujours, traînant cette malheureuse ancre, qui l'empêchait de diriger sa marche. Un rocher à fleur d'eau la séparait de la plage, et elle aurait pu facilement l'éviter si elle eût été libre; mais cela fut impossible, et elle vint le heurter de toute sa masse et de toute sa vitesse.

Ce fut un horrible moment; le pont se rompit en trois, et il n'y eut plus pour chacun qu'une bien faible chance de salut.

Toute la population assistait à ce spectacle, immobile, consternée, tendant les bras à ces malheureux, plus calmes qu'elle, qui allaient mourir à vingt mètres du rivage, sans qu'il fût humainement possible de leur porter secours.

Le commandant fit jeter un câble vers la plage pour essayer un *va et vient ;* mais le câble, emporté par le vent et la mer, ne pouvait être saisi par ceux du rivage. Vainement des hommes intrépides essayaient-ils de s'élancer pour saisir ce frêle moyen de communication, quelques-uns furent emportés par la mer et disparurent.

Enfin pourtant on parvint à le saisir; cent bras s'y cramponnèrent aussitôt, et les matelots commencèrent à se hisser à la force des mains; mais plusieurs, engourdis par le froid, vaincus par la fatigue, assaillis par les lames qui se dressaient contre eux avec fureur, abandonnèrent le fil de salut et furent engloutis.

Bientôt un coup de mer plus violent que les autres secoua si rudement le câble, qu'il l'arracha du rivage en blessant plusieurs de ceux qui le tenaient. Toute communication fut de nouveau rompue; on avait ainsi sauvé une dizaine d'hommes, pour vingt et plus qui avaient péri.

Le capitaine, qu'on voyait toujours calme et impassible, plus glorieux, à notre sens, sur ce misérable tronçon de navire que dans le commandement d'une escadre, le capitaine donna l'ordre d'abattre le grand mât.

Heureusement, en accostant le rocher, le pont du bâtiment était resté tourné vers la terre, de manière que la chute du grand mât pouvait former une sorte de pont entre les débris du navire et le rivage. Les choses se passèrent ainsi, et le sauvetage s'exécuta plus heureusement que la première fois; mais plusieurs, trop confiants dans leurs forces, avaient essayé de se jeter à la mer; tous avaient péri.

Enfin sur ce débris de carcasse, théâtre d'un si horrible drame, et que la tempête menaçait encore d'enlever, il ne restait plus que deux hommes, le charpentier du bord et le commandant. Le matelot s'effaçait respectueusement pour laisser passer son chef, lorsque celui-ci, par un geste brusque et impératif, lui fit signe de passer le premier. Le soldat obéit; mais à peine descendu sur le pont fragile qu'il avait tant d'intérêt à traverser vite, il se retourna et tendit la main à son commandant pour l'aider à y descendre lui-même. Ceux qui du rivage ont assisté à cette scène si simple, si courte et si touchante, se la rappellent encore avec attendrissement.

Le commandant et tous ceux qu'on avait pu sauver étaient plus ou moins grièvement blessés; les soins ne leur furent pas épargnés. Entre des hommes que l'on est parvenu à conserver à si grand'peine et ceux qui ont exposé leur vie pour les arracher à la mort il existe un lien intime de parenté. D'ailleurs l'admiration que le courage de ces braves gens et la fermeté de leur chef avaient inspirée à la population de Philippeville suffisait bien pour appeler sur eux toute la sollicitude des habitants.

Le commandant de la gabarre *la Marne* était M. Gattier, qui, deux ans après, devait à son tour tendre la main aux naufragés politiques de Barcelone.

Kollo. — L'île de Sridjina et le cap du même nom marquent la séparation entre le golfe de Stôra et celui de Kollo. Depuis le village de Stôra jusqu'à la ville de Kollo la côte se présente au navigateur ardue mais verdoyante; une petite île située à peu près à moitié chemin présente un phénomène zoologique assez remarquable: elle est habitée par des oiseaux d'espèces différentes, et qui plus est d'espèces ennemies, étrange république où le goëland, l'hirondelle de mer, le pétrel et même le pigeon font leur nid à côté de l'épervier et du milan, et paraissent vivre dans la plus complète sécurité avec ces destructeurs naturels de leurs espèces. M. le commandant Bérard, à qui nous empruntons ce fait (1), ajoute que cette confraternité entre des animaux voués par leurs instincts à une inimitié réciproque se remarque fréquemment sur les rochers et les îlots qui bordent la côte d'Afrique.

La ville de Kollo est la seule position maritime de quelque importance, sur la côte d'Algérie, qui ne soit pas occupée par les Français. Cependant elle a été visitée plusieurs fois par nos colonnes; mais l'occupation définitive en a toujours été ajournée. Elle est bâtie au pied du cap Bougaroni, derrière une petite presqu'île appelée El-Djerda, d'un aspect triste, bordée de roches droites et parallèles, disposées comme des tuyaux d'orgue. Les maisons sont bâties en pierres et couvertes en tuiles. Elle est habitée par des marins kabiles, qui vivent de cabotage. Les environs offrent l'aspect le plus varié et le plus pittoresque. Au sud de la ville s'étend la plaine de Telezza, couverte d'une riche végétation. Au delà le fond du tableau est formé

(1) *Description nautique des côtes de l'Algérie*, par M. A. Bérard, capitaine de corvette.

de grandes masses qui s'élèvent graduellement. La plupart des collines se montrent couronnées de bois; plusieurs sont cultivées jusque vers leur sommet. Une rivière, l'Ouad-Morkan, traverse la plaine de Telezza et vient se jeter dans la mer à côté de la ville.

La petite ville de Kollo occupe l'emplacement d'une cité romaine, désignée sur les itinéraires sous le nom de *Collops magnus*. On y retrouve plusieurs débris de constructions qui datent de cette époque. Au pied d'El-Djerda sur le bord de la mer, dans une baie appelée Baharen-Nça (la mer des femmes), on voit des pans de murs et au-dessus des souterrains.

Il paraîtrait que Kollo aurait éprouvé par l'effet des attérissements ce qui est arrivé à plusieurs anciens ports, et notamment à celui d'Aigues-Mortes: il existe au sud, à environ deux milles, un étang séparé de la baie par une langue de sable d'environ cent mètres. Les traditions locales rapportent que ce lac communiquait autrefois avec la mer, et formait un beau port capable de contenir un grand nombre de bâtiments. Les habitants lui donnent le nom d'El-Djabia. Un pilote indigène a assuré à M. le commandant Bérard y avoir trouvé jusqu'à treize brasses d'eau (21 m. 10). On aperçoit encore, dit-on, aux environs du bassin et même dans l'intérieur, sous les eaux, des constructions qui paraîtraient confirmer la tradition locale (1).

La baie actuelle de Kollo est signalée par les marins comme un bon port de commerce. Les petits bâtiments y trouvent un abri contre presque tous les vents, un fond d'une bonne tenue et un débarquement facile. Il est probable que l'administration française ne tardera pas à l'occuper. Il deviendra alors une des portes de communication avec Constantine. La Compagnie d'Afrique y a possédé un établissement, de 1604 à 1685, pour le commerce intérieur et la pêche du corail.

Cap Bougaroni. — Le cap Bougaroni est le point le plus avancé au nord de toute la côte d'Algérie. Il est le seul avec le Cap de Fer qui dépasse le trente-septième degré de latitude. Il se distingue encore

(1) *Description nautique*, page 119.

de tous les autres caps par sa forme. C'est une grosse masse ronde plongeant dans la mer, comme une tour gigantesque, à des profondeurs que la sonde ne peut atteindre, à moins qu'elle ne soit jetée tout près du rivage. Il existe au pied de ce môle un banc de corail qui avait motivé au dix-septième siècle l'établissement de la Compagnie française à Kollo.

Lorsque l'on contourne le cap Bougaroni on voit se détacher de la masse une première saillie, que l'on prend pour le cap lui-même. En continuant, on en voit surgir une seconde, puis une troisième, et le regard du voyageur est ainsi trompé sept fois de suite avant d'avoir définitivement doublé le cap pour entrer dans le golfe de Djidjeli, ou dans celui de Philippeville. C'est pour cette raison que les navigateurs européens l'ont appelé Bougaroni (trompeur) et les navigateurs indigènes le Cap des sept caps (Ras-Seba-Rous).

Djidjeli. — Enfin, après avoir dépassé la septième pointe du cap Bougaroni, on voit apparaître la ville et le golfe de Djidjeli. Au fond du golfe, derrière le cap, une rivière se jette à la mer sous le nom d'Ouad-Nedja. Elle n'est autre que le Roumel, qui baigne le pied des rochers de Constantine.

Djidjeli a été occupée de vive force par les Français le 13 mai 1839. La ville est assise sur une petite presqu'île rocailleuse, réunie à la terre ferme par un isthme déprimé que les hauteurs circonvoisines dominent à petite distance.

De la pointe orientale de la presqu'île part une longue ligne de rochers; il semble au premier abord qu'il suffirait de remplir en blocs de maçonnerie les intervalles qui les séparent pour créer en arrière de cette muraille continue un large et sûr abri; ce fut l'erreur de Louis XIV lorsqu'en 1664 il envoya Duquesne prendre possession de Djidjeli. Il songeait alors à y créer un port militaire; mais on reconnut que la darse manquait de fond, et l'on renonça à une conquête éphémère, que les relations ouvertes avec les Kabiles du voisinage rendaient difficile à étendre, et dont la situation nautique ne justifiait pas d'ailleurs les espérances qu'on avait conçues.

Aujourd'hui Djidjeli est privée de

communications avec nos établissements de l'intérieur. Elle n'est accessible aux Français que par mer : tout le massif de tribus compris entre elle et Kollo est demeuré jusqu'à ce jour dans l'insoumission. Djemila serait le point de la route de Constantine à Sétif, avec lequel elle correspondrait naturellement. Mais l'abandon de cet établissement a retardé l'ouverture de la route entre ces deux points.

Djidjeli, sous la domination romaine, avait été élevée au rang de colonie; elle a conservé sous une forme un peu altérée le nom d'Igilgilis, qu'elle portait alors. On y retrouve quelques débris de ses édifices antiques. Vers 361 de notre ère une insurrection violente ayant éclaté dans le massif qui forme aujourd'hui la Kabilie, un des premiers généraux de l'empire fut envoyé pour la réprimer. C'était Théodose, père de l'empereur qui s'agenouilla devant saint Ambroise. Parti d'Arles en Provence, il vint débarquer dans le port d'Igilgilis. C'est dans l'antiquité le seul fait historique relatif à Djidjeli.

Djidjeli est habitée par une garnison de sept à huit cents hommes et une population européenne de 265 individus, dont 99 Français. Les habitants indigènes sont au nombre de 794, dont 792 musulmans et 2 israélites.

Golfe de Bougie. — Djidjeli n'est éloigné que de vingt kilomètres du cap Cavallo, où commence le golfe de Bougie. Quelques groupes d'îlots se montrent dans l'intervalle; en arrière, de petites plages entrecoupées de falaises basses et noires; à mi-côte, des champs cultivés; enfin à l'horizon les hauteurs couronnées de bois dessinent le bord supérieur d'une petite vallée verte et riante.

Rien de plus imposant que le spectacle de la côte lorsqu'on a dépassé le cap Cavallo et qu'on pénètre dans le golfe de Bougie. Un vaste amphithéâtre de hautes montagnes apparaît dans l'enfoncement; presque toutes ont leurs sommets hérissés de roches nues; quelques-unes conservent de la neige jusqu'au mois de juin : au-dessous de la zone des roches et des neiges règne un large bandeau de forêts; au-dessous encore commence la zone des vergers; enfin la culture des potagers et des céréales occupe les déclivités inférieures.

Quelques accidents remarquables se détachent sur ce fond majestueux : dans l'est c'est le Babour, aplati, en forme de table, au sommet, sillonné de rides profondes sur les flancs ; au centre c'est le Kendrou, habité par une tribu de mineurs qui exploitent de riches gisements de fer ; dans l'ouest c'est le Toudja, au pied duquel s'élèvent de beaux villages, construits dans une forêt d'orangers.

Il se produit en entrant dans le golfe de Bougie une illusion analogue à celle que nous avons déjà signalée pour le golfe de Bône. Quelques arbres élevés situés à fleur d'eau s'éloignent par l'effet du mirage, et prêtent à la baie une profondeur immense. Mais à mesure que l'on se rapproche de Bougie l'illusion se dissipe, et le golfe montre dans leur réalité sa forme et son étendue. Enfin on arrive au mouillage; on se trouve alors au pied des roches grises du Gouraïa, en face d'un groupe de maisons blanches, séparées entre elles par des massifs de vergers; c'est un des plus illustres débris de la grandeur musulmane en Afrique, et la capitale actuelle de la Kabilie.

Bougie. — La ville et le port de Bougie occupent le segment occidental du large hémicycle que dessine le golfe, situation analogue à celle des principaux établissements maritimes de l'Algérie, Bône, Stora, Kollo, Djidjeli, Alger, Arzeu et Mers-el-Kébir.

Elle est bâtie en amphithéâtre sur deux croupes exposées au sud, et séparées par un ravin profond appelé Ouad-Abzaz. Le ravin et les deux mamelons viennent se perdre dans la mer en formant une petite baie qui est le port actuel de Bougie. En arrière de la ville règne un plateau de cent quarante-cinq mètres d'élévation, d'où s'élance à pic à une hauteur de six cent soixante et onze mètres le Gouraïa, remarquable par ses pentes abruptes, sa teinte grisâtre et ses formes décharnées.

La crête du Gouraïa s'abaisse par ressauts successifs jusqu'au cap Carbon, qui ferme à l'ouest le golfe de Bougie. Le premier porte le nom de Mlaad-ed-Dib (le théâtre du Chacal). Puis viennent sept dentelures juxtaposées, que les Bougiotes comprennent sous la dénomination commune de Seba-Djebilât (les sept petites montagnes).

Le cap Carbon présente à la mer une muraille perpendiculaire d'énormes rochers d'un rouge fauve, qui se prolonge sans interruption jusque dans la baie de Bougie, et prête aux abords de cette ville un caractère imposant. A la base de ce morne règne une caverne haute et profonde, creusée par le choc incessant des vagues qui viennent s'y engouffrer avec des bruits sourds; elle traverse le rocher de part en part, ce qui lui a fait donner le nom d'El-Metkoub (la roche percée). S'il faut en croire une tradition accréditée parmi les prêtres espagnols établis jadis à Alger, la crypte naturelle d'El-Metkoub fut au quatorzième siècle le théâtre des pieuses méditations de Raymond Lulle. C'est dans cet oratoire sauvage et grandiose que l'infatigable apôtre de la foi prouvée venait chercher des inspirations durant le cours de sa mission en Afrique.

Bougie occupe l'emplacement de la colonie romaine de Saldæ. On y a retrouvé des soubassements de murs en pierres de taille, quelques tronçons de colonnes et plusieurs inscriptions latines, dont une porte l'ancien nom de la colonie.

Mais la véritable grandeur de Bougie date de la période sarrazine. Vers le milieu du onzième siècle elle contenait plus de vingt mille maisons, ce qui suppose une population d'au moins cent mille habitants. Au commencement du seizième siècle elle ne comptait plus que huit mille feux, et par conséquent quarante mille habitants.

En 1509, au moment où elle fut prise par les Espagnols, elle renfermait plus de huit mille défenseurs. Avant l'occupation française elle pouvait avoir, d'après l'estimation des habitants, environ deux cents maisons; ce qui correspondrait, au taux des évaluations précédentes, à une population de mille âmes. Enfin la population indigène se trouve réduite aujourd'hui à cent quarante-six individus, dont un tiers se compose de Kouloughis et le reste de Kabiles.

Telle a été la loi de décadence d'une des premières cités de l'islamisme, d'une ville comptée parmi les villes saintes. Au temps de sa grandeur Bougie avait des écoles renommées, de belles mosquées, des palais ornés de mosaïques et d'arabesques. Chaque année de nombreux pèlerins venaient la visiter; aussi l'appelait-on *la petite Mecque*. Un monument qui existe dans la haute ville rappelle cette tradition; c'est un puits situé parmi des débris sans nombre et sans nom; les habitants l'appellent encore, par allusion à la métropole de l'islamisme, *le puits de Zemzem*.

Par un caprice assez bizarre, le temps et la guerre, ces destructeurs impitoyables, ont respecté sur une grande partie de son étendue la muraille qui fermait Bougie alors qu'elle était la capitale des Hammadites et qu'elle tenait sous ses lois Bône, Constantine et Alger. On retrouve encore un échantillon de l'architecture de cette époque dans l'ogive gracieuse et pittoresque appelée *porte des Pisans*, qui s'élève au bord de la mer, à côté du débarcadère actuel. C'est par cette étroite ouverture que le 29 septembre 1833 les Français ont fait leur entrée dans Bougie sous le feu des Kabiles.

Bougie passa des mains sarrazines dans les mains espagnoles, qui lui ont laissé des restes imposants d'architecture militaire. Les trois forteresses de la Kasba, d'Abd-el-Kader et de Mouça, occupées encore aujourd'hui par les Français, datent de cette époque.

C'était en 1509, au moment où l'Espagne jetait les fondements de la grandeur maritime qui devait illustrer deux règnes. Ferdinand le Catholique, sous prétexte de réprimer les incursions audacieuses des pirates bougiotes, mais en réalité pour s'assurer d'une des meilleures positions maritimes de la côte d'Afrique, envoya contre Bougie Pierre Navarre avec quatorze grands vaisseaux chargés de 15,000 hommes. Au lieu d'intrépides forbans, acharnés à la défense de leur repaire, Pierre Navarre se trouva avoir affaire, suivant le langage d'un auteur contemporain, à « de joyeux « citoyens, qui ne tâchaient à autre chose « qu'à se donner du bon temps et à vivre « joyeusement, tellement qu'il n'y avait « celui qui ne sût sonner d'instruments « musicaux et baller, principalement « les seigneurs. » A la vue de l'escadre espagnole, ces *joyeux citoyens* s'enfuirent dans la montagne, et la ville demeura déserte.

Trois ans après, en 1512, le fondateur de la régence d'Alger, Haroudj Barberousse, se présentait à son tour devant Bougie avec des forces considérables. Déjà même il s'était emparé d'une des forteresses; mais au premier assaut livré à l'autre il eut le bras emporté d'un coup de canon, et se retira avec des pertes énormes.

En 1515 il fit une seconde tentative, aussi infructueuse que la première.

C'est alors qu'il se rabattit sur Alger; il en fit sa capitale, à défaut d'autre, et cette circonstance fortuite éleva tout à coup la fortune d'une ville que la nature avait réservée pour un rôle plus modeste.

Enfin, en 1555, le cinquième souverain d'Alger, Salah'-er-Réis, vint assiéger Bougie par terre et par mer. Il enleva d'abord sans beaucoup de résistance le fort Mouça; il attaqua ensuite le fort Abd-el-Kader, et l'emporta d'assaut, après l'avoir canonné pendant cinq jours. Enfin le feu fut ouvert contre la Kasba, et dura vingt-deux jours, après quoi les Espagnols capitulèrent. On voit encore sur les murs de cette citadelle les trous creusés par les boulets turcs lancés du fort Mouça. Ce sont à peu près les seuls vestiges de la période de trois siècles qui a précédé la nôtre.

La prise de Bougie par les Français fut provoquée par des brigandages maritimes. En 1831 un brick de l'État ayant fait naufrage sur ses côtes, l'équipage fut massacré. Plus tard un brick anglais, *le Procris*, s'étant présenté devant la ville, en reçut, sans aucune provocation, deux coups de canon. Aussitôt le consul d'Angleterre à Alger demanda satisfaction de cette insulte, et exprima l'espoir que la France, maîtresse de la côte d'Afrique, saurait y faire respecter les pavillons amis. L'expédition ne fut cependant décidée que le 14 septembre 1833, et le 23 une colonne de deux mille hommes partait de Toulon sous le commandement du général Trézel. Le 29 au point du jour elle parut devant Bougie. Le débarquement s'opéra de vive force, à côté du grand arceau du moyen âge appelé *Porte des Pisans*. En deux heures le fort Abd-el-Kader, le fort Mouça et la Kasba furent en notre pouvoir. Mais la résistance, qui avait été faible au moment de l'attaque, devint très-vive le lendemain, et se prolongea pendant plusieurs jours de maison en maison. Enfin le 12 octobre, le général français ayant reçu des renforts d'Alger, et reconnaissant toute l'importance de la position du Gouraïa, qui domine la ville au nord, à une hauteur de six cent soixante et onze mètres, résolut de l'enlever aux Kabiles. L'attaque fut bien conduite, et réussit. Dès ce moment les irruptions par la montagne cessèrent, et le cadavre de Bougie resta définitivement aux Français.

De tout temps Bougie parut une position maritime de premier ordre. En 1541 Charles-Quint, surnommé dans les inscriptions espagnoles *l'Africain*, y relâcha après sa malheureuse tentative contre Alger, et l'impression qui lui resta de ce voyage le détermina à y créer des moyens de défense considérables. Les Turcs voulurent y placer le siége de leur empire, et c'est dans ce but que Barberousse essaya par deux fois de s'en emparer. Après l'expédition du duc de Beaufort contre Djidjeli, en 1664, Louis XIV, mieux informé, regretta de ne l'avoir pas dirigée sur Bougie. Enfin il existe aux affaires étrangères des documents qui constatent que les Anglais regardent la situation de Bougie comme comparable à celle de Gibraltar.

Ce concours de témoignages s'explique par la configuration de la rade de Bougie. La jetée que l'art est obligé d'élever à si grands frais dans la baie d'Alger existe naturellement dans celle de Bougie. Cette jetée, c'est le cap Bouac, un des bras du cap Carbon. Il combine son action avec toutes les montagnes du voisinage pour préserver des coups de mer et des coups de vent une anse connue sous le nom de Sidi-Iahia, qui devient, par un concours de dispositions naturelles, l'un des meilleurs mouillages de la côte d'Afrique. Aussi les Turcs ne l'avaient-ils pas méconnue. Chaque année vers l'équinoxe d'automne leur flotte abandonnait les parages dangereux d'Alger, et venait prendre sa station d'hiver dans la rade de Sidi-Iahia.

Par une faveur nouvelle de la nature, la disposition de la rade de Bougie permet encore de l'améliorer à peu de frais.

En effet, c'est surtout par la hauteur des fondations sous-marines que les jetées artificielles deviennent ruineuses. Eh bien! une jetée à Bougie, eût-elle deux mille mètres de longueur, ne rencontrerait à cette distance que dix-huit à vingt mètres d'eau, tandis que le môle d'Alger à sept cents mètres seulement en trouve déjà trente-deux.

Pour faire apprécier la valeur arithmétique de ces hasards heureux qui se rencontrent dans la configuration des côtes, ajoutons :

Qu'un môle de six cents mètres de longueur doterait notre marine militaire d'un abri de cent quatre hectares à Bougie et seulement de trente-huit à Alger;

Qu'il coûterait à Bougie trois millions et demi, tandis que le môle d'Alger pour cinq cents mètres seulement a déjà coûté dix millions.

Voilà pourquoi Ferdinand le Catholique, Charles-Quint, Barberousse, Louis XIV et les Anglais ont arrêté leurs regards sur Bougie, les uns avec complaisance, les autres avec regret.

Cette ville sera un jour le Gibraltar de la côte d'Afrique.

La Kabilie proprement dite.

En arrivant à l'entrée du golfe de Bougie, nous avons appelé l'attention du lecteur ou plutôt du voyageur sur le caractère et l'aspect particuliers des montagnes qui, auprès comme au loin, en bordent ou dominent le contour. On sent que la nature a dû former là un de ces nœuds qui se remarquent au point de rencontre des grandes chaînes dans la configuration des continents : c'est que là aussi existe un nœud d'une autre espèce, et que les populations de ce massif diffèrent autant de celles qui les entourent que le massif lui-même de ceux qui le circonscrivent.

La contrée qui vous fait face lorsque venant de l'est vous pénétrez dans le golfe de Bougie est la Kabilie proprement dite.

A la vérité, la côte de Stôra et celle de Djidjeli sont habitées par des tribus kabiles dans lesquelles le génie et les instincts particuliers à cette race ont laissé des empreintes plus ou moins profondes. Mais le goût de la stabilité, l'amour du ravin natal, l'habitude du travail, l'exercice des arts professionnels, le soin et l'art des cultures, ne se retrouvent nulle part au même degré que dans les habitants des montagnes qui entourent la ville de Bougie. Une des différences les plus frappantes est celle qui se remarque dans la nature des habitations. En général le Kabile fait peu de cas de la tente; mais dans les montagnes de Stôra et de Djidjeli il se contente de huttes chétives appelées gourbis. Quelques perches garnies de roseaux forment les murailles; quelques brassées de pailles composent la toiture. C'est là que l'homme, ramené par une servitude séculaire à l'état rudimentaire de l'humanité, passe sa vie en compagnie de tous les objets de son affection, de son âne, de sa vache, de son chien, de sa femme, de ses enfans et de son fusil.

Quand on se rapproche des montagnes de Bougie, où se trouvent les parties du territoire demeurées vierges d'invasions, l'état des habitations humaines s'améliore par degrés. D'abord c'est le misérable enduit de bouse de vache qui seul préserve le foyer domestique de l'indiscrétion des regards et de l'intempérie des saisons; plus loin c'est la terre blanche appelée *torba* qui consolide le frêle treillage en roseaux; puis viennent les murs en pierres sans enduit extérieur, et puis enfin il arrive un moment où vous voyez apparaître dans les massifs d'oliviers, de grenadiers, ou d'orangers, la petite maison en pierres blanchie à la chaux, couverte somptueusement en tuiles, décorée d'un magnifique pied de vigne qui s'arrondit en voûte au-dessus de la porte d'entrée. Il arrive un moment où la propriété, d'abord vague et mal définie, livrée aux caprices et aux injures du parcours, se montre à vous divisée, délimitée, entourée de murs ou de haies; où, à l'aspect d'une de ces bourgades, comme la Kabilie proprement dite en renferme des milliers, vous vous croiriez presque transporté dans un de nos villages de France, si la présence de l'olivier ne vous rappelait aux latitudes africaines, si la forme de la mosquée surmontée de son petit minaret blanc ne vous rappelait aux terres de l'Islam.

C'est vers le fond du golfe de Bougie que ces différences, décisives à notre avis, dans la condition et les habitudes des peuples, commencent à se dessiner nettement. Une petite rivière, appelée Aguerioun, marque la limite entre le régime décent de la chaux, de la pierre et de la tuile, et le régime grossier des roseaux, de la bouse de vache et de la paille.

C'est là que commence la Kabilie.

A partir de l'embouchure de ce ruisseau, la côte, malgré le caractère assez abrupte de ses pentes, étale sans interruption de belles et riches cultures, jusqu'à l'embouchure d'une autre rivière qui forme comme l'artère intérieure de la Kabilie, et dont l'embouchure en marque la limite occidentale. Cette rivière est l'Ouad-Nessa ; elle prend sa source dans les hautes gorges de Jurjura, et vient déboucher à la mer, derrière le cap qui abrite Dellis.

L'Aguérioun et la Nessa comprennent une étendue de côtes d'environ cent quarante kilomètres ; c'est la base de la Kabilie.

Entre ces deux termes le rivage conserve un caractère homogène, sans avoir pour cela un aspect uniforme. La continuité des cultures que l'on voit s'élever jusqu'au sommet des collines réjouit la vue sans la fatiguer. Çà et là sur le bord de la mer, ou dans le fond d'un ravin boisé, se montrent les toits de tuiles d'un village ou le dôme blanc d'un marabout. D'autres accidents contribuent encore à rompre l'uniformité du tableau ; c'est par exemple la masse roussâtre du cap Corbelin avec ses couches de roche disposées par stries obliques. C'est le cap Sigli, avec ses blocs accumulés d'une manière si bizarre qu'on les prendrait de loin, surtout en venant de l'est, pour les ruines d'une ville cyclopéenne ; tantôt enfin c'est l'anfractuosité profonde dessinée par la belle et riche vallée de l'Ouad-Sidi-Ahmed-ben-Iousef, habitée presque exclusivement par des tribus de marabouts, bons moines qui, dans la Kabilie comme ailleurs, s'adjugent toujours les meilleures terres.

Nous venons de mesurer la largeur de la Kabilie ; disons un mot de sa profondeur. Nous l'avons côtoyée de l'est à l'ouest ; mais dans le sud jusqu'où s'étend-elle ? Grâce à l'âpre conformation du pays, il est facile au voyageur d'en juger sans quitter le navire qui le

porte. Qu'il s'éloigne au large à dix ou douze milles seulement ; et au-dessus du rideau de cultures qui bordent le rivage il verra se dresser, derrière le pic nu de l'Afroun, qui domine les sources de la Nessa, il verra se dresser les sommets neigeux du Jurjura, élevés de deux mille cent mètres au-dessus du niveau de la mer. Au sud de ces montagnes, au pied de leur versant, coule une rivière, l'Akbou, qui vient jeter ses eaux à la mer au pied des murs de Bougie. C'est cette partie supérieure de son cours qui forme la limite méridionale de la Kabilie. C'est là aussi que passe la grande communication de Constantine à Alger. La distance du cours supérieur de l'Akbou à la côte est de soixante kilomètres : c'est la profondeur de la Kabilie.

La chaîne du Jurjura, dont les sommets s'aperçoivent en mer par-dessus la bordure abrupte de la côte, règne sur une longueur d'environ vingt-cinq lieues. Elle est inhabitée sur tout son développement, à cause des températures glaciales que les vents et l'élévation y entretiennent. Les crêtes sont même impraticables depuis octobre jusqu'en juin, à cause des neiges qui les couvrent.

Entre les limites que nous venons de tracer habite une petite république fédérative, fière, hargneuse, entêtée, jalouse à l'excès de son indépendance, préférant sa liberté orageuse et anarchique à un vasselage qui lui donnerait l'ordre et la richesse, industrieuse et commerçante ; néanmoins ce qui distingue tout d'abord le Kabile de l'Arabe, c'est un patriotisme naïf et touchant, qui lui inspire une sorte de piété filiale pour les roches même les plus ingrates de son pays natal. Il ne s'en éloigne que pour demander à l'émigration le pain du travail, ou pour marcher à la défense du territoire fédéral.

Mœurs de la Kabilie. — Constitution intérieure.

La Kabilie, comme le reste de l'Algérie, est divisée en tribus ; la tribu se subdivise en fractions ; chaque fraction comprend un certain nombre de villages (Dahra). Bien que le caractère fédératif appartienne à l'ensemble du pays, en ce sens que toutes les parties doivent leur contingent d'hommes et leur tribut d'efforts à la cause commune, cependant le lien d'association politique se montre plus étroit dans certains groupes, qui, réunis sous un nom commun, paraissent être les débris des principautés berbères du moyen âge. Telle est la confédération des Zouaoua, dont le nom se retrouve dans le mot francisé de zouaves, parce que cette contrée est la première dont les habitants soient venus à Alger en 1830 offrir à la France leurs services militaires.

La constitution intérieure de la Kabilie est un mélange des trois formes aristocratique, théocratique et démocratique. Mais les deux premières paraissent avoir été introduites par les révolutions qui ont agité la grande famille berbère au moyen âge. La forme démocratique est celle qui répond le mieux au génie ombrageux du montagnard, celle à laquelle il revient toujours. Dans presque toutes les tribus le pouvoir est électif. Les élections ont lieu après le dépiçage, c'est-à-dire vers la fin de l'été. On attend que la dernière charge de blé soit rentrée. Alors les cheiks fixent un jour et un lieu de réunion. L'assemblée est convoquée, soit dans la mosquée, soit au marché, s'il y en a un dans la tribu. Quelquefois même le rendez-vous est donné au cimetière. Tous y sont appelés, grands et petits, riches et pauvres. Mais avant le jour de l'élection générale les marabouts et les notables s'assemblent un jour de marché, et se concertent dans cette réunion préparatoire sur le candidat qu'il convient de présenter. Puis quand vient le jour de l'assemblée générale, chacun use de son influence personnelle pour appeler les suffrages sur le candidat désigné à l'avance. De cette manière les élections s'accomplissent avec ordre, la convocation de la tribu n'ayant pour objet que de sanctionner par acclamation le choix des cheiks et des oulémas.

Dès que le nouveau cheik a été proclamé, la fatha commence; c'est la cérémonie d'inauguration. Les cavaliers et fantassins se répandent dans la campagne, et déchargent leurs armes en signe de réjouissance. Ces bruits répétés de sommet en sommet annoncent dans tous les hameaux la clôture de l'élection; les femmes et les enfants s'associent à la joie générale.

Le nouveau cheik fait aussitôt ses dispositions pour offrir à ses administrés et à ses électeurs la difa d'installation, difa dont le nouveau fonctionnaire n'oublie pas de prélever la dépense sur le produit des recettes municipales.

Ces recettes proviennent en grande partie des amendes qu'il prononce, et elles ne laissent pas que d'être considérables, attendu que la coutume kabile admet pour tous les crimes et délits la compensation pécuniaire.

C'est là l'origine des amendes et la source des revenus publics. Voici quelques échantillons du tarif des peines pécuniaires prononcées par le code pénal kabile, qui du reste n'admet pas les peines corporelles.

Injures, 1 bacita (2 fr. 50).

Coups portés avec la main sans effusion de sang, 2 bacitas (5 fr.).

Coups portés avec effusion de sang, 5 bacitas (12 fr. 50).

Celui qui couche en joue sans tirer est passible d'une amende de 20 bacitas (50 fr.).

S'il a tiré et qu'il ait produit une blessure, l'amende s'élève à 100 bacitas (250 fr.).

Le meurtrier est abandonné à la loi de la vendetta, loi inexorable, qui impose à tout homme l'obligation de venger le meurtre d'un parent ou d'un ami.

Si la victime laisse un père, un frère, un fils, c'est lui qui a charge de la venger. Il attend, s'il le faut, durant des années entières, une occasion favorable pour tuer le meurtrier et acquitter la dette du sang. Quelquefois, pour lui inspirer une confiance fatale, il quitte le village, et disparaît pendant plusieurs mois. Puis, au moment où il suppose que son ennemi l'a oublié, il revient mystérieusement, se glisse pendant la nuit jusqu'au pied de l'habitation, pratique sans bruit un trou dans le mur, y engage le long canon de son fusil dans la direction où il est sûr d'atteindre sa proie, fait feu, et disparaît de nouveau, satisfait d'un crime qu'il regarde comme une expiation.

Mais la victime peut ne laisser en mourant qu'une mère, une fille, une sœur : qu'importe ; c'est elle encore qui se chargera de la venger. Elle va dans une tribu éloignée chercher un homme qui lui prête son bras; elle fait prix avec lui, puis elle part, et va mendier de tribu en tribu jusqu'à ce qu'elle ait amassé la somme convenue.

La guerre. Les inimitiés d'homme à homme sont moins fréquentes encore que les guerres de tribu à tribu; chacune a ses ennemies et ses alliées. Les alliances se concluent par l'échange d'un gage entre les deux cheiks. Le gage est un yatagan, un fusil, ou un bernou. Il porte le nom de *mezrag*, qui signifie *lance*, parce que cet usage chevaleresque remonte sans doute au temps des carrousels et des tournois. L'échange du mezrag établit entre les contractants une union étroite, une solidarité complète. Le mezrag est un gage sacré: honte à qui le perd; honte plus grande à qui le laisse arracher de ses mains.

Ce culte de l'objet échangé, qui lie les tribus, lie aussi les personnes. Le Kabile qui a échangé le mezrag avec un autre devient ce qu'on appelle son *naïa*, c'est-à-dire son répondant corps pour corps; son *alter ego*. Il épouse toutes ses querelles, il doit le défendre au péril de ses jours, et s'il succombe il doit le venger. Cet étrange fanatisme a ensanglanté plus d'une tribu. Il a été la cause ou au moins le prétexte de l'assassinat commis sur la personne de M. Salomon de Musis, commandant supérieur de Bougie par Mohammed-Amzéian, cheik des Oulad-Tamzalt, le 4 août 1836.

Au milieu de ces guerres intestines où l'absence d'une protection supérieure livre tous les démêlés à l'arbitrage de la force, le Kabile finit par regarder l'instrument de sa défense personnelle comme une partie de lui-même. A peine a-t-il atteint l'âge de seize ans, qui marque le passage de l'adolescence à la virilité, qu'il reçoit un fusil des mains de son père, et dès lors cette arme devient son inséparable compagne; elle le suit dans toutes ses courses, dans toutes les vicissitudes de sa vie; elle est à la fois sa protectrice et son amie.

Le paysan kabile a pour fortune deux bœufs, un âne et un fusil. Éprouve-t-il un malheur, il vend un bœuf; un second, il vend l'autre bœuf; un troisième, il vend son âne: jamais, quoi qu'il arrive, il ne se sépare de son fusil.

Grâce à cette nature âpre et farouche, et à la configuration non moins âpre du sol qu'il habite, le peuple kabile a échappé, en partie du moins, à toutes les dominations; il montre avec orgueil les crêtes rocheuses au pied desquelles la razia turque est venue se briser. Il se donne aujourd'hui le nom d'*amzigh*, qui signifie *homme libre*, sans se douter que ses ancêtres portaient à l'origine des traditions humaines le nom de *mazig*, qui vraisemblablement avait une signification pareille. Le même nom s'est donc conservé à travers les âges pour consacrer le même fait.

Il est de principe que tous les travaux cessent lorsque la voix de la poudre se fait entendre dans la montagne: tous les hommes doivent courir aux armes et se réunir autour du cheik; les femmes demeurées au village abandonnent leurs occupations habituelles, et pensent à ceux qui combattent: à plus forte raison cette obligation est-elle rigoureuse lorsqu'il s'agit de la guerre sainte.

Pendant les premiers temps qui suivirent la prise de Bougie, les Kabiles paraissaient tous les jours devant la place, et tous les jours ils interrompaient leurs travaux. Bientôt, fatigués de ce régime, ils laissèrent une semaine d'intervalle entre leurs attaques, plus tard un mois, puis enfin deux et même trois mois. Il suffisait alors, pour rompre la trêve, de la provocation fanatique d'un marabout. Aussitôt la coalition se formait; le plan de campagne était discuté dans l'assemblée des cheiks; on fixait le lieu et le jour du rendez-vous: c'était ordinairement au marché des Beni-bou-Msaoud, qui se tient tous les mercredis. Les tribus qui avaient voté pour la guerre fournissaient leurs contingents. Il arrivait souvent que les cheiks ennemis se faisaient un devoir chevaleresque, aussitôt après la décision prise, de la signifier aux Français (1). Le commandant supérieur fut prévenu plusieurs fois par écrit du jour où il serait attaqué; jamais les Kabiles ne l'ont trompé et n'ont manqué au rendez-vous.

La campagne durait deux ou trois jours; chacun apportait ses munitions et ses provisions: ces dernières étaient

(1) C'est d'ailleurs une des prescriptions de la loi du Djehad.

d'une simplicité homérique, car elles se réduisaient à une galette cuite sous la cendre, assaisonnée de quelques figues sèches.

Presque toujours les femmes suivaient leurs frères et leurs maris; on les voyait courir dans la mêlée, excitant les combattants par leurs cris, portant secours aux blessés, aidant à emporter les morts, partageant les périls de la lutte, la douleur du revers, la joie du succès. De sanglants exemples ont prouvé la part que les femmes prenaient à la guerre sainte. Le 5 décembre 1834 une d'elles, confondue dans un groupe de fantassins, essuya comme eux la charge de notre cavalerie, et fut retrouvée parmi les morts. Le 11 novembre 1835 quatorze furent tuées ou blessées. Enfin le 8 juin 1836 on vit la veuve d'un cheik, tué la veille devant le fort Doriac, conduire en personne une colonne sur le théâtre de sa mort en poussant des hurlements affreux et braver la mitraille pendant plus d'une heure (1).

Les Kabiles, quand ils marchent à la guerre, avancent par groupes gagnant les hauteurs pour se rapprocher du point d'attaque. Chaque tribu a un drapeau; il est porté par le plus brave. Ils ne s'engagent qu'avec beaucoup de circonspection, et jettent en avant des tirailleurs pour sonder le terrain. Aux approches du point d'attaque, ils s'éparpillent; chacun cherche son rocher ou son arbre pour s'y embusquer et faire feu à couvert.

Si les cavaliers, saisissant un moment favorable, s'élancent au galop, les fantassins courent avec eux, se tenant à la selle ou à la queue des chevaux. On a vu jusqu'à trois hommes cramponnés au même cheval. Le drapeau s'arrête à distance, et indique le point de ralliement.

Les Kabiles attachent une certaine importance à commencer l'attaque par un feu bien nourri; c'est ce qu'ils appellent la *taraka*. Ils accompagnent cette opération de grands cris, qui durent pendant tout le combat.

Le moindre avantage leur inspire une grande audace; mais l'amour irrésistible du pillage les empêche de poursuivre un succès.

Dans la retraite ils se retournent et font feu, se dispersant pour diviser l'attention et les coups de l'ennemi, profitant avec habileté d'une pierre, d'un arbre, du moindre accident de terrain pour recharger en sûreté leur long fusil.

Dans la déroute ils fuient sans ordre, et gagnent de toute la vitesse de leurs jambes les rochers et les broussailles. Ils s'ingénient alors, comme ils peuvent, pour échapper aux coups du vainqueur: ainsi on les voit agiter leur bernou avec les bras, pour donner le change sur la place que leur corps grêle occupe sous ce vêtement. Sont-ils serrés de près, ils se retournent, saisissent la baïonnette du fantassin, prennent le sabre du cavalier par la lame, et le tirent à eux en se coupant les mains, dans l'espoir de désarçonner leur ennemi. Parviennent-ils à trouver une cachette, ils s'y blottissent, tenant près d'eux leur fusil chargé, prêts à faire feu à bout portant s'ils sont découverts, et déterminés à se servir ensuite de la crosse comme d'une massue : l'idée de se rendre ne leur vient jamais.

Industrie. La guerre, malgré l'ardeur que les Kabiles y mettent, n'est cependant pour eux qu'une nécessité, une nécessité désastreuse; car elle entraîne la destruction des maisons et des arbres, ces deux liens par lesquels l'enfant de la Kabilie tient si fortement au sol natal.

Il est facile de reconnaître que dans les goûts kabiles c'est le travail qui tient le premier rang; quel que soit le point qu'il occupe, il trouve à utiliser les ressources naturelles du sol. Dans les plaines étroites qui bordent le talweg de ses cours d'eau, il est laboureur et pasteur; sur les pentes des montagnes, il est jardinier : là il passe sa vie au milieu des vergers ; il sait les soins que chaque sujet, que chaque espèce réclame; l'olivier forme sa principale ressource, et lui donne des flots d'huile, dont les dernières gouttes vont aboutir, sous la forme

---

(1) Nous empruntons ces faits et plusieurs des détails qui précèdent et qui les suivent à un ouvrage intitulé : *Vingt-six mois à Bougie*, par M. Édouard Lapène, lieutenant-colonel d'artillerie, ancien commandant supérieur de cette ville.

de savon, aux boudoirs de Paris, et, sous la forme de pommade, aux huttes de Timbektou. Le jardinier kabile connaît très bien, quoi qu'on en ait dit, l'utilité de la greffe.

Vers le sommet des montagnes, où règnent d'immenses espaces couverts de forêts vierges, le Kabile est bûcheron et tourneur. C'est de ces hautes régions que descend toute la vaisselle indigène de l'Algérie : c'est là particulièrement que se fabriquent ces plats majestueux en bois de hêtre appelés *gaça*, où s'apprête et se sert chaque jour le mets national, le couscoussou destiné à tous les habitants d'une tente, d'une gourbi, d'une maison. Là où domine la roche ingrate, là où le sol ne produit ni blés, ni fruits, ni arbres, le Kabile est orfèvre, forgeron, armurier. Ainsi la tribu de Fliça-sur-mer est une grande manufacture d'armes blanches. Elle fabrique de longs sabres droits et pointus que les Kabiles appellent *khedama*, et que nous appelons *Fliça*, du nom de la fabrique. Ailleurs ce sont des manufactures d'armes à feu : la tribu des Beni-Abbès, par exemple, livre au commerce indigène de longs fusils, produit de ses usines, et en particulier des platines qui jouissent d'une certaine vogue.

La fabrication de la poudre de guerre constitue la spécialité des Rboula. Là pas une maison qui n'ait son atelier d'artifice. Les procédés ressemblent beaucoup aux nôtres. Ils tirent le salpêtre des antres naturels où il se forme et se dépose par efflorescence. Le charbon est celui du laurier-rose, qui croît au bord de tous les ruisseaux. Le soufre est fourni par le commerce européen. La poudre se vend de 1 fr. 50 à 2 fr. le demi-kilog.

Dans les montagnes des Beni-Sliman le Kabile est surtout mineur. Le contre-fort du Kendirou contient des mines de fer en pleine exploitation. Le minerai extrait au pic à roc est traité par le charbon de bois dans de petits fourneaux à la catalane. Les soufflets, faits en peaux de bouc, rappellent ceux de nos étameurs forains.

Dans les régions pauvres, ravinées, impropres à la culture, incapables de nourrir tous leurs habitants, l'émigration devient une nécessité. Chaque année, chaque mois, on pourrait dire chaque jour voit un bon nombre de jeunes Kabiles, n'ayant pour tout bien qu'un bâton, un *derbal* en guenilles et la foi dans le travail, descendre de ces montagnes et s'acheminer vers Alger, vers Sétif, vers Constantine, vers tous les points enfin où la présence des Européens promet un aliment à leur activité. Amasser en quelques années un petit capital, retourner ensuite dans leur pays, y acheter une chaumière, un coin de terre cultivable, et y passer le reste de leurs jours parmi les roches ingrates qui les ont vus naître : voilà le rêve de leur ambition.

On n'apprécie peut-être pas assez l'importance pour la soumission pacifique de cette contrée, de ce courant qui amène sans cesse au contact de nos besoins et de nos ressources un peuple industrieux et imitateur.

N'omettons pas une branche intéressante de l'industrie kabile, celle que les mœurs musulmanes réservent exclusivement aux femmes, la fabrication des tissus de laine. Dans toutes les tribus les femmes tissent la laine et la façonnent en bernous. Mais il en est deux qui excellent surtout dans ce genre d'industrie, et dont les produits, universellement estimés, commencent à être recherchés même des Européens ; ce sont les Beni-Abbès et les Beni-Ourtilan. Des pays où la femme donne l'abondance au foyer domestique doivent à ce fait seul un germe de réhabilitation morale, que l'avenir et le contact d'une civilisation supérieure doivent développer.

Femmes. Dans les villes musulmanes la femme disparaît et s'annule sous le voile dont la loi, complice de la jalousie des hommes, l'oblige à couvrir ses traits, espèce de suaire qui l'ensevelit vivante.

Les femmes kabiles ne sont point soumises à cet usage : elles recherchent au contraire les occasions de se montrer ; elles paraissent à toutes les fêtes, et y prennent part avec les hommes, dont elles suivent les exercices. Elles y jouent même un rôle actif par les chants et les danses auxquelles elles se livrent. Leur danse favorite s'appelle *sgara* ; elles l'exécutent au son de la *zerna* (1), en

---

(1) Espèce de haut-bois à six trous.

brandissant un yatagan ou un fusil.

Le vêtement ordinaire des femmes consiste dans un haïk ou longue pièce de laine descendant jusqu'à mi-jambe, maintenu à la ceinture par une corde de laine.

Elles portent comme ornements d'immenses boucles d'oreilles, quelquefois en argent, le plus souvent en cuivre ou en fer, et d'autres anneaux de même métal aux pieds et aux bras.

Elles affectionnent singulièrement le collier de verroterie ou de corail, qu'elles achètent aux colporteurs forains. Mais c'est un luxe réservé aux bourgeoises et aux coquettes. Le henné, cette teinture populaire en Algérie, fournit son tribut à leur parure; il colore les ongles, la plante du pied et la paume de la main. Enfin divers dessins tatoués sur le front et les bras complètent cette toilette assez bizarre; et ce qu'il y a de remarquable dans ce dernier ornement, c'est qu'il dessine presque toujours l'image d'une croix.

Dans beaucoup de localités les femmes sont blanches et d'une grande beauté. Quelques tribus sont renommées pour le nombre de leurs jolies femmes. On cite surtout les Saïdiennes et les Guisfariennes. Un Kabile nous disait avec enthousiasme que les premières, les Saïdiennes, étaient *les plus jolies créatures du monde*; il avait peut-être quelque raison personnelle pour tenir un pareil langage. Dans les villages situés vers les cimes de la montagne, régions glaciales, où il faut quelquefois, par 36° de latitude, se faire un passage à la pioche au travers des neiges, les femmes sont généralement rouges, *rouges comme du corail*, nous disait un habitant du pays, qui attribuait la coloration de leur teint au froid habituel de ces contrées.

Nous devons dire que les femmes kabiles se montrent souvent peu soucieuses de leur réputation. Tous les voyageurs indigènes qui ont parcouru ce pays et ceux même qui l'habitent s'accordent à leur reprocher une facilité de mœurs, que dans certains cas la depravation des hommes autorise et provoque.

Le Kabile peut prendre plusieurs femmes, comme les musulmans : toutefois il est limité par l'obligation de les nourrir. Le divorce est aussi commode et aussi fréquent chez eux que chez les autres peuples de l'islam. C'est surtout dans la classe des femmes divorcées que le dérèglement est le plus commun.

La femme divorcée porte le nom d'*adjoula*. Elle retourne chez son père, et s'y livre à la prostitution, de l'aveu et sous les yeux de ses parents. Quelquefois même le père et le frère de l'adjoula spéculent sur le désordre de leur fille et de leur sœur, et en partagent le prix avec elle. Il en est qui poussent le cynisme jusqu'à se faire les courtiers de cet infâme commerce. Ce sont eux-mêmes qui appellent les étrangers, les introduisent dans leur demeure, et disent à l'adjoula : Fille, préparez la couche de l'étranger. D'autres poussent la complaisance jusqu'à se tenir devant la porte du logis et à faire le guet, armés de leur fusil, pour éloigner les indiscrets et les importuns. Dans quelques tribus, par exemple dans celle d'Amzëian, l'assassin du commandant Salomon, les Kabiles font un honteux trafic de leurs femmes : ils s'éloignent à dessein pour laisser à l'adultère toute sécurité, et encore ont-ils soin d'annoncer leur retour par des cris ou des coups de fusil, afin de sauver du moins les apparences.

C'est surtout aux voyageurs qui s'arrêtent un jour et repartent le lendemain que ce genre d'hospitalité est offert; car les Kabiles, très-jaloux les uns des autres, ne le sont nullement des étrangers.

Chaque village possède sa petite mosquée; c'est en général la plus belle maison. Elle est consacrée à la prière; mais comme chez les musulmans la vie civile se confond dans la vie religieuse, la mosquée a une autre destination toute terrestre : c'est l'hôtellerie des voyageurs. Elle est entretenue aux frais des habitants; le cheik y pourvoit sur le produit des amendes; et si ce fonds ne suffit pas il a recours aux cotisations. Il commet un oukil à la garde et à l'entretien de la mosquée : c'est ce dernier qui a charge d'héberger les voyageurs, et le cheik les laisse rarement partir sans leur demander s'ils sont satisfaits de l'hospitalité qu'ils ont reçue.

Lorsqu'un étranger arrive dans une bourgade kabile, un habitant officieux se présente à lui, et lui demande s'il est de passage *pour la mosquée ou pour la femme*. Dans le premier cas il est logé et nourri aux frais de la commune, qui pourvoit à ses besoins, sans s'inquiéter du but de son voyage. S'il est de passage pour une femme, l'officieux cicérone le conduit chez l'adjoula, qui le reçoit moyennant salaire.

Les femmes, malgré les déréglements auxquels se livrent un grand nombre d'entre elles, n'en sont pas moins, chez les Kabiles, entourées d'une vénération toute particulière. A l'exemple des anciens Germains, ils supposent à leur sexe une mission religieuse, une puissance d'inspiration; aussi se gardent-ils bien de rejeter leurs avis ou de douter de leurs oracles. Ce respect pour les femmes, malgré leur état habituel d'infériorité, est un fait très-remarquable. Lorsque l'on est menacé, il fait bon se mettre sous leur protection; c'est la meilleure sauvegarde. Dans les premières années de la prise de Bougie, deux Arabes des nôtres firent naufrage dans la partie la plus inhospitalière du golfe. Ils allaient être massacrés lorsqu'une femme intervint, les couvrit de sa protection, et les arracha à la mort.

Le respect des Kabiles pour les femmes se manifeste encore par les honneurs rendus à la mémoire de plusieurs d'entre elles, que la voix populaire a proclamées saintes. Une sainte fille kabile, Lella-Gouraïa, fut longtemps la patrone révérée de Bougie. La chapelle qui renfermait ses restes occupait encore au moment de l'arrivée des Français la cime brumeuse du pic où s'élève aujourd'hui une forteresse qui a conservé son nom. Cette chapelle était jadis le rendez-vous d'un grand nombre de pèlerins qui venaient de fort loin y faire leurs dévotions, attirés par la réputation de Lella-Gouraïa et les miracles posthumes qu'on lui prêtait.

L'instinct superstitieux qui inspire au Kabile une vénération pieuse pour les femmes se retrouve dans l'amour sauvage voué au pays natal. Chaque pic est le siège d'une légende religieuse, qui fait de ces rochers déserts et glacés des espèces de divinités domestiques, objets d'un culte traditionnel.

Nous citerons quelques exemples de ce fétichisme patriotique, pour jeter sur l'esquisse sommaire que nous venons de tracer un dernier reflet du caractère national.

Le sommet du Tamgout forme un large plateau inhabité, couvert d'une forêt de chênes. A l'ombre de ces bois séculaires s'élève une petite mosquée blanche, propre, bien entretenue, seul monument qui dans la forêt déserte rappelle le voisinage des hommes. C'est cette petite coupole qui s'appelle Tamgout; elle donne son nom à la montagne, et porte elle-même celui d'un marabout dont elle renferme la dépouille. La forêt est la propriété commune de tous; ainsi l'a voulu Tamgout lui-même. Mais le bois de Tamgout est un objet sacré : malheur à celui qui concevrait, en le coupant, la pensée de le brûler ou de le vendre! Dieu couvrirait ses yeux d'un bandeau ou lui susciterait un lion pour le dévorer.

La dévotion pour ces dieux pénates va, dit-on, quelquefois jusqu'à balancer l'influence des prescriptions fondamentales de l'islamisme. Ainsi, dans les montagnes des Beni-Amran, en arrière du cap Sigli, remarquable par ses roches fantastiques, il existe une gorge qui a la propriété de rendre l'écho. Or, suivant une croyance qui remonte sans doute à bien des siècles, cet écho est un oracle qui manifeste les volontés du ciel. Un jour, aux approches du ramadan, les Kabiles s'avisèrent d'aller consulter la montagne pour savoir s'ils devaient jeûner. « Jeûnerons-nous ou non? » s'écrièrent-ils. — La montagne répondit : Non. Ils s'en allèrent bien résolus à enfreindre l'un des premiers préceptes du Coran, et il ne fallut rien moins que l'intervention de tous les marabouts du voisinage pour balancer dans leur esprit le crédit de l'oracle.

Tel est l'aspect général, tel est le caractère de la Kabilie, contrée intéressante, hérissée d'aspérités de toutes sortes, contre lesquelles le génie de la guerre est toujours venu échouer, parce qu'il n'était pas donné aux civilisations précédentes de comprendre que ces aspérités pouvaient s'abaisser d'elles-mêmes devant le génie plus intelligent de l'échange et du travail.

Dellis. — La petite ville de Dellis, que nous avons laissée de côté, appartient à la

Kabilie, ou du moins elle en faisait partie avant que l'occupation française ne l'en eût détachée. Elle est bâtie au pied d'une haute colline appelée Bou-Mdas, et au fond d'une petite baie d'un aspect triste. Au moment où les Français en prirent possession, en 1843, il y existait déjà un village kabile, que les nouveaux maîtres ont respecté. Il s'est élevé à côté un camp et un village français. Dellis occupe l'emplacement d'une ville romaine, appelée Rusuccurum, dont on retrouve çà et là quelques débris. Les marins kabiles, quand ils parlent de Dellis, manquent rarement de le signaler comme un des atterrages les plus poissonneux des côtes d'Algérie. Il y a trois siècles que Marmol disait : « On prend tant de poisson sur cette côte, que les pêcheurs le rejettent souvent en mer parce qu'il ne se présente personne pour l'acheter. » Ce qu'il y a de remarquable, c'est que le nom de Rusuccurum lui-même paraît se former des deux mots phéniciens *rus* (cap) et *caura* (poisson).

La population de Dellis est un mélange de toutes les tribus voisines; mais les plus anciennes familles passent pour appartenir à cette classe de proscrits appelés *Andalous*, que l'Espagne rejeta de son sein à la fin du quinzième siècle.

Le nombre des habitants indigènes s'élève à 1033, dont 1016 musulmans, 4 nègres et 13 israélites. Quant à la population européenne, elle se réduit à 308 personnes, sur lesquelles on compte 215 Français.

Entre le cap Bengut, dont la pointe orientale protége imparfaitement le mouillage de Dellis, et le cap Matifou, qui ferme la baie d'Alger, des terres basses et uniformes déterminent le cordon de la côte, interrompu seulement par une vallée plate et boisée à travers laquelle l'Isser termine son cours. Durant tout ce trajet, l'horizon est borné par les hautes montagnes du Jurjura.

A côté du cap Matifou, un groupe de petits rochers d'un brun presque noir borde la côte : l'un d'eux, grandi par le mirage, ressemble à un bâtiment à la voile. Les marins lui ont donné le nom de Sandjak, qui signifie *drapeau*. C'est en effet une sorte de pavillon de signal qui annonce la prochaine apparition de l'ancienne capitale barbaresque.

ALGER.

Lorsque après avoir dépassé les terres déprimées du cap Matifou et les ruines de l'antique Rusgonium, qui les couronnent, on arrive à la hauteur de l'embouchure de l'Harrach, qui occupe le fond de la baie, il ne reste plus que quatre kilomètres environ à franchir pour atteindre le port d'Alger.

Il est difficile alors, si l'on se trouve pour la première fois en face de cette ville célèbre, de résister à une sorte d'enivrement. Que ce soit pendant le jour ou pendant la nuit, les impressions sont différentes, l'effet est le même.

La nuit c'est la brise de terre chargée du parfum des fleurs, qui vous révèle tout d'abord le voisinage des cultures de luxe. En approchant du rivage, vous distinguez peu à peu dans l'obscurité une forme triangulaire blanchâtre qui se dresse devant le navire; et quand même la nuit serait assez sombre pour qu'elle échappât à la vue, elle s'annoncerait à l'odorat, car il s'en élève aussi une senteur particulière, commune à toutes les grandes cités de l'Orient, mélange indéfinissable de tous les parfums qu'elles affectionnent.

Pendant le jour la forme triangulaire d'Alger commence à se dessiner dès que l'on a doublé le cap Matifou. A la hauteur de l'Harrach quelques détails paraissent déjà : à droite, au bord de la mer, la tour du Phare; à gauche, sur le sommet des hauteurs, le fort l'Empereur. Au pied de cette forteresse, qui fut le tombeau de la domination turque, les côteaux de Moustapha déploient leur magnifique amphithéâtre de villas et de vergers.

Rien de plus gracieux, rien de plus animé que l'aspect de cette ville blanche à côté de ces vertes campagnes.

Mais combien d'autres causes contribuent à faire naître le sentiment que l'on éprouve en voyant Alger pour la première fois !

Au-dessus de cette ville blanche et de ces vertes campagnes flotte une des plus sombres pages de l'histoire des hommes. Devant le fantôme galvanisé du vieil Alger, comment ne pas songer à tous les gémissements chrétiens que ses murailles ont entendus ? Comment oublier tant de malheureux que le bagne a vus périr au fond de ses cachots impies? Comment ne pas se reporter à ces débauches inouïes de la révolte, à ces sept souverains égorgés dans le même jour, dont le dernier devait le lendemain, pour inaugurer son règne, faire attacher aux créneaux cent têtes sanglantes? Devant cette ancienne bastille de la piraterie, c'est à peine si l'on ose se fier à l'hospitalité qu'elle vous offre. Et alors à quelque nation que vous apparteniez, vous adressez involontairement des actions de grâces au peuple qui a ramené sur une terre souillée de tant de crimes des jours d'ordre et de justice.

On sait qu'Alger occupe l'emplacement d'une cité romaine. Les géographes de l'antiquité rapportent qu'elle fut fondée par vingt compagnons d'Hercule, qui l'appelèrent, en souvenir de son origine, *Icosium, la ville des Vingt*. Mais assurément ces vingt compagnons du dieu de la force firent moins pour la grandeur et la célébrité de leur ville que Barberousse tout seul avec son génie de forban.

Une circonstance qui survint vers la fin du quatrième siècle de notre ère appela un moment sur la *ville des Vingt* l'attention de l'histoire. Un de ces agitateurs qu'une expérience de dix-huit années nous a appris à connaître était sorti du mont Ferratus, qui est le Jurjura actuel, et menaçait la domination romaine. Il s'appelait Firmus; c'était l'Abd-el-Kader de son époque. On envoya contre lui le meilleur général de l'empire, père et homonyme de l'empereur Théodose. Après plusieurs engagements, un traité fut conclu, un traité de la Tafna, qui devait être violé quelques mois après; néanmoins les prisonniers, les drapeaux, le butin, furent restitués de part et d'autre; l'histoire nous apprend que cet échange eut lieu à Icosium. Depuis ce moment la colonie romaine rentra dans l'obscurité où elle avait vécu, où elle devait mourir.

Plus tard, longtemps après que les monuments romains eussent croulé sous l'effort des barbares ou sous l'action de quelque autre puissance inconnue, la place où s'élevait l'ancienne Icosium se couvrit d'habitations berbères, construites et occupées par la tribu des Beni-Mezranna. Il existait à cette époque en face de la ville un groupe d'îlots que les compagnons d'Hercule et la puissance romaine elle-même, cette grande fille d'Hercule, avaient dédaigné d'unir au continent; cela fut cause que la ville berbère reçut le nom de *Djézaïr-Beni-Mezranna*, les îles des Beni-Mezranna. Elle devint vassale du royaume de Bougie, rôle modeste, dont elle se contenta pendant près de six cents ans.

Vers la fin du quinzième siècle, un événement mémorable, qui frappait l'islamisme au cœur, servit accidentellement la fortune de Djézaïr. Ce fut l'expulsion des Maures d'Espagne. La petite cité kabile tendit la main à ses coreligionnaires proscrits, qui lui apportèrent en échange de l'hospitalité qu'ils en recevaient, leur nombre, les débris de leur fortune et de leur civilisation, et une profonde haine du nom chrétien. Suivant l'Espagnol Haedo, mille familles maures cherchèrent un refuge à Djézaïr. Elles furent désignées sous le nom d'Andalous. C'est à cette époque que remonte la construction de la grande mosquée, le plus bel édifice religieux que possède aujourd'hui Alger.

Djézaïr dut aussi aux émigrés de l'Andalousie quelques ouvrages de fortification. Craignant avec raison de voir la rancune de l'Espagne les poursuivre jusque dans leur dernier asile, ils durent songer au soin de leur défense. Deux batteries furent construites, l'une à côté de la mosquée, l'autre à la porte de la Marine, toutes deux dirigées vers la mer. La première a entièrement disparu sous les constructions modernes; de la seconde il n'a survécu aux ravages du temps, et surtout des boulets européens, que quelques vestiges; mais le nom de *Fort des Andalous*, que les vieux Algériens leur conservent, témoigne de leur origine.

Ces précautions n'empêchèrent pas Ferdinand le Catholique d'élever, quelques années après, sur l'îlot qui faisait face à la ville, la fameuse tour ronde connue sous le nom de *Peñon d'Alger*.

Cette construction, après avoir éprouvé depuis cette époque bien des vicissitudes et des changements, sert aujourd'hui de base à la tour du Phare.

Il était réservé à Baba-Haroudj, que nous appelons *Barberousse*, d'élever Alger à la hauteur de son génie et de sa fortune. Cette révolution s'accomplit en 1515.

Si après un règne de trois années seulement l'illustre renégat succomba sous le fer espagnol, si sa tête et sa veste d'or furent portées en triomphe à Saint-Jérôme de Cordoue, l'édifice qu'il éleva n'en est que plus digne d'étonnement, nous n'osons dire d'admiration. Ces trois années lui avaient suffi pour fonder la capitale d'un empire. Du jour où Barberousse eut touché Djézaïr, une révolution magique s'opéra; la petite ville, qui quelque temps avant n'eût pas résisté aux sandales de Bougie et de Tunis, allait voir échouer devant elle en quelques années François de Véra, Hugues de Moncade et Charles-Quint, le grand souverain du seizième siècle, avec les meilleures troupes de ses trois royaumes.

Il y eut du bonheur sans doute : mais quel est le succès qui peut se passer de la fortune? Il y eut du bonheur, car un auxiliaire terrible, la mer, se souleva elle-même contre les flottes ennemies; il y eut du bonheur encore dans la rencontre de ces deux frères, dont l'un hérita du génie de l'autre et sut si bien achever et consolider son œuvre.

Khaïr-ed-Din fit ce que Barberousse eût fait s'il avait vécu; autour de cette ville, qui désormais valait la peine d'être prise, il étendit une ceinture de remparts; au sommet de la colline dont elle occupe les pentes, il éleva une citadelle; en un mot il l'équipa en guerrière : il en fit Alger *la bien gardée*.

C'est en 1532 que Khaïr-ed-Din fit élever les murailles d'Alger. En 1571 une terreur panique détermina la construction de nouveaux ouvrages. Les Algériens tremblèrent de voir apparaître devant leurs côtes le vainqueur de Lépante. Dans leur trouble ils se décidèrent, pour dégager les abords de la ville, à démolir un faubourg entier. Deux ans après, sans doute sous l'impression de la même terreur, de nouvelles fortifications furent élevées. A cette époque Alger comptait neuf portes; vingt-trois pièces de canon garnissaient le front de mer. A la porte de la Marine on en remarquait une qui avait sept bouches; elle était de fabrique et d'invention turques. Cette curieuse machine de guerre a disparu; mais le souvenir s'en est conservé à Alger; les habitants montraient encore il y a quelques années l'embrasure qu'elle occupait dans le fort des *Andalous*.

Sous le règne de Khaïr-ed-Din la population d'Alger prit un accroissement rapide. Vers la même année 1573 elle contenait 12,200 maisons, ce qui suppose environ 60,000 habitants; elle possédait en outre 100 mosquées et 34 hôpitaux (1).

Le plus grand ouvrage de Khaïr-ed-Din, celui qui suffirait à la gloire d'un règne, fut la construction de la jetée qui porte son nom. Il commença par s'emparer du Peñon; ce qui le débarrassa des Espagnols. C'est alors seulement qu'il posa la première pierre de ce fameux port d'Alger, dont nous allons retracer l'histoire.

Il existait alors dans la courbe du rivage où est assis Alger une saillie naturelle, encore appréciable aujourd'hui, malgré les ouvrages dont elle est couverte. En avant, et à deux cent trente mètres environ dans la mer, surgissaient les quatre îlots rocheux qui avaient valu à la ville son nom de *Djézaïr*. C'est à l'abri de ces quatre îlots que les navires venaient jeter l'ancre.

Du milieu du groupe s'avançait vers la saillie du rivage une série de pointes de rochers, barre naturelle qui dessinait l'enceinte du mouillage, mais ne lui donnait aucune protection ni contre les vents, ni même contre la houle du nord. D'autres dangers y menaçaient d'ailleurs les navires; ainsi il existait au milieu même de la darse plusieurs pointes de roches, sur l'une desquelles est venu se perdre en 1835 le bateau à vapeur *l'Éclaireur*.

(1) *Fondation de la régence d'Alger*, par MM. Sander-Rang et Ferdinand Denis. La population d'Alger paraît avoir déchu dans la suite. A la fin du dix-huitième siècle, Venture de Paradis ne comptait dans toute l'étendue de la ville que 5,000 maisons, environ 25,000 habitants. C'est le nombre auquel l'Espagnol Haedo évalue les esclaves chrétiens.

Telle était la situation du mouillage d'Alger lorsque le second des Barberousse entreprit de réunir le groupe d'îlots à la terre ferme, en suivant le banc de roches qui régnait de l'un à l'autre. Une chaussée continue, élevée au-dessus des pointes les plus hautes, fit disparaître les lacunes qui auparavant existaient entre elles. Le port se trouva fermé du côté du nord. On tira les matériaux en partie du peñon espagnol, en partie de la ville romaine du cap Matifou. Des milliers de chrétiens perdirent la vie dans ces rudes travaux.

Khaïr-ed-Din compléta son œuvre par la réunion des quatre îlots; il en forma un seul et même massif, dont la plate-forme sert aujourd'hui de base aux établissements de l'artillerie et de la marine.

Une fois exécuté, l'ensemble de ces deux ouvrages offrit l'image d'une ancre colossale jetée à l'avant de la capitale des corsaires, comme pour la retenir fortement au rivage et lui rappeler à jamais son origine et sa destinée.

Khaïr-ed-Din n'avait eu en vue que les injures de la mer; Hacen, son successeur, songea à des attaques d'un autre genre. Il fit établir les premières batteries de l'île.

Sous le règne de Salah-er-Réis la création de Khaïr-ed-Din reçut encore des améliorations importantes. Une nouvelle chaussée, beaucoup plus haute que la première, s'éleva sur toute la longueur de la jetée; un enrochement de gros blocs la protégea contre les envahissements de la mer. C'est cette même chaussée qui, aujourd'hui encore, conduit de la porte de la ville aux voûtes de la marine.

A force de travaux et de dépenses, Alger se trouvait enfin pourvu d'un port; mais cet abri était déjà loin de valoir les sacrifices qu'il avait dû coûter : d'une part il manquait d'étendue et de profondeur, de l'autre il recevait en plein les vents du nord-est et la houle furieuse qu'ils soulèvent.

C'est alors que fut entrepris, dans l'espoir sans doute de le terminer, ce fameux môle enraciné à la pointe méridionale de l'île, travail gigantesque commencé par les Turcs il y a deux siècles, continué depuis 1830 par les Français, et qui s'avance lentement dans le vide de la mer sans savoir où il s'arrêtera.

Chaque année un grand nombre de malheureux esclaves chrétiens y mouraient à la peine, et chaque année la tempête emportait une partie des fruits de cet impitoyable holocauste. Des sommes immenses furent englouties dans ce môle, qui n'atteignit cependant sous les Turcs qu'une longueur de cent quarante mètres. Rappelons que tous les ans, quand venait l'équinoxe d'automne, la flotte turque s'empressait d'appareiller; elle quittait ce dangereux mouillage et allait prendre sa station d'hiver dans la rade de Bougie. Là du moins elle trouvait une sûreté qui n'avait pas coûté au trésor de la Régence un seul para.

Aussitôt après la capitulation d'Alger, l'administration française prit des mesures pour la conservation et l'entretien des ouvrages exécutés par les Turcs. Plus tard elle entreprit de les continuer. Des roches naturelles furent d'abord employées à ce travail; c'étaient d'immenses matériaux; le transport, qui le plus souvent devait avoir lieu à travers la ville, offrait beaucoup de difficultés et de dangers; et cependant ils ne suffisaient pas encore pour résister à l'action des vagues. L'idée vint de leur substituer des roches artificielles. D'énormes blocs de béton furent coulés dans des caisses en bois disposées sur le rivage même; en quelques jours ils acquéraient une dureté égale à celle du roc vif. Alors ils étaient enlevés à l'aide de machines puissantes et précipités dans la mer. C'est avec ces pierres de taille cyclopéennes que le môle d'Alger a été continué.

Les ingénieurs français suivirent d'abord, à défaut d'autre, la direction amorcée par les Turcs. Mais elle réduisait le port à des dimensions qui parurent bientôt beaucoup trop modestes. Dès lors le môle commença à gagner vers le large et annonça des vues plus ambitieuses. Divers projets se présentèrent, et chacun d'eux, après une ou deux années de règne, s'effaçait devant une conception plus grandiose. Au milieu de ces débats, le môle marchait, et reproduisait dans sa forme le mouvement des idées. A chaque hausse il s'enhardissait et s'épanouissait vers le large. Ces inflexions successives ont fini par imprimer à la jetée française une courbure bizarre, injustifiable, contraire aux données de l'expérience et aux principes de l'art hydraulique, monument impérissable des hésitations administratives, des scrupules diplomatiques, des tiraillements de toute nature qui ont marqué cette conquête.

Aujourd'hui le môle d'Alger, parvenu à cinq cent cinquante mètres seulement de son point de départ, a déjà coûté près de onze millions.

Comment peindre cependant le mouvement de ce port si incomplet, si incorrect? A tout moment de nouvelles voiles surgissent à l'horizon; des bâtiments de tous les tonnages, de tous les pavillons, de toutes les formes se pressent dans l'étroite enceinte conquise sur la région des tempêtes. Des légions d'ouvriers construisent sans relâche leurs blocs gigantesques, et les lancent à la mer, qui les engloutit; sur les onze millions jetés dans ce grand ouvrage il y en a dix qui dorment sous les flots. Non loin de là, sur les quais, la ruche des Kiskris bourdonne et s'agite. Il faut voir ces Auvergnats de l'Algérie, race active et laborieuse, répartir sur dix ou douze épaules les plus lourds fardeaux, et courir, ainsi chargés, du port à la ville en se dandinant pour amortir les chocs de la marche. Cependant toute la ruche suffit à peine au mouvement des arrivages et des départs.

Au-dessus de la mer, au pied de la ville moresque, il est un large espace qu'on appelle *la place du Gouvernement*. C'est là que se forme le remous de ces agitations diverses, carrefour bruyant, ouvert à toutes les croyances, à toutes les passions, espace mitoyen entre l'Orient et l'Occident.

Par une disposition fortuite l'horizon de la place du Gouvernement réunit, échelonnés à différens plans, quelques traits expressifs de cette physionomie double. D'un côté c'est la mer, devenue enfin le domaine de l'Europe; en face c'est la ville mauresque, qui s'élève en gradins, étalant encore ses grands murs percés de lucarnes jalouses et ses terrasses aériennes. A côté de la grande mosquée, le plus beau reste de l'architecture musulmane, s'élève l'hôtel de la Tour du Pin, le plus remarquable échantillon de l'architecture chrétienne. Enfin du côté de Bab-Azoun un massif de constructions européennes, occupées par des cafés riants et *chantants*, laisse voir, entre elles et la mer, la face sévère du Jurjura et ses cimes autochthones.

Cette grande décoration, dont la nature a fourni les principales pièces, résume aux yeux du promeneur l'histoire de cette ville étrange, dont la destinée se trouve désormais irrévocablement liée à la nôtre. Dans le Jurjura, dans ses sommets bleuâtres et ses rides neigeuses, il voit le génie du peuple berbère, rebelle à toutes les dominations; dans la grande mosquée, ouvrage des proscrits de Grenade, il retrouve ces temps d'intolérance et de fanatisme qui préparèrent l'avènement de la piraterie.

Enfin au pied des gradins de l'amphithéâtre que domine la Kasba, en avant de la ville mauresque, s'élève au bord de la place une haute et sombre demeure, à petites lucarnes garnies de barreaux de fer : c'est le palais de la Djenina.

Elle a servi de résidence à tous les deys jusqu'en 1817. A cette époque, Ali surnommé *le Fou* venait de succéder à Omar-Pacha, que la milice avait mis à mort pour avoir été trahi par la fortune dans sa glorieuse défense contre l'escadre de lord Exmouth. Ali fut porté malgré lui dans le fauteuil de la Djénina, et revêtu de ce fameux caftan, blouse de coton dont la valeur ne dépassait pas quinze piastres, mais qui avait la propriété de vous faire roi. Dès qu'il sentit sur ses épaules cette robe de Déjanire, le nouveau dey prit des dispositions pour en conjurer les effets. Sans confier son projet à personne, il fit compléter les défenses de la Kasba, et quand il l'eut mise à l'abri d'un coup de main, il s'y transporta de sa personne dans la nuit du 8 septembre 1817, emportant avec lui le trésor de la Régence. Ali ne survécut pas longtemps à ce coup d'État; mais du moins il échappa à l'iatagan de la milice. Il mourut de la peste suivant les uns, de ses excès suivant les autres. Son successeur fut Hussein-Dey; il conserva sa résidence à la Kasba, et n'en sortit que le 5 juillet 1830, au moment où les premiers officiers français venaient d'y pénétrer.

C'est dans le palais de la Djénina que se sont accomplies les sanglantes orgies de la domination turque. C'est sur la terrasse de cet édifice que l'étendard de l'oudjak, rouge, jaune et vert, aux croissants d'argent, déroulait ses plis à tous les changements de règne. Ce signal annonçait au peuple d'Alger un meurtre et une révolution.

Le palais de la Djénina couvrait un espace considérable; mais il se trouvait engagé dans un massif de maisons qui empêchaient d'en apprécier l'étendue. Plusieurs cours et un petit jardin encaissé en occupaient le centre. Au sommet régnait une galerie d'où la vue plongeait sur la basse ville et sur la mer. C'est là que le dey se tenait habituellement. Du haut de cet observatoire il suivait les travaux du port ou interrogeait l'horizon de la mer. Les premières constructions ou plutôt les premières démolitions exécutées par les Français atteignirent ce monument historique. Il en restait cependant plusieurs parties demeurées intactes, et particulièrement l'édifice qui porte l'horloge sur la place du Gouvernement, lorsque le 26 juin 1844 un violent incendie éclata dans des baraques en bois construites au pied de l'édifice et ajouta de nouvelles mutilations à celles qu'il avait déjà éprouvées.

Environs d'Alger.

Alger occupe le pied d'un massif de collines dont le Bouzaréa, élevé de quatre cent sept mètres au-dessus du niveau de la mer, forme le point culminant. Le massif est circonscrit au nord par la mer, à l'est par l'Harrach, à l'ouest par le Mazafran et au sud par la plaine de la Metidja.

Il y a sept ans, toutes ces collines, jadis très-peuplées, s'étaient changées en une vaste solitude. L'insurrection de 1839 avait fait le vide tout autour d'Alger. Il n'y restait que quatre points habités : c'était l'ancien village arabe de Couba, situé à l'extrémité orientale du massif, la petite ville sainte de Koléa, à l'extrémité opposée, le village de Déli-Ibrahim et le camp de Douéra, tous deux d'origine française, placés sur la route d'Alger à Blida.

Depuis cette époque, les chambres ayant accordé des crédits spéciaux pour la colonisation de l'Algérie, c'est dans ce massif que s'est concentré presque exclusivement l'emploi des sommes votées. Il s'est formé autour d'Alger une large ceinture de villages; des communications ont été ouvertes pour les relier entre eux et les rattacher à la capitale. Le camp de Douéra, transformé en ville, est devenu chef-lieu de district.

Trente établissements, créés en grande partie des libéralités de l'État, se sont élevés sur la surface du massif; aucun effort, aucune dépense n'ont été épargnés pour hâter le peuplement de cet échiquier artificiel, théâtre de la colonisation subventionnée.

L'administration a conservé le plus souvent aux villages qu'elle fondait les noms arabes des localités ou des tribus dont ils occupaient l'emplacement. Cependant plusieurs dénominations françaises se sont introduites, et forment quelquefois un singulier contraste avec les formes de la nomenclature locale. Ainsi Saint-Ferdinand se trouve placé entre Zéralda et Baba-Hacen. Maelma et Crécia semblent tout étonnées de voir entre elles Sainte-Amélie. A côté de Koléa, la ville sainte des musulmans algériens, la petite Mecque de la Métidja et du Sahel, le hasard a placé Notre-Dame de Fouka, et le même hasard a donné pour voisine au *Marabout* de Sidi-Feruch la Trappe de Staouéli. Au reste, l'esprit de tolérance qui préside aux conquêtes de notre temps maintient la bonne intelligence entre les souvenirs de la domination musulmane et les inspirations de la colonisation chrétienne.

Les villages administratifs, jetés tous à peu près dans le même moule, voués tous à la même industrie, ont modifié, suivant les circonstances, les conditions uniformes de leur établissement. Quelques-uns représentent surtout la petite propriété; tels sont Draria, Cheraga, Saoula, le hameau de Sidi-Sliman et El-Achour; ailleurs c'est la grande propriété qui a fait prévaloir son régime : il en est ainsi à Oulad-Fayet et à Baba-Hacen. Les cultivateurs envoyés à Crécia y ont trouvé de la terre à briques et de la pierre à chaux ; ils ont laissé dormir leurs charrues, et se sont faits briquetiers et chaufourniers. Les colons de Zéralda ont trouvé le sol couvert de hautes broussailles ; ils ont formé un village de bûcherons. Un essai de colonisation militaire tenté à Fouka y a créé une population de soldats libérés. Sur quelques points de la côte des villages de pêcheurs essayent de se former ; ce sont Aïn-Benian près du cap Caxines, Sidi-Féruch et Notre-Dame de Fouka. Enfin, jetant aussi un peu de variété sur un fond de créations uniformes, les trappistes de Staouéli ont consacré le premier et l'un des plus célèbres champs de bataille de l'Algérie en y bâtissant de leurs mains pieuses un monastère, une belle ferme et une hôtellerie ; ainsi s'est réalisée, mais dans une pensée toute chrétienne, l'image fidèle de la Zaouia musulmane avec les trois institutions qui la caractérisent.

La Métidja. — Boufarik.

Les efforts de l'administration se sont étendus aussi à la Métidja, et ils y ont rencontré souvent comme auxiliaires les spéculations de l'industrie privée.

Au centre de la plaine, avant 1830, il se tenait un grand marché appelé Boufarik. Là chaque lundi se réunissaient tous les producteurs de la région circonvoisine, de la montagne, de la plaine et du Sahel. Après 1830 la réunion hebdomadaire continua d'avoir lieu ; elle devint même plus nombreuse et surtout plus animée que précédemment. Mais elle n'avait eu jusque alors qu'un caractère purement commercial ; elle prit une physionomie politique. Le marché de Boufarik devint un club tumultueux, où quelques marabouts énergumènes convoquaient périodiquement à la guerre sainte les tribus trop crédules et trop dociles.

Ce point devait être occupé, et il le fut ; mais le camp fit disparaître le marché. Les choses restèrent ainsi pendant toute l'orageuse période que l'Algérie a traversée. Aujourd'hui le marché a reparu ; il se tient sous la protection et sous la surveillance françaises et le camp, transformé en ville, ne compte pas moins de 1,996 habitants européens. C'était le chiffre de la population de Boufarik au 1er janvier 1847.

Blida.

Blida est bâtie au fond de la plaine, à trois lieues sud de Boufarik. Elle occupe les dernières pentes des montagnes qui circonscrivent au sud la Métidja. Au moment de la conquête elle commençait à peine à se relever du tremblement de terre qui l'avait détruite cinq ans auparavant. Les Français la visitèrent pour la première fois dès 1830. Ils la trouvèrent à demi cachée dans un bois d'orangers et de citronniers, et cette première reconnaissance laissa à tous ceux qui y prirent part une impression délicieuse. Ce ne fut que huit ans après, le 3 mai 1838, que Blida fut définitivement occupée. Depuis cette époque la ville s'est embellie de constructions européennes, elle est devenue presque française ; mais la couronne d'orangers s'est bien éclaircie : il a fallu en sacrifier une partie aux exigences de la guerre, et cet arbre aristocratique, réservé en France à l'ornement des habitations princières, s'est vu réduit à la condition de bois de chauffage.

Blida, placée sur la grande communication qui relie Alger aux établissements intérieurs de la province, doit en grande partie à l'avantage de cette position la prospérité dont elle jouit. Au 1er janvier 1847 elle comptait 3,985 Européens et 3,502 indigènes, en tout 7,487 habitants. Elle est le chef-lieu d'un district où l'industrie privée a fondé quelques établissements importants, et particulièrement le village de mineurs créé près du beau gisement de cuivre de Mouzaïa, non loin du col célèbre si souvent et si âprement disputé dans le cours de la guerre. L'administration a fondé aussi dans le voisinage de Blida quelques villages, tels que Beni-Méred, Montpensier, Dalmatie, Joinville, Souma et la Chifa. Ils occupent, comme leur chef-lieu, le fond de la Métidja.

Les centres de population créés par ordonnance royale ont absorbé, nous le répétons, la plus forte part des crédits colonisateurs. Chaque famille installée par l'État représente, sans tenir compte de la valeur des terres, une dépense de 2,562 fr. 65 centimes.

L'avenir reprochera sans doute à ces fondations officielles une prédilection trop exclusive pour un seul point de l'Algérie, pour un point surtout dont le caractère éminent consiste dans l'absence de toutes les conditions naturelles qui marquent l'emplacement des capitales.

Jeté sur un versant rapide, qui contrarie son développement, qui gêne la circulation intérieure et la défense, Alger se voit encore limité dans son action extérieure et dans ses communications avec le reste de l'Algérie par le haut rideau de montagnes tendu tout autour de la Métidja. Au sud c'est le Mouzaïa, tant de fois ensanglanté; à l'est le Jurjura, sanctuaire de l'insoumission; à l'ouest les montagnes des Beni-Mnacer, dont la résistance longue et fanatique a fait naître un moment l'idée d'une déportation en masse.

Dans la baie la nature n'avait rien disposé pour la création d'un port militaire. Après trois siècles de travaux intelligents et d'énormes sacrifices, des bâtiments venaient encore se briser sur les écueils de son mouillage.

Alger devait être assurément la reine de la Métidja et du Sahel; mais la nature avait marqué la limite de son empire au pied des montagnes dont Médéa occupe le plateau.

Cependant trois cents années d'efforts consacrées par le gouvernement turc à pallier des vices organiques, dix-huit années de sacrifices plus grands encore faits par la France au maintien d'une grandeur artificielle, ont fini par concentrer dans les murs d'Alger une population vraiment imposante. Au noyau indigène formé par le gouvernement des pirates s'est venu joindre un peuple de fonctionnaires, de débitants, de spéculateurs de toutes sortes, cortège inévitable des gros budgets.

Voici par nation comment se composait au 1er janvier 1847 la population d'Alger, en y comprenant les faubourgs :

POPULATION EUROPÉENNE.

Français	31,966
Anglais	433
Irlandais	124
Anglo-Maltais	4,610
Anglo-Espagnols	514
Espagnols	19,910
Portugais	164
Italiens	4,088
Allemands	3,326
Polonais	356
Russes	99
Grecs	38
Suisses	2,827
Belges et Hollandais	275
Divers	4

Total : 68,734

POPULATION INDIGÈNE.

Population fixe.

Musulmans	17,858
Nègres	1,380
Israélites	5,758

24,996

Population flottante 9,880

Total : 34,876

Total............ 103,610

Ce chiffre de population assigne à Alger la cinquième place parmi les villes de France, et il est assez remarquable que quatre d'entre elles se suivent sur la carte dans l'ordre de leur prépondérance numérique, et se trouvent réunies sur la même route, qui est celle de Paris à Alger.

Ces cinq villes sont :

Paris	945,721	habitants.
Lyon	159,783	—
Marseille	133,216	—
Bordeaux	120,203	—
Alger	103,610	—

Ces cinq villes sont les seules dont la population dépasse cent mille âmes.

Sidi-Féruch.

A l'ouest de la pointe Pescade et du cap Caxines, contreforts qui descendent du Bouzaréa et plongent dans la mer, s'ouvre une petite baie terminée par une plage continue, à l'extrémité de laquelle s'élève une presqu'île étroite. Le fond de cette anse, qui demeurera longtemps célèbre, est bordé de dunes où croissent quelques arbustes. Un marabout et une petite mosquée surmontée d'une tour carrée occupent le sommet de la presqu'île et se voient de très-loin, parce qu'ils se détachent en blanc sur les terres de l'intérieur. Cette presqu'île est celle de Sidi Féruch.

C'est là que vint débarquer l'armée française, le 14 juin 1830. Disposée aussitôt en camp retranché, cette petite langue de terre, habituellement morne et silencieuse, s'anima tout à coup et présenta pendant un mois l'aspect d'une ville d'Europe. Aujourd'hui la plage solitaire, où s'élève un petit village de pêcheurs, conserve à peine quelques traces de ce mémorable événement ; mais l'histoire l'a marquée d'un sceau ineffaçable, et le voyageur ne passera jamais sans la saluer devant cette petite baie qui fut le théâtre d'un des épisodes les plus glorieux de l'histoire moderne.

Le Tombeau de la Chrétienne.

Par un contraste assez singulier, un peu à l'ouest de ce monument d'une gloire récente, la côte en présente un autre dont l'origine va se perdre dans la nuit des temps. Il est situé à peu près à la moitié de la distance qui sépare Alger de Cherchel. La côte, jusque-là d'une hauteur uniforme, se relève un peu et dessine un petit mamelon à pentes douces, dont le sommet est occupé par une construction en forme de pyramide. Ce monument est un des plus anciens et des plus curieux de l'Algérie. Les géographes de l'antiquité le désignent tous, sans qu'il soit possible de s'y méprendre, comme la sépulture commune des rois de la Mauritanie. C'est donc le Saint-Denis de ces temps antiques. Les indigènes, grands chercheurs de trésors, et très-crédules dans leurs recherches, prétendent que cette pyramide tumulaire, dont ils ignorent la destination, renferme des richesses immenses. Mais les tentatives qu'ils ont faites pour les découvrir, et dont on retrouve la trace, ont toujours été vaines. Ils ont donné à cet édifice le nom de *Kbeur-Roumia*, qui signifie *le Tombeau de la Chrétienne*. Les savants de l'Europe se demandaient l'origine de cette dénomination, et formaient bien des conjectures sans fondement, lorsque M. le docteur Judas, auteur de belles recherches sur les langues primitives de l'Afrique, reconnut dans le mot *Roumia* la corruption arabe du mot *roum*, qui dans la langue punique signifie *royale*. Il a ainsi restitué au nom de *Kbeur-Roumia* le sens de *Sépulture royale*, qu'il devait avoir au temps des Syphax et des Juba. Ce monument mérite donc tout l'intérêt des archéologues et même des touristes, puisqu'il est du petit nombre de ceux dont la construction a dû précéder de longtemps l'invasion romaine, et date peut-être de trois mille ans.

Cherchel.

Après le cap Caxines, formé par les contre-forts du massif d'Alger, la première saillie considérable qui s'avance dans la côte est celle du cap Ras-Ammouch, formé par les contre-forts du mont Chénoua. Dès que l'on a dépassé la cime triste et brumeuse de ce cap, on découvre les minarets blancs de Cherchel. Ses maisons, couvertes en tuiles, se détachent bientôt au milieu des bouquets d'arbres qui les entourent, et se déploient en amphithéâtre sur un large plateau, que les montagnes situées en arrière semblent isoler du reste du continent.

Cherchel est bâti sur les ruines d'une ville qui portait le nom du grand César, Julia Cæsarea ; c'était la capitale de la Mauritanie Césarienne et l'une des cités les plus importantes de l'Afrique romaine. Les anciens avaient fait pour elle ce que les Turcs firent plus tard pour Alger. Ils y avaient créé un port : les restes des constructions hydrauliques que l'on y trouve en retracent toutes les dispositions. Un gros îlot situé au nord, et que nous appelons aujourd'hui l'îlot Joinville, avait été réuni à la terre ferme par une double jetée, qui comprenait un bassin intérieur formant un arrière-port ; la superficie de ce bassin était de huit mille mètres carrés. Une autre jetée, partant de la pointe dite des Marabouts, créait un second bassin de cinq à six hectares de surface : celui-ci servait d'avant-port ; c'était une sorte de petite rade.

Il y a deux mille ans le pourtour de l'arrière-port était bordé de quais et de magasins supportés sur des colonnes dont les bases se retrouvent encore.

L'administration française se contenta de restaurer l'établissement romain ; elle commença par faire déblayer l'arrière-port. Cette opération amena une découverte intéressante. On trouva enfouis dans la vase des blocs de maçonnerie, des fûts de colonnes et une partie des matériaux qui garnissaient les quais de l'ancienne ville. On retira enfin de dessous ces débris un bateau romain, remarquable en ce que toute la membrure était chevillée en bois, sans qu'il y entrât un seul clou. Comment expliquer la présence des colonnes et des blocs de maçonnerie dans la vase du port autrement que par une violente secousse de tremblement de terre? Des ingénieurs ont même remarqué certains indices qui sembleraient annoncer un déplacement du niveau de la mer ou au moins un dérangement dans l'assiette des terres du rivage. Cet effet se serait produit à la suite de la catastrophe qui a bouleversé Cherchel et précipité dans la mer une partie de ses monuments.

Les fouilles exécutées sur l'emplacement de l'ancienne ville depuis l'établissement des Français y ont fait découvrir de magnifiques colonnes de granit, dignes des grandes capitales, des statues et des débris de sculpture, que les ingénieurs militaires ont conservés et fait réunir avec un soin intelligent. En dehors de l'enceinte actuelle on a retrouvé les restes d'un amphithéâtre dans lequel l'administration militaire parque ses troupeaux.

Outre les monuments dont nous venons de signaler les ruines, il existait autrefois une muraille d'environ deux mille mètres de développement tracée sur les crêtes qui dominent la ville ; si, comme quelques personnes l'ont pensé, elle avait pour objet de couvrir Césarée contre les incursions des tribus voisines, l'existence de cet *obstacle continu* ne donnerait pas une haute idée de la sécurité dont jouissait la capitale de la Mauritanie Césarienne : mais la muraille de Cherchel est sans doute au nombre des créations anciennes dont le temps a emporté le secret.

Les ruines du port de Cherchel témoignent des progrès immenses que la civilisation moderne a introduits dans l'art de la navigation. Ce port, qui au temps des Césars était le premier de l'Algérie, et qui devait être, à en juger par la grandeur des travaux, l'un des plus importants de la Méditerranée, n'est plus aujourd'hui pour nous qu'une crique de cabotage, inaccessible même aux plus petits bateaux à vapeur.

La population de Cherchel se composait au 1ᵉʳ janvier 1847 de 967 Européens, dont 650 Français, et de 1045 Indigènes, dont 1019 musulmans, 23 nègres et 3 israélites.

Ténès.

Depuis Cherchel jusqu'au cap Ténès, la côte présente un rideau presque continu de montagnes, espèce de muraille sans abri qui sépare la mer du cours du Chélif. Elle se termine à une grosse masse de roches escarpées, dont l'ensemble constitue le cap Ténès, et derrière laquelle sont deux villes de ce nom, l'une indigène, l'autre française. La ville indigène, qui est l'aînée, est appelée par les Français *le vieux Ténès*. Elle se reconnaît de loin à son minaret pointu blanchi à la chaux, dans l'anfractuosité d'une vallée dont la ville occupe le bord. Elle est éloignée de l'embouchure du ruisseau d'environ quinze cents mètres. Le vieux Ténès est habité par des indigènes, que l'établissement français n'a pas déplacés.

La ville nouvelle s'est formée au bord de la mer, sur un petit plateau isolé de toutes parts, à l'embouchure de l'Ouad-Allala, qui passe au vieux Ténès et vient se rendre à la mer à travers de jolis jardins. Ténès, le Ténès français, occupe l'emplacement d'une cité romaine, appelée Cartennæ. Les ruines de cette ville étaient presque complétement enfouies au moment où les Français s'y sont établis; mais les premières fouilles les ont exhumées. Les habitants ont ainsi trouvé dans le sol même, pour leurs constructions, des matériaux taillés depuis deux mille ans.

Sur la pente occidentale du plateau que couronne la ville il existe une multitude d'excavations régulières pratiquées dans le roc vif. La forme et les dimensions ne laissent pas de doutes sur leur destination primitive; on y a d'ailleurs trouvé de nombreux ossements: c'est là qu'était la nécropole de Cartennæ. Le nombre immense de ces cercueils de pierre permet de juger de l'importance de l'ancienne ville et du long espace de temps pendant lequel ce lieu a servi au même usage.

La ville actuelle de Ténès est éloignée de douze cents mètres environ à l'ouest du seul point de la côte qui comporte la création d'un port. L'emplacement en est dessiné par un massif d'îlots éloignés de la plage d'environ six cents mètres, mais reliés à la terre-ferme par une série de bas-fonds rocheux. Cette disposition naturelle détermine une petite crique circulaire, analogue mais préférable à celle que dut présenter Alger avant les immenses travaux que les Turcs et les Français y ont exécutés.

Il existait autrefois tout près de Cartennæ une autre ville, que le géographe Ptolémée appelle *Carcóma*, et Bochart fait remarquer que *carcóma* dans la langue phénicienne signifie *cuivre*. Il en conclut que dans le voisinage de cette ville doivent se trouver des mines de cuivre. Cette induction du savant archéologue s'est vérifiée il y a seulement quelques années. On a découvert dans les environs de Ténès des mines fort riches de cuivre pyriteux qui portent des traces d'exploitation ancienne. Il y existe aussi plusieurs gisements de fer carbonaté manganésifère. Ténès possède donc dans son sol des éléments de prospérité qui lui promettent un accroissement rapide. Déjà au 1er janvier 1847 le chiffre de sa population s'élevait à 2,555 Européens, dont 1239 Français, auxquels il faut ajouter 66 indigènes.

De Ténès à Mostaganem.

Au delà de Ténès se déroule une côte monotone, alternativement hérissée de falaises ou bordée de plages. De hautes terres règnent au-dessus du rivage, entre la mer et le cours du Chélif. Elles forment le massif du Dahra, devenu célèbre par la fréquence et la violence de ses insurrections, et surtout par le drame sauvage qui s'accomplit au fond de ses grottes en 1845, et dont toute la presse de l'Europe a retenti.

Toute cette côte offre un aspect triste comme les souvenirs qu'elle rappelle. Elle se prolonge avec l'alternative monotone de plages, de dunes et de falaises, jusqu'au cap Ivi, derrière lequel viennent se terminer les montagnes du Dahra et le cours du Chélif.

C'est à un mille environ de la dernière saillie du cap que vient déboucher à la mer cette rivière, la plus considérable de l'Algérie, autant par l'étendue de son cours que par le volume de ses eaux. Elle diffère de la plupart des autres cours d'eau en ce que son embouchure n'est point obstruée par les sables; on la voit en toute saison couler librement à la mer, dans une large vallée que dominent à droite et à gauche de hautes montagnes.

Le cap Ivi marque la limite orientale du golfe d'Arzeu, qui se termine dans l'ouest au cap Carbon. Au fond de la baie une grève blanche, large et profonde donne issue à l'embouchure de la Makta, de douloureuse mémoire. Le fond du golfe dans le voisinage de l'embouchure est formé de terres basses, d'un aspect triste, commun d'ailleurs à toute la côte occidentale de l'Algérie.

Deux villes occupent les faces du golfe : Mostaganem dans l'est, et Arzeu dans l'ouest.

Mostaganem.

Mostaganem est située à un demi-mille de la mer et à six milles au sud du Chélif, sur le bord d'un ravin, au fond duquel coule le ruisseau d'Aïn-Sofra, qui ne tarit pas. On la reconnaît de loin en mer à la blancheur de ses murailles et à deux marabouts, construits sur une éminence un peu à gauche de la ville. Sur le bord de la mer il n'existe que la direction du port, deux ou trois magasins et un débarcadère établi à l'embouchure de l'Aïn-Sofra.

La ville est assise sur une roche de calcaire sablonneux de formation secondaire, à quatre-vingt-cinq mètres au-dessus du niveau de la mer. Quelques personnes, frappées de l'aspect découpé de cette côte et des traces de bouleversement qu'elle présente, ont fait remonter la formation du rivage de Mostaganem à cette période d'effroyables tremblements de terre qui désolèrent l'Afrique septentrionale vers le milieu du troisième siècle de notre ère. Elles rapportent à la même série de catastrophes l'origine des lacs salés d'Arzeu et d'Oran, et croient y voir le produit de ces jaillissements d'eau salée qui, au dire des historiens, accompagnaient alors les convulsions du globe.

Quoi qu'il en soit de cette formidable hypothèse (car ce n'est qu'une hypothèse bien hasardée, à notre sens), Mostaganem occupe aujourd'hui une des positions les plus riantes, un des territoires les plus fertiles de l'Algérie.

Suivant les chroniques musulmanes, c'est vers le douzième siècle que des architectes berbères en jetèrent les fondements. Plus tard elle s'accrut d'un grand nombre de familles maures chassées d'Espagne, qui l'enrichirent de leur industrie. De grands établissements agricoles s'élevèrent alors ; la culture du coton y prit surtout un développement considérable.

On peut juger de l'élégance de la ville trois siècles après sa fondation par un détail que les chroniques espagnoles nous ont conservé. En 1558 le comte d'Alcaudète, conformément aux ordres du conseil de guerre de Madrid, partit d'Oran, marcha sur Mostaganem, et s'en rendit maître. La porte de la ville possédait alors un beau portail de marbre, qui lui donnait une apparence monumentale. Le général espagnol le fit abattre, et en fabriqua des boulets pour les pierriers qu'il avait amenés. Mais le triomphe des Espagnols ne fut pas de longue durée : peu de temps après ils perdirent contre les troupes du dey une bataille dans laquelle le comte d'Alcaudète lui-même perdit la vie.

C'est de cette époque, fatale d'ailleurs à toute l'Algérie, que paraît dater la décadence de Mostaganem. Depuis lors les incursions des Arabes et les exactions des gouverneurs turcs amenèrent l'appauvrissement rapide de sa population.

La conquête française fut elle-même le signal de nouveaux désastres. Les tribus d'alentour pillèrent les récoltes, détruisirent les maisons de plaisance, saccagèrent les riches plantations de vignes, de figuiers et d'oliviers, créées en des temps de sécurité et de prospérité.

Cependant en juillet 1833, époque où ces désordres nécessitèrent l'occupation de Mostaganem par une garnison française, il restait assez de vestiges de la ville et de sa ceinture de maisons de campagne et de jardins pour y reconnaître une des situations les plus délicieuses de l'ancienne Régence.

A sept kilomètres à l'ouest de Mostaganem il existe une autre ville déchue, c'est Mazagran. La plaine qui les sépare était autrefois couverte d'habitations de plaisance et de riches cultures.

Jusqu'en ces derniers temps Mostaganem avait conservé des habitudes industrieuses ; elle fabriquait des tapis, des couvertures, des haïks ou longs voiles de laine, de la bijouterie, et divers objets à l'usage des Arabes. Située au débouché de la longue et riche vallée du Chélif, elle en reçoit naturellement les produits ; malheureusement ils arrivent sur une côte ouverte à toutes les tempêtes, ce qui forme un grand obstacle à leur écoulement.

La population de Mostaganem a été autrefois considérable. En 1830, à en juger par l'étendue de la ville, elle pouvait encore s'élever à 15,000 âmes. Au 1er janvier 1847 elle se composait de 3.614 Européens, dont 1,717 Français et 1,366 Espagnols, et de 3,035 indigènes, dont 2,662 musulmans, 87 nègres et 586 israélites. Il faut y ajouter une population indigène flottante de 470 personnes ; ce qui élève la population totale à 7,119 âmes.

Arzeu.

Chaque ville de l'Algérie a un mérite et un défaut dominants ; il en est de même, dira-t-on, de toutes les villes du monde. Cela est vrai ; mais les villes du monde qui nous intéressent sont faites ; celles-ci, qui nous intéressent si onéreusement, sont à faire. Dans un pays en voie de création il faut avoir sans cesse présentes à la pensée ces qualités et ces imperfections dominantes, afin de placer chaque ville naissante dans la voie de prospérité que la nature lui trace.

Le mérite dominant d'Arzeu est dans la sûreté de son mouillage : à tous les bâtiments au-dessous de la force des frégates il offre un excellent abri, parce qu'ils peuvent se placer derrière une pointe de roches qui les protége contre le vent et la mer du large ; mais les grands navires n'y trouvent point assez de fond, et doivent mouiller en dehors de cet abri, dans une position qui n'est pas sûre. A Arzeu ce sont les eaux qui manquent : les habitants en sont réduits à l'eau de puits ; encore est-elle un peu saumâtre. Néanmoins la position est saine ; le choléra ne s'y est pas arrêté. Vers le sud de la ville, à six mille mètres, sur la crête d'un plateau, existent des assises en pierres de taille, restes d'une longue muraille qui faisait face à la mer, d'autres fragments de murs, des citernes, des tronçons de colonnes épars et quelques inscriptions : ce sont les restes de la ville romaine d'Arsenaria.

A l'époque où les Français parurent en ce lieu il s'y trouvait une petite tribu kabile venue des côtes du Maroc, d'où elle avait fui pour échapper aux vexations et aux avanies si communes dans toutes ces contrées. Elle s'était construit des gourbis entourés de nopals, et avait formé un petit hameau appelé Bétioua, nommé aujourd'hui *le Vieil-Arzeu*, pour le distinguer d'Arzeu-le-Port. A l'approche des Français les exilés se retirèrent de nouveau, et portèrent ailleurs leurs foyers errants.

A une lieue au sud-ouest d'Arzeu règne un grand lac salé, dont les eaux s'évaporent naturellement chaque année au retour des chaleurs. Le sel s'extrait alors à coups de pioche. Ce produit formait autrefois avec les grains, la sparterie et le kermès, les principales ressources du pays. L'exploitation de ces salines a été concédée depuis quelques années à une compagnie française. Arzeu est appelé à devenir l'un des premiers ports de commerce de l'Algérie, quoique sa population ne se compose encore que de 300 Européens et 50 indigènes.

Oran.

Un massif de montagnes, que les marins désignent sous le nom de cap Ferrat, sépare la baie d'Arzeu de la baie d'Oran. C'est un amas de roches escarpées, d'éboulements naturels, de falaises déchiquetées, dont les nuances blafardes répandent une teinte générale de tristesse sur tout ce qui avoisine la mer. Mais le massif du cap Ferrat ne pénètre pas fort avant dans l'intérieur : car la route par terre d'Arzeu à Oran se fait en plaine.

Arzeu, avons-nous dit, a un bon mouillage et manque d'eau ; Oran a la qualité et le défaut opposés : elle est située dans la partie la plus reculée de la baie qui porte son nom, sur les deux rives d'un ruisseau qui lui donne en tout temps une eau limpide et abondante. Mais les navires ne peuvent mouiller devant la ville que pendant l'été ; après l'équinoxe d'automne ils doivent se retirer, soit à Mers-el-Kébir, soit à Arzeu. Même pendant la belle saison le débarcadère cesse d'être praticable dès que la brise de nord-est commence à fraîchir.

Il est difficile de savoir ce que fut Oran sous la domination romaine ; car tous les édifices antérieurs à la conquête espagnole ont disparu sous les constructions gigantesques dont elle a couvert le sol.

La prise d'Oran par les troupes espagnoles suivit de quatre ans celle de Mers-el-Kébir ; elle fut provoquée par la double ressentiment d'une injure et d'un échec. Cela eut lieu en 1507, tandis que la garnison espagnole occupait Mers-el-Kébir. Les Maures firent une descente sur les côtes de la péninsule, surprirent une petite ville et en massacrèrent tous les habitants. Le gouverneur de Mers-el-Kébir, Fernand de Cordoue, résolut aussitôt de venger cette insulte ; mais il y mit peut-être trop d'empressement. Il sortit le 15 juillet, à la tête d'une colonne de trois mille hommes. Les Arabes ne paraissant pas, il crut qu'ils voulaient éviter le combat, et continua à s'avancer. Bientôt il fut enveloppé de toutes parts et son corps d'armée taillé en pièces.

La nouvelle de ce désastre répandit la consternation dans toute l'Espagne ; mais personne n'en ressentit plus de douleur que le cardinal Ximénès. Il pressa avec instance le roi Ferdinand de consentir à l'expédition d'Oran. Il sollicita même l'honneur de diriger en personne les opérations, oubliant, dans un entraînement que l'histoire doit admirer, sa condition de prêtre, sa dignité de ministre et son grand âge. Il offrit, comme il avait déjà fait pour Mers-el-Kébir, de payer de ses propres deniers les frais de la guerre. Aussitôt d'envieuses menées, d'injustes sarcasmes vinrent se mettre en travers de cette résolution généreuse et en retarder les effets. Il ne fallut pas moins de deux ans à l'illustre vieillard pour déjouer toutes ces intrigues. Enfin la flotte réunie à Carthagène mit à la voile le 16 mai 1509. Elle se composait de quatre-vingts vaisseaux, dix galères à trois rangs de rames et un grand nombre de petits bâtiments ; elle portait quinze mille hommes. Ximénès s'était réservé la haute direction de l'entreprise ; le comte Pierre de Navarre devait commander les troupes.

Le lendemain du départ, jour de l'Ascension, à la nuit tombante, l'escadre mouillait dans la rade de Mers-el-Kébir. Aussitôt l'alarme se répandit dans toutes les tribus. En quelques heures des feux télégraphiques allumés sur la cime des montagnes, portaient jusqu'au Sahara la terrible nouvelle. Ximénès débarqua le soir même. Il convoqua les chefs de l'armée, et tint conseil. Il fut décidé qu'une partie des troupes irait attaquer Oran par terre, tandis que la flotte menacerait la ville de l'autre côté. Le débarquement commença avant le jour. Vers six heures l'infanterie était réunie sous les murs de Mers-el-Kébir.

Ximénès parut alors devant les troupes entouré d'une multitude de religieux en armes, précédés de la croix. Il voulait marcher à la tête de l'armée et la conduire au combat ; il n'y renonça qu'à regret, vaincu par les supplications des soldats et des chefs. Il se retira dans l'église de Saint-Michel à Mers-el-Kébir, et là, à genoux, les yeux baignés de larmes, il adressa au ciel de ferventes prières pour le succès des armes chrétiennes.

Cependant un rassemblement nombreux de Maures et d'Arabes se formait sur les pentes de la montagne. Pierre de Navarre hésitait à les attaquer : il vint soumettre ses scrupules au cardinal, qui, après s'être recueilli quelques instants, s'écria comme éclairé d'une inspiration soudaine : « Ne balancez pas, combattez ; j'ai l'assurance que vous remporterez aujourd'hui une grande victoire. »

Le comte de Navarre fit aussitôt sonner les clairons ; les soldats s'élancèrent en criant Saint-Jacques, et gravirent au pas de course les flancs abruptes de la montagne. Un combat furieux s'engage. Les Arabes font pleuvoir sur leurs ennemis une grêle de flèches et roulent des quartiers de rocher.

Enfin les chrétiens parviennent à s'emparer d'une source d'où l'on apercevait la ville ; Navarre y fait amener quatre couleuvrines, qui répandent dans les masses arabes la mort et la consternation. Profitant du premier instant de stupeur, il s'élance sur l'ennemi, le poursuit, le culbute, et reste maître du champ de bataille.

En ce moment un boulet parti de la flotte venait de mettre hors de service la meilleure pièce des assiégés. Ce fut comme le coup décisif. Les marins sautent à terre, et font leur jonction avec les troupes. Les Arabes de la campagne prennent l'épouvante, et se sauvent dans le plus grand désordre. Les Maures rentrent tumultueusement dans la ville et ferment les portes.

Les Espagnols se jettent sur leurs traces, et arrivent au pied des murailles ; ils y appuient leurs longues piques à défaut d'échelles, et s'élancent à l'escalade. Déjà six étendards flottent sur la citadelle. Bientôt la ville entière appartenait aux chrétiens.

Ce fut Sosa, commandant des gardes du cardinal, qui le premier atteignit le sommet du mur ; il courut à la citadelle, et en brandissant l'étendard de Cisneros, il cria de toute sa force : Saint-Jacques et Ximénès ! Toute l'armée répéta ce cri de victoire.

La ville fut livrée au pillage et la population impitoyablement massacrée. On porte à quatre mille le nombre des Maures qui périrent dans cette fatale journée. Huit mille furent faits prisonniers. Les Espagnols ramassèrent un butin immense. Un officier eut pour sa part dix mille ducats (1).

« A cette époque, » dit M. de Rotalier d'après Alvare Gomez, « Oran comptait près de quinze cents boutiques et six mille maisons. On trouva sur les murailles plus de soixante gros canons et dans les arsenaux une grande quantité de catapultes, de balistes et d'instruments propres à lancer des traits. »

Le cardinal passa la nuit en prières, et se rendit le lendemain à Oran. Il fit son entrée dans la ville précédé de la croix épiscopale, au milieu des acclamations et des pieux cantiques de la multitude. Lui-même répétait à haute voix le verset de David qui renvoie au ciel toutes les gloires humaines.

Il monta d'abord à la Kasba, dont le gouverneur avait déclaré ne vouloir

(1) *Histoire d'Alger*, par Ch. de Rotalier, tome Ier.

remettre les clefs qu'entre ses mains ; il les reçut, et le premier usage qu'il en fit fut d'ouvrir les portes des cachots à trois cents esclaves chrétiens.

Le lendemain il visita l'enceinte de la ville ; tour à tour général en chef et prince de l'Église, il donne des ordres pour la réparation des remparts ; il consacre deux mosquées, l'une à la Vierge, l'autre à saint Jacques ; il arrête la fondation d'un hôpital, et le place sous la protection de saint Bernard, le patron des pauvres. Il crée une mission pour la conversion des infidèles, dont il venait de massacrer quatre mille. Il institue deux couvents, foyers de haine contre la religion des vaincus. Enfin, dans la crainte que les juifs traqués en Espagne ne vinssent se réfugier à Oran, il y établit un inquisiteur.

Tout cela se passait au milieu des ruines, du sang et des cadavres. Quelle distance de nos mœurs actuelles à ce mélange intime des intérêts du monde et des préoccupations du cloître! Ce n'est pas que ce mélange intime des pompes du culte aux grandes scènes de la guerre ne présente toujours un spectacle imposant ; mais par malheur l'appel aux haines religieuses dominait au fond de tous les actes, au fond de tous les cœurs, et il marquait d'un sceau néfaste la domination naissante de l'Espagne.

Ximénès se disposait à poursuivre ses conquêtes, lorsque de nouvelles intrigues le rappelèrent en Espagne ; il quitta Oran le 23 mai, sept jours après son départ de Carthagène.

L'expédition malheureuse de Charles-Quint contre Alger, qui eut lieu vers la fin de 1541, trente-six ans après la prise de Mers-el-Kébir, trente-deux ans après celle d'Oran, porta un coup décisif à la domination espagnole sur la côte d'Afrique. L'Espagne perdit successivement dans le cours du seizième siècle les diverses positions qu'elle y occupait, à l'exception d'Oran, qu'elle conserva jusqu'en 1708. Alors les embarras d'une collision européenne, la guerre de la succession, déterminèrent la cour de Madrid à faire le sacrifice de cette dernière place.

Mais en 1732 les embarras avaient cessé ; les Espagnols reparurent. Le 26 juin, le comte de Montemar vint débarquer dans la petite baie du cap Falcon, avec une armée de vingt-huit mille hommes. Dix à douze mille Maures tentèrent de s'opposer au débarquement ; ils furent culbutés, et quatre jours après, le 30 juin, l'étendard de Castille avait reparu sur les remparts d'Oran. La ville était déserte ; les habitants avaient pris la fuite dans toutes les directions ; le bey Moustafa-bou-Chelaram s'était retiré à Mostaganem.

Cette nouvelle occupation, fort onéreuse pour l'Espagne, durait depuis cinquante-huit ans, lorsque, dans la nuit du 8 au 9 octobre 1790, un effroyable tremblement de terre vint secouer la ville et y occasionner d'affreux ravages. Aussitôt la population et les troupes abandonnèrent leurs demeures renversées et chancelantes, et allèrent s'établir au dehors sous des tentes et des baraques.

A la nouvelle de cette catastrophe, le bey Mohammed, qui gouvernait la province pour les Turcs, partit de Mascara et vint mettre le siège devant Oran ; mais deux années de suite le retour de l'hiver l'obligea de se retirer sans avoir rien fait ; enfin au mois de mars 1792 les Espagnols, découragés, se décidèrent à abandonner la ville. Ils voulaient faire sauter les fortifications ; mais Mohammed négocia, et il fut convenu qu'on évacuerait la place sans rien détruire. Les Espagnols eurent la faculté d'emporter les canons de bronze et les approvisionnements. Les troupes et les habitants furent transportés à Carthagène, le corps indigène à Ceuta.

Ainsi finit l'occupation espagnole, laissant après elle d'immenses travaux sans utilité et sans résultat.

Des Maures venus de tous les points de la province, de Mascara, de Mazouna, de Tlemcen, de Mostaganem et de Mazagran repeuplèrent la ville déserte. On leur distribua les maisons chrétiennes : elles étaient presque toutes en bois ; il les reconstruisirent en pierres ; mais la ville basse ne se releva point de ses ruines, et les Français la trouvèrent encore couchée dans la poussière, perdue dans les ronces (1).

(1) *Histoire d'Alger*, par Ch. de Rotalier.

Le premier sentiment qu'éveilla dans l'esprit du dey la nouvelle de la reddition d'Oran ne fut pas la joie, comme il serait naturel de le penser, mais la méfiance. Il craignit que la possession d'une place aussi forte n'encourageât le bey à braver son autorité, et contrairement à un article formel de la capitulation, il envoya à Oran un commissaire (onkil) chargé de démanteler la ville. Celui-ci fit sauter trois forts, la tête de ravin, Saint-Philippe et Santa-Cruz. De ceux qu'il laissa debout Lamouni et Saint-Grégoire sont les plus anciens : le premier remonte à 1563, le second à 1589. Les autres datent du milieu du dix-huitième siècle, époque où furent exécutés les grands travaux de fortification d'Oran (1).

Après le départ des Espagnols, les beys adoptèrent Oran pour leur résidence ; ils se succédèrent, perdant le pouvoir comme ils l'avaient acquis, par des intrigues et des crimes, jusqu'au 10 décembre 1830, où la France, cédant aux sollicitations instantes du dernier de ces satrapes, se décida à prendre possession de la ville.

Elle y retrouva des traces matérielles profondes du séjour des Espagnols, principalement dans l'enceinte qu'ils s'étaient réservée sur la berge gauche du ravin, au pied du pic de Santa-Cruz.

De vastes communications souterraines, des galeries de mines, un immense magasin voûté, avec un premier étage sur le quai Sainte-Marie, d'autres magasins taillés dans le roc, une darse, des casernes, trois églises, un théâtre, tel est l'ensemble des ouvrages élevés par les Espagnols dans le cours d'une possession de près de trois siècles, dans un petit coin de terre barbare qui avait fini par obtenir, en raison de ses agréments, le surnom populaire de *Corte-chica* (la petite cour).

Les environs d'Oran sont en général nus et tristes. Si l'on plonge les regards dans la plaine, on n'y découvre, aussi loin que la vue peut s'étendre, qu'un seul arbre, le figuier à l'extrémité orientale de la Sebkha.

C'est dans la gorge qui traverse la ville que toute la végétation semble se concentrer ; là sont réunies de belles plantations d'amandiers, de grenadiers et d'orangers ; et ce massif de verdure, animé et rafraîchi sans cesse par des eaux abondantes, paraît plus délicieux encore par le contraste qu'il forme avec la nudité du pic de Santa-Cruz.

Quelques essais de colonisation ont été tentés depuis quelques années dans les environs d'Oran. En 1844 les villages de la Senia et de Misserguin, en 1845 celui de Sidi-Chami, ont été fondés dans la plaine et les territoires communaux concédés en partie à des habitants aisés de la ville, et en partie à des familles pauvres. Un grand établissement agricole a été fondé par une compagnie française, entre Oran et Mascara, au-dessous du barrage qui déverse les eaux du Sig dans la plaine du Sirat. Une ordonnance du 19 février 1847 a créé entre Oran et Arzeu trois nouvelles communes, celles de Christine, San-Fernanda et Isabelle, qui doivent être peuplées de familles espagnoles.

Enfin une circonstance fortuite est venue, il y a deux ans, ajouter l'élément germanique au mélange d'Espagnols et de Français qui domine dans la population d'Oran et de sa banlieue. Au mois de juillet 1846, huit cents Prussiens, hommes, femmes et enfants arrivèrent à Dunkerque, après avoir quitté leur pays pour aller s'établir au Brésil. Mais bientôt, abandonnés par les promoteurs de leur émigration, privés de ressources pour retourner sur leurs pas, réduits à vivre de la charité publique, ils se tournèrent vers l'administration française, et demandèrent à être transportés en Algérie. Le gouvernement accueillit leur demande, et les dirigea aussitôt sur Oran. A leur arrivée, ces étrangers furent répartis dans deux localités, l'une située sur la route de Mostaganem à Arzeu, l'autre sur celle d'Arzeu à Oran. Ils y trouvèrent immédiatement un abri commode, sous des baraques que l'administration militaire avait fait construire à la hâte pour les recevoir. Le premier de ces deux villages prussiens conserva le nom de Stidia, qui était celui de la localité ; l'autre fut appelé Sainte-Léonie. Tel est le caractère de la colonisation algérienne, ouvrage de marqueterie, où le hasard apporte souvent les pièces les

---

(1) *Histoire d'Alger*, par M. Ch. de Rotalier.

plus lointaines et les plus disparates.

Dans la population d'Oran la couleur qui domine est celle de l'Espagne, ce qu'il faut attribuer beaucoup au voisinage et un peu aux souvenirs. Sur 18,259 habitants européens, cette ville compte 8,688 Espagnols et seulement 6,200 Français. Quant à la population indigène, elle se compose de 7,133 personnes, dont 2,328 musulmans et 4,805 israélites.

Oran offre donc un caractère tout particulier, dû à la prédominance de l'élément espagnol dans la population européenne, et de l'élément israélite dans la population indigène.

Mers-el-Kébir.

L'extrémité occidentale de la baie d'Oran se termine par une pointe de rochers qui s'avance comme un môle vers l'est, et protège contre la mer et les vents un espace appelé par les indigènes *Mers-el-Kébir*, le grand port. C'est le meilleur mouillage de l'Algérie. La pointe de rocher est couronnée par un fort, éloigné d'Oran de six kilomètres, et rattaché à cette ville par une magnifique route, ouvrage des premières années de la conquête française.

La baie de Mers-el-Kébir est creusée en forme d'entonnoir dans les hautes terres qui la dominent. La paroi méridionale va rejoindre la pointe rocheuse de Santa-Cruz; la paroi occidentale se termine à la mer par des escarpements à pic.

Il règne entre les deux une vallée profonde, étroite, tortueuse dans laquelle les vents d'ouest s'engouffrent par rafales et produisent dans la baie des alternatives remarquables d'effroyable bourrasque et de calme plat. Ce caractère fantasque des vents, dû à la configuration du sol, rend souvent l'appareillage difficile et enlève à la position une partie de son mérite.

Quoi qu'il en soit, l'Espagne fut bien inspirée lorsque dans les premières années du seizième siècle, cherchant à entamer la côte d'Afrique, elle arrêta ses vues sur Mers-el-Kébir.

Les Maures venaient d'être expulsés de la péninsule; la plupart avaient demandé un asile à ces rivages habités par leurs coreligionnaires, et y avaient porté la haine profonde qui les animait contre leurs vainqueurs.

Dans l'impuissance où ils étaient de former contre eux une grande entreprise, ils s'efforcèrent de les harceler : du rôle de conquérants ils descendirent à celui de corsaires, et vinrent porter la dévastation et le pillage sur des côtes qu'ils n'avaient su ni conserver ni défendre.

Un homme d'un génie vaste gouvernait alors l'Espagne ; c'était le cardinal Francesco Ximenès de Cisneros, archevêque de Tolède, premier ministre du roi Ferdinand. Ximenès ne vit d'autre moyen de mettre un terme aux brigandages des pirates que de faire main basse sur leurs repaires.

Une pensée de croisade, de conversion des infidèles vint se joindre à ces vues politiques. Ximenès se souvint que le premier rêve de sa jeunesse avait été de parcourir l'Afrique en missionnaire. C'était sans doute une révélation des vues de la Providence, qui réservait à ses vieux jours de la parcourir en conquérant. Dès lors cette grande entreprise devint le terme de toutes ses pensées.

Ximenès manquait des renseignements nécessaires pour fixer avec certitude le point où devaient se porter ses premiers efforts. Le hasard se chargea de les lui fournir. Il amena en Espagne un marchand vénitien, nommé Jérôme Vianelle, qui avait parcouru toute la côte pour les affaires de son négoce, et qui la connaissait parfaitement. Il eut de fréquentes conférences avec le ministre; il l'éclaira sur la situation du pays, et appela surtout son attention sur le port de Mers-el-Kébir et la ville d'Oran, qu'il représenta comme les deux principaux foyers de la piraterie. Pour rendre ses indications plus saisissantes, il exécuta en cire un relief de la partie de la côte où se trouvent ces deux points.

Ximenès demeura convaincu que Mers-el-Kébir était pour l'Espagne la véritable porte de l'Afrique; il s'arrêta donc à l'occupation de ce port, et se hâta de présenter son projet au roi.

Ferdinand n'avait qu'une seule objection à élever; mais elle était grave. Deux guerres, dont l'une venait de se terminer par l'expulsion des Maures, avaient épuisé ses ressources. Ximenès le savait sans doute mieux que personne, et il était prêt à lever cette difficulté; mais il voulait avant tout s'assurer de l'adhésion du roi. Il offrit de payer lui-même les frais de la guerre, et dès lors l'expédition fut résolue.

Quelques mois suffirent au grand ministre pour organiser une armée et une flotte. Fernand de Cordoue devait commander la première, Raymond de Cordoue la seconde; l'artillerie fut confiée à Ciego de Vera; enfin l'expédition eut pour guide Jérôme Vianelle.

Le 3 septembre 1505 la flotte appareilla à Malaga; le 9 elle était en vue de Mers-el-Kébir. Aussitôt des feux allumés sur les hauteurs signalèrent l'approche des Espagnols; toutes les cimes voisines du rivage se couvrirent de fantassins et de cavaliers. Les troupes débarquèrent sous une grêle de flèches et sous les boulets du fort. Leur premier soin fut de se retrancher; le lendemain elles poussèrent une reconnaissance vers la place, et enlevèrent une position qui la dominait: une batterie y fut établie. Pendant ce temps la flotte attaquait par mer.

Cependant le fort ne se rendait pas, et la position des Espagnols commençait à devenir critique; placés sous le feu de la garnison, assaillis par des nuées d'Arabes, ils avaient encore à combattre les troupes que le roi de Tlemcen avait envoyées; mais la fortune vint à leur aide. Le gouverneur du fort, qui jusque-là avait été l'âme de la défense, fut atteint par un boulet qui le tua. Aussitôt le découragement s'empara des assiégés, et les amena à conclure un armistice de quelques jours, qui devait être suivi d'une capitulation définitive, si de nouveaux secours attendus de Tlemcen n'arrivaient pas. A l'expiration du délai rien n'avait paru. Alors un trompette espagnol s'avança au pied des remparts, et somma la garnison de se rendre aux termes de la convention. Les Maures demandèrent trois jours pour emporter leurs effets. Ce nouveau délai leur fut accordé. Ils traversèrent donc le camp espagnol chargés de leurs richesses. Leur retraite à travers une armée chrétienne victorieuse s'opéra sans donner lieu de leur part à aucune plainte: il est vrai que le général se tint constamment devant les portes, et veilla lui-même à leur sûreté; une seule fois des cris s'élevèrent: une femme venait d'être insultée.

Fernand fit sur-le-champ saisir le coupable, et prononça son arrêt de mort.

Enfin le 23 octobre les Espagnols prirent possession de Mers-el-Kébir, cinquante jours après leur départ de Malaga. Fernand expédia aussitôt une galère pour porter au cardinal Ximenès l'heureuse nouvelle. L'Espagne entière en tressaillit de joie; elle crut voir du même coup ses côtes fermées à la piraterie et le continent Africain ouvert à ses armes; magnifiques espérances que l'avenir ne devait pas réaliser.

La pointe de Mers-el-Kébir marque la limite de la baie d'Oran; mais le golfe se prolonge jusqu'à la pointe du cap Falcon. Derrière celui-ci est une petite baie où débarqua en 1732 le comte de Montemar: elle se termine au cap des Andalous, où existent les ruines d'une petite ville construite par les Maures exilés d'Espagne.

A partir de ce cap la côte s'enfonce dans le sud-ouest, bordée par des terres de moyenne hauteur, d'un aspect uniforme, qui se terminent à la mer par une muraille de roches abruptes.

Une teinte générale de tristesse règne sur ce long rideau: de distance, en distance, dans la bordure de la côte, apparaissent des éboulements et des ruptures de couleurs diverses qui toutes portent le cachet de la stérilité. Une végétation pauvre et inculte se montre au sommet des falaises.

Deux points sur cette côte méritent seuls de fixer l'attention. L'un est l'île volcanique de Harchgoun, qui fut occupée au commencement de 1836 les Français à l'embouchure de la Tafna; l'autre est l'établissement de Djema-Ghazaouat, situé au nord de Lella-Marnia, sur une longue plage ouverte à tous les vents. Érigé en ville sous le nom de *Nemours*, par une ordonnance royale du 24 décembre 1846, Djema-Ghazaouat comptait au 1er janvier 1847 une population européenne de 412 individus, dont 209 Français.

Tel est l'aspect général, telle est l'histoire sommaire de la côte d'Algérie, aussi riante et accidentée dans l'est qu'elle est triste et monotone dans la région opposée.

Sur cette côte trois grandes cités, trois capitales maritimes ont été fondées:

Cherchel, capitale de la Mauritanie Césarienne, par les Romains.

Bougie, capitale du royaume de ce nom, par les Berbères.

Alger, capitale de l'ancienne Régence, par les Turcs.

A Cherchel les Romains ont épuisé dans la création d'un port artificiel les ressources de leur architecture hydraulique; à Alger les Turcs ont jeté dans une entreprise semblable trois cent années d'efforts et des milliers d'esclaves chrétiens; à Bougie les Berbères, pendant les six siècles de leur domination, ont profité des dispositions naturelles de leur rade sans chercher à les améliorer. Aujourd'hui que voyons-nous? le port des Césars, devenu crique de cabotage; le port des Pachas, héritage onéreux, dont leurs successeurs n'ont pas calculé les charges; le port des Émirs berbères demeure, dans l'état de nature, le meilleur des trois.

PLATEAUX DU TELL.

Établissements français de l'intérieur. — Plateau du Medjerda : Theveste, Tagaste, Madaure, Utique, Carthage. — Plateau de la Seybouse : Guelma, ville française. — Plateau du Roumel : Constantine, Mila. — Plateau du Bou-Sellam : Setif, Bordj-Bou-Ariridj, Aumale. — Plateau du Chélif : Orléansville, Medea, Miliana. — Plateau de la Makta : Mascara. — Plateau de la Tafna : Tlemcen.

Plateaux du Tell. — Principales rivières qui en descendent. — Établissements français formés dans l'intérieur du Tell.

Le massif méditerranéen, sillonné de cours d'eau qui ne tarissent pas, pourvu de sources nombreuses, couronné de forêts qui manquent rarement à la cime des montagnes et marquent de leur végétation séculaire la séparation des principaux bassins, couvert dans les parties planes et basses d'un lit de terre végétale qui, en quelques zônes, atteint l'épaisseur de deux mètres; le massif méditerranéen est la partie de l'Algérie qui offre le plus de ressemblance avec nos contrées d'Europe, celle où la conquête française a formé ses principaux et ses plus nombreux établissements.

Nous venons d'en parcourir le bord; nous allons suivre les différents plateaux de l'intérieur dans le même ordre, c'est-à-dire de l'est à l'ouest. C'est aux lignes d'écoulement des eaux, aux artères naturelles du sol que nous rattacherons la description et l'histoire des principaux centres de population, protégés, agrandis ou fondés par la puissance et la persévérance françaises sur une terre où se sont succédé depuis vingt siècles tant de grandeurs et tant de misères.

Le Medjerda. — Théveste, Tagaste, Madaure, Utique, Carthage.

A l'extrémité orientale de l'Algérie coule, dans la direction du nord-est, un fleuve historique, c'est le Medjerda : il prend sa source aux pieds des remparts de Tébessa (l'ancienne Theveste), franchit la frontière de l'Algérie, traverse diagonalement la partie septentrionale de la régence de Tunis, et va verser ses eaux dans une petite baie située un peu à l'est des ruines de Carthage, appelée aujourd'hui Rar-el-Melh (la caverne de sel); c'est là que sont les ruines de l'ancienne Utique, illustrée par Caton. Avant de sortir de l'Algérie, le Medjerda, sous le nom d'Ouad-Khemica, arrose les campagnes, aujourd'hui barbares et presque incultes, de Tagaste et de Madaure, de Tagaste où naquit saint Augustin, et de Madaure où l'illustre enfant fit ses premières études. Les ruines de ces deux villes, comprises aujourd'hui dans le territoire de la tribu algérienne des Hanencha, portent les deux noms de Tedjelt et Mdourouch. Les habitants actuels de la contrée, ignorants de la gloire qui s'attache à ces deux points, leur ont voué, par une sorte d'instinct historique, une vénération religieuse, que les générations se transmettent sans en connaître l'origine.

C'est encore dans la vallée du Medjerda qu'est la plaine de Zama, où se livra l'une des batailles qui ont décidé du sort du monde. C'est sur ses rives que fut vaincu et fait prisonnier le général romain Régulus, l'un des plus illustres martyrs de la foi jurée.

Tébessa, bâtie sur les ruines de l'ancienne Théveste, à la source la plus méridionale du Medjerda, jouit d'une célébrité moins classique que Tagaste,

Madaure, Utique et Carthage; cependant il y existe de magnifiques débris, et particulièrement un arc de triomphe d'ordre corinthien dont les détails et les ornements sont d'une pureté et d'une délicatesse remarquables. Une inscription gravée sur l'une des faces, en caractères nets et lisibles, fait connaître que la construction de ce monument date de l'an 214 de notre ère et de la 17ᵉ année du règne d'Antonin Caracalla. Une autre inscription, beaucoup moins lisible quoique plus récente, se lit sur une autre face de l'édifice. Elle rappelle que la ville de Théveste a été relevée de ses ruines par le général Salomon, après l'expulsion des Vandales, sous le règne de Justinien et de Théodora. Cette inscription est la seule à notre connaissance qui fasse mention d'une manière aussi explicite de l'expulsion des Vandales.

On a retrouvé en outre à Théveste les débris d'un grand cirque de forme elliptique qui pouvait contenir 6,000 spectateurs, et d'immenses vestiges d'un autre monument, qui paraît avoir été un temple de la Justice.

Les ruines de Théveste et la petite ville de Tébessa, qui semble le gui de cet arbre mort, ont été visitées deux fois par les troupes françaises, la première fois au commencement de juin 1842, sous le commandement du général Négrier, et en juillet 1846, sous les ordres du général Randon. Ainsi au moment où l'arc de triomphe a été visité il y avait seize cent vingt-huit ans que les pierres qui le composent avaient été élevées les unes sur les autres, que les lettres de la première inscription avaient été tracées, et c'est plus de trois cents ans après qu'une autre main y a tracé la seconde épigraphe, qui date ainsi d'environ treize cents ans.

La Seybouse. — Guelma.

Quoiqu'il y ait entre l'embouchure du Medjerda et celle de la Seybouse une distance de deux cents kilomètres, les affluents supérieurs des deux rivières se touchent presqu'en un grand nombre de points. Mais le cours de la Seybouse appartient exclusivement à l'Algérie. Du golfe de Bône, où elle verse ses eaux, elle s'étend jusqu'à quelques lieues de Constantine d'une part et de l'autre jusque tout près de la frontière de Tunis.

Dans ce large bassin il n'existe pas d'autre établissement français permanent que Guelma. Mais la route qui partant de Bône conduit à cette ville ne suit pas le cours de la rivière; elle la laisse se dérouler à gauche en replis tortueux, et va passer au sommet du *Fedjoudj*, col élevé situé dans le massif de l'Aouara, qui sépare la branche inférieure de la branche supérieure de la Seybouse. Parvenu au col du Fedjoudj, si l'on se tourne vers le nord, on voit se dérouler à cinquante kilomètres de distance la nappe bleue de la Méditerranée; si l'on se tourne vers le sud, on voit se dresser les cimes de la Maouna, dont la Seybouse borde le pied.

Vers les derniers gradins de la montagne, au delà du lit de la rivière, le voyageur distingue un point blanc, couronné dans les temps calmes d'un léger nuage de fumée : c'est la petite ville de Guelma, dont il n'est plus alors éloigné que d'environ douze kilomètres.

Après avoir donné quelques instants d'attention au panorama qu'il a sous les yeux, il redescend par une route en lacets le versant méridional de l'Aouara, traverse la rivière sur un beau pont construit, il y a quelques années, par les Français avec le concours des indigènes, et après avoir parcouru une distance de deux kilomètres sur le glacis en pente douce de la Maouna, il arrive à Guelma.

On sait que cette position fut occupée par les Français en 1836, au retour de la première expédition de Constantine, pour affaiblir dans l'esprit des indigènes les effets de l'insuccès de nos armes.

Il n'y existait à cette époque qu'un amas de ruines, restes de l'ancienne Calama, mentionnée plusieurs fois par l'historien Orose et par saint Augustin, et célèbre d'ailleurs dans les fastes de l'Église, pour avoir été le siége épiscopal de l'évêque Possidius, biographe de l'illustre écolier de Madaure.

Nos troupes y trouvèrent de somptueux vestiges de l'antique cité, et surtout un prodigieux amas de sculptures et d'inscriptions, dont plusieurs portaient le nom de l'ancienne ville. Au milieu du chaos de pierres de taille, de fragments de colonnes, entassés pêle-mêle sur le sol, s'élevait un reste de citadelle, postérieure à la destruction de la ville romaine, ouvrage grossier de cette époque où Justinien, redevenu maître de l'Afrique, la couvrit de petites forteresses appelées *burgos*, construites à la hâte des débris de la première occupation romaine.

C'est dans les ruines de cette seconde Calama, bâtie sur la nécropole de la première, parmi d'innombrables fragments de tombeaux, que la garnison française installa, en 1836, ses premières tentes. Le rempart, sur tout son pourtour, offrait de nombreuses, de profondes dégradations. Sur certains points il n'en restait que les fondations; ailleurs il conservait encore six mètres de hauteur; au dedans et au dehors un amas de pierres colossales encombrait le pied de la muraille. Évidemment la main brutale de l'homme et l'action lente du temps avaient contribué à cette œuvre de dévastation; mais en même temps de larges et profondes déchirures dans la masse des maçonneries ne pouvaient être attribuées qu'au choc puissant des tremblements de terre.

Les pierres de taille accumulées sur l'emplacement de la ville romaine fournirent des matériaux tout préparés aux constructions françaises, qui s'élevèrent rapidement, au milieu des misères d'une première installation, sur un sol nu et par un hiver rigoureux. Quelques ingénieurs apportèrent dans l'emploi de ces débris historiques un respect et une sollicitude qui méritent toute la reconnaissance du monde savant. C'est ainsi qu'un officier d'artillerie, chargé de la construction d'une caserne qui devait donner à ses troupes leur premier abri, fit rechercher avec soin les pierres portant inscription et disposer les faces écrites dans le parement extérieur du mur, de manière à en assurer la conservation et en même temps à en faciliter l'étude. De cette façon il fit d'une simple caserne un beau et curieux musée.

Aujourd'hui un assez grand nombre d'édifices européens se sont élevés à Guelma, et sans ôter à ces magnifiques débris leur aspect pittoresque, leur ont ajouté, par la vie nouvelle qui les anime, le charme du contraste.

Au 1er janvier 1847 la population de Guelma se composait, outre la garnison, de 691 Européens, dont 322 Français, et de 187 indigènes en résidence fixe, dont 140 musulmans, 7 nègres et 40 israélites, auxquels il faut ajouter une population flottante de 140 indigènes en résidence temporaire.

Le Roumel. — Constantine. — Mila.

Si le voyageur, en quittant la ville de Guelma, au lieu de retourner sur ses pas, continue de s'avancer dans la direction du sud-ouest, il se trouve sur la route qui conduit de Bône à Constantine; il laisse à droite dans les gorges de la Seybouse l'établissement thermal d'Hammam-Meskboutin (les bains enchantés), apparition féerique de cônes naturels d'un aspect bizarre et fantastique, d'où s'élève incessamment un épais nuage de vapeur. Là s'échappe impétueux, par de nombreuses ouvertures, un fleuve d'eau bouillante chargé de substances minérales dont les dépôts donnent naissance aux cônes pointus et aux stratifications caverneuses qui font de ce lieu une des curiosités de l'Algérie. Il y existe des ruines romaines qui portaient autrefois le nom d'Aquæ Tibilitanæ (les eaux de Tibilis). Depuis quelques années le gouvernement, appréciant l'utilité de ces eaux pour la santé de nos soldats, y a fondé un hôpital, dont les effets ont déjà justifié ses espérances et ses prévisions. Avant d'arriver à la hauteur d'Hammam-Meskhoutin, on trouve, au confluent des deux bras principaux de la Seybouse, le camp de Medjez-Ammar, qui de loin avec ses meurtrières et ses tourelles ressemble assez à une petite forteresse féodale. Ce lieu, situé à moitié chemin de Bône à Constantine, fut, comme on sait, le point de départ de la seconde expédition qui nous rendit maîtres de cette ville.

Après avoir franchi le col du Ras-el-Akba, on redescend dans la vallée de la Seybouse, que l'on suit jusqu'à sa source, à travers un pays largement ondulé, riche de terre végétale et de labours, assez bien arrosé, mais d'une nudité désespérante.

A peine a-t-on dépassé de quelques kilomètres le dernier filet d'eau qui verse ses eaux dans le golfe de Bône, que l'on se trouve au bord de l'Ouad-Mehris, qui va porter les siennes dans le golfe de Djidjeli; on entre alors dans la vallée du Roumel. Le partage entre les deux fleuves s'opère sur un plateau large et nu, dominé au nord par la chaîne grise et aride de l'Oum-Settas, couverte de monuments druidiques, dont nous donnerons plus loin la description. Au sud l'horizon est borné à une assez grande distance par un majestueux rideau de montagnes dont l'accident le plus remarquable est la large découpure du Nif-en-Nser, ou Bec de l'aigle.

En descendant le cours du Mehris, on ne tarde pas à apercevoir dans une échancrure de la vallée les minarets de Constantine.

Laissons de côté le monument curieux du Sôma, qui se présente sur la route, au sommet d'une colline; monument fastueux, autel ou tombeau, dont aucun archéologue n'a pu encore avec certitude reconnaître la destination. Laissons donc de côté le Sôma, et entrons à Constantine, cette ville qui à toutes les époques, sous les rois numides, sous la domination romaine comme sous la domination française, a occupé une place si éminente dans les destinées de cette contrée.

Constantine.

Il est difficile en effet d'échapper à un sentiment mêlé d'étonnement, de respect, et presque d'effroi, lorsque pour la première fois on se trouve en face de cette ville étrange, de ce nid d'aigle, comme on l'a dit souvent, qui fut la capitale de la Numidie-royaume et de la Numidie-province, et dont la conquête a été pour la domination française elle-même un si puissant auxiliaire, un si utile enseignement.

La ville de Constantine dessine une espèce de parallélogramme, dont les quatre angles regardent les quatre points cardinaux. Les indigènes la comparent à un bernous déployé, et assignent à la pointe sud, occupée par la Kasba, la place du capuchon.

La face dirigée au sud-ouest est la seule partie de la ville que la nature ait rendue abordable. La face nord-ouest est bordée de rochers escarpés, terminés par un talus haut et raide. De ce côté la ville domine la vallée du Roumel, dont l'œil suit le cours jusqu'à six lieues environ.

Les deux autres faces sont couvertes par un effroyable fossé, encaissé entre deux murailles de roches à pic, dont la hauteur moyenne est de cent dix mètres.

Cette configuration étrange, résultat de quelque grande convulsion du sol, donne à la masse rocheuse qui supporte la ville de Constantine l'aspect d'un de ces promontoires à roches vives, battu par le choc incessant des vagues. Elle justifie la dénomination de *ville aérienne*, que lui appliquent les écrivains arabes du moyen âge; elle explique le mot de *cirta*, qui signifie en phénicien *taillé à pic*.

C'est au fond de ce précipice que le Roumel, réuni au Bou-Merzoug, roule, de cascade en cascade, ses eaux torrentueuses. Il entre au pied de la pointe sud, et sort au pied de la pointe nord. La porte naturelle par laquelle la rivière s'engouffre dans le ravin n'a pas plus de cinq à six mètres de largeur sur une hauteur de quarante mètres. La porte de sortie présente une ouverture de quarante mètres sur une élévation presque verticale de cent soixante-dix mètres.

Parvenu à l'extrémité de son ravin, le Roumel se précipite avec un horrible fracas d'une hauteur de soixante mètres, et disparaît dans un nuage de poussière humide. Cette cataracte imposante forme un des accidents les plus remarquables du sol de l'Algérie.

Après avoir franchi la dernière cascade, le Roumel, redevenu calme, entre dans une belle vallée bordée de magnifiques jardins d'orangers, de grenadiers, de cerisiers, qu'il arrose et vivifie.

Malgré l'abîme qui l'enveloppe et le surnom d'*aérienne*, que le moyen âge lui a décerné, Constantine, ce nid d'aigle, est encore dominée par trois hauteurs, d'où la vue plonge à quelques centaines de mètres de distance sur les toits de tuiles de ses édifices. Ce sont les hauteurs du Mecid, de Setha-Mansoura et de Koudiat-Ati. Les deux premières sont séparées de la ville par le ravin; la dernière commande la seule langue de terre par où Constantine soit abordable.

Les monuments romains que l'on retrouve à Constantine sont dignes de son antique renom.

Le premier qui se présenta aux regards de l'armée française arrivant par la route de Bône fut l'aqueduc monumental situé au sud de la ville, à 1,200 mètres environ, un peu au-dessus du confluent du Roumel et du Bou-Merzoug. Les restes de cet édifice se composent de six arceaux en pierres de taille, dont le plus élevé n'a pas moins de vingt mètres de hauteur. Il devait recueillir les eaux des sources du Bou-Merzoug à neuf ou dix lieues de la ville et les conduire dans de vastes citernes dont on retrouve les ruines sur le sommet du Koudiat-Ati.

Sur les pentes de cette colline, et au-dessous de ces citernes, existe encore un fragment de la voie romaine qui s'étendait de Cirta à Carthage; elle est formée de grandes dalles parfaitement jointes.

Si l'on suit en se rapprochant de la ville la direction tracée par cette voie, on passe devant les débris d'un de ces édifices qui caractérisent la civilisation romaine. Il existait encore en 1840 à côté de la porte Valée, hors des remparts, un bourrelet de terre arrondi en hémicycle d'où surgissaient de distance en distance des restes informes de maçonnerie noircie par le temps. L'année suivante l'emplacement fut déblayé par l'intendance militaire, pour y faire un dépôt de bois de chauffage. Ce travail mit à découvert les restes d'un théâtre antique. La place et l'orientation de ce monument ne pouvaient être mieux choisies. Assis sur les gradins de pierres qui garnissaient l'intérieur de l'édifice, les spectateurs voyaient se dérouler devant leurs yeux, à côté de la scène, le cours capricieux du Roumel, et au-dessus les cimes bleuâtres des montagnes de Mila; décoration imposante, dont les bords, au coucher du soleil, s'animaient de reflets rougeâtres et présentaient l'image de volcans lointains.

Un peu au-dessus du théâtre, sur les pentes dont il occupe la crête, existe un marabout connu aujourd'hui sous le nom de Sidi-Mimoun; c'est une voûte de construction romaine engagée sous le talus même qui borde le pied des remparts de la ville, à peu près à l'endroit où Ben-Aïça accomplit le 13 octobre 1837 sa périlleuse évasion. Cette voûte protège contre les éboulements une source et un bassin d'eau thermale, dont l'usage et la réputation se sont conservés jusqu'à nos jours. Les Arabes viennent encore fréquemment se baigner dans ces eaux, qu'ils regardent comme très-salutaires.

Cette construction n'est pas la seule dont la jouissance se soit perpétuée durant vingt siècles. On en retrouve une autre au-dessous de Sidi-Mimoun. C'est un canal de dérivation, qui prend les eaux du Roumel dans le fond de son précipice, contourne la muraille de roches qui forme la pointe sud de la ville, et vient, en aval de la grande cataracte, mettre en mouvement des meules de moulin qui, à cette heure, alimentent encore les boulangeries de Constantine.

Nous venons de parcourir les principaux monuments romains qui se voient extérieurement à l'ouest de la ville. Cette excursion nous a conduits au pied de la pointe sud, près de l'issue du Roumel. Il semble que pour gagner la face opposée le plus court serait de suivre les bords de la rivière; mais il faudrait s'engager dans le fond du ravin, et suivre son lit de roches semé de gouffres et de cascades et assombri de distance en distance par d'immenses voûtes naturelles sous lesquelles le fleuve disparaît. C'est un voyage qu'il serait imprudent de tenter. Le plus sûr est de remonter jusqu'à la porte Valée et de traverser la ville dans sa longueur pour aller sortir par la pointe d'El-Kantara.

Après avoir franchi le seuil de la porte Valée, ouvrage des Français, nous pouvons passer soit sous l'arc de triomphe dont l'arcade complète subsiste encore avec ses pilastres corinthiens et ses piédestaux de colonnes, soit le Tétrapylon, édifices quadrangulaires qui forment la jonction de la rue *Combes* et de la vue *Vieux*.

Enfin, après avoir descendu les pentes roides de la ville, nous voici sur le pont d'El-Kantara; là un escarpement de quarante mètres nous sépare encore du lit de la rivière. Au premier abord le pont hardi d'El-kantara semble dû entièrement à l'architecture moderne. La partie supérieure ne date en effet que du règne de Salah-Bey, qui vers 1790 rendit à

Constantine cette communication importante; mais il suffit d'abaisser les regards vers le fond du ravin pour reconnaître dans les piédroits inférieurs qui soutiennent cet imposant édifice l'élément caractéristique de l'architecture romaine, la pierre de taille.

Un autre débris de pont se voit encore dans le fond du ravin, à quelques centaines de mètres d'El-Kantara : mais il n'en reste que les deux culées adossées au rocher et quelques claveaux de la première voûte. Au-dessus, sur la plateforme étroite et longue qui règne entre le pied du Mansoura et le bord du ravin, apparaissent encore les restes d'un cirque; on retrouve une partie des murs latéraux et du demi-cercle qui le terminait au sud.

La Kasba actuelle, décorée jadis du nom de *Capitole*, devait être le quartier le plus monumental de l'ancienne Cirta ; c'est là que s'élevaient les temples consacrés aux divinités protectrices de la ville. Il y a quelques années les soubassements existaient encore; mais les matériaux en ont été depuis lors employés dans la construction d'une caserne et d'un hôpital.

Parmi les ruines nombreuses ensevelies sous le sol de la Kasba, les seules que les ingénieurs français aient conservées sont les citernes, si justement célèbres, dont les puissantes murailles portent aujourd'hui un édifice considérable. Elles se composaient d'au moins trente-trois bassins en béton, dont vingt-deux sont parfaitement conservés. D'autres restes de maçonnerie doivent, à en juger par les alignements des murs et la qualité des matériaux, avoir fait partie de ce réservoir colossal. S'il en était ainsi, les citernes romaines de Constantine auraient couvert jadis un hectare de terrain.

Le cadre de cette notice nous force à omettre plusieurs débris intéressants trouvés à Constantine, et en particulier la grande mosaïque découverte en amont de la ville, sur la rive gauche du Roumel; ceux de nos lecteurs qui désireraient connaître ce bel échantillon de l'art antique peuvent aisément satisfaire leur curiosité : ils n'ont qu'à se rendre au musée algérien du Louvre, où la mosaïque de Constantine a été transportée, sous la surveillance de M. le commandant de la Mare, membre de la Commission scientifique d'Algérie, avec tous les soins qu'exigeait cette opération délicate.

La population indigène de Constantine diffère par sa composition de celle des autres villes de l'Algérie ; elle ne renferme qu'un très-petit nombre de Turcs et de Koulouglis, et pas de Maures; elle se compose presque exclusivement de familles arabes ou berbères, venues de presque toutes les tribus de la province, et d'israélites. Au 1er janvier 1847 elle était de 18,969 individus, dont 15,054 musulmans, 552 nègres et 3,363 israélites. Après Alger, Constantine est de beaucoup la ville la plus peuplée de l'Algérie. Quant à la population européenne, son chiffre est de 1,919 individus, dont 1,274 Français.

Mila.

Les montagnes qui se dressaient autrefois dans l'ouest devant les yeux des spectateurs romains ou numides assis sur les gradins du théâtre ont conservé l'aspect imposant qu'elles avaient alors; mais le nom qu'elles portaient à cette époque n'est pas parvenu jusqu'à nous. Elles s'appellent aujourd'hui Zouara, du nom des tribus kabiles qui les habitent. L'histoire et la géographie n'ont conservé que le nom d'une petite ville construite au pied des versants méridionaux de la chaîne. Elle s'appelait Milevum; elle s'appelle aujourd'hui Mila. Dans les dernières années du quatrième siècle, elle eut pour évêque saint Optat, qui fut l'un des hommes distingués de l'Église d'Afrique. Il a laissé un ouvrage sur le schisme des donatistes, que le temps nous a conservé et dont saint Augustin faisait beaucoup de cas.

Pendant quelques années Mila fut occupé par les Français ; mais en 1840, à l'époque où prévalut le système, abandonné bientôt après, de la concentration des forces sur un petit nombre de points, Mila fut évacuée malgré les prières instantes de ses habitants indigènes; que la retraite des troupes françaises livrait aux incursions et aux brigandages des Kabiles. Il n'y resta qu'un seul Français, non militaire, qui se livra à diverses spéculations, et qui à cette heure compose encore à lui seul, avec sa famille. toute la population européenne.

Mila est située sur un petit affluent du Roumel, au milieu de magnifiques jardins, qui donnent à cette petite ville, d'ailleurs propre et décente, un aspect des plus pittoresques. Il y reste plusieurs débris intéressants de l'antiquité. Mais ce qui nous a paru surtout digne d'attention, c'est l'expression de bienveillance et de douceur peinte sur toutes les physionomies. Les habitants de Mila ne connaissent ni les contestations ni les procès. Ils ont cependant un kadi; mais ce respectable magistrat nous a plusieurs fois assuré que le caractère pacifique de ses justiciables lui constituait une sinécure. Nous signalons ce fait comme une exception digne d'intérêt chez un peuple en général très-processif.

Djemila.

Mila est éloignée de Constantine d'environ 36 kilomètres; elle se trouve sur l'une des routes qui mènent du chef-lieu de la province à Sétif.

Cette route présente beaucoup d'ondulations; elle coupe en travers un grand nombre d'affluents du Roumel. Un de ces plis recèle les ruines célèbres de Djemila. Là, dans une charmante vallée, arrosée et ombragée, vous retrouvez encore debout, après vingt siècles, les restes d'une petite cité fastueuse, son forum, sa basilique, ses temples et son arc de triomphe, qui faillit obtenir les honneurs d'un voyage à Paris (1).

Ne quittons pas Djemila sans rappeler l'héroïque défense dont elle fut le théâtre en 1839, glorieux épisode auquel il ne manqua, pour être inscrit en lettres d'or dans nos annales militaires, qu'un historien. Djemila avait été occupée pendant quelques années, et partagea en 1840 le sort de Mila.

Sétif.

La sécurité dont n'a cessé de jouir depuis cette époque la route de Constantine à Sétif a éloigné les regrets qu'aurait pu faire naître l'abandon des postes intermédiaires. Et cependant cette route importante est loin de satisfaire aux conditions stratégiques qui, dans un pays conquis, garantissent la sûreté des communications de Constantine jusqu'à Djemila et de Djemila à Sétif. Elle traverse une suite de ravins profonds, dominés de part et d'autre par de hautes montagnes. L'un des passages les plus difficiles est celui que les indigènes appellent *Kasbaït*, et les Français *Col de Mons*, du nom d'une ville romaine dont on y retrouve les ruines. C'est vers ce point que l'on abandonne le bassin du Roumel pour entrer dans celui du Bou-Sellam, auquel appartient le camp de Sétif, aujourd'hui transformé en ville.

Sétif, l'ancienne colonie de Sitifis, domine la vallée large et fertile de cette rivière, qui, à travers la Kabilie orientale, va verser ses eaux dans le golfe de Bougie. La plaine de Sétif est bornée à une distance de quelques lieues seulement par le prolongement de la chaîne du Magris, l'une des montagnes qui séparent le bassin du Roumel de celui du Bou-Sellam. Au sud elle est limitée par les crêtes du Bou-Taleb, qui appartient au massif de séparation entre le Sahara et le Tell. Dans l'est elle se prolonge au delà du méridien de Constantine, et jusqu'à la régence de Tunis; dans l'ouest elle s'arrête au massif montagneux que traversent les portes de Fer.

Cette situation géographique jointe à l'admirable salubrité du climat explique le rang que Sétif a occupé sous la domination romaine et qu'elle est appelée à ressaisir sous la domination française. Placée à cheval sur les deux principaux bassins de la province, à l'entrée d'un immense plateau qui les domine l'un et l'autre, en face d'une des portes principales qui donnent accès dans le Sahara, Sétif compte parmi les positions maîtresses auxquelles se rattachent, à toutes les époques, suivant les circonstances, les destinées de la paix ou de la guerre.

Dévastée dans les luttes incessantes du moyen âge, elle demeura cependant centre de population et de production: à cette époque elle jouissait encore d'un grand renom pour ses plantations de cotonniers et de noyers.

Plus tard, quand la conquête turque se

---

(1) Ceux qui voudraient étudier dans leurs détails ces restes de l'architecture romaine devront consulter la partie des travaux de la Commission scientifique d'Algérie due à M. A. Ravoisié, l'un de ses membres.

fut appesantie sur l'Afrique, Sétif participa au mouvement général de décadence qui s'étendit à toute l'Algérie. La guerre et l'anarchie avaient renversé ses monuments et ses murailles; la razia et l'exaction achevèrent de ruiner son agriculture. Cependant, comme pour perpétuer le témoignage de son ancienne splendeur, au milieu des ruines accumulées dans son enceinte déserte, s'établit un marché périodique, où les habitants de toutes les régions comprises dans l'ancien royaume de Bougie venaient chaque dimanche apporter les produits de leur travail et se pourvoir des denrées nécessaires à leur subsistance et à leur industrie. Sétif demeura ainsi ce qu'elle avait toujours été, ce qu'elle sera toujours, l'anneau d'alliance entre la montagne et la plaine, entre la population kabile et la population arabe.

C'est en 1838 que les Français prirent possession des ruines de Sétif, appelés par les indigènes eux-mêmes, qui leur avaient révélé l'importance de cette position. Ils y trouvèrent les restes de deux enceintes fortifiées, d'âges différents, de grandeur inégale.

La première, élevée, suivant toute apparence, dans les beaux jours de la colonie romaine, embrassait un espace d'environ 1000 mètres de longueur sur 900 de largeur. La seconde, contemporaine de l'empire grec, se réduisait à un rectangle long de 450 mètres, large de 300. Dans l'angle occidental de cette enceinte s'élevait encore, presque intacte, l'ancienne acropole, carré long de 150 mètres sur 120.

Les murs de cette seconde enceinte n'ont pas moins de trois mètres d'épaisseur. Parmi les pierres employées dans la construction, plusieurs portent des inscriptions et des moulures; ce qui prouve qu'elles proviennent d'autres monuments sur lesquels une première destruction avait passé.

Il ne restait au moment de l'entrée des Français à Sétif que le soubassement de la première enceinte, envahi sur plusieurs points par la terre et les décombres, des restes beaucoup mieux conservés de la seconde, et un immense amas de pierres de taille jetées pêle-mêle sur les cent hectares de terrain qu'occupait la colonie romaine.

Un tremble colossal couvrait de son ombre la porte de l'ancienne citadelle et la source limpide qui baigne le pied de ses murs. Il abritait des myriades d'oiseaux réfugiés sous son large feuillage; c'étaient là les seuls hôtes de cette antique cité, au moment où les Français vinrent la doter d'une vie nouvelle.

Il existe dans les ruines de Sétif un grand nombre d'inscriptions latines. L'une d'elles m'a paru intéressante, parce qu'elle semble annoncer l'existence d'une colonie juive à Sétif antérieurement à la dispersion du peuple d'Israel. Je l'ai trouvée sur une pierre renversée au pied de la seconde enceinte, parmi d'autres débris épars et informes; en voici la traduction littérale : *Avilia Ester (aster) Judea. M. Avilius Janarius, père de la synagogue, a sa fille chérie.*

La population actuelle de Sétif se compose de 606 Européens, dont 440 Français, et de 413 indigènes, dont 307 musulmans, 8 nègres et 98 Israélites, sans compter la population indigène flottante, qui est de 93 personnes.

La ville de Sétif n'attend pour prendre un accroissement rapide que l'ouverture de la communication avec Bougie, qui est son port naturel. Cet événement doit être la conséquence inévitable et prochaine du développement pacifique de notre influence et de notre domination.

Bordj-bou-Ariridj.

Sétif forme la tête de l'occupation française dans la province de Constantine. Au delà, dans l'ouest, il a existé jusqu'à l'année 1846 une trouée de 270 kilomètres de largeur (68 lieues), dans laquelle l'action de l'autorité française ne s'exerçait que par le ministère des agents indigènes.

Le seul point de ce vaste espace où flottait le drapeau français était un petit poste isolé, nommé *Bordj-bou-Ariridj*, éloigné de Sétif de 70 kilomètres à l'ouest. Il est situé au milieu de la vaste plaine de la Medjana, large plateau qui sépare la vallée méditerranéenne de l'Ouad-Akbou, de la vallée Saharienne du Hodna. Là un officier français représentait et représente encore à lui seul, sur une immense surface, l'autorité de la conquête. Il n'a pour garde qu'une compagnie de soldats indigènes recrutés en grande partie dans la contrée qu'il commande ; il trouve en outre un appui moral dans l'autorité de Mokrani, le chef héréditaire de ces contrées, nommé khalifa de la Medjana par le gouvernement français, et dont la fidélité à notre cause ne s'est jamais démentie depuis dix ans qu'il a juré de la servir. La juridiction féodale de ce haut fonctionnaire indigène s'étend sur les montagnes qui dans les quatre directions cardinales bornent l'horizon de la Medjana ; c'est à la fois le plus grand seigneur et en même temps le plus riche propriétaire de l'Algérie, et ce grand seigneur, dont la famille remonte à ces dynasties puissantes maîtresses de l'Afrique et de l'Espagne, ce riche propriétaire, dont la fortune s'élève à un million au moins et peut-être à deux millions de francs de revenus, a obéi pendant longtemps à un simple capitaine d'infanterie, qui n'avait pour appuyer son autorité qu'une centaine de sujets enrégimentés du prince indigène, sa fermeté personnelle et la grandeur des intérêts qu'il représentait.

Aumale.

L'immense lacune qui séparait Sétif de Médéa n'a été comblée, imparfaitement encore, que vers le milieu de 1846. Il n'avait existé jusqu'à cette époque aucun établissement français dans le sud-est d'Alger. Aussi, pendant l'insurrection de 1845 Abd-el-Kader y avait-il installé la base de ses opérations ; et on le vit pendant longtemps établi dans ce large espace, que la conquête française laissait dégarni, promener sa victoire nomade du nord au sud, de la Kabilie aux Oulâd-Naïl, toucher et ébranler à la fois la province de Constantine et celle d'Alger. Le centre de ces oscillations, qui embrassait dans sa largeur méridienne la moitié de l'Algérie, était un col compris entre deux hautes masses de montagnes, le Dira et l'Ouennoura. Il occupe l'extrémité occidentale du large éventail dessiné par les rameaux supérieurs de l'Ouad-Akbou. Là, sur un de ces affluents, existaient les ruines d'une ville romaine appelée Auzia, qui déjà à l'époque où les agitateurs numides inquiétaient la domination romaine avait joué un rôle important dans les annales de cette contrée. C'est par cette porte demeurée ouverte que le Jugurtha de notre époque communiquait des fertiles vallées du Tell dans les lacs salés du Sahara. Enfin l'occupation de ce poste fut résolue, et l'antique Auzia, appelée par les Arabes *Sour-el-Rezlan*, est sortie en ce moment de ses ruines, et devient sous le nom d'Aumale un des points d'appui les plus efficaces de notre domination dans le centre de l'Algérie.

Aumale est situé à 40 kilomètres à l'ouest de Bordj-bou-Ariridj et à 90 kilomètres à l'est de Médéa. Il appartient à la province d'Alger.

L'Isser.

Si en sortant d'Aumale le voyageur continue sa route vers l'ouest, sur les plateaux du Tell, il entre dans le bassin étroit de l'Isser, sur lequel il n'existe pas d'établissements français. Il atteint bientôt le remarquable plateau situé au sud-est de Médéa, d'où s'échappent à la fois l'Isser, l'Arrach et le Chélif. En atteignant les murs de Médéa il entre dans la vallée du Chélif.

Le Chélif. — Médéa.

Le Chélif est la plus étendue des rivières qui traversent le Tell. Il en est aussi la plus remarquable. Il prend sa source dans les flancs septentrionaux du Djebel-Amour, montagne saharienne dont la base domine celles de toutes les montagnes de l'Algérie ; en descendant de ce réservoir élevé le Chélif traverse une partie du Sahara du sud au nord, franchit dans une gorge profonde les montagnes qui limitent le Tell, puis, durant l'espace de cinquante lieues environ, il coule parallèlement au littoral, et trouve enfin son issue à la mer, à quelques kilomètres à l'est de Mostaganem.

Une des circonstances qui caractérisent le cours du Chélif, la grande rivière du Tell, c'est qu'il sort du même berceau que l'Ouad-el-Djedi, la grande ligne de fond du Sahara, le fleuve Triton de l'antiquité. A quelques kilomètres à peine des gorges qui recèlent les sources de l'une s'ouvrent les gorges qui recèlent les sources de l'autre.

Cependant il s'en faut encore de beaucoup que le Chélif puisse se comparer à nos cours d'eau d'Europe. Dans la partie inférieure de son cours il n'est point navigable, et dans la partie supérieure il demeure presque toujours à sec. C'est sur cette branche supérieure, au milieu de la grande plaine saharienne du Sersou, qu'est la station de Tagguin, où s'accomplit en 1843 l'enlèvement de la zmala d'Abd-el Kader par M. le duc d'Aumale.

Le cours inférieur du Chélif se déroule entre les deux massifs de l'Ouersenis et du Dahra, qui furent dans ces dernières années les deux principaux foyers d'insurrection. Aussi est-ce dans le bassin de ce fleuve que la domination française a formé le plus grand nombre relatif d'établissements. Il en existe trois sur les confins méridionaux du Tell :

Boghar, à l'entrée de la rivière, dans la région des terres de labour et sur la route des caravanes qui d'Alger s'acheminent vers le sud;

Teniet-el-Had, à l'extrémité orientale de l'Ouersenis;

Tiaret, à la source de la Mina, le principal affluent du Chélif.

Sur la ligne médiane, celle qui partage en deux la largeur du Tell, le Chélif ne compte pas moins de cinq établissements français, qui sont Médéa, Miliana, Orléansville, Ammi-Mouça et Sidi-bel-Hacel. Les deux premiers existaient avant la conquête; les trois autres sont d'origine française.

La place où s'élève aujourd'hui Orléansville portait, avant que les Français s'y fussent installés, le nom d'El-Asnam (les idoles). Il y existait des ruines considérables. On y a retrouvé depuis un grand nombre d'antiquités curieuses, et particulièrement le pavé en mosaïque d'une des plus anciennes basiliques de la chrétienté. Une inscription écrite en grands caractères la fait remonter aux premières années du troisième siècle. La mosaïque n'a pas moins de quarante pas de longueur sur vingt-deux de largeur, sans y comprendre les bas-côtés, qui étaient séparés de la nef par deux rangs de colonnes. A l'une des extrémités de ce pavé se trouvait l'autel et au-devant un agneau percé d'une flèche et des poissons. Le poisson était autrefois une image symbolique du christianisme. A l'extrémité opposée, au milieu d'une belle rosace entourée de guirlandes et de feuillages, on lit une inscription tumulaire consacrée à la mémoire de l'évêque Reparatus. La date se rapporte à une ère spéciale qui la fait remonter aux premières années du cinquième siècle.

Orléansville offre cela de particulier que parmi les monuments antiques découverts jusqu'ici la plupart appartiennent au christianisme.

La ville est située au bord du Chélif, dans la plaine longue et monotone comprise entre l'Ouersenis et le Dahra; elle a suivi la progression hiérarchique de tous nos établissements qui de camps ou même de simples postes se sont élevés au rang de cités. Elle compte une population européenne d'environ 700 habitants, dont la moitié sont Français. Mais il paraît que cette fondation n'entre pas encore dans les besoins et les habitudes indigènes; car la population indigène en résidence fixe se réduit à quatre personnes, et la population flottante est presque nulle.

Quant aux deux autres postes, Ammi-Mouça et Sidi-bel-Hacel, ils en sont encore au premier degré de l'échelle hiérarchique, celui de simples postes.

Médéa.

Au premier rang des établissements fondés ou conservés par les Français dans le vaste bassin du Chélif figurent les deux villes originairement indigènes de Médéa et de Miliana. Elles forment deux des principaux anneaux de la grande chaîne médiane tendue par l'occupation française de l'est à l'ouest de l'Algérie entre le littoral et le Sahara, chaîne dont l'importance, mal comprise après une première apparition de nos troupes à Médéa, après une autre apparition à Mascara, qui eut lieu quelques années plus tard, après le séjour temporaire d'une garnison française à Tlemcen, ne fut mise dans tout son jour que par la prise et l'occupation définitive de Constantine et de Sétif.

Médéa.

Aux détails donnés sur cette ville dans la première partie de cette publication nous n'ajouterons que le complément nécessité par les faits accomplis depuis cette époque.

L'armée française prit définitivement

possession de Médéa le 17 mai 1840, dix ans après la première expédition rapportée dans la notice que nous complétons. Les Français trouvèrent la ville déserte; elle avait été entièrement évacuée par les habitants, qui depuis sont revenus en grand nombre se ranger sous la loi française.

Au commencement de 1847 la population indigène de Médéa se composait de 3,578 indigènes, dont 2,887 musulmans, 65 nègres et 626 Israélites.

Quant à la population Européenne, elle comptait 1,390 personnes, dont 776 français.

Miliana.

Le 8 juin 1840 les Français entrèrent à Miliana; ils la trouvèrent abandonnée par les habitants et livrée aux flammes.

Cette ville est située à 900 mètres environ au-dessus du niveau de la mer, et dominée au nord par le mont Zakkar, qui a lui-même 1,534 mètres d'élévation. Les magnifiques vergers qui l'entourent, les eaux vives qui l'arrosent et l'animent, le voisinage imposant du Zakkar, font de Miliana l'un des sites les plus pittoresques de l'Algérie.

Elle présente la forme d'une ellipse resserrée entre deux ravins, dont les escarpements naturels lui servent de remparts. La kasba occupe l'une des extrémités du grand axe. Comme la plupart des cités musulmanes, la ville est sillonnée de rues étroites et tortueuses. Les maisons sont construites en pisé blanchi à la chaux; elles se composent d'un rez-de-chaussée et d'un étage avec une galerie quadrangulaire intérieure, forme habituelle des maisons moresques. Un oranger ou un citronnier planté dans la plupart des cours y répand son ombre et ses parfums; une multitude de canaux souterrains alimentent les fontaines publiques et les habitations particulières.

La ville ne renferme pas moins de vingt-cinq mosquées. L'une d'elles sert de sépulture à un marabout célèbre, Sidi-Ahmed-ben-Ioucef, dont la famille a fourni la souche de plusieurs tribus considérables.

A quelque distance à l'est de la ville, dans un des ravins qui la bordent, les Français trouvèrent, au moment de la prise de possession, un bâtiment long d'environ 25 mètres et large de 8, construit en moellons et couvert en tuiles; c'était une usine fondée par Abd-el-Kader. La façade, d'un style moderne, reposait sur trois arceaux réguliers en plein cintre. Cet établissement contenait cinq fourneaux à la catalane alimentés par une trompe; une retenue d'eau pratiquée dans le ravin faisait mouvoir un martinet, auprès duquel on trouva quelques ébauches grossières de bayonnettes.

Le territoire de Miliana paraît réunir plusieurs éléments de prospérité industrielle; on assure que le Zakkar renferme une mine de cuivre et un magnifique banc de marbre. On a trouvé dans le voisinage de la ville des gisements de sulfure de plomb, d'oxyde et de carbonate de fer. Près de la forge d'Abd-el-Kader il existe de riches affleurements, qui, selon toute apparence, ont fourni leur minerai à l'usine créée par l'émir; car on a retrouvé autour de l'établissement des débris de même nature.

La domination romaine a laissé à Miliana des traces non équivoques de son passage; un reste de voie romaine existe encore aux environs de la ville; le temps a même conservé la façade d'un édifice qui date de cette époque. Beaucoup de blocs de marbre dont plusieurs portent des bas-reliefs et des inscriptions gisent épars dans l'intérieur de l'enceinte. L'un de ces bas-reliefs représente un homme à cheval, tenant une épée dans une main et un rameau dans l'autre.

Au commencement de 1847 la population indigène de Miliana se composait de 1,247 habitants, et la population européenne de 1,210, dont 793 Français.

La Makta.

A la vallée du Chélif succède, dans la direction de l'est à l'ouest, celle de la Makta. Elle est formée de deux bras principaux, l'Habra et le Sig. C'est vers leur confluent, dans la plaine étroite et marécageuse qui le sépare de la mer, qu'eut lieu en juin 1835 le malheureux combat de la Makta, une de ces glorieuses épreuves où la grandeur d'âme d'un général en chef l'élève souvent plus haut dans l'opinion des hommes que n'eût pu le faire une victoire.

Sur le cours de l'Habra se présentent

le camp **Perregaux**, qui porte le nom d'un des martyrs de la conquête; puis un simple poste-étape jeté sur la route d'Oran à Mascara, et enfin Mascara elle-même. Deux autres établissements français situés aux sources méridionales de la rivière, Saïda et Daïa, appartiennent à cette ligne de vigies permanentes élevées en 1844 sur les confins du Tell, là où les tribus sahariennes viennent annuellement chercher leur pain.

Le second bras de la Makta, le Sig, possède deux établissements de nature différente, la commune agricole fondée par la compagnie de l'Union du Sig et le poste de Sidi-bel-Abbès, où eut lieu dans les premiers jours de 1845 l'audacieux coup de main de soixante-huit visionnaires indigènes enrôlés sous la bannière mystique de Mouléï-Taïeb (1).

De ces différents nœuds qui forment le réseau actuel de l'occupation française dans le bassin de la Makta, le plus important est Mascara, ville de création indigène, qui fut sous les Turcs le siège du beylik de l'ouest jusqu'au moment de l'évacuation d'Oran par les Espagnols, et dont l'occupation définitive par les Français eut lieu le 30 mai 1841.

Mascara.

A quarante-cinq kilomètres au sud de Mostaganem s'élève une montagne qui domine au nord le cours de l'Habra. Elle a été baptisée par les indigènes du nom pittoresque de *Chareb-er-Rih*, la lèvre du vent, parce que les bourrasques qui fréquemment s'engouffrent dans ses gorges y font entendre des bruits sourds semblables à de grandes et mystérieuses paroles. Le sommet de Chareb-er-Rih voit se dérouler autour de lui un magnifique panorama : au nord la mer depuis Oran jusqu'au Chelif; à l'est les montagnes qui bordent les deux rives du fleuve; au sud les dernières cimes de la chaîne au delà de laquelle commence le Sahara.

C'est sur le versant méridional du Chareb er-Rih, et au-dessus de la plaine d'Eghres, qui fut le berceau d'Abd-el-Kader, qu'est assise l'ancienne capitale du beylik de l'ouest, l'ancien quartier général de l'émir, le point de départ de sa fortune.

Selon les traditions locales recueillies par les Taleb, ces archivistes de l'Algérie, Mascara aurait été bâtie par les Berbères sur les ruines d'une cité romaine. L'étymologie d'ailleurs lui assignerait une origine guerrière; car *Mascara* signifie *la ville aux armées*.

Cette ville, telle que les indigènes nous l'ont laissée, se divise en plusieurs parties séparées entre elles. La ville d'abord, puis le faubourg de Baba-Ali au nord, celui d'Aïn-el-Baïda au sud, un autre petit faubourg à l'est, et enfin celui d'Arkoub-Ismaïl, construit, il y a moins d'un siècle, par les Turcs.

La ville avait deux portes, et une poterne ou porte de secours, donnant sur un ravin qui la traverse. De belles eaux provenant d'une source abondante y arrivaient par des canaux d'une distance de 3,000 mètres.

Les Français, devenus maîtres de Mascara, l'approprièrent à leur usage. Le petit faubourg de l'est a disparu, et les trois autres, réunis par une enceinte continue, forment aujourd'hui une seule et même place, traversée par un cours d'eau qui ne tarit pas, l'Ouad-Sidi-Toudman.

Mascara a une kasba ou citadelle, située au nord et isolée de la ville par une muraille en pisé; elle possède en outre plusieurs mosquées remarquables par l'élégance de leur architecture, un fondouk ou caravansérail, un marché, un palais, qui fut la résidence des beys, et la caserne des réguliers de l'émir dans la kasba.

Les environs de Mascara, dans un rayon de plusieurs kilomètres, étalent une végétation riche et active : la vigne, le figuier de Barbarie, le figuier d'Europe, y mêlent leur verdure à celle de l'olivier, de l'amandier, du coignassier et de plusieurs arbres fruitiers de nos climats.

La guerre a ruiné l'industrie de Mascara; mais au temps de sa prospérité elle exploitait une spécialité importante : c'était la fabrication de ces bernous noirs qui jouissaient dans toute la Barbarie d'une juste réputation d'élégance et de solidité.

Dans les premiers temps de sa for-

---

(1) Nous ferons connaître plus tard l'origine et la nature de ces associations.

tune, l'émir avait formé le projet d'établir à Mascara le siège de son gouvernement; il y avait réuni un grand nombre d'ouvriers européens. Mais la prise de cette ville par les troupes françaises en 1836 dérangea ses plans: les ouvriers furent dirigés sur Tagdemt, Médéa et Miliana, qui devaient éprouver le même sort quelques années après.

Au commencement de 1847 la population de Mascara se composait de 1,202 Européens, dont 698 Français, et de 2,695 indigènes, dont 2,292 musulmans.

La Tafna.

La Tafna s'est acquis depuis l'occupation française un grand renom diplomatique; c'est vers l'embouchure de cette rivière que fut conclu, le 30 mai 1837, le fameux traité qui porte son nom. C'est encore sur un de ses affluents, vers la frontière du Maroc, que fut signé le 18 mars 1845 un autre traité, celui de Lella-Marnia, qui fixait la délimitation de l'Algérie.

Resserrée dans la partie inférieure de son cours, la Tafna, à quelque distance de la mer, s'épanouit en deux belles vallées, à l'ouest la Tafna supérieure et à l'est l'Isser. Toutes deux prennent naissance dans le voisinage du poste français de Sebdou, et circonscrivent, en descendant de là, un large plateau dont la ville de Tlemcen occupe le centre.

TLEMCEN.

Elle est assise dans une riche plaine, détachée de la masse du plateau par deux rivières, le Safsaf et l'Hanaia, qui vont se rendre dans la Tafna et dans l'Isser.

L'aspect de la campagne autour de Tlemcen explique en partie l'importance qu'elle a prise entre les mains des musulmans, si amoureux des beaux paysages et des sites pittoresques. Que d'attraits par exemple devaient avoir pour eux les bords du Safsaf! De la haute vallée de Mafrouch, où il prend naissance, il se précipite dans un gouffre de trois cents mètres de profondeur par six cataractes successives, qui toutes ont creusé leur bassin. Dans ces chutes successives tantôt la rivière s'allonge en nappe brillante, tantôt elle se divise en filets écumeux, dont l'obscurité du gouffre fait ressortir la blancheur éclatante. De hautes roches d'un rouge ardent encaissent les deux rives, et servent de base à des végétations de natures diverses. Dans la partie supérieure, des noyers séculaires, des cerisiers, des ormes, des frênes, des sureaux à larges feuilles déploient leur luxe septentrional; tandis qu'à leur pied le jujubier, le figuier, l'olivier, le laurier-rose, le lentisque, le nopal, le caroubier, reliés entre eux par les nœuds de la vigne sauvage, abritent encore sous leur feuillage épais l'acanthe, l'angélique, l'asphodèle, le narcisse et la violette, accrochés aux vieux troncs morts qui pendent sur l'abîme. La ronce et le lierre en tapissent les escarpements, et forment comme la tenture de ce sanctuaire sauvage, appelé par les indigènes *el-Redir* ou *le lac*.

La ville est dominée au sud par des montagnes qui tempèrent l'action des vents du midi. L'hiver s'y fait même sentir parfois assez rudement. Cependant la chaleur moyenne suffit pour conduire à maturité la plupart des fruits du midi de la France.

Comme presque toutes les villes du nord de l'Afrique exposées au moyen âge à des incursions fréquentes, Tlemcen reposait par trois de ses faces sur des escarpements abruptes; elle n'était accessible que par le sud-ouest, où la plaine venait se rattacher aux dernières pentes des montagnes.

Dans cette ville, aujourd'hui si réduite, si mutilée, saluons un des plus grands débris historiques de l'Algérie, de ce reliquaire si riche en gloires éteintes, en grandeurs déchues. Bâtie sur les ruines d'une cité romaine, Tlemcen paraît avoir porté sous la domination des Césars le titre de colonie. Mais sa véritable splendeur ne date point de cette époque; elle est toute sarrasine. Toutefois sous les constructions élevées par les émirs Almohades, maîtres de l'Afrique et de l'Espagne, il existe encore un amas de ruines qui remontent à la première époque. Une foule d'inscriptions tumulaires, quelques inscriptions historiques, prouvent que cet établissement, avant même que les révolutions musulmanes l'eussent élevé au rang de capitale, ne fut pas sans quelque importance.

Parmi les inscriptions latines découvertes il s'en trouve une qui semblerait placer cette ville parmi les colonies militaires. M. Azema de Montgravier, qui s'est livré à des études spéciales sur Tlemcen, a observé une analogie générale dans le caractère des ruines qui bordent la frontière occidentale de l'Algérie. Il a signalé en outre une ressemblance curieuse entre ces ruines et les constructions militaires retrouvées sur les bords du Rhin et dans d'autres pays limitrophes entre les Romains et les barbares.

Mais laissons la colonie des Gordiens dormir dans la tombe que le temps et le génie des peuples africains lui ont creusée, et revenons à la ville musulmane, qui tint le rang de capitale depuis le milieu du treizième siècle jusqu'au milieu du seizième.

Toutefois, dès avant le treizième siècle Tlemcen occupait déjà une place éminente parmi les villes d'Afrique; car sous le règne d'Abou-Tachfin, le premier des Almoravides, elle ne contenait pas moins de 16,000 feux, ce qui suppose une population de 90,000 habitants.

Environ deux siècles après, sous la dynastie des Beni-Zeïan, Tlemcen renfermait tout ce qui caractérise les grandes villes, de belles et riches mosquées, et cinq grandes écoles ornées de mosaïques, élevées par les princes Zenata. Des revenus affectés à l'entretien de ces établissements permettaient d'offrir l'instruction gratuite à un certain nombre de jeunes musulmans, qui venaient y étudier, sous les maîtres les plus renommés, le dogme religieux et les sciences naturelles. Ajoutez à cela des bains et des fondouks ou caravansérails, où les négociants, qui à cette époque faisaient un grand commerce avec la Guinée, entreposaient la poudre d'or, l'ambre gris, le musc de civette et les autres productions de ces contrées lointaines. Les relations commerciales entre Tlemcen et le pays des noirs étaient si actives et si lucratives, qu'il suffisait, suivant Marmol, de deux ou trois voyages pour faire la fortune d'un trafiquant. Parmi les fondouks il y en avait deux réservés aux marchands génois et vénitiens, qui venaient y acheter, pour les verser en Europe, les marchandises apportées par les caravanes.

La ville était divisée en quartiers isolés les uns des autres et munis de remparts. Ils portaient les noms des différents corps d'état qui les habitaient. Les ouvrages qui sortaient de leurs ateliers étaient en général fort recherchés; c'étaient des casaques de laine appelées *kabbout*, d'où est venu sans doute notre mot *capote*, de riches tapis, des sayes et des mantes si fines, qu'il s'en trouve, dit Marmol, qui ne pèsent pas dix onces. Ils fabriquaient en outre des harnais de prix avec de beaux étriers, des mors, des éperons et des têtières, les meilleurs qui se fissent alors en Afrique, dont les ouvriers, ajoute encore Marmol, gagnent bien de quoi vivre et de quoi passer leur temps.

Au midi de la ville s'élevait le palais du roi. C'était une forteresse fermée de murailles; deux portes y donnaient accès. L'une d'elles, celle d'Agadir, a légué son nom à un faubourg en ruines que l'enceinte actuelle laisse en dehors, et qui fut construit originairement sur la nécropole romaine; ce qui apparaît par le grand nombre de pierres tumulaires et d'inscriptions votives que l'on y découvre. Les historiens qui ont assisté au déclin de Tlemcen parlent avec admiration de la fraîcheur et de l'abondance des eaux que la munificence des princes berbères avait fait venir par des conduits souterrains; des maisons de plaisance que les habitants s'étaient fait bâtir autour de la ville pour y passer l'été, et enfin des forêts d'oliviers, de noyers, de vignes et d'arbres à fruits de toutes sortes qui ombrageaient au loin la campagne. Léon l'Africain, qui a écrit ses voyages en Europe et qui avait parcouru d'immenses contrées, dit n'avoir vu en aucun autre lieu autant de cerises qu'il en vit à Tlemcen.

Au commencement du seizième siècle la capitale des Beni-Zeian était encore une ville puissante. Mais alors une série d'événements, provoqués par l'imprudence des habitants eux-mêmes, vint la précipiter dans un abîme de maux, et nous donne le secret de la plupart des grandes destructions dont le sol de l'Afrique porte l'empreinte.

C'était en 1517; il y avait deux ans que Barberousse s'était emparé d'Alger; il y en avait huit que les Espagnols occupaient Oran. Deux factions rivales se disputaient le gouvernement de Tlemcen. L'une avait à sa tête Bou-Zeïan, frère du dernier roi, et l'autre Bou-Hammou, qui était son fils.

Bou-Zeïan s'appuyait sur le suffrage des Arabes, et à ce titre sa cause paraissait la plus juste; mais Bou-Hammou avait invoqué l'assistance des Espagnols, et il était demeuré le plus fort. A l'aide de ce secours étranger, de cette dangereuse intervention des chrétiens, il avait détrôné son oncle, et le tenait en prison.

Sur ces entrefaites Haroudj-Barberousse s'empara de Tènès. Cette expédition le rapprochait de Tlemcen. Les partisans de Bou-Zeïan, voyant en lui le champion de la guerre sainte, lui députèrent deux des principaux habitants pour l'informer de la situation de leur ville et implorer son secours en faveur du roi légitime contre l'usurpateur que les armes infidèles leur avaient imposé.

Barberousse ne laissa point échapper une si belle occasion; et, confiant Alger à la garde de son frère Khaïr ed-Din, il prit incontinent la route de Tlemcen. Chemin faisant il recruta bon nombre d'Arabes et de Berbères, jaloux de combattre pour une cause que l'intervention des Espagnols leur faisait regarder comme nationale. Bou-Hammou sortit de Tlemcen, et se porta à la rencontre des Turcs : il les atteignit à quelques lieues d'Oran (septembre 1517). Mais à peine l'action était-elle engagée, que ses troupes prirent la fuite, écrasées par l'artillerie et la mousqueterie, deux instruments nouveaux, dont les Arabes connaissaient à peine l'usage.

Barberousse ne tarda pas à paraître devant Tlemcen. Un instant les partisans de Bou-Hammou voulurent fermer les portes et prendre les armes; mais leurs adversaires soulevèrent le peuple contre eux, et introduisirent Barberousse. Toutefois, comme poussés par un pressentiment des malheurs qui les menaçaient, avant qu'il eût franchi le seuil, ils lui firent jurer sur le Koran qu'il ne porterait aucun dommage aux habitants et qu'il rendrait le trône à Bou-Zeïan.

Maître de la ville, Barberousse sembla disposé à tenir sa promesse; du moins il fit mettre le prince en liberté. Mais quelques jours après, feignant d'aller prendre congé de lui, il le fit saisir lui et ses sept fils et pendre avec la toile de leurs turbans aux piliers de la galerie. En même temps il se faisait amener tous les membres de cette famille, et les précipitait lui-même dans un étang, *prenant plaisir*, dit Marmol, *à leurs postures et à leurs grimaces*.

Enfin, pour couronner toutes ces atrocités par une dernière, il attira chez lui soixante et dix des principaux habitants, de ceux qui l'avaient appelé à leur secours, et les fit massacrer sous ses yeux, dans la crainte, disait-il, qu'ils ne conspirassent contre lui. Après quoi il se fit proclamer roi de Tlemcen sous l'autorité du grand seigneur.

C'est de cette manière que, suivant les écrivains espagnols, Tlemcen tomba une première fois au pouvoir des Turcs. Mais leur triomphe devait être aussi court qu'il avait été cruel et félon.

Bou-Hammou avait pris la fuite avec ses femmes, ses enfants et ses richesses, plus heureux dans sa défaite que son compétiteur dans sa victoire. Il s'était réfugié à Oran, où commandait alors don Diego de Cordova, marquis de Comarès. De là il passa en Espagne pour aller implorer l'appui du roi don Carlos, devenu plus tard Charles-Quint.

Presque en même temps arrivait à Oran un cheik puissant des environs de Tlemcen, nommé Bou-Rekkaba, qui venait, lui aussi, invoquer l'assistance des Espagnols contre les Turcs. Le marquis de Comarès lui accorda immédiatement un secours de trois cents hommes. Bou-Rekkaba sut si bien en tirer parti, qu'il obligea Barberousse lui-même de demander du renfort à son frère Khaïr-ed-Din. Celui-ci lui envoya aussitôt six cents Turcs.

Mais le marquis de Comarès, averti à temps de la marche de cette colonne, fit partir d'Oran à sa rencontre six cents Espagnols. Les Turcs, peu curieux d'engager un combat à forces égales, se jettent dans la forteresse de Kala. Les Espagnols arrivent et campent au pied des murailles; mais, par une nuit obscure, ils se laissent surprendre : quatre cents hommes sont massacrés; les deux cents qui survivent se sauvent à Oran, où ils vont porter cette triste nouvelle.

Comarès ne perd pas un instant, et fait partir le colonel Martin Argote avec deux mille hommes et quelques cavaliers. Cet officier fait tant de diligence qu'il retrouve encore les Turcs à Kala, où ils s'étaient oubliés dans l'ivresse de leur victoire. Il assiège la place, y ouvre une brèche à l'aide de la mine, et la force à capituler. Mais à peine la convention était-elle signée qu'une querelle s'engage entre un Turc et un chrétien; celui-ci tue son adversaire : on court aux armes : les Espagnols oublient la parole qu'ils viennent de donner et massacrent la garnison.

Martin Argote marche alors sur Tlemcen, où il joint ses forces à celles du cheik Bou-Rekkaba. Barberousse s'y était enfermé, attendant avec impatience le détachement que Martin Argost venait de détruire. Bientôt menacé au dedans, pressé au dehors, le corsaire sentit qu'il n'y avait plus pour lui de chances de salut que dans la fuite. Il ramasse donc ses richesses, et sort secrètement par une poterne, emmenant avec lui tous ses Turcs et quelques Arabes; mais le colonel Argote, informé de son départ, s'attache à ses traces, et le poursuit durant l'espace de trente lieues. Barberousse a recours à une dernière ruse. Il répand sur son chemin de l'or, de l'argent monnayé, de la vaisselle et tous les objets précieux qu'il emportait avec lui : peut-être les Espagnols s'arrêteront-ils à les ramasser. Mais il n'en fut rien. Abandonné par quelques-uns de ses compagnons, accablé de fatigue et de soif, le corsaire se jette en désespéré dans les ruines d'une ancienne forteresse. Là, avec le petit nombre d'hommes qui lui restent fidèles, il oppose encore une résistance héroïque. Mais l'alferez Garcia de Tineo lui porte un coup de lance qui le renverse, et se précipite sur lui; Barberousse jeté à terre combat encore, et dans un effort suprême le blessé à la main. Enfin il succombe. Sa tête est aussitôt séparée de son corps; elle fut portée à Oran au bout d'une pique, et promenée, dit-on, dans toute l'Espagne comme un glorieux trophée. Ses vêtements, qui étaient de brocard cramoisi, furent envoyés à Cordoue et déposés dans le monastère de Saint-Jérôme, où les religieux en firent une châsse que l'on montrait encore longtemps après sous le nom de *Capa de Babaroxa.*

Ainsi périt le fondateur de la régence d'Alger. Toute l'Europe accueillit la nouvelle de sa mort avec des transports de joie : par une erreur assez commune, qui porte les hommes à concentrer dans un seul toutes leurs espérances et toutes leurs craintes, elle se flatta qu'avec Barberousse la piraterie avait disparu; mais elle reconnut bientôt quel mécompte l'avenir lui réservait.

Bou-Hammou, rétabli sur le trône, s'engagea à payer à l'Espagne un tribut annuel de 12,000 ducats d'or, douze chevaux et six gerfauts femelles; redevance qu'il acquitta fidèlement pendant toute sa vie.

Mais Abdallah, son frère et son successeur, rompit le traité, à l'instigation de quelques marabouts et surtout de Khaïr-ed-Din, et refusa de rien payer. En mourant il laissa deux fils, Mouleï-Abd-Allah et Mouleï-Ahmed. Ce dernier, qui était le plus jeune, obtint l'appui de Khaïr-ed-Din, et s'empara du pouvoir. Abd-Allah se jeta alors dans les bras des Espagnols. Le gouverneur d'Oran lui donna un détachement composé de six cents hommes et de quatre bouches à feu, et commandé par Alfouse Martinez. Cette troupe partie d'Oran s'avança péniblement jusqu'à cinq lieues de Tlemcen ; là elle fut enveloppée par une multitude d'Arabes et taillée en pièces. Des six cent hommes il n'y en eut que vingt qui parvinrent à regagner Oran ; treize furent faits prisonniers ; le reste périt.

Charles-Quint sentit qu'il ne pouvait laisser la domination espagnole sous le coup d'un pareil échec, et chargea le comte d'Alcaudète de le venger. Ce général quitta Oran le 27 janvier 1543, à la tête de neuf mille hommes d'infanterie et de quatre cents chevaux.

A peine fut-il éloigné de la ville de quelques lieues que des nuées d'Arabes commencèrent à l'assaillir et le harcelèrent sans relâche jusqu'auprès de Tlemcen. Là il trouva l'armée de Mouleï-Ahmed, et engagea contre elle un combat plus sérieux et plus décisif.

A cette époque l'arquebuse était encore pour les Africains une arme nouvelle, qu'ils maniaient avec peu d'adresse. Aussi l'armée espagnole eut-elle plus à souffrir de leurs flèches que de leurs balles. Néanmoins la victoire resta

5.

aux chrétiens, et le comte d'Alcaudète put bivouaquer sur le champ de bataille. Le lendemain l'armée entra dans Tlemcen, qu'elle *saccagea d'un bout à l'autre*, dit Marmol, *tuant ou faisant prisonnier tout ce qu'elle rencontra*.

Le comte d'Alcaudète resta quarante jours à Tlemcen. Il avait réinstallé Abd-Allah dans sa capitale; mais pendant ce temps Ahmed recrutait des partisans parmi les tribus, et à peine les Espagnols avaient-ils quitté la ville, qu'il reparut à la tête d'une armée. Abd-Allah marcha à sa rencontre, et remporta une victoire complète : mais quand il se présenta pour rentrer dans Tlemcen, les habitants refusèrent de le recevoir. Prières, menaces, promesses, tout fut inutile. Enfin il se retira, et prit avec cinquante chevaux seulement la route du désert, champ d'asile des ambitions déçues. Bientôt ses derniers partisans l'eurent abandonné; sa tête fut apportée aux pieds de son frère, qui venait de remonter sur le trône.

Cependant les Turcs n'avaient point encore réussi à se maintenir dans Tlemcen. Maîtres de presque toutes les villes de l'Algérie, ils regardaient avec raison la conquête de cette capitale d'un royaume comme le complément nécessaire de leur domination. Ils saisirent pour l'entreprendre le premier prétexte qui se présenta. Ce fut encore la discorde qui le leur fournit.

Un second frère de Mouleï-Ahmed venait d'apparaître sur la scène ; il s'était rendu à Alger, et là il implorait l'assistance de Hacen-Pacha pour l'aider à s'emparer de Tlemcen. Le fils de Khaïr-ed-Din ne se fit pas beaucoup prier. Il partit au commencement de juin 1547, sous la conduite du nouveau prétendant, et marcha sur Tlemcen à la tête d'une armée composée de cinq mille arquebusiers ou renégats, de mille spahis et de dix bouches à feu. A la nouvelle de l'approche des Turcs, Mouleï-Ahmed se hâta de quitter Tlemcen, et se réfugia à Oran ; et l'on vit, par un singulier retour de fortune, ce prince, qui avait combattu les Espagnols, qui avait anéanti une de leurs colonnes, venir implorer leur protection contre les Turcs, ses anciens alliés.

Le comte d'Alcaudète accepta, au nom de l'Espagne, l'alliance qui s'offrait à lui, et passa aussitôt en Andalousie pour y lever des troupes. Il revint bientôt à Oran, et entra en campagne avec un corps de dix-huit cents hommes. Cette fois il fut accueilli à bras ouverts par toutes les tribus qu'il traversa. Chacune lui envoyait son contingent ; il voyait à chaque pas grossir ses troupes. Combien cette expédition différait de la première, où les mêmes tribus l'avaient harcelé jusqu'aux portes de Tlemcen ! Bientôt il trouva l'armée de Mouleï-Ahmed forte de cinq mille hommes, commandée par le mezouar de Tlemcen, oncle et beau-père du roi. Celui-ci voulut fêter l'arrivée du gouverneur, et lui donna le spectacle d'une grande *fantasia*. Les deux armées avaient opéré leur jonction sur les ruines d'Arbal. Le comte y passa trois jours, et se remit en marche vers Tlemcen.

Il ne devait pas tarder à rencontrer l'armée turque, et les circonstances favorables qui avaient marqué le début de l'expédition lui faisaient attendre impatiemment la lutte qui allait s'engager. Mais il était écrit que cette fois encore, et sans combat, Tlemcen échapperait aux Turcs.

Tandis que l'armée arabe-espagnole s'approchait de la ville, un envoyé du roi de France, le chevalier de Lanis, arrivait au camp d'Hacen-Pacha, et venait lui apprendre la mort de son père. Dès lors il renonça à ses projets de conquête ; il sentit combien, dans cette circonstance, sa présence était nécessaire à Alger, et il eut hâte de conclure la paix. Il consentit à retirer la garnison qu'il avait jetée dans Tlemcen, s'engagea à ne jamais inquiéter Mouleï-Ahmed, et le reconnut pour vassal de l'Espagne.

Après deux jours pendant lesquels toute l'armée turque paya à la mémoire de Khaïr-ed-Din un tribut unanime de regrets, Hacen-Pacha, vêtu de deuil et monté sur un cheval noir, donna le signal du départ (1).

Mouleï-Ahmed ne demeura pas longtemps sur le trône où l'intervention espagnole venait de le replacer. Mais

(1) *Histoire d'Alger*, par M. Ch. de Rotalier.

cette fois l'initiative des intrigues qui amenèrent sa chute ne partit ni d'Oran ni d'Alger.

Dans le temps où les Espagnols s'emparaient d'Oran, où Barberousse établissait l'autorité turque à Alger, il s'élevait dans le Maroc une dynastie nouvelle, celle des chérifs, dynastie non moins ambitieuse que l'occupation espagnole et le gouvernement turc. Elle avait établi à Fès le siége de son autorité. C'est là que, délaissé par Hacen-Pacha, le prétendant, frère de Mouleï-Ahmed, avait cherché un refuge. A l'aide des intelligences qu'il s'était ménagées, il parvint à se créer un parti à Tlemcen, et quand il le crut assez fort il éleva de nouveau ses prétentions, et sollicita l'intervention marocaine.

Le chérif, qui convoitait pour son nouvel empire le beau royaume de Tlemcen, trouva l'occasion favorable et l'accueillit. En 1550 une armée marocaine, forte de dix mille hommes, entra en campagne : elle était commandée par les deux fils du sultan, Mouleï-Abd-el-Kader et Mouleï-Abd-Allah.

Mouleï-Ahmed ne les attendit pas, et se réfugia à Oran. Les deux frères entrèrent sans résistance dans Tlemcen. Abd-Allah se chargea d'occuper la ville, tandis que son frère irait entreprendre de nouvelles conquêtes. Il se dirigea d'abord sur Mostaganem.

A la nouvelle de cette marche audacieuse, Hacen-Pacha réunit à la hâte toutes les troupes disponibles. Il demanda aussi des secours à Abd-el-Aziz, cheik des Beni-Abbès (1), qui accourut lui-même à la tête de ses Berbères. L'armée fut placée sous les ordres d'un renégat corse, nommé Hacen : elle se composait de cinq cents arquebusiers renégats ou turcs, de mille spahis et de dix bouches à feu. Le chérif n'osa point attendre des forces aussi considérables ; il se retira en ravageant le pays et chassant devant lui des milliers de chameaux, de moutons et de bœufs, produits de ses *razia*. Mais tout ce butin retardait sa marche, et les Turcs l'atteignirent au passage d'une rivière, la même, dit Haëdo, où trente-deux ans auparavant

(1) L'une des principales tribus de la Kabilie.

Haroudj Barberousse, fuyant de Tlemcen, avait trouvé la mort.

Abd-el-Kader fit face à l'ennemi, et se montra prêt à combattre. Alors ce fut le renégat Hacen qui, à son tour, craignit de risquer une bataille si loin d'Alger. Il fallut que le Berbère Abd-el-Aziz, indigné de la faiblesse du chef, s'élançât lui-même à la tête de ses bandes kabiles et entraînât les Turcs par son exemple. Bientôt il atteignit le chérif, le tua, et décida le gain de la bataille.

Les Turcs entrèrent en triomphe dans Tlemcen, qui fut livrée au pillage pendant plusieurs jours. Enfin Hacen le Corse convoqua en conseil les chefs de l'armée, pour statuer sur le sort de leur nouvelle conquête. Il fut décidé que l'autorité des princes maures serait abolie, que Tlemcen recevrait une garnison turque et serait gouvernée par un lieutenant du pacha. Le kaïd Saffa, Turc de naissance, et l'un des premiers officiers de l'armée, fut désigné pour en être le premier gouverneur. Il resta donc dans Tlemcen avec quinze cents janissaires, dix pièces d'artillerie et un approvisionnement considérable de munitions de guerre (1).

L'armée victorieuse reprit le chemin d'Alger, portant devant elle au bout d'une pique la tête d'Abd-el-Kader, le chérif vaincu. Pour conserver la mémoire d'une expédition aussi glorieuse, Hacen-Pacha voulut que cette tête restât suspendue dans une cage de fer, sous la voûte de la porte Bab-Azoun. Elle y demeura jusqu'en l'année 1573.

C'est ainsi que l'ancien royaume de Tlemcen devint une province turque. Retardée une première fois par la mort d'Haroudj-Barberousse, ajournée une seconde fois par la mort de Khaïr-ed-Din, cette conquête ne s'accomplit que trente-deux ans après la première tentative, alors que toutes les villes de l'Algérie reconnaissaient déjà l'autorité turque.

Pendant ces trente-deux années Tlemcen fut tour à tour ravagée par les rois maures qui se la disputaient, par les Espagnols, par les chérifs et par les Turcs, qui, sous le nom des rois maures, se la disputaient aussi.

(1) *Histoire d'Alger*, par M. Ch. de Rotalier.

Enfin elle échut aux Turcs, dont elle complétait l'empire naissant, et pendant trois siècles elle fit partie de la régence. Après tant de vicissitudes désastreuses, Tlemcen aurait pu encore se relever, si le règne qui commençait eût été celui de la confiance et de la justice; mais entre les mains des renégats et des corsaires elle devait rester couchée sous ses ruines. Les Français n'y ont trouvé qu'un amas de décombres, quelques groupes de masures et une population pauvre et dégénérée.

Cependant des détails gracieux, des vestiges historiques échappés à la dévastation rappellent le peuple industrieux qui, avant l'arrivée des corsaires, avait fourni des architectes à l'Alhambra. Ici c'est un café ombragé d'une treille colossale, là un minaret debout au milieu des ruines, ou une mosquée dont un pan de mur écroulé laisse voir à l'intérieur des dentelures et des arabesques richement sculptées.

La porte d'Agadir, qui donnait accès dans le palais des rois maures, est restée debout. C'est une belle ogive renflée vers son milieu, rétrécie vers sa naissance.

A deux kilomètres à l'ouest de Tlemcen il existe un autre monument historique; c'est le camp de Mansoura, rectangle long de treize cents mètres, large de sept cent cinquante, entouré de murs et flanqué de tours. La destination guerrière de cet établissement se reconnaît à la régularité de son tracé. On voit que l'enceinte précéda la ville. Ce camp fut en effet construit pour l'installation d'une armée, dans le cours du quatorzième siècle, par Abou-el-Haçen, quatrième roi de la dynastie des Beni-Merin, qui régnait à Fès, durant un siège de trente mois, qui se termina par la prise et le sac de la ville, la captivité et la mort du roi.

L'intérieur de l'enceinte conserve encore quelques traces de constructions. Mais il n'en est resté debout qu'un minaret, morceau curieux d'architecture sarrazine; il a trois étages de fenêtres doubles divisées par une colonnette. L'intervalle des étages est garni par une guirlande d'arabesques qui serpente de la base au sommet de l'édifice et encadre toutes les ouvertures. La domination française montrera sans doute quelque sollicitude pour la conservation de ces monuments, un peu délabrés, de l'art moresque au moyen âge. L'étude et la restauration de ces édifices peut exercer une salutaire influence sur l'art moderne, redevenu un peu trop païen.

La population de Tlemcen est bien déchue de ce qu'elle était en ses jours de prospérité. Elle se compose de 7,602 indigènes, dont 5,660 musulmans, 172 nègres et 1,770 Israélites. La population européenne se réduit encore à 759 Européens, dont 444 Français.

ESQUISSE DU SAHARA ALGÉRIEN.

Le Sahara (1).

Nous venons de parcourir les deux lignes principales du Tell, la ligne de la côte et celle des plateaux. Il nous reste à introduire le lecteur dans cette autre moitié de l'Algérie, dont la nature était aussi inconnue il y a quelques années que sa destinée est encore mystérieuse aujourd'hui. Nous craignons d'autant moins d'aborder cette arrière-scène de notre conquête qu'elle en est une partie intégrante, que le drapeau français y a été salué par les actions de grâce des populations, et enfin qu'il y flotte encore.

Le Sahara fut longtemps défiguré par les exagérations des géographes et par les rêveries des poëtes. Compris sous deux dénominations qui, à raison de leur généralité, s'excluaient mutuellement, appelé par les uns *grand désert*, ce qui entraînait l'idée de la stérilité et de la désolation; appelé par les autres *pays des dattes*, ce qui impliquait l'idée de la production et du travail, le Sahara était devenu une contrée fantastique, dont notre ignorance agrandissait les proportions et uniformisait l'aspect. Depuis les montagnes qui bornent l'horizon du Tell jusqu'aux premières côtes du pays des noirs, il semblait que la nature, dérogeant à ses lois ordinaires, renonçant à la variété, caractère essentiel de ses œuvres, eût étendu une nappe immense et uni-

(1) Les détails qui suivent sont empruntés en grande partie à mes *Recherches sur la géographie et le commerce de l'Algérie méridionale. — Exploration scientifique de l'Algérie. — Sciences historiques et géographiques;* tome II.

forme de landes ardentes, région maudite parcourue çà et là par quelques bandes de sauvages, étrangers aux premiers besoins de la vie individuelle, qui attachent les hommes au sol, et aux premiers besoins de la vie sociale, qui attachent les hommes à leurs semblables.

On le sait aujourd'hui, tel n'est point le Sahara, vaste archipel d'oasis dont chacune offre un groupe animé de petites villes et de villages. Une large ceinture d'arbres fruitiers entoure chaque centre d'habitation. Dans ces plantations un arbre domine, c'est le palmier; il en est le roi autant par la hauteur de la taille que par la valeur des produits; le grenadier, le figuier, l'abricotier, le pêcher, la vigne croissent à côté de lui et mêlent leur ombre à la sienne. C'est à travers ces massifs de verdure que l'horizon des montagnes lointaines se dessine avec ses tons chauds, ses découpures variées, ses formes imposantes. En présence d'un pareil spectacle, il est facile de comprendre l'amour que les habitants du Sahara professent pour leur pays natal.

L'espace qui sépare entre elles ces îles de verdure se présente lui-même sous des aspects divers. Tantôt c'est une plage sablonneuse couverte de plantes et d'arbustes qui servent de pâture aux bestiaux. Tantôt c'est un de ces bas-fonds appelés *Sebkha* où règne une couche de sel. Pendant l'hiver elle se couvre d'une nappe d'eau de quelques centimètres de hauteur; pendant l'été elle redevient une plaine aride ou une saline facile à exploiter. Quelquefois c'est une zone montagneuse hérissée de pointes de roches ou de montagnes de sable. Il existe des oasis au bord des sebkha, dans les gorges des rochers, dans les anfractuosités des dunes, rarement dans les plages sablonneuses. Les oasis de Tuggurt, de Temâcin et d'Ouaregla sont situées au bord des sebkha.

Le plus intéressant de ces lacs de sel est celui que l'on désigne sous le nom de Melrir. Il occupe l'extrémité orientale de l'Algérie; mais la plus grande partie de sa surface est comprise dans la régence de Tunis, où elle borde les deux oasis tunisiennes du Bélad-el-Djérid et du Nifzaoua. Il s'étend en longueur de l'est à l'ouest entre le 4e et le 7e degré de longitude orientale, et en largeur à trente kilomètres au sud du 34e degré de latitude. Il occupe une surface de neuf mille quatre cents kilomètres carrés. C'est à peu près la superficie de l'île de Corse, qui, après la Gironde, est le plus grand des départements français.

Le sel répandu à la surface de l'immense savane n'y forme pas une couche continue; il présente au contraire un grand nombre d'interruptions produites par des plis de terrain le plus souvent insensibles à l'œil, et se trouve ainsi divisé en une multitude d'étangs partiels, dont l'ensemble constitue la *Sebkha* de Melrir.

Quelques-unes de ces stratifications reposent sur un sol ferme, et peuvent être abordées sans danger. Mais la plupart sont inaccessibles; sous un diaphragme solide, de quelques centimètres d'épaisseur, elles recèlent des abîmes de vase qui jamais n'ont été sondés. Malheur à qui oserait s'aventurer sur la couche de cristal mince et fragile. Bientôt il sentirait la glace se rompre sous ses pieds et disparaîtrait à jamais dans les gouffres qu'elle recouvre. Dans l'Ouad-Souf, qui est l'oasis la plus voisine, on regarde généralement les fondrières du Melrir comme assez larges et assez profondes pour engloutir des maisons entières.

Il n'existe qu'un très-petit nombre de passages reconnus praticables à travers la sebkha. On les désigne par le nom générique de *Chott*, qui signifie *bord* ou *rivage*. Ce sont en effet les seuls rivages de ce dangereux archipel. Mais le mot de *Chott* s'applique aussi par extension aux étangs eux-mêmes.

Dans la partie du lac qui appartient à l'Algérie les deux seuls passages sont ceux de *Mouïa-el-Tadjer* (*l'eau du négociant*) et du *Chott-es-Selam* (*l'étang du salut*).

Une double légende conserve dans les traditions du pays l'origine des deux noms, et rappelle aux voyageurs les périls qui les attendent dans cette contrée inhospitalière.

On raconte qu'une caravane arrivant au bord de l'étang de *Mouïa-el-Tadjer*, y éprouva une de ces violentes crises de soif qui ont anéanti des armées entières. Elle allait succomber, lorsqu'un riche négociant, simple passager dans la caravane, crut reconnaître divers indices qui annoncent la proximité de l'eau. Aussitôt il fit part de sa découverte à ses compagnons de voyage, et les engagea vivement à creuser le sol. Mais il s'adressait à des hommes que le découragement rendait incrédules, et ne put rien en obtenir. Il eut alors recours à un moyen extrême : il promit un réal par coup de pioche. Stimulés par l'appât d'un salaire aussi énorme, quelques voyageurs se mirent au travail. On compta les coups de pioche, il y en eut un grand nombre; mais enfin l'eau parut. Le négociant paya sur-le-champ tout ce qu'il devait; mais il réclama l'eau comme sa propriété, et exigea à son tour un réal de tous ceux qui voulurent boire ; c'était le droit du talion, que les musulmans ne contestent jamais. Aussi tous les voyageurs payèrent-ils leur réal sans murmurer. A dater de ce jour le puits nouveau fut appelé *l'eau du négociant*, et pendant longtemps il n'y eut pas de caravane passant en ce lieu qui n'acquittât la même redevance au profit de l'inventeur.

Mais la soif est encore le danger le moins redoutable qui menace les caravanes dans la traversée du *Chott-es-Selam*. En abordant le terrible *étang du salut*, elles voient se dérouler devant elles sur le fond rougeâtre de la plaine, une bande blanche sinueuse longue d'environ cinq lieues, large seulement de quelques mètres. C'est le chemin qu'il faut suivre, ou plutôt c'est un pont qu'il faut traverser. Les hommes et les chameaux s'y engagent à la file et suivent exactement le sentier frayé ; car s'ils s'écartaient à droite ou à gauche, ils disparaîtraient dans les fondrières qui bordent la route. Durant tout le trajet le voyageur ne découvre dans le champ de la vue ni arbre ni plante. C'est seulement à l'issue du Chott qu'il voit apparaître à l'horizon les palmiers du village d'*El-Fidh*, mais tellement agrandis par le mirage qu'ils ressemblent de loin à des forteresses.

Le voyageur indigène lorsqu'il pénètre pour la première fois dans ces steppes désolés, ne peut se défendre d'un certain effroi. On raconte qu'un habitant de l'Ouad-Souf, appelé par ses affaires dans la région du Tell, se joignit à une caravane qui partait pour Tebessa. Il atteignit bientôt la plaine du Melrir. Quand il vit sur sa tête un ciel rougeâtre, une terre rougeâtre sous ses pieds, autour de lui le silence, la nudité, la solitude, il fut saisi d'un tel accès de peur, qu'il rebroussa chemin, regagna au plus vite son village et ses palmiers, et renonça pour toujours aux voyages.

Le sentier blanchâtre qui traverse l'Étang du Salut s'appelle *le chemin des marabouts*. Voici, suivant la légende, l'origine de ce nom : Quelques bons derviches, revenant du pèlerinage de la Mecque, s'engagèrent dans la plaine du Melrir, et ne tardèrent pas à s'y égarer. Cependant la prudence ne les abandonna pas; ils marchèrent avec de grandes précautions, frappant le sol de leur bâton de voyage avant d'y poser le pied : ils purent ainsi, à force de précautions, atteindre le bord opposé; ils se prosternèrent alors en s'écriant : *Selamna! nous sommes sauvés!* C'est ainsi, dit-on, que fut découvert le passage sinueux, appelé *Chott-es-Selam* en commémoration de cette aventure.

Dans la régence de Tunis les passages praticables du lac Melrir sont indiqués aux voyageurs soit par une ligne de pierres, soit par des troncs de palmier. Il existe un étang appelé *Chott-el-Euoudia* (l'Étang des marques de bois).

Jusqu'en 1844 le lac Melrir n'occupa sur les cartes qu'un espace trente fois inférieur à celui qu'il occupe sur le sol. C'est alors seulement que je lui restituai sa véritable étendue (1). Toutefois dès 1840 j'avais reconnu l'erreur des géographes, et la constatation que j'en avais faite d'après le témoignage d'un grand nombre de voyageurs indigènes avait même obtenu une sanction à laquelle j'étais loin de m'attendre. Un de mes collègues, M. Levaillant, venait d'achever l'exploration zoologique de la Calle. Le hasard me l'ayant fait rencontrer, je m'informai du résultat de ses travaux. « Savez-vous, me dit-il, ce que m'ont appris mes oiseaux voyageurs ? C'est qu'au

---

(1) Carte de l'Algérie distribuée aux chambres pour la discussion des crédits supplémentaires; par E. Carette, capitaine du génie, membre et secrétaire de la Commission scientifique d'Algérie.

ALGÉRIE

La place d'Alger

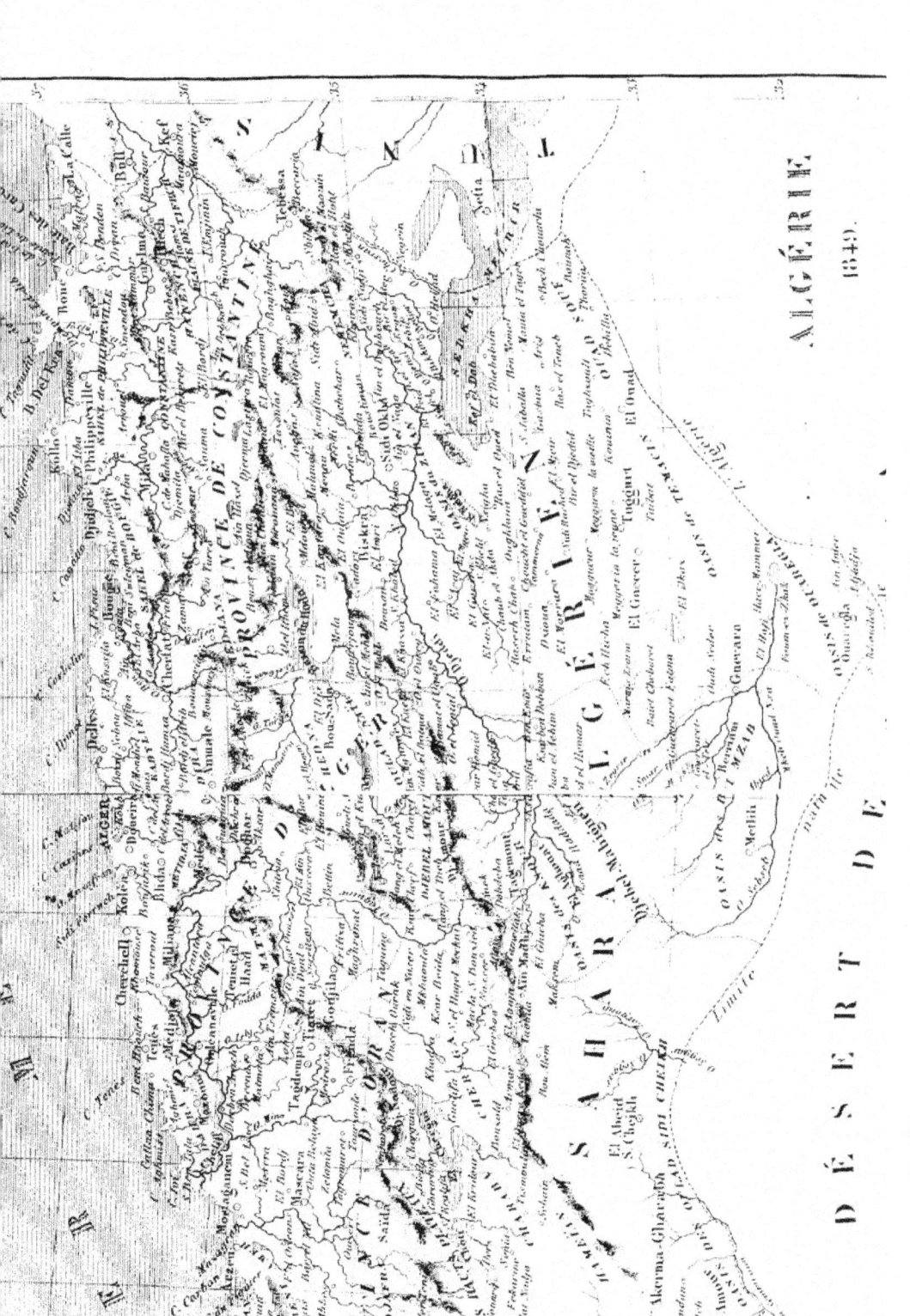

sud de la Calle, dans le Sahara, à la place du petit lac figuré sur les cartes, il doit exister un lac immense. » Je lui fis connaître alors l'accord qui existait entre des indications puisées à deux sources si différentes.

Il serait bien étonnant qu'un accident physique aussi remarquable que le lac Melrir n'eût pas frappé vivement l'imagination des anciens. C'est dans le voisinage du Melrir que devait se trouver le lac Triton. Mais le rétrécissement considérable des dimensions et l'ignorance des phénomènes particuliers à cette grande plaine embarrassaient beaucoup les géographes. Comment, en présence d'un étang vulgaire, s'expliquer l'antique renommée du lac Triton et surtout l'honneur insigne d'avoir produit Pallas, la déesse de la guerre et de la prudence? Aujourd'hui il ne peut plus rester de doutes. Non-seulement le lac Melrir, avec ses gouffres vaseux et son immense étendue, occupe la place du lac Triton; mais il est digne en tout point de le représenter.

Il n'est pas jusqu'à la fable de Pallas qui ne s'explique. L'idée de prudence est comme associée à toutes les descriptions que les indigènes font du Melrir. Ils disent proverbialement pour caractériser un homme d'une prudence consommée : Il pourrait aller seul dans le Melrir. Imprudent est celui qui s'aventure sans guide dans ces steppes redoutables. Enfin combien n'a-t-il pas fallu de prudence à ces marabouts qui les premiers ont traversé l'Étang du salut ! Doit-on s'étonner que dans l'enfance des religions les hommes aient fait naître la déesse de la prudence dans des lieux où il faut tant de prudence pour se diriger ?

Plus de doute non plus sur le fleuve Triton de l'antiquité : c'est l'Ouad-el-Djedi actuel, qui traverse le Sahara algérien dans les deux tiers de sa largeur, vient passer un peu au-dessous de Biskra, et va porter le tribut de ses eaux dans les abîmes vaseux d'où est sortie Pallas. Il est vrai que la géographie ancienne fait déboucher ce fleuve dans le fond de la petite Syrte ; mais on sait aujourd'hui que les étangs du Melrir s'avancent très-près du golfe de Gabès, et il est très-probable que la petite langue de sable qui les sépare a été produite par des atterrissements successifs. Ainsi en des temps beaucoup plus rapprochés de nous s'est fermée la communication de la mer avec l'étang d'Aigues-Mortes où saint Louis s'embarquait au douzième siècle pour la contrée qui possède le lac Triton.

Oasis du Ziban. — Biskra. — Sidi-Okba.

Le Ziban au nord, l'Ouad-Souf au sud sont les deux oasis les plus rapprochées des bords de l'ancien lac Triton.

Le Ziban se compose de trente-huit villes ou villages et de dix-huit tribus, formant ensemble une population d'environ 100,000 âmes.

Biskra est le chef-lieu politique de l'oasis; Sidi-Okba en est la métropole religieuse.

La ville de Biskra est située au pied des versants méridionaux de l'Aurès, et de la longue chaîne de montagnes qui, dans l'est de l'Algérie, sépare le Tell du Sahara. Elle est formée de cinq petits quartiers, entièrement séparés les uns des autres, et d'une petite citadelle, qui les domine tous, citadelle occupée jadis par les Turcs et maintenant par les Français. L'architecture, comme celle de toutes les villes du Sahara, en est plus que simple ; les maisons sont en général construites en briques de terre séchées au soleil, que les Arabes appellent *Tôb*; elles sont couvertes de terrasses grossières reposant sur bois de palmier. La population est d'environ 3,000 âmes.

C'est le 4 mars 1844 qu'une colonne française, commandée par M. le duc d'Aumale, a pris possession, sans aucune résistance, de cette ville saharienne. Malheureusement la petite garnison qu'on y avait laissée fut surprise et massacrée quelque temps après par Mohammed-Sghir, khalifa d'Abd-el-Kader; mais la ville rentra immédiatement en notre pouvoir; et depuis cette époque aucun acte d'hostilité n'est venu troubler la tranquillité dont elle jouit.

On a trouvé dans la citadelle de Biskra une pièce de canon du temps de Henri II. Elle portait le millésime de 1549, avec le chiffre de Diane de Poitiers. Par quelles vicissitudes ce monument de notre histoire nationale s'est-il trouvé transporté dans les landes du Sahara? C'est ce qu'il serait sans doute difficile de dire. Cette pièce a dû être rapportée en France, où elle avait été fondue il y trois siècles.

Le 7 mars, trois jours après la prise de Biskra, M. le duc d'Aumale se rendit à la tête de sa colonne dans la ville sainte de Sidi-Okba, située à quatre lieues au sud-est de Biskra. Comme toutes les cités, villes ou villages du Sahara, elle est entourée de magnifiques jardins, où le palmier domine et où tous les arbres à fruits lui font cortége. Vue de Biskra, toute cette végétation se dessine comme une ligne noire sur le fond blanchâtre du Sahara.

Au moment où M. le duc d'Aumale entra dans la ville, le khalifa d'Abd-el-Kader Mohammed-Sghir venait de la quitter. Le prince occupa la maison même que le lieutenant de l'émir avait habitée. Il y reçut la visite de tous les notables de la ville, et de là se rendit avec eux dans la mosquée de Sidi-Okba. A l'instant où il franchissait le seuil du temple, tous les Tolba, qui sont les marguilliers de la paroisse musulmane, entonnèrent à l'unisson la *Khotba*, prière spéciale pour le souverain correspondant à notre *Domine salvum*. C'était la première fois qu'une pareille manifestation retentissait dans une mosquée en présence d'un prince chrétien, et cette manifestation se produisait au milieu des plages sahariennes, sur lesquelles la France venait d'imprimer sans coup férir le sceau de sa domination.

Après la prière, le prince pénétra dans la Kobba, sanctuaire inviolable, où reposent depuis près de dix siècles les restes du général qui a soumis aux armes musulmanes les terres du Magreb. Le tombeau est recouvert d'un drap de soie verte, où des inscriptions sont brodées en soie blanche. Une pierre porte une inscription en caractères koufiques, qui remonte aux premiers temps de l'islamisme.

La ville de Sidi-Okba est arrosée par un ruisseau appelé Ouad-Braz (la Rivière du combat); il descend du Djebel-Aurès, et va porter l'excédant torrentiel de ses eaux dans l'Ouad-el-Djedi, l'ancien fleuve Triton. Suivant les traditions locales, c'est sur les bords de cette rivière qu'eut lieu le combat à la suite duquel le général musulman Okba-ben-Amer fut fait prisonnier par les chrétiens. La grande mosquée consacrée à la mémoire de ce général est surmontée d'un haut minaret, qui, s'il faut admettre une croyance bien vieille, tremble de lui-même toutes les fois que l'on prononce le nom de Sidi-Okba.

Nous n'avons encore parlé que des oasis planes, telles que l'opinion vulgaire accréditée jusqu'en ces dernières années se les figurait toutes. Mais le Sahara, et en particulier le Sahara algérien, a aussi ses oasis montagneuses. Telles sont l'Ouad-Souf et l'Ouad-Mzab, situées l'une et l'autre à la limite méridionale naturelle de nos possessions, dans la région où le drapeau de la conquête n'a pas encore pénétré, l'Ouad-Souf dans l'est du côté de Tunis, l'Ouad-Mzab dans l'ouest du côté du Maroc.

Quoique montagneuses l'une et l'autre, elles ont cependant chacune leur cachet particulier.

L'Ouad-Souf est située dans un labyrinthe de montagnes de sable, qui absorbent immédiatement comme autant d'éponges les pluies les plus abondantes. On dirait de hautes et larges dunes, et il est en effet hors de doute que la mer en a jadis baigné le pied : comment expliquer par une autre cause la présence des nombreuses coquilles marines que l'on y rencontre?

Les replis de ce labyrinthe recèlent huit petites villes ou villages, dont les habitations couvertes de dômes pointus présentent exactement l'image de ruches. Ils produisent les plus belles dattes du Sahara, celles que l'on appelle très-improprement en France *dattes de Tunis*. Il est bien vrai qu'elles passent par Tunis pour nous arriver. C'est là une anomalie que le développement de notre domination doit faire cesser. Mais elles n'en appartiennent pas moins au terroir de nos possessions; et l'Algérie méridionale les revendique comme une de ses belles spécialités.

Lorsque le voyageur commence à découvrir les montagnes de l'Ouad-Souf, cette multitude de cimes coniques dénudées par le vent, colorées d'une teinte uniforme et blanchâtre, produit l'effet fantastique d'un camp lointain dont on n'apercevrait que les sommets des tentes. C'est sans doute pour ce motif que les anciens géographes arabes l'avaient désignée sous le nom de Kitoun-el-Baïdha (la tente blanche).

La situation de cette oasis impose aux habitants une servitude pénible; le vent qui dénude la cime des collines, en chasse les sables dans les villages construits à leurs pieds: aussi voit-on les Souafa occupés du matin au soir à déblayer leurs cours et leurs jardins pour éloigner l'invasion qui les menace sans cesse.

Oasis de l'Ouad-Mzab.

L'oasis de l'Ouad-Mzab se présente hérissée de montagnes presque nues et complétement arides. Les aspérités rocailleuses du massif sont séparées par des vallées couvertes d'une épaisse couche de sable; là s'élèvent au milieu des palmiers huit petites villes habitées par la population la plus active et la plus commerçante de toute l'Algérie. Il n'y a pas un seul de nos établissements soit du littoral, soit de l'intérieur, où les négociants de l'Ouad-Mzab n'aient de nombreux comptoirs. Les huit villes de l'oasis comptent ensemble 36,000 âmes, et elles n'ont pas moins de 2,036 négociants établis sur les différents points du Tell que nous occupons. Tous les témoignages indigènes sont unanimes sur l'importance commerciale de Rardeïa, chef-lieu de l'oasis. Qu'une caravane aussi nombreuse, aussi chargée, aussi inattendue qu'elle puisse être, arrive à Rardeïa : en quelques heures elle a effectué le placement de ses marchandises et fait son chargement pour le retour : Rardeïa est une ville de 12,000 âmes.

Les vallées dans lesquelles les Beni-Mzab ont bâti leurs villes sont traversées par des lignes de fond dont aucune ne conserve de l'eau courante; toutes se dessèchent presque aussitôt après les pluies, et laissent des lits de sable aride où l'on ne peut obtenir de l'eau qu'en creusant des puits.

L'aridité de cette contrée, du moins à la surface (car l'eau des puits y est bonne et abondante) paraît tenir surtout à la rapidité des pentes. C'est du moins ce qu'il est permis de conclure des précautions que les habitants sont obligés de prendre contre l'impétuosité des torrents. Lorsque vers le nord le ciel s'assombrit, des cavaliers partent en toute hâte dans cette direction, qui est celle du cours supérieur des eaux, et vont s'échelonner de distance en distance sur les points culminants de la berge. Si la pluie est tombée sur le plateau du Feïad, le torrent ne tarde pas à se montrer. Alors le plus avancé des éclaireurs tire un coup de fusil; répété de sommet en sommet par tous les autres, ce signal télégraphique parvient à la ville en quelques minutes. A l'instant on court aux jardins qui occupent le lit même du torrent; on éveille tous les hommes qui s'y seraient endormis; on enlève tous les objets qui pourraient devenir la proie des eaux. Bientôt un bruit horrible annonce l'irruption; le sol des jardins disparaît sous les flots, et la cité saharienne se voit transportée comme par magie au bord d'un fleuve large et rapide, d'où sortent, pareilles à de petites îles de verdure, les innombrables têtes des palmiers; décoration éphémère, qui en quelques jours se sera évanouie.

Ces circonstances, communes à toutes les villes de l'Ouad-Mzab, donnent une idée de la roideur des lignes d'écoulement et de la dépression considérable du lac salé d'Ouaregla, où elles vont aboutir. Il est probable que le sol de cette dernière oasis et de celle de Tuggurt, qui en forme presque la continuation, ne se trouvent qu'à une faible hauteur au-dessus du niveau de la Méditerranée.

Régime des eaux sahariennes.

La différence dans le régime et la distribution des eaux est un des principaux caractères qui établissent une séparation naturelle entre le Tell, le Sahara et le désert.

Dans le Tell les sources sont multipliées, et coulent à la surface du sol; dans le Sahara il faut les chercher et les découvrir sous le sable. Dans le désert il faut traverser de longs espaces sur un sable profondément aride.

Ces différences dans le régime des eaux sont accusées par la différence des dénominations. *Aïn* est une source qui coule à la surface du sol. — *Ogla* est un espace où en quelque point qu'on déblaye le sable on est assuré d'y trouver de l'eau. — *Haci* est un de ces trous creusés dans le sable au fond desquels elle se réunit par suintement. — *Ouad* désigne à la fois un ruisseau d'eau vive dans le Tell, et une de ces lignes de fond arides qui servent de canaux d'écoulement aux eaux pluviales dans le Sahara. Le même mot désigne aussi une oasis, parce que l'eau y est fournie, suivant l'opinion des indigènes, par des fleuves souterrains.

Il est peu de villes dans le Sahara algérien qui obtiennent l'eau sans travail. Biskra et Sidi-Okba, dont nous avons déjà parlé, la reçoivent de deux cours d'eau affluents de l'Ouad-el-Djedi; une autre ville non moins importante, celle d'El-Arouat, chef-lieu de l'oasis des Ksour, dont fait partie Aïn-Mâdhi, la reçoit d'un ruisseau qui va, lui aussi, se perdre dans les sables de l'Ouad el-Djedi.

Presque partout dans le Sahara, il faut aller chercher l'eau sous la terre ou sous le sable. Les habitants de l'Ouad-Mzab percent leurs puits dans le sable qui couvre le lit de leurs torrents; ceux de l'Ouad-Souf dans les vallées qui sillonnent leur territoire spongieux; les villes et villages situés sur les bords de l'Ouad-el-Djedi creusent également des puits dans le lit, presque toujours desséché, de la rivière.

Enfin dans tout le bassin de l'Ouadrir, qui comprend trois oasis, celles de Tuggurt, de Temacîn et d'Ouaregla, l'eau est fournie par de véritables puits artésiens, avec cette différence toutefois que les habitants, ne connaissant pas la méthode du sondage, emploient les procédés ordinaires d'excavation.

Les puits sont larges et carrés; le coffrage, assez grossier, consiste en troncs de palmiers jointifs posés et assemblés à mesure que les progrès de l'excavation le permettent. On arrive ainsi jusqu'à une couche semblable à l'ardoise qui couvre et comprime la nappe d'eau. Le percement de cette dernière couche est une opération difficile; elle exige de grandes précautions. Avant de descendre dans le puits pour rompre le diaphragme, l'ouvrier est attaché à la ceinture par une corde; plusieurs hommes tiennent l'extrémité opposée. A peine a-t-il brisé d'un coup de pioche l'obstacle qui s'oppose à l'ascension de la colonne d'eau, qu'il faut s'empresser de le retirer; car l'eau monte avec une effrayante vitesse, franchit les bords du puits et se répand à l'entour. On la dirige alors dans des canaux disposés à l'avance pour la recevoir.

A partir de ce moment, elle ne cesse de couler; on voit, dit-on, encore des puits dont la construction en pierres de taille annonce l'origine romaine, et qui depuis deux mille ans ont sans discontinuation fourni de l'eau courante. Mais il en est d'autres aussi qui après quelques années de service s'arrêtent tout à coup, et dont le niveau se maintient alors au-dessous du sol. Cette interruption subite entraîne généralement la ruine du village et des plantations desservies par le puits.

Cette remarquable propriété de l'Ouadrir, qui suffirait à elle seule pour expliquer la croyance aux fleuves souterrains, a déterminé l'administration française à tenter dans la partie du Sahara que nous occupons un essai de forage artésien. C'est à Biskra que l'expérience a eu lieu (1).

Déjà des tentatives semblables avaient été faites sur divers points du Tell, notamment au camp du figuier dans la plaine d'Oran, auprès du village d'Arzeu, sur le littoral. Ce dernier a été abandonné en 1846, à la profondeur de quatre-vingt-dix-huit mètres.

Au commencement de 1847 le puits artésien de Biskra n'était encore arrivé qu'à la profondeur de vingt-trois mètres, et il avait déjà présenté un résultat très-intéressant. Sur ces vingt-trois mètres la sonde avait dû traverser une couche de *terre végétale* de sept mètres; sept mètres de terre végétale dans le Sahara, tandis que les deux sondages pratiqués dans le Tell, près de la côte, n'avaient donné que soixante centimètres au Figuier et cinquante centimètres à Arzeu!

(1) Le forage du puits artésien de Biskra a été abandonné dans les premiers mois de 1848.

MOYENS DE COMMUNICATION.

Nous n'entendons pas nous étendre longuement sur les services de diligences établis entre Philippeville et Constantine, Alger et Medea, Oran et Mascara, bien que ces importations européennes méritent une mention très-honorable et annoncent un commencement de transformation. Nous ne nous arrêterons pas non plus dans les auberges isolées, fondées sur ces routes par de hardis cantiniers, bien que ces entreprises, jugées d'abord téméraires, justifiées ensuite par le succès, témoignent des progrès de la sécurité publique dans une partie de nos possessions.

Toutefois, il est juste de citer parmi ces intrépides éclaireurs de la civilisation européenne, un habitant de Philippeville, qui est allé, il y a quelques années, s'établir seul dans les montagnes du Fulfula, à cinq lieues de la ville, qui en a pris possession à une époque où personne encore ne croyait qu'il fût possible de les visiter sans danger, qui y a établi une carrière et un four à chaux, y a bâti sa maison, a intéressé à son industrie les populations kabiles du voisinage, qui enfin en devenant le Maître-Jacques de ces montagnes a prouvé que la pioche et le marteau devaient être les instruments complémentaires de la conquête ébauchée par le sabre et le fusil.

Ce que nous voulons faire connaître surtout, ce sont les moyens de circulation en usage parmi les indigènes, parce que ce sont encore les seuls jusqu'à présent qui affectent un caractère général, qui s'appliquent à toute l'étendue de nos possessions, qui entretiennent le mouvement et le commerce entre le littoral, les plateaux et le Sahara.

Les routes arabes sont en général de simples sentiers tracés sur le gazon par le pied nu de l'homme et le sabot du cheval ou du mulet. Ces sentiers sont tellement étroits que deux personnes ne peuvent y marcher de front; il en résulte que lorsque des voyageurs ou des caravanes se rencontrent, l'un prend à droite, l'autre à gauche : cela détermine deux sentiers; plus les routes sont parcourues, plus ces rencontres sont fréquentes, plus aussi le nombre des sentiers augmente, et l'on en compte quelquefois jusqu'à dix qui tantôt se croisent et tantôt suivent des directions parallèles.

C'est l'habitude de marcher à la file qui a créé le sentier, et l'existence du sentier contribue aussi à enraciner cette habitude; nous avons vu des Kabiles voyageant ensemble sur une route française large de seize mètres marcher à la file comme dans leurs montagnes, et imprimer sur la voie ouverte par la civilisation la trace du sentier national.

La grande route arabe consiste donc dans un faisceau de petits sentiers, faisceau dont l'importance peut se mesurer à la première vue, par le nombre de brins dont il est formé.

La présence des Français et la nature de leurs opérations n'ont pas été sans influence sur le mouvement de la circulation indigène. Par suite de nos évolutions des routes ont été ouvertes par les Arabes et à leur manière; d'autres ont été abandonnées et envahies par les ronces; d'autres enfin, de simples chemins vicinaux qu'elles étaient, se sont élevées au rang de routes départementales. Ainsi, avant 1838 peu d'indigènes avaient occasion de se rendre de Constantine à Philippeville; mais depuis l'établissement des Français sur cette partie de la côte une circulation incessante a réuni ces deux points, et le chemin de Philippeville à Constantine s'est trouvé érigé en route royale. Les Français avaient besoin d'une communication carrossable : ils ont suivi le tracé romain, dont on retrouve d'imposants vestiges à chaque pas. Quant aux muletiers et aux chameliers indigènes, fidèles à leurs habitudes d'indépendance, tantôt ils creusent leur sillon traditionnel sur les bas-côtés de la route; tantôt ils s'en écartent, soit pour se rapprocher d'une source, soit pour suivre un raccourci; quelquefois même leurs sentiers serpentent à côté de la route sans qu'on puisse se rendre compte du motif qui la leur a fait abandonner. Ainsi il peut arriver au voyageur de trouver la voie française cheminant gravement entre les blocs bouleversés de la voie romaine et les sinuosités capricieuses de la voie arabe.

La simple inspection d'une route

arabe ne fournit qu'une appréciation superficielle de son importance absolue, mais surtout de son importance relative. Il serait impossible d'acquérir ainsi une idée exacte du rôle qu'elle joue, de la place qu'elle occupe dans le réseau de la circulation générale.

D'ailleurs lorsqu'on pénètre dans les parties sablonneuses soit du Sahara soit du désert, l'aspect du sol ne révèle plus rien; la trace du voyageur qui passe est bientôt emportée par le vent; vainement y chercherait-il le long sillon blanc battu et frayé qui lui sert de guide dans le Tell; c'est à d'autres signes qu'il doit se reconnaître. La tige d'un pistachier, un buisson de lotus, la tête blanche d'une colline de sable ou même la cime lointaine d'une montagne sont les jalons naturels qui lui tracent sa route à travers les solitudes.

Quelques repères artificiels l'aident encore à se diriger : tels sont par exemple les *Nza*, monuments malheureusement trop nombreux de l'anarchie et du désordre où nous avons trouvé l'Algérie. Voyageant un jour en compagnie de plusieurs Arabes, je fus étonné de les voir successivement s'arrêter pour ramasser une pierre et plus étonné de voir l'un d'eux m'en présenter une. Avant d'accepter cette offre étrange, j'en demandai l'explication. « Nous allons passer, me répondit-on, près du *Nza* de Bel-Gacem » : quelques instants après nous arrivâmes à côté d'un amas informe de cailloux, qui pouvait avoir un mètre et demi de hauteur. Chacun de mes compagnons y jeta la pierre qu'il tenait à la main en disant : *Au Nza de Bel-Gacem!* J'en fis autant quand mon tour fut venu. Le Nza est un amas de pierres amoncelées une à une par la piété persévérante des voyageurs sur le lieu témoin d'un meurtre qui n'a pas été vengé. Ces monuments désignés par le nom de la victime atteignent quelquefois plusieurs mètres de hauteur.

Deux choses font le mérite d'une route aux yeux des Arabes, l'eau et la sécurité. Les voyageurs africains cheminent par étape; ils partent avant le lever du soleil, et marchent jusques vers le milieu du jour; ils s'arrêtent alors environ deux heures.

Dans le Tell on trouve généralement de l'eau à la halte et au gîte. Dans le Sahara on en trouve rarement à la halte, presque toujours au gîte. Dans le désert, il faut de toute nécessité avoir recours aux *Mzada* (1), car on marche quelquefois dix jours de suite sans rencontrer un seul puits.

A la difficulté résultant du manque d'eau vient s'ajouter la crainte des *Gottaïa* ou *Coupeurs de route*, misérables bandits qui appartiennent généralement à de petites tribus logées dans des positions presque inaccessibles, et qui vont s'embusquer sur le passage des caravanes.

Nous ne dirons qu'un mot des dangers d'une autre espèce dont on menace bien à tort les voyageurs dans le Sahara. Le lion du désert est un mythe : popularisé par les artistes et les poëtes, il n'existe que dans leur imagination. Cet animal ne sort pas de la montagne où il trouve de quoi se loger, s'abreuver et se nourrir. Quand on parle aux habitants de ces contrées des lions que la savante Europe leur donne pour compagnons, ils répondent avec un imperturbable sang-froid : « Il y a peut-être chez vous des lions qui boivent de l'air et broutent des feuilles, mais chez nous il leur faut de l'eau courante et de la chair vive. » Aussi ne paraissent-ils pas dans le Sahara.

Assurément le lion n'est pas rare en Afrique; presque toutes les montagnes boisées en sont infestées. Les montagnes du Sahara en recèlent quelques-uns; mais ils ne descendent jamais dans la plaine.

Les deux seules bêtes redoutées du voyageur sont la vipère et le moustique. Toutefois, le nombre des lieux habités par les vipères est assez restreint. Quant aux moustiques, ils abondent dans le voisinage des eaux : fléau des animaux et des hommes, ils s'attaquent aux yeux des gazelles et font souffrir à ces pauvres petites bêtes d'horribles tortures.

Mais c'est seulement aux approches des oasis septentrionales que le moustique est redoutable; il ne s'aventure pas dans la région des sables. Celle-ci ne compte parmi ses hôtes indépendants que des animaux inoffensifs. Les

(1) Outres faites de la peau d'un jeune chameau.

principaux sont la gazelle, l'autruche, l'antilope et l'âne sauvage.

En résumé le Sahara avec ses sables, et peut-être à cause de ses sables, est la terre promise du voyageur indigène; car il y trouve des nuits presque toujours sereines, un lit presque toujours doux et un sol presque toujours sec. L'homme est le seul ennemi dont il ait à redouter les attaques; encore ce danger y est-il moindre que partout ailleurs.

Diverses manières de voyager. — La gafla ou caravane marchande.

Lorsqu'on veut entreprendre un voyage dans le Tell, dans le Sahara ou dans le désert, ce qu'on a de mieux à faire est de s'adjoindre à une caravane; il y en a de deux sortes, la *gafla* ou caravane marchande, et la *nedja* ou tribu en mouvement. La gafla accepte tous ceux qui se présentent, et les protège tant qu'ils veulent la suivre; elle ne leur demande ni d'où ils viennent ni où ils vont; c'est un *omnibus*. La nedja se montre plus exigeante; il faut y être connu de quelqu'un, ce qui équivaut à la présentation d'un passe-port. Il faut presque y retenir sa place; c'est une *diligence*.

La gafla est d'un usage plus général que la nedja, bornée par sa nature à un petit nombre de tribus et de directions.

Il existe dans toutes les villes de quelque importance des *fondouk* ou caravansérails correspondant aux principaux points qui entretiennent avec elles des relations. Ces établissements servent à la fois d'hôtelleries et d'entrepôts; ce sont aussi les rendez-vous des caravanes, les lieux de départ et d'arrivée. Si les villes desservies sont assez considérables, les départs ont lieu périodiquement; dans tous les cas le jour où une caravane doit se mettre en route est arrêté à l'avance par le chef des muletiers ou des chameliers; pour le connaître il suffit de se présenter au fondouk : c'est là qu'on obtient tous les renseignements.

Les muletiers ou chameliers forment le noyau de la caravane et en règlent la marche. Cette marche est très-variable; elle dépend de la nature et de la sécurité de la route; elle dépend aussi de la force du chargement. La longueur normale de l'étape est de huit à neuf lieues; mais elle s'étend jusqu'à quinze dans les pays dépourvus d'eau ou exploités par les coupeurs de route.

Les voyageurs qui s'adjoignent à la caravane ne sont soumis à aucune discipline; il n'existe d'autre solidarité entre eux que celle des périls à éviter et du but à atteindre. S'il survient une attaque, chacun d'eux ne prend conseil que de sa présence d'esprit et de son courage, et fait isolément ce qu'il peut pour repousser l'ennemi ou pour l'éviter, car il est bien rare que des dispositions aient été prises pour la défense du convoi; aussi les accidents de cette nature ne manquent-ils jamais d'y occasionner un grand désordre.

Les caravanes du genre de celles que l'on appelle *gafla* sont presque entièrement composées d'hommes dont la principale affaire est le négoce. Cependant les femmes n'en sont pas exclues, et il ne paraît pas extraordinaire de voir des veuves privées de tout autre moyen d'existence continuer personnellement le commerce de leur mari.

La nedja ou tribu en marche.

La gafla est une aggrégation d'hommes dont la plupart ne se connaissent pas; elle a une marche grave, silencieuse et monotone. La nedja, au contraire, c'est la tribu avec ses femmes, ses chiens, ses troupeaux, ses tentes et tout le bagage de la vie nomade. Ce ne sont plus des individus isolés, ce sont des familles ou plutôt c'est une grande famille en marche; aussi n'est-il rien de plus intéressant et de plus pittoresque que de suivre une nedja. Les aboiements des chiens, les vagissements des enfants, les cris des hommes qui s'appellent, le bêlement des moutons, le chant des coqs, toute cette variété des bruits du village forme une harmonie agreste pleine de charme, et le voyageur trouve une nouvelle source de distractions dans le spectacle de toutes les scènes intérieures du ménage; scènes bien simples, mais qui prennent un caractère étrange quand on remarque qu'elles se passent à dos de chameau.

Mais voici que tout à coup cette marche bruyante et animée devient silencieuse et grave; les cavaliers d'avant-garde ont aperçu devant eux, à l'horizon du Sahara, une autre tribu; ils en donnent avis aux cheiks, et à l'instant les rangs se resserrent. La gafla n'a pas de drapeau; elle ne redoute que le brigandage; mais chaque nedja, attachée à l'un des partis qui divisent la population saharienne, compte pour adversaires toutes les tribus du parti opposé. A mesure que l'on se rapproche, les conjectures se forment. Sont-ce des amis? sont-ce des ennemis? Enfin on arrive à la portée de la voix. Alors les deux troupes s'arrêtent pour se demander : Qui êtes-vous? Si ce sont des alliés, on continue sa marche de part et d'autre en échangeant un *Es-salam-alikoum* contre un *Alikoum-es-salam;* mais si le nom prononcé est celui d'une tribu hostile, on y répond par des injures, et la fusillade ne tarde pas à s'engager.

Les combats ne se prolongent jamais au delà du coucher du soleil; c'est un signal qui détermine ou la retraite ou une suspension d'hostilités. Si l'un des deux partis se reconnaît vaincu, il profite de la nuit pour disparaître; si l'issue est douteuse, les deux partis campent sur le champ de bataille, et le lendemain, au lever du soleil, le combat recommence.

Les Arabes apportent plus d'animosité dans ces luttes intestines que dans leurs démêlés avec les Français; cela devait être : il n'y a rien de plus acharné que deux frères quand ils sont ennemis. La guerre contre les infidèles fait des prisonniers. La guerre des tribus n'en connaît pas. L'Arabe s'est-il rendu maître d'un ennemi vivant, il le tue sans pitié, et va porter sa tête sanglante aux pieds de ses femmes, qui l'injurient et la maudissent.

Il n'y a d'exception à cette barbare coutume qu'en faveur de trois classes, les marabouts, les forgerons et les juifs; la première par respect, les deux autres par mépris. Quel est l'origine de ce mépris pour la profession de forgeron? Nous n'avons pu le savoir; mais il est certain que lorsqu'un homme se voit menacé par plusieurs ennemis et privé de tout moyen de salut, il n'a qu'à s'envelopper la tête du capuchon de son bernous; à l'instant sa vie est épargnée, mais son nom reste flétri.

Il est bien rare que les voyageurs qui se joignent à la nedja soient réduits à emporter la tente et les vivres. En général ils reçoivent l'hospitalité d'un ami dont ils partagent la tente et le couscoussou pendant toute la durée du voyage. La qualité de *deïaf* ou hôte leur donne droit aux mêmes égards et à la même protection que la famille qui les accueille.

Parmi les voyageurs qui se joignent à la gafla ou caravane marchande, quelquefois même à la nedja ou tribu en marche, il se trouve toujours des malheureux, sans aucune ressource, qui ne savent pas le jour du départ comment ils vivront le lendemain; mais cela ne les inquiète pas. Ils comptent beaucoup sur la Providence, et ils ont raison, car à peine le convoi s'est-il mis en mouvement qu'ils trouvent moyen de s'utiliser en aidant soit à charger, soit à conduire les chameaux. Pour prix de ces petits services, ils obtiennent la nourriture; c'est tout ce qu'ils désirent. Chaque jour leur apporte donc son pain, et ils parviennent ainsi au terme d'un très-long voyage sans dépense et sans privation. C'est de cette manière que les pauvres journaliers du Sahara arrivent dans nos établissements de la côte, où ils forment la classe la plus intelligente et la plus laborieuse de la population.

Nous exposerons plus tard, en parlant du commerce de l'Algérie, la grande loi d'échange qui préside au mouvement général des nedjas, et amène chaque année dans la sphère de l'occupation française presque toute la population *nomade* du Sahara. Ce qui vient d'être dit sur les habitants pauvres des villes prouve qu'une nécessité analogue pousse également vers nous une partie de la population *sédentaire*. Qu'on nous permette de donner quelques détails sur un fait aussi important pour notre domination en Algérie.

Avant 1830 les habitants des oasis algériennes venaient déjà en assez grand nombre dans les villes du littoral. La journée de l'ouvrier y était de 50 centimes, et pouvait s'élever jusqu'à 75, tandis que dans les oasis elle ne dépassait pas 25; c'est cette différence qui les attirait. A Tunis on les appelait *Ouâre-*

gli, parce que les gens d'Ouargla y formaient la majorité des travailleurs; à Alger, c'était les gens de Biskra; on les appelait *Biskri*. Ils exerçaient particulièrement les professions de canotiers et de porte-faix et trouvaient dans le mouvement de ces deux ports un travail lucratif et assuré.

L'apparition des Français à Alger éleva subitement le prix de la journée à 1 fr. 50 c. et 2 francs. L'attraction qui déterminait le mouvement d'émigration vers le nord n'en fut que plus énergique. Alger devint le point de mire, et en quelque sorte l'Eldorado des travailleurs sahariens.

Quel que soit l'espoir de fortune qui porte les hommes à s'expatrier, c'est toujours un sacrifice pénible que de quitter sa famille et son pays, et le Saharien ne s'y détermine pas sans réflexion. Mais aussi quand chaque soir, après une journée laborieuse, il se trouve possesseur d'un pauvre *temen* (1), qui ne lui assure que sa nourriture du lendemain, quand il voit son travail invariablement fixé au taux modique de 25 centimes, sans aucune chance d'amélioration, alors le courage l'abandonne ou plutôt le courage lui revient; il prend vaillamment son parti, et se décide à faire son tour d'Afrique, comme nos ouvriers font leur tour de France. Une caravane part : il la suit, et atteint d'abord une autre ville du Sahara : là une nouvelle caravane se présente, il la suit encore, et arrive ainsi, de caravane en caravane, soit à Tunis, soit à Alger. En deux ou trois ans il a réalisé quelques centaines de francs d'économies. Pour faire valoir ce petit capital, il le transforme en marchandises, qu'il emporte dans son pays. Sur le produit de la vente il dote une femme, il achète une maison et un jardin. Au bien-être dont il jouit alors se rattache, même involontairement, le souvenir de la source où il l'a puisé. Voilà pourquoi la France compte plus d'amis dans le Sahara que dans la banlieue d'Alger. Voilà pourquoi le drapeau français fut accueilli par le peuple de Biskra comme une vieille connaissance; voilà pourquoi enfin le *Te Deum* de l'islamisme fut chanté spontanément devant le fils du roi des Français, dans la mosquée saharienne de Sidi-Okba, la plus sainte et la plus lointaine du pays conquis.

Voyageurs isolés.

Les caravanes et les tribus ne circulent ni en tout temps ni dans toutes les directions; aussi les Arabes sont-ils souvent obligés de voyager isolément. S'ils connaissent bien la route, ils partent seuls, marchant le jour quand elle est sûre, marchant la nuit et se cachant le jour lorsqu'ils arrivent dans le voisinage de quelque tribu mal famée.

En général, lorsque l'on traverse des tribus, il est toujours imprudent d'aller seul. Le plus sûr est de se placer sous la protection d'un *mekri* (loué). C'est un homme qu'on loue pour servir à la fois de guide et de sauvegarde. Il appartient à la tribu elle-même dans laquelle on doit passer, et sous ce rapport il présente toute garantie. Le prix du mekri est peu de chose; un mouchoir, un fichu; un simple ruban dont on lui fait présent pour sa femme. On le lui remet avant le départ; c'est un gage plutôt qu'un salaire. A partir du moment où il l'a reçu, le mekri devient la providence du voyageur, qui ne s'appartient plus et se repose entièrement sur son guide du soin de sa sûreté. Dès l'instant du départ il s'établit entre eux une solidarité complète; le mekri se conduit comme un pilote : il partage la fortune bonne ou mauvaise de son passager.

S'il sait devoir traverser une région dangereuse, à l'avance il prend parmi ses amis une escorte suffisante pour effectuer le passage en sûreté; il ne lui en coûte rien que de rendre en pareille occasion le même service à d'autres. Enfin jusqu'à ce qu'ils aient atteint le terme convenu, le mekri répond de son protégé; devant qui? Devant Dieu, sans doute, qui lit au fond de la pensée des hommes; car la fidélité du guide est une vertu innée chez les Arabes : on ne cite pas un seul exemple de forfaiture.

Il existe un autre moyen de protection pour voyager isolément; c'est le *rekkâs*. Le rekkâs est une espèce de facteur, qui ne fait pas d'autre métier que de conduire des voyageurs et de porter des lettres. A la vérité il n'a pas auprès des

(1) La huitième partie du rial boudjou, environ 25 centimes.

hommes le même caractère d'inviolabilité que le mekri ; mais il a le mérite de connaître parfaitement les lieux. Il sait les retraites sûres, les chemins de traverse et les bonnes sources ; il sait les moments où il faut se cacher et ceux où l'on peut marcher au grand jour. Il a des amis sur toute la route, et il obtient pour son compagnon la même hospitalité que pour lui-même. Moyennant une rétribution proportionnée à la longueur et à la sécurité du voyage, il vous prend sous sa protection et vous conduit à bon port. Il y a entre le mekri et le rekkâs cette différence que l'un exerce en amateur et l'autre en artiste.

L'Arabe ne voyage jamais sans observer ; la mémoire de la vue est sa première sauvegarde. En profitant de l'expérience du rekkâs, il en acquiert lui-même ; il apprend à connaître les difficultés et les ressources du pays qu'il traverse ; et s'il se retrouve dans la nécessité de parcourir la même route, cette fois il part seul à ses risques et périls, ou bien il cherche quelques compagnons de voyage, et organise une petite caravane, dont il devient, moyennant une légère rétribution, le chef et le guide.

Équipement du voyageur arabe.

Le voyageur n'est pas toujours sûr de trouver l'hospitalité dans les tribus. S'il n'y connaît personne, il court le risque de coucher à la belle étoile et de vivre d'air et d'eau. D'ailleurs, quand on n'est pas en nombre, et qu'on ne veut pas faire la dépense d'un mekri, il est prudent, avons-nous dit, d'éviter les tribus. Ajoutons que lorsqu'on s'engage dans le Sahara, on doit s'attendre à traverser des landes inhabitées. Il est donc sage de prendre ses mesures pour se passer du secours des hommes et d'emporter ses provisions pour toute la route. Elles consistent, quand on y met du luxe, dans une pâte formée de *rouîna*, de dattes et de beurre, le beurre étant destiné, dit-on, à préserver de la soif ; mais le plus souvent, elles se réduisent à la rouîna. Or, la rouîna n'est autre chose que du blé grillé dans une poêle et broyé à la meule de ménage. La farine obtenue ainsi est introduite et pressée dans une peau de mouton ou de chèvre tannée, et teinte en rouge, que l'on porte en sautoir derrière le dos.

Ce meuble prend les noms de *mezoued*, de *dabia* ou de *neffad*, suivant qu'il est de grande, de petite ou de moyenne dimension. La rouîna qu'il renferme compose quelquefois toute la nourriture du voyageur.

Veut-il faire un repas, la table est bientôt mise ; il s'assied au bord d'une source, il étend sur le sol une des ailes de son bernous, qui sert à la fois de nappe et de vaisselle ; il y jette une poignée de rouîna qu'il arrose d'eau, et en fait une pâte qui n'a pas besoin d'autre préparation. Puis il rapproche ses deux mains en forme de vase, boit et se remet en route. Un mezoued plein de rouîna suffit à la nourriture de quatre voyageurs pour six jours de marche.

Quand le voyage ne doit durer que deux ou trois jours, on substitue à la farine de blé grillé des petits pains ronds et plats ; mais s'il doit être long, on se contente de la rouîna, qui gêne moins et se conserve mieux.

Un autre instrument indispensable au voyageur, c'est le bâton (*okkaz*) ; il sert à tuer les serpents, les vipères et autres bêtes nuisibles ; il sert aussi à tenir à distance les chiens des tribus, animaux éminemment insociables.

Muni de son mezoued et de son bâton l'Arabe est équipé pour les plus longues traversées ; mais à la condition de trouver de l'eau en route.

Il est vrai que les pays qu'il traverse n'en sont pas toujours fort abondamment pourvus ; c'est pourquoi l'équipage de route exige souvent un nouveau meuble, la *chenna* ; il est du reste aussi simple et aussi peu embarrassant que les autres. C'est encore une peau de chevreau ; mais elle diffère du mezoued par le mode de préparation. Celle-ci conserve son poil et reçoit à l'intérieur une couche de goudron. Les trous sont cousus et goudronnés avec soin, à l'exception d'une des pattes qui reste ouverte pour emplir le vase ou le vider. Grâce à l'imperméabilité des coutures et à l'enduit préservatif, l'eau peut s'y conserver l'espace de dix jours sans éprouver la moindre altération. Ainsi la chenna sur une épaule, le mezoued sur l'autre, un bâton à la main, l'Arabe peut traverser des steppes immenses, arides et inhabités, et cela à raison de quinze lieues par jour ; car il marche depuis le lever jusqu'au coucher du soleil.

Dans l'état normal il conserve les pieds nus; mais pour traverser les montagnes couvertes de neige ou les sables brûlants de la plaine, il souffrirait trop à ne pas les garnir. La chaussure d'été s'appelle *torbaga*; elle consiste en une semelle de peau de bœuf ou de chameau fixée par quatre ou cinq bouts de ficelle noués sur le pied. La chaussure d'hiver, nommée *affán*, ne diffère de la précédente qu'en ce que toute la jambe jusqu'au genou est garnie de lambeaux de bernous maintenus par des ficelles qui se croisent dans tous les sens.

Cela complète l'équipement de voyage, et cet équipement approprié à tous les besoins, à tous les climats, à toutes les saisons, se compose de deux besaces, d'un bâton et d'une chaussure simple et grossière.

Les mœurs austères des voyageurs arabes sont aussi celles des chameliers, qui font tous les transports de marchandises de l'est à l'ouest et du nord au sud de l'Afrique.

Quel contraste entre les besoins et les habitudes du chamelier arabe et ceux du roulier européen! Le voiturier a besoin chaque soir d'un toit et d'un lit, ne fût-ce qu'un toit de chaume et un lit de paille; il a besoin d'une nourriture substantielle, et cette nécessité devient plus impérieuse encore par suite de l'excitation alcoolique qu'il cherche dans les cabarets.

Le chamelier arabe ne demande pas d'autre lit que la terre, d'autre toit que le ciel. Sa nourriture se compose d'eau et de froment, et encore il remercie le ciel qui les lui envoie. Dans une source limpide il trouve le plus délicieux des cabarets.

C'est pourtant à cette frugalité, si éloignée des habitudes européennes, que nous devons la datte qui paraît sur nos tables, une partie de l'ivoire qui décore nos meubles et de l'or qui alimente notre luxe.

CLIMAT.

Température. — État électrique et hygrométrique de l'air. — Indications du baromètre. — État du ciel. — Pluie. — Mortalité. — Tremblements de terre.

Température. — Les habitants du nord de la France qui se rendent en Algérie s'attendent généralement à y trouver des températures exorbitantes. Ils ont à franchir plus de trois cents lieues sur le méridien de la capitale. Ils doivent sauter du 49e degré de latitude au 36e, et s'avancer par conséquent de douze degrés vers le sud du monde. Il leur semble que l'effet d'un déplacement aussi considérable doit s'exercer au moins autant sur les températures de l'été que sur celles de l'hiver, et y occasionner des chaleurs plus accablantes encore que celles que nous ressentons quelquefois en France.

Il est bien vrai que la température moyenne de Paris est inférieure de $7°$ à celle de la côte d'Algérie, la première étant de $10°\ 8'$ et la seconde de $17°\ 8'$. Mais avant de s'effrayer des conséquences de ce fait, il faudrait savoir si la différence entre les deux moyennes n'est pas due à une diminution des rigueurs de l'hiver beaucoup plus qu'à un accroissement des rigueurs de l'été.

Il est facile d'apprécier quelle est celle de ces deux saisons qui fait pencher la balance thermométrique : on n'a qu'à comparer les températures extrêmes de l'hiver et de l'été dans les deux villes. Si la différence entre les températures extrêmes de l'été est de beaucoup inférieure à la différence des températures extrêmes de l'hiver, il faut en conclure que c'est par l'hiver surtout que la température d'Alger est supérieure à celle de Paris.

J'ai cherché les éléments de cette comparaison pour sept années. A Alger, durant cet intervalle, la plus haute température de l'été n'est pas descendue au-dessous de $31°$, mais aussi elle ne s'est pas élevée au-dessus de $33°$. A Paris la plus haute température s'est trouvée une année descendre à $29°\ 50'$; mais aussi dans une autre année elle s'est élevée à $35°$. En prenant la moyenne de ces sommités annuelles j'ai trouvé pour Paris $32°\ 17'$ et pour Alger $31°\ 9'$; c'est-à-dire que *les grandes chaleurs à Paris sont, année moyenne, supérieures* aux grandes chaleurs d'Alger d'environ un quart de degré.

Passons maintenant à l'extrémité opposée de l'échelle. Pendant les sept années auxquelles s'appliquent ces observations, le thermomètre, dans ses plus grands écarts, est descendu à Paris jusqu'à 17° AU-DESSOUS de zéro. A Alger il n'a pas passé 8° AU-DESSUS de zéro. La moyenne de ces accès annuels de refroidissement a été :
Pour Paris, 10° 28' AU-DESSOUS de 0 ;
Pour Alger, 10 7' AU-DESSUS de 0.
La différence entre les grands froids d'Alger et les grands froids de Paris atteint donc le chiffre énorme de 20° 98' ou environ 21°.

Ainsi il est bien établi que la différence entre les températures moyennes des deux climats de Paris et d'Alger provient d'un adoucissement considérable de l'hiver et nullement d'un appesantissement de l'été.

Cette différence ne tient pas à l'intensité des chaleurs, mais à leur continuité. A partir du milieu de mai il s'établit dans tous les phénomènes atmosphériques une régularité qui maintient la température à peu près au même degré jusqu'au milieu d'octobre; cependant on observe de légères différences entre les mois d'été. A Alger le mois le plus chaud de l'année paraît être le mois d'août; du moins dans l'intervalle des sept années que ces observations embrassent, la plus forte moyenne mensuelle est fournie six fois par le mois d'août et une fois par le mois de septembre. A Paris, c'est le mois de juillet : dans les sept années, les plus fortes moyennes mensuelles s'appliquent cinq fois à juillet, une fois au mois de juin et une fois au mois d'août.

La température moyenne du mois le plus chaud, calculée pour les sept années, est à Alger de 29° et à Paris de 23° 21'. La différence, qui est de 5° 79', représente à peu près la différence entre l'été d'Alger et celui de Paris. A Alger la température moyenne du mois le plus froid est de 15° 39' ; à Paris elle est de 0° 72'. La différence, qui est de 14° 67', représente à peu près la rigueur relative des deux hivers, et l'on voit encore combien l'influence de la latitude s'exerce davantage sur les hivers que sur les étés. Dans les mois extrêmes comme dans les jours extrêmes le climat d'Alger se distingue de celui de Paris beaucoup plus par une diminution du froid que par une augmentation de la chaleur.

La régularité habituelle de l'état thermométrique en Algérie annonce le voisinage de ce que les Arabes appellent *la balance du monde*, de l'équateur; et ce qui ne l'annonce pas moins c'est le caractère à la fois brusque et violent des exceptions. Je me rappelle avoir constaté en 1840 dans l'espace d'une heure une variation de température de 23°. C'était au camp d'Aïn-Turc, à sept lieues à l'ouest de Sétif. Le bivac d'Aïn-Turc est entouré de montagnes d'un aspect noirâtre. J'y arrivai à deux heures de l'après-midi. Il faisait une chaleur étouffante; le thermomètre marquait 36°. Les tentes venaient d'être installées, lorsque le ciel se couvrit de gros nuages; ce qui assombrissait encore la teinte noire des montagnes. Bientôt l'orage éclata. Il tomba une grêle épouvantable; les grêlons étaient de la grosseur d'un œuf de pigeon. Quand il fut possible de s'aventurer hors des tentes, l'horizon avait entièrement changé d'aspect. Toutes les montagnes étaient blanches depuis le pied jusqu'au sommet. Nous consultâmes alors notre thermomètre; il ne marquait plus que 13°. La température avait donc baissé de 23°. Cette provision de glace si inattendue que le ciel nous envoyait fut mise à profit par quelques personnes, qui eurent la satisfaction de boire du champagne frappé.

Le sirocco ou vent du désert est un de ces accidents particuliers à l'Afrique, qui apportent dans la température des modifications presque instantanées : tantôt il s'annonce par une bourrasque violente, qui enlève les tentes et renverse les cheminées; quelquefois il prélude par un calme plat, auquel succède un souffle d'abord faible mais toujours brûlant. Lorsque le sirocco a soufflé pendant quelques heures, le soleil se couvre d'un voile rougeâtre ; une poussière imperceptible se répand dans l'air et le trouble. Le vent du désert produit sur la peau une impression de chaleur qui la dessèche; la respiration devient difficile et haletante; le corps tombe dans l'accablement : il n'est pas jusqu'aux animaux qui ne ressentent les mêmes effets; toute la nature vivante éprouve un trouble indéfinissable.

Heureusement cette crise atmosphérique ne dure pas longtemps : sur le littoral elle se prolonge rarement au-delà de quarante-huit heures ; alors la brise de mer reprend le dessus, et replace tous les organes dans des conditions normales. Dans l'intérieur la brise de mer arrive plus faible, le sirocco se montre plus tenace; lorsqu'il a soufflé plusieurs jours de suite, on voit la température s'élever à 45°.

Ce phénomène, vraiment redoutable par l'influence qu'il exerce sur tous les êtres vivants, ne se produit en général que trois ou quatre fois dans l'année. L'année 1839 est une de celles où il a été le plus fréquent. Alger l'a ressenti huit fois, savoir le 7 mai, le 14 et le 21 juin, le 1er et le 14 juillet, le 16, le 18 et le 26 août.

Dans l'intérieur, la température moyenne éprouve des variations qui dépendent de la hauteur. Nous avons dit que sur le littoral elle est de 17° 8'. Elle descend à 16° sur les plateaux du Tell, à Constantine, Sétif, Médéa, Miliana; mais elle remonte à 20° dans le Sahara.

Lorsqu'on s'éloigne de la côte, les oscillations annuelles de température deviennent plus larges; le thermomètre descend davantage pendant l'hiver et remonte aussi davantage pendant l'été. Il neige presque tous les ans à Constantine, à Sétif, à Médéa, à Miliana et à Tlemcen : en revanche, il n'est pas rare d'y voir l'été le thermomètre s'y élever pendant l'été à 36°.

Dans le Sahara lui-même l'hiver est plus rigoureux que sur la côte; il ne se passe pas une année où l'on n'y voie de la glace : le givre y est assez fréquent ; on ne parvient à préserver les jeunes palmiers de l'action meurtrière du froid qu'en les garnissant depuis le pied jusqu'à la tête de débris végétaux. Les Sahariens, interrogés sur les températures de leur région natale, disent que l'hiver d'Alger serait le printemps pour eux; que dans leur pays ce n'est pas trop de deux ou trois bernous pour se couvrir pendant l'hiver, tandis que sur la côte un seul suffit toujours. Il est vrai qu'en revanche l'été doit commencer plus tôt, finir plus tard, et conserver pendant tout le temps de sa durée des températures plus élevées et plus uniformes.

État électrique et hygrométrique de l'air.

Il s'en faut de beaucoup que l'impression de la chaleur sur les organes dépende uniquement de l'effet mécanique de dilatation accusé par le thermomètre. Elle se combine encore de l'influence de l'électricité et des variations qui surviennent dans la pesanteur et l'humidité de l'atmosphère.

Je ne sais s'il a été fait en Algérie des observations électrométriques continues; mais tout le monde peut y constater l'extrême rareté des orages ; l'état électrique de l'atmosphère s'y écarte donc peu des conditions normales, ce qui contribue encore à adoucir l'effet des hautes températures, que les orages, si fréquents en France, rendent presque toujours accablantes.

Observations barométriques.

Ici encore nous retrouvons dans le climat d'Alger le caractère de régularité qui, dans les divers ordres de phénomènes, tempère les effets de la latitude.

On sait que dans son état normal la pression atmosphérique équivaut au poids d'une colonne de mercure de soixante-seize centimètres d'élévation, et que c'est par les ascensions et les dépressions d'une colonne de mercure introduit dans un siphon de verre renversé que l'on mesure les fluctuations de la colonne d'air répandue sur nos têtes.

La colonne de mercure étant très-courte à raison du poids de ce métal, les variations sont très-faibles; mais elles correspondent à des variations énormes dans la hauteur correspondante de l'athmosphère. On peut s'en faire une idée par un calcul bien simple. La hauteur de notre atmosphère a été évaluée à environ vingt lieues, ce qui ferait quatre-vingts kilomètres. Supposons qu'il y en ait soixante-seize, cela simplifiera le calcul. Chaque centimètre de mercure fait donc équilibre à un kilomètre d'air et chaque centimètre de variation dans la hauteur de mercure produit une variation d'un kilomètre dans la hauteur de la colonne. Ainsi, quand dans le baromètre le niveau du mercure s'abaisse ou s'élève seulement d'un millimètre, on est averti que le niveau supérieur de l'atmosphère s'abaisse ou s'élève de cent mètres.

On comprend dès lors comment il se fait qu'il survienne des tempêtes lorsque le baromètre descend seulement de trois centimètres au-dessous de son niveau normal, puisque cet abaissement, si faible en apparence, correspond en réalité à un soubresaut de trois mille mètres dans la hauteur de la colonne atmosphérique.

On conçoit aussi qu'un pays où de semblables écarts de régime se reproduisent fréquemment doit imposer à ses habitants un tribut de malaises et d'infirmités, compagnons inséparables de ces crises atmosphériques.

L'extrême mobilité de l'air rend inévitables les variations barométriques; mais le climat le plus régulier et en même temps le plus doux serait celui où ces variations s'écarteraient le moins de la position d'équilibre et s'en écarteraient également dans les deux sens.

Appliquons ces observations aux deux climats d'Alger et de Paris.

J'ai recherché quelles avaient été dans une période de huit années les plus grandes variations annuelles du baromètre à Alger et à Paris. A Paris il est descendu une fois à 0,729, c'est-à-dire à 31 millimètres au-dessous de son point normal. A Alger il n'a pas dépassé 0,731.

La moyenne de ces huit observations extrêmes donne la valeur du plus grand écart moyen ; voici les nombres :

A Alger la moyenne des moindres hauteurs annuelles du baromètre pendant huit ans a été de 0,746
A Paris elle a été de 0,734

Le baromètre d'Alger s'est donc tenu, même dans ses plus fortes dépressions, au-dessus de celui de Paris de douze millimètres, ou en d'autres termes les affaissements de la masse atmosphériques ont eu moyennement 1200 mètres de profondeur de moins à Alger qu'à Paris.

Les mouvements d'ascension donnent une différence beaucoup plus faible.

A Alger la moyenne des plus grandes hauteurs annuelles du baromètre pendant huit ans a été de 0,774
A Paris elle a été de 0,772

Le baromètre d'Alger a donc dépassé dans ses plus grandes ascensions moyennes le baromètre de Paris de deux millimètres. Ce sont les dépressions barométriques qui amènent les tempêtes, qui agitent les nerfs, qui fatiguent la tête, qui rendent enfin ce qu'on appelle très-improprement *le temps lourd*. Eh bien, c'est justement dans les dépressions que le baromètre d'Alger est au-dessus de celui de Paris. Dans les ascensions il atteint à peu près le même niveau.

La moyenne des plus grandes dépressions étant à Alger de 0,746 et à Paris de 0,734, il en résulte que le baromètre à Paris descend au-dessous de son niveau normal de 26 millimètres et de 14 millimètres seulement à Alger, c'est-à-dire à peu près deux fois moins. On peut en conclure que *la tendance du climat d'Alger aux désordres atmosphériques, aux tempêtes, aux temps lourds, est à peu près deux fois moindre que celle du climat de Paris*.

La moyenne des plus hautes ascensions du baromètre étant à Alger de 0,774, il en résulte qu'il s'élève dans l'année moyenne au-dessus de son niveau normal de 14 millimètres, c'est-à-dire précisément de la même quantité dont il descend au-dessous. Ainsi, le climat d'Alger est dans les conditions assignées aux climats les plus doux et les plus réguliers, puisque les plus grandes oscillations atmosphériques s'éloignent également dans les deux sens de la position d'équilibre.

C'est à l'ensemble de ces conditions climatériques qu'il faut attribuer un effet remarquable souvent observé par beaucoup de personnes. En se rappelant à Paris, sous l'influence de certains jours d'été, l'impression produite sur leurs organes par les mêmes températures sous le climat d'Algérie, ces personnes constataient *qu'à température égale on souffre plus de la chaleur à Paris qu'à Alger.*

État du ciel.

Les rhumes, les catharres, et toutes les affections de poitrine, qui apportent une si triste compensation aux douceurs de la capitale, sont des infirmités très-rares sous le climat de l'Algérie. Une différence aussi considérable dans les effets des deux climats est due en partie aux causes que nous venons d'analyser. Il est impossible que les constitutions faibles ne ressentent pas douloureusement le contre-coup de ces grandes aberrations du thermomètre et du baromètre. Mais l'effet doit être aussi attribué à l'état du ciel. Sous l'action bienfaisante d'un rayon de soleil quelle souffrance ne se sent pas soulagée? Quelle organisation délicate n'éprouve pas d'indicibles malaises en présence d'un ciel sombre et brumeux?

Les poëtes et les touristes ont célébré la splendeur du soleil d'Afrique; mais leurs descriptions, quelque charme qu'elles aient d'ailleurs, laissent toujours du vague dans l'esprit. Essayons donc d'exprimer par des nombres l'effet relatif qu'ils ont cherché à rendre par des images.

J'ai compté, pour une période de neuf ans, les jours de beau temps, de temps couvert et de brouillard à Paris et à Alger. Le résultat de cette supputation, divisé par 9, donne le nombre annuel moyen de jours sereins, nuageux ou brumeux dans les deux capitales.

Le nombre des beaux jours, calculé ainsi, se trouve être, à Paris de 174
A Alger de 241
Le nombre des jours nuageux ou couverts est, à Paris de 171
A Alger de 76
Enfin le nombre des jours de brouillard est, à Paris de 204
A Alger de 6

Alger compte donc annuellement 67 beaux jours de plus que Paris, 95 jours sombres et 198 jours brumeux de moins.

Ainsi, le séjour d'Alger promet chaque année *un tiers* de beaux jours de plus que le séjour de Paris, *deux fois et un quart* moins de jours couverts et *trente-quatre fois* moins de jours brumeux.

Ces différences sont immuables comme les positions relatives sur le globe des deux localités qu'elles caractérisent. En remontant le cours des âges, on trouverait à toutes les époques, sauf quelques légères variations, la même moyenne annuelle de jours sereins et de jours nébuleux. Aussi, a-t-elle laissé son empreinte séculaire sur les monuments des deux pays. A l'aspect des ruines innombrables accumulées sur le sol de l'Algérie par la domination romaine, ce qui attire d'abord l'attention du voyageur, c'est la teinte rougeâtre qui colore leurs vieilles murailles. Beaucoup de ces restes d'antiquité ont reçu des indigènes le nom de Kasr-el-Ahmer (le Château-Rouge), nom qui constate la réalité et la généralité de cette impression. Il en est de même des roches naturelles, lorsqu'elles sont restées durant plusieurs siècles exposées au contact de l'air. De là encore le nom de Kêf el Ahmer (la Roche-Rouge) très-prodigué dans la géographie indigène. Il suffit de détacher un fragment de la pierre ou de la roche pour se convaincre que le vernis général répandu à la surface est une couleur d'emprunt. Au-dessous de leur surface rougeâtre on retrouve la couleur naturelle de la pierre, qui quelquefois est d'un gris presque noir, comme par exemple à Constantine.

Rien de semblable n'a lieu en France. Les édifices passent en vieillissant du jaune-pâle, qui est la couleur de la pierre, d'abord au gris sale, puis au gris de deuil, et enfin, après plusieurs siècles d'existence, ils deviennent presque noirs, comme nos cathédrales gothiques. Le temps n'a donc pas pour la France le même vernis que pour l'Afrique, puisqu'il habille les monuments de l'une en noir et ceux de l'autre en rouge.

Comment en serait-il autrement? Qu'on se figure deux édifices construits en même temps et des mêmes matériaux, l'un à Paris, l'autre en Afrique. Qu'on les suppose destinés l'un et l'autre à traverser un espace de deux mille ans, c'est l'âge moyen des ruines romaines.

Pendant ces deux mille ans l'édifice africain aura joui chaque année du soleil soixante sept jours de plus que son frère jumeau d'Europe. Chaque année il aura échappé à l'influence de quatre-vingt-quinze jours de nuages et de cent quatre-vingt-dix-huit jours de brouillard. Répétées pendant une période de deux mille ans, ces différences équivalent à une insolation continue de trois cents soixante-six années, à une demi-obscurité continue de cinq cents vingt années, à une humidité continue de cent huit années.

Quel monument ne se couvrirait pas d'un voile noir et terne sous l'action de ces onze siècles de brume? quel monument ne se colorerait pas d'une teinte splendide et chaude sous l'action de ces quatre siècles de soleil?

Cependant, il s'élève quelquefois à Alger, même pendant la belle saison, des brumes extraordinaires qui envahissent tout l'horizon. C'est un phénomène de ce genre qui, dans le courant de juillet 1845, fut fatal au bateau à vapeur *le Sphynx*; dévié de sa route par le courant et placé par l'effet du brouillard dans l'impossibilité de voir la côte, il alla se perdre sur les roches basses du cap Matifou.

Pluie.

A Paris il pleut à peu près également en toute saison. A Alger on constate invariablement l'existence d'un trimestre très-pluvieux (décembre, janvier, février) et d'un trimestre très-sec (juin, juillet, août) séparés par deux trimestres également et moyennement pluvieux.

Quand vient la saison des grandes pluies, il descend du ciel des torrents d'eau. Il tombe alors dans l'espace de trois mois la moitié environ de l'eau pluviale que produit l'année entière. Souvent pendant plusieurs jours de suite les averses se succèdent, ne laissant entre elles que quelques heures d'intervalle, et elles conservent quelquefois plus d'une heure leur impétuosité torrentielle.

C'est en novembre 1841 qu'on a observé à Alger, pour un temps très-court, les plus fortes quantités de pluie. Du 1er au 2, en moins de quarante-huit heures, il est tombé cent trente-neuf millimètres d'eau; c'est ce qui tombe à Paris pendant trois mois et demi. Quelques édifices furent gravement endommagés par ce déluge; deux maisons mauresques de la haute ville ne purent résister au choc et s'écroulèrent. La pluie ne discontinua pas pendant ces deux jours : quelquefois la cataracte paraissait se calmer; mais elle se ruait bientôt avec une nouvelle violence. La plus forte averse eut lieu le 2 dans la matinée; elle dura de onze heures et demie du matin jusqu'à une heure, c'est-à-dire une heure et demie. Elle produisit quarante-neuf millimètres d'eau; ce qui fait la dixième partie de la quantité d'eau pluviale que Paris reçoit dans toute l'année. Comme si le ciel eût été épuisé par cette saignée, le reste du mois se passa sans pluie.

La saison des grandes sécheresses commence vers le milieu de mai. Dès lors plus de pluie, plus même de nuage : le soleil se lève et se couche chaque jour dans toute sa splendeur. Le mois de juillet est le plus remarquable par la constance de sa sérénité ; sur une période de neuf années dont nous avons les observations udométriques sous les yeux, huit fois le mois de juillet s'est achevé sans avoir donné une seule goutte de pluie ; une fois seulement il est tombé par hasard un millimètre et demi d'eau. La moyenne du trimestre sec à Alger est de treize millimètres et demi, la moyenne du trimestre pluvieux est de 428 millim. 630. On peut en conclure qu'à Alger il pleut *trente-deux fois moins* pendant les trois mois d'été que pendant les trois mois d'hiver.

A Paris le mois qui, durant une période de vingt et une années, a fourni la moindre quantité d'eau pluviale est février, et le mois qui a fourni la plus grande est mai. La quantité moyenne d'eau tombée en février, et mesurée sur la terrasse de l'Observatoire de Paris, a été de 31 millim. 99; la quantité moyenne d'eau tombée en mai a été de 48 millimètres, 89 ; *une fois et demie davantage*.

A Alger la quantité moyenne d'eau tombée en juillet, qui est le mois le plus sec, est de cent soixante sept millièmes de millimètre; la quantité moyenne d'eau tombée en décembre, qui est le mois le plus humide, est de cent soixante-quinze millimètres quatre cent quarante-cinq millièmes : *mille fois davantage*.

Enfin, en comparant le mois le plus humide et le mois le plus sec de Paris aux deux mois correspondants d'Alger, on constate que dans le mois le plus humide il tombe près de quatre fois plus d'eau à Alger qu'à Paris, et que dans le mois le plus sec il en tombe cent quatre-vingt-huit fois moins.

Il tombe moyennement à Paris dans une année quatre cent quatre-vingt deux millimètres quarante et un centièmes d'eau, mesurés sur la terrasse de l'Observatoire royal; à Alger il en tombe huit cent quatre-vingt-dix-huit millimètres soixante-deux centièmes, mesurés sur la terrasse de l'observatoire des ponts et chaussées. *Il pleut donc à Alger à peu près deux fois plus qu'à Paris.*

Comptons maintenant le nombre annuel des jours de pluie dans les deux villes. A Paris cent quarante-deux jours de pluie; à Alger cinquante-six; deux fois et demi moins.

Alger reçoit deux fois plus de pluie et compte deux fois et demie moins de jours pluvieux; *il tombe donc dans chaque jour de pluie cinq fois plus d'eau à Alger qu'à Paris.*

Mortalité.

La mortalité telle que les registres de l'état civil la constatent ne représente pas encore en Algérie l'effet normal des propriétés climatériques que nous venons d'analyser. Elle se combine de causes étrangères et accidentelles inhérentes à la naissance des sociétés. Elle s'accroît de périls temporaires semblables à ceux qui entourent l'enfance des hommes. Au premier rang de ces causes funestes il faut placer l'insuffisance ou l'insalubrité des habitations, les mouvements de terre considérables nécessités par la fondation des édifices et par les travaux de défrichement dans des localités que la main de l'homme n'avait pas fouillées aussi profondément depuis bien des siècles; il faut compter les privations, les fatigues, les misères de toute nature inséparables d'une première installation.

Quelques villes ont déjà franchi cette période d'épreuves; d'autres la subissent encore : il en est qui, par un hasard heureux dont il serait difficile de déterminer les causes, ont traversé ces premiers jours de leur existence sans payer à la mort le tribut qu'elle impose à tout ce qui naît.

Bône est une des villes de l'Algérie où les maladies ont exercé le plus de ravages. Dans les premières années la population s'est vue réellement décimée. En 1833 la mortalité y était de 9,05 pour 100 habitants; en 1834, de 8,72; en 1835, année du choléra, de 8,75; en 1836, de 7,12; en 1837, de 7,25.

Depuis cette époque la part de la mort a diminué tous les ans; et, enfin en 1845 elle n'était plus que de 2,82, chiffre qui rentre dans les limites ordinaires, puisque la mortalité moyenne de la France est de 2,56, et que celle de Paris s'est élevée en 1842 à 3,28. Bône est aujourd'hui de toutes les villes du littoral celle où la mortalité atteint le moindre chiffre. Voilà donc une ville qui d'un état désespéré est revenue progressivement à des conditions normales de salubrité, et cette transformation s'est accomplie dans l'espace de treize ans.

Boufarik, au milieu de la Métidja, est encore un de ces établissements mal famés qui se réhabilitent peu à peu. Cependant elle perdait encore en 1845 4,04 habitants sur 100. Blida, au contraire, avec son horizon pittoresque et sa ceinture d'orangers, passait pour un paradis terrestre. Eh bien, la mortalité y était encore en 1845 de 6,62!

Alger, qui possède toutes les ressources des grandes villes, qui compte dix-huit années d'une existence constamment privilégiée et largement subventionnée, Alger, dont nous avons fait ressortir les qualités climatériques, communes d'ailleurs à presque toute la côte, Alger présente en 1845 le chiffre, assez élevé, de 3,64 décès sur 100 habitants. Toutefois, ce chiffre réalise encore une amélioration sur les cinq premières années, dont la moyenne était de 4,69.

Le point de l'Algérie le plus maltraité, même aujourd'hui, est la commune d'El-Harrouch, située sur la route de Philippeville à Constantine. Cependant point de marais, le pays est magnifique. Le village occupe un mamelon qui domine une jolie plaine, entourée de montagnes boisées. Toutes ces circonstances favorables n'ont pas empêché El-Harrouch de voir périr en 1845 14,14 pour 100 de sa population.

En revanche, Sétif, situé sur un plateau nu, réduit pendant plusieurs années à l'état de camp, n'ayant d'autres habitations que des tentes ou de misérables baraques, Sétif s'est signalé par sa salubrité dès les premiers jours de l'occupation; elle acquit même sous ce rapport un tel renom, qu'un officier supérieur de l'armée d'Afrique, atteint depuis longtemps d'une maladie grave, demanda un congé, non pas pour la

France, mais pour Sétif. Il alla y vivre sous la tente et, malgré l'incommodité de cette situation, ne tarda pas à se rétablir. La mortalité de Sétif est de 1,66 pour 100, à peine les deux tiers de la mortalité moyenne de la France. Il n'y a en Algérie que la ville de Médéa qui puisse lui être comparée. Le chiffre des décès n'y était en 1845 que de 1,60 pour 100.

La mortalité moyenne de toute l'Algérie, calculée sur les trois années de 1843, 1844 et 1845 est de 4,47 pour 100. Il y meurt donc par année 2 habitants pour 100 de plus qu'en France. Mais ce chiffre se répartit très-inégalement entre les différentes localités. Il pèse beaucoup moins sur les plateaux du Tell que sur le littoral. Le tableau suivant fournit la valeur de la part qui revient aux deux régions.

MORTALITÉ dans les villes de la côte.		MORTALITÉ dans les villes de l'intérieur.	
Bône,	2,82 0/0	Guelma,	2,23 0/0
Philippeville,	5,53	Sétif,	1,66
Bougie,	3,07	Médéa,	1,60
Alger,	3,64	Miliana,	2,56
Ténès,	4,96	Mascara,	2,81
Mostaganem,	3,70	Tlemcen,	1,76
Oran,	4,15		12,62
	27,87	Moyenne,	2,10
Moyenne,	3,98		

On voit que la mortalité moyenne des plateaux du Tell est à peu près moitié moindre que celle du littoral, et qu'elle est en outre inférieure à la mortalité moyenne de la France.

Ce qui précède ne s'applique qu'à la population civile européenne. La mortalité est un peu moindre parmi les indigènes, du moins parmi les indigènes des villes, les seuls qu'il ait été possible d'assujettir aux formalités de l'état civil. La mortalité constatée dans la population indigène des territoires civils était en 1845 de 4,08 pour 100 pour les musulmans, et de 3,81 pour 100 pour les Israélites.

La différence entre ces chiffres et celui que fournit l'état civil de la France doit représenter à peu près la distance qui sépare la condition sociale des deux pays, les deux états de civilisation. Mais il est hors de doute que les améliorations de toute nature introduites en Algérie par le contact et l'exemple d'une société plus avancée atteindront par degrés la barbarie dans un de ses effets les plus affligeants, la mortalité.

Tremblements de terre.

Voici assurément le phénomène le plus redoutable et celui que l'on redoute le moins. A voir la hauteur et la hardiesse des édifices que la conquête française a élevés, on croirait qu'ils reposent sur un sol inébranlable, et qu'aucun souvenir, aucune tradition n'autorise la méfiance.

Il n'en est rien pourtant. Le sol lui-même porte l'empreinte d'épouvantables catastrophes qui, à différentes époques et sur différents points, l'ont bouleversé. Au milieu de désordres de toute nature qui se remarquent dans les ruines des villes anciennes, apparaissent des accidents qu'il est impossible d'attribuer ni au caprice du temps ni à la violence des hommes. Tantôt ce sont des déchirures larges et profondes qui séparent des masses colossales de béton; tantôt ce sont des ruptures de voûtes dont la forme bizarre et fantastique ne peut être l'effet que d'une commotion souterraine. A Guelma on a trouvé des murs en pierres de taille rabattus autour de leur base comme autour d'un axe de rotation; on voit que la masse entière, avant de tomber, dut osciller sur elle-même, et que dans une de ces oscillations elle s'est abattue tout d'une pièce. Ni le temps ni les hommes n'ont pu procéder ainsi.

Au reste, parmi les villes sans nombre dont l'Algérie nous a livré les débris informes, il en est sans doute beaucoup plus que nous ne pensons qui, déjà épuisées par la discorde ou par la guerre, ont reçu le coup de grâce du sol qui les supportait; mais en présence de ces squelettes inanimés sur lesquels tant de mutilations ont passé, l'historien éprouve souvent le même embarras qu'un juge d'instruction en présence d'un cadavre défiguré sur lequel les ravages du temps ont fait disparaître les causes de la mort.

Il arrive bien rarement que le hasard ait conservé à l'histoire des témoins semblables à ceux que l'ancienne capitale de la Mauritanie Césarienne recélait au fond des eaux. Les colonnes, les statues, les pans de mur que l'on a retrouvés enfouis pêle-mêle avec un débris de la marine romaine sous la vase du port de Cherchel, n'ont pu y être précipités ni par le temps ni par les hommes. Ce sont là des pièces de conviction devant lesquelles le doute n'est pas permis.

Mais laissons les témoignages inscrits dans les débris de ces âges antiques, pour arriver à des indications plus précises, à des traditions plus récentes.

Le plus ancien tremblement de terre que je trouve mentionné dans l'histoire moderne ne remonte pas au delà du dix-huitième siècle. Il eut lieu à Alger, en 1716. La première secousse arriva le 3 février; elle fut assez violente pour renverser une partie de la ville. Un grand nombre d'habitants restèrent ensevelis sous les décombres. Les autres, épouvantés, s'enfuirent hors des portes, et allèrent camper dans les champs; ils commençaient cependant à se remettre de leur première frayeur et à rentrer dans leurs foyers, lorsque, le 26, une nouvelle secousse presque aussi forte que la première, endommagea la plupart des maisons demeurées intactes, et en chassa de nouveau les habitants. A partir de ce moment jusqu'à la fin de juin les secousses se succédèrent sans interruption, la terre ne cessa pas de trembler, et presque toutes les maisons de campagne s'écroulèrent.

De 1716 nous sautons à 1790, époque du fameux tremblement de terre d'Oran. Depuis un an environ quelques secousses plus ou moins profondes avaient agité la ville et sa banlieue. Mais aucune n'approcha de celle qui eut lieu dans la nuit du 8 au 9 octobre. Celle-ci renversa la plupart des édifices, et engloutit environ mille personnes. Les remparts, crevassés en plusieurs endroits, résistèrent cependant; ce fut, dans les premiers instants de trouble, l'ancre de salut des malheureux Espagnols, qui, sans ce moyen de défense, tombaient au pouvoir des indigènes, accourus dès le lendemain de la catastrophe, de tous les points de la province, pour saisir une proie qu'ils jugeaient facile.

A partir de la fatale nuit du 8 octobre les secousses ne discontinuèrent pas; chaque jour une, quelquefois plusieurs commotions violentes achevaient de détruire ce que la première avait épargné. Il est inutile de dire que la ville était demeurée entièrement déserte et que la population campait en plein air. On sait que cette catastrophe eut pour résultat l'abandon d'Oran par les Espagnols.

Vers 1810 la ville de Bône éprouva un tremblement de terre qui endommagea gravement plusieurs édifices. De ce nombre fut la maison dite de France, habitée alors par l'agent de cette nation et depuis la prise de la ville par les officiers du génie. Il existe encore dans cette maison, qui à cette époque venait d'être construite ou au moins réparée, quelques traces des effets du tremblement de terre.

En 1825 ce fut le tour de Blida. Dans l'espace de quelques secondes la ville fut renversée. On dit que les habitants entreprirent, quelques jours après la catastrophe, de construire une nouvelle ville, dont on voit encore les murs en avant de Blida. Mais de nouvelles secousses les obligèrent à y renoncer, et ils se résignèrent alors à attendre sous la tente que le sol se fût raffermi.

Le tremblement de terre de Blida fut ressenti beaucoup moins violemment à Alger. Cependant on assure que quelques murailles s'écroulèrent à la Kasba. Un Français, qui habitait alors Alger, m'a raconté qu'au moment de la catastrophe il se trouvait hors de la ville, sur les hauteurs du Sahel, dans le sud-ouest d'Alger; qu'il ne ressentit pas la commotion, mais qu'il entendit un grand bruit souterrain dans la direction de Blida, et que, s'étant tourné de ce côté, il vit la ville disparaître dans un nuage de poussière. Il en était d'ailleurs séparé par toute la largeur de la Métidja. Il semblerait d'après ce récit, que je reproduis ici de mémoire, que l'axe d'ébranlement aurait coïncidé avec la ligne de Blida à Alger, tandis qu'à droite et à gauche de cette ligne elle ne se serait manifestée que par des bruits souterrains.

Nous voici arrivés à la période de l'occupation française. Elle n'a encore fort heureusement à déplorer aucun sinistre, mais elle a reçu plusieurs avertissements. Voici ceux que j'ai trouvés mentionnés dans les publications officielles.

Dans la nuit du 27 au 28 avril 1838 on a ressenti trois légères secousses de tremblement de terre à Constantine;

Le 14 avril 1839, une forte secousse de tremblement de terre à Alger;

Dans la nuit du 31 décembre 1841, une faible secousse à Alger;

Le 24 octobre 1842, à huit heures trente minutes du matin, une secousse très-sensible à Alger; durée, sept secondes.

Le 1er novembre de la même année, à sept heures vingt minutes du soir, un tremblement de terre à Alger; durée, cinq secondes.

C'est encore Cherchel, ce témoin éloquent des convulsions du sol antique, qui nous fournit l'exemple le plus intéressant et le mieux observé des secousses contemporaines.

Depuis le 3 jusqu'au 8 novembre 1846 le sol de cette ville ressentit un ébranlement presque continuel. Cette longue convulsion commença par une forte secousse, qui eut lieu le 3 novembre, à quatre heures trente minutes du matin. A huit heures trente minutes il y en eut une seconde, mais faible.

Le lendemain 4, à quatre heures quarante-cinq minutes du matin, vingt-quatre heures après la première commotion, la population de Cherchel fut éveillée en sursaut par une très-forte secousse, et, comme la veille, elle fut suivie d'une seconde faible, qui eut lieu précisément à la même heure, c'est-à-dire à huit heures trente minutes.

Le soir, à quatre heures, deux nouvelles secousses assez fortes.

Du 5 au 8, on ressentit plusieurs mouvements de trépidation.

Le 21, à neuf heures trente-cinq minutes du soir, légère secousse, suivie d'une violente, qui eut lieu deux minutes après.

A dix heures trente minutes, plusieurs secousses.

Le 22, à neuf heures trente-cinq minutes du matin, forte secousse, suivie de plusieurs autres faibles dans la journée.

Le 23, à trois heures trente minutes du matin, nouvelle commotion assez forte, suivie, comme les premiers jours, d'une secousse faible, qui eut lieu quatre heures après, à sept heures trente minutes. Le même jour, à huit heures vingt-minutes du soir, on entendit un roulement souterrain.

Le 27, à une heure trois minutes du soir, secousse assez sensible; le même jour à onze heures cinquante-cinq minutes du soir, secousse faible.

Le 28, à quatre heures trente minutes du matin, on ressentit une forte secousse, suivie encore d'une secousse faible, qui eut lieu quatre heures après, à huit heures trente minutes.

Le 29, à onze heures du soir, une secousse assez forte.

Le 30, à cinq heures du matin, deux secousses assez fortes.

Le 8 décembre, à neuf heures cinquante-cinq minutes du soir, quelques secousses assez fortes.

A partir de ce moment le phénomène cessa de se produire. Ainsi pendant un mois et quatre jours le sol de Cherchel fut en proie à un tressaillement qui ne lui laissa que quelques intervalles de repos.

Le dernier tremblement de terre arrivé, à ma connaissance, est celui qui eut lieu à Alger, vers cinq heures du matin, le 18 juin 1847. Il fut assez fort pour éveiller la partie de la population qui dormait encore. Dans la chambre que j'habitais quelques petits fragments se détachèrent du plafond. Une lézarde qui existait dans le mur s'élargit sensiblement.

Tel est le catalogue historique des tremblements de terre survenus en Algérie, de ceux du moins dont le souvenir s'est conservé. De longues interruptions se remarquent dans la série, puisque les premières indications précises ne datent que du commencement du dix-huitième siècle. Il ne faut pas en conclure que pendant ce temps la terre s'est raffermie. C'est tout simplement que les observations manquent et que les traditions se taisent.

Ajouterons-nous à ces faits historiques des révélations d'une autre nature, qui, sous leur forme étrange et superstitieuse, n'en annoncent pas moins sur les points où elles se produisent, une habitude de tressaillement, un défaut de stabilité du sol?

Il en serait ainsi de la côte âpre et rugueuse qui borde le fond du golfe de Bougie. De temps en temps des bruits sourds et souterrains s'élèvent des flancs de ces montagnes, et appellent l'attention de toutes les tribus voisines. A chacun des massifs d'où sortent ces détonations mystérieuses, la crédulité populaire attache invariablement le nom et le patronage d'un grand marabout. Le plus célèbre est Djoua. Il a donné son nom à la haute montagne au sommet de laquelle ses restes reposent. Lorsque le roulement accoutumé s'élève des profondeurs de la terre, les Kabiles croient fermement que c'est leur saint qui tire le canon. Quelques-uns même prétendent en avoir vu la fumée. J'ai demandé à l'un d'eux si dans ces moments le sol tremblait; mais je n'ai pu en obtenir d'autre réponse que celle-ci : « Le sol tremble toujours quand le canon parle. »

Quoi qu'il en soit, le canon de Djoua est pour toutes les tribus qui l'entendent un signal de réjouissance. Dès les premiers coups les Kabiles se réunissent, et font des collectes dont le produit est employé en divertissements. La fête se termine, comme il convient, par une lecture solennelle de la *Fatha*, qui est la prière d'actions de grâces.

Les indigènes paraissent s'être mis en garde dans leurs constructions contre le fléau redoutable dont la côte barbaresque a si souvent ressenti les effets. La plupart des maisons n'ont qu'un étage; un grand nombre même se réduisent au rez-de-chaussée. J'ai remarqué dans les anciennes maisons mauresques en démolition une précaution excellente prise par les constructeurs pour consolider les angles. Elle consistait à placer horizontalement, de cinquante en cinquante centimètres de hauteur, des pièces de bois d'environ deux mètres de longueur. Ces pièces, noyées dans la maçonnerie, se prolongeaient alternativement suivant chacun des deux murs, et venaient se croiser dans l'angle. J'ai vu des maisons sapées à la base, et à moitié démolies, se soutenir encore grâce à cet artifice de construction.

Tous les indigènes ne partagent pas la confiance superstitieuse des Kabiles du mont Djoua. Éclairés par de sinistres exemples, ils connaissent les effets terribles de ce phénomène, qu'ils appellent *zenzela*. Quelques-uns reconnaissent une grande et une petite zenzela. La grande zenzela est celle qui précipite les édifices dans la mer, celle qui bouleverse le sol, celle qui a détruit Alger en 1716, Oran en 1790, Blida en 1825. Ils ont remarqué que la petite zenzela est très-fréquente; et ils la regardent comme fort irrégulière. Quant à la grande zenzela, ils assurent qu'elle revient tous les trente ans. L'intervalle de trente-cinq ans qui sépare les deux dernières catastrophes justifierait assez bien cette croyance, qui si elle était fondée nous menacerait d'un violent tremblement de terre vers l'année 1855.

C'est justement à la même époque, en 1854, qu'une autre croyance, appuyée sur l'autorité d'une prédiction écrite, place la venue du Moul-es-Saa, de ce messie conquérant qui doit étendre son empire sur les trois États de l'ancien Magreb. Sans accorder à ces deux croyances plus d'importance qu'elles n'en méritent, il sera prudent de mettre à profit le temps qui nous sépare de cette formidable échéance pour consolider en Algérie nos édifices et notre domination.

ANTIQUITÉS.

Différentes phases de l'Afrique et de l'Algérie. — Empreintes qu'elles ont laissées dans le sol. — Antiquités libyennes et phéniciennes. — Antiquités romaines. — Antiquités chrétiennes. — Antiquités berbères. — Antiquités turques.

Il est peu de contrées dont les vicissitudes puissent se comparer à celles de l'Afrique septentrionale. A l'origine des traditions, nous la trouvons libyenne et numide dans l'est, gétule et garamante dans le sud, maure dans l'ouest. Les différents peuples qui l'habitent en ces âges primitifs sont autant de rameaux d'un même tronc, du tronc aborigène.

Dans la suite des temps elle devient tour à tour carthaginoise, romaine, vandale, grecque et arabe.

Alors une révolution immense s'accomplit; le joug étranger se brise de lui-même; l'Afrique autochtone rentre dans ses droits; et non-seulement elle conserve l'indépendance durant six siècles, mais elle étend son empire depuis l'oasis de Sioua, qui sépare les déserts de la Libye de ceux de l'Égypte, jusqu'aux Pyrénées. C'est à l'issue de cette période qu'elle passe sous la domination turque.

Ses annales religieuses nous la présentent successivement idolâtre, chrétienne orthodoxe, donatiste et arienne, musulmane orthodoxe et chiite.

Enfin, sa destinée sociale, tantôt l'élève au sommet de la civilisation, tantôt la replonge dans les profondeurs de la barbarie.

La plupart de ces révolutions ont laissé dans les traditions comme sur le sol de l'Afrique, et de l'Algérie en particulier, des traces profondes. Nous en avons déjà fait remarquer un grand nombre dans les villes du littoral et de l'intérieur. Nous compléterons ce premier aperçu par la description de quelques monuments épars dans la campagne.

Antiquités libyennes et phéniciennes.

Depuis quelques années deux langues qui semblaient vouées à l'oubli sortent pour ainsi dire de leur tombeau, et c'est en grande partie aux inscriptions, soit puniques, soit libyques, soit surtout bilingues, trouvées en Algérie que le monde savant sera redevable de cette précieuse exhumation. Ce qu'il y a de remarquable, c'est que la plupart de ces trouvailles archéologiques ont eu lieu dans la partie de l'Algérie qui avoisine la régence de Tunis.

Déjà en 1631 un Français, Thomas Darcos, découvrait dans les ruines de Dugga (l'ancienne Thugga), situées entre Constantine et Tunis, non loin de la dernière de ces deux villes, une épigraphe bilingue, contenant d'une part sept lignes d'écriture phénicienne et de l'autre sept lignes d'une écriture inconnue.

Depuis lors des inscriptions phéniciennes ont été trouvées dans les îles de Malte et de Chypre, à Athènes, en Sicile et en Sardaigne, à Djerba (régence de Tunis). Récemment on en a trouvé deux à Tripoli, une quinzaine aux environs de Carthage; enfin, dans le courant de 1845, un maçon déterrait à Marseille, dans la vieille ville, non loin de l'église de la Mayor une longue inscription phénicienne, qu'il vendit pour dix francs au musée de cette ville; c'est assurément le monument le plus considérable du peuple et de l'idiome phéniciens. Les savants y ont reconnu un rituel des prêtres de Diane, dont la Mayor avait été le temple.

L'Algérie, et en particulier le territoire de Guelma, ont ouvert aux savants occupés de la restauration de ces deux langues un vaste champ d'études. Nulle part ne s'est offerte aux explorateurs une aussi riche collection d'inscriptions libyques et puniques. Déjà, depuis plusieurs années, Guelma était reconnu comme un musée bilingue, lorsqu'un membre de la commission scientifique d'Algérie, M. le commandant de Lamare, fouillant les environs de cette ville avec le zèle et l'intelligence qu'il apporte dans toutes ses recherches, découvrit, à une lieue de Guelma, un nouveau *banc*, plus riche encore que tous les autres, d'inscriptions libyques et puniques (1). Les ruines qui recelaient ce trésor archéologique portent le nom d'Aïn-Nechma (la fontaine de l'orme), et c'est dans le cimetière de l'ancienne ville qu'existe le principal gisement.

Curieux pour l'antiquaire, ces vestiges des anciens âges ne le sont pas moins pour l'historien, pour le philosophe. Là jadis recevaient une sépulture commune, là reposaient ensemble le Phénicien conquérant et le Libyen conquis. Les hommes qui consentent à partager le même lit funéraire ne sont pas en général des ennemis. La vallée de Guelma formait donc autrefois comme un anneau d'alliance entre deux nationalités rivales. Le temps, après vingt siècles, lui a conservé le même rôle, le même caractère de conciliation. Aujourd'hui encore deux peuples qui partout ailleurs se détestent, l'Arabe conquérant et le Berbère conquis, viennent se tendre la main dans la même vallée, demeurée bilingue comme autrefois, et déposer aux pieds de l'autorité française une antipathie instinctive et de vieilles rancunes.

La découverte des inscriptions jumelles, dont l'une appartenait incontestablement à la langue phénicienne et l'autre à un idiome inconnu, intrigua longtemps le monde savant. Il semblait naturel de chercher dans l'idiome inconnu

(1) Quelques-unes de ces inscriptions ont été rapportées à Paris, non point en copie mais en nature par M. le commandant de Lamare, et sont déposées au musée algérien du Louvre.

ALGÉRIE.

la langue africaine des premiers âges; par malheur les preuves manquaient. La meilleure de toutes eût été celle qui serait résultée de la confrontation de ces caractères avec la langue africaine de nos jours. Mais partout l'idiome berbère paraissait en possession exclusive des caractères arabes. Nulle part il ne produisait des signes qui lui fussent propres.

Cependant le texte phénicien des inscriptions jumelles et les noms propres qu'il contenait permirent de déterminer la forme et la valeur de la plupart des caractères inconnus, et fournirent l'ébauche d'un alphabet. A quelle langue appartenait-il? A l'ancien libyen? Il n'en existait pas un seul débris authentique. Au berbère moderne? Il se dérobait à tous les regards.

Les choses en étaient là, lorsqu'une double lueur, partie des profondeurs du désert, vint dissiper les ténèbres de la science, et révéler un des phénomènes historiques les plus intéressants.

Le 17 juin 1822, un voyageur anglais, Walter Oudney, étant à Djerma, l'ancienne capitale des Garamantes, à l'ouest de Morzouk et du Fezzan, dans le pays des Touareg (1), vit sur les pierres d'un bâtiment romain des figures et des lettres grossièrement tracées, auxquelles il trouva quelque analogie avec les caractères européens. Le 20 il remarqua sur des rochers, au bord d'un torrent, de nombreuses inscriptions dont les caractères ressemblaient aux premiers. Quelques-unes devaient dater de plusieurs siècles; d'autres paraissaient récentes. Le 24 il trouva un Targui qui connaissait quelques lettres, mais personne qui les connût toutes. Le 27 il arrivait à Rât, l'une des principales villes de commerce des Touareg. Là il acquit la certitude que les inscriptions trouvées en route étaient écrites dans la langue de ces peuples, qui est la langue berbère.

Enfin il l'avait trouvée, cette langue insaisissable qu'on entendait partout, qu'on ne pouvait pas voir; il l'avait surprise au fond des solitudes, sur les rochers de la Libye déserte.

Walter Oudney se fit tracer quelques lettres berbères, et les reproduisit dans le journal de son voyage; il en donna dix-neuf, dont quatre se réduisent à des assemblages de points.

Quelque incomplète que fût la communication de Walter Oudney, elle fournissait un premier spécimen d'alphabet berbère, dont la confrontation avec cet autre alphabet mystérieux fourni par l'inscription bilingue de Dugga produisit des signes de parenté incontestables.

Longtemps après la découverte d'Oudney, une circonstance fortuite fit connaître que les caractères berbères regardés comme insaisissables, surtout au voisinage de la côte, n'y étaient pas cependant aussi inusités qu'ils paraissaient l'être. Dans les premiers temps de l'occupation française un habitant d'Alger, nommé Othman-Khodja, entretenait une correspondance assez active avec Hadji-Ahmed, bey de Constantine. Pour plus de sûreté ils y employaient des signes particuliers, qu'ils croyaient à l'abri des trahisons et des indiscrétions. Quelques années plus tard Ali, fils d'Othman-Khodja, se trouvant à Paris, communiqua à M. de Saulcy les lettres de Hadji-Ahmed. Après avoir tourné une de ces dépêches jusqu'à ce qu'elle lui semblât placée dans le sens le plus commode pour tracer les caractères, le savant orientaliste aperçut en vedette, tout au haut du papier, deux groupes de signes isolés: il pensa que ce devait être la formule sacramentelle *El-Hamdoullah* (gloire à Dieu), par laquelle tous les musulmans commencent leurs lettres. La connaissance de ces premiers caractères devait faciliter la découverte des autres.

Ali consentit à se dessaisir des deux pièces en faveur de M. de Saulcy, qui le lendemain matin lui en remettait la transcription complète. Quel ne fut pas l'étonnement du diplomate africain en voyant reproduit par une espèce de sortilège le texte arabe d'une correspondance qu'il avait crue indéchiffrable!

Les choses en restèrent là jusqu'à ce que M. de Saulcy eût entrepris l'étude du texte libyque de l'inscription ju-

---

(1) Voir sur ce peuple étrange le chapitre relatif au commerce de l'Algérie avec le sud, dans mes *Recherches sur la géographie et le commerce de l'Algérie méridionale*.

melle de Thugga. C'est alors seulement qu'il remarqua une analogie frappante entre les caractères de l'alphabet libyque et ceux de la lettre du bey. C'étaient tout simplement des lettres berbères que les deux correspondants avaient employées. Mais, par excès de prudence sans doute, ils avaient eu la précaution d'en intervertir les valeurs, et avaient poussé la prudence jusqu'à introduire dans l'alphabet convenu entre eux les signes de la numération arabe (1).

L'alphabet de Walter Oudney demeura pendant vingt-trois ans le seul échantillon connu de l'écriture berbère. De tous côtés, en Algérie, les sons berbères arrivaient à nos oreilles. Les deux tiers de la population qui nous entourait ne parlaient pas d'autre langue, et personne ne paraissait l'écrire! En 1844 le gouvernement publiait un dictionnaire berbère, composé en collaboration par un Français (2) et un Kabile; mais les mots étaient écrits en lettres arabes.

Enfin, en 1845, un taleb de l'oasis du Touât, établi auprès du cheik de Tuggurt, fut envoyé par lui en mission à Constantine. Le directeur des affaires arabes de la province, M. le capitaine Boissonnet, se lia, en raison de ses fonctions, avec ce savant du désert. Il apprit qu'il avait fait dix-huit fois le voyage de Timbektou, et par conséquent traversé dix-huit fois le pays des Touâreg, qui paraissaient les seuls dépositaires du secret de l'écriture africaine. M. Boissonnet questionna son hôte sur les signes du langage targui, et le pria de lui tracer ceux qu'il connaissait. Il obtint ainsi un premier spécimen de cet alphabet targui, en usage à trois cents lieues de la contrée, où, vingt-trois ans auparavant, Walter Oudney avait recueilli le sien.

Frappé de la ressemblance de ces caractères avec ceux de l'inscription antique de Thugga, M. Boissonnet voulut en savoir davantage. Il pria son informateur d'entreprendre une dix-neuvième fois le voyage de Timbektou, le chargeant de toutes les missions politiques et commerciales que les circonstances comportaient et en recommandant par-dessus tout de rapporter l'alphabet complet. Malheureusement à cette époque les Châmba et les Touâreg se livraient des combats à outrance dans les grandes solitudes qu'ils parcourent. Cet état d'hostilité empêcha le taleb d'exécuter son voyage; mais il écrivit à l'un de ses parents fixé au Touât, pour lui demander le précieux alphabet. Il choisit pour messager un marabout, qui, en cette qualité, pouvait circuler sans danger entre les tribus ennemies. Il ne tarda pas à recevoir la réponse et la transmit à Constantine. Une fois en possession de ce renseignement tant désiré, M. le capitaine Boissonnet s'empressa de le faire lithographier. C'est ainsi que le troisième spécimen de l'alphabet berbère contemporain parvint du fond du désert à la connaissance des savants d'Europe.

L'examen de ces documents ne laisse aucun doute sur l'étroite parenté qui existe entre l'idiome des inscriptions antiques, et cet autre idiome qui se parle aujourd'hui depuis l'oasis égyptienne de Sioua jusqu'à la côte de l'Océan, et depuis le Soudan jusqu'à la Méditerranée. Ainsi s'est révélée dans toute son évidence la filiation séculaire de la langue libyenne, qui a survécu à tant de langues riches et savantes, et s'est perpétuée dans la langue actuelle des Kabiles, à travers tant de révolutions, sans livres, sans monuments, sans aucun effort de la science et de l'intelligence humaines (1).

C'est peut-être à l'époque libyenne qu'il faut attribuer certains monuments bizarres, dont il existe un assez grand nombre en Algérie, et qui, à cause de leur nature particulière, ont résisté aux tremblements de terre et aux révolutions. Les savants les désignent par le nom de *Troglodytiques*, désignation qui semble les rattacher aux premiers âges de l'histoire.

---

(1) *Revue Archéologique*, 2ᵉ année, 2ᵉ partie, p. 491.
(2) M. Brosselard.

(1) M. Judas, dans ses belles études sur les langues phéniciennes et libyques, a fait une heureuse application de cette découverte importante en interprétant à l'aide du berbère le texte libyque de l'inscription de Thugga.

Ce sont des cryptes taillées dans le roc, diverses de forme et de grandeur, mais qui portent des traces évidentes du travail des hommes.

J'ai trouvé une de ces demeures troglodytiques dans un pli de terrain difficile à soupçonner, non loin de la route qui conduit de Constantine à Sétif par la plaine des Oulâd-Abd-en-Nour. Ce qui frappe le plus dans tout le cours de ce voyage, c'est la nudité de la contrée que l'on traverse. Aucun accident ne vient rompre l'uniformité de la scène, si ce n'est quelques ruines d'établissements romains jetés çà et là sur le penchant des côteaux et quelques arbres solitaires, rabougris, plantés de loin en loin sur la cime d'une colline pour marquer la tombe d'un marabout.

Une de ces ruines porte le nom de Kasr-bou-Malek, le château de Bou-Malek. C'est un amas de pierres de taille, dont quelques-unes seulement sont demeurées sur leur lit de pose. Les autres gisent pêle-mêle, dispersées soit par le temps, soit par des causes violentes, qui resteront sans doute à jamais inconnues.

Si en ce point on abandonne le sentier qui forme la route royale de Sétif, et qu'on remonte de quelques centaines de mètres seulement vers le nord, on arrive tout à coup sur le bord d'un escarpement demi-circulaire d'environ mille mètres de diamètre, qui étonne d'autant plus, qu'on est loin de s'attendre à trouver un site aussi accidenté dans une contrée aussi nue et monotone. L'amphithéâtre est ouvert au sud-est; les pentes sont bordées de rochers bouleversés, dont plusieurs présentent des formes régulières, dont quelques-uns portent l'empreinte du pic et du ciseau. Cette ligne de blocs entassés tout le long de la déchirure circulaire dessinée par l'affaissement du sol offre de loin l'image d'une grande ville en ruines.

Quelques tentes sont établies dans l'intérieur de l'amphithéâtre; mais ce qui attira surtout notre attention, lorsque le hasard nous eut conduits en ce lieu, ce fut la végétation qui en tapissait le fond et les pentes. Nous avions sous les yeux un magnifique verger, traversé dans sa longueur par les eaux vives et limpides du Bou-Aça, véritable oasis blottie dans un pli inaperçu du sol, et qu'embellissaient singulièrement à nos yeux la nudité et l'uniformité de tout l'horizon.

Après avoir examiné quelques instants l'ensemble de la scène, nous descendîmes dans la vallée pour en observer les détails. C'est alors que s'offrirent à nos regards une série d'excavations nombreuses, de formes et de grandeurs diverses, pratiquées dans le roc vif. Elles garnissent les deux rives du Bou-Aça. C'est d'abord une longue suite de cellules faisant face à la rivière; dans l'une d'elles nous vîmes un triangle incrusté profondément sur l'une de ses faces. Pour les indigènes ces cellules sont autant de *boutiques*, c'est le nom qu'ils leur donnent, par opposition à un autre quartier où sont les maisons.

L'une d'elles s'appelle la *Maison des bains*. Elle se compose de plusieurs bassins régulièrement creusés, dont le fond communique encore avec le sol par des gradins bien conservés. A côté de cet établissement s'ouvre une galerie souterraine, haute et large de deux mètres, longue de quinze. C'est une autre maison. A quelques pas de l'entrée de la galerie, nous vîmes deux grandes salles voûtées séparées par un pied-droit commun ménagé dans le roc comme tout le reste. C'est la *maison de l'homme assis*. L'une des deux salles est garnie sur tout son pourtour de bancs en pierres, réservés dans la masse rocheuse; c'est sans doute à cette circonstance que la *maison de l'homme assis* doit son nom. Parmi toutes ces cavernes creusées à diverses hauteurs dans les berges rocheuses du Bou-Aça, nous en remarquâmes une que l'on appelle *la maison du capitaine chrétien* (Dar kaptan nçara).

Le débris le plus somptueux et le plus curieux en même temps de cette petite ville souterraine nous parut être la *maison de Bel-Okhtabi*. C'est la seule qui possède un rez-de-chaussée et un étage. Mais l'entrée n'est pas facile à découvrir. Il fallut d'abord descendre le long des rochers qui encaissent le Bou-Aça sur la rive droite pour gagner un étroit sentier taillé en corniche dans

7ᵉ Livraison. (ALGÉRIE.)

les berges abruptes. Nos guides nous indiquèrent alors une étroite plate-forme, élevée de trois mètres, sur laquelle nous parvînmes à nous hisser; là une excavation étroite s'offrit à nous, c'était le rez-de-chaussée de Bel-Okhtabi. Il s'agissait d'atteindre l'étage : or il n'existe d'autre communication pour y arriver qu'un puits vertical de six mètres de hauteur creusé dans le rocher comme les autres dépendances de l'habitation. A défaut d'escalier plus commode, nous nous résignâmes à grimper en nous appuyant contre les parois du puits.

Cette ascension nous conduisit sur une seconde plate-forme à ciel ouvert, où régnait une forte odeur de bête fauve. Elle sortait d'une caverne haute de quatre-vingts centimètres, et aussi large que haute, qui débouchait sur la plate-forme. Nous nous décidâmes à la visiter : mais à peine étions-nous engagés dans cette galerie étroite et sombre, que l'odeur devint suffocante, et obligea plusieurs d'entre nous à retourner sur leurs pas. Nous parcourions le premier étage du palais de Bel-Okhtabi, parmi les myriades de chauves-souris qui en tapissaient les parois. A mesure que nous avancions, la galerie devenait plus étroite; l'air respirable s'appauvrissait. Enfin, après avoir rampé l'espace de cinquante mètres, nous arrivâmes à un élargissement qui terminait la caverne, et nous parut être le salon de Bel-Okhtabi. Mais nous n'y fîmes pas long séjour; il nous tardait de revoir le ciel. Nous eûmes bientôt regagné la plate-forme supérieure : nous reprîmes pour en descendre l'escalier d'honneur qui nous y avait conduits, et nous dîmes adieu au palais troglodytique de Bel-Okhtabi, à la *maison des bains*, à l'habitation de *l'homme assis*, à celle du *capitaine chrétien*, et enfin à la ville souterraine cachée dans la jolie vallée du Bou-Aça.

Antiquités romaines.

Les débris romains ont pour signe caractéristique la pierre de taille; elle se montre à chaque pas avec l'empreinte fraîche encore du ciseau antique. Elle apparaît dans les ruines des villes, des villages, des fermes, des maisons de plaisance, dans les soubassements et les fondations des temples et des palais, dans le sol des chaussées prétoriennes, dont elle formait et encaissait les dalles, dans la poussière des nécropoles, dans les théâtres, les amphithéâtres, les cirques, les arcs de triomphe, restes d'une civilisation qui contraste étrangement avec la barbarie actuelle, mais à laquelle notre civilisation chrétienne n'a heureusement rien à envier.

Dans le réseau itinéraire de l'empire romain le mille marquait la largeur de la maille; il s'est conservé dans le langage actuel. Mais combien la notion de cette mesure s'est altérée! Pour la plupart des indigènes le *mil* est la distance à laquelle on cesse de distinguer un homme d'une femme; définition bizarre, qui montre à quel point le besoin de la précision, si impérieux chez les nations chrétiennes, est devenu étranger aux peuples d'Afrique. Cependant quelques musulmans éclairés, surtout dans les régences de Tunis et de Tripoli, savent encore que le *mil* se compose de mille pas doubles. Dans quelques contrées, surtout dans la partie orientale du Sahara, l'expression des distances en milles s'est perpétuée de génération en génération. Elle reproduit exactement les chiffres déterminés originairement par les ingénieurs romains, sans que la tradition locale qui les conserve rende compte en aucune façon de la valeur de l'unité à laquelle ils se rapportent. Ainsi il nous est arrivé quelquefois d'entendre un simple chamelier énoncer correctement en milles toutes les distances partielles d'une route que nous suivions sur le livre de postes de l'empire romain; et si, étonnés de cette concordance frappante entre des témoignages de nature si différente, produits à vingt siècles d'intervalle, nous demandions à ce voyageur : Qu'est-ce que le *mil*, il nous répondait naïvement, comme tous les autres : C'est la distance à laquelle on cesse de distinguer un homme d'une femme.

Presque toutes les villes importantes comprises dans les limites de l'Algérie actuelle portent encore, sauf de légères altérations, le nom que l'antiquité leur avait donné. Telles sont Bône (Hippone), Constantine (Constantina), Mila (Milevum), Sétif (Sitifi), Djidjeli

(Igilgilis), Kollo (Coilops), Ras-Skikda, nom arabe de Philippeville (Russicada), Tebessa (Theveste), Tifêch (Tipasa), Guelma (Calama), Madaure (Mdourouch), Tenès (Cartennæ). Mais à côté de ces établissements, dont le nom survit à toutes les catastrophes, combien d'autres dont vous retrouvez la pierre de taille muette et dont le nom s'est à jamais perdu !

Les ruines romaines, qui se rencontrent à chaque pas dans les champs de l'Afrique, occupent en général le penchant des collines. C'est une position que les architectes de l'antiquité paraissent avoir choisie, autant pour éviter l'insalubrité des fonds que l'aridité des sommets. Elles se reconnaissent de loin aux grandes pierres droites, demeurées debout dans le soubassement des constructions ; elles tracent encore la direction des murs, marquent l'alignement des rues, dessinent la forme des places. Lorsque le voyageur, cheminant dans la campagne silencieuse et déserte, aperçoit de loin, réunis sur le penchant d'un côteau, ces piliers de hauteur inégale, il est tenté de les prendre pour une assemblée, assistant, dans une immobilité religieuse, à la prière du soir ; car c'est principalement vers le coucher du soleil que cette illusion m'a paru frappante.

On peut évaluer à plusieurs milliers le nombre d'établissements romains de toute grandeur répandus sur la surface de l'Algérie. Mais le débris le plus imposant de la grandeur et du faste antiques est assurément cette belle et fameuse ville de Lambœsa, dont les ruines, connues aujourd'hui sous le nom de Tezzout, furent visitées pour la première fois, en février 1844, par quelques Français, et particulièrement par M. le commandant de Lamare, mon collègue et ami. C'est à lui que je dois les quelques détails qui suivent.

Les ruines de Lambœsa occupent une belle vallée, sur les dernières pentes du mont Aurès, à huit kilomètres à l'est de Bêtna. Elles couvrent un espace de quatre cent-soixante-dix hectares.

Un peu avant d'y arriver, une voie romaine se présente ; c'était la route de Cirta Lambœsa. A droite et à gauche des monuments funéraires couverts d'épitaphes bordent la route, et se succèdent presque sans interruption.

A l'entrée de la ville s'élève un grand édifice rectangulaire orné de colonnes et de pilastres corinthiens ; chaque face est percée de trois portes ; celle du milieu a des dimensions colossales. Deux voyageurs, un Français et un Anglais, avaient déjà visité au dix-huitième siècle la ville de Lambœsa ; mais ils ne s'accordent guère sur la destination de ce monument ; car l'un a cru y voir tout simplement un arc de triomphe, et l'autre une écurie d'éléphants.

Il reste encore à Lambœsa quatre portes de ville monumentales, plusieurs arceaux bien conservés d'un ancien aqueduc, la façade d'un temple élevé à Esculape et à la Santé, un cirque bien conservé, de cent quatre mètres de diamètre, de riches mausolées et un grand nombre d'autres constructions, assez épargnées par le temps pour donner aux ruines de Lambœsa le caractère d'un magnifique musée. M. de Lamare a évalué approximativement le nombre d'inscriptions qu'elles renferment, et il estime qu'un homme seul ne pourrait les copier toutes en moins d'une année

Antiquités chrétiennes.

Quelle que soit l'apparence fastueuse de l'architecture païenne et l'admiration de quelques savants pour ces restes inanimés d'une civilisation oppressive, nous avouons notre prédilection pour les monuments du christianisme, pour ces témoins vivants d'une révolution sociale qui a fondé la civilisation moderne, et qui compte au rang de ses phases glorieuses la conquête de l'Algérie par la France.

L'Église d'Afrique a eu ses jours de triomphe et ses jours de deuil, et elle a laissé sur le sol l'empreinte de ses joies et de ses souffrances. L'Église triomphante relevait les basiliques détruites, et renversait à son tour les temples païens. Il reste des traces nombreuses de ces réactions. Dans les murailles d'un temple élevé au Dieu des chrétiens, on retrouve fréquemment des restes d'inscriptions consacrées aux dieux de l'ancienne Rome. A chaque pas encore vous rencontrez cet emblème qui caractérise la restauration de Justinien, les deux lettres grecques α et ω réunies dans un même chiffre aux deux lettres initiales du nom de Χρίστος.

Mais combien nous devons préférer encore ces débris de l'Église souffrante, la croix modeste incrustée grossièrement dans le roc au fond de quelque caverne obscure, signe simple et mystique que les chrétiens des premiers âges traçaient sur la pierre vive pour perpétuer le souvenir des jours de persécution. C'est surtout dans les lieux sauvages, inhabités, presque inaccessibles, que se rencontre ce monument symbolique de la foi et de la douleur; car c'est au fond de ces antres que les chrétiens cherchaient un refuge contre l'édit de mort des empereurs romains.

Non loin du col de Mouzaïa, sur le revers opposé de l'Atlas, avant le fameux bois des oliviers, l'un des principaux ossuaires de la conquête française, il est un lieu non moins célèbre, qui s'appelle *le plateau de la croix*. « Figurez-
« vous, dit le premier évêque d'Alger, des
« grottes creusées dans le roc vif, et,
« au-dessus une croix, une véritable
« croix chrétienne, incrustée parmi
« des touffes de laurier-rose, chargées
« de fleurs embaumées; du pied de la
« croix un figuier immense se détache
« et forme une gracieuse coupole. »

« On raconte, dit encore le prélat
« dont nous invoquons le témoignage,
« que lorsque pour la première fois, et
« encore tout couverts du sang des
« ennemis, nos bataillons, descendant
« la pente raide du Teuia, arrivèrent à
« ce plateau, un long et solennel cri de
« joie s'éleva du milieu de leurs rangs
« pour saluer cette croix. »

L'Église d'Afrique ne réduisit pas toujours l'expression de ses douleurs à ce symbole d'un laconisme si touchant. A huit lieues à l'ouest de Guelma il existe une caverne dont l'entrée est couverte d'inscriptions, qui remontent aux premiers temps du christianisme. Les Arabes n'osent en franchir le seuil, tant est grande la terreur que leur inspire le Djin, gardien du sanctuaire. La caverne est creusée dans la masse calcaire du mont Mtaïa. Elle n'a pas moins de mille à douze cents mètres. Elle descend constamment, et s'enfonce de quatre cents mètres. Des milliers de stalactites aux formes variées et fantastiques garnissent les parois du souterrain. D'énormes blocs, détachés de la voûte, en encombrent le sol; on dit qu'il faut marcher pendant trente-cinq minutes pour en atteindre le fond.

Une autre caverne, plus rapprochée de Contanstine, porte aussi sur les roches de ses parois un grand nombre d'inscriptions chrétiennes. Elle est creusée dans le versant méridional du Chettaba. Dans plusieurs des inscriptions, les lettres sont colorées en rouge. La plupart commencent par les quatre lettres CDAS, au-dessous desquelles viennent des noms propres.

Un des monuments les plus intéressants des souffrances de l'Église d'Afrique est celui que j'ai découvert dans la vallée du Roumel au pied du rocher de Constantine (1). Il se rapporte à la persécution qui ensanglanta les dernières années du règne de Valérien. Parmi les chrétiens qui reçurent la mort dans ce jours d'épreuve l'Église recommande au pieux souvenir des fidèles deux habitants de Cirta, nommés Marien et Jacques, dont la mémoire fut pendant longtemps en grande vénération dans la Numidie.

La relation de leur martyre, écrite par un de leurs amis, qui en fut témoin, place le théâtre de cet événement sur le bord de la rivière, entre deux hautes collines qui la dominaient de part et d'autre et découvraient aux spectateurs le lieu de l'exécution.

Cette indication, rendue précise par l'assiette bizarre de Constantine, laisse peu de place aux conjectures. Le lieu où Marien et Jacques reçurent le martyre devait être sur le bord du Roumel, entre les deux hauteurs du Mansoura et du Koudiat-Ati, un peu avant l'entrée du fleuve dans le gouffre où il disparaît.

Ce lieu fut souvent le but de mes promenades durant le séjour que je fis à Constantine, en 1840. J'allais me pla-

(1) J'ai envoyé sur cette inscription à l'Académie des Inscriptions et Belles-lettres un mémoire qui a été inséré dans le tome Ier de la 2e partie des *Mémoires présentés par divers savants*. J'en extrais une partie des détails qui suivent.

cer sur les gradins du Koudiat-Ati, et de là j'assistais par la pensée à cet épisode sanglant de nos premiers siècles.

Un matin j'avais gravi plus tôt que de coutume les pentes roides de la colline ; assis sur un reste de construction antique, j'admirais aux premiers rayons du soleil les riches découpures de l'horizon.

En abaissant mes regards dans la vallée, je remarquai sur la rive opposée un rocher taillé à pic qui jusque alors avait échappé à mon attention, parce qu'aux heures de mes visites il était éclairé de face et recevait une clarté uniforme. Mais en ce moment les rayons qui tombaient obliquement dessinaient avec une fidélité minutieuse toutes les aspérités de la surface. Parmi ces jeux de lumière et d'ombre, je crus distinguer des lignes régulières ; et, descendant aussitôt pour observer de plus près, ce ne fut pas sans surprise que je trouvai gravée sur le roc une inscription en partie fruste, mais dans laquelle les mots PASSIONE MARIANI ET IACOBI, parfaitement nets et lisibles, se rapportaient sans le moindre doute à l'exécution racontée dans les actes. Je me trouvais donc sur le lieu même que le sang des deux martyrs a rougi et consacré, il y a seize siècles.

Antiquités vandales.

Nous plaçons sous ce titre des monuments d'un caractère tout particulier, d'une origine incertaine, qui n'ont rien de commun avec les restes du paganisme, qui ne portent aucun signe chrétien, et qui présentent la plus singulière analogie avec les *dolmen* ou *tables de marbre* consacrés au culte druidique.

L'un d'eux a été observé par M. Judas aux environs de Guelma : nous en avons trouvé nous-même un grand nombre à l'est et au sud-est de Constantine. Ce qu'il y a de remarquable, c'est qu'à l'ouest de cette ville on n'en trouve plus, et que ce genre de ruines semble concentré dans le triangle compris entre Constantine, Guelma et la haute montagne de Sidi-Rghéis.

Le monument trouvé par M. Judas existe à côté et à l'ouest de Guelma ; là vient se terminer brusquement, en forme de cap, un plateau qui domine la vallée de la Seybouse, et fait face à un magnifique amphithéâtre de montagnes et de collines, qui s'élève dans le lointain au delà du fleuve et couronne l'horizon de la vallée.

En 1837 ce plateau était encore couvert de broussailles, reste déshonoré d'une forêt antique. « Nous remarquâmes à cette époque, dit M. Judas, sur le bord du versant incliné vers la Seybouse, près d'une fontaine qui conserve quelques traces de construction, une pierre brute circulaire, ayant environ neuf mètres de circonférence et soixante et quinze centimètres d'épaisseur, placée horizontalement, à quatre-vingts centimètres à peu près au-dessus du sol, sur trois autres pierres brutes. »

Malgré l'apparence grossière de ce trépied, il est impossible d'en attribuer la formation au hasard ; les hommes seuls peuvent avoir élevé au-dessus du sol et posé sur ses trois supports cette masse de cent cinquante quintaux.

Les monuments du même genre que j'ai observés sont assez nombreux pour éloigner l'idée d'un fait accidentel ; ils prouvent que l'érection de ces tables grossières se rattache à une croyance ou tout au moins à une coutume qui, à une époque demeurée inconnue, unissait une partie de la population de ces contrées. Sous ces trépieds muets se cache peut-être un fait historique important. Qui sait même s'ils ne recèlent pas quelque feuillet perdu de nos archives nationales ?

Les monuments que j'ai rencontrés se trouvent à l'est et au sud-est de Constantine, dans cette partie de l'Algérie qu'habitent aujourd'hui des populations berbères désignées par le nom particulier de *Chaouïa*.

Derrière le mamelon qui fait face aux ruines de l'ancienne Sigus, j'ai trouvé une série de piliers grossiers, hauts de deux mètres, surmontés de chapiteaux bruts et couronnés de larges dalles ; l'une d'elles, de dimensions énormes, reposait sur trois piliers. A quelque distance de là je vis une ligne de pierres verticales qui allait se terminer à trois murs en pierres brutes surmontées d'une énorme dalle non taillée. Les trois murs, disposés suivant les trois côtés d'un carré, déterminaient une petite chambre dont la large pierre formait le toit. Le quatrième côté, dirigé au nord, restait ouvert.

Un cordon circulaire de pierres informes entourait le monument, laissant entre elles et lui un espace annulaire de deux mètres de largeur. La même disposition se retrouve dans la plupart des *dolmen* druidiques ; elle porte le nom de *cromlech*, qui signifie *cercle de pierres*.

Plusieurs monuments semblables existent dans des ruines considérables appelées *Agourén*, situées à trois lieues environ du mont Sidi-Rghéis, et un plus grand nombre encore sur le versant de l'Oumsettas, qui commande la vallée de Mehris, à sept lieues à l'est de Constantine.

A quel peuple attribuer la formation de ces trépieds bizarres ? A quelle date les faire remonter ? L'histoire ne fournit à cet égard que des inductions. Il résulte toutefois d'un rapprochement intéressant établi par M. Judas que toutes les circonstances, toutes les dispositions qui caractérisent les *dolmen* de la Bretagne, les *menhir*, les *cromlech* se reproduisent dans les tables de pierre trouvées en Algérie.

Antiquités berbères.

C'est une grave erreur que d'appeler monuments arabes les restes d'architecture sarrasine qui existent en Afrique ; car ce ne sont pas des mains arabes qui les ont élevés, mais des mains africaines, des mains berbères.

Quand la domination arabe, au onzième siècle, eut laissé passer le gouvernement de l'Afrique à des princes de sang national, de sang africain, le premier effet de cette révolution fut la reconstruction des villes que les pasteurs armés venus de l'Asie avaient ou saccagées ou négligées. Ainsi s'élevèrent toutes ces cités dont quatre géographes, deux africains et deux espagnols, nous ont conservé en partie la nomenclature ; ainsi l'Afrique, livrée à son génie aborigène, se couvrit, au sortir de la domination arabe, de demeures stables, que d'autres ravageurs venus du nord de l'Asie, les Turcs, devaient faire encore disparaître sous le double fléau de la razia et de l'exaction.

Aujourd'hui même où trouve-t-on en Algérie des demeures et des habitudes stables ? où trouve-t-on le goût de la pierre et du mortier, avec l'art de les réunir ? Chez les Berbères qui ont su tenir à distance la domination turque, dans les montagnes de l'Aurès et du Jurjura. Qui a construit les villes soi-disant arabes que nous occupons ? Des architectes et des maçons berbères que les Turcs avaient fait venir de leurs montagnes. Alger lui-même avec ses palais et ses villas est sorti de leurs mains.

L'archéologie berbère se rapporte à cette époque mémorable de l'histoire d'Afrique où le peuple aborigène se débarrassa des dominations étrangères et rentra dans ses droits, à cette époque où on le vit reprendre possession de son patrimoine à la façon d'un propriétaire, c'est-à-dire en bâtissant. Envisagée à ce point de vue, cette période de six siècles se résume dans les deux capitales qu'elle a fondées, Bougie et Tlemcen. Nous renverrons le lecteur à la description que nous en avons donnée précédemment.

Antiquités turques.

Nous terminerons cette esquisse archéologique de l'Algérie par quelques mots sur un petit monument dans le style turc. Il existait encore il y a quelques années à Constantine, où nous l'avons visité plus d'une fois.

Il porte un nom bien simple, *les trois pierres* ; et en effet il se compose de trois pierres ; encore y reconnaît-on la trace du ciseau romain. Il ne reste donc aux Turcs que le mérite du transport et de la disposition.

Les trois pierres avaient été placées dans la Kasba, au bord du rocher qui domine la vallée du Roumel, en un point où le terre-plein de l'ancien capitole se termine à une arête vive et à un escarpement à pic de deux cents mètres d'élévation, ce qui fait à peu près cinq fois la hauteur de la colonne de la place Vendôme. Disposées bout à bout, les trois pierres formaient un banc d'environ deux mètres de longueur, et elles affleuraient exactement le bord de l'abîme. Malgré ce garde-fou, qui éloignait toute espèce de danger, il était impossible d'avancer la tête et de plonger le regard

ALGÉRIE.

dans cet effroyable vide sans éprouver un vertige douloureux.

Avant la prise de Constantine par les Français, il arrivait de temps en temps que deux hommes s'acheminaient silencieusement vers ce lieu à la pointe du jour. L'un portait un sac blanc, d'où s'échappaient des sons plaintifs; l'autre une caisse longue, formée de trois planches et ouverte aux deux bouts. Arrivés devant les trois pierres, l'homme à la caisse assurait l'extrémité de son coffre sur celle du milieu, tandis que l'autre y déposait son sac; puis tous deux soulevaient lentement l'autre extrémité. Bientôt l'inclinaison de la planche faisait glisser le sac, qui tournoyait dans le vide et allait s'arrêter à deux cents mètres au-dessous sur les roches blanchâtres du Roumel. Cela fait, les deux hommes emportaient leur caisse, et tranquillement s'en retournaient chez eux. Quelques heures après, on voyait deux ou trois personnes descendre par la rampe de la *porte neuve*, s'acheminer vers le lit de la rivière, se diriger vers le sac devenu muet, l'ouvrir, et en extraire le corps défiguré d'une femme, qu'ils emportaient pour lui donner la sépulture.

L'impression de terreur produite par ces exécutions a survécu au pouvoir qui les ordonnait. Il y a quelques années encore les femmes de Constantine qui descendaient dans les jardins du Roumel ne pouvaient s'empêcher d'élever avec effroi leurs regards vers la Kasba pour y chercher la place des TROIS PIERRES.

POPULATION.

Diverses classes de la population de l'Algérie. — Population européenne : militaire, civile. — Population indigène : Urbaine : Maures, Turcs, Kouloughli, Juifs, Nègres ; Foraine. — Constitution et variétés de la tribu. — Chiffre de la population des tribus.

Ce qui attire d'abord l'attention du voyageur en Algérie, c'est la diversité des mœurs, des costumes et des langages. Il est peu de pays dont la population présente plus de variétés et de bigarrures. Sur ce théâtre ouvert par la France à toutes les ambitions, à tous les efforts, se pressent, dans l'espace, encore assez étroit, qu'elle couvre de la protection de ses lois, autant de colonies différentes que la Méditerranée compte de nationalités sur le vaste pourtour de ses rives. A ces émigrations venues de l'Europe et de l'Asie se joignent des émigrations africaines accourues des contrées qui entourent l'Algérie, pour chercher fortune, comme les autres, à l'ombre de la bannière française. Enfin tous ces intérêts disparates s'agitent dans un milieu formé lui-même de plusieurs éléments distincts, la population indigène.

Armée.

Au-dessus des différentes classes d'habitants il convient de placer celle qui les protège toutes, l'armée. C'est la partie la plus homogène de la population, et cependant elle présente elle-même dans sa composition des nuances analogues à celles qui caractérisent la population civile. La plus grande partie de son effectif se compose de troupes empruntées temporairement à nos divisions territoriales de l'intérieur. Mais elle compte en outre dans ses rangs des corps français affectés spécialement au service de l'Algérie, tels que les chasseurs d'Afrique, une légion étrangère formée de réfugiés européens; des corps réguliers mi-partis indigènes et français, les zouaves; des corps réguliers indigènes, commandés par des Français, les spahis et les tirailleurs indigènes; enfin des corps auxiliaires indigènes de cavalerie irrégulière, groupés par *goum* ou peloton, dont l'ensemble compose ce qu'on appelle le *makhzen*. Ces dernières troupes, placées sous le commandement de chefs investis par l'autorité française, se lèvent à sa voix, ainsi que le mot de *goum* l'exprime, et apportent au service de notre cause, avec la confiance que leur donne l'appui des troupes françaises, la connaissance du pays et l'intelligence de la guerre locale.

Corps indigènes. — La présence des indigènes dans les rangs de l'armée française d'Afrique lui donne une physionomie toute particulière, pleine d'étrangetés et de contrastes. Ainsi rien de plus bizarre pour le voyageur récemment arrivé de France que le spectacle de la cavalerie du makhzen, essaim mobile, tumultueux, irrégulier, à côté de nos bataillons français, calmes, précis, uniformes, qui ne se pressent jamais, et qui cependant vont au bout du monde. Entre ces deux points extrêmes, des nuances intermédiaires marquent la transition : ce sont d'abord les zouaves, infanterie régulière, dont la composition est devenue presque entièrement française, quoique le costume soit resté musulman, avec la *chachia* rouge et le turban pour coiffure, la veste bleue de roi taillée à l'ottomane, le *seroual* ou culotte large de couleur garance et les guêtres de cuir; viennent ensuite les tirailleurs indigènes, recrutés entièrement d'Africains, dont le costume diffère de celui des zouaves par la couleur de la veste et du *seroual,* qui est bleu clair. Enfin les spahis, qui forment la cavalerie régulière indigène, ajoutent à cette variété de formes et de couleurs, l'effet de leur double bernous, blanc et garance, dont ils se drapent avec la grâce et la dignité particulières aux cavaliers arabes.

Lorsque pour la première fois l'on voit se déployer dans la plaine une colonne formée de ces éléments si divers, lorsque cette variété d'allures, de costumes, de couleurs vient s'encadrer dans un des horizons splendides dont la nature a si richement doté l'Algérie, il est difficile de réprimer un mouvement de surprise; mais ce premier sentiment s'élève et s'agrandit à l'aspect de la bannière commune qui flotte au-dessus de tous ces groupes.

La formation des corps indigènes remonte au 1er octobre 1830, époque où des bataillons d'infanterie furent créés sous le nom de zouaves. L'ordonnance du 7 mars 1833 fondit les deux bataillons en un seul, composé de deux compagnies françaises et de huit compagnies indigènes. Au moment de l'expédition de Mascara (1835) un second bataillon fut créé, et enfin lors de l'expédition de Tlemcen (1837) la garnison de cette ville fut constituée en troisième bataillon.

La cavalerie indigène prit naissance en vertu d'un arrêté du 10 décembre 1830, qui créa plusieurs escadrons de chasseurs algériens. Ce corps, formé primitivement d'un mélange de Français et d'indigènes, arriva, après une suite d'essais et de transformations, à l'organisation actuelle, qui consacre en principe la séparation complète des corps français et des corps indigènes réguliers et irréguliers.

L'idée d'employer les indigènes comme soldats ne fut pas la première qui se présenta. Dès les premiers jours de l'occupation il avait été formé à Alger une garde extérieure composée de vingt cheiks et chaouchs, auxquels on décerna le titre modeste de *gardes champêtres*. Leurs fonctions consistaient à faire la police et à servir de guides aux environs de la ville. En 1835 le nom de *garde champêtre* fut changé en celui de *gendarme*. Il est probable que le développement des intérêts français ramènera l'emploi des indigènes à ces formes primitives, et que la France demandera aux tribus, comme dans les premiers jours de la conquête, des gardes champêtres, des gendarmes, et surtout des cantonniers : car ce sont trois fonctions auxquelles les rendent éminemment propres leur caractère et surtout leur connaissance du pays.

Il a été question il y a quelques années de faire venir à Paris des détachements de cavalerie et d'infanterie indigènes d'Afrique. Ces troupes, renouvelées tous les deux ans, auraient pris part, pendant la durée de leur séjour en France, au service militaire de la capitale. Cet échange périodique entre l'Algérie et la métropole aurait promptement popularisé en France le costume national de l'Algérie; mais il aurait eu pour effet principal de répandre parmi les indigènes la connaissance de nos mœurs et de nos ressources, de les accoutumer à nos sympathies et à nos répugnances, de former enfin des moniteurs de civilisation qui eussent reporté dans leur pays des impressions et des enseignements de confraternité entre les peuples et entre les cultes. Il aurait contribué de cette manière au progrès de la domination française en Afrique.

Nous ne devons pas quitter les troupes indigènes sans faire remarquer une singulière anomalie. Presque tous les princes musulmans ont donné à leurs armées régulières le costume européen; tandis que l'Algérie, contrée chrétienne, a conservé le costume musulman, et l'a donné même à des troupes françaises, les zouaves.

Effectif de l'armée d'Afrique.

L'effectif des troupes françaises employées en Algérie s'est constamment accru, comme l'on sait, depuis la conquête. En 1831 il était de 17,939 hommes ; au 1er janvier 1847 il s'élevait à 97,760 : à ce nombre il faut ajouter 7,048 hommes de troupes indigènes, ce qui porte la force totale de l'armée d'Afrique à 104,808. Cet effectif a un peu diminué depuis quelques mois par la rentrée en France de deux régiments.

C'est surtout depuis 1840 que les accroissements avaient été considérables : de 1839 à 1841 le chiffre de l'armée a passé de 50,000 hommes à 72,000 ; il s'est donc accru en deux ans de 22,000 hommes.

Population civile européenne.

Au 31 décembre 1830 la population civile européenne de l'Algérie se réduisait à 602 personnes ; seize années après, au 31 décembre 1846, elle était de 109,400 habitants. Dans ce nombre les Français figurent pour 47,274, les Espagnols pour 31,528, les Maltais pour 8,788, les Italiens pour 8,175, les Allemands pour 5,386, les Suisses pour 3,238. Il comprend encore, mais dans des proportions beaucoup moindres, des Anglo-Espagnols, des Anglais, des Polonais, des Portugais, des Irlandais, des Belges, des Hollandais, des Russes et des Grecs.

L'Espagne est, comme on le voit, le pays qui, après la France, fournit le plus d'habitants à l'Algérie. Dans ces derniers temps surtout elle lui en a envoyé un grand nombre. Ainsi, en 1846, sur 14,079 émigrés de toute nation dont la population algérienne s'est enrichie, l'Espagne compte à elle seule pour 6,356 c'est-à-dire près de la moitié, tandis que la France n'a participé à ce mouvement que pour 2,969.

En général, l'émigration étrangère s'est montrée depuis quelques années beaucoup plus active que l'émigration française. La proportion des Français aux étrangers, qui au 31 décembre 1843 était de 28,000 sur 31,000, s'était réduite au 31 décembre 1846 à 48,000 sur 61,000.

Dans la population civile de l'Algérie il est un élément dont on doit suivre la marche avec intérêt ; car il mesure en partie le degré de consistance sociale de la colonie : c'est le rapport entre le nombre des femmes et celui des hommes. A mesure que notre établissement se développera et se stabilisera ce rapport convergera vers l'unité qui est son terme normal. Envisagée à ce point de vue, la population de l'Algérie n'a pas suivi depuis 1843 la voie de progrès où elle était entrée avant cette époque. En 1841 le nombre des femmes était de 7,000, celui des hommes de 29,000, et le rapport, de 0,24. Le recensement de 1843 présente, à la date du 31 décembre, 15,000 femmes et 25,000 hommes ; ce qui élevait la proportion à 0,60. Eh bien, cette proportion ne s'est pas beaucoup accrue pendant les trois années qui ont suivi ; car à la fin de 1846 nous voyons les femmes figurer pour 25,000 et les hommes pour 41 : ce qui réduit le rapport entre l'effectif numérique des deux sexes à 0,61, à peu près comme il était en 1843.

Il faut ajouter à la population mâle de l'Algérie les 100 mille célibataires qui composent l'armée ; ce qui porte le nombre des Européens à 160,000, et réduit la proportion réelle des femmes à 0,15, c'est-à-dire que *la population européenne civile et militaire de l'Algérie ne contient qu'une femme pour six hommes.*

Rapport entre la population civile et la population militaire.

Il nous reste à mettre en parallèle les accroissements successifs de la population civile et de l'armée. Cette comparaison fournira au lecteur une donnée de plus pour apprécier la situation et l'avenir de l'Algérie.

En France l'armée est d'environ 300,000 soldats et la population d'environ 30,000,000 d'habitants. Chaque soldat suffit donc à la sécurité de 100 habitants.

L'Algérie à la fin de 1830 avait une armée de 37,000 hommes et une population européenne de 602 habitants ; chaque habitant occupait donc au soin de sa sûreté 62 soldats. Dès l'année suivante ce nombre était réduit à 6; en 1834 il était de 3, c'est-à-dire qu'il ne fallait plus pour garder un habitant que 3 soldats. En 1839 chaque habitant ne représentait plus que deux soldats. Enfin en 1845 l'armée et la population atteignirent l'une et l'autre le chiffre de 95,000. La population était arrivée au pair, chaque colon avait son soldat. Enfin en 1846 10 soldats garantissaient la sûreté de 11 colons.

L'accroissement progressif de la population civile a permis d'ajouter à l'armée, par la création des milices algériennes, une force réelle dont l'effectif s'élève aujourd'hui à plus de 12,000 hommes.

Population indigène.

On vient de voir que l'armée d'Afrique ou la population militaire renferme trois éléments fort différents, des corps français, des corps étrangers, des corps indigènes; que la population civile elle-même est un mélange à fortes doses de Français, d'Espagnols, de Maltais, d'Italiens, d'Allemands et de Suisses, et à doses plus faibles d'Anglais, de Polonais, de Portugais, d'Irlandais, de Belges et de Hollandais, de Russes et de Grecs.

Une diversité analogue se remarque dans la population indigène, qui se compose d'Arabes, de Berbères, de Maures, de Kouloughlis, de Turcs, de Juifs et de Nègres.

L'Arabe et le Berbère sont les deux éléments fondamentaux. Les autres n'occupent qu'une place secondaire.

Le Maure est l'habitant des villes, et surtout des villes du littoral. Le Kouloughli, dont le nom est turc et signifie littéralement *fils d'esclave*, est le produit des unions contractées par les Turcs avec les femmes de l'Algérie. Quant au Turc, au Juif et au Nègre, il est inutile de les définir.

Disons en peu de mots quelle est la position de ces différentes classes dans la population algérienne.

Les Maures.

Le Maure constitue une de ces espèces indéterminées et bâtardes qui se définissent négativement. Ce n'est ni l'Arabe, ni le Berbère, ni le Kouloughli, ni le Turc, ni le Juif, ni le Nègre. C'est le résidu de la population des villes quand on en a extrait ces cinq classes d'habitants. La plupart d'entre eux ignorent leur origine; quelques-uns la font remonter aux *Andalous* ou musulmans chassés de l'Espagne; d'autres se prétendent issus de quelque tribu de l'intérieur, et rentreraient à ce titre dans l'une des deux catégories arabe ou berbère. Le plus grand nombre descend de ces renégats qui, sous la domination des corsaires, venaient chercher dans les ports ou sur les navires barbaresques un refuge contre les lois de leur pays. Au reste, la classe des Maures est peu nombreuse; c'est à peine si dans toute l'Algérie on parviendrait à en réunir dix mille; elle est d'ailleurs peu recommandable; dans le contact des Européens elle a pris presque tous les vices de la civilisation, sans perdre aucun de ceux qu'elle devait à la barbarie. C'est celle qui depuis la conquête d'Alger a payé le plus large tribut au mezouar (1).

(1) Le *mezouar* était l'agent spécial préposé à la surveillance des femmes qui faisaient métier de la prostitution. On lui donnait le droit de percevoir sur chacune d'elles une taxe mensuelle de deux douros d'Alger (7 f. 44 c.) et de faire un certain nombre de fois par année une sorte d'exhibition de ses administrées dans des bals publics, dont tout le profit était pour lui.

Le *mezouar* achetait ces avantages au prix d'une redevance annuelle; il versait dans les caisses de l'ancien gouvernement une somme dont la quotité variait, puisqu'elle dépendait à chaque renouvellement de la ferme passée au plus offrant du nombre des malheureuses soumises à la taxe.

Dans les idées musulmanes, cette bizarre institution n'avait rien de choquant. La loi, outre quatre femmes légitimes, permettant un nombre indéterminé de concubines, c'était le plus souvent parmi les femmes inscrites au livre du mezouar que les Algériens allaient chercher les dernières.

Cette magistrature étrange avait encore un privilége singulier. Le prix de ferme à payer demeurant fixé et la redevance exigible augmentant avec le nombre des assujetties, le *mezouar* avait intérêt à voir ce nombre s'accroître. En conséquence il recherchait et faisait rechercher par ses agents celles des femmes répu-

Les Kouloughlis.

Les Kouloughlis forment plusieurs groupes intéressants. En 1830 ils occupaient la ville de Tlemcen ; ils occupent encore plusieurs quartiers de Biskra et de quelques autres villes ; ils composent la population de deux tribus considérables, celle de Zammôra, située sur la limite méridionale de la Kabilie, et celle des Zouatna, établie sur les rives de l'Isser et de l'Ouad-Zitoun, un de ses affluents, à dix lieues sud-est d'Alger. Au moment de la déchéance des Turcs, les Kouloughlis se virent en butte aux attaques des tribus arabes et berbères qui les entouraient. Ils n'eurent d'autre ressource que de se jeter dans les bras de la France. C'est ainsi que la garnison de Tlemcen et la colonie de l'Ouad-Zitoun se sont les premières détachées du massif indigène et sont venues se ranger sous nos lois alors que l'autorité française en Algérie ignorait presque leur existence. Depuis cette époque les Kouloughlis ont constamment fait cause commune avec nous, et beaucoup d'entre eux ont pris du service dans notre infanterie indigène, où ils se sont toujours conduits en braves et fidèles soldats. Le nombre des Kouloughlis en Algérie peut s'élever à environ 20,000.

Les Turcs.

Une des premières mesures que prit l'autorité française en 1830 fut de se débarrasser de la plus grande partie des Turcs établis à Alger. Elle craignit que ces maîtres déchus ne cherchassent à ressaisir une influence qui n'avait pas assez de racine dans le pays pour lui faire ombrage ; elle crut s'affranchir d'adversaires redoutables, et en réalité elle se priva d'auxiliaires utiles. Plusieurs milliers de Turcs, qui eussent accepté avec joie du service sous notre drapeau, furent transportés dans leur pays à bord des bâtiments de l'État.

Le gouvernement reconnut bientôt son erreur ; aussi ne suivit-il pas dans les autres villes tombées en notre pouvoir la politique qu'il avait suivie dans la capitale. En décembre 1831 il existait à Oran 90 Turcs de l'ancienne milice, dont 27 entrèrent dans les chasseurs algériens, et 63 restés dans un profond dénûment, reçurent des vivres, des vêtements et une légère solde.

A Mostaganem la garnison turque, composée de 157 hommes, reçut des allocations en argent qui l'aidèrent à se soutenir contre les Arabes.

En 1832, au moment du hardi coup de main qui nous livra la ville de Bône, 105 Turcs, qui composaient la garnison de la Kasba, passèrent à notre solde, et formèrent le noyau d'un escadron de Spahis.

Enfin après la prise de Constantine, les Turcs qui se trouvaient dans cette ville, entrèrent aussi à notre service ; on en forma une compagnie d'infanterie et une section d'artillerie.

Si l'on ajoute à ces différents chiffres quelques centaines de Turcs, la plupart vieux et infirmes, épars dans nos villes du littoral, on aura réuni tout ce qui reste après dix-sept ans de ces dominateurs, qui ont régné sur l'Algérie pendant trois siècles. Nous ne croyons pas être au-dessous de la vérité en évaluant à 1,000 le nombre des Turcs qui à cette heure habitent encore l'Algérie.

---

tées honnêtes dont la conduite était suspecte ; et s'il pouvait prouver devant le cadi qu'elles étaient tombées en faute, libres ou mariées, elles étaient, comme femmes perdues, inscrites au livre du *mezouar*, et soumises au payement de la taxe. De ce jour aussi le déshonneur avait rompu les liens du mariage ou retranché la fille de la famille.

L'administration éprouva une répugnance bien naturelle à conserver l'institution du *mezouar*. Plusieurs fois elle essaya d'organiser sur une autre base la police de la prostitution ; mais au mois de juillet 1831 elle se crut obligée de revenir à l'ancien moyen de surveillance modifié par l'adjonction d'un dispensaire. La ferme fut consentie à un Maure d'Alger au prix de 1,860 francs par mois. Mais le *mezouar* ayant commis des abus, le marché fut résilié et passé à un nouvel adjudicataire moyennant une redevance mensuelle de 2,046 francs.

Cet état de choses s'est prolongé avec quelques variations dans le fermage jusqu'au 28 septembre 1835, époque à laquelle la ferme fut supprimée et la surveillance du commissaire central de police substituée à celle du *mezouar*.

Les Juifs.

Les Juifs, qui furent nos premiers médiateurs et nos premiers interprètes en Algérie, y avaient obtenu dès longtemps droit de cité malgré la répugnance prononcée que les musulmans et surtout les Barbaresques leur ont toujours témoignée. Fidèles à la loi de leur grande et mystérieuse destinée, ils sont là, comme partout, comme toujours, les agents et souvent les martyrs d'un rapprochement providentiel entre des peuples et des cultes rivaux.

Il n'est pas une seule ville de l'intérieur qui ne compte des Israélites parmi ses habitants. Il y en a dans toutes les cités éparses du Sahara, à Tuggurt, à Bou-Sada, dans l'Ouad-Mzab, etc.

Beaucoup de familles juives se sont même établies dans les tribus, où elles vivent à l'état nomade.

On m'a assuré qu'en 1837 la tribu des Hanencha, l'une des grandes peuplades limitrophes de la régence de Tunis, ne comptait pas moins de deux cents tentes juives, dont les chefs combattaient à la manière des Arabes, avec de longs et riches fusils, garnis d'ornements en argent. Mais à la suite de dissensions intestines survenues depuis cette époque, cent cinquante tentes durent émigrer, et se retirèrent, assure-t-on, dans l'oasis tunisienne du Belad-el-Djerid au sud-est de leur territoire. Il n'est donc resté sous notre domination qu'environ cinquante tentes.

Les Israélites établis dans les tribus s'y conforment aux usages de la localité; ils habitent la tente ou la gourbi comme les peuples parmi lesquels ils vivent. Tantôt ils cultivent avec eux de compte à demi; tantôt ils labourent pour leur propre compte, se pliant, avec la merveilleuse souplesse qui les caractérise, à toutes les exigences de la vie civile et matérielle, dans l'intérêt de leur génie et de leur foi.

Mais l'agriculture n'est pas, on le sait, leur industrie de prédilection : en général les Juifs des tribus y exercent les professions de colporteurs et d'orfèvres.

La plupart des tribus ne font pas difficulté de les admettre; cependant quelques-unes les excluent, et il est à remarquer que les populations musulmanes qui montrent le plus d'intolérance sont celles qui affectionnent spécialement ces deux industries; tel est par exemple le massif des tribus kabiles qui habitent vers le sommet des versants nord du Jurjura : elles se montrent inexorables pour les Juifs, tandis que le reste de la Kabilie leur ouvre ses portes. Mais aussi ces tribus n'ont pas d'autres moyens d'existence que les industries de colporteur et d'orfèvre; l'exclusion prononcée par elles contre les Israélites tient donc moins à une antipathie religieuse qu'à une rivalité professionnelle.

Les Juifs établis dans les tribus portent le même costume et parlent la même langue que les peuples dont ils sont les hôtes. On remarque cependant de légères différences. Les hommes remplacent dans leur coiffure le *khéit* ou corde en poil de chameau qui entoure la calotte rouge par un mouchoir ou un turban noir, et les femmes évitent de se tatouer le visage comme les femmes musulmanes, pour obéir à un précepte de la Bible qui leur interdit ce genre d'ornement.

Jusque dans les profondeurs de l'Afrique centrale le peuple israélite a pénétré. Il y a des Juifs parmi les trafiquants nègres qui font le commerce de la poudre d'or. Ils correspondent pour les intérêts de leur négoce avec leurs coreligionnaires établis à Timimoun, dans l'oasis de Touat, et à Metlili, sur les confins de l'Algérie.

Nous manquons de données pour évaluer avec quelque exactitude la population juive de l'Algérie.

Le recensement qui fut fait en 1844 de la population des territoires civils accusa l'existence de 14,694 Juifs. Il faut y ajouter les Israélites établis dans les villes administrées militairement, dans les villes non occupées, tant du Tell que du Sahara, et enfin dans les tribus. Le chiffre total doit s'élever à peu près à 80,000.

Les Nègres.

L'esclavage chez les musulmans ne ressemble en rien à ce qu'il est dans les colonies chrétiennes; l'esclave y est traité avec une grande douceur; il fait partie de la famille, et s'y incorpore souvent par les liens du sang.

Aussi le gouvernement français avait-il sagement agi en s'abstenant de toute mesure violente pour supprimer un usage que la force des choses devait faire disparaître; partout où le drapeau français a été arboré le fait seul de sa présence a suffi pour faire cesser la vente des esclaves aux enchères. Ce fut comme un hommage spontané rendu par la population conquise aux mœurs, aux principes et aux répugnances du peuple conquérant.

Le gouvernement républicain s'est hâté de proclamer l'abolition de l'esclavage : mais il a ainsi jeté la perturbation dans un grand nombre de familles musulmanes; et nous avons vu plus d'un esclave regretter, en face de la misère, la chaîne légère et douce qui lui assurait chaque jour son pain du lendemain.

Depuis 1830 les importations de Nègres en Algérie étaient devenues chaque jour plus rares; la population esclave avait encore diminué par le départ des grandes familles et par l'appauvrissement des autres. Le temps n'était pas éloigné où elle ne devait plus se renouveler que par les naissances.

Le recensement de 1844 a constaté qu'il existait au 31 décembre 1843, dans le ressort de l'administration civile, 1,595 Nègres libres et 1,277 esclaves. On peut évaluer approximativement à 10,000 le nombre des esclaves répandus sur toute la surface de l'Algérie au moment où l'abolition de l'esclavage a été décrétée. Le nombre des Nègres libres est au moins égal.

Il est inutile de dire qu'il n'y a jamais eu un seul esclave dans les maisons chrétiennes.

Dans toutes les villes de l'Algérie les Nègres ont l'habitude de se réunir un jour chaque année et de célébrer en commun une fête, qui leur fait retrouver pendant quelques heures les joies naïves de leur berceau. J'ai assisté quelquefois à ces réjouissances annuelles, faible compensation de l'esclavage et de l'exil : je n'en ai point vu qui eût un caractère plus étrange, qui fût entouré de circonstances plus fantastiques que celles de Bône.

La solennité a lieu le jour de la fête de Lella-Bôna-bent-el-Hamra (madame Bôna fille de la rouge); c'est le nom donné par les Arabes aux ruines d'Hippone, où ils prétendent qu'une sainte de ce nom est enterrée.

La scène se passe dans les vastes citernes de l'ancienne ville. Le jour est consacré aux sacrifices; on immole à la sainte des coqs et toujours des coqs rouges, parce que Lella-Bôna était fille de la rouge (Bent-el-Hamra).

Dès que vient le soir les bougies s'allument, et projettent une lumière vacillante sur les murailles du souterrain. Des Négresses préparent le couscoussou. Pendant ce temps le tambourin et le fifre font entendre sans interruption leur bruit assourdissant. Bientôt Nègres et Négresses commencent à danser chacun de son côté, chacun à sa manière; d'abord les mouvements ont de la lenteur et une sorte de nonchalance, mais peu à peu la mesure se précipite, les cadences deviennent plus vives; danseurs et danseuses, haletant de fatigue, ruisselant de sueur, finissent par tomber dans un état d'ivresse magnétique, au milieu de laquelle ils poussent de grands cris incohérents.

Tout cela se voit à la lueur incertaine de quelques bougies, par une nuit sombre, dans de vastes souterrains, auxquels tous ces visages noirs donnent une certaine ressemblance avec l'enfer; des feux allumés brillent çà et là; des femmes, des enfants gisent accroupis le long des murs; d'autres courent échevelés à travers les danses. Au-dessus de toutes ces têtes en mouvement règne une voûte énorme, en partie détruite, à travers laquelle on aperçoit les étoiles du firmament et les hautes cimes des arbres qui ont poussé dans les crevasses. Toute cette fantasmagorie dure jusqu'aux premières lueurs du jour. Alors la caravane de Nègres, de Négresses et de Négrillons s'en revient à la ville, fatiguée, mais satisfaite des plaisirs de la nuit.

Costume des différentes classes indigènes.

L'Européen qui débarque pour la première fois dans une ville d'Algérie n'est frappé au premier abord que de l'étrangeté des costumes indigènes. A la vue de cette population dont les usages diffèrent tant des nôtres, il éprouve une sorte d'éblouissement qui l'empêche de reconnaître les signes caractéristiques propres aux diverses classes de cette société devenue française par la conquête, demeurée étrangère par ses habitudes. Il prend le Juif pour le Maure, le Maure pour le Turc; quelquefois même il confond le Maure et le Turc avec l'Arabe et le Berbère. Cette première révélation du monde musulman ne laisse dans l'esprit que des impressions confuses.

Et cependant toutes les classes de la population algérienne observent dans la forme et la couleur de leurs vêtements certains usages particuliers, qui permettent de les reconnaître.

Le Maure et le Turc sont deux types similaires; aussi diffèrent-ils entre eux beaucoup moins par la taille de l'habit que par la manière de le porter. Leur coiffure consiste dans la calotte rouge de Tunis dite chachia, autour de laquelle s'enroule un turban de couleur claire. Une double veste couvre le haut du corps; l'une se ferme sur la poitrine; l'autre reste ouverte; le *séroual*, culotte bouffante, descend jusqu'aux genoux; il est maintenu sur les hanches par une ceinture de laine rouge, et laisse ordinairement découverte la partie inférieure des jambes.

Sous ce costume commun aux deux classes citadines de la population musulmane le Turc se reconnaît à la fierté de la démarche, à l'arrogance du maintien. Jusque dans le fond d'une boutique il conserve sa prestance militaire; tandis que le Maure reste bourgeois, même sous les armes.

Ils diffèrent aussi dans la manière de placer le turban : sur la tête du Maure il couvre également les deux côtés de la tête; sur la tête du Turc il incline un peu à droite, laissant à découvert le dessus de la tempe gauche, qui, par suite de cet usage, est recommandé tout particulièrement aux soins du *haffaf*, ou barbier.

Il existe encore entre les deux types quelques différences de détail. Ainsi l'usage des bas est plus répandu parmi les Turcs que parmi les Maures.

Mais c'est surtout dans le jeu de la physionomie, dans l'ensemble du maintien que les deux natures se dessinent.

Deux formules locales expriment le caractère et les rapports de l'une et de l'autre.

Le Maure définit ses anciens maîtres par quatre mots turcs : *Fantasia tchok, para iok*; beaucoup d'orgueil, et pas d'argent.

Le Turc désigne le produit de son alliance avec les Maures par ces deux mots, non moins expressifs : *Kouloughli*, enfant d'esclave.

Veut-on rapporter le Maure et le Turc de l'Algérie à deux des types les plus populaires de l'Europe ? Qu'on se représente, affublés de même costume, Sancho Pansa et Don Quichotte.

Le costume des Juifs ne diffère pas par sa forme de celui des Turcs et des Maures, il en diffère seulement par la couleur. La chachia violette, le turban noir, la veste et le pantalon de couleur terne ou sombre distinguent la famille israélite de toutes les autres races indigènes.

Les Juifs m'ont paru encore se faire remarquer par la blancheur générale de leur teint : malgré l'influence du climat on rencontre parmi eux très-peu de peaux brunes; aussi forment-ils avec les Nègres un double contraste. Tandis que l'Israélite porte sur sa peau blanche un vêtement de couleur sombre, monument de son ancien ilotisme, le Nègre, cet autre Ilote, montre une prédilection marquée pour les couleurs claires. Il porte presque invariablement le turban et le séroual blancs, et presque toujours aussi une veste blanche. Jusque dans les industries qui le font vivre, il semble rechercher des oppositions à la couleur de jai luisant dont la nature l'a couvert. Il se fait marchand de chaux, et sa compagne marchande de farine. Dans presque toutes les villes il exerce la profession spéciale de badigeonneur. On le voit promener son pinceau à long manche sur la coupole des mosquées, sur les flèches des minarets, sur les façades et les terrasses de tous les édifices. C'est à ses mains noires qu'Alger doit le voile blanc qui l'enveloppe et qui dessine de loin sa forme triangulaire encadrée dans la verdure de ses coteaux et de ses campagnes.

Tel est l'extérieur des classes citadines; il nous reste à parler du peuple des campagnes, du peuple des tribus réparti en deux classes, bien autrement importantes, bien autrement nombreuses, qui, soit sous le tissu de laine de la tente, soit sous la toiture de chaume ou de tuiles, représentent la plus grande partie de la population algérienne.

On comprend qu'il s'agit des Arabes et des Berbères.

Quelques échantillons de ces deux races se rencontrent même dans le sein des villes. Ils y paraissent à divers titres : les uns viennent y vendre les produits de la campagne et y acheter des cotonnades et des merceries; les autres viennent y chercher du travail, et consentent à subir pendant plusieurs années la dure loi de l'expatriation, dans l'espoir d'amasser un petit pécule et d'acheter du produit de leurs économies une maisonnette et un jardin, soit dans l'oasis, soit dans la montagne natale; c'est cet espoir qui fait accepter au Berbère de la Kabilie, à l'arabe du Sahara, la résidence temporaire de nos villes.

Le Kabile, dans la plus grande simplicité de son costume national, porte pour coiffure la calotte rouge commune à toutes les classes indigènes, pour vêtement un *derbal*, ou chemise de laine serrée au corps par une ceinture de même substance, et un tablier de cuir; pour chaussure la *torbaga*, sandale grossière, que la neige et les rochers rendent nécessaire dans la montagne, mais qui laisse à découvert les formes musculeuses de la jambe. A cet accoutrement il ajoute le manteau à capuchon appelé *bernous*, pièce principale du costume africain, que la conquête de l'Algérie a déjà popularisée en France. Le bernous du Kabile sort des Beni-Abbes ou des Beni-Ourtilan, deux tribus industrieuses situées dans les montagnes.

La coiffure de l'Arabe se compose de deux ou trois chachia superposées, qui en voyage lui servent de portefeuille. Lui donne-t-on des dépêches à porter au loin, il les place entre deux de ces calottes de laine, et ne s'en inquiète plus jusqu'au terme de la mission, il est sûr de ne pas les perdre, car sa coiffure ne le quitte jamais, ni le jour ni la nuit. Sur la chachia extérieure, qui est rouge, s'applique une longue pièce d'étoffe de laine légère, fixée par une corde en poil de chèvre et de chameau, qui s'enroule plusieurs fois autour de la tête, où elle s'étend en spirale. La pièce d'étoffe s'appelle *haïk*, et se fabrique surtout dans le Djérid, oasis tunisienne. La corde de chameau s'appelle *khéit* ou *brima*, suivant qu'elle est ronde ou plate. Une *gandoura* couvre le corps et les épaules; c'est une autre chemise de laine, plus longue que le *derbal* du Kabile, et sur laquelle descendent les plis du haïk. Enfin l'habillement se complète par l'inévitable bernous, qui est pour l'Arabe une seconde peau.

Les deux derniers types qui viennent d'être définis par leur costume appartiennent au peuple des tribus; elles forment la grande masse de la population indigène.

La principale différence qui existe entre eux est celle du langage. Quant à leur origine, il doit s'être introduit beaucoup de sang berbère, même chez les peuples qui font exclusivement usage de la langue arabe; on ne doit donc voir dans les tribus, soit arabes, soit même berbères, que des mélanges à dose variable du peuple conquérant et du peuple conquis. Les tribus arabes sont celles où dominent le sang et la langue des vainqueurs, et les tribus berbères celles où le sang et la langue des vaincus l'ont emporté.

A ce point de vue l'examen des mœurs indigènes fournit des rapprochements et des contrastes dignes d'intérêt.

La race berbère en Algérie habite surtout les montagnes; la race arabe habite surtout les plaines.

La première porte deux noms différents; elle s'appelle Kabile dans le massif méditerranéen, et Chaouia dans le massif intérieur.

La seconde porte par tout le même nom, qui est celui des fondateurs de l'islamisme; mais les habitudes et les instincts la partagent aussi en deux catégories : l'Arabe du Tell et l'Arabe du Sahara.

Les groupes les plus remarquables formés par l'élément berbère sont dans le massif intérieur, les montagnes de l'Aurès, et dans le massif méditerranéen, la Kabilie proprement dite.

La race arabe et la race berbère ont des habitudes et des inclinations tellement différentes, qu'en quelque point qu'on les observe, on les trouve séparées partout : l'une a fini par absorber ou repousser l'autre.

Il n'est peut-être dans toute l'Algérie qu'une seule localité où elles habitent le même sol, sans perdre ni le caractère ni la langue qui leur est propre ; c'est Guelma. Nous avons déjà signalé le phénomène remarquable de juxta-position particulier à cette petite ville, située dans un des sites les plus riants de la Seybouse. Là se trouvent réunis des Chaouïas descendus de l'Aurès, des Kabiles venus des montagnes de Djidjeli, des Arabes venus des plaines de Constantine, et cette société hétérogène accrue encore de cultivateurs européens, prospère et se développe dans la paix et le travail, grâce au lien protecteur que l'autorité française a su établir entre des éléments étrangers au territoire qu'ils habitent et partout ailleurs hostiles entre eux.

L'éloignement que le Berbère et l'Arabe éprouvent l'un pour l'autre tient en grande partie à des différences organiques que le temps et la civilisation affaibliront par degrés, mais ne détruiront jamais.

Il existe entre eux une incompatibilité analogue à celle qui sépare l'esprit de la matière, quand la vie ne les associe pas.

Comme aptitude le Berbère est surtout artisan, l'Arabe voyageur et pasteur ; comme caractère, le Berbère est positif, pratique, ami exclusif du fait ; l'Arabe est rêveur, contemplatif, amoureux des formes poétiques, qu'il transporte instinctivement dans son langage le plus vulgaire, dans la nomenclature de ses vallons, de ses coteaux et de ses montagnes.

Le Berbère est maçon, forgeron, armurier, nous l'avons déjà dit ; le petit nombre de villes que l'Algérie possède en dehors de la Kabilie, c'est lui qui les a élevées : Alger, lui-même, ce gracieux spécimen de l'art moresque, est sorti de ses mains. Ce sont les usines berbères qui fabriquent les plus belles armes indigènes, et particulièrement les sabres longs et pointus appelés *fliça*.

Le Kabile a les défauts qui correspondent à ses qualités. Comme tous les hommes dont l'intelligence se concentre dans des ouvrages matériels, il est âpre, entêté, hargneux ; après la pioche, la scie et le marteau, il ne connaît plus rien que le fusil.

Il a le don de l'imitation ; c'est encore une qualité qui accompagne presque toujours des instincts industriels. D'artisan laborieux il n'attend pour devenir mécanicien habile que des maîtres et des modèles.

L'Arabe a le caractère plus sociable, l'esprit plus élevé, l'imagination plus vive. Il anime son langage d'expressions pittoresques ; il aime à revêtir la pensée de formes allégoriques ; il montre enfin vers la poésie une tendance naturelle, qui ne demande qu'un peu d'éducation pour se développer.

A travers l'ignorance commune à tous ces peuples, on remarque dans l'Arabe quelques aspirations vers la lumière, quelques vagues désirs de culture intellectuelle ; une propension instinctive le porte surtout vers deux sciences, l'astronomie et la géographie. Rien n'a le don de le captiver comme les récits de voyages et les mouvements des corps célestes.

Mais ce portrait s'applique exclusivement à l'Arabe du Sahara ; car pour le paysan du Tell, il ne connaît que la route de sa tribu au marché voisin ; là s'arrête son instruction géographique. Il tond ses moutons, et en porte la laine à l'habitant du Sahara, qui la transforme en tissus ; là s'arrêtent ses facultés industrielles.

Les tentes elles-mêmes, ces demeures flottantes où il abrite sa famille, c'est aux nomades du Sahara qu'il les achète.

Enfin l'Arabe du Sahara, malgré ses instincts poétiques, aime le travail comme le Kabile, et vient le chercher à plus de cent lieues de distance dans nos villes du littoral. C'est lui qui dans le port d'Alger nous tendait la main pour débarquer durant les premières années de la conquête ; c'est lui qui transporte nos marchandises et nos bagages. Le Biskri (ce nom comprend tous les travailleurs sahariens) est aussi intelligent, aussi actif et adroit que le Kabile. Le paysan arabe du Tell, au contraire, ne rêve que le repos; il est paresseux et gauche.

Reconnaissons toutefois l'importance du rôle assigné par la nature à ces trois catégories d'habitants dans le mouvement d'échange et de production qui anime et nourrit l'Algérie indigène.

Le Berbère est surtout artisan, l'Arabe du Sahara pasteur et voyageur, l'Arabe du Tell laboureur.

Mais à la spécialité qui lui est propre chaque classe en ajoute une autre qui lui crée de nouvelles ressources. Au fond de ses montagnes, l'artisan berbère cultive l'olivier sur une large échelle; à côté de ses landes vouées au parcours, le pasteur saharien possède des forêts de dattiers; dans les plaines monotones qu'il cultive le laboureur arabe du Tell élève encore d'immenses troupeaux.

Ainsi chacun de ces trois types, envisagé au point de vue de sa participation à l'entretien des autres, représente une double aptitude, une double industrie.

Le Berbère cumule les professions d'artisan et de jardinier;

L'Arabe du Tell celles de laboureur et de pasteur;

L'Arabe du Sahara celles de pasteur et de jardinier.

Forme constitutive de la population indigène.

Transportons-nous maintenant sur le théâtre de ces quatre industries fondamentales, observons de plus près les peuples qui les exercent, cherchons la loi sociale qui les régit.

Cette loi gouverne également les Arabes et les Berbères. Dans les clans abruptes de la montagne, dans les horizons découverts de la plaine, dans les steppes et dans les oasis du Sahara, partout nous retrouvons la constitution isomorphe des peuples berbères, nous retrouvons le même élément d'agrégation, la tribu; la tribu c'est l'unité, c'est la commune.

Chez les peuples stables, qui ne font point usage de la tente, la tribu se présente comme une agglomération de villages; c'est alors surtout qu'elle offre la plus grande analogie avec nos communes de France; c'est la forme caractéristique de la race berbère.

Chez les peuples qui ont rompu avec le chaume et la tuile, la tribu se présente comme une agglomération de cercles formés de taches noires, qu'on prendrait de loin pour des amas de fumier. Chacune de ces taches est une tente; chaque cercle de tentes forme un douar; c'est la forme caractéristique de la race arabe.

Le village pour les uns, le douar pour les autres, tels sont les éléments principaux de la tribu.

Entre cette unité constitutive de la commune et la tribu, qui est l'unité constitutive de la société, il existe une division intermédiaire, qui réunit un certain nombre soit de villages, soit de douars, et que l'on appelle la *ferka*, mot qui signifie *fraction*. La somme de ces fractions produit l'unité, c'est-à-dire la tribu.

En France l'homogénéité est un des principaux caractères de nos communes; il n'y a pour ainsi dire entre elles que des différences numériques; ainsi pas de commune nomade, religieuse, féodale; le moule révolutionnaire les a toutes uniformisées.

A cet égard l'Algérie attend encore sa révolution. Parmi ses milliers de communes (pourquoi ce mot consacré dans notre langage administratif ne serait-il pas appliqué à une terre désormais française?), les unes sont sédentaires, les autres nomades; quelques-unes offrent l'exemple d'émigrations partielles et jonchent le sol de leurs colonies. L'Algérie nous montre encore des communes religieuses et des communes laïques, des communes nobles et des communes serves.

Les communes ou les tribus sédentaires sont celles qui habitant sous le chaume, sous la tuile ou sous la terrasse, ne se déplacent jamais, comme les villages de la Kabilie et du Sahara; celles qui habitant sous la tente se meuvent entre des limites fixes, comme les Arabes du Tell; ou bien enfin celles qui habitant sous la tente se meuvent autour de points fixes, comme cela a lieu pour quelques tribus du Sahara.

Il ne faut pas prendre les peuples nomades pour des peuples errants; car il n'existe pas de tribus errantes en Algérie. Les plus mobiles obéissent dans leurs mouvements à certaines lois qui limitent d'une manière presque invariable le champ de l'habitation, de la culture et du parcours; ces lois résultent de la nature du climat et du sol, de l'extrême régularité qui préside au retour des saisons, de l'extrême inégalité qui préside au partage des eaux.

Pendant une moitié de l'année l'Algérie ressemble à une vaste pelouse verte et arrosée.

Pendant l'autre moitié elle se partage en deux larges bandes verdoyantes et en deux larges bandes jaunes et arides.

Les deux premières sont le massif méditerranéen et le massif intérieur; les deux autres sont la zone des landes et celle des oasis.

Pendant les six mois de verdure les tribus des oasis se répandent avec leurs troupeaux dans les landes limitrophes; les tribus qui habitent les pentes des montagnes méridionales descendent pareillement dans les landes voisines.

Pendant les six mois de sécheresse ces dernières remontent dans leurs montagnes. Les tribus des oasis exécutent leurs mouvements de migration lointaine; elles abandonnent la région natale, et vont chercher sur les plateaux du Tell de l'eau, des blés et des pâturages.

Pendant la première saison la population de l'Algérie se disperse sur toute sa surface; pendant la seconde elle se concentre dans les massifs montueux et dans les terres cultivables des oasis.

Elles obéissent ainsi à un mouvement régulier d'oscillation, qui aux mêmes époques les ramène sur les mêmes points.

Tribus-colonies.

Il se rencontre fréquemment des tribus de même nom séparées par de grandes distances; elles reconnaissent presque toujours une origine commune : l'une est la métropole, les autres sont des colonies.

C'est en général la discorde ou la misère qui provoque ces émigrations. Un des exemples les plus remarquables de ces déplacements se présente aux portes même d'Alger, dans la tribu des Arib, dont la métropole occupe la partie la plus méridionale du Sahara marocain. A une époque qu'il serait difficile de préciser, des dissensions intestines forcèrent une partie de cette tribu à s'éloigner du sol natal. Elle s'avança alors vers le nord-est, et vint s'établir sur les confins du Sahara algérien. Là de nouvelles contestations avec les tribus voisines déterminèrent un nouveau mouvement vers le nord, et la colonie nomade des Arib arriva ainsi dans le Hodna, au sud de Sétif; puis elle passa dans le massif méditerranéen, et vint s'établir, par suite d'un arrangement avec les tribus qu'elle déplaçait, sur l'un des affluents supérieurs de l'Ouad-Akbou (rivière de Bougie). L'occupation française occasionna encore un déplacement dans la tribu des Arib, dont une partie vint asseoir ses tentes au pied de la maison carrée, à deux lieues d'Alger. C'est ainsi que, par une suite de vicissitudes et de déplacements, la tribu la plus reculée du Sahara marocain se trouve avoir une colonie sur la côte algérienne.

Alger lui-même, le chef-lieu actuel de nos possessions, est une colonie d'origine berbère. Mais les Beni-Mesghanna, ses fondateurs, ont disparu dans les guerres nombreuses qui ont agité le pays depuis trois siècles. Cependant ils ont laissé leur nom à la montagne qu'ils habitaient dans la partie supérieure du cours de l'Isser. Ce lieu est encore fréquemment visité par les Algériens, qui vont saluer leur ancienne métropole. La ville avec les îlots qui lui font face, îlots dont le principal forme la tête de la jetée Khaïr-ed-Din, s'appelait au moyen âge Djezaïr-Beni-Mezghanna (les îlots de Beni-Mezghanna). Plus tard ce nom fut altéré. Les indigènes n'en conservèrent que la dernière partie et nommèrent par abréviation la ville barbaresque *Dzaïr*. Les Européens, au contraire, n'en conservèrent que les premières syllabes, et l'appelèrent *Alger*; de sorte que l'ensemble des deux noms *Alger*, *Dzaïr* donnés aujourd'hui à la cité mauresque par les deux populations qui l'habitent, reconstitue le nom primitif *Eldje-Zaïr*.

Parmi les tribus-colonies, nous ne devons point passer sous silence la classe intéressante de celles que les Turcs avaient formées pour la sûreté de leur conquête. Ils les établissaient sur des terres acquises au domaine de l'État, soit par voie de confiscation, soit

ALGÉRIE.

par voie de vacance. Le noyau de ces colonies reconnaît diverses origines. Tantôt c'était une réunion de familles empruntées aux tribus circonvoisines; on les appelait alors *Zmala* ou *Daïra*. Tantôt c'était une troupe de nègres affranchis; on les appelait *Abid*.

Ces tribus réunissaient le double caractère militaire et agricole; elles recevaient des terres et des instruments de travail; mais elles recevaient aussi des armes. Le siége de leur établissement était souvent un marché, ou bien elles s'échelonnaient sur une route, ou bien enfin elles étaient groupées autour d'une ville dont elles protégeaient les abords.

Toute l'organisation, toute la sûreté de la province d'Alger sous les Turcs reposaient sur les colonies militaires indigènes. Moyennant la concession de la terre, qui ne lui coûtait rien, le gouvernement disposait d'une gendarmerie nombreuse, mobile, aguerrie. C'est à l'aide de ces auxiliaires empruntés au sol lui-même, qu'il était parvenu à occuper avec 14,994 hommes de troupes régulières, autant d'espace que nous en occupons nous-mêmes avec 100,000.

Tribus religieuses.

Il existe des tribus dont tous les habitants sont marabouts et naissent marabouts. Il en existe un grand nombre. On les désigne par la qualification générique de *Oulâd-Sidi* (les enfants de Monseigneur), suivie d'un nom propre; c'est le nom d'un personnage qui de son vivant s'est acquis, soit par des excentricités pieuses, soit par des actes de bienfaisance mystique, une réputation de sainteté consacrée par de prétendus miracles. Élevé ainsi au pavois de la vénération populaire, il a transmis à toute sa postérité, avec son titre de marabout, le prestige qui l'accompagne. Parmi ces tribus il en est quelques-unes qui ont laissé peu à peu décroître leur influence, et n'ont conservé, si l'on peut s'exprimer ainsi, qu'un titre nu; mais en revanche il en est beaucoup d'autres qui exercent sur toutes les communes circonvoisines une véritable suzeraineté. Ce sont elles qui donnent le signal du labourage et de la moisson. A l'approche de ces deux époques capitales, le paysan arabe ne regarde pas si la terre est prête à recevoir la charrue, si la moisson est prête à recevoir la faucille; l'œil fixé sur le champ de ses maîtres, il attend que la charrue et la faucille suzeraines se mettent en mouvement; alors seulement il se met à l'œuvre, car s'il les devançait la bénédiction du ciel manquerait à ses travaux.

Ce sont encore les tribus de marabouts qui donnent le signal de la guerre sainte, et une expérience de dix-sept années nous a édifiés sur le caractère de leur intervention.

Cependant quelques exceptions intéressantes ont prouvé que tous les chefs de ces familles ecclésiastiques ne se sont pas jetés avec la même ardeur dans la voie de la violence et du fanatisme.

Ainsi dans les premières années de notre occupation un des marabouts les plus influents de la province d'Alger, consulté par les indigènes de sa juridiction sur la conduite qu'ils devaient tenir à l'égard des Français, leur fit cette réponse remarquable : « Restez tranquilles, et ne luttez pas contre eux; car ou la volonté de Dieu est qu'ils restent, et vos efforts pour les chasser seraient impies; ou la volonté de Dieu est qu'ils s'en aillent, et vos efforts seraient inutiles. »

Tel fut encore le chef de la principale famille ecclésiastique du Ziban, Ben-Azzouz. Il avait embrassé en 1838 le parti d'Abd-el-Kader; en 1840 il fut battu par notre cheik-el-arab Ben-Ganna, qui envoya à Constantine, comme trophées de sa victoire, un drapeau, une pièce de canon et quelques centaines d'oreilles.

Cependant après plusieurs vicissitudes et une assez longue captivité à l'île Sainte-Marguerite, Ben-Azzouz, le marabout vénéré de l'est, sentit le besoin de se réconcilier avec les Français. Il obtint de retourner en Afrique et d'aller habiter les environs de Bône avec sa famille. Il y mourut après quelques années de séjour.

Les habitants de Bône, Français et indigènes, se rappellent avec émotion la scène touchante et imposante à la fois qui signala les derniers moments de ce vieillard, chef d'une des plus saintes et des plus illustres familles de l'Algérie.

C'était en 1844 ; le vieux marabout habitait avec sa famille de modestes gourbis sur le bord de l'Ouad-el-Fercha, au pied du Djebel-Edough. Quand il sentit sa fin prochaine, il convoqua autour de lui tous les membres de sa famille sans exception, et leur déclara, au milieu d'un religieux silence, ses dernières volontés : « Mes enfants, leur dit-il, j'ai voulu, avant de mourir, vous faire connaître ce que Dieu m'a révélé ; en ce moment suprême l'avenir se découvre à mes yeux. Ne cherchez pas à lutter contre les Français, ce serait lutter contre la volonté divine. Voyez ; de tous côtés ils élèvent des maisons et des villes ; plus ils rencontrent de résistance, plus ils marchent et grandissent ; croyez-moi, mes enfants, ils n'auraient pas grandi si Dieu ne l'avait voulu. Au nom de ce Dieu devant lequel je vais comparaître, je vous recommande de ne plus lutter contre les Français ; car s'ils sont grands, s'ils sont forts, c'est que Dieu le veut ainsi, sans doute pour la régénération de vos frères et pour la gloire de l'islam. »

Cette allocution, prononcée avec la double autorité d'un vieillard et d'un mourant, avec toute la solennité que les musulmans savent donner à leurs actes et à leurs paroles, produisit une impression profonde sur la famille du marabout. Devant le lit de mort de leur père et de leur chef, ils firent tous serment de ne jamais porter les armes contre les Français.

Le territoire des tribus religieuses un peu considérables est signalé à la vénération des musulmans par un petit édifice surmonté d'une coupole, blanchi à la chaux, entretenu avec soin. C'est là que reposent les restes du saint personnage fondateur de la tribu. Cet édifice porte le nom de *koubba*, qui signifie coupole, et l'on y ajoute le nom du marabout dont il contient les restes. Dans les plaines nues et découvertes, la koubba se voit de très-loin, et guide les pas du voyageur. C'est le clocher des musulmans. Souvent à côté de la koubba s'élève un autre établissement, qui occupe une place éminente dans la vie et les besoins de la population indigène. Nous voulons parler de la Zaouia. C'est là que sous les auspices de la religion les enfants du voisinage viennent apprendre à lire ; ils ont pour maîtres des talebs ou hommes lettrés, entretenus sur les produits de la zekkat ou redevance pieuse imposée à tous les musulmans. C'est là aussi que siége le cadi, dont la juridiction s'étend à toutes les tribus du ressort ecclésiastique de la zaouia. Souvent la zaouia est habitée par des ulémas ou docteurs que les cadis eux-mêmes ne dédaignent pas de consulter.

Le voyageur qui se présente à la zaouia y trouve la nourriture et le gîte, le pauvre y reçoit des vêtements, du pain et surtout du travail, qui ne manque pas ; car la zaouia possède de vastes dépendances foncières.

La tribu religieuse renferme donc en elle la paroisse et le clocher, l'école et le tribunal, le bureau de bienfaisance et l'hôtellerie, hôtellerie qui s'ouvre gratuitement au voyageur et au pauvre. Le point central autour duquel ces divers établissements se groupent est la tombe d'un homme de bien.

La zaouia correspond assez bien à ce qu'étaient en Europe les couvents du moyen âge ; elle exerce autour d'elle une influence énorme ; elle la doit à son origine religieuse et aux richesses concentrées dans les familles qui l'administrent par une accumulation soutenue d'offrandes, d'impôts et de revenus.

C'est du fond des zaouias que sont sortis les principaux agitateurs de l'Algérie. Il existe au sud d'Alger, sur le haut Isser, une zaouia renommée, consacrée au marabout Sidi-Salem. Elle a produit Ben-Salem, l'un des principaux lieutenants de l'émir, dont le fils, par un singulier enchaînement de vicissitudes, se trouvait à Paris dans une maison d'éducation pendant que son père combattait contre nous.

Une autre zaouia plus célèbre encore, plus étroitement liée à la destinée de notre domination, est celle de Sidi-Mahiddin, dans la plaine d'Eghres, au sud d'Oran. Elle se composait naguère d'une centaine de maisons, de cabanes et de tentes groupées à l'entour de la koubba. La zaouia de Sidi-Mahiddin jouissait déjà il y a trois cents ans, à l'époque où Léon l'Africain écrivait sa *Descrip-*

tion de l'Afrique, d'une réputation de savoir et de sainteté qui a servi de base à la fortune des Hachem. Déjà à cette époque les marabouts d'Eghres faisaient trembler sur le trône de Tlemcen la puissante dynastie des Beni-Zeian, et trois siècles après, dans cette même zaouïa de Sidi-Mahiddin, naissait un enfant qui devait faire retentir le monde entier du bruit de son nom : il s'appelait Abd-el-Kader.

Nous ne devons point omettre une des plus importantes variétés de la tribu religieuse, celle que l'on désigne sous le nom de cherfa ou chérifs. Les tribus de chérifs se rencontrent partout; il en existe dans les trois provinces de l'Algérie : c'est un chérif qui occupe le trône du Maroc.

Ils passent pour descendre du prophète en ligne collatérale; mais, quelle que soit leur origine première, le berceau commun que la tradition populaire leur assigne en Afrique est une oasis du grand désert appelée Saguit-el-Hamra, située au sud de l'Ouad-Noun, au sud-ouest de l'empire de Maroc. C'est de là que, suivant l'opinion généralement admise, ils se sont répandus dans toute l'Afrique septentrionale.

L'influence des cherfa et en général des tribus religieuses est très-variable; elle va s'affaiblissant de l'ouest à l'est. Dans la province d'Oran ce sont les communes ecclésiastiques qui donnent au peuple ses magistrats, ses généraux et ses princes; dans la province de Constantine elles ne lui donnent que des curés de campagne, des tabellions et des maîtres d'école; quelquefois même elles descendent plus bas encore.

Ainsi à l'extrémité orientale de l'Algérie, tout près de la frontière de Tunis, il se trouve une tribu de cherfa qui habitent les forêts du Djebel-Zouak, l'un des contreforts méridionaux de l'Aurès. Ce sont des moines marmiteux, sans crédit, sans influence, sans considération, qui passent leur temps et gagnent leur vie dans l'exercice de trois industries misérables : faire de la résine et des paillassons, mendier de tribu en tribu, et détrousser les voyageurs.

Que l'on mesure par la pensée l'espace qui sépare le chérif sultan du Maroc de ces autres chérifs mendiants et voleurs, et l'on aura une idée de l'influence relative des familles cléricales dans l'ouest et dans l'est.

Tribus nobles.

Là où l'aristocratie ecclésiastique n'exerce pas l'autorité, c'est la noblesse militaire qui la remplace. La population indigène compte des tribus nobles tout aussi bien que des tribus religieuses. Dans l'ouest elle les désigne par le nom de *Djouad* et de *Mehal*, dans l'est par celui de *Douaouda*. Elle fait remonter l'origine des Douaouda et des Djouad à la première invasion arabe, et les Mehal aux émigrations postérieures.

Quoi qu'il en soit, la noblesse militaire a jeté peu de racines dans l'ouest, où l'aristocratie religieuse envahit le sol. En général, les tribus de djouad, comme celles de douaouda, tiennent à leur service et traînent à leur suite d'autres tribus, qui dépendent entièrement d'elles, et subissent sans se plaindre un véritable servage, qui se transmet de génération en génération; c'est ce que nous appelons les *tribus serves*.

Formation.

Il nous reste à dire quelques mots sur la division de la tribu, ou, ce qui revient au même, sur sa formation. La constitution normale de la tribu est aussi simple qu'homogène. C'est une famille qui porte le nom de son chef. Chacun des enfants lègue son nom aux lignées issues de lui; et ce sont elles qui forment les ferka ou fractions de la tribu.

Toutefois, la formation de la tribu s'écarte souvent de cette régularité patriarcale. Au lieu de puiser en elle-même ses éléments constitutifs et de se développer par intussusception, elle se forme par l'agrégation d'éléments étrangers, ou même hétérogènes, et se développe par juxtaposition.

Quelles que soient l'origine et la composition de la tribu, les indigènes la considèrent comme leur unité sociale; ainsi dans l'indication du lieu de naissance, indication qui fait partie intégrante du nom propre, c'est toujours la tribu, jamais la fraction qu'ils se rattachent. Elle est pour eux ce que la ville est pour nous.

Nous citerons un exemple où se trouvent réunis les deux modes de formation qui viennent d'être signalés. Il nous est fourni par la plus ancienne et la plus considérable tribu de la province d'Oran, celle des Beni-Amer.

Amer, le fondateur de la tribu, avait cinq fils; ils donnèrent naissance aux cinq premières fractions.

Autour d'eux vinrent successivement se grouper neuf familles de marabouts. Par l'adjonction de ces éléments étrangers la postérité d'Amer perdit son unité familiale; mais elle conserva son unité sociale, et transmit aux nouveaux venus son nom et sa nationalité. Elle y gagna même une consistance nouvelle, puisque le groupe, d'abord isolé de la famille, eut un point d'appui sur la religion.

L'élément religieux en amena d'autres. Ce furent d'abord des serviteurs des marabouts, pauvres gens, qui de tous les points de l'horizon accoururent se greffer sur le tronc commun et augmenter la tribu d'une fraction nouvelle.

Sur le tronc familial, chargé déjà d'une double greffe, s'entent encore d'autres rameaux isolés; enfants perdus de l'émigration, dont les noms n'expriment ni origine religieuse ni lien familial.

Tout cela cependant se naturalise par le contact et l'adoption, et chacun des nouveaux venus prend la qualité d'Amri (habitant des Beni-Amer) tout aussi bien que les descendants d'Amer lui-même.

On voit que l'unité sociale en Algérie se rattache à d'autres intérêts que ceux de la religion et de la famille, qu'elle peut s'associer des éléments étrangers, sans perdre pour cela sa cohésion; que la population indigène enfin s'élève, dans ses habitudes de sociabilité, au-dessus des instincts sauvages du patriarcat.

Force numérique de la population.

Le chiffre de la population indigène de l'Algérie n'est pas encore bien connu. C'est seulement depuis quelques années que l'administration a fait faire quelques recherches par les officiers des bureaux arabes, chargés du gouvernement et de la surveillance des tribus. Mais, il faut l'avouer, les résultats obtenus jusqu'à ce jour sont loin d'être satisfaisants. Ils manquent d'ensemble, et présentent des lacunes considérables. Le gouvernement les a fait connaître en 1846. Quelque imparfaits qu'ils soient, ils donnent encore l'aperçu le plus authentique et le plus probable.

Ces documents statistiques se composent de trois parties distinctes, savoir:
1° Les chiffres constatés par voie d'enquête;
2° Les chiffres évalués approximativement sans enquête spéciale;
3° Enfin les omissions reconnues mais non spécifiées.

Voici en nombres ronds les valeurs statistiques qui correspondent à ces trois catégories:

Province de Constantine.

Population constatée par voie d'enquête........	1,030,000	
Population évaluée approximativement......	170,000	1,200,000

Province d'Alger.

Population constatée par voie d'enquête........	500,000	
Population évaluée approximativement......	500,000	1,000,000

Province d'Oran.

Population constatée par voie d'enquête........	500,000	500,000
		2,700,000
Omissions reconnues mais non spécifiées, évaluées approximativement à..................		300,000
Total.........		3,000,000

La population indigène de l'Algérie s'élève donc, en l'état actuel de nos connaissances, à environ trois millions d'habitants.

Admettons ce chiffre, qui de tous ceux que l'on a présentés réunit le plus de justifications, le plus de probabilités. Nous avons vu précédemment que la superficie de l'Algérie est de 39,090,000 kilomètres carrés. Il en résulte qu'elle renferme 7,67 habitants par kilomètre carré ou cent hectares. Si on cherche le nombre d'habitants que renferment par kilomètre carré les principaux États de l'Europe, on aura une échelle de comparaison qui permettra de classer l'Algérie dans l'échelle des populations relatives. On trouve ainsi que cette contrée est:

Quatre fois moins peuplée que l'Espagne;

Cinq fois moins que la Turquie d'Europe;
Sept fois moins que la Prusse;
Huit fois et demi moins que la France;
Onze fois moins que la Hollande;
Seize fois moins que l'Angleterre et la Belgique;

Pour que l'Algérie fût peuplée proportionnellement comme la France, il faudrait ajouter à la population qu'elle possède plus de 22 millions d'habitants.

On voit quelle large place la population actuelle laisse à la colonisation, puisque si les deux tiers de la population de la France émigraient en Algérie, cette contrée ne serait encore peuplée que comme la France.

Pour qu'elle fût peuplée comme la Belgique, il faudrait y introduire plus de 45 millions d'habitants, c'est-à-dire que si toute la France passait en Algérie, la population, en y comprenant les indigènes, serait encore moins serrée qu'elle ne l'est en Belgique.

USAGES RELIGIEUX.

L'Ouhabisme ou protestantisme musulman. — Prophéties et traditions. — Le Djehad ou code de la guerre sainte. — Le jeûne du Ramadan. — La fête de l'Aïd-el-Srir. — Le pèlerinage de la Mecque. — Les confréries.

Nous pensons n'avoir rien à apprendre à nos lecteurs sur les cultes que la conquête française a introduits et nationalisés en Algérie; nous nous bornerons donc à les entretenir de celui qu'elle y a trouvé établi, ne l'envisageant d'ailleurs que dans ses rapports avec les croyances ou avec les intérêts de la conquête chrétienne.

L'ouhabisme ou *protestantisme musulman.*

L'islamisme reconnaît quatre rites orthodoxes, qui se partagent le monde musulman. Ils se conforment tous à la *sunna*, qui est la tradition du dogme. C'est pourquoi on les comprend sous la désignation collective de *Sunnites.* Ils s'appellent *Chafaï*, *Hambli*, *Hanafi*, et *Malki*, du nom des quatre jurisconsultes qui en furent les fondateurs. La population de l'Algérie et des États Barbaresques suit le rite malki, à l'exception des Kouloughlis et des Turcs, qui appartiennent au rite hanafi; c'est celui de l'empire ottoman.

En dehors de ces quatre rites, il existe une secte que beaucoup d'indigènes appellent *khâmes* (cinquième) pour la distinguer des quatre formes orthodoxes. Mais on la désigne plus généralement par l'épithète de *ouhabi*, qui paraît être son véritable nom. L'ouhabisme constitue dans la religion musulmane un véritable schisme, qui diffère de la communion orthodoxe, sinon par le dogme, au moins par le culte et la morale.

Les Arabes emploient une image simple pour exprimer la situation respective de ces cinq ramifications d'une même tige. Les rites conformes à la sunna sont quatre voyageurs qui boivent à la même source, mais dans des vases différents. Il en survient un cinquième, qui a l'imprudence d'agiter l'eau, et qui la boit trouble; c'est le schisme ouhabite.

Ce qu'il y a de remarquable dans ce schisme, c'est qu'il règne exclusivement sur des populations berbères. En Algérie il occupe l'oasis berbère de l'Ouad-Mzab, à l'exception de la ville de Metlili, qui suit le rite malki et parle la langue arabe. Dans la régence de Tunis il occupe l'île berbère de Djerba. Toute la côte située en face de Djerba est entièrement arabe de langage et orthodoxe de culte. Le schisme ouhabite paraît donc spécialement dévolu à la race berbère.

Les indigènes de l'Algérie font remonter l'origine des Beni-Mzab et des Djeraba au commerce incestueux de Loth avec ses deux filles, et voient en eux la postérité d'Ammon et de Moab.

Les malkis professent un grand mépris pour les ouhabites. A Djeraba les deux sectes se partagent l'île; la moitié des habitants est orthodoxe et l'autre schismatique. Quoique sœurs par la nationalité et le langage, les deux parties de la population gardent entre elles une réserve glaciale. Il y a très-peu de villages où elles soient mêlées; les alliances de l'une à l'autre sont extrêmement rares; chacune a ses mosquées; elles évitent de prier ensemble. Cependant quand des ouhabites se trouvent parmi des malkis à l'heure de la prière, ils se résignent à la faire avec eux; mais ils ne la croient pas efficace, et s'empressent de la recommencer dès qu'ils sont seuls. Ils ne boivent ni ne mangent dans des vases qui ont servi à l'usage des malkis.

Quant à ces derniers, ils ne peuvent parler des ouhabites sans les tourner en dérision; ils leur reprochent quelques pratiques bizarres, comme d'ôter leur pantalon pour faire la prière, et des goûts plus bizarres encore, comme de manger de la chair d'âne, de chien, de chat, et de gerboise. On prétend que lorsqu'ils aperçoivent un âne gras et bien nourri, ils éprouvent un violent désir de s'en régaler. Pendant le ramadan, ils salent, dit-on, des quartiers d'âne; c'est leur provision de viande pour le reste de l'année.

Dans l'opinion des malkis une aussi grande dépravation du goût ne saurait demeurer impunie. Ils croient fermement que dès qu'un ouhabi a rendu le dernier soupir, ses oreilles s'allongent aussitôt démesurément, et que sa tête offre alors une ressemblance frappante avec celle de l'animal dont il s'est nourri.

Oter son pantalon pour prier et manger de la chair d'âne, tels sont les deux traits saillants qui, dans l'opinion populaire, caractérisent et couvrent de ridicule le schisme ouhabite.

Toutefois ces traits ne sont pas les seuls qui le distinguent des quatre rites orthodoxes; il s'en écarte encore par la différence des pratiques qui accompagnent la prière: au lieu de porter les mains à la tête comme les malkis, les ouhabites les abaissent le long des cuisses.

Dans la vie religieuse comme dans la vie civile, les ouhabites se font remarquer par l'austérité de leur caractère et de leurs mœurs.

Ainsi le précepte qui interdit aux musulmans l'usage du vin s'observe plus rigoureusement chez les ouhabites que chez les malkis. Ils se montrent aussi plus exacts à accomplir le pèlerinage de la Mecque; ils comptent un plus grand nombre de *Hadji* que les orthodoxes.

Les malkis eux-mêmes, malgré leur antipathie pour des sectaires qui mangent de la chair d'âne, reconnaissent que ces sectaires ne commettent ni vol, ni mensonge, ni lâcheté.

Tous les traits particuliers de l'ouhabisme le présentent comme une secte puritaine.

S'il prescrit de quitter, avant de s'adresser à Dieu, le vêtement le plus exposé aux souillures du corps, c'est afin que la prière monte plus pure vers le ciel.

S'il prescrit, pour accomplir ce devoir, de choisir les lieux élevés et découverts, le sol d'une terrasse, la cime d'une colline ou d'une montagne, c'est afin que la prière de l'homme, en s'élevant vers Dieu, ne puisse rencontrer aucune impureté terrestre.

Le puritanisme se reconnaît encore à d'autres signes. On sait qu'avant de pénétrer dans les mosquées, les musulmans quittent leur chaussure; les orthodoxes la conservent jusque dans le parvis; les ouhabites la laissent à la porte extérieure.

En entrant dans le temple, les malkis ne touchent pas à leur coiffure, les ouhabites détachent, en signe d'humilité, le *kheït*, qui est la corde en poil de chameau enroulée autour de la tête pour y maintenir le *haïk*.

Enfin le rigorisme particulier à cette secte se retrouve encore dans les formalités de l'abjuration. Le néophyte qui embrasse l'ouhabisme subit une purification complète: on commence par lui couper les ongles, les sourcils et les cils; puis on le conduit au bain; après quoi il change de nom et de vêtements. C'est ainsi du moins que la cérémonie de l'abjuration se pratique dans l'Ouad-Mzab.

Il est probable que, de son côté, le sunnisme a dû faire aussi des conversions et imposer à ses prosélytes l'obligation de renoncer aux habitudes qui frappent le plus vivement l'imagination du peuple. Il a dû exiger, par exemple, une rupture complète avec l'animal sobre et modeste dont, à tort ou à raison, on suppose que les ouhabites se nourrissent.

C'est à une conversion de cette nature que nous paraît se rapporter la répugnance singulière témoignée à l'âne par quelques tribus berbères de l'Algérie, et en particulier par celles qui bordent le fond du golfe de Bougie. Elles ne peuvent ni en élever ni en souffrir à aucun titre sur leur territoire. Si d'aventure elles aperçoivent l'âne d'un voyageur ou d'une tribu voisine broutant les chardons de leur territoire, elles courent aussitôt vers le propriétaire de l'animal, et le prient instamment de l'éloigner ; cette antipathie paraîtra d'autant plus étonnante que partout ailleurs, dans les montagnes, l'âne est recherché par le paysan kabile, comme le compagnon infatigable et l'auxiliaire docile de ses travaux.

Prophéties et traditions.

Les Arabes ont un grand nombre de prophéties écrites, et ils y croient fermement, parce que tout ce qui doit arriver est écrit et que les auteurs de ces prophéties étaient, aux yeux du peuple, les élus de Dieu.

Ils ont aussi des traditions, que chaque génération répète d'après la génération qui la précède et lègue à la génération qui la suit ; échos mystérieux de l'instinct populaire, où au souvenir confus du passé se mêle un vague pressentiment de l'avenir.

Il règne entre les prophéties et les traditions un accord remarquable, relativement au retour des chrétiens dans les contrées qu'ils ont possédées.

Un siècle avant la prise d'Alger par les Français, une croyance de ce genre avait déjà attiré l'attention d'un voyageur anglais, le docteur Shaw. « Je ne « puis, dit-il, omettre une prophétie « dont le temps et l'avenir découvriront « la vérité, et qui est fort remarquable « en ce qu'elle promet aux chrétiens le « rétablissement de leur religion dans « tous ces royaumes... Pour cette raison, « ils (les indigènes) ferment soigneu- « sement les portes de leurs villes tous « les vendredis depuis dix heures du ma- « tin jusqu'à midi, qui est, disent-ils, « le temps marqué pour cette catas- « trophe. »

Il est très-bizarre que cette prophétie ait reçu son accomplissement dans l'épisode le plus important de nos guerres d'Afrique, dans l'événement qui de dominateurs maritimes que nous étions jusqu'alors nous a faits conquérants. Cet événement est la prise de Constantine, et l'on sait que cet acte de possession sur le continent eut lieu le *vendredi* 13 octobre 1837, à *dix heures du matin*.

Toutes les traditions qui se rattachent à la possession du sol soit dans le passé, soit dans l'avenir, font inévitablement intervenir les chrétiens. Les pierres de taille jetées à profusion dans les ruines des établissements antiques sont autant de coffres remplis de trésors dont les chrétiens d'autrefois chassés par les armes musulmanes ont eu la précaution d'emporter les clefs. Ils les ont conservées dans l'exil, et les ont transmises à leurs descendants, qui les possèdent encore. Mais il est écrit que les chrétiens doivent revenir ; alors tous ces trésors s'ouvriront et répandront sur *la verte* (c'est le nom que les premiers Arabes donnaient à l'Afrique) l'abondance et la richesse.

Chaque peuple rapporte le pressentiment et les effets du retour des chrétiens à ses besoins et à ses usages particuliers. Pour les habitants du Tell, les chrétiens sont partis emportant la clef des trésors enfouis sous le sol ou amoncelés à sa surface ; pour les habitants du Sahara, ils sont descendus dans des cités souterraines, emmenant avec eux les eaux qui autrefois arrosaient et fertilisaient la terre.

Il règne en effet dans le Sahara une croyance générale à l'existence de fleuves souterrains. Le fait est qu'à part quelques rares exceptions, on ne voit point d'eau à la surface du sol, mais presque partout le sable qui couvre le lit des ruisseaux en recèle à une petite profondeur. Nous avons déjà fait connaître comment les habitants de quelques oasis la font jaillir du sein de la terre.

Les voyageurs de cette contrée désignent sous le nom de *Bou-Chougga* un amas de ruines situées dans le sud-est de Biskra. On y voit encore un bassin en pierres de taille profond de quatre à cinq mètres, entouré de gradins qui devaient atteindre autrefois le niveau de l'eau. Mais aujourd'hui le bassin est à sec. En ce lieu, disent les voyageurs, si l'on approche l'oreille de la terre, on entend un bouillonnement souterrain.

Toutes ces circonstances, dues à des

causes naturelles, servent de texte à des légendes merveilleuses, où les chrétiens figurent toujours armés d'une puissance surnaturelle. Depuis l'enfant jusqu'au vieillard, depuis le fellah jusqu'au derviche, tout le monde est convaincu que le chrétien est là, sous terre; qu'il y habite de somptueuses demeures, qu'il y trouve une eau courante et limpide, et qu'un jour il sortira de sa retraite, ramenant avec lui les palais et les fleuves.

Les Arabes du Sahara m'ont plusieurs fois entretenu, avec un air fort mystérieux, d'une certaine colline solitaire, qui s'élève près du lit desséché de l'Ouâdi-lel. Les pentes en sont jonchées de pierres de taille, que les habitants appellent *la maison du remue-ménage* (Bordj-el-Guerba). Là souvent, pendant la nuit, l'oreille est frappée de sons étranges; et quoique le lieu demeure habituellement désert, le matin des traces récentes d'hommes et d'animaux domestiques se voient sur le sol. Les voyageurs qui rapportaient ces détails déclaraient pour leur compte n'avoir jamais rien vu d'extraordinaire; mais tous avaient entendu des bruits confus et sourds dont ils ne pouvaient deviner la cause. Ce qu'il y a de certain, ajoutaient-ils, c'est qu'un pâtre de la contrée acquit jadis une grande fortune sans qu'on ait jamais su par quel moyen. On pense généralement qu'il aura fait le commerce de moutons avec les chrétiens de l'ancienne ville, qui habitent encore les rivages souterrains du fleuve.

Gardons-nous de dédaigner ces croyances traditionnelles, expression superstitieuse d'un pressentiment général qui ressemble tant à une révélation. Croyons à ces trésors que la pierre de taille renferme dans son sein et qui en sortiront lorsque nous l'aurons mise en œuvre; croyons au retour des eaux vives dans les landes du Sahara par l'effet du sondage magique dont nous possédons le secret.

Les prophéties sont plus explicites encore que les traditions; la venue des chrétiens y est annoncée en termes formels. Voici comment s'exprime Sidi-el-Akhdar, l'un des élus de Dieu qui ont révélé au peuple arabe les mystères de sa destinée future : « Leur arrivée est « certaine dans le 1er du quatre-vingt-« dixième. Les troupes des chrétiens « viendront de toutes parts. Les monta- « gnes et les villes se rétréciront pour « nous; ils viendront avec des armées « de tous les côtés; certes ce sera un « royaume puissant qui les enverra... « En vérité, tout le pays de France vien- « dra... Les églises des chrétiens s'élè- « veront, etc. (1). »

Ainsi notre arrivée était annoncée en termes précis; il n'y a que les dates qui ne peuvent s'accorder, de quelque manière qu'on s'y prenne, soit que l'on compte par siècles ou par années; mais les savants rejettent l'erreur sur les copistes; car il ne leur vient pas un seul moment à la pensée que Sidi-el-Akhdar le prophète ait pu se tromper.

La prédiction de Sidi-el-Akhdar est surtout répandue parmi les populations du Tell; mais le Sahara aussi a son prophète : c'est un marabout d'El-Arouat, nommé Hadji-Aïça, qui écrivait il y a cent trente ans. Celui-là a fixé la durée de la domination turque; il a prédit que les Français prendraient Alger, viendraient dans sa ville natale et s'avanceraient jusqu'à l'Ouad-el-Hemar, qui est un des affluents de l'Ouad-el-Djedi. Cette prédiction fort curieuse se trouve consignée dans un livre en vers laissé par Hadji-Aïça, et dont le manuscrit a été trouvé à El-Arouat par M. le général Marey pendant son intéressante expédition dans cette contrée en mai et juin 1844 (1).

Cet officier général a publié le récit de l'expédition; il y a joint un extrait de la prophétie de Hadji-Aïça. En voici quelques passages :

« Préparez pour les chrétiens leur « repas du matin et leur repas du soir.

« Car je le jure par le péché, ils vien- « nent à l'Ouad-el-Hemar.

« La joie brille dans les yeux de leurs « femmes.

« Leurs soldats allument leurs feux « sur nos rochers.

« Ils retournent ensuite dans leur « magnifique cité, dans leurs demeures « brillantes.

(1) *Étude sur l'insurrection du Dahra*, par Charles Richard, capitaine du génie, chef du bureau arabe d'Orléansville, ancien élève de l'École polytechnique.

« La verte Tunis verra de son côté les enfants de l'Espagne.

« Levez-vous, et voyez dans un nuage de poussière briller mille étendards.

« Ce sont les chrétiens sortis d'Alger qui se dirigent sur l'Ouad-el-Hemar.

. . . .

« Le sommeil du Turc a été troublé :
« Il a été vaincu; son règne est passé.

. . . .

« La puissance des Turcs semblait augmenter avec leurs crimes !

« Ils abusaient des hommes, des femmes et du vin.

. . . .

« Une armée de chrétiens protégés de Dieu s'avance vers nous.

« Alger, la superbe Alger, a été pendant près de trois cents ans soumise à la tyrannie des Turcs.

. . . .

« Une armée innombrable arrive.
« Le Français et l'Espagnol traversent la mer.

. . . .

« Alger tombe au pouvoir des chrétiens.

. . . .

« La France vient faire la récolte dans nos champs » (1).

L'expédition du général Marey ouvrit pacifiquement à nos drapeaux les portes d'un pays où les Turcs ne s'étaient jamais montrés sans avoir de rudes combats à soutenir. Mais ce qu'il y eut de curieux dans cette campagne, ce qui dut inspirer aux peuples crédules de ces contrées une confiance aveugle dans les paroles de leur prophète, et en même temps un respect religieux pour cette domination lointaine désignée à l'avance par les élus de Dieu, ce fut de voir le général français, qui certes n'avait pas pour mission d'accomplir les prophéties de Hadji-Aïça, arriver à El-Arouat, descendre le cours de l'Ouad-el-Djedi, et s'avancer, ainsi que cela était écrit, jusqu'au confluent de l'Ouad-el Hemar.

La domination française n'est pas, comme on le pense bien, la dernière phase des destinées arabes; c'est une transition nécessaire pour arriver à des temps meilleurs.

Quelle doit être la durée de l'épreuve? Sur ce point les savants ne sont pas d'accord et se livrent à de profondes recherches pour asseoir leurs convictions.

Ce qui est certain, c'est qu'il surgira un homme, un chérif, chargé d'exterminer les chrétiens et de régénérer la foi. Cet homme porte différents titres dans les prophéties. Sidi-el-Akhdar l'appelle *le pasteur de la montagne d'or*; Hadji-Aïça d'El-Arouat l'appelle simplement *le sultan*; mais la désignation que la tradition populaire a consacrée est celle de *Moul-el-Saa* (le maître de l'heure, le dominateur du moment).

Suivant Ben-el-Benna, le prophète de Tlemcen, cet envoyé du ciel doit venir dans la soixante-dixième année du treizième siècle de l'hégire, c'est-à-dire en 1854. Il sera jeune et beau, il aura des lèvres fines, un nez retroussé et un signe au front. Suivant Sidi-el-Akhdar, il portera le nom et le prénom du prophète ; il s'appellera donc Mohammed-ben-Abd-Allah.

Ben-el-Benna donne des détails précis sur l'origine et la marche du Moul-es-Saâ. Il sortira de Sous-el-Aksa, province du Maroc ; il s'emparera du Maroc, de Fès, de Tlemcen et d'Oran, qu'il détruira. De là il marchera sur Alger, campera dans la Metidja, et y séjournera quatre mois ; ensuite il détruira Alger, ira à Tunis, y restera quarante ans, et mourra.

Le Moul-es-Saa, après avoir chassé les Français, leur succède dans le gouvernement du pays. Son règne doit durer cinq, sept ou neuf ans. Après quelques années d'une paix générale, de nouvelles calamités viendront affliger le peuple arabe : on verra paraître Jadjoudjaoumadjoudja, peuple innombrable de sauvages, que Sidna-Kornin a enfermés entre deux montagnes de pierres et qu'il a scellés sous un grand couvercle de fer. Ce couvercle, rouillé de plus en plus par le temps, finira par se rompre sous l'effort des captifs, qui feront irruption dans le pays. Alors commencera une dévastation sans exemple. Les légions de sauvages tariront d'un trait les lacs et les fleuves ; ils dévoreront l'herbe des champs et le fruit des vergers ; ils transformeront l'Afrique en un vaste désert.

(1) *Expédition de Laghouat, dirigée en mai et juin 1844 par le général Marey.*

En ce moment Jésus-Christ descendra du ciel, et exterminera à son tour tous les Jadjoudjaoumadjoudja. Puis le Christ régnera dans toute sa gloire. Mais bientôt lui-même ira mourir à la Mecque; la race humaine cessera de se reproduire, et la fin du monde arrivera.

Telle est l'idée générale que les Arabes se forment de leur destinée, mélange hétérogène de quelques traditions locales associées aux prophéties bibliques de Gog et Magog et de l'Antechrist. Au reste, il est toujours fort difficile de remonter à la source de ces traditions. L'action la plus simple, l'événement le plus insignifiant peuvent, dans quelques circonstances, impressionner profondément des esprits crédules, des imaginations superstitieuses, et donner naissance à la légende la plus fantastique. Un fait qui s'est produit sous nos yeux depuis la conquête française montrera combien sur cette terre d'Afrique la fabrication des miracles est chose facile.

Sur la route de Bône au lac Fzara, à deux lieues environ de la ville, il existe un étranglement compris entre le pied de la montagne et le ruisseau de la Méboudja. Ce lieu détermine la séparation entre la plaine de Bône et celle des Khareza. Là sur un rocher qui domine la route s'élève un grand bâtiment crénelé, bien construit, mais désert, ce que l'on reconnaît de loin à l'absence des portes et des fenêtres. Cet édifice fut pendant les six premières années de la conquête française une des sentinelles avancées de notre domination. Mais depuis la prise de Constantine, grâce aux dispositions vraiment pacifiques des tribus et aussi, il faut le dire, à la bonne administration de nos généraux, ce poste est devenu inutile, comme tous ceux qui avaient contribué dans l'origine à la sûreté de Bône; et comme les gardiens de la petite forteresse avaient été décimés par les maladies, l'insalubrité de la position jointe à son inutilité militaire en a déterminé l'abandon définitif.

Il en fut de même d'une petite habitation de colon située près de là, et dont la porte sans vantail reçoit encore l'ombrage de deux magnifiques mûriers plantés par des mains françaises.

L'abandon de ces deux édifices, parfaitement motivé aux yeux de nos compatriotes, a pris un caractère mystérieux aux yeux des Arabes, qui l'attribuent à des causes surnaturelles. Suivant eux, ces deux maisons servent de rendez-vous aux esprits; ce sont les djins qui ont forcé à la retraite non-seulement les chrétiens, mais des Arabes même qui ont tenté de s'y établir depuis. Pendant le jour, il est vrai, rien ne se voit, rien ne s'entend; c'est au moment où la nuit tombe que les esprits infernaux s'éveillent; alors des bruits lugubres se font entendre, de sinistres clartés luisent à travers les ouvertures béantes des deux édifices : malheur au voyageur qui chercherait un refuge dans ces repaires maudits : il disparaîtrait comme ont disparu quelques imprudents qui avaient bravé le danger.

Tous ces contes, auxquels les Arabes, dans leur ignorance, ajoutent d'autant plus de foi qu'ils en sont moins dignes, ont fait donner à ces deux maisons un nom funèbre, que rien désormais n'effacera. On les appelle Diar-el-Djenoun (les demeures des esprits).

Une circonstance très-simple en réalité et assez étrange en apparence a servi de fondement aux récits merveilleux, que l'ignorance et la superstition ont grossis et accrédités.

Jusqu'en 1836 il existait, à côté de la maison crénelée bâtie en pierres, une de ces baraques en bois construites dans les ateliers de France, et dont toutes les pièces numérotées avec soin s'assemblaient et se démontaient rapidement. Dans l'espace de quelques heures une de ces baraques était sur pied; dans l'espace de quelques heures aussi elle avait disparu.

En 1836 la construction du camp de Dréan à cinq lieues de Bône, en reculant la frontière de cette ville, permit de réduire la garnison des postes les plus voisins. De ce nombre fut la maison crénelée construite au défilé des Khareza; on résolut donc de démonter la baraque en bois attenant à la petite forteresse en pierre, pour la transporter au camp.

Par suite de circonstances qu'il est inutile de rapporter, cette résolution fut prise d'urgence et dut être exécutée du jour au lendemain.

Un soir donc, après le coucher du soleil, à l'heure où la fraction des Kharezas campée au pied de la hauteur que la maison crénelée domine, se livrait déjà au sommeil, des voitures et des ouvriers partirent de Bône, et s'acheminèrent vers ce point. En quelques heures toutes les pièces de la baraque furent démontées et chargées sur les voitures, qui prirent aussitôt la route du camp.

Le lendemain les Arabes, s'éveillant avec le jour, ne furent pas médiocrement surpris de ne plus voir la maison de bois à la place qu'elle occupait la veille. Cependant au coucher du soleil elle était encore sur pied, tout le monde l'avait vue. Comment avait-elle pu disparaître? Pendant toute la journée il ne fut question dans la tribu que de cet événement. Les anciens furent consultés; ils rapprochèrent toutes les particularités étranges qui se rattachaient à ces deux maisons: on se rappela les maladies et même les morts subites qui avaient enlevé une grande partie de leurs habitants, et par-dessus tout la présence des chrétiens, qui sont de grands sorciers. Tous ces accidents ne pouvant s'expliquer par des causes naturelles, les djins ou esprits infernaux demeurèrent, dans la croyance générale, les seuls artisans possibles de tout ce désordre.

Depuis cette époque le défilé des Kharezas n'est plus abordé qu'avec effroi par les voyageurs, qui évitent surtout d'y passer après le coucher du soleil.

Le Djehad ou code de la guerre sainte.

A côté des prophéties ÉCRITES, qui annoncent en termes formels aux peuples fatalistes de l'Afrique, et spécialement aux Algériens, l'inévitable retour et le retour triomphant des chrétiens, le précepte permanent qui prescrit la guerre à outrance contre les vainqueurs prédestinés ne doit inspirer aux musulmans que le courage du désespoir.

Telle est pourtant la loi du djehad ou l'effort commandé par Dieu à tous les croyants pour conquérir le monde à l'islamisme, loi qui a dû perdre de sa puissance et de son prestige lorsqu'elle n'a plus eu pour objet que de conserver la terre conquise.

Le djehad ou prosélytisme armé est une des institutions fondamentales de la religion musulmane. Il a pris naissance avec elle; c'est au nom du djehad que Mahomet, chef de tribus à demi sauvages, sommait Héraclius et Chosroès de devenir musulmans ou tributaires. C'est au nom du djehad que le premier de ses successeurs Abou-Bekr envahissait l'empire de Byzance par trois côtés à la fois, par l'Irak, la Syrie et l'Égypte.

Dès lors se constitua, sous l'influence des traditions recueillies par les premiers disciples du prophète, l'ensemble des prescriptions législatives qui régissent le djehad et forment le code de la guerre sainte (1).

Proclamée par l'iman, la guerre sainte devient obligatoire pour tous les musulmans; tous doivent y contribuer ou de leur personne ou de leurs biens. La levée en masse n'admet d'exception qu'en faveur des femmes, des enfants, des esclaves et des infirmes. Mais si quelque irruption soudaine met en danger les terres de l'islam, tout doit répondre à l'appel de l'iman; l'esclave n'attend pas l'autorisation du maître, l'enfant celle du père, la femme celle du mari.

Enrôlé volontaire au service de Dieu, le musulman n'a droit en principe à aucune rémunération. En prenant les armes pour la cause sainte, il acquitte une dette imprescriptible. Au besoin même, l'iman use de contrainte. Mahomet confisquait les armes et les chevaux de ceux qui restaient dans leurs foyers, et les distribuait à ses soldats. Dans la neuvième surate il frappe d'anathème la désertion et le refus de contribuer aux frais de la guerre.

Le djehad a pour but principal la conversion des infidèles. Il ne devient légitime qu'autant qu'ils refusent d'embrasser l'islamisme. L'appel religieux doit toujours précéder l'appel aux armes. Si les populations se convertissent, il est inutile de les combattre. Si elles résistent, l'iman leur adresse l'injonction politique; il les somme de payer la *djazia*, c'est-à-dire le tribut. Si cette seconde sommation reste encore sans effet, il en appelle à l'aide de Dieu.

(1) Ce qui suit est le résumé d'une notice insérée dans le tome II (1839) de la *Situation des établissements français en Algérie*, imprimée par les soins du ministère de la guerre.

Les musulmans ne doivent tuer ni les femmes, ni les enfants, ni les vieillards, ni les infirmes, ni les insensés, à moins qu'ils ne prennent part à la guerre, ou que la femme ne soit une reine.

Les musulmans acquièrent de plein droit la propriété de tout ce qu'ils peuvent prendre aux vaincus : ce qui ne peut être emporté doit être détruit.

Le prophète a déclaré que la guerre durerait jusqu'au jour du jugement; il peut y avoir des trêves, jamais de paix.

Dans les trêves temporaires conclues avec les infidèles, la foi donnée doit être religieusement gardée. Si la trêve expirée l'iman croit devoir reprendre les hostilités, il doit le faire; mais ce ne peut être sans une déclaration faite aux infidèles. Dans le cas où ceux-ci commettent pendant l'armistice un acte de perfidie, l'attaque peut être commencée par surprise, sans déclaration.

Le musulman peut infliger à son prisonnier la mort ou l'esclavage; mais la loi proscrit toute cruauté, toute mutilation.

Une disposition formelle interdit, sous les peines les plus sévères, la vente ou le don aux infidèles de munitions de guerre, d'armes, et de chevaux, même en temps de paix. L'interdiction s'étend même aux armes prises sur l'ennemi; ces armes ne peuvent être ni vendues ni données comme prix de rançon. C'est en vertu de cette disposition qu'après le traité de la Tafna, et malgré l'article formel qui stipulait la liberté du commerce, Abd-el-Kader défendit sous peine de mort la vente des chevaux.

Comme toutes les institutions musulmanes, le djehad se présentait sous une double face; il offrait un double attrait. Aux âmes ferventes il promettait les joies de la vie future; aux appétits sensuels les jouissances du pillage, l'appât du butin et les consolations du fatalisme; au moudjahed (combattant pour la foi) le paradis; au déserteur l'enfer. Celui qui tombe *chahed* (martyr) ne meurt pas; il entre dans une vie nouvelle, qui lui rend bien au delà de ce qu'il laisse ici-bas. La loi qui règle ainsi les intérêts de l'avenir garantit ceux du présent; elle assure à tous ceux qui participent au djehad une participation matérielle aux fruits de la victoire.

En règle générale, tout le butin doit être mis d'abord en commun pour être réparti ensuite par les soins de l'iman. Un cinquième est prélevé pour les besoins généraux de la religion; le reste est partagé entre les vainqueurs, leurs ayant-droit ou leurs héritiers. La loi attribue une part au fantassin, deux au cavalier.

Ces règles relatives à la partie mobilière du butin sont également applicables aux terres. Lorsque l'iman s'est emparé d'un pays par la force des armes, il peut, à son gré, ou le partager entre les conquérants, ou le laisser à ses habitants en leur imposant la *djazia*. Ceux-ci passent alors à l'état de *demmi*, et deviennent clients de l'islam.

C'est sous l'influence de ces préceptes que se sont étendues les conquêtes de l'islamisme. L'Asie, l'Afrique et l'Espagne en ressentirent successivement les effets jusqu'en l'année 711, où le général *Mouça-ben-Nacer* pénétrait en France.

Là s'arrête le mouvement invasionnaire que la loi du *djehad* avait propagé, et la bataille de Poitiers gagnée par Charles Martel, marque le terme des accroissements de l'islamisme, terme fatal reconnu et accepté par les conquérants eux-mêmes. Si l'on en croit une tradition populaire accréditée chez les Arabes et recueillie par leurs historiens, il existait, longtemps avant cette époque, à Narbonne une statue portant cette inscription prophétique : « *Enfants d'Ismael, vous n'irez pas plus loin.* »

A dater de ce moment, le djehad perdit insensiblement sa rigueur et sa ferveur primitives. Dès le premier siècle de l'hégire, le calife Moavia payait à l'empereur Constantin V un tribut de cinquante esclaves et de cinquante chevaux.

C'est surtout après la conquête de l'Espagne que le relâchement se fit sentir. Il arriva que les lois fondamentales de la guerre sacrée furent enfreintes par des alliances, des conventions, des traités contraires à l'esprit de cette institution.

Il est vrai que dans ces infractions la tolérance et l'humanité firent souvent prévaloir leurs principes; mais, quelle qu'en fût la cause, elles n'en portaient pas moins de profondes atteintes à la discipline des premiers jours.

Désormais le djehad avait perdu son caractère originel. Le prosélytisme armé avait fait son temps. De son côté, l'Europe s'élevait peu à peu au-dessus des préjugés réactionnaires qui l'avaient animée contre l'islamisme. Elle entra par degrés dans les voies de la modération et de la justice ; elle acquit le sentiment éminemment religieux des droits du faible et des devoirs du fort ; elle apprit à respecter toutes les croyances, toutes les convictions. Lorsqu'en 1830 la France porta ses armes en Afrique, les rôles avaient changé ; devenue l'iman des temps modernes, c'était elle qui, à son tour, proclamait la guerre sainte de notre âge, le djehad de la civilisation.

Le jeûne du Ramadan.

Le mois de ramadan est le neuvième de l'année musulmane, et la religion l'a consacré au jeûne, parce que c'est pendant ce mois que le Koran est descendu du ciel. Cet événement eut lieu, suivant l'opinion la plus générale, dans la vingt-septième nuit.

Le jeûne tient une place importante dans le dogme musulman ; il y figure entre la prière et l'aumône ; la prière nous conduit à moitié chemin vers Dieu ; le jeûne nous mène à la porte de sa demeure, l'aumône nous y fait admettre.

Le jeûne chez les musulmans est beaucoup plus rigoureux que chez nous. Il consiste à ne prendre aucune nourriture, à ne pas boire, à ne pas fumer, à ne respirer aucun parfum depuis le point du jour jusqu'au coucher du soleil. Dans l'origine la parole elle-même était interdite.

Vers la fin du mois de chaban, qui précède le ramadan, plusieurs musulmans se tiennent en observation sur des points élevés, et dès que deux d'entre eux affirment par serment avoir aperçu la nouvelle lune, le jeûne devient obligatoire.

Dans les pays où l'islamisme est la religion dominante, une salve d'artillerie annonce au fidèle l'ouverture du ramadan. En Algérie les Français ont respecté cet usage, et c'est notre artillerie qui sur tous les points occupés donne à la population indigène le signal de la pénitence. Pendant toute la durée du mois, deux coups de canon tirés l'un au lever et l'autre au coucher du soleil annoncent chaque jour le commencement et la cessation du jeûne.

La population indigène vit au milieu de nous ; le coup de canon qui retentit pour elle frappe également nos oreilles et appelle malgré nous notre attention, sur les particularités qui accompagnent cette grande solennité.

Les huit premiers jours du jeûne sont les plus rudes à supporter ; mais on s'y habitue vite, surtout lorsqu'on peut se livrer au sommeil pendant une partie de la journée. Les ouvriers qui attendent de leur travail le repas du soir ont beaucoup à souffrir lorsque le ramadan a lieu en été. Ces longues journées de quinze heures pendant lesquelles il leur est défendu de boire et de manger, les accablent et altèrent souvent leur santé.

Vers quatre heures les maisons riches ouvrent leurs portes ; et le personnage qui l'habite vient s'asseoir sur le seuil : il égrène son chapelet pour tromper les instances de la faim. Chacun, dans le même but, recourt à un stratagème particulier ; celui-ci resserre les plis de sa ceinture, devenue trop large ; celui-là s'enveloppe le visage dans un haïk. Quelques-uns essayent de dormir. Le marchand, accroupi dans son étroite boutique, récite le Koran.

A mesure que le soleil s'abaisse vers l'horizon, le mouvement et la vie augmentent ; on dirait que la population se réveille. L'attente et l'impatience se peignent sur toutes les physionomies. Enfin le coup de canon retentit ; la ville entière répond par un murmure de joie ; tous les minarets s'illuminent ; sur les galeries les plus élevées apparaît le modden, qui, de sa voix sonore et lente, appelle les croyants à la prière du soir. Chacun s'arrête, récite quelques versets du Koran, et rompt le jeûne. Les plus pauvres, surpris par cette heure solennelle, demandent au premier passant qu'ils rencontrent une datte, une tranche d'orange, un morceau de pain ; jamais cette charité ne se refuse ; c'est un instant de communion religieuse pour tous les musulmans.

A Alger et dans nos villes de la côte, la population ouvrière se compose de Biskris, de Mozabis, de Kabiles, qui se livrent la plupart à des travaux pénibles, et qui pendant ce mois de pénitence ne dérogent en rien à leurs habitudes laborieuses. Aux approches de l'heure bienfaisante qui doit les affranchir des rigueurs de l'abstinence, on les voit assis par les rues et sur les places, dévorant, mais des yeux seulement, un pain qu'ils tiennent à deux mains, et attendant avec impatience le signal libérateur. Ils comptent les minutes qui restent encore, le regard fixé sur l'horloge, et l'oreille attentive. Lorsque enfin le coup de canon se fait entendre, c'est un spectacle curieux que de voir au même instant une centaine de coups de dents vigoureux appliqués sur autant de pains qu'ils tenaient élevés à la hauteur de la bouche, afin d'avoir moins d'espace à parcourir.

Le soir les boutiques restent ouvertes et illuminées jusqu'à une heure avancée.

Par compensation aux privations du jour, presque toute la nuit s'écoule dans les fêtes et les festins. On passe alternativement du café à la collation et de la collation au café; cela dure jusqu'aux approches du jour, mais seulement pour les riches; car le pauvre ne fait qu'un seul repas dans l'espace de vingt-quatre heures.

Le jeûne dure trente jours; il est suivi de trois jours de fête, qu'on nomme *Aïd-es-Srir* (la petite fête), pour la distinguer de la grande fête (*Aïd-el-Kebir*), qui se célèbre soixante-dix jours plus tard, et qui est le baïram turc et la pâque musulmane. Mais la fête de l'Aïd-es-Srir est celle que les peuples de l'Algérie célèbrent avec le plus d'éclat.

Fête de l'Aïd-es-Srir.

Nulle part la solennité de l'Aïd-es-Srir ne présente un caractère aussi imposant qu'à Constantine, dans cette cité vraiment arabe, que son caractère éloigne à la fois des forbans sang-mêlés de la côte et des hordes fanatiques de l'ouest. Nous nous sommes trouvé plusieurs fois à Constantine pendant les fêtes de l'Aïd-es-Srir; mais celles de 1845 ont laissé dans notre esprit une impression plus profonde, parce que le spectacle dont nous fûmes témoin contrastait d'une façon étrange avec l'horrible drame qui assombrissait alors la province de l'ouest. On venait d'apprendre le massacre de Sidi-Brahim et la grande insurrection dont il fut le prélude.

En dépit de ces nouvelles désastreuses, et comme pour protester contre la nouvelle lutte que le fanatisme venait d'engager, la fête de l'Aïd-es-Srir fut célébrée avec plus de pompe encore que de coutume.

La veille et l'avant-veille les kaïds des différentes tribus soumises étaient arrivés suivis chacun de quarante ou cinquante cavaliers composant leurs goums.

Quelques difficultés s'étaient élevées pour la fixation du jour de la fête; l'avant-veille un témoin était venu annoncer au cadi l'apparition de la nouvelle lune; mais le kadi ayant récusé son témoignage, le jeûne fut prolongé d'un jour.

Le lieu où les fêtes se célèbrent ordinairement à Constantine est le plateau de Msalla, situé derrière la colline de Koudiat-Ati. L'autorité française, dans un sage esprit de conciliation, avait voulu que la population européenne prît part, comme cela d'ailleurs est d'usage, dans cette ville, aux réjouissances de la population musulmane.

Sur le théâtre de la fête une tente pavoisée de flammes tricolores avait été dressée pour le commandant supérieur de la province, qui devait présider à la solennité. Des invitations avaient été adressées aux dames de la ville, pour qui les autorités française et musulmane, rivalisant de courtoisie, avaient fait préparer des rafraîchissements.

Dès le point du jour un brouhaha de sons distincts se faisait entendre au voisinage de la porte de la brèche. Le bruit du tambour annonçait que les troupes françaises étaient en marche vers Koudiat-Ati; le bruit de la musique arabe annonçait que le cheick-el-arab, ce préfet du Sahara, s'acheminait avec ses hommes d'armes vers le même point. Onze coups de canon tirés du haut de la brèche annonçaient à toute la population que le jeûne du ramadan avait cessé.

A sept heures les courses commencèrent, courses à pied, courses à cheval, courses françaises, courses indigènes; les prix étaient là; c'était au plus agile coureur, au meilleur cavalier à les gagner.

Toute la garnison, en grande tenue, sous les armes, formait un vaste rectangle, dans l'intérieur duquel les divers épisodes de la fête devaient se passer. Ils étaient annoncés par des coups de canon tirés à peu de distance de la tente prétorienne, et répétés par les échos du magnifique amphithéâtre que dessine la vallée du Roumel. Une foule immense, composée d'Européens, de musulmans, d'israélites, se pressait derrière la haie de soldats pour prendre sa part du spectacle.

Vers neuf heures commença la grande fantasia.

Les différents kaïds, suivis de leurs goums, défilèrent successivement, à la manière des Arabes, c'est-à-dire au galop en brandissant leurs armes et faisant retentir l'air de coups de fusil.

Une circonstance prêtait à la fête un caractère nouveau : plusieurs chefs soumis depuis peu à la France y paraissaient pour la première fois. C'étaient le kaïd de l'Aurès, jeune homme de dix-huit ans, les deux kaïds des Oulad-Soltan, et le marabout récemment investi kaïd des Sahari et des Oulad-Derradj.

A côté de ces personnages, qui au temps même de la puissance des beys ne paraissaient pas à Constantine, en figuraient d'autres, qui depuis longtemps étaient nos amis. A la tête de ces derniers on remarquait le brave et infortuné Ben-Ouani, cet intrépide enfant de tribu, si promptement et si noblement francisé, victime depuis de son dévouement à notre cause. Il était alors kaïd des Amer et des Elma, près de Sétif.

C'était un curieux spectacle que celui de tous ces chefs, escortés des cavaliers de leurs goums, représentant le Tell et le Sahara de la province, réunis sous la même bannière.

La dernière de ces hordes nomades avait défilé, et cependant la fête n'était pas complète. Une nouvelle fantasia devait avoir lieu sur la place de la brèche, en l'honneur des dames. On appelle *place de la Brèche* l'espace qui s'étend entre le rempart de Constantine et le pied du Koudiat-Ati. C'est là en effet que se donna l'assaut en 1837. Toute la population bourgeoise se trouvait réunie sur cette double estrade; les musulmans occupaient les pentes du Koudiat-Ati,
les Européens le rempart de la ville.

A un coup de canon la multitude armée agglomérée sur le plateau de Msalla se mit en mouvement vers la place de la brèche, les troupes françaises d'un côté, les goums arabes de l'autre.

Puis commença la fantasia des dames, cette fois individuelle et non par goum, mais toujours avec force coups de fusil, auxquels le canon répondait du haut de la brèche.

Au centre de cette place, qui porte désormais un nom historique, s'élèvent deux petits monuments, les seuls que la guerre ait respectés; l'un est un minaret isolé, l'autre est une *sebbala* ou réservoir d'eau pour les voyageurs. Le minaret, de forme octogonale, porte sur une de ses huit faces ces mots qui n'ont pas besoin de commentaire : *Aux braves morts devant Constantine pendant les années* 1836 *et* 1837. Au pied de l'autre monument est un petit enclos fermé par une simple barrière en bois; modeste cimetière, qui contient les restes de quelques-uns des martyrs de notre conquête.

C'est autour de ces deux petits monuments qu'avait lieu le tournoi en l'honneur des dames. A la vue de ce simulacre de combat, du lieu de la scène, des souvenirs tristes et glorieux qu'il réveille, des physionomies sereines de tous les spectateurs, l'âme émue rapprochait involontairement toutes ces circonstances, et y reconnaissait une sorte d'hommage funèbre rendu en commun à la mémoire de ceux que la guerre a moissonnés et de la paix que tous leur doivent.

Quelques personnes comparaient ce spectacle, mélange bizarre de sons et de costumes si divers, aux carrousels du moyen âge. Quelle différence pourtant! Au moyen âge on disait : Crois ou meurs. Aujourd'hui on laisse chacun libre de croire ce qu'il veut, et l'on se réjouit ensemble.

Après la fantasia pour les dames, chacun retourna chez soi; les goums regagnèrent leurs tentes, les soldats leurs casernes et les habitants leurs maisons.

Pèlerinage de la Mecque.

Le pèlerinage de la Mecque est une des six obligations fondamentales de la religion musulmane. Mahomet en a fait un devoir rigoureux à tous ceux qui seraient en état de l'exécuter ; un novateur s'étant avisé un jour d'enseigner une pratique qu'il disait pouvoir suppléer la visite au berceau du prophète, fut mis à mort comme hérésiarque, par arrêt des ulémas ou docteurs constitués en cour de justice.

Les musulmans acquièrent par le pèlerinage de la Mecque le titre de Hadji, dont ils se montrent très-jaloux.

Les premiers khalifes donnèrent l'exemple de l'exactitude à remplir ce devoir. Ils voyageaient avec une grande pompe, distribuant sur leur route beaucoup d'aumônes et de bienfaits. L'un d'eux traînait à sa suite plusieurs milliers de chameaux chargés de provisions pour ses compagnons de voyage. La neige et la glace destinées aux rafraîchissements occupaient à elles seules cinq cents chameaux. A la Mecque on vint dire au khalife que les maisons où sa garde-robe avait été déposée menaçaient de crouler sous le faix ; à l'instant il donna l'ordre de distribuer toutes ses hardes aux pauvres, et il échut à chacun deux vestes de brocard.

Le plus illustre de ces pèlerins couronnés est Haroun-al-Rachid. Il ne se mettait pas en route pour la Mecque sans emmener avec lui cent *ulemas* ; et lorsqu'il lui était impossible de s'y rendre en personne, il habillait trois cents pauvres, qu'il envoyait à sa place et à ses frais. Ce prince attribuait ses victoires aux effets du pèlerinage : il avait fait huit fois le voyage de la ville sainte et gagné huit batailles.

Il lui arriva même une fois de faire son pèlerinage à pied. En route il rencontra un bon musulman, qui accomplissait le même voyage, mais à bien petites journées, car il avait fait vœu d'y employer douze années entières.

Le pèlerinage de la Mecque, comme toutes les institutions musulmanes, a beaucoup perdu de son prestige et de sa ferveur. Cependant il détermine encore annuellement un grand remou dans l'empire de l'Islam.

De toutes les caravanes qui traversent l'Algérie celle que sa force numérique, son caractère à la fois religieux, politique et commercial, placent au premier rang est sans contredit la caravane de la Mecque. Les indigènes la désignent sous le nom particulier de *râkeb* (1).

C'est le 2 du mois musulman de redjeb que le *Râkeb* africain se met en marche ; il part alternativement de Fès et de Tafilelt, dans l'empire de Maroc, sous le commandement d'un chef qui prend le titre de *cheik du râkeb*. Cette dignité appartient de droit à la famille des chérifs ; elle est toujours dévolue par l'empereur à l'un de ses plus proches parents. Ce prince marche escorté d'une garde nombreuse, au son de la musique, les étendards déployés.

L'itinéraire est réglé d'une manière immuable ; les lieux de passage, les lieux de séjour, la durée des séjours, sont des données constantes, qui ne paraissent pas avoir varié depuis plusieurs siècles.

La caravane obtient sur son passage le respect des populations ; mais ce respect tient autant de la crainte que de la piété. De l'aveu même des croyants, elle serait moins honorée si elle était moins nombreuse. On cite plusieurs exemples de violences exercées sur les pèlerins. Ainsi au dixième siècle de notre ère la caravane fut attaquée par les Carmathes, qui massacrèrent vingt mille pèlerins. La Mecque cessa pendant plusieurs années d'être le but du voyage, et fut remplacée par Jérusalem.

Le pèlerinage de la Mecque, bien qu'entrepris dans une pensée pieuse, ne reste pas pour cela étranger aux intérêts matériels de la grande famille, dont elle rapproche les rameaux les plus lointains dans une communion annuelle.

Le *râkeb* est sur toute la route un centre d'échange et de consommation, et la consommation n'est pas sans importance pour des populations clairsemées comme celles qu'il traverse. A El-Arouat, où il n'a encore recruté que les pèlerins du Maroc et une petite partie des Algériens, le nombre des voyageurs s'élève déjà à huit mille. Le jour où la caravane doit passer étant connu à l'avance, les trafiqueurs peuvent venir de fort loin ; à peine les piquets des tentes sont-ils plantés, que des chameaux chargés de

---

(1) La plupart des détails qui suivent sont extraits des *Recherches sur la géographie et le commerce de l'Algérie méridionale*, par E. Carette, membre et secrétaire de la commission scientifique d'Algérie.

marchandises se montrent en foule sur tous les points de l'horizon; ils apportent des provisions de bouche, et prennent en échange des objets de toilette détachés de la pacotille des pèlerins.

Lorsque la caravane campe dans le désert, trop loin de toute habitation pour que ces échanges soient possibles, ce sont les pèlerins eux-mêmes qui trafiquent entre eux, comme cela se pratique dans une ville; aussi les indigènes appellent-ils le *râkeb une ville en marche*.

Le *cheik du râkeb* est accompagné d'un kadi qui siège chaque jour. Sa juridiction ne se borne pas aux pèlerins; les villes et tribus du voisinage apportent aussi leurs différends à son tribunal. La caravane traverse le Sahara algérien dans toute sa longueur; elle passe à quelques lieues au sud de Biskra; elle entre ensuite dans le Sahara tunisien, et atteint la régence de Tripoli, dont elle suit la côte.

Enfin elle arrive au Caire, où elle grossit encore de tous les pèlerins de l'Égypte; et, après une station de six jours, elle se remet en marche. Pendant qu'elle côtoie les bords de la mer Rouge pour se rendre à la ville sainte, deux autres caravanes, celle de la Syrie et celle de Baghdad, sont aussi en mouvement et s'acheminent vers le même point. L'époque des départs et la durée des séjours sont calculés de manière que ces trois processions religieuses arrivent en même temps.

C'est le jour de l'Aïd-el-Kébir (la grande fête), le 1ᵉʳ de l'année musulmane, et presque à la même heure, que les représentants de tous les peuples de l'islamisme paraissent, dans trois directions différentes, à l'horizon de la métropole. Ce jour est l'anniversaire de celui où Mahomet, chassé une dernière fois de la Mecque, se retira à Iâtreb, appelée aujourd'hui *Médine*, et depuis cette époque ses sectateurs sont venus protester solennellement chaque année contre la persécution du prophète.

Le jour même de leur arrivée à la Mecque, les trois caravanes se rendent ensemble au mont Arfât. Là, du haut de la montagne, l'iman prononce une prière que les pèlerins écoutent pieds et tête nus. Suivant une tradition populaire, le nombre des fidèles présents à cette solennité est toujours de quatre-vingt mille. C'est le nombre marqué fatalement dans les décrets de la Providence. Si un moment il était supérieur, Dieu enverrait aussitôt un fléau pour le réduire; s'il était moindre, il enverrait ses anges pour le compléter.

La station à la Mecque est de quinze jours; ce temps est employé à faire des visites à la Kahaba, des ablutions au puits de Zemzem, et aussi à composer une pacotille pour le retour.

A l'expiration de ce délai, les trois caravanes s'acheminent ensemble vers Médine. Cette dernière cérémonie est la clôture du pèlerinage. Dès lors l'assemblée des fidèles est dissoute, et tous les pèlerins font leurs dispositions pour le départ.

La caravane de la Mecque introduit dans l'Afrique septentrionale des parfums, des toiles de l'Inde et des chapelets; elle en exporte surtout des cuirs du Maroc et des soieries de Tunis.

Est-il besoin de faire remarquer quelle influence peut exercer sur les intérêts de la France en Orient cette longue procession de pèlerins qui s'en vont retremper leur ferveur religieuse au foyer du fanatisme musulman. Les quatre-vingt mille voyageurs réunis chaque année à la Mecque n'échangent pas seulement, on le pense bien, des chapelets et des marchandises, mais aussi des nouvelles et des idées. Notre présence en Algérie est le fait qui les intéresse le plus. Ce sont les Algériens qui forment à cet égard l'opinion de leurs coreligionnaires. La caravane donne donc lieu à une véritable enquête périodique sur les actes de notre administration. En quelques mois les résultats de cette enquête sont connus dans tout l'Orient, où ils déterminent, en partie du moins, la hausse ou la baisse de notre crédit.

Le gouvernement comprit l'utilité de ne pas rester complétement étranger à une des pratiques les plus solennelles, les plus importantes d'un culte devenu français par la conquête de l'Algérie. Le 13 septembre 1842 le bateau à vapeur *le Caméléon* fut expédié en Algérie pour être mis à la disposition des pèlerins de la Mecque; l'année suivante, ce fut *le Cerbère*; et depuis lors les pèlerins qui préfèrent gagner l'Égypte par mer ont chaque année trouvé place à bord d'un bâtiment de l'État. Ce sont là d'excellentes mesures dignes d'une époque de tolérance, dignes d'un pays qui a écrit dans ses lois le dogme de la protection égale due à tous les cultes.

Confréries religieuses.

On ignorait encore il y a quelques années l'existence en Algérie d'associations secrètes formées originairement dans des vues exclusivement religieuses, devenues plus tard des instruments politiques, unissant dans la même pensée des hommes animés de la même ardeur fanatique, mêlés à toutes les agitations, à toutes les intrigues, associations d'autant plus dangereuses qu'elles agissaient dans l'ombre et à notre insu.

La révélation de ce fait important est due à M. le capitaine d'état-major de Neveu, membre de la commission scientifique d'Algérie, qui a fait connaître l'origine, le caractère et l'histoire des principales confréries religieuses établies dans l'enceinte de nos possessions.

Les membres de ces diverses associations se donnent entre eux le nom de *khouan*, qui signifie *frères*. Bien que nul de ces ordres ne s'écarte en rien des préceptes rigoureux du mahométisme, chacun a cependant une règle et une constitution particulières. Chacun, par exemple, a sa devise appelée *deker*; elle se compose de certaines paroles qui doivent être dites sur le chapelet. La règle des confréries varie encore dans le nombre et la teneur des prières et dans certaines pratiques de piété. Le *deker* a la valeur et l'importance d'un mot d'ordre. Il est donné aux khouans hiérarchiquement par leurs chefs immédiats, sous la défense formelle de le faire connaître à qui que ce soit.

Chaque confrérie attribue son origine à une vision du marabout qui l'a instituée. Il a vu en songe Mahomet lui-même, et le prophète lui a révélé la voie la plus sainte et les pratiques les plus efficaces. En même temps il l'a chargé de former des disciples et d'appeler des *khouan* à le suivre dans la voie tracée.

Chaque confrérie est dirigée par un *khalifa*, qu'elle reconnaît pour chef spirituel et souvent aussi pour chef temporel. Il est désigné d'avance par son prédécesseur, qui le recommande au choix des frères, soit verbalement dans une réunion générale, soit par écrit dans un testament. Le khalifa choisit dans chaque ville des chefs nommés *mkaddem* ou *cheik*, qui le représentent et président en son nom l'assemblée des khouan. Il correspond avec eux, leur transmet des ordres ou des nouvelles, et reçoit en échange des rapports sur la situation de l'ordre et sur les événements politiques qui s'accomplissent sous les yeux de ces agents.

Les confréries religieuses de l'islamisme, comme les ordres chrétiens du moyen âge, possèdent un grand nombre de mosquées et de zaouias. Il n'est pas de ville un peu importante en Algérie qui n'ait une mosquée affectée à chacun des ordres. Au dehors des villes, beaucoup de koubbas se sont élevées par les soins de ces congrégations; monuments votifs consacrés au fondateur de l'ordre.

Ces mosquées ne sont pas cependant exclusivement réservées aux membres de la confrérie à laquelle elles appartiennent. Tout musulman peut y entrer, même sans être affilié à aucune congrégation; mais comme il ne dit pas sa prière suivant la forme révélée au fondateur de l'ordre, il perd les avantages attachés aux pratiques recommandées par lui.

L'affiliation à un ordre religieux s'exprime par une image consacrée parmi les khouan. Cela s'appelle *prendre la rose*. On *prend la rose* du marabout Mouléi-Taieb lorsqu'on se fait recevoir frère de l'ordre qu'il a fondé. Pour se reconnaître, deux musulmans s'adressent cette question : Quelle rose portes-tu? C'est le *qui-vive* de l'affiliation. Si celui que l'on interroge n'appartient à aucune congrégation, il répond : Je ne porte aucune rose; je suis simplement serviteur de Dieu.

Lorsqu'un musulman veut être admis dans une confrérie, il se fait présenter par un frère au *cheik* ou *mkaddem* de l'ordre qu'il a choisi; celui-ci lui prend la main, comme le font les *maîtres* dans les ordres maçonniques; il lui fait alors connaître ses devoirs, les prières qu'il doit réciter, les formules qu'il doit employer, la manière de dire son chapelet; c'est après ces formalités qu'il est reçu frère.

Les congrégations musulmanes ne paraissent avoir rien d'analogue aux signes mystiques et aux mots de passe de la franc-maçonnerie; elles n'ont de commun avec elles que le nom de *frères* que les affiliés se donnent entre eux. Elles sont de leur nature exclusives, et n'admettent que des mahométans : la franc-maçonnerie admet tous les hommes, sans distinction de culte ni de drapeau.

Sept ordres religieux comptent des affiliés en Algérie.

Ce sont :

1° L'ordre de Sidi-Abd-el-Kader-el-Djelali;

2° De Mouléi-Taïeb;

3° Des Aïcaoua et de Sidi-Mohammed-ben-Aïca;

4° De Sidi-Mohammed-ben-Abd-er-Rahman Bouguebrin;

5° De Sidi-Ioucef-el-Hansali;

6° De Sidi-Ahmed-Tidjani;

7° Des Derkaoua.

1° *Ordre de Sidi-Abd-el-Kader-el-Djelali.* — Cet ordre est le plus ancien de ceux qui existent en Algérie. Il doit sa fondation à un marabout de Bagdad, dont le nom est en grande vénération dans tout l'islamisme.

Sidi-Abd-el-Kader, désigné dans l'ouest sous le nom de Mouléi-Abd-el-Kader, est considéré dans presque tout l'Orient comme le patron des pauvres et des malheureux, et en général comme la providence des êtres souffrants. C'est en son nom que presque tous les mendiants implorent la charité du passant : Donne-moi pour l'amour de Dieu, pour l'amour de monseigneur Abd-el-Kader.

Sidi-Abd-el-Kader passe pour le prince des marabouts. Ses vertus lui valurent, dit-on, un honneur insigne : c'est une tradition populaire que dans le mois de safar il descend du ciel sur la terre trois cent quatre-vingt mille maux de toute espèce. Ce déluge de maux écraserait le genre humain si la miséricorde divine ne lui venait en aide. A ce moment lamentable Dieu choisit parmi les hommes d'une piété austère celui qu'il juge le plus pur et le plus fervent, et le charge seul des trois quarts du fardeau.

Ce saint entre tous les saints, cette victime immolée au salut de l'humanité, porte dans les croyances populaires le nom de Rout. La moitié de ce qui reste de maux est répartie entre vingt hommes pieux nommés Aktab disséminés dans l'empire de l'islam. L'autre moitié ou le dernier huitième se répand sur le genre humain.

Dès que le choix de Dieu s'est arrêté sur lui, le Rout tombe malade; il endure toutes sortes de souffrances, et meurt en moins de quarante jours, sous le poids de deux cent quatre-vingt-cinq mille maux différents dont il est affligé. Sidi-Abd-el-Kader dut à sa sainteté l'éclatante faveur d'être choisi pour Rout, et il conserve dans le ciel le privilège d'intercéder efficacement pour ceux qui souffrent. De la sphère brillante qu'il habite entre le troisième et le quatrième ciel, ce saint patron des affligés entend les plaintes qui s'élèvent vers lui, et il protège indistinctement tous ceux qui l'invoquent dans la sincérité de leur cœur, chrétiens, juifs et musulmans. Mais il va sans dire que, parmi tous ses protégés, les khouan de Sidi-Abd-el-Kader tiennent de droit le premier rang.

Nous avons montré le côté religieux de cet ordre : voici maintenant le côté politique.

En 1828, à Bagdad, dans une des chapelles consacrées à Mouléi-Abd-el-Kader, un jeune homme priait avec son père, lorsque le saint lui apparut sous la figure d'un nègre. Il tenait dans la main trois oranges. « Où est le sultan de l'ouest? dit-il; ces oranges sont pour lui. — Nous n'avons pas de sultan parmi nous, répondit le vieillard. — Vous en aurez un bientôt, reprit le nègre. » Ce disant il mit les trois oranges dans la main du jeune homme, et se retira. Ce jeune homme n'était autre que le futur émir Hadji-Abd-el-Kader, fils de Mahi-Eddin.

Quatre ans plus tard, en 1832, la veille du jour où les chefs et les marabouts de la plaine d'Eghrès devaient se réunir à Ersebia pour élire un chef suprême, Mouléi-Abd-el-Kader apparut encore à un marabout centenaire, nommé Sidi-el-Arach, et lui fit voir un trône dressé. « Pour qui ce trône? demanda le marabout. — Pour Hadji-Abd-el-Kader, fils de Mahi-Eddin, répondit le fantôme.

Le lendemain Hadji-Abd-el-Kader, fils de Mahi-Eddin, l'élu du ciel, était proclamé sultan.

Depuis cette époque, disent les Arabes, il ne s'est pas écoulé un jour où le nouveau prince des croyants n'ait reçu la visite mystérieuse du prince des marabouts; il ne s'est pas accompli une seule résolution qui n'ait été inspirée à Hadji-Abd-el-Kader par son homonyme de Bagdad.

Mouléi-Abd-el-Kader a donc pris une grande part aux affaires de l'Algérie.

On compte très-peu de khouan de cet ordre dans la province de Constantine; ils sont au contraire très-nombreux dans la province d'Oran, où presque toutes les routes, presque toutes les cimes de montagnes sont couvertes de koubba consacrées à la mémoire de Sidi-Abd-el-Kader-el-Djelali.

2° *Ordre de Mouléi-Taïeb.* — Cet ordre a été fondé par les chérifs de Maroc, où il compte un nombre immense de khouan : à leur tête figure l'empereur lui-même, Mouléi-Abd-er-Rahman. Le khalifa ou grand-maître de l'ordre est toujours choisi parmi les membres de la famille impériale : celui qui occupe aujourd'hui ce poste éminent est Sidi-Hadji-el-Arbi; il réside avec les cherfa de la dynastie régnante, dans une petite ville appelée Ouazzan, située à mi-chemin d'El-Arach à Fès.

La prépondérance numérique et l'influence morale de l'ordre de Mouléi-Taïeb diminuent à mesure que l'on s'éloigne de son berceau dans la direction de l'ouest à l'est. Cependant Constantine, quoique située à la limite de son action, compte encore à elle seule environ douze cents khouan.

Au Maroc l'ordre de Mouléi-Taïeb exerce une sorte d'omnipotence; aussi l'empereur Abd-er-Rahman, jaloux de conserver l'appui de Sidi-Hadji-el-Arbi, a-t-il soin de lui envoyer au moins une fois par mois des présents à son quartier général d'Ouazzan.

En juin 1843 le gouvernement, informé par M. le maréchal Bugeaud de l'influence qu'exerçait en Algérie le grand maître de l'ordre de Mouléi-Taïeb, donna l'ordre à son consul général à Tanger de se mettre en relation avec Sidi-Hadji-el-Arbi, et le chargea de quelques présents pour ce haut personnage, sur lequel tout l'empire a les yeux fixés. Mais par un malentendu qu'il est difficile de s'expliquer, les envoyés du consul général ne purent trouver le destinataire, et rapportèrent les présents à Tanger.

Deux ans plus tard une vaste insurrection éclatait en Algérie; elle avait pour point de départ une petite nation kabile située sur le bord de la mer, à l'extrémité occidentale de nos possessions. On a su depuis que le massif montagneux des Traras était un des principaux centres de réunion des frères de Mouléi-Taïeb; que l'ordre y entretenait des zaouïas, y tenait des écoles, y possédait de vastes domaines, et que ces divers établissements reconnaissaient les lois de Sidi-Hadji-el-Arbi. C'étaient des khouan de Mouléi-Taïeb qui à la même époque, conduits par Abd-el-Kader, anéantissaient à Sidi-Brahim le petit corps du colonel Montagnac.

C'étaient encore des khouan de Mouléi-Taïeb qui soutinrent deux jours après contre le général Cavaignac les combats des 22, 23 et 24 septembre; et le théâtre de ces actions sanglantes, quoique situé en Algérie, était un des nombreux domaines que possède le marocain Sidi-Hadji-el-Arbi, khalifa de l'ordre.

C'était dans les mêmes lieux, et contre les mêmes hommes, que le général Lamoricière avait à combattre trois semaines plus tard dans les journées des 12, 13, 14 et 15 octobre.

On n'a vu d'abord dans ces divers événements qu'une explosion banale et confuse de fanatisme; mais M. le capitaine de Neveu a fait connaître plus tard le lien mystérieux qui unissait les épisodes et les personnages de ce drame funèbre.

Antérieurement à cette époque funeste, l'existence des khouan de Mouléi-Taïeb se révélait d'une tout autre manière. Mais le fil de cette organisation maçonnique manquait encore, et l'autorité française n'avait pas saisi toute la portée de cette indication. C'était du temps que M. le général Baraguay d'Hilliers commandait à Constantine. Un des mokaddems de Mouléi-Taïeb étant mort dans cette ville, les khouan lui désignèrent un successeur provisoire, et ils écrivirent aussitôt à Sidi-Hadji-el-Arbi pour obtenir sa sanction. Mais ils furent prévenus par un compétiteur, qui se rendit en toute hâte à Ouazzan, au fond de l'empire du Maroc, afin de solliciter la place vacante : il l'obtint. A leur arrivée dans cette ville les envoyés du club de Constantine ne furent pas médiocrement surpris d'apprendre que l'emploi était déjà donné. Ils essayèrent alors de faire revenir le khalifa sur sa décision; mais les partisans du compétiteur nommé agirent de leur côté : la nomination fut maintenue.

C'est alors qu'en désespoir de cause les khouan de Mouléi-Taïeb prirent l'étrange résolution d'en appeler à l'autorité française. M. le général Baraguay d'Hilliers fit des efforts pour concilier toutes les prétentions; mais la décision qu'il prit ne termina pas le différend, et il fallut que plus tard un chérif vînt exprès du bout du Maroc à Constantine pour clore par un jugement définitif ce long et singulier débat. On ignorait encore à cette époque l'étroite solidarité que les ordres religieux établissent entre des individualités et des populations séparées par d'immenses espaces. Cette affaire révéla cependant deux faits graves, savoir :

D'une part, l'influence occulte qu'un personnage étranger exerçait à notre insu sur les terres et sur les peuples de notre domination;

D'une autre part, l'esprit de modération particulier à la province de Constantine, dont les habitants ne craignaient pas de recourir à l'intervention française même dans des questions religieuses. Mais ce dernier fait, rassurant pour une partie de nos possessions, devait inspirer de sérieuses inquiétudes sur le sort des autres.

3° *Ordre de Sidi-Mohammed-ben-Aïça*. — Sidi-Mohammed-ben-Aïça, fondateur de cet ordre, vivait à Meknès, dans l'empire de Maroc, il y a environ trois cents ans. Ce n'était pas un prince, comme le fondateur et les khalifa de l'ordre de Mouléi-Taïeb; c'était au contraire un très-pauvre homme, n'ayant absolument rien pour faire vivre une nombreuse famille, mais plein de confiance en Dieu. Tous les jours il se rendait à la mosquée, où il passait des heures entières en prières ferventes, et chaque soir en rentrant au logis il y retrouvait la misère et la faim.

Un jour, tandis qu'il priait dans la mosquée, un homme alla frapper à la porte de sa demeure, appela sa femme, et lui remit des aliments pour elle et ses trois enfants, en lui disant : C'est Sidi Aïça qui vous les envoie.

Le lendemain et les jours suivants le protecteur mystérieux apporta régulièrement de nouvelles provisions, de sorte que la maison de Sidi-Aïça connut enfin l'abondance.

Bientôt les faveurs et les dons du ciel se multiplièrent tellement que la fortune du marabout porta ombrage au sultan de Meknès, Mouléi-Mohammed, qui le chassa de la ville. Sidi-Aïça partit en effet, et alla s'établir à quelques lieues, sur un terrain jusque-là inhabité, emmenant avec lui sa femme, ses enfants et quarante disciples.

Peu de temps après Mouléi-Ismael lui fit défense de rester sur son domaine. Sidi-Aïça lui proposa alors de lui acheter à deniers comptants toutes les terres de son empire. Mouléi-Ismael ne vit dans cette proposition que l'acte d'un arrogant et d'un insensé; et l'accepta néanmoins, comme un moyen de se débarrasser du marabout. On convint d'un prix et d'un jour pour l'exécution du traité.

Au jour fixé le sultan sortit en grande pompe de Meknès, accompagné des oulémas et de tous les grands personnages de la ville qu'il voulait rendre témoins de la déconvenue du marabout. Arrivé à Hamria tout le cortège s'assit en cercle autour d'un large olivier. « Aïça, dit Mouléi-Ismael, je suis venu pour te livrer la ville de Meknès et ses dépendances; voici l'acte de vente, livre-moi le prix convenu. — Tu vas le recevoir, dit Sidi-Aïça. » Alors il frappa de la main l'olivier, à l'ombre duquel le prince était assis, et aussitôt il en tomba une pluie de pièces d'or, qui, réunies et comptées, produisirent le triple de la somme convenue.

Au milieu de la stupeur générale, Sidi-Aïça se redressa, et dit d'une voix tonnante : « Je suis le maître de ce lieu, le propriétaire de Meknès et de ses dépendances : à votre tour, sortez de mon territoire. » Cependant il se radoucit bientôt, et, cédant aux prières de ceux qui l'entouraient, il rendit au sultan son empire, à condition que chaque année, à partir du douzième jour du mois de mouloud, tous les habitants de Meknès, à l'exception des khouan de Sidi-Aïça, seraient consignés pendant sept jours dans leurs demeures.

Depuis lors cette convention a été fidèlement observée; chaque année, avant le 12 de mouloud, le gouverneur de Meknès fait publier dans la ville que tous ceux qui ne font pas partie de l'ordre de Sidi-Aïça doivent rester enfermés dans leurs maisons pendant sept jours. Il est vrai que cette mesure n'est gênante pour personne; car tous les habitants de Meknès, sans exception, appartiennent à l'ordre de Sidi-Aïça. Satisfait de son triomphe, Sidi-Aïça dédaigna de rentrer en ville; il continua d'habiter Hamria, où il acheva son existence entouré de la vénération de ses frères.

L'ordre de Sidi-Mohammed-Ben-Aïça est celui qui de tout temps a le plus fixé l'attention, à cause de la singularité de ses pratiques.

On en jugera par la description suivante d'une fête des Aïçaoua, que nous empruntons presque textuellement à l'intéressant ouvrage de M. le capitaine de Neveu.

Dans la cour intérieure du bâtiment on avait à l'avance préparé des lumières et des tapis; un coussin marquait la place du mokaddem, président ordinaire de la fête. Des femmes en assez grand nombre garnissaient la galerie du premier étage, commune à toutes les maisons mauresques. Les Aïçaoua entrèrent processionnellement, se rangèrent en cercle dans la cour, et presque aussitôt commencèrent leurs chants. C'étaient d'abord des prières lentes et graves, qui durèrent assez longtemps; vinrent ensuite les louanges de Sidi-Mohammed-ben-Aïça, le fondateur de l'ordre; puis le mokaddem et les frères, prenant des cymbales et des tambours de basque, animèrent progressivement la cadence, en s'exaltant eux-mêmes davantage à proportion de l'accélération du rhythme.

Après deux heures environ les chants avaient dégénéré en cris sauvages, et les gestes en hideuses contorsions. Tout à coup quelques-uns des frères se lèvent, se placent en dansant sur une même ligne, et tirent du fond de leur poitrine, en sons rauques et gutturaux, le nom sacré d'Allah. Mais en sortant de la bouche des aïçaoua ce mot ressemblait beaucoup plus à un rugissement féroce qu'à une pieuse invocation. Bientôt le vacarme augmente, l'extravagance des gestes dépasse toute mesure, les turbans tombent laissant voir ces têtes rasées, semblables à celles des vautours. Les longues ceintures rouges se détachent, se déroulent, embarrassent les mouvements et accroissent le désordre. L'homme alors se traîne sur les genoux et sur les mains; il imite tous les mouvements des bêtes, et abdique toute dignité.

Enfin l'exaltation arrive à son comble; c'est alors que, haletants, ruisselants de sueur, les aïçaoua commencent leurs jongleries. Ils appellent le mokaddem leur père, et lui demandent à manger; celui-ci leur distribue des morceaux de verre, qu'ils broient entre leurs dents; à d'autres il introduit des clous dans la bouche, mais ils ont soin de se cacher la tête sous le bernous du mokaddem, afin de pouvoir les rejeter sans être vus des assistants. Ceux-ci mangent des épines et des chardons; ceux-là portent la langue sur un fer rouge, ou le prennent entre les mains sans se brûler. L'un se frappe le bras gauche avec la main droite, et la chair s'ouvre, le sang coule; mais aussitôt après il repose la main sur son bras, la blessure se ferme, et le sang disparaît; d'autres sautent sans se blesser sur le tranchant d'un sabre que des frères tiennent par ses extrémités; quelques-uns plongent la main dans de petits sacs en peau, d'où ils tirent des scorpions, des serpents, des vipères, qu'ils mettent intrépidement dans leur bouche. Tous ces mouvements s'exécutent avec assez de rapidité pour qu'il soit très-difficile de reconnaître les moyens employés par ces jongleurs pour se garantir de la piqûre des animaux.

Les aïçaoua ont en Algérie la réputation de guérir les piqûres des bêtes venimeuses; aussi sont-ils fréquemment appelés comme médecins. Dans ce cas ils se bornent à sucer fortement la plaie; ils déterminent ainsi une saignée qui prévient en général les accidents consécutifs. C'est à cette simple opération que se réduit à peu près tout leur art.

Les aïcaoua sont très-nombreux dans le Maroc. La province d'Oran compte aussi un assez bon nombre de khouan de cet ordre; mais il y en a peu à Alger et à Constantine. Tunis possède beaucoup de frères d'Aïça, qui donnent chaque année, aux approches du mouloud, à la population de cette ville le spectacle des fêtes les plus bizarres.

L'ordre de Sidi-Aïça ne paraît pas avoir joué jusqu'ici un rôle politique. Le mot d'aïcaoua est devenu synonyme de jongleur et faiseur de tours.

4° *Ordre de Sidi-Mohammed-ben-Abd-er-Rahman-bou-Guebrin.* — Sidi-Mohamed-ben-Abd-er-Rahman, fondateur de cet ordre, naquit à Alger, où il vivait sous le règne de Moustafa-Pacha. Un jour il quitta sa ville natale, et alla s'établir avec sa famille dans la Kabilie, au centre du Jurjura. Il y mourut après six mois de séjour, laissant parmi les Kabiles un assez grand nombre de disciples. Ce furent eux qui lui donnèrent la sépulture.

Trois jours après les khouan d'Alger apprenaient la mort de leur chef. Quelle ne fut pas leur désolation en pensant que son corps reposerait loin d'eux, sur la terre étrangère! Ils tinrent conseil, et résolurent d'enlever la précieuse dépouille. Ils se partagèrent en deux bandes, se rendirent mystérieusement dans les montagnes du Jurjura, et s'embusquèrent non loin du lieu où reposaient les restes du marabout. Ils en sortirent pendant la nuit, ouvrirent le cercueil, chargèrent le corps sur un mulet, et repartirent en toute hâte.

Dès le point du jour ce fut une grande rumeur parmi les Kabiles; on venait d'apprendre que la dernière demeure du marabout avait été violée. Les montagnards ne doutèrent point que ses restes n'eussent été enlevés; cependant, pour en acquérir la certitude, ils s'empressèrent de découvrir le cercueil, et ce ne fut pas sans une joie mêlée d'étonnement qu'ils trouvèrent à la place où ils l'avaient déposé le corps de Ben-Abd-er-Rahman.

Cependant les Algériens arrivaient à Alger possesseurs de la précieuse relique. Ils l'inhumèrent avec de grandes cérémonies en un lieu nommé El-Hamma, près de Kouba, et le marabout Ben-Abd-er-Rahman se trouva avoir un double tombeau. A dater de cette époque, et en commémoration de ce miracle, la croyance populaire ajouta à son nom le surnom de Bou-Guebrin (l'homme aux deux tombeaux).

Instruit de cet événement, Moustafa-Pacha, aussi crédule que ses sujets, fit élever à El-Hamma une jolie mosquée et une coupole, sous lesquelles reposent les restes algériens de Ben-Abd-er-Rahman. Quant à ses restes kabiles, ils sont conservés dans une autre mosquée, située dans la tribu des Beni-Ismaël, appartenant à la confédération de Guechtoula, sur le revers septentrional du Jurjura.

C'est là aussi que réside le khalifa actuel des khouan de Ben-Abd-er-Rahman, Sidi-Hadji-el-Béchir. Ce personnage est marocain d'origine; aussi sa nomination souleva-t-elle des dissensions violentes parmi les Kabiles; beaucoup d'entre eux regardaient sa qualité d'étranger comme un motif d'exclusion.

Abd-el-Kader profita de ces discordes pour s'immiscer dans les affaires de la Kabilie; affilié lui-même à l'ordre de Ben-Abd-er-Rahman, lié d'une étroite amitié à Hadji-el-Béchir, il trouvait dans ce double titre un motif légitime ou plutôt un prétexte plausible à son intervention. Mais ses efforts échouèrent devant l'opiniâtreté d'un peuple ombrageux, chez qui l'attachement au sol domine tous les autres sentiments. Désespérant de vaincre la résistance opposée à la nomination de son ami Hadji-el-Béchir, Abd-el-Kader l'emmena avec lui, et il y serait encore si une femme, Leïla-Khadidja, veuve du dernier khalife de l'ordre, ne s'était décidée à user de son influence pour le faire admettre. Grâce à ce secours inespéré, Hadji-el-Béchir put reparaître dans la montagne, et il fut réinstallé dans son poste de khalifa.

La confrérie de Ben-Abd-er-Rahman est l'ordre national de l'Algérie : c'est à Alger même qu'il a pris naissance, c'est un Algérien qui l'a fondé. Il réunit sous une bannière commune les Kabiles et les Arabes, presque toujours opposés de caractère, et souvent d'intérêts. Aussi Abd-el-Kader l'avait-il préféré à tout autre, comme le meilleur instrument de ses projets. Dans les dernières années de la lutte les frères de Ben-Abd-er-Rahman lui ont fourni des secours en hommes et en argent.

Les khouan de cet ordre sont très-nombreux en Algérie ; la ville de Constantine en possède à elle seule plus de douze cents : on les représente comme très-fanatiques : cependant plusieurs d'entre eux ont donné à la France des gages sincères de dévouement.

La règle de l'ordre de Ben-Abd-er-Rahman consiste à répéter la formule : *Laela Illallah-Mohammed reçoul-Allah* au moins trois mille fois par jour.

5° *Ordre de Sidi-Ioucef el-Hansali.* — Cet ordre fut fondé à Constantine même, et il est demeuré circonscrit à la banlieue de cette ville ; il y compte environ deux mille frères. Le fondateur Sidi-Ioucef-el-Hansali était originaire des environs de Zammôra, d'où il vint s'établir dans le Djebel-Zouaoui, contre-fort occidental du Chettaba, montagne haute, grise et nue, qui s'élève au sud-ouest et tout près de Constantine. Ce lieu a été depuis la résidence de tous ses successeurs.

La maison du khalifa de l'ordre était autrefois un lieu de refuge respecté des beys ; elle renferme aujourd'hui une école renommée.

6° *Ordre de Sidi-Ahmed-Tedjini.* — C'est le plus récent de tous les ordres de l'Algérie. Il fut fondé à Aïn-Mâdi, par le marabout dont il porte le nom, nom devenu célèbre par la guerre qui éclata il y a quelques années entre un membre de cette famille et Abd-el-Kader.

L'ordre, à peine fondé, eut à lutter contre les Turcs, qui, jaloux de l'influence du marabout, vinrent l'assiéger dans Aïn-Mâdi. Mais Sidi-Ahmed parvint à repousser leurs attaques, et finit même par obtenir l'amitié et l'appui du pacha ; plus tard il se retira à Fès, où il mourut il y a quarante-neuf ans ; une koubba magnifique fut élevée sur sa tombe.

Sidi-Ahmed avait institué avant sa mort pour khalifa de ses khouan Sidi-Hadji-Ali de Temacin, ville voisine de Tuggurt dans le Sahara algérien. Hadji-Ali mourut dans le cours de 1844.

Il eut pour successeur le fils de Sidi-Ahmed, fondateur de l'ordre, Sidi-Mohammed-Srir-Tedjini. C'est lui qui commande à Aïn-Mâdi, où plusieurs officiers français ont reçu de lui l'accueil le plus bienveillant. C'est contre lui que fut dirigée en 1838, par l'émir Abd-el-Kader, la célèbre expédition d'Aïn-Mâdi. Cette guerre, qui fut désastreuse pour l'émir, rapprocha de nous le marabout Tedjini. L'agression d'Abd-el-Kader parut sacrilége aux yeux de tous les khouan, qui depuis cette époque respectèrent la cause française comme celle de la justice divine. Aussi font-ils remarquer que depuis lors la fortune de l'émir a toujours décru.

Déjà antérieurement le prédécesseur du khalifa actuel avait témoigné pour notre cause des dispositions conformes à celles que nous trouvons dans le chef d'Aïn-Mâdi. En 1844, au moment où M. le duc d'Aumale dirigea sa colonne sur Biskra et le Ziban, les habitants citadins et nomades des oasis circonvoisines, de l'Ouad-Souf, de Tuggurt, allèrent trouver à Temacin Sidi-Hadji-Ali pour lui annoncer l'arrivée des Français et le consulter sur la conduite qu'il fallait tenir à leur égard. Hadji-Ali répondit : « C'est Dieu qui a donné l'Algérie aux Français ; c'est lui qui veut les y voir dominer. Restez donc en paix, et ne faites pas *parler la poudre contre eux.* »

Cette parole de Sidi-Hadji-Ali, conforme d'ailleurs à l'intérêt et au caractère des peuples du Sahara, a suffi pour contenir plusieurs milliers d'hommes, et la prise de possession de Biskra s'accomplit sans coup férir. Ce fait fournit un nouvel exemple de l'action que les chefs des khouan exercent sur leurs frères.

L'ordre de Sidi-Ahmed-Tedjini compte environ cinq cents membres à Constantine. Un grand nombre de nomades du Sahara et tous les habitants de Temacin en font partie. On rencontre en outre des frères de Sidi-Ahmed-Tedjini à la Mecque, à Fès, à Maroc, à Tunis et dans toute l'Afrique musulmane.

Cet ordre possède quatre mosquées à Tunis, deux à Constantine, deux à Alger, une à Bône, etc.

7° *Ordre des Derkaoua.* — Au commencement de 1845 un événement terrible, d'un caractère tout à fait insolite, vint révéler inopinément l'existence d'une nouvelle association clandestine, constituée en état permanent de révolte et de conspiration.

Le 30 janvier, vers dix heures du matin, une soixantaine d'Arabes, précédés de deux cavaliers et de quelques enfants, passèrent près d'un poste avancé, se dirigeant vers la redoute de Sidi-bel-Abbès. Au qui-vive de la sentinelle ils répondirent par la formule d'usage: *Semi-semi* (amis, amis), et poursuivirent leur chemin. Ils arrivaient en chantant près de la redoute, dont ils allaient franchir le seuil, lorsque le factionnaire s'opposa à leur passage, et voulut les visiter. Aussitôt deux coups d'yatagan assénés sur sa tête le renversèrent dans le fossé.

A ce signal les conjurés tirent les armes cachées sous leurs bernous, pénètrent dans la redoute, et se dirigent vers les chambres occupées par les officiers, en déchargeant sur tous ceux qu'ils rencontrent leurs fusils et leurs pistolets. Au bruit des premières détonations, les défenseurs de la redoute courent aux armes, le combat s'engage, mais ne dure pas longtemps. Les conjurés étaient entrés dans la redoute au nombre de cinquante-huit: au bout de dix minutes on comptait sur le sol cinquante-huit cadavres.

Une enquête commence aussitôt, et ne tarde pas à faire connaître que les conjurés appartenaient à une tribu voisine, étaient affiliés depuis peu aux Derkaoua, société secrète qui compte de nombreux adeptes dans l'Algérie et le Maroc. Un marabout arrivé récemment de Fès avait persuadé à ces malheureux qu'il était en leur pouvoir d'anéantir les chrétiens. Pleins de confiance dans ses promesses, ils s'enivrèrent d'opium et de hachich, et entrèrent dans la redoute en chantant les louanges de Dieu, qu'ils remerciaient à l'avance de leur triomphe.

C'est ainsi que s'est révélée l'association religieuse des Derkaoua. Ils tirent leur nom de Derka, petite ville du royaume de Fès, où leur ordre paraît avoir pris naissance.

Les Derkaoua professent en matière religieuse un ascétisme rigoureux, et en matière politique le radicalisme absolu. Ils ne reconnaissent comme légitime d'autre pouvoir que celui de Dieu; ils rejettent toute autorité temporelle, si elle n'a pas pour but exclusif la propagation de l'islam.

Il ne peut se manifester en eux des germes de mécontentement, sans qu'aussitôt un Derkaoui surgisse pour exploiter et développer l'irritation naissante.

Aussi ont-ils été en révolte continuelle, en Algérie contre les Turcs, au Maroc contre les chérifs. Dans la province de Constantine le mot de *Derkaoui* s'emploie comme synonyme de *révolté*.

En 1784, sous le règne de Hadji-Khelil-Bey, un Derkaoui, nommé Mohammed-Ben-Ali, prêcha la révolte dans la province de Tlemcen.

En 1808 un Derkaoui, nommé Bou-Daïli, détruisit dans la province de Constantine le camp du bey Othman sur l'Ouad-Zhour.

En 1809 un marabout derkaoui, nommé Ben-Cherif, souleva la province de l'ouest, et tint bloqué pendant deux mois le bey Moustafa-el-Mansali dans les murs d'Oran.

Abd-el-Kader lui-même a ressenti plus d'une fois les effets de la fierté farouche des Derkaoua.

En 1835 un marabout derkaoui, nommé Mouça, lui livra bataille sous les murs de Miliana.

En 1838 le même marabout lui disputa, à la tête des Oulad-Mokhtar, le passage du mont Dira.

Les Derkaoua se reconnaissent facilement à leur extérieur; ordinairement ils portent à la main un bâton armé à son extrémité d'une pointe en fer, et au cou un chapelet formé de gros grains. Leur vêtement de dessus est presque toujours remarquable par un luxe de haillons; mais ces guenilles recouvrent souvent des vêtements propres et même riches. Ils affectent une prononciation cadencée et un certain grasseyement des lettres gutturales.

Les Derkaoua ont, comme les francs-maçons, leur loge (fondouk) et leur grand orient, qui est le *djema*, ou assemblée des cheiks. La djema nomme annuellement son président par *voie d'élection*. Ce président est le grand maître de l'ordre. Chaque fondouk *élit* pareillement les cheiks en assemblée générale.

Les Derkaoua possèdent, soit dans leurs fondouks, soit dans des lieux secrets, des dépôts d'armes et de munitions.

Leur principal dépôt, leur quartier général en Algérie, est la montagne de l'Ouersenis.

Les assemblées générales ont lieu annuellement.

Depuis dix ans le grand maître des Derkaoua est Sidi-Abd-el-Kader-Boutaleb, cousin germain de l'émir. Mais il s'est tenu longtemps éloigné de lui, et ne se décida à l'aider de son influence qu'il y a environ trois ans.

Les Derkaoua dominent surtout dans la province d'Oran. Déjà moins nombreux dans celle d'Alger, ils sont à peu près inconnus dans celle de Constantine.

Telles sont les principales confréries musulmanes ; telles sont ces associations, qui depuis dix-huit ans étendent sur l'Algérie une sorte de réseau invisible, qui nous enserre nous-mêmes à notre insu.

Comme toutes les institutions religieuses, elles prétendent n'avoir aucun souci des affaires politiques : à les entendre, les choses de ce monde ne les regardent pas ; mais, tout en feignant de ne pas s'en mêler, elles y prennent la part la plus active qu'elles peuvent ; c'étaient elles qui recueillaient et faisaient parvenir pendant la guerre, soit à l'émir, soit aux autres ennemis de notre cause, les offrandes des fidèles ; elles qui assuraient les mouvements de fonds, qui transportaient les correspondances, qui entretenaient la haine du nom chrétien, qui préparaient et organisaient les conspirations. En temps de calme elles agissent dans l'ombre ; mais dès que la lutte s'engage contre nous elles apparaissent au-dessus des groupes ennemis, comme des étendards cachés qui se déploient au vent de la tempête. Alors surgissent de l'obscurité des hommes qui nous étaient inconnus, qui sortent nous ne savons d'où, qui s'élèvent en un instant aux plus hautes dignités, sans que nous sachions pourquoi ; qui exercent sur les masses dociles une autorité dont nous n'apercevons pas la base, qui propagent l'insurrection par des courants invisibles, dont la rapidité nous effraye et dont le secret nous échappe.

Heureusement pour nous ces confréries sont hostiles les unes aux autres : ainsi la confrérie de Mouléi-Taïeb, qui domine dans le Maroc, et celle de Mouléi-Abd-el-Kader, qui grandit en s'avançant vers l'est, vivent dans un état de lutte presque continuel.

Cette circonstance n'est pas étrangère sans doute à l'inimitié qui existe entre l'émir, dont le père était un des dignitaires de l'une, et Hadji-el-Arbi, qui est le grand maître de l'autre. Peut-être même la haine de l'empereur pour le fils de Mahiddin cache-t-elle une rivalité de couvent.

Des sept confréries qui viennent d'être passées en revue, la plus importante, par le nombre et le rang des affiliés, est celle de Mouléi-Taïeb. Du fond de sa petite ville d'Ouazzan le khalifa Hadji-el-Arbi correspond avec le Maroc et l'Algérie, et, comme le pape du moyen âge, il étend son action à toute l'échelle sociale, depuis le fellah jusqu'à l'empereur. Il dispose à son gré de toutes les consciences ; c'est lui qui désigne le successeur à l'empire, et le nouveau sultan vient recevoir l'investiture de ses mains.

Quelquefois dans le cours de nos luttes sanglantes, détournée par des circonstances accidentelles de sa direction normale, l'influence des confréries s'est exercée à notre profit. Ainsi au fort de l'insurrection du Dahra, le jour où toutes les tribus se ruèrent sur Orléansville à la suite de Bou-Maza, notre cadi, qui était en même temps mokaddem de la confrérie de Mouléi-Abd-el-Kader, debout sur le seuil de son gourbi, arrêta d'un geste les hommes armés de sa tribu que leur kaïd conduisait au rendez-vous général.

Des sept confréries, trois ont leur siége principal dans le Maroc, trois ont pris naissance en Algérie ; une seule sort du berceau de l'islamisme.

Des trois confréries d'origine algérienne deux remplissent, à leur insu peut-être, une mission sociale digne d'intérêt. Ce sont celles de Sidi-Ben-Abd-er-Rahman-bou-Guebrin et de Sidi-Ahmed-Tedjini. La première, fille d'Alger, adoptée par la Kabilie, établit un lien de famille entre les deux races du Tell, entre la plaine et la montagne, entre l'Arabe et le Kabile.

La seconde, fille du Sahara, rapproche par une sorte d'attraction religieuse les populations éparses de cette contrée.

COMMERCE.

Historique. — État du commerce maritime sous les dominations antiques; — Sous les dynasties berbères; — Sous la domination turque; — Sous la domination française. — Commerce avec la régence de Tunis; — Avec l'empire de Maroc; — Avec le Soudan. — Commerce intérieur de l'Algérie.

Du commerce de l'Afrique dans l'antiquité.

Carthage, fille d'un peuple de trafiquants, avait hérité du génie de ses fondateurs; de nombreux témoignages attestent sa magnificence et sa richesse, et il n'est pas douteux qu'elle les dut à son commerce. Vainement la république romaine, dans la guerre d'anéantissement qu'elle lui avait déclarée, essaya-t-elle de faire disparaître l'origine laborieuse d'une grandeur rivale; quelques monuments échappés à cette haine impie donnent une idée de la nature et de l'étendue de ses relations.

On sait que les négociants carthaginois étendaient leurs expéditions jusqu'au centre de l'Afrique et de l'Asie. Du fond de l'Arabie des caravanes arrivaient à Carthage à travers l'oasis d'Ammon et la grande Leptis. D'autres caravanes, parties de l'Égypte, s'arrêtaient aussi dans cette oasis d'Ammon, qui, devenue l'oasis de Sioua, est encore aujourd'hui l'un des grands carrefours de la circulation africaine. De là elles passaient à l'oasis d'Audjile (Audjela), descendaient chez les Atarantes et les Atlantes, qui leur achetaient du sel et des dattes, et passaient ensuite dans les steppes des Lotophages, tribus nomades soumises aux Carthaginois, rapportant de ces pérégrinations lointaines des chargements d'esclaves, de pierre fine, d'ivoire et de poudre d'or.

Le commerce maritime rivalisait d'importance avec le commerce continental, comme le prouvent les sacrifices que la république marchande s'imposait pour l'agrandir.

Cinq cents ans avant l'ère chrétienne, deux expéditions partent de Carthage : la première, commandée par Himilcon, est mentionnée par le poëte Festus Avienus, qui en a conservé le témoignage. Elle s'en allait acheter de l'étain dans les îles Cestrymnides, voisines d'Albion et peu éloignées de l'Ile sacrée habitée par les Hiberniens. Combien les rôles sont changés! L'Afrique, civilisée alors, allait faire dans la barbare Albion ce que l'Albion civilisée de nos jours fait sur les côtes barbares d'Afrique : établir des comptoirs, ouvrir des marchés.

La seconde expédition, beaucoup plus connue que la première, était commandée par Hannon, qui écrivit lui-même en phénicien la relation de son voyage, appelé aujourd'hui *Périple d'Hannon*, et le déposa à Carthage, dans le temple de Kronos.

La qualité du chef et la composition de la flotte placée sous ses ordres donnent une idée de l'importance que les Carthaginois attachaient à ce voyage. Hannon occupait le poste de suffète, qui était la première dignité de la république; et sa flotte ne comptait pas moins de soixante vaisseaux et trente mille hommes. Qu'allait-il faire? Fonder des colonies ou plutôt des comptoirs sur la côte occidentale d'Afrique depuis les colonnes d'Hercule jusqu'au rivage de Thymiamata, que l'on croit être la Sénégambie.

Carthage succombe, et demeure ensevelie quelque temps au fond du large golfe dont son commerce avait animé les bords. Mais bientôt de ses débris sort une autre Carthage, une Carthage romaine, colonie riche et active, qui fournit à la fois aux besoins et aux plaisirs de la métropole. Avec ses blés elle envoie en Italie des bêtes sauvages, destinées aux représentations du cirque. Elle y porte aussi l'ivoire, l'or, les bois précieux venus du centre de l'Afrique.

Les expéditions lointaines entreprises par des généraux romains ouvrent des débouchés et donnent un aliment nouveau à l'activité croissante de cette ruche. Cornelius Balbus s'avance jusqu'à Garama, aujourd'hui Djerma, dans la Phazanie, qui est le Fezzan actuel. Suetonius Paulinus pénètre jusqu'au fleuve Ger, l'Ouad-Guir du Tafilelt; Julius Maternus part de Leptis, arrive à Garama, et de là s'avance vers le midi jusqu'à la contrée d'Agysimba et au pays des Rhinocéros. Enfin Septimius Flaccus s'enfonce dans l'Éthiopie à trois mois de marche de Garama. Ces expéditions hardies rapportent sur le littoral un grand nombre de pierres précieuses.

Nous voici au commencement du cinquième siècle de l'ère chrétienne, de ce siècle qui s'ouvrit par le sac de Rome. Miné au dedans par l'exaction et l'anarchie, sapé au dehors par les barbares, l'empire Romain s'écroule de tous côtés. En 429 les Vandales paraissent en Afrique; ils arrivent des régions hyperboréennes, vêtus de la casaque de buffle, armés de la longue épée et de la forte lance, traînant avec eux, sur de grossiers et massifs chariots, richesse et famille.

Un siècle se passe; l'histoire se tait sur les événements qui le remplissent; un seul livre nous en est parvenu. Mais l'auteur, qui appartenait à l'Église d'Afrique, ne nous montre les rois vandales que comme des persécuteurs farouches.

Il fallait bien cependant qu'ils fussent autre chose que cela. En effet, quelle étrange révolution s'est opérée dans les mœurs de ces peuples durant l'espace d'un siècle! Les caractères de la civilisation, le luxe, la richesse, l'amour du bien-être ont remplacé chez ces colons conquérants l'austère simplicité des enfants du Nord. Quelle fut donc la cause de cette transformation remarquable? Malheureusement, aucun témoignage explicite ne le fait connaître. Mais en rapprochant des indications éparses, on est conduit à la chercher encore dans les relations d'échange établies par les Vandales avec les rivages de la Méditerrance et les contrées intérieures de l'Afrique. Si le paysan vandale était devenu en un siècle sybarite raffiné, c'est qu'il ne craignait pas d'aller chercher l'ambre jusqu'aux confins de sa patrie originelle, la Germanie; c'est qu'il faisait venir à travers l'Égypte les parfums de l'Inde, et à travers les déserts de la Libye les esclaves, la poudre d'or, et les pierres fines du Soudan.

Le luxe, en créant à ces peuples des besoins nouveaux, leur avait aussi créé de nouvelles ressources. Ils étaient devenus habiles dans le travail des armes, dans la fabrication des tapis, dans l'art de teindre les étoffes.

Quant aux bêtes sauvages envoyées jadis d'Afrique en Italie pour les jeux de l'amphithéâtre, il n'en est pas question. Le peuple romain avait bien d'autres soucis; et les Vandales n'entendaient pas se charger sans doute de le nourrir et de l'amuser.

Bélisaire a reconquis l'Afrique; l'Empire d'Orient est rentré en possession d'une partie des dépouilles de l'Empire d'Occident. Que devient le commerce de l'Afrique dans cette nouvelle phase? les traditions manquent pour le dire, et l'on en est réduit aux conjectures pour rétablir le fruste de l'histoire.

Aux Grecs du Bas-Empire succèdent les Arabes; avec eux une civilisation nouvelle reparaît. Ce sont les géographes mahométans qui font connaître à l'Europe les profondeurs mystérieuses de l'Afrique. Ce sont eux qui lui révèlent l'existence de ce Nil du Désert appelé depuis le Niger et de l'or enfoui dans le sable de ses rives. Mais là s'arrêtent leurs connaissances, qui vont se perdre dans le vague des *Iles Éternelles* et de la *Mer Ténébreuse*.

Quant au commerce de l'Afrique durant les premiers siècles de l'islamisme, aucun document explicite ne permet d'en apprécier la nature et l'étendue. Il dut s'établir un grand mouvement de circulation et d'échange d'une extrémité à l'autre de l'Empire arabe, depuis l'Espagne jusqu'aux Indes. Mais il ne paraît pas que l'Europe, qui traversait alors une des phases les plus orageuses de sa croissance, y ait prit une part directe et active. Toutefois, elle se forme à l'école des géographes arabes; elle apprend d'eux les richesses que l'Afrique renferme dans son sein; elle recueille enfin les enseignements d'une civilisation qui la devance, mais qu'elle doit dépasser un jour.

Jusque vers le milieu du onzième siècle elle avait opposé aux envahissements de l'islamisme une attitude inerte et défensive; elle entre alors dans la voie des agressions.

Roger, petit-fils de Tancrède de Hauteville, est le premier souverain chrétien qui aborde en conquérant l'Afrique septentrionale, désignée alors, par rapport aux autres possessions musulmanes, sous le nom de *Maghreb* (couchant). Il a pour hôte et ami un savant géographe arabe, qui était en outre un des plus grands seigneurs de l'Afrique, le chérif Édrici. A la voix de ce prince des expéditions partent des ports de la Sicile, et vont fonder, les armes à la main, quelques établissements sur la côte orientale de la régence actuelle de Tunis. Bientôt des rapports de commerce s'établissent entre le continent musulman et l'île chrétienne, qui lui achète ses cuirs, son ivoire, ses laines, ses plumes d'autruche, son corail et sa poudre d'or.

Le successeur de Roger ne conserve pas, il est vrai, les conquêtes de ce prince; mais il fait la paix avec les souverains musulmans; et les relations entre l'Afrique et l'Europe survivent à la guerre qui les a créées. Bientôt elles s'étendent et se régularisent.

Une grande révolution venait de s'accomplir en Afrique. Après avoir subi la domination étrangère sous toutes ses formes, cette contrée avait recouvré son indépendance. Des princes ralliés à la foi musulmane, mais africains d'origine, avaient remplacé les suffètes carthaginois, les proconsuls romains, les rois vandales, les comtes de l'Empire grec, les khalifes du Caire et de Bagdad. En un mot, le peuple berbère s'était substitué au peuple arabe dans le gouvernement de tout le Maghreb.

C'est durant cette période, longue de six siècles, que l'Afrique septentrionale, et particulièrement la contrée qui forme l'Algérie actuelle, rendue à elle-même, fit connaître, dans ses rapports avec l'Europe, le caractère et le génie de ces peuples.

Commerce de l'Algérie sous les dynasties berbères.

Cette partie de l'histoire commerciale de nos possessions contient, pour leur avenir, pour le progrès de la civilisation, un grave et utile enseignement. Elle montre ce que fut la race berbère avant que le despotisme des trois derniers siècles l'eût aigrie et falsifiée; elle la représente dans la liberté de ses allures, dans la naïveté de ses instincts. Or, la race berbère, c'est encore aujourd'hui l'élément numérique le plus important de la population de l'Algérie; c'est le seul élément organique et vivace.

La perte des conquêtes de Roger en Afrique et l'avènement des Berbères à la souveraineté du Maghreb furent suivis d'un armistice général conclu vers la fin du douzième siècle entre l'Orient et l'Occident. Deux incidents amenèrent la suspension des hostilités. En 1167, quelques navires pisans furent jetés par la tempête sur les côtes barbaresques, et les naufragés retenus captifs. A la nouvelle de ce sinistre, le consul de la république de Pise, Cocco Griffi, se rendit lui-même en Afrique, sous prétexte d'obtenir la liberté de ses compatriotes, mais en réalité pour y nouer des relations. Il visita d'abord Bougie, qui était à cette époque la véritable capitale de l'Algérie; de là il passa dans le Maroc. Non-seulement il obtint sans peine la restitution des prisonniers, mais il conclut un traité avec l'émir Almohade Ioucef, et à son retour en Europe il appela le commerce de Pise sur la côte d'Afrique.

Cependant la guerre continuait entre la Sicile et les princes du Maghreb. Quelques années après le voyage de Griffi, en 1180, une princesse musulmane, la fille de l'émir Ioucef, fut prise en mer par les Siciliens et conduite à Palerme; là traitée avec tous les égards dus à son sexe et à son rang, elle devint le gage de la réconciliation des deux peuples. La paix fut signée; et les Siciliens commencèrent à établir des comptoirs dans les villes maritimes de la dépendance de Tunis.

Le mouvement d'immigration qui suivit cette double alliance paraît avoir été très-rapide. Avant la fin du douzième siècle un grand nombre de Pisans s'étaient déjà établis à Bougie; ils n'y reconnaissaient d'autre juridiction que celle de leur consul. Ils y avaient construit des maisons, des magasins, des bains, une église et une bourse. Ces deux derniers établissements témoignent de la sécurité dont ils jouissaient. Une lettre, adressée le 18 mai 1182 à l'émir de Bougie par la république de Pise, et conservée dans les archives de Florence, ne laisse aucun doute sur la confiance et la bonne harmonie qui régnaient habituellement dans les relations des deux États.

Pendant longtemps ces relations ne reposèrent que sur de simples traités d'alliance, et ne cherchèrent point de garanties ailleurs que dans la loyauté des transactions et la réciprocité des intérêts. Ce ne fut qu'au bout d'un demi-siècle que la multiplicité toujours croissante des rapports d'échange fit sentir l'utilité de fixer par des actes les droits et les devoirs de chacun.

Un premier traité de commerce, conclu en 1230, entre la république de Pise et le royaume de Tunis (1), devint la base du droit public entre l'Afrique septentrionale et les États maritimes de l'Italie.

Il assurait aux marchands italiens une entière protection pour leurs biens et leurs personnes, la faculté de circuler librement dans l'intérieur des terres, et d'établir des fondouks ou caravansérails, des bains, des cimetières et des églises dans toutes les villes des royaumes de Tunis et de Bougie.

Les Pisans avaient en outre réservé à leur consul le droit d'être admis en présence des souverains au moins une fois par mois.

Une clause qui témoigne du respect des princes africains pour la liberté des échanges est celle qui autorise les négociants chrétiens à vendre des vaisseaux et des agrès même aux ennemis de ces princes, moyennant un droit de 10 pour 100 sur le prix de vente.

Les négociants ne pouvaient être rendus ni solidairement ni individuellement responsables des torts de leurs nationaux. Les chartes africaines du treizième siècle consacraient donc déjà le principe de l'inviolabilité des neutres, l'une des plus belles conquêtes de notre droit public moderne. Nous rappellerons plus tard combien de fois les stipulations de ce genre furent violées par la mauvaise foi des pachas turcs, dans la personne même des consuls. L'histoire ne reproche aux émirs berbères aucune infraction semblable.

Gênes ne tarda pas à réclamer les privilèges commerciaux stipulés en faveur des négociants pisans. Cette république faisait alors un immense commerce de tissus, et recherchait pour ses manufactures les laines d'Afrique, regardées comme supérieures à celles d'Europe. Aussi, s'était-elle ménagé des approvisionnements réguliers dans les villes de Bône, de Bougie et de Tunis. Elle achetait en outre dans les ports d'Afrique de l'alun, de l'huile à savon, des plumes d'autruche, des pelleteries, des maroquins, des cuirs communs, de la cire et des fruits secs. Elle livrait en échange des navires, des bateaux, des agrès, de l'or ou de l'argent monnoyés ou en lingots, des vins, des liqueurs, des draps, des étoffes de soie, des toiles de Rouen et de Reims, des objets de quincaillerie et de mercerie, enfin des drogues du Levant.

Gênes conclut son traité en 1236. En 1251 Venise obtenait le sien. Dans cet acte une disposition spéciale, digne d'intérêt, accordait aux Vénitiens la libre exportation du plomb de toutes les villes du royaume. Il est d'ailleurs constant que les Italiens en tiraient une grande quantité d'Oran et des ports du Maroc : ainsi, l'Afrique devait posséder à cette époque beaucoup d'établissements affectés au traitement du minerai de plomb. Il est impossible qu'elle n'en recèle pas des gisements considérables; et cependant, bien que fabriqué encore dans quelques tribus, le plomb n'entre plus pour rien dans les exportations de l'Algérie. La découverte de ces richesses métallurgiques est un bienfait que l'avenir réserve à l'industrie française.

Vers 1252 quelques florins d'or récemment frappés au coin de la république de Florence tombèrent sous les yeux du roi de Tunis; ce prince en témoigna son admiration, et voulut connaître un peuple qui produisait d'aussi belles espèces. Il appela un marchand florentin nommé Péra Balducci, l'interrogea sur les ressources de ses compatriotes; et c'est à la suite de cet entretien qu'il leur accorda des priviléges commerciaux, notamment le droit d'avoir une église et un fondouk à Tunis. Dès lors les Florentins purent commercer librement dans tous ses États, malgré la jalousie des Pisans, qui jusque-là les avaient fait passer pour un peuple de montagnards et de portefaix.

C'est ainsi que dans l'espace de vingt-deux ans, de 1230 à 1252, les républi-

(1) Le royaume de Tunis comprenait alors, outre la régence de ce nom, les pays de la Calle, Bône, Kollo, Djidjeli, Bougie, et se prolongeait jusqu'au delà d'Alger et de Cherchell. Elle embrassait donc la plus grande partie de l'Algérie actuelle. L'enclave la plus importante de ce vaste empire était désignée spécialement par le nom de *royaume de Bougie*. Elle comprenait environ les trois quarts de nos possessions actuelles.

ques italiennes conclurent successivement des traités de commerce avec les princes berbères du Maghreb.

Arrive l'année 1270; saint Louis s'embarque une seconde fois pour la Palestine, quittant son royaume, qu'il ne doit plus revoir : il va mettre le siége devant Tunis; mais il tombe malade sous les murs de cette ville, et succombe le 25 août. Il semblait que cette guerre dût rompre les liens commerciaux formés entre les deux rivages de la Méditerranée : au contraire, elle les resserra. Presque aussitôt après la mort du saint roi, Philippe le Hardi entra en négociation avec l'émir de Tunis. Un traité fut conclu, traité empreint encore de l'esprit de tolérance dont la convention de 1230 avait inauguré le régime. Quelques dispositions de cet acte diplomatique feront juger la nature des rapports qui durent s'établir entre la France et l'Algérie de ces temps-là.

Par le traité de 1270 le roi très-chrétien et l'émir des croyants s'imposèrent l'obligation réciproque de faire recueillir les objets provenant de naufrages et de les restituer à leurs propriétaires. A l'époque où fut pris cet engagement, le droit d'épave s'exerçait de chrétiens à chrétiens dans toute sa rigueur.

Une autre clause interdit la course des chrétiens sur les navires musulmans, sans stipuler l'obligation réciproque ; ce qui semblerait annoncer que l'initiative du brigandage maritime n'appartient pas aux pirates barbaresques.

Enfin le traité de 1270 contient encore une disposition qui mérite d'être rapportée textuellement : « Les moines et « les prêtres chrétiens seront libres de « demeurer dans les États de l'émir des « croyants, qui leur donnera un lieu où « ils pourront bâtir des monastères et « des églises et enterrer leurs morts ; « *lesdits moines et prêtres prêcheront* « *publiquement dans leurs églises* et « serviront Dieu suivant les rites de leur « religion ainsi qu'ils ont coutume de « faire dans leur pays. »

Il existe en Algérie plusieurs localités que les indigènes appellent *Djebbanet-en-Nçara* (cimetière des chrétiens); ce sont peut-être d'anciennes concessions de terre faites par les gouvernements africains sous l'empire des traités du moyen âge.

L'histoire ne mentionne aucune infraction au traité de 1270. Au contraire, une pièce conservée dans les archives de Marseille constate, à la date du mois de juin 1293, les bons offices rendus aux négociants de cette ville par le chef de la marine musulmane à Bougie.

Voici un fait arrivé peu de temps après la conclusion du traité avec la France, et qui peut donner une idée de l'importance des valeurs engagées à cette époque dans le commerce de l'Europe avec l'Afrique, en même temps qu'il caractérise la nature de leurs relations. Vers 1286 quelques navires génois ayant été maltraités dans le port de Tunis, l'émir fit immédiatement estimer le dommage et indemniser les négociants qui avaient souffert. Le montant des réclamations s'éleva à la somme de 63,616 besants, environ 600,000 francs de notre monnaie, qui furent répartis entre neuf maisons.

La bienveillance qui rapprochait alors les deux rives de la Méditerranée s'étendait à d'autres intérêts que ceux du négoce. Vers la fin du treizième siècle quelques seigneurs européens occupaient de hauts emplois dans le gouvernement de l'Afrique. Ils négociaient des traités, percevaient les impôts au nom des princes barbaresques. Les armées des rois de Tunis, de Bougie, de Tlemcen, de Maroc, comptaient dans leurs rangs des hommes d'armes et des chevaliers chrétiens. Le roi de Tunis entretenait à sa solde un corps de huit cents hommes d'armes, toscans, espagnols ou allemands. Un bref de Nicolas IV, qui existe dans les archives du Vatican, mentionne comme un fait habituel la présence des hommes d'armes et des seigneurs au service des souverains d'Afrique. Par une lettre datée du 5 des ides de février 1290 le pape les engage à conserver la fidélité qu'ils doivent à leurs maîtres, sans oublier cependant qu'ils sont chrétiens.

De leur côté, les émirs d'Afrique, frappés de l'immense autorité du saint-siège, avaient voulu s'assurer son amitié pendant les croisades ; et voilà ces princes mahométans qui permettent dans leurs États la construction des églises et l'exercice public du culte, qui autorisent l'établissement de couvents et d'ordres monastiques, qui consacrent enfin, au treizième siècle, le principe de la liberté religieuse, l'une des conquêtes les plus laborieuses du droit moderne. Ces faits sont constatés par des bulles pontificales, qui accordent divers priviléges aux religieux fixés dans les royaumes de Tunis, Bougie, Tlemcen et Maroc.

Rien ne prouve mieux la sécurité dont les étrangers jouissaient en Afrique, sous le gouvernement berbère, que le nombre des chrétiens qui s'y étaient établis. Voici un document qui peut en donner une idée. Au commencement du quatorzième siècle les droits sur le vin seul produisaient à Tunis un revenu assez considérable pour que le roi en affermât la perception au prix annuel de 34,000 besants, environ 340,000 fr. de notre monnaie. Les droits, nécessairement supérieurs à cette somme, étaient au maximum de 10 pour 100. Il entrait donc annuellement à Tunis pour 3,400,000 francs de vins, destinés exclusivement à la consommation européenne. En tenant compte de l'énorme dépréciation que le numéraire a subie depuis cette époque, on peut regarder cette valeur comme équivalente au moins aux 7,400,000 francs de vins que l'Algérie reçoit en ce moment pour la consommation des deux cent mille Européens, militaires ou civils, qui l'habitent. Ainsi la contrée que desservait le seul port de Tunis pouvait renfermer une population chrétienne de deux cent mille âmes. Il en était de même sans doute à Bougie, à Oran, à Ceuta et dans les autres ports du Maghreb, aussi accessibles que celui de Tunis. On peut donc évaluer à un million le nombre des chrétiens établis au moyen âge dans l'empire berbère.

Les Sarrasins jouissaient en Europe de tous les priviléges garantis en Afrique aux négociants chrétiens. Chaque année des navigateurs musulmans partaient de Tunis, de Bougie et d'Oran, versaient les productions de l'Afrique dans les ports de France, d'Espagne et d'Italie, et emportaient en échange des toiles de Reims, des futaines, des draps, de la quincaillerie et une foule d'autres articles de fabrique européenne. Ce qui est digne de remarque, c'est que dans les stipulations qui assuraient liberté et protection aux Africains en voyage ou en résidence dans les États d'Europe, les émirs avaient compris non-seulement leurs propres sujets, mais encore des chrétiens, leurs amis ou leurs protégés. Ainsi au moyen âge le pavillon barbaresque couvrait des chrétiens de sa protection jusque sur la terre chrétienne.

Il n'était pas rare de voir la confiance réciproque se traduire par des actes d'association. Tantôt les négociants africains s'intéressaient dans les cargaisons européennes, tantôt ils venaient eux-mêmes en Europe se livrer à des opérations de négoce, en participation avec des marchands chrétiens. Beaucoup de navigateurs italiens faisaient le commerce de cabotage depuis Alexandrie jusqu'à Ceuta, sous la commandite musulmane.

En même temps les marchands chrétiens établis en Afrique prenaient part au commerce intérieur. Ils parcouraient le pays dans tous les sens ou le faisaient parcourir par leurs courriers. Ils avaient obtenu la faculté de se joindre aux grandes caravanes qui traversent l'Afrique, et jouissaient même sur les terres qu'ils traversaient d'un droit de pâturage pour leurs animaux de transport. Investis de ce privilège, ils purent s'avancer jusque dans les profondeurs de l'Afrique centrale, et obtenir à la source de la production nigritienne les denrées que l'Europe leur demandait.

Vers la fin du quatorzième siècle des pirates de tous pays commencèrent à infester la Méditerranée. Afin de protéger contre ce fléau des intérêts devenus communs, on vit alors les républiques italiennes, de concert avec les princes d'Afrique, organiser des croisières mixtes où le pavillon musulman s'unissait au pavillon chrétien pour la sécurité des mers.

La protection accordée aux négociants chrétiens dans toute l'étendue de l'empire berbère, avait déterminé un grand nombre d'entre eux, pour se rapprocher des points de départ et d'arrivée des caravanes nigritiennes, à transporter dans l'intérieur leurs pénates, leurs fondouks, leurs comptoirs et leurs églises. Sous la dynastie des Beni-Zeian une colonie chrétienne, composée principalement de Catalans et d'Aragonais, avait obtenu la faculté de s'établir à Tlemcen. Elle comptait aussi dans son sein plusieurs familles françaises et italiennes; elle possédait des maisons, des magasins, des bains, des églises, et contribuait au riche commerce que Tlemcen entretenait alors par Oran et Mers el-Kébir avec tous les ports de la Méditerranée.

Dans le mouvement d'échange qui rapprochait au moyen âge l'Europe et l'Afrique, chaque peuple s'était attribué une part spéciale. Pise demandait surtout aux États berbères des cuirs bruts pour ses tanneries et teintureries; des rives de l'Arno, Gênes des laines pour ses filatures, Venise des métaux.

Bougie, placée au milieu des côtes de l'Algérie et à l'entrée du massif berbère le plus compact, demeure dans tout le cours de cette période l'une des cités les plus florissantes de l'Afrique. Elle étendait ses relations à tous les ports de la Méditerranée; elle correspondait non-seulement avec l'Italie, la France et l'Espagne, mais aussi avec l'Asie Mineure, la Morée, la Turquie, l'île de Chypre, la Syrie et l'Égypte. Elle exportait des cotons bruts, du lin, de la soie, des laines, des cuirs, de la cire et du miel, des métaux, des caroubes, des noix, du blé, des épices et des écorces à tan. Ce dernier article s'exportait en si grande quantité, qu'il était connu dans toute la Méditerranée sous le nom d'*iscorza di buggiea*.

Ajoutons encore un produit dont le nom dispense de tout commentaire, *la bougie*, et un autre qui devait jouer un si grand rôle dans la politique des siècles suivants, le corail.

C'est encore aux Pisans que revient pour le dernier article l'honneur de l'initiative. Profitant de la sécurité dont les entreprises européennes jouissaient en Afrique, ils avaient formé dans l'île de Tabarka un établissement par la pêche du corail, qu'ils exploitaient concurremment avec les indigènes et en rivalité des Catalans. Cinquante barques, montées par mille hommes d'équipage, couvraient annuellement le banc renommé voisin de notre frontière de l'est. Les produits de la pêche se vendaient à des négociants venus souvent de pays très-éloignés pour les acheter. Ce ne fut qu'au seizième siècle que le privilége de la pêche du corail échut à la France; mais la Compagnie française, sans cesse inquiétée, ne donna pas à cette industrie tout le développement qu'elle avait pris au treizième siècle entre les mains de la Toscane.

Encore un mot sur cette époque intéressante, où la France trouve pour l'œuvre de civilisation qu'elle accomplit en Algérie de si précieux encouragements.

Dans toutes les villes du Maghreb les marchandises étaient passibles, à l'entrée et à la sortie, d'un droit de douane qui variait depuis la franchise entière jusqu'à 10 pour 100.

Les métaux précieux furent toujours admis avec des droits faibles, quelquefois en franchise, surtout à Bougie et à Tunis, où ils étaient transformés en numéraire; car Bougie, si déchue de nos jours, avait alors son hôtel des monnaies.

Habituellement les blés devaient une taxe d'exportation: cependant, s'il était constant que la disette régnait en Italie, ils sortaient en franchise. Mais en revanche, si la disette se faisait sentir en Afrique, l'exportation était suspendue.

Enfin, le commerce européen avait obtenu des souverains berbères ce que la civilisation moderne place à juste titre au rang de ses bienfaits. En vertu d'un privilége réservé aux Pisans, les marchandises n'étaient tenues d'acquitter les droits de douane qu'au moment de leur entrée en consommation. C'est le principe de l'institution des entrepôts, dont Colbert devait doter la France quatre siècles après.

Nous sommes parvenus à la fin du quinzième siècle. Deux événements immenses s'accomplissent: Colomb découvre un monde nouveau; Vasco de Gama trouve une route nouvelle pour aller aux Indes.

Vers la même époque un Maure de Grenade, nommé Hacen, qui devint plus tard Léon l'Africain, parcourait les profondeurs de l'Afrique et faisait connaître à l'Europe les richesses que le commerce de vingt siècles y avait créées.

Mais cette prospérité touchait à son terme. Désormais le commerce du monde avait changé de route; l'abandon de la

Méditerranée entraînait l'abandon du continent africain. Le mouvement des flottes n'était plus là pour entretenir celui des caravanes.

Par une coïncidence désastreuse, l'expulsion des Maures d'Espagne, signal d'une nouvelle réaction chrétienne, inaugurait une ère de violence et d'agression. A la faveur des désordres occasionnés en Afrique par les boutades des rois très-catholiques, Barberousse s'empare de la côte et y installe la domination des renégats et des corsaires.

Dès lors adieu le fruit et même le souvenir des bonnes relations établies au moyen âge; la Méditerranée n'est plus qu'un vaste coupe-gorge exploité à la fois par des forbans barbaresques et des chevaliers chrétiens.

Commerce de l'Algérie sous la domination turque.

Sous la domination turque le brigandage des mers, érigé en industrie normale, changea le cours et le caractère des relations de la côte d'Afrique avec l'Europe. Tout contribua dès lors à éloigner la spéculation loyale et à réduire l'importation régulière; les dangers et la concurrence de la piraterie, l'exagération des droits, l'incertitude des payements, la presque certitude des exactions et des avanies. Comment d'ailleurs le consommateur aurait-il demandé au négociant ce que le corsaire lui fournissait à meilleur marché?

Cependant, quelques armateurs intrépides affrontèrent ces dangers et ces obstacles; ils versaient sur la côte d'Afrique des cotonnades, des merceries, des armes et des munitions de guerre. Ils exportaient des blés, des cires, de l'huile et du corail. Quelquefois, trop souvent peut-être, ils revenaient en Europe chargés de la dépouille des bâtiments chrétiens capturés par les corsaires.

Les navires musulmans payaient dans le port d'Alger 20 piastres d'ancrage, les navires chrétiens 40 si leur pavillon était en paix avec la régence, et 80 s'il était en guerre.

Toutes les marchandises acquittaient un droit de 12 ½ pour 100 à l'entrée et de 2 pour 100 à la sortie. Au commencement du dix-huitième siècle les Anglais obtinrent une réduction considérable sur les droits d'entrée. Ils ne payèrent plus que 5 pour 100. Quelques années après, en 1718, les Français obligèrent la régence de leur accorder la même remise. La compagnie du Bastion de France avait le privilége d'introduire annuellement en franchise deux navires d'un tonnage déterminé.

Il est triste de dire que pendant trois siècles le commerce d'Alger avec l'Europe consista presque exclusivement dans la vente des prises maritimes et le brocantage des esclaves chrétiens. Comme chrétien et comme Français, nous nous faisons un devoir de rappeler les principales circonstances de ce trafic impie, que l'Europe puissante et civilisée a supporté si longtemps, et qu'elle supporterait peut-être encore si la France ne l'en eût affranchie. Qui sait si, dans l'oubli de ces vieilles injures, on ne viendrait pas quelque jour lui reprocher la conquête de l'Algérie comme une atteinte à l'équilibre européen!

Le champ de l'industrie barbaresque s'étendait, sur l'Océan, depuis le cap Finistère jusqu'aux Açores; elle poussa même ses croisières jusqu'à Terre-Neuve, et enleva des navires dans le Texel et sur les côtes de Hollande. Dans la Méditerranée elle exploitait tout le bassin occidental et l'Adriatique.

Le bâtiment qui s'éloignait pour la course portait à l'arrière un magnifique étendard. Mais à peine avait-il perdu de vue Alger, qu'il amenait et hissait à la place le pavillon de quelque puissance chrétienne.

Lorsqu'un corsaire arrivait à bonne portée du navire chrétien en chasse, il tirait un coup de canon. C'était le signal de *bonne prise*. Un second coup annonçait la capture, et aussitôt les pirates sautaient à bord et se répandaient sur le pont.

De ce premier examen dépendait le sort du navire capturé. Le jugeait-on de nulle valeur, on faisait passer les chrétiens à bord du corsaire; on enlevait tout ce qui pouvait être enlevé, et on le brûlait. S'il valait la peine d'être conservé, le réis, après avoir fait monter les chrétiens à son bord, l'envoyait à Alger, sous la conduite de quelques-uns de ses hommes.

La prise était-elle de nature à lui faire honneur, il la remorquait lui-même, et mettait aussitôt le cap sur Alger. Arrivé en vue de la ville, il annonçait le succès de sa croisière par des coups de canon tirés sans interruption jusqu'à son entrée dans le port. Si la capture lui paraissait d'une grande importance, il continuait ses salves jusqu'à la nuit.

Dès que le canon de bonne prise se faisait entendre, les habitants d'Alger montaient sur leurs terrasses; ils connaissaient alors la nation sur laquelle le sort de la course était tombé; car le corsaire avait toujours soin de hisser le pavillon de la prise au sommet de son grand mât.

Il arrivait quelquefois que le corsaire, dans l'ivresse du succès, commençait dès l'instant de la capture à faire retentir ses coups de canon dans la solitude des mers; mais malheur à lui si le bruit de ses salves triomphales parvenait à quelque navire de guerre, car à son tour il recevait la chasse et rendait gorge.

Dès que le corsaire entrait en rade, le réis de la marine se rendait à bord; il prenait connaissance des esclaves et des marchandises saisies, et en rendait compte au dey.

A peine amarré dans le port, le corsaire faisait conduire tous les esclaves au palais du dey : celui-ci les examinait avec attention et en choisissait un sur huit : c'était sa part. Les esclaves qu'il avait choisis étaient aussitôt conduits au bagne. Le reste se partageait entre les propriétaires du navire et l'équipage.

Le dey avait aussi droit au huitième de la cargaison. Le partage s'effectuait par les soins du contrôleur des prises et de l'écrivain du bord, le premier stipulant pour le dey, le second pour l'équipage capteur. Ils dressaient ensemble un état du chargement avant de le faire entrer dans les magasins.

Les agrès du grand mât revenaient aux gardiens du port : c'était le droit de *caraporta*; les agrès du mât de misaine passaient sur le navire capteur.

La vente du bâtiment réduit à son squelette avait lieu aux enchères publiques dans le palais du dey. Le produit se partageait dans la même proportion que les esclaves et les marchandises.

Lorsque le dey avait prélevé son huitième parmi les esclaves, les autres étaient conduits au *batistan* : c'était le marché aux chrétiens. Là des courtiers les promenaient l'un après l'autre en annonçant à haute voix la qualité, la profession et la dernière enchère. Lorsqu'il ne se présentait plus d'enchérisseur, le courtier inscrivait sur son livre le prix du plus offrant.

« Le douzième de septembre, dit
« Emmanuel d'Aranda (1), on nous
« mena au marché où l'on a accoutumé
« de vendre les chrétiens. Un vieillard
« fort caduc, avec un bâton à la main,
« me prit par le bras et me mena à diver-
« ses fois autour de ce marché. Ceux qui
« avaient envie de m'acheter deman-
« daient de quel pays j'étais, mon nom
« et ma profession. Sur lesquelles de-
« mandes je répondais, avec des men-
« songes étudiés, que j'étais natif du pays
« de Dunkerque et soldat de profession.
« Ils me touchaient les mains, pour voir
« si elles étaient dures et pleines de cals
« à force de travailler; outre cela ils me
« faisaient ouvrir la bouche pour voir
« mes dents, si elles étaient capables de
« ronger le biscuit sur les galères.
« Après cela, ils nous firent tous asseoir,
« et le vieillard *inventeur* prenait le
« premier de la bande par le bras,
« marchant avec lui trois ou quatre fois
« à l'entour du marché, et criant : *Ar-*
« *rache! Arrache!* Ce qui veut dire :
« *Qui offre le plus?* Le premier étant
« vendu, on le mettait de l'autre côté
« du marché, et l'on commençait un
« nouveau rang. »

A cette vente en succédait une autre, qui avait lieu dans le palais du dey. L'offre la plus élevée de la première devenait la mise à prix de la seconde. L'esclave, promené de nouveau devant les chalands, était adjugé au dernier enchérisseur. Le prix de la première vente appartenait au propriétaire et à l'équipage du navire; l'excédant résultant de la seconde entrait encore dans le trésor

(1) Emmanuel d'Aranda se rendait d'Espagne, où il avait passé sa jeunesse, à Bruges, sa patrie, lorsqu'il fut pris par un corsaire d'Alger, où il demeura esclave pendant deux ans. A son retour en Flandre, il composa la relation de sa captivité; Paris, 1665.

du dey. On comprend que les chalands montraient peu d'empressement à l'enchère fictive, et réservaient leurs offres sérieuses pour l'enchère réelle. Ces achats se faisaient au comptant.

L'acheteur, une fois en possession de son emplette, en tirait le parti qui lui semblait le plus avantageux, ne s'intéressant à sa conservation que dans la proportion du capital engagé. — Quelle place l'intérêt matériel du propriétaire ne laissait-il pas aux abus, aux violences, aux profanations!

Le rachat des captifs s'effectuait, soit par les soins d'un négociateur spécial commis par le gouvernement dont ils étaient sujets, soit par l'entremise d'un délégué de leurs familles, soit enfin par la médiation des religieux de la Merci. Dans tous les cas, il fallait ajouter au prix de la rançon ce que l'argot des corsaires appelait *les portes*. C'était d'abord un droit de 10 pour 100 pour la douane; c'était ensuite le *caftan de pacha*, qui consistait en un droit de 15 piastres au profit du dey; c'était encore un droit de 4 piastres pour les secrétaires d'État; c'était enfin un droit de 7 piastres pour le capitaine du port.

Les esclaves échus à des particuliers ne devaient pas d'autres taxes; mais ceux qui avaient l'honneur d'être esclaves du dey payaient en outre 17 piastres destinées au chef des gardiens du bagne.

C'est aux religieux de Notre-Dame de la Merci, collecteurs des aumônes de l'Europe, que le plus grand nombre des esclaves devaient leur liberté.

Lorsque les pères croyaient avoir réuni la somme nécessaire à l'accomplissement de leur mission charitable, ils en donnaient avis à l'administrateur de l'hôpital d'Alger, qui demandait leurs passeports au pacha. Dès leur arrivée ils se faisaient présenter au dey, et lui offraient un présent considérable. En même temps ils remettaient une déclaration des valeurs et des marchandises qu'ils apportaient. Un officier se rendait à bord, pour vérifier et faire transporter le tout au palais. Le dey commençait par prélever 3 ½ pour 100 sur les espèces, et 12 ½ pour 100 sur les marchandises. C'était seulement après s'être assuré de tous ses droits qu'il assignait une habitation aux pieux négociateurs.

Mais une nouvelle avanie les attendait. Le dey exigeait qu'ils rachetassent avant tout quelques-uns de ses esclaves : lui-même en fixait le nombre et le prix, et les religieux devaient se soumettre à sa volonté, alors même que ces esclaves n'appartenaient ni à leur nation ni à leur religion.

Enfin, il leur était permis de procéder librement au rachat des captifs.

Dès le jour de leur débarquement, les pères de la Merci se voyaient assiégés de sollicitations; ce n'étaient pas seulement les captifs qui venaient implorer leur charité, c'étaient les Turcs et les Maures eux-mêmes, qui cherchaient à les attendrir en faveur de leurs propres esclaves.

Les religieux commençaient par les captifs de leur nation; ils n'appliquaient au rachat d'autres chrétiens que l'excédant de leurs ressources; mais ils se faisaient un grand scrupule de racheter des hérétiques.

La négociation se terminait par une messe d'actions de grâces à laquelle tous les malheureux délivrés par les soins des pères assistaient vêtus de manteaux blancs; ils se rendaient ensuite au palais, où chacun d'eux recevait son *teskra* d'affranchissement. Puis les religieux prenaient congé du dey en audience solennelle. Après cette nouvelle formalité, les captifs marchant deux par deux traversaient lentement la ville et se rendaient processionnellement, sous la conduite de leurs libérateurs, à bord du navire qui devait les rendre à leur famille et à leur patrie.

A leur arrivée en Europe la cérémonie de la procession se renouvelait. Les religieux ne négligeaient rien pour donner à cette solennité un caractère théâtral. Ils avaient eu soin de faire conserver à leurs protégés la longue barbe qu'ils portaient dans l'esclavage; ils les chargeaient pour ce jour-là de chaînes qu'ils n'avaient jamais portées; enfin, le grand manteau blanc, emblème de leur rédemption, complétait l'effet des chaînes et de la longue barbe, signes de leurs souffrances; les religieux profitaient de l'émotion des spectateurs pour faire appel à leur libéralité, et recueillaient d'abondantes aumônes, qu'ils réservaient à de nouveaux rachats. Ainsi, la charité s'excitait elle-même au spectacle de ses œuvres.

Quelques personnes se souviennent encore d'avoir vu à Paris, avant notre première révolution, des processions de captifs français rachetés de l'esclavage barbaresque par les pères de la Merci.

Enlever aux chrétiens leurs marchandises et leurs personnes pour les leur revendre à deniers comptants, telle fut, pendant la plus grande partie de la période turque, la principale branche de commerce, la principale source de revenus, l'industrie spéciale de l'Algérie. Comment la régence aurait-elle pu adhérer sincèrement à l'abolition de l'esclavage ? c'eût été signer son arrêt de mort. Il n'y avait qu'un moyen d'en finir, c'était de faire main basse sur la boutique et d'en chasser les marchands. Lord Exmouth aurait pu le faire en 1816 ; il ne le voulut pas.

Il était réservé à la France de replacer l'industrie et le commerce de cette contrée dans des conditions régulières et morales. Examinons l'état de ses relations avec l'Europe sous ce nouveau régime.

Commerce avec l'Europe depuis 1830.

Comme tous les fruits de la civilisation, ce régime se présente hérissé de chiffres. Nous allons détacher de cette enveloppe arithmétique les aspérités les plus saillantes. Le lecteur nous pardonnera ces détails, malgré leur aridité, à raison de l'importance nationale et sociale de l'œuvre qu'ils caractérisent.

Nous empruntons ces résultats statistiques aux *Tableaux de la situation des établissements français en Algérie*, publiés annuellement par le ministère de la guerre. Les plus récents s'appliquent à l'année 1845, qui est la limite des renseignements fournis par le dernier de ces comptes rendus, celui de 1847.

En 1845 le commerce de l'Algérie avec la France et les autres États maritimes s'est élevé à une valeur de 100 millions. En 1835 il était de 11 millions et demi ; il a donc décuplé en dix ans, et s'est accru en moyenne de 10 millions par année.

Dans ce mouvement, l'importation, qui était en 1835 de 17 millions, s'est élevée en 1845 à 99 millions. Elle a donc augmenté de 82 millions en dix années et de 8 millions 200,000 francs par année moyenne.

L'exportation, qui était de 2 millions et demi, s'est élevée à 10 millions et demi ; elle a donc augmenté de 8 millions pour les dix années et de 800,000 francs par année moyenne.

Il résulte de ces premières données que l'Algérie rend à peine à la consommation générale la dixième partie de ce qu'elle lui emprunte.

Examinons, au point de vue des intérêts nationaux, la composition de ces divers chiffres.

En attendant que le développement de l'industrie algérienne autorise la France à tirer directement du sol de sa conquête les dépenses qu'elle fait pour la conserver, il importe à la métropole que la plus grande partie des importations vienne de son territoire, et que la plus grande partie des exportations aille à l'étranger ; car elle y trouve l'avantage de rappeler ou de retenir indirectement dans la circulation nationale une partie du numéraire qu'elle verse directement dans la colonie.

Voici quelle était sous ce rapport la situation de 1845 ; dans les marchandises importées en Algérie, celles qui provenaient du sol et du territoire de la France figuraient pour une valeur de 62 millions ; les marchandises d'origine étrangère tirées des entrepôts français, pour 9 millions ; enfin les marchandises complétement étrangères, pour 23 millions.

Quant aux marchandises exportées, la France en a reçu pour une valeur de 5 millions 700,000 francs et l'étranger pour une valeur de 4 millions 800,000 francs.

En 1835 le chiffre des importations étrangères se réduisait à 7 millions 800,000 francs ; il a augmenté jusqu'en 1842. A cette époque il était de 33 millions 600,000 francs ; mais depuis lors le tribut que l'Algérie payait à l'étranger a éprouvé une réduction continue, et il ne s'élève plus, comme on vient de le voir, qu'à 23 millions. Cette réduction doit être attribuée à l'ordonnance du 16 décembre 1843, qui a modifié les tarifs de la douane algérienne au profit de la fabrication française.

Dans le mouvement d'exportation il est une donnée fort importante, en ce qu'elle exprime à peu près l'état de la production et donne la mesure des progrès de la civilisation industrielle en Algérie. C'est la part qui revient aux provenances du sol, aux produits du crû. Le chiffre des marchandises tirées du sol lui-même était en 1844 de 3 millions; il s'est élevé à plus de 6 millions en 1845. Il a donc fait plus que doubler dans l'espace d'un an. Les produits sur lesquels porte principalement cette amélioration sont les peaux et les laines brutes, les sangsues, le corail, les céréales, l'huile d'olives et le tabac. L'accroissement de ce dernier produit est dû aux encouragements de l'administration, qui depuis quelques années achète les récoltes pour son propre compte. Beaucoup d'Européens et même d'indigènes, séduits par les prix avantageux qu'elle leur offre, se livrent à la culture du tabac, qui en Algérie, on le sait, jouit d'une entière liberté.

Les principaux articles d'importation sont les tissus de coton, les céréales en grains et en farines, les tissus de laine, les vins, les bois de construction, les tissus de soie, le sucre raffiné et les eaux de vie.

De tous ces produits de l'industrie européenne, le premier est le seul qui entre dans la consommation indigène. En effet, les Arabes produisent leur blé; ils fabriquent leurs tissus de laine; ils tirent de Tunis les tissus de soie. Quant au bois de construction, les indigènes à demeures stables le trouvent dans leurs montagnes, et les nomades n'en ont pas besoin. Le sucre, et surtout le sucre raffiné, n'est point encore entré dans le cercle de leurs besoins; et l'on sait que la religion leur interdit l'usage des spiritueux. Il ne reste donc à leur usage que les cotonnades.

Les tissus recherchés par les indigènes sont des étoffes grossières, dont ils font leurs chemises. Ces étoffes pénètrent partout, dans les villes, dans les tribus, dans le Tell et dans le Sahara, partout où l'homme porte la partie du vêtement que nous regardons en Europe comme indispensable. Longtemps ce fut l'Angleterre qui exploita presque exclusivement cette branche de commerce. L'Arabe refusait nos produits, non pas parce qu'ils étaient inférieurs, mais parce qu'ils étaient autres. Il lui fallait le même poids, le même aspect, le même apprêt; à égalité de prix, il préférait la cotonnade anglaise, dont il avait l'habitude, au tissu français de qualité supérieure, qu'il ne connaissait pas. Cependant l'immense quantité de numéraire versée annuellement par la France en Algérie répandait le bien-être parmi le peuple arabe; la consommation des cotonnades s'en augmentait d'autant. Qui en profitait? l'industrie étrangère. Il était cruel de voir récolter par d'autres le blé que nous semions à si grand'peine et à si grands frais. L'ordonnance du 16 décembre a eu principalement en vue la cessation de cette anomalie. Depuis cette époque les indigènes ont trouvé que les chemises de Londres coûtaient trop cher et leur ont préféré celles de Rouen.

Lors de la promulgation de l'ordonnance la France versait en Algérie pour 2 millions de tissus, et l'étranger, soit directement, soit par nos entrepôts, pour 7 millions.

Dès 1844 les tissus nationaux entraient déjà dans la consommation pour plus de 8 millions, et les tissus étrangers n'y entraient plus que pour 2 millions 800,000 francs.

Enfin, en 1845, l'importation française montait à 17 millions; l'importation étrangère descendait encore, mais faiblement, et se trouvait réduite à 2 millions 600,000 francs.

C'est la création de cet important débouché qui a établi des relations actives entre Rouen et l'Algérie, et fait participer un de nos premiers ports de l'Océan au bénéfice d'une conquête exploitée exclusivement jusque alors par les départements du midi.

Part des différents ports dans le mouvement commercial.

Le mouvement d'arrivée et de départ des marchandises s'effectue par quinze points différents de la côte, dont cinq absorbent à eux seuls les 95/100° de tout le commerce. Ce sont les ports d'Alger, de Philippeville, d'Oran, de Bône et de Mers-el-Kébir. Le port d'Alger reçoit à lui seul les deux tiers des importations. Cette supériorité s'explique facilement. C'est à Alger que toutes les administrations ont leur siège; c'est à Alger que les grands travaux s'exécutent; c'est à Alger que toutes les communications viennent concourir. Il ne faut donc pas s'étonner de voir cette ville occuper le premier rang dans l'échelle de la consommation. Peut-être même faut-il regretter que l'organisation des travaux et des services ait concentré sur une seule ville cette prospérité pléthorique.

Dans l'échelle des exportations Alger ne tient que le troisième rang. C'est Bône qui occupe le premier. C'est dans cette ville que la production a pris le plus de développement. En 1845 les exportations y ont atteint la moitié du chiffre des importations; tandis que partout ailleurs elles n'en représentent au plus que le dixième. C'est là un signe de prospérité réelle, dont il faut chercher la cause dans la fertilité du territoire et dans le bon esprit des populations.

Part des divers pays dans la provenance et la destination des marchandises.

L'Algérie est en relations de commerce avec tous les pays qui bordent la Méditerranée. Les États qui concourent le plus activement au mouvement d'importation sont dans l'ordre de leur participation relative: la France, l'Angleterre, la Russie, l'Espagne, la Toscane, l'Autriche et les États Sardes. La France y entre pour près de 66 pour 100; elle fournit donc à l'Algérie les deux tiers de ce qu'elle consomme. L'Angleterre, qui vient immédiatement après, ne compte que pour 3 ½ pour 100.

Les importations de la Grande-Bretagne ont suivi depuis 1844 une progression constamment décroissante. En 1845 la diminution a été de 2 millions et demi, appliqués aux cotonnades et aux céréales qui arrivaient des entrepôts de Malte.

Dans le commerce d'exportation la France figure pour 54; pour 100 et l'Espagne pour 26,1 pour 100. Ces deux pays absorbent donc à eux seuls à peu près les 9/10 des marchandises exportées d'Algérie.

En jetant les yeux sur la liste des denrées introduites dans la consommation de l'Algérie par les différents États dont elle est tributaire, on est étonné d'y voir figurer les céréales en grains ou en farine pour près de 15 millions; elle en reçoit de l'Angleterre, de la Russie, de la Toscane, de l'Autriche, des États Sardes, des Deux-Siciles et de la Turquie. N'est-il pas étrange de voir une contrée qui fut l'un des greniers de l'ancien monde, obligée aujourd'hui de demander une partie de son pain aux peuples que jadis elle nourrissait?

Un autre fait prouve combien il reste à faire à la colonisation. Parmi les marchandises importées d'Espagne, nous voyons figurer des fruits de table frais, des œufs, des légumes verts et de l'huile d'olives; de l'huile d'olives apportée de l'extérieur dans un pays regardé avec raison comme la terre classique de l'olivier!

Il existe encore des anomalies que les progrès de l'agriculture et de l'industrie feront sans doute disparaître. Ainsi, il est probable que les tissus de coton consommés en Algérie ne se fabriqueront plus à Rouen lorsque la culture du coton aura pris en Afrique le développement qu'elle comporte. Enfin le temps n'est sans doute pas éloigné où l'Algérie pourra se passer des tabacs d'Espagne.

Nous terminerons par une observation destinée à dissiper les inquiétudes que pourrait faire concevoir la masse de numéraire que chaque bateau à vapeur transporte dans sa cale de France en Afrique. Beaucoup de personnes pensent qu'une grande partie de ces espèces sortent de France pour n'y plus rentrer; que bien des millions partis de la rue de Rivoli vont chaque année se perdre dans les cachettes mystérieuses où l'Arabe avare et méfiant enfouit son trésor. L'état du commerce de l'Algérie permet de reconnaître jusqu'à quel point est fondée cette opinion, devenue populaire en France.

En 1845 les dépenses générales pour l'Algérie se sont élevées à peu près à 85 millions. Sur cette somme une partie assurément est restée en France en payement de fournitures faites ou de services rendus dans la métropole. Mais supposons qu'elle ait intégralement franchi la Méditerranée; il faut en déduire les recettes réalisées en Afrique, recettes qui en nombre rond s'élèvent à 20 millions. Restent donc 65 millions extraits de la caisse publique et transportés en Algérie. Mais, d'un autre côté, cette contrée a payé en marchandises provenant du sol et de l'industrie de la France, une somme de 62 millions, qui sont rentrés dans la circulation nationale.

La France recouvre donc par le commerce la presque totalité des sommes que lui enlève l'occupation de l'Algérie.

Commerce avec la régence de Tunis.

L'Algérie indigène reçoit principalement de Tunis des objets de luxe, les articles de toilette, de quincaillerie, de bijouterie, de mercerie, de soierie, des verroteries de toute espèce, des épices et des parfums, et enfin des fusils, fabriqués, dit-on, en Belgique.

Le commerce se fait par quatre points, échelonnés depuis le littoral jusqu'au désert. Ce sont les villes de Bône, du Kêf, de Tebessa et l'oasis algérienne de l'Ouad-Souf. Bône est la porte du nord, l'Ouad-Souf est la porte du sud.

On estime qu'il entre annuellement en Algérie : par le Kêf et Tebessa pour 153,000 fr. de marchandises de Tunis; par Bône et Constantine, pour 1,400,000 fr.; par l'Ouad-Souf pour 1,125,000 fr.; ce qui forme un total de 2 millions 678 mille francs; et comme l'Algérie ne donne rien ou presque rien en échange, c'est une somme de près de 3 millions en numéraire qui sort chaque année de nos possessions.

Le commerce par Bône, le Kêf et Tebessa ne se fait pas sans difficultés. Plusieurs des tribus de la frontière vivant dans une indépendance à peu près complète, en profitent pour rançonner les négociants. Ceux-ci pour traverser la frontière en plein jour doivent se soumettre à payer un droit de 25 fr. par mulet. Alors les tribus donnent une sauvegarde; le plus souvent c'est un enfant, qui marche en tête de la caravane, et il suffit pour la protéger durant tout le trajet.

Lorsque les marchands veulent se soustraire à ce tribut onéreux, ils ont soin de n'emporter que des marchandises de prix, représentant d'assez grandes valeurs sous un petit volume. Ils partent de Tunis par troupes de dix ou quinze seulement, montés sur des chevaux ou de bons mulets, et armés de pied en cap. Sur le territoire de la régence ils n'ont à craindre que des brigandages isolés; aussi marchent-ils ensemble, bien déterminés à se défendre. Mais, arrivés près de la frontière ils auraient à lutter contre des rassemblements dont ils jugent prudent d'éviter la rencontre. Alors seulement ils se dispersent, se cachent dans les broussailles, et attendent la nuit pour franchir la frontière à marche forcée. C'est ainsi qu'ils parviennent à tromper la vigilance des sentinelles arabes. Quand le jour commence à paraître, ils sont déjà hors de vue.

Chacun de ces négociants emporte de Tunis pour quelques milliers de piastres de marchandises. En un mois ils ont vendu leur pacotille, leur monture et leurs armes. Alors ils reviennent par mer à Tunis, où ils ne rapportent que de l'argent. Les colporteurs vendent en Algérie leurs marchandises à raison d'un franc pour piastre; ils ont pour bénéfice la différence, qui est de 25 centimes.

Les droits à l'entrée de Bône par la voie de mer étant de 30 pour 100 équivalent à une prohibition; c'est pour cela qu'ils choisissent la voie de terre, malgré ses difficultés et ses dangers.

Commerce par l'oasis de l'Ouad-Souf.

La porte commerciale du Sud, quoique située en plein Sahara, est cependant la plus sûre de toutes et aussi la plus fréquentée. Il part annuellement de Tunis pour cette direction environ six cents chameaux, qui versent dans l'Algérie méridionale pour plus d'un million de marchandises.

Le personnel des caravanes se compose d'abord de chameliers (un pour deux chameaux), puis des marchands, et enfin d'un certain nombre de prolétaires sahariens, qui, ayant amassé sur la côte un petit pécule, s'en retournent à pied dans leur pays avec un beau fusil neuf sur l'épaule, suivant constamment de l'œil un chameau, porteur du paquet où ils ont caché leur trésor.

ALGÉRIE.

Il entre par cette voie dans notre domaine africain du sud, outre les articles de Tunis, environ 2,000 fusils achetés dans cette ville à raison de 27 piastres et vendus 40 piastres dans nos possessions méridionales.

Les marchandises expédiées de Tunis par la voie de terre proviennent pour la plupart de l'étranger. Beaucoup sont d'origine anglaise. Notre administration a cherché à contrarier ce commerce de contrebande. Mais malheureusement elle a dû déléguer son droit de surveillance et de saisie à des agents indigènes, dont elle n'a aucun moyen de contrôler les déclarations. Ses efforts pour fermer au commerce de Tunis la frontière de terre n'ont abouti jusqu'à ce jour qu'à y créer un danger de plus.

Commerce avec le Maroc.

Le commerce par terre avec le Maroc offre moins de sûreté encore que celui de Tunis. La guerre dont la région limitrophe a été le théâtre dans ces dernières années en a encore augmenté les dangers. Sur une ligne de cent quarante-quatre kilomètres qu'embrasse le développement de la frontière dans la traversée du Tell, l'Algérie se trouve en contact avec des tribus berbères à peu près indépendantes. Ouchda est le seul point où l'autorité de l'empereur s'exerce réellement.

A l'époque où Abd-el-Kader résidait au centre de l'Algérie, c'est par là qu'il recevait les munitions de guerre expédiées de Gibraltar et de Maroc : encore devait-il placer ses convois sous la protection d'une nombreuse escorte qui quelquefois ne les empêchait pas d'être pillés.

Cependant les tribus indépendantes limitrophes de l'Algérie fréquentent les marchés voisins de la frontière, tels que Tlemcen, Nemours, et la petite ville de Nedroma. Elles y apportent des bestiaux, des chevaux et des mulets, de l'huile, des poteries, du kermès, des objets de ménage en bois, fabriqués dans les montagnes berbères du Maroc, des ouvrages en sparterie et du sel. Elles prennent en échange des tissus de laine, de soie et de coton, et des articles de mercerie, d'épicerie et de quincaillerie.

A l'époque où eurent lieu les négociations pour le traité de Lella-Marnia, on sut que des stipulations commerciales devaient être annexées aux clauses de la délimitation. Elles devaient garantir la liberté des échanges entre les deux États. Déjà on célébrait les avantages de cette négociation ; déjà l'on voyait s'ouvrir pour les produits de la France et de l'Algérie un débouché qui leur assurerait la préférence sur les marchandises anglaises et espagnoles.

C'était une erreur. Aussi l'empereur Abd-er-Rahman et après lui le gouvernement français ont-ils agi prudemment en annulant d'un commun accord dans le traité tout ce qui avait rapport au commerce.

Il est facile d'apprécier le dommage qui eût été causé à la France et au Maroc par une reconnaissance diplomatique du droit réciproque de libre échange.

Ainsi que nous venons de le dire, la frontière du Maroc est bordée sur la plus grande partie de son développement de tribus berbères, la plupart nomades, que leur éloignement du centre de l'empire soustrait à l'action de l'autorité impériale. Ces tribus vendent et achètent suivant leurs ressources et leurs besoins, sans s'inquiéter des engagements pris par leur souverain. Cet état de choses rendait illusoire toute convention commerciale entre l'Algérie et le Maroc.

Mais c'était là le moindre inconvénient. L'empereur est lié envers l'Angleterre et l'Espagne par des conventions spéciales, qui leur assurent le droit d'être traitées comme la nation la plus favorisée. Le traité qui eût affranchi de tout droit sur la frontière de terre les marchandises françaises affranchissait donc du même coup dans les ports de Tétouan et de Tanger les marchandises anglaises et espagnoles ; il leur ouvrait toute grande la porte de terre, et paralysait complétement l'ordonnance de 1843, qui avait voulu leur fermer la porte de mer.

Mais c'est surtout pour l'empereur du Maroc que cette erreur diplomatique entraînait des conséquences ruineuses. Quoique souverain légitime, Mouléis Abd-er-Rahman ne perçoit dans ses États de contribution directe que sur les trois huitièmes environ de la population, les Arabes de la plaine et les habitants des villes. Les Berbères et les nomades indépendants échappent en grande partie à l'impôt direct; et l'empereur doit se contenter, à défaut de mieux, des contributions indirectes perçues à l'entrée et à la sortie des marchandises que ces cinq millions de sujets réfractaires reçoivent ou expédient par les ports. Si l'empereur, après avoir accordé *en droit* à la France un avantage dont elle jouit *en fait*, se trouvait, par une conséquence inévitable, dans l'obligation d'accorder le même avantage à l'Angleterre et à l'Espagne, c'en était fait de la douane marocaine; l'empereur renonçait d'un trait de plume au plus clair de ses revenus; il diminuait de 20 millions ses recettes annuelles, et tombait en faillite.

Commerce de l'Algérie avec le Soudan.

Nous avons fait connaître précédemment la chaîne d'oasis qui limite l'Algérie au sud.

Au delà de cette limite naturelle règnent, sur une profondeur immense, des plages inhabitées et inhabitables. Ces plages limitent pareillement la régence de Tunis et l'empire de Maroc. Elles circonscrivent au sud l'ensemble des trois États barbaresques, qui présente ainsi l'aspect d'une grande île baignée par l'Océan, la Méditerranée et le désert.

Sur cette mer de sables arides, qui sépare les Nigritiens des peuples barbaresques et la race noire de la race blanche, trois villes placées à de grandes distances les unes des autres, paraissent appelées par la nature à jouer le même rôle dans leurs rapports commerciaux avec les États barbaresques auxquels elles correspondent.

La ville oasis de Rdames est l'entrepôt intermédiaire commun aux deux régences de Tripoli et de Tunis.

La ville oasis d'El-Goléa dessert spécialement l'Algérie.

La ville oasis d'El-Arib dessert spécialement l'empire de Maroc.

Les marchandises qui, partant de ces trois points, s'acheminent vers le sud trouvent en route un nouvel entrepôt, qui partage la traversée du désert. C'est l'archipel oasis du Touât, vaste carrefour dont le passage, obligatoire pour les provenances de Tripoli, de Tunis et de l'Algérie, n'est que facultatif pour celles du Maroc.

L'oasis du Touât occupe au milieu du désert une position très-remarquable. C'est le sommet d'une double pyramide qui reposerait d'un côté sur l'Afrique septentrionale, de l'autre sur l'Afrique centrale; c'est le centre d'un immense sablier, dont les deux alvéoles, formées de la race blanche et de la race noire, versent alternativement du sud au nord et du nord au sud les produits de l'une et de l'autre, et par la régularité de ces échanges marquent le retour et mesurent la durée des saisons.

L'oasis du Touât est un grand vestibule en même temps qu'un grand entrepôt; c'est la salle d'attente des voyageurs qui, venus de Rdames, d'El-Goléa, d'El-Arib, c'est-à-dire de Tripoli, de Tunis, d'Alger et de Maroc, se dirigent vers le Soudan. C'est en un mot le rendez-vous général des caravanes barbaresques.

Si des trois villes oasis de Rdames, d'El-Goléa et d'El-Arib, on descend vers le nord, et qu'on cherche sur la limite méridionale des États barbaresques les principaux centres de commerce avec lesquels les trois oasis correspondent dans chacun des États barbaresques, voici ce qu'on trouve:

El-Arib correspond particulièrement avec Tafilelt et Figuig, vers la limite du continent marocain, et sur la côte avec l'Ouad-Noun et Mogador.

Rdames communique avec Tripoli, et dans la régence de Tunis avec Nefta, sur la limite méridionale de Tunis, et avec Gabès sur la côte tunisienne.

El-Goléa communique avec Metlili et Ouaregla, deux villes situées sur la lisière méridionale de l'Algérie.

Il a existé aussi pendant longtemps des relations entre Rdames et l'oasis algérienne de l'Ouad-Souf; mais elles deviennent chaque jour plus rares, à cause de l'insécurité de la route; toutefois elles n'ont pas cessé.

Les marchandises apportées d'El-Goléa à Metlili ou à Ouaregla prennent en grande partie la route de Tunis; elles suivent alors la ligne des oasis frontières, véritable chemin de ronde de l'Algérie, et passent par Tuggurt.

Les marchandises apportées de Rdames dans l'Ouad-Souf appartiennent presque toutes à la consommation de l'Algérie; elles sont alors dirigées sur Biskra, et passent encore par Tuggurt. Cette ville se trouve donc située à la rencontre d'un double courant; ce qui lui assure une grande prépondérance dans le commerce algérien.

Il résulte de ce qui vient d'être dit que les quatre villes frontières de l'Algérie qui par le commerce ouvrent sur le Soudan sont Metlili, Ouaregla, Tuggurt et El-Ouad, chef-lieu de l'Ouad-Souf.

Ainsi en avant des États barbaresques règne un vaste carrefour commercial, l'oasis de Touât. De ce carrefour partent trois avenues qui conduisent :

Au nord-est, à Rdames, pour Tripoli et Tunis;

Au nord, à El-Goléa, pour l'Algérie;

Au nord-ouest, à El-Arib, pour l'empire de Maroc.

Chacune de ces trois oasis devient à son tour un centre d'où s'échappent plusieurs rayons qui vont aboutir :

Dans l'empire de Maroc, à Tafilelt et à Figuig;

Dans l'Algérie, à Metlili, Ouaregla, Tuggurt et El-Ouad, chef-lieu de l'Ouad-Souf;

Dans la régence de Tunis, à Gabès et à Nefta.

Il existe en outre dans l'Algérie, au nord des quatre villes qui viennent d'être mentionnées, une seconde ligne de marchés importants, qui mettent en communication la chaîne des oasis frontières et les trois centres de la population du Tell, Tlemcen, Médéa et Constantine. Ces quatre nouvelles villes sont El-Abied-Sidi-Cheik, El-Arouât, Bou-Sada et Biskra.

Tels sont les points qui, par leur position géographique et à la fois par le caractère et les mœurs des populations qui les habitent, qui les entourent ou qui les fréquentent, peuvent être considérés comme les nœuds du réseau commercial formé entre l'Algérie et le Soudan.

Des cinq ports où viennent aboutir les communications parties du Touât; savoir : Mogador, Tanger, Alger, Tunis et Tripoli, Alger a le triple avantage d'être le plus rapproché du Touât; le mieux situé : il est droit au nord; le mieux servi et le plus abordable : il est français.

Les marchandises que les États barbaresques expédient par le Touât, vers le Soudan, sont des articles de mercerie et de soierie, des parfums, des calottes rouges, dites *chachia*, des haïks, des bernous, du corail, des céréales, des moutons, des légumes secs, de l'huile, des dattes et des plumes d'autruche tirées d'Ouaregla en Algérie.

Ils reçoivent en échange DES NÈGRES, de la poudre d'or, du henna, des noix de gourou, du bkhour pour la préparation des parfums, des toiles bleues, dites guinées, fabriquées dans le pays des Noirs, du séné, du natron, du salpêtre, des ânes d'Égypte, dits *masriia*.

Le commerce de l'Afrique septentrionale avec le Soudan présente des caractères différents dans l'est et dans l'ouest. La régence de Tunis fournit surtout les marchandises de luxe. L'empire de Maroc fournit les denrées de première nécessité; placée entre les deux, l'Algérie participe à la fois des deux spécialités.

Parmi les denrées qu'elle exporte au sud, il en est une dont le monopole lui est assuré, parce qu'elle forme la première spécialité de son territoire; c'est l'huile d'olives. La plus grande quantité s'écoule des montagnes de la Kabilie, où de vastes forêts d'oliviers alimentent des milliers de pressoirs; on peut juger de l'importance des produits par le nombre des débouchés et l'étendue de la consommation. Une partie de l'huile apportée sur le marché d'Alger est expédiée sur Marseille par des négociants européens; là elle entre dans la fabrication des savons, et sous cette forme elle arrive jusqu'à Paris. Au sud elle est portée à Bou-Sada par les Kabiles, de Bou-Sada à Metlili par les Oulad-Naïl, de Metlili à El-Goléa et d'El-Goléa au Touât par les Chaamba, du Touât à Timbektou par les Touareg; ainsi deux gouttes d'huile échappées des pressoirs de la Kabilie algérienne peuvent aller aboutir l'une aux bords de la Seine, l'autre aux rives mystérieuses du Niger.

Le transport des marchandises à travers les six cents lieues qui séparent Alger de Timbektou s'opère par caravanes, et nous venons de nommer les populations qui en forment l'escorte et le noyau.

Dans la traversée du Sahara ce sont les Oulad-Naïl, immense tribu qui ne compte pas moins de cent mille âmes et qui habite, au centre de l'Algérie méridionale, le triangle compris entre Biskra, El-Arouat et Bou-Sada, trois villes sahariennes placées sous l'autorité ou sous la domination française. Les Oulad-Naïl exercent principalement l'industrie de commissionnaires. Il part chaque année des flancs du Djebel-Sahari, compris dans leur vaste territoire, une caravane nombreuse, composée en grande partie de Naïliens, auxquels se joignent des négociants, des colporteurs et des voyageurs venus de presque toute l'Algérie centrale.

Les Chaamba occupent les trois villes d'El-Goléa, d'Ouaregla, et de Metlili; l'espace triangulaire qu'elles comprennent leur sert de champ de parcours. Les Chaamba reçoivent à Metlili les marchandises apportées par les Oulad-Naïl et les autres caravanes du nord, et les conduisent par El-Goléa jusqu'à Timimoun, le principal marché du Touât. Timimoun est la limite au sud des oscillations commerciales des Chaamba, comme Metlili est leur limite au nord; Metlili est, au contraire, la limite au sud des excursions accomplies par les Oulad-Naïl, et Bouçada leur limite au Nord.

Arrivés au Touât, les Chaamba cessent d'être l'élément essentiel et de former le noyau des caravanes; ils ne s'y joignent qu'individuellement; de là jusqu'à Timbektou le rôle de protecteurs, de commissionnaires est rempli par les Touareg.

Les Touareg forment une nation plutôt qu'une tribu. Ils sont les maîtres et les rois du désert, qui a pour eux toutes les douceurs de la patrie et de la famille.

Dans le nord ils confinent à la ligne d'oasis qui borne les États barbaresques; au sud ils touchent à la Nigritie. Rarement ils s'engagent dans les landes tigrées d'oasis, dans cette région mitoyenne, qui sépare les terres propres à la culture et les steppes immenses vouées au parcours. Pour l'étrange mobilité de ces peuples il semble que le Sahara lui-même n'ait pas d'horizons assez vastes. Il leur faut le désert avec son aridité et son immensité; et il leur suffit pour communier avec le reste des hommes des quelques villes éparses sur sa surface à de grands intervalles.

Les Touareg pénètrent peu dans les campagnes vertes et arrosées du Soudan; ils y conduisent les caravanes, dont ils sont dans le désert les pilotes et les guides. Mais le plus souvent quand les Touareg franchissent la lisière du pays des Noirs, c'est pour aller s'embusquer dans le voisinage des bourgs qu'ils habitent, fondre sur eux à l'improviste, les saisir, les jeter sur des dromadaires et fuir en emportant leur proie avec la rapidité du vent. C'est ainsi que ces corsaires redoutables trouvent un aliment à leur principale industrie, le commerce d'esclaves. Quand ils ont formé une pacotille humaine, ils se rendent sur les deux marchés de Rât et de Rdames, et vendent aux marchands du nord le produit de leurs brigandages. Quelquefois, après avoir livré aux blancs les malheureux que le sort de la razia a jetés entre leurs mains, ils partent, vont se placer sur le passage de la caravane, l'attaquent, et recouvrent leur marchandise par le procédé qui la leur avait donnée.

Placés entre la race blanche et la race noire, les Touareg sont pour l'une et pour l'autre un fléau et un besoin.

Aux motifs légitimes d'effroi qu'ils leur donnent vient se joindre encore dans l'esprit des blancs comme des noirs une sorte d'effet fantastique produit par l'excentricité des habitudes.

Les Touareg ne parlent ni l'arabe ni le nègre, mais une langue dure, saccadée et emphatique, qui en réalité est le berbère.

Ils sont divisés en deux grandes fractions, les blancs et les noirs. Ces dénominations correspondent à la différence des costumes. Les Touareg blancs s'habillent comme les Arabes, les Touareg noirs portent un costume particulier formé de trois blouses superposées, amples et longues, qui reçoivent le nom générique de *tôb* ou *saï*. La blouse de dessus, appelée particulièrement *lebni*, est d'un bleu uni très-foncé, presque noir.

Sous les trois blouses qui les enveloppent, et dont les manches n'ont pas moins de deux mètres de largeur, les

Touareg portent un pantalon qui descend jusque sur le pied, et ressemble assez pour la forme et la largeur à cette partie du costume européen.

Leur chaussure consiste en souliers-brodequins lacés sur le pied.

Le lecteur connaît assez sans doute l'habillement des Arabes, devenu populaire en France, pour juger combien celui des Touareg est différent.

Dans l'équipement de voyage les Touareg substituent au turban une longue pièce d'étoffe bleu foncé, lustrée par un apprêt gommeux auquel le sable n'adhère pas. Elle s'enroule sur le front et descend en spirale sur la figure, qu'elle soustrait à l'action du sable et du vent.

Une autre pièce d'étoffe de la même nuance s'enroule autour du corps, et serre la poitrine et le ventre. Cette pression prévient, dit on, les nausées produites par le mouvement du dromadaire.

Ainsi équipé, couvert de noir depuis la tête jusqu'aux pieds à quelque chose près, le Targui ressemble à une apparition sinistre.

Les Touareg ne font presque pas usage des armes à feu, pour lesquelles ils manifestent même une répugnance instinctive. Cependant quelques-uns d'entre eux, les blancs surtout, portent des carabines; mais leurs armes habituelles sont l'arc en bois, le bouclier en cuir d'éléphant, le sabre droit et à double tranchant et une longue lance.

L'ensemble de leur personne offre un aspect étrange, qui surprend et qui effraye; ils sont grands, minces et roides; ce qui leur a fait donner par les Arabes le surnom de *Poutres*.

Les Touareg sont musulmans; mais les Arabes leur reprochent l'adoption de pratiques chrétiennes. Il est vrai que la différence de langage et de costume suffirait à elle seule pour les faire soupçonner d'hérésie. Mais d'autres motifs encore justifient l'accusation portée contre eux. La poignée de leur sabre, le devant de leur selle sont façonnés en forme de croix, les broderies de leur saï dessinent des croix. Cette reproduction fréquente d'un emblème réprouvé par l'islamisme n'a pas échappé aux Sahariens, qui, pour cette raison sans doute, ont surnommé les Touareg *chrétiens du désert*.

Pendant mon séjour à Tunis je fis connaissance d'un Targui, que le hasard y avait amené à la suite d'une caravane. Je voulus profiter de cette circonstance pour juger par mes yeux l'effet du bizarre costume en usage dans sa nation.... Devant cet homme de haute taille, vêtu de noir et masqué de noir, je me transportais par la pensée dans les sables de sa région natale ; je le replaçais sur le fond blanchâtre des solitudes qu'il habite, j'animais ce spectre humain de la force athlétique qu'on lui prête, je lui rendais ses instincts et ses armes sauvages. Je compris alors l'effroi de la caravane lorsque, apercevant un nuage de sable à l'horizon, elle trouve à peine le temps de s'écrier : Les Touareg! et qu'à l'instant elle voit fondre sur elle l'essaim de fantômes sombres et terribles, montés sur de hauts et rapides coursiers.

Tels sont les Touareg. Corsaires redoutables autant que hardis trafiquants, médiateurs nécessaires aux rapports de la race blanche et de la race noire, puisqu'ils tiennent le fil de l'immense labyrinthe que la nature a jeté entre elles.

Le temps n'est peut-être pas éloigné où le commerce européen pourra prendre part au mouvement d'échange qui s'exécute à travers le désert ; il trouvera dans ces Touareg des auxiliaires utiles. Les intermédiaires entre eux et nous sont les habitants des villes qui leur servent d'entrepôts et de marchés. Car ces habitants, fort adonnés au négoce, sont fréquemment appelés par leurs affaires sur le littoral. Nous citerons particulièrement Rdames, cité saharienne, dont la population intelligente, laborieuse et tolérante fréquente Tunis, Alger et surtout Tripoli, qui en est le port le plus voisin.

Commerce intérieur.

En 1844 le gouvernement présenta aux chambres une loi de crédits extraordinaires pour la création d'établissements permanents sur l'extrême lisière du Tell. Les points qu'il entendait occuper étaient Sebdou, Saïda, Tiaret, Teniet-el-Had et Boghar; les trois premiers dans la province d'Oran, les deux autres dans celle d'Alger. Cette proposition rencontra tout d'abord une vive résistance. La commission de la chambre des députés chargée de l'examen du projet crut devoir le combattre.

A l'appui d'une création de cette importance, qui rejetait à trente lieues du littoral la limite de l'occupation française, le gouvernement n'invoquait que des nécessités stratégiques ; il faisait valoir l'utilité de ces postes avancés pour diriger de nouvelles expéditions dans le sud. Mais dans le sud il n'y avait plus que le Sahara avec ses profondeurs pleines alors de mystères, avec ses steppes ingrats, qui allaient se perdre dans l'immensité de l'inconnu.

Déjà à cette époque la pensée publique en France commençait à s'élever contre l'intempérance militaire de la conquête. Elle voulait à notre domination d'autres bases que la razia ; n'y avait-il donc pas des clefs qui pussent achever de nous ouvrir l'Algérie, et en étions-nous réduits à enfoncer successivement toutes les portes, même celle du Sahara ?

L'opinion de la commission des crédits extraordinaires était l'expression de ce sentiment, devenu général.

Je publiai alors un écrit dans lequel je faisais connaître la loi générale du commerce intérieur de l'Algérie et l'importance que cette loi assigne dans le mouvement général des échanges, aux points choisis par le gouvernement pour y établir des postes avancés. L'occupation de Sebdou, Tiaret, Saïda, Teniet-el-Had et Boghar nous livrait les clefs du Sahara.

Cette manière nouvelle d'envisager la question eut le bonheur de trouver dans les deux chambres d'éloquents interprètes ; le projet de loi, menacé d'abord d'une disgrâce presque certaine, reprit faveur, et fut enfin accueilli à une grande majorité.

Cette mesure compléta et régularisa le système d'occupation de l'Algérie.

Qu'on me permette d'extraire de l'écrit dont je viens de parler le passage relatif au phénomène de migration périodique qui ramène tous les ans dans la sphère d'action de nos postes avancés du Tell la plus grande partie de la population saharienne : c'est sur ce phénomène que repose le commerce intérieur de l'Algérie.

« Dans l'intérieur de l'Algérie, le « transport des marchandises se fait « dans la direction des méridiens par « les tribus voyageuses (Nedja), et « dans la direction des parallèles par « les caravanes marchandes (Gafla).

« Presque toutes les tribus du Sahara « sont soumises à un régime annuel « de pérégrination, qui a dû exister de « tout temps, parce qu'il est fondé sur « la nature des productions et du climat « et sur les premiers besoins de la vie. « Ce mouvement général s'accomplit de « la manière suivante :

« Les tribus passent l'hiver et le « printemps dans les landes du Sahara, « parce que pendant cette période de « l'année elles y trouvent de l'eau et « de la végétation ; mais elles ne séjournent dans chaque lieu que trois « ou quatre jours, et ploient leurs tentes lorsque les pâturages sont épuisés, pour aller s'établir un peu plus « loin.

« Vers la fin du printemps elles passent dans les villes du Sahara où sont « déposées leurs marchandises, chargent leurs chameaux de dattes et d'étoffes de laine, et s'acheminent vers le « nord, emmenant avec elles tout le « bagage de la cité nomade, les femmes, « les chiens, les troupeaux et les tentes. « C'est l'époque où dans le Sahara « les puits commencent à tarir et les « plantes à se dessécher ; c'est aussi « l'époque où dans le Tell les blés « sont mûrs. Elles y arrivent au moment de la moisson, lorsque les grains « y sont abondants et à bas prix. Cet « instant est donc doublement favorable « pour abandonner les sables devenus « arides et pour s'approvisionner dans « le nord, dont les marchés sont inondés « de céréales.

« Les tribus du Sahara passent l'été « dans le Tell, où règne pendant ce « temps une grande activité commerciale. Les dattes et les tissus de laine « apportés du sud s'échangent contre « les céréales, la laine brute, les moutons et le beurre.

« Pendant ce temps aussi la terre se « repose, la moisson est faite, les grains « sont rentrés ; la récolte n'a rien à « redouter du parcours : le sol ne peut « qu'y gagner ; les troupeaux broutent « librement dans les pâturages.

« La fin de l'été donne le signal du départ, signal accueilli avec joie, parce qu'il annonce le retour au pays natal. On charge les chameaux, on ploie les tentes et les cités ambulantes se remettent en marche vers le sud, à petites journées, comme elles sont venues.

« Elles arrivent dans le Sahara à l'époque de la maturité des dattes, c'est-à-dire vers le milieu d'octobre. Un mois s'écoule à faire la récolte et à la rentrer; un autre mois est consacré à échanger le blé, l'orge et la laine brute contre les dattes de l'année et les tissus de laine, produit du travail annuel des femmes. Lorsque ces opérations sont terminées et les marchandises déposées dans les magasins, les tribus s'éloignent de la ville, et vont conduire leurs troupeaux, de pâturages en pâturages, dans les landes désertes du Sahara jusqu'au moment où le retour de l'été ramènera les mêmes voyages et les mêmes travaux.

« Telle est dans sa plus grande généralité la loi du mouvement et du commerce des tribus du sud.....

« S'il est établi qu'une nécessité impérieuse pousse chaque année la population mobile des oasis algériennes dans la zone des terres de labour, les points où s'arrête cette marée annuelle deviennent des centres d'action dont l'importance est incontestable. C'est là que, comme autant de fils, les intérêts du sud viennent se rattacher aux intérêts du nord; c'est de là que l'Algérie méridionale peut être gouvernée à longues guides. »

Les points où ces fils viennent aboutir, les grands marchés où tous les ans la datte saharienne vient d'elle-même s'offrir en échange de l'épi du Tell, sont précisément situés dans le voisinage de Sebdou, de Saïda, de Tiâret, de Téniet-el-Had et de Boghar. Le marché principal porte le nom de Loha; il est situé près de Tiâret.

Il était donc d'une grande utilité d'occuper ces points, non-seulement comme sentinelles avancées de l'occupation, mais surtout comme vigies administratives d'où la vue s'étend jusqu'à l'extrême limite du Sahara.

Depuis 1844 la ligne de nos établissements avancés a été complétée par la création du poste de Daïa, qui partage la grande trouée laissée entre Sebdou et Saïda.

FINANCES.

Progressions des recettes et des dépenses depuis 1830. — Dépenses militaires. — Dépenses politiques. — Dépenses civiles. — Recettes territoriales. — Recettes fiscales.

Les finances de l'Algérie occupent une place trop large dans la fortune publique de la France pour que nous puissions nous dispenser d'en faire connaître en quelques mots la situation.

Nos lecteurs suivront sans doute avec quelque intérêt la progression des charges et des bénéfices d'une entreprise dont tous, à des degrés et à des titres divers, nous recueillons la gloire et portons le fardeau.

Ce qui caractérise la situation financière de l'Algérie, c'est la disproportion constante entre les dépenses et les recettes. Depuis 1831 jusqu'à 1845, date des derniers comptes rendus, la somme des dépenses s'est élevée à 708 millions; la somme des recettes à 105 millions. L'Algérie se trouve donc pour les quinze premières années de son existence coloniale débitrice envers la France de 603 millions. S'acquittera-t-elle un jour? C'est ce qu'il serait difficile de prévoir; car la dette, déjà considérable, se trouve encore dans la période d'accroissement.

Ce que nous devons désirer, c'est de voir les intérêts commerciaux et industriels se multiplier, se développer, et augmenter ainsi la part due au trésor sur leurs bénéfices.

Ce qu'il est permis d'espérer, c'est que les recettes, fruit de ce développement, croîtront dans une proportion plus rapide que les dépenses.

Lorsque les recettes et les dépenses se balanceront, le budget de la colonie aura atteint sa situation normale, et l'Algérie ne figurera plus dans la balance de nos intérêts nationaux que comme un élément nouveau de grandeur, de puissance et de richesse.

Voici un tableau qui permettra d'apprécier la distance qui sépare encore le budget de l'Algérie de cet équilibre entre les dépenses et les recettes. Il présente en nombres ronds les dépenses et les recettes faites annuellement en Algérie depuis le premier janvier 1831 jusqu'au 31 décembre 1845, avec le rapport pour chaque année entre les recettes et les dépenses.

TABLEAU DES DÉPENSES ET DES RECETTES DE L'ALGÉRIE.

Années.	Dépenses.	Recettes.	Rapport entre les recettes et les dépenses.
	millions.	millions.	
1831	15.5	1.0	6.4 %
1832	19.8	1.6	8.1
1833	22.7	2.2	9.7
1834	23.6	2.5	10.6
1835	22.7	2.5	11.0
1836	25.3	2.9	11.5
1837	39.8	3.7	9.3
1838	40.2	4.2	10.3
1839	40.1	4.5	11.2
1840	66.5	5.6	8.4
1841	73.3	8.9	12.1
1842	76.4	11.7	15.3
1843	77.8	16.0	20.6
1844	78.1	17.7	22.7
1845	84.7	20.4	24.1
	708.1	105.4	14.9

On voit par ce tableau que les dépenses se sont accrues moyennement par année de 4 millions 600,000 francs, et les recettes de 1 million 300,000 francs.

Le rapport entre les recettes et les dépenses, qui en 1831 était de 6,4 pour 100, s'accroît constamment jusqu'en 1836, et atteint alors le chiffre de 11,5 pour 100.

En 1837, à la suite de l'expédition de Constantine, il redescend à 9,3 pour 100; mais il remonte pendant les deux années suivantes; en 1839 il est de 11,2 pour 100.

En 1839 une insurrection générale éclate en Algérie; elle nécessite de grands armements; la dépense absolue passe d'une année à l'autre de 40 millions à 66; la proportion entre les recettes et les dépenses descend de 11,2 pour 100 à 8,4 pour 100.

Elle suit alors une nouvelle série ascendante, qui se continue sans perturbation jusqu'en 1845, où elle s'élève à 24,1 pour 100.

En 1831 la dépense était quinze fois plus considérable que la recette. En 1845 elle n'était plus que quatre fois supérieure : le rapport entre la recette et la dépense s'est accru moyennement par année :

Pendant la première série de 1831 à 1837, de 0.85 pour 100.

Pendant la deuxième série, de 1837 à 1839, de 0,63 pour 100.

Pendant la troisième série, de 1839 à 1845, de 2,6 pour 100.

Pour que les recettes fussent égales aux dépenses, il faudrait :

Au taux de la première série. 117 ans.

Au taux de la deuxième. . . 159 ans.

Au taux de la troisième. . 38 ans, sur lesquels six sont déjà écoulés.

Si donc les recettes et les dépenses suivaient la loi de progression qui les a régies depuis 1840, le budget de la métropole serait dans une trentaine d'années entièrement exonéré.

Un examen rapide de la nature des dépenses et des recettes permettra d'apprécier le sens des améliorations que l'avenir réserve au budget de l'Algérie.

Au point de vue du progrès colonial, les dépenses se partagent en trois classes, qui correspondent à trois ordres de besoins, ce sont :

1° Les dépenses militaires;

2° Les dépenses politiques;

3° Les dépenses civiles.

ALGÉRIE.

Voici pour l'année 1845 la répartition en nombres ronds des sommes affectées à ces trois ordres de besoins :

DÉPENSES MILITAIRES	Francs.		
États-majors....................................	1,600,000		
Solde et entretien des troupes..........................	21,800,000		
Vivres et chauffage...............................	16,000,000		
Habillement, campement, coucher, transports, convois et indemnités de routes..........................	7,300,000	69,200,000	
Remonte, harnachement et fourrages....................	9,500,000		
Matériel de l'artillerie et du génie; constructions militaires..................................	8,000,000		
Hôpitaux.....................................	5,000,000		
DÉPENSES POLITIQUES.			
Gouvernement de l'Algérie.........................	600,000		84,000,000
Gendarmerie et justice militaire.....................	900,000		
Troupes indigènes.............................	6,300,000	8,700,000	
Surveillance des côtes...........................	400,000		
Dépenses secrètes..............................	500,000		
DÉPENSES CIVILES.			
Administration, cultes, justice et finances............	1,400,000		
Colonisation.................................	1,500,000	6,100,000	
Travaux civils. { Desséchements, routes, bâtiments civils, port d'Alger............... Travaux sur le territoire arabe......	3,200,000		

Il est facile, en jetant les yeux sur ce tableau, d'apprécier la nature des modifications que le développement des intérêts français en Algérie doit amener dans l'assiette de son budget.

La défense du sol, représentée par l'armée, coûte 69 millions par an.

La surveillance du sol, représentée par la gendarmerie et les troupes indigènes, coûte 7 millions.

L'exploitation du sol, représentée par la colonisation et les travaux civils, coûte 5 millions.

Peu à peu les moyens de police générale deviendront plus puissants et plus actifs. La gendarmerie et les troupes indigènes agrandiront leurs cadres, et permettront de réduire l'armée sans nuire à la sécurité de notre établissement.

Peu à peu aussi l'exploitation du sol, devenant plus large, intéressera un plus grand nombre d'indigènes, appellera un plus grand nombre de colons et de travailleurs européens, et permettra de réduire le chiffre de l'armée sans compromettre la sécurité de notre établissement.

Les dépenses politiques, et surtout les dépenses civiles, prendront au budget une partie de la place que les dépenses militaires y occupent aujourd'hui.

Mais il y a entre elles cette différence, que les dépenses purement militaires sont stériles, tandis que les dépenses politiques et civiles contribuent, directement ou indirectement, à l'amélioration des recettes.

Recettes.

Parmi les recettes, les unes proviennent du sol de l'Algérie, les autres de droits perçus par l'État sur une consommation dont il fait lui-même presque tous les frais.

Ces dernières sont les recettes purement FISCALES.

Les autres sont les recettes TERRITORIALES.

Les recettes *fiscales* se composent des droits de timbre et d'enregistrement, des droits de douane et de navigation, de l'impôt direct, représenté presque uniquement par les patentes, des contributions indirectes, des postes et des bateaux à vapeur. Les recettes de cette nature s'élèvent pour 1845 à la somme de 14 millions.

Les recettes *territoriales*, c'est-à-dire les droits perçus par le trésor sur les productions de l'Algérie elle-même, donnent une somme de 6 millions. En voici le détail pour 1845 :

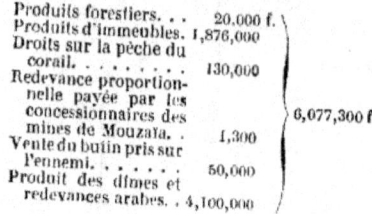

Produits forestiers	20,000 f.
Produits d'immeubles	1,876,000
Droits sur la pêche du corail	130,000
Redevance proportionnelle payée par les concessionnaires des mines de Mouzaïa	1,300
Vente du butin pris sur l'ennemi	50,000
Produit des dîmes et redevances arabes	4,100,000
	6,077,300 f.

C'est sur cette classe de recettes que porteront principalement désormais les accroissements. Les immeubles produisent déjà 2 millions ; et l'État n'a point encore pris possession de la totalité de son domaine. Les produits forestiers sont à l'état de germe; et l'exploitation des forêts n'a pour ainsi dire pas commencé. Les droits sur la pêche du corail peuvent s'accroître si la mode ramenait en France le goût de cette parure. La redevance sur les concessions de mines augmentera avec le nombre des exploitations; la régularisation et l'extension de l'impôt indigène en amélioreront les produits. Enfin le développement et la mise en valeur de la propriété agricole et industrielle autoriseront, d'ici à quelques années, l'établissement de l'impôt foncier en Algérie.

PARTIE HISTORIQUE.

RÉSUMÉ DE L'HISTOIRE DE L'ALGERIE (1).

INTRODUCTION.

Depuis les temps anciens jusqu'à l'invasion arabe.

AVANT-PROPOS.

L'histoire de l'Afrique ancienne a déjà été écrite de la manière la plus complète et la plus détaillée pour la collection de l'*Univers pittoresque*. Elle forme le tome II de l'*Afrique*. Les traditions qui se rapportent à la plus haute antiquité, les connaissances des écrivains anciens sur la géographie, l'ethnographie, la distribution des populations, la délimitation des territoires et les annales politiques de ce continent, ont été élucidées et exposées avec précision par M. d'Avezac. Les recherches étendues de MM. Dureau de la Malle et Jean Yanoski ont retrouvé et reproduit tous les détails de la fondation, de la prospérité et de la ruine de Carthage. M. L. Lacroix a tracé l'histoire de la Numidie et de la Mauritanie, qui jouèrent un si grand rôle dans les guerres puniques, et dont les annales sous la domination romaine offrent un intérêt si vif pour l'étude de la situation actuelle de l'Algérie. Enfin, pour conduire le récit des temps anciens jusqu'aux premières époques des âges modernes, M. Jean Yanoski a traité la période qui s'étend depuis l'introduction du christianisme en Afrique, sous les Romains, puis pendant les dominations vandale et byzantine, jusqu'à l'invasion arabe. C'est en quelque sorte une histoire ecclésiastique, qui fait connaître les nombreuses vicissitudes de l'Église d'Afrique, déchirée par tant de sectes et d'hérésies, perdant, à la suite de chaque commotion politique, une partie de ses fidèles, jusqu'au jour où ces consciences, énervées par d'arides discussions et des distinctions subtiles, subirent presque sans défense la religion nouvelle que leur imposa la conquête musulmane.

Le travail que nous entreprenons aujourd'hui n'a pas pour but de poursuivre, en ce qui concerne l'Afrique moderne, les études savantes sur l'Afrique ancienne dont il vient d'être question. Nos efforts se sont bornés

(1) La partie du résumé de l'*Histoire de l'Algérie* qui comprend l'introduction et les périodes de la domination arabe et berbère et de la domination turque a été rédigée par M. J. Urbain, interprète principal pour la langue arabe, attaché pendant dix années à l'armée d'Algérie. Les ouvrages où ont été puisés les principaux documents sont 1° pour la période berbère : l'*Histoire de l'Afrique*, par Kairouani; l'*Histoire du Maghreb*, par Nouaïri; le travail d'Ebn-Khaldoun sur les *Berbères*; l'*Histoire des Aghlabites*, par M. Noël Desvergers; enfin la partie des sciences historiques et géographiques, de l'ouvrage de la Commission scientifique de l'Algérie; 2° pour la période turque : *Fondation de la régence d'Alger*, par Sander Rang; *Histoire d'Alger*, par Ch. de Rotalier; *Domination turque*, par Walsin Esterhazy; *Mémoires historiques et géographiques sur l'Algérie*, par M. E. Pellissier (ouvrage de la Commission scientifique); divers travaux remarquables publiés par le ministère de la guerre dans les tableaux de situation des établissements français en Algérie, pour les années 1837, 1839, 1840, 1841, 1843, 1844 et 1845; l'*Histoire de Charles-Quint*, par Robertson; enfin les auteurs espagnols, tels que Marmol, Sandoval, etc., et quelques manuscrits arabes.

dans un cercle plus étroit; nous avons recherché, parmi les événements qui se sont déroulés dans ce vaste continent, depuis le septième siècle de notre ère, jusqu'à nos jours, tout ce qui se rattache le plus directement possible à l'histoire de l'Algérie. Cependant, comme cette partie de l'Afrique septentrionale n'est devenue un État distinct que sous la domination turque, au seizième siècle, nous avons été dans l'obligation, pour la première période du récit, de rappeler les faits relatifs à l'ensemble de l'Afrique du nord, plus particulièrement connue des Arabes sous le nom de Maghreb.

Afin de réunir dans un même cadre tous les renseignements sur l'Algérie et de permettre de suivre, pour ainsi dire à travers les âges, les modifications successives des territoires jusqu'à la formation de la Régence par les Turcs, nous avons pensé qu'il serait utile de présenter un résumé rapide des travaux sur l'Afrique ancienne déjà publiés dans l'*Univers pittoresque*. Il ne s'agit pas de refaire une histoire considérable qui n'a rien laissé en oubli et qui ne présente aucune lacune jusqu'à l'invasion arabe; nous voulons seulement rechercher parmi les riches et abondants matériaux ce qui concerne spécialement les contrées comprises dans l'Algérie actuelle. Cette partie de l'Afrique a subi, dans le cours des temps, de nombreuses et violentes invasions; des races nouvelles sont venues se mêler aux races indigènes; chaque conquête a amené avec elle sa religion, qui, devenue bientôt dominante, a supplanté la foi des vaincus; les territoires ont été remaniés, les délimitations changées après chaque révolution, après tous les événements politiques importants; et cependant on est frappé, en parcourant ces annales si variées, si souvent renouvelées dans un cadre si mouvant, de trouver toujours les traits principaux des races qui occupent encore aujourd'hui le sol, de reconnaître leurs mœurs, leur caractère, et de saisir les preuves pour ainsi dire vivantes de leur origine et de la légitimité de leur descendance. Ce sera la justification de cette analyse succincte des travaux de MM. D'Avezac, Dureau de la Malle, Jean Yanoski et L. Lacroix.

Origine et distribution des populations.

Les écrivains de l'antiquité n'avaient que des connaissances imparfaites sur les régions qui s'étendent depuis l'Égypte jusqu'à l'Océan. Plusieurs dénominations étaient employées pour désigner ces contrées; la plus générale semble avoir été celle de Libye. Encore ne s'appliquait-elle qu'à la partie la plus rapprochée de l'Égypte; car le disque terrestre d'Homère avait pour extrême limite occidentale une ligne descendant de l'île d'Elbe au promontoire de Carthage. Ce ne fut que dans l'année 639 avant l'ère chrétienne que le Samien Coléos, poussé par la tempête, dépassa le détroit des colonnes d'Hercule. Le nom d'*Afrique* ne fut substitué à celui de Libye que sous la domination carthaginoise. Employé d'abord comme dénomination du territoire propre de Carthage, il acquit successivement une acception plus générale, et servit enfin à désigner la totalité du continent. C'est une remarque qui se reproduit à l'occasion de chacune des principales révolutions de l'histoire de l'Afrique; la vie, le mouvement, l'action qui l'unissent au monde européen naissent, soit à l'orient, soit au nord, mais marchent et progressent constamment de l'orient à l'occident; et les contrées les plus voisines de l'Océan arrivent toujours les dernières à prendre part à la civilisation nouvelle.

Les traditions les plus anciennes mentionnent des émigrations de peuplades de l'Asie dans le nord de l'Afrique. Ce sont d'abord des populations Kananéennes, qui, chassées de la Palestine et refoulées en Égypte, se répandirent dans les régions libyennes. A ces tribus vinrent se fondre de nombreuses colonies de Coptes, de Kouchytes, d'Arabes Sabéens, d'Amalécites et de Palestins. Ces émigrations semblent avoir formé la souche des Gétules, qui figurent dans l'histoire de l'Afrique musulmane sous le nom de Berbères. Dans cette fusion, chaque élément conserva cependant le souvenir de son origine distincte. Ainsi, les Senahdja, les Ketama, les Lamta, les Haouara, les Masmouda et les Laouata étaient issus des Sabéens de l'Yémen; les Zenata descendaient des Amalécites, et d'autres, vulgairement nommés Djaloulia, représentaient la postérité de Goliath. Ces races constituaient avec les Libyens, considérés comme autochthones, la population du nord de l'Afrique. Les Libyens étaient plus particulièrement fixés vers le littoral et les diverses autres peuplades dans l'intérieur.

A ce premier flot d'émigration débordé de l'Orient sur la Libye succéda un mouvement en sens inverse, qui apporta des éléments nouveaux dans la composition de la population. C'est Salluste qui fournit ces renseignements, qu'il a empruntés aux livres du roi carthaginois Hiempsal. Hercule, le conquérant asiatique, après avoir traversé en vainqueur toute la Libye, à la tête d'une armée immense, à laquelle toutes les nations de l'Asie avaient envoyé leur contingent, avait passé en Espagne. Là il fut trahi par la fortune, et périt dans une bataille. A la suite de cette catastrophe, son armée se débanda. Une partie passa en Afrique. Les Perses s'enfoncèrent dans le pays, en suivant les côtes de l'Océan, puis tournèrent vers l'est; ils se mêlèrent aux Gétules, dont ils adoptèrent les habitudes nomades, changeant comme eux très-fréquemment de campements; ils prirent le nom de *Numides*. Les Mèdes et les Arméniens s'unirent aux Libyens du littoral, et reçurent le nom de *Maures*, soit parce qu'ils étaient la population la plus occidentale, soit qu'on veuille voir dans le mot *Maure* une dérivation du mot *Mèdes*. Les Numides ne tardèrent pas à agrandir leur centre d'action; leurs succès contre les indigènes les portèrent jusque sur le littoral de la Méditerranée, refoulant les Libyens vers l'est et arrêtant à l'ouest le mouvement d'expansion des Maures.

Si on peut ajouter foi à ces traditions africaines, c'est à cette époque reculée qu'il faut faire remonter la première constitution un peu précise, sur le territoire actuel de l'Algérie, d'une nation distincte, formée par un mélange de Perses, de Gétules et de Libyens, et connue sous le nom de Numides. La population de la Libye se trouvait alors ainsi répartie : les Maures, les plus rapprochés de l'Espagne, occupant la partie occidentale; puis plus à l'est, les Numides, qui s'étendaient depuis le fleuve Molouïa, jusqu'à la petite Syrte; enfin, à l'extrémité orientale, les Libyens proprement dits, et derrière eux les Éthiopiens. Les Gétules, qui passent pour les ancêtres des Berbères d'aujourd'hui, étaient placés derrière les Numides, séparés d'eux par la chaîne de l'Atlas.

Le premier mouvement d'émigration partit de l'est; le second, quoique également originaire de l'Orient, s'établit en Afrique par une expansion de l'ouest à l'est. La troisième accession de peuples étrangers arriva par le nord. D'autres races vinrent s'implanter, non plus comme éléments d'une fusion nouvelle, mais comme colonies conservant une nationalité séparée. Ce furent, d'une part, les Phéniciens de Tyr et de Sidon, qui fondèrent à l'ouest de la grande Syrte des comptoirs commerciaux, dont le plus considérable fut Carthage; de l'autre part, ce furent les Grecs de Théra, qui s'établirent à l'est de la Syrte, et dont Cyrène devint la métropole principale. Les populations commencent à se classer; les divisions territoriales deviennent distinctes; l'histoire sort de la confusion et des ténèbres.

A mesure que ces deux puissances commerciales prirent du développement, les dénominations géographiques furent encore simplifiées. Sous le nom de Libye, les Romains désignèrent les colonies grecques depuis les autels des Philènes, au fond de la Syrte, jusqu'aux frontières de l'Égypte. Le domaine carthaginois, qui ne paraît pas avoir dépassé les limites actuelles de la régence de Tunis, reçut le nom d'Afrique; le reste, jusqu'au fleuve Molouïa, s'appelait Numidie; puis venait la Mauritanie. En refoulant à l'intérieur les tribus du littoral, la civilisation carthaginoise et la civilisation grecque n'eurent pas la prétention de les anéantir, et à aucune époque elles ne parvinrent à asservir complétement les Numides et les Maures.

Fondation de Carthage.

Carthage fut fondée l'an 878 avant l'ère chrétienne par Didon, sœur de Pygmalion, roi de Tyr. Ce prince ayant fait mourir son mari pour s'emparer de ses richesses, Didon s'enfuit avec un petit nombre de partisans, et vint aborder sur les côtes libyennes, aux environs de Tunis. Il existait déjà plusieurs colonies phéniciennes dans les mêmes contrées, entre autres Utique, dont les chroniques phéniciennes font remonter la fondation jusqu'à 1520 avant J. C., et qui était située dans le golfe même où la sœur de Pygmalion débarqua. Le premier acte des nouveaux émigrants fut d'acheter du terrain aux indigènes. On sait par quel stratagème ingénieux Didon se fit concéder une superficie assez étendue, en ne demandant que l'espace qu'une peau de bœuf pourrait renfermer. Elle bâtit une citadelle, qui prit le nom de Byrsa. Iarbah régnait alors sur les Gétules (Djedala) et sur les Maxyes (Amazirgs); il voulut épouser Didon, qui s'était soumise au payement d'un impôt en argent; la reine de la ville nouvelle s'y refusa.

Après la mort de Didon une lacune de trois siècles se présente dans l'histoire de Carthage. On peut supposer que les commencements de cette colonie furent très-modestes. Mais son heureuse situation, les éléments de prospérité commerciale et industrielle qu'elle possédait, mis à profit par le génie entreprenant des Phéniciens, aidèrent le développement rapide de sa puissance. Elle forma le long du littoral une chaîne non interrompue de colonies, de comptoirs, de positions fortifiées, qui se prolongeaient vers l'ouest jusqu'au détroit, et au moyen desquels elle établit ses rapports commerciaux sur des bases solides et prépara dans toute la partie occidentale de la Méditerranée le monopole de la navigation, qu'elle conserva longtemps. Le gouvernement, qui était monarchique, fut remplacé par une constitution républicaine, sans qu'on assigne l'époque ni les causes de cette révolution.

Les progrès des Carthaginois sur les populations aborigènes, pendant cette espèce d'interrègne historique de trois siècles, ne furent pas moins sensibles. On croit que ce fut du temps de Darius fils d'Hystape qu'ils s'affranchirent du tribut qu'ils payaient aux rois des peuplades qui les entouraient. Ils étendirent leur domination sur toute la presqu'île comprise entre Tabraca et la petite Syrte.

Les indigènes qui habitaient ce pays étaient adonnés à l'agriculture, et disposés par leur caractère pacifique à accepter une civilisation plus avancée. Les Carthaginois eurent soin de disséminer au milieu de ces populations des colonies phéniciennes constituant un réseau de villes destinées à maintenir leurs nouveaux sujets dans l'obéissance. Cette presqu'île portait le nom d'Afrique, et était composée de deux provinces : la Byzacène et la Zingitane. Au delà il n'y avait que des tribus nomades indépendantes, avec lesquelles Carthage était quelquefois liée par des traités, et où elle recrutait des soldats mercenaires.

La colonie fondée par les Grecs dans la Libye orientale eut des commencements et des progrès pareils à ceux de Carthage. Souvent aux prises avec les populations indigènes, Cyrène parvint à les refouler vers l'intérieur, et quelquefois même à les soumettre entièrement. Ses relations commerciales s'étendirent également. Ce développement de prospérité ne tarda pas à exciter la jalousie de Carthage. Les vieilles antipathies nationales se réveillèrent. Carthage se rattachait par son origine aux races sémitiques, dont l'inimitié contre la race hellénique alimenta la guerre pendant plusieurs siècles en Asie et en Grèce. Cette première lutte se termina par une délimitation du territoire des deux colonies. L'histoire a perpétué la mémoire de deux frères carthaginois qui consentirent à être enterrés vivants pour assurer à leur patrie des limites plus étendues. Le lieu où s'accomplit ce dévouement héroïque fut appelé autels des Philènes, du nom des deux frères, et marqua les frontières des deux États. A partir de cette époque les annales de Carthage ont été conservées sans interruption. C'est le moment où elle porte ses conquêtes au dehors du continent africain.

Guerres des Carthaginois hors de l'Afrique.

L'an 543 avant l'ère chrétienne, Carthage, puissante déjà par sa marine, déclara la guerre aux Phocéens. A l'issue de cette lutte, elle resta maîtresse de l'île de Corse. Bientôt après, à l'instigation et avec l'aide secrète de Xerxès et de ses successeurs, les Carthaginois entreprirent des expéditions en Sicile contre les colonies grecques: en 536 ils s'emparèrent de la presque totalité de cette île; en 530 ils tournèrent leurs armes contre la Sardaigne, et s'en rendirent maîtres.

Pendant que la fortune semblait accompagner partout ses flottes, Carthage eut des luttes à soutenir contre les populations indigènes qu'elle avait subjuguées. Elle triompha de ces résistances autant par la ruse et la séduction que par la force. D'un autre côté, les incursions multipliées qu'elle faisait sur la Méditerranée la mirent bientôt en présence des Romains; mais ces premières relations furent pacifiques, et sont constatées par un traité signé en 509.

Les premiers succès de Carthage en Sicile la portèrent à aspirer à la conquête de l'île tout entière. Son empire et sa gloire s'étaient accrus par l'habileté de Magon, d'abord suffète de la république, puis général. Il avait introduit la discipline militaire parmi les troupes, reculé les frontières en subjuguant les peuplades indépendantes, étendu le commerce de sa patrie. Après la mort de Magon, ses deux fils lui succédèrent et commencèrent les expéditions contre la Sicile. Cette lutte avec les races helléniques, qui devait se prolonger, sans changer de théâtre, jusqu'à l'époque de la première guerre punique, en 268 avant J. C., s'engagea l'an 489. Pendant ces deux siècles la guerre se fit avec des chances diverses, mais avec un égal acharnement des deux parts. Les principaux événements qui se rattachent d'une façon plus directe à l'histoire des populations africaines sont : une révolte des indigènes, plus formidable que les précédentes, et l'invasion du domaine Carthaginois par Agathocle, roi de Sicile.

Révoltes des Libyens. — L'insurrection éclata en 395 avant l'ère chrétienne, à la suite d'une expédition en Sicile par Himilcon, dont l'armée avait été décimée par la peste, et qui avait lâchement abandonné les auxiliaires libyens à la vengeance des Syracusains. Cet acte souleva une indignation générale parmi les indigènes; ils se levèrent au nombre de plus de deux cent mille, s'emparèrent de Tunis et mirent le siége devant Carthage. Mais cette multitude sans chefs expérimentés et sans organisation ne put tenir la campagne longtemps : manquant de vivres, travaillée par les habiles intrigues des Carthaginois, elle se débanda et délivra la ville des alarmes qu'elle lui causait. Il fallut quatre ans d'efforts soutenus pour reconquérir l'ascendant politique que cette révolte avait fait perdre; et cependant, en 379, une seconde insurrection des Libyens, sans reproduire les mêmes dangers, coûta aux Carthaginois des sacrifices de toutes sortes, qui l'affaiblirent beaucoup.

Invasion de l'Afrique par Agathocle. — Agathocle, pressé en Sicile par les Carthaginois, trompa la vigilance de leur flotte, et débarqua en Afrique en 309, à El-Haouarieh, sur le côté oriental du golfe de Tunis, au sud du cap Bon. Les Siciliens firent des progrès rapides. Après avoir détruit l'armée carthaginoise, Agathocle dévasta les environs de la capitale, et reçut la soumission d'un grand nombre de places; il marcha ensuite contre les villes maritimes, et en peu de temps, de gré ou de force, il en rangea plus de deux cents sous son obéissance. A la nouvelle de ces succès, les Libyens tributaires vinrent en grand nombre grossir le parti du vainqueur, et lui facilitèrent la conquête du littoral et les entreprises contre les populations de l'intérieur. Ces expéditions s'étendirent à l'ouest jusqu'à Hippone, (Bône); puis, elles atteignirent Stora et Collo. Une partie des Numides accepta l'alliance des Siciliens, le plus grand nombre attendit l'issue définitive de la lutte pour se prononcer. Mais Carthage sut tirer parti de cette hésitation, et dès que la fortune se montra plus favorable à ses armes, elle ramena les indigènes, recouvrit ses possessions, força Agathocle à s'enfuir secrètement, abandonnant son armée, qui évacua elle-même l'Afrique à la suite d'un traité. Cette invasion avait duré trois ans.

Guerres Puniques.

La Sicile devait être funeste à Carthage. Après avoir combattu pendant plus de deux siècles sans pouvoir établir solidement leur domination sur cette île, les Carthaginois rencontrèrent la puissance romaine, qui commençait à s'alarmer de leurs progrès vers les côtes septentrionales. La lutte s'engagea sur ce théâtre, et y fut longtemps circonscrite. Ce fut seulement dans la neuvième année de la première guerre Punique, en 256 avant Jésus-Christ, que Régulus et son collègue, le consul Aulus Manlius Vulso, firent une descente en Afrique et débarquèrent près de la ville de Kélibia (l'ancienne Clypéa), dont ils se rendirent maîtres. L'année suivante les Romains s'emparèrent de Tunis, et ravagèrent le plus beau canton de l'Afrique, enlevant une quantité immense de bestiaux et emmenant un nombre considérable de prisonniers. Les Numides, qu'on trouve toujours unis aux ennemis de Carthage, furent les instruments les plus actifs de ces déprédations barbares, dont le signal était donné par l'armée romaine. Mais les affaires des Carthaginois furent rétablies, grâce à un corps de Grecs mercenaires commandés par le Lacédémonien Xantippe. Régulus fut fait prisonnier, et son armée complétement écrasée. On n'a pas besoin de rappeler sa fermeté inébranlable pendant sa captivité et sa mort héroïque, qui a conquis l'immortalité à son nom. La première expédition des Romains en Afrique n'eut d'autre résultat qu'une occupation passagère; et les tentatives qu'ils firent ultérieurement jusqu'à la fin de la première guerre Punique, en 242, n'eurent pas plus de succès.

GUERRE DES STIPENDIÉS. — Le traité de paix qui mit fin à la guerre entre Rome et Carthage amena pour cette dernière puissance les embarras intérieurs les plus graves. L'évacuation de la Sicile et la cessation des hostilités rendaient inutiles les nombreuses troupes mercenaires et libyennes entretenues par les Carthaginois. Elles furent dirigées sur Sicca (le Kef), vers la frontière de la Numidie. Elles avaient à réclamer un arriéré de solde considérable; le trésor public était épuisé; on voulut discuter avec elles sur le montant de la créance; elles se révoltèrent, et appelèrent le pays à faire cause commune avec elles. Les indigènes avaient été traités avec une extrême dureté pendant le cours de la guerre. Pour subvenir aux dépenses de l'armée Carthage avait exigé des propriétaires ruraux la moitié de leurs revenus; les impôts des villes avaient été doublés; aux exactions des gouverneurs s'étaient jointes les déprédations des Romains et des Numides. Ces griefs accumulés firent explosion à l'appel des soldats révoltés; toutes les villes et les campagnes envoyèrent des hommes, des munitions et de l'argent; et les insurgés, à la tête d'une armée de soixante-dix mille hommes, allèrent, sous la conduite du Libyen Mathos et du transfuge campanien Spendius, attaquer Utique et Hippona Diarrhyte (Bizerte), qui seules étaient restées fidèles à la cause carthaginoise.

L'armée dirigée contre les rebelles obtint un premier succès, presque aussitôt suivi d'un désastre; deux fois le général carthaginois laissa échapper une victoire facile, et on dut lui envoyer un renfort de dix mille citoyens et de soixante-dix éléphants. Ces troupes, mal commandées, ne purent arrêter les insurgés, qui, après avoir pris Utique et Bizerte, vinrent mettre le siége devant la capitale. Un général plus habile ayant été choisi, les Carthaginois triomphèrent enfin de cette insurrection, grâce à la trahison de Naravas, chef numide, qui, frappé d'enthousiasme pour le caractère d'Amilcar, abandonna le parti des révoltés, et entraîna un corps de deux mille Numides qu'il commandait. Tout le pays rentra dans l'obéissance, et les populations voisines, telles que les Numides Micatanes, qui s'étaient montrées hostiles, furent châtiées avec une rigueur excessive. La guerre des Stipendiés, qu'on a appelée aussi guerre des Mercenaires, et qui avait jeté Carthage dans de si grands périls, dura trois ans et quatre mois; les deux chefs Spendius et Mathos furent pris, et subirent une mort cruelle et ignominieuse.

DEUXIÈME GUERRE PUNIQUE. — Pendant que les troubles intérieurs menaçaient l'existence même de Carthage, sa puissance s'étendait au dehors. A l'issue de la première guerre Punique, le traité de paix lui avait enlevé la Sicile, la Sardaigne, la Corse, la plage ligurienne; mais des conquêtes nouvelles en Espagne la dédommagèrent bientôt de ses pertes. Annibal, qui devait porter la gloire des armes de sa patrie jusqu'au cœur même de l'Italie, commandait les troupes carthaginoises en Espagne. En 221 avant J. C. Rome prit ombrage de ses progrès, et voulut imposer l'Ebre comme limite des possessions de sa rivale; elle prétendit même réserver au midi de cette ligne l'indépendance de Sagonte, colonie grecque. Annibal, sans tenir compte des réclamations des ambassadeurs romains, s'empara de cette ville, et la ruina complétement. Cette audacieuse insulte à la protection du peuple romain fut le signal de la guerre; elle fut rallumée en 219. Nous n'avons pas à suivre le héros carthaginois dans son invasion de l'Italie; nous devons nous borner à rappeler les événements de la guerre qui eurent l'Afrique pour théâtre. La seconde guerre Punique ne se concentra pas, comme la première, en Sicile; en peu de temps elle embrasa toutes les contrées qui bordent la Méditerranée occidentale, et les nations numides y jouèrent un rôle important. Quelques détails sont nécessaires pour expliquer l'intervention des indigènes dans cette grande lutte.

FORMATION DES ROYAUMES NUMIDES. — A la suite de l'invasion d'Agathocle, un grand nombre de tribus soumises aux Carthaginois avaient reconquis leur indépendance. Sans cesse préoccupés des difficultés et des intérêts plus sérieux qu'ils avaient sur le littoral et dans les contrées européennes, les Carthaginois ne purent faire rentrer ces tribus dans le devoir. Elles se constituèrent en États libres. C'est alors que se formèrent les royaumes des Massyliens et des Massésyliens, qui comprenaient toute la Numidie. Le roi des Massesyliens résidait à Siga, auprès de l'embouchure de la Tafna; celui des Massyliens avait Zama pour capitale. La limite entre les deux royaumes était l'Ampsaga (Oued-el-Kebir). Au moment où éclata la deuxième guerre Punique, Gula régnait sur les Massyliens et Syphax sur les Numides les plus occidentaux.

Ces deux royaumes étaient tous deux trop rapprochés de l'Espagne pour que Rome et Carthage ne songeassent pas à y chercher des alliés. Gula, fils de Naravas, qui aida Amilcar à triompher des Stipendiés, se déclara pour Carthage; Syphax, mécontent des faveurs prodiguées à Gula, écouta les propositions des Romains, et embrassa leur parti, en 213 avant J. C. Les deux rois numides ne tardèrent pas a en venir aux mains : la victoire resta à Massinissa, fils de Gula, qui commandait les Massyliens; l'allié des Romains dut abandonner sa capitale et se retirer chez les tribus les plus voisines de la Mauritanie. Après cette bataille, Massinissa, à peine âgé alors de dix-sept ans, passa en Espagne, et prit une part glorieuse au combat dans lequel les Scipions furent défaits par Asdrubal et Magon, en 212. Mais pendant que l'armée de Gula était employée en Espagne au service des Carthaginois, Syphax sortit de sa retraite, rétablit ses affaires, et se mit en relation avec le sénat romain.

VARIATIONS DE SYPHAX ET DE MASSINISSA. — Devenu le plus puissant roi de l'Afrique, Syphax, emporté par son ambition et son inconstance naturelles, s'était rapproché de Carthage, et se plaisait à flotter entre les deux républiques qui le sollicitaient également. D'un autre côté, Massinissa s'était mis en rapport avec les Romains, et, touché de la générosité de Scipion, qui lui avait rendu sans rançon son neveu Massiva, fait prisonnier, il avait conclu en secret un traité avec eux, en 206. A la suite de cette alliance, il passa en Afrique pour entraîner les tribus dans le parti nouveau qu'il venait d'embrasser. Ainsi, pendant que les Romains perdaient le concours de Syphax, définitivement lié aux Carthaginois par son mariage avec la belle Sophonisbe, ils gagnaient Massinissa, moins puissant alors que son rival, mais plus jeune, plus habile à la guerre, et destiné à exercer une influence immense dans la lutte contre Carthage. Les chances de la guerre ne furent pas d'abord favorables au nouvel allié des Romains; vaincu par Syphax, il fut contraint à fuir dans les montagnes avec un petit nombre de cavaliers et quelques familles emportant leurs tentes et chassant devant elles leurs troupeaux. Mais bientôt Massinissa, guéri de ses blessures, reparut dans son royaume, et récupéra le pouvoir. Il réunit une armée, et alla camper sur une montagne entre Cirta et Hippone royale (Constantine et Bône).

Défait encore une fois par Syphax, il parvint à s'échapper à grand' peine avec soixante-dix cavaliers, et se réfugia chez les Garamantes, après avoir ravagé sur son passage les contrées soumises aux Carthaginois et à leurs alliés.

LES ROMAINS PORTENT LA GUERRE EN AFRIQUE. — L'arrivée de Scipion en Afrique, en 205, jeta l'épouvante dans les possessions et parmi les alliés de Carthage, et rétablit la fortune de Massinissa. Il n'amena que deux cents cavaliers numides à l'armée romaine qui assiégeait Utique; mais il apportait l'utile concours de sa valeur, de son expérience et de sa fidélité. Sa troupe grossit rapidement; après avoir combattu à côté de Scipion dans plusieurs batailles, il fut envoyé en Numidie avec Lélius pour poursuivre Syphax et lui enlever le territoire qu'il avait usurpé. Massinissa battit Syphax, et le fit prisonnier en 202. Il s'empara ensuite de Cirta, qui était devenue la capitale de la Numidie. Sophonisbe tomba en son pouvoir; mais ne pouvant la sauver de l'humiliation de figurer au triomphe de Scipion, il lui envoya du poison pour se donner la mort. Massinissa reçut le titre et les insignes de la royauté. La défaite de Carthage suivit de près celle de son allié; Annibal perdit la bataille de Zama, et les Romains dictèrent la paix, qui mit fin en 201 avant J. C., à la deuxième guerre Punique. Cette lutte terminée, la Numidie se trouva partagée entre Massinissa, roi de Massyliens, dont les possessions s'étendaient au sud du territoire de Carthage, jusqu'à la Cyrénaïque, et Vermina, fils de Syphax, roi des Massésyliens, avec leurs anciennes limites, moins Cirta et quelques autres villes, qui furent données à Massinissa par les Romains.

ENVAHISSEMENTS DE MASSINISSA. — Le traité que Rome venait d'accorder à Carthage ne pouvait marquer qu'un répit dans la destruction de la puissance phénicienne. L'agrandissement des Etats de Massinissa avait placé le roi numide sur la ligne même de toutes les frontières carthaginoises; son activité, sa haine et son ambition le rendirent un voisin redoutable pour l'ennemie de Rome. Il ne tarda pas à envahir le territoire de Carthage; il lui enleva ses meilleures provinces, anéantit ses dernières ressources, et réduisit cette république humiliée à implorer contre lui l'intervention romaine, sans pouvoir obtenir que l'exécution des traités fût maintenue et que l'audace de l'agresseur fût blâmée. Cette lutte dura presque sans interruption depuis l'an 193 avant l'ère chrétienne jusqu'en 150, peu de temps avant la troisième guerre Punique. Les résultats de la guerre furent pour Massinissa la possession de la Byzacène, de tout le pays des grandes Plaines jusqu'auprès de Bizerte et de quelques autres parties du pays situées au sud ou à l'ouest du domaine très-restreint de Carthage. Le roi numide étendit aussi ses États aux dépens de la Numidie occidentale, qui avait pris parti contre lui dans ses démêlés avec Carthage.

TROISIÈME GUERRE PUNIQUE; MORT DE MASSINISSA. — Ce dernier acte de la lutte fut aussi meurtrier, aussi disputé, mais moins long que les précédents. Commencée en 149, la troisième guerre Punique fut terminée en 146 par la destruction de Carthage. Massinissa, qui depuis près d'un demi-siècle poursuivait avec ardeur la ruine des Carthaginois, dans l'espoir d'hériter de leurs dépouilles, vit avec regret les Romains venir lui arracher une proie assurée. Soit que la maladie et la vieillesse eussent déjà paralysé ses forces, soit par suite de son vif mécontentement, il ne parut pas à l'armée romaine, et mourut peu de mois après le commencement du siége de Carthage, à l'âge de quatre-vingt-dix-sept ans. Son long règne contribua beaucoup à changer l'état social de la Numidie. Il s'appliqua dans plusieurs contrées de son royaume à faire abandonner aux populations leurs habitudes nomades et à les fixer sur le sol, en leur inspirant l'amour de l'agriculture. Il disciplina son armée, lui enseigna la tactique romaine, et réprima énergiquement l'instinct du pillage et du brigandage qui distinguait les Numides. Tout en comprenant les avantages de la civilisation et en s'efforçant d'en faire jouir ses sujets, Massinissa vécut toujours dans la plus grande simplicité, sans rien changer aux coutumes de ses pères. Il était sobre, robuste, dur au travail et à la fatigue; le plus intrépide cavalier de la Numidie, il restait à cheval plusieurs jours et plusieurs nuits de suite, et jusqu'à l'âge de quatre-vingt-dix ans il montait seul sur son cheval, sans selle. Tel fut le héros de la Numidie, guerrier expérimenté, habile politique, d'un caractère noble et généreux, fidèle jusqu'à la fin de sa vie à l'alliance qu'il avait contractée avec Rome.

Massinissa se souvint en mourant que c'étaient les qualités brillantes de Scipion Paul Émile qui avaient gagné son cœur à la cause des Romains. Déjà on s'entretenait des exploits et du mérite du jeune Scipion, digne fils du héros objet de son admiration. Le roi numide voulut donner un dernier témoignage de sa confiance et de son dévouement, en laissant à Scipion l'Africain le soin de partager ses États entre ses trois fils. Celui-ci, préoccupé de l'intérêt de sa patrie, ne divisa pas le territoire de la Numidie, afin d'éviter des guerres ou des rivalités qui auraient affaibli la puissance des alliés de Rome. Il conserva le royaume dans son intégrité, et partagea le pouvoir entre les trois frères : à Gulussa, il assigna le commandement de l'armée; Micipsa eut le pouvoir administratif, et résida à Cirta; Mastanabal, le plus jeune, fut chargé de présider aux affaires de la justice. En revenant au camp romain, Scipion emmena avec lui le jeune Gulussa, qui, jusqu'au moment de la chute de Carthage, fut pour lui un précieux auxiliaire. Le corps de cavalerie numide se fit aussi remarquer par son courage et son dévouement. Après l'anéantissement de Carthage, les vainqueurs, occupés en Orient et dans l'Occident de guerres importantes, ne songèrent point à étendre leurs conquêtes en Afrique. Se bornant à dominer directement la province la plus rapprochée de la ville détruite, ils laissèrent aux rois numides les régions du sud et de l'ouest.

Conquête de la Numidie par les Romains.

Utique était devenue le lieu de résidence du préteur qui gouvernait le territoire dont Rome s'était réservé l'administration. Le long des côtes, les Romains héritèrent de la prospérité commerciale de Carthage. Quelques colonies italiennes, peu importantes d'abord, mais destinées à grandir, apportèrent sur le sol africain les mœurs et le langage des peuples latins; par leurs relations avec les indigènes, elles préparèrent le développement de la puissance romaine. La conduite des fils de Massinissa ne donna d'abord aucun sujet de plainte. Gulussa et Mastanabal ayant été enlevés tous deux à la fois par une épidémie qui exerça les plus terribles ravages en Afrique, Micipsa resta seul maître de la Numidie. Ami de la paix et des arts, il poursuivit l'œuvre de civilisation entreprise par son père; il orna Cirta, sa capitale, d'édifices et d'établissements utiles, et y appela une colonie grecque, qui contribua à accroître encore la prospérité de la ville.

GUERRE DE JUGURTHA. — La mort de Micipsa en 119 vint interrompre le cours de ces progrès. Il laissait deux fils; mais parmi ses neveux, Jugurtha, fils de Mastanabal, s'était déjà concilié l'affection des populations numides, et avait gagné la protection romaine par les services qu'il rendit au siège de Numance, en Espagne. Jugurtha, dès son adolescence, avait montré par sa hardiesse, sa bravoure et son habileté ce que le royaume pourrait avoir à souffrir de son ambition. Micipsa crut prévenir ces dangers en admettant son neveu au partage de sa succession avec ses deux fils. Il avait à peine fermé les yeux, que les maux qu'il avait voulu conjurer éclatèrent. Jugurtha, appelé à régner sur le territoire compris entre l'Ampsaga et la Mulucha, fut mécontent de la part qui lui échut, et en appela aux armes. Il fit d'abord assassiner Hiempsal, un des deux fils de Micipsa, et dirigea ensuite ses efforts contre Adherbal, qui résidait à Cirta. Son brillant courage attira auprès de lui un grand nombre de partisans. En vain Adherbal implora le secours des Romains, son adroit ennemi sut par des largesses faire taire la justice des envoyés du sénat, et réussit à s'emparer de Cirta. Adherbal fut livré aux supplices les plus atroces, en 112 avant J. C.

Quand ces nouvelles arrivèrent à Rome, elles soulevèrent l'indignation du peuple, et le sénat, dans lequel Jugurtha avait déjà acheté de nombreux amis, se vit contraint d'adopter des mesures énergiques. Mais tantôt par la ruse, tantôt par violence ou par corruption, le roi numide annula ou déjoua les ordres donnés contre lui. Cependant, mandé à Rome, il fut obligé de venir se défendre; là, pendant que les accusations les plus vives s'élevaient contre lui, il fit assassiner, dans Rome même, un fils d'Adherbal, qui s'était soustrait jusque-là à sa vengeance. Cet acte d'audace inouïe rendit pour lui le succès impossible; il quitta l'Italie, après avoir prodigué inutilement son or, et se mit en révolte ouverte (111 avant J. C.).

Les premières opérations des Romains contre Jugurtha ne furent pas heureuses. Ils avaient affaire à un ennemi habile, plein d'expédients, qui, par de feintes soumissions, paralysa leur ardeur, et leur fit perdre un temps précieux. Mais bientôt après, en 110, l'armée romaine ayant mis le siége devant *Suthul*, qu'on croit être la ville moderne Guelma, et où étaient déposés tous les trésors du roi numide, celui-ci la trompa par un stratagème, l'attira à sa poursuite loin de la place, la surprit pendant la nuit, et la força de passer sous le joug. Cette humiliation donna une nouvelle vivacité à la haine qu'on avait vouée à Jugurtha. Rome trouva enfin un général incorruptible; à peine arrivé en Afrique, Métellus rétablit la discipline dans l'armée; il endurcit les soldats aux fatigues par de rudes exercices, et leur enleva tout ce qui pouvait les porter à la mollesse. Le mouvement énergique imprimé à la guerre décida Jugurtha à avoir recours aux négociations pour éloigner de son royaume un ennemi aussi redoutable. A deux reprises différentes Métellus repoussa ses ambassadeurs. Pour inspirer aux Romains une confiance funeste, il avait ordonné aux populations que leur armée traversait de ne pas abandonner leurs habitations, de continuer leurs travaux agricoles et de laisser les campagnes couvertes de troupeaux; les chefs des villes et des hameaux venaient au-devant de Métellus lui offrir des provisions et lui prodiguer des paroles de paix. Le consul, mis en garde contre la perfidie de l'ennemi, continua à avancer avec la plus grande prudence. Les cavaliers numides observaient ses mouvements en se tenant sur les hauteurs.

Jugurtha, désespérant de prendre en défaut la vigilance de Métellus, voulut tenter le sort des armes. Il attendit les Romains dans un défilé, auprès du fleuve Muthul (le Hamise, non loin de la frontière actuelle de Tunis), et les attaqua avec la plus grande vigueur. La victoire trahit ses efforts. Après ce succès, le consul se jeta dans la partie la plus riche de la Numidie, et la ravagea par le fer et par le feu. Quant à Jugurtha, n'osant s'opposer à Métellus dans un pays découvert, il tint son armée dans les lieux très-boisés et fortifiés par la nature, et surveilla avec sa cavalerie seulement la marche des Romains, gênant leurs mouvements, profitant de toutes les occasions pour leur faire essuyer des pertes. Il brûlait les fourrages, empoisonnait les sources sur la route suivie par les troupes ennemies; il attaquait l'arrière-garde pendant la marche, et dès que les Romains se mettaient en mesure de le repousser, il regagnait les hauteurs au galop. Évitant d'engager une action, il ne laissait aucun repos à Métellus, en lui donnant des alarmes continuelles.

Tous les efforts du consul tendaient à amener Jugurtha à combattre dans la plaine. Après avoir vainement assiégé Zama (aujourd'hui Zouarin), Métellus essaya de se rendre maître du roi numide par trahison. Cette tentative n'eut pas plus de succès. Enfin, en 108, les Romains purent joindre les troupes ennemies, les mirent en déroute, s'emparèrent de Cirta, et forcèrent Jugurtha à se réfugier à Thala, ville située dans le pays montagneux entre Sétif et Bougie. Poursuivi jusque dans cette retraite, il se réfugia dans le sud, chez les Gétules, peuple barbare, qui ne connaissait pas le nom romain. Il en forma une armée, et, appuyé par les troupes de Bocchus, son beau-père, qui régnait dans la Mauritanie, il alla attaquer Cirta. Le général romain fit établir un camp retranché aux environs de cette ville pour y attendre le choc des ennemis. Sur ces entrefaites Métellus fut remplacé dans le commandement de l'armée.

MARIUS SUCCÈDE A MÉTELLUS. — Le consulat et la direction de la guerre de Numidie furent donnés à Marius. Débarqué à Utique avec des troupes fraîches, il reprit les hostilités avec une vigueur nouvelle, battit Jugurtha et ses alliés maures et gétules, non loin de Cirta, alla détruire Cafsa (aujourd'hui Gafsa) située à neuf journées de Cirta, prit et brûla plusieurs autres villes; puis, à l'extrémité occidentale de la Numidie, il enleva une forteresse réputée imprenable, où Jugurtha avait transporté ses trésors, depuis la première attaque de Suthul par les Romains. Marius fut rejoint par son questeur, le fameux Sylla, avec un corps considérable de cavalerie, et se mit en retraite vers Cirta. Dès que l'armée fut en marche, Bocchus et Jugurtha l'assaillirent avec le plus grand acharnement, mais ils furent repoussés avec perte; une nouvelle tentative ne fut pas plus heureuse, et les Romains purent gagner Cirta.

FIN DE LA GUERRE; MORT DE JUGURTHA. — Découragé par sa dernière défaite, Bocchus songea à traiter. Sylla fut chargé de suivre cette négociation auprès du roi de la Mauritanie. L'envoyé des Romains dut déployer la plus rare habileté pour triompher des irrésolutions de Bocchus. Entouré des sollicitations des agents de Jugurtha, celui-ci sembla hésiter longtemps s'il livrerait Sylla à son gendre ou s'il trahirait au contraire le roi de la Numidie. La crainte le détermina en faveur des Romains, et il consentit à livrer Jugurtha. Dans une entrevue assignée pour des conférences au sujet de la paix, où le roi numide s'était rendu sans armes, il fut enveloppé et amené pieds et poings liés à Sylla, qui le conduisit à Marius. Cet événement mit fin à la guerre. Jugurtha figura dans le triomphe décerné à Marius; il suivit enchaîné le char du vainqueur. On dit que l'excès du malheur et de la honte lui fit perdre la raison. Jeté dans un cachot où on le laissa sans nourriture, il mourut après avoir été en proie pendant six jours aux tourments de la faim (104 avant J. C.). Après la défaite de Jugurtha, ses États furent divisés. Bocchus obtint pour prix de sa trahison le pays des Massesyliens, et sa limite orientale fut portée à Saldæ (Bougie). Le royaume des Massyliens fut partagé en deux parties : l'une, la plus orientale, fut annexée au territoire directement soumis aux Romains, et dont Utique était le chef-lieu; l'autre fut donnée à Gauda, fils de Mastanabal, frère par conséquent de Jugurtha, qui avait gagné depuis longtemps la protection de Marius. Cirta fut sa capitale. Une autre version rapporte que le pays des Massyliens fut divisé entre deux princes numides, le sénat n'ayant pas voulu s'exposer à créer un État important qui aurait pu favoriser l'élévation d'un nouveau Jugurtha.

La Numidie pendant les guerres civiles de Rome.

Lorsque s'engagèrent les guerres civiles qui portèrent César à l'empire, les rois indigènes, entraînés par leurs affections particulières ou par des alliances antérieures, se mêlèrent avec violence à la lutte. La partie occidentale de la Numidie, qui avait Hierbas pour roi, épousa le parti de Marius; Hiempsal, chef des tribus les plus rapprochées de la province romaine, et dont Cirta était la capitale, se déclara pour Sylla. Pendant que celui-ci triomphait du parti républicain en Europe, la fortune favorisa en Afrique les amis de Marius. Hiempsal fut dépossédé de ses États par Hierbas. Mais bientôt la guerre étant terminée en Italie, Pompée passa en Afrique, atteignit Hierbas aux environs d'Utique, le battit complétement, et, s'étant emparé de sa personne, le fit mettre à mort (81 avant J. C.). Hiempsal fut rétabli dans son royaume, agrandi de toutes les possessions de son ennemi vaincu.

JUBA. — Lorsque Sylla et Marius eurent disparu, de nouveaux ambitieux prirent leur place, et se mirent à la tête des partis qui divisaient Rome. César et Pompée devinrent les chefs, l'un des prétentions aristocratiques, l'autre de la démocratie. Hiempsal était mort, et avait eu pour successeur son fils Juba, qui par reconnaissance de ce que le parti aristocratique avait fait pour son père pendant la guerre précédente, embrassa la cause de Pompée. Les armes ne furent pas propices d'abord en Afrique aux amis de César, comme elles avaient été en Italie. Juba, ayant uni ses troupes à celles du lieutenant de Pompée, défit complétement les partisans de César, et les massacra presque entièrement (49 avant J. C.). L'arrogance de Juba ne connut plus de bornes après cette victoire; lorsque la perte de la bataille de Pharsale força les amis de Pompée à venir chercher un refuge en Afrique, le roi numide leur fit subir toutes sortes d'humiliations. Il paraît que Juba avait à son service un grand nombre de soldats étrangers, entre autres des cavaliers gaulois et espagnols. Ce qu'il avait emprunté à la civilisation romaine ne semblait lui servir que pour faire sentir plus durement au parti aristocratique, qui avait fait la fortune de son père, le poids de son insolence et de son ingratitude.

CÉSAR PASSE EN AFRIQUE; FIN DE JUBA. — L'Afrique jouait un rôle trop important dans les destinées de Rome pour qu'après avoir triomphé de ses ennemis en Europe, César ne vînt pas y poursuivre la guerre en personne. Il débarqua à Adrumète, quelques jours avant le 1er janvier de l'année 46 avant l'ère chrétienne, avec trois mille fantassins seulement et cent cinquante chevaux. L'histoire a conservé tous les détails de cette campagne si remarquable; sans vouloir retracer ici les principales circonstances racontées dans les *Commentaires* de César, il nous suffira de rappeler que le général romain s'enferma d'abord dans un camp jusqu'à ce qu'il pût entrer en opérations; qu'il gagna à sa cause les Gétules et les Maures, qui avaient conservé un grand souvenir de Marius, et qu'ayant enfin reçu des renforts il fit attaquer Cirta par Sittius, chef de partisans qu'il s'était attaché, et battit lui-même Juba et le parti de Pompée dans cette même année 46. Juba, échappé de la mêlée, se cachant le jour et marchant la nuit, atteignit Zama, sa capitale; mais il ne put y pénétrer. Il se retira alors dans une de ses villas, avec un des chefs pompéiens, et à la suite d'un repas splendide ils s'entre-tuèrent. Maître de la Numidie toute entière, César donna à Sittius la ville de Cirta avec un territoire considérable; Bocchus II, roi de la Mauritanie, reçut quelques cantons situés auprès de ses États; tout le reste fut réduit en province romaine, et confié au gouvernement de Salluste avec le titre de proconsul. Le nouveau gouverneur profita de son séjour en Numidie pour réunir des matériaux précieux sur l'histoire et les traditions du pays. Malheureusement ce ne fut pas le seul usage qu'il fit de son pouvoir, il se livra à de cruelles exactions, qui fournirent plus tard au luxe inouï qu'il étala à Rome.

Agrandissement de l'Afrique romaine.

Dans la suite de la guerre civile on voit figurer Bogud, roi de la partie de la Mauritanie comprise entre l'Ampsaga et le méridien de Saldœ, comme partisan de César; et Bocchus, dont les États s'étendaient à l'ouest jusqu'à l'Océan, comme partisan de l'aristocratie romaine. Ces deux princes persistèrent jusqu'à la fin dans la cause qu'ils suivaient. Bogud fut dépouillé de son royaume au profit d'Arabion, qui était soutenu par le parti d'Antoine; mais bientôt le gouverneur de la province romaine fit assassiner Arabion, et réunit aux possessions de Rome tout le pays qui avait précédemment appartenu à Bogud. Quant à Bocchus, il resta maître de la Mauritanie depuis le méridien de Saldœ jusqu'à l'Océan; il conserva pendant cinq ans le gouvernement de ce vaste royaume (de 38 à 33 avant l'ère vulgaire), dont la capitale était Iol, aujourd'hui Cherchel. Après sa mort, Octave jugea à propos de ne pas lui donner de successeur. Par ses ordres des colonies furent établies dans les régions voisines de la côte.

NOUVEAU ROYAUME DE MAURITANIE. — Réunis d'abord en une seule province directement régie par Rome, les États de Bogud et de Bocchus constituèrent de nouveau quelques années après (17 avant J. C.) un royaume, qui fut donné par Auguste à Juba II, prince éclairé, entièrement dévoué aux Romains, et fils de Juba l'ancien, qui avait été vaincu à Thapsus par César. Il obtint la main de Cléopâtre Sélène, fille d'Antoine et de la fameuse Cléopâtre. Les commencements du règne de Juba furent troublés par les incursions des Gétules. Ces tribus turbulentes ne voulaient pas d'un maître qui n'avait plus rien gardé des mœurs et des habitudes nationales. En vain ce prince fit marcher contre elles ses troupes; il éprouva de grandes pertes, et fut contraint d'invoquer le secours des légions romaines (6 avant J. C.). Après ces difficultés, le royaume jouit d'une longue paix; Iol, la capitale, fut agrandie et embellie. Juba mourut l'an 23 de l'ère chrétienne, après un règne de près d'un demi-siècle; il fut célèbre par son immense savoir, et composa un grand nombre d'ouvrages.

A la mort de Juba, Ptolémée, son fils, fut investi de l'héritage paternel par Tibère. Ce prince régna paisiblement tant que Tibère vécut; mais il fut victime des fureurs de Caligula, qui, l'ayant fait venir à Rome, conçut de la jalousie contre lui, et le fit assassiner (40 de J. C.). Le temps était venu d'effectuer la réunion de la Mauritanie à l'Empire. En effet le nouveau royaume de Juba semblait n'avoir été créé que pour familiariser progressivement les Gétules et les farouches populations de l'ouest avec le joug romain. Après ces deux règnes successifs de princes mariés à des Romaines, lorsque des colonies civiles et militaires, formées de Romains, de Latins, d'Italiens, eurent infiltré dans le pays l'usage de la langue, le désir des lois, le goût des coutumes et de la civilisation du peuple conquérant, ces contrées furent divisées en deux provinces sujettes et tributaires. L'une, la plus occidentale, eut Tingis pour capitale, et reçut le nom de Mauritanie Tingitane; l'autre, qui s'étendait à l'est jusqu'à l'Ampsaga, prit le nom de Mauritanie Césarienne; Iol fut sa capitale. En poursuivant à l'est, venaient ensuite la Numide, puis l'Afrique propre.

Révoltes des populations indigènes.

TACFARINAS. — La domination romaine ne s'établit pas sans contestation sur cet immense territoire. Dès la troisième année du règne de Tibère, l'Afrique et surtout la Numidie furent agitées par la révolte d'un audacieux aventurier, qui tint en échec pendant longtemps toutes les forces que Rome entretenaient dans ces contrées (l'an 17 de J.C.); il s'appelait Tacfarinas. Nous allons emprunter à Tacite les principaux traits de cette guerre, qu'il a racontée avec étendue dans ses *Annales*. Tacfarinas était un Numide déserteur des armées romaines, où il avait servi comme auxiliaire. Il réunit d'abord des bandes pour le vol et le pillage; bientôt il les disciplina; enfin il devint général des Musulans, peuplades du Djurdjura. Peu de temps après, il entraîna les tribus indigènes dans son parti : ces auxiliaires se répandirent dans le pays, portant partout le carnage et l'incendie. Vaincu une première fois par les troupes romaines, il recommença la guerre, saccageant les bourgades, enlevant du butin et échappant toujours par la promptitude de ses mouvements aux poursuites; il parvint à mettre en fuite une cohorte romaine près du fleuve Pagida, entre Cirta et Igilgilis (Djidjéli). Enhardi par ce succès, Tacfarinas alla mettre le siège devant Thala, non loin du lieu témoin de la défaite des Romains; mais un corps de cinq cents vétérans suffit pour tailler en pièces les bandes numides. Le découragement ayant gagné les insurgés, leur habile chef renonça à toute espèce d'opération régulière, et se contenta de courir la campagne, fuyant dès qu'on le pressait, puis revenant à la charge. Ce plan déjoua les efforts des Romains, qui se fatiguèrent vainement à le poursuivre. Mais bientôt, s'étant rapproché du littoral, embarrassé par le butin considérable qu'il traînait après lui, Tacfarinas se vit obligé de s'assujettir à des campements fixes; il fut atteint par les troupes les plus agiles de l'armée romaine et rejeté dans le désert (de 18 à 20 ans après l'ère chrétienne).

NOUVELLES COURSES DE TACFARINAS; SA FIN. — La Numidie ne jouit pas d'un long calme; au contact des populations indépendantes du sud, Tacfarinas puisa une énergie nouvelle, recruta des partisans, et recommença ses incursions. On le vit pousser l'audace jusqu'à proposer la paix à l'empereur, à condition qu'on lui donnerait des terres pour lui et pour son armée. Cette insulte exaspéra l'orgueil des Romains, qui adoptèrent enfin des mesures plus énergiques et mieux combinées pour mettre fin à la guerre. Ils formèrent trois colonnes, dont l'une ferma les passages par où les rebelles se sauvaient chez les Garamantes après avoir exercé leurs pillages; du côté opposé, une seconde colonne couvrit les bourgades dépendantes de Cirta; le troisième corps de troupes agissait entre les deux premiers, établissant dans les lieux convenables des postes fortifiés, enveloppant l'ennemi, l'attaquant, le harcelant sans cesse. Ces trois premiers corps furent ensuite subdivisés en détachements, qui tous traquèrent Tacfarinas, tuèrent un grand nombre de ses gens et firent beaucoup de prisonniers. Cette activité, qui ne se démentit pas pendant deux ans (jusqu'en 22), paralysa les efforts de la révolte, mais ne l'abattit pas. Les Maures, les Garamantes fournissaient toujours de nouvelles bandes; du sein même de la province tous les indigents, tous les hommes d'une humeur turbulente, couraient sous les drapeaux de l'indépendance nationale. Les Romains entrèrent en campagne pour faire lever le siége d'une ville située entre Saldœ et Sitifis que Tacfarinas avait investie. Ils perfectionnèrent encore leur manière de combattre, en s'adjoignant des officiers indigènes qui dirigeaient les marches de l'armée et conduisaient au butin des troupes légères. Enfin, après deux ans d'une guerre acharnée (en 24), par un rapide mouvement exécuté de nuit, ils surprirent auprès d'Auzéa (Hamza) le camp numide, s'en rendirent maîtres, et massacrèrent un nombre considérable des insurgés. Tacfarinas périt dans la mêlée. La paix fut ensuite facilement rétablie. Ces agitations eurent principalement pour théâtre le pays compris entre le méridien de Djidjeli et celui de Dellis.

ÉTAT DE LA NUMIDIE ET DE LA MAURITANIE. — Les détails relatifs à Tacfarinas nous avaient fait revenir sur nos pas; car nous avions déjà vu que la Mauritanie avait été réduite en province romaine par Caligula après la mort du fils de Juba, l'an 40 après J. C. Deux faits résument l'histoire de l'administration romaine en Afrique pendant les premiers siècles de l'Empire : efforts des chefs du pays pour implanter la civilisation romaine; défense des frontières du sud contre les peuplades indépendantes, qui les franchissaient souvent. Au commencement du règne de Vespasien, la Mauritanie Césarienne comptait seule treize colonies romaines, trois municipes libres; au temps de Pline, la Numidie avait douze colonies romaines ou italiques, cinq municipes et trente villes libres. Ces deux provinces renfermaient en outre un certain nombre de villes tributaires. D'un autre côté, sous le règne d'Antonin le Pieux les Mauritanies paraissent avoir été le théâtre d'une insurrection qui s'étendit jusqu'à la province d'Afrique. Les rebelles furent refoulés avec beaucoup de peine vers les contrées méridionales. Du temps de Marc-Aurèle les Maures franchirent le détroit, ravagèrent une grande partie de l'Espagne, et armèrent de nombreux corsaires qui désolèrent ces parages.

Cependant, au commencement du troisième siècle la civilisation romaine s'était si bien répandue dans l'Afrique occidentale, que l'empereur Septime Sévère, qui régnait à Rome, était né en Afrique. Une foule d'Africains, venus dans la capitale de l'Empire pendant le règne des Sévère, y brillèrent au premier rang, à l'armée, au barreau, dans la littérature. Des routes nombreuses et sûres sillonnaient la Numidie et la Mauritanie. Bientôt l'édit de Caracalla (216) éleva au rang de citoyen tous les habitants libres des provinces romaines. Mais liées aussi étroitement à la destinée et aux institutions de l'Empire, les possessions d'Afrique subirent généralement le contre-coup des troubles de l'Italie. En 237 l'Afrique donna même l'exemple du soulèvement en proclamant empereur le gouverneur Gordien. Mais après l'avoir élevé, les Africains abandonnèrent le nouvel empereur, et retournèrent sous le joug de Maximin. Le règne de Galien fut signalé par les désordres et les malheurs causés par l'invasion des barbares de 260 à 268. Parmi eux, les Francs, après avoir dévasté la Gaule et l'Espagne, arrivèrent jusqu'en Mauritanie. Cette invasion passa sans laisser de traces; mais elle ouvrit la route suivie plus tard par les Vandales. L'administration de Probus en Afrique, sous les empereurs Galien, Aurélien et Tacite (de 268 à 280) préserva ce pays des violentes agitations qui troublaient l'Europe. Probus employa les armées romaines à des constructions d'utilité générale, voies publiques, acqueducs, temples, ponts, théâtres, portiques, etc.

SOULÈVEMENT DES QUINQUÉGEN-

TIENS. — Sous Dioclétien, en 297, les Mauritanies furent en proie à une insurrection formidable, qui nécessita la présence de Maximien pour la réprimer. Elle eut son siége et sa force parmi les habitants du pâté de montagnes comprises entre Saldœ et Rusuccurum (toute la chaîne actuelle du Djurdjura, depuis Bougie jusqu'à Dellis), qui formaient une association de cinq peuplades désignées en commun par le nom de Quinquégentiens. Ces tribus étaient toujours armées les unes contre les autres, mais elles s'unirent pour échapper au joug des Romains. Maximien pénétra dans ces montagnes, atteignit les rebelles dans leurs retraites les plus inaccessibles, les dompta, et, pour prévenir de nouveaux soulèvements, transporta dans d'autres parties éloignées du pays les populations qui s'étaient signalées par leur turbulence. Ce fut alors que Maximien opéra des changements dans les circonscriptions administratives. La proconsulaire fut subdivisée en trois provinces : la Numidie conserva son territoire et sa capitale Cirta ; la Mauritanie Césarienne fut divisée en deux parties, dont l'une eut Sétif pour capitale et l'autre Césarée ; quant à la Tingitane, elle fut annexée à l'Espagne.

Cette nouvelle organisation, qui se rapporte à l'an 312 après J. C., ne maintint pas longtemps la paix et l'ordre dans les six provinces africaines. Une révolte peu importante, dirigée par Alexandre, paysan pannonien, devint une occasion pour le cruel Maxence de déployer des rigueurs inouïes contre Cirta, contre Carthage, qui avait été rebâtie avec magnificence, et contre les principales villes d'Afrique. Cirta eut particulièrement à souffrir, et les ruines que la guerre y avait entassées ne furent réparées que par Constantin, qui, après avoir vaincu Maxence, releva Cirta et lui donna le nom de Constantine.

État religieux de l'Afrique sous l'Empire.

Mais Constantin ne put porter remède au plus funeste des maux qui désolaient l'Afrique, aux dissensions religieuses. On ignore à quelle époque et par quels missionnaires le christianisme avait été introduit dans cette partie de l'empire romain. On suppose cependant que ce fut à la fin du premier siècle, par quelque disciples des apôtres, venus d'Asie ou d'Europe sur des vaisseaux marchands. Les idées chrétiennes se répandirent avec rapidité dans toute l'Afrique. Leurs progrès alarmèrent bientôt le gouvernement impérial, et Septime Sévère ordonna de punir par le dernier supplice tous les chrétiens qui refuseraient de jurer par le génie des empereurs et de sacrifier aux dieux. Ce fut dans la proconsulaire que furent immolés les premiers martyrs. Ce sang généreux versé pour la vraie foi, loin d'abattre les chrétiens, ne fit qu'exciter leur énergie et leur enthousiasme. Tel fut le progrès du prosélytisme, que la cruauté des gouverneurs romains fut vaincue par la foule des victimes, et toute la province se couvrit d'églises et d'évêchés. Les persécutions illustrées par Tertullien, par le supplice de Perpétue, de Félicité, et de tant d'autres glorieux martyrs, s'étaient à peine ralenties que les schismes éclatèrent. Le premier concile auquel assistèrent quatre-vingt-dix évêques fut tenu à Lambèse (non loin de Batna aujourd'hui). En 251 nouveau concile à Carthage ; puis l'année suivante. A partir de cette époque l'histoire de l'Église d'Afrique est marquée par les plus sublimes dévouements pendant les persécutions ordonnées par les empereurs ; elle compte aussi plusieurs hérésies, entre autres celle des manichéens, qui apparut en 296, et celle du Libyen Arius.

SCHISME DES DONATISTES (de 316 à 371 de J. C.). — Constantin, lors de son avénement, trouva les provinces d'Afrique en proie aux plus violentes commotions religieuses ; elles étaient causées par un schisme né dans l'Église même d'Afrique. Par l'étendue et l'importance de sa juridiction, le siége épiscopal de Carthage était regardé comme le second de l'Occident. A la mort du titulaire de ce siége, les délégués de l'empereur élevèrent Cécilien à la dignité de primat, sans que les évêques de Numidie eussent participé à l'élection. Soixante-dix d'entre eux protestèrent contre ce choix, et opposèrent Donat comme primat légitime. Les décrets des conciles de Rome et d'Alexandrie et les décisions impériales confirmèrent Cécilien; mais les partisans de Donat n'abandonnèrent rien de leurs prétentions, et plusieurs subirent le martyre plutôt que de renoncer à leurs croyances. Derrière ces querelles, où les haines et les ambitions personnelles avaient une grande part, se cachaient quelques différences peu importantes dans l'interprétation de certains dogmes. Les populations s'étaient divisées. Les classes inférieures se rangèrent du côté des Donatistes, qui étaient en butte aux rigueurs du pouvoir. Bientôt les esclaves, les colons, les petits propriétaires ruinés par le fisc formèrent des bandes qui prirent le nom de Circoncellions. Ces nouveaux prosélytes développèrent le schisme religieux, et poursuivirent une réorganisation sociale pour réaliser sur la terre le règne de l'égalité parfaite. L'exaltation de leurs croyances les poussa à de graves désordres; on envoya contre eux des troupes, qui en firent un grand carnage; mais les populations insurgées ne rentrèrent complètement dans le devoir que plusieurs années après. Pendant longtemps les doctrines sociales et religieuses des Circoncellions et des Donatistes agitèrent les campagnes.

RÉVOLTE DE FIRMUS. — Ces troubles funestes nuisirent à la prospérité du pays, affaiblirent l'autorité impériale et encouragèrent les révoltes des tribus indigènes. Depuis le terrible châtiment qui leur avait été infligé par Maximien, elles attendaient avec impatience l'occasion de se venger. L'insurrection ne tarda pas à trouver un chef; ce fut Firmus, l'un des plus puissants princes maures; par son esprit de ruse et par sa bravoure il se plaça au-dessus de Tacfarinas et à côté de Jugurtha. Il sut se donner pour auxiliaires les passions les plus orageuses : les Donatistes, encore sous le coup des mesures répressives dont on les avait poursuivis, et les Maures, qui depuis trois siècles protestaient contre le joug étranger. Dans la première fureur de la guerre contre les Romains, Firmus réduisit Césarée en cendres, et se fit reconnaître comme empereur par une grande partie de la Numidie et de la Mauritanie Césarienne. Ces hardis commencements inspirèrent une vive inquiétude à Valentinien, qui envoya le comte Théodose, un de ses plus habiles généraux, pour rétablir la paix en Afrique. Débarqué à Igilgilis (Djidjéli), en 372 de J. C., Théodose se porta à Sétif, et de là à Tubusuptus (Bordj-el-Bouberak). Firmus essaya d'abord de tromper son ennemi par de feintes soumissions; la prudence de Théodose ne se laissa pas surprendre. Après les premiers échecs, le chef de la révolte désarma la colère des Romains, en restituant à Icosium (Alger) les prisonniers, les drapeaux, et le butin dont il s'était emparé. Mais il profita de cette paix pour organiser de nouvelles perfidies. En effet, les hostilités recommencèrent bientôt, et Firmus fut sur le point d'envelopper les troupes romaines à Auzéa (Hamza); Théodose déjoua de nouveau toutes ses ruses; par d'habiles négociations, il ramena à l'obéissance une partie des tribus indigènes, châtia celles qui, par leur éloignement, se croyaient à l'abri de ses coups, et pressa chaque jour Firmus de plus près. Enfin, désespéré, au moment d'être livré par Ighmacen, roi des Isafliens, comme Jugurtha l'avait été par Bocchus, Firmus se donna la mort. Cette insurrection, comme celle des Quinquégentiens, avait eu pour théâtre la chaîne du Djurdjura, et s'était étendue des frontières de la Mauritanie Sitifienne jusqu'au delà de Césarée. La lutte dura trois ans.

RÉVOLTE DE GILDON (397-398 de l'ère chrétienne). — Quoique les dangers suscités par la rébellion de Firmus eussent dû éclairer Rome sur le péril de trop élever les grandes familles indigènes, elle ne tarda pas à commettre la même faute, et ce fut un frère de Firmus qui en fut l'objet. En récompense des services qu'il avait rendus pendant la première insurrection, en combattant son frère, Gildon avait été élevé aux plus hautes dignités militaires; il reçut même de Théodose le gouvernement de l'Afrique, qu'il administra pendant douze ans avec une autorité presque absolue. Lorsqu'à la mort de Théodose l'Empire fut partagé entre ses deux fils, Gildon conçut le projet d'enlever l'Afrique au faible Honorius, et de la rattacher à l'empire d'Orient. Favorisé d'abord par les intrigues de la cour de Byzance, Gildon vit pâlir sa fortune devant Stilicon, lieutenant d'Honorius. Le sénat le déclara hors la loi, et lui opposa son propre frère à la tête d'une armée de vétérans gaulois et romains. Gildon avait réuni soixante-dix mille Gétules et Éthiopiens : ils furent mis en fuite, et lui-même fut obligé de se donner la mort pour ne pas tomber vivant aux mains de ses ennemis. Après sa mort, le gouvernement de Rome, craignant que le troisième frère n'imitât bientôt l'exemple des deux premiers, le fit périr et déploya contre ses partisans des rigueurs implacables.

Gildon était maure et païen, mais protecteur zélé des Circoncellions et des Donatistes; il représentait donc deux intérêts très-puissants : celui de l'indépendance africaine et celui d'une secte religieuse fort active et fort étendue. Sa famille était chrétienne et orthodoxe, sa femme, sa sœur et sa fille furent des saintes. Un seul chiffre démontrera l'appui que la rébellion pouvait trouver en Afrique. Au concile qui se tint à Carthage en 411 on compta deux cent soixante-dix-neuf évêques donatistes sur cinq cent soixante-seize membres. Cette secte appuyait toutes les tentatives pour se séparer de l'Empire. Aussi tous les efforts du gouvernement, toute l'énergie des Pères de l'Église et de saint Augustin surtout, évêque d'Hippone, s'appliquèrent à extirper cette hérésie, qui menaçait à la fois la religion et l'État (1).

Depuis la révolte de Gildon jusqu'à l'arrivée des Vandales, l'Afrique ne fut déchirée par aucune guerre civile ou étrangère. Mais si la paix régnait dans les provinces les plus orientales, les Mauritanies furent incessamment troublées par les incursions des tribus de l'occident et du sud, qui n'avaient jamais été complètement soumises.

(1) Saint Augustin, comme on le sait, était né à Tagaste, petite ville de la Numidie, en 354; il fut ordonné prêtre en 391, et appelé l'année d'après à l'évêché d'Hippone, qu'il occupa jusqu'en 430. Ses travaux et sa vie sont trop connus pour qu'il soit nécessaire de les rappeler ici.

Domination des Vandales.

INVASION DES VANDALES. — Le règne du troisième Valentinien, qui succéda à Honorius en 424, fut marqué en Afrique par un grand désastre : l'invasion des Vandales. Le comte Boniface, gouverneur de l'Afrique, irrité de voir la mère de l'empereur accueillir les calomnies que propageait contre lui Aétius, son rival de gloire et de fortune, menacé par les forces imposantes envoyées pour le réduire, appela les Vandales à son secours, et offrit à leur chef de partager avec eux la moitié des provinces que Rome lui avait confiées. Genséric, roi des Vandales, établi en Espagne dans l'Andalousie, s'embarqua pour l'Afrique au mois de mai de l'année 429. L'armée d'invasion se composait de cinquante mille hommes, Vandales, Alains et Goths; les vieillards, les femmes, les enfants et les esclaves pouvaient porter ce nombre à quatre-vingt mille. Mais à peine débarqués une multitude d'auxiliaires vinrent se joindre à eux. Les Maures habitant les régions qui bordent le grand désert et l'océan Atlantique, accoururent les premiers; puis ce furent les Donatistes, qui étaient en butte aux plus dures persécutions; enfin les Romains eux-mêmes, que l'impitoyable fiscalité de l'administration impériale avait ruinés et qui espéraient d'un changement une amélioration à leurs souffrances.

SIÉGE D'HIPPONE. — Dès leur entrée en Afrique, les Vandales portèrent dans toutes les contrées qu'ils traversèrent le fer et la flamme. Les riches et populeux établissements fondés sur le littoral par les Carthaginois ou par les Romains furent détruits de fond en comble. Les Maures et les Donatistes se montrèrent aussi animés que l'armée de Genséric à cette œuvre de dévastation. Les trois Mauritanies furent ainsi complètement ravagées, et l'invasion sembla s'arrêter un instant à la limite du fleuve Ampsaga (Oued-el-Kebir), où finissait le territoire cédé par Boniface. Mais bientôt les Vandales pénétrèrent dans la Numidie. Le général romain, réconcilié avec la mère de l'empereur, se repentit trop tard d'avoir appelé d'aussi dangereux auxiliaires; en vain il voulut négocier pour les arrêter; il essaya, à l'aide de grandes promesses, de les renvoyer en Espagne. Il se décida alors à recourir à la force; il réunit toutes les troupes dont il pouvait disposer, et leur livra bataille non loin de l'Ampsaga; mais il fut vaincu, et courut s'enfermer dans Hippone. Genséric arriva sous les murs de la place dans l'été de l'année 430. Le siége dura quatorze mois. Saint Augustin se trouvait dans la ville; il avait prévu les malheurs que devait entraîner l'invasion des barbares; il prodigua les encouragements et les consolations aux habitants et à Boniface; il mourut peu de mois après l'ouverture des opérations. Hippone capitula au mois d'août 431. A la suite de ces succès, il y eut un traité entre les vainqueurs et les vaincus, qui assura à Genséric tout le pays depuis les colonnes d'Hercule jusqu'aux murs d'Hippone et de Cirta.

GENSÉRIC ORGANISE SES CONQUÊTES. — Genséric profita de la paix pour établir solidement sa puissance dans le territoire qu'il occupait; il chercha à se concilier les Maures, favorisa les Donatistes, et tenta de réunir les nombreuses sectes qui divisaient l'Église d'Afrique dans le sein de l'Arianisme. Enfin, quand il se crut assez fort, il s'empara de Carthage par surprise et en pleine paix (439). A cette conquête succéda immédiatement l'occupation de toute l'Afrique proconsulaire et de la Byzacène. Le premier soin de Genséric fut de procéder au partage des terres, dans les mêmes formes qui y présidaient chez presque tous les peuples du Nord à l'époque de leur grande invasion. Les anciens habitants ne furent dépouillés ni de la liberté ni de leurs propriétés; l'organisation administrative, qui datait de Constantin, fut conservée; les impôts restèrent les mêmes. Les habitudes militaires de la nation se prêtant mal à l'attaque et à la défense des places, les fortifications des villes furent détruites. Genséric consacra une portion de sa vie à la création d'une marine puissante. La Corse conquise lui fournit des bois de construction; les côtes d'Afrique lui donnèrent des marins. Il s'élança de Carthage en Sicile, en Sardaigne et dans les Baléares; puis, dévastant les côtes de l'Italie et de la Grèce, il conduisit les Vandales et les Maures jusqu'à Rome, qui fut livrée au pillage pendant quatorze jours et quatorze nuits (du 15 au 29 juin 455).

EXPÉDITION CONTRE LES VANDALES; MORT DE GENSÉRIC. — Pour venger le nom romain de tant d'outrages et reconquérir la liberté des mers, l'empereur d'Occident et celui d'Orient tentèrent des expéditions impuissantes contre les Vandales. Cependant un suprême effort fut dirigé par Basilicus, beau-frère de l'empereur Léonce. En 470 une flotte formidable débarqua au cap Bon, à quarante milles de Carthage, une armée de plus de cent mille hommes. Les Vandales furent d'abord vaincus sur terre et sur mer; mais Genséric ayant obtenu une trêve de cinq jours, prit des dispositions énergiques, lança pendant la nuit des brûlots au milieu des navires impériaux, les attaqua avec vigueur et les mit en fuite. Basilicus retourna à Constantinople, après avoir perdu la moitié de sa flotte et de son armée. Un traité conclu en 476 sanctionna d'une manière définitive toutes les conquêtes des Vandales en Afrique et dans la Méditerranée. Genséric mourut peu de temps après ce traité, en 477. Ce chef était d'une taille moyenne, et il boitait, par suite d'une chute de cheval. Il méditait beaucoup, parlait peu, et ne s'abandonnait point aux plaisirs. Les mœurs corrompues des cités romaines furent violemment réformées par le rigide conquérant. Il se montra habile et prévoyant dans ses alliances avec les différents peuples. A l'intérieur, il sut comprimer ou faire tourner à son profit les passions religieuses, les haines nationales et jusqu'aux conjurations des siens contre lui-même. Les tribus indigènes, toujours prêtes à déborder du désert sur les montagnes, sur le territoire des villes, servirent à sa grandeur dans ses armées et dans ses flottes.

SUCCESSEURS DE GENSÉRIC; DÉCADENCE DES VANDALES. — En léguant à ses successeurs son vaste empire, Genséric ne leur légua pas ce génie politique et militaire qui avait su le fonder. Pour jouir plus complétement de la paix, les Vandales renoncèrent à leurs courses maritimes. Ils se jetèrent avec une espèce d'ivresse dans les plaisirs et dans les débauches qui avaient affaibli les Romains d'Afrique, qu'ils méprisaient et qu'ils avaient dépossédés. Les vertus guerrières s'éteignirent dans le luxe et dans la mollesse. A leur fanatisme ignorant, mais audacieux, se substitua l'amour des subtilités théologiques et des querelles religieuses. Les forces de la nation déclinèrent rapidement sous les quatre successeurs de Genséric : Hunéric, Gunthamond, Thrasamond et Hildéric. Les tribus nomades, dont l'activité n'était plus entretenue par des entreprises de guerre, comme sous Genséric, tournèrent leur turbulence contre les Vandales. Les séditions, commencées d'abord dans les parties de l'Occident les plus éloignées, se rapprochèrent progressivement de la Proconsulaire et de la Byzacène. Les monts Aurès devinrent le foyer de luttes incessantes, dans lesquelles les indigènes avaient souvent l'avantage. Fidèles d'ailleurs aux traditions nationales, ils ne combattaient jamais en plaine et ne livraient pas de combats à des armées; ils pillaient et ravageaient le pays, se retiraient dans les montagnes ou dans le désert, lorsqu'on envoyait des troupes contre eux. Dans les dernières années de la domination vandale ils poussèrent leurs incursions jusqu'à Adrumète (Sousa).

Hildéric, le dernier roi vandale, avait été élevé à Constantinople, et était l'ami de Justinien. Dès son avènement il voulut mettre fin aux persécutions dont les catholiques étaient l'objet. Ses généreuses intentions lui aliénèrent les Vandales, presque tous attachés à l'hérésie d'Arius. Un de ses généraux, Gélimer, illustré par des succès momentanés obtenus contre les nomades, profitant des sentiments de répulsion qu'inspirait Hildéric, le renversa du trône, et usurpa l'autorité souveraine en 531. Justinien saisit cette occasion pour réaliser les projets qu'il nourrissait depuis longtemps au sujet de la conquête de l'Afrique. Il se déclara le protecteur des intérêts d'Hildéric, et prépara une expédition contre Gélimer.

CONQUÊTE DE L'AFRIQUE PAR BÉLISAIRE. — Le commandement des troupes fut confié à Bélisaire, déjà célèbre par la part glorieuse qu'il avait prise aux guerres d'Asie. L'armée était de quinze mille hommes, dont dix mille fantassins et cinq mille cavaliers. Elle se composait d'Égyptiens, de Ciliciens, de soldats de toutes les parties de l'Asie Mineure et de la Grèce, d'un corps de quatre cents Hérules, barbares aussi cruels que braves, et de six cents cavaliers Huns. Une flotte de cinq cents vaisseaux, montés par vingt mille matelots, débarqua cette armée à Caput Vada, sur les confins de la Byzacène et de la Tripolitaine. La retraite par la Cyrénaïque et par l'Égypte se trouvait ainsi assurée, en cas de revers. Les troupes impériales étaient aguerries et pleines de confiance dans leur général; la discipline la plus sévère fut maintenue parmi elles; elles payaient tous les objets nécessaires à leur consommation. Les habitants, frappés de la douceur du général et de la modération si nouvelle et si inattendue de l'armée, ne songèrent pas à résister. Aussi les succès de Bélisaire furent-ils rapides. Carthage désarmée ouvrit ses portes; l'occupation s'en fit en bon ordre, comme celle de toutes les villes qu'on avait traversées. Gélimer, battu deux fois, perdit son camp, qui était rempli d'immenses dépouilles, et s'enfuit précipitamment dans la Numidie, où il se réfugia chez les tribus sauvages des monts Pappua (Édough), au mois de décembre de l'année 533. La victoire de Bélisaire décida de la perte définitive de l'Afrique pour les Vandales. Leur domination n'avait été régulièrement établie que dans les provinces orientales, et la prise de Carthage marqua la fin de leur empire. Bientôt Gélimer fut bloqué dans un des villages des monts Pappua, où il menait la vie la plus misérable; abattu par la misère, brisé par la douleur, le roi vandale fut enfin forcé de se rendre. Avant de quitter l'Afrique pour amener son prisonnier à Constantinople, Bélisaire se hâta de prendre les mesures qui devaient compléter et consolider sa conquête. Il fit occuper la Sardaigne, la Corse et les îles Baléares, qui avaient appartenu aux Vandales. Il s'empara en Afrique de Césarée, ville alors vaste, bien peuplée et faisant par mer un grand commerce; il s'étendit jusqu'à Ceuta. Il rendit à l'Église catholique la juridiction, les richesses et les priviléges que l'hérésie arienne avait retenues si longtemps. Enfin, au printemps de l'année 534, le vainqueur des Vandales reçut à Constantinople les honneurs du triomphe.

Domination byzantine.

DISPOSITIONS DES INDIGÈNES. — Pendant les opérations de l'armée impériale contre Gélimer, un certain nombre de cavaliers appartenant à différentes tribus, attirés par l'appât du gain, s'étaient joints aux Vandales; d'un autre côté, les chefs des tribus de la Mauritanie, de la Numidie et de la Byzacène, prévoyant la chute de Gélimer, s'étaient mis en rapport avec Bélisaire et lui avaient fait des promesses. Mais la masse des indigènes restait indécise et flottante, attendant l'événement pour se prononcer, impatiente d'être délivrée de la domination vandale, mais peu empressée à accueillir pour maîtres de nouveaux étrangers. La victoire s'était à peine prononcée pour les Byzantins, que les tribus de la Tripolitaine commencèrent à les attaquer, et avant son départ d'Afrique Bélisaire dut envoyer des troupes pour les réprimer. Il avait aussi placé des garnisons dans l'intérieur du pays, sur les frontières de la Byzacène et de la Numidie. Parmi les instructions laissées à l'armée, il avait surtout recommandé de préserver les peuples soumis des incursions des Maures.

EXPÉDITIONS DE SALOMON CONTRE LES INDIGÈNES. — Bélisaire était à peine embarqué, que les Maures se levèrent en armes, et portèrent le pillage et la dévastation sur les frontières de la Byzacène et de la Numidie; ils surprirent et massacrèrent deux officiers impériaux renommés par leur habileté et leur bravoure. Salomon marcha contre eux, les rejeta de la Byzacène dans la Numidie, et, guidé par deux chefs indigènes avec lesquels il avait fait alliance, il vint attaquer les Maures dans les monts Aurès, où ils s'étaient réfugiés. Mais, craignant de s'engager dans ces difficiles montagnes, sur la foi de ses nouveaux alliés, Salomon renforça les garnisons de la Numidie, et retourna passer l'hiver à Carthage (535). Au printemps une révolte des troupes força d'ajourner les opérations contre l'Aurès; elles ne purent être reprises que quatre ans après (539), lorsque Salomon, revenu en Afrique avec des renforts de troupes, eut fait rentrer tous les rebelles dans le devoir, et ramené l'ordre et le calme dans les provinces les plus rapprochées de Carthage. Les tribus de l'Aurès furent battues dans plusieurs rencontres, et durent chercher un refuge en Mauritanie et chez les peuplades du sud. Mais Salomon pénétra dans le pâté des montagnes, s'empara des forteresses où l'ennemi avait déposé ses trésors, et établit des postes fortifiés dans l'Aurès. Poursuivant ses succès, il s'avança vers l'ouest, chassant devant lui les tribus indigènes maures qui avaient envahi la Numidie pendant la décadence de la domination romaine. Il soumit le canton de Zaba (Msila) et toute la Mauritanie Sitifienne; quant à la Mauritanie Césarienne, elle obéissait à un chef maure, et les Byzantins ne possédaient que Césarée, la capitale.

NOUVELLE PRISE D'ARMES DES INDIGÈNES. — L'Afrique jouit d'un repos de quatre années. Mais un neveu de Salomon ayant fait assassiner quatre-vingts indigènes qui s'étaient rendus auprès de lui avec un sauf-conduit, toutes les tribus prirent les armes (543). Le mouvement de rébellion se propagea de l'est à l'ouest; et parti de la Tripolitaine, il atteignit bientôt l'extrémité occidentale des possessions impériales. Salomon marcha contre les insurgés; il leur livra bataille à Théveste; il fut vaincu et tué. La révolte d'une partie des troupes, les dissensions entre leurs chefs vinrent compliquer les dangers de la situation. Pendant trois années le pays fut en proie à l'anarchie la plus violente. On vit cependant certaines tribus indigènes rester fidèles, parce qu'elles recevaient des Byzantins un subside annuel.

EXPÉDITION DE JEAN TROGLITA. — En 546 le commandement de l'Afrique fut donné à Jean Troglita, qui avait servi avec distinction dans la guerre contre les Perses. Dès son arrivée il eut à combattre une confédération de toutes les tribus qui s'étaient réunies dans la Byzacène, et parmi lesquelles figuraient des nomades du désert. Après quelques échecs de peu d'importance, le général byzantin, par des manœuvres habiles, attira les indigènes dans la plaine, et répara par d'éclatants succès les revers subis jusque alors par les troupes impériales. La guerre ne fut terminée qu'en 550, par la mort des principaux chefs des tribus. Jean Troglita rentra triomphant à Carthage, et s'appliqua à faire jouir l'Afrique des bienfaits d'une paix profonde. Nous devons faire remarquer cependant que les événements que nous venons de raconter eurent pour théâtre les provinces orientales et une partie seulement de la Numidie. Ils ne se rapportent qu'indirectement à l'intérieur des Mauritanies, qui depuis l'invasion des Vandales semblaient s'être détachées des possessions impériales et se gouverner le plus souvent d'une manière indépendante, sous l'autorité de plusieurs chefs indigènes. La civilisation, qui avait avancé de l'Orient à l'Occident, se retirait devant la barbarie. Nous aurons occasion de remarquer plusieurs fois par la suite des mouvements de réaction semblable des peuplades indigènes de l'ouest contre les civilisateurs arrivés d'Orient.

FIN DE LA DOMINATION BYZANTINE. — Après quinze années de paix les tribus indigènes des frontières de la Numidie se soulevèrent pour venger un de leurs chefs qui avait été assassiné à Carthage par ordre du gouverneur (564). Cette révolte fut promptement réprimée, mais elle fut suivie d'insurrections nombreuses, qui se succédèrent à de courts intervalles. En 568, en 569, en 570, en 577, en 597 et jusqu'à l'invasion arabe, les populations indigènes attaquèrent les Byzantins sans relâche. Elles trouvèrent un chef redoutable, du nom de Gasmul, qui, devenu tout puissant par ses victoires, avait donné des établissements fixes aux tribus et dirigea même une expédition contre la Gaule. Cette tentative avorta, mais elle prouve que le roi Gasmul avait organisé les indigènes et avait discipliné leurs forces. Chaque jour les Maures gagnaient une nouvelle part de territoire sur la civilisation; et quoique les Garamantes eussent embrassé le christianisme, la masse des indigènes qui combattaient les Byzantins ramenèrent le paganisme et la barbarie jusque sur le littoral. De 647 à 697, les Arabes achevèrent l'œuvre des tribus indigènes et portèrent le dernier coup à la domination byzantine. Dans la seconde moitié du septième siècle, l'Afrique perdit une partie considérable de sa population européenne et civilisée; ses villes, un instant relevées après l'invasion vandale, tombèrent de nouveau; tous les progrès, tous les embellissements qu'elle devait aux efforts successifs des Phéniciens, des Romains et des Grecs, disparurent. Un ordre nouveau de faits, de croyances et d'institutions allait s'implanter sur le sol africain.

PÉRIODE ARABE ET BERBÈRE.

(Du septième au seizième siècle.)

DOMINATION DES ARABES EN AFRIQUE.

Les contrées situées à l'occident de l'Égypte n'étaient connues des hordes arabes qui venaient d'envahir la vallée du Nil, au commencement du septième siècle de notre ère, que sous la dénomination vague de *Maghreb* (couchant). Ce n'est que longtemps après la conquête de ce pays qu'on trouve, dans les géographes arabes, une division du Maghreb en trois parties : Maghreb-el-Aksa, le couchant extrême, qui s'étendait depuis l'Atlantique jusqu'à Tlemsen, et qui correspond à l'empire actuel du Maroc; Maghreb-el-Ouassath (du milieu), comprenant le pays à l'est de Tlemsen jusqu'à Bougie, et qui n'était pas aussi considérable que l'Algérie, telle que la France la possède; enfin la province d'Afrique proprement dite (Afrikia), dont la frontière orientale touchait à l'Égypte.

L'histoire de ces diverses contrées, soit qu'elles obéissent à un même pouvoir, soit qu'elles s'administrent isolément, est tellement confondue pendant toute la période de la domination arabe, qu'on est obligé, pour arriver à démêler les origines particulières à l'Algérie, de suivre à la fois le développement des faits qui concernent la totalité du continent africain. Mais à mesure que les événements modifient la situation qui a été la conséquence immédiate de l'invasion musulmane, lorsque les races indigènes interviennent dans les destinées de leur pays, le cercle politique et géographique que notre récit doit embrasser se limitera, et nous arriverons à pouvoir consacrer toute notre attention à l'histoire spéciale de l'Algérie.

Les traditions les plus anciennes, ayant également cours parmi les tribus de l'Arabie, et parmi les peuplades nomades qui habitaient le nord de l'Afrique, et qui allaient subir l'invasion musulmane, rattachaient les Berbères Africains à la grande famille abrahamique. Lorsque David tua Djalout, le chef des Kananéens, qui occupaient la Palestine, ceux-ci, disent les chroniques, se dispersèrent et se dirigèrent vers le sud et vers l'ouest. Établis au milieu de peuples nouveaux, les uns dans la plaine, les autres dans les montagnes, ils adoptèrent en partie les mœurs des habitants; mais, comme toutes les nations issues des souches patriarcales, ils gardèrent fidèlement les traces de leur état primitif, et quelques-uns de ces traits ineffaçables qui, après les plus longs intervalles, malgré les distances les plus grandes, font que deux peuples d'origine commune se reconnaissent en se rencontrant et se rapprochent.

D'autres traditions font descendre les Berbères des colonies hémiarites qui, au nombre de cinq, émigrèrent d'Arabie, à une époque très-reculée, sous la conduite d'un chef nommée Afrikis. Les tribus composant cette émigration étaient : les Senhadja, les Masmouda, les Zenata, les Ghoumra et les Haouara; leur postérité, à travers les vicissitudes de l'histoire si troublée des dominations arabe et turque, après des alliances et des croisements infinis, s'est perpétuée jusqu'à nos jours, et on trouve encore en Algérie des tribus berbères portant les mêmes noms que les cinq tribus hémiarites qui pénétrèrent d'abord en Afrique.

Cette communauté d'origine entre les Arabes et les peuplades indigènes que les conquêtes successives des Carthaginois, des Romains et des Vandales avaient refoulées vers les déserts du sud et dans les chaînes de montagnes les plus difficiles, devait faciliter beaucoup la rapide invasion du Maghreb. A ce moment, sur tous les points occupés de l'Afrique septentrionale, la puissance gréco-romaine était dans une décadence complète. La domination vandale, qui n'avait pas duré un siècle, avait suffi pour faire presque entièrement disparaître la civilisation romaine. Sous Justinien, une réaction brillante avait un instant rendu l'avantage sur les hordes, mieux organisées pour la destruction que pour la fondation des empires; l'Afrique fut arrachée aux Vandales par Bélisaire, qui releva les ruines des villes les plus importantes, détruites au moment de l'invasion.

Cependant le pouvoir des empereurs d'Orient ne fut jamais solidement établi en Afrique. Il n'existait presque plus de colonies romaines pour l'appuyer; les tribus indigènes avaient repris leurs habitudes d'indépendance; les Vandales s'étaient retirés dans les montagnes où, unis aux indigènes, ils bravaient les efforts des gouverneurs grecs de Carthage. Salomon, successeur de Bélisaire, avait bien remporté quelques avantages sur eux; mais il n'avait pu leur faire reconnaître l'autorité des empereurs d'Orient.

A ces agitations, à ces luttes incessantes avec les Berbères, qu'on ajoute les effets d'une administration rapace et avilie; des populations écrasées d'impôts, livrées aux querelles ardentes d'hérésies sans nombre, soupirant après un changement, épuisées par des alternatives rapides de revers désastreux et de succès éphémères; des campagnes dévastées par la guerre, ou ravagées par des nuées de sauterelles; des villes, deux ou trois fois renversées et rééditiées pour la plupart, et toujours sous le coup des attaques des Berbères de l'intérieur. — Telle était la situation des dépendances africaines de l'empire grec aux premières années du septième siècle. Les Arabes, poussés par cette force d'expansion qui entraîne hors de leurs foyers les peuples travaillés par des révolutions religieuses ou politiques, attirés par l'appât du butin à recueillir dans une contrée dont la richesse et la fécondité étaient célébres, aidés par les affinités d'origine, de mœurs, et presque de croyances, qu'ils avaient avec la partie la plus adonnée aux hérésies et la plus turbulente de la population africaine, pouvaient-ils rencontrer en pénétrant dans le Maghreb une résistance sérieuse (1)?

Incursions arabes dans le Maghreb.

Ce fut l'an 23 de l'hégire (643-644 de J. C.), sous le règne d'Omar Ben el-Khettab, deuxième khalife de l'islamisme, qu'Amrou ben el-As, gouverneur de l'Égypte, dirigea les premières incursions dans le Maghreb. Voici le fait auquel les annalistes arabes rattachent cette entreprise. Six Berbères africains arrivèrent en Égypte, et se présentèrent devant Amrou, demandant à se convertir à l'islamisme. Ils donnèrent sur les dispositions de leurs tribus, sur l'état d'anarchie des populations chrétiennes des villes, des renseignements qui éveillèrent dans toute leur énergie le prosélytisme des Arabes et leur amour pour de nouvelles conquêtes. Amrou organisa des partis de cavalerie qui, sous la conduite des six Berbères, pénétrèrent dans la province de l'ancienne Pentapole, ravagèrent Barka, Zouïla et autres villes environnantes, poussèrent jusqu'à Tripoli, et soumirent les montagnes de Nefouça, à six journées de marche au sud de cette ville. Trop faibles pour s'engager plus avant dans l'ouest, les musulmans retournèrent en Égypte chargés de butin et emmenant un grand nombre de captifs. Il est probable que ces expéditions se renouvelèrent plusieurs fois, sans prendre cependant des proportions plus considérables, et se bornant en quelque sorte à une reconnaissance du pays.

Première invasion.

Mais quatre ans après, sous le khalifat d'Othman, successeur d'Omar, on voit se former une véritable armée de musulmans pour entrer en Afrique. Des compagnons du prophète, des notables des principales tribus de l'Yémen et de l'Irak se levèrent pour cette invasion; le khalife employa tous les moyens en son pouvoir pour en assurer le succès, et contribua de ses propres deniers à l'organisation de l'expédition. Ce groupe de croisés d'élite rejoignit en Égypte des contingents plus considérables; et une masse de vingt mille guerriers, sous la conduite d'Abd-Allah ben Saad, fit irruption dans le Maghreb (1). Après une sanglante bataille, dans laquelle fut tué le patrice Grégoire, qui commandait la province au nom de l'empereur de Constantinople, les musulmans se rendirent maîtres de Sbaïtla, l'ancienne Sufétula. Ils parcoururent la Cyrénaïque, la Tripolitaine et la Byzacène, rançonnant les villes, convertissant la population et réduisant en esclavage ceux qui refusaient d'embrasser l'islamisme. Cette armée séjourna un an et deux mois dans ces provinces. Il ne paraît pas que les vainqueurs aient fait des tentatives pour organiser l'administration du pays à leur profit; pressés de retourner dans leur patrie pour procéder au partage du butin d'après les prescriptions légales, ils se contentèrent d'établir à Barka une sorte de garnison qui devait servir d'avant-garde pour faciliter les incursions ultérieures.

En effet le butin ne devient propriété réelle et personnelle du guerrier que lorsqu'il est transporté en pays musulman, et la mort d'un combattant avant le retour annule le droit de ses héritiers à la part qu'il devait avoir.

Deuxième invasion.

Les troubles qui suivirent la mort du khalife Othman retardèrent les progrès de la conquête de l'Afrique. Aucune grande expédition ne fut tentée dans ce pays. Mais la paix ayant été rétablie par l'abdication d'El-Hassan, petit-fils du prophète, en faveur de Maouia ben Abou Sofian, chef de la dynastie des Ommiades, des contingents furent envoyés à Barka (2). Ben Khedidj, suivi d'un grand nombre de guerriers de la tribu des Koréichites, pénétra en Afrique, à la tête de dix mille hommes, l'an 45 de l'hégire (665 de J. C.). Il s'empara de Souça, de Djeloula, de Bizerte et de

(1) Voyez *Univers pittoresque*, ARABIE, pages 249 et suivantes.

(1) Voyez *Univers pittoresque*, ARABIE, pages 251 et suivantes.
(2) *Ibid.*, pages 276 et suivantes.

Djerba, villes de la Byzacène ; il envoya en Sicile une flotte qui en rapporta de riches dépouilles. Mais ce général ne fit encore aucun acte d'administration ; c'était le chef d'une croisade religieuse et non un gouverneur. Il retourna en Égypte, et fut remplacé par Okba ben Nafa, qui amena avec lui dix mille combattants. C'était l'an 50 de l'hégire.

Établissement des Arabes en Afrique.

Avec ce chef commence la véritable prise de possession du pays et l'adoption de mesures politiques pour le gouvernement des populations. Il se rendit maître de Ghedamès, et parcourut sans éprouver de résistance toute la contrée qui forme aujourd'hui les provinces de Tunis et de Tripoli. Pour contenir les Berbères, sans cesse remuants, Okba sentit la nécessité de créer à l'ouest de Barka un centre d'action, afin de servir de point d'appui à la domination arabe. Il choisit un emplacement au milieu de la Byzacène, dans un pays fertile, jadis très-florissant, et fonda la ville de Kairouan ; il en fit la capitale des nouvelles possessions musulmanes. Voici en quels termes le général arabe justifie l'adoption de cette mesure : « Quand l'*imam* (général revêtu de l'autorité spirituelle et temporelle) entre en Afrique, les « habitants mettent leur vie et leurs « biens à l'abri du danger en faisant la « profession de foi islamique ; mais « dès que l'armée se retire, ces gens-là « se rejettent dans l'infidélité. Je suis « donc d'avis, ô musulmans, de créer « une ville qui serve de camp et d'appui « à l'islamisme. » Ces paroles font ressortir d'une manière remarquable l'analogie qui a existé, à douze siècles d'intervalle, entre les nécessités politiques de la conquête de l'Algérie par la France et les mesures adoptées par les Arabes dès les premiers pas de leur domination en Afrique.

Okba ne resta qu'un an dans le Maghreb ; le gouverneur de l'Égypte lui donna pour successeur un esclave affranchi, qui affecta de prendre en tout le contre-pied de ce qu'avait fait son prédécesseur. Il détruisit Kairouan, et édifia à deux milles de là une ville nouvelle. Son administration souleva des plaintes si vives, qu'il fut rappelé par le khalife Iézid, qui venait de succéder à son père. Ce général, malgré ses fautes, avait cependant étendu la conquête en s'emparant de la presqu'île du cap Bon, riche contrée, couverte alors de villes et de maisons de campagne.

En 62 de l'hégire (681 de J. C.) Okba fut renommé gouverneur de l'Afrique par le khalife Iézid. Il rétablit Kairouan, et, ayant fait de grands préparatifs de guerre, il se porta sur Bagaï, au pied des montagnes de l'Aurès. Un grand nombre de chrétiens et de Berbères s'étaient réfugiés dans cette place ; Okba leur livra bataille, et les vainquit. Il se dirigea ensuite sur Mélich, une des villes les plus considérables des Romains, à deux journées de marche de Constantine ; nouveau combat contre les chrétiens, nouvelle victoire. Il pénétra alors dans le Zab, dont la ville principale était entourée de trois cent soixante villages, tous très-peuplés, soumit tout le pays des Berbères et quelques parties du pays des Nègres. La plupart de ces villes avaient précédemment fait leur soumission aux Arabes, mais depuis elles s'étaient révoltées. Il s'avança ensuite vers l'ouest, et se rendit maître de Ceuta et de Tanger. Tournant alors ses armes vers le sud, il prit Sous El-Aksa, Aïgla, Draa, et atteignit les Berbères Lemtouna, qu'on croit les mêmes que les Touareg, fixés aujourd'hui dans les déserts du sud du Maroc. Arrivé au bord de la mer, il poussa son cheval jusqu'à ce que l'eau atteignît le poitrail ; levant alors la main vers le ciel, il dit : « Vous connaissez, « ô mon Dieu, la pureté de mes in- « tentions ; je vous supplie de m'accor- « der la grâce qu'avait sollicitée de vous « Alexandre le Grand, afin que je puisse « amener tous les hommes à vous ado- « rer. » N'ayant plus devant lui que des déserts et la mer à sa gauche, le général arabe fit ses dispositions pour le retour.

Parvenu dans la province du Zab, au sud de la province actuelle de Constantine, Okba ordonna à ses troupes de se rendre par détachements à Kairouan, et ne retint auprès de lui qu'un petit nombre de cavaliers. Tout à coup, à la suggestion des gouverneurs impériaux, une insurrection se déclara parmi les tribus nouvellement converties à l'islamisme. Elle avait pour chef un Berbère nommé Koucila, qui avait à se venger du général arabe pour une insulte qu'il en avait reçue. Celui-ci marcha contre les rebelles, qui se retirèrent devant lui pendant plusieurs jours. Alors, rapporte un historien arabe, les Berbères dirent à leur chef : « Pourquoi te reti-« rer? Ne sommes-nous pas cinq mille? » Koucila répondit : « Chaque jour notre « nombre grossit et celui des Arabes « diminue. Je ne veux les attaquer que « lorsqu'ils commenceront à se retirer « vers la province d'Afrique. » — Encore un trait de ressemblance entre la lutte des Arabes contre les Berbères, et la guerre que nous avons soutenue en Algérie contre les tribus.

Okba résolut de tenter le sort des armes ; les cavaliers de son escorte brisèrent le fourreau de leur sabre, et marchèrent au combat ; mais, accablés par le nombre, ils périrent tous. C'était l'an 63 de l'hégire.

Insurrection des Berbères.

Les Berbères, plus sympathiques pour un compatriote que pour leurs nouveaux coreligionnaires, embrassèrent tous la cause de l'insurrection. Koucila fut proclamé par eux sultan de leur pays. Il trouva un appui très-vif auprès des gouverneurs grecs, qui étaient encore maîtres de la plus grande partie du littoral, depuis la frontière de Tunis jusqu'à l'océan Atlantique. Koucila, après sa victoire, à la tête de forces considérables, marcha sur Kairouan, défit les troupes arabes qui tentèrent de l'arrêter, et s'empara de cette ville. Les débris de l'armée musulmane se réfugièrent à Barka. Ces événements embrasèrent l'Afrique d'une guerre générale. L'an 69 de l'hégire, Abd-el-Malek, cinquième khalife ommiade, fit partir une armée nombreuse afin de rétablir la puissance arabe. Koucila est tué, Kairouan est pris, Carthage est menacée ; mais la fortune ne fut pas longtemps favorable aux musulmans; des troupes grecques, envoyées de Constantinople et de Sicile par l'empereur d'Orient, atteignirent le général arabe près de Barka, et lui firent essuyer une déroute complète.

Pour venger cet échec, quarante mille hommes furent dirigés sur l'Afrique, sous les ordres de Hassan ben Nâman : c'était la cinquième invasion ; elle eut lieu l'an 76 de l'hégire (695 de J. C.). Les musulmans furent d'abord victorieux, et rétablirent rapidement leurs affaires; Carthage tomba en leur pouvoir, et fut entièrement rasée. L'empire grec ne possédait alors sur le littoral que la seule ville de Bône. Toutes les populations de la province de Carthage rentrèrent dans l'obéissance. Cependant les Berbères convertis à l'islamisme continuèrent, soit avec leurs propres forces, soit avec les secours de Constantinople, la résistance contre l'invasion des Arabes.

A Koucila, ce chef berbère qui s'était emparé de Kairouan, avait succédé une femme berbère, issue d'une noble famille, appelée Dania, et plus connue sous le nom de Kahina (devineresse). Elle commandait dans les montagnes de l'Aurès, et des populations nombreuses reconnaissaient son autorité. Le nouveau général arabe marcha contre elle ; mais Kahina se porta à sa rencontre, le défit, et le poursuivit jusqu'au delà de Kabès. Ce ne fut que cinq ans après que Ben Nâman, qui s'était retiré à Barka, ayant reçu du khalife de l'argent et des renforts, rentra en Afrique. En apprenant les préparatifs qu'on faisait contre elle, la reine berbère ordonna à ses sujets de ravager les campagnes, de couper les arbres, de démolir tous les édifices. Elle disait : « Les Arabes ne viennent « chercher en Afrique que les villes, l'or, « l'argent et les arbres. Nous, nous n'a-« vons besoin que de champs ensemen-« cés et des pâturages. En détruisant « les cités, ils cesseront de désirer de « venir dans ces contrées. » L'Afrique était alors un ombrage continuel de Tripoli à Tanger, et il s'y trouvait une multitude de lieux très-peuplés. Kahina ne fut pas sauvée par ces sauvages mesures. Elle livra bataille : son armée fut mise en fuite ; elle-même tomba au pouvoir des Arabes, et eut la tête tranchée (1).

Hassan fit grâce aux fils de Kahina, qui avaient embrassé l'islamisme. Ils furent placés chacun à la tête d'un corps de douze mille Berbères, et envoyés en

(1) Voyez *Univers pittoresque*, ARABIE, pages 314 et 315.

Occident pour y combattre les tribus infidèles. Par cette mesure habile, le général arabe, en employant dans des guerres lointaines la turbulence des Berbères, consolida la domination des khalifes en Afrique, et s'assura des auxiliaires courageux, qui prirent une part principale, peu de temps après, à la conquête de l'Espagne.

Établissement du Karadj.

L'acte le plus important du commandement de Ben Nâman fut le règlement des impôts à percevoir dans les parties du pays soumises à l'autorité musulmane. D'après la législation consacrée par le texte même du Koran, ou par les traditions recueillies de la bouche du prophète, le souverain est maître du sort des peuples vaincus. S'ils refusent de se convertir à l'islamisme, il peut les faire périr, ou perpétuer leur captivité, ou les rendre libres en les soumettant à la capitation. Il peut distribuer à des musulmans les terres conquises, à condition qu'ils payeront à l'État la dîme des productions annuelles. Il peut laisser à leurs anciens propriétaires les fonds ruraux, en leur imposant le *karadj*, tribut fixe, ou proportionné au rendement de la terre. Mais dans ce cas la propriété est immobilisée au profit de la communauté musulmane, et le sujet tributaire ne la détient que comme fermier et usufruitier; il ne peut l'aliéner sans l'autorisation du souverain. Telles sont les deux seules conditions de la propriété chez les musulmans : décimale, c'est-à-dire soumise à payer la dîme (l'achour); tributaire, c'est-à-dire soumise au karadj. Une fois fixé, à l'époque de la conquête, suivant la religion du possesseur, cette classification ne peut plus être modifiée, lors même que la terre tributaire passerait aux mains d'un musulman. La capitation (*djezía*) est un tribut personnel imposé à tous les sujets non convertis, les femmes, les esclaves, les enfants, les vieillards et les indigents en sont exemptés. Les musulmans ne doivent à l'État que le *zekket*, espèce de prélèvement, qui tient à la fois de l'impôt et de l'aumône, sur la totalité de leurs biens apparents. Ces principes furent appliqués à tous les habitants et à toutes les terres de la partie du Maghreb alors soumise à la domination arabe.

Après s'être rendu maître de Sfax et de Constantine, et avoir réglé l'administration du pays, ainsi qu'on vient de le voir, Hassan retourna en Orient, emportant d'immenses dépouilles, qui, en excitant la jalousie des chefs principaux, rallumèrent dans tous les cœurs l'ardeur du prosélytisme. Il fut remplacé l'an 88 de l'hégire (707 de J. C.), par Mouça ben Noçaïr, pendant le règne d'El-Oulid, sixième khalife ommiade.

Conquête de l'Espagne.

Le Maghreb fut constitué en gouvernement indépendant, et détaché de la province d'Égypte, dont il relevait auparavant. A l'arrivée de Mouça le pays était déjà de nouveau agité par les intrigues des Berbères. Il les poursuivit jusque dans l'ouest, et les força à demander la paix; à la suite de cette expédition, il installa à Tanger Tarik, un de ses lieutenants, d'origine berbère, et lui confia le commandement de cette contrée; il lui laissa un corps de dix-neuf mille cavaliers berbères, avec un petit nombre d'Arabes pour leur enseigner le Koran. Mouça soumit ensuite la Medjana, Zeghouan, les pays des Haouara, des Zenata et des Senhadja; il conquit la Corse et la Sardaigne. Toute l'Afrique étant pacifiée, Mouça envoya en Espagne le gouverneur de Tanger. Cette invasion eut lieu l'an 92 de l'hégire (710-711 de J. C.); elle fut guidée par le comte Julien, qui avait été déjà en relation avec Okba quarante ans auparavant. Bientôt Mouça suivit son lieutenant, et donna une impulsion si rapide à la conquête, qu'en deux années il se rendit maître de toute l'Espagne, et porta ses armes dévastatrices jusqu'au delà des Pyrénées, à Carcassonne. Après avoir gouverné l'Afrique et l'Espagne pendant seize ans, Mouça ben Noçaïr fut rappelé en Orient, et rapporta à la cour des khalifes des richesses considérables et un grand nombre de captifs (1).

Durant sa longue administration, le général arabe donna des preuves d'une haute capacité politique. Jamais il n'é-

---

(1) Voyez *Univers pittoresque*, ARABIE, pages 321 et suiv.

prouva de revers dans les combats multipliés qu'il livra. Aussi sage dans les conseils qu'intrépide les armes à la main, il mit tous ses soins à faire oublier aux Berbères l'humiliation de leur défaite. Il fit épouser à ses lieutenants et à ses principaux officiers les filles des chefs des contrées qu'il avait soumises. Il rappela aux Berbères leur communauté d'origine avec les Arabes, et convertit la majeure partie à l'islamisme. Les Berbères, ainsi que les descendants des colons romains, étaient chrétiens; mais depuis l'invasion vandale l'arianisme avait fait de grands progrès parmi eux. On sait que cette secte, se rapprochant beaucoup de la doctrine islamique, regardait Jésus-Christ comme un prophète, et non comme le fils de Dieu; cette analogie dans les croyances rendit plus facile la tâche de Mouça. Il sut ménager les superstitions et les préjugés des populations qui habitaient les montagnes. Il n'exigea d'elles que de reconnaître Mohammed comme prophète, laissant au temps de purifier leur foi. Ne craignant rien de ces montagnards, qui étaient disposés à ne pas attaquer leurs voisins pourvu qu'on ne vînt pas les inquiéter, Mouça eut en eux des alliés plus que des administrés, et ils lui fournirent de vaillants auxiliaires pour la conquête de l'Espagne.

La gloire que Mouça ben Noçaïr avait acquise, le pouvoir sans bornes dont il disposait, et, qu'en partant pour l'Orient, il avait délégué à ses deux fils, le firent tomber en disgrâce. Dépouillé de tous ses biens, jeté en prison, il mourut, à l'âge de soixante-treize ans, dans la plus affreuse misère. Soliman ben Abd-el-Malek, septième khalife ommiade, qui venait de succéder à son frère, confia le gouvernement de la province d'Afrique à Mohammed ben Iézid.

Schismes et révoltes.

A partir de cette époque et jusqu'à la chute de la dynastie des Ommiades, c'est-à-dire l'an 132 de l'hégire (749 de J. C.), un grand nombre de gouverneurs furent envoyés successivement dans le Maghreb. Deux faits seulement fixent plus particulièrement l'attention pendant cette période de troubles et d'agitations, qui précipitent l'amoindrissement et le fractionnement de l'autorité. C'est, d'une part, l'apparition en Afrique des *khouaredj*, schismatiques musulmans; de l'autre, une révolte formidable des peuplades berbères. A la suite des guerres acharnées qui déchirèrent l'empire arabe en Orient et amenèrent l'abdication du fils d'Ali en faveur de Maouïa, de nombreuses sectes d'origines et de croyances diverses se propagèrent; elles constituèrent une sorte de protestantisme musulman, appelant les peuples à l'indépendance politique et religieuse, et prétendant ramener les fidèles à la pureté de la foi et à la pratique des bonnes œuvres. Ces hérésies, comprimées tour à tour en Syrie, en Perse, dans l'Arabie et dans l'Égypte, furent introduites dans le Maghreb par les milices venues de l'Irak pour tenir garnison; elles se firent rapidement de nombreux partisans parmi les Berbères. Il semblait dans les destinées de ces tribus, qui sous le règne du christianisme avaient fourni aux Donatistes et aux Circoncellions leurs plus intrépides adeptes, de chercher dans ces protestations religieuses une voie pour faire connaître leurs aspirations à l'indépendance politique. La domination arabe, en imposant à ces peuples l'islamisme, avait violemment comprimé en eux des habitudes que de longues traditions avaient rendues chères; les vainqueurs, qui étaient en même temps les initiateurs religieux, ne ménagèrent pas toujours les susceptibilités de la race vaincue, et firent peser sur elle une suprématie oppressive.

D'un autre côté, la plupart des tribus berbères étaient pour ainsi dire d'une turbulence héréditaire, la révolte était en quelque sorte une nécessité de leur vie. Aussi, dès le commencement des premiers successeurs de Mouça des tentatives d'insurrection ne tardèrent pas à éclater; facilement réprimées d'abord, elles mirent bientôt en danger l'existence même de la domination arabe. La plus considérable, dont les débuts furent signalés par la défaite et la mort de Kaltoum, gouverneur de l'Afrique, auprès de Tanger, fit des progrès tellement alarmants, que le khalife Hachem dut appeler aux armes toutes les milices de l'Orient. La Syrie envoya à elle seule douze mille cavaliers. L'armée arabe rencontra les rebelles au nombre de trois cent mille, près de Kairouan. Le combat fut des plus sanglants; la victoire resta aux troupes du khalife, et les Berbères laissèrent cent quatre-vingt mille cadavres sur le champ de bataille.

Après la chute des Ommiades et l'avénement au pouvoir suprême de la famille des Abbassides, des troubles profonds agitèrent tout l'empire arabe. L'Afrique ressentit plus cruellement qu'aucune autre province ces déchirements intérieurs. Elle était alors en quelque sorte divisée en deux parties distinctes : l'une avait pour capitale Tanger, et subissait des révolutions incessantes, soit qu'elles fussent l'œuvre des Berbères turbulents de l'ouest, soit qu'elles ne fussent qu'un résultat des mouvements qui avaient lieu en Espagne; l'autre partie, dont Kairouan était la ville principale, ne jouissait pas d'une plus grande tranquillité, à cause des entreprises des Khouaredj arabes et berbères pour s'emparer du pouvoir; elle ressentait aussi plus directement l'influence des luttes sérieuses qui déchiraient l'Orient. Profitant de ces agitations, qui retenaient les forces des khalifes loin de l'Afrique, et qui laissaient les populations incertaines sur l'autorité légitime à laquelle elles devaient obéissance, un aventurier du nom d'Abd-er-Rahman réussit à se créer pendant quelque temps un pouvoir indépendant à Kairouan; mais il fut vaincu et mis à mort par ses propres parents (1). Dès que la dynastie des Abbassides eut triomphé des Ommiades, elle travailla avec énergie à tirer l'Afrique de l'anarchie où elle était tombée et à la faire rentrer dans l'obéissance. Deux gouverneurs tentèrent inutilement cette grande entreprise; ce ne fut que le troisième, Iézid ben Hatim, envoyé par Abou Djafar el-Mansour, deuxième khalife abbasside, à la tête de plus de cent mille hommes, qui put dominer toutes les révoltes, réduire les Khouaredj et mettre fin à la dévastation du pays. Ce général remporta sur les Berbères, aux environs de Kairouan, une victoire signalée, qui le rendit maître de cette ville, l'an 155 de l'hégire (772 de J. C.).

Cette pacification ne fut pas de longue durée. Sept gouverneurs, appelés dans l'espace de trente ans environ au commandement de l'Afrique, ne purent jamais obtenir plus de quelques mois de calme consécutif. Insurrections des Berbères et des Kouaredj; rébellion des milices envoyées du Khorassan et de Syrie, qui déposent un gouverneur et proclament un de leurs chefs; mauvaise administration et infidélité des sous-gouverneurs, tout concourait à prolonger l'anarchie. Mais au milieu du conflit des ambitions surgirent deux chefs qui se rendirent indépendants de l'autorité des khalifes, et ramenèrent à une sorte d'unité le Maghreb, prêt à se morceler en vingt petits États. Ce furent dans l'ouest les fondateurs de la dynastie des Édrissites, et dans l'est Ibrahim ben Aghlab, premier prince des Aghabites. Une troisième famille, moins importante que les premières, fonda aussi un pouvoir nouveau à Tiharet (Tekdemt), dans le Maghreb-el-Ouassath. Ce furent les Beni Restam.

Édrissites.

Édris, fils d'Édris, fils d'Abd-Allah, descendant d'Ali, gendre du prophète Mohammed et de sa fille Fathma, fut le fondateur de cette dynastie. Il fut salué émir dans la ville d'Oulila (l'ancienne Volubilis) l'an 172 de l'hégire (787 de J. C.). Il s'était réfugié dans l'ancienne Mauritanie Tingitane, à Tiulit, pour échapper aux persécutions du khalife abbasside Haroun-er-Rachid contre tous les membres de la famille des Alides, autrefois souveraine, et qui n'avait pas renoncé à ses prétentions à l'empire. Un parti puissant s'était déclaré pour lui parmi les Berbères de l'ouest; et c'est grâce à leur concours qu'il put vaincre les gouverneurs envoyés à Tanger par Haroun-er-Rachid et se rendre indépendant. Impuissant à abattre son ennemi par les armes, Haroun fit partir secrètement pour l'ouest un médecin juif, avec mission de faire périr le descendant d'Ali. Édris étant mort empoisonné, l'histoire a accusé Haroun-er-Rachid de ce crime.

Mais la puissance de la nouvelle dynas-

(1) Voyez *Univers pittoresque*, ARABIE, pages 361 et suiv.

tie ne fut pas ébranlée; Édris eut pour successeur un fils posthume, qui régna trente ans. On lui attribue la fondation de la ville de Fês, l'an 185 de l'hégire. Ses successeurs régnèrent pendant plus de cent ans, depuis Sous jusqu'à Oran, sur tout le pays qui composait l'ancienne Mauritanie Tingitane, et une partie de la Mauritanie Césarienne. En dehors de ces limites, l'influence des Édrissites fut peu sensible. Cependant ils prirent souvent une part très-active aux guerres que les Ommiades d'Espagne firent aux chrétiens; et quoique la famille d'Ali eût été dépossédée de l'empire par les Ommiades en Orient, les Édrissites, oubliant tous les ressentiments, se signalèrent par un attachement constant pour les Ommiades d'Espagne, dans les luttes qu'ils soutinrent pour affranchir ce pays de la suzeraineté des khalifes de Bagdad.

Lorsque les Abbassides s'étaient fait reconnaître comme khalifes à la place des Ommiades, presque tous les membres de cette illustre et malheureuse famille avaient été massacrés. Un d'eux, Abd-er-Rahman, jeune enfant, fut soustrait à la rage de ses ennemis et conduit en Afrique par un serviteur fidèle, chez la puissante tribu des Zenata, qui habitait à quatre journées de marche à l'est de Tlemsen. Abd-er-Rahman se fit vite distinguer par les plus brillantes qualités; sa renommée pénétra jusqu'en Espagne; et lorsque les musulmans de ce pays, lassés de vivre dans l'anarchie, voulurent échapper à la dépendance des Abbassides et se donner un chef, ils députèrent vers Abd-er-Rahman pour lui offrir la couronne. Les Zenata lui firent les plus tendres adieux, et ce ne fut pas sans verser des larmes qu'il se sépara de ses fidèles amis. Cette courte digression était nécessaire pour expliquer la présence des Ommiades en Espagne, pendant que les Abbassides régnaient à Bagdad, et pour faire connaître la cause de la sympathie que les Berbères de l'ouest montrèrent pour des princes dont le chef avait été recueilli et élevé chez eux.

Les Édrissites établirent le siège de leur empire à Fês, qu'ils dotèrent de nombreux collèges pour l'étude de la théologie et de la littérature arabes. Plusieurs princes de cette maison se signalèrent par leurs succès guerriers, par leur ascétisme et par une sage administration. Ils retinrent entre leurs mains la moitié du Maghreb jusqu'à l'an 296 de l'hégire (908 de J. C.), époque de l'avénement d'El-Mahdi, fondateur de la dynastie des Fathimites, qui les déposseda. Du côté de Fês, les animosités et la rivalité des Berbères contre la race conquérante se réveillèrent. Une tribu des Zenata se révolta contre les Édrissites, et fonda un État indépendant, dont Méquinez fut la capitale. Une insurrection éclata aussi dans la province de Sous, et opéra un nouveau démembrement. Dans ces déchirements, qui contribuèrent en grande partie à précipiter la chute des Édrissites, la tribu des Beni Ifren, dont Abd-el-Kader, le plus redoutable ennemi de la France en Algérie, prétend tirer son origine, joua un rôle important. Les Beni Ifren fournirent plusieurs princes qui furent maîtres du pouvoir souverain pendant quelque temps dans une partie du Maghreb occidental. Cette tribu avait également marqué dans les dissensions intestines de l'Espagne, lorsque les khalifes de Bagdad étant encore en possession de ces contrées, chaque gouverneur rêvait l'indépendance.

Aghlabites.

Ibrahim ben Aghlab fut le fondateur de cette dynastie. Son aïeul s'était distingué par les services qu'il avait rendus aux Abbassides dans le Khorassan et en Afrique. Nommé d'abord commandant de la province du Zab, il s'y montra le plus ferme soutien de l'autorité des khalifes d'Orient; il châtia les Berbères rebelles, et maintint la paix dans cette partie du Maghreb. En 184 de l'hégire (800 de J. C.) il fut appelé au gouvernement de l'Afrique par Haroun-er-Rachid (1). Il se déclara indépendant, après avoir pris toutes les précautions qui pouvaient assurer le succès de ses projets et le faire triompher du peu de résistance qu'il rencontra. Déjà depuis longtemps les gouverneurs de l'Afrique avaient vis-à-vis des khalifes la position de vassaux plus que celle d'agents directement subordonnés. Ibrahim ne fit donc en quelque sorte que constater un

---

(1) Voyez *Univers pittoresque*, ARABIE, page 387.

fait accompli en substituant son nom au nom du khalife dans la prière qui se prononce chaque vendredi dans toutes les mosquées pour le souverain. Il réduisit par les armes les chefs des diverses provinces du Maghreb oriental, qui lui disputaient le pouvoir; il abolit une partie des impôts qui pesaient sur les villes et sur les tribus; il organisa une armée de noirs esclaves, achetés par lui, qui devint le principal instrument de sa domination; il fonda non loin de Kaïrouan une forteresse dont il fit le siége de son gouvernement. Enfin, par la concentration de ressources militaires de tout genre, il établit sur des bases solides un pouvoir qu'il transmit à ses enfants.

Quatorze princes aghlabites régnèrent de 184 à 296 de l'hégire (908 de J. C.), c'est-à-dire pendant cent douze ans. Leur autorité s'étendait des frontières de l'Égypte jusqu'aux limites orientales actuelles de la province de Constantine. Sous le règne de Ziadet-Allah, second successeur d'Ibrahim, les Aghlabites firent la conquête de la Sicile sur l'empire grec, vers l'an 215 de l'hégire (824 de J. C.) (1). Une portion de l'île resta dès lors annexée aux possessions des Aghlabites; mais ils eurent souvent à y réprimer, d'une part, les révoltes de la population chrétienne, de l'autre, les tentatives quelquefois heureuses des gouverneurs musulmans pour se rendre indépendants. Sous les successeurs de ce prince, les incursions des Arabes d'Afrique désolèrent toute la côte de l'Italie: ils poussèrent jusqu'à Rome, dont ils pillèrent un des faubourgs en 219 de l'hégire (834 de J. C.); ils ravagèrent la Toscane, Naples, la Pouille, la Calabre, et mirent le siége devant Gênes. Ils s'emparèrent de la ville, et emmenèrent une grande partie des habitants comme esclaves (835 de J. C.).

Les Aghlabites fondèrent à la sortie de Kaïrouan la ville de Rakkada, qui devint pour les savants de l'islamisme un des centres d'études les plus renommés. Ibrahim ben Ahmed, onzième prince de cette dynastie, est cité par les chroniqueurs arabes comme ayant fait régner dans ces États une exacte justice et mis le peuple à l'abri des exactions des grands. Le plus humble de ses sujets, lorsqu'il avait le droit pour lui, pouvait en toute assurance lui porter plainte, même contre les membres de la famille royale. Il condamna sa propre mère, dans une affaire civile où elle avait tort. Il purgea le pays des brigands qui l'infestaient, et il comprima énergiquement plusieurs révoltes. Cette dynastie, comme celle des Edrissites, fut renversée par celle des Fathimites, dont il sera bientôt question.

Restamites.

Les Restamites, de même que les Aghlabites, tiraient leur origine d'Abder-Rahman ben Restam, envoyé comme gouverneur par les khalifes abbassides dans la province d'Afrique. Il se créa un parti parmi les tribus berbères des Marassa, des Senhadja, des Haouara, des Zenata, et se déclara indépendant pendant l'insurrection d'un des lieutenants des khalifes, l'an 136 de l'hégire (754 de J. C.). Il établit le siége de son empire à Tiharet (appelée par les Berbères Tekdemt), qu'il fonda sur les ruines d'une ancienne cité romaine. On a conservé peu de détails sur les princes restamites; on sait seulement qu'ils régnèrent environ cent soixante ans sur le Maghreb-el-Ouassath. Ils eurent des guerres fréquentes contre les Aghlabites. Les Berbères, qui avaient aidé à leur élévation, commencèrent à se révolter dès que leur autorité fut affermie entre leurs mains, et s'allièrent à la dynastie des Fathimites pour achever leur ruine.

Fathimites.

Abou Obéid-Allah fut le véritable fondateur de cette dynastie nouvelle, qui joua un rôle si considérable dans tout l'empire musulman. Avant de paraître sur la scène politique en Afrique, il vivait dans l'Yémen, et avait embrassé la secte des chiites. Quelques détails sont nécessaires pour faire comprendre l'influence que les croyances religieuses d'Obeid-Allah exercèrent dans la révolution qu'il accomplit en Afrique. Les chiites regardent Ali, gendre du prophète, comme son successeur légitime et immédiat; ils ne reconnaissent point comme orthodoxes Abou-Bekr, Omar et Othman,

(1) Voyez *Univers pittoresque*, ARABIE, pages 427 et suiv.

qui ont précédé Ali dans les fonctions de khalife. L'opinion que la souveraineté spirituelle et temporelle résidait exclusivement dans les descendants d'Ali était tellement répandue en Orient, que le khalife abbasside El-Mamoun désigna Mouça, un des membres de la famille des Alides, pour son successeur, afin de faire cesser la séparation du pouvoir de fait du pouvoir de droit; mais cet arrangement, contrarié par les autres membres de la famille des Abbassides, ne put avoir lieu. Les musulmans comptent douze imam, descendant en ligne directe d'Ali, et dont le dernier, d'après une tradition chiite adoptée par les orthodoxes eux-mêmes, a disparu à l'âge de douze ans dans une caverne où sa mère l'avait caché pour le soustraire à ses ennemis. Cet imam, nommé Mohammed-el-Mahdi, vit encore, et il doit apparaître dans le monde avant la fin des siècles avec Jésus-Christ et Élie. Ces trois pontifes réuniront tous les peuples en une seule nation, et il n'y aura plus de distinction de juifs, de musulmans et de chrétiens.

Cette croyance, chère à l'imagination mystique et amoureuse du merveilleux des Arabes, a été exploitée, à diverses époques, par des ambitieux qui ont voulu se faire passer pour l'imam El-Mahdi, afin de s'emparer du pouvoir suprême. La foi des musulmans dans cette tradition n'a pas été ébranlée par les entreprises audacieuses qui se sont répétées dans plusieurs contrées; et aujourd'hui encore on retrouve en Algérie, dans les prophéties sur la venue du *Moula Saa*, dont Bou-Maza a su tirer un parti si habile, le souvenir vivant de la légende des chiites.

Ceux qui reconnaissent Obéid-Allah comme étant de la descendance d'Ali, disent qu'il sortait d'une branche collatérale. Voici comment il fut amené dans le Maghreb. Il se rendit à la Mecque à l'époque de l'arrivée des pèlerins. Là, il fit connaissance avec quelques Berbères de la tribu de Ketama, qui habitait au sud du Maghreb-el-Ouassath; il captiva leur amitié par sa conversation animée et par ses récits sur l'histoire de la famille du prophète. Il partit de la Mecque avec ces hommes, pour aller, disait-il, étudier en Égypte, mais au moment de se séparer de lui les Berbères éprouvèrent tant de peine à le quitter, qu'ils l'engagèrent à venir avec eux dans le Maghreb. Obéid-Allah y consentit, et continua de voyager avec ses amis, sans leur rien faire connaître de ses projets. Chemin faisant, il prit d'eux toutes sortes de renseignements sur leur pays. Arrivé au terme du voyage, il s'éloigna de ses compagnons, et se retira dans un pays montagneux. Mais bientôt il commença à prêcher les doctrines des chiites; il sut mettre à profit les renseignements qu'il avait demandés sur le caractère et les dispositions des Berbères; de tous côtés de nombreux partisans vinrent se ranger sous son obéissance. Il entra aussitôt en campagne contre les dynasties qui régnaient alors, s'empara de Tiharet, défit les troupes envoyées pour le combattre, et força le dernier prince de la dynastie des Aghlabites à se retirer en Orient en lui abandonnant toute l'Afrique orientale.

On vit ensuite Obéid-Allah entrer dans le Maghreb occidental, à la tête de deux cent mille hommes, infanterie et cavalerie. Après s'être rendu maître de Sedjelmeça, Obéid-Allah proclama son fils, El-Mahdi, et lui céda le commandement. Le nouveau souverain s'établit auprès de Kairouan; il prit le titre de prince des croyants (émir-el-moumenin), et ordonna que la prière du vendredi se fît pour lui dans toutes les mosquées. El-Mahdi appuyait ses prétentions au rôle d'imam régénérateur sur ces paroles du Prophète : « L'an 300, le soleil se « lèvera du côté de l'occident. » Or son avénement eut lieu dans les premières années du quatrième siècle de l'hégire.

La lutte contre les Édrissites fut plus sérieuse. Ceux-ci, prêts de succomber, réclamèrent des Ommiades d'Espagne les secours qu'eux-mêmes leur avaient si souvent prêtés contre les chrétiens. Les Arabes andalous, passant le détroit, vinrent arracher aux Fathimites Fès, Tlemsen, Tiharet, l'ancienne capitale de Restamites. Mais, consommant la ruine des Édrissites qu'ils étaient venu secourir, ils proclamèrent le khalif d'Espagne dans la mosquée de Fès. Les Fathimites, héritiers de la plus grande part de la puissance des Aghlabites et des Restamites, ne furent jamais entière-

13.

ment maîtres du Maghreb-el-Aksa. Il se forma dans cette portion de l'Afrique de petits États secondaires, tels que celui des Meknéça, des Zenata, des Maghraoua, des Barghouata, tribus berbères très-puissantes. Les chefs de ces petits États se coalisèrent souvent avec les Ommiades d'Espagne pour résister à l'ambition envahissante des Fathimites. Malgré des succès assez importants, ceux-ci voyaient la domination de l'ouest de l'Afrique leur échapper; et lorsque le siége de leur puissance fut transporté en Égypte, les Beni Ziri, fondateurs du petit État d'Achir, d'abord leurs alliés, et appelés par eux à gouverner le pays, se déclarèrent indépendants.

La domination des Fathimites dura deux cent soixante ans, dont cinquante-deux en Afrique et deux cent huit en Égypte; cette dynastie compte quatorze khalifes. Le successeur d'El-Mahdi bâtit la ville de Msila, et dirigea contre la ville de Gênes une flotte qui la ravagea. Sous son règne parut un chef de secte et un rebelle de la tribu des Zenata, qui pendant trente ans sema la terreur et la dévastation dans la province de Tunis et dans une grande partie de l'Afrique. Ce fut Mouëz, quatrième prince fathimite, qui dirigea contre l'Égypte une expédition formidable, composée de Berbères et de troupes régulières. L'Égypte, la Syrie et l'Arabie reconnurent le pouvoir des Fathimites. En 361 de l'hégire, Mouëz transféra au Caire le siége de son empire. Ce prince s'était montré administrateur habile et guerrier énergique; il avait organisé avec soin toutes les provinces de l'Afrique (1).

En partant pour l'Égypte Mouëz appela Balkin ben Ziri, de la tribu des Senhadja, qui était gouverneur de Kabès, et lui laissa le commandement de l'Afrique.

Un fait remarquable ressort des événements qui s'accomplirent à cette époque dans le Maghreb. Depuis la conquête arabe, le mouvement des grandes masses armées avait toujours eu lieu de l'Orient à l'Occident. Après les premières incursions, on voit se succéder des flots de combattants et d'émigrants qui étendent, à chaque nouvel effort, la domination musulmane vers l'ouest. L'invasion franchit le détroit., soumet l'Espagne et touche la frontière méridionale de la France; ce mouvement se maintint jusqu'à l'avénement des Ommiades en Espagne. Alors les choses changent de face; une réaction se produit parmi les peuples convertis à l'islamisme; d'une part, les Arabes andalous viennent porter la guerre dans l'ouest de l'Afrique; de l'autre, les Fathimites, élevés au pouvoir par les Berbères, partent de la province de Tunis, font pénétrer leurs armées victorieuses jusqu'en Arabie. C'était le mouvement en sens inverse, de l'Occident à l'Orient. La race berbère semblait refouler les dominateurs arabes vers leur pays natal; échappées à l'influence directe des conquérants, ces tribus vont prendre bientôt la suprématie dans le gouvernement et devenir les arbitres de la destinée de tout l'ouest de l'empire musulman. Cette époque marque en Occident le terme du mouvement d'expansion de l'islamisme; elle montre aussi le commencement de la décadence du pouvoir politique des Arabes en Afrique. La foi musulmane a déjà dit son dernier mot; elle a trahi son impuissance pour fonder un État. Les tentatives postérieures, dont les débuts paraîtront quelquefois si brillants, avorteront toutes, et indiqueront à peine un temps d'arrêt dans la chute.

DOMINATION DES BERBÈRES.

Zirites.

Ioucef ben Ziri, de la tribu berbère des Senhadja de la province de Sous, fut le fondateur de la dynastie des Zirites. Plusieurs historiens ne les considèrent pas comme ayant réellement exercé le pouvoir souverain, et ne voient en eux que des gouverneurs institués par les khalifes fathimites et commandant en leur nom; mais les Zirites jouissaient d'une indépendance presque complète. Ils rendaient hommage au khalife de l'Égypte plutôt comme à un chef spirituel, imam de la religion, que comme à un souverain. A la mort du prince zirite, son fils ou son héritier le plus direct, lui succédait, et son avénement

---

(1) Voyez *Univers pittoresque*, ARABIE, pages 458 et suiv.

était sanctionné par le khalife fathimite qui envoyait une *béniche* (vêtement d'honneur) et un sabre comme signe de l'investiture; mais jamais les khalifes d'Orient n'intervinrent pour régler la transmission du pouvoir ou pour surveiller l'administration du pays.

Les Beni Ziri avaient été les auxiliaires des Fathimites dans leur guerre contre l'ouest du Maghreb et contre la grande insurrection d'Abou Izid; ils étaient princes d'Achir et de ses dépendances. On voit encore les ruines d'Achir au nord de la plaine de la Medjana, au sud de Bougie, entre Zamoura et le défilé des Portes de fer. Ioucef ben Ziri administra avec la plus grande habileté pendant vingt-six ans; son fils Balkin lui succéda, et fut choisi par Mouëz pour gouverner l'Afrique lorsque ce khalife transféra le siége de son empire en Égypte. En se séparant de lui Mouëz lui dit : « O fils d'Ioucef, si « tu dois oublier mes conseils tâche au « moins de te rappeler les trois suivants : Ne fais jamais remise des contributions aux gens du dehors; — « tiens toujours ton sabre levé sur les « Berbères; — ne donne jamais de commandement aux membres de ta famille, car ils se disputeraient bientôt « le premier rang. Je te recommande « aussi de traiter avec bonté les habitants des villes. » La plupart de ces prescriptions réglaient encore la politique des gouverneurs de l'Algérie lorsque la France s'empara de ce pays; et c'est seulement après la fin de la guerre et l'éloignement d'Abd-el-Kader du pays qu'on a pu adopter des errements plus en conformité avec notre état de civilisation.

Ben Ziri, fidèle aux instructions qu'il avait reçues, fit une rude guerre aux Berbères Zenata et Berghouata; il combattit aussi les Ommiades d'Espagne dans le Maghreb-el-Aksa; se rendit maître de Tlemsen, dont il transporta les habitants dans Achir; s'empara de Fès, de Sedjelmeça, et ne laissa aux Ommiades en Afrique que la seule ville de Ceuta.

Parmi les neuf princes zirites qui régnèrent soit à Achir, soit à Mahdia, il faut signaler Mouëz ben Badis, qui fut proclamé en 406 de l'hégire. Quoique né dans la secte des chiites, il en détestait les principes, et il fit une guerre acharnée aux nombreux partisans des diverses hérésies qui s'étaient propagées en Afrique. La secte orthodoxe de l'imam Malek devint la doctrine officielle du pays. Il préparait ainsi sa révolte contre les Fathimites attachés à la secte des chiites. En effet, en 440 de l'hégire le nom des Beni Obéid ne fut plus prononcé dans les prières publiques. De grands troubles suivirent cet acte. Mouëz disposait d'immenses richesses; il suffira pour en donner une idée de citer le passage d'un historien arabe relatif aux funérailles de la grand'mère de ce prince : « Le « cercueil était en bois des Indes, garni « de perles et de lames d'or. Les clous « étaient d'or; il y en avait pour 1,000 « mitkals. Le corps fut enveloppé de « cent vingt linceuls, et embaumé avec « grande profusion de musc et d'encens. « Vingt et un chapelets des plus grosses « perles furent suspendus au cercueil de « cette princesse; son petit-fils fit immoler à cette occasion 50 chamelles, 100 bœufs et 1,000 moutons. La « chair de ces victimes fut distribuée « aux pauvres. Les femmes eurent de « plus cent mille dinars. »

Sous le règne de ce même prince les Arabes d'Orient firent une invasion en Afrique et la ravagèrent. Voici à quelle occasion. Lorsque Mouëz se fut mis en révolte ouverte contre les Fathimites, ceux-ci excitèrent les Arabes qui habitaient la haute Égypte à faire une irruption dans le Maghreb, en leur abandonnant la possession de Barka. Les tribus des Riah, des Zagba, et une portion des Beni Amer et des Senan entrèrent en Afrique, et y commirent toutes sortes d'excès. Les Berbères, qui étaient sans cesse en rébellion contre les princes du pays, s'unirent à eux pour repousser les ennemis étrangers; mais au moment du combat ils firent défection, et Mouëz fut battu. Les Arabes pillèrent Kairouan (440 de l'hégire; 1061 de J. C.), en dispersèrent les habitants, et se rendirent maîtres de toute la contrée, qu'ils ruinèrent complétement. Cependant sous le règne suivant on vit ces tribus turbulentes prêter leur concours au prince pour châtier la révolte des habitants de Sfax. Puis les Beni Riah en vinrent aux mains avec les Beni Zagba, qu'ils chassèrent de l'Afrique. De nouvelles tribus arrivèrent successivement de l'Égypte, attirées par l'appât du pillage, et implantèrent dans le pays un nouvel élément de troubles et d'agitations.

Premières expéditions chrétiennes en Afrique.

C'est sous la domination des Zirites que les peuples chrétiens portèrent la guerre en Afrique. On sait que la puissance musulmane vint échouer au delà des Pyrénées contre la bravoure française, qui imposa des limites à l'invasion de ces hordes fanatiques. Dans le onzième siècle de l'ère chrétienne, les Normands délivraient du joug des Arabes le midi de l'Italie et la Sicile. Mais les Européens ne se contentèrent pas de reprendre aux Arabes africains les contrées que ceux-ci avaient conquises; ils allèrent les attaquer en Afrique même. En 1035 de J. C. (426 de l'hégire) les Pisans armèrent une puissante flotte, qui ravagea les côtes depuis Tunis jusqu'à Bône; cinquante ans plus tard, le pape Victor III organisa une sorte de croisade, à laquelle tous les peuples d'Italie fournirent des contingents. Cette expédition saccagea Mahdia. Ce fut vers le milieu du siècle suivant que Roger, roi de Sicile, porta les plus rudes coups aux princes africains, et chercha à créer des établissements dans les villes dont il s'empara.

Hassan ben Ali occupait le trône des Zirites lorsque Roger dirigea sa première expédition contre l'Afrique. La flotte sicilienne se présenta devant Mahdia. Quelques troupes furent débarquées; mais une violente tempête dispersa les vaisseaux, et les Arabes enlevèrent le détachement qui avait pris terre. Ainsi nous voyons s'ouvrir l'histoire des agressions de l'Europe contre l'Afrique par un échec, qui se renouvellera plus d'une fois par la suite et qu'il faudra toujours attribuer aux mêmes causes: la mauvaise saison choisie pour ces sortes d'opérations et l'inconstance de la mer. Cependant, malgré le secours miraculeux qui fit échapper Hassan aux coups des chrétiens, ce prince, sentant qu'il ne pourrait lutter contre eux, envoya demander la paix, et consentit à payer un tribut à Roger. Les Bougiotes, qui obéissaient aux Beni Hammad, branche de la famille de Zirites, furent indignés du traité signé par Hassan; ils se révoltèrent contre son autorité, entraînèrent tout le pays dans l'insurrection, et arrivèrent devant Mahdia. Le prince invoqua l'appui du roi de Sicile; une flotte chrétienne vint aussitôt à son secours, et mit en fuite les Bougiotes; c'était en 1134 de J. C. (529 de l'hégire). Dans la même année Roger s'empara de l'île de Djerba, et y établit une garnison. En 1141 le roi de Sicile, prétextant le non-payement d'une somme d'argent qu'il avait prêtée à l'émir zirite, assiégea Mahdia. Hors d'état de résister, Hassan ne put obtenir la paix qu'en se déclarant vassal et tributaire du royaume de Sicile.

Roger tourna ses armes contre les villes qui n'obéissaient plus aux Zirites; en 1146 il s'empara de Djidjeli et de l'île de Kerkena, qu'il enleva au prince de Bougie; en 1146 il prit Tripoli; Kabès fit sa soumission. L'année suivante, Hassan ayant attaqué Kabès, qui était sous la protection sicilienne, Roger entra sans résistance à Mahdia. Il se rendit maître ensuite de Zouila, de Sfax, de Souça; plusieurs villes, Tunis entre autres, firent acte de soumission avant d'avoir été attaquées. Un État chrétien se trouva dès lors constitué en Afrique. L'ordre et la justice furent partout rétablis. L'administration du roi de Sicile, quoique ferme, fut conciliante et paternelle pour ses sujets musulmans. Malheureusement son successeur, prince faible et pusillanime, se laissa enlever ces conquêtes si glorieuses. Hassan, dépossédé par les Siciliens, affaibli par des révoltes continuelles, vit finir en lui la dynastie des Beni Ziri. Elle disparut devant la souveraineté des Almoravides, déjà puissants à cette époque dans l'ouest de l'Afrique.

Almoravides.

La dynastie des Almoravides (du mot arabe *el-merabtin,* les liés à Dieu) a été fondée par les Lemtouna, qui étaient une fraction de la grande tribu berbère des Senhadja. Ils demeuraient dans le Sahara le plus occidental du Maghreb-el-Aksa. Ces populations guerrières ne connaissaient ni le labourage ni la culture des arbres; elles se nourrissaient de viande au moyen de la chasse et de lait aigre. Elles parcouraient sans cesse les déserts qu'elles habitaient, pour chercher de l'eau et des pâturages. Les Zirites avaient commencé l'intronisation des races berbères par le côté politique, nous les allons voir arriver à la puissance par l'exaltation des passions religieuses. Les circonstances qui précédèrent et amenèrent l'avénement de ces dynasties indigènes méritent de fixer l'attention. Les détails ont ici une haute importance; ils aident à caractériser l'ensemble. L'an 427 de l'hégire, Iahia ben Brahim, qui venait d'être nommé chef des Lemtouna, partit pour le pèlerinage de la Mecque. En revenant, il s'arrêta à Kairouan, et suivit les leçons d'un cheikh très-savant. Celui-ci apercevant un étranger dans son auditoire, lui demanda des renseignements sur l'état des études religieuses dans son pays. Iahia confessa que sa tribu était fort ignorante; il manifesta lui-même le désir de s'instruire des préceptes de la foi, et demanda au cheikh de désigner un de ses disciples pour aller enseigner parmi ses compatriotes. Le professeur ne trouva personne auprès de lui pour remplir cette mission; mais il adressa le Berbère à un de ses confrères dans le pays de Néfis; et là Iahia ben Brahim rencontra un taleb, du nom d'Abd-Allah ben Iassin, qui consentit à le suivre dans le Maghreb-el-Aksa.

Les Berbères de ces contrées vinrent en foule à leur rencontre. Abd-Allah reconnut bientôt que ce peuple était plongé dans l'ignorance la plus profonde des bases fondamentales de la religion musulmane. Il leur prêcha le Koran, et les exhorta à rompre avec leurs habitudes immorales et à pratiquer les préceptes du livre divin. Mais lorsque les Berbères s'aperçurent que le nouveau docteur voulait réprimer leurs vices, ils s'éloignèrent de lui. Abd-Allah, voyant leurs mauvaises dispositions, pensa à quitter le pays. Alors Iahia ben Brahim lui dit : « Je t'ai fait venir pour moi seul;
« peu m'importe que mon peuple reste
« dans l'infidélité. Si tu veux obtenir
« les avantages de l'autre vie, tu n'as
« qu'à te rendre dans une île située
« près d'ici; nous y passerons à pied
« lorsque la marée sera basse; nous
« l'habiterons; notre nourriture se composera de poissons et de fruits sauvages; là nous nous consacrerons à
« la piété pour le reste de nos jours. »
Abd-Allah accepta cette proposition; ils passèrent dans l'île avec sept individus de la tribu des Kedala, bâtirent une cabane, et s'adonnèrent aux pratiques religieuses. De là leur vint le nom de Merabtin.

On parla bientôt de ces ermites. Ils eurent des visiteurs, dont le nombre alla toujours en augmentant. Abd-Allah vit enfin ses efforts couronnés de succès. Lorsqu'il eut réuni et instruit mille disciples, il leur dit : « Il faut maintenant que vous combattiez tous ceux
« qui repousseront votre foi. Il convient que nous visitions d'abord les
« unes après les autres les tribus auxquelles vous appartenez. Nous les
« engagerons à retourner à Dieu; si
« elles s'y refusent, nous les combattrons. » Abd-Allah et les siens se dirigèrent ensuite vers les Berbères, accordant à chaque peuplade sept jours pour se décider à adopter la doctrine nouvelle. Ils parcoururent ainsi les Kedala, les Lemtouna et les autres tribus, rangeant tout le monde sous leur loi religieuse; leur influence pénétra jusque dans le pays des Nègres. Iahia ben Brahim resta à la tête des affaires temporelles des merabtin, Abd-Allah se réserva la direction spirituelle. A la mort d'Iahia, Abd-Allah désigna son successeur et le fit reconnaître. Les merabtin étaient aussi appelés *meltemia*, parce qu'ils se couvraient le visage dans le combat. Voici l'origine de cette coutume. Un jour étant sur le point de livrer bataille à un ennemi de beaucoup supérieur en nombre, leurs femmes prirent les armes, et combattirent à leurs côtés, le visage couvert jusqu'aux yeux. Les hommes durent en faire autant pour que les ennemis ne pussent distinguer les hommes des femmes : de là le mot meltemia (*voilés*). Cette coutume a été adoptée depuis par le plus grand nombre des tribus de l'Algérie, et aujourd'hui encore au moment du combat les cavaliers se couvrent le visage jusqu'aux yeux avec leur haïk.

Iahia ben Omar, le successeur choisi par Abd-Allah, fut chargé de diriger la guerre. Il conquit Sedjelmeça et Karia; son frère, Abou Bekr, désigné pour lui succéder, attaqua avec le même succès la tribu de Masmouda et les peuples du Soudan. Abd-Allah fut tué en 451 de l'hégire (1071 de J. C.), dans une expédition. Abou Bekr resta seul chef des merabtin. Il entreprit de soumettre le pays des Nègres. Avant de s'enfoncer dans le désert, il divisa son armée en deux parties, et laissa l'une à son cousin Ioucef ben Tachfin, qu'il nomma son lieutenant dans le Maghreb. Celui-ci étendit les conquêtes, augmenta son armée, et profita de l'absence d'Abou Bekr pour s'emparer du pouvoir souverain. De ce moment s'ouvre le rôle politique de la nouvelle dynastie.

Ioucef ben Tachfin fut le plus célèbre des princes almoravides. Il poussa ses conquêtes vers l'Afrique orientale jusqu'à Alger. Il bâtit la ville de Maroc. Les musulmans de l'Andalousie l'appelèrent à leur secours pour arrêter les progrès des chrétiens. Ioucef rassembla une puissante armée, et passa en Espagne. Il rencontra les forces chrétiennes sous les ordres du roi Alphonse; il leur livra bataille à Zellaka, dans les environs de Badajoz. La victoire trahit les braves Espagnols, qui combattaient pour l'affranchissement de leur territoire; l'armée d'Alphonse fut mise dans une déroute complète, et le roi se réfugia dans la Castille avec un petit nombre de cavaliers. Cette bataille, qui exerça une si funeste influence sur les destinées de l'Espagne, eut lieu en 1083 (479 de l'hégire). Le résultat de cet important succès fut pour Ioucef la possession de l'Andalousie, de Grenade, de Malaga et de Séville, car il se substitua aux petits princes arabes, dont les querelles et les rivalités désolaient l'Espagne musulmane. Arrivé au plus haut point de la grandeur le prince almoravide prit le titre de commandeur des croyants (*émir-el-moumenin*) qualification réservée jusqu'alors aux Fathimites qui régnaient en Égypte. Il fit battre monnaie en son nom.

Ioucef ben Tachfin fut un prince très-religieux, ami de la justice et soigneux des intérêts des pauvres. Il était vêtu d'habits de laine; sa nourriture ne se composait que d'orge, de lait de chamelle et d'un peu de viande. Cette simplicité dans les mœurs a toujours produit un grand effet moral sur les populations musulmanes de l'ouest de l'Afrique. Tous les aventuriers ou les réformateurs qui voulurent par la suite se créer un pouvoir souverain imitèrent en cela l'exemple d'Ioucef ben Tachfin. On n'a pas besoin de rappeler ici que l'émir Abd-el-Kader, le plus redoutable adversaire de la domination française en Algérie, affectait aussi de ne porter que des vêtements de laine, répudiait l'usage des étoffes de soie et des bijoux en or. Du reste, cette sévérité dans les habitudes de la vie est conforme aux recommandations expresses des traditions, laissées par le prophète. Ioucef ben Tachfin mourut à l'âge de cent ans. A ses derniers moments, il rappela aux personnes qui l'entouraient que dans le cours de sa longue vie il n'avait pas prononcé une seule condamnation à mort. En effet il avait aboli la peine capitale dans ses États.

Sous ses successeurs, la puissance des Almoravides, après s'être étendue sur tout le Maghreb-el-Aksa, sur la plus grande partie de l'Espagne et les Baléares, vit chaque jour se resserrer le cercle de ses possessions. Une nouvelle dynastie, celle des Almohades, issue comme eux des tribus berbères, vint les déposséder en Espagne et en Afrique. Les derniers Almoravides, poursuivis par leurs heureux compétiteurs devant Tlemsen, dans Oran et jusque dans le Maroc, succombèrent enfin, vers l'an 543 de l'hégire. Tachfin, le dernier prince de cette dynastie, se rendant d'Oran à Mers-el-Kébir, où il voulait s'embarquer pour l'Espagne, fut précipité d'un rocher sur lequel passait la route, par son cheval, effrayé du bruit des flots. On ne compte que cinq princes almoravides, qui régnèrent pendant quatre-vingt-quinze années environ. Ce fut l'époque la plus brillante de l'histoire du Maghreb.

Almohades.

Abou Abd-Allah Mohammed ben Toumart, fondateur de cette dynastie, était originaire de la tribu berbère des Masmouda, établie à Taroudaut, dans le désert du Maroc. Il prit le surnom d'El-Mandi, et s'attribua la qualité d'imam, comme descendant d'Ali ben Abou Thaleb, gendre du prophète. Cette généalogie est contestée. Les commencements des nouveaux maîtres de l'Afrique ressemblent beaucoup à ceux des Almoravides.

Abou Abd-Allah aimait l'étude, et il était allé s'instruire en Orient auprès des plus célèbres philosophes. Lorsqu'il retourna dans le Maghreb, partout où il passait il enseignait les sciences et prêchait contre les vices, affectant dans ses habitudes le mépris des biens de ce monde. Il rencontra à Tlemsen un Berbère de la tribu des Zenata, nommé Abd-el-Moumen ben Ali; il se l'attacha, lui confia tous ses desseins, et le choisit pour son ami et son second. A Fès d'abord, puis à Maroc il prêchait contre les abus, parcourant les rues et brisant les instruments de musique. L'émir almoravide qui régnait alors (514 de l'hégire) le fit comparaître en sa présence, et lui demanda pourquoi il en agissait ainsi : « Je suis un pauvre « homme, lui repondit Abou Abd-Allah, « et cependant il est vrai que je m'ar- « roge vos droits; car ce serait à vous, « chef du pays, à extirper les vices. » Obligé de sortir de la ville, il se retira dans un cimetière, où il dressa une tente au milieu des tombeaux. Là il continua ses enseignements, et commença à dénigrer les Almoravides, les traitant d'ignorants et d'infidèles, et se donnant pour le véritable El-Mahdi attendu par les musulmans. Quinze cents personnes se déclarèrent aussitôt ses partisans. L'émir ayant pris de l'ombrage de ces progrès, il dut se réfugier à Tinmal, ville située dans la chaîne du Deren au sud de Maroc, appartenant à une fraction de la tribu des Masmouda. Une foule considérable se rallia à ses doctrines; El-Mahdi leva le masque, se fit proclamer souverain, et fut reconnu par tous les habitants de ces montagnes. C'était en 515 de l'hégire (1121 de J. C.). Il donna le nom de El-Mouaheddin (les unitairiens), dont les écrivains espagnols ont fait *Almohades*, à ceux qui se rangèrent sous son obéissance, et composa en langue berbère un traité sur l'unité de Dieu et sur les devoirs imposés à ses disciples; il employa tous ses efforts à se rendre entièrement maître de l'esprit de ces tribus. Il réunit ainsi plus de vingt mille combattants, et attaqua les Almoravides. La première rencontre lui ayant été favorable, il poursuivit l'ennemi avec vigueur, et en quelques années parvint à asseoir son autorité sur des bases solides. A sa mort il désigna Abd-el-Moumen pour son successeur.

Abd-el-Moumen était fils d'un ouvrier qui fabriquait des soufflets de forge; il est le représentant le plus illustre des races berbères qui régnèrent sur l'Afrique. Le nouveau khalife partit bientôt de Tinmal, à la tête de trente mille hommes. Rien ne résista à l'ardeur guerrière de ces sectaires fanatiques; ils s'emparèrent de Tadila, ville appartenant aux Haouara, de la province de Draa, comprise entre Sous et Sedjelmeça. Le Maghreb-el-Aksa fut bientôt presque entièrement soumis. Abd-el-Moumen se porta alors vers l'est; en 540 (1146 de J. C.) il se rendit maître de Tlemsen et d'Oran; en 541 il prit Fès; en 542, Maroc; en 543, Sedjelmeça. Il envoya ensuite en Espagne une armée qui arracha aux Almoravides Méquinèz, Cordoue et Jaën. En 544 (1151 de J. C.) il enleva Miliana, Alger, Bougie, Bône et Constantine aux Beni Hammad, princes de la branche cadette des Zirites, qui possédaient ces contrées (1). En 551 les habitants de Grenade le reconnurent. Deux ans après, ayant rassemblé des forces considérables, il se dirigea vers l'Afrique orientale; il envahit le Zab, massacrant les populations qui refusaient de se soumettre à lui. Il s'empara de Tunis, de Kairouan, de Sfax, de Mahdia, où il passa au fil de l'épée les chrétiens qui s'étaient établis dans cette ville après la conquête de Roger roi de Sicile. Enfin en 555 (1162) il avait chassé les Siciliens de tous les points qu'ils occupaient en Afrique, et il était maître du Maghreb depuis Barka jusqu'à l'océan Atlantique.

L'organisation donnée à ces vastes contrées prouve qu'Abd-el-Moumen

---

(1) Voyez *Études sur la Kabilie proprement dite*, par E. Carette, tome II, pag. 23 et suiv. (Exploration scientifique de l'Algérie).

était aussi bon administrateur que grand général. Il fit arpenter l'Afrique depuis Sous la plus occidentale jusqu'à Barka. On déduisit du total de la superficie, un tiers pour les montagnes, les lacs, les rivières, et le reste fut imposé, chaque tribu devant payer sa contribution en nature. Il interna dans le Maroc mille familles de chaque grande tribu. Il créa une marine militaire de près de sept cents voiles. L'administration supérieure du pays était confiée à un conseil composé de dix membres et assisté d'une assemblée de soixante-dix des principaux chefs berbères. La pacification de tout le Maghreb étant achevée, Abd-el-Moumen prêcha la guerre sainte, et rassembla toutes ses forces pour envahir l'Espagne, dont il ne possédait encore que quelques villes. La mort le surprit au milieu de ces préparatifs en 558 (1165 de J. C.). Ce prince était un grand orateur et un savant distingué; il fonda des universités et des écoles pour l'enseignement des doctrines des Mouaheddin.

Sous le règne d'Ioucef, fils d'Abd-el-Moumen, les Almoravides, dont les débris s'étaient réfugiés dans les îles Baléares, firent d'impuissantes tentatives pour reconquérir quelques points dans le Maghreb-el-Aksa et dans le Maghreb-el-Ouassath. Les Zirites à l'est ne furent pas plus heureux. Il eut à réprimer des troubles suscités par la jalousie de ses frères et les révoltes des Berbères Ghoumera, toujours prêts à se soulever dès qu'une autorité vigoureuse cessait de peser sur eux. Il étendit les conquêtes de son père en Espagne, et s'empara du royaume de Valence. Ce prince régna pendant vingt-deux ans, principalement occupé de l'administration de ses sujets. Son fils Iakoub, qui lui succéda, mérita le surnom d'El-*Mansour* (le victorieux), à cause des succès qu'il remporta en Espagne. Les premières années de son règne furent consacrées à réprimer des révoltes. Ali-el-Miorki (de l'île de Majorque) avait opéré un débarquement entre Bougie et Tunis, et s'était emparé de Tunis, de Mahdia et de plusieurs autres villes; ce prétendant souleva un grand nombre de tribus arabes contre la domination des Almohades, et se plaça sous le patronage des khalifes d'Orient. Iakoub marcha contre les rebelles, les fit rentrer dans le devoir, et força El-Miorki à chercher un refuge dans le désert. Mais pendant qu'il apaisait les troubles dans l'est, le gouverneur de Tlemsen, exploitant la haine des Arabes contre les Berbères, voulut se rendre indépendant. De ce côté aussi l'ordre fut rétabli, et le vainqueur transporta sur les bords de l'Océan une grande partie des tribus arabes qui peuplaient la province de Tlemsen; quelques-unes d'entre elles, pour se soustraire à cette punition humiliante, préférèrent s'enfoncer dans le désert, où elles s'allièrent à des populations nomades que leur éloignement des siéges de l'autorité laissait à peu près indépendantes.

L'Afrique étant pacifiée, Iakoub tourna ses vues vers l'Espagne. A ce moment il apprit qu'Alphonse de Castille avait envahi le territoire musulman et était arrivé jusque sous les murs d'Algésiras. L'émir des Almohades proclama aussitôt la guerre sainte, et passa en Espagne à la tête d'une armée nombreuse, composée de l'élite des guerriers de l'Afrique. Il rencontra les chrétiens dans les plaines d'Alarcon, et les tailla en pièces. Cette bataille eut lieu en 591 de l'hégire (1195 de J. C.). A la suite de cette grande victoire Iakoub s'empara de Séville, de Calatrava, de Guadalaxara, de Madrid et d'Escalona; il mit en vain le siège devant Tolède, et retourna en Afrique, sans avoir tiré de l'important succès qu'il avait remporté tout le résultat que l'affaiblissement des chrétiens aurait pu lui faire alors obtenir. Arrivé dans sa capitale, il abdiqua en faveur de son fils, En-Nacer, et rentra dans la vie privée. Il mourut peu de temps après, l'an 595 (1199 de J. C.). La cour de ce prince fut le rendez-vous des hommes les plus célèbres de cette époque. Parmi les savants qu'il combla de ses faveurs on remarquait : Ebn-Roch (Averroès), le traducteur d'Aristote, et Ebn-Zohar (Avenzoar), son médecin, dont la renommée a survécu à la puissance des Almohades.

Pendant le règne de ce prince on vit pour la première fois paraître en Afrique des hordes turques, venues du Curdistan, et qui avaient quitté l'Égypte en 568 de l'hégire (1172 de J. C.). Cette petite invasion, grossie d'une grande quantité d'Arabes, se rendit maîtresse de Tripoli et de quelques autres villes.

Mohammed En-Nacer, fils et successeur d'Iakoub, eut aussi dès le début de son règne une insurrection à combattre. El-Miorki avait reparu dans la province de Tunis, et avait fait en peu de temps des progrès considérables. En-Nacer se porta en personne contre cet agitateur. Toutes les villes rentrèrent dans l'obéissance, à l'exception de Mahdia, qui ne fut emporté qu'après un long siège. Lorsque l'émir retourna dans l'ouest il nomma au commandement de l'Afrique orientale Abou Mohammed ben Bou Hafez, qui devint plus tard le chef d'une dynastie indépendante. A peine rentré dans sa capitale (Maroc), En-Nacer apprit que l'Andalousie était envahie par des armées chrétiennes; Alphonse de Castille s'était emparé de Baëna, ravageait les environs de Séville et de Cordoue, et parcourait le pays en vainqueur. L'émir donna aussitôt des ordres pour qu'on se disposât à la guerre sainte; l'armée mit une année entière à se former; en 607 (1210 de J.C.) elle arriva à Séville. Cette invasion annoncée longtemps d'avance avait produit la plus vive émotion dans toute l'Europe. Le pape Innocent III avait fait prêcher une croisade pour repousser les ennemis de la chrétienté. De nombreux croisés, Français, Allemands, Italiens, passèrent les Pyrénées et vinrent s'unir aux troupes espagnoles. Les deux armées se rencontrèrent dans les plaines de Tolosa, au pied des montagnes de la Sierra Morena. L'armée des Almohades fut mise en déroute et presque complètement anéantie. Cette victoire de la chrétienté contre les forces réunies de tous les peuples musulmans de l'ouest marqua le commencement de la décadence de l'islamisme en Espagne. Les progrès des princes chrétiens ne s'arrêtèrent plus, et l'Europe occidentale, qui avait eu tant à souffrir de l'invasion arabe, dans la Péninsule et dans le midi de la France, fut définitivement délivrée des alarmes auxquelles elle était sans cesse en proie. Le drapeau musulman ne se releva pas de cet échec, et la puissance des Almohades ne fit que décroître. Lorsque En-Nacer fut de retour à Maroc, il abdiqua en faveur de son fils El-Mostancer.

El-Mostancer était un prince faible, recherchant avidement le plaisir et abandonnant le soin des affaires à des ministres avides et intrigants. L'usurpation commença à démembrer son empire. En 613 (1216 de J. C.) les Beni Merin, qu'on verra recueillir dans le Maroc l'héritage des Almohades, obtinrent des succès contre El-Mostancer. Sa mort fut le signal de troubles et d'agitations en Espagne et en Afrique. Abou Mohammed Abd-el-Ouahed, frère d'En-Nacer, élu par les cheikhs des Mouaheddin, ne régna pas longtemps; il fut déposé par le même conseil qui l'avait fait proclamer et qui investit à sa place El-Adel. Peu de jours après, il fut étranglé dans le palais où il s'était retiré. Il fut le premier émir des Almohades qui eut une pareille fin. La guerre s'alluma ensuite entre les Mouaheddin, espèce de milice religieuse, dont le noyau avait été formé par les premiers sectateurs d'Abou Abd-Allah, qui s'était depuis considérablement accrue et était devenue une sorte de garde prétorienne. Au milieu des troubles qui agitaient le pays, ces milices, s'arrogeant la gloire d'avoir fondé l'empire des Almohades, ne mirent plus de bornes à leurs exigences; bientôt elles annihilèrent l'autorité des souverains, les déposèrent et les firent proclamer au gré de leurs caprices ou de leurs intérêts.

El-Adel, qui commandait à Murcie avant son élévation au pouvoir, ne jouit pas longtemps du fruit de ses intrigues; les cheikhs, gagnés par son frère El-Mamoun, gouverneur de Séville, l'étranglèrent avec son turban; mais celui-ci fut presque immédiatement déposé au profit d'Iahïa, fils d'En-Nacer. Ce prince ne put se maintenir, et dut s'enfuir à l'approche d'El-Mamoun, qui avait quitté l'Andalousie et était débarqué à Ceuta pour réclamer le bénéfice de sa première élection. Les cheikhs lui firent leur soumission.

El-Mamoun était très-versé dans les sciences, éloquent, brave et politique habile; il voulut porter remède aux maux qui déchiraient l'empire. Dans ce but, il réforma la constitution que le fondateur de la dynastie avait d'abord établie;

il abolit le conseil des dix cheikhs et l'assemblée des soixante-dix chefs berbères, dont l'esprit remuant avait donné une si funeste instabilité au pouvoir. Il concentra toute l'autorité entre ses mains. Il prit un corps de Curdes à son service, et en forma une garde d'élite pour sa défense personnelle. Depuis la première apparition de ces Turcs en Afrique, d'autres étaient arrivés en grand nombre. El-Mamoun assigna à ce nouveau corps une prééminence marquée sur les Mouaheddin ; il lui alloua une solde mensuelle : il donna aux principaux chefs des fiefs, et leur accorda des avantages considérables. Les historiens font également mention d'un corps de soldats chrétiens qui était au service de ce prince, sans faire connaître si ces chrétiens étaient des esclaves ou des engagés volontaires originaires du pays, ou venus d'Espagne.

El-Mamoun, se croyant alors en position d'agir plus énergiquement contre les Mouaheddin, attaqua leurs doctrines, et fit massacrer tous leurs chefs principaux. Il se rattacha à la secte orthodoxe de l'imam Malek. Cette réforme politique et religieuse ne put sauver son pouvoir ; il perdit les îles Baléares, dont les chrétiens, sous la conduite de Jacques d'Aragon, se rendirent maîtres. Une révolte éclata en Espagne, et Bou-Houd, cheikh d'origine arabe, après avoir battu El-Mamoun aux environs de Tarifa, s'empara de Séville, de Grenade, de Mérida, et jeta les fondements du royaume de Grenade, qui fut le dernier refuge des musulmans refoulés vers le midi de la Péninsule. Enfin les Arabes de la province de Tunis, qui avaient été soumis par El-Mansour, reprirent les armes. El-Mamoun ne put résister à la douleur de voir échouer tous ses efforts ; il mourut de chagrin, après trois ans et demi de règne, et eut pour successeur son fils Rachid.

Après ce prince trois émirs de la dynastie des Almohades occupèrent encore le trône. Mais des soulèvements nombreux dans la province de Tunis, dans celle de Tlemsen et dans le Maghreb-el-Aksa, amenèrent le démembrement général de ce vaste empire. Trois dynasties principales s'élevèrent au milieu de ces convulsions : les Beni Merin, dans les provinces de Fès, de Maroc et de Mek-néça ; les Beni Hafez, dans la province de Tunis ; les Beni Zian, à Tlemsen. La plus grande partie de l'Algérie actuelle était comprise dans ce dernier État. Édris ben Saïd fut le dernier émir almohade ; il périt dans une bataille que lui livra à Dékala, au sud de Maroc, Iakoub, chef des Beni Merin, en 667 (1269 de J. C.). La dynastie fondée par Abou Mohammed ben Toumart compta quatorze émirs, et régna pendant cent cinquante-deux années lunaires (148 de l'ère vulgaire). Avec elle finit la puissance de la nationalité berbère. Si des princes de cette race parvinrent encore à établir leur autorité sur certaines portions du Maghreb, on ne voit plus se former un empire général ; le grand rôle politique de ces réformateurs religieux ne s'élèvera plus à des proportions aussi considérables. Les sectes successives, les révoltes, les luttes entre les tribus appartenant à des origines diverses, jetèrent dans ces populations de tels éléments de dissolution, que l'unité ne put plus être reconstituée. D'un autre côté, à mesure que la domination musulmane s'épuisait par des déchirements intérieurs, les nations chrétiennes achevèrent de se constituer après avoir dépossédé l'islamisme de toutes les contrées qu'il avait envahies, lorsque l'ardeur toute jeune encore du prosélytisme l'entraînait à des expéditions lointaines, ou lorsqu'au contact de sectaires sauvages et de races nouvelles il avait retrouvé un redoublement de fanatisme. Les peuples de l'Europe firent à leur tour irruption en Afrique, et précipitèrent par des entreprises incessantes, et quelquefois par des conquêtes plus étendues, le morcellement et la ruine des États musulmans dans le nord de ce continent.

Les Mérinides.

Les Beni Merin étaient originaires de Taza, à l'est de Fès, sur la route de Tlemsen ; ils appartenaient par leurs ancêtres à la puissante tribu des Zenata ; avant le démembrement de l'empire des Almohades, ils avaient été souvent leurs plus fermes auxiliaires pour réprimer les révoltes, et avaient été nommés gouverneurs d'une portion du pays, où leur autorité devint ensuite indépendante. Le fondateur de cette dynastie fut Abou

Iahia Abd-el-Hak. Il s'empara de Fês et de Taza, mit en déroute l'armée de l'émir almohade, Abou-Hafez Omar, en 635 (1237 de J. C.), et prit le titre de *Moula-cheikh* (maître et seigneur). Son successeur Ioucef, profitant des rivalités qui éclatèrent entre les derniers représentants de la famille des Almohades, compléta par la défaite d'Édris ben Saïd la prise de possession de tout le Maghreb-el-Aksa. Le fondateur du royaume de Grenade, attaqué par Alphonse le Savant, roi de Léon et de Castille, appela le fils d'Abou Iahia à son secours, et lui concéda les deux villes de Tarifa et d'Algésiras. Après des succès sans importance pour la cause de son allié, l'émir mérinide s'empara de Malaga, au détriment du souverain de Grenade. Son fils Iakoub lui succéda, et s'empressa de conclure la paix avec Sanche III, dit le Brave, qui avait hérité des couronnes de Léon et de Castille. Ioucef passa alors en Afrique, pour y faire reconnaître son autorité. Il tourna bientôt ses armes contre les Beni Zian, qui venaient de surgir à Tlemsen et alla assiéger cette ville. Le siége traîna en longueur, et ne dura pas moins de sept ans. Le camp des assiégeants se transforma en une ville assez considérable, située à un quart de lieue de Tlemsen et qu'ils nommèrent El-Mançoura (la victorieuse). On voit encore aujourd'hui le mur d'enceinte et le minaret de la mosquée de cette ville, qui n'a plus ni maisons ni habitants. Iakoub séjourna plusieurs années en Afrique, engagé dans des luttes continuelles avec les Beni Zian ; puis il se préoccupa de la situation de ses affaires en Espagne. La ville de Malaga avait été livrée par un gouverneur infidèle au roi de Grenade. Il avait réuni à Tanger une flotte considérable, et se disposait à aller venger cette trahison, lorsque Sanche III, son ancien allié, gagné par le roi de Grenade, vint détruire sur la côte d'Afrique les bâtiments destinés au transport de son armée. A la suite de ce succès, Sanche s'empara de Tarifa en 691 (1292 de J. C.) ; quatre ans après, Iakoub, ne possédant plus en Espagne que la ville d'Algésiras, renonça à toute entreprise sur l'Andalousie, et céda cette place au souverain de Grenade, moyennant une somme d'argent. La race berbère ne devait plus reparaître dans la péninsule ibérique.

Les successeurs d'Iakoub ne gardèrent pas longtemps la possession de la totalité des contrées qui composaient son empire dans le Maghreb-el-Aksa. En moins de cinquante années, neuf princes furent investis du pouvoir souverain. Le principal instrument de la ruine de cette dynastie fut la désunion, qui régna sans cesse entre les membres de la famille royale. Les Beni Merin luttèrent souvent avec avantage contre la dynastie rivale des Beni Zian ; ils se rendirent maîtres plusieurs fois de Tlemsen, et la fortune favorisa quelquefois leurs armes au point de les faire avancer jusqu'à Tunis, après avoir soumis Arzeu, Mostaganem, Bougie et Constantine. Mais ces succès furent toujours éphémères. En 776 (1374 de J. C.), deux prétendants appartenant à la famille royale réunirent leurs efforts, détrônèrent l'émir Es-Saïd et partagèrent le Maroc en deux États, dont l'un eut Fês pour capitale, et l'autre Maroc. Dans ces révoltes continuelles, les troupes chrétiennes, qu'à l'exemple des Almohades les princes mérinides entretenaient, intervinrent souvent, et firent arriver au pouvoir le prétendant qu'elles préféraient. Enfin, vers l'an 840 de l'hégire (1437 de J. C.), un prince mérinide ayant invoqué le secours d'Abou-Farès, de la famille des Beni Hafèz, qui régnait à Tunis, les Beni Merin furent chassés de Tlemsen et refoulés dans le Maroc. Abou-Farès confia le gouvernement de Tlemsen à la famille berbère des Beni Ifren, qui se reconnut tributaire du royaume de Tunis. Ainsi finit la domination des Mérinides ; elle dura environ deux cents ans, avec des vicissitudes si multipliées, qu'elle ne put jamais réunir sous une autorité vigoureuse les peuplades turbulentes du Maghreb-el-Aksa. Après leur chute, plusieurs petits États indépendants se maintinrent encore dans le Maroc ; mais leur histoire est tellement confuse, qu'on ne peut la suivre avec quelque certitude. Cet état d'anarchie et de tiraillements dura jusqu'au seizième siècle de notre ère, époque où la famille des chérifs, qui règne aujourd'hui dans le Maroc, reconstitua cet empire, et détruisit les établissements que les Portugais avaient formés dans cette partie de l'Afrique.

C'est sous les derniers princes mérinides (1415 de J. C., 823 de l'hégire) que Jean Ier, roi de Portugal, dirigea une première expédition contre Ceuta. Il s'empara de la ville, et y laissa une forte garnison. En 1437, sous le fils et successeur de Jean Ier, les Portugais opérèrent un nouveau débarquement pour attaquer Tanger. La ville fut secourue par une armée musulmane considérable ; les chrétiens furent obligés de capituler et de laisser un infant en otage comme garantie de l'exécution de la convention qui leur permit de s'embarquer. Mais ce serait nous éloigner de notre but, que de parler plus longuement des diverses tentatives faites, dans la suite, par les rois du Portugal pour s'établir dans le Maroc. L'histoire de l'Algérie ne se rattache plus que d'une manière indirecte à ces événements.

Les Beni Zian.

Lors de la décadence de la domination des Almohades, nous avons vu qu'un État indépendant se constitua à Tlemsen au profit des Beni Zian. Le pouvoir de cette dynastie s'exerçait sur la majeure partie des contrées comprises dans la province d'Alger et dans la province d'Oran de l'ancienne régence turque. La famille illustre des Beni Zian, appelée aussi les Abd-el-Ouahed, se rattachait par son origine à la tribu berbère des Meghraoua, branche des Zenata. Elle avait, à plusieurs époques, exercé sur la province de Tlemsen, soit à titre de souveraine soit comme tributaire, une autorité incontestée. Lorsque l'Afrique musulmane n'était pas encore démembrée, les Beni Zian avaient presque constamment été alliés aux khalifes ommiades d'Espagne, dont ils avaient embrassé le parti dans la querelle de cette dynastie contre les Abbassides ; ils purent ainsi se maintenir longtemps au pouvoir sans qu'aucun des rivaux songeât à contester leur position indépendante. Depuis ils s'étaient attachés, suivant les vicissitudes des temps, à la fortune des dynasties diverses qui se partageaient l'Afrique, prêtant le concours de leurs guerriers, tantôt aux Ommiades, tantôt aux Fathimites, tantôt aux Zirites. Éclipsés sous la domination des Almoravides et des Almohades, qui, au moyen de leurs doctrines religieuses, avaient réuni en faisceaux toute la race berbère, les Beni Zian reparurent au moment de la chute des Almohades, et se ressaisirent de l'autorité.

Ce fut sous le règne d'Abou-el-Hassan, un des derniers princes des Mouaheddin, que les Beni Zian, forts de leurs alliances avec les Berbères et de l'influence qu'ils exerçaient dans le pays, se révoltèrent. En 646 (1247 de J. C.), Iaghmouracen, qui était alors le chef de la famille des Abd-el-Ouahed, livra un combat à Abou-el-Hassan auprès de Kala, le mit en déroute, et se rendit maître du matériel de l'armée ennemie. Mais la fortune lui fut souvent contraire dans les nombreuses luttes qu'il eut à soutenir contre les Beni Merin, qui régnaient à Fès. Deux rencontres lui furent surtout fatales : l'une sur les bords de la Molouïa, et l'autre entre Ouchda et l'Oued Isli, deux champs de bataille illustrés par la bravoure de notre armée d'Afrique. Iaghmouracen était audacieux, d'une fermeté et d'un courage à toute épreuve ; il n'était pas moins prudent et habile administrateur. Les nombreuses défaites que les Mérinides lui firent essuyer ne purent jamais l'abattre. Ce prince, s'il faut en croire un historien arabe, avait aussi à son service une troupe de plus de cinq cents chrétiens ; c'était du reste à cette époque un usage général parmi les souverains qui dominaient l'Afrique. Voici comment le célèbre historien Ebn Khaldoun, qui a écrit l'histoire des Berbères, explique la présence de ces soldats chrétiens dans les armées africaines : « Les « rois du Maghreb ont pris la coutume « d'enrôler dans leur armée des troupes « franques ; ils le font, parce que leurs « compatriotes, en combattant, font « toujours semblant de fuir, puis se « retournant ils fondent sur l'ennemi ; « tandis que les Francs combattent en « restant inébranlables à leur poste. » Nos soldats ont pu voir, dans les nombreuses rencontres qui ont eu lieu en Algérie, que malgré les leçons des troupes européennes incorporées au treizième siècle dans les armées musulmanes, les indigènes n'ont modifié en rien leur manière de faire la guerre. Ce n'est certes pas par manque de courage, puisque les Arabes qui servent dans nos rangs sont aussi braves et font aussi bien que les Français; mais c'est l'empire de l'habitude, indestructible chez ces peuples, observateurs scrupuleux de toutes leurs traditions.

Iaghmouracen eut pour successeur son fils Othman, en 681 de l'hégire (1283 de J. C.). Ce fut sous ce règne que le sultan mérinide Abou Iâkoub fit le siége de Tlemsen pendant sept ans, et s'empara de cette ville; les habitants eurent à souffrir toutes les angoisses de la famine. Othman mourut avant la reddition de la place, dont il avait soutenu la défense avec la plus grande énergie. Son fils et successeur continua les mêmes efforts, et mourut après un règne de quatre ans, pendant que le siége durait encore. Ce fut Abou Hammou, frère d'Othman, appelé ensuite au pouvoir, qui vit enlever la capitale de ses États par les Mérinides. Après la prise de Tlemsen, quelques villes de la côte tinrent encore pour les Beni Zian; ils se retirèrent avec leurs richesses à Arzeu. A partir de cette époque, et jusqu'à l'établissement de la domination turque à l'est et au centre de l'Afrique septentrionale, dans le seizième siècle, les Beni Zian eurent à soutenir des luttes sans cesse renaissantes, soit contre les Beni Merin de Fès ou de Maroc, soit contre les Beni Hafèz de Tunis; souvent ils perdirent Tlemsen, leur capitale, ou furent obligés de se reconnaître tributaires; mais ils se relevèrent toujours de ces échecs, comme si le fondateur de la puissance de leur famille leur eût légué à tous quelque chose de son indomptable courage pour combattre la mauvaise fortune.

Les chroniques locales recueillies dans la province d'Oran racontent que sous le règne des Beni Zian le royaume de Tlemsen atteignit un grand état de prospérité Oran était le port où Marseille, Arles, Agde Narbonne, les Vénitiens, les Portugais et les Catalans venaient échanger des armes, des étoffes, de la verroterie, etc., contre de la poudre d'or, de l'ivoire, des plumes d'autruche, des laines, de la cire, des cuirs préparés, etc. Ces renseignements prouvent que Tlemsen entretenait un commerce important avec les tribus du Sahara et avec l'intérieur du continent africain. Quelques princes des Beni Zian ont frappé monnaie à leur coin; mais on ne trouve plus dans le pays que de très-rares pièces de leur monnaie. Les souverains de Tlemsen vivaient avec magnificence, et le bruit des richesses que renfermait leur capitale a souvent armé contre eux les sultans des contrées voisines.

Les Hafsides.

Les Beni Zian de Tlemsen et les Beni Merin du Maghreb-el-Aksa rencontrèrent dans l'est de l'Afrique d'autres compétiteurs au moment du partage des dépouilles des Almohades : c'étaient les Beni Hafèz, qui avaient à Tunis le siége de leur puissance. Le premier prince de cette dynastie fut Abou Mohammed Abd-el-Ouahed Abou Hafèz, qui prétendait descendre du koréchite Omar ben el-Khettab, deuxième khalife de l'islamisme après le prophète; mais sa famille s'était alliée aux Berbères, et se rattachait également à la tribu de Hentata, fraction des Masmouda. Nous avons déjà vu que lorsque En-Nacer, prince almohade, alla combattre dans la province de Tunis le rebelle El-Miorki, il confia en partant le gouvernement de cette province à Abd-el-Ouahed Abou Hafèz. Ce fut le successeur de cet émir, Abou Zakaria Iahia, qui se proclama indépendant, en 625 de l'hégire. Il s'arrogea le titre de prince des croyants. Profitant des troubles qui agitaient l'empire des Almohades, il prit les armes, et réunit sous son autorité toute la province de Tripoli, celles de Tunis, de Constantine, du Djérid, du Zab et une partie de celle d'Alger et d'Oran. Il poussa ses conquêtes jusque dans l'ouest, s'empara de Tlemsen, de Ceuta, et reçut la soumission de plusieurs villes d'Espagne, entre autres de Seville, de Grenade et d'Almeria. Mais ces villes ne restèrent pas longtemps sous sa dépendance. Il fit la paix avec les Beni Zian, et leur restitua Tlemsen; quant aux autres villes, elles retombèrent entre les mains des Beni Merin, ou des sultans de Grenade. Abou Zakaria était à la fois savant et poëte. Il était toujours vêtu très-simplement, et ne portait que des habits de laine. Il construisit des mosquées, des écoles, des bazars, et laissa à sa mort une bibliothèque de trente-six mille volumes. Il fut enterré à Bône, puis transporté à Constantine.

Premiers traités de commerce.

Le traité de commerce le plus ancien entre les musulmans africains et les Européens remonte à l'an 627 (1230 de J. C.). Ce traité, dont la durée fut fixée à trente ans, fut signé entre Abou Zakaria et la république de Pise, qui, la première de tous les peuples de l'Europe, avait noué des relations commerciales avec les ports du Maghreb. Venus des premiers en Orient lors des croisades, qui avaient donné un essor si rapide aux armements maritimes, les Pisans avaient aussi les premiers traité avec le sultan d'Égypte et sacrifié les antipathies religieuses aux intérêts nouveaux créés par le commerce. L'empereur Frédéric II, roi de Sicile et comte de Provence, traita également avec Abou Zakaria ; Gênes, Marseille, Venise et les Catalans, négocièrent aussi séparément avec lui. Ces traités réglaient les droits et les conditions des échanges dans tous les ports de la Méditerranée, depuis Tripoli jusqu'à Bougie, la liberté et la protection des marchands étaient aussi garanties ; ils avaient la faculté d'entretenir des églises, des bains et des cimetières, de posséder des maisons et des magasins. Les consuls connaissaient seuls des différends entre leurs nationaux ; et tous les chrétiens n'étaient pas responsables, comme cela eut lieu plus tard dans la Régence d'Alger, des délits ou des crimes commis par leurs compatriotes. Les consuls avaient le droit de se présenter une fois par mois à l'audience du prince, en quelque lieu qu'il se trouvât. Abou Zakaria se montra toujours fidèle observateur de ces conventions, et s'appliqua à ne pas favoriser d'une manière exceptionnelle une nation au préjudice des autres.

Le fils d'Abou Zakaria Iahia, surnommé Mostancer Billah, eut un règne très-agité ; cependant en 652 les Beni Merin reconnurent sa suzeraineté ; en 657 les chefs de la Mecque lui envoyèrent également leur soumission, comme au souverain orthodoxe le plus puissant de l'époque. Les juifs habitant dans ses États eurent à souffrir des avanies sans nombre. Mais le fait le plus important sans contredit du règne de ce prince fut l'expédition dirigée par saint Louis contre Tunis (668 ; 1270 de J. C.).

Expédition de saint Louis à Tunis.

Saint Louis n'avait pas été découragé par les résultats désastreux de son expédition contre l'Égypte ; désireux d'assurer la liberté du commerce dans la Méditerranée et d'affranchir les chrétiens d'Orient, il commença en 1268 les préparatifs d'une seconde croisade. Il éprouva d'abord des difficultés à se procurer la flotte nécessaire pour le transport de son armée ; les Vénitiens, avec lesquels il avait conclu un marché, refusèrent de l'exécuter, et il ne dut qu'à l'intervention chaleureuse du pape d'obtenir des Génois les navires dont on avait besoin. Saint Louis concentra ses forces dans le Bas-Languedoc et en Provence. Les troupes françaises, auxquelles s'étaient joints cinq cents Frisons, un assez grand nombre de Catalans et environ dix mille hommes envoyés par les Génois, s'embarquèrent à Marseille et à Aigues-Mortes. Le roi mit à la voile de ce dernier port le 4 juillet 1270, accompagné de ses trois fils, de sa fille et d'un de ses neveux. L'expédition aborda à Cagliari le 8 juillet.

Ce fut à Cagliari seulement que saint Louis fit connaître son intention de se porter d'abord sur Tunis, afin d'assurer les communications entre l'Europe et l'Orient par la conquête de ce royaume. Charles, frère de saint Louis et roi de Sicile, contribua puissamment à faire prévaloir cette détermination, dont il devait recueillir les premiers avantages, à cause de la proximité de ses États de Tunis. L'expédition se dirigea donc vers les côtes d'Afrique, et prit la mer le 15 juillet ; elle arriva le 17, sans accident, en face des ruines de Carthage. Le débarquement s'effectua le lendemain sans opposition de la part des Arabes. Dès que l'armée eut pris terre elle fut rangée en bataille, et le chapelain du roi lut une proclamation par laquelle les croisés prenaient possession du sol africain. Abou Mohammed Abd-Allah el-Mostancer fit sommer les troupes chrétiennes de s'éloigner de son royaume, et rendit responsables de l'exécution de cette injonction les chrétiens qui étaient établis en grand nombre dans Tunis. Saint Louis ne tint aucun compte de ces menaces, qui d'ailleurs ne furent pas réalisées.

Les journées du 19 au 22 juillet furent employées à l'installation du camp, et furent marquées par des petits combats livrés contre les nuées d'Arabes qui entouraient l'armée chrétienne. Mais au lieu de marcher contre Tunis et de profiter des succès que ses troupes remportaient dans ces luttes partielles, saint Louis fit entourer son camp de retranchements, et résolut d'attendre l'arrivée de son frère le roi de Sicile. Enhardis par cette inaction, les Arabes vinrent tous les jours attaquer le camp. Si on marchait à eux, ils fuyaient; puis, lorsque, fatigués de les poursuivre, nos soldats voulaient regagner le camp, ils reprenaient l'offensive, et harcelaient les Français jusqu'à ce qu'ils fussent à l'abri de leurs retranchements. Ces alertes continuelles épuisèrent la constance des troupes; réduits au biscuit et à la viande salée, les soldats furent bientôt atteints par les maladies que le climat fait éclater toujours rapidement parmi les grandes réunions de personnes étrangères au pays. Le vent du sud (siroco), qui soufflait avec violence, ne fit qu'augmenter les souffrances et le découragement. Les chefs les plus illustres des croisés furent frappés; le comte de Nevers, le plus jeune des fils de saint Louis, succomba. Bientôt le roi lui-même fut atteint par la contagion, et rendit le dernier soupir le 25 août 1270.

Les musulmans se réjouirent de la mort de saint Louis comme d'une victoire. Mais, le roi de Sicile étant débarqué le jour même où son frère expira, l'offensive fut reprise avec vigueur par les croisés. Le 28 août et les jours suivants les Arabes éprouvèrent de rudes échecs, et perdirent beaucoup de monde. Leur camp fut surpris par les chrétiens, qui en rapportèrent un butin considérable. Après cette défaite,

Abou Abd-Allah fit des ouvertures, et demanda la paix. Le roi de Sicile, ayant obtenu des conditions favorables à son royaume, signa un traité, dont la durée fut fixée à quinze ans. Les rois de France, de Sicile et de Navarre s'engagèrent à protéger les musulmans qui voyageraient dans leurs États. La même clause fut acceptée par le prince hafside; il consentit, de plus, à rendre les prisonniers, à payer 210,000 onces d'or pour frais de la guerre, et un tribut de 24,000 onces d'or par an au roi de Sicile, avec rappel de l'arrérage des cinq dernières années. Peu de jours après la signature du traité, le 18 octobre, les croisés s'embarquèrent. La flotte essuya une tempête qui fit périr dix-huit grands vaisseaux. Quatre mille soldats furent noyés. Le roi et la reine de Navarre, la jeune reine de France, le comte et la comtesse de Toulouse moururent pendant le voyage. Ainsi cette expédition coûta à la famille royale de France six de ses membres outre saint Louis. L'armée chrétienne était restée trois mois sur le territoire tunisien. On sait qu'une chapelle a été récemment élevée sur la côte d'Afrique, au lieu même où campaient les croisés, pour perpétuer le souvenir de cette croisade, qui coûta si cher à la France, mais qui força les musulmans à reconnaître une fois de plus la supériorité des armées chrétiennes.

Abou Abd-Allah semble avoir compris l'avantage qu'il y avait pour ses sujets à favoriser le commerce avec les peuples les plus industrieux du bassin de la Méditerranée. Il renouvela fréquemment des conventions commerciales avec les Génois, les Pisans, les Vénitiens, les Florentins. L'activité qui régnait alors dans tous les ports de l'Afrique, non-seulement dans les provinces de Tripoli et de Tunis, mais encore à la Calle, Bône, Collo, Djidjéli, Bougie, Dellis et Alger (qui dépendait alors des Beni Hafèz), contribua à amortir l'humeur turbulente des villes. La présence des comptoirs européens au milieu d'elles, des relations journalières, avaient beaucoup adouci le fanatisme de ces populations. La prolongation de cet heureux état de choses pouvait amener les résultats les plus féconds pour l'avenir de l'Afrique. On verra plus tard quelles

14º *Livraison*. (ALGÉRIE.)

circonstances contribuèrent à ramener en quelque sorte ces contrées vers la barbarie.

Hafsides.

A la mort d'Abou Abd-Allah, dont le long règne avait comprimé l'ambition des grands, de violentes dissensions éclatèrent parmi les Beni Hafèz. Trois ans s'étaient à peine écoulés, qu'on vit sous son second successeur, en 680 (1281 de J. C.), apparaître un aventurier nommé El-Fadhel, qui défit deux armées envoyées contre lui, et s'empara de toute la province jusqu'à Bougie. El-Fadhel était né à Msila, et avait été élevé à Bougie. C'était un pauvre tailleur, qui, en courant de pays en pays pour gagner sa vie, avait fait à Tripoli la connaissance d'un nègre ancien serviteur d'un ancien sultan hafside. Il se faisait passer pour le fils de cet ancien sultan, et le nègre confirmait le fait de son témoignage. Il fut renversé par Abou Hafèz, proclamé en 683.

Jusqu'au règne d'Abou Iahia, huitième sultan hafside qui fut proclamé en 718 (1317 de J. C.), les discordes de la famille royale se succédèrent avec des vicissitudes diverses. Les princes qui gouvernaient Bône et Constantine, constituées en vice-royautés, se révoltaient sans cesse contre le souverain, et parvenaient souvent à le déposséder. Abou Iahia s'empara de l'île de Djerba, dont Roger de Loria avait fait une principauté chrétienne en 1284. Son fils Abou Hafèz Omar lui succéda. Ce prince étant allé assiéger la ville de Bedja, située entre Bougie et Tunis, son frère Abou el-Abbas, gendre du sultan mérinide Abou el-Hassan, et qui avait été injustement frustré du trône, marcha contre Tunis, et s'en empara. Abou Hafèz Omar s'empressa d'accourir au secours de sa capitale, à la tête d'une armée, surprit Abou el-Abbas, et le fit périr. Le sultan mérinide manifesta à cette nouvelle une grande colère ; il rassembla ses troupes, et partit de Tlemsen, qu'il venait d'enlever aux Beni Zian. Pendant sa marche il soumit à son autorité les tribus arabes des provinces de Bougie, de Constantine et de Tunis, et se fit suivre de leurs contingents. En 748 (1347 de J. C.) Abou el-Hassan se rendit maître de Tunis.

Abou Hafez-Omar se réfugia à Kabès, où les partisans de Mérinides le tuèrent.

Un seul acte politique imprudent fit perdre à Abou el-Hassan le fruit de ses conquêtes. Lorsqu'il se crut solidement établi, il se montra ingrat envers les tribus arabes, ne voulut pas tenir les promesses qu'il leur avait faites, et leur retira les fiefs qui leur avaient été concédés par les sultans hafsides. Une partie de ces tribus prirent les armes, battirent les troupes qu'Abou el-Hassan dirigea contre elles, et vinrent l'assiéger dans Kairouan, où il s'était enfermé. Le prince mérinide s'enfuit avec beaucoup de peine de cette ville ; mais en arrivant à Tunis, ayant appris que son propre fils s'était emparé du pouvoir dans le Maghreb, il se hâta de regagner son royaume. Échappé miraculeusement à un naufrage, Abou el-Hassan rentra dans ses États ; mais dans la bataille qu'il dut livrer à son fils il fut défait et forcé de s'enfuir dans les montagnes. L'occupation du royaume de Tunis par les Mérinides ne dura que deux ans et demi. Les Beni Hafèz rentrèrent en possession de Tunis en 750 (1349 de J. C.).

A la faveur des guerres civiles qui éclatèrent dans le sein de la dynastie des Beni Merin, les Beni Hafèz et les Beni Zian purent relever leur puissance. A plusieurs reprises cependant on vit les Mérinides s'emparer soit de Tlemsen, soit de Bougie, de Constantine, de la province du Zab, et venir mettre le siège devant Tunis. Pendant un siècle et demi le nord de l'Afrique est troublé par les guerres incessantes des trois dynasties rivales. Les faits saillants de cette longue et orageuse période sont : la réunion momentanée des trois États dans les mains du sultan mérinide Abou el-Hassan ; le règne d'Abou Hammou roi de Tlemsen, qui assura trente-neuf ans de prospérité à cette contrée ; enfin la conquête d'une partie du royaume de Tlemsen par Abou Farès, sultan hafside. La ville de Bougie et le pays qui en dépendait resta au pouvoir d'une branche des Hafsides jusqu'au moment où don Pèdre de Navarre (1510) se rendit maître de cette ville. Le règne d'Abou Farès fut remarquable pour les provinces de Tunis, en ce qu'il réduisit les tribus arabes à l'obéissance, et les obligea à payer le zekket et l'achour, impôts religieux que tout musulman doit acquitter. Le zekket se prélevait sur les biens mobiliers et les troupeaux, et l'achour sur les récoltes.

Rapports avec les peuples chrétiens.

La suite des relations des Hafsides avec les peuples chrétiens offre plusieurs circonstances dignes de fixer l'attention. On a déjà vu qu'en 1284 Roger de Loria s'empara de l'île de Djerba, qui s'était soustraite à la domination du sultan de Tunis, et était devenue un repaire de pirates. Cette île demeura au pouvoir des chrétiens pendant cinquante et un ans. Les Siciliens, qui avaient eu souvent à réprimer les révoltes des Arabes ou à repousser les attaques des Hafsides, perdirent Djerba en 1335. Dans la même année, Philippe Doria, amiral de la république de Gênes, se présenta en ami devant Tripoli pour y acheter des vivres; puis, ayant bien reconnu les lieux, il s'éloigna; mais il revint à l'improviste, et se rendit maître de la ville par un hardi coup de main. Les Génois, craignant des représailles contre ceux de leurs nationaux qui étaient établis dans les ports musulmans, désavouèrent leur amiral et l'exilèrent avec ses compagnons. Philippe Doria, embarrassé de sa conquête, la rendit au cheikh de l'île de Djerba, qui, n retrouvant son indépendance, avait repris ses habitudes de piraterie. Après cet événement, Tripoli prit place parmi les États indépendants de l'Afrique septentrionale.

A la suite des traités de commerce qui furent signés entre Abou Abd-Allah et les princes chrétiens, presque immédiatement après l'expédition de saint Louis, on remarque une convention de même nature entre la Sicile et Tunis en 1285. Une première fois, en 1317 et 1320, et une seconde fois, en 1354 et 1358, les Vénitiens obtinrent entre autres privilèges celui de faire monnayer de l'or et de l'argent à Tripoli. Malgré les dissensions politiques qui agitèrent le Maghreb d'une manière si continue et si désastreuse pendant les treizième et quatorzième siècles, le commerce atteignit dans ce pays un assez haut degré de prospérité. Les Européens avaient établi des comptoirs dans les principales villes; ils s'y étaient fixés en grand nombre, et s'y livraient à un commerce considérable. On vit des chrétiens investis des pleins pouvoirs des princes arabes pour négocier des traités en leur nom. Les Pisans et les Vénitiens prenaient part au commerce intérieur et avaient obtenu la faculté de faire des caravanes; dans toutes les stations de leur route ils avaient le droit de faire paître, au moins pendant trois jours, les animaux qu'ils conduisaient. Ils parcouraient librement le pays, et avaient des courriers pour leur correspondance entre les différentes villes où se trouvaient leurs dépôts.

Les historiens attestent également que les marchands musulmans se rendaient très-fréquemment pour vendre leurs marchandises soit sur les côtes d'Espagne, de France ou d'Italie, soit en Sicile, en Sardaigne, en Corse, soit à Gênes, à Pise, à Télamone, à Gaëte, à Naples, à Venise, à Ancône, à Raguse. Ils rapportaient des marchés européens des étoffes et des objets manufacturés. D'un autre côté, Bougie et Tunis étaient après Alexandrie les villes d'Afrique où arrivaient le plus grand nombre de commerçants européens. Il a été aussi constaté que les sultans de Tunis entretenaient auprès d'eux des corps de troupes chrétiennes. Des seigneurs italiens passaient souvent en Afrique avec toute leur maison pour exercer des hautes charges à la cour des princes du Maghreb. Cette bienveillance réciproque entre les chrétiens et les musulmans était plus particulièrement sensible dans l'est que dans l'ouest, où prédominait encore l'influence berbère.

Expédition des Européens contre l'Afrique.

Après les succès et les revers des Siciliens, les premières attaques furent dirigées contre l'Afrique par Pierre III, roi d'Aragon. En 1277 il envoya une flotte qui ravagea les côtes et détruisit dans le détroit de Gibraltar les navires du sultan de Maroc, fils et successeur du fondateur de la dynastie des Mérinides. Cinq ans après le roi d'Aragon porta des forces considérables vers l'est, et débarqua à Collo, dont il s'empara sans difficulté. Il avait fait alliance avec le prince de la famille hafside qui gouvernait Constantine, et il voulait appuyer ses prétentions au pouvoir souverain. Mais le peuple de Constantine, indigné des relations de son gouverneur avec les chrétiens, se souleva, et le massacra. Pierre d'Aragon, qui, en attaquant Collo, n'avait voulu que cacher le but de ses armements, dirigés contre la Sicile, s'éloigna de la terre d'Afrique, dès qu'il connut la mort de son allié, et alla enlever la Sicile aux Français. Plus tard, en 1309, la Castille et l'Aragon opérèrent un débarquement à Ceuta, et se rendirent maîtres de cette ville. Mais les Espagnols ne gardèrent pas leur conquête; ils en firent don à un chef indigène qui leur avait rendu des services. Ceuta appartenait alors au sultan de Grenade.

Les relations bienveillantes que les Génois entretenaient avec les princes de Tunis furent troublées vers le milieu du quatorzième siècle, soit que les Arabes fussent excités contre les marchands génois par les Vénitiens, leurs rivaux, soit que l'avidité naturelle de ces sultans, qui se succédèrent si rapidement au pouvoir, les poussât à rançonner les commerçants; Gênes fut réduite à déclarer la guerre aux Hafsides, à la suite de nombreux actes de piraterie commis contre ses navires. Elle débuta par quelques prises heureuses sur les Africains; en 1388 ses galères pillèrent l'île de Djerba. Mais les incursions des musulmans jusque dans les rivières de ses villes, qu'elle ne put toujours protéger, lui firent éprouver des pertes considérables. Les Génois, n'osant entreprendre seuls une attaque contre Mahdia, sollicitèrent l'assistance du roi Charles VI, qui régnait alors en France. Leur demande fut accueillie, et le duc de Bourbon, oncle du roi, fut mis à la tête de cette expédition. Les principaux seigneurs de la cour de France et de celle d'Angleterre voulurent s'associer à cette espèce de croisade, au nombre de plus de quatorze cents; les Génois fournirent dix-huit mille hommes: on partit de Gênes vers la fin de juin 1390. Lorsque la flotte arriva devant Mahdia, la saison des chaleurs venait de s'ouvrir; les Arabes laissèrent débarquer l'armée sans opposer de résistance, dans l'espoir de la voir bientôt consumée par les maladies du pays, par la chaleur et par les escarmouches continuelles dont ils comptaient la harceler. Les choses se passèrent comme ils l'avaient prévu. L'armée chrétienne, mal commandée, mal organisée, accablée par la fatigue des combats livrés journellement contre les Arabes pendant la plus grande ardeur du soleil, ne put faire aucune opération décisive, et dut reprendre la mer, après avoir vainement assiégé Mahdia pendant soixante et un jours. Cette expédition fut la dernière entreprise des États italiens sur les côtes d'Afrique; pendant tout le quinzième siècle la paix entre ces États et le Maghreb ne fut pas troublée. Le dernier traité de commerce fut signé avec les Pisans en 1424 (827 de l'hégire).

Mais les Espagnols continuèrent les hostilités contre les princes du Maghreb, et contribuèrent à hâter leur chute. En 1432 les Aragonais saccagèrent Djerba et l'île de Kerkena, sans y fonder d'établissement. En 1481 la ville de Mélilla fut prise par les Espagnols, et devint un apanage de la grandesse. Après la chute du royaume de Grenade, les entreprises de l'Espagne contre l'Afrique devinrent plus sérieuses. Le cardinal Ximenès détermina Ferdinand le Catholique à armer une flotte, qui, sous la conduite de don Diégo de Cordoue, s'empara de Mers-el-Kebir, en 1505. La ville fut occupée par des forces importantes. En 1508 l'amiral Pierre de Navarre se rendit maître du Peñon de Velez, sur les côtes de Maroc. L'année d'après Oran fut prise par le cardinal Ximenès en personne, qui avait payé une partie des frais de l'expédition. En 1510 Pierre de Navarre s'empara de Bougie, et y installa une forte garnison. A la suite de cette conquête, la plupart des villes du Maghreb, frappées d'épouvante, reconnurent la suzeraineté de l'Espagne, s'engagèrent à lui payer tribut et à mettre en liberté les esclaves chrétiens. Au nombre de ces villes on comptait Alger, Dellis, Tlemsen, Mostaganem et Tunis même. Dans la même année les Espagnols prirent Tripoli, qui fut réunie à la vice-royauté de Sicile; ils y laissèrent une garnison. Pierre de Navarre attaqua ensuite, de concert avec don Garcia de Tolède, l'île de Djerba, qui était devenue un repaire de pirates. Son armée, exténuée par la chaleur, s'étant débandée autour de quelques puits, les Arabes se ruèrent sur elle, et la taillèrent complétement en pièces. Les choses restèrent à peu près dans cette situation jusqu'à l'établissement des Turcs à Alger.

Décadence des trois dynasties arabes.

Ainsi les Beni Merin, les Beni Zian et les Beni Hafèz voyaient simultanément décroître leur puissance devant les attaques des peuples chrétiens. On a déjà constaté que les dissensions intestines dans les familles de chacune de ces dynasties avaient contribué à précipiter leur ruine; d'autres éléments de dissolution vinrent ajouter pour les Beni Zian à ces malheurs. Les tribus arabes qui avaient envahi l'Afrique sous le règne des khalifes Zirites ne s'étaient confondues ni avec les premiers conquérants, ni avec les Berbères. Elles n'avaient jamais accepté longtemps la domination d'aucun des chefs du pays; et soit qu'on les vit s'allier avec le prétendant victorieux, soit qu'elles se missent en rébellion, elles avaient toujours les armes à la main. Profitant des discordes qui divisaient la famille des Beni Zian, les Arabes se soulevèrent dans la province d'Oran; ils se rendirent maîtres de Mostaganem, de Mazagran, de Tunis, de Mazouna, et se déclarèrent indépendants. Toutes les tribus berbères depuis Mostaganem jusqu'au-dessous de Miliana, dans la Métidja, reconnurent leur autorité.

D'un autre côté, après une lutte de huit siècles, le christianisme avait entièrement triomphé en Espagne, et le royaume de Grenade était tombé au pouvoir d'Isabelle et de Ferdinand. Un grand nombre d'Arabes s'étaient réfugiés en Afrique; ceux qui, préférant leurs intérêts et leurs habitudes aux excitations du fanatisme, avaient espéré pouvoir vivre sous la loi des chrétiens, furent expulsés de la Péninsule par deux décrets de Ferdinand le Catholique de 1499 et de 1500. Lorsqu'ils arrivèrent dans le Maghreb, loin d'être accueillis comme des coréligionnaires qui avaient accepté les maux de l'exil plutôt que d'abjurer leur foi, ces malheureux furent pillés et massacrés par les Berbères. Faut-il attribuer cet acte de barbarie, si contraire à l'esprit de fraternité que les musulmans du globe entier pratiquent toujours entre eux, aux vieilles querelles des Arabes et des Berbères, aux rancunes des Africains dépossédés par les rois de Grenade, ou bien à la cupidité sans entrailles des tribus qui en voyant débarquer ces fugitifs chargés de quelques bagages les attaquèrent et les massacrèrent pour les dépouiller plus sûrement? Quoi qu'il en soit, tant de souffrances endurées par ces réfugiés ne firent qu'accroître la haine qu'ils avaient vouée aux chrétiens qui les avaient chassés de l'Espagne. Ils se disséminèrent sur tous les points de la côte, et donnèrent une nouvelle activité et un caractère de cruauté plus grande encore aux courses et aux brigandages des corsaires musulmans qui infestaient ces parages, et qui avaient fait surnommer cette partie de la Méditerranée le *champ des pirates*.

Ainsi, pendant que les peuples d'Italie avaient contribué à amener une sorte de rapprochement entre les commerçants européens et musulmans dans le royaume de Tunis et dans la portion orientale de l'Algérie actuelle, les Espagnols, par l'expulsion des Arabes d'Espagne, et par leurs agressions contre les ports du Maghreb, détruisirent bientôt ces bonnes dispositions. L'apparition des Turcs, qui donnèrent pour ainsi dire une organisation à la piraterie et se substituèrent au pouvoir des Beni Hafèz et des Beni Zian, fit perdre rapidement aux musulmans africains la prospérité dont ils jouissaient, et jeta entre les deux religions les ferments d'une haine irréconciliable.

PÉRIODE TURQUE.

(Du seizième au dix-neuvième siècle.)

Fondation de la Régence d'Alger.

Pour apprécier les circonstances qui préparèrent et favorisèrent l'établissement des Turcs dans l'Afrique septentrionale et la fondation de la Régence d'Alger, il est nécessaire de jeter un coup d'œil rapide sur l'ensemble de la situation de ces contrées au commencement du seizième siècle, telle qu'elle ressort des développements qui précèdent. L'histoire des provinces constituant aujourd'hui les possessions françaises dans le nord de l'Afrique va devenir entièrement distincte de celle des États musulmans de l'est (Tripoli et Tunis) et de ceux de l'ouest (Maroc).

On a vu que la famille des Hafsides, en proie à des dissensions intestines, se disputait à Tunis la possession d'une autorité plus nominale que réelle; les tribus arabes des provinces de Tunis, de Constantine et de Bougie, tiraillées en sens divers par les différents prétendants au pouvoir souverain, étaient continuellement en révolte, refusaient l'impôt et entretenaient le pays dans une agitation des plus violentes. Les dépendances de l'ancien royaume des Beni Zian situées à l'est de Tlemsen avaient secoué le joug et obéissaient aux Mehals, depuis Mostaganem jusqu'à Alger. Dans l'ouest, les Beni Merin, fractionnés en petites souverainetés sans importance, ne pouvaient dominer les troubles qui divisaient la population berbère. Ainsi, de la frontière de l'Égypte jusqu'au rivage de l'océan Atlantique, nulle part l'autorité ne se trouvait concentrée entre des mains vigoureuses; nulle part on ne rencontrait un véritable pouvoir, un état régulièrement constitué, une société calme et assise.

Aux relations amicales qui avaient existé par le commerce entre les Européens et les Musulmans, des hostilités avaient succédé sur toute l'étendue des côtes. Les Portugais étaient maîtres, dans le Maroc, de Ceuta, d'Arzilla, de Tanger, d'Azemmour, de Safi, de Mazagran et de toute la province de Dekkala. Les Espagnols occupaient le Peñon de Velez, Mélilla, Mers-el-Kebir, Oran, le Peñon d'Alger, Bougie, le fort de la Goulette devant Tunis. Les Génois s'étaient emparés de Djidjéli. Malgré le grand nombre des établissements européens, la piraterie des musulmans exerçait des ravages considérables sur les côtes de l'Italie et de l'Espagne, et les navires de commerce européens ne pouvaient naviguer dans la Méditerranée que réunis en convoi et sous l'escorte de galères armées en guerre. Ces corsaires arabes, dont le principal repaire avait d'abord été dans l'île de Djerba, puis à Tripoli, s'étaient recrutés, comme on l'a vu, d'une grande quantité de musulmans chassés d'Espagne par Ferdinand le Catholique. Ils avaient formé dans l'ouest, à Cherchel, un centre de piraterie, non moins redoutable que celui établi à Djerba.

Il n'est pas inutile de rappeler aussi que la population de l'Afrique septentrionale était en ce moment dans un grand état de confusion. Les races berbères s'étaient usées et affaiblies dans des luttes incessantes, soit contre les souverains, soit contre les Arabes. Ceux-ci, qui avaient relevé depuis peu la suprématie de leur race dans les provinces du centre, n'avaient pas su constituer un État. La présence des négociants européens dans quelques villes, des esclaves chrétiens, des troupes européennes entretenues par plusieurs princes, enfin des descendants des anciennes hordes kurdes, augmentaient encore le morcellement et les divisions de la population. Il était impossible de trouver au milieu de tant d'éléments si divers, hostiles les uns aux autres, un point d'appui pour un mouvement de reconstitution. C'est du dehors que vint la force qui, en donnant une impulsion plus énergique au fanatisme et aux instincts de rapine et de brigandage, parvint à fonder une puissance nouvelle.

Aroudj et Kheir-ed-Din.

Telle était la situation de l'Afrique septentrionale lorsque parurent deux aventuriers, Aroudj, nommé par les Turcs *Baba-Aroudj* (dont les Européens ont fait par corruption Barberousse) et son frère Kheir-ed-Din. Leurs exploits remplirent bientôt de terreur tous les parages de la Méditerranée, et ils organisèrent sur les côtes d'Afrique un État important placé sous le patronage du sultan de Constantinople. Ces deux hommes, que la témérité de leur courage et leurs conceptions hardies ont fait ranger au nombre des personnages illustres de ce siècle fécond en caractères singuliers et remarquables, méritent qu'on s'étende avec quelques détails sur leur origine et sur les faits principaux de leur carrière.

Vers la fin du quinzième siècle, sous le règne du sultan Bajazet II, vivait dans l'île de Métilène, l'ancienne Lesbos, un potier du nom d'Iakoub. Il eut quatre fils : Élias, Ishac, Aroudj, et Kheir-ed-Din. Aroudj se fit bientôt remarquer par son esprit entreprenant et résolu. A la mort de son père, il organisa avec son frère Elias un armement recruté parmi les jeunes marins de Métilène pour courir sur les chrétiens. La fortune leur fut d'abord contraire ; dans un combat livré contre des galères de l'île de Rhodes, Élias fut tué avec un grand nombre de ses compagnons et Aroudj fut fait prisonnier. Mais il parvint bientôt après à s'échapper, et se réfugia dans un port de la Caramanie. De là il se rendit en Égypte, et peu de temps après on le vit apparaître à la tête d'une petite flotte qui ravagea les côtes de la Pouille, et porta l'alarme et l'épouvante dans la plus grande partie de la Méditerranée.

Aroudj établi à Tunis.

L'année suivante, Aroudj établit sa croisière sur les côtes du royaume de Tunis. Il demanda au sultan de ce pays (Mouley Mohammed, prince hafside) la permission d'abriter sa flotte dans un des ports de ses États, et d'en faire le centre de ses entreprises maritimes. Il obtint cette autorisation, moyennant l'engagement qu'il prit de respecter les sujets et les alliés du sultan, et de lui donner le cinquième des prises qu'il ferait sur les chrétiens. Son frère Kheir-ed-Din vint le rejoindre, et ils s'établirent à Tunis. La bravoure de ces corsaires, les riches captures qu'ils enlevèrent aux Espagnols et aux Italiens, rendirent leur nom célèbre sur tout le littoral du Maghreb. Ils eurent bientôt acquis assez d'importance pour songer à se créer une petite principauté indépendante et s'affranchir de l'espèce de tribut qu'ils payaient au sultan hafside.

Tentative contre Bougie.

Ils portèrent leurs vues sur Bougie, qui était alors, depuis trois ans, au pouvoir des Espagnols. Ils réunirent cinq navires, et vinrent débarquer auprès de la ville en 1512 (918 de l'hégire). Dans une reconnaissance qu'Aroudj voulut faire de la place, il eut le bras emporté par un boulet. Pendant que son frère se retirait à Tunis pour se faire guérir, Kheir-ed-Din prit le commandement de la flotte, et se rendit sur les côtes d'Espagne, afin de faciliter le passage en Afrique des musulmans espagnols qui, après avoir d'abord embrassé le christianisme, lors des décrets d'expulsion de Ferdinand, persécutés de nouveau, s'enfuyaient des villes, et cherchaient à passer la mer pour retourner à l'islamisme. Kheir-ed-Din en reçut un certain nombre sur ses navires. Il ravagea ensuite l'île de Minorque, fit quelques prises auprès de la Corse, et rentra à Tunis au commencement de la mauvaise saison.

Prise de Djidjéli.

Les Génois, commandés par André Doria, vinrent attaquer les deux frères, brûlèrent quelques-uns de leurs bâtiments et en prirent six. Dès qu'Aroudj fut guéri de sa blessure, pour échapper à la surveillance du sultan de Tunis et pour être mieux protégé contre les attaques des chrétiens, il alla s'établir à l'île de Djerba, où il employa toute l'année 1513 à réparer ses pertes. En 1514 il fit avec son frère un armement pour s'emparer de Djidjéli. Cette ville était occupée par les Génois. A l'approche des corsaires, les habitants musulmans, qui les avaient appelés, et les Kabiles des montagnes environnantes se joignirent à eux; en peu de jours ils se rendirent maîtres de cette place. Un butin immense tomba entre leurs mains, et fut également partagé, sans établir de distinction, entre tous ceux, Turcs ou indigènes, qui avaient concouru à la victoire. Aroudj et Kheir-ed-Din envoyèrent un présent considérable au sultan Sélim, qui régnait alors à Constantinople. Telle fut en quelque sorte la prise de possession du territoire de la régence d'Alger par les Turcs, et l'inauguration de la politique d'Aroudj et de son frère, qui mirent toujours tous leurs soins à intéresser à leurs succès les princes musulmans les plus puissants qui régnaient en Orient, et à s'assurer leur appui.

Seconde tentative contre Bougie.

Barberousse avait à cœur la conquête de Bougie; en 1515 (921 de l'hégire) il résolut de faire une seconde entreprise. Un grand nombre de Kabiles, conduits par leurs marabouts, vinrent demander à prendre part à la délivrance de Bougie du joug des infidèles. Ces auxiliaires se rendirent par terre à l'embouchure de la rivière de Bougie (Oued-Soummam), où le rendez-vous avait été fixé; les corsaires partis de Djidjéli avec trois de leurs bâtiments mouillèrent en dedans de la barre. Ils formèrent aussitôt le siége de la ville; elle était défendue par don Raymond Carroz, qui repoussa toutes les attaques avec la plus grande vigueur. Après trois mois d'efforts infructueux, les assiégeants, manquant de munitions, s'adressèrent au sultan de Tunis pour en obtenir; mais ce prince, qui commençait à redouter l'esprit entreprenant de ces corsaires, refusa tout secours. Ils furent donc obligés de lever le siége. Quand ils voulurent s'embarquer, il se trouva que, la rivière ayant beaucoup baissé, leurs navires ne purent plus sortir, et ils durent prendre le parti de les brûler pour ne pas les laisser au pouvoir des Espagnols. Ils regagnèrent Djidjéli par la voie de terre. Aroudj resta dans cette ville, et son frère Kheir-ed-Din se dirigea sur Tunis, pour s'occuper de remplacer les bâtiments qu'ils venaient de perdre et pour enrôler de nouveaux compagnons.

Prise d'Alger et de Cherchel.

La même année, Barberousse trouva une occasion de se dédommager de l'échec qu'il avait éprouvé devant Bougie. Salem Ben Toumi, chef des Beni Mezghana, dont Alger était la capitale, l'appela à son aide pour faire la guerre aux Espagnols. Ces derniers avaient bâti depuis quelques années une forteresse sur l'îlot qui était en face de la ville, et qu'ils appelaient le Peñon d'Alger. La présence des Espagnols dans cette île, qui commandait l'entrée du port d'Alger, empêchait les Beni Mezghana de faire des armements importants pour se livrer à la course. La renommée des vainqueurs de Djidjéli fit espérer à Salem Ben Toumi que l'intervention des Turcs délivrerait la ville du dangereux voisinage des chrétiens. On a déjà vu que les Beni Mezghana, détachés du royaume des Beni Zian de Tlemsen, étaient à peu près indépendants. Ils avaient élu pour leur chef Salem Ben Toumi, d'une riche famille de la Métidja.

Aroudj partit par terre de Djidjéli avec huit cents Turcs et trois mille Kabiles; il fit embarquer en même temps sur les fustes qu'il possédait encore un corps de quinze cents Turcs. Avant de quitter Djidjéli, il eut soin d'informer son frère Kheir-ed-Din, alors à Tunis, de la nouvelle entreprise dans laquelle il s'engageait, et lui demanda de lui envoyer comme renforts tous les Turcs qu'il pourrait recruter. Les habitants d'Alger accueillirent avec joie ceux qu'ils attendaient comme des libérateurs. Cependant Aroudj ne s'arrêta que peu de jours dans la ville. Avant de rien entreprendre contre le Peñon, il dirigea une expédition sur Cherchel, soit qu'il voulût s'assurer un refuge, ou bien aller enrôler des soldats dans cette petite ville, peuplée de musulmans réfugiés d'Espagne, connus pour de hardis pirates, soit qu'il voulût seulement gagner du temps pour que son frère pût lui envoyer les renforts qu'il avait demandés. Cette expédition fut courte et heureuse. A son retour à Alger, il attaqua le Peñon; mais les canons qu'il employa étaient d'un si petit calibre, que, quoique la batterie fût établie à environ cent pas de la forteresse, les boulets ne causèrent aucun dommage sérieux. Il continua cette canonnade pendant vingt jours sans obtenir aucun résultat. Ces délais avaient été mis à profit, les soldats envoyés par son frère arrivèrent en grand nombre. En voyant augmenter les troupes turques, dont l'insolence envers les habitants redoublait chaque jour, Salem Ben Toumi se repentit d'avoir appelé des auxiliaires aussi dangereux. Il n'était plus temps ; Aroudj avait gagné la faveur populaire en fréquentant assidûment les hommes pieux et les savants et en déployant une activité extraordinaire contre les ennemis de l'islamisme ; il usurpa d'une manière insensible les attributions du pouvoir souverain, fit obtenir les emplois les plus importants à ses Turcs et à ses créatures, et s'attacha les principaux habitants en leur distribuant des présents et en leur faisant des promesses magnifiques. Enfin quand il se crut assez fort, il fit saisir Salem Ben Toumi, le pendit à une porte de la ville (la porte Babazoun), et se fit proclamer roi d'Alger. Le fils de Salem parvint à s'échapper, et se réfugia à Oran, d'où il passa ensuite en Espagne.

Dès que Barberousse fut maître du pouvoir, il manda promptement auprès de lui son frère, qui se trouvait alors à l'île de Djerba. Se fiant peu aux Algériens et aux Arabes qu'il avait amenés de Djidjéli, il appela à Alger des hommes sûrs et dévoués, et s'entoura préférablement de Turcs. Il s'occupa aussitôt des soins de l'administration, régla les impôts, organisa des armements ; il ajouta de nouveaux ouvrages à la Casba (citadelle) et y mit une garnison turque ; au dehors, il comprima et soumit les Arabes, dans un rayon étendu. Chaque jour ses troupes sortaient de la ville pour châtier quelque tribu récalcitrante ; elles revenaient toujours victorieuses et chargées de butin, après avoir surpris et dompté ceux qui refusaient de reconnaître le pouvoir nouveau. Enfin, en peu de temps, la sévérité ou la clémence, les châtiments ou les libéralités, rendirent Aroudj maître de toute la province d'Alger. Mais peu rassuré sur l'avenir de ses conquêtes, justement préoccupé des difficultés qu'il rencontrerait, soit de la part des indigènes, soit de la part des peuples européens dont il menaçait les établissements en Afrique et dont il ruinait le commerce, il se déclara le vassal du Grand-Seigneur, et se plaça sous sa protection.

En effet l'élévation de Barberousse ne tarda pas à soulever des protestations violentes de la part de la population arabe. Les habitants d'Alger, qui avaient beaucoup à souffrir des allures indisciplinées et turbulentes des soldats turcs, se concertèrent avec les Arabes de la Métidja et avec les Espagnols de Peñon pour renverser leurs nouveaux dominateurs. Cette conspiration fut découverte ; Aroudj prit des mesures pour en empêcher le succès, sans faire connaître qu'il était instruit des projets des conjurés. Profitant de la cérémonie de la prière du vendredi, qui avait réuni les principaux d'entre eux dans la mosquée, il les fit arrêter et mettre à mort. Cet acte de rigueur suffit pour tout faire rentrer dans le devoir.

Expédition espagnole contre Alger.

L'établissement de Barberousse à Alger était un danger pour les Espagnols, parce que cette ville allait devenir le refuge des plus hardis corsaires de la Méditerranée. Ils en avaient éprouvé un dommage d'une autre sorte : lors de la prise de Bougie par Pierre de Navarre, Alger, comme beaucoup d'autres villes arabes, avait fait sa soumission à l'Espagne et lui payait un tribut annuel. Depuis l'occupation de cette ville par les Turcs le payement de ce tribut avait cessé. Ferdinand venait de mourir en 1516. Le cardinal Ximenès, régent du royaume, comprenant la gravité des événements qui s'étaient accomplis à Alger, organisa aussitôt une armée de huit mille hommes, dont il confia le commandement à Diego de Vera. Le but de cette expédition était d'enlever Alger aux Turcs, et d'y rétablir le fils de Salem, qui s'était adressé aux Espagnols pour implorer leur appui. D'un autre côté, le sultan de Tlemsen, effrayé du progrès d'Aroudj, avait également sollicité l'intervention de l'Espagne, et avait fourni sur les dispositions des Algériens et des Arabes de la Métidja à l'égard de leurs nouveaux maîtres des renseignements qui déterminèrent le cardinal Ximenès à faire cet armement. Les forces espagnoles arrivèrent devant

Alger vers la fin du mois de septembre; elles débarquèrent sans difficulté, et établirent leur camp non loin de la ville, vers le quartier appelé actuellement Hussein-Dey. La mauvaise composition des troupes de don Diego de Vera et le plan d'attaque vicieux qui fut adopté firent échouer cette entreprise. Les Espagnols furent mis en fuite; ils laissèrent trois mille cadavres sur le terrain, et quatre cents prisonniers tombèrent au pouvoir d'Aroudj. Les Arabes de l'extérieur, loin de prêter leur concours aux chrétiens, comme on l'avait annoncé, contribuèrent à augmenter encore le désordre de la fuite, et prirent part au pillage du camp. Pour comble de malheur, les débris de l'armée, embarqués à la hâte, essuyèrent une tempête furieuse qui fit périr la majeure partie de la flotte avant sa rentrée dans les ports de l'Espagne.

Prise de Tenès et de Tlemsen.

Après la défaite des Espagnols, Barberousse divisa ses conquêtes en deux parties; celle de l'est fut confiée à Kheir-ed-Din, qui établit sa résidence à Dellis; il se réserva la partie occidentale, dont Alger fut la capitale. Ces choses réglées, il marcha contre le prince qui régnait à Tenès, et qui appartenait à la famille des Beni Zian; il n'avait pu se défendre contre les agressions des arabes Mehals qu'avec le secours des Espagnols d'Oran, dont il avait reconnu la souveraineté. Les deux armées se rencontrèrent sur les bords du Chélif. Quoique très-inférieure en nombre, l'infanterie turque, qui se servait d'arquebuses, mit en déroute les troupes de Tenès, poursuivit sa victoire, et s'empara de la ville sans éprouver de résistance. Pendant qu'il était à Tenès, Aroudj reçut une députation des habitants de Tlemsen, qui réclamèrent son secours contre Bou Hammou, leur sultan. Ce prince, de la branche aînée des Beni Zian, après avoir fait alliance avec les Espagnols, avait dépossédé son neveu, qu'il tenait prisonnier, et avait usurpé la couronne. Aroudj saisit avec empressement cette occasion d'étendre ses conquêtes; il se mit en marche sur Tlemsen. À mesure qu'il approchait les tribus venaient au-devant de lui, pour faire leur soumission. Bou Hammou se porta à sa rencontre, et lui livra bataille à quatre lieues d'Oran. La fortune fut encore favorable au chef des corsaires turcs; le sultan fugitif se retira à Fès, où régnaient les Beni Merin. Tlemsen ouvrit ses portes. Aroudj parut d'abord vouloir agir avec bonne foi. Il fit sortir de prison le neveu de Bou Hammou, et lui rendit le pouvoir. Mais peu de jours après, feignant d'aller prendre congé de lui pour retourner à Alger, il pénétra dans son palais avec une troupe de soldats dévoués, le fit étrangler en sa présence avec tous ses enfants, et se proclama sultan de Tlemsen. Tous les membres de la famille royale furent noyés dans une vaste pièce d'eau du palais; les habitants connus par leur attachement pour les Beni Zian furent égorgés en détail. La population, frappée de terreur, subit le joug qu'elle s'était imposé en invoquant imprudemment l'intervention d'un chef aussi cruel. Cependant Aroudj, craignant de ne pouvoir se maintenir dans cette ville éloignée de la côte, et voulant se ménager l'appui du Grand-Seigneur, écrivit de nouveau à la Porte pour lui faire hommage de sa conquête. Il envoya une garnison de cinq cents hommes à Kala, forteresse appartenant aux Beni Rached, et située à peu près à moitié distance entre Tlemsen et Alger.

Les Espagnols attaquent Aroudj dans Tlemsen.

Bou Hammou, pendant qu'il était sultan de Tlemsen, entretenait un grand commerce avec Oran. Il fournissait la garnison espagnole de toutes les denrées nécessaires à sa subsistance. Un des premiers actes d'Aroudj, après la prise de possession de Tlemsen, avait été de défendre, sous les peines les plus sévères, toutes relations de commerce avec Oran. Les Espagnols souffraient beaucoup de cette mesure. Aussi lorsque Bou Hammou s'adressa à la cour d'Espagne pour obtenir des secours, Charles-Quint, qui venait de monter sur le trône, ordonna au marquis de Gomarez, gouverneur d'Oran, de faire une expédition contre Tlemsen pour y rétablir le sultan arabe. Le général espagnol voulut d'abord s'emparer de la forteresse de Kala pour être maître des communications entre Alger et Tlemsen, et empêcher l'arrivée des renforts qui ne manqueraient pas d'être envoyés à Aroudj. Le colonel Martin d'Argote fut choisi pour commander l'expédition ; il partit à la tête de deux mille soldats européens, et d'un nombre considérable d'indigènes, sous la conduite de Bou Hammou. Kala était défendue par Ishak, frère d'Aroudj et par un renégat corse du nom de Skender. Les Espagnols investirent la place ; les Turcs firent plusieurs sorties, dans lesquelles ils tuèrent du monde aux assiégeants. Mais ceux-ci de leur côté attirèrent la garnison dans une embuscade, et lui firent éprouver des pertes. Les Espagnols ayant pratiqué une mine renversèrent une partie des remparts, et ouvrirent une brèche. Enfin, affaiblis par la perte d'un grand nombre des leurs, et par la désertion de presque tous les habitants de Kala, les Turcs rendirent la place à la condition qu'ils sortiraient avec armes et bagages pour aller où bon leur semblerait ; cette capitulation fut indignement violée. Au moment où les Turcs évacuaient Kala une altercation s'éleva entre un Arabe de l'armée chrétienne et l'un d'eux ; le soldat turc fut tué par l'indigène. Aussitôt, comme si ce meurtre n'était qu'un signal convenu, les Espagnols entourèrent la garnison et la massacrèrent tout entière, à l'exception de seize Turcs que le colonel Martin d'Argote prit sous sa sauvegarde. Ishak et Skender, qui soutinrent la lutte jusqu'au dernier instant, en animant leurs compagnons au combat, périrent tous deux les armes à la main.

Le commandant espagnol remit la ville à Bou Hammou ; une garnison y fut installée pour maintenir son autorité, et l'expédition retourna à Oran. Sans perdre de temps, le marquis de Gomarez organisa aussitôt une nouvelle armée pour marcher sur Tlemsen. Martin d'Argote fut encore désigné pour la commander. Il s'embarqua avec ses troupes, et alla débarquer à l'embouchure de la Tafna, au sud de Tlemsen. Bou Hammou et les contingents arabes qu'il avait réunis vinrent le rejoindre par terre. L'armée alliée se dirigea ensuite sur Tlemsen. A son approche, les habitants, que les cruautés de Barberousse avaient exaspérés, se révoltèrent contre lui et ouvrirent les portes aux Espagnols. Les troupes turques se renfermèrent à la hâte dans la citadelle (*le Mechouar*), et s'y défendirent pendant vingt-six jours, espérant que le sultan de Fès leur enverrait des secours. Après avoir inutilement attendu, Aroudj, voyant que les vivres allaient lui manquer, résolut de s'ouvrir le chemin d'Alger. Il sortit pendant la nuit par une poterne avec le peu de soldats turcs qui lui restaient, emportant les richesses qu'il avait amassées par ses exactions ; il traversa les lignes espagnoles sans être aperçu, et se mit en marche vers l'est. Ce fut plusieurs heures après que Martin d'Argote eut connaissance de cette fuite audacieuse. D'abord accablé par cet événement, qui lui faisait perdre le fruit le plus important de son entreprise, il reprit bientôt courage, et se mit à la poursuite de Barberousse. Il l'atteignit sur les bords de l'Oued-el-Maleh (rio Salado), près des ruines d'une ancienne construction. Pour ralentir l'ardeur des soldats espagnols, Aroudj s'avisa de semer des pièces d'or et d'argent, et ses objets les plus précieux sur le chemin ; ce stratagème ne le sauva pas : Martin d'Argote animait sa troupe par ses paroles et par son exemple ; il joignit les fugitifs. Ceux-ci, harassés de fatigue, épuisés par la soif, s'arrêtèrent au milieu des ruines dont il a été question pour vendre chèrement leur vie. Cette résistance désespérée ne pouvait durer longtemps. Aroudj succomba, tous les siens périrent avec lui. Un butin considérable devint la proie des vainqueurs. Après cette action décisive, Martin d'Argote retourna à Tlemsen, où il fut accueilli comme un libérateur. Bou Hammou, rétabli sur le trône, consentit à payer à l'Espagne un tribut annuel de 12,000 ducats d'or, de douze chevaux et de six faucons en signe de vasselage. La défaite de Barberousse eut lieu l'an 924 de l'hégire (1518 de J. C.).

Aroudj était âgé de quarante-quatre ans lorsqu'il fut tué. Il mourut sans postérité, après avoir vécu quatorze ans dans les différentes parties de l'Afrique septentrionale. D'une taille moyenne, mais très-robuste, il avait les yeux vifs et brillants, le nez aquilin, et le teint très-brun. Quoiqu'il eût perdu un bras lors de la première attaque qu'il dirigea contre Bougie, il combattait toujours avec la plus grande bravoure. Il était magnifique et libéral envers ses soldats, mais d'une sévérité qui allait jusqu'à la cruauté pour tout ce qui intéressait la discipline : il était à la fois craint et aimé. Ce fut Aroudj qui constitua l'organisation gouvernementale de la Régence d'Alger, dont il sembla avoir emprunté le principe à la république militaire des chevaliers de Rhodes. Le pouvoir puisait sa force dans l'*oudjac* (corps de soldats turcs) dont les chefs (bouloukbachi), au nombre de soixante, composaient une sorte de conseil de gouvernement. Les soldats de l'oudjac, appelés aussi janissaires, étaient recrutés en dehors du pays. Ils se mariaient avec les femmes indigènes, mais leurs enfants étaient exclus des hautes fonctions du gouvernement. Pour donner une sorte de sanction religieuse à cette constitution, Aroudj en attribua l'idée à un marabout très-renommé d'Alger, Sidi Abd-er-Raham el-Talebi. Ce personnage religieux avait dit : « Si vous voulez « que votre puissance soit inébranlable, « laissez la mer aux gens du pays et n'ad- « mettez jamais vos fils aux grandes « dignités de l'État. » Nous aurons occasion par la suite de faire connaître avec plus de détail l'organisation politique et militaire dont Aroudj posa les bases et qui subsistait encore lorsque plus de trois siècles après la France se rendit maîtresse de la régence d'Alger.

Kheir-ed-Din succède à Aroudj.

En apprenant la mort de son frère et la destruction de son armée, Kheir-ed-Din tomba dans un profond découragement. Resté dans Alger avec une faible garnison, au milieu d'une population inquiète et remuante, il crut que les Espagnols, secondés par les Arabes, allaient venir l'attaquer, et il se disposa à abandonner la ville et à reprendre la mer pour recommencer sa vie de corsaire, sauf à choisir un autre point du littoral comme lieu de refuge. Quelques compagnons dévoués le dissuadèrent de ce projet, et le déterminèrent à mettre à profit le répit que lui laissaient les Espagnols, pour consolider sa puissance à Alger. Dès lors Kheir-ed-Din s'attacha à gagner la faveur populaire en faisant parade d'un grand zèle contre les chrétiens et en fréquentant les marabouts et les hommes de loi. Il attacha une garde à sa personne, et fit occuper les principaux forts par des soldats turcs. Puis, afin de flatter les instincts sanguinaires de la multitude, il fit massacrer quelques malheureux esclaves chrétiens, pour venger, disait-il, la mort de son frère. Ces manœuvres eurent un plein succès; les chefs de l'oudjac le proclamèrent roi d'Alger. Mais Kheir-ed-Din, comprenant qu'abandonné à ses seules forces, il ne pourrait résister aux attaques des Espagnols, voulut, comme l'avait fait son frère, se ménager l'appui du Grand-Seigneur ; il n'accepta le pouvoir que provisoirement et sous la réserve que le sultan Sélim approuverait son élection. Cette soumission lui concilia la bienveillance de la Porte ; il fut confirmé dans le poste de pacha d'Alger, et le sultan lui envoya des secours pour tenir tête aux Espagnols qui le menaçaient. On publia en outre dans les ports de l'empire Ottoman que tous ceux qui voudraient se rendre à Alger y seraient transportés aux frais du Grand-Seigneur, et seraient traités dans cette ville avec les mêmes avantages que les janissaires de Constantinople.

Les craintes de Kheir-ed-Din ne tardèrent pas à se réaliser. Charles-Quint, instruit du brillant succès remporté à Tlemsen, résolut de chasser définitivement les Turcs de la côte d'Afrique. Les préparatifs d'une expédition furent ordonnés, et Hugo de Moncade, vice-roi de Sicile, désigné pour la commander.

Deuxième expédition contre Alger.

Moncade rassembla quatre mille cinq cents hommes de troupes espagnoles, composées presque entièrement d'anciens soldats. La flotte était forte de trente navires, de huit galères et de quelques brigantins de transport. Elle mit à la voile dans le mois de juillet, et se rendit d'abord à Bougie pour prendre des troupes que le gouverneur de cette place avait reçu ordre de lui donner. De là, elle se dirigea sur Mers-el-Kebir, afin de concerter avec le marquis de Gomarez un mouvement combiné des forces arabes, sous les ordres du sultan de Tlemsen. Pendant le séjour que Moncade fit à Oran, il entreprit une expédition contre les Arabes de la plaine de Sirat, au nord de Mostaganem, et leur enleva quelques troupeaux. Cet acte impolitique et de pur brigandage exerça, comme on le verra, une funeste influence sur les événements qui suivirent. Après avoir embarqué un nouveau renfort, choisi parmi les soldats qui avaient déjà combattu les Turcs, la flotte espagnole vint mouiller dans le fond de la baie d'Alger, le 17 août 1518. Le débarquement s'opéra aussitôt; Moncade s'empara d'une hauteur qui dominait la ville, et s'y retrancha avec mille cinq cents hommes. On croit que c'est la colline où a été bâti depuis le fort de l'Empereur. Un autre corps investit la ville à l'ouest, et les vaisseaux se rangèrent en bataille devant le port.

Moncade voulait, sans perdre de temps, commencer l'attaque sur tous les points à la fois; mais le commandant de l'artillerie, Marino de Ribera, chargé de la haute direction du siége, s'y opposa, et prétendit qu'il fallait attendre l'arrivée du sultan de Tlemsen, qui contiendrait les Arabes de la Métidja, pendant les opérations contre la ville. Cet avis prévalut. Six jours s'écoulèrent sans qu'on vît paraître les auxiliaires si impatiemment attendus. En effet, l'expédition de Moncade dans la plaine de Sirat avait vivement mécontenté les sujets du prince de Ténès et de celui de Tlemsen; ils n'obéirent que lentement aux ordres de convocation, et la plupart refusèrent de prendre les armes pour aller au secours des chrétiens qui les avaient pillés au mépris des traités. Le huitième jour d'attente, le 24 août, il s'éleva une violente tempête; vingt-six navires de la flotte furent jetés à la côte, quatre mille hommes furent noyés. Moncade dut quitter ses retranchements, abandonnant tout le matériel de l'artillerie, pour tâcher de s'embarquer, et sauver les débris de son armée. A la vue du désordre que cette catastrophe avait jeté dans le camp espagnol, Kheir-ed-Din fit une sortie avec une troupe d'élite; des nuées d'Arabes accoururent pour harceler les chrétiens et piller les bagages qu'ils abandonnaient. Un petit nombre seulement de soldats espagnols put gagner le port d'Yviça.

Progrès de Kheir-ed-Din.

La défaite des Espagnols effaça dans l'esprit des indigènes le souvenir des échecs récents éprouvés par les Turcs à l'ouest de la Régence. La puissance de Kheir-ed-Din était déjà plus étendue que celle qu'avait exercée son frère. Pour maintenir les tribus, il institua deux grands chefs indigènes qui commandaient en son nom. Ahmed Ben el-Kadhi, qui avait appuyé Aroudj dans toutes ses expéditions, fut nommé chef de la partie orientale du pays; Mohammed Ben Ali eut les tribus de l'est sous sa dépendance. On verra plus tard les résultats funestes que produisit cette organisation d'un gouvernement du pays par le pays. Les affaires de l'extérieur ayant été réglées, le pacha s'occupa de la ville même. Depuis quelque temps, les principaux officiers de l'oudjac lui représentaient que le grand nombre d'esclaves chrétiens, dont Alger était plein, menaçait les habitants d'un danger imminent. On pouvait craindre que les Espagnols qui étaient encore maîtres du Peñon, profitassent de la première absence des troupes turques pour fomenter des complots dans la ville. Ces réclamations déterminèrent Kheir-ed-Din à faire enchaîner tous les esclaves chrétiens et à les enfermer dans des prisons souterraines. Mais bientôt, à la suite de quelques difficultés qui s'élevèrent au sujet du rachat de ces malheureux prisonniers, Kheir-ed-Din, feignant d'avoir découvert un complot d'évasion, les fit massacrer. Près de trois mille hommes furent égorgés; soixante-quatorze seulement conservèrent la vie. Cette horrible boucherie rappelle dans ses détails le lâche assassinat des prisonniers français de la deïra d'Abd-el-Kader, immolés par les Arabes sur les bords de la Molouïa en 1845. Ce crime, dont la mémoire de Kheir-ed-Din restera souillée, excita des transports frénétiques parmi ses fanatiques compagnons.

A la suite de ces sanglants événements, le chef de l'oudjac sembla tout à coup pris de découragement, et manifesta le désir de se rendre à Constantinople pour renouveler son hommage de fidélité. Il convoqua une grande assemblée pour faire part de sa résolution aux notables de la ville. Soit que cette réunion fût un expédient politique habilement préparé, soit que l'expression des sentiments des habitants qui y furent appelés fût entièrement libre et spontanée, le projet de Kheir-ed-Din fut vivement combattu, et on le supplia de ne pas s'éloigner d'Alger. Après avoir résisté d'abord à leurs vœux, le pacha se rendit, et désigna un de ses officiers pour porter au Grand-Seigneur les riches présents qu'il lui avait destinés. Le résultat de cette ambassade fut pour Kheir-ed-Din le renouvellement de l'investiture du gouvernement d'Alger par la Porte Ottomane.

Révoltes des indigènes.

Les princes qui régnaient à Tunis et à Tlemsen virent avec inquiétude l'établissement des Turcs se consolider à Alger. Ils n'avaient été maintenus tous deux dans leurs États que par les secours que leur avaient prêtés les Espagnols. Cette alliance avec une nation chrétienne avait considérablement affaibli leur autorité sur les tribus de l'intérieur. Il était à craindre pour eux que dès que les Turcs se présenteraient dans leurs provinces les Arabes ne se portassent à leur rencontre, et ne préférassent échapper au joug de princes qui ne vivaient que sous le bon plaisir des chrétiens, pour obéir à une puissance musulmane dont la victoire augmentait le prestige. Afin de conjurer ces menaçantes éventualités, les deux sultans de Tunis et de Tlemsen se concertèrent pour séduire et pousser à la révolte les deux chefs indigènes qui gouvernaient les tribus arabes au nom des Turcs. Ces tentatives eurent d'abord quelques succès dans l'ouest; mais les troupes turques marchèrent sans perdre de temps contre les rebelles, et les firent rentrer dans le devoir. Avant de poursuivre le récit des événements, il est nécessaire de dire quelques mots sur la situation du royaume de Tlemsen.

A la mort de Bou Hammou, qui avait été rétabli sur le trône de Tlemsen par les Espagnols, Messaoud, son fils aîné, avait été frustré du pouvoir par son frère Mouley Abd-Allah, et s'était réfugié dans le Maroc. Les progrès de la domination turque inspirèrent à Messaoud la pensée de venir implorer le secours du pacha d'Alger pour revendiquer l'héritage de son père. Sa demande fut accueillie par Kheir-ed-Din, qui lui fournit un corps de fantassins turcs et lui facilita les moyens de lever une armée nombreuse parmi les tribus qu'il avait récemment fait rentrer dans l'obéissance. Ces forces furent dirigées contre Tlemsen. Muley Abd-Allah, effrayé des masses innombrables qui marchaient contre lui, évacua la ville, et alla demander asile au gouverneur espagnol d'Oran. Messaoud fut installé; et pour reconnaître l'appui que le pacha d'Alger lui avait prêté, il se déclara son vassal. Mais dès que les troupes turques eurent quitté Tlemsen, il changea brusquement de dispositions, et contracta une alliance avec les Espagnols, afin de prévenir les tentatives que son frère pourrait faire pour remonter sur le trône avec leur assistance. Kheir-ed-Din fut indigné en apprenant cet acte de versatilité, et organisa aussitôt une armée pour aller tirer vengeance du traître. Pendant qu'il poussait les préparatifs de l'expédition avec activité, Mouley Abd-Allah, celui-là même qu'il avait dépossédé au profit de Messaoud, s'adressa à lui par l'intermédiaire d'un marabout, et sollicita son amitié. Le pacha, qui n'était pas encore en mesure d'occuper par ses propres forces une ville aussi éloignée que Tlemsen de sa capitale, écouta favorablement ces propositions, et se déclara le protecteur de Mouley Abd-Allah. Mais celui-ci était encore à Oran, surveillé par les Espagnols, et ne pouvait espérer de s'échapper, que lorsque les Turcs, en s'avançant vers l'ouest, auraient permis aux partisans qu'il avait dans les tribus de se réunir. Il conseilla donc à Kheir-ed-Din de commencer les opérations par l'attaque de Mostaganem, qui appartenait encore aux Beni Zian et de ne se porter sur Tlemsen que lorsqu'il aurait soumis tout le pays qu'il devait laisser derrière lui.

Ce plan de campagne fut adopté. Une armée considérable, composée de cavalerie et d'infanterie, fut dirigée sur Mostaganem, pendant qu'une flotte de vingt-huit bâtiments allait l'attaquer par mer. La place fut facilement enlevée. Mouley Abd-Allah parvint à sortir d'Oran, et rejoignit l'armée turque; la forteresse de Kala fut ensuite assiégée et emportée presque sans résistance; une garnison y fut installée, et les Algériens se mirent en marche sur Tlemsen sous la conduite de Mouley Abd-Allah. Ce fut à deux journées de cette ville qu'on rencontra Messaoud, qui s'avançait à la tête de ses troupes pour arrêter les vainqueurs. Le sort des armes lui fut contraire. Il se retira précipitamment dans sa capitale, et s'y enferma. L'armée algérienne vint camper devant Tlemsen; mais comme elle n'avait pas d'artillerie, après vingt jours de courageux efforts, aucun résultat n'avait encore été obtenu. Par un stratagème habile, ils attirèrent enfin les défenseurs de Tlemsen hors des murs, et les battirent complétement. Cette victoire ne put cependant les rendre maîtres de la ville. Ce fut la trahison des habitants qui leur en ouvrit les portes. Mouley Abd-Allah récupéra le trône; mais il dut se reconnaître vassal d'Alger, et renonça au privilége de battre monnaie et de faire dire la prière du vendredi en son nom dans les mosquées. Il obtint une garde de cent cinquante Turcs, auxquels il alloua une solde avantageuse.

Pendant que le succès couronnait les entreprises de Kheir-ed-Din du côté de Tlemsen, la fortune lui était moins favorable dans l'est. Le sultan de Tunis parvint enfin à corrompre Ahmed Ben el-Kadhi, et l'entraîna dans son parti. Il envahit aussitôt les possessions algériennes. Kheir-ed-Din envoya des troupes pour défendre son territoire. Après quelques combats sans importance, dont les vicissitudes furent diverses, les Turcs commirent l'imprudence de s'engager dans les montagnes des Flissa; en traversant un défilé, ils furent assaillis par les populations guerrières de ces contrées et taillés en pièces. Un petit nombre seulement put gagner Alger. A la suite de cette catastrophe, tous les indigènes embrassèrent la cause du vainqueur, et lui fournirent des contingents. Ahmed Ben el-Kadhi poursuivit ses succès, et mit le siége devant Alger. Kheir-ed-Din fit une résistance désespérée, et allait enfin succomber, lorsqu'à l'approche de l'hiver le froid et les pluies abondantes forcèrent Ahmed Ben el-Kadhi à conclure la paix. C'était la seconde fois, en quelques années, qu'Alger devait son salut aux rigueurs de la saison. Au printemps suivant, Ahmed Ben el Kadhi viola le traité, et recommença les hostilités; mais les Turcs dissipèrent facilement les rassemblements des rebelles.

Le danger était à peine conjuré de ce côté, que l'attention de Kheir-ed-Din dut se porter vers Tlemsen. Messaoud, qui s'était retiré dans le Sahara, avait réuni un grand nombre de tribus arabes et berbères, et, s'étant mis à leur tête, il vint assiéger Tlemsen. Les Turcs accoururent au secours de leur allié, et mirent en fuite l'armée de Messaoud. Aussitôt après la victoire le sultan de Tlemsen fit savoir à tous les cheikhs des tribus qu'il traiterait avec honneur ceux qui abandonneraient le parti de son frère, et qu'il affranchirait d'impôts pendant dix ans celui qui lui livrerait Messaoud vivant. Les promesses, encore plus que les menaces, produisirent le résultat qu'on en attendait; le malheureux prince fugitif fut trahi par un cheikh qu'il avait autrefois comblé de bienfaits. Comme on le voit, la perfidie du caractère arabe, dont on a eu plus d'une fois des preuves dans l'histoire de l'Algérie moderne, date de loin, et ne s'est pas démentie.

La tranquillité n'avait pas pu encore être complétement rétablie dans la province de l'est. Kheir-ed-Din dut encore envoyer Kara-Hassan, un de ses lieutenants, avec des troupes pour combattre Ahmed Ben el-Kadhi. Ce chef rebelle, vaincu dans toutes les rencontres, fut poursuivi par les Algériens jusqu'au delà de Bône. Kara-Hassan s'empara de Collo, soumit toutes les tribus qui habitaient un pays ouvert, et força la ville de Constantine, alors constituée en république, à reconnaître l'autorité du pacha d'Alger. Mais ces brillants avantages tournèrent bientôt contre Kheir-ed-Din. Ahmed Ben el-Kadhi n'ayant pu vaincre le chef des troupes turques le corrompit à force d'intrigues. Il lui persuada de se déclarer indépendant, et lui promit l'appui des puissantes tribus kabiles de la chaîne du Djurdjura. Kara-Hassan rêva pour lui-même un rôle à jouer dans l'est semblable à celui qui avait si bien réussi à Barberousse et à son frère. Il trahit son maître, et s'unit à

Ahmed Ben el-Kadhi. Ils ne se contentèrent pas d'avoir arraché à Kheir-ed-Din la possession de la moitié de son gouvernement; ils nouèrent une conspiration dans Alger même pour le renverser et le tuer. L'intrigue et les complots trouvaient toujours de nombreux partisans parmi les habitants de cette ville. Une insurrection générale fut préparée; mais le projet des conjurés fut découvert avant son exécution, et vingt d'entre eux payèrent de leur vie cette tentative pour s'affranchir de la tyrannie de l'oudjac turc.

Kheir-ed-Din quitte Alger.

Après deux ans d'efforts incessants, Kheir-ed-Din ne put ressaisir toute son autorité sur le pays. La situation était loin d'être brillante pour lui. Beaucoup de soldats étaient retournés en Turquie; la plupart de ceux restés à Alger s'étaient mariés, et avaient perdu presque toutes leurs qualités militaires. Ahmed Ben el-Kadhi et Kara-Hassan se maintenaient indépendants dans toute la province orientale. A l'ouest, la fidélité du sultan de Tlemsen chancelait, et toutes les tribus étaient en rébellion. Cet état de choses inspira à Kheir-ed-Din un si profond découragement qu'il quitta presque furtivement Alger, et se retira à Djidjéli avec trois bâtiments. A peine arrivé dans cette dernière ville, il retrouva toute son activité, toute son audace, et aussi tout son bonheur, pour entreprendre des courses contre les navires européens. En peu de temps ses croisières avaient visité les côtes de Tunis, l'île de Djerba, les parages d'Italie et d'Espagne; il avait recruté de nombreux auxiliaires, augmenté le nombre de ses bâtiments, délivré une grande quantité de musulmans qui étaient encore en Espagne.

Retour de Kheir-ed-Din à Alger.

A mesure qu'il rétablissait sa renommée, Kheir-ed-Din désirait de plus en plus retourner à Alger. Cette ville était tombée après son départ au pouvoir d'Ahmed Ben el-Kadhi. Il résolut de l'en chasser. Les habitants donnèrent encore dans cette circonstance une nouvelle preuve de la déplorable inconstance de leur caractère; dès qu'ils apprirent que les Turcs étaient partis de Djidjéli, ils leur envoyèrent des députés pour les presser de venir les délivrer des exactions d'Ahmed Ben el-Kadhi. Les deux armées se rencontrèrent dans le Sebaou, à l'est d'Alger; les premiers combats furent à l'avantage des Turcs; enfin une action décisive s'engagea dans une vallée du pays des Flissa-Oumlil; les troupes arabes se débandèrent et furent mises en déroute. Kheir-ed-Din sut profiter de la victoire; il détacha les principaux chefs de tribu du parti ennemi, et les détermina à assassiner Ahmed Ben el-Kadhi. Il entra ensuite à Alger. Ces événements s'accomplirent en 1527 (933 de l'hégire). A peine rentré en possession de la capitale de ses États, le pacha dut prendre encore les armes pour châtier le sultan de Tlemsen, qui avait secoué le joug et avait entraîné dans sa révolte le frère d'Ahmed Ben el-Kadhi. Deux ans entiers furent consacrés à apaiser ces troubles, et ce fut seulement à la fin de l'année 1529 que la tranquillité se trouva partout rétablie.

Prise du Peñon d'Alger.

Après avoir réglé l'administration des vastes provinces qu'il venait de conquérir, Kheir-ed-Din imprima une activité nouvelle à ses entreprises maritimes. Il défit et tua, dans les eaux des îles Baléares, Portundo, général des galères d'Espagne; sur huit navires dont se composait la flotte espagnole, il en prit sept. C'est à cette époque qu'il forma la résolution de s'emparer du fort que les Espagnols avaient construit sur un îlot vis-à-vis la ville d'Alger. Cette forteresse surveillait l'entrée du port, et obligeait les corsaires algériens à aller mouiller vers la plage de Babazoun; et à la moindre apparence de mauvais temps, ils étaient réduits à tirer leurs navires à terre. Kheir-ed-Din chercha d'abord à s'emparer du Peñon par trahison. Il introduisit dans la forteresse deux jeunes Arabes, qui annoncèrent vouloir embrasser la religion chrétienne. Mais les trames de ces deux espions furent découvertes; ce moyen n'ayant pas réussi, le pacha d'Alger somma le commandant Martin de Vargas de lui livrer le fort, lui offrant une capitulation honorable. Quoiqu'il manquât de vivres et de munitions, et qu'il lui fût difficile de prolonger une défense vigoureuse, le commandant espagnol repoussa avec indignation les ouvertures qui lui avaient été faites. Kheir-ed-Din se décida alors à enlever le Peñon de vive force. Il fit construire une batterie vis-à-vis du fort, l'arma de quelques canons de siége qu'il avait et de ceux qu'il prit à un bâtiment français mouillé dans la rade. L'attaque fut commencée le 6 mai 1530; elle se prolongea pendant quinze jours. Lorsque tous les remparts furent démantelés et que la brèche fut ouverte, il transporta des troupes sur le rocher et livra l'assaut. Martin de Vargas avait déjà perdu la plus grande partie de sa faible garnison, le reste était harassé de fatigue et mourait de faim; il était lui-même grièvement blessé. Malgré des prodiges de valeur, il fut pris vivant et conduit au pacha, qui le traita d'abord avec distinction et finit par le faire mettre à mort parce qu'il refusa d'apostasier. Le fort fut entièrement démoli, et les matériaux servirent à faire la chaussée qui joint maintenant l'îlot à la terre ferme, et qui protège le port du côté du nord. La prise et la destruction du Peñon assurèrent l'indépendance du port d'Alger, qui servait d'asile à de nombreux corsaires algériens et à tous les pirates, de quelque nation qu'ils fussent. Les Turcs devinrent redoutables sur toutes les côtes du bassin occidental de la Méditerranée.

André Doria attaque Cherchel.

L'année d'après, en 1531, André Doria, alors au service de Charles-Quint, parcourant les côtes d'Afrique pour donner la chasse aux corsaires, apprit qu'une partie de la flotte de Kheir-ed-Din était à Cherchel; il vint l'y attaquer, et l'incendia. Il débarqua des troupes qui pénétrèrent facilement dans la ville et délivrèrent huit cents esclaves chrétiens; mais ses soldats se débandèrent bientôt, et se répandirent dans les maisons abandonnées pour s'y livrer au pillage. Alors les habitants de Cherchel, unis aux Turcs réfugiés dans la Casbah, fondirent sur eux et en tuèrent quatre cents en un instant. Doria voyant que les autres fuyaient vers la mer pour se rembarquer, s'éloigna d'abord avec ses galères, afin de les obliger de se retourner pour combattre; mais ces malheureux se laissèrent tuer presque sans se défendre, et l'amiral s'empressa de recueillir ceux qui restaient; plus de quatorze cents hommes périrent dans cette journée, et six cents furent réduits en esclavage.

Kheir-ed-Din partit aussitôt d'Alger pour se mettre à la poursuite d'André Doria. Il ne put le rejoindre; mais il porta la dévastation sur toutes les côtes de Provence et d'Italie. Il rentra enfin à Alger chargé de dépouilles. Il entreprit ensuite une croisière sur les côtes d'Espagne, et se rapprocha du littoral de l'Andalousie, d'où les chroniqueurs arabes prétendent qu'il emmena successivement plus de soixante mille musulmans qui avaient accepté les lois de l'Espagne.

Kheir-ed-Din est appelé à Constantinople.

La renommée de l'audacieux et heureux pacha d'Alger était arrivée à son apogée. Soliman, sultan de Constantinople, venait d'essuyer plusieurs défaites sur mer, à la suite desquelles il avait perdu quelques villes de la Grèce. Il jeta les yeux sur Kheir-ed-Din pour l'opposer à l'amiral génois. Il lui envoya à cet effet un de ses principaux officiers, avec ordre de se rendre aussitôt à Constantinople. L'Algérie était alors entièrement pacifiée. Avant de s'embarquer, Kheir-ed-Din investit du commandement Hassan-Agha, renégat sarde, un de ses plus habiles lieutenants. Il partit au mois d'août 1533 (939 de l'hégire) avec une flotte de quarante-quatre navires. Après avoir parcouru les parages de Sardaigne, de Sicile, des îles de la Grèce, fuyant plutôt André Doria qu'il ne le recherchait, et exerçant les ravages que l'occasion lui rendit faciles, il arriva enfin à Constantinople. Le sultan accueillit très-bien Kheir-ed-Din, et accepta le riche présent qu'il avait apporté d'Alger. Ce présent se composait d'esclaves des deux sexes, d'étoffes de soie, de draps d'or, d'objets précieux, de lions et d'autres animaux d'Afrique. Après quelques vicissitudes suscitées par des intrigues de cour, le pacha d'Alger fut élevé à la dignité de Capitan-

Pacha, c'est-à-dire grand amiral de la flotte ottomane. Il n'entre pas dans notre plan de suivre Kheir-ed-Din dans tous les incidents de sa carrière comme Capitan-Pacha. Nous devons nous contenter de dire qu'il lutta avec constance et souvent avec bonheur contre André Doria, et que sa réputation ne fit que s'accroître sur un théâtre plus étendu. Hâtons-nous de revenir aux faits qui intéressent le nord de l'Afrique et plus particulièrement la Régence d'Alger.

Prise de Tunis.

Le premier point de la côte d'Afrique que la flotte de Kheir-ed-Din aborda fut Bizerte. Soit qu'il eût reçu des instructions du Grand-Seigneur, soit qu'il voulût agrandir son royaume d'Alger, il résolut de s'emparer de Tunis. En conséquence il fit courir le bruit qu'il venait rétablir sur le trône Rachid, qui avait été dépossédé par son frère le sultan hafside El-Hassan alors régnant. Les Tunisiens, impatients de secouer le joug du prince usurpateur, le chassèrent et ouvrirent leurs portes aux Turcs. Lorsqu'il se fut emparé des forts, Kheir-ed-Din jeta le masque, et déclara qu'il prenait possession de la ville au nom du sultan Soliman. Les Tunisiens, indignés, se soulevèrent; mais la force acheva ce que la perfidie avait commencé. Ces événements eurent lieu au mois d'août de l'année 1534 (940 de l'hégire).

Kheir-ed-Din déploya dans le gouvernement de Tunis la même habileté dont il avait fait preuve à Alger. Les tribus arabes tenaient encore pour El-Hassan. Elles furent attirées dans le parti du vainqueur, qui sut flatter leur avidité et leur avarice. Les Dreïd et les Nememcha furent les premiers séduits par ses promesses; les autres tribus imitèrent leur exemple, et reçurent de grandes largesses. Il s'empara de Kairouan et des autres villes de la province, et régla partout la perception de l'impôt. Enfin il fit ouvrir par les vingt mille esclaves chrétiens que renfermait alors Tunis le canal de la Goulette, et créa un port où sa flotte fut parfaitement abritée.

Expédition de Charles-Quint contre Tunis.

El-Hassan, après son expulsion de Tunis, erra quelque temps parmi les Arabes, s'efforçant de les soulever contre la domination turque. Ses tentatives n'obtinrent aucun succès. Alors un renégat de sa suite lui conseilla de s'adresser à Charles-Quint. Ce monarque, supplié par le pape de mettre un terme aux déprédations qu'exerçaient les corsaires sur toutes les côtes de la Méditerranée, irrité d'ailleurs de l'établissement des Turcs à Tunis, accueillit favorablement la demande du prince dépossédé, et prépara un armement formidable. L'Italie, le Portugal et l'ordre de Malte unirent leurs forces à celles de l'Espagne. La France, qui se trouvait liée par un traité avec Soliman, refusa de prendre part à l'expédition. On dit même que François Ier envoya un agent secret à Tunis pour informer les Turcs que les préparatifs faits par l'Espagne avec mystère seraient dirigés contre eux. A cette nouvelle, Kheir-ed-Din fit venir d'Alger un corps d'élite de soldats turcs; il convoqua à Tunis tous les corsaires de la Méditerranée, appela les Arabes des tribus à la guerre sainte, et sollicita des secours de la Porte Ottomane. Mais Soliman, dont les forces étaient alors occupées en Asie, lui répondit qu'il eût à se défendre avec ses propres ressources. Le fort de la Goulette, bâti à l'entrée du canal unissant à la mer le lac au bord duquel est située Tunis, fut armé avec soin et le commandement en fut confié à Sinan-Reïs, corsaire célèbre.

Charles-Quint, ayant rallié toutes ses forces en Sardaigne, fit voile pour Tunis. La flotte, composée de quatre cents bâtiments et portant vingt-cinq mille cinq cents hommes de troupes, parut près de Carthage, à Porto-Farino, dans la première quinzaine de juillet de l'année 1535. Le débarquement s'opéra sans peine, et le quartier général fut établi sur le lieu même où avait campé saint Louis. L'armée espagnole mit aussitôt le siège devant la Goulette. Ses premières opérations furent marquées par des combats très-vifs, soutenus contre les Turcs et contre les nuées d'Arabes qui avaient répondu à l'appel de Kheir-ed-Din. Le feu fut ouvert le 14 juillet, et les Espagnols emportèrent le fort après une résistance opiniâtre. Sinan se replia avec ses troupes sur Tunis, en suivant à travers les basses du lac un chemin dangereux et difficile qui avait été tracé d'avance avec des pieux. Quarante-deux galères mouillées dans le canal tombèrent au pouvoir des chrétiens.

Après ce succès, un grand nombre des chefs de l'armée furent d'avis de ne pas pousser la campagne plus loin et de retourner en Europe. Charles-Quint parut hésiter pendant quelques jours; il se laissa enfin persuader par les personnes qui voulaient qu'on continuât la guerre. Le 25 juillet on se mit en marche sur Tunis. Kheir-ed-Din se porta à la rencontre de l'empereur avec huit mille Turcs et une grande quantité d'Arabes. Ceux-ci au premier choc se débandèrent et laissèrent les Turcs aux prises avec l'armée chrétienne. Sur ces entrefaites, les esclaves européens qui étaient enfermés, au nombre de vingt-cinq mille, dans la citadelle de Tunis se révoltèrent, brisèrent leurs fers et vinrent attaquer les troupes de Kheir-ed-Din. Celui-ci, voyant tout perdu, sortit de la ville avec ses Turcs et se mit en retraite vers Bône, où il avait eu la sage précaution d'envoyer en réserve douze galères avant l'arrivée de Charles-Quint. Immédiatement après la fuite des Turcs, les notables vinrent présenter à l'empereur les clefs de la ville en le suppliant de les traiter avec humanité. L'événement ne répondit pas aux promesses qu'on leur fit. Tunis fut livré au pillage pendant trois jours. Plus de soixante-dix mille indigènes, femmes, enfants, vieillards périrent dans ce sac horrible. Lorsque les chrétiens n'eurent plus de musulmans à tuer, ils s'égorgèrent entre eux pour s'arracher réciproquement leurs parts de butin; ils démolirent les maisons pour y chercher des trésors. Ce ne fut qu'avec beaucoup de peine qu'on put réorganiser cette armée abandonnée à tous les excès.

El-Hassan fut remis en possession de Tunis, à la charge de reconnaître la souveraineté de l'Espagne. Les conditions suivantes furent en outre stipulées par Charles-Quint : Occupation permanente de la Goulette par une garnison espagnole; abolition de l'esclavage dans toutes les dépendances de Tunis; exclusion de tous les corsaires de ses ports: enfin, pour tous les chrétiens, liberté de commerce, droit de bâtir des églises et des monastères. El-Hassan dut payer de plus un tribut annuel de douze mille pièces d'or et faire hommage de douze chevaux et douze faucons.

Quelque glorieuse qu'ait été pour l'empereur cette expédition, on ne peut s'empêcher de remarquer que le résultat ne répondit pas à la grandeur des moyens mis en œuvre pour l'obtenir. Dans toutes leurs entreprises en Afrique, on voit continuellement les Espagnols traîner à la suite de leurs armées un prétendant indigène, et se contenter presque pour unique fruit de la victoire d'opérer une restauration au profit de leur protégé. A Alger, à Tlemsen, à Tunis leur conduite fut identique; et lorsqu'ils surent mener leurs projets à bonne fin, les avantages qu'ils espéraient leur échappèrent toujours. Le véritable but de cette dernière expédition était la destruction de la puissance de Kheir-ed-Din, si redoutable à tous les navigateurs européens : or cette proie avait échappé par la fuite. André Doria fut envoyé à sa poursuite; mais arrivé à Bône il trouva que Kheir-ed-Din en était déjà parti et s'était dirigé sur Alger. Les Génois laissèrent à Bône une garnison qui fit de brillantes expéditions contre les Arabes et contre les Turcs de Constantine; ils pacifièrent le pays jusqu'à Medjez Ahmar. Mais cet établissement n'eut pas de durée. D'un autre côté, pendant que l'Europe entière répétait les louanges de Charles-Quint pour avoir détruit les corsaires, on apprit tout à coup que la flotte de Kheir-ed-Din s'était portée sur Mahon, que la ville avait capitulé, et que l'audacieux Pacha avait enlevé plus de huit cents chrétiens. Appelé une seconde fois à Constantinople, Kheir-ed-Din laissa le gouvernement d'Alger à Hassan-Agha, renégat corse, que son habileté et des qualités énergiques recommandaient à son choix. Il ne devait plus revenir dans la capitale de ce royaume, qu'il avait fondé. Il mourut quelques années après (1548, 955 de l'hégire), après avoir commandé avec éclat la flotte ottomane dans l'Archipel grec et dans l'Adriatique.

15.

Expédition de Charles-Quint contre Alger.

Kheir-ed-Din était parti pour le Levant depuis peu de temps lorsqu'eut lieu la plus célèbre des expéditions de Charles-Quint contre Alger, celle de 1541 (948 de l'hégire). Depuis la prise de Tunis l'audace des corsaires turcs, loin d'être réprimée, avait pris au contraire une activité plus grande. Plusieurs tentatives faites par l'Espagne contre Souça, contre Menestir, enfin contre Kairouan dans le royaume de Tunis, pour y établir solidement son influence, n'avaient pas réussi. Le commerce de la Méditerranée était interrompu; Gibraltar avait été surpris et pillé en 1540. Les réclamations universelles de l'Europe s'élevaient contre les brigandages de ces corsaires. Charles-Quint, ému de tant de plaintes, résolut de frapper un coup décisif et de s'emparer du repaire même des pirates, d'Alger, leur capitale.

On était à une époque déjà avancée de l'année 1541. La saison n'était plus favorable pour une pareille entreprise. Le pape et André Doria firent en vain des représentations à Charles-Quint pour le déterminer à renvoyer l'exécution de son projet jusqu'au printemps suivant; l'empereur ne voulut rien entendre, il fit seulement activer les préparatifs, et fixa les îles Baléares comme point de concentration des forces qui devaient agir contre Alger. La flotte se composait de cinq cent seize voiles, dont soixante-cinq galères et quatre cent cinquante et un bâtiments de transport; elle portait vingt-cinq mille hommes de troupes de débarquement. Le 19 octobre les Espagnols arrivèrent devant Alger. Après avoir manœuvré pendant quelques jours du cap Caxine au cap Matifou, contrariée par les vents et la mer, la flotte impériale se rapprocha de la côte, et le débarquement eut lieu le 23 octobre, entre l'embouchure de l'Arach et la ville, sur la plage du Hamma.

Hassan-Agha, ayant appris de bonne heure les préparatifs de Charles-Quint, avait adopté les dispositions les plus vigoureuses pour la défense de la ville. Il avait réparé les fortifications de terre et de mer; il prescrivit des peines sévères pour interdire aux habitants de quitter la ville, leur distribua des armes, et assigna à chacun son poste sur les remparts; il avait aussi convoqué tous les guerriers des tribus environnantes. Le premier jour du débarquement l'infanterie seule fut mise à terre; elle soutint quelques escarmouches contre les Arabes et contre des Turcs sortis d'Alger. L'empereur savait que la ville n'était défendue que par un très-petit nombre de soldats de l'oudjac; il espéra qu'une sommation suffirait pour la faire capituler. Mais Hassan-Agha reçut le parlementaire avec égards, et lui répondit en termes énergiques.

Dès le lendemain, 25, l'armée tout entière s'ébranla, pour se rapprocher d'Alger. On ne fit qu'un millier de pas environ, et on s'établit à El-Hamma, après avoir repoussé quelques attaques peu importantes des Arabes. Pendant toute la nuit le camp fut harcelé; l'ennemi donna même une alerte très-vive, mais sans résultat pour lui. Le 25 la ville fut investie; Charles-Quint établit son quartier général au marabout de Sidi-Iakoub, sur l'emplacement où s'élève aujourd'hui le fort l'Empereur. Tout s'annonçait sous les meilleurs auspices; les troupes étaient dans des positions avantageuses; la flotte bloquait le port; la ville était dans la consternation. Mais dans l'après-midi du même jour le ciel se chargea de nuages et le mauvais temps commença; il interrompit le débarquement des subsistances et du matériel. Les soldats n'avaient pris que deux jours de vivres et ces deux jours étaient écoulés. Les tentes n'avaient pas encore été débarquées, et la pluie tombait par torrents. La nuit fut affreuse sur terre et sur mer. La flotte, qui n'avait pas eu le temps de chercher un refuge, eut beaucoup à souffrir, et un grand nombre de navires périrent. Au point du jour une troupe turque sortit de la ville, et se jeta à l'improviste sur trois bataillons italiens qui formaient l'avant-garde du camp, et enfonça les premiers postes. Un de leurs principaux officiers, Augustin Spinola, accourut avec des forces nouvelles, rétablit le combat, et poursuivit les Turcs jusqu'à l'entrée de la ville. Une seconde sortie tentée par Hassan Agha ne fut pas plus heureuse; les chevaliers de Malte, et principalement ceux de la langue de

France, recueillirent l'honneur de ce combat. Arrivés pêle-mêle avec les Turcs qu'ils chassaient devant eux, ils furent sur le point de pénétrer dans la ville. L'un d'eux, Ponce de Balagner, dit Savignac, planta son poignard dans la porte de Babazoun, que l'ennemi venait de fermer précipitamment. Les Allemands furent aussi attaqués, et plièrent un instant; l'empereur mit l'épée à la main, et, piquant des deux, il ramena lui-même les soldats jusqu'aux lignes de l'ennemi, et le força à tourner le dos. La pluie n'avait pas cessé de tomber, et avait privé les chrétiens de l'usage de leurs mousquets. La terre était tellement détrempée, qu'ils enfonçaient jusqu'à mi-jambe dans la boue; accablés de fatigue, glacés par l'eau qui pénétrait leurs habits, souffrant déjà de la faim, ils pouvaient à peine soulever et manier leurs armes.

Le vent, qui avait commencé à souffler avec une grande force dès le milieu de la nuit du 25 au 26, devint furieux avec le jour. Cent quarante navires furent jetés à la côte et leurs équipages furent massacrés par les Arabes, qui garnissaient le rivage jusqu'au cap Matifou. Vers le soir, le vent s'étant un peu calmé, Doria rallia les débris de la flotte, et put s'abriter dans une baie, derrière Matifou. L'armée était dans un état de démoralisation extrême; on fut obligé de tuer les chevaux qu'on avait débarqués pour la nourrir. Charles-Quint comprit que son entreprise avait échoué, et qu'il n'y avait plus d'autre salut pour ce qui restait de son armée que d'aller s'embarquer à Matifou, où étaient réunis les navires échappés à la tempête. La retraite commença avec ordre le 28; on ne laissa pas un blessé. L'armée arriva, toujours poursuivie par la cavalerie turque et par des nuées d'Arabes, sur les bords de l'Arach. On s'y arrêta pour construire un pont avec les débris des mâts, des vergues et des bois appartenant aux navires naufragés et dont la plage était couverte. La nuit fut employée à ce travail. Le jour suivant on rencontra, à l'extrémité de la Métidja, l'Oued-el-Khemis, qui ne put être franchi qu'avec les plus grandes difficultés. Enfin, après bien des fatigues et de cruelles privations, l'armée atteignit le cap Matifou le 30 octobre au matin. Elle tira aussitôt des vivres de la flotte.

Après une journée consacrée au repos, l'embarquement commença et se termina le 1er novembre; ce jour même on mit à la voile. Mais les malheurs de cette expédition n'étaient pas arrivés à leur terme. Le vent, qui s'était un peu apaisé, souffla de nouveau avec violence : un vaisseau périt en doublant le cap et deux autres furent jetés à la côte. Hassan-Agha envoya à leur secours, et traita avec humanité les hommes qui purent être sauvés. La flotte relâcha à Bougie, où les Kabiles lui apportèrent des vivres frais. Les Espagnols avaient contracté alliance depuis quelque temps avec les tribus du Djurdjura, et le mauvais temps seul avait empêché les Kabiles de venir se joindre à l'armée chrétienne ainsi qu'ils l'avaient promis. L'empereur ne put gagner le port de Carthagène qu'à la fin du mois de novembre. Aucun historien ne précise les pertes que fit l'armée impériale; mais on peut les évaluer sans exagération à la moitié des forces qui étaient parties d'Europe. Les bords de la mer, depuis Dellis, à l'est d'Alger, jusqu'à Cherchel, à l'ouest, dans un espace de plus de vingt lieues, étaient jonchés de cadavres d'hommes, et de chevaux et de débris de toute espèce. Telle fut l'issue désastreuse de cette entreprise, dont les préparatifs formidables avaient éveillé l'attention et l'intérêt de tous les peuples chrétiens. Pendant trois siècles l'Europe a payé les malheurs éprouvés par Charles-Quint devant Alger. L'État fondé par les Turcs, qui échappait à peine aux vicissitudes des luttes contre les tribus arabes, et que le départ de son fondateur pour Constantinople avait laissé presque sans forces, vit sa puissance s'accroître, et l'audace de ses corsaires ne connut plus de bornes dans la Méditerranée.

L'influence qu'exerça sur les populations indigènes l'immense échec essuyé par les chrétiens fut considérable. Hassan-Agha sut l'utiliser pour étendre et consolider la domination turque. Il porta ses efforts principalement vers l'est, s'empara de Biskra et de tout le Zab. De ce côté il n'avait pas à lutter contre les Espagnols, qui, quoique maîtres de Bougie, n'exerçaient aucune action sur le pays.

Dans l'ouest, la position n'était plus la même. Les gouverneurs d'Oran entretenaient des relations journalières avec les tribus de la province de Tlemsen ; et les sultans qui régnaient dans cette ville pouvaient invoquer l'appui des chrétiens pour résister à une conquête. Mais les traditions de la politique de Kheir-ed-Din ne furent pas abandonnées. Hassan-Agha sut habilement semer la discorde parmi les membres de la famile des Beni-Zian, et l'occasion ne tarda pas à se présenter pour intervenir dans les affaires du royaume de Tlemsen. En effet, à la mort de Mouley Abd-Allah, qui avait été rétabli sur le trône par Kheir-ed-Din, Ahmed, son fils cadet, soutenu dans ses prétentions par Hassan-Agha, s'empara du pouvoir au détriment de son frère aîné. Celui-ci s'adressa au gouverneur d'Oran, et réclama sa protection en promettant qu'il reconnaîtrait la suzeraineté de l'Espagne aux mêmes conditions que le sultan Abou Hammou, qui avait été secouru précédemment par le colonel Martin d'Argote. Le mauvais succès constant de toutes les tentatives d'intervention en faveur des princes indigènes n'avait pas découragé Charles-Quint. Le souvenir du désastre encore récent de 1541 ne l'arrêta pas davantage. En 1543 il ordonna à don Martin de Cordoue, comte d'Alcaudette, gouverneur d'Oran, de faire une expédition contre Tlemsen pour faire triompher les droits du prince légitime.

Défaite d'Alphonse Martinez.

Alphonse Martinez fut mis à la tête d'un millier de soldats, et sortit d'Oran. Il se rendit d'abord dans la plaine du Sig, où il devait être rejoint par les Arabes du parti du prétendant. Quatre cents cavaliers se rallièrent seuls aux Espagnols. Les officiers ouvrirent l'avis de retourner à Oran ; mais un faux point d'honneur empêcha Alphonse Martinez de rétrograder. Il se porta d'abord sur l'Oued Senan, puis sur l'Isser, à six lieues de Tlemsen, près des ruines d'une ville. Il rencontra dans cette position les troupes de Mouley Ahmed. Trop inférieur en nombre pour résister à une armée considérable, il se retrancha dans les ruines qui se trouvaient sur son chemin, et chercha à entrer en arrangement avec le chef arabe. Mais pendant qu'on négociait les Espagnols furent attaqués à l'improviste, et, après une résistance des plus valeureuses, ils périrent tous à l'exception de vingt-deux, qui purent gagner Oran. Alphonse Martinez et treize autres furent faits prisonniers. Martin d'Argote, dit-on, faisait partie de cette malheureuse expédition, et perdit la vie dans le combat.

Prise de Tlemsen.

L'affront que venaient d'essuyer les armes espagnoles ne pouvait pas rester sans vengeance. Charles-Quint envoya de nouvelles troupes à Oran ; le comte d'Alcaudette en prit lui-même le commandement, et partit le 27 janvier 1544 avec une armée composée de neuf mille fantassins et quatre cents cavaliers. Les Espagnols rencontrèrent l'ennemi à quelques lieues de Tlemsen ; mais les attaques des Arabes ne furent pas assez sérieuses pour déterminer le comte d'Alcaudette à s'arrêter pour les combattre. Après avoir facilement emporté une redoute qui contenait les magasins de l'armée de Tlemsen, il arriva devant cette ville. Ahmed l'avait abandonnée. Les habitants ouvrirent les portes ; mais cette soumission ne les sauva pas du pillage. Les Espagnols y restèrent quarante jours. Ils firent plusieurs expéditions contre les Arabes des environs, et leur enlevèrent beaucoup de bétail. Ces actes impolitiques changèrent vite les dispositions à leur égard ; toutes les tribus se soulevèrent contre eux. Quelques étendards étant tombés entre les mains des Arabes on les promena dans tout le pays, pour exciter le fanatisme contre les chrétiens. Le comte d'Alcaudette, qui semblait ne vouloir séjourner à Tlemsen que pour enlever du butin, voyant la situation s'aggraver, partit pour Oran. Le frère d'Ahmed fut installé sur le trône, et se reconnut vassal de l'Espagne ; mais dès que les Espagnols furent en route, les Arabes et les Berbères, qui s'étaient déclarés pour le protégé d'Hassan-Agha, vinrent assaillir l'armée chrétienne. Le combat dura pendant toute la journée, sans ralentir la marche. Le général fit un si bon emploi de son artillerie, que l'ennemi se découragea et renonça à la poursuite. Après la rentrée des Espagnols à Oran, Mouley Ahmed se présenta devant Tlemsen avec quelques troupes ; son frère sortit pour le combattre et le mit en déroute. Mais lorsqu'il voulut rentrer dans la ville les habitants lui crièrent qu'ils ne voulaient pas d'un roi qui avait livré leur pays aux chrétiens et avait partagé leurs dépouilles avec eux. Ce malheureux prince se retira chez les Angad, tribu berbère, qui le massacrèrent. Ahmed rentra en possession du pouvoir souverain. Lorsqu'il avait été obligé de fuir devant le comte d'Alcaudette, il avait appelé le pacha d'Alger à son secours ; mais celui-ci arriva quand tout était terminé. Sur ces entrefaites Hassan-Agha mourut à Alger ; les soldats de l'oudjac lui donnèrent un successeur ; mais peu de temps après le fils de Kheir-ed-Din, Hassan-Pacha, qui avait reçu l'investiture de la Porte, arriva avec douze galères chargées d'infanterie, et se fit facilement reconnaître.

Hassan, fils de Kheir-ed-Din.

Le nouveau pacha avait à peine pris possession du pouvoir, que son attention fut attirée vers l'ouest. Le sultan de Tlemsen, oubliant qu'il devait son élévation à l'appui des Turcs, s'était brouillé avec eux. Hassan-Pacha résolut d'aller châtier ce prince ingrat, et de faire reconnaître à sa place un de ses frères. Cette expédition réussit complètement, et Mouley Ahmed se vit dans la nécessité d'implorer la protection des Espagnols, dont il avait été l'ennemi acharné. L'empereur, sans s'arrêter à ces fluctuations, accorda les secours qui lui étaient demandés ; car il voulait avant tout empêcher les Turcs de s'établir à Tlemsen.

En 1548 le comte d'Alcaudette, qui avait conduit quatre ans auparavant avec tant d'habileté et de bonheur la première expédition contre Mouley Ahmed, fut chargé d'aller le réintégrer dans son autorité. Deux mille hommes de renfort lui étant arrivés d'Espagne, il commença la campagne par une attaque subite contre la tribu de Kheristel, située entre Oran et Arzeu, qui avait reçu des armes des Espagnols pour se défendre contre les Turcs, et qui entretenait des intelligences avec ces derniers.

Après ce coup de main, le comte d'Alcaudette se porta sur Akbal, à six lieues d'Oran, au sud du grand lac salé, tant pour rallier les forces des Arabes qui appuyaient les prétentions de Mouley Ahmed, que pour donner le temps d'arriver à des troupes qu'il attendait encore d'Espagne. Plusieurs tribus et un grand nombre de cavaliers se réunirent à l'armée chrétienne. On peut s'étonner à bon droit de la versatilité du caractère des Arabes, qui en moins de deux ans avaient si complètement changé de dispositions. Quelques temps auparavant, un détachement de trois cents Turcs, qui allaient renforcer la garnison de Tlemsen, avait été attaqué et massacré par les Beni Amer. Les tribus craignaient des représailles ; elles redoutaient la bravoure et la cruauté des Turcs, et espéraient que les Espagnols seraient assez puissants pour les délivrer d'un joug odieux. Cependant le comte d'Alcaudette, ne voyant pas venir les troupes attendues, traversa à petites journées la plaine de Mlata, en faisant de longs et fréquents séjours, qui étaient utilisés par Ahmed pour augmenter le nombre de ses partisans parmi les indigènes. Enfin il apprit que les bâtiments qui lui amenaient du renfort étaient arrêtés par les vents contraires au cap Figalo. Il n'était alors qu'à quelques lieues de ce point ; il s'y rendit avec la moitié de ses troupes, et fit débarquer mille hommes qu'il amena à son camp.

L'armée espagnole se porta alors sur la rivière d'Es-Senan, auprès d'Aïn-Temouchent ; mais là, son général ayant appris qu'Hassan-Pacha marchait au secours de Tlemsen, ordonna un mouvement rétrograde afin d'aller à la rencontre des Turcs pour les combattre. Les deux armées se joignirent non loin d'Akbal ; mais comme on se disposait à en venir aux mains, un envoyé du roi de France apporta à Hassan Pacha la nouvelle que son père était mort à Constantinople. Cet événement faisant craindre au chef de l'oudjac que son absence d'Alger ne compromit son autorité, il se hâta de conclure un traité avec le gouverneur d'Oran, et consentit à retirer la garnison turque qui occupait la citadelle de Tlemsen et à remettre la ville à Mouley Ahmed. Le sultan dépossédé se retira à la cour de Fês pour attendre une occasion de tenter une nouvelle entreprise.

Tout étant fini du côté de Tlemsen, le comte d'Alcaudette voulut profiter des troupes dont il disposait pour enlever Mostaganem, où les Turcs avaient mis une garnison depuis quelque temps. Il arriva devant Mazagran le 21 août; le même jour il commença le siége de Mostaganem. La ville n'était défendue que par un très-petit nombre de Turcs, qui repoussèrent vaillamment les attaques des Espagnols. Les munitions venant à manquer, le comte d'Alcaudette fut obligé d'en envoyer chercher à Oran. Pendant le ralentissement des travaux du siége, la garnison turque qui avait évacué Tlemsen parvint à pénétrer dans la place. Lorsque l'assaut fut livré, la bravoure des Espagnols ne put triompher de la résistance; ils perdirent beaucoup de monde, et la nuit suivante ils se mirent en retraite sur Arzeu. Au point du jour, l'ennemi, prévenu de ce mouvement, assaillit l'armée chrétienne avec des forces considérables tirées des tribus voisines. Un instant les Espagnols furent sur le point de céder à la panique et de subir une déroute complète; mais, grâce à l'énergie du général et de quelques officiers, l'ordre fut rétabli, et la retraite s'opéra sans accident grave au milieu des nuées de cavaliers arabes qui entouraient l'armée de toutes parts. Il est probable que la plupart de ces ardents cavaliers qui harcelaient les troupes espagnoles, dont ils croyaient la perte certaine, avaient marché avec elles comme auxiliaires pendant la première partie des opérations dirigées contre Tlemsen. Les tribus de ces contrées, sans cesse tiraillées entre les efforts contraires des Turcs et des sultans de Tlemsen, hésitant souvent entre les inspirations du fanatisme et les conseils de la prudence, se déclaraient toujours suivant les circonstances pour le parti qui leur semblait le plus près du succès. Le comte d'Alcaudette rentra à Oran après une campagne qui avait duré cinquante-sept jours. Quant à Mouley Ahmed, sultan de Tlemsen, rendu prudent par les derniers événements, il sut se tenir en paix avec les Turcs, tout en usant de sages ménagements avec les gouverneurs espagnols d'Oran.

Malgré sa prudence, ce prince ne put assurer le trône à ses descendants. A sa mort, son frère Hassan lui succéda. Mais en 1550 les habitants de Tlemsen, incapables d'obéir longtemps au même sultan, voulurent se révolter contre Mouley Hassan et rappeler le frère de Mouley Ahmed, installé trois ans auparavant par le fils de Kheir-ed-Din, et qui avait été obligé de se retirer à Fês lors de l'arrangement conclu avec le comte d'Alcaudette. Ces démarches éveillèrent l'attention des chérifs qui venaient de s'emparer de Fês, de renverser les Beni Merin et qui avaient aussi des prétentions sur Tlemsen. Au lieu de prêter secours au prince exilé, les chérifs mirent une armée en campagne pour leur propre compte, s'emparèrent de Tlemsen, se répandirent dans la province, et arrivèrent jusque sous les murs d'Oran. En apprenant ces événements, Hassan-Pacha se hâta de sortir d'Alger à la tête de ses troupes pour arrêter cette invasion. Il rencontra l'armée des chérifs aux environs de Mostaganem. Les Turcs étaient mieux armés que les Arabes de l'ouest; leur infanterie était aguerrie, et commandée par des officiers expérimentés: aussi la victoire ne fut pas longtemps incertaine; le fils de Kheir-ed-Din battit complétement les chérifs, les poursuivit l'épée dans les reins, leur enleva Tlemsen, et les rejeta au delà de la frontière. Mouley Hassan fut maintenu comme vassal du Grand-Seigneur. L'éclat de ce succès ne put préserver le pacha d'Alger des intrigues que ses ennemis avaient ourdies contre lui à Constantinople. Salah-Réis, corsaire déjà célèbre, fut envoyé pour gouverner la Régence.

Salah-Réis, pacha d'Alger.

Dès son arrivée à Alger, Salah-Réis donna tous ses soins à établir de bonnes relations avec les Arabes et les Kabiles, et particulièrement avec les Zouaoua et les Beni Abbès. Une occasion se présenta bientôt de recueillir les fruits de cette habile politique. Le cheikh de l'oasis de Tougourt avait précédemment recherché l'alliance des Turcs, pour le protéger contre les attaques des Arabes nomades; mais, croyant n'avoir plus besoin d'un allié dont les forces étaient concentrées à Alger, c'est-à-dire à plus de cent lieues de son pays, il refusa de payer le tribut. Salah-Réis résolut aussitôt de châtier le cheikh rebelle. C'était une entreprise difficile, car Tougourt est située dans le Sahara, et la marche d'une armée dans ces contrées arides semblait offrir les plus grands obstacles. Il réunit trois mille fantassins turcs, mille cavaliers et deux pièces d'artillerie. Plus de huit mille Arabes ou Kabiles se joignirent à lui. Les vivres et les munitions furent chargés sur des chameaux. Après vingt jours de marche, Salah-Réis atteignit Tougourt. La ville ne pouvait opposer une sérieuse résistance; entourée de murailles bâties en pisé, dépourvue d'artillerie, elle fut facilement enlevée; les habitants furent passés au fil de l'épée. Ouargla, située à quatre journées au sud de Tougourt, fut ensuite attaquée. La population, effrayée, s'était enfuie; le petit nombre de ceux qui étaient restés durent payer une contribution considérable. Des garnisons furent laissées dans ces deux places. Salah-Réis rapporta de cette expédition un butin immense. Toutes les populations du Sahara furent frappées d'épouvante par les rapides conquêtes et les cruautés des Turcs; la supériorité de l'armement des troupes de l'oudjac avait rendu le succès facile contre des peuplades presque entièrement dépourvues d'armes à feu. Les oasis du sud de l'Algérie étaient alors très-industrieuses, très-peuplées, et jouissaient encore, comparativement aux tribus du Tell et aux villes du littoral, d'un bien-être plus grand et aussi d'une civilisation plus avancée; ou plutôt, moins tourmentées par les guerres intestines, elles étaient moins en décadence.

Adjonction de Tlemsen à la Régence.

Parmi les tribus, quelques-unes étaient seulement alliées aux Turcs, et d'autres, en plus grand nombre, étaient soumises à leur autorité directe. Ces dernières, administrées par des hommes de choix ayant à leur disposition des détachements de soldats de l'oudjac pour fortifier leur action, vivaient dans une obéissance habituelle. Il n'en était pas de même des tribus alliées ou même ayant reconnu la souveraineté d'Alger, payant un tribut, mais commandées par les familles depuis longtemps en possession héréditaire du pouvoir, et éloignées de ces garnisons turques qui maintenaient et surveillaient le pays. De ce nombre étaient le cheikh de Kouko, forte bourgade du Djurdjura, appartenant aux Zouaoua, et le cheikh de Kalla, petite forteresse située dans les montagnes des Beni Abbès et qui servait de capitale à la famille des Ouled Mokran, dont l'autorité presque souveraine s'étendait sur toute la Medjana et sur les contrées environnantes. Dans l'ouest le cheikh de Miliana avait eu, à l'origine de l'occupation turque, une position semblable. Ce sont ces personnages, qui figurent d'abord dans l'histoire de la conquête comme alliés des Turcs pour renverser les princes indigènes alors maîtres du pays, qui sous Kheir-ed-Din et sous Salah-Réis, excitèrent des révoltes quelquefois formidables. Il fallut souvent des efforts considérables pour apaiser ces troubles, et à plusieurs reprises l'oudjac éprouva de rudes échecs soit dans le Djurdjura, soit chez les Beni Abbès.

Salah-Réis eut une rébellion de ce genre à combattre à son retour de l'expédition contre Tougourt; il ne voulut pas concentrer tous ses efforts contre ces difficultés. Pendant qu'il confiait à un de ses lieutenants un corps de troupes appuyé par les contingents des Arabes fidèles pour faire rentrer le cheikh des Beni Abbès dans le devoir, il équipa une flotte pour aller croiser dans le détroit de Gibraltar. Dans un combat qu'il livra contre une flottille portugaise, la fortune lui fit faire une capture importante. Bou-Azzoun, dernier représentant de la famille des Beni Merin, venait d'être chassé de Fès par le chérif Mohammed; après avoir vainement réclamé l'appui de l'Espagne, il s'était adressé au roi du Portugal, qui lui avait accordé quelques centaines d'hommes et quelques subsides, pour l'aider à reconquérir son royaume. En traversant le détroit il tomba entre les mains de Salah-Réis. Bou-Azzoun se conduisit à

Alger avec tant d'adresse, qu'il détermina le pacha à lever une armée pour marcher contre les chérifs et rétablir les Beni-Merin dans Fès. Cette expédition servit merveilleusement la politique de Salah-Réis; il se hâta de convoquer les cavaliers indigènes en leur promettant la conquête de villes riches et peuplées. C'était un leurre tout-puissant pour les tribus turbulentes. Les hostilités furent partout suspendues dans l'intérieur de la Régence; et au commencement de janvier 1554 (960 de l'hégire) une armée sortit d'Alger pour se rendre dans le Maroc, tandis que vingt-deux navires se dirigeaient vers Mélilla chargés de munitions et d'approvisionnements.

Cette opération importante fut couronnée d'un succès complet. La flotte s'empara du Peñon de Velez, et y laissa une garnison turque; les Espagnols ne purent reprendre ce point qu'en 1564. Les succès de l'armée furent plus brillants. Le chérif fut battu, et Fès tomba au pouvoir du vainqueur. La ville fut livrée au pillage, et les habitants durent acquitter en outre une contribution considérable. Salah Réis installa Bou-Azzoun dans le royaume de Fès, et chargé d'un immense butin, enlevé dans toutes les villes qu'il rencontra sur son passage, il reprit la route d'Alger. Il se servit du prestige de ses armes victorieuses pour pacifier et organiser toute la partie occidentale de ses possessions. Arrivé à Tlemsen, Salah-Réis reprocha à Mouley Hassan, qui avait été rétabli par Hassan-Pacha, d'entretenir des relations avec les Espagnols d'Oran; il le déposséda, et réunit la ville et ses dépendances aux autres États de la Régence. Il y laissa un gouverneur turc avec une forte garnison. Ainsi finit sans bruit la dynastie des Beni Zian. Mouley Hassan se réfugia à Oran, où il mourut de la peste. Son fils passa en Espagne, se fit chrétien, et vécut obscurément sous le nom de don Carlos. L'armée algérienne se dirigea ensuite vers l'est, marchant à petites journées; elle s'arrêta à Mostaganem, à Ténès, à Miliana et dans tous les lieux où sa présence était nécessaire pour consolider la domination politique et fortifier l'administration.

Prise de Bougie par Salah-Réis.

En rentrant à Alger, sans se préoccuper des troubles qui agitaient encore le pays des Beni Abbès, Salah-Réis résolut d'attaquer Bougie et de l'enlever aux Espagnols. Tous les ressentiments des tribus se turent devant une si grande entreprise dirigée contre les chrétiens. De toutes parts les contingents vinrent se ranger sous les drapeaux de l'oudjac. Les tribus fournirent ainsi plus de trente mille hommes. Les forces turques furent divisées en deux parties : trois mille fantassins se mirent en marche avec l'armée arabe, un autre corps fut embarqué sur la flotte pour être transporté par mer à Bougie. Au mois de juin 1555, Salah-Réis parut devant la ville. La garnison espagnole comptait à peine cinq cents hommes. Pour ne pas disséminer ses forces, don Alphonse de Peralta, qui commandait, abandonna le fort impérial (fort Mouça actuel), vivement canonné par une batterie turque. Le fort de la mer (fort Abd-el-Kader) fut ensuite attaqué et enlevé au bout de cinq jours. La garnison n'eut plus de refuge que dans la Casbah. Après vingt-deux jours d'une défense opiniâtre, le commandant, manquant de munitions et perdant l'espoir d'être secouru, capitula à la condition qu'il serait transporté en Espagne avec tout son monde. Cette capitulation fut violée par le pacha; toute la garnison resta prisonnière, à l'exception de vingt hommes, au choix du commandant, qui furent renvoyés avec lui en Espagne. Le malheureux don Alphonse de Peralta, à peine débarqué dans sa patrie, fut traduit devant un conseil de guerre, qui le condamna à avoir la tête tranchée.

Après avoir saccagé Bougie, réduit en esclavage ses habitants, Salah-Réis y établit une garnison de quatre cents Turcs, et rentra à Alger, châtiant sur son passage les tribus contre lesquelles il avait des griefs et qui pour la plupart venaient de coopérer avec lui à la prise de Bougie. C'était là un des secrets de la politique des pachas; ils se montraient patients à supporter les insultes des Arabes tant que l'occasion n'était pas sûre pour frapper les rebelles d'un coup décisif; ils entraient même volontiers en composition avec eux. Mais dès qu'une circonstance heureuse se présentait, qui assurait quelque ascendant à leurs forces, ils réglaient impitoyablement le compte des méfaits passés; et souvent, pour ne pas perdre l'avantage d'un succès, ils imaginaient des griefs plutôt que de ne pas punir certaines tribus turbulentes.

Encouragé par le brillant résultat de l'expédition contre Bougie, Salah-Réis médita une entreprise plus importante, et résolut d'expulser les Espagnols des derniers établissements qu'ils possédassent encore dans la Régence d'Alger. Ainsi, dans moins d'un demi-siècle, ce peuple qui avait occupé la presque totalité des places du littoral africain, avait vu sa fortune pâlir devant la puissance de la Turquie et des corsaires, au point de perdre successivement ses possessions depuis le fond de la Grande Syrte jusqu'au détroit de Gibraltar, à l'exception d'Oran et de Mers-el-Kebir dans la régence d'Alger, de Mélilla et de Ceuta dans le Maroc. Pour exécuter un semblable projet les forces dont disposait le pacha ne pouvaient suffire; car dès l'origine de l'occupation les Espagnols avaient fait des travaux de défense très-considérables à Oran. Tous les ouvrages étaient construits avec une telle solidité, qu'on ne pouvait espérer de s'en rendre maître que par un siége régulier, formé tant sur terre que sur mer. Salah-Réis en envoyant son fils à Constantinople porter au Grand-Seigneur la nouvelle de la prise de Bougie, le chargea de solliciter des secours pour la grande entreprise qu'il méditait. Le sultan accorda six mille Turcs et quarante galères. Cependant, le temps avait été mis à profit à Alger pour pousser tous les préparatifs avec activité. Au mois de juin 1556, Salah-Réis, ayant appris que l'escadre ottomane avait fait voile pour Alger, sortit du port avec sa flotte, et alla mouiller au cap Matifou pour y attendre les secours envoyés par la Porte. Mais cet illustre pacha, qui était alors dans sa soixante-dixième année, fut subitement atteint de la peste et mourut. Un autre eut mission de poursuivre ses desseins contre Oran.

Les Turcs attaquent Oran.

Avant de mourir, Salah-Réis avait désigné pour son successeur un renégat génois nommé Iahia; mais un certain Hassan, renégat originaire de l'île de Corse, se fit proclamer gouverneur d'Alger par l'oudjac, et obtint presque aussitôt de la Porte sa confirmation. Le nouveau pacha avait retenu les galères ottomanes arrivées le jour même de la mort de Salah-Réis; il les dirigea sur Oran avec sa propre flotte, montée par trois mille matelots turcs. Lui-même, à la tête d'une armée nombreuse, alla assiéger la place par terre. Le gouverneur d'Oran avait été averti des préparatifs faits contre lui; il avait réclamé des renforts en Espagne, et on avait eu le temps de lui faire passer des troupes, des munitions et de l'argent. Hassan-Corse investit la place, et commençait à pousser le siège avec vigueur, lorsque le Grand-Seigneur rappela son escadre, pour venir arrêter les ravages que faisait André Doria dans l'Archipel. Privé de ces renforts, Hassan-Corse fut obligé de lever le siége et de regagner Alger, non sans avoir été vivement poursuivi par les Espagnols. Après le départ de l'armée turque, le comte d'Alcaudette fit des sorties pour châtier les tribus qui avaient aidé le pacha. Ces expéditions ruinèrent les centres de population indigène qui existaient encore dans un rayon assez rapproché de la ville espagnole.

A peine rentré à Alger, Hassan-Corse vit arriver un nouveau pacha, Tchélébi, envoyé par la Porte pour prendre possession du gouvernement. L'oudjac ne voulut pas d'abord le recevoir; mais Tchélébi, ayant gagné les notables de la population, pénétra par surprise dans la ville, et fit emprisonner, puis exécuter Hassan-Corse. Il fut bientôt renversé lui-même par Ioucef, gouverneur de Tlemsen. Celui-ci mourut de la peste, et eut pour successeur Iahia, élu par l'oudjac; mais au bout de six mois Hassan, fils de Kheir-ed-Din, fut investi du pachalik pour la seconde fois, et s'installa sans difficultés. Dès son arrivée à Alger, au mois de juin 1557 (963 de l'hégire). Hassan-Pacha vola au secours de Tlemsen, qui était menacé par les chérifs du Maroc. Ceux-ci furent vaincus et poursuivis jusqu'auprès de Fès. C'est à cette époque qu'eut lieu la seconde expédition du comte d'Alcaudette, gouverneur d'Oran, contre Mostaganem.

Défaite des Espagnols.

A la suite des événements qui marquèrent la levée du siège d'Oran, le comte d'Alcaudette était passé en Espagne dans l'espoir de déterminer une expédition sérieuse afin de ruiner la puissance turque dans l'ouest de la Régence et de consolider les établissements espagnols en Afrique. Il prétendait avoir noué des intelligences avec les marabouts de Miliana et avec les chérifs du Maroc, qui tous deux lui avaient promis leur concours pour combattre les Turcs. Le conseil de guerre de Castille, sans vouloir adopter dans leur ensemble les projets présentés par le comte d'Alcaudette, s'arrêta à la résolution de s'emparer de Mostaganem et de l'occuper.

Le 26 août 1558, le gouverneur d'Oran, alors très-avancé en âge, partit de cette place à la tête de six mille cinq cents hommes. Soit pour éviter le passage de la Macta, toujours difficile, soit pour donner le change à l'ennemi, l'armée se dirigea d'abord vers la plaine de Sirat, laissant le lac salé d'Arzeu à sa gauche; puis elle se rapprocha de la mer, et arriva le quatrième jour à Mazagran, petite bourgade presque contiguë à Mostaganem. Les Espagnols l'occupèrent sans difficulté. Les tribus arabes qui devaient se joindre à eux ne parurent pas; mais ils trouvèrent devant eux des nuées de cavaliers qui les harcelèrent continuellement. Le comte d'Alcaudette parvint enfin à atteindre ces Arabes; il les battit complétement, et les poursuivit jusque sous les murs de Mostaganem. Après ce succès, il revint à Mazagran pour y attendre le matériel de siége qu'on devait lui envoyer d'Oran. Malheureusement les navires qui le portaient furent enlevés, pour ainsi dire sous ses yeux, par une flottille algérienne qui revenait de faire une croisière sur les côtes de l'Andalousie. Ce contre-temps détermina le comte à tenter d'enlever Mostaganem par un coup de main. Lorsqu'il se rapprocha de la ville, les assiégés firent une sortie vigoureuse; ils furent repoussés; mais, au lieu de profiter de l'élan des troupes pour entrer dans la ville à la suite des Turcs, le général espagnol fit sonner la retraite. Dans la nuit suivante il établit une batterie de deux canons; les boulets manquaient; on fut obligé d'en faire avec des pierres, qui produisirent peu d'effet contre les murailles de la place.

Sur ces entrefaites, on vit arriver les Turcs d'Alger qu'Hassan-Pacha amenait en toute hâte pour secourir Mostaganem. Au lieu d'attaquer résolument, le jour même, ces troupes, qui étaient fatiguées d'une longue route, le comte d'Alcaudette resta inactif. Puis, le soir venu, il prit tout à coup la résolution de se retirer sur Mazagran, espérant gagner du terrain avant que les Turcs se fussent aperçu de son mouvement. Il partit à l'entrée de la nuit, avec tant de hâte, qu'il abandonna ses blessés. Bientôt les cris de détresse de ces malheureux qu'on égorgeait lui apprirent que sa retraite était connue, et il ne tarda pas à être attaqué par des forces considérables. Les troupes d'Hassan-Pacha, la garnison de Mostaganem, enfin les gens du gouverneur de Tlemsen qui venaient d'arriver, l'assaillirent à la fois. La confusion se mit dans les rangs des Espagnols; quelques caissons de poudre firent explosion et brûlèrent plus de cinq cents hommes. Le désordre devint alors une panique et bientôt une déroute. Les soldats se précipitèrent vers Mazagran pour s'y enfermer. Le brave comte d'Alcaudette, aidé de son fils don Martin, fit des efforts héroïques pour rétablir le combat. Entraîné par le flot des fuyards qu'il cherchait à rallier, il fut renversé de cheval, foulé aux pieds et écrasé; toute l'armée se rendit. Hassan-Pacha aurait voulu conserver la vie à tous ces prisonniers; il ne le put pas. Huit cents Espagnols furent massacrés par les Arabes; le reste, et parmi eux le fils du vieux général, fut réduit en servitude. Les fautes du comte d'Alcaudette, qui montra dans toute cette guerre une irrésolution inconcevable, contribuèrent à ce désastre. Deux fois les environs de Mostaganem furent funestes à ce général, qui avait obtenu de si beaux succès dans l'ouest, auprès de Tlemsen.

Lorsque Hassan-Pacha revint à Alger, couvert de gloire, il se trouva en face de difficultés nouvelles, qui étaient suscitées

ALGÉRIE.

par le cheikh de Kalla. Ce chef indigène, auquel Salah-Réis avait fait remise de la ville de Msila dans la Houdna, s'était révolté. Il fallut pour le réduire, après deux campagnes infructueuses, que le pacha fît alliance avec le cheikh des Zouaoua, dont il épousa la fille. Ce mariage fut le commencement d'une conduite politique nouvelle du fils de Kheir-ed-Din vis-à-vis des Kabiles; il s'efforça de les rattacher d'une manière solide à la cause des Turcs. Mais ces ménagements donnèrent de l'ombrage aux soldats de l'oudjac, qui déposèrent Hassan au mois d'octobre 1561, et le renvoyèrent à Constantinople, en l'accusant de conspirer avec les Kabiles la destruction de la Régence. Ces plaintes ne furent pas accueillies par le grand-seigneur. Hassan-Pacha reçut bientôt ordre, au mois de septembre 1562, d'aller reprendre son commandement, appuyé par dix galères. Les chefs de la révolte eurent la tête tranchée, et la ville salua par des acclamations le retour du pacha.

Seconde attaque contre Oran.

Pour avoir la tranquillité dans les tribus et pour dominer la turbulence de l'oudjac, il fallait absorber l'attention du pays dans quelque grande entreprise. Hassan n'y manqua pas. Depuis quelques années les Espagnols avaient essuyé en Afrique de graves échecs; après l'anéantissement de l'armée du comte d'Alcaudette à Mostaganem, le duc de Médina-Céli avait été mis en déroute à Tripoli, et l'île de Djerba avait été enlevée de vive force. Le pacha résolut de porter un dernier coup à la puissance des Espagnols en Afrique en s'emparant d'Oran. Il fit de très-grands préparatifs, en couvrant d'un mystère profond le but de l'expédition; outre quinze mille Turcs, renégats ou Maures d'Espagne, il réunit douze mille Kabiles des tribus des Beni Abbès et des Zouaouas. La province de Constantine fournit aussi un contingent. Le kaïd de Tlemsen reçut ordre de s'établir sur l'Habra, pour empêcher les Arabes alliés des Espagnols de porter des vivres dans Oran. La flotte, composée de trente-cinq navires, parmi lesquels trois caravelles françaises, fut chargée d'artillerie, de munitions, d'approvisionnements de toutes sortes, et reçut ordre d'aller attendre l'armée à Arzeu. Enfin le 15 avril 1563 (969 de l'hégire) Hassan-Pacha se mit à la tête des forces qu'il avait rassemblées, et prit la route de l'ouest; il se dirigea d'abord sur Mostaganem, puis sur la plaine de Sirat, où il organisa complétement son armée. Arrivé près d'Oran, il poussa sa cavalerie jusque sous les murs de la place, dans l'espoir d'attirer la garnison au dehors; mais don Alphonse de Cordoue, fils aîné du comte d'Alcaudette, qui commandait la ville, ne répondit pas à ces provocations. Hassan vint alors investir la petite tour des Saints (où est actuellement le fort Saint-Ferdinand); la garnison, très-faible et isolée du corps de la place, capitula à condition qu'elle serait libre d'entrer dans Oran.

Ce premier succès fit croire aux Turcs qu'ils auraient bon marché des Espagnols; aussi sans attendre que le matériel de siége fût débarqué, le pacha se porta contre Mers-el-Kebir, et résolut d'emporter le fort Saint-Michel, qui défendait les abords de la place. Cette première attaque, tentée avec la plus vive impétuosité, fut repoussée, et coûta aux musulmans un grand nombre de morts. L'artillerie ayant été débarquée, on dressa les batteries, et le feu commença contre ce fort le 4 mai. Dès le lendemain, la brèche étant ouverte, Hassan-Pacha ordonna l'assaut; ses troupes ne purent franchir les décombres des remparts. Cinq attaques consécutives ne furent pas plus heureuses. Malgré l'acharnement et l'intrépidité des assiégeants, quoique les murs fussent presque entièrement renversés et que la brèche fût si facile qu'on aurait pu la gravir à cheval, les Espagnols résistèrent héroïquement. Le kaïd de Constantine fut tué et Hassan-Pacha lui-même fut blessé à la figure d'un éclat de pierre. Enfin, la garnison du fort Saint-Michel, affaiblie par ses pertes, reçut ordre d'évacuer un poste qu'elle ne pouvait plus défendre. Maîtres de ce point, les Turcs se rapprochèrent de Mers-el-Kebir, et dressèrent cinq batteries qui firent bientôt une brèche praticable. La place était défendue par don Martin de Cordoue, second fils du comte d'Alcaudette, qui avait été fait prisonnier à Mazagran et avait été racheté depuis. Le pacha, l'ayant sommé de se rendre, il refusa toute capitulation. L'assaut fut livré; mais là, pas plus qu'au fort Saint-Michel, l'impétuosité des Turcs ne put triompher de la résistance; ils furent repoussés avec des pertes énormes. Le lendemain, sur l'indication d'un transfuge, Hassan établit une nouvelle batterie, qui fit brèche sur une autre partie de la place. L'assaut fut donné aux deux endroits à la fois. Après cinq heures de carnage, les Turcs furent encore repoussés en laissant quinze cents hommes sur le terrain, et parmi eux le kaïd de Tlemsen. Cependant le pacha avait été informé qu'une flotte espagnole nombreuse venait au secours du gouverneur d'Oran; il voulut faire un dernier effort, et concentra sur Mers-el-Kebir toutes les troupes qu'il avait laissées en observation devant Oran. Le 5 juin une nouvelle attaque fut tentée; Hassan s'exposa aux plus grands dangers pour entraîner les siens. Le courage ne leur fit pas défaut; mais les Espagnols furent inébranlables : la brèche ne put pas être franchie.

Sur ces entrefaites, la flotte d'Espagne, commandée par don François de Mendoza, parut devant Oran; à son approche les bâtiments algériens qui formaient le blocus prirent la fuite. De son côté, Hassan-Pacha se hâta de lever le siége. Son armée était affaiblie par des pertes considérables et découragée par tant d'attaques infructueuses. Il se mit en retraite sur Mostaganem. L'escadre débarqua des troupes, qui le poursuivirent sans pouvoir l'atteindre. Telle fut l'issue de ce siége, une des plus formidables entreprises qu'eussent encore tentées les Turcs. La belle défense de Mers-el-Kebir fit oublier le désastre des Espagnols à Mazagran, et la gloire de don Martin réhabilita la mémoire du vieux comte d'Alcaudette, son père. Cependant, malgré ces heureux événements, qui avaient jeté la consternation parmi les indigènes, les Espagnols ne songèrent pas à étendre leur domination dans la Régence. C'est que l'état du pays n'était plus le même, comme on va le voir.

Organisation des provinces.

Après l'annexion de Tlemsen à la Régence, Salah-Réis avait laissé dans cette ville un gouverneur qui commandait la majeure partie des États des anciens sultans de cette contrée. Lors de l'attaque de Mostaganem par les Espagnols, et tout récemment, pour le siége de Mers-el-Kebir par Hassan, le gouverneur de Tlemsen était venu se joindre aux troupes turques avec un contingent de cavalerie considérable. Ainsi, la création de ce commandement avait eu le double avantage de couper court aux intrigues que les gouverneurs d'Oran entretenaient avec les membres de la famille des Beni Zian, et de mettre à la disposition du pacha d'Alger des forces importantes qui pouvaient appuyer ses mouvements dans l'ouest de la Régence. Les bons résultats produits par cette institution déterminèrent Hassan-Pacha à l'étendre au reste du pays. Il réunit en une seule main les différents pouvoirs indépendants les uns des autres, que les gouverneurs des diverses villes se partageaient entre eux, et créa ainsi la dignité de bey. Il avait distingué parmi les troupes de l'oudjac un homme intelligent et énergique, Bou-Khedidja; il le choisit pour occuper cette nouvelle fonction : il lui donna deux cents soldats turcs, et l'investit du commandement de la province, avec mission de maintenir le pays dans l'obéissance et d'empêcher les Espagnols d'Oran de nouer des intelligences avec les tribus. Le nouveau gouverneur, voulant se mettre à l'abri d'un coup de main tenté par les chrétiens, et pour agir avec plus d'efficacité sur les tribus, établit sa résidence à Mazouna, petite ville située entre Mostaganem et Ténès, dans la partie la plus riche de la vallée du Chélif. Cette position assurait les communications entre Alger et Mostaganem. Pour donner de la force à son autorité, le bey choisit parmi les tribus celles qui offraient le plus de garantie de fidélité, et les appela auprès de lui. Elles constituèrent une sorte de milice indigène, à laquelle de grandes immunités furent accordées, et qui devait prendre les armes toutes les fois qu'elle en recevrait l'ordre pour apaiser des révoltes et pour percevoir les contributions. Telle fut l'origine des Makhzen, qui jouèrent depuis un rôle si utile dans l'administration du pays. Des kaïds furent institués dans chaque ville. Tous les trois ans le bey dut aller porter lui-même à Alger le tribut appelé *denouche*. Cette organisation produisit les meilleurs résultats; elle fut successivement étendue à la province de Constantine et à celle d'Alger (1).

Relations de la France avec la Régence.

Le récit des guerres que les fondateurs de la Régence eurent à soutenir contre les Espagnols nous a entraîné, et nous a fait négliger des événements contemporains relatifs aux rapports de la France avec l'Afrique. On sait que pendant la lutte acharnée que François Ier soutint contre Charles-Quint, il fut amené à rechercher l'alliance de Soliman, empereur de Constantinople. Dès l'année 1525 des relations amicales existaient entre la Porte et la France, et les deux puissances concertèrent plus d'une fois des opérations contre leurs ennemis communs. Au mois de février 1536, un traité de commerce fut signé entre François Ier et Soliman. Il assurait des avantages politiques et commerciaux à la France dans tous les États du grand-seigneur. La Régence d'Alger fut comprise dans ce traité, comme étant une dépendance de l'empire Ottoman.

C'est à cette époque que remontent nos établissements commerciaux dans la province de Constantine. On a vu que dès le treizième siècle Marseille, alors principauté indépendante, entretenait des rapports de commerce suivis avec l'Afrique. Lorsque cette ville fut incorporée à la monarchie française, elle participa aux avantages commerciaux qui résultaient de l'alliance de la France avec la Porte. En 1561 deux négociants de Marseille créèrent sur le littoral de l'Afrique, à l'est de Bône, entre cette ville et la Calle, l'établissement du Bastion de France; ils obtinrent pour cela une autorisation spéciale du grand-seigneur et le consentement des tribus arabes des environs, moyennant certaines redevances. Le but principal de cet établissement fut d'abord de favoriser la pêche du corail; il resta au pouvoir de la France jusqu'en 1799. Mais on verra par la suite, qu'après des vicissitudes diverses, ruiné et restauré tour à tour, le Bastion de France était devenu le centre d'un négoce important avec la plus grande partie de la province de Constantine. Avant les deux négociants marseillais, la pêche du corail sur ces côtes avait été affermée par les Turcs à un de leurs plus redoutables adversaires, à André Doria, qui avait un poste auprès de Bône, à l'endroit qu'on appelle encore fort Génois.

En 1569, sous le règne de Charles IX, le traité de 1536 fut renouvelé pour favoriser le rétablissement et la sûreté du commerce français dans la Régence d'Alger. Un consulat français avait déjà été créé à Alger en 1564. Dans ce document le roi de France reçoit la qualification de padicha, empereur, titre que la Porte n'accordait alors à aucun prince chrétien, et que les souverains français ont toujours conservé dans les rapports diplomatiques avec la Porte et avec les États barbaresques. C'est à cette époque que se rapporte une négociation tentée auprès du grand-seigneur, à l'instigation de Catherine de Médicis, pour obtenir la cession du royaume d'Alger en faveur du duc d'Anjou, frère de Charles IX, et qui fut depuis roi de Pologne, et enfin roi de France sous le nom d'Henri III. Cette ouverture, très-mal accueillie par la Porte, causa une froideur momentanée entre les deux puissances. D'un autre côté, les Turcs établis dans la Régence n'obéissaient plus à l'influence de la politique Ottomane, et leurs corsaires vinrent exercer la piraterie jusqu'en vue du port de Marseille. Cette ville s'étant révoltée en 1594 contre Henri IV, le sultan Amurath IV écrivit une lettre aux Marseillais par laquelle il les menaçait de ruiner complétement leur commerce dans la régence d'Alger s'ils ne se soumettaient à leur souverain, son allié. Cette mesure ne fut sans doute pas étrangère à la détermination des Marseillais, qui rentrèrent dans le devoir. Quelques années après, le 25 février 1597, Mohammed III renouvela avec Henri IV les capitulations qui accordaient des

---

(1) *Voyez* le tableau de la situation des établissements français en Algérie, année 1840 (organisation de la province de Constantine), page 307. Années 1843-1844 (organisation de la province de Titeri), page 397.

priviléges aux consuls et aux négociants français dans le Levant et sur les côtes d'Afrique. Ce sont là les circonstances principales des rapports entre la France et la Régence d'Alger pendant le seizième siècle.

La Régence à la fin du seizième siècle.

Après le siége d'Oran par le fils de Kheir-ed-Din, l'histoire de la Régence devient très-confuse. Les corsaires algériens, appelés à prendre part aux grandes luttes maritimes dont la Méditerranée fut le théâtre, y jouèrent un rôle important. Dans les mille combats livrés par les escadres turques sur les mers du Levant, contre les chevaliers de Rhodes, contre ceux de Malte et contre les grandes puissances chrétiennes, on retrouve les plus habiles marins qui avaient conquis leur renommée sur les côtes d'Afrique : Dragut, Piali, Hassan fils de Kheir-ed-Din, Sinan. Lors du siége de Malte, en 1565, la flotte algérienne et le corps de troupes qu'elle amena figurèrent avec beaucoup d'éclat dans cette lutte mémorable. Pendant l'hiver de l'année 1570, Sinan-Pacha, gouverneur d'Alger, envahit le royaume de Tunis à la tête de six mille hommes. Il s'empara de la ville, mais il ne put se rendre maître de la Goulette. Les Algériens gardèrent Tunis jusqu'en 1571. Ils en furent chassés par don Juan d'Autriche. En 1571 les marins d'Alger prirent part avec la flotte ottomane au siége de Famagouste dans l'Archipel. Enfin, lors de la célèbre bataille livrée par don Juan d'Autriche dans le golfe de Lépante, le 7 octobre 1571, qui fut si fatale à la marine turque, Sinan, alors gouverneur d'Alger, occupa, on peut le dire, le premier rang par la bravoure et l'habileté qu'il déploya. Après avoir combattu avec le plus grand acharnement, les navires algériens furent presque seuls sauvés de ce désastre. La dernière grande action de ce siècle, si fécond en événements, à laquelle les Algériens coopérèrent, fut le siége et la prise de Tunis et de la Goulette sur les Espagnols au mois de juillet 1574. Sinan-Pacha commandait l'opération. Après la victoire, il organisa à Tunis une milice d'après les règles établies à Alger. Mais, soit que les mœurs plus douces des habitants fussent moins favorables au développement de l'instinct de piraterie et de l'esprit guerrier, soit que les hommes énergiques aient manqué d'abord à cette institution, l'oudjac de Tunis ne put s'élever ni au même renom ni à la même turbulence que celui d'Alger.

Pendant cette période, c'est-à-dire depuis 1563 jusqu'au commencement du dix-septième siècle, il n'est pas possible de suivre exactement la succession des pachas d'Alger. Ce gouvernement était d'abord une des premières charges de l'empire Ottoman, ardemment sollicitée, et confiée à des hommes de mer renommés. On peut ranger parmi les gouverneurs de cette catégorie Kheir-ed-Din, Salah-Réis, Hassan fils de Kheir-ed-Din, et Sinan (appelé par les auteurs espagnols *Aluch-Ali*). Dès que ces marins avaient acquis quelque gloire en faisant la course contre les bâtiments européens, le grand-seigneur les appelait à Constantinople, et leur confiait des escadres à commander. Kheir-ed-Din fut élevé à la dignité de Capitan-Pacha (grand amiral). Après lui, le même honneur fut décerné à Sinan-Pacha, qui s'illustra par la prise de Tunis et de la Goulette. Pour l'histoire intérieure de la Régence, elle ne présente qu'une suite de faits monotones et une série de gouverneurs choisis, pour la plupart, parmi les renégats originaires d'Europe. C'est, d'une part, la répétition, pour ainsi dire annuelle, des expéditions armées pour forcer les tribus à acquitter les contributions ou pour apaiser des insurrections ; de l'autre, la continuité des actes de piraterie exercés contre les bâtiments chrétiens, quelquefois des tentatives dirigées avec des chances diverses sur les côtes d'Espagne, d'Italie, de Sicile ou même de France. Pour échapper à l'uniformité des détails qui se reproduisent sous un aspect à peu près semblable dans la suite de l'histoire de la Régence, nous devons nous borner à signaler les faits principaux qui ont exercé une influence notable sur l'organisation intérieure, ou qui se rapportent aux expéditions importantes entreprises par les nations chrétiennes.

ALGÉRIE.

Traité de 1604 avec la France.

Savary de Brèves, ambassadeur d'Henri IV auprès de la Porte Ottomane, conclut avec elle, en 1604, le traité le plus avantageux que la France eût encore obtenu de cette puissance. Les gouverneurs d'Alger étaient rendus responsables des méfaits commis par leurs corsaires contre les bâtiments français, sans être admis à contester les déclarations des parties plaignantes. Mais comme déjà, dans des occasions récentes, les pachas avaient refusé d'obéir aux injonctions du grand-seigneur pour la restitution des prises ou pour le payement d'une indemnité, l'ambassadeur français stipula que la France se réservait le droit de châtier elle-même les Algériens s'ils contrevenaient au traité; sans que cela pût être une cause de rupture entre les deux parties contractantes. Il était en outre spécifié que les esclaves français dans toute l'étendue de l'empire seraient mis en liberté; que le pavillon français couvrait la marchandise, et que les marchandises et les personnes des Français étaient insaisissables sous tout pavillon; enfin la pêche du corail était garantie à la France conformément aux anciennes conventions; et il était enjoint aux Algériens de laisser rebâtir le Bastion de France, ruiné quelque temps auparavant par la milice turque. Elle avait attribué aux exportations de grains de nos négociants une famine qui éclata alors dans le pays.

Afin de signifier la volonté du grand-seigneur aux différents États musulmans de la Méditerranée, et d'assurer l'exécution du traité, un chaouch de la Porte fut désigné pour accompagner Savary de Brèves. En Palestine, en Égypte, à Tripoli et à Tunis cette mission s'accomplit avec quelques difficultés; mais à Alger la milice fit le plus mauvais accueil au chaouch de la Porte et à notre ambassadeur : toutes les conditions du traité furent rejetées et méconnues. Savary de Brèves se rembarqua sans avoir rien obtenu. Les années qui suivirent furent marquées par les plaintes incessantes que, dès le commencement de son règne, Louis XIII fit adresser à la Porte, au sujet de déprédations exercées contre le commerce de Marseille et sur les côtes de Provence. En 1616 et 1618 des officiers de la milice algérienne furent envoyés à la cour de France, alors à Tours, pour nouer des relations amicales; mais ces démarches avortèrent, à cause de la mauvaise foi des Turcs, qui continuaient les actes d'hostilité pendant les négociations. En 1618 le peuple de Marseille, indigné du massacre de l'équipage d'un navire français, se porta en foule à la maison qu'habitait un des envoyés algériens, et le tua avec quarante personnes de sa suite. Les récriminations, la guerre, les tentatives d'accommodement se prolongèrent jusqu'en 1628, au plus grand détriment de notre commerce dans la Méditerranée et de la sûreté des populations qui habitaient les côtes de Provence, exposées aux incursions des Algériens.

Traité de 1628.

Le cardinal de Richelieu, fatigué des plaintes universelles qui du midi de la France s'élevaient contre les Algériens, chargea le capitaine corse Samson Napollon de travailler à un rapprochement. Ce ne fut qu'après deux ans de négociations, après deux voyages à Constantinople, et après avoir gagné, à prix d'argent, des membres du divan, qu'un traité fut accordé à la France le 19 septembre 1628. Les esclaves français furent rendus, moyennant remboursement à leurs propriétaires des sommes payées pour leur achat; le rétablissement du Bastion de France fut stipulé, ainsi que la liberté de la pêche du corail et du commerce de grains à la Calle. On convint de plus que le traité de 1604 serait rendu exécutoire pour l'avenir dans la Régence. La ville de Marseille s'était imposé des sacrifices pour hâter la conclusion de la paix. Elle en fut en quelque sorte indemnisée par les travaux qui furent faits, par ordre et aux frais du roi, aux concessions d'Afrique. On appelait alors de ce nom le Bastion de France, la Calle et un petit poste au cap Rose. Il y avait sur ces trois points environ quatre cents habitants, dont une centaine de militaires. Le commerce français avait en outre une maison d'agence à Alger et une autre à Bône. Les dépenses pour ces établissements, y compris les redevances et les cadeaux pour les chefs indigènes, s'élevaient à 135,680 francs par an.

Cette paix, si difficilement obtenue, ne fut pas longtemps respectée par les Algériens. Ils recommencèrent bientôt leurs courses avec plus d'audace et d'activité que jamais. Les plus hardis franchirent le détroit et vinrent croiser à l'embouchure de la Manche, sur les côtes d'Angleterre et de Danemark. En quelques années la France perdit quatre-vingts bâtiments de commerce, dont cinquante-deux des ports de l'Océan ; leur valeur était estimée au-dessus de 4,500,000 francs. Le nombre des captifs provenant de ces prises s'élevait à treize cent trente et un, et en 1633 trois mille Français gémissaient dans les bagnes d'Alger. Après plusieurs tentatives infructueuses pour arriver à une paix réelle et franche, le cardinal de Richelieu voulut employer la force. Mais les ordres donnés à cet effet au cardinal de Sourdis, qui commandait l'escadre dans la Méditerranée, ne purent être exécutés ; nos navires guerroyaient alors contre l'Espagne. Les démonstrations impuissantes qui furent faites n'eurent pour résultat que d'amener dans la province de Bône la destruction des établissements français, dont six cents habitants furent conduits dans les prisons d'Alger. Mais l'année suivante le rétablissement du Bastion fut imposé au pacha d'Alger par les tribus elles-mêmes. Voici à quelle occasion : La cessation du commerce avec les Français avait été funeste aux intérêts indigènes ; et lorsque les troupes turques vinrent collecter l'impôt, les Arabes refusèrent de payer, et se révoltèrent. Les Turcs furent battus deux fois, et les tribus exigèrent comme condition de leur soumission l'abolition de l'impôt et le rétablissement du Bastion de France. Ces circonstances facilitèrent, en 1640, la conclusion d'un arrangement avec Alger. Mais cette fois encore aucune des clauses du traité ne fut observée par les corsaires, et leurs brigandages furent à peine interrompus pendant quelque temps.

Pour indiquer sommairement les rapports de la Régence pendant la première moitié du dix-septième siècle, il faut mentionner, en 1624, une démonstration faite par la Hollande qui captura plusieurs corsaires et les fit pendre pour obtenir la restitution de ses navires ; en 1638, la destruction de la flotte algérienne dans le port de Vallona par les Vénitiens ; en 1652, un traité de paix et de commerce entre les Algériens et les Hollandais ; en 1655, l'apparition d'une flotte anglaise devant Alger, et la conclusion d'un traité. Les Espagnols, de leur côté, firent, en 1603, une tentative malheureuse pour s'emparer du petit port de Tamagut, situé entre Dellis et Bougie ; en 1611, ils ravagèrent l'île de Kerkena et Djidjéli. Pendant cette période la garnison d'Oran était parvenue à étendre son influence et à s'allier à la puissante tribu des Beni Amer. A plusieurs reprises les Arabes et les Turcs dirigèrent des attaques contre Oran, notamment en 1605, en 1622 et 1653 ; mais ils ne firent jamais un siège régulier, et furent facilement repoussés.

Révolutions dans le gouvernement algérien.

Il est nécessaire de rappeler en peu de mots quelle était l'organisation du gouvernement de la Régence, pour faire comprendre les modifications qui y furent apportées dans le cours du dix-septième siècle. Le pacha nommé par la Porte exerçait le pouvoir suprême, avec l'assistance et le plus souvent sous le contrôle d'un conseil. Les membres de ce conseil, au nombre de cinq, étaient : le pacha, l'*oukil-el-hardj*, comptable des munitions de guerre et des travaux de l'arsenal ; le *khaznadji*, trésorier, chargé des services financiers ; le *khodja-el-kheil*, sorte d'inspecteur des haras, chef du domaine de l'État ; l'*agha*, commandant de la milice et de toutes les forces, chargé de faire la paye et d'administrer le territoire des tribus makhzen de la province d'Alger. Ces hauts fonctionnaires étaient appelés les *kerassa* (les gens du trône). Outre ce conseil, il y avait une grande assemblée, le divan, qui se réunissait quatre fois par semaine pour traiter des affaires de la Régence. Tous les soldats de l'oudjac pouvaient assister au divan. Le pacha en avait la présidence.

Nous avons déjà vu que la milice était recrutée dans les ports de la Turquie d'Europe et de la Turquie d'Asie. Lorsque les recrues arrivaient à Alger elles étaient incorporées dans un *orta* (l'oudjac était subdivisé en ortas ou bataillons) avec un numéro d'ordre. Le nouveau soldat avait le titre d'*ani-iouldach*, jeune soldat; trois ans après il devenait *aski-iouldach*, vieux soldat. La solde se payait tous les quatre mois, et pouvait atteindre comme maximum, avec des gratifications fixes, pour le vétéran, la somme d'environ 130 francs par an. La Porte fournissait une partie des subsides pour la paye de la milice. Le soldat vétéran devenait *bach-iouldach*, c'est-à-dire chef de vingt soldats (effectif ordinaire d'une tente); puis il pouvait être nommé *oukil-el-hardj*, ou intendant, soit d'une garnison, soit d'une colonne de troupes agissante; ensuite *oda-bachi*, ou *belouk-bachi*, chef de compagnie, avec droit de siéger au conseil. Les belouk-bachi étaient au nombre de soixante. Ces diverses qualifications ne constituaient pas, à proprement parler, des grades différents, mais seulement des fonctions auxquelles étaient attachés certains privilèges. Dans toutes ces positions, on conservait la solde en argent d'aski-iouldach, vétéran. Le belouk-bachi pouvait être désigné pour commander une garnison ou une colonne; il recevait alors le titre d'*agha*. Après de longs services, les aghas étaient mis à la retraite, en conservant leur solde; ils faisaient alors partie du tribunal du *kiaïa* (lieutenant du pacha) à Alger, ou de celui du *kaïd-ed-dar*, à Constantine, ou de celui du *cheikh-el-beled*, à Oran, suivant le lieu de leur résidence. Ces tribunaux, présidés par le second personnage de la localité, connaissaient de tous les crimes ou délits qui se commettaient dans leur ressort. Les coulouglis (fils d'un Turc et d'une femme indigène) pouvaient être admis dans la milice et arriver à tous les emplois. On leur confiait même quelquefois les fonctions de gouverneur de province (bey); mais ils ne pouvaient être élevés à l'une des cinq hautes fonctions donnant entrée dans le conseil supérieur. La même exclusion ne pesait pas sur les Européens qui embrassaient l'islamisme. L'organisation des équipages des bâtiments qui faisaient la course était tout à fait indépendante de celle de la milice. Chaque capitaine de navire choisissait ses compagnons comme il l'entendait. Telle était la situation que les révolutions dont nous allons nous occuper vinrent modifier.

Aroudj et Kheir-ed-Din avaient placé la Régence sous la protection de la Porte, et avaient sollicité et obtenu le titre de pacha. Le grand-seigneur exerçait donc une souveraineté incontestable sur le gouvernement des États d'Alger. Dans les premiers temps les pachas étaient choisis parmi les marins les plus illustres, parce que la flotte algérienne prêtait souvent un secours puissant à la marine ottomane dans ses luttes contre l'Europe. Mais après la bataille de Lépante, la Porte affaiblie, absorbée par la préoccupation d'intérêts plus graves et plus voisins, n'apporta plus le même soin dans le choix des gouverneurs d'Alger. D'obscurs favoris, ou d'avides fonctionnaires qui achetaient leur nomination en corrompant les principaux officiers du grand-seigneur, furent souvent investis. A peine arrivés, tous s'empressaient de faire leur fortune, en puisant à toutes les sources des revenus. La milice, habituée à obéir à des chefs illustres, qu'elle aimait, ne tarda pas à montrer un esprit d'indépendance et de révolte à l'égard de ces indignes successeurs des Kheir-ed-Din, des Hassan, des Salah-Réis et des Sinan-Pacha. Dans plus d'une occasion, l'agha de la milice se mit en opposition avec le gouverneur envoyé par la Porte, et entraîna le divan à prendre des résolutions tout à fait contraires aux ordres reçus de Constantinople. Plusieurs furent renvoyés, d'autres furent tués.

Mais, malgré ces protestations, souvent violentes, loin de se modérer, l'avidité et la rapacité des pachas n'avaient fait que s'accroître. Un règlement adopté par la milice leur accordait douze pour cent de la valeur de toutes les prises faites par les corsaires. Ils ne se contentaient plus de ce droit, qui produisait des bénéfices énormes; ils se livraient à des exactions contre les étrangers, contre le peuple des villes et contre les Arabes; enfin ils ne craignaient pas de détourner à leur profit une partie des sommes que le grand-seigneur envoyait pour contribuer à la solde de l'oudjac. C'est contre cet état de choses qu'une révolution éclata en 1659. Un boulouk-bachi, du nom de Khelil, se mit à la tête des mécontents, et proposa en plein divan de déposer le pacha et de modifier la constitution du gouvernement. Le divan fut maintenu comme par le passé; mais au pacha et aux quatre kerassa on substitua un conseil composé d'un certain nombre d'anciens aghas, retirés du service, et auquel fut attribuée l'administration de toutes les affaires. Un des membres du conseil en devint le président, avec le titre d'Agha. On conserva les fonctions de pacha à la nomination de la Porte; on alloua au titulaire une solde de cinq cents piastres par mois, et sa maison fut pourvue de tout ce qui est nécessaire à la vie; mais il lui fut interdit de s'immiscer dans les affaires de la Régence. On continuait à considérer le grand-seigneur comme le chef de l'islamisme; on recevait ses ordres avec respect, mais on n'y obtempérait que tout autant que l'agha et son conseil le jugeaient convenable.

Le chef de la conspiration, Khelil, se plaça à la tête du conseil en qualité d'agha. Mais il ne tarda pas à suivre les mêmes errements que les anciens pachas. On l'accusa de despotisme, et il fut assassiné. Quatre aghas se succédèrent dans l'espace de onze années, et tous périrent de mort violente. Enfin, en 1671, la milice irritée, après avoir assassiné Ali-Agha, changea de nouveau la forme du gouvernement. Elle emprunta à Tunis l'institution du dey. Le conseil des aghas fut aboli. Le dey devint le président du divan. Il était électif. Il fut chargé de l'exécution des délibérations du divan, de l'administration intérieure du pays et de la paye de la milice. Le pacha fut maintenu dans sa nullité. Comme on le voit, la dictature ne fit que changer de nom et le pouvoir ne fut ni plus stable, ni plus modéré, ni plus respecté. On envoya des députés à Constantinople pour faire sanctionner ces changements. La Porte, qui n'était pas en mesure de réclamer alors l'intégralité de ses droits, approuva les nouvelles institutions. Elle stipula seulement que la solde de la milice serait dorénavant tout entière à la charge de la Régence. Elle continua à désigner les pachas pour représenter les droits du grand-seigneur à Alger. Une lutte presque constante divisait le dey et le pacha; la milice, maîtresse de se donner un chef, en changea au gré de ses caprices ou de ses intérêts, et contribua à rendre impossible l'établissement d'un pouvoir fort et homogène.

En se constituant indépendante, la milice était devenue ombrageuse. Vers l'année 1618, sur le bruit vague d'un complot formé par les coulouglis, dix-huit cents soldats turcs se rassemblèrent et décrétèrent que tous les coulouglis seraient bannis de la ville. Quelques-uns ayant tenté de rentrer à Alger furent saisis, enfermés dans des sacs et jetés à la mer. Cet acte de cruauté ne fit qu'exalter chez les coulouglis le désir de la vengeance. Deux ans après, ils ourdirent une vaste conspiration avec les habitants de la ville. Un instant ils furent maîtres de la Casbah; mais les Maures hésitèrent à se déclarer, et les rebelles, tombés entre les mains des Turcs, expièrent leur crime dans d'horribles tortures. Avant de succomber ils mirent le feu aux poudres; cinq cents maisons furent renversées, et plus de six mille personnes périrent. Cette révolte, qui mit en danger l'existence même de la domination turque, éclata en 1620 (1032 de l'hégire). A partir de cette époque les coulouglis ne purent plus être investis d'aucune fonction dans la milice; ils furent même, pendant un temps, entièrement exclus de l'oudjac. On rattache la formation de la tribu des Ouled-Zeitouni, à l'est d'Alger, à ce bannissement des coulouglis.

Une modification importante doit être aussi signalée dans la composition des équipages des corsaires. Le navire était armé par un entrepreneur; mais il devait recevoir un certain nombre de soldats turcs commandés par un boulouk-bachi. Tout l'équipage était sous les ordres de cet officier. Ce changement fit perdre à la marine algérienne un grand nombre d'excellents matelots recrutés dans le Levant; mais la course prit un caractère de férocité implacable.

La force totale de la milice était évaluée à environ quinze mille hommes. Son service se divisait par année : 1° en service de garnison, qui absorbait environ deux mille hommes, disséminés dans toutes les villes de la Régence ; 2° en service de camp, ou de colonne (maballa) ; 3° en service sédentaire à Alger. Cette troisième année était considérée comme année de repos. Il y avait des garnisons : à Alger même (environ trois cents hommes en dehors de la milice qui était au repos dans les casernes); à Mers-ed-Debban (port des mouches); à Tizouzou, fort du côté de l'Arach ; à Bou-Gheni, sur les pentes du Djurdjura ; à Hamza, sur la route d'Alger à Constantine, par les portes de Fer; à Sour-Ghozlan, sur l'autre route d'Alger à Constantine, qui contournait l'Ouennougha ; à El-Kol, à Zamoura, au nord de la Medjana ; à Constantine, à Bône, à Tibessa, sur la frontière de Tunis ; à Biskra, à Bougie, à Oran, à Mascara, à Mostaganem, à Tlemsen. Chaque année au printemps les garnisons étaient relevées.

Il partait trois colonnes d'Alger pour aller percevoir l'impôt et maintenir les tribus dans le devoir. La première se dirigeait vers la province d'Oran ; la seconde, vers Constantine; la troisième, dans la province de Titeri, et jusque dans le sud où habitaient les tribus sahariennes. Chaque bey, commandant les provinces, entretenait auprès de lui une sorte de bataillon d'infanterie, composé également de Turcs et de couloughs. Cette troupe et les cavaliers du makhzen se joignaient à la colonne venue d'Alger, et parcouraient le pays, marchant à petites journées, et faisant de fréquents séjours pour recueillir les contributions. C'était là le principal élément de force et de domination des Turcs; car l'autorité qu'ils exerçaient sur les Arabes n'était en quelque sorte qu'une compression continue et un système impitoyable pour leur arracher un impôt aussi lourd que possible.

A Alger les soldats de l'oudjac étaient logés dans sept casernes. Ils recevaient la solde, mais ne touchaient pas de vivres lorsqu'ils étaient au repos. La plupart exerçaient des métiers ou tenaient de petites boutiques d'épiceries. Quelques-uns se mariaient avec des femmes du pays. Pour honorer l'oudjac, le dey était inscrit en tête du registre, et recevait la solde de simple vétéran. Cette milice turbulente, adonnée à tous les excès, recrutée parmi la lie de la population de tous les ports du Levant, fut un obstacle permanent au développement de l'État algérien. Lorsque les Maures, chassés d'Espagne, vinrent chercher un refuge dans la Régence, l'esprit jaloux et inquiet des soldats turcs les empêcha d'y introduire les industries qu'ils pratiquaient dans la Péninsule et auxquelles ils fournissaient les plus habiles ouvriers. Plus tard, lorsque par les mariages avec les femmes indigènes, il se forma, sous le nom de couloughis, une race mixte, heureusement douée et susceptible de se livrer aux travaux de la paix et de se civiliser, les soldats turcs furent encore un obstacle à tout progrès, par leurs soupçons et leur caractère ombrageux. Ces aventuriers avides, que l'appât du gain attirait seul de tous les points du Levant à Alger, n'avaient d'autre désir que d'amasser de l'argent par tous les moyens. Les plus violents étaient les meilleurs, pourvu qu'ils fussent les plus expéditifs. La course, les exactions sur les tribus, les expéditions contre les États voisins avec l'espoir d'en rapporter du butin ; telles étaient leurs seules préoccupations. Telles avaient été, telles furent aussi les seules causes des guerres de l'oudjac contre les nations chrétiennes, des révoltes des tribus épuisées, des hostilités souvent à peine motivées soit contre Tunis, soit contre le Maroc. Les événements qui vont suivre justifieront surabondamment ces appréciations.

Expédition française contre Djidjéli.

Les révolutions intérieures dont il vient d'être question n'étaient pas de nature à rendre les corsaires plus scrupuleux observateurs des traités. Le commerce français avait particulièrement à souffrir de leurs déprédations. Le commandeur Paul, marin très-redouté de ces pirates, les chevaliers d'Hocquincourt et de Tourville, le duc de Beaufort, croisèrent successivement contre les navires algériens, et leur causèrent de grandes pertes sans pouvoir mettre fin aux hostilités. Enfin, en 1664, Louis XIV, lassé des insultes incessantes faites par les corsaires à la France, résolut de réprimer sérieusement leurs brigandages. Déjà le cardinal de Mazarin avait précédemment plusieurs fois entretenu le roi de la création d'un établissement français en Barbarie. Il voulait occuper un port intermédiaire entre Tunis et Alger, les deux principaux foyers de la piraterie, afin d'en arrêter plus sûrement les progrès. Il avait été successivement question de Stora, de Bône, de Bougie ; on se décida pour Djidjéli. Le duc de Beaufort fut placé à la tête de l'expédition, composée de quinze vaisseaux ou frégates, dix-neuf galères et quelques autres bâtiments ; en tout soixante-trois voiles. L'armée de débarquement comprenait près de six mille hommes. La flotte partit de Toulon le 2 juillet 1664, et arriva devant Djidjéli le 22 du même mois, après avoir relâché aux îles Baléares. Le débarquement s'opéra le lendemain auprès du marabout, où est maintenant le fort Duquesne. Les Kabiles n'opposèrent d'abord qu'une faible résistance, et les habitants évacuèrent la ville. L'armée s'établit en dehors des murailles sur une sorte de plateau, et fit quelques travaux pour se retrancher et se couvrir. Dès le 24 les Kabiles envoyèrent des parlementaires et vinrent vendre des denrées ; mais, quoique leur envoyé se fût retiré satisfait des paroles du duc de Beaufort, qui déclara ne vouloir traiter en ennemi que les Turcs et les corsaires, la ligne française fut attaquée le lendemain. Pendant un mois, ce fut une alternative continuelle d'hostilités et de protestations pacifiques. Enfin, fatigués des efforts inutiles qu'ils faisaient contre l'armée française, les Kabiles se retirèrent dans leurs montagnes pour attendre l'arrivée d'un corps de troupes turques qui devait venir combattre les chrétiens.

Au lieu de profiter de ces irrésolutions et de cette espèce d'armistice pour se fortifier dans la position qu'on occupait, les chefs de l'armée se trouvèrent divisés par la plus fâcheuse mésintelligence. Le duc de Beaufort jalousait le lieutenant général de Gadagne, commandant des troupes.

Le bruit de ces discussions regrettables parvint jusqu'à la cour de France, et le gouvernement ordonna au duc de Beaufort de reprendre la mer pour donner la chasse aux corsaires. Mais, sur ces entrefaites, les Turcs arrivèrent devant Djidjéli, et attaquèrent les lignes françaises le 4 octobre. Ils furent repoussés ; l'armée fit des pertes ; elle manquait d'ailleurs des choses essentielles au bien-être des soldats, et les maladies sévissaient déjà cruellement. Là encore un temps précieux fut perdu en délibérations. On avait reçu le 22 octobre des renforts avec lesquels on aurait pu attaquer le camp des Turcs et enlever leur artillerie ; par une étroite interprétation des instructions qui prescrivaient de ne rien entreprendre au dehors avant d'avoir assuré la position de Djidjéli, les troupes françaises restèrent dans l'inaction. Les Turcs ouvrirent le feu le 29 contre les retranchements français, et refoulèrent tous les postes extérieurs. La position devint critique : les soldats, frappés de découragement, se trouvaient dans un dénûment aussi complet qu'avant le ravitaillement, car la plus grande partie des vivres était avariée ; ils manquaient de vêtements et de souliers, et n'avaient pas même de bois pour faire cuire les viandes salées qu'on leur distribuait. Il fallut se résigner au rembarquement, pour éviter une plus grande catastrophe. Le 31 octobre au matin, cette opération s'effectua avec assez d'ordre ; on abandonna trente-six pièces d'artillerie, et les dernières troupes qui quittèrent le rivage furent vivement poussées par les Turcs et souffrirent beaucoup. Cette expédition, quoique terminée d'une manière fâcheuse, eut cependant pour résultat d'effrayer les Algériens. Le duc de Beaufort, qui était resté à la tête de la flotte, poursuivit les corsaires, les battit le 24 juin 1665 devant la Goulette, le 24 août devant Cherchel, et fit oublier promptement la fin malheureuse de l'expédition de Djidjéli. Le 17 mai 1666 le divan d'Alger demanda la paix, et signa un traité avantageux pour la France.

Cependant tous ces traités avec les Algériens ne pouvaient offrir de garantie. Ils ne les observaient que pendant le temps nécessaire pour se refaire de leurs pertes; aussi vit-on en 1670 une escadre française venir réclamer des réparations pour des actes de piraterie et obtenir des articles additionnels au traité de 1666. Ce nouvel arrangement stipula le rétablissement du Bastion de France, qui avait été détruit par les Turcs en 1659. Mais les affaires ne retrouvèrent plus la prospérité d'autrefois, soit que les Arabes fussent plus hostiles, soit par le fait de l'incapacité des administrateurs.

Bombardement d'Alger par la France.

Depuis que le gouvernement de l'oudjac était dirigé par un dey une animosité particulière semblait avoir éclaté contre la France. A plusieurs reprises des envoyés français durent venir réclamer la fidèle exécution des traités; ils obtenaient des promesses formelles; mais dès qu'ils étaient partis les corsaires recommençaient à violer toutes les conventions. Enfin, en 1681, le dey Baba-Hassan poussa l'insolence jusqu'à déclarer la guerre à la France. Tant de méfaits, une si grossière insulte, méritaient un châtiment. Louis XIV ordonna de préparer une expédition formidable contre Alger. Le commandement en fut confié à Duquesne, lieutenant général des armées navales, auquel on adjoignit Tourville, du même grade que lui, et les chefs d'escadre de l'Hery et d'Amfreville. La flotte, composée de onze vaisseaux, quinze galères, cinq galiotes à bombes, deux brûlots et quelques petits bâtiments, fut réunie devant Alger le 22 juillet 1682. La ville devait être bombardée jusqu'à ce qu'elle arrivât à une soumission complète. Les opérations furent d'abord contrariées par le mauvais temps. Le bombardement ne put commencer que dans la nuit du 21 août; les galiotes étant mouillées trop loin, il produisit peu d'effets; repris le 26, jusqu'au 5 du mois suivant, il fit beaucoup de mal au port et à la ville. Plus de cinq cents Algériens furent tués. La milice elle-même était dans la consternation, devant les effets terribles de ces projectiles, dont on faisait usage pour la première fois dans la marine. Aussi le lendemain, le dey envoya pour traiter de la paix le père Vacher, religieux de la Merci, remplissant les fonctions de consul français à Alger. Duquesne refusa de recevoir le parlementaire, et fit répondre que si les Algériens voulaient demander grâce, ils eussent à se faire représenter par leurs chefs principaux. La fierté de ce langage exaspéra l'orgueil musulman, et les hostilités continuèrent. Mais le 12 septembre l'amiral, contrarié par les vents, qui commençaient à souffler avec violence et qui sont toujours si dangereux aux approches de l'équinoxe, donna l'ordre à la flotte de lever l'ancre et rentra à Toulon.

Quelques vaisseaux restèrent cependant devant le port pour former le blocus. Baba-Hassan, effrayé des conséquences funestes qu'avait entraînées pour la Régence son imprudente déclaration de guerre, implora l'intervention de la Porte. Sans attendre l'effet de cette démarche, Duquesne reparut devant Alger le 20 juin. L'état de la mer ne permit de commencer le bombardement que le 26. La ville souffrit tant des bombes qui pleuvaient sur elle chaque nuit, que le 28 la population se révolta et exigea du dey qu'il conclut la paix à tout prix. Duquesne répondit à l'envoyé turc qu'avant toute espèce de préliminaires il exigeait qu'on rendît sur-le-champ, sans rançon, tous les esclaves français, et même tous les chrétiens pris sous pavillon français. Le dey essaya d'éluder ces injonctions; l'amiral se montra inflexible, et les clameurs du peuple, et surtout des femmes, forcèrent le divan à s'exécuter. On commença dès le lendemain à rendre les esclaves. Le 2 juillet on en avait déjà livré à la flotte cinq cent quarante-six. Le reste était dans la campagne, et on s'occupait à les réunir. Le 3 Duquesne demanda des otages, et envoya signifier au divan que la volonté du roi était que la paix ne serait faite qu'à condition que les Turcs rembourseraient toutes les dépenses de la guerre et toutes les pertes que la France avait essuyées. Le divan déclara ces conditions inadmissibles; les otages furent rendus, et on se disposa à reprendre les hostilités.

Cette circonstance exaspéra la milice; elle reprocha au dey d'avoir rendu les esclaves sans que la ville eût échappé pour cela aux malheurs du bombardement. Une sédition éclata ; Baba-Hassan fut massacré, et Mezzo-Morto, corsaire fameux, qui venait d'être envoyé en otage, fut proclamé dey. Le 21 juillet le bombardement recommença, et se prolongea, sauf quelques interruptions causées par l'état de la mer, jusqu'au 18 août. Les habitants s'étaient dispersés dans les campagnes. La milice, qui était restée dans la ville, se livra à des atrocités pour se venger des Français ; elle attacha le père Vacher à la bouche d'un canon, et son corps vola en lambeaux. Ce crime devint le signal de bien d'autres. Duquesne fit enlever les Français, au nombre de quatre cent vingt, qui étaient encore au Bastion de France, pour les soustraire à la fureur des Turcs. A la fin d'août la flotte, ayant épuisé ses munitions, regagna Toulon ; un blocus sévère fut maintenu devant Alger. Lorsque l'année suivante de Tourville se présenta avec une escadre nombreuse, Mezzo-Morto n'eut pas de peine à décider le divan à accepter la paix. Après vingt et un jours de négociations, elle fut signée le 25 avril 1684, malgré les intrigues des Anglais et des Hollandais, qui craignaient de voir les Français trop favorisés. On rendit réciproquement les esclaves, et le divan envoya des ambassadeurs en France pour demander au roi la ratification du traité.

Un châtiment si rude, deux fois renouvelé, ne rendit pas les Algériens plus circonspects. En 1688 ils insultèrent de nouveau le pavillon de la France, et nous prirent quelques navires. Une escadre reçut ordre d'aller bombarder Alger ; le maréchal d'Estrées en fut nommé le commandant. Du 1er au 16 juillet le feu des galiotes ne discontinua presque pas. Dix mille bombes furent lancées sur la ville : cinq gros navires furent coulés, la plupart des batteries démantelées, la tour du fanal rasée. Un grand nombre d'habitants furent écrasés sous les décombres des maisons ; et Mezzo-Morto lui-même, alors investi de la dignité de pacha, fut blessé à la tête d'un éclat de bombe. La fureur des Algériens les poussa à renouveler les supplices abominables employés lors du dernier bombardement ; plus de cinquante Français périrent de cette mort épouvantable. Le maréchal d'Estrées, à la vue de ces membres palpitants lancés jusque sur ses vaisseaux, oublia lui-même les lois de l'humanité, et fit égorger dix-sept prisonniers turcs qui étaient entre ses mains et laissa flotter leurs cadavres sur un radeau jusqu'à l'entrée du port. Après ces représailles, il remit à la voile, et rentra à Toulon sans avoir rien terminé. Ce ne fut que le 24 septembre de l'année suivante que Mezzo-Morto consentit à signer un traité pour cent ans. A la suite de cette paix, les relations de la France avec la Régence furent moins troublées que par le passé, quoique les corsaires n'eussent pas entièrement renoncé à leurs violences et à leurs trahisons.

Relations avec les nations européennes.

Pendant que s'accomplissaient les événements qu'on vient de retracer brièvement, les relations des Algériens avec les autres peuples de l'Europe n'étaient pas meilleures. En 1660 les Hollandais et les Anglais, après avoir signé des traités avec Alger, avaient été obligés, à la suite des insultes faites à leur pavillon, d'appuyer leurs réclamations par l'envoi de forces navales. En 1671 une flotte anglaise détruisit l'escadre algérienne dans la rade de Bougie et bloqua Alger. En 1677 le divan déclara la guerre à l'Angleterre, et ne lui accorda un traité de paix qu'en 1682, à des conditions assez dures, après le premier bombardement d'Alger par Duquesne. Ce traité, plusieurs fois renouvelé, conduisit la Grande-Bretagne, sans guerre ouverte avec Alger, jusqu'en 1816.

Du côté d'Oran la position resta la même entre la garnison espagnole et les beys de l'ouest ; en 1677 et 1688 plusieurs attaques furent facilement repoussées. Mais en 1687 les Arabes avaient obtenu un succès important contre le gouverneur d'Oran, qui était sorti de la place pour les combattre. Il périt avec sept cents des siens. La ville fut bloquée, et délivrée par des secours qui vinrent d'Espagne. En 1693 les Turcs et les Arabes perdirent quatre mille hommes sous les murs d'Oran. Jusqu'en 1696 ils renouvelèrent chaque année leurs attaques sans plus de succès, et se retirèrent de guerre lasse. Un bey de la province, Chaaban, fut tué dans ces combats.

Situation intérieure de la Régence.

L'histoire intérieure de la Régence n'offre qu'un médiocre intérêt pendant la période dont il vient d'être question. Cependant, en dehors des efforts incessants que les troupes turques devaient faire pour percevoir des impôts exagérés et pour comprimer les révoltes des tribus, on remarque une lutte sérieuse qui s'engagea entre la Régence et les deux États musulmans de Tunis et de Maroc. Ce fut le dey Chaaban, successeur de Mezzo-Morto, qui soutint ces guerres. Un prétendant au gouvernement tunisien, chassé par son heureux compétiteur, vint solliciter le secours de Chaaban. A deux reprises différentes, en 1689 et en 1695, les Algériens s'emparèrent de Tunis, et y firent un butin des plus riches; mais à peine les troupes s'étaient-elles retirées, que le protégé de Chaaban fut chassé. Le dey se préparait à aller le rétablir une troisième fois, lorsque l'armée se révolta contre lui, et le déposa. Pendant que Chaaban combattait ses ennemis extérieurs, les Maures d'Alger avaient tramé une conspiration avec l'appui de Tunis et du Maroc pour chasser les Turcs de la Régence; le complot fut découvert, et valut à la ville une contribution extraordinaire, outre la mort des principaux chefs de la conspiration. Vers la même époque, Chaaban avait aussi dirigé une expédition contre les Marocains, qui avaient franchi la frontière et avaient porté leurs ravages jusque sous les murs de Tlemsen. Les deux armées se rencontrèrent sur les bords de la Molouïa : la victoire resta aux Algériens. Ils poursuivirent l'armée marocaine jusque devant Fès, et lui accordèrent la paix à des conditions avantageuses.

Les successeurs de Chaaban eurent encore des luttes à soutenir; mais ils n'étaient plus les agresseurs. En 1700, Mourad, bey de Tunis, vint assiéger Constantine, défit l'armée du gouverneur de la province, et s'empara d'un fort situé en dehors de la ville. La milice ne tarda pas à prendre une revanche éclatante de cet échec; elle accourut au secours de Constantine : les Tunisiens furent battus, et deux mille d'entre eux qui avaient mis bas les armes furent passés au fil de l'épée. Après cet exploit sauvage, l'armée venait à peine de rentrer à Alger que le dey Moustapha se mit lui-même à la tête des troupes pour se porter dans l'ouest à la rencontre des Marocains, qui avaient envahi la Régence et s'étaient avancés jusqu'auprès d'Oran, ravageant tout devant eux. Le dey n'avait que six mille fantassins et mille cavaliers turcs; l'armée ennemie comptait plus de cinquante mille hommes, la plupart à cheval; les Turcs attaquèrent avec tant d'impétuosité qu'après quatre heures de combat ils enfoncèrent les bandes marocaines, et les mirent dans une déroute complète. Mouley-Ismayl, sultan du Maroc, qui commandait lui-même ces troupes, ne s'échappa qu'avec peine; son cheval tomba entre les mains du dey, qui l'envoya plus tard en cadeau à Louis XIV. Ce combat sauva la Régence; il fut livré dans la forêt qui porta depuis le nom de Mouley-Ismayl. Le bey de Tunis se préparait à envahir de son côté les États d'Alger; mais la défaite des Marocains le rendit plus prudent. Bientôt après, le grand-seigneur, fatigué de ces querelles, qui affaiblissaient inutilement deux pays soumis à son autorité, envoya un capdji à Tunis, avec mission de rétablir la paix. Le bey Mourad s'étant montré disposé à continuer la guerre, l'officier de la Porte le fit étrangler, et massacra toute sa famille.

La paix qui suivit cette intervention de la Porte ne fut pas de longue durée. Terminée en 1702, l'année d'après la guerre était de nouveau déclarée. Le dey manquait d'argent, malgré les exactions exercées contre les tribus; la milice, qui ne recevait pas exactement sa paye, murmurait; on eut recours à la guerre pour occuper sa turbulence, et dans l'espoir aussi de retrouver des dépouilles aussi riches que celles que Chaaban avait enlevées aux Tunisiens. Cette expédition commença d'abord sous les plus heureux auspices. L'armée tunisienne fut battue auprès de Kef, et le bey tomba au pouvoir des Algériens. Tunis, effrayée, offrit de payer une rançon pour que l'armée victorieuse n'entrât pas dans ses murs. Le dey refusa, et vint mettre le siége devant la capitale. Après trente-neuf jours d'efforts inutiles pour emporter la place, après avoir perdu un millier d'hommes, les Algériens partirent pendant la nuit, abandonnant une partie de leur matériel. Vivement poursuivis par les Tunisiens, ils rentrèrent dans la Régence en fugitifs. A peine arrivé à Alger, le dey fut étranglé et ses biens confisqués pour faire la paye à la milice. Son successeur ne jouit pas longtemps du pouvoir. La pénurie du trésor fut encore la cause de sa mort.

Prise d'Oran.

Pektach-Khodja, qui venait de se faire proclamer dey, en 1707, s'occupa immédiatement à ramasser de l'argent et à donner de l'activité à la milice. Les circonstances le servirent. D'un côté, les Hollandais demandèrent la paix et la payèrent fort cher; de l'autre, le bey de l'ouest, qui voulait attaquer Oran, réclama des secours. Moustapha Bou-Chelaghme (père de la moustache) commandait alors la province. Pour mieux surveiller les tribus des environs d'Oran et pour avoir une action plus directe sur le sud, il avait déplacé le siège de son autorité. Il avait abandonné Mazouna, pour s'établir à Mascara, point plus central. Bou-Chelaghme constitua bientôt des forces militaires imposantes autour d'Oran. Les Douaïrs et les Abid, tribus récemment arrivées du Maroc, les Beni Amer, qui avaient renoncé à l'alliance des Espagnols et fait leur soumission, furent organisés en makhzen et concentrés autour d'Oran de manière à intercepter toute relation avec l'extérieur. Lorsque l'armée turque arriva devant la place, la garnison espagnole, à peine suffisante pour la défendre, ne recevant aucun secours d'Espagne, capitula à condition qu'elle serait renvoyée libre en Europe. Les Turcs, fidèles à leurs traditions de perfidie, prirent possession de la ville et réduisirent la garnison en esclavage. Peu après Mers-el-Kebir, pressée par la famine, se rendit aussi. Pektach-Khodja fit hommage des clefs de la ville au grand-seigneur. Ces événements, si désastreux pour l'Espagne, eurent lieu au mois de septembre de l'année 1708 (l'an 1119 de l'hégire). L'Espagne, agitée à cette époque par les sanglantes discordes qui avaient suivi la mort de Charles II, et par la guerre de la succession, n'avait pu secourir ses possessions d'Afrique.

Nouvelle révolution dans le gouvernement.

L'élection des deys donnait presque toujours lieu à des séditions et à des troubles; dans ces conflits, souvent fomentés par eux, les pachas tentaient de ressaisir le pouvoir qu'ils avaient perdu. Ces officiers de la Porte étaient haïs par la milice; elle les considérait comme les ennemis des priviléges de l'oudjac. En 1710, Ali-Chaouch, qui venait d'être élu dey, résolut de faire destituer le pacha, accusé d'avoir fait de l'opposition à son élection, et de réunir les deux fonctions en ses mains. Il envoya un officier habile à Constantinople, muni de riches présents et chargé de demander pour lui l'investiture du pachalik. Le sultan Ahmed III, qui régnait alors, considérant que la Régence d'Alger était un État presque indépendant, que la milice méconnaissait ses ordres au gré de ses caprices et que les pachas qu'il nommait restaient sans autorité, se décida à accéder à la demande d'Ali-Chaouch, et lui conféra le titre de pacha. A partir de cette époque, le dey élu par la milice reçut toujours de la Porte l'investiture des fonctions de pacha. Cette innovation, tout en conservant au grand-seigneur l'apparence au moins de son droit de souveraineté, fit aux deys une position presque absolue et indépendante. Cependant la milice, en voyant son chef élu s'élever, ne lui accorda pas pour cela plus de respect et d'obéissance. L'institution était changée; mais les mœurs turbulentes, les violences, les rébellions continuèrent à engendrer les mêmes désordres.

Les rapports de la Régence avec les nations européennes ne furent pas modifiés. Dans les années qui suivirent, la Hollande, la Suède, la Sicile, l'Angleterre, la France, l'empire d'Allemagne eurent des réclamations à faire valoir. Quelques nations obtinrent de ces traités éphémères plus funestes qu'utiles, puisqu'ils avaient pour résultat d'endormir la vigilance des peuples européens et que les Algériens ne se faisaient aucun scrupule de les violer dès qu'une occasion de piraterie se présentait. La Porte voulut intervenir en faveur de l'Empire en 1725 ; son envoyé fut insulté par le divan d'Alger, et ne put rien en obtenir. Irrité de cette résistance, le grand-seigneur essaya de revenir, en 1729, sur les concessions qu'il avait faites à l'oudjac en 1710, et tenta de rétablir à Alger la charge de pacha. L'officier député vers la milice ne put pas débarquer, et fut obligé de remettre à la voile, après avoir reçu une somme d'argent pour le dédommager de ses frais de voyage.

Prise d'Oran par les Espagnols.

Les choses restèrent dans cette situation, sans incident remarquable, jusqu'en 1732. A cette époque, Philippe V, raffermi sur le trône d'Espagne, résolut de reconquérir Oran. Une flotte, composée de cinquante et un bâtiments de guerre et de cinq cents navires de transport, fut réunie dans le port d'Alicante ; elle embarqua une armée forte de vingt-huit mille hommes, dont trois mille cavaliers. Le 15 juin, l'expédition, commandée par le comte de Montémar, mit à la voile. Retenue par des vents contraires, elle ne put opérer le débarquement que le 29, à deux lieues environ à l'ouest de Mers-el-Kebir, dans la baie du cap Falcon. Les Turcs et les Arabes essayèrent de s'opposer au débarquement ; ils furent facilement repoussés. Bou-Chelaghme était encore bey d'Oran, où il s'était établi depuis 1708. Le fameux baron de Riperda, renégat hollandais, au service du Maroc, était accouru avec un renfort considérable pour protéger Oran. Le 30 juin il voulut attaquer les retranchements des Espagnols ; mais il essuya une défaite complète, et fut entraîné dans la fuite de l'armée musulmane. La population de la ville, saisie de crainte, s'enfuit en toute hâte vers Mostaganem. Le comte de Montémar entra dans Oran sans coup férir ; il y trouva cent trente-huit pièces d'artillerie et des magasins abondamment pourvus. Mers-el-Kebir opposa quelque résistance, et finit par capituler. Ce ne fut que soixante-trois ans après que les Musulmans recouvrèrent ces deux places. Bou-Chelaghme se réfugia à Mostaganem, qui resta jusqu'à la mort de ce bey, c'est-à-dire jusqu'en 1735, le centre du beylik de l'ouest. Avant de mourir Bou-Chelaghme fit une attaque contre Oran, aidé par cinq mille Turcs envoyés d'Alger. La garnison sortit de la ville, et mit les Musulmans en fuite après un combat très vif. Ce fut la dernière tentative sérieuse dirigée contre Oran jusqu'en 1791.

Nous ne ferons que mentionner les guerres que l'oudjac d'Alger entreprit contre Tunis, malgré les ordres formels de la Porte, en 1735, en 1740 et en 1745. Les Algériens s'emparèrent encore une fois de Tunis, et y établirent un prétendant qui se reconnut leur tributaire et consentit à leur payer une redevance annuelle. Mais bientôt le nouveau bey de Tunis oublia ses engagements, et la paix ne fut rétablie entre les deux États qu'en 1747. Cette même année les habitants de Tlemsen se révoltèrent contre leur kaïd, et organisèrent un gouvernement indépendant. Les troupes de l'oudjac, sous les ordres du bey de l'ouest, marchèrent contre la ville, la prirent d'assaut et la livrèrent au pillage. La milice commit dans le sac de Tlemsen des excès de tous genres, et en rapporta un butin considérable.

Ce serait se condamner à des répétitions fastidieuses que de retracer en détail les événements de l'histoire de la Régence. Ce sont, d'une part, toujours les mêmes vexations exercées contre les tribus et par contre les mêmes révoltes ; de l'autre, les difficultés sans cesse renaissantes avec les nations chrétiennes, des accommodements obtenus à prix d'argent, aussitôt violés que conclus. Il est important cependant de signaler la destruction d'une armée turque dans les montagnes des Flissa en 1768. La révolte fit des progrès rapides, et les Kabiles vinrent porter la dévastation jusqu'aux portes d'Alger. Jamais l'oudjac n'avait été dans un état plus précaire. Le calme et le courage du dey Mohammed-Pacha sauvèrent la Régence. Après deux ans de troubles, les Kabiles, lassés de la guerre qui interrompait leur commerce, firent les premiers des propositions de paix, et consentirent à payer un tribut. L'Espagne versa à Alger des sommes énormes pour le rachat de quinze cents captifs chrétiens. Le Danemark essaya de bombarder Alger en 1770; cette tentative malheureuse ne causa aucun dommage à la ville, et tourna à la confusion de l'amiral de Caas, qui la dirigeait. Deux ans après les Danois obtinrent la paix à des conditions exorbitantes.

Expédition des Espagnols contre Alger.

L'Espagne avait des griefs nombreux contre les Algériens. Charles III voulut enfin délivrer la Méditerranée de la piraterie et des exactions des corsaires. Le comte O'Reilly, général irlandais au service de l'Espagne, fut chargé du commandement de cette expédition. La flotte, composée de quarante-quatre bâtiments de guerre, de trois cent quarante-quatre navires de transport, et portant vingt et un mille fantassins, onze cents cavaliers et cent pièces d'artillerie de siége ou de campagne, vint mouiller devant Alger le 1er juillet 1775. Le dey d'Alger avait fait de grands préparatifs de défense. Le bey de Constantine et celui de Titeri étaient arrivés avec un fort contingent, fourni par les tribus. Le bey de Mascara avait envoyé dix mille hommes, sous la conduite de son khalifa. Enfin les Turcs, les Arabes et les Kabiles de la province d'Alger avaient également pris les armes.

La flotte espagnole resta pendant huit jours dans une inaction inconcevable. L'amiral Castejou, qui la commandait, eut une vive altercation avec O'Reilly au sujet de ses lenteurs et de son indécision. Enfin le débarquement s'effectua le 8 juillet, à gauche de l'embouchure de l'Arach, sur la plage du Hamma. Les Algériens ne cherchèrent point à s'y opposer; à peine débarqués, les gardes vallones, les Suisses et les Irlandais, qui devaient former l'aile gauche, se portèrent vers les hauteurs, où étaient embusqués une grande quantité d'Arabes; emportés par leur ardeur à combattre sur un terrain défavorable, ils perdirent beaucoup de monde. Pendant ce temps, la deuxième division, qui débarquait, fut attaquée à sa gauche par le contingent de Constantine, conduit par Salah-Bey, et à sa droite par les troupes sorties d'Alger. Les musulmans poussaient devant leurs colonnes des troupeaux de chameaux qui effrayaient les chevaux de la cavalerie espagnole, et leur servaient en même temps de remparts mobiles. Bientôt le désordre et la confusion se mirent dans les rangs des Espagnols, et O'Reilly pensa n'avoir d'autre ressource qu'un prompt rembarquement. Cette opération eut lieu pendant la nuit et fut terminée le 9 au matin. Le 12 on remit à la voile, et toute la flotte, moins quelques bâtiments qui restèrent en croisière sur la côte, regagna les ports de l'Espagne. On évalua à quatre mille le nombre des tués ou des blessés du côté des Espagnols.

La défaite d'O'Reilly exalta l'insolence des Algériens, et réveilla le souvenir de tous les désastres antérieurs que l'Espagne avait éprouvés sur cette même plage. Les corsaires firent un mal affreux au commerce de la Péninsule, et poussèrent leurs incursions jusque sur les côtes. Après plusieurs tentatives infructueuses pour conclure un traité, les Espagnols se déterminèrent à envoyer contre Alger une expédition maritime. Leur flotte vint mouiller devant la ville le 28 octobre 1783; elle ouvrit le feu le 1er novembre, et le continua pendant huit jours. La ville souffrit de grands dommages, et le nombre des Algériens tués ou blessés fut très-considérable. Enfin le 9 novembre un vent violent força l'escadre à s'éloigner. Ce châtiment n'amena pas le dey à composition. Dans son orgueil, oubliant les pertes, il considéra la retraite des Espagnols comme une victoire, et ordonna des réjouissances. Au mois de juillet de l'année suivante le bombardement recommença, et produisit les mêmes résultats. Enfin le 12 juin 1785 une division espagnole, portant pavillon parlementaire, vint demander la paix. Le dey l'accorda, mais il en coûta quatorze millions à l'Espagne.

Derniers deys d'Alger.

Baba-Mohammed, qui mourut en 1791, après avoir régné vingt-cinq ans, exemple unique dans l'histoire d'Alger, avait conclu un traité avec la France deux ans avant. Il fut remplacé par Baba-Hassan, son fils adoptif. Le 12 septembre 1791 l'Espagne abandonna Oran et Mers-el-

Kebir au dey, avec les canons, les mortiers et les approvisionnements de guerre. Malgré ces sacrifices, un traité aussi humiliant fut considéré comme une affaire avantageuse pour l'Espagne : Oran lui coûtait annuellement quatre millions sans aucune compensation; il exigeait une garnison de cinq ou six mille hommes. Les rapports de Baba-Hassan avec la France furent d'abord satisfaisants; bientôt les sujets de colère et les prétextes de rupture ne manquèrent pas. Mais comme la Régence avait fait des livraisons de blé considérables à la Provence pendant la disette de 1789, et que toutes les sommes n'étaient pas encore payées, malgré les incitations des Anglais et des Espagnols, qui représentaient la France comme un État sans force, sans argent, sans alliés et à la veille d'une ruine inevitable, le dey ne rompit jamais complétement les relations. L'amitié du dey sembla suivre pendant un temps les alternatives des revers ou des succès des armées françaises ; la victoire ayant en définitive été favorable à la France, Baba-Hassan se détermina à devenir l'ami de la république.

La France tirait alors de grands avantages de son alliance avec Alger. Non-seulement elle reçut de la Régence de nombreuses cargaisons de blé, dont les provinces du midi, en proie à la disette, avaient le plus grand besoin; mais le Directoire parvint, en 1794, à négocier un emprunt de cinq millions avec Baba-Hassan, qui se refusa à en recevoir les intérêts. Une maison de commerce juive, dirigée par les frères Busnac et Bacri, fut l'intermédiaire de ces négociations et des fournitures de blé. Elle étendit bientôt son influence avec tant d'habileté sur toutes les affaires de l'oudjac qu'elle détermina la catastrophe qui causa la ruine de la domination turque à Alger. En 1796, Busnac et Bacri, ayant achevé leur fourniture de blé, en réclamèrent le payement; le trésor de la république était vide, il leur fallut se contenter d'une reconnaissance. Plus tard, ces négociants s'étant faits aussi les fournisseurs des Anglais pour l'approvisionnement de Gibraltar, le gouvernement français suspecta leur loyauté et ne voulut plus les solder à l'avenir que par à-compte.

Baba-Hassan mourut le 14 mai 1798.

Il avait une grande crainte des Français, et la gloire de nos armées l'avait frappé de terreur. Le général Bonaparte lui causait des alarmes particulières; il l'appelait *le général diable*, et redoutait toujours de le voir arriver à Alger avec ses troupes invincibles. Il eut pour successeur son neveu Moustapha. L'expédition dirigée par la France contre l'Égypte avait irrité contre elle toutes les nations musulmanes ; cependant les Algériens n'auraient pas déclaré la guerre s'ils n'y avaient été pour ainsi dire forcés par un envoyé de la Porte. Mais dès que cet officier fut parti le dey se hâta, à la sollicitation des juifs Busnac et Bacri, de mettre en liberté les Français qu'il avait fait emprisonner. L'intervention de ces négociants fit aussi délivrer les Algériens que le Directoire avait fait arrêter en France par représailles. Lorsque Bonaparte fut nommé premier consul, le dey, se rappelant que ce général avait renvoyé libres tous les esclaves algériens qu'il avait rencontrés dans les villes d'Italie et dernièrement encore ceux qui étaient retenus à Malte, écouta favorablement les propositions de paix qu'on lui fit de la part de la France; l'influence anglaise et les menaces de la Porte empêchèrent la conclusion du traité. Obligé de déclarer encore la guerre à la France, Moustapha-Dey écrivit au premier consul pour s'en excuser. La paix ne fut signée qu'en 1802. La fermeté du gouvernement français et de son représentant maintint le dey dans de bonnes relations; on résista avec énergie à toutes ses prétentions exagérées, sans qu'il osât rompre. En 1805, Bonaparte, devenu empereur, envoya son frère Jérome avec une division navale pour réclamer les esclaves français, italiens et liguriens; ils furent rachetés pour une somme de 400,000 francs. Cette même année, les 28 et 29 juin, les juifs de la ville furent pillés et massacrés à la suite du meurtre de Busnac par un soldat de la milice. Ce négociant, d'une intelligence rare et d'un courage peu ordinaire chez ses co-religionnaires, avait acquis une influence presque absolue sur toutes les affaires de l'État. Son insolence et son avidité furent fatales à tous ceux de sa race. On chassa les juifs de la ville, à l'exception de ceux qui exerçaient des arts mécaniques, en nombre limité, conformément aux prescriptions d'une ancienne loi, promulguée par Barberousse.

Deux mois après les crimes atroces dont il vient d'être question, la milice se révolta, tua le dey et nomma à sa place Ahmed-Khodja, chef des secrétaires du divan, connu par sa haine contre les juifs. Des révolutions orageuses inaugurèrent le commandement du nouveau dey. Dans l'est, Hadj-Mohammed ben-Arach, marabout originaire du Maroc, leva l'étendard de la révolte au milieu des montagnes de Djidjéli; il vint assiéger Constantine, suivi par tous les Kabiles soulevés, au nombre de plus de soixante mille. Le bey était alors absent; un de ses kaïds fit une sortie contre les rebelles, et dissipa leurs bandes indisciplinées après leur avoir tué sept ou huit cents hommes. Du côté de l'ouest, l'insurrection éclata dans Tlemsen contre les Turcs, les coulouglis et les juifs; elle se rendit maîtresse de la ville, et remporta une première victoire contre les troupes de l'oudjac. Le bey de la province fut plus heureux; il joignit les révoltés, les mit en déroute, et fit rentrer Tlemsen dans le devoir. Il eut aussi des troubles à apaiser chez les Flissa. Ahmed-Khodja entreprit une expédition contre Tunis en 1807. Son armée battit d'abord les Tunisiens; arrivée devant le Kef pour en faire le siége, elle ne put pas l'emporter, et l'hiver la força de regagner Constantine. L'année suivante les hostilités furent reprises, malgré les ordres de la Porte; mais la milice turque se révolta et se débanda; rentrée à Alger, elle tua le dey, le 7 novembre 1808. Ali-Khodja, le successeur, ne jouit pas longtemps du pouvoir; il fut étranglé et remplacé par Hadj-Ali.

Le nouveau dey se signala par sa cruauté et son despotisme. Il continua la guerre contre Tunis, dont il réclamait un tribut : il essuya également une défaite devant le Kef. Le bey d'Oran se révolta, et s'avança jusqu'à Miliana, à la tête de forces considérables; mais ce danger fut conjuré par la trahison des cheikhs arabes, qui livrèrent le bey aux troupes turques. Dans le sud, le bey de Titeri fut battu par les tribus du Sahara. Enfin les Kabiles du Djurdjura s'agitèrent de nouveau. Les choses restèrent dans la même situation jusqu'à la mort de Hadj-Ali, qui fut tué dans son bain le 22 mars 1815. Le changement du gouvernement de la France fut accueilli à Alger avec joie, parce qu'on espérait échapper à la crainte que l'empereur Napoléon avait inspirée. Les juifs se hâtèrent de produire les anciennes créances pour les fournitures de blé, dont, à l'aide de quelques fraudes et de leur prétention à des intérêts énormes, ils exagérèrent beaucoup le chiffre.

Le successeur de Hadj-Ali fut un certain Mohammed, qui régna quelques jours à peine. Il fut déposé par la milice, qui choisit à sa place, le 7 avril 1815, Omar-Agha. Les relations avec les nations chrétiennes ne s'étaient pas améliorées. Les États-Unis envoyèrent une division navale sous les ordres de l'amiral Décature, pour tirer vengeance des insultes faites à leur pavillon. Ils obtinrent un traité avantageux au mois de juin. La Hollande et l'Angleterre avaient aussi des griefs contre les Algériens. Ces deux puissances unirent leurs forces pour obtenir une réparation. Le 26 août 1816, lord Exmouth vint à la tête de trente-deux bâtiments anglais et de six frégates hollandaises mouiller devant Alger, à un quart de portée de canon. La ville fut enveloppée par les vaisseaux ennemis du nord au sud-est. L'amiral anglais fit signifier au dey les conditions suivantes : 1° la délivrance sans rançon de tous les esclaves chrétiens; 2° la restitution des sommes payées récemment par la Sardaigne et Naples pour le rachat de leurs esclaves; 3° l'abolition de l'esclavage; 4° la paix avec les Pays Bas aux mêmes conditions qu'avec l'Angleterre.

Omar-Pacha ne daigna pas répondre à cet ultimatum. Les batteries turques du môle ouvrirent le feu; ce fut le signal d'une attaque générale. Elle fut terrible, et dura jusque bien avant dans la nuit. Presque toutes les batteries algériennes, qui étaient prises à revers par l'artillerie anglaise, furent démontées, et les navires qui étaient dans le port furent incendiés. Mais au milieu de la nuit, les bâtiments algériens en flammes ayant rompu leurs amarres, furent poussés par la brise hors du port, et s'avancèrent vers la flotte anglaise.

Elle dut mettre à la voile en toute hâte pour éviter ces dangereux brûlots. Le lendemain lord Exmouth écrivit au dey, et lui offrit encore la paix aux mêmes conditions qu'avant le combat. Cette proposition fut acceptée, et le jour même, 28 août, un traité fut signé avec les Algériens. Cet heureux résultat fit le plus grand honneur à la nation anglaise. La flotte souffrit beaucoup, et perdit huit cent quatre-vingt-trois hommes; les Hollandais de leur côté eurent deux cents hommes tués et trois cents blessés.

Quoique Omar-Pacha eût montré le plus grand courage pendant ce long combat, la milice ne lui pardonna pas l'issue malheureuse de cette affaire. Il fut étranglé le 8 septembre de l'année suivante par des soldats mutinés, qui lui donnèrent pour successeur un certain Ali-Khodja. Ce nouveau dey indisposa bientôt la milice contre lui par ses cruautés et ses actes de démence; pour se mettre à l'abri des rébellions, il s'établit dans la Casbah et y fit transporter le trésor public, qui était déposé à la Jénina. Les soldats se révoltèrent en effet plusieurs fois contre lui; mais à l'abri de toute surprise, derrière les murailles de la Casbah, il triompha des séditieux, et fit mourir les plus compromis. Il fut atteint par la peste le 1er mars 1818. Il eut pour successeur Hussein-Dey, qui occupait encore le pouvoir lorsque la France, pour venger une insulte faite en 1827 à son consul, dirigea une expédition formidable contre la Régence en 1830, et mit fin à la domination de ces corsaires, si longtemps funeste au commerce de tous les États chrétiens.

La suite de ce résumé historique nous dispense d'entrer ici dans de plus longs développements sur les causes de la rupture de la France avec le dey d'Alger et sur les principaux évènements qui précédèrent la prise de possession de la capitale de la Régence par l'armée française.

L'ALGÉRIE DEPUIS 1830 JUSQU'EN 1848.

L'histoire de l'Algérie française depuis 1830 jusqu'à l'époque où nous écrivons ce rapide résumé est sans contredit le tableau le plus varié, le cadre le plus complexe et le plus saisissant, le drame le plus intéressant qu'offre l'histoire des peuples modernes.

Nous n'avons pas la prétention de peindre ce tableau, de remplir ce cadre, d'écrire ce drame émouvant de façon à satisfaire toutes les exigences que comporte un sujet aussi vaste. Nous voulons nous borner à réunir les éléments principaux de cette grande histoire qui commence, qui étend ses horizons de jour en jour, et qu'un homme de génie pourra à peine écrire dans un siècle.

Pour donner une idée de ce grand fait qui s'accomplit et se poursuit depuis dix-huit années en Algérie, pour faire comprendre l'immensité de l'œuvre que la France y a entreprise à son insu, il suffit de dire que pour la première fois les deux religions qui se partagent le monde, le christianisme et l'islamisme, se rencontrent sur le même terrain, non pour s'y entre-choquer, mais pour s'y combiner, s'y associer, et préparer ainsi l'un des principaux éléments de la civilisation nouvelle et universelle que les vieilles civilisations portent dans leurs flancs déchirés. Pour la première fois entre le Christ et Mahomet la guerre cesse d'être un but; elle devient un moyen, un accident, un creuset d'où doit sortir un jour un monde nouveau. Nous engageons le lecteur à ne jamais perdre de vue ce but providentiel, à rattacher sans cesse les évènements qui passeront sous ses yeux au point culminant que nous indiquons, s'il veut comprendre toute leur portée philosophique.

Il est impossible, si l'on n'a pas dans ses mains ce fil d'Ariane, si l'on ne consulte pas cette boussole, si l'on n'a pas sans cesse les yeux fixés vers l'avenir, il est impossible de rester calme en présence de tant de tâtonnements, de tant d'inexpériences, de tant d'épreuves douloureuses qui ne servent pas à l'enseignement du lendemain, de tant de fautes accumulées. La France en Algérie est pareille à un enfant qui s'agite sans but, qui s'irrite sans motif, et brise sans raison. Mais laissez l'enfant devenir homme, et vous comprendrez que l'activité bruyante et immodérée du premier âge était nécessaire au développement de l'activité virile. Ainsi de la France en face de l'œuvre dont Dieu lui a confié la réalisation. La période de 1830 à 1838 a été sa période d'enfance ; elle a été adolescente jusqu'en 1848 ; elle entre aujourd'hui dans sa puberté.

Ces diverses phases de notre vie politique en Algérie indiquent parfaitement les grandes divisions du résumé que nous nous proposons de tracer, bien plus avec la stricte fidélité du chroniqueur qu'avec l'élévation de sentiments et d'idées, avec les vastes vues d'ensemble qu'on serait en droit d'exiger d'un historien. Or, la première, nous devrions dire la seule qualité indispensable au chroniqueur, c'est l'ordre, c'est la méthode. Nous tâcherons du moins d'avoir cette qualité.

Selon nous, la phase d'activité turbulente, irréfléchie, insensée quelquefois qui s'étend depuis la conquête jusqu'à la prise de Constantine, correspond assez bien à la période d'enfance ; celle qui s'étend depuis la prise de Constantine jusqu'à la captivité d'Abd-el-Kader est l'image assez fidèle de l'adolescence avec ses aspirations impuissantes, ses efforts, ses mystérieuses préparations. La troisième période dans laquelle la France est entrée depuis peu par le vote des cinquante millions applicables à la colonisation de l'Algérie, sera, nous l'espérons, la période de jeunesse, la phase des généreux élans, des passions soudaines, des nobles enthousiasmes. Puissions-nous ne pas nous tromper! et ce vœu part du fond de notre cœur, car nous aimons comme une mère bien aimée cette terre vers laquelle un secret instinct nous attira le jour où pour la première fois, il y a dix-huit ans de cela! ce nom d'Alger vint éveiller notre imagination et jeter la France dans la plus gigantesque, dans la plus noble entreprise qu'ait jamais tentée un peuple chrétien.

Toutefois la division que nous venons d'indiquer est bien plus la division morale que la division matérielle de ce travail. Au milieu d'une aussi innombrable quantité de faits, de tentatives, d'événements de toute nature que ceux qui ont marqué nos premières années d'occupation et d'extension algériennes, la confusion naîtrait inévitablement d'une division qui embrasserait dans leur ensemble militaire, politique, religieux, administratif, des périodes de huit et dix années. Nous enregistrerons donc année par année ces événements en les classant sous leur double aspect administratif et militaire. Nous avions d'abord eu l'idée d'adopter une classification plus analytique encore. Nous avons, en effet, essayé de distinguer dans les faits administratifs ceux qui avaient purement et simplement ce caractère et ceux qui semblaient se rattacher plus particulièrement soit à l'ordre politique, soit à l'ordre religieux. Nous avons dû renoncer à établir cette division rationnelle mais impossible, car le gouvernement militaire qui a régi jusqu'ici l'Algérie a été un amalgame confus de tous les pouvoirs et de toutes les attributions.

Du 25 mai au 5 juillet 1830.

CAUSES DE RUPTURE ENTRE LE DEY D'ALGER ET LA FRANCE. — On l'a dit bien souvent : un coup d'éventail, un instant de mauvaise humeur ont suffi pour déterminer l'un des plus grands actes de notre siècle, si fécond pourtant en péripéties imprévues. A coup sûr le motif, si futile en apparence, qui entraîna la France à la conquête de la Régence d'Alger ne sera pas le chapitre le moins curieux des grands effets produits par les petites causes. Qu'on nous permette de résumer rapidement les faits qui amenèrent la guerre.

C'était en 1827 ; Hussein-Pacha était dey d'Alger. Le gouvernement algérien était créancier pour des sommes assez considérables de MM. Busnac et Bacri, riches négociants israélites, qui eux-mêmes poursuivaient auprès du gouvernement français la liquidation d'une dette contractée envers eux par la république pour des fournitures de céréales.

Lorsque la restauration revint pour la seconde fois, tous les créanciers de la France, qui voyaient avec quelle facilité les Bourbons prodiguaient les milliards aux étrangers et aux émigrés, songèrent à produire leurs titres et à

## ALGÉRIE.

prendre leur part de nos dépouilles. MM. Busnac et Bacri ne restèrent pas en arrière ; leurs réclamations furent admises par les chambres législatives, et il fut reconnu que le capital et les intérêts de cette dette s'élevaient à la somme de 14 millions. C'était énorme. On transigea de part et d'autre, et par convention du 28 octobre 1819 la dette fut réduite à 7 millions. M. Bacri avait des créanciers en France; ceux-ci mirent opposition au payement de cette somme de 7 millions, et ils furent successivement désintéressés. Ces payements effectués en France en faveur de créanciers français étaient loin de satisfaire le gouvernement du dey, qui voyait ainsi disparaître le principal gage offert par M. Bacri lorsqu'il s'était agi de vendre à crédit au riche israélite des laines, des grains, etc. Hussein-Pacha s'en plaignit bien souvent à notre consul général, M. Deval, qui ne tint aucun compte de ces plaintes. Les payements continuaient; voyant qu'il ne pouvait obtenir par M. Deval que le gouvernement français fît droit à ses observations, le dey résolut de s'adresser directement au roi de France, auquel il écrivit en effet.

La réponse tardait ; Hussein-Pacha, soupçonneux à l'excès, interrogea trop vivement sans doute sur les causes de ce retard notre consul, qui répondit, sur un ton hautain, que le roi de France ne pouvait, sans compromettre sa dignité, correspondre avec un chef de pirates ou de barbares. Cette réponse offensante, faite en présence des grands dignitaires de la Régence, au milieu des solennités du Beïram, provoqua la colère du dey, qui, oubliant sa circonspection habituelle, frappa M. Deval d'un éventail en plumes de paon qu'il tenait en ce moment à la main. Hussein-Pacha accompagna ce geste brutal de paroles offensantes pour le roi de France et pour les chrétiens en général.

Ce fut le signal de la guerre. M. Deval quitta Alger, et vint exposer ses griefs au gouvernement, dont M. de Villèle était alors le chef. Loin de dissimuler l'affront que la France venait de recevoir dans la personne de l'un de ses représentants à l'extérieur, le ministère en fit grand bruit, et se prépara à déployer vis-à-vis du dey d'Alger une fermeté très-grande, espérant ainsi conquérir une popularité qui le fuyait de jour en jour.

PREMIÈRES MESURES OFFENSIVES. — Une escadre fut dirigée vers la côte d'Afrique pour y faire le blocus d'Alger. De pompeuses menaces furent adressées à Hussein-Pacha ; mais ces menaces n'étant pas suivies de mesures décisives, l'insuffisance et l'inefficacité du blocus si difficile, si dangereux même dans ces parages, ne portant que de légères atteintes au commerce et aux excursions de la marine algérienne, le dey continua à braver notre puissance. Non-seulement nous ne vengions pas l'affront que nous avions reçu, mais nous épuisions en vain sur cette côte inhospitalière de précieuses ressources, une portion considérable de notre matériel et de notre personnel maritimes. Ce fut pendant cette croisière que notre flotte perdit l'un de ses chefs les plus intrépides et les plus estimés, l'amiral Collet.

Chacun de nos malheurs encourageait le dey dans sa résistance, qui devait lui devenir si fatale. Il poussa l'audace si loin, que les batteries du môle crurent pouvoir impunément tirer sur un de nos bâtiments qui s'approchait du port avec le pavillon parlementaire.

Sur ces entrefaites la restauration était arrivée à la dernière phase de son existence. Le ministère Polignac venait de prendre la direction des affaires, soulevant contre lui, de tous les points de la France, une violente impopularité.

L'EXPÉDITION EST DÉCIDÉE.— Dans l'espoir de se créer à l'extérieur un point d'appui et de détourner l'attention publique des affaires intérieures, le ministère Polignac résolut d'en finir avec le dey d'Alger. L'expédition fut décidée, et M. de Bourmont, alors ministre de la guerre, fut désigné pour la commander. On choisit parmi nos amiraux celui dont l'expérience et le caractère pouvaient le mieux compenser, dans l'opinion publique, l'effet désastreux que devait produire le choix de M. de Bourmont. L'amiral Duperré fut appelé au commandement de l'escadre chargée de transporter et de débarquer notre armée sur la côte d'Afrique.

Le ministère déploya immédiatement la plus grande activité pour préparer

17ᵉ Livraison. (ALGÉRIE.)

cette vaste entreprise. Le port de Toulon, désigné comme point de départ, était le centre d'un mouvement prodigieux. Les troupes de toutes armes qui devaient faire partie de l'expédition se mirent en mouvement sur toute la surface du pays, et vinrent s'échelonner dans nos provinces méridionales. Des préparatifs, des approvisionnements considérables et de toute nature furent ordonnés. La presse de l'opposition, si puissante alors sur les esprits, s'attacha à décrier le projet du gouvernement, à en démontrer les inconvénients et les périls ; mais on ne peut nier que les instincts aventureux de notre nation ne s'éveillèrent tout puissants à l'idée d'une expédition lointaine, entreprise, non plus, comme la guerre d'Espagne en 1823, pour une cause monarchique, mais pour la défense de la dignité nationale, de l'honneur de notre pavillon, des intérêts de notre commerce.

Le duc d'Angoulême, en sa qualité de grand amiral, vint à Toulon présider lui-même à l'embarquement et au départ. Des bateaux-bœufs, des chalands avaient été disposés pour recevoir et transporter les vivres, les troupes et le matériel de l'armée. Tous les navires de commerce disponibles avaient été frétés pour le compte de l'administration ; ces navires chargeaient, soit à Marseille, soit à Cette, des portions de ce matériel immense, munitions, armes, outils, puis venaient mouiller dans la vaste rade de Toulon pour y attendre le jour du départ. Un essai de débarquement des troupes eut lieu en présence du duc d'Angoulême, par une belle journée de printemps, aux applaudissements d'une population innombrable, accourue de tous les points du royaume, et tout sembla présager le succès de nos armes.

COMPOSITION DE L'ARMÉE EXPÉDITIONNAIRE. — La plus généreuse émulation se manifesta dans l'armée : faire partie du corps d'expédition était le rêve de tous, depuis le dernier soldat jusqu'aux généraux. C'est dire que l'intrigue et la faveur ne furent pas étrangères au choix des régiments et des chefs qui devaient les guider. Il est juste d'avouer pourtant que ces choix furent généralement bons.

Trois divisions d'infanterie furent formées. Chacune d'elles était composée d'environ dix mille hommes.

La première fut placée sous le commandement du lieutenant général Berthezène, qui avait sous ses ordres les maréchaux de camp Poret de Morvan, Achard et Clouët.

La deuxième division était commandée par le lieutenant général Loverdo. Les trois brigades de cette division avaient pour chefs les maréchaux de camp Monk d'Uzer, Colomb d'Arcine et Damrémont, que nous retrouverons plus tard expirant glorieusement sur la brèche de Constantine.

Le général d'Escars, ayant sous ses ordres les généraux Berthier de Sauvigny, Hurel et Montlivault, commandait la troisième division.

L'arme du génie militaire était placée sous le commandement de l'un des officiers les plus distingués de cette arme, le général Valazé. Le général Lahitte eut le commandement de l'artillerie.

La cavalerie se bornait à trois escadrons détachés des 13e et 17e régiments de chasseurs ; le colonel Bontems du Barry eut le commandement de cette arme, qui présentait un effectif de cinq cents chevaux. L'artillerie avait treize cent quatre-vingts chevaux, le génie cent vingt, en tout deux mille chevaux, en dehors de ceux de l'état-major, dont le chiffre était considérable.

Le personnel combattant s'élevait à trente-quatre mille cent quatre-vingt-quatre hommes, y compris les officiers. Le personnel non combattant était de trois mille cinq cents hommes environ ; il se composait d'un intendant en chef, M. Deniee, et de dix-huit sous-intendants ou adjoints ; d'un payeur général et de quatre payeurs particuliers ; d'un médecin en chef, et de treize médecins de différents grades, indépendamment des docteurs attachés à chaque corps ; d'un chirurgien en chef et de cent cinquante chirurgiens ; d'un pharmacien en chef et de quatre-vingt treize pharmaciens ; en tout deux cent soixante et onze officiers de santé. On comptait en outre quatre-vingt-trois employés aux vivres et fourrages, vingt-trois aux hôpitaux, dix-huit aux campements. Deux brigades de mulets de bât, fortes de trois cent quatre-vingt-treize hommes et de six cent trente-six mulets, étaient placées sous la direction d'un commandant des équipages. Le train d'administration comptait quatre cent trente et un hommes et six-cent quatre-vingt-dix-sept chevaux ; un bataillon d'ouvriers d'administration, fort de sept cent quatre-vingts hommes ; cent vingt-cinq gendarmes, commandés par un grand prévôt ; quarante guides et interprètes complétaient ce vaste ensemble.

COMPOSITION DE LA FLOTTE. — Nous venons de parcourir les journaux de cette époque, dont nous séparent déjà tant d'événements si considérables, et nous croyons inutile d'insister sur les innombrables détails, sur les projets fabuleux qui précédèrent ou accompagnèrent cette expédition. Nous nous bornerons à raconter les faits. Pour transporter le personnel et le matériel immense dont nous venons de parler, on ne comptait pas moins de cent bâtiments de guerre, dont onze vaisseaux, vingt-quatre frégates, quatorze corvettes, vingt-trois bricks, neuf gabares, huit bombardes, quatre goélettes, et sept bateaux à vapeur ; trois cent cinquante-sept navires de commerce nolisés par l'administration ; une flottille composée de gros bateaux désignés sous le nom de *tartanes* ; cinquante-trois chalands pour l'artillerie et les troupes ; cinquante radeaux pouvant porter soixante-dix hommes chacun. Les chalands étaient amarrés aux flancs des grands navires. Les radeaux pouvaient se monter et se démonter en moins de six heures. L'amiral Duperré hissa son pavillon de commandement sur le vaisseau *la Provence*, commandé par le capitaine de vaisseau Villaret de Joyeuse. L'amiral Mallet, chef de l'état-major maritime, prit passage à bord du même vaisseau, ainsi que le général en chef de l'expédition, l'intendant général, et les principaux chefs de service.

DÉPART DE LA FLOTTE ET INCIDENTS DE LA TRAVERSÉE. — Le 25 mai à midi, par une faible brise de nord-est, l'amiral donna l'ordre du départ. Toute l'escadre appareilla aussitôt, et cet immense mouvement, opéré avec un ordre, avec un ensemble merveilleux, fut un imposant spectacle. Celui qui écrit ces lignes était embarqué à bord du vaisseau amiral, et ce n'est pas sans une vive émotion qu'à dix-huit ans de distance il évoque le souvenir de cette journée solennelle où la France, aventurière sublime, allait joyeuse à la conquête d'un monde nouveau, à l'accomplissement de l'un des plus grands actes de ce siècle.

Les hauteurs qui entourent la rade de Toulon étaient couvertes d'une foule innombrable. Des cris, des signes d'adieu saluaient au passage chacun de ces vaisseaux qui portaient une portion de la puissance, de la richesse et de la gloire de notre patrie.

A la nuit, l'escadre entière avait gagné le large, et s'était rangée en colonne dans l'ordre et suivant les distances que les instructions de l'amiral avaient prescrits.

Le lendemain, 26, la vigie du vaisseau amiral signala à l'horizon deux frégates, l'une portant le pavillon français, l'autre portant le pavillon turc. La flotte mit en panne ; elle fut ralliée par les deux navires ; la frégate turque portait pavillon au grand mât, signe de la présence d'un grand dignitaire à son bord ; elle mit à la mer l'un de ses canots, qui vint accoster *la Provence*. Cette frégate avait en effet à son bord un ambassadeur que la Sublime-Porte envoyait à Alger pour engager le dey à faire ses soumissions à la France. Les rigueurs de notre blocus avaient empêché le plénipotentiaire turc d'aller à Alger, et il se dirigeait sur Toulon, accompagné d'une frégate française. L'ambassadeur fut reçu à bord de *la Provence* avec les honneurs militaires ; il eut une assez longue conférence avec l'amiral et le général de Bourmont, puis il regagna son navire. Les deux frégates reprirent leur marche vers la France, et l'escadre continua sa route. Pendant la journée du 29 elle côtoya l'île de Majorque, et dans la soirée du 30 elle était en vue de la côte d'Afrique.

Le temps avait semblé jusque-là seconder l'élan de l'armée, qui éclata de joie à l'aspect de cette terre inconnue. On espérait débarquer le lendemain ; les préparatifs pour cette grande opération étaient déjà ordonnés. Malheureusement la brise contraire fraîchit pendant la nuit, et l'amiral Duperré, sur lequel pesait une responsabilité si lourde, ne crut devoir rien laisser au hasard dans une affaire aussi grave.

17.

L'escadre louvoya jusqu'au jour ; mais, le vent ayant augmenté et la mer étant devenue très-grosse, l'amiral donna l'ordre à la flotte de mettre le cap sur Palma, où une partie resta mouillée jusqu'au 10 juin, tandis que l'autre tenait la mer en vue de l'île.

Le convoi des bâtiments marchands et la flottille des bateaux de débarquement, qui n'avaient pu quitter Toulon qu'après l'escadre, avaient été dispersés par un coup de vent. Tous ces navires, après avoir gagné la rade de Palma, en étaient sortis le matin du jour où l'escadre y entra. Ces contretemps jetèrent quelque confusion dans l'ensemble des mouvements, mais aucun désordre capital n'en résulta, car la plupart des navires se retrouvèrent à la hauteur de Sidi-Féruk, indiqué comme point de débarquement.

ARRIVÉE A SIDI-FÉRUK ; MOUILLAGE DE LA FLOTTE. — Après dix jours de pénible attente, pendant lesquels l'armée expéditionnaire et ses chefs ne manquèrent pas d'accuser les lenteurs de l'amiral, d'incriminer sa prudence, le 10 juin l'escadre, favorisée par un temps magnifique, quitta les eaux de Palma, et reprit la mer dans l'ordre habituel. Le 13, à la pointe du jour, on aperçut la terre ; bientôt les maisons, les arbres, les moindres accidents de terrain se dessinèrent nettement, et de tous les navires s'élevaient des cris d'allégresse. Arrivée à une assez faible distance de la côte, l'escadre mit le cap à l'ouest et alla mouiller devant Sidi-Féruk, promontoire situé à vingt kilomètres d'Alger.

A la fin du jour toute la flotte était à l'ancre, et si le départ de Toulon avait eu un caractère majestueux, ce ne fut pas un spectacle moins solennel et moins émouvant que celui de cette flotte formidable paisiblement échelonnée en présence de ce sol étranger qu'elle venait conquérir, et où le lendemain elle allait planter pour toujours le drapeau de la civilisation.

Bien que pendant l'opération du mouillage l'un des bateaux à vapeur de l'escadre, le *Nageur*, eût tiré quelques coups de canon sur des groupes de cavaliers qui paraissaient être venus en reconnaissance sur le rivage ; bien qu'une batterie, située à peu de distance de la côte, et masquée par des lentisques et des lauriers-roses, eût lancé quatre bombes, dont l'une, tombant à bord du vaisseau *le Breslaw*, avait blessé un homme, on présumait que les Algériens n'opposeraient pas au débarquement une résistance bien opiniâtre.

Pendant toute la nuit, nuit splendide et étoilée, les troupes se préparèrent au débarquement, qui devait s'effectuer dès le lendemain, 14, à la pointe du jour. La mer, douce et calme, caressait les flancs de nos vaisseaux ; la brise était tiède ; ce beau ciel que nous admirions pour la première fois était si pur, si clément, si radieux ! De temps à autre un chant de fête, un cri de joie s'échappaient de l'un des navires ; et de toutes parts aussitôt d'autres cris et d'autres chants répondaient. Bien peu dormirent pendant cette veillée des armes, pendant cette nuit qui parut si longue pourtant, car on attendait le jour avec impatience ; on l'appelait, on le désirait comme on désire toujours l'inconnu.

DÉBARQUEMENT DES TROUPES. — Les premières lueurs de l'aube brillèrent enfin, et les chalands chargés de troupes, remorqués par des chaloupes, se dirigèrent de toutes parts vers la terre. Les Arabes laissèrent le débarquement s'effectuer avec ordre. En quelques heures, grâce à la prodigieuse activité de nos marins, la première division et l'état-major furent à terre et le pavillon français flotta sur le marabout de Sidi-Féruk, aux applaudissements, aux vivats de toute l'armée, de toute l'escadre enthousiasmée.

L'ennemi était campé à un ou deux kilomètres de la côte. La première division, à peine débarquée, se forma en colonne, et marcha vers lui pendant que le reste des troupes prenait terre ; chaque division protégeait ainsi le débarquement de celle qui la suivait, et les bateaux à vapeur secondaient ce mouvement en dirigeant leur feu vers les batteries que les Arabes avaient élevées dans diverses positions pour assurer leurs retranchements.

Le débarquement des troupes, du matériel, des vivres, des chevaux, de l'artillerie, continua avec une rapidité et un ensemble admirables. Le succès de l'entreprise dépendait du succès de cette opération, car d'un moment à l'autre, sur ces parages si difficiles, et surtout dans une baie ouverte à tous les vents et à la mer du large, l'escadre pouvait être obligée de lever l'ancre afin de ne pas être jetée à la côte, et il était indispensable que l'armée eût au moins les vivres et les munitions nécessaires à sa défense; les désastres nombreux essuyés par l'Espagne dans ces mêmes parages justifiaient toutes les appréhensions.

Tempête du 16 juin. — Un événement, qui heureusement n'eut pas les suites déplorables qu'il faisait craindre, ne tarda pas à prouver l'utilité des mesures rapides que l'on avait prises, et le danger auquel l'escadre était exposée dans ce mouillage. Dans la matinée du 16 une tempête épouvantable se déclara; le vent soufflait du large, et tous les vaisseaux chassaient sur leurs ancres. Quelques heures de plus, et c'en était fait de notre puissance maritime, de l'expédition elle-même peut-être; car ce grand désastre et le spectacle de nos vaisseaux brisés sur la côte eussent certainement démoralisé l'armée et redoublé l'audace des ennemis. Dieu ne le permit pas : la tempête s'apaisa, la houle devint moins violente, et nous en fûmes quittes pour quelques avaries ; mais ce fut une rude leçon, qui ne fut pas perdue. L'amiral pressa davantage encore le débarquement, et en peu de jours la plage de Sidi-Féruk fut transformée en une ville, en un vaste parc, où toutes nos ressources étaient classées et emmagasinées. Les divers services de l'armée y étaient organisés, et une route tracée au fur et à mesure des mouvements des troupes mettait en relation ce quartier général de nos opérations avec l'état-major de l'expédition. C'était une féerie que de voir une ville française parfaitement ordonnée à cette place déserte peu de jours auparavant.

Premières opérations militaires. — Hussein-Pacha, qui avait si insolemment bravé la puissance de la France, avait complètement négligé de prendre contre nous des précautions proportionnées à la grandeur du péril, soit que ce péril lui parût bien moins redoutable qu'il l'était en réalité, soit que le fatalisme musulman le fît compter exclusivement sur l'appui de Dieu et du prophète. Le fait est qu'au moment de notre débarquement le dey n'avait réuni qu'une très-faible armée, sous le commandement de son gendre Ibrahim, guerrier fort inexpérimenté. Les Arabes s'étaient joints en auxiliaires à l'armée régulière d'Ibrahim; mais ces forces réunies et bien dirigées eussent été incapables de résister à nos troupes, à plus forte raison quand l'union et la direction leur manquaient.

Nous avons dit qu'à peine débarquée la première division avait marché contre l'ennemi; celui-ci, après un engagement qui n'eut rien de sérieux, lâcha pied et prit la fuite. Les deux autres divisions s'échelonnèrent entre la première et le camp de Sidi-Féruk, de façon à défendre la ville improvisée et à garder toutes les positions. Pendant cinq jours ces deux divisions se bornèrent à faire et à essuyer des feux de tirailleurs; ces combats partiels avaient surtout pour objet la conquête et la défense d'un cours d'eau, d'un petit ruisseau, d'une fontaine; car pour les Arabes aussi bien que pour nous, et pour nous surtout, l'eau était d'urgente nécessité.

Combat de Staoueli. — Jusqu'au 19 l'armée française s'était donc bornée à reconnaître et garder ses positions; et en présence d'un ennemi qu'elle pouvait croire bien plus considérable, elle s'était tenue sur la défensive, ce qui est toujours dangereux avec les Arabes. M. de Bourmont, à qui on ne saurait faire un crime de cette inaction apparente, car elle avait surtout pour but de rendre complète l'organisation des ressources et du matériel de l'armée, M. de Bourmont ne pouvait deviner ce que nous n'avons appris que par une longue expérience; et le succès de la vaste et difficile entreprise qu'il dirigeait lui faisait une loi de la prudence même excessive.

Les Arabes attribuèrent notre inaction à l'impuissance, et Ibrahim, qui commandait au plus vingt mille hommes, d'après l'estimation de M. le commandant Pellissier, l'un des officiers le mieux renseignés sur ces opérations (1), Ibrahim se

(1) M. Pellissier est l'auteur des *Annales algériennes,* l'un des livres les plus estimés sur les premiers temps de la conquête, et que

disposa à nous attaquer. Dans la soirée du 18 des Arabes vinrent donner avis des dispositions de l'agha au général Berthezène, qui ne put ou ne crut pas devoir en instruire le général en chef, dont le quartier général était à Sidi-Féruk.

Le lendemain, en effet, notre ligne fut attaquée sur tous les points à la fois, mais principalement sur la gauche. L'attaque fut impétueuse, et nos troupes furent un moment surprises ; mais aussitôt elles reprirent l'offensive, et secondées par deux bricks de guerre, qui vinrent s'embosser à peu de distance de la côte, elles repoussèrent les Turcs jusque dans leurs derniers retranchements.

L'ardeur de nos soldats et celle de leurs chefs avaient seules fait les frais de cette journée, à laquelle avait manqué toute direction supérieure. Le général de Bourmont ne put arriver que trop tard sur le théâtre du combat ; et si moins de prudence lui eût été commandé, s'il eût eu à sa disposition d'importantes parties du matériel chargées sur des navires que les contrariétés de la mer avaient jusque-là empêchés d'aborder à Sidi-Féruk, il est probable que l'armée française, après avoir mis en déroute les troupes musulmanes, aurait pu se rendre maîtresse d'Alger.

Quoi qu'il en soit, les deux premières divisions poursuivirent les fuyards jusqu'au camp de Staouëli, que les Turcs avaient abandonné sans avoir le temps d'enlever les objets les plus précieux.

Ce fut une journée décisive, qui nous coûta six cents hommes tués ou blessés ; mais les pertes de l'ennemi furent beaucoup plus fortes. Il eut trois ou quatre mille hommes tués ou mis hors de combat ; il perdit en outre cinq pièces de canon, quatre mortiers ; une grande quantité de bétail et de chameaux, qui servirent à porter les bagages de l'armée. Le résultat moral fut plus important encore, car dès ce jour le succès de l'expédition et la prise de la ville ne furent plus douteux.

Les deux premières divisions s'établirent à Staouëli, et s'y fortifièrent. La route stratégique partant de Sidi-Féruk fut prolongée jusqu'à ce point.

nous consultons avec soin pour écrire notre résumé historique.

COMBAT DE SIDI-KHALEF (24 JUIN). — La faute qu'on avait commise en se tenant sur la défensive, du 14 au 19 juin, fut malheureusement renouvelée après le combat de Staouëli. Plus administrateur que guerrier, le général en chef s'occupa bien plus de l'organisation des divers services de l'armée, que du soin de poursuivre ses avantages. Après la journée du 19, les Arabes, nous voyant immobiles dans nos cantonnements, en conclurent que nous n'osions ou ne pouvions avancer ; et, ayant rallié ses troupes, Ibrahim-Agha recommença l'attaque dans la matinée du 24 juin.

La première division, la brigade Damrémont, la deuxième, et tout ce que nous avions de cavalerie, s'ébranlèrent aussitôt. Les troupes turques, qui avaient perdu une partie de leur artillerie à Staouëli, ne résistèrent pas au choc de nos bataillons ; on les poursuivit jusqu'à huit kilomètres d'Alger, à l'extrémité du plateau qui se lie au mont Boudjariah, l'une des hauteurs les plus voisines de la ville. Le général en chef donna l'ordre à ses troupes de s'arrêter, au grand mécontentement des soldats, ivres de leur victoire.

Heureusement les raisons très-graves qui imposaient à M. de Bourmont une prudence que l'ennemi prenait pour de la faiblesse allaient ne plus exister. Dès le lendemain même du combat de Sidi-Khalef le convoi chargé du matériel de l'artillerie mouilla devant Sidi-Féruk, et le général en chef, qui pendant cette journée avait eu le malheur de perdre sur le champ de bataille l'un de ses fils, jeune officier de la plus haute espérance, put songer à attaquer la ville.

La troisième division, qui jusque-là n'avait pu donner, reçut l'ordre de prendre position sur le front de l'armée. Les Arabes ne cessèrent de nous harceler, soit par leurs tirailleurs, soit par leurs batteries, qui, des hauteurs voisines, faisaient un feu presque continu. La position que nos troupes occupaient était désavantageuse, car elle était dominée par des points importants, et il y avait hâte pour nous de reprendre l'offensive, qui seule pouvait imposer aux Arabes. Cinq jours pourtant se passèrent ainsi. Enfin, le 28 au soir, l'armée, les parcs d'artillerie et du génie furent réunis à Sidi-Abd-er-Rahman, et le général en chef donna pour le lendemain l'ordre de l'attaque.

DEVANT ALGER. — Le 29, à la pointe du jour, l'armée se mit en marche, la première division en tête, la deuxième au centre, la troisième à droite; l'artillerie et le génie marchant dans les intervalles. Les troupes gravirent avec ardeur le Boudjariah, et débusquèrent les Turcs, qui laissèrent en notre pouvoir leur artillerie après un engagement très-court. Soit inexpérience, soit contre-temps, les divers ordres émanés de l'état-major pendant cette journée, qui d'ailleurs ne nous coûta que peu de monde, furent mal transmis et mal exécutés; il en résulta quelque confusion, qui eût pu devenir fatale si nous eussions eu en face de nous des troupes exercées et des chefs habiles. Mais il n'en était pas ainsi, et avant la fin du jour nos divisions cernaient la ville. Cependant les communications d'Alger avec l'Est, par la plaine de la Metidja, restaient libres; et pour que l'investissement fût complet, il fallait se rendre maître du fort l'Empereur, situé à huit cents mètres de la ville, sur une élévation qui domine les pentes et le plateau de Mustapha. Le général commandant l'artillerie reconnut le même jour les approches du fort l'Empereur, et il fut décidé qu'on se rendrait maître de cette position avant de songer à attaquer le corps de la place.

ATTAQUE ET DESTRUCTION DU FORT L'EMPEREUR. — Le 30, à la pointe du jour, les travaux de tranchée commencèrent sous le feu très-vif et très-soutenu des assiégés. Le 1er juillet une batterie de six canons fut dirigée contre la face sud; deux batteries, l'une de quatre pièces de canon de vingt-quatre, et l'autre de six pièces de même calibre, une batterie d'obusiers et une de mortiers furent successivement dressées contre les faces principales du fort. Ce fut sous la protection de ces ouvrages que le travail de la tranchée se poursuivit avec une activité qui aurait pu être plus grande; seize cents travailleurs, se relevant à intervalles égaux, étaient employés à cette opération, souvent contrariée par les sorties de la garnison du fort et par l'artillerie de la place. Le feu des tirailleurs arabes ne se ralentissait pas sur les flancs de nos divisions. Avec un pareil ennemi, toujours porté à prendre l'inaction pour de la faiblesse, il importait d'en finir au plus tôt. Enfin le 3 juillet au soir les travaux furent terminés, les préparatifs achevés, et l'ordre de l'attaque fut donné pour le lendemain.

Le 4 au matin l'attaque commença en effet, et elle fut rude ; la garnison du fort l'Empereur, à laquelle le feu du fort Bab-Azoun et celui de la Casbah venaient en aide, tint bon, et pendant quatre heures riposta vivement. A neuf heures du matin, au moment où le général commandant l'artillerie donnait l'ordre de battre en brèche, une explosion effrayante se fit entendre. Les Turcs, désespérant de sauver le fort, venaient de l'abandonner, après avoir mis le feu aux poudres. En un instant le sol fut jonché de débris; l'obscurité produite par les nuages de fumée et de poussière ne permit pas d'abord d'en distinguer la cause, et nos batteries continuèrent pendant quelque temps leur feu contre des murs qui n'existaient plus.

Bientôt pourtant on put s'y reconnaître, et cette fois le général en chef sentit la nécessité de ne pas s'arrêter à mi-chemin. Une batterie dressée immédiatement parmi les décombres du fort suffit pour faire taire le feu du fort Bab-Azoun.

Dès cet instant, la ville, livrée à la plus grande confusion, était à nous.

CAPITULATION ET ENTRÉE DANS ALGER. — Hussein-Dey, que son aveugle confiance avait jusque-là égaré, qui avait exclusivement compté sur la Providence pour nous vaincre, ne crut pas que tout était fini pour lui alors même que nos canons dominaient la ville et la mettaient en notre pouvoir. Il ne fallut rien moins que les cris et les menaces de la population algérienne pour le décider à envoyer l'un de ses ministres auprès du général en chef avec des propositions incroyables. Le dey offrait sérieusement de rembourser les frais de la guerre et de faire des excuses au roi de France. M. de Bourmont répondit avec beaucoup de dignité qu'il ne pouvait admettre aucune négociation avant l'occupation de la ville. Cette réponse fut portée au dey, qui comprit enfin que tout était fini pour lui. Une capitulation fut signée: nous croyons devoir reproduire ici les termes de ce document mémorable, qui a ouvert à la France une ère nouvelle d'activité dont elle commence seulement aujourd'hui à comprendre toute la grandeur et toute l'importance :

« *Convention entre le général en chef de l'armée française et S. A. le dey d'Alger.*

« 1° Le fort de la Casbah, tous les autres forts qui dépendent d'Alger, et les portes de la ville seront remis aux troupes françaises ce matin (5 juillet) à dix heures.

« 2° Le général de l'armée française s'engage envers S. A. le dey d'Alger à lui laisser la libre possession de ses richesses personnelles.

« 3° Le dey sera libre de se retirer avec sa famille et ses richesses dans le lieu qu'il fixera, et tant qu'il restera à Alger il sera, lui et sa famille, sous la protection du général en chef de l'armée française ; une garde garantira la sûreté de sa personne et celle de sa famille.

« 4° Le général en chef assure à tous les membres de la milice les mêmes avantages et la même protection.

« 5° L'exercice de la religion mahométane restera libre ; la liberté de toutes les classes d'habitants, leur religion, leurs propriétés, leur commerce et leur industrie ne recevront aucune atteinte ; leurs femmes seront respectées ; le général en chef en prend l'engagement sur l'honneur.

« 6° L'échange de cette convention sera fait avant dix heures du matin, et les troupes françaises entreront aussitôt après dans la Casbah, et s'établiront dans les forts de la ville et de la marine.

« *Signé* : HUSSEIN-PACHA.

COMTE DE BOURMONT. »

A l'heure dite les troupes entrèrent en effet dans la ville, et nul désordre, nulle violence ne signalèrent cette prise de possession. L'escadre qui croisait devant Alger depuis plusieurs jours, et qui, dans les journées du 1ᵉʳ et du 3 juillet avait fait diversion aux forces de l'ennemi en canonnant de loin les batteries du môle, l'escadre vint mouiller sur la rade dès qu'elle vit flotter sur les forts de la ville le pavillon français. Ce fut une grande et solennelle journée qui affranchit pour toujours les États européens du tribut honteux qu'ils payaient à une poignée de pirates (1).

(1) Voici la liste des tributs payés par les

Commandement du maréchal Bourmont.

(Du 15 juillet au 2 septembre 1830.)

TRÉSOR DE LA CASBAH. — Le gouvernement de Charles X, dirigé alors par l'homme qui allait perdre la restauration et la branche aînée des Bourbons, avait fait des préparatifs formidables pour assurer la conquête d'Alger ; mais aucun des hommes auxquels le succès de cette expédition militaire avait été confié ne savait ce qu'il fallait faire pour administrer cette conquête. M. de Bourmont et son état-major se trouvèrent donc en présence d'une difficulté immense, d'une œuvre qui eût exigé un homme de génie. La loyauté du général en chef s'attacha surtout à la fidèle exécution de la convention, et les Maures durent, au fond de leur cœur, bénir le ciel de rencontrer tant de modération, tant de calme, tant d'honnêteté chez leurs nouveaux maîtres. Mais la loyauté, les bonnes intentions ne suffisaient pas à la tâche si difficile et si vaste qui venait d'incomber à la France.

divers États de l'Europe au dey d'Alger. — Les Deux-Siciles payaient un tribut annuel de 24,000 piastres fortes, et fournissaient des présents évalués à 20,000 piastres fortes.—La Sardaigne devait à l'Angleterre de ne pas payer de tribut ; mais à chaque changement de consul elle donnait une somme considérable. — Les États de l'Église, protégés par la France, ne payaient ni tribut ni présent consulaire. — Le Portugal subissait les mêmes conditions que les Deux-Siciles. — L'Espagne devait des présents à chaque renouvellement de consul. — L'Autriche, par la médiation de la Porte, était affranchie du tribut et des présents. — L'Angleterre devait 600 livres sterling à chaque changement de consul, malgré la convention obtenue en 1816 par lord Exmouth. — La Hollande devait comme l'Angleterre un présent. — Les États-Unis, le Hanovre et Brême, avaient adopté le même arrangement. — La Suède et le Danemark fournissaient annuellement des matériaux de guerre et des munitions pour une valeur de 4,000 piastres fortes. Ces États payaient en outre tous les dix ans 10,000 piastres fortes et un présent à chaque renouvellement de consul. — La France elle-même faisait des cadeaux au dey à l'occasion de la nomination de chaque nouveau consul.

L'un des premiers soins du général en chef fut de faire constater par une commission l'existence du trésor public trouvé dans les caves de la Casbah. Cette commission, composée de trois membres : M. le général Tholozé, M. Denniée, intendant en chef, et M. Firino, payeur général, fit l'inventaire des diverses sommes, qui s'élevaient au chiffre de 48,700,000 francs. Ces sommes furent embarquées sur les vaisseaux de l'escadre et transportées en France. Des accusations graves ont pesé sur certaines personnes au sujet de ce trésor. Nous croyons qu'en pareilles matières, qui touchent à l'honneur des personnes, lorsque les faits ne sont pas prouvés jusqu'à la dernière évidence, il est du devoir de l'écrivain de s'abstenir. Si plus tard la vérité se fait jour, l'histoire, impartiale, signalera les noms qui doivent être flétris ; mais, Dieu merci ! nous n'avons point ici cette tâche à remplir.

Indépendamment du trésor dont nous venons de parler, et qui compensa les frais de la guerre, évalués pour l'armée de terre à vingt millions, pour l'armée de mer à vingt-trois millions et demi ; indépendamment de ce trésor, disons-nous, la capitulation d'Alger fit tomber en nos mains quinze cents canons, douze bâtiments de guerre et des immeubles considérables, dont nous aurons plus tard l'occasion de parler.

COMMISSION DE GOUVERNEMENT. — Quoique nous ayons tâché de raconter rapidement les faits antérieurs au 5 juillet, nous avons dû pourtant entrer à leur égard dans quelques développements, peut-être hors de proportion avec l'exiguïté du cadre qui nous est tracé. C'est qu'il nous a paru nécessaire de donner aussi complet que possible le tableau de ce singulier mouvement diplomatique, maritime, militaire, qui conduisit la France à la conquête d'Alger. De toutes les phases de notre domination dans le nord de l'Afrique, celle-là est la seule qui forme un tout, un ensemble. A partir du 5 juillet, jour de l'occupation, rien n'est complet, tout se mêle et s'enchevêtre : guerre, administration, politique, tout marche en désordre vers un but non défini, et c'est à peine si les événements accomplis en 1848 peuvent expliquer et faire comprendre ceux qui se sont passés à dix, douze et quinze ans de distance. Nous nous bornerons donc à l'énonciation des faits, en ne laissant que peu de place aux réflexions qu'ils suggèrent.

Le premier acte administratif de M. de Bourmont fut la création d'une commission du gouvernement. Cette commission était chargée, sous l'autorité immédiate du général en chef, de pourvoir provisoirement aux exigences des divers services, d'étudier et de proposer un système d'organisation pour la ville et le territoire d'Alger.

Cette commission, que la révolution de juillet vint bientôt modifier, dirigée par M. Denniée, intendant en chef, au lieu de s'attacher à perfectionner les diverses institutions existant dans le pays, les désorganisa sans y rien substituer. Il en résulta les plus grands désordres administratifs, l'amoindrissement de notre influence ; et l'on peut dire sans exagération que toutes les fautes commises en Algérie ont eu leur point de départ dans l'incurie des premiers administrateurs de la colonie nouvelle.

ORGANISATION DE LA POLICE. — Un arrêté en date du 13 juillet institua un service de police sous la direction de M. d'Aubignosc, qui reçut le titre de lieutenant général, aux appointements de 18,000 fr. Il avait sous ses ordres un inspecteur général de police avec 3,000 fr. de traitement ; deux commissaires de police à 2,500 fr. ; une brigade de sûreté, composée de vingt agents, d'un chef et d'un sous-chef ; trois interprètes, recevant ensemble 7,800 fr., complétaient le personnel de cette organisation.

CONSEIL MUNICIPAL. — Une sorte de conseil municipal fut créé ; il était composé de Maures et de Juifs, présidé par un Maure, ancien négociant qu'une banqueroute avait chassé de Marseille. Les membres de ce conseil étaient pour la plupart des intrigants, qui ne contribuèrent pas peu, par leurs exactions et leur insolence envers les indigènes, à déconsidérer notre administration et à nous aliéner toutes les sympathies. Par un inexplicable aveuglement ce fut à ce conseil qu'un arrêté, en date du 9 août 1830, confia l'administration et la perception des produits de l'octroi et de la vente du sel. Cette perception devait s'effectuer au nom et pour compte de la ville d'Alger, sous la surveillance d'un commissaire royal. On peut se faire une idée du désordre qui régnait dans les hautes régions de l'administration et du gouvernement algérien, si l'on songe que ce conseil ne rendit aucun compte de sa double gestion, et qu'au mois d'octobre suivant le général Clauzel, gouverneur de la colonie, ignorait l'existence des droits d'octroi et de leur perception. Le service de la douane, celui des domaines, etc., n'offrirent pas moins de traces de désordre et d'imprévoyance. Les édifices publics, les riches villas des environs d'Alger furent saccagés par les soldats, qui détruisaient pour le plaisir de détruire, et qui pour faire la soupe brûlaient de riches boiseries, coupaient les arbres fruitiers, etc., sans que les chefs opposassent la moindre résistance à ce vandalisme. C'était la France qui se traitait elle-même en peuple conquis.

DÉPART D'HUSSEIN PACHA. — Ledey avait accepté sa déchéance avec la résignation musulmane. Profitant des bénéfices que lui garantissait la capitulation, il reunit ses richesses personnelles, et, après avoir fait une visite au général en chef, qui le reçut avec les plus grands honneurs, il quitta Alger le 10 juillet, à bord d'un brick, et fut conduit à Naples. Ses femmes, sa famille, ses serviteurs l'accompagnèrent. Au moment de son embarquement il fit remettre une somme considérable à l'officier qui avait été chargé de l'accompagner. L'officier refusa; et le dey s'étonna beaucoup de ce refus, en disant que nous étions un peuple inexplicable, en ce sens que nous avions entrepris la guerre contre lui afin de ne pas lui payer les sommes qui lui étaient dues par le juif Bacri, et que d'un autre côté nous dédaignions l'argent.

Les Turcs qui faisaient partie de la milice et qui n'étaient pas mariés à Alger furent embarqués peu de jours après et dirigés sur Smyrne.

RÉCOMPENSES; RÉVOLUTION DE JUILLET. — Une ordonnance royale en date du 14 juillet 1830 éleva le général de Bourmont à la dignité de maréchal de France. L'amiral Duperré fut créé pair de France. Les divers corps de l'armée reçurent les promotions et les récompenses que le général en chef avait demandées pour eux. Mais l'instant approchait où un nouvel ordre de choses allait renouveler le personnel du commandement de la colonie. Un jour on aperçut un navire à l'horizon; toutes les lunettes braquées sur lui cherchaient le signe de sa nationalité. Le pavillon tricolore flottait à sa poupe et en tête de ses mâts. Il approchait, et les couleurs devenaient de plus en plus visibles. Le doute n'était plus permis; c'était un navire français. On peut facilement imaginer les sentiments divers qui agitèrent cette population depuis trois mois absente de la mère patrie. Le navire, avant de mouiller sur rade, amena son pavillon, et bientôt la grande nouvelle se répandit sur la flotte, dans tous les rangs de l'armée : une nouvelle dynastie régnait en France. L'amiral Duperré descendit à terre; il eut avec le maréchal de longues conférences; et le surlendemain, d'un commun accord, le pavillon tricolore fut hissé sur toutes les batteries de la ville, à bord de tous les navires de l'escadre, et salué de salves d'artillerie.

Le maréchal de Bourmont, suivi de quelques officiers, quitta Alger, peu de jours après l'arrivée de son successeur, à bord d'un petit navire qui le transporta en Italie. Les honneurs militaires dus à son grade lui furent rendus au moment du départ. Ce fut un spectacle touchant que celui de ce soldat abandonnant pour jamais le sol qu'il venait de conquérir, et qui gardait la dépouille de l'un de ses fils, mort au champ d'honneur, quittant la ville dans laquelle il était entré peu de jours avant en triomphateur.

Le nouveau gouvernement éleva le vice-amiral Duperré à la dignité d'amiral, qui fut créée pour lui, et le général Clauzel, par décision royale du 12 août 1830, succéda à M. de Bourmont dans le commandement en chef de l'armée d'Afrique.

Commandement du général Clauzel.

(Du 2 septembre 1830 au 21 février 1831.)

OPÉRATIONS MILITAIRES DU 5 JUILLET JUSQU'A L'ARRIVÉE DU GÉNÉRAL CLAUZEL. — Le général Clauzel, en arrivant en Afrique, le 2 septembre, trouva tout à faire, tant sous le rapport administratif que sous le rapport militaire. Manquant d'instructions précises, ignorant les intentions du gouvernement, qui se préoccupait de tout autre chose alors que de l'organisation de sa conquête, le général Bourmont, depuis le 5 juillet, jour de l'entrée dans la ville, n'avait rien fait qui fût de nature à frapper l'imagination du peuple vaincu. Nous avons déjà eu occasion de faire remarquer combien les Arabes étaient disposés à prendre l'inaction pour de l'impuissance et l'irrésolution pour de la faiblesse.

Peu de jours après la prise de possession de la ville, le général en chef avait fait évacuer Sidi-Feruk, le camp de Staouëli, et avait ainsi concentré ses troupes autour d'Alger. On s'était borné à reconnaître le littoral jusqu'au cap Matifou, et à désarmer quelques batteries. Puis, à la tête d'une colonne de quinze cents hommes, le maréchal avait fait une promenade militaire jusqu'à Blidah. Cette colonne, à son retour, fut assaillie par des nuées de tirailleurs arabes et reconduite à coups de fusil jusqu'aux environs d'Alger.

Une brigade, sous le commandement du général Damrémont, avait été dirigée sur Bône. Le débarquement s'y était effectué sans opposition de la part des habitants. Nos troupes établies à la Casbah y furent attaquées vigoureusement par les Arabes, qui déployèrent un grand courage dans ces hardis coups de main. La bravoure et la discipline de nos soldats, l'habileté du général qui les commandait, triomphèrent de ces dispositions hostiles. Notre domination commençait à s'asseoir et à être respectée sur ce point, lorsque le général en chef rappela la brigade expéditionnaire, qui rentra à Alger le 25 août.

Il en fut de même pour le 21ᵉ de ligne, qui avait été dirigé sur Oran. Les nouvelles que M. de Bourmont venait de recevoir de la révolution de juillet motivèrent ces rappels de troupes en vue d'éventualités impossibles.

Dans ce même laps de temps, nous donnâmes aussi à Bougie le spectacle de notre faiblesse en laissant massacrer, sous le feu de deux navires de guerre français, un indigène nommé Mourad, que le général en chef avait investi du titre de kaïd de Bougie, et que nous allions y installer en cette qualité.

Ces diverses fautes furent aggravées encore par la nomination d'un marchand maure aux fonctions d'agha des Arabes. Des exactions commises par les intrigants indigènes dans lesquels M. de Bourmont avait placé sa confiance, au préjudice des Turcs, accusés par eux d'avoir provoqué l'attaque de notre colonne au retour de Blidah, indisposèrent contre nous le bey de Titeri, qui ne demandait pas mieux que de nous servir.

Ainsi, en moins de deux mois nous avions ameuté contre nous toutes les haines, tous les préjugés d'un bout à l'autre de la Régence ; nous avions promené le spectacle de notre faiblesse et de nos irrésolutions, tristes semences qui devaient plus tard porter de déplorables fruits!

C'est dans cette situation que M. le général Clauzel trouva la colonie et l'armée en arrivant à Alger. L'intendant militaire, M. Denniée, avait été remplacé (ordonnance du 16 août) par M. le baron Velland, qui eut le titre d'intendant en chef de l'armée d'Afrique et intendant des provinces occupées par cette armée.

ACTES ADMINISTRATIFS DU 1ᵉʳ SEPTEMBRE AU 31 DÉCEMBRE 1830. — Le général Clauzel, en arrivant à Alger, blessa l'armée par un acte de défiance inutile. Son premier soin fut de nommer une commission d'enquête chargée de rechercher les dilapidations qui avaient pu avoir lieu à la suite de l'occupation d'Alger. Cette commission ne découvrit rien, et l'armée fut peu flattée du *satisfecit* qu'elle en reçut. Si les investigations avaient porté sur quelques membres indigènes du conseil municipal et sur d'habiles meneurs, on aurait certainement trouvé la trace de désordres qui sont toujours restés impunis.

Le 7 septembre le général en chef adressa aux habitants du royaume d'Alger une proclamation de nature à inspirer la confiance sur les intentions du gouvernement français.

Un arrêté du 8 septembre organisa le service des douanes. Le dernier acte de l'administration de maréchal de Bourmont, daté du 1ᵉʳ septembre, avait eu pour objet d'organiser le service des domaines.

Ce même jour, 8 septembre, un arrêté fort important, et qui est devenu la base de la législation sur le séquestre, réunit au domaine public toutes les maisons, magasins, boutiques, jardins, terrains, locaux et établissements quelconques occupés précédemment par le dey, les beys et les Turcs sortis du territoire de la Régence ou gérés pour leur compte. Cet arrêté portait en outre que les biens affectés à la Mecque et Médine, institutions religieuses de bienfaisance, seraient réunis aussi au domaine public; mais un arrêté ultérieur, que nous retrouverons à la date du 7 décembre, modifia cette disposition.

Le premier corps indigène fut créé le 1er octobre sous la dénomination de corps des zouaves; il était composé de deux bataillons, commandés l'un par le capitaine Maumet, le second par le capitaine Duvivier, l'un des officiers les plus distingués de cette pépinière d'officiers illustres qui se sont formés en Algérie. Le capitaine Duvivier, dont nous retrouverons souvent le nom sous notre plume, est le même qui est glorieusement mort naguère à la suite d'une blessure reçue à Paris pendant les funestes journées de juin 1848.

Le 9 septembre un arrêté, dont les dispositions n'étaient que provisoires, institua un tribunal spécial, et fixa ses attributions en matière civile et criminelle. On avait jusque là oublié cette branche si importante des services publics.

Un arrêté en date du 17 septembre supprima les droits d'octroi perçus jusqu'à ce jour aux portes de la ville sur les produits du pays. Les blés furent seuls exceptés de cette disposition. L'octroi sur les provenances de mer était maintenu, et un tarif des droits était annexé à cet arrêté.

Le 22 septembre parut une instruction concernant l'exécution des règlements et la perception des droits de douane à Alger. On importa toutes les difficultés, toutes les combinaisons, toutes les formalités des douanes françaises, dans un pays qu'il aurait fallu, au contraire, affranchir de ce joug dans des limites raisonnables. La plus regrettable mobilité présida à l'organisation de ce service; les changements, les dispositions contraires se succédèrent jusqu'en 1835, si bien qu'à cette époque, ainsi que nous le verrons, une ordonnance royale annula toutes les instructions, tous les règlements antérieurs.

Le 1er octobre, un arrêté nomma un secrétaire général archiviste du gouvernement. Ce fut une coûteuse inutilité.

Par arrêté du 15 octobre il fut décidé que les conseils de guerre connaîtraient des crimes et délits commis dans l'étendue du royaume d'Alger. Nous verrons plus tard comment fut modifiée cette disposition, si peu faite pour garantir les intérêts de la population civile qu'il importait d'appeler en Algérie.

Le général Clauzel remplaça l'ancienne commission de gouvernement, instituée le 7 juillet, par un comité du gouvernement. Un arrêté en date du 16 octobre fixa les attributions de ce comité, et posa quelques principes d'ordre administratif. Il divisa l'administration civile en trois branches: *Intérieur*, *justice*, et *finances*. Il établit une démarcation rigoureuse entre les dépenses militaires et les dépenses civiles; il affecta à ces dernières des crédits spéciaux, ouverts, d'après un budget particulier, qui dans aucun cas ne devait dépasser le montant des recettes.

Trois de nos officiers étant tombés sous les coups d'individus entrés en armes dans l'intérieur des postes de l'armée, le général en chef, par un arrêté du 22 octobre, interdit sous peine de mort à tout habitant de la Régence d'Alger de pénétrer dans l'intérieur des postes avec des armes à feu ou des armes blanches; de transporter sans permission de la poudre ou du plomb. Cet arrêté déterminait la formation des conseils de guerre spéciaux qui devaient juger, séance tenante, les contrevenants. Comme complément de cette mesure sévère, mais dont la nécessité avait été trop cruellement démontrée, un autre arrêté établit un certain nombre de bureaux pour la vente de la poudre et du plomb, et prescrivit les formalités de cette vente.

Le même jour, 22 octobre, parut l'arrêté portant organisation de la justice en matière civile, criminelle, et correctionnelle, et de la justice indigène, soit pour les musulmans, soit pour les juifs. La cour de justice fut composée exclusivement de Français ; un écrivain arabe fut attaché à cette cour.

Le 26 octobre il fut décidé que des indemnités seraient accordées aux habitants d'Alger dont les immeubles avaient été ou seraient démolis pour cause d'utilité publique. Cet arrêté, si juste en principe, ne reçut qu'une application très-vicieuse et très-imparfaite. Ce ne fut qu'à partir du 1er mars 1835 que les indemnités dues pour cause d'expropriation furent régulièrement acquittées.

Le 30 octobre le commandant en chef approuva les statuts d'une société ayant pour objet l'exploitation d'une ferme expérimentale connue sous le nom de *ferme modèle*. C'était encore là une idée heureuse, mais dont l'application fut décourageante, bien qu'un commissaire du gouvernement eût été placé auprès du conseil d'administration de cet établissement.

Le 4 novembre un arrêté prohiba l'exportation des grains et farines, excepté pour la France.

Le 8 un arrêté interdit toute aliénation d'immeubles dépendant du domaine, et réduisit à trois ans la durée des baux.

Le 9 on créait deux emplois de commissaires-priseurs pour la ville d'Alger.

Le 12 un arrêté ordonnait la construction d'une salle de spectacle dans cette même ville. Ce même jour on créait une place d'architecte voyer.

Un arrêté du 14 rétablissait la corporation des portefaix indigènes connus sous le nom de *Biskris*, et fixait le prix des transports effectués par eux.

Le 15 on prenait un arrêté relatif à la police des passeports et des permis de séjour.

Un arrêté en date du 16 novembre destituait le bey de Titeri, qui, malgré son serment de fidélité, nous était hostile, et nommait à sa place Mustapha Ben Omar.

Le 7 décembre il fut décidé qu'à partir du 1er janvier 1831 les actes de l'état civil, pour les Français, seraient reçus par le commissaire du roi près la municipalité d'Alger.

Un arrêté du même jour institua une chambre de commerce, composée de sept négociants, dont cinq Français, un Maure et un Israélite ; à la suite de cet arrêté on établit un droit de patente, qui devait être perçu à dater du 1er janvier suivant.

Un arrêté daté encore du 7 décembre régularisa l'administration des biens de la Mecque et Médine, qui fut confiée au domaine, à la charge par lui d'acquitter les payements, pensions ou redevances dus par cette institution de bienfaisance.

Les fonctions de juge de paix dans la ville d'Alger furent conférées au commissaire général de police.

Divers arrêtés du 14 décembre établirent : 1° le mode de comptabilité des crédits du budget ; 2° que l'importation des armes de guerre serait prohibée, et l'importation des armes de chasse soumise à certaines formalités ; 3° qu'un entrepôt des poudres serait créé, et la vente des poudres, plomb, et armes régularisée ; 4° que les poids et mesures seraient soumis à une vérification régulière ; 5° que le régime des prisons serait l'objet de la sollicitude du comité du gouvernement, et que toutes les mesures réclamées par l'humanité seraient prises pour assurer le bien-être des détenus ; que les condamnés pour crimes et délits seraient employés à des travaux d'utilité publique.

Le 18 décembre le général Clauzel signa un traité avec le bey de Tunis, par lequel Sidi-Mustapha, son frère, était nommé bey de Constantine en remplacement du bey existant, que M. le général Clauzel, par un arrêté du 15 décembre, avait frappé de déchéance, comme si un trait de plume suffisait à consacrer de pareils actes. Le bey de Tunis devait nous payer pour cette cession de la province de Constantine un tribut annuel d'un million de francs. Ce traité, comme on le pense bien, ne fut pas ratifié par le gouvernement français, et le bey de Constantine, on le sait, ne souscrivit à sa déchéance que lorsque notre armée entra victorieuse dans cette ville en 1837.

Un arrêté du 24 décembre organisa une garde urbaine, qu'un décret ultérieur (17 août 1832) réorganisa sous le nom de garde nationale ; et enfin un arrêté du 31 décembre assujettit les cabaretiers, aubergistes, etc., à un droit de vente en détail.

On peut juger, par cette rapide énumération des actes administratifs qui suivirent les six premiers mois de l'occupation d'Alger, combien était vaste et difficile la tâche que la Providence venait de nous confier.

Le général Clauzel, dont on ne saurait trop louer l'activité et les bonnes intentions, avait pourvu sans doute à bien des nécessités, et pourtant rien n'était fait encore; et c'est à peine si après dix-huit années d'expériences et de tâtonnements nous commençons à distinguer le but où nous marchons.

OPÉRATIONS MILITAIRES DU 1er SEPTEMBRE AU 31 DÉCEMBRE 1830. — M. le général Clauzel en arrivant à Alger comprit qu'il devait mener de front les soins de l'administration aussi bien que ceux de la guerre. Nous venons de voir l'activité un peu désordonnée qu'il mit à organiser les divers services publics. Ses préoccupations pour l'armée dont le commandement lui était confié ne furent pas moindres.

Il modifia d'abord son organisation intérieure. Bien que le nombre des troupes fût diminué par la rentrée en France de plusieurs corps, il accrut le nombre des divisions, mesure qui fut généralement blâmée par les hommes compétents dans la matière. Le résultat des fautes commises pendant les premiers temps de l'occupation, fautes que nous avons énumérées, avait été de restreindre le cercle de nos opérations; cernés de toutes parts, nous étions pour ainsi dire prisonniers dans la ville ou tout au moins dans un périmètre fort étroit.

Des postes militaires furent échelonnés le long des deux routes qui mènent à la Métidja, vaste plaine dont le mirage trompeur a englouti improductivement tant de capitaux destinés à sa colonisation, et qui a retardé si longtemps l'œuvre agricole en Algérie! Le bey de Titeri était alors notre ennemi le plus remuant. Avant de s'assurer s'il n'existait pas des moyens pacifiques de dompter cet ennemi naissant, de nous concilier les populations révoltées; avant de connaître les mœurs, les habitudes des indigènes, leurs besoins réels, leurs vœux légitimes, le général Clauzel tira l'épée, et le 17 novembre un corps d'armée sous ses ordres se dirigea vers la province de Titeri, au commandement de laquelle on venait de nommer, par arrêté du 15 novembre, un nouveau bey, qu'il s'agissait d'installer dans son beylik.

Ce corps d'armée, composé de trois brigades commandées par les généraux Achard, Monk-d'Uzer et Hurel, comptait environ sept mille hommes; les zouaves nouvellement créés et les chasseurs d'Afrique en faisaient partie; on emmena aussi une batterie de campagne, une batterie de montagne et une compagnie du génie.

La saison était on ne peut plus défavorable. Les pluies contrarièrent la marche de l'expédition. L'armée arriva pourtant le 18 devant Blidah, où eut lieu un engagement assez vif; nous y eûmes trente hommes hors de combat, et le soir du même jour nos troupes entraient dans la ville presque déserte. Tous les habitants avaient fui et s'étaient réfugiés dans les montagnes. L'armée se reposa à Blidah pendant la journée du 19; mais les Arabes vinrent tirailler sur ses flancs, et le général, croyant sans doute imposer aux indigènes par de sanglantes représailles, laissa fusiller tous les prisonniers; nos soldats livrèrent aux flammes les magnifiques jardins qui entouraient cette ville; des bois d'orangers furent rasés, et le lendemain l'armée, laissant une forte garnison à Blidah sous le commandement du colonel Rullière, se dirigea vers Médéah, capitale de la province, par les gorges de l'Atlas.

Le 21 au soir on bivouaqua à Mouzaïa, et l'armée se prépara à entrer le lendemain dans ces gorges qui depuis les légions romaines n'avaient plus retenti sous les pas de soldats européens. On se mit en marche en effet, et à la première halte, après avoir franchi les premières gorges, on salua le vieil Atlas d'une salve de vingt-cinq coups de canon. Vers le milieu du jour la brigade Achard, qui marchait à l'avant-garde, rencontra l'ennemi, et le débusqua de sa position. Bientôt nos troupes se trouvèrent engagées dans le col de Ténia, passage étroit et dangereux devenu célèbre dans les fastes de notre armée d'Afrique. Le bey de Titeri avait fait placer à l'entrée du col deux petites pièces d'artillerie; il fallait donc tourner la position, et elle ne pouvait être tournée que par la gauche, dont les Arabes garnissaient les hauteurs. Nos soldats grimpèrent avec ardeur ce rude chemin. Le 37ᵉ régiment de ligne arriva le premier au col après des efforts surhumains et une lutte acharnée, qui frappa d'admiration les Arabes, dont la fuite nous laissa maîtres de la position. Ce fut une glorieuse journée, mais elle était chèrement achetée; nous n'eûmes pas moins de deux cent vingt hommes hors de combat.

La brigade Monk-d'Uzer resta pour garder le passage du col, et l'armée se dirigea vers Médéah, enlevant pied à pied pour ainsi dire le terrain aux Arabes, qui, après avoir résisté quelque temps, battaient en retraite, allaient se reformer un peu plus loin, en se repliant sur Médéah, où ils comptaient s'enfermer et nous opposer une vive résistance. Mais la prudence des habitants déjoua ce projet : ayant appris la défaite du bey au col de Ténia, ils se soumirent, et pour gage de leur soumission ils se tournèrent eux-mêmes contre les troupes du bey, qui prirent la fuite. Le 22 au soir le général en chef entrait dans la ville. On s'y reposa quelques jours; il fut décidé qu'on laisserait à Médéah une garnison.

Le 26 l'armée quitta cette ville, et revint à Mouzaïa par le col, sans coup férir. Ce même jour Blidah était le théâtre d'un drame sanglant. Notre garnison y était attaquée par Ben Zamoun; et l'attaque fut si inopinée, si rapide, que les Arabes pénétrèrent par plusieurs points dans la ville. Par un habile stratagème le colonel Rullière sauva la garnison d'un massacre général qui aurait certainement porté le coup le plus funeste à notre domination. Deux compagnies sortirent par l'une des portes de la ville, et vinrent tomber sur les derrières des assaillants. Les Arabes, persuadés que c'était le corps d'armée qui revenait de Mouzaïa, se débandèrent, et là il se passa une scène de carnage dont le récit est impossible. Le fait est que le lendemain, 27, le général Clauzel, rentrant à Blidah, à la tête des troupes, trouva la ville jonchée de cadavres de vieillards, de femmes et d'enfants (1). Presque en même temps un détachement de cinquante hommes, qui de la ferme de Mouzaïa avait été dirigé sur Alger, était massacré : déplorables représailles! que de sang glorieux, que de sacrifices, que de richesses mal dépensées ces premières luttes devaient nous coûter! Dans quelle voie fatale nous venions de faire les premiers pas!

Le général Clauzel, dont le cœur passa, dans ces circonstances, par de cruelles angoisses, renonça au projet d'occuper Blidah, et rentra à Alger.

La garnison laissée à Médéah, attaquée le 27, le 28 et le 29 par les troupes du bey, qui étaient revenues sur leurs pas après le départ du corps d'armée, fit des prodiges de bravoure. Le général Boyer, parti le 7 décembre d'Alger pour venir ravitailler la place, y arriva à propos. Nos troupes manquaient de munitions et de pain.

La brigade du général Boyer rentra à Alger sans avoir été inquiétée.

Par suite du projet que le général Clauzel avait conçu d'affermer en quelque sorte nos provinces d'Oran et de Bône, projet dont nous avons fait mention dans la série des actes administratifs, une petite expédition fut dirigée sur Oran autant pour y installer le nouveau bey, Sidi-Ahmed, parent du bey de Tunis, que pour imposer à l'empereur du Maroc, dont les troupes avaient fait quelques excursions sur notre territoire. La brigade expéditionnaire commandée par le général Damrémont partit d'Alger le 11 décembre; elle y arriva le 13, occupa le 14 le fort de Mers-el-Kebir et quelques autres positions moins importantes, où elle se maintint sans agir. Cette réserve était sans doute dans les instructions du général Damrémont. Ce fut le 4 janvier 1831 seulement qu'il occupa la ville, sans effusion de sang. Aussitôt après l'installation de Sidi-Ahmed, la brigade quitta Oran, pendant que le colonel Auvray, envoyé en mission auprès de l'empereur du Maroc, obtenait de lui que ses troupes évacueraient et respecteraient à l'avenir notre territoire.

1831. — OPÉRATIONS MILITAIRES; ABANDON DE MÉDÉAH. — Conquérir n'est rien pour l'activité et le courage de notre nation: mais conserver, mais féconder une conquête est une tâche plus dif-

---

(1) *Annales algériennes*, par M. Pellissier, 1ᵉʳ vol., page 152.

ficile. Dans les premiers jours de janvier la garnison de Médéah rentrait à Alger, abandonnant ainsi le fruit de nos premières opérations, et ce retour nous restreignait dans la limite que le général Clauzel avait surtout voulu étendre. Constatons toutefois cette différence qu'au delà de cette limite les esprits, frappés de notre impuissance gouvernementale, s'abandonnaient aux rêves d'insurrection et nous préparaient des difficultés, des obstacles que nous avions nous-mêmes créés.

Commandement du général Berthezène.

(Du 21 février 1831 au 7 janvier 1832.)

SITUATION; MOUVEMENTS DES TROUPES. — L'activité administrative du général Clauzel, activité si insuffisante pourtant, avait déplu à l'administration centrale. Le général Berthezène, qui avait pris part à l'expédition, fut désigné pour le remplacer. Le général Clauzel quitta Alger le 21 février, aussitôt après l'arrivée de son successeur. L'étude des mœurs, du caractère, du génie de la race arabe avait été la moindre des préoccupations du général Clauzel; le nouveau commandant s'en préoccupa moins encore, et son initiative se borna à quelques tentatives regrettables. Pour donner une idée de l'état d'irritation où étaient les tribus arabes et de notre indifférence à leur égard, il suffira de citer un fait. Un kaïd de Khachna, nommé par l'autorité française, ayant eu l'imprudence de venir visiter notre agha à Alger, fut assassiné à son retour comme traître à son pays (1); on ne s'en inquiéta que fort peu.

Cependant les premiers jours de mars arrivés, le général Berthezène voulut faire acte de puissance : quatre bataillons et cent cinquante cavaliers firent une excursion dans la plaine de la Métidja. Le général voulait entrer à Blidah et à Koleah; mais il jugea prudent de s'en abstenir, et l'expédition rentra à Alger, n'ayant perdu que quelques hommes, assassinés à l'arrière-garde.

Enhardis par notre impuissance, les

(1) *Annales algériennes*, par M. Pellissier, tome 1er, page 204.

Arabes poussèrent plus loin leur audace; les assassinats se multiplièrent, et, espérant y mettre un terme, le général résolut de châtier les coupables. Une expédition forte de quatre mille hommes et de quelques pièces d'artillerie partit d'Alger le 7 mai, et se dirigea sur Khachna; elle parcourut ainsi la plaine, d'escarmouche en escarmouche, jusqu'à Théga, l'un des sommets de l'Atlas, et rentra dans ses cantonnements le 13 mai, après avoir dévasté quelques tribus, incendié quelques champs, mais n'ayant retiré aucun fruit de cette course stérile, n'ayant établi ni fait reconnaître notre autorité sur aucun point.

Nous avons dit que la ville de Médéah avait été abandonnée par nos troupes. Ben Omar avait été nommé bey de cette province par le général Clauzel; mais cet homme, abandonné à ses seules ressources, sans argent, sans initiative, sans caractère, ne put se maintenir dans ce poste difficile. Le général Berthezène crut qu'il était de notre honneur de faire respecter l'autorité, qu'il tenait de nous. Il fut décidé qu'une expédition composée de deux brigades irait à son secours. Elle quitta Alger le 25 juin. Elle franchit le col de Ténia le 28, et arriva à Médéah le 29, après quelques engagements sans importance. Les Arabes s'étaient retirés devant nos troupes; mais ils n'avaient pas pour cela abandonné une partie qui était tout à leur avantage.

L'irrésolution du général Berthezène devait nous être fatale. Après avoir poussé une reconnaissance au delà de Médéah, il fut obligé de se replier sur cette ville, poursuivi par un ennemi insaisissable. Le 2 juillet il prit le parti de quitter Médéah, qu'il ne pouvait défendre. Le bey et quelques-uns des principaux habitants suivirent l'armée, que les tirailleurs ennemis ne cessèrent d'inquiéter, et qui perdit beaucoup de monde au passage du col dont les Arabes garnissaient les hauteurs. Nos troupes, épuisées de fatigue, découragées, rentrèrent à Alger le 5 juillet, glorieux anniversaire tristement célébré!

Nous perdîmes dans cette inutile promenade soixante-deux hommes; nous ramenâmes près de deux cents blessés. Ce résultat produisit le plus déplorable effet dans l'armée et la population, en même temps qu'il redoubla notre déconsidération parmi les indigènes, que leurs succès, dus à l'inexpérience et à la faiblesse de nos chefs, aveuglèrent jusqu'au point de leur faire croire qu'ils pouvaient se rendre maîtres d'Alger.

Bientôt un mouvement sérieux s'organisa parmi les Arabes; commandés par des fanatiques intrépides, ils formèrent deux camps, l'un à Boufarik, l'autre sur la rive droite de l'Arrach, pendant que des bandes de tirailleurs, vrais guerilleros, se répandaient dans l'intérieur de nos lignes, dévastant, pillant, assassinant ou enlevant nos soldats et nos colons.

Le 17 juillet le camp de l'Arrach, sous les ordres de Ben-Zamoun, s'ébranla et vint attaquer la Ferme-Modèle. Instruit de cette agression, qu'il aurait dû prévoir, le général Berthezène partit en toute hâte d'Alger à la tête de toutes les troupes disponibles. A son approche, l'ennemi, fidèle à sa tactique, s'éloigna et se dirigea vers les montagnes, où nous ne le suivîmes pas. Les troupes rentrèrent le même soir à Alger, en tiraillant avec quelques Arabes qui étaient embusqués. Rien ne ressemblait moins à une victoire.

Le 19 la Ferme-Modèle fut de nouveau attaquée, mais cette fois par les Arabes rassemblés au camp de Boufarik. Les Arabes furent repoussés. Les attaques se renouvelèrent le 20, le 21. Le 22, enfin, le général en chef se remit à la tête des troupes, et l'armée, qui fit vaillamment son devoir dans cette journée, dispersa l'ennemi dans toutes les directions. C'était un succès sans doute, mais un succès négatif comme tous ceux que nous avions obtenus jusqu'ici, comme ceux que pendant longtemps nous devions obtenir au prix de tant de sang et de tant de sacrifices.

Le général Berthezène, voyant qu'il lui était impossible d'étendre notre domination à l'intérieur, et désespérant de dompter un ennemi qui fuyait sans cesse et qui revenait de plus en plus acharné sur nos pas, jugea que ce qu'il avait de mieux à faire était de condamner la France à rester dans ses étroites limites, et de traiter avec les indigènes. Il choisit un homme considérable parmi les indigènes, Sidi-Mebarek, l'éleva à la dignité d'agha; et celui-ci s'engagea, moyennant un traitement de 70,000 francs, à nous faire respecter dans nos cantonnements par les Arabes, que nous nous engagions à ne plus inquiéter. M. Pellissier, auteur des *Annales algériennes*, dont le travail nous sert de guide pour ce récit, affirme qu'un traité écrit fut conclu dans ce sens. Ce traité sera certainement le plus triste monument de notre faiblesse, de nos fautes, de notre inintelligence.

NOUVELLES TENTATIVES SUR BÔNE. — Nous avons vu le général Damrémont abandonner la ville de Bône en août 1830. Postérieurement un traité du général Clauzel avait cédé le gouvernement des deux provinces de l'est et de l'ouest à des princes de la maison de Tunis.

Ahmed, bey de Constantine, fort occupé à se défendre contre ses ennemis intérieurs, avait dû négliger la ville de Bône, qui se gouverna et se défendit elle-même contre les attaques des tribus voisines. Une centaine de Turcs, qui, sous le commandement d'un des leurs, nommé Ahmed, occupaient la Casbah, avaient suffi à repousser toutes les agressions jusque-là; mais comme elles se renouvelaient sans cesse, les habitants recoururent à nous, et sous l'influence d'Ahmed, jaloux de conserver son autorité, ils demandèrent au général Berthezène le concours de quelques troupes indigènes: une compagnie de zouaves fut embarquée à bord de *la Créole*, et arriva à Bône le 14 septembre; cette petite expédition, sous les ordres du commandant Houder, fut bien accueillie par les habitants; mais le Turc Ahmed fut indisposé par la présence d'officiers français qu'il n'attendait pas, et dès cet instant il manœuvra contre nous. Le commandant Houder fit occuper la Casbah par une partie de sa petite troupe. Trompé par un ancien bey de Constantine nommé Ibrahim, auquel il accorda légèrement sa confiance, et qui voulait s'emparer du gouvernement de la ville en perdant à la fois et les Français et les Turcs, M. Houder tomba dans le piège qu'Ibrahim lui tendait; celui-ci parvint à s'emparer de la citadelle. Quelques tribus avec lesquelles il était d'intelligence pénétrèrent dans la ville à un signal donné. La plupart des zouaves furent massacrés. M. Bigot, leur capitaine, et le commandant Houder furent tués en se défendant bravement. Ce désastre, cette indigne trahison s'accomplirent en présence de deux navires de guerre français mouillés dans le port de Bône.

Après le départ d'Alger de la compagnie de zouaves, le général Berthezène avait envoyé pour la renforcer deux nouvelles compagnies, commandées par le capitaine Duvivier. Ce secours arriva à Bône peu d'instants après le déplorable événement que nous venons de raconter. Le chef des zouaves voulait débarquer et venger sur-le-champ cette sanglante offense. Les commandants des navires ne crurent pas devoir le seconder dans ce projet. L'expédition retourna à Alger et y arriva le 11 octobre. On peut juger de l'effet qu'y produisit ce douloureux résultat.

ÉTAT DES CHOSES A ORAN. — Notre situation dans l'ouest était meilleure, sans y être brillante pourtant. Le refus du gouvernement de ratifier le traité du général Clauzel avec le bey de Tunis décida l'occupation de cette place. Le général Boyer y fut envoyé en qualité de commandant en chef. Divers services civils furent organisés, et notre installation y fut à peu près complète vers la fin de 1831. Mais nous occupions la ville sans exercer aucune influence sur les populations, qui étaient livrées à la plus complète anarchie, et dont l'esprit aventureux, l'humeur belliqueuse n'attendaient qu'une occasion et un chef pour lutter contre notre domination.

MESURES ADMINISTRATIVES. — Nous ne nous dissimulons certainement pas tout ce qu'a d'aride la méthode que nous avons dû adopter pour présenter dans un cadre restreint la plus grande quantité possible de faits accomplis pendant une longue période de tâtonnements et d'essais de toute nature dans un pays auquel la France, pendant longtemps préoccupée à l'intérieur, n'a pu accorder qu'une attention secondaire. Mais nous sommes ici bien plus chroniqueur qu'historien, ainsi que nous l'avons dit déjà. Toutefois au début de cette année, qui commence vraiment l'ère de notre occupation, et avant d'aborder la série des actes administratifs qui la signalèrent, nous croyons devoir, pour l'intelligence du lecteur, montrer le but lointain que la France a atteint à l'heure où nous écrivons ces lignes.

La législation qui régit l'Algérie, indépendamment des lois françaises qui y sont appliquées, ne remplit pas moins de neuf volumes du *bulletin officiel*. Ce vaste arsenal législatif ou réglementaire forme le chaos le plus confus et le plus propice au désordre que l'on puisse imaginer. Ce sont les dispositions principales de cet inextricable répertoire que nous analyserons année par année. Mais on comprend les difficultés presque invincibles qui doivent surgir, dans la pratique des affaires, de ces milliers d'arrêtés et d'ordonnances qui se contredisent. La position toute nouvelle que la révolution de février a faite à l'Algérie, l'initiative que la France a prise dans l'œuvre de la colonisation rendent indispensables la révision et la réforme de notre législation algérienne. Vers la fin de l'année 1848 le général de Lamoricière, alors ministre de la guerre, dans un rapport très-remarquable, adressé au président du conseil, chargé du pouvoir exécutif, a démontré cette nécessité, et une commission a été instituée à l'effet :

1° De réunir et vérifier les arrêtés et ordonnances régissant l'Algérie;

2° De rétablir les arrêtés ou décisions omis;

3° De proposer le maintien ou l'abrogation des arrêtés et ordonnances qui ont cessé ou doivent cesser d'être en vigueur;

4° Enfin d'indiquer les matières qui doivent faire l'objet soit d'arrêtés ministériels, soit de décrets du pouvoir exécutif, soit de règlements d'administration publique, soit enfin de lois particulières, conformément à la législation constitutionnelle de la France.

Nous avons voulu, dès le début, indiquer la voie de réformation et de synthèse dans laquelle le gouvernement se propose d'entrer à l'égard des éléments si variés de notre législation algérienne. Cette indication servira de fil conducteur dans le dédale que nous avons à parcourir.

Un arrêté du 9 janvier autorisa l'acquisition de 10,000 mesures de blé pour

ALGÉRIE.

l'approvisionnement de la ville d'Alger. Une somme de 144,000 francs fut consacrée à cette acquisition, et le gouvernement de la colonie fut exploité en cette circonstance par les indigènes qui l'entouraient avec une rare impudeur. L'administration payait au prix de 16 à 17 fr. le sac les blés qui se vendaient sur la place d'Alger 6 fr. 50 et 7 fr. (1).

Le 19 les négociants maures ou israélites furent assujettis au payement du droit de patente en échange des droits et taxes qu'ils payaient sous l'administration du dey.

Un arrêté du même jour, complémentaire de l'arrêté déjà cité à la date du 26 octobre 1830, détermina le mode de règlement des indemnités dues aux habitants dont les maisons, boutiques, etc., avaient été démolis pour cause d'utilité publique.

Au retour de la malheureuse expédition de Médéah dont nous avons rendu compte, le général Clauzel prit un arrêté instituant des pensions de retraite et des gratifications pour des zouaves qui avaient été blessés ou qui s'étaient distingués dans cette affaire. Ces pensions étaient payables sur les fonds municipaux.

Une commission fut nommée le 1er février pour diriger les travaux d'entretien et de réparation à faire aux quais de la Marine.

Un arrêté du 18 février rétablit la place d'agha, qu'une disposition antérieure avait supprimée.

La suppression des présents, des gratifications et redevances que les chefs des tribus étaient dans l'usage de payer aux beys ou aux principaux fonctionnaires fut l'un des derniers actes de l'administration du général Clauzel, qui fut remplacé, comme nous l'avons dit déjà, par le général Berthezène. Cette mesure excellente, et dictée par un sentiment de justice, ne produisit pas tout l'effet qu'on en devait attendre.

Par arrêté du 26 février le nouveau gouverneur (ce titre n'était pas encore donné officiellement) mit à la disposition de l'administration municipale une somme de 43,542 fr. pour la construction d'un abattoir, les divers locaux affectés jusque-là à l'abattage des bestiaux ayant été détournés de cette destination par les exigences du service militaire.

Une loi du 9 mars autorisa la formation de la légion étrangère, dont une ordonnance du 10 détermina la composition, et l'uniforme.

Un arrêté du 21 mars établit des droits fixes sur les denrées apportées par les Arabes au marché d'Alger ; le produit de ces droits était spécialement affecté aux frais de l'enlèvement des boues et immondices de la ville.

En vertu de la loi du 9 mars relative à la formation de corps étrangers, une ordonnance royale du 21 autorisa la formation en Afrique de corps de zouaves et de chasseurs algériens. Cette ordonnance n'avait d'autre but que de régulariser l'existence de ces divers corps créés déjà depuis quelque temps.

A la suite des assassinats dont nous avons parlé plus haut, le général Berthezène, par un arrêté en date du 24 mars, prohiba le port d'armes dans l'arrondissement d'Alger.

Un autre arrêté, du 27 mars, détermina les attributions respectives de la municipalité et du commissaire général de police.

Le désordre administratif avait fait de tels progrès que des habitants d'Alger, malgré la défense formelle qui avait été publiée, achetaient des effets appartenant à des sous-officiers et soldats ; un arrêté en date du 22 avril porta des peines sévères contre les auteurs de ces délits.

Un arrêté du 25 avril prononça des amendes contre les capitaines marchands qui embarquaient des passagers sans passeports.

Le commerce et l'importation des armes de toute espèce, des pierres à feu, balles, fers, aciers, plomb, etc., du soufre, du salpêtre et des poudres furent sévèrement prohibés par un arrêté du 23 mai.

Le 9 juin il fut décidé que tout acte sous seing privé entre les Européens et les indigènes devait, pour être valable, être rédigé en français et en arabe, les deux traductions placées en regard l'une de l'autre.

---

(1) Nous consultons pour ce résumé, indépendamment du volumineux recueil des *Bulletins officiels*, l'excellent ouvrage de M. Franque, intitulé *Lois de l'Algérie*.

Un arrêté du 12 juin attribua à la municipalité la surveillance des filles publiques; cette mesure était le complément de l'arrêté du 11 août 1830 qui avait ordonné la création d'un dispensaire. Cette disposition, si nécessaire à la santé publique, aurait dû être prise plus tôt : les désordres qu'elle avait pour but de prévenir avaient fait déjà de déplorables progrès.

Les affaires de la nation juive avaient été concentrées dans les mains d'un seul homme, qui avait reçu le titre de chef de la nation hébraïque; les inconvénients de cette concentration ne tardèrent pas à se faire sentir. Un arrêté du 21 juin institua auprès de ce chef un conseil hébraïque composé de trois membres, nommés par le général en chef.

Un arrêté du même jour eut pour objet de prévenir les inconvénients qui résultaient pour les transactions privées entre Européens et indigènes de la négligence que le kadhi maure et le kadhi turc apportaient à la conservation des actes rédigés par eux. Il fut décidé que tous les actes passés depuis le 5 juillet 1830, ou qui seraient passés à l'avenir pour acquisition d'immeubles situés dans l'étendue de la Régence, devraient être soumis, sous peine de nullité, à l'enregistrement du domaine.

Des arrêtés, en date du 8 septembre 1830 et du 8 juin 1831, portaient que les biens immeubles de toute nature appartenant aux deys, aux beys et aux Turcs sortis du territoire de la Régence seraient mis sous le séquestre pour être régis par l'administration des domaines. Cette mesure, résultant du droit que donnait la conquête, n'avait pas été appliquée aux Turcs qui étaient restés à Alger. Un arrêté du 11 juillet porta que cette mesure serait appliquée à ces derniers dans le cas où ils se feraient remarquer par un esprit systématique d'opposition à l'autorité française.

Un arrêté du même jour fixa des droits proportionnels d'enregistrement sur les mutations d'immeubles.

L'importation et le commerce des sels furent déclarés libres moyennant certains droits; cette disposition fut abrogée plus tard par une ordonnance royale du 11 novembre 1835. Les céréales et les farines furent affranchies des droits d'entrée par arrêté du 15 juillet.

Le 12 août diverses mesures de police pour la ville d'Alger furent prises par arrêté du commissaire général; elles concernaient surtout la surveillance des établissements publics.

Une direction d'artillerie fut établie à Alger par ordonnance royale du 22 août; cette ordonnance était le complément d'une disposition antérieure (1er août) qui avait eu pour objet de réorganiser le service de l'artillerie sur les côtes du territoire.

Un crédit de 12,000 fr. fut affecté le 31 août à l'achèvement du lazaret.

A l'exemple de nos soldats, qui avaient dévasté et coupé les bois de haute futaie si précieux dans ce pays, les habitants européens et les indigènes se permettaient des dévastations semblables; un arrêté du 4 septembre prohiba la coupe des bois; ce fut la première mesure conservatrice prise dans ce but.

Un arrêté du 7 septembre appliqua au port d'Oran le tarif des droits de douane et d'octroi en vigueur à Alger.

La vente des fers et aciers, interdite à tous autres qu'aux Européens par divers arrêtés, fut rendue libre le même jour, autant parce qu'on espérait alors une tranquillité durable, que parce que la fabrication des instruments aratoires et autres nécessaires à l'agriculture rendaient cette prohibition inutile.

Les indigènes refusaient la monnaie française dans la plupart de leurs transactions; la circulation et l'acceptation de notre monnaie furent rendues obligatoires sous peine d'amende, en vertu d'un arrêté pris à la même date.

Une ordonnance royale en date du 24 septembre créa à Alger une direction des fortifications, et augmenta le nombre des officiers de l'état-major du génie, qui fut porté à quatre cents.

L'espoir d'une tranquillité durable, qui avait déterminé l'arrêté du 7 septembre relatif à la liberté du commerce des fers et aciers, ne tarda pas à s'évanouir; les vols et les assassinats se multipliant, des mesures de surveillance furent rétablies par arrêté du 17 octobre contre les indigènes.

Une ordonnance royale du 31 octobre prescrivit la formation d'une compagnie de fusiliers de discipline et d'une compagnie de pionniers en Afrique. Deux régiments de cavalerie légère, sous la dénomination de chasseurs d'Afrique, furent créés par ordonnance du 17 novembre.

Un arrêté pris le 25 novembre plaça dans les attributions du génie tous les bâtiments affectés au service de l'armée.

Enfin, une ordonnance du 1er décembre commença à établir une division des pouvoirs civils et militaires. La direction des services administratifs, financiers et judiciaires fut confiée à un intendant civil, qui devint le président du conseil d'administration. M. Pichon fut appelé à ces fonctions importantes. Les attributions du commandant en chef de l'armée d'occupation furent déterminées par une ordonnance du 6 décembre; et une autre ordonnance du même jour nomma le général duc de Rovigo au commandement de nos possessions. Les rapports des services financiers avec l'intendant civil furent réglés par un arrêté du 16 décembre, pris par le général Berthezène.

Commandement du général Rovigo.
(Du 7 janvier 1832 au mois d'avril 1833.)

OPÉRATIONS MILITAIRES. La situation de l'Algérie semblait plus favorable au moment où le duc de Rovigo succéda au général Berthezène. La nomination de Sidi-Ali-Mbarek comme agha des Arabes avait amené quelque sécurité dans la Métidja. Les tribus se ressentaient encore du rude échec qu'elles venaient d'éprouver dans la province d'Alger et dans celle de Médéah. Elles semblaient disposées à la tranquillité. A Oran le général Boyer contenait les tribus, toujours menaçantes, qui travaillaient avec une infatigable ardeur à former des coalitions pour venir attaquer la ville.

Un événement regrettable vint troubler la paix qui régnait à Alger. Des envoyés d'un chef du Sahara de Constantine, députés à Alger, après avoir rempli leur mission auprès du commandant en chef, se mirent en route pour retourner dans leur pays. Arrivés sur le territoire de la tribu d'El-Ouffia, ils furent dépouillés par les habitants. Pour venger cette violation odieuse des devoirs de l'hospitalité, qui était aussi une insulte faite à la France, puisque ces envoyés emportaient des présents destinés par le général Rovigo à leur maître, une expédition nocturne fut dirigée contre les coupables. La tribu, surprise à la pointe du jour, subit un châtiment des plus rigoureux; son chef, fait prisonnier, fut amené à Alger, mis en jugement, condamné et exécuté. Un très-grand nombre d'indigènes périrent dans cette affaire.

La destruction de la tribu d'El-Ouffia avait eu lieu le 10 avril 1832. A la suite de cette exécution, soit que les Arabes voulussent venger leurs compatriotes, soit que la saison fût devenue plus favorable pour leurs entreprises, les prédications fanatiques recommencèrent; des provocations nous furent adressées, et une coalition nouvelle se constitua. Notre agha fit d'abord tous ses efforts pour ramener le calme dans les esprits et éviter la guerre. Sidi-Ali-Mbarek n'était pas dévoué à nos intérêts; mais la douceur de son caractère le portait à condamner toutes les tentatives qui troublaient l'ordre. Cependant le mouvement devint tellement général, qu'il se laissa lui-même entraîner, et depuis cette époque il resta notre ennemi. Le commandant en chef sembla pendant quelques semaines vouloir se contenter d'observer les mouvements des insurgés. Lorsqu'il les vit se rassembler et s'enhardir jusqu'à annoncer l'intention de venir nous attaquer dans nos retranchements, il adopta des dispositions vigoureuses pour les disperser. Une première rencontre leur fut fatale le 1er octobre; deux jours après, atteints par le général Faudoas, ils éprouvèrent de grandes pertes. Découragés par le mauvais succès de leur entreprise, les confédérés se retirèrent.

Les hostilités continuèrent pourtant sur quelques points; les colonnes françaises conduites par le général Faudoas et par le général Brossard visitèrent successivement Koléah, Boufarik, Blidah, et forcèrent les tribus à implorer la paix.

NOUVELLE OCCUPATION DE BÔNE. — Nous avons vu que Bône avait été occupé sans coup férir immédiatement après la conquête d'Alger, et que presque aussitôt elle avait été évacuée, lorsque la nouvelle de la révolution de juillet était parvenue en Afrique. Les habitants, restés maîtres de la ville après le départ des Français, avaient refusé de recevoir dans leurs murs les troupes d'El-Hadj-Ahmed, bey de Constantine. Celui-ci les avait tenus étroitement bloqués du côté de terre, avec l'aide des tribus qui lui obéissaient. Vers la fin de 1831, le chef de bataillon Houder, envoyé par le général Berthezène avec cent vingt-cinq zouaves indigènes pour secourir Bône, trahi par les habitants, avait péri au moment où il essayait de se rembarquer. Les troubles qui à cette époque même avaient agité les tribus des environs d'Alger avaient empêché de poursuivre la réparation des insultes et des échecs que nous avions essuyés sur ce point. Cependant, la situation devenant de plus en plus grave pour eux, les habitants de Bône désespérèrent de leur salut, et adressèrent au commandant en chef de l'armée française les demandes les plus instantes pour les délivrer des attaques des troupes du bey de Constantine.

L'intérêt de notre domination nous indiquait de ne pas laisser El-Hadj-Ahmed s'emparer de ce port, où il aurait trouvé des facilités pour ses approvisionnements de guerre et un débouché pour les produits agricoles de la province. L'occupation de Bône par une garnison française fut décidée. En attendant la saison favorable pour entreprendre l'expédition, le duc de Rovigo avait confié à deux officiers (les capitaines d'Armandy, de l'artillerie, et Jousouf, des chasseurs algériens) la mission d'aller encourager les assiégés à la résistance. Cependant le 5 mars 1832 la ville fut forcée d'ouvrir ses portes aux troupes du bey de Constantine, et fut livrée au pillage et à la dévastation. La Casbah, où s'étaient réfugiés les derniers défenseurs de Bône, résista jusqu'au 26 au soir; on se disposait à l'abandonner, lorsque les deux officiers français, avec une trentaine de marins, pénétrèrent dans le fort, après avoir escaladé les remparts, et en prirent possession, la nuit même, au nom de la France. Le général en chef se hâta d'envoyer un bataillon pour assurer le résultat de ce hardi coup de main (1).

(1) Voyez *Annales algériennes*, par M. Pellissier, 2⁶ vol., pag. 40 et suiv.

Dans les premiers jours du mois de mai, le général Monk-d'Uzer, parti de Toulon à la tête de trois mille hommes, débarqua à Bône, et la trouva complétement abandonnée, les troupes d'El-Hadj-Ahmed ayant forcé les habitants à l'émigration. La ville n'était plus qu'un amas de ruines; la Casbah seule offrait un abri contre une surprise. Pendant que nos soldats déblayaient les décombres pour créer les établissements indispensables, l'ancien bey de Constantine, dont les habitants de Bône avaient accepté l'autorité avant notre arrivée, vint attaquer la ville avec quinze cents hommes environ, qu'il avait ralliés dans les tribus. Le général d'Uzer marcha contre eux le 26 juin, les dispersa facilement, et les refoula vers l'intérieur. Les tribus les plus rapprochées de la ville, frappées de la bravoure de nos soldats, impatientes de retrouver un marché pour l'écoulement de leurs produits, poussées d'ailleurs par les citadins émigrés, qui voulaient rentrer, offrirent leur concours au général français; et deux d'entre elles s'établirent sous le canon de la place, et nous fournirent des cavaliers auxiliaires pour surveiller la plaine de Bône. Ainsi, pendant l'année 1832 la France fit acte de domination sur les trois provinces de l'ancienne Régence. Nous ne possédions encore que quelques points du littoral, avec un territoire très-restreint; mais notre présence dans les deux ports principaux d'Oran et de Bône nous permettait d'exercer une surveillance efficace pour empêcher les relations par mer des populations indigènes avec l'extérieur.

PROGRÈS DE LA DOMINATION FRANÇAISE. — Au commencement de l'année 1833 le corps d'occupation était fort de vingt-trois mille cinq cent quarante-cinq hommes et dix-huit cents chevaux. Les tribus de Beni Khelil, de Beni Moussa et de Khachna, dans la plaine de la Métidja, entretenaient avec les autorités françaises des rapports de plus en plus bienveillants, et elles apportaient leurs denrées au marché d'Alger; Blidah semblait rechercher également l'appui de notre armée. L'autorité française s'exerçait directement dans la banlieue d'Alger et dans le territoire compris entre l'Arach, la Métidja, le

Mazafran et la mer, c'est-à-dire dans toute l'étendue du Sahel. A Oran, l'occupation n'embrassait qu'un rayon de quatre kilomètres autour de la place et le fort de Mers-el-Kebir. A Bône les tribus se rapprochaient de plus en plus, et manifestaient des dispositions favorables. En dehors de notre domination directe, Médéah était encore sous le commandement de l'envoyé marocain, personnage sans valeur, incapable d'inspirer aucune crainte sérieuse. Miliana obéissait à la famille des marabouts Sidi-Ahmed-ben-Joucef; sans relations d'autorité avec les tribus environnantes, qui vivaient dans une indépendance des plus turbulentes. Mostaganem et Tlemsen étaient occupés par des Turcs et des Coulouglis qui entretenaient des intelligences avec nous.

Dans l'intérieur de nos possessions la population civile s'accroissait rapidement, et semblait dominée par le besoin de prendre racine dans le pays en acquérant des propriétés. On construisait de toutes parts ; les traces de la dévastation qui avait été la suite inévitable de la conquête disparaissaient successivement. Dans le mois de mai 1832, à la suite de discussions survenues entre le commandant en chef et l'intendant civil, ce dernier avait été remplacé par M. Genty de Bussy, qui déploya une grande activité pour organiser l'administration de la ville d'Alger. Au dehors, des routes militaires étaient ouvertes; des camps retranchés, établis dans des positions bien choisies, multipliaient les moyens de défense et prouvaient aux indigènes la ferme volonté de la France de garder cette terre conquise par la bravoure de ses soldats. Les sentiments hostiles paraissaient s'affaiblir; la tranquillité et le besoin de la paix faisaient chaque jour des progrès. Encouragé par ces premiers résultats, le général Rovigo s'appliquait avec persévérance à les développer, lorsqu'il fut atteint de la maladie à laquelle il devait succomber. Il rentra en France au mois de mars, et fut remplacé par le lieutenant général Voirol, qui prit le commandement par intérim.

Commandement intérimaire du général Voirol.

(D'avril 1833 au 27 juillet 1834.)

ÉVÉNEMENTS SURVENUS DANS LES TROIS PROVINCES. — Le nouveau général en chef marcha avec activité et avec bonheur dans la voie ouverte par son prédécesseur ; il apporta même dans les affaires un esprit plus conciliant, des formes moins acerbes ; et tout en se montrant énergique à l'égard des indigènes, il s'efforça de leur faire sentir les bienfaits d'une administration protectrice et bienveillante. Au commencement du mois de mai, deux tribus de la Métidja, ayant commis des actes d'hostilité, furent rudement châtiées, et cet exemple d'une juste sévérité accrut encore les bonnes dispositions de la population arabe envers nous.

Après la défaite et la ruine de Hussein-Pacha, le bey de Constantine, ralliant les débris de la milice turque, avait regagné sa province, pillant sur son passage toutes les propriétés de l'État. A son arrivée à Constantine, il trouva la ville révoltée, et ayant reconnu un nouveau bey; il lui fallut recourir à l'alliance des tribus du désert, dont sa mère était originaire, et au secours des Kabiles, pour reprendre possession de la capitale du beylik. Dès que son autorité avait été rétablie il avait tourné tous ses efforts vers Bône, afin d'acquérir un port. Repoussé définitivement de ce côté par l'occupation de la ville par la France, au mois de mai 1832, il convoita Bougie. Ses intrigues n'eurent pas plus de succès auprès des populations kabiles, qui se montrèrent peu empressées de se donner un maître. Ne pouvant prendre pied sur le littoral, il voulut s'emparer de Médéah, afin de se rapprocher d'Alger, impatient de s'arroger le titre de pacha, qu'il faisait solliciter à Constantinople. Cette espérance fut encore déçue ; les habitants de Médéah, divisés par des factions, firent taire cependant leurs querelles intestines pour résister au bey de Constantine. L'horreur que les tribus avaient de la domination turque était si grande, que plusieurs d'entre elles réclamèrent des secours auprès du général en chef. On ne put leur en accorder ; mais l'assurance de la sympathie de la France les encouragea; El-Hadj-Ahmed, attaqué dans son camp, fut battu, et rentra en fugitif dans son beylik. A Bône nos progrès ne se ralentissaient pas; les tribus attirées dans notre cercle d'action commençaient à résister d'elles-mêmes aux entreprises des agents et des troupes du bey de Constantine.

Oran venait de changer de gouverneur; le général Boyer, après de nombreux combats livrés aux Arabes, presque sous le canon de la place, avait remis le commandement au général Desmichels. En dehors du territoire soumis à notre action directe, la confusion qui régnait pour nous dans les intérêts des populations indigènes et l'obscurité qui nous cachait les événements accomplis à quelque distance dans l'intérieur, se dissipaient. L'empereur du Maroc avait vainement tenté d'annexer à ses États la partie la plus occidentale de l'Algérie. L'armée qu'il avait envoyée, en proie à une indiscipline violente, ne tarda pas à se révolter, et fut obligée de rentrer dans le Maroc sans avoir obtenu aucun résultat. Les représentations du gouvernement français à l'empereur le déterminèrent à renoncer à ses projets de conquête. A Tlemsen, les Hadars, habitants arabes, luttaient contre les Coulouglis, enfermés dans le Méchouar. Ces derniers s'étaient adressés à nous pour avoir du secours, et s'annonçaient déjà hautement comme nos amis.

APPARITION D'ABD-EL-KADER. — Dès que les troupes marocaines eurent repassé la frontière, les tribus, qui avaient partagé leurs forces pour attaquer Oran sans relâche, et pour résister en même temps à l'invasion des Marocains, concentrèrent tous leurs efforts contre nous. Les marabouts prêchaient partout la guerre sainte et poussaient les guerriers au combat. Parmi ces hommes fanatiques, le plus considérable par son influence était Mahhi-ed-Din, de la tribu des Hachem, qui dirigeait une zaouïa renommée, située sur l'Oued-el-Hammam, à une petite distance à l'ouest de Mascara. La grande tribu des Hachem obéissait complètement à l'autorité de Mahhi-ed-Din, et le pressait de transformer l'influence religieuse qu'il exerçait en un pouvoir politique. Mais le marabout, déjà avancé en âge, restait sourd pour lui-même à ces sollicitations, et préparait les esprits avec habileté et persévérance à reconnaître l'autorité de son fils Abd-el-Kader. Déjà on racontait dans le voyage qu'il avait fait avec son père à la Mecque, il y avait peu d'années, des prophéties émanées des hommes les plus saints, des songes miraculeux, des apparitions, avaient prédit au jeune Abd-el-Kader qu'il serait sultan des Arabes. Il seconda avec adresse les vues de son père. Toujours au premier rang dans les combats, remarqué pour l'austérité de ses mœurs, sa piété et sa connaissance des ouvrages de théologie et de jurisprudence, Abd-el-Kader gagna bientôt tous les cœurs par sa douceur et l'affabilité de son caractère. A la mort de son père, trois de ses frères, plus âgés que lui, s'effacèrent devant sa renommée, et les chefs des tribus le proclamèrent pour diriger la guerre sainte contre les chrétiens.

Sous l'inspiration de leur jeune chef, les tribus restèrent en armes, et vinrent souvent nous provoquer jusque sous les murs d'Oran. Le général Desmichels ne voulut pas supporter plus longtemps ces insolentes bravades; il prit vigoureusement l'offensive. Dès qu'il apprenait qu'un rassemblement s'était formé, il sortait de la ville, se portait à sa rencontre, et le dispersait. Les 7 et 27 mai, les tribus arabes, réunies en grand nombre, subirent ainsi de graves échecs. Obligé de se tenir à distance d'Oran, Abd-el-Kader se dirigea sur Tlemsen, et se fit proclamer sultan par les Hadars; il leva des contributions, appela les contingents des tribus, et marcha sur Mostaganem pour s'emparer de cette ville, qui, après Mascara et Tlemsen, déjà en son pouvoir, était la plus importante du beylik. Comme Ahmed-Bey dans l'est, il poursuivait la conquête d'un port pour l'écoulement des produits des riches plaines du Chélif et de Mascara. La petite ville d'Arzeu, située entre Oran et Mostaganem, fut enlevée par les Arabes, et son kadhi, qui avait traité avec les Français, fut décapité. Le général Desmichels, craignant avec raison que Mostaganem ne fût aussi obligé de se rendre, et que l'occupation de ces deux places ne compromît gravement notre domination, se détermina à établir des garnisons françaises sur ces deux points. Il prit possession d'Arzeu le 3 juillet : la ville avait été abandonnée par les Arabes; le 29 du même mois il entra à Mostaganem. Chaque pas en avant que les circonstances nous forçaient de faire pour mieux asseoir notre autorité produisait sur les tribus un effet salutaire, et les disposait à se rapprocher; ainsi, après l'occupation d'Arzeu et de Mostaganem, les importantes tribus des Douairs et des Zmélas entrèrent en pourparlers pour faire leur soumission à la France. Abd-el-Kader voulut tenter encore contre nous la fortune des armes; il fut battu dans la plaine de Mélata, à Aïn Bedha, le 1ᵉʳ octobre, et à Tamzouat le 3 décembre. Après ce dernier combat les Douairs et les Zmélas se détachèrent tout à fait de sa cause.

OCCUPATION DE BOUGIE. — A plusieurs reprises des bâtiments français et étrangers avaient été insultés à Bougie; un brick de l'État ayant fait naufrage dans la baie où ce port est situé, tout l'équipage avait été massacré; on savait que la ville était un foyer d'intrigue, non-seulement avec l'intérieur, mais encore avec les anciens chefs de la Régence; enfin on apprit, vers le milieu du mois d'août, que le bey de Constantine s'avançait vers Bougie pour s'en emparer. Ces causes et ces griefs déterminèrent le gouvernement français à occuper Bougie d'une manière permanente, pour ne pas laisser ce port important entre les mains des Kabiles. Le consul d'Angleterre, à la suite d'une insulte faite par les Bougiotes à un bâtiment de sa nation, avait annoncé que l'Angleterre se chargerait de châtier Bougie si la France ne le voulait pas faire. On organisa une expédition à Toulon; les ordres, partis de Paris le 14 septembre, reçurent promptement leur exécution; les troupes mirent à la voile le 23, et le 29, après une attaque audacieuse de nos troupes et une très-vive résistance de la part des Kabiles, Bougie tomba en notre pouvoir (1).

Cet acte de vigueur releva le courage des colons et rendit l'espoir aux indigènes qui avaient embrassé notre parti.

(1) Voyez *Annales algériennes*, par M. Pellissier, 2ᵉ vol., pag. 84 et suiv.

En effet, une commission spéciale, composée de membres des deux chambres, avait été nommée, le 7 juillet 1833, pour aller recueillir en Afrique tous les faits propres à éclairer le gouvernement sur l'état du pays et sur les mesures que réclamait son avenir. La mission de cette commission, mal interprétée, avait fait croire qu'on se disposait à abandonner notre conquête; de là le découragement, de là les fausses rumeurs répandues parmi les tribus ennemies et que l'occupation de Bougie détruisit.

TRAITÉ DU GÉNÉRAL DESMICHELS AVEC ABD-EL-KADER. — L'année 1834 commença sous des auspices favorables. Sur tous les points notre situation s'était améliorée; le résultat fut particulièrement sensible dans la province d'Oran, parce que là, les éléments hostiles à notre domination étant organisés et concentrés sous l'autorité d'un seul chef, la lutte était plus fréquente, mais aussi le succès était plus durable. Après les brillants avantages remportés dans la plaine de Mélata, le général Desmichels s'était mis en communication avec Abd-el-Kader, et s'efforçait de lui persuader de négocier. L'émir ne tarda pas à accueillir avec faveur les ouvertures qui lui étaient faites. Le commandant d'Oran espérait en traitant faciliter la création d'un pouvoir fort, qui contiendrait les Arabes et avec lequel les relations soit pacifiques, soit hostiles, seraient plus avantageuses. De son côté, le jeune sultan comprit que la paix lui était indispensable pour organiser sa puissance, sauf à tourner ses armes contre nous dès qu'il aurait fini de soumettre toutes les tribus et qu'il se serait créé des troupes régulières. Après des négociations prolongées, un traité fut signé le 26 février 1834 (1). Le gouver-

(1) Nous croyons devoir transcrire ici en entier cet acte important :

TRAITÉ DE PAIX

Entre le général Desmichels et Abd-el-Kader

(traduit sur l'original arabe laissé à l'émir).

Conditions des Arabes pour la paix.

1° Les Arabes auront la liberté de vendre et acheter de la poudre, des armes, du soufre, enfin tout ce qui concerne la guerre.

2° Le commerce de la Mersa (Arzeu) sera

nement approuva cette convention, où les intérêts arabes étaient mieux garantis peut-être que les nôtres ; mais il se réserva de la compléter par des arrangements ultérieurs mieux combinés. La cessation des hostilités, si profitable à Abd-el-Kader, ne fut pas cependant sans utilité pour nous; elle nous permit d'affermir notre autorité dans les établissements que nous avions formés; les marchés d'Oran furent abondamment approvisionnés, et les Européens purent voyager avec sécurité jusque dans le centre de la province.

Le général d'Erlon gouverneur général.

(Du 27 juillet 1834 au 8 juillet 1835.)

NOUVELLE ORGANISATION POLITIQUE DE L'ALGÉRIE. — Les travaux de la commission d'Alger fournirent sur les possessions françaises au nord de l'Afrique des renseignements précieux, qui permirent de constituer sur des meilleures bases le gouvernement et l'administration de notre conquête. Le 22 juillet 1834 une ordonnance royale régla, selon les indications et les conseils de la commission, tout l'établissement politique et administratif. Le gouvernement ne fut plus la conséquence du commandement militaire, mais le domina. Le pays obéissait avant au général en chef de l'armée d'occupation; il fut confié au commandement d'un gouverneur général, qui avait sous ses ordres un lieutenant général commandant les troupes, toute l'administration rentra sous la direction immédiate du ministre de la guerre. Le général commandant les troupes, un intendant civil, le commandant de la marine, un procureur général, un directeur des finances et un intendant militaire furent chargés des différents services civils et militaires, et composèrent un conseil de gouvernement auprès du gouverneur général. Le même acte statuait en outre que les possessions françaises dans le nord de l'Afrique seraient régies par ordonnances royales. Le général Drouet d'Erlon fut nommé gouverneur général et entra en fonctions le 26 septembre. M. Lepasquier, préfet du Finistère, fut appelé à remplacer, comme intendant civil, M. Genty de Bussy.

SITUATION. — L'administration intérimaire du général Voirol, quoique contrariée par sa prolongation même, qui faisait peser sur elle un doute et une incertitude fâcheux, avait produit des résultats satisfaisants. Mais à mesure que les difficultés diminuaient, les chambres, dominées par la préoccupation d'alléger les dépenses de l'occupation, jusque-là sans compensation, poussaient énergiquement le gouvernement dans la voie des économies, et demandaient une réduction de l'effectif de l'armée. Cette impatience, à laquelle il fut impossible de résister absolument, vint arrêter le développement des progrès nouveaux, en enlevant au gouverneur général une partie de ses soldats, seul et tout-puissant moyen d'action sur les tribus pour leur imposer, par la crainte, des relations pacifiques avec nous. En voyant réduire

sous le gouvernement du prince des croyants, comme par le passé, et pour toutes les affaires les chargements ne se feront pas autre part que dans ce port. Quant à Mostaganem et Oran, ils ne recevront que les marchandises nécessaires aux besoins de leurs habitants, et personne ne pourra s'y opposer ; ceux qui désirent charger des marchandises devront se rendre à la Mersa.

3° Le général nous rendra tous les déserteurs et les fera enchaîner. Il ne recevra pas non plus les criminels. Le général commandant à Alger n'aura pas de pouvoir sur les musulmans qui viendront auprès de lui avec le consentement de leurs chefs.

4° On ne pourra empêcher un musulman de retourner chez lui quand il le voudra.

Ce sont là nos conditions, qui seront revêtues du cachet du général commandant à Oran.

Conditions des Français.

1° A compter d'aujourd'hui les hostilités cesseront entre les Français et les Arabes.

2° La religion et les usages des Arabes seront respectés.

3° Les prisonniers français seront rendus.

4° Les marchés seront libres.

5° Tout déserteur français sera rendu par les Arabes.

6° Tout chrétien qui voudra voyager par terre devra être muni d'une permission revêtue du cachet du consul d'Abd-el-Kader et de celui du général.

Sur ces conditions se trouve le cachet du prince des croyants.

le nombre des troupes françaises, le général d'Erlon voulut utiliser les indigènes, et proposa d'organiser un corps de spahis pour être affecté au maintien de la tranquillité hors des villes. Cette création fut approuvée, et pour la compléter on donna au chef de ce corps, avec le titre d'agha, la direction des relations avec les tribus.

Tous ces efforts ne demeurèrent pas infructueux : les rapports avec les Arabes étaient plus suivis et meilleurs. Le général Voirol avait organisé un bureau arabe, dont le capitaine de Lamoricière fut nommé chef et qui réunit plusieurs officiers pleins de zèle et d'intelligence. Cette utile institution travaillait avec ardeur à reconstituer au milieu des tribus l'administration, qui avait complétement disparu depuis la conquête. Les indigènes étaient tellement las de la guerre et de l'anarchie, qu'ils étaient disposés à accepter une organisation même sous notre direction. Malheureusement ces bonnes dispositions trouvèrent des ennemis redoutables. Abd-el-Kader, déjà trop à l'étroit dans la province d'Oran, voulait venir pacifier Médéah et le territoire qui en dépendait. Les habitants n'étaient pas éloignés de l'accueillir ; mais ils jugèrent prudent de consulter le gouverneur général, lui demandant, ou de leur permettre de reconnaître un hakem qui serait nommé par l'émir, ou de pourvoir lui-même à la défense de la ville. Le général d'Erlon fit signifier à Abd-el-Kader de ne pas pénétrer à Médéah ; cependant il ne put pas envoyer de troupes soit pour protéger, soit pour surveiller les habitants. L'émir invoqua le traité signé avec le général Desmichels ; et comme le territoire pour lequel on entendait traiter n'avait pas été déterminé, il se prétendit en droit de se porter partout où les musulmans réclameraient sa présence et son intervention.

PROGRÈS D'ABD-EL-KADER. — Le besoin d'ordre et d'un gouvernement régulier fut plus fort que nos remontrances ; à défaut de la France, trop éloignée et presque toujours invoquée en vain, les tribus s'adressèrent à l'émir, qui venait au devant de leurs désirs et qui leur offrait la garantie d'une administration fortement organisée dans la province d'Oran. Médéah même ne tarda pas à l'appeler dans ses murs, et une circonstance hâta encore l'arrivée d'Abd-el-Kader dans la province d'Alger. Un marabout, Hadj-Moussa, parti du Sahara, s'avança vers Médéah suivi de plus de deux mille Arabes, rançonnant sur son passage toutes les tribus qui avaient été en relations avec les Français ; il força les habitants à lui livrer la ville, et se dirigea ensuite vers Miliana. Hadj-Moussa confondait dans les mêmes anathèmes les chrétiens et Abd-el-Kader, qui avait traité avec eux. L'émir marcha à sa rencontre, lui livra bataille, le défit complétement, et le contraignit à s'enfuir dans le désert. Le vainqueur fut accueilli avec transport à Médéah ; il confia le commandement de la ville et du pays environnant à Mohammed ben Aïssa el Berkani, marabout de la tribu des Beni Menasser. La ville de Miliana et la contrée qui en dépend eut pour chef Hadj Segheir ben Ali Mbarek, marabout de Koléah, qui avait exercé la charge d'agha à notre service sous le commandement du général Berthezène. Il institua même des kaïds jusque dans les tribus de la Metidja, et retourna à Mascara, en recevant sur son passage les envoyés et les hommages des populations dont il venait d'organiser l'administration.

RUPTURE AVEC ABD-EL-KADER. — Les réclamations et les explications se multipliaient sans amener de conclusion et sans que nous puissions obtenir satisfaction à nos trop justes griefs. Les tribus de la province d'Oran qui entretenaient des rapports avec nous étaient injustement persécutées ; le monopole commercial établi à Arzeu pesait durement sur les opérations de nos négociants ; enfin nous étions informés que l'émir se disposait à recevoir des munitions de guerre à l'embouchure de la Tafna, par des navires étrangers. Le général Desmichels, malgré les avertissements incessants que les faits lui apportaient chaque jour, conservait dans le traité de paix signé par lui une confiance dangereuse. On dut le rappeler d'Oran ; il fut remplacé par le général Trézel, qui était alors chef d'état-major de l'armée d'Afrique.

Le premier soin du nouveau commandant fut d'adopter des dispositions vigoureuses pour contenir les tentatives de l'émir et se préparer à une rupture dès lors inévitable. Les Douairs et les Zmélas, qui comptaient de nombreux et braves cavaliers, s'étaient ralliés à notre cause depuis longtemps ; Mustapha ben Ismayl, leur chef, avait d'abord lutté avec succès contre Abd-el-Kader, et l'émir n'avait pu vaincre son rival, représentant du parti de l'ancien gouvernement turc, qu'avec l'appui du général Desmichels, qui lui avait fourni des armes et des munitions. Le brave Mustapha, qui devait devenir plus tard un de nos plus précieux auxiliaires, s'était retiré à Tlemsen, dans le Méchouar, où les couloughlis tenaient encore contre Abd-el-Kader. Les Douairs et les Zmélas savaient que le général Desmichels avait été blâmé pour le secours prêté à leur ennemi ; ils espéraient que le général Trézel rendrait plus de justice à leur passé, et ils demandèrent qu'on prît avec eux un engagement formel. Ces tribus, qui constituaient le makhzen (force administrative des anciens beys), éprouvaient la plus vive répugnance à s'unir à Abd-el-Kader, qu'elles avaient connu pauvre et sans importance ; elles appréhendaient les représailles des partisans du nouveau sultan, qu'elles avaient autrefois aidé les Turcs à pressurer. C'était donc leur intérêt de se lier à nous le plus étroitement possible. Quant à nous, nous avions tout avantage à acquérir des auxiliaires dont la fidélité nous était garantie par leurs antécédents politiques et par leurs préjugés. Le général Trézel signa donc avec eux un traité (1).

(1) Conditions arrêtées le 16 juin 1835 au camp du figuier, entre le général Trézel et les Douairs et Zmélas.

Art. 1er. Les tribus reconnaissent l'autorité du roi des Français et se réfugient sous son autorité.

Art. 2. Elles s'engagent à obéir aux chefs musulmans qui leur seront donnés par le gouverneur général.

Art. 3. Elles livreront à Oran, aux époques d'usage, le tribut qu'elles payaient aux anciens beys de la province.

Art. 4. Les Français seront bien reçus dans les tribus, comme les Arabes dans les lieux occupés par les troupes françaises.

Art. 5. Le commerce des chevaux, des

Abd-el-Kader, craignant que ces rapports nouveaux entre l'autorité française et les tribus ne fussent d'un fâcheux exemple dans la contrée la plus rapprochée d'Oran, prescrivit aux Douairs et aux Zmélas de quitter le territoire qu'ils occupaient et d'aller s'établir dans l'intérieur de la province. Les deux tribus, justement alarmées de cette émigration forcée, résistèrent aux ordres de l'émir, et invoquèrent la protection française. Le général Trézel signifia à Abd-el-Kader

bestiaux, et de tous les produits, sera libre pour chacune de toutes les tribus soumises ; mais les marchandises destinées à l'exportation ne pourront être déposées et embarquées que dans les ports qui seront désignés par le gouverneur général.

Art. 6. Le commerce des armes et des munitions de guerre ne pourra se faire que par l'intermédiaire de l'autorité française.

Art. 7. Les tribus fourniront le contingent ordinaire toutes les fois qu'elles seront appelées par le commandant d'Oran à quelque expédition militaire dans les provinces d'Afrique.

Art. 8. Pendant la durée de ces expéditions, les cavaliers armés de fusil et de yataghans recevront une solde de deux francs par jour. Les hommes à pied armés d'un fusil recevront un franc. Les uns et les autres apporteront cinq cartouches au moins. Il leur sera délivré de nos arsenaux un supplément de dix cartouches. Les chevaux des tribus soumises qui seraient tués dans le combat seront remplacés par le gouvernement français.

Lorsque les contingents recevront des vivres des magasins français, les cavaliers et les fantassins ne recevront plus que cinquante centimes par jour.

Art. 9. Les tribus ne pourront commettre d'hostilités sur les tribus voisines que dans le cas où celles-ci les auraient attaquées, et alors le commandant d'Oran devra en être prévenu sur-le-champ, afin qu'il leur porte secours et protection.

Art. 10. Lorsque les troupes françaises passeront chez les Arabes, tout ce qui sera demandé pour la subsistance des hommes et des chevaux sera payé au prix ordinaire et de bonne foi.

Art. 11. Les différends entre les Arabes seront jugés par leurs kaïds ou leurs kadhis ; mais les affaires graves de tribu à tribu seront jugées par le kadhi d'Oran.

Art. 12. Un chef sera choisi dans chaque tribu, et résidera à Oran avec sa famille.

qu'il eût à respecter nos alliés. En même temps il rassembla les forces dont il pouvait disposer avec tant de promptitude, qu'il arriva au milieu du campement des Douairs et des Zmélas au moment où les agents d'Ab-el-Kader saisissaient les principaux chefs de ces tribus et commençaient à faire opérer le mouvement de retraite vers l'intérieur. Cet événement devint le signal de la reprise des hostilités.

AFFAIRE DE LA MACTA. — Les Arabes se préparaient à la guerre depuis plusieurs mois. Les difficultés soulevées par l'interprétation du traité faisaient prévoir à Abd-el-Kader une rupture prochaine. Il la désirait, parce que les prédications fanatiques contre les chrétiens, l'exaltation des passions religieuses en faveur de la guerre sainte, étaient encore pour lui les plus puissants moyens d'imposer son autorité aux tribus, de faire taire leurs rivalités, de les grouper pour une action commune, et de leur demander des contributions sous prétexte des préparatifs à faire pour la guerre. L'origine du pouvoir qui lui avait été transmis par son père, la nature même de la vénération qu'on lui avait vouée, le condamnaient pour ainsi dire à rompre le traité que les Arabes les plus dévoués n'acceptaient que comme une suspension d'armes. On a vu d'ailleurs que le marabout du désert, battu par l'émir à Médéah, avait levé une armée assez forte pour le combattre, en l'accusant d'être l'allié des chrétiens. D'un autre côté, les indigènes n'avaient pas encore enduré de grands maux; le fanatisme n'avait perdu qu'une faible partie de ses illusions, après les échecs essuyés dans les attaques contre les troupes françaises. Aussi toutes les tribus répondirent avec ardeur à l'appel de leur sultan, et lui fournirent des contingents nombreux. Pendant la paix nous avions nous-mêmes donné des armes et des munitions de guerre à toutes les tribus de l'émir.

Le 26 juin 1835 le général Trézel mit sa colonne en mouvement, et parvint, sans rencontrer l'ennemi, jusqu'à un défilé dans la forêt de Muley-Ismayl, sur la route de Mascara. L'infanterie arabe s'était embusquée dans les pentes très-roides et couvertes de broussailles qui dominaient le défilé. Les cavaliers occupaient la route et tous les espaces un peu découverts. Les troupes françaises abordèrent ces positions difficiles avec tant d'élan que les Arabes durent reculer; mais ils revinrent bientôt à la charge. Cependant, malgré leurs efforts, la victoire nous resta; elle nous coûta des pertes sensibles; le brave colonel Oudinot, fils du maréchal duc de Reggio, trouva la mort dans ce premier combat. Après ce brillant succès, le général Trézel établit son camp sur le Sig, et reçut bientôt des envoyés d'Abd-el-Kader, qui, tout en protestant de son amour pour la paix, ne voulut pas pourtant souscrire aux conditions proposées (1).

Un seul jour consacré au repos donna le temps aux cavaliers arabes dispersés de se rallier, et permit à l'émir de constater que la colonne française, embarrassée d'un nombreux convoi d'approvisionnements et de blessés, n'avait plus toute la liberté de ses mouvements pour combattre. Le général pressentit, de son côté, qu'il s'était engagé trop avant, et résolut de se retirer sur Arzeu, en suivant les rives du Sig, qui prend le nom de Macta, après sa jonction avec l'Habra. On se mit en marche le 28; bientôt l'armée se trouva resserrée dans un passage étroit, formé à droite par les bords marécageux de la Macta, à gauche, par des collines très-boisées; c'était le point choisi par Abd-el-Kader pour nous assaillir. Il fallut porter des troupes nombreuses sur les hauteurs, pendant que l'avant-garde débarrassait la route; l'ennemi, voyant le convoi protégé par une faible arrière-garde, l'attaqua avec fureur. Les Arabes, se précipitant dans un intervalle laissé à découvert par la cavalerie, atteignirent plusieurs voitures de blessés, et massacrèrent nos malheureux soldats. Les troupes qui suivaient, se croyant coupées, se débandèrent. En un instant le désordre fut à son comble. Dès ce moment la marche de la colonne devint une véritable déroute; après des efforts inouïs, quelques officiers dévoués purent cependant rallier de petits détachements et faire franchir ce passage funeste. Enfin, on

(1) Voyez *Annales algériennes*, par M. Pellissier, 2ᵉ vol., pag. 267 et suiv.

arriva dans la plaine qui s'étend au bord de la mer, et les corps se reformèrent ; à sept heures du soir, l'armée, épuisée de fatigues, s'arrêta à Arzeu. Nos pertes dans cette fatale journée s'élevèrent à deux cent soixante-deux morts et trois cent huit blessés.

L'issue de cette campagne, dont le général Trézel assuma noblement toute la responsabilité, amena la nomination du général d'Arlanges au commandement d'Oran. Enhardi par un succès aussi inespéré, Abd-el-Kader s'avança jusqu'à vingt kilomètres d'Oran, et établit quatre camps autour de la ville. Le 29 août il vint attaquer nos avant-postes ; mais nos auxiliaires indigènes, appuyés par l'artillerie, dispersèrent bientôt les cavaliers ennemis. Après plusieurs tentatives infructueuses, l'émir, voyant que le zèle de ses troupes s'affaiblissait et que ses pertes augmentaient sans cesse, se retira à Mascara, alléguant pour masquer sa retraite les ravages que le choléra exerçait alors dans la Régence. Il comptait sur les intentions pacifiques du général d'Erlon pour reprendre les négociations ; mais le gouvernement, frappé de l'atteinte funeste portée à notre puissance aux yeux des indigènes, s'occupait déjà de réunir les moyens d'obtenir une éclatante revanche. Le général d'Erlon fut rappelé et remplacé par le maréchal Clauzel.

Gouvernement du maréchal Clauzel.

(Du 8 juillet 1835 au 12 février 1837.)

SITUATION GÉNÉRALE. — Le maréchal Clauzel arriva à Alger le 10 août 1835 ; il fut reçu avec des transports de joie. Sa haute réputation militaire donnait la garantie que l'échec éprouvé par nos armes à la Macta serait glorieusement réparé. Quinze mois d'une paix illusoire dans l'ouest nous avaient fait perdre toute influence sur les populations de la province d'Alger ; et dans la plaine même de la Métidja Abd-el-Kader trouva des partisans. Les Hadjoutes, tribu renommée par son courage, devinrent les agents les plus actifs de la ligue formée contre nous. Pour mettre un frein à leurs brigandages et protéger les propriétés des colons, on dut établir un camp retranché à Mahelma, en avant et à l'ouest de Douéra. De Médéah à Tlemsen, toutes les populations arabes ne reconnaissaient d'autre chef qu'Abd-el-Kader. Le bey de Constantine, après de fréquents efforts, toujours vains, pour s'emparer du beylik de Titeri, semblait s'être résigné à le laisser entre les mains de l'émir. Dans la province de Constantine nous possédions en paix le littoral, sauf des combats, parfois assez vifs, qui nous étaient livrés à Bougie par les tribus kabiles, et quelques rapides expéditions dans les environs de Bône pour protéger nos alliés arabes.

Les détails multipliés d'une administration compliquée, l'invasion du choléra, la répression des brigandages des Hadjoutes, ne détournèrent pas le maréchal Clauzel des préparatifs de l'expédition qui devait aller frapper Abd-el-Kader au cœur même de ses États, à Mascara. La légion étrangère, forte de six mille hommes, venait d'être cédée au gouvernement espagnol. Cette troupe, qui avait rendu des services si efficaces en Algérie, fut remplacée par des régiments rassemblés à Port-Vendre et dirigés sur Oran. A la fin d'octobre le gouverneur général ordonna l'occupation de l'île de Rachgoun, située près de l'embouchure de la Tafna, à la hauteur de Tlemsen. La possession de cette île, presque sur l'extrême limite de la province d'Oran, nous permettait de surveiller les côtes et de réprimer la contrebande de munitions de guerre qu'on essayait de faire sur ce point pour approvisionner Tlemsen.

Abd-el-Kader ne se dissimulait pas la gravité du danger qui le menaçait. Pour exalter le fanatisme des tribus, il fit répandre le bruit que la France allait bientôt être engagée dans une guerre avec l'Europe entière ; mais les Arabes, malgré leur crédulité, furent détrompés en voyant arriver sans cesse de nouvelles troupes. Peu rassuré sur ces dispositions, l'émir avait forcé toutes les tribus établies entre Oran et Mascara à se retirer derrière cette ville ; il fit enlever tous les dépôts qu'il avait à Mascara, et les dirigea vers le sud ; quelque temps après, il conduisit sa famille au delà du Tell. Quoiqu'il n'eût pas pu déterminer de gros rassemblements de guerriers, il faisait harceler nos alliés indigènes, et les forçait à se réfugier dans la ligne de nos avant-postes. Les coulouglis qui étaient enfermés dans le Méchouar de Tlemsen, avec Mustapha ben Ismayl, se défendaient bravement contre les partisans de l'émir; mais leur position devenait de jour en jour plus critique, et depuis l'échec de la Macta ils imploraient avec instance les secours de la France.

EXPÉDITION DE MASCARA. — Les préparatifs terminés, l'armée se mit en mouvement le 26 novembre. Elle comptait huit mille hommes, dont mille indigènes, tant cavaliers arabes, que fantassins turcs ou coulouglis, sous les ordres d'Ibrahim, kaïd de Mostaganem. Le duc d'Orléans, prince royal, suivait l'expédition. On arriva sur les bords du Sig, sans rencontrer de résistance. Le 1er décembre le maréchal Clauzel conduisit en personne quelques troupes contre un parti d'Arabes établi sur l'Habra. Après une courte résistance, l'ennemi s'enfuit dans la montagne; les engagements qui suivirent, quoique peu importants, coûtèrent cher aux Arabes, et la plupart des tribus abandonnèrent le camp de l'émir. L'armée continua sa marche, et entra à Mascara le 5 décembre. En quittant sa capitale, Abd-el-Kader avait forcé les habitants à émigrer et avait donné ordre de mettre le feu à toutes les maisons. Nos soldats, en pénétrant dans la ville, furent obligés de faire de grands efforts pour éteindre l'incendie qui s'était déjà déclaré sur plusieurs points (1).

Le but principal de l'expédition contre Mascara avait été d'établir le kaïd Ibrahim avec le titre de bey et de lui créer une position assez forte pour contrebalancer la puissance d'Abd-el-Kader. Mais les tribus voisines ne firent aucun acte de soumission. Ibrahim ne pouvait se maintenir dans une ville ouverte, avec le peu de Turcs qui le suivaient. L'effectif de l'armée n'était pas assez considérable pour en détacher une garnison qui aurait occupé Mascara. D'ailleurs, on venait d'acquérir la preuve qu'on ne pouvait entretenir avec ce point que

(1) Voyez *Annales algériennes*, par M. Pellissier, 3e vol., pag. 21 et suiv.

des communications pleines de péril; la ville n'offrait qu'un amas de ruines : l'abandon fut décidé. Les troupes s'éloignèrent le 8 décembre, après avoir détruit, ou mis hors de service, l'artillerie et le matériel qu'on trouva dans la place. L'armée emmena à sa suite la population juive de la ville et quelques Arabes alliés qui redoutaient les vengeances de l'émir. Au retour, le corps expéditionnaire ne rencontra pas d'ennemis; mais un temps épouvantable, qui s'était déclaré depuis le jour de l'entrée à Mascara, avait rendu les routes impraticables, et on ne put arriver à Mostaganem que le 12 décembre, après avoir subi les plus pénibles privations et les plus dures fatigues. Le duc d'Orléans s'embarqua à Mostaganem pour rentrer en France.

La prise de Mascara avait détaché du parti de l'émir quelques chefs arabes, notamment El-Mezary, qui consentit à servir comme lieutenant du kaïd Ibrahim, institué bey de Mostaganem. Cependant, malgré la destruction de sa capitale, la puissance d'Abd-el-Kader n'avait pas été sérieusement ébranlée; il n'attendait que le moment de la retraite des Français pour reparaître. Il continua de faire inquiéter les tribus ralliées à notre cause et rassemblées autour d'Oran; quant à lui, il se porta de sa personne, à la tête de forces considérables, sur Tlemsen, dans l'espoir de chasser définitivement les coulouglis et Mustapha ben Ismayl du Méchouar. A la nouvelle de ce mouvement, le maréchal Clauzel, qui avait eu un instant la pensée de négocier avec l'émir, ne songea plus qu'à aller porter secours aux défenseurs de la citadelle de Tlemsen, si constants dans leurs sympathies pour notre cause.

EXPÉDITION DE TLEMSEN. — Le corps d'armée s'était rendu de Mostaganem à Oran. Après quelques jours consacrés au repos, il se mit en route pour Tlemsen, le 9 janvier. Abd-el-Kader avait fait une trop rude expérience de la valeur de nos soldats et de l'habileté de leur chef pour affronter encore la chance des combats. Il n'osa tenter ni de défendre la ville ni de venir arrêter la marche de la colonne; il s'éloigna de Tlemsen pendant la nuit, après avoir enjoint à la population de le suivre. Les coulouglis du Méchouar et les chefs des Angads, tribu depuis longtemps hostile à l'émir, se réunirent pour se porter à la rencontre des Français. Les deux troupes se joignirent à quelques kilomètres en avant de Tlemsen, et entrèrent dans la ville le 13 janvier. On trouva dans les maisons abandonnées de grands approvisionnements de blé et d'orge qui pourvurent largement aux besoins de l'armée pendant le long séjour qu'elle fit sur ce point (1).

Abd-el-Kader était campé à huit kilomètres à l'est de Tlemsen ; il retenait auprès de lui les habitants, auxquels il avait persuadé que les troupes françaises ne resteraient pas au delà de trois jours dans la ville, comme cela était arrivé pour Mascara. Le maréchal Clauzel voulut se débarrasser de ce dangereux voisinage ; deux colonnes furent organisées pour poursuivre l'émir ; on leur adjoignit les Turcs et les coulouglis du Méchouar, sous les ordres de Mustapha ben Ismayl, quatre cents cavaliers douairs et zmélas, commandés par Él-Mézary, et quatre cents cavaliers des Angads. Abd-el-Kader n'attendit pas nos troupes ; il se retira précipitamment, abandonnant ses bagages ; nos auxiliaires atteignirent toutefois son infanterie, et la mirent en déroute. L'émir, vivement, poursuivi, ne dut la vie qu'à la vitesse de son cheval. En rentrant à Tlemsen la colonne ramena une partie de la population fugitive.

L'ancien kaïd de Tlemsen s'était réfugié chez les Kabiles qui habitent la rive gauche de la Tafna, et cherchait à organiser des forces pour nous attaquer. Le gouverneur général ne voulut pas laisser se développer ces germes de résistance ; il dirigea une forte colonne vers le confluent de l'Isser et de la Tafna, avec le projet, après avoir dispersé les Kabiles, de s'assurer si la route qui liait Tlemsen à la mer était praticable. Notre établissement à l'île de Rachgoun n'était éloigné de Tlemsen que de quarante kilomètres. Arrivé sur les bords de la Tafna, le maréchal trouva devant lui Abd-el-Kader, déjà remis des échecs qu'il venait d'essuyer et ayant réuni les guerriers des tribus des Hachem et des Beni Amer,

(1) Voyez *Annales algériennes*, par M. Pellissier, 3ᵉ vol., pag. 47 et suiv.

des Kabiles et quelques Marocains. Après deux engagements des plus vifs, dans lesquels il éprouva des pertes considérables, l'ennemi se retira à quelque distance. Le gouverneur général, ayant rencontré une résistance plus grande qu'il ne s'y attendait, inquiet d'ailleurs de la présence des Marocains, jugea prudent de ne pas pousser sa reconnaissance plus loin, et regagna Tlemsen.

Avant de retourner à Oran, le maréchal Clauzel compléta l'armement des coulouglis, il organisa un bataillon de cinq cents soldats français pour tenir garnison dans le Méchouar, et en confia le commandement au capitaine du génie Cavaignac ; il institua un bey indigène pour gouverner le pays. Pendant son séjour à Tlemsen, le maréchal prit une mesure des plus regrettables. Il imposa à la population une contribution de 150,000 francs pour payer les frais de la campagne. Les procédés barbares employés pour la perception de cette somme atteignirent les coulouglis, qui s'étaient montrés jusque-là nos plus fidèles amis et les habitants rentrés sur notre invitation, et sur les approvisionnements desquels l'armée vivait depuis son entrée à Tlemsen. La rigueur fiscale qui fut déployée en cette circonstance nous aliéna le cœur de nos partisans, et éloigna de nous les indigènes, que nos succès militaires avaient disposés à se soumettre. La colonne française partit pour Oran le 7 février, et rentra dans cette ville le 12, après avoir facilement dispersé les cavaliers arabes qui tentèrent d'inquiéter sa marche.

ÉTAT DE LA PROVINCE D'ALGER. — La province d'Alger était loin d'être pacifiée. Avant d'entreprendre ses opérations sur Mascara et Tlemsen, le maréchal Clauzel avait essayé de placer Miliana, Cherchel et Médéah sous l'autorité de beys nommés par la France. Les indigènes investis, sans influence sur la population, ne pouvaient lutter contre l'ascendant qu'Abd-el-Kader exerçait partout ; aucun d'eux ne put se faire recevoir dans son commandement ; et comme nous n'avions pas de troupes disponibles pour les appuyer, cette tentative d'organisation tourna entièrement à notre confusion. Cependant lorsque la nouvelle de nos succès militaires dans l'ouest se fut répandue, les tribus semblèrent se rapprocher de nous, du moins celles de la Métidja; plusieurs d'entre elles, les Ouled Zeitoun (Coulouglis), les Beni Misra, les Beni Moussa, vinrent se ranger sous notre obéissance. En même temps les entreprises coloniales des Européens prirent une activité nouvelle autour d'Alger; on occupa des fermes et on créa des établissements d'agriculture en dehors de nos avant-postes, isolés au milieu des Arabes. Quoique la sécurité ne fût pas encore aussi complète que ces colons, trop hardis, paraissaient le croire, il est certain néanmoins qu'on commençait à jouir d'une tranquillité plus grande.

EST DE LA RÉGENCE. — Il régnait aux environs de Bône une paix à peu près satisfaisante. La sage administration du général d'Uzer faisait chaque jour des progrès, et se conciliait la confiance des tribus. La douceur de notre gouvernement frappait d'autant plus les indigènes, qu'en ce moment même le bey de Constantine commettait des actes de cruauté et d'oppression inouïs contre les tribus de son beylik. Plusieurs d'entre elles s'étaient révoltées, et leurs chefs cherchaient à entrer en rapport avec le commandant de Bône.

A Bougie notre domination n'avait fait aucun progrès. Les Kabiles, lassés des attaques dirigées sans résultat contre nos positions, semblaient avoir conclu une espèce de trêve avec nos troupes. Mais ils étaient en proie à des luttes intestines. Un parti s'était formé qui voulait vivre en bonne intelligence avec nous et fréquenter le marché de la ville; toutes les fois qu'il essayait d'entrer en pourparlers, une opposition violente éclatait pour lui contester le droit de traiter avec Bougie. Malheureusement la configuration du sol, les habitudes guerrières des populations, le peu de forces qui gardaient la ville, ne nous permettaient pas d'intervenir pour aider les partisans de la paix à triompher de leurs adversaires. Cet état de choses se prolongea, et fut quelquefois interrompu par des agressions partielles contre nos avant-postes, quand le parti des fanatiques parvenait à dominer, pour un instant, les résolutions des tribus les plus rapprochées de la ville.

HOSTILITÉS DANS LA PROVINCE D'ALGER. — Le maréchal Clauzel poursuivait avec une persistance fâcheuse la pensée d'installer de grands chefs indigènes pour gouverner au nom de la France. L'insuccès des tentatives faites à deux reprises à Médéah, puis à Cherchel, à Mascara, enfin en dernier lieu à Tlemsen, où notre bey, malgré la présence d'une garnison française, ne pouvait sortir de la place, ne le découragèrent pas. Il résolut de diriger une expédition sur Médéah pour installer par la force le bey que la population n'avait pas voulu reconnaître. Six mille hommes de nos troupes franchirent l'Atlas à la fin du mois de mars 1836, et après avoir fait éprouver des pertes considérables aux Kabiles qui avaient essayé de leur disputer le passage, entrèrent à Médéah. On donna à notre bey des secours d'armes et de munitions; on châtia quelques tribus rebelles à son autorité, et l'armée repassa les montagnes sans avoir obtenu des résultats plus positifs. La colonne française était à peine rentrée à Alger, que le lieutenant d'Abd-el-Kader qui commandait à Miliana forma une confédération de tribus, et marcha contre notre bey. Après trois jours de combats, ce malheureux personnage, plus courageux que capable, trahi par les habitants de Médéah, fut livré à nos ennemis. Malgré ces événements, qui donnaient un grand ascendant aux amis d'Abd-el-Kader, les tribus habitant à l'est de la Métidja refusaient d'épouser sa cause et préféraient venir vendre leurs produits sur le marché d'Alger.

PROVINCE D'ORAN. — Après son retour de Tlemsen, le gouverneur général avait laissé le commandement au général Perregaux, avec ordre de poursuivre sans relâche les tribus hostiles et de protéger celles qui avaient fait leur soumission. Nos premières opérations furent dirigées contre les Gharaba, qui avaient attaqué les Douairs et les Zméla; le général se porta ensuite sur l'Habra et dans la vallée du Chélif, jusqu'au confluent de la Mina, à cent vingt kilomètres à l'est d'Oran. Les tribus dont la colonne traversait le territoire s'empressaient de faire leur soumission, et venaient nous apporter des vivres. Cette reconnaissance, qui

19ᵉ *Livraison.* (ALGÉRIE.)

dura vingt jours et qui permit de constater les bonnes dispositions des Arabes, demeura cependant stérile. Le rappel d'une partie des troupes de la division d'Oran nous força d'abandonner nos nouveaux alliés, qui furent dans la nécessité de se soumettre à Abd-el-Kader dès qu'il parut dans leur pays.

ÉTABLISSEMENT D'UN CAMP SUR LA TAFNA. — Le projet d'un établissement permanent à l'embouchure de la Tafna, afin de procurer à la garnison française de Tlemsen une communication plus prompte avec la mer, n'avait pas été abandonné. Le général d'Arlanges partit d'Oran avec trois mille hommes pour protéger les travaux à exécuter et pour mener un convoi de ravitaillement à Tlemsen. Pendant sa marche, il rencontra l'émir, qui revenait de la frontière de Maroc avec des forces considérables. Le combat fut des plus vifs, et nos troupes, ayant dispersé l'ennemi, parvinrent à l'embouchure de la Tafna. On se mit sur-le-champ à élever les retranchements qui devaient fermer le camp. Avant de se hasarder sur la route de Tlemsen, le général d'Arlanges, informé qu'un rassemblement composé en partie de Marocains se disposait à lui disputer le passage, résolut de pousser une reconnaissance dans la direction indiquée. Dans la nuit du 24 au 25 avril, il sortit du camp et se trouva au point du jour en face de l'ennemi. Les troupes françaises, dont l'effectif atteignait à peine quinze cents hommes, furent assaillies avec fureur par plus de dix mille Kabiles ou Arabes; elles opposèrent une résistance héroïque, et firent retraite en bon ordre jusqu'aux retranchements. Nos pertes s'élevèrent à vingt-trois tués et cent quatre-vingts blessés. Le général d'Arlanges, bloqué dans son camp, se hâta de faire connaître sa situation et de demander du secours.

LE GÉNÉRAL BUGEAUD; COMBAT DE LA SIKAK. — Dès que ces nouvelles arrivèrent en France, des ordres furent donnés pour l'embarquement immédiat des régiments destinés à dégager le général d'Arlanges. Le commandement fut confié au général Bugeaud, alors maréchal de camp. Parties de Port-Vendres et de Marseille, les troupes débarquèrent sur la plage de la Tafna du 3 au 6 juin. Leur effectif était de quatre mille cinq cents hommes. Dès le 11 juin tout était prêt pour prendre l'offensive (1). Mais, avant de se diriger vers Tlemsen, le général Bugeaud voulut parcourir le pays dans plusieurs directions, dans l'espoir de rencontrer l'ennemi et de rendre à nos armes le prestige qu'elles semblaient avoir perdu. Il conduisit sa colonne successivement sur Oran, sur Tlemsen, et rentra au camp de la Tafna, après avoir livré deux combats à des rassemblements arabes où Abd-el-Kader ne se trouvait pas.

Dans une nouvelle marche sur Tlemsen, pour y mener un convoi de ravitaillement, le général Bugeaud fut attaqué par l'émir, au passage de la Sikak, le 6 juillet 1836. Dès le commencement de l'action l'armée française fut déployée sur un plateau compris entre l'Isser au nord, la Sikak à l'est et la Tafna à l'ouest. Le combat fut acharné de part et d'autre; mais le courage discipliné triompha du nombre et de la fureur sauvage. Un bataillon régulier organisé par Abd-el-Kader fut mis en complète déroute; douze ou quinze cents Arabes et Kabiles furent tués ou blessés et cent trente fantassins réguliers furent faits prisonniers. Jamais, depuis la conquête, notre armée n'avait livré une bataille aussi importante; c'était aussi la première fois qu'un si grand nombre de prisonniers musulmans tombaient entre nos mains. L'émir, découragé, privé de ressources, se retira à Nedroma, où il rallia les débris de son armée. Notre organisation militaire ne nous permettait pas alors de le poursuivre, et de compléter l'effet de notre victoire. Aussi, peu de temps après, il avait repris tout son ascendant. Le général Bugeaud quitta la province d'Oran, et beaucoup de troupes rentrèrent avec lui. Le commandement resta au général de l'Estang, qui sut tirer parti de l'abattement momentané des tribus pour parcourir le pays. Aucun événement important n'eut lieu dans la province d'Oran jusqu'à la fin de l'année 1836.

PREMIÈRE EXPÉDITION DE CONS-

(1) Voyez *Annales algériennes*, par M. Pellissier, 3ᵉ vol., pag. 118 et suiv.

TANTINE. Peu de jours après son retour d'Oran, le maréchal Clauzel quitta Alger et se rendit à Paris pour défendre à la tribune les intérêts de nos possessions d'Afrique que des projets de réductions sur le budget de la guerre menaçaient sérieusement. Il trouva un chaleureux appui dans le président du conseil des ministres, qui approuva ses plans pour l'extension de notre domination, et l'autorisa à diriger une expédition sur Constantine. Revenu à Alger au mois d'août 1836, le gouverneur général s'occupa avec activité des mesures préparatoires. Les opérations qu'il allait faire dans l'est l'obligeaient à dégarnir de troupes la province d'Alger. Pour parer à cet inconvénient, il établit un nouveau camp sur la Chiffa, afin de protéger la plaine contre les incursions des Hadjoutes; il organisa en outre, sous le nom de milice africaine, une garde nationale, comprenant tous les individus âgés de dix-huit à soixante ans. Dans le territoire de Bône, la domination avait fait des progrès réels. Le chef d'escadron Jousouf, qui servait dans les troupes irrégulières, avait été nommé bey de Constantine, en remplacement d'El-Hadj-Ahmed, dont on avait prématurément annoncé la mort. Dès le 3 mai un camp avait été formé à Dréan, sur la route de Constantine, à six lieues de Bône. Cette mesure avait facilité les opérations de notre bey, qui chaque jour détachait de nouvelles tribus de la cause d'El-Hadj-Ahmed. On occupa aussi sans éprouver de résistance le port de la Calle, où les souvenirs des anciens établissements du Bastion de France étaient encore vivants dans l'esprit de la population indigène.

Pendant que le gouverneur préparait l'exécution de ses projets, le cabinet fut changé; et le nouveau ministère, n'adoptant pas les idées d'agrandissement du côté de Constantine, prescrivit de se renfermer dans la limite des crédits votés par les chambres, et refusa d'accorder au maréchal Clauzel toutes les troupes de renfort qui lui avaient été précédemment promises. Le maréchal menaça de résigner son commandement; le cabinet lui répondit par l'envoi en Afrique du général Damrémont pour prendre sa succession, dans le cas où il persisterait à se retirer. Dans l'alternative d'abandonner une entreprise depuis longtemps annoncée, ou de l'exécuter avec des moyens insuffisants, le gouverneur général s'arrêta à ce dernier parti. Il était d'ailleurs trompé sur les dispositions des tribus en faveur de notre bey; et il comptait trouver des secours de toutes sortes de la part de nos auxiliaires. On croyait généralement que notre armée n'aurait qu'à se montrer pour obtenir la soumission de la plupart des tribus, et que les autres, fatiguées de la tyrannie odieuse d'El-Hadj-Ahmed, garderaient une neutralité indifférente.

Sur la foi de ces espérances, l'autorisation d'agir fut accordée. Bientôt arrivèrent à Bône le duc de Nemours et le maréchal Clauzel. Le prince devait assister à l'expédition sans exercer de commandement militaire. C'était un témoignage de confiance donné par le cabinet au gouverneur général. Le corps expéditionnaire, fort de neuf mille cent trente-sept hommes, se mit en marche le 8 novembre; le 15, il campa sur les ruines d'une ancienne ville romaine, située au bord de la Seybouse et connue sous le nom de Guelma. L'enceinte d'une forteresse, en assez bon état de conservation, permit d'y établir une garnison et d'y laisser à peu près deux cents soldats trop fatigués pour pouvoir suivre plus loin l'armée. La colonne n'éprouva aucune résistance de la part des indigènes; mais quand elle prit position, le 21, sous les murs de Constantine elle avait déjà supporté des torrents de pluie mêlés de grêle et de neige; les bagages enfoncés dans une mer de boue n'avaient atteint le bivouac qu'avec les plus grandes difficultés. L'hiver, qu'on avait cru jusque là si doux en Afrique, s'annonça tout à coup avec des rigueurs inouïes. Le froid devenait de plus en plus vif, et le pays était entièrement dépourvu de bois.

La position de Constantine, sur un rocher élevé, entouré par le Roumel qui coule dans des ravins très-profonds et à pic, n'était abordable que d'un seul côté. En reconnaissant ces obstacles, dont on n'avait pas pressenti toute la gravité, le maréchal Clauzel ne se sentit pas découragé; bercé encore par les illusions que les promesses de notre bey

19.

avaient fait naître dans son esprit, il espéra qu'une attaque vigoureuse déterminerait les partisans que nous avions dans la ville à agir et à amener la reddition de la place. Les journées du 22 et du 23 furent employées à canonner la place et à repousser les efforts, peu redoutables, de quelques Arabes qui vinrent assaillir nos troupes dans leurs positions. On apprit qu'El-Hadj-Ahmed avait quitté la ville, et qu'il avait confié sa défense à son lieutenant Ben-Aïssa, avec un corps de fantassins kabiles sous ses ordres. Dans la nuit du 23 au 24 novembre, deux attaques furent dirigées simultanément contre deux portes de la ville, l'une commandée par le général Trézel, rappelé depuis le 1er octobre précédent à l'armée d'Afrique, l'autre par le lieutenant-colonel Duvivier. Elles échouèrent toutes deux, et coûtèrent la vie à plusieurs braves officiers.

Après l'insuccès de ces deux tentatives, aucun espoir ne restait d'emporter Constantine de vive force. Un plus long séjour devant ses murs était impossible. Les approvisionnements et les munitions de guerre étaient épuisés; chaque heure, sous l'influence du froid, des privations de toutes sortes, le nombre des combattants diminuait; le matériel était hors de service. Que pouvait le plus brillant courage, la valeur française elle-même, contre les éléments conjurés? Le maréchal ordonna la retraite; toute l'armée s'ébranla dans la matinée du 24 novembre. On sait l'acharnement que les indigènes de l'Afrique ont toujours apporté, de temps immémorial, dans leurs attaques contre une troupe qui bat en retraite. Ils se ruèrent avec fureur sur l'arrière-garde; à chaque instant, leur nombre semblait grossir et leur exaltation sauvage s'accroître. Ce fut dans ces circonstances périlleuses que le commandant Changarnier révéla à l'armée ce sang-froid intrépide et intelligent qui lui assigna une des premières places parmi nos jeunes illustrations militaires. Du reste, la retraite, sous la direction du maréchal, dont les qualités guerrières semblaient grandir à mesure que le danger augmentait, se fit avec calme, sans que l'ennemi pût se flatter d'avoir inquiété sérieusement la marche de notre colonne. L'armée arriva à Guelma le 28 novembre et se replia lentement sur Bône (1).

L'issue si déplorable de cette expédition n'exerça pas dans la province d'Alger une influence aussi fâcheuse qu'il y avait lieu de le craindre. Dans l'arrondissement de Bône, l'établissement formé à Guelma contint l'audace des indigènes. Après le premier enivrement produit par un succès aussi inespéré, nos ennemis pressentirent que la France ne manquerait pas de tirer vengeance de l'affront que venait de subir ses armes. Nous avions été vaincus par les intempéries, plus que par les hommes. Un moment dans toute l'Algérie les hostilités, ayant un caractère un peu général, furent suspendues dans l'attente des événements qui allaient s'accomplir. La fortune avait donné tort au maréchal Clauzel dans son dissentiment avec le cabinet, il fut rappelé; il s'embarqua le 12 janvier 1837, et laissa au général Rapatel le commandement par interim. Dans le courant du mois d'octobre de cette année, M. Bresson avait été appelé à l'intendance civile, en remplacement de M. Genty de Bussy. Le 12 février suivant, le général Damrémont fut nommé gouverneur général des possessions françaises dans le nord de l'Afrique.

Gouvernement du général Damrémont.

(Du 12 février 1837 au 12 octobre 1837.)

LE GÉNÉRAL BUGEAUD COMMANDANT DE LA DIVISION D'ORAN. — La paix était dans les vœux du gouvernement français, afin d'alléger les charges du trésor public; mais il fallait l'obtenir par la force des armes. Dans l'ouest la situation n'était pas plus favorable que dans la province de Constantine. Abd-el-Kader avait complétement rétabli son autorité depuis la défaite de la Sikak; Tlemsen était de nouveau bloqué; le camp de la Tafna demeurait isolé; notre influence ne s'étendait pas au delà d'une portée de canon des places occupées par nos troupes. Le gouverneur général reçut donc ordre de se préparer à la guerre sur tous les points, sans négliger toutefois les moyens qui pour-

(1) Voyez *Annales algériennes*, par M. Pellissier, 3e vol., pag. 149 et suiv.

raient amener la pacification du pays et rendre inutiles les opérations militaires. Le général Bugeaud fut appelé de nouveau au commandement de la division d'Oran, dans l'espoir que l'éclat de ses succès de l'année précédente faciliterait peut-être la conclusion d'un arrangement avec l'émir.

ÉVÉNEMENTS DE LA PROVINCE D'ALGER. — Tous les efforts de notre redoutable adversaire, qui s'attendait à être attaqué dans l'ouest, portèrent sur la province d'Alger, afin de fortifier la résistance des tribus et de resserrer autour de nous le cercle des hostilités. Il prévoyait que la France ne laisserait pas impuni l'échec subi devant Constantine; il connaissait l'impatience des assemblées législatives d'arriver à une forte réduction des dépenses de l'armée d'Afrique; il pouvait espérer qu'en présence des difficultés qui se produisaient dans les trois provinces à la fois, l'opinion publique en France se découragerait, reculerait devant des sacrifices plus importants à faire, et pousserait peut-être à l'abandon des possessions algériennes jusque alors si onéreuses. Abd-el-Kader se rendit donc de sa personne à Médéah; il y établit son propre fort avec une garnison de cinq cents soldats réguliers. De là, il se porta sur Cherchel, qui lui paya tribut et reconnut son autorité. Tournant alors vers l'est de la Métidja, il arriva dans le Sebaou. Ces tribus n'avaient pas encore fait acte de soumisson à son pouvoir; sans leur parler d'obéissance, il s'adressa à leurs marabouts, exalta les passions religieuses et le fanatisme contre les chrétiens, et détermina la formation d'une ligue dans laquelle entrèrent tous les habitants de ces contrées; le petit port de Dellis s'associa à ce mouvement. Ainsi, nous nous trouvions entourés d'ennemis de toutes parts; et si des attaques formidables n'étaient pas à craindre, des escarmouches incessantes, des brigandages fréquents, fatiguaient nos troupes, ruinaient nos colons, et jetaient l'alarme parmi la population européenne.

Le gouverneur général résolut de briser cette résistance. Dans le courant d'avril, il réunit sept mille hommes à Boufarik, s'avança jusqu'à Blidah, reconnut le cours de la Chiffa. Koléah, et l'embouchure du Mazafran. Sur toute cette ligne, qui enveloppait nos possessions à l'ouest, notre colonne ne rencontra aucun obstacle sérieux. A l'est, un petit poste fut établi à Boudouaou pour couvrir la Métidja. Une expédition fut dirigée vers la fin de mai contre les Isser et les Amraoua, qui reçurent dans leurs montagnes le châtiment de leurs méfaits. Lorsque plus tard, réunis aux Kabiles, ils attaquèrent le camp de Boudouaou, ils éprouvèrent des pertes si grandes, qu'ils se montrèrent disposés à traiter de leur soumission. Le général Damrémont, continuant d'opérer sur la Chiffa, se préparait à porter la guerre au delà de l'Atlas, dans la vallée du Chelif, lorsqu'il reçut la nouvelle qu'un traité de paix venait d'être conclu avec Abd-el-Kader dans la province d'Oran.

TRAITÉ DE LA TAFNA. — Débarqué à Oran le 16 avril 1837, le général Bugeaud pressa avec la plus vive ardeur l'organisation des troupes qui devaient entrer en campagne. Cependant on lui rendit compte qu'Abd-el-Kader manifestait des intentions pacifiques, et exprimait souvent le regret d'avoir été entraîné à prendre les armes contre la France. Pour encourager ces dispositions, on négocia un échange de prisonniers; et, sans attendre l'exécution de toutes les conditions stipulées, nous rendîmes généreusement les cent trente Arabes pris à la bataille de la Sikak. Les pourparlers traînaient en longueur, et n'aboutissaient pas; le commandant de la division d'Oran voulut les appuyer par une démonstration; il se porta vers l'ouest, le 14 mai, à la tête d'une armée de huit à neuf mille hommes, prêt à combattre, ou à conclure la paix, suivant la marche des négociations. Il commença à ravitailler Tlemsen, où il arriva le 20 mai, et se dirigea ensuite sur le camp de la Tafna. Abd-el-Kader mit un terme à ses tergiversations en voyant l'armée française se rapprocher de lui. Les tribus étaient fatiguées de la guerre; elles redoutaient l'incendie et la dévastation dont le général Bugeaud les avait menacées. L'émir eut l'adresse de faire approuver par tous ses partisans la conclusion de cette paix, qui devait profiter surtout à l'affermissement de son pouvoir. La convention fut signée le 30 (1). Le commandant français fit proposer à l'émir pour le lendemain une entrevue dans un lieu situé entre les deux camps. Le général Bugeaud ne put rencontrer Abd-el-Kader qu'après l'avoir longtemps attendu et s'être porté, avec son état-major seulement, très en avant du lieu indiqué; mais il conserva dans cette entrevue, par la franchise de son langage,

---

(1) TRAITÉ DE LA TAFNA.

Entre le lieutenant-général Bugeaud, commandant les troupes françaises dans la province d'Oran, et l'émir Abd-el-Kader, il a été convenu le traité suivant:

Art. 1er. L'émir Abd-el-Kader reconnaît la souveraineté de la France en Afrique.

Art. 2. La France se réserve:

Dans la province d'Oran: Mostaganem, Mazagran et leurs territoires; Oran, Arzeu, plus un territoire ainsi délimité, à l'est, par la rivière de la Macta et le marais d'où elle sort; au sud, par une ligne partant du marais ci-dessus mentionné, passant par le bord sud du lac Sebkha, et se prolongeant jusqu'à l'Oued-Malah (Rio-Salado), dans la direction de Sidi-Saïd, et de cette rivière jusqu'à la mer, de manière que tout le terrain compris dans ce périmètre soit territoire français;

Dans la province d'Alger:

Alger, le Sahel, la plaine de la Métidja, bornée à l'est jusqu'à l'Oued-Khadhara, et au delà; au sud, par la première crête de la première chaîne du petit Atlas jusqu'à la Chiffa, en y comprenant Blidah et son territoire; à l'ouest, par la Chiffa jusqu'au coude du Mazafran, et de là par une ligne droite jusqu'à la mer, renfermant Koléah et son territoire; de manière que tout le terrain compris dans ce périmètre soit territoire français.

Art. 3. L'émir administrera la province d'Oran, celle de Titeri, et la partie de celle d'Alger qui n'est pas comprise dans la limite indiquée par l'article 2. Il ne pourra pénétrer dans aucune autre partie de la régence.

Art. 4. L'émir n'aura aucune autorité sur les musulmans qui voudront habiter sur le territoire réservé à la France: mais ceux-ci resteront libres d'aller vivre sur le territoire dont l'émir a l'administration; comme les habitants du territoire de l'émir pourront s'établir sur le territoire français.

Art. 5. Les Arabes vivant sur le territoire français exerceront librement leur religion. Ils pourront y bâtir des mosquées, et suivre en tous points leur discipline religieuse, sous l'autorité de leurs chefs spirituels.

Art. 6. L'émir donnera à l'armée française:

Trente mille fanègues d'Oran de froment;
Trente mille fanègues d'Oran d'orge;
Cinq mille bœufs.

La livraison de ces denrées se fera à Oran par tiers; la première aura lieu du 1er au 15 septembre 1837, et les deux autres de deux mois en deux mois.

Art. 7. L'émir achètera en France la poudre, le soufre et les armes dont il aura besoin.

Art. 8. Les Coulouglis qui voudront rester à Tlemsen, ou ailleurs, y posséderont librement leurs propriétés, et y seront traités comme les Hadars.

Ceux qui voudront se retirer sur le territoire français pourront vendre ou affermer librement leurs propriétés.

Art. 9. La France cède à l'émir: Rachgoun, Tlemsen, le Méchouar et les canons qui étaient anciennement dans cette citadelle.

L'émir s'oblige à faire transporter à Oran tous les effets, ainsi que les munitions de guerre et de bouche de la garnison de Tlemsen.

Art. 10. Le commerce sera libre entre les Arabes et les Français, qui pourront s'établir réciproquement sur l'un ou l'autre territoire.

Art. 11. Les Français seront respectés chez les Arabes, comme les Arabes chez les Français. Les fermes et les propriétés que les Français auront acquises ou acquerront sur le territoire arabe leur seront garanties. Ils en jouiront librement, et l'émir s'oblige à rembourser les dommages que les Arabes leur feraient éprouver.

Art. 12. Les criminels des deux territoires seront également rendus.

Art. 13. L'émir s'engage à ne concéder aucun point du littoral à une puissance quelconque, sans l'autorisation de la France.

Art. 14. Le commerce de la Régence ne pourra se faire que dans les ports occupés par la France.

Art. 15. La France pourra entretenir des agents auprès de l'émir et dans les villes soumises à son administration, pour servir d'intermédiaire auprès de lui aux sujets français, pour les contestations commerciales ou autres qui pourraient avoir lieu avec les Arabes.

L'émir jouira de la même faculté dans les villes et ports français.

par la noble assurance de son attitude, tout l'ascendant qu'il avait gagné sur le champ de bataille de la Sikak (1).

DEUXIÈME EXPÉDITION DE CONSTANTINE. — Il n'entre pas dans notre plan de discuter la valeur des critiques qui s'élevèrent en France contre le traité de la Tafna et d'exposer sur quelles données le général Bugeaud a pu s'appuyer pour le signer avec le ferme espoir que notre position en Algérie allait être considérablement améliorée; mais il faut constater que l'ouest de la Régence se trouvant tout à coup pacifié, on put reporter toute l'attention sur la province de Constantine et employer une partie des troupes de la division d'Oran pour reconquérir à nos armes tout leur prestige. Les tribus de la province d'Alger elles-mêmes s'empressèrent de suspendre les hostilités, afin de jouir des bienfaits de la paix. Car, dès que la voix du fanatisme se tait, l'Arabe ressent dans son cœur un très-vif amour pour la paix ; c'est toujours avec bonheur qu'il retrouve la liberté de se livrer à ses travaux agricoles et d'employer ses armes à poursuivre la réparation de ses griefs particuliers.

Bône et les camps échelonnés sur la route de Constantine, Dréan, Nechmeya, Hammam-Berda, Guelma, se remplissaient de troupes et d'approvisionnements de toutes sortes. Ahmed-Bey, effrayé par les préparatifs formidables dirigés contre sa capitale, songea à négocier, et fit pressentir le gouverneur général ; les envoyés reçurent communication des conditions qui devaient servir de base à un arrangement pacifique. Le bey de Constantine ne se hâtait pas de répondre, et semblait vouloir gagner du temps. Pour lui faire connaître qu'on était résolu à en finir avec lui cette année même, le général Damrémont établit, le 17 juillet, un vaste camp en avant de Guelma, à Medjez-el-Ahmar. Cette position devait devenir le point de départ des opérations ultérieures si les négociations n'amenaient pas un résultat favorable.

La sage vigilance du gouverneur général fut bientôt justifiée; pendant qu'il activait l'organisation de l'expédition, Ahmed-Bey, après avoir hésité longtemps, entre le désir de faire la paix et les conseils de ceux qui demandaient la guerre, se décida pour ce dernier parti. Le 20 septembre il vint attaquer le camp de Medjez-el-Ahmar, à la tête de dix mille hommes. Les Arabes espéraient nous surprendre. A la pointe du jour, ils se précipitèrent avec fureur contre nos troupes; mais ils furent accueillis par un feu vif et bien nourri, et ils durent bientôt se replier devant l'offensive énergique prise par nos bataillons. Leurs attaques continuèrent sans plus de succès pendant plusieurs jours. Ahmed-Bey se retira, et ne reparut plus devant nous (1).

L'armée partit de Medjez-el-Ahmar le 1er octobre ; elle était composée d'environ treize mille hommes ; le duc de Nemours avait sollicité la faveur de venir partager, comme l'année précédente, les périls de nos soldats ; il marchait à l'avant-garde. On arriva devant Constantine le 6 octobre, sans avoir rencontré l'ennemi. D'immenses pavillons étaient arborés sur les remparts, pour marquer la résolution des habitants d'opposer une résistance acharnée ; dès que les troupes parurent sur un terrain découvert, le feu de la place commença. En se trouvant sur ces lieux, où leurs camarades avaient essuyé de si terribles fatigues, nos soldats sentirent redoubler leur ardeur ; on se mit à l'ouvrage avec un zèle que le mauvais temps ne put ralentir. Dans la journée du 9 trois batteries étaient armées sur le plateau de Mansoura, et ouvrirent leur feu. On établit ensuite une batterie de brèche à quatre cents mètres des murs de la ville, du côté de la porte appelée Bab-el-Oued ; le 11 elle était achevée. Avant de commencer à battre en brèche, le gouverneur général envoya un parlementaire pour engager les habitants à se rendre. Le 12 seulement on connut la réponse des assiégés, qui refusaient de capituler. Dans la nuit du 11 au 12 une nouvelle batterie avait été construite à cent cinquante mètres de la place. A huit heures et demie du matin le géné-

(1) *Voyez* le récit de cette entrevue intéressante dans les annexes du 3e volume des *Annales algériennes* de M. Pellissier, page 400.

(1) Voyez *Annales algériennes*, par M. Pellissier, 3e vol., pag. 235 et suiv.

ral Damrémont, accompagné du duc de Nemours et de son chef d'état-major, se rendait au dépôt de tranchée pour y examiner les travaux de la nuit, quand il fut atteint d'un boulet dans le flanc gauche; il tomba mort sans proférer une parole.

La fin glorieuse du général en chef ne fit qu'enflammer le courage de l'armée. Le général Valée, commandant de l'artillerie, qui se trouvait le plus ancien de grade, fut appelé naturellement à la direction des opérations. La batterie continua à charger et à compléter la brèche pendant toute la journée du 12. Dans la soirée, Ahmed-bey demanda la cessation des hostilités; le nouveau général en chef répondit que le préliminaire obligé de toute négociation devait être la remise de la place. Cet incident ne fit pas suspendre les travaux; pendant la nuit, les batteries tirèrent de temps en temps sur la brèche pour empêcher l'ennemi de la réparer. Le 13, à sept heures du matin, la première colonne d'attaque, sous les ordres du lieutenant-colonel de Lamoricière, s'élança au pas de course, et atteignit bientôt le sommet de la brèche. Une fois engagée au delà du mur, elle rencontra une très-vive résistance, et l'explosion d'une mine fortement chargée mit son commandant hors de combat. La deuxième colonne d'assaut, dirigée par le colonel Combes, arriva à son tour sur le théâtre où la lutte était la plus acharnée. L'action fut meurtrière; mais l'élan et la valeur de nos troupes en assurèrent bien vite le succès. La place se rendit. Le drapeau français flotta sur ces murailles, devant lesquelles, pendant l'expédition de 1836, nos soldats avaient enduré tant de fatigues et tant de souffrances. La victoire fut chèrement achetée. Le général Damrémont, le général Perregaux, le brave colonel Combes, les commandants Vieux et de Sérigny et une foule de vaillants officiers trouvèrent la mort sur le champ de bataille (1).

Constantine tombée en notre pouvoir, le gouvernement d'Ahmed-Bey se trouva complétement renversé. Abandonné de ses troupes, repoussé par les populations que sa domination cruelle avait écrasées, il se retira vers le sud. Trente et une tribus firent immédiatement leur soumission. Une garnison de trois mille hommes environ, avec des approvisionnements pour six mois, fut laissée dans la ville, sous les ordres du colonel Bernelle. L'armée ramena sans encombre tout son matériel à Bône, après avoir séjourné dix jours à Constantine. On continua à occuper tous les camps établis sur la route; et dès le 3 novembre le général Valée, qui venait d'être nommé gouverneur général intérimaire par une décision royale du 25 octobre, envoya un renfort de deux mille hommes et un convoi de vivres à la garnison de Constantine. Peu de temps après, l'armée apprit qu'une ordonnance du roi, du 11 novembre, avait conféré la dignité de maréchal de France au général Valée; une seconde ordonnance, signée le 1er décembre, appela le vainqueur de Constantine au commandement de nos possessions dans le nord de l'Afrique.

Gouvernement du maréchal Valée.

(Du 1er décembre 1837 au 29 décembre 1840.)

ORGANISATION DU COMMANDEMENT A CONSTANTINE. — Les derniers jours de l'année 1837 furent entièrement consacrés à l'organisation de notre autorité à Constantine. La chute de cette ville avait achevé la ruine de l'ancien gouvernement de la Régence. Abd-el-Kader n'avait pas encore étendu son influence jusque dans ces contrées. Depuis longtemps un nombre considérable de tribus situées autour de Constantine suivaient les chances de la fortune de la capitale : les besoins, les affaires, les conditions géographiques, les habitudes, tout concourait à les entraîner dans le même cercle de faits. Aussi, la prise de la ville assura immédiatement notre domination sur un territoire assez étendu autour de Constantine. Des ordres intelligents prescrivirent la conservation des registres et des archives de l'ancien beylik; on releva avec soin le sommier des immeubles appartenant à l'État et la liste des propriétés publiques de

---

(1) *Voyez* dans les annexes du 3e volume des *Annales algériennes* la relation de ce siége mémorable, écrite par un officier de l'armée, page 411.

toutes espèces; beaucoup de familles importantes demandèrent à rentrer dans leurs maisons. Enfin, pour la première fois en Afrique, après une conquête, nous ne vîmes pas le vide se faire autour de nous et les populations fuir notre autorité.

Les institutions municipales de la ville furent conservées; mais on créa un conseil composé de fonctionnaires français et de notables indigènes pour diriger et surveiller l'ensemble des affaires. L'autorité publique fut confiée, tant pour la ville que pour les tribus, au fils du *Cheikh-el-Islam*, ou chef de la religion, avec l'espoir que le nom vénéré et la haute renommée de piété de ce personnage nous aideraient à calmer l'agitation inévitable qui suit toujours un changement de régime. Pouvions-nous donner un meilleur témoignage de notre respect pour les traditions et pour la religion des vaincus? On forma un bataillon indigène avec les soldats qui avaient composé les troupes régulières d'Ahmed-Bey. Placés sous le commandement d'officiers français, ces indigènes, dont le plus grand nombre avaient leur famille dans Constantine, rendirent des services incontestables. Le gouvernement se préoccupa aussi, dès l'origine de l'occupation, de la nécessité de créer une voie de communication plus courte entre Constantine et la mer. Bône était situé à plus de dix-sept myriamètres de cette place; tandis que la rade de Stora n'en était éloignée que d'un peu plus de sept myriamètres. Après les premières excursions faites dans le pays, sans rencontrer nulle part une résistance sérieuse, le général Négrier, qui venait de succéder au colonel Bernelle, avait, à la fin de janvier 1837, recueilli la soumission de plus de cent tribus.

Au mois de mars la petite ville de Milah, située à quarante kilomètres au nord-est de Constantine, fut occupée dans le but de surveiller les populations kabiles des montagnes, et de préparer les relations qui pourraient être nouées plus tard, soit vers le nord en allant à Djidjeli, soit vers l'est, dans la direction de Sétif. Dans le courant d'avril le général Négrier poussa une reconnaissance jusqu'à Stora, et on commença dès lors à travailler à cette route en établissant sur l'Oued-Smendou un camp qui devait servir de premier gîte d'étape. Une colonne mobile parcourut les cercles de Bône, de Guelma et de Medjez-el-Ahmar, pour appuyer l'autorité des chefs investis par nous et pour recueillir les impôts. Comme on le voit, nous étions entrés dans une voie toute nouvelle à l'égard des indigènes. Jusque alors on s'était contenté de les dominer en évitant, avec un soin peut-être trop timide, de faire peser sur eux les charges ordinaires du commandement; maintenant on commençait des tentatives pour les organiser et les administrer. A cette époque la garnison de la Calle fut renforcée, et les bateaux employés à la pêche du corail vinrent en grand nombre fréquenter ce port. L'occupation et la politique prenaient pour la première fois un caractère de fixité, d'esprit de suite et de prévision qui annonçait qu'un gouvernement allait enfin se fonder pour le pays.

MOUVEMENTS D'ABD-EL-KADER. — Dans les provinces d'Oran et d'Alger la guerre avait cessé par suite du traité de la Tafna. L'exécution de cette convention avait suscité de nombreuses difficultés. Aucunes des contributions stipulées n'avaient été acquittées par l'émir, malgré les vives et instantes réclamations du général Bugeaud, qui avait quitté Oran au mois de décembre 1837 sans avoir pu obtenir un acte décisif pour l'observation de ces charges. Abd-el-Kader avait envoyé un oukil ou représentant à Oran, et avait reçu un agent français à Mascara; mais il n'avait pas encore nommé des commissaires pour procéder à la délimitation du territoire, quoiqu'il se fût engagé à avoir lui-même une entrevue à ce sujet avec les autorités françaises au mois d'octobre 1837. La question des limites était très-importante; Abd-el-Kader exploitait l'obscurité du texte, pour s'étendre dans l'est, et éludait sans cesse nos propositions de règlement. Au mois de décembre 1837 il avait placé son camp dans le voisinage de Hamza, où il avait reçu la soumission de toutes les tribus de ces contrées. Bientôt le gouverneur général apprit qu'un chef appartenant à une des plus grandes familles de la Medjana s'était mis en relation avec l'émir, et avait été investi par lui du titre de khalifa (lieutenant) pour toute la partie orientale de la province de Constantine.

Les progrès d'Abd-el-Kader, l'ascendant qu'il prenait sur les populations indigènes, jetèrent l'alarme jusqu'aux extrémités de la Métidja; et le maréchal Valée se vit dans l'obligation, pour rassurer les esprits, d'établir un camp de deux mille cinq cents hommes sur le haut Khamis. Sur ces entrefaites, nous vîmes arriver à nous les débris de la tribu des Ouled Zeitoun, que l'émir venait de surprendre et de massacrer, sous prétexte qu'ils avaient méconnu son autorité. En même temps il institua un kaïd pour le Sebaou, pays situé entre l'Oued-Khadhara et les montagnes. Ces deux actes constituaient une violation flagrante du traité de la Tafna. Ils déterminèrent de la part du gouverneur général des protestations si énergiques, qu'Abd-el-Kader consentit enfin à désigner un agent pour discuter les bases de la convention interprétative de l'article 2 du traité du 30 mai 1837. Mouloud ben Arach, qui s'était rendu à Paris pour offrir au roi des présents envoyés par son maître, fut chargé des négociations. A son retour à Alger, il signa, le 4 juillet 1838, en vertu des pouvoirs dont il était investi, une convention complémentaire et modificative de trois articles du premier traité (1).

(1) *Convention complémentaire du traité de la Tafna, négociée avec Ben-Arach, chargé des pouvoirs d'Abd-el-Kader, le 31 juillet 1838.*

Article 1er, relatif à l'art. 2 du traité :

Dans la province d'Alger, les limites du territoire que la France s'est réservé au delà de l'Oued-Khadhara sont fixées de la manière suivante : le cours de l'Oued-Khadhara jusqu'à la source ou mont Tibiarin, de ce point jusqu'à l'Isser au-dessus du pont de Ben Hini, la ligne actuelle de délimitation entre l'Outhan de Khachna et celui des Beni Djaad et au dela de l'Isser jusqu'aux Biban, la route d'Alger à Constantine, de manière que le fort de Hamza, la route royale et tout le territoire au nord et à l'est des limites indiquées restent à la France, et que la partie de Beni Djaad, de Hamza et de l'Ouennougha, au sud et à l'ouest des mêmes limites, soit administré par l'émir.

Dans la province d'Oran, la France conserve le droit de passage sur la route qui

OCCUPATION DE KOLÉAH ET DE BLIDAH. — Nous avons un peu anticipé sur les événements pour parler de la solution donnée aux difficultés relatives au territoire. La France s'était réservé la possession directe des villes de Koléah et de Blidah; les instructions ministérielles prescrivirent au maréchal Valée d'occuper ces deux points. Ces ordres furent exécutés pour Koléah à la fin du mois de mars 1838. Un camp fut établi à côté et à l'ouest de la ville, sous le commandement du chef de bataillon Cavaignac, passé depuis son retour de Tlemsen dans l'arme de l'infanterie. L'occupation de Blidah s'effectua le 3 mai suivant. Deux camps furent formés autour de la ville pour la couvrir. Le commandement de cette position importante fut donné au colonel Duvivier. Il fut interdit aux Européens de faire dans Blidah aucune transaction ayant pour objet la transmission des propriétés, afin de ne pas provoquer l'émigration de la population indigène, et de diriger avec

conduit actuellement du territoire d'Arzeu à celui de Mostaganem; elle pourra, si elle le juge convenable, réparer et entretenir la partie de cette route, à l'est de la Macta, qui n'est pas sur le territoire de Mostaganem; mais les réparations seront faites à ses frais et sans préjudice des droits de l'émir sur le pays.

Art. 2, relatif à l'art. 6 du traité.

L'émir, en remplacement des trente mille fanègues de blé et des trente mille fanègues d'orge qu'il aurait dû donner à la France avant le 15 janvier 1838, versera chaque année, pendant dix ans, deux mille fanègues de blé et deux mille fanègues d'orge.

Ces denrées seront livrées à Oran le 1er janvier de chaque année à dater de 1839. Toutefois, dans le cas où la récolte aurait été mauvaise, l'époque serait retardée.

Art. 3, remplaçant l'art. 7 du traité.

Les armes, la poudre, le soufre et le plomb dont l'émir aura besoin seront demandés par lui au gouverneur général, qui les lui fera livrer à Alger aux prix de fabrication, et sans aucune augmentation pour le transport par mer de Toulon en Afrique.

Art. 4.

Toutes les dispositions du traité du 30 mai 1837 qui ne sont pas modifiées par la présente convention continueront à recevoir pleine et entière exécution, tant dans l'est que dans l'ouest.

plus de prudence et de circonspection les rapports avec les tribus voisines soumises au commandement de l'émir. Celui-ci était alors engagé dans une guerre lointaine et difficile contre le marabout Tedjini, chef de la ville d'Aïn-Madhy dans le Sahara. Le siège traîna en longueur, et suspendit momentanément toutes les relations diplomatiques au sujet de la convention complémentaire. Dès cette époque, par cette entreprise, en apparence si excentrique, Abd-el-Kader trahissait la préoccupation de se créer dans le sud un pouvoir bien assis, afin d'y trouver un refuge et des secours dans le cas où les chances de la guerre lui seraient défavorables. On était en paix; mais chacun se préparait à une rupture pour un temps plus ou moins éloigné.

ORGANISATION ADMINISTRATIVE DE LA PROVINCE DE CONSTANTINE. — La situation des provinces d'Alger et d'Oran étant à peu près satisfaisante et ne donnant lieu à aucune crainte de complications pour un avenir prochain, le maréchal Valée se rendit à Constantine dans le courant du mois de septembre pour y organiser l'administration du pays. La province tout entière fut divisée en deux parties : l'une, dont la France se réservait l'administration directe, comprenait l'arrondissement de Bône, érigé en subdivision militaire; l'autre fut confiée au commandement de grands chefs indigènes, sous la surveillance du commandant supérieur de Constantine.

Le gouverneur général, voulant ménager les traditions locales et les influences acquises, conserva pour les dignitaires nouveaux les dénominations déjà consacrées par l'usage. Trois khalifas (pour le Sahel, le Firdjioua, la Medjana), un cheikh-el-arab pour le Sahara, trois kaïds (pour les Haracta, les Amer-Chéraga, les Hanencha), un hakem pour la ville même de Constantine : telles furent les autorités instituées par un arrêté du 30 septembre 1838. Un conseil d'administration fut organisé pour contrôler la perception des impôts et régler les affaires de Constantine. Les fonctionnaires indigènes dont il vient d'être question siégeaient dans ce conseil avec les chefs des différents services militaires. Quant à l'arrondissement de Bône, il fut partagé en quatre cercles (Bône, l'Édough, Guelma, La Calle), placé chacun sous le commandement d'un officier français. Les indigènes de ces territoires obéissaient à un kaïd relevant directement de l'officier français. La population européenne de ces cercles était soumise à l'autorité civile. Mais dans la partie de la province où le commandement était délégué aux grands chefs arabes, les Européens étaient soumis au régime de l'autorité militaire.

Ces actes importants ne doivent être appréciés que comme ayant réglé une administration provisoire. L'organisation adoptée pour la subdivision de Bône indiquait que dans la pensée du gouverneur général les grands dignitaires indigènes devaient disparaître au fur et à mesure de l'extension et de l'affermissement de notre domination. D'un autre côté, l'autorité civile devait être installée partout où le gouvernement des indigènes ayant passé en des mains françaises, et une population européenne s'étant formée, les révoltes des Arabes ne seraient plus à craindre. C'était par une initiation lente, en évitant des innovations capables d'alarmer les indigènes, que le maréchal Valée songeait à implanter définitivement l'autorité française dans la province. La marche progressive de cette initiation avait le littoral pour point de départ et était dirigée vers l'intérieur.

FONDATION DE PHILIPPEVILLE. — Pour compléter ces mesures et assurer leur efficacité, le gouverneur général résolut d'ouvrir la communication directe de Constantine avec la mer. Les reconnaissances effectuées en février et en avril précédents avaient suffisamment préparé la voie. Dans les premiers jours d'octobre le camp de l'Arouch fut établi à vingt-cinq kilomètres en avant de Smendou. Le 7 du même mois quatre mille hommes partirent de ce point, et allèrent prendre possession des ruines de Rusicada, sur le bord de la mer. Il n'était pas possible de créer un établissement de quelque importance à Stora, à cause de la configuration du terrain; et, malgré l'inconvénient qu'il y avait à fonder une ville à cinq kilomètres de son port naturel, on choisit l'emplacement même des ruines romaines de Rusicada pour y élever la ville nouvelle, qui reçut le nom de Philippeville. Les Kabiles attaquèrent le 8 un convoi, trop faiblement escorté, qui venait de l'Arouch; mais les travaux ne furent pas inquiétés à Philippeville; et en peu de jours les matériaux nombreux qui jonchaient le sol furent utilisés pour former une enceinte et jeter les fondements des établissements les plus nécessaires. Avant de quitter la province de Constine, le maréchal Valée renforça la garnison de Milah, et prescrivit de reconnaître et de commencer la route qui de cette ville se dirigeait vers la Medjana en passant par Djemilah et par Sétif.

RECONNAISSANCE DIRIGÉE SUR SÉTIF. — Le gouvernement avait accordé l'autorisation d'aller prendre possession du fort de Hamza, dans l'est de la province d'Alger, afin de résoudre par le fait même les difficultés soulevées par l'interprétation de l'article 2 du traité de la Tafna, et dont le règlement, par la convention complémentaire du 4 juillet, n'avait pas encore été bien nettement ratifié par Abd-el-Kader. Pour donner à cette opération toutes les chances de réussite, le gouverneur général ordonna au général Galbois, alors commandant de la province de Constantine, de diriger une forte colonne sur Sétif et d'y attendre les instructions qui lui seraient transmises de Hamza. Le mouvement des troupes devait commencer à Alger dans les premiers jours du mois de décembre; mais, une pluie froide et continue ayant rendu les chemins impraticables, l'opération ne put avoir lieu.

Cependant, le général Galbois s'était mis en route pour Sétif. Le mauvais temps ralentit et contraria aussi sa marche, et il ne put atteindre Sétif que le 15 décembre. Sétif n'offrait plus qu'un amas de ruines, au milieu desquelles subsistait encore l'enceinte assez bien conservée de l'ancienne citadelle reconstruite par les Grecs après la conquête de l'Afrique par Bélisaire. On trouva une fontaine abondante, ombragée par un beau tremble, au milieu des ruines, et l'armée y établit son bivouac. Le plateau de Sétif est élevé de plus de huit cents mètres au-dessus du niveau de la mer, et commande un pays d'une fertilité extraordinaire. La colonne n'avait pas rencontré de résistance pendant sa marche; les populations environnantes firent, presque toutes, acte de soumission. Après quelques jours consacrés au repos des troupes, le général Galbois, ne recevant pas de nouvelles de la division d'Alger, voyant chaque jour les approvisionnements diminuer et la rigueur de la saison augmenter, crut prudent de retourner à Constantine, se réservant de venir occuper définitivement Sétif dès le printemps suivant.

Un demi-bataillon, fort de quatre cents hommes, avait été laissé à Djemilah, qui marquait le dernier gîte d'étape de la route de Constantine à Sétif. Les Kabiles l'attaquèrent très-vivement dans la nuit du 15 au 16 décembre; mais ils furent vigoureusement repoussés. Le même rassemblement, grossi de quelques nouveaux contingents, attendit le corps expéditionnaire au défilé de Mons, au delà de Djemilah, et le suivit jusqu'auprès de Milah, sans réussir cependant à l'inquiéter sérieusement. En voyant la colonne hors de ses atteintes, l'ennemi retourna sur ses pas, et alla assiéger la garnison de Djemilah dans les retranchements qu'elle avait élevés à la hâte. Cette faible troupe se couvrit de gloire en résistant pendant six jours aux assauts furieux qui lui furent livrés par quatre ou cinq mille Kabiles accourus de tous les points des montagnes du littoral. Un régiment, conduit par le colonel d'Arbouville, arriva bientôt pour dégager Djemilah; l'ennemi ne l'attendit pas. Cependant le commandant de la province, ayant reconnu que les communications étaient presque impossibles pendant l'hiver avec ce poste, ordonna de l'évacuer.

GOUVERNEMENT DE L'ÉMIR. — Aucun fait digne d'être mentionné ne signala la fin de l'année 1838 dans les deux autres provinces. Abd-el-Kader, revenu de son expédition contre Aïn-Madhy, qui avait capitulé, s'occupait de régulariser l'administration des tribus soumises à son commandement. Mohammed el-Berkani fut rétabli à Médéah comme khalifa; dans l'est, sur les pentes sud de Djurdjura, il confia le pouvoir à Ben Salem; à Ben Allal, pour le pays de Miliana; à

Ben Arach, dans le Bas-Chélif; Mascara obéissait à son beau-frère, Ben Tami; à Tlemsen l'autorité était aux mains de Bou Hamedi : tous ces personnages appartenaient à des grandes familles de marabouts, et jouissaient déjà à ce titre d'une influence considérable sur les populations. Chacune de ces vastes circonscriptions de commandement était subdivisée en arrondissements moins étendus, à la tête desquels il plaça des chefs qui exerçaient, avec le titre d'agha, une autorité administrative et militaire. Toute l'organisation adoptée par l'émir semblait inspirée par ces deux pensées principales : 1° entretenir la ferveur religieuse dans les tribus en la faisant servir à fortifier l'administration ; 2° donner à la population une constitution militaire vigoureuse, afin de la préparer à chasser, par un effort unanime et énergique, les chrétiens de la terre d'Afrique quand le jour de la guerre sainte serait venu.

ÉVÊQUE D'ALGER ; ACTES ADMINISTRATIFS. — Parmi les mesures importantes prises par le gouvernement pour hâter le développement de la puissance française en Algérie, il faut mentionner l'érection d'un siége épiscopal à Alger. Deux ordonnances royales du 25 août, approuvées par le pape dans le mois de septembre, constituèrent cet évêché, et y nommèrent l'abbé Dupuch, grand-vicaire de Bordeaux. L'organisation de l'administration civile fut modifiée par une ordonnance du 31 octobre 1838. Les services civils furent placés sous l'autorité du gouverneur général, qui eut sous ses ordres : un directeur de l'intérieur, un procureur général et un directeur des finances. Le directeur de l'intérieur remplaçait l'intendant civil. Chaque chef de service devint plus indépendant l'un de l'autre et fut rattaché en même temps d'une manière plus directe à l'autorité du gouverneur général. On établit des sous-directeurs de l'intérieur à Oran, à Bône, à Alger. M. Guyot succéda avec le titre de d recteur de l'intérieur à M. Bresson, intendant civil.

SITUATION GÉNÉRALE. — Le territoire que la France s'était réservé dans la province d'Alger ne fut le théâtre d'aucun événement important pendant les neuf premiers mois de l'année 1839. Sans se faire illusion sur la durée d'une paix dont plus d'un symptôme pouvait faire présager la rupture, le gouverneur général mit à profit cette espèce de trêve pour pousser avec activité les travaux de routes et de dessèchements. Des postes furent établis au pied de l'Atlas, entre la Chiffa et le Khamis à l'est, afin de protéger la Métidja. La province d'Oran était tranquille : l'absence prolongée d'Abd-el-Kader, retenu dans l'est pour y organiser son autorité, semblait avoir favorisé l'apaisement du fanatisme et des sentiments hostiles contre nous. Dans la province de Constantine notre domination se consolidait ; si sur quelques points les indigènes protestaient contre notre pouvoir par l'assassinat de nos partisans, par des brigandages commis sur les routes et par des lenteurs à acquitter leurs contributions, nulle part nos colonnes qui parcouraient le pays pour réprimer ces méfaits et punir les coupables ne rencontraient de résistance. Ahmed-Bey, réfugié dans le sud-est, près de la frontière de Tunis, était plus préoccupé d'assurer son existence au milieu des tribus, que de nous susciter des embarras. Dans le courant du mois d'avril on fit la reconnaissance de la route qui devait relier Philippeville à Bône. On la trouva presque partout praticable pour les voitures et abondamment pourvue de bois et d'eau.

Les efforts constants que faisait l'émir pour étendre sa puissance jusque dans la province de Constantine nous imposèrent l'obligation de poursuivre la réalisation des projets d'établissements à Sétif et sur la route. A cet effet de grands approvisionnements furent réunis à Milah. Au mois de mai, Aïn-Khachbah, Djemilah, sur la route de Sétif, furent définitivement occupés par nos troupes. La nouvelle de ces mouvements ranima le courage de nos partisans dans la Medjana, et le parti d'Abd-el-Kader essuya de graves échecs.

OCCUPATION DE DJIDJÉLI ET DE SÉTIF. — Dans la pensée du maréchal Valée l'occupation de Djidjéli devait être la suite nécessaire des établissements que nous avions formés à Milah et à Djemilah. C'était le moyen le plus efficace de réduire les belliqueuses tribus de la Kabilie qui allaient se trouver enveloppées entre Bougie, Sétif, Djemilah, Milah, Philippeville et Djidjéli. Une expédition composée du premier bataillon de la légion étrangère, de cinquante sapeurs du génie et de quatre pièces de canon, partit de la rade de Philippeville le 12 mai, et arriva le lendemain devant Djidjéli. La ville fut occupée sans résistance; les habitants s'étaient réfugiés chez les tribus voisines. Mais bientôt des groupes de Kabiles se montrèrent sur les hauteurs, et les travaux furent interrompus par des attaques incessantes et souvent très-vives. Cependant, au bout de peu de jours la ville se trouva dans un état de défense suffisante; et les agressions des Kabiles devinrent plus rares et moins acharnées. L'opération contre Djidjéli avait été facilitée par la présence des troupes de la division de Constantine à Djemilah. Une heureuse diversion fut encore opérée, au moyen d'une forte reconnaissance, dirigée par le lieutenant-colonel Bedeau, alors commandant à Bougie, vers le col de Tizi, à vingt kilomètres au sud de cette place. La petite colonne de Bougie attira l'attention des kabiles, et les empêcha de se rendre à l'appel de leurs frères pour défendre Djidjéli. Dans le courant du mois de juin, le général Galbois se porta sur Sétif, et y commença les établissements qui firent bientôt de ce point un centre important pour la domination des tribus.

EXCURSION D'ABD-EL-KADER DANS LA KABILIE. — L'émir, en refusant de faire droit aux nombreuses plaintes que la conduite de ses agents soulevait de notre part dans les trois provinces, ne pouvait se dissimuler que la patience de la France serait bientôt à bout et que la guerre éclaterait. Nous avons déjà dit que par l'organisation même de son gouvernement il se préparait à cette rupture. Le but de son administration, de ses discours, de tous ses actes, était d'inspirer aux Arabes la haine des infidèles et de les disposer pour la guerre sainte. Vers le milieu du mois de juin 1839, il résolut de visiter les tribus guerrières de la Kabilie pour s'assurer leur appui au moment de la reprise des hostilités. Mais, comme il redoutait de blesser l'esprit d'indépendance de ces montagnards, il se rendit chez eux comme un marabout allant en pèlerinage aux zaouïa (chapelles) renommées de ces contrées. Cette démarche n'eut pas le succès qu'Abd-el-Kader en attendait. Les Kabiles résistèrent à toutes les propositions les plus habiles pour entrer sous ses ordres dans une confédération contre les chrétiens ; d'un autre côté, le lieutenant colonel Bedeau, ayant appris sa présence dans les environs de Bougie, sortit, à la tête de toutes les troupes disponibles de la garnison, et l'invita à quitter un pays où il avait pénétré en violant le traité de la Tafna.

Après son excursion chez les Kabiles l'émir alla s'établir à Thaza, à soixante-quinze kilomètres au sud de Miliana, où il avait fondé une ville. Dans la prévision de la reprise des hostilités, Abd-el-Kader s'était créé une seconde ligne de défense en arrière des villes de l'intérieur, sur la limite du petit désert. Ainsi au sud de Médéah il avait établi un poste et des magasins à Boghar; au sud de Mostaganem, il avait relevé les ruines de Tekdemt; plus à l'ouest, Saïda correspondait à Mascara ; enfin, au sud de Tlemsen il créa le poste de Sebdou. Il fit servir ces établissements à augmenter ses moyens d'action sur les tribus du sud. Il nomma un khalifa pour toute cette population nomade qui venait annuellement faire ses approvisionnements de grains dans le Tell. Son influence s'étendit jusque dans les oasis sahariennes qui relevaient autrefois de Constantine, et où notre Cheikh-el-Arab n'avait pu faire reconnaître son autorité.

PASSAGE DES PORTES DE FER. — Les fortes chaleurs du mois d'août furent fatales à l'armée d'Afrique. Malgré les plus sages précautions, le nombre des malades augmenta dans une telle proportion, que les hôpitaux se trouvèrent bientôt encombrés. Cette fâcheuse situation détournait le gouvernement d'adopter des résolutions violentes pour mettre fin aux incertitudes de la conduite d'Abd-el-Kader a notre égard. Cependant le duc d'Orléans étant arrivé en Afrique avec la mission de porter à l'armée le témoignage de la sympathie du roi et du gouvernement pour ses travaux et pour ses souffrances, le maréchal Valée profita de cette circonstance pour faire la reconnaissance de la route qui relie Alger à Constantine. Il espérait que la présence du prince royal au milieu du corps expéditionnaire enleverait à cette opération le caractère agressif qu'elle pouvait avoir aux yeux d'Abd-el-Kader.

Le duc d'Orléans s'embarqua à Port-Vendres, et arriva à Oran le 24 septembre. Après un court séjour dans cette ville, il partit pour Alger, où il débarqua le 28 du même mois. Plusieurs jours furent consacrés à visiter les divers établissements militaires situés dans la plaine de la Métidja. Le gouverneur général avait d'abord conçu le projet de se rendre d'Alger à Constantine par terre; mais n'ayant pas encore reçu des renseignements sur les dispositions de l'émir qui pussent donner l'assurance que le trajet se ferait sans combats, il proposa au prince royal de poursuivre par mer son voyage vers l'est pour inspecter les points occupés par nos troupes, sauf à gagner ensuite par la voie de terre la province d'Alger en partant de Sétif. Le 6 octobre le prince s'embarqua pour Philippeville; il s'arrêta à Bougie et à Djidjéli, et débarqua le 8 à Stora. Le 12, il fit son entrée à Constantine. La population indigène tout entière était sortie de la ville, et salua son arrivée par de bruyantes acclamations; le Cheikh-el-Islam, vieillard de quatre-vingt-dix ans, se porta à sa rencontre pour le féliciter. Cette réception solennelle faite au fils aîné du roi donnait une preuve irrécusable des progrès que notre administration bienveillante avait accomplis.

Le corps expéditionnaire quitta Constantine le 16 octobre. Après avoir traversé Milah et Djemilah, le duc d'Orléans et le gouverneur général arrivèrent à Sétif le 21 au soir. Partout, sur la route, les chefs indigènes s'étaient empressés de venir offrir leurs hommages, et les tribus avaient apporté des vivres et des fourrages pour la colonne. Le 25 octobre on partit de Sétif. Pendant les premières heures de la marche la plus grande incertitude régnait parmi les troupes sur le but de l'expédition. Le maréchal Valée avait fait prendre des renseignements détaillés sur la route de Bougie, aussi bien que sur celle des Portes de Fer (Biban). Le plus grand secret avait été gardé; mais, après la grande halte, la colonne prit la direction de l'ouest; c'était la route d'Alger. Le bivouac fut établi sur l'Oued-Boucelah; le lendemain on atteignit par une marche rapide le marabout de Sidi-Mebarek, auprès de Bordj Bou-Areridj. Le troisième jour l'armée campa dans les premières gorges par lesquelles s'ouvre le défilé des Portes de Fer.

Le 28 la division de Constantine se sépara de celle d'Alger, et reprit, sous les ordres du général Galbois, le chemin de Sétif. L'autre colonne, forte de trois mille hommes, sous les ordres du gouverneur général et du duc d'Orléans, s'engagea dans le redoutable passage que les Turcs n'avaient jamais franchi sans payer un tribut aux populations kabiles qui habitent ces montagnes. On mit quatre heures à traverser ce défilé resserré entre des roches formant des murailles verticales d'une hauteur de plus de cinquante mètres. Les sapeurs du génie gravèrent cette simple inscription : *Armée française*, 1839, à l'endroit le plus étroit de ces portes. On bivouaqua le 28 sur le territoire des Beni Mansour, dans la province d'Alger; le 29, à Kef er-Redjala, et le 30 on atteignit Hamza. Le fort était complètement abandonné. Lorsque l'avant-garde déboucha sur le plateau, on aperçut les troupes de Ben Salem qui marchaient dans une direction parallèle; la cavalerie fut lancée pour s'assurer des intentions de ce rassemblement; les Arabes ne l'attendirent pas. Le 31, au moment où le corps expéditionnaire quittait son bivouac sur l'Oued Rekam pour pénétrer sur le territoire des Beni Djaad, les tribus de ce district tentèrent de s'opposer à la marche; elles furent facilement repoussées. On campa le soir non loin des ruines du pont de Ben Hini, bâti par le dey Omar-Pacha. Enfin, le 1ᵉʳ novembre, l'armée rencontra sur l'Oued Khauhara les troupes de la division d'Alger, qui étaient venues à sa rencontre. Le lendemain le corps expéditionnaire rentra dans Alger, où il reçut de la population tout entière un accueil enthousiaste.

RUPTURE DE LA PAIX; PREMIÈRES HOSTILITÉS. — Le passage d'une armée française à travers les Portes de Fer causa une immense impression parmi les indigènes. Cet acte hardi frappa nos ennemis de stupeur ; mais bientôt l'orgueil l'emporta : ils nous reprochèrent d'avoir surpris le pays par le mystère de notre marche; et, excités par les prédications des marabouts, ils réclamèrent hautement de l'émir la reprise des hostilités. Sans attendre des instructions formelles, les Hadjoutes commencèrent à exercer des brigandages contre nos tribus de la Métidja. Le 10 novembre le commandant du camp d'Oued-el-Alèg accourut pour protéger nos Arabes ; mais, enveloppé par des forces supérieures, il fut tué dans le combat. Des troupes arrivèrent bientôt du camp, vengèrent sa mort, et forcèrent les Hadjoutes à repasser la Chiffa. Le 20 du même mois les khalifas de Médéah et de Miliana, à la tête de trois mille hommes, surprirent entre Boufarik et l'Oued-el-Alèg un convoi de trente soldats, qui fut massacré. Le lendemain un détachement de deux compagnies et d'un peloton de cavalerie, sorti du camp d'Oued-el-Alèg, dans la direction de Blidah, fut assailli par les Arabes et dut battre en retraite, laissant sur le terrain cent cinq officiers ou soldats. En même temps qu'il attaquait nos tribus, l'ennemi intercepta toutes les communications entre nos postes, incendia nos fermes et enleva quelques Européens; ses coureurs pénétrèrent jusque dans le massif d'Alger. C'est à ce moment qu'Abd-el-Kader écrivit au gouverneur général pour lui annoncer que tous les musulmans avaient résolu de recommencer la guerre sainte (1).

(1) Voici la traduction de la lettre par laquelle Abd-el-Kader dénonça la reprise des hostilités : — Votre première et votre dernière lettre nous sont parvenues. Je vous ai déjà écrit que tous les Arabes de la Régence étaient d'accord, et qu'il ne leur reste d'autres paroles que la guerre sainte. J'ai employé mes efforts pour changer leur idée, mais personne n'a voulu de la durée de la paix ; ils ont tous été d'accord pour faire la guerre sainte, et je ne trouve pas d'autre moyen que de les écouter, pour être fidèle à notre chère loi qui le commande. Ainsi je ne vous trahis pas et vous avertis de ce qui est. Renvoyez mon oukil d'Oran pour qu'il rentre dans sa fa-

Ces événements jetèrent l'épouvante dans toute la Métidja. La plupart des colons rentrèrent dans Alger; les tribus se réfugièrent sous la protection de nos camps. Le vide se fit dans l'intervalle compris entre nos postes, et tout annonça une guerre acharnée. Le maréchal Valée s'empressa de concentrer ses forces, en évacuant les postes les moins importants, et se disposa à prendre une offensive vigoureuse. Des troupes nombreuses arrivèrent de France. Dès les premiers jours de décembre, nos colonnes atteignirent l'ennemi auprès du camp de l'Arba, sur le Haut-Arach et aux environs du camp de Kara-Mustapha, dans l'est de la plaine. Les 14 et 15 décembre, les bataillons réguliers de l'émir, auxquels s'étaient joints un grand nombre de Kabiles, furent culbutés par notre cavalerie, entre Méred et Blidah. Enfin, le 31 décembre, un succès plus significatif fut remporté, entre le camp supérieur de Blidah et la Chiffa. Le deuxième léger, qui préludait à la brillante renommée qu'il allait conquérir sous les ordres du colonel Changarnier, et le premier de chasseurs d'Afrique à cheval, se précipitèrent sur toutes les forces réunies de l'ennemi, et les mirent dans une déroute complète. Trois drapeaux, une pièce de canon, les caisses de tambours des bataillons réguliers, et quatre cents fusils restèrent en notre pouvoir. L'ennemi laissa plus de trois cents cadavres sur le champ de bataille.

ÉVÉNEMENTS DE L'OUEST. — Les hostilités furent aussi déclarées dans la province d'Oran. Le khalifa de Mascara, à la tête de plus de trois mille hommes, dirigea, le 13 décembre, une attaque contre Mazagran, située à proximité de Mostaganem. Le poste, quoique très-faible, se défendit avec une grande bravoure, et donna le temps à la garnison de Mostaganem de venir le dégager. Les Arabes perdirent beaucoup de monde et se retirèrent dans leurs tribus. Le khalifa rentra à Mascara avec ses troupes régulières. Mais dans toutes les tribus les marabouts prêchèrent la guerre sainte avec ardeur, et nous eûmes bientôt à repousser une agression plus formidable.

mille. Tenez-vous prêt à ce que tous les musulmans vous fassent la guerre sainte.

PLAN DE CAMPAGNE; 1840. — Cette levée de boucliers depuis si longtemps préparée par Abd-el-Kader eut pour résultat, dans les provinces d'Alger et d'Oran, de nous enlever en quelque sorte la possession de tout le territoire qui n'était pas compris dans une enceinte fortifiée occupée par nos soldats. Dans la province de Constantine les tribus ne prirent pas les armes, parce qu'elles avaient échappé à la propagande du fanatisme; mais dans la Medjana et dans le Sahara, partout où avaient pénétré les lieutenants d'Abd-el-Kader, la population s'était déclarée contre nos partisans. Les Kabiles ne laissaient reposer ni Bougie ni Djidjéli. C'était donc, dans toute l'étendue de l'Algérie, la guerre ou une situation voisine d'hostilités réelles.

Le maréchal Valée soumit au gouvernement le plan de campagne qu'il avait préparé pour détruire la puissance d'Abd-el-Kader. Les opérations devaient se prolonger pendant plus d'une année : en 1840, il proposait de refouler les Hadjoutes et d'occuper Cherchel; de s'établir à Médéah et à Miliana, en reliant par une route carrossable la plaine de la Métidja à la vallée du Chélif; d'opérer ensuite dans cette vallée, pour renverser les nouveaux établissements de l'émir et pour donner la main aux troupes de la division d'Oran, parties de Mostaganem, et agissant sur le bas Chélif. Pendant l'automne, si les circonstances étaient favorables, on devait marcher sur Mascara; mais toute entreprise contre Tlemsen devait être ajournée au printemps 1841. La division de Constantine devait se porter sur Sétif pour contenir les tentatives des partisans de l'émir dans la Medjana et pour menacer au besoin la partie orientale de la province de Médéah. Les troupes devaient être placées dans des villes choisies avec discernement, comme centres commerciaux et points militaires, et situées sur une ligne parallèle au littoral, de Constantine à Tlemsen. Les garnisons devaient être assez fortes pour fournir une colonne de trois ou quatre mille hommes destinée à tenir la campagne et à poursuivre l'ennemi dans tous les sens. Par cette guerre patiente et opiniâtre on devait arriver sûrement à la destruction de la puissance militaire d'Abd-el-Kader et à la soumission des tribus.

OCCUPATION DE CHERCHEL. — Le plan de campagne du gouverneur général ayant été approuvé, et les troupes nécessaires pour en faciliter l'exécution se trouvant réunies, les opérations commencèrent dans la province d'Alger. Le 12 mars deux colonnes, sorties, l'une de Blidah et l'autre de Koléah, parcoururent pendant deux jours le territoire des Hadjoutes, et détruisirent tous leurs établissements. Le 16, le corps expéditionnaire prit possession de Cherchel, abandonnée de ses habitants. Des bateaux à vapeur apportèrent par mer des munitions et des approvisionnements. Le 21 mars les troupes étaient rentrées dans leurs cantonnements.

EXPÉDITION DE MÉDÉAH. — A la nouvelle de la rupture de la paix, le duc d'Orléans avait demandé à venir prendre une part active à la guerre. Il débarqua à Alger avec le duc d'Aumale, le 13 avril. L'armée, qui comptait neuf mille hommes de troupes de différentes armes, se mit en mouvement le 25 du même mois. Dans la journée du 27 on parvint à atteindre sur les hauteurs de l'Affroun l'ennemi, qui se tenait toujours hors de notre portée. Le combat du 31 décembre l'avait rendu prudent. Deux jours après, le dix-septième léger, récemment détaché de la province de Constantine, soutenu par quelques escadrons de chasseurs, fit éprouver des pertes aux Arabes dans la gorge de l'Oued-Djer.

Mais pendant que le maréchal Valée recherchait la route la plus facile pour franchir les montagnes et se rendre à Médéah, Cherchel fut attaqué par des forces supérieures. En même temps toute la cavalerie de l'ennemi fit un mouvement vers l'est, comme pour gagner le Sahel d'Alger. Le gouverneur général prescrivit aussitôt de se replier vers la Chiffa. Le 2 mai on prit position à la ferme de Mouzaïa. Le 9 le corps expéditionnaire se porta à Cherchel, où il fut renforcé par trois bataillons appelés d'Oran. Les Arabes s'étaient éloignés en apprenant l'arrivée de nos troupes. Le 10 on se remit en marche pour se diriger sur Médéah, en passant par la route ordinaire du col de Mouzaïa. La cavalerie et le convoi furent

20ᵉ *Livraison.* (ALGÉRIE.)

laissés au camp provisoire de la ferme de l'agha, et le 12 mai, à quatre heures du matin, la première division, commandée par le duc d'Orléans, se mit en mouvement pour enlever les positions difficiles qui dominaient le passage du col. Les bataillons réguliers de l'émir et un grand nombre de Kabiles garnissaient les hauteurs, défendues par des retranchements en pierres. L'attaque eut lieu sur trois colonnes : la première, sous les ordres du général Duvivier, récemment promu au grade de maréchal de camp, marcha sur le piton du nord ; la seconde, ayant à sa tête le colonel de Lamoricière, devait contourner le col pour l'aborder ensuite par le sud-ouest ; la troisième colonne, commandée par le colonel Changarnier, alla directement au col en gravissant les crêtes à gauche de la route. Nos troupes abordèrent l'ennemi avec un élan irrésistible, et, malgré le feu meurtrier et le courage opiniâtre des Kabiles et des réguliers, tous les retranchements furent rapidement enlevés et leurs défenseurs repoussés au loin. Le deuxième léger se signala particulièrement dans cette journée glorieuse parmi tous les corps qui combattirent ; le soir l'armée campa sur le champ de bataille, au sommet du col.

Les quatre jours suivants furent employés à construire une route sur les pentes sud de la montagne pour se rendre à Médéah, et à faire monter le convoi et une partie de la cavalerie. Le corps expéditionnaire entra le 17 à Médéah. On y laissa une garnison de deux mille quatre cents hommes, sous les ordres du général Duvivier ; le 20 l'armée reprit la route de la Métidja ; elle eut à soutenir une action très-vive en traversant le bois des Oliviers, et l'honneur en resta au dix-septième léger ; la belle conduite du colonel Bedeau dans le combat fut remarquée de toutes les troupes. Le 21 on arriva à la ferme de Mouzaïa. Le duc d'Orléans et son jeune frère quittèrent l'Algérie le 27 mai. Les résultats politiques de cette première partie de la campagne ne purent pas être immédiatement appréciés. Avant de songer à reconstituer l'organisation administrative du pays, il fallait anéantir les forces régulières d'Abd-el-Kader, qui servaient de point d'appui et de ralliement aux contingents fournis incessamment par les tribus.

OCCUPATION DE MILIANA. — Après avoir remplacé les corps les plus maltraités par ceux qui n'avaient pas encore combattu, le maréchal Valée reprit la campagne le 5 juin, à la tête de dix mille hommes, se dirigeant sur Miliana. L'armée ne rencontra plus devant elle les bataillons réguliers de l'émir ; elle franchit le Gontas, et arriva à Miliana le 8 juin. La ville, comme Médéah, fut trouvée complétement déserte ; l'ennemi, en se retirant, y avait mis le feu ; mais l'incendie, promptement éteint par nos soldats, ne produisit pas de grands ravages. Une garnison de deux bataillons fut installée, sous le commandement du lieutenant-colonel d'Illens ; et, après avoir employé trois jours à faire les travaux indispensables pour la défense de la place, le corps expéditionnaire en sortit le 12. Le gouverneur général, voulant se mettre en communication avec Médéah, remonta la vallée du Chélif, atteignit le col de Mouzaïa le 15, suivi par un grand nombre d'Arabes et de Kabiles, qui harcelaient continuellement les flancs et l'arrière-garde de la colonne. Mais les bataillons réguliers, s'étant mis en position pour nous disputer le passage, furent abordés avec tant d'impétuosité, qu'ils lâchèrent pied, en laissant environ mille morts sur le terrain. Le reste de la campagne fut une suite d'opérations pour le ravitaillement de Médéah et de Miliana.

ABD-EL-KADER ATTAQUE MÉDÉAH ET MILIANA. — Dans la nuit du 2 au 3 juillet l'émir vint s'embusquer avec quatre ou cinq mille hommes dans un ravin aux environs de Médéah, espérant enlever au point du jour une partie de la garnison, campée à quelque distance de la place. Malgré la vigueur de son attaque inopinée, l'ennemi fut partout repoussé ; il fut poursuivi la baïonnette dans les reins bien au delà de nos lignes. La garnison de Miliana fut aussi attaquée à cette époque ; mais les efforts des Arabes n'eurent pas plus de succès qu'à Médéah. El-Berkani et Ben Salem tentèrent le 29 juillet de pénétrer dans le Sahel, en franchissant l'Arach par le gué de Constantine, à la tête de dix-huit cents cavaliers ; atteints par nos troupes, ils se replièrent précipitamment. Aux environs de Koléah, sur les bords de Mazafran, les Arabes furent plus heureux : ils surprirent avec des forces supérieures une reconnaissance imprudemment engagée loin des avant-postes. Écrasées par le nombre, nos troupes perdirent deux officiers et cent cinq soldats tués ou faits prisonniers. Le 15 et le 16 août El-Berkani attaqua encore vainement Cherchel.

Pendant que les fortes chaleurs de l'été retenaient dans leurs cantonnements les troupes les plus nouvellement débarquées en Afrique, le général Changarnier, à la tête d'une colonne de soldats éprouvés, exécuta une entreprise hardie. Parti de Blidah avec deux mille hommes seulement, il traversa les montagnes abruptes des Beni Salah, par des chemins affreux, et se mit en communication avec Médéah. A son retour il prit le chemin du col de Mouzaïa. Assailli au bois des Oliviers par l'infanterie arabe, il la fit charger à la baïonnette, et lui tua plus de cent hommes. Peu de jours après, le 19 septembre, une colonne, sous les ordres du général Changarnier, tomba à l'improviste sur le camp de Ben Salem, à l'extrémité orientale de la Métidja, mit toutes ses troupes en fuite, et lui fit supporter des pertes cruelles.

OPÉRATIONS PENDANT L'AUTOMNE. — L'armée consacra d'abord ses efforts à ravitailler Médéah et Miliana. La garnison de cette dernière place était soumise à des privations et à des maladies terribles ; mais elle luttait avec un courage inébranlable. Médéah fut approvisionné dans les derniers jours d'octobre, et du 15 au 22 novembre la garnison reçut des renforts dans la prévision des opérations qui devaient être entreprises au printemps de 1841. Miliana fut visité par le corps expéditionnaire, une première fois le 4 octobre, puis le 8 novembre. Au retour, l'armée, divisée en trois colonnes, parcourut le territoire des tribus qui exerçaient des brigandages dans la plaine de la Métidja, brûlant et dévastant tout sur son passage. La saison des pluies étant arrivée, les troupes durent rentrer.

ÉVÉNEMENTS DE LA PROVINCE D'ORAN EN 1840. — Pour ne pas jeter de la confusion dans le récit des opérations militaires, nous avons dû exposer sans interruption les faits qui s'étaient accomplis dans la province d'Alger. La guerre était alors l'œuvre la plus importante, celle dont dépendait tout l'avenir de notre domination ; et c'est la province d'Alger qui en était le théâtre principal. Nous allons raconter brièvement les événements survenus sur les points, peu nombreux, que nous occupions dans la province d'Oran. La division n'avait pas reçu de renforts ; le gouverneur général n'avait pas pu se porter de sa personne sur les lieux ; on s'était donc partout tenu sur la défensive, jusqu'à ce que les moyens d'agir fussent réunis.

Les Arabes n'avaient pas les mêmes motifs que nous de rester dans l'inaction. Les 17 et 22 janvier ils attaquèrent les Douairs et les Zméla, sans leur faire éprouver de grands dommages. Le 2 février le kholifa de Mascara, à la tête des contingents de quatre-vingt-deux tribus, se présenta devant Mazagran, où nous n'avions plus qu'un poste de cent vingt-trois hommes seulement. Pendant quatre jours entiers, dix à douze mille Arabes, dont quatre mille fantassins, assiégèrent le réduit de Mazagran, et livrèrent plusieurs assauts successifs sans parvenir à l'enlever ; ils se retirèrent découragés, après avoir perdu de cinq à six cents hommes. La garnison qui fit cette résistance héroïque appartenait à la dixième compagnie du premier bataillon de l'infanterie légère d'Afrique. Les 5 et 12 mars d'autres tentatives dirigées par le khalifa de Tlemsen eurent lieu sur le camp du Figuier et en avant de Miserguin, à Ten Salmet, et furent également énergiquement repoussées. Sans se lasser de ces échecs multipliés, Bou-Hamedi, renouvela ses attaques, dans le courant du mois de mai et de juin, contre le camp de Bridia et contre les tribus qui nous étaient soumises. Sa ténacité et son énergie furent enfin vaincues par le courage de nos troupes ; il renonça à ses entreprises contre nos établissements, et se retira pour permettre aux Arabes de se livrer aux travaux de la moisson.

LE GÉNÉRAL DE LAMORICIÈRE A ORAN. — Les choses prirent bientôt un aspect nouveau. Le général de Lamoricière, qui venait d'être nommé maréchal de camp à l'âge de trente-quatre ans, prit le commandement de la division d'Oran dans le mois d'août. Il consacra deux mois à étudier les hommes et les choses qui l'entouraient, à organiser vigoureusement les services militaires; mais vers le milieu du mois d'octobre il commença l'exécution du système de guerre qu'il avait combiné. Jusque alors on s'était contenté de marcher à l'ennemi lorsqu'il se présentait devant les places pour les menacer, et de le repousser lorsqu'il tentait de nous barrer le passage : le général de Lamoricière voulut prendre l'offensive, et au lieu de s'attaquer aux troupes régulières qui nous fuyaient, ou aux grands rassemblements, toujours rares, il résolut de frapper successivement les tribus les plus voisines d'Oran, et de leur enlever leurs bestiaux et leurs approvisionnements de grains. Il voulait combattre les Arabes en employant leurs propres procédés de guerre. Pour cela, il partait le soir, en enveloppant sa marche d'un grand mystère; il tombait à la pointe du jour sur la tribu qu'il voulait ruiner. Avant que les Arabes pussent songer à la défense, les troupeaux étaient pris, les femmes et les enfants faits prisonniers, et le feu détruisait tout ce qu'on ne pouvait pas emporter. Les Gharaba, les Beni Amer et les autres tribus hostiles situées dans un rayon de cent kilomètres autour d'Oran perdirent ainsi presque toutes leurs richesses. Les Douairs et les Zméla, sous la conduite de Mustapha ben Ismaïl, s'associèrent à toutes les expéditions du général de Lamoricière, et commencèrent à se dédommager aux dépens de leurs ennemis des souffrances et des privations de toutes sortes qu'ils avaient endurées pendant qu'ils étaient resserrés par la guerre sous les murailles d'Oran.

SITUATION DE LA PROVINCE DE CONSTANTINE EN 1840. — Les premiers mois de l'année 1840 ne furent pas marqués par des événements importants dans la province de Constantine. Cependant le chef indigène qui commandait dans le Sahara, au nom de la France, parvint, avec le seul concours de ses partisans, à détruire entièrement un bataillon de réguliers qu'Abd-el-Kader avait organisé pour aider son lieutenant à dominer ce pays. Cet événement eut lieu vers la fin du mois de mars. Le mois suivant une colonne mobile atteignit la puissante tribu des Haracta, dont les méfaits appelaient depuis longtemps une punition rigoureuse. On leur prit une immense quantité de bestiaux, et on les contraignit à payer une très-forte amende. Bientôt on apprit qu'un des frères de l'émir, à la tête d'un bataillon régulier, et suivi des contingents d'un grand nombre de tribus, avait pénétré dans la Medjana et marchait contre Sétif. Les troupes qui occupaient cette place sortirent à sa rencontre, et le joignirent à Medjez-ez-Zerga. L'ennemi fut culbuté, et perdit beaucoup de monde. A trente kilomètres au nord-est de Sétif, dans la direction de Zamoura, les partisans d'Abd-el-Kader sentirent encore le poids de nos armes. La valeur de nos troupes ne permit pas à l'insurrection de dépasser la Medjana et préserva la tranquillité de la province.

La situation était d'ailleurs favorable. On commençait à percevoir l'impôt sans trop de difficultés sur une partie des tribus; les indigènes fréquentaient assidûment nos marchés; les Kabiles des Portes-de-Fer avaient refusé de laisser passer les troupes de l'émir; Ahmed-Bey, chassé et poursuivi par les tribus de la frontière de Tunis, cherchait un refuge dans des montagnes éloignées; les excitations d'Abd-el-Kader pour pousser les tribus à la révolte restaient sans effet, et on nous apportait toutes cachetées les lettres des marabouts prédicateurs de guerre sainte.

RAPPEL DU MARÉCHAL VALÉE. — Les opérations de l'armée dans la province d'Alger n'avaient pas produit des résultats immédiats. Le maréchal Valée, comprenant l'importance de la tâche qui lui était imposée, avait voulu préparer sur une vaste échelle les moyens d'action, afin que lorsque le moment serait venu, il pût frapper sur tous les points à la fois la puissance de l'émir. Il travaillait avec énergie à l'exécution du plan qu'il avait proposé. Mais l'opinion publique, mal éclairée sur les projets ultérieurs du gouverneur général, impatiente d'avoir des résultats plus importants à constater, indignée des actes de brigandages qui se commettaient encore à peu de distance d'Alger, et qui tenaient la population civile prisonnière dans les villes, éleva des réclamations presque universelles contre le maréchal Valée. Le gouvernement eut le tort de se souvenir en ce moment des dissentiments qu'il avait eus avec le gouverneur général pendant le cours de son administration; et, oubliant les glorieux services du vainqueur de Constantine, il le rappela en France.

Dans les premiers jours de l'année 1841 le maréchal Valée remit le commandement au général Schram, et s'embarqua pour la France. Il reçut à son départ des témoignages non équivoques et unanimes de la sympathie de l'armée et des habitants d'Alger. On oublia ce que les formes, souvent très-brusques, du vieux guerrier avaient de blessant, pour ne se souvenir que des services qu'il avait rendus à la colonie. En effet, c'était à lui qu'on devait la prise de Constantine; il avait organisé cette province d'après un système rationnel comportant des modifications successives, et qui aujourd'hui encore sert de base au gouvernement des indigènes; il avait ramené dans tous les services administratifs la discipline et l'observation des règles; il avait formulé le plan de campagne qui devait amener la chute d'Abd-el-Kader, et que son successeur fut appelé à réaliser; enfin, en écrasant les troupes régulières de l'émir dans vingt actions de guerre meurtrières, il avait donné aux indigènes une si haute idée de notre supériorité militaire, qu'ils n'osèrent plus se mesurer à nous en bataille rangée. Ces beaux services terminèrent dignement la carrière militaire du maréchal Valée, commencée pendant les premiers orages de la révolution de 89.

Le général Bugeaud gouverneur général.

(Du 29 décembe 1840, jusqu'au 11 septembre 1847.)

PREMIÈRES MESURES. — Débarqué à Alger le 22 février 1840, le général Bugeaud en partit deux jours après pour visiter les avant-postes. Il fut frappé des inconvénients qui résultaient de la dissémination des forces dans un grand nombre de postes permanents, et il proposa immédiatement au ministre d'évacuer la plupart des lieux occupés précédemment et de tenir la campagne avec toutes les troupes disponibles, afin de poursuivre les Arabes et de prendre partout l'offensive. Cette pensée était évidemment très-sage; mais le nouveau gouverneur général l'exagéra en demandant l'évacuation de Médéah et de Miliana. Le gouvernement ne ratifia pas ces projets dans ce qu'ils avaient de trop absolu. Quelques postes peu importants furent seuls évacués; on conserva Médéah, Miliana et Cherchel; l'effectif de l'armée fut porté à soixante-treize mille cinq cents hommes et treize mille cinq cents chevaux; il devait être augmenté encore de quatre mille cinq cents hommes pour les opérations de l'automne. Le général Bugeaud reçut des instructions pour poursuivre l'exécution du plan arrêté l'année précédente. Il devait occuper Mascara, et Mostaganem était appelé à devenir la base principale des mouvements des troupes dans la province d'Oran.

PRÉLIMINAIRES DE LA CAMPAGNE. — Avant de commencer la guerre offensive contre Abd-el-Kader, le gouverneur général fit une rapide excursion dans la province de Constantine, où il séjourna à peine quelques jours. Le duc de Nemours et le duc d'Aumale vinrent encore partager les fatigues et les dangers de l'armée. A la fin du mois de mars Médéah fut ravitaillé de manière à pouvoir fournir des vivres aux colonnes qui agiraient dans le pays. Le 27 avril un convoi parti de Blidah pénétra le 29 à Miliana. Le 3 mai la colonne française eut un engagement très-sérieux avec une grande quantité de Kabiles, en descendant de Miliana. Abd-el-Kader y prit part, à la tête d'une cavalerie nombreuse et de trois bataillons réguliers. L'ennemi laissa quatre cents hommes sur le terrain. Les réguliers de l'émir furent vivement poursuivis, et plusieurs tribus qui s'étaient toujours montrées très-hostiles furent rudement châtiées. A son retour de Miliana, le général Bugeaud confia au général Baraguay-d'Hilliers le commandement de la division d'Alger, qui devait agir dans la vallée du Chélif pendant les opérations qu'on allait entreprendre dans la province d'Oran. Le 14 mai le gouverneur général partit pour Mostaganem.

DESTRUCTION DE TEKDEMT; OCCUPATION DE MASCARA. — L'armée réunie à Mostaganem fut divisée en deux colonnes, l'une sous le commandement du duc de Nemours, la deuxième sous les ordres du général de Lamoricière. Le gouverneur général résolut d'aller détruire l'établissement formé par Abd-el-Kader à Tekdemt, sur les limites du Tell, avant d'attaquer Mascara. C'était enlever d'abord à l'ennemi le point de retraite qu'il avait approvisionné pour s'y réfugier en cas de revers dans l'intérieur du Tell. Le 18 mai 1841 on se mit en mouvement. Après quelques combats de flanc et d'arrière-garde, et une affaire de cavalerie plus importante engagée sous les murs de la place, nos troupes entrèrent à Tekdemt le 25 mai. Les magasins, la fabrique d'armes, la scierie et d'autres constructions élevées par l'émir étaient encore intacts. Le gouverneur général donna ordre de faire sauter le fort; tous les autres établissements furent également détruits. Abd-el-Kader assista des hauteurs voisines à la ruine de Tekdemt, sans songer à venir nous attaquer.

Le corps expéditionnaire prit ensuite la route de Mascara. L'émir suivit notre marche avec deux partis de cavalerie très-forts; mais il évita toujours le combat. Nous entrâmes dans Mascara le 30 mai, sans éprouver de résistance. On y trouva des ressources suffisantes pour le casernement et les magasins; trois bataillons et trois compagnies du génie furent désignés pour former la garnison. Le 1er juin, l'armée se dirigeant vers Mostaganem, les Arabes assaillirent avec furie l'arrière-garde dans le défilé d'Akbet-el-Khedda. L'ennemi disparut dès que le terrain permit au reste de l'armée de prendre part au combat. A peine rentré à Mostaganem le général Bugeaud conduisit en personne une colonne pour ravitailler Mascara. Sorties le 7 juin, nos troupes arrivèrent à Mascara le 10, sans aucun événement sérieux. Le gouverneur général parcourut ensuite pendant plusieurs jours le pays de la puissante tribu des Hachem, et poussa devant lui les populations jusque vers le désert. Il fit incendier toutes les récoltes qu'on ne put pas moissonner pour les porter à Mascara. Bientôt après le général Bugeaud, ayant appris que quelques tribus annonçaient l'intention de faire leur soumission à la France, nomma un bey pour Mostaganem et Mascara à la fois, afin de faciliter le mouvement qui se déclarait parmi les Arabes. Malheureusement on conféra cette dignité au fils d'un ancien bey d'Oran, sans capacité et sans énergie, qui s'efforça de ressusciter le faste des fonctionnaires turcs; les tribus se souvinrent des exactions passées, et sentirent se refroidir leurs désirs de se ranger sous notre autorité. Il aurait fallu investir de préférence un chef de race arabe, et, à défaut, essayer d'attirer les indigènes par l'appât d'une indépendance relative qui les aurait affranchis des exigences d'argent toujours très-avides de leurs grands dignitaires.

DESTRUCTION DE SAÏDA. — Après un court séjour à Alger, le gouverneur général revint le 19 septembre à Mostaganem pour diriger la campagne d'automne. Pendant qu'il opérait dans la vallée du Chélif et sur la Mina pour appuyer notre nouveau bey, le général de Lamoricière conduisit un convoi de ravitaillement à Mascara. Rentrées de nouveau à Mostaganem, les deux colonnes combinèrent leurs mouvements ultérieurs. Le gouverneur général se dirigea vers la grande tribu des Flitta; le général de Lamoricière fut chargé d'escorter un second convoi à Mascara. Mais l'ennemi s'étant montré en force sur la route, les deux généraux se réunirent dans la nuit du 6 au 7 octobre sur les bords de l'Hilhil. On se mit aussitôt à la poursuite d'Abd-el-Kader; on le rejoignit en arrière d'El-Bordj, le 8 octobre. La cavalerie régulière de l'émir se battit avec la plus grande bravoure; enfoncés trois fois, les réguliers revinrent trois fois à la charge; mais ils durent enfin nous céder le terrain. Quant à l'infanterie arabe, elle n'osa pas entrer en ligne.

Après cette victoire, le convoi pénétra dans Mascara sans éprouver de résistance. Le général Bugeaud se porta ensuite à l'ouest de cette ville, poursuivant la tribu des Hachem, qui fuyait devant nous; on leur enleva un butin très-considérable. Dans son mouvement de retraite la colonne passa au village de la Guetna, berceau de la famille d'Abd-el-Kader. Cet établissement, où était située une école de théologie musulmane renommée, fut complètement détruit. Le 21 octobre l'armée sortit de nouveau de Mascara, et marcha droit au sud vers le fort de Saïda, bâti par l'émir en 1838, à quarante kilomètres de sa capitale, pour contenir les tribus de la Iakoubia. Le fort avait été récemment évacué; on le renversa. La population de cette contrée vint se joindre à nos troupes pour poursuivre les partisans d'Abd-el-Kader, sur lesquels on fit des prises immenses. Dans le cours de ces expéditions la tribu des Medjehers avait constamment combattu dans nos rangs. C'était le commencement des défections nombreuses qui n'allaient pas tarder à se déclarer.

Le gouverneur général revint à Mostaganem après cinquante-trois jours de campagne, n'ayant perdu qu'un officier et vingt-trois hommes tués par le feu de l'ennemi et onze morts de maladie. Cet heureux résultat fait honneur à la manière intelligente dont le service de transport pour les vivres était organisé et à la sollicitude éclairée et infatigable du général Bugeaud pour la santé et le bien-être des soldats. Les opérations furent dirigées avec activité et les troupes déployèrent toujours le plus grand dévouement. Un progrès considérable était accompli. Le plan si remarquable conçu par le maréchal Valée, approuvé par le gouvernement, avait trouvé le chef qui devait en assurer le succès, par son habileté et sa puissance sur l'esprit du soldat. Il est juste cependant d'ajouter que le général Bugeaud rencontra au premier rang des lieutenants éprouvés, tels que les généraux de Lamoricière et Changarnier; tandis que son prédécesseur, général d'artillerie, qui n'avait pas par lui-même l'habitude du commandement des troupes, ne fut que très-imparfaitement secondé par les généraux qui servaient sous ses ordres et qui occupaient alors les premières places dans l'armée.

MOUVEMENT D'ABD-EL-KADER. — A peine le corps expéditionnaire eut-il quitté Mascara que l'émir reparut aux environs de la ville. Il châtia d'abord les tribus de la Iakoubia, et les força de se réfugier dans le désert; quelques jours après, il enleva le troupeau de la garnison de Mascara. Ces événements déterminèrent le général de Lamoricière à transporter le quartier général de la division à Mascara, en y concentrant ses principales forces. Le gouverneur général, frappé d'abord de la difficulté de faire vivre six mille hommes dans une place qui n'offrait aucune ressource pour les approvisionnements, combattit l'audacieuse entreprise de son lieutenant; mais celui-ci insista vivement; il démontra qu'il trouverait des moyens de subsistance dans le butin qu'il enlèverait aux tribus, et que d'ailleurs si on laissait l'émir respirer pendant l'hiver il réparerait ses forces, et que tous les fruits de la campagne du printemps seraient perdus. L'autorisation fut accordée.

CAMPAGNE D'HIVER A MASCARA. — Le général de Lamoricière partit le 29 novembre de Mostaganem, à la tête de quatre mille hommes choisis et déjà acclimatés au pays; il conduisait un immense convoi d'effets et d'approvisionnements de toutes sortes, des moulins à bras, des instruments aratoires, des graines de légumes et de plantes fourragères; cette colonne ressemblait plus à une émigration allant féconder une terre nouvelle, qu'à une armée qui se préparait à des combats. On arriva à Mascara le 1er décembre, après avoir battu l'ennemi, qui avait fait mine de s'opposer au passage d'un défilé. Alarmé par la présence de forces imposantes au milieu des tribus qui lui étaient le plus dévouées, l'émir se porta vers le bas Chelif pour couper les communications de l'armée française avec le littoral.

Cependant, dès que le général de Lamoricière eut réglé l'établissement des troupes dans la ville, il s'occupa à organiser contre les tribus voisines le système de guerre qu'il avait si heureusement pratiqué à Oran. Il recueillit des renseignements exacts sur les lieux de refuge de la population, sur la situation de leurs dépôts de grains (silos), sur la topographie détaillée de la contrée. Le 5 décembre une première sortie conduisit les troupes sur les silos des Hachem; il fallut plusieurs jours pour les vider. L'ennemi tenta de s'opposer à cette opération; mais il fut repoussé avec perte. Les jours suivants l'armée continua ses recherches et battit le pays, tantôt enlevant les provisions de l'ennemi, tantôt le combattant avec succès dès qu'il se montrait. Bientôt les Beni Chougran et les Ouled Dahou firent leur soumission. Le plus grand nombre des tribus comprises entre Mascara et Mostaganem imitèrent leur exemple. Le général Bedeau commandait sur ce dernier point, et par des opérations intelligentes secondait les efforts du commandant de la division.

COMPÉTITEUR D'ABD-EL-KADER. — Pendant que la fortune lui prodiguait ses faveurs, l'émir avait pu facilement vaincre les résistances que son pouvoir avait rencontrées dans les tribus et réduire ses rivaux à l'impuissance; mais dès que les revers multipliés qu'il venait d'essuyer furent connus, ses adversaires reprirent courage, et levèrent contre lui l'étendard de la révolte. Le premier qui se déclara fut un marabout de l'ouest, appartenant à une famille depuis très-longtemps vénérée par les tribus limitrophes de la frontière du Maroc. Abd-el-Kader se hâta de quitter le bas Chelif pour venir surveiller le mouvement qui se manifestait dans l'ouest; mais son compétiteur s'adressa à la France pour avoir des secours. Le 20 décembre une colonne partit d'Oran pour faire une démonstration. Une entrevue eut lieu entre le chef de la colonne et le marabout, sur le sommet d'une montagne qui domine le cours de l'Isser. Le général Mustapha ben Ismaïl assistait à la conférence. On promit aide et protection au compétiteur de l'émir, qui avait pris déjà le titre de sultan. Nos troupes rentrèrent à Oran le 1er janvier 1842, sans avoir eu à combattre.

DESTRUCTION DE BOGHAR ET DE THAZA. — Il est nécessaire de faire un retour sur le passé pour raconter les événements qui s'étaient accomplis pendant l'année 1841 dans les deux autres provinces de l'Algérie. En partant au mois de mai pour Mostaganem, le général Bugeaud avait laissé le commandement de la division d'Alger au général Baraguay-d'Hilliers, le général Duvivier, depuis plus longtemps en Afrique, étant rentré en France à la suite de procédés du gouverneur général blessants pour son amour-propre. La colonne expéditionnaire sortit le 18 mai de Blidah, s'avança dans le sud de Médéah jusqu'à l'extrême limite du Tell, et arriva le 23 en vue de Boghar, établissement fortifié par Abd-el-Kader, dans une position analogue à celle de Tekdemt. Dès la veille les Arabes, en se retirant, avaient tout livré aux flammes, et des tourbillons de fumée s'élevaient encore vers le ciel lorsque nos troupes pénétrèrent dans le fort. La destruction de Boghar fut achevée au moyen de la mine.

Cette première opération terminée, le général Baraguay-d'Hilliers marcha vers le sud-ouest, en suivant la lisière des terres cultivées. Le 25 mai on pénétra dans le fort de Thaza sans que les Arabes songeassent à le défendre. L'incendie avait là aussi précédé l'arrivée de nos troupes; la pioche et la mine achevèrent l'œuvre de destruction (1). L'armée prit ensuite la route de Miliana, où elle entra le 1er juin, sans avoir eu de combats à livrer. Quelques jours après la colonne arriva sous les murs de Blidah. Cette expédition fit beaucoup de mal aux tribus, et commença à ébranler leur fidélité à la cause de l'émir. La ruine de Boghar et de Thaza leur prouva que nos armes pouvaient atteindre nos ennemis dans les parties les plus reculées du pays. Pendant ces opérations la province d'Alger jouit d'une tranquillité presque complète.

ÉCHANGE DE PRISONNIERS. — Le 19 mai s'accomplit dans la plaine de la Métidja, près de Boufarik, un échange de prisonniers français et arabes. Cette négociation avait été conduite par l'évêque d'Alger, en dehors, en quelque sorte, de

(1) Voici l'inscription arabe qui était gravée au-dessus de la porte d'entrée du fort : — Bénédictions et faveurs sur l'apôtre de Dieu, louanges à Dieu. — Cette ville de Thaza a été bâtie et peuplée par le prince des croyants notre seigneur El-Hadj-Abd-el-Kader; que Dieu le rende victorieux! Lors de son entrée, il a rendu témoignage à Dieu de ses œuvres et de ses pensées, et il a dit : Dieu est témoin que cette œuvre est à moi, et que la postérité en gardera le souvenir. Tous ceux qui viendront chercher dans ce lieu la paix et la tranquillité y trouveront après moi le souvenir de mes bonnes œuvres.

l'attache du gouverneur général. Pendant que le prélat pressait par ses envoyés particuliers la conclusion de l'échange, les troupes se préparaient à entrer en campagne, et l'escorte de cavaliers arabes qui accompagna nos prisonniers jusqu'au delà de la Chiffa se rencontra avec la colonne du général Baraguay-d'Hilliers. L'évêque d'Alger eut une entrevue avec le khalifa BenAllal, et on crut un instant que l'émir voulait traiter; mais les instructions du gouvernement étaient formelles: la paix n'était plus possible. Pendant l'automne et l'hiver le ravitaillement de Médéah et de Miliana fut l'unique but des opérations; aucun événement important n'est à signaler.

PROVINCE DE CONSTANTINE; 1841. — Le général Négrier avait succédé au général Galbois dans le commandement de la province de Constantine. Le 29 mai une colonne sortit de Constantine, et après avoir parcouru les tribus jusqu'à Setif, se porta à Msilah; elle n'eut pas de combat sérieux à soutenir. Le pays était depuis longtemps disposé à accepter notre autorité, il suffisait de le protéger contre les tentatives des partisans d'Abd-el-Kader. Le nouveau commandant supérieur ne comprit pas parfaitement cette situation. Soit désir d'éclipser son prédécesseur, soit facilité à accueillir des renseignements intéressés, il crut et voulut persuader au gouverneur général que la tranquillité de la province était menacée. Il adopta vis-à-vis de la population indigène des mesures rigoureuses, multiplia les supplices, et parvint à produire une sorte de terreur qui était loin d'être profitable aux intérêts de notre domination. Au lieu de suivre les instructions laissées par le maréchal Valée au moment de l'organisation du pays, le général Négrier donna toute sa confiance à des agents subalternes et à des chefs indigènes, qui abusèrent de son nom, et soulevèrent contre lui une très-vive opposition parmi la population européenne de Constantine. Il faut ajouter d'ailleurs que cette agitation toute locale, si elle retarda nos progrès, ne compromit pas sérieusement nos intérêts.

OCCUPATION DE TLEMSEN; 1842. — Lorsque le gouverneur général fut informé des faits nouveaux qui s'étaient accomplis dans l'ouest de la province d'Oran et de l'entrevue du commandant d'Oran avec le compétiteur d'Abd-el-Kader, il résolut de se transporter sur le théâtre des événements et d'en presser l'accomplissement par la présence d'une colonne française. Il débarqua à Mers-el-Kébir avec des renforts dans la nuit du 13 au 14 janvier 1842. La situation s'était déjà modifiée par suite de l'intervention de l'émir. Nous avons fait connaître que l'arrivée à Mascara de forces actives considérables au mois de novembre avait déterminé Abd-el-Kader à se porter entre cette ville et Mostaganem pour intercepter les communications. Il se disposait à nous créer de sérieux embarras, lorsqu'il apprit le succès des prétentions du marabout de l'ouest; il se hâta de se rendre sur les lieux et de rallier son khalifa Bou-Hamedi, afin d'arrêter les défections qui commençaient à se produire. Les pluies de l'hiver, la crue des rivières paralysaient nos mouvements; l'émir en profita pour faire rentrer dans le devoir les tribus infidèles; les Beni Amer furent atteints et pillés, et notre nouvel allié dut se rapprocher de nos avant-postes pour échapper aux coups de son ennemi.

Le général Bugeaud put enfin entrer en campagne le 24 janvier. Après avoir traversé le Rio-Salado et l'Isser avec les plus grandes difficultés, et visité le champ de bataille de la Sikak, l'armée arriva à Tlemsen le 30 janvier. Abd-el-Kader avait évacué la ville la veille au soir, emmenant, selon son habitude, toute la population à sa suite. On y trouva une fonderie, des canons, des boulets, des obus, essais encore imparfaits récemment tentés. Bientôt une partie des habitants de la ville, échappés des mains de l'émir pendant la marche, rentrèrent dans leurs maisons; ils annonçaient que les tribus étaient plus que jamais fatiguées de la guerre, que le nombre des partisans d'Abd-el-Kader diminuait. Dans cette situation, le gouverneur général se détermina à occuper Tlemsen d'une manière permanente, pour donner un point d'appui au parti de la paix parmi les Arabes et pour empêcher l'ennemi de rétablir une autre fois sa puissance après le départ de la colonne expéditionnaire.

Le 5 février le général Bugeaud se mit en marche pour poursuivre Abd-el-Kader, qui n'avait avec lui que trois cents cavaliers et quelques fantassins. Nos auxiliaires le joignirent et le chassèrent devant eux jusqu'aux limites de la frontière du Maroc, où ils s'arrêtèrent. De retour à Tlemsen, l'armée en repartit le 8, pour aller détruire le fort de Sebdou, situé à cinquante-deux kilomètres, au sud-ouest de Tlemsen. On y trouva sept canons en bronze, qui furent envoyés en France. Les remparts de cette petite forteresse étaient solidement construits; comme on n'avait pas de poudre on fut obligé de les démolir pierre à pierre. On ne peut s'empêcher de regretter cette fureur de destruction dont nous étions possédés. Nous renversâmes successivement sur la limite du Tell : Boghar, Thaza, Tekdemt, Saïda, Sebdou; et moins de deux ans après nous étions obligés de reconstruire Boghar, Saïda et Sebdou, pour y installer nos troupes. Des citadelles dans lesquelles l'ennemi ne se renfermait jamais pour les défendre auraient pu rester debout sans danger, et nous nous en serions toujours facilement emparé.

On amassa à Tlemsen tous les vivres qu'on put recueillir; la garnison fut établie dans le Méchouar; le général Bedeau quitta Mostaganem, et vint prendre le commandement. Le gouverneur général laissa un bataillon et toute la cavalerie indigène auxiliaire pendant que le reste des troupes se rendait à Oran pour y prendre un grand convoi et le ramener à Tlemsen.

OPÉRATIONS DU GÉNÉRAL BEDEAU. — A peine le corps expéditionnaire était-il parti qu'Abd-el-Kader reparut à la tête de quelques aventuriers recueillis dans le Maroc. La cavalerie de Mustapha ben Ismaïl sortit aussitôt de Tlemsen, le battit, et le rejeta sur la rive gauche de la Tafna, le 19 février. Le général Bedeau s'avança bientôt avec les forces mobiles de la garnison. Il se porta sur Nedroma, dont il reçut la soumission; les habitants de Kaf furent ensuite châtiés pour avoir prêté assistance à l'émir. Pendant les mois de mars, d'avril et de mai les troupes de Tlemsen déployèrent une activité et une persévérance qui ne permirent pas à l'ennemi de rétablir son influence; l'émir fut battu toutes les fois qu'il se présenta, et les populations protégées par nos efforts s'unirent plus étroitement à nous. Enfin Abd-el-Kader s'éloigna, découragé par l'inutilité de ses tentatives, privé des ressources qu'il tirait du Maroc par suite de négociations du général Bedeau avec les autorités marocaines de la frontière, appelé d'ailleurs par les Hachem, que la division de Mascara ruinait. Il laissa à son khalifa six cents chevaux, et se dirigea vers l'est, en suivant la lisière du désert. Bou-Hamedi était trop faible pour rien entreprendre; le pays jouit donc d'un peu de tranquillité. Le commandant de Tlemsen en profita pour compléter l'installation des troupes dans la ville, et pour régler l'état de la propriété en constatant les titres et les droits des établissements publics et des particuliers.

OPÉRATIONS DU GÉNÉRAL DE LAMORICIÈRE. — Nous avons rendu compte des opérations de la division d'Oran jusqu'au 31 décembre 1841. Il serait trop long de raconter en détail tous les mouvements du général de Lamoricière pendant les trois premiers mois de 1842. Les troupes furent presque constamment en marche, battant l'ennemi dans toutes les rencontres, parcourant le pays soit pour protéger les tribus soumises contre les attaques de Ben Thamy, soit pour atteindre les populations fugitives et les forcer de reconnaître notre autorité. Cette activité incessante, aidée du concours de la colonne de Mostaganem, commandée d'abord par le général Bedeau, puis par le général d'Arbouville, amena la soumission de toutes les tribus situées entre la plaine d'Eghris et la mer. Le général de Lamoricière employa les expédients les plus ingénieux pour assurer la subsistance des six mille hommes qu'il avait sous ses ordres, au moyen des silos et des troupeaux des populations hostiles. La division eut aussi à supporter les plus dures intempéries : froid, pluie, grêle, neige, ouragans furieux, rien n'arrêta l'ardeur de son jeune chef; les rigueurs de la saison devinrent même un élément de succès ; car nos troupes, bien armées, bien vêtues, organisées pour les marches rapides et les combats, souffraient bien moins du mauvais temps que les tribus fugitives, dépourvues le plus souvent de munitions, n'ayant que des armes grossières, embarrassées de leurs nombreux troupeaux, traînant après elles tous leurs bagages, obligées de régler leurs mouvements de manière à ne pas laisser sans défense les femmes, les enfants et les vieillards.

Dans les années précédentes la cessation des hostilités pendant les grandes chaleurs, et surtout pendant les cinq mois pluvieux de la saison d'hiver, permettait à l'ennemi de se refaire et de recommencer la guerre au printemps. Les tribus semaient tranquillement les grains, et conduisaient leurs troupeaux dans des vallées chaudes réservées pour cet objet. La poursuite acharnée du général de Lamoricière les priva de ces avantages, et ne leur laissa pas un moment de répit. Attaquées sans relâche par nos colonnes, voyant chaque jour consommer leur ruine par les prises que nous faisions, en proie à la misère, essuyant plus cruellement que jamais les intempéries du climat, elles durent arriver à implorer notre pardon et à accepter notre autorité. La plus grande partie des Hachem eux-mêmes passèrent dans nos rangs. La puissante tribu des Djaffra fit également sa soumission dans les premiers jours du mois de mai.

ÉVÉNEMENTS DE LA PROVINCE D'ALGER. — Dans le mois de janvier 1842 le général de Rumigny avait été envoyé à Alger pour exercer les fonctions de gouverneur général par intérim, pendant le voyage en France que le général Bugeaud avait projeté; mais la situation devint tellement intéressante que le gouverneur général ne put s'absenter de l'Algérie. Le général Rumigny commanda à Alger pendant l'expédition de Tlemsen; il dirigea un ravitaillement sur Médéah, et rentra ensuite en France. Le grand nombre de postes occupés dans la province d'Alger d'une manière permanente et les devoirs multipliés imposés aux troupes pour la défense et le ravitaillement de ces établissements ne permirent pas d'entreprendre des opérations étendues; cependant à l'est et à l'ouest de la Métidja de hardis coups de main furent exécutés, et rendirent les tribus hostiles plus circonspectes. Les Hadjoutes furent particulièrement frappés par le général Changarnier, et perdirent beaucoup de troupeaux. Le 1er avril le gouverneur général dirigea en personne une expédition contre les Beni Menasser; on détruisit le village groupé autour de l'habitation d'El-Berkani, dont la famille exerçait une très-grande influence dans cette tribu. Mais ce châtiment ne suffit pas pour ébranler la fidélité des Beni Menasser à leur marabout. Le 15 du même mois la correspondance de Boufarik à Blidah, escortée par vingt-deux soldats sous les ordres du sergent Blandan, fut attaquée par deux ou trois cents cavaliers ennemis. Sommé de se rendre, le brave sergent répondit par un coup de feu; cet acte énergique fut le signal d'une mêlée horrible; et lorsque la garnison de Boufarik, attirée par le bruit de la mousqueterie, arriva sur le théâtre du combat, cinq Français seulement étaient encore debout. Un monument a été élevé dans le village de Mered pour perpétuer le souvenir de l'action héroïque du sergent Blandan et de ses vingt-deux compagnons.

EXPÉDITION DE MOSTAGANEM A BLIDAH. — Le général Bugeaud résolut de mettre fin par un coup d'éclat à ces hostilités incessantes qui forçaient, dans la Métidja, de prendre des escortes de cent hommes pour aller d'un poste à l'autre. Il se décida à réunir pour quelques jours une partie de la division d'Oran et ses nombreux auxiliaires indigènes aux troupes actives de la province d'Alger, et d'envelopper tout le pays des montagnards dont le voisinage était si dangereux, afin de les forcer à se soumettre. Il voulut diriger lui-même cette opération importante, et retourna à Oran le 28 avril. Les préparatifs terminés, on se mit en marche le 14 mai. Le corps expéditionnaire comprenait quatre mille fantassins, deux mille cinq cents cavaliers arabes; le convoi se composait de quinze cents bêtes de somme fournies par les tribus. Le général de Lamoricière, qui avait dû d'abord prendre part à cette expédition, fut appelé dans le sud de la province pour faire face à des nécessités pressantes; ce fut le général d'Arbouville qui accompagna le gouverneur général.

La division d'Oran arriva le 9 juin au débouché de l'Oued-Djer, dans la Métidja. Elle avait remonté la vallée du Chélif, depuis le confluent de la Mina, passant tantôt sur une rive, tantôt sur l'autre. Les Beni Zeroual et les Sbéah, tribus guerrières et fanatiques, furent sévèrement punies des actes d'hostilité commis contre nos alliés. Nulle part la colonne ne trouva des ennemis sérieux : ou bien les populations se soumettaient, ou bien elles se réfugiaient dans les montagnes. Dans ce dernier cas même elles protestaient presque toutes qu'elles n'étaient pas ennemies, mais qu'elles craignaient en se déclarant de n'être pas protégées par nous contre les vengeances d'Abd-el-Kader. En effet, telle était alors la politique de l'émir : dès qu'une tribu avait fait sa soumission à la France et que nos troupes s'étaient éloignées, il ameutait contre elle les tribus non encore soumises. Celles-ci, soit de gré, pour l'appât du butin, soit de force, pour échapper aux coups des forces régulières dont les khalifas disposaient encore, se faisaient les instruments de terribles représailles (1). Le 30 mai les troupes d'Oran s'étaient jointes à la division d'Alger, sous les ordres du général Changarnier, au confluent de l'Oued-Rouina avec le chélif.

Le 9 juin les montagnes des Beni Menad et des Soumata furent envahies par les deux colonnes réunies. Cette démonstration imposante ouvrit enfin les yeux aux tribus qui environnaient la Métidja sur le danger dont elles étaient menacées. Les Soumata, les Beni Menad, les Chenoua, les Hadjoutes firent leur soumission. Le résultat de cette campagne ne tarda pas à se manifester. Les Arabes, privés depuis longtemps de la fréquentation des marchés des villes où ils échangeaient leurs produits, affluèrent à Alger : en une semaine on leur vendit pour plus de 1,500,000 francs de marchandises. Une sécurité presque complète régna dans toute la Métidja, sans qu'aucun accident vînt faire repentir nos colons de leur imprudente confiance. Après trois jours de repos à Blidah, le général d'Arbouville reprit le chemin de l'ouest, et parcourut les deux rives du Chélif, afin de terminer l'œuvre de pacification.

SOUMISSION DES TRIBUS. — Pour consolider et développer les heureux effets déjà obtenus, deux colonnes partirent de Blidah : l'une, sous les ordres du général de Bar, alla opérer dans la province de Titteri; l'autre, commandée par le général Changarnier, gagna Miliana. En peu de jours toute la circonscription placée sous l'autorité du khalifa Ben Allal et celle administrée par El-Berkani se rangèrent sous le joug. Le général Changarnier s'avança vers le sud, et dépassa Thaza. Il atteignit le 1er juillet à Aïn Tessemsil une immense émigration de tribus; plus de cent mille moutons, quinze cents chameaux, les effets militaires du bataillon de Ben Allal tombèrent entre nos mains. En même temps, un kaïd de Médéah, encouragé par la présence de la colonne du général de Bar, attaquait El-Berkani, dispersait sa troupe et s'emparait de son trésor. Lorsque ces corps rentrèrent dans leurs cantonnements, ils amenèrent à Alger, pour y recevoir l'investiture, les chefs de toutes les tribus qui venaient de reconnaître l'autorité de la France. Pendant quelques jours la capitale de l'Algérie prit un aspect animé; la présence de ces Arabes, dont quelques-uns arrivaient du désert, rendit à la population in-

---

(1) Nous donnons la traduction d'une des lettres écrites par Abd-el-Kader aux tribus pour les détourner de faire leur soumission à la France.

« Vous abandonnez donc la foi de vos pères, et vous vous livrez lâchement aux chrétiens ! N'avez-vous donc pas assez de courage et de persévérance pour supporter encore pendant quelque temps les maux de la guerre ? Encore quelques mois de résistance, et vous lasserez les infidèles qui souillent votre sol. Mais si vous n'êtes plus de vrais croyants, si vous faites un honteux abandon de votre religion et de tous les biens que Dieu vous a promis, ne croyez pas que vous obtiendrez le repos par cette faiblesse indigne. Tant qu'il me restera un souffle de vie, je ferai la guerre aux chrétiens, et je vous suivrai comme votre ombre, je vous reprocherai en face votre honte; pour vous punir de votre lâcheté, je troublerai votre sommeil par des coups de fusil qui retentiront autour de vos douars devenus chrétiens. (*Moniteur algérien* du 5 juillet 1842.)

digène un peu de vie. Nous venions enfin de conquérir un peuple. La guerre d'invasion était à son terme; on espérait entrer bientôt dans la période administrative.

ORGANISATION DES TRIBUS SOUMISES. — Nous avons vu précédemment que dans le mois d'août 1841 quelques tribus des environs de Mostaganem ayant manifesté des dispositions pacifiques, le gouverneur général avait créé un bey pour Mostaganem et Mascara. Quelques jours après, il rétablit la direction des affaires Arabes qui avait été annexée à l'état-major général par le maréchal Valée. Les premières tribus qui vinrent à nous dans la province d'Oran furent naturellement rangées sous l'autorité du bey indigène. Dans la province d'Alger les soumissions ne se déclarèrent qu'en 1842. Le rôle du bureau arabe s'était borné jusque là à recueillir des renseignements pour faciliter les opérations militaires; mais du moment qu'il fallut constituer une administration pour les Arabes, la mission de ce nouveau service prit une grande importance.

Lorsqu'il s'était agi, après la conquête d'Alger, de gouverner les indigènes, le général Clauzel et ses successeurs s'étaient contentés de nommer un agha arabe sur lequel on se déchargeait de tous les soins de l'administration des tribus. Sous le commandement intérimaire du général Voirol, le service du bureau arabe fut organisé pour la plaine de la Métidja; le général d'Erlon conféra le titre d'agha à l'officier supérieur qui commandait les spahis, en le substituant au bureau arabe. Pendant son court commandement le général Damrémont rétablit la direction des affaires arabes, qui fut supprimée par une décision du maréchal Valée du 5 mars 1839 dont nous venons de parler. Le général Bugeaud, en confiant ce service à un officier qui avait séjourné longtemps à Mascara auprès de l'émir, pendant la paix, avec le titre de chargé des affaires des Français, fit recueillir tous les renseignements biographiques sur les principaux chefs attachés à la fortune d'Abd-el-Kader et sur l'organisation donnée aux tribus.

Dès que les populations, fatiguées de combattre, se soumirent à notre autorité, on proposa d'adopter le système d'administration consacré par l'émir, afin de ne pas tenter des essais dangereux. On renonça sagement aux anciens errements, qui consistaient à ressusciter le régime gouvernemental des Turcs en nommant des beys; on choisit les nouveaux chefs parmi la partie la moins fanatique de l'aristocratie religieuse, ou parmi les hommes de guerre les plus renommés. La base de la division des circonscriptions de commandement fut l'aghalik. Plusieurs tribus, obéissant chacune à un kaïd, formaient un aghalik commandé par un agha. Pour les parties du pays éloignées de nos centres d'action, on réunit plusieurs aghaliks pour en confier la direction à un khalifa. La province d'Oran fut partagée entre trois khalifas : un pour l'ouest, à Tlemsen (c'était le marabout premier compétiteur d'Abd-el-Kader); l'autre pour le centre, à Mascara (c'était un parent du bey précédemment nommé qui venait de mourir); le troisième pour l'est, sur la Mina et le Chélif (c'était un personnage illustre, dont la famille avait été persécutée par Abd-el-Kader). La province d'Alger eut aussi ses khalifas, dont le nombre fut porté successivement jusqu'à trois : celui des Hadjoutes, celui du Sebaou, dans l'est; enfin le khalifa de Laghouat, nommé seulement en 1844.

Cette organisation, empruntée tout entière au gouvernement d'Abd-el-Kader, n'était pas sans inconvénients, surtout après l'épreuve des grands chefs indigènes faite récemment dans la province de Constantine. Il eût été sans doute préférable d'adopter le système d'administration établi par le maréchal Valée pour l'arrondissement de Bône; mais les soumissions des tribus nous prirent au dépourvu : on avait affaire à un pays encore inconnu; les fonctionnaires de l'émir qui arrivaient à nous étaient ambitieux : c'était le désir de supplanter des rivaux qui les amenait le plus souvent à se soumettre. On peut donc dire qu'en obéissant à ces circonstances le gouverneur général avisa au plus urgent et prit le parti le plus sage. La question de l'avenir restait d'ailleurs réservée.

MOUVEMENTS D'ABD-EL-KADER. — Vers le milieu du mois de mai 1842, l'émir, appelé avec instance par les Hachem, avait quitté le pays de Tlemsen et s'était dirigé vers l'est, pour s'opposer aux progrès du général de Lamoricière. Il se jeta d'abord dans la Iakoubia avec deux cents cavaliers dévoués ; les Djaffra, qui avaient fait leur soumission, furent les premiers frappés. De là il se porta dans la plaine d'Eghris, suivi de tous les Hachem qui lui étaient restés fidèles. L'alarme se répandit parmi nos nouveaux sujets, dont le plus grand nombre vint se réfugier sous le canon de Mascara. Le général de Lamoricière, alors occupé à pacifier les tribus de la Haute-Mina, se hâta d'accourir. Il organisa aussitôt une colonne mobile, et sortit de Mascara le 2 juin pour se mettre à la poursuite de l'émir. A l'approche des forces françaises, Abd-el-Kader évacua la Iakoubia, et se dirigea vers l'est avec ses deux cents cavaliers, abandonnant les tribus qu'il avait soulevées à notre colère. En effet, chassées jusque dans le désert, elles furent bientôt forcées de rentrer dans le devoir.

En quittant la Iakoubia l'émir s'était rendu dans le pays difficile des Flitta. Pendant que le général d'Arbouville, revenu de Blidah, entrait en campagne contre lui, le général de Lamoricière se porta dans le sud, franchit le Sersou, enleva à Goudjila les dépôts qu'Abd-el-Kader avait voulu y former, et entraîna dans notre parti la puissante tribu des Harar et celle des Ouled Khelif. Mais à peine cet officier général était-il rentré à Mascara, après trente-six jours d'opérations, que notre infatigable adversaire parut dans les lieux mêmes qui venaient d'être visités, et châtia cruellement les populations ralliées à notre cause. Accorder un plus long repos à l'émir, c'était perdre tout le fruit de nos premiers succès ; aussi, malgré les chaleurs de l'été, le général se mit en marche le 15 août. La colonne française épuisa vainement ses vivres à poursuivre cet ennemi insaisissable. On dut établir un camp provisoire de trois bataillons d'infanterie et de deux cents chevaux à Oued-el-Haddad, non loin du plateau de Fortassa, pour couvrir l'est de la plaine d'Eghris.

On croyait l'émir dans le sud, quand on apprit tout à coup qu'il avait surpris et dévasté les tribus situées dans le bas de la vallée du Chélif. De là, franchissant quatre-vingts kilomètres en une seule marche, il tomba sur les Ouled Khouïdem, auxquels il massacra trois cents hommes ; une nouvelle course, aussi rapide, le porta chez les Sdama, auxquels il enleva un butin considérable. Après avoir déposé ses prises chez les Beni Ouragh, il arriva le 20 septembre à la bourgade d'El-Bordj, à vingt kilomètres seulement de Mascara. L'épouvante s'était répandue parmi toutes les tribus soumises ; elles allèrent supplier le général de Lamoricière de les protéger ; celui-ci leur répondit qu'elles eussent à se défendre elles-mêmes, et que, pour lui, il croyait plus important d'achever la dispersion des partisans d'Abd-el-Kader réunis encore dans le désert. En effet, sans se préoccuper autrement des mouvements de l'émir, la colonne s'avança dans le sud jusqu'aux sources de Taguin ; mais elle ne put pas atteindre l'émigration, qui fuyait devant elle. A son retour, le 7 octobre, pendant que les troupes étaient occupées à vider les silos des ennemis situés sur les rives du Riou, on fut informé qu'Abd-el-Kader pillait nos alliés dans le voisinage. Notre cavalerie monta aussitôt à cheval, et joignit l'émir à Loha ; un combat très-vif s'engagea : l'ennemi ne put soutenir l'attaque, et fut vivement poursuivi ; un instant Abd-el-Kader lui-même fut sur le point d'être fait prisonnier, son cheval s'étant abattu parmi des rochers. Après cette défaite l'émir se retira ; les troupes rentrèrent à Mascara à la fin de novembre, et aucun événement important ne marqua la fin de l'année 1842 dans la province d'Oran.

COMBATS DANS LA PROVINCE D'ALGER. — Pour ne négliger aucun fait se rattachant à l'histoire de l'Algérie, il est nécessaire de mentionner un combat très-acharné livré, le 6 juin 1842, par la garnison de Miliana contre les Beni Menasser, qui ne produisit pas de résultat utile. Le 19 septembre le général Changarnier, engagé avec une colonne très-faible dans les gorges difficiles de l'Ouarsenis, soutint une lutte des plus vives contre la population guerrière de ces montagnes. Nos troupes, dépourvues de munitions, mal renseignées par des guides ignorants ou infidèles, éprouvèrent des pertes sensibles ; mais nos soldats étaient dirigés par un chef trop habile pour être impunément braves. Le général Changarnier prit une revanche éclatante le lendemain même de cette affaire malheureuse, et enleva à l'ennemi un butin considérable. Dans les premiers jours d'octobre une expédition conduite par le gouverneur général dans l'est de la province d'Alger, fournit à l'armée de nouvelles occasions de prouver son courage et son dévouement. La puissance du khalifa Ben Salem fut détruite et un gouvernement nouveau organisé sous la protection de la France. Le brave colonel Leblond, du 48e de ligne, fut tué pendant le cours de cette campagne. Enfin dans le courant des mois de novembre et de décembre trois colonnes partirent de Miliana, sous les ordres du général Bugeaud, et parcoururent en tous sens le pâté de montagnes de l'Ouarsenis. Après plusieurs combats heureux, on obtint la soumission des Beni Ouragh. Au retour, pendant que le duc d'Aumale, qui venait d'arriver à l'armée avec le grade de maréchal de camp, ramenait une partie des troupes à Blidah, le général Changarnier poussa une reconnaissance jusqu'à Tenès, et rentra à Blidah en suivant le littoral de la mer.

SITUATION DE LA PROVINCE DE CONSTANTINE EN 1842. — Les événements de guerre qui eurent lieu dans la province de Constantine ne modifièrent pas la situation d'une manière notable. Dans la zone la plus rapprochée de la mer, on doit citer les attaques dirigées par les Kabiles contre la garnison de Bougie et celle de Djidjeli ; une sortie brillante des troupes du camp de l'Arrouch contre les populations ameutées par un marabout fanatique. Le général Négrier conduisit une colonne jusqu'à Tébessa, sur la frontière de Tunis ; on ne rencontra de résistance nulle part. Sauf l'espèce de terreur que les rigueurs exagérées exercées contre quelques Arabes par le commandant supérieur fit planer sur le pays, dès cette époque la province de Constantine commençait à jouir d'une tranquillité que les autres provinces lui envièrent longtemps (1). Cet état de choses, qu'il faut attribuer surtout à l'éloignement d'Abd-el-Kader, donne la meilleure preuve de la puissance irrésistible de l'émir sur les Arabes.

ACTES ADMINISTRATIFS EN 1842. — Pour compléter l'organisation du pays nouvellement soumis, un arrêté du gouverneur général, pris le 3 septembre, institua auprès du commandant supérieur de chaque ville où l'autorité civile n'était pas encore établie une commission administrative chargée de pourvoir aux intérêts de la cité et du territoire composant la subdivision, tant pour les questions d'impôt que pour le domaine et l'acquittement des dépenses. Cette commission fut composée du commandant supérieur, président, d'un fonctionnaire de l'intendance, de deux officiers, dont l'un pris dans l'armée du génie, d'un médecin militaire et d'un agent des services financiers. Un arrêté postérieur, du 7 novembre, modifia la composition de cette commission pour les villes où l'administration civile fonctionnait déjà. Le commandant supérieur, l'administrateur civil, le sous-intendant militaire, l'officier chargé des affaires arabes et l'agent des services financiers, furent seuls appelés à en faire partie. Des arrêtés ministériels des 23 novembre, 9 et 10 décembre, installèrent une sous-di-

(1) Les nombreuses exécutions capitales ordonnées par le général Négrier dans la province de Constantine déterminèrent le gouvernement à publier le 1er avril 1842 une ordonnance royale dont voici les dispositions principales :

« Art. 1er. Aucune exécution à mort, par quelque juridiction qu'elle ait été ordonnée, ne pourra avoir lieu dans toute l'étendue des possessions françaises en Algérie, qu'autant qu'il nous en aura été rendu compte et que nous aurons décidé de laisser un libre cours à la justice.

« Toutefois, dans les cas d'extrême urgence, le gouverneur général pourra ordonner l'exécution, à la charge de faire immédiatement connaître les motifs de sa décision à notre ministre secrétaire d'État de la guerre, qui nous en rendra compte.

« Ce pouvoir attribué au gouverneur général ne pourra, dans aucun cas, être délégué. »

rection de l'intérieur à Philippeville, une justice de paix et un commissariat civil à Constantine. Vingt-trois arrêtés rendus dans le courant de l'année par le gouverneur général prescrivirent la création de dix-huit villages dans le Sahel d'Alger, à Beni Mered, à Koléah, etc. Ces centres de population devaient comprendre plus de douze cents feux.

Une ordonnance royale du 26 septembre organisa sur des bases nouvelles le service de la justice en Algérie. Elle arrêta la composition de la cour et des tribunaux français, détermina la compétence des tribunaux indigènes, régla la procédure à suivre, et fixa la juridiction administrative. Le procureur général eut la correspondance directe avec le ministre de la guerre pour tout ce qui concernait l'administration de la justice. Ses attributions et la discipline de l'ordre judiciaire furent l'objet d'un arrêté ministériel du 22 novembre. Des arrêtés du ministre de la guerre réglèrent également l'exercice et la discipline de la profession d'huissier (26 novembre) et de notaire en Algérie (30 décembre). Enfin un acte du même genre organisa les commissariats civils (21 décembre). On sait que les commissaires civils en Algérie remplissent à la fois les fonctions de maire, de juge de paix et d'officiers de police judiciaire.

INCURSIONS D'ABD-EL-KADER EN 1843. — L'armée était à peine rentrée dans ses cantonnements que l'émir, qui avait soigneusement évité les combats, et qui nous avait laissé ravager et soumettre les tribus de l'Ouarsenis, reparut inopinément au milieu du pays que nous venions de parcourir. Il avait avec lui quatre cents cavaliers réguliers et huit cents chevaux des populations du sud. Cette troupe s'augmenta successivement des contingents des tribus qu'il traversait et qui étaient trop faibles pour lui résister isolément. Il annonçait sur sa route que la France allait conclure la paix avec lui, et il prétendait ne demander aux Arabes qu'une grande démonstration armée, afin d'obtenir des conditions meilleures. Il arriva dans la vallée du Chélif avec plus de deux mille cavaliers, et s'avança jusqu'à une petite journée de Miliana, et jusqu'à trente kilomètres ouest de Cherchel, après avoir châtié les tribus qui refusaient de se joindre à lui et avoir enchaîné les chefs les plus compromis pour notre cause. Les troupes reprirent aussitôt la campagne. Une colonne se dirigea vers Cherchel. Le général Changarnier, arrivé en toute hâte à Miliana, courut à la rencontre de l'émir ; dans le sud et le sud-est de la subdivision de Miliana, le duc d'Aumale, qui venait de prendre le commandement de Médéah, exécuta des coups de main hardis contre les débris du parti d'Abd-el-Kader. Cette offensive vigoureuse dispersa promptement les rassemblements d'insurgés, et refoula l'émir au loin dans l'ouest.

EXTENSION DE L'OCCUPATION. — Les vicissitudes si nombreuses qui se produisaient incessamment, soit dans la province d'Oran, soit dans celle d'Alger, firent comprendre au gouverneur général que notre domination ne pourrait être consolidée que lorsque la conquête serait complète. L'ennemi n'attendait plus nos colonnes pour leur disputer la possession du pays; mais il semait l'agitation, la révolte, la dévastation dans tous les lieux qui venaient d'être pacifiés. Pour remédier à ces maux, qui ruinaient les tribus, on fut dans la nécessité d'occuper, soit dans la ligne du centre, soit sur la limite du Tell, les points les plus importants pour appuyer la stratégie de l'armée et pour couvrir les tribus qui avaient droit à notre protection. Dans la province d'Alger, un poste permanent fut établi au milieu de la vallée du Chélif, au lieu appelé *el Asnam*; cette ville reçut plus tard le nom d'Orléansville. Le général Bugeaud dirigeait les opérations en personne; par un ordre du jour du 26 avril il confia le commandement de ce poste au colonel Cavaignac. Le 3 mai suivant, la ville et le port de Tenès furent occupés, afin d'assurer les communications d'Orléansville avec la mer. Dans la subdivision de Médéah, le fort de Boghar fut relevé, et on y installa des troupes dans les premiers jours de mai. A la même époque le général Changarnier traça les fondements d'un établissement à quelques kilomètres à l'ouest de Thaza, à Teniet-el-Ahd, défilé principal pour déboucher de la vallée du Derder sur les hauts plateaux qui précèdent le désert. Dans la province d'Oran le général de Lamoricière fondait également deux postes nouveaux, l'un à Tiaret, non loin du fort de Tekdemt, renversé par nous en 1841; l'autre à Ammi-Moussa, sur le Riou.

PRISE DE LA ZMALA D'ABD-EL-KADER. — Depuis que nos colonnes s'étaient montrées dans les parties les plus reculées du Tell, Abd-el-Kader avait jugé qu'il n'y avait plus de sûreté pour sa famille, au milieu des tribus que les travaux de labour retenaient dans un cercle limité. Il avait envoyé toutes les femmes de ses parents et des principaux personnages attachés à sa fortune dans le désert. Cette réunion, grossie d'un grand nombre d'émigrés appartenant à toutes les tribus de l'ouest et particulièrement aux Hachem, s'était mêlée à des populations extrêmement mobiles et qu'aucun intérêt n'attachait à un territoire déterminé; elle était en outre protégée par quelques centaines de fantassins réguliers. Cette aggrégation essentiellement ambulante s'appelait la *zmala*; tantôt elle s'enfonçait vers le sud, tantôt elle revenait vers le Tell, suivant les circonstances de la guerre; elle représentait le foyer et le centre des forces d'Abd-el-Kader, et était devenue en quelque sorte la capitale de sa puissance nomade. La tâche de poursuivre et d'enlever la zmala fut confiée au duc d'Aumale.

Le jeune prince partit le 9 mai de Boghar, où il avait réuni sa colonne et organisé son convoi d'approvisionnements. Il emmenait dix-huit cents fantassins et cinq cents cavaliers, dont deux cents Français seulement. La marche fut dirigée vers l'ouest dans les journées des 9, 10, 11 et 12 mai; le 13 le corps expéditionnaire tourna vers le sud, et surprit le 14 au matin la petite ville de Goudjila. Les mouvements avaient été si habilement combinés, que les habitants de ces contrées n'en avaient eu aucune connaissance. Le 15 on ramassa sur la route des traînards ennemis qui mirent sur la trace de la zmala. La cavalerie prit immédiatement la poursuite; et le 16, à dix heures du matin, après plus de trente heures de marche, on se trouva en présence de la zmala, qui était campée sur les sources de Taguin, à quatre-vingts kilomètres sud-est de Goudjila. Le campement de la zmala couvrait un espace immense, et comprenait au moins quatre mille tentes; on pouvait évaluer les forces des défenseurs à deux mille cavaliers environ et trois mille fantassins, en dehors du petit bataillon de réguliers. Notre cavalerie n'avait que cinq cents chevaux, et l'infanterie ne devait arriver que plusieurs heures après sur le champ de bataille. La circonstance était critique. Attendre l'infanterie et l'artillerie, c'était donner le temps à l'ennemi de plier les tentes, de mettre les troupeaux à l'abri et de venir ensuite nous combattre. La prudence conseillait d'être hardi et de se précipiter au milieu des tentes, malgré l'infériorité du nombre, de jeter le trouble dans les campements et de triompher par surprise. Ce parti fut adopté, et le succès le plus complet en fut le résultat. Le trésor d'Abd-el-Kader, quatre drapeaux, un canon, des armes de toutes espèces, un butin immense, des troupeaux innombrables, les familles des lieutenants les plus illustres de l'émir, tombèrent entre nos mains. Les trente ou quarante mille Arabes qui composaient la zmala se dispersèrent dans le pays, et nous ramenâmes à Alger plus de trois mille femmes, enfants et vieillards de la tribu des Hachem.

Pendant que ce coup terrible était porté à sa puissance, Abd-el-Kader, à la tête d'un corps de cavalerie, surveillait les mouvements du général de Lamoricière, qui s'avançait aussi vers le sud, et qui ramassa quelques jours après une partie de la population de l'ouest échappée au combat de Taguin. Grâce au courage et à l'activité de quelques serviteurs dévoués, la mère et les femmes de l'émir purent s'enfuir et éviter d'être emmenées prisonnières. Les débris de la zmala errèrent pendant quelque temps encore dans le sud, puis se dirigèrent vers le Maroc. Cette réunion, reconstituée sur des bases moins importantes, prit le nom de *déira*, qualification employée dans l'ouest préférablement à celle de zmala.

OPÉRATIONS DE L'ARMÉE. — Le brillant fait d'armes de la zmala ne doit pas nous faire oublier de parler des travaux et des efforts de l'armée sur d'autres points. La province d'Oran fut plus particulièrement agitée par la guerre. Abd-el-Kader, refoulé des environs de Miliana et de la vallée du Chélif, s'était porté hardiment dans la plaine d'Eghris, pendant que le général de Lamoricière allait créer l'établissement de Tiaret, et avait enlevé les Hachem pour les entraîner dans le désert. Il s'établit ensuite durant quelques jours sur la haute Mina pour emmener d'autres tribus; mais de ce côté les populations résistèrent, et nous donnèrent le temps de leur venir en aide. Le général de Lamoricière s'était mis à la poursuite de la zmala de l'émir pour coopérer aux efforts du duc d'Aumale. En même temps, une colonne de sa division se rendait vers la Iakoubia pour y rencontrer le général Bedeau, arrivant de Tlemsen. La subdivision de Mostaganem ne restait pas inactive: elle avait successivement châtié la tribu des Beni Zéroual, partisans fanatiques de l'émir, et les Flitta, toujours turbulents malgré les nombreux échecs qu'ils avaient subis. Le 22 mai l'armée eut à regretter une perte douloureuse; le général Mustapha ben Ismail, ramenant à Oran la cavalerie indigène chargée de butin, fut attaqué en traversant le pays boisé des Cheurfa; la terreur s'empara de ces Arabes, ordinairement si braves; leur vieux chef fit de vains efforts pour les rallier. Il périt les armes à la main. Les Cheurfa portèrent sa tête à Abd-el-Kader, comme un trophée.

Chez les Djaffra, après plusieurs succès importants, le général Bedeau fit prisonnier un des khalifas de l'émir le 13 mai. Le 22 juin le colonel Géry enleva le camp d'Abd-el-Kader, qui ne se sauva lui-même que par miracle: deux cent cinquante réguliers furent tués, cent quarante prisonniers, un drapeau, des tambours, les éperons et la selle de l'émir, plus de quatre cents fusils, cent vingt chevaux, cinq cents chameaux, trois cents mulets chargés, huit cents bœufs, tombèrent entre nos mains. Pendant le mois de juin la colonne de Mostaganem, et plus tard celle du général de Lamoricière prirent part aux opérations dirigées par le gouverneur général contre les Beni Ouragh et sur le haut Riou. Le général Changarnier avait manœuvré de son côté contre l'Ouarsenis, consolidant partout notre domination. A Teniet-el-Ahd, le colonel Korte avait obtenu la soumission de plusieurs tribus. Dans la subdivision de Médéah, nos troupes, après avoir exécuté plusieurs expéditions heureuses au sud-ouest de Boghar, s'étaient mises en relation avec les grandes tribus du désert, telles que les Ouled Naïl, les Arbaa, et les avaient détachées du parti ennemi.

Dans la province de Constantine le général Baraguay-d'Hilliers, qui remplaça le général Négrier dans le mois de janvier 1843, déploya une grande et énergique activité pour amener la soumission du triangle montagneux compris entre Constantine, Bône et Philippeville. Une suite non interrompue de succès détermina toutes les tribus à accepter notre domination. Le marabout fanatique qui avait dirigé l'année précédente une attaque contre le camp de l'Arrouch nous fut livré par son secrétaire, et exécuté. Le général Baraguay-d'Hilliers se porta ensuite avec toutes ses forces disponibles dans les montagnes situées entre Constantine, Collo et Philippeville, afin d'assurer définitivement la communication de la capitale de la province avec la mer. La lutte fut plus vigoureuse de ce côté de la part des Kabiles; nous remportâmes sur eux plusieurs brillants succès, mais les troupes durent se retirer sans avoir obtenu de résultat décisif. Enfin, avant la période des grandes chaleurs, la division de Constantine opéra dans le pays difficile et accidenté situé entre Guelma, Bône, la Calle et les frontières de Tunis. Les tribus furent facilement pacifiées; elles acquittèrent l'impôt, et toute cause de trouble fut éloignée pour un temps. Dans l'est de la province la colonne de Sétif opéra une jonction avec les troupes de Médéah en traversant l'Ouennougha, et s'avança ensuite dans le sud jusqu'à Bouçaada, ville arabe, dont la fondation remonte au cinquième siècle de l'hégire.

Pour récompenser l'armée de tant de nobles efforts le gouvernement conféra au gouverneur général la dignité de maréchal de France par une ordonnance royale du 31 juillet. MM. de Lamoricière, Changarnier et Baraguay-d'Hilliers furent élevés au grade de général de division. Au mois de novembre le duc d'Aumale arriva à Alger pour prendre le commandement de la province de Constantine, en remplacement du général Baraguay-d'Hilliers, qui rentrait en France.

Un événement militaire de la plus haute importance marqua la fin de l'année 1843 dans la province d'Oran. Le 11 novembre une colonne partie de Mascara, sous les ordres du général Tempoure, atteignit le camp du khalifa Ben Allal, qui renfermait le reste de l'infanterie régulière de l'émir. Ce corps fut complétement anéanti; les cavaliers les mieux montés purent seuls s'échapper; plus de quatre cents morts restèrent sur la place; les drapeaux de trois bataillons, trois cent soixante prisonniers, toutes les armes, les bagages, les bêtes de somme tombèrent en notre pouvoir. Ben Allal lui-même fut tué dans le combat; il était le premier lieutenant d'Abd-el Kader, et exerçait une très-grande influence sur les populations arabes de Miliana, de la Métidja, du Sébaou et de Médéah. Ce combat trancha définitivement la question de guerre. Dans les tribus de l'intérieur nous devînmes les véritables possesseurs du pays; et ceux qui nous combattirent désormais n'étaient plus des ennemis, mais des sujets en rébellion, toujours facilement ramenés à l'obéissance. L'émir fut rejeté dans le Maroc. Il avait encore un de ses lieutenants à Biskara, dans la province de Constantine; mais il n'existait plus aucun rapport régulier entre ce chef et son maître.

Administration en 1843. — Les actes administratifs ne furent pas en aussi grand nombre qu'en 1842. Nous ne mentionnerons que les principaux. Une ordonnance royale du 16 avril rendit applicable à l'Algérie, sous certaines modifications, le code de procédure civile. Des arrêtés ministériels des 16 septembre et 16 octobre déterminèrent l'organisation des troupes auxiliaires indigènes appelées à concourir, avec les chefs investis, au maintien de la tranquillité et à la perception des impôts. Les fantassins (askar) furent placés auprès des fonctionnaires exerçant un commandement dans les villes éloignées de nos centres d'occupation ou dans les pays montagneux; ils recevaient une solde de cinquante centimes par jour. Les cavaliers (khiela), beaucoup plus nombreux, étaient destinés à agir dans les contrées ouvertes, au milieu des populations peu stables; on leur alloua une paye journalière d'un franc. Toutes ces forces devaient, à la première réquisition, se joindre à nos colonnes. Une ordonnance royale du 16 décembre régla les questions de douane qui se rapportaient à la navigation, aux importations, aux exportations et aux entrepôts. Les navires français furent largement favorisés; on frappa de droits élevés toutes les marchandises de provenance étrangère. Ces nouvelles rigueurs prohibitives, provoquées dans l'intérêt de l'industrie et des manufactures de la métropole, furent accueillies avec un vif mécontentement en Algérie; car elles amenèrent le renchérissement d'une foule d'objets de consommation que l'Espagne, l'Italie et les entrepôts de Gibraltar fournissaient à bon marché.

Campagne de Biskara en 1844. — Le duc d'Aumale arriva à Constantine le 5 décembre 1843 pour prendre le commandement de la province. Il appliqua ses premiers soins à donner une impulsion vive et régulière à l'organisation des différents services, et particulièrement au gouvernement des indigènes. D'utiles innovations furent essayées dans la province de Constantine, et on s'empressa de les adopter dans les autres parties de l'Algérie. En même temps qu'il réglait l'administration des tribus, le duc d'Aumale poussait avec activité les préparatifs d'une expédition lointaine, dont le but principal était de chasser de Biskara le khalifa qui y commandait encore au nom d'Abd-el-Kader, soutenu par deux cents fantassins réguliers environ; au retour la colonne expéditionnaire devait être employée à poursuivre Ahmed-Bey, réfugié dans les montagnes du Belezma, et à donner à cette contrée une constitution définitive, afin d'ouvrir au commerce français la route si intéressante des oasis sahariennes.

Le 23 février 1844 les troupes se trouvaient réunies à Batna, sur la limite du Tell et du petit désert. Elles se composaient de deux mille quatre cents fantassins, six cents chevaux réguliers (spahis et chasseurs d'Afrique), quatre pièces de montagne et deux de campagne. On se mit en marche le 25 ; des colonnes mobiles parcoururent le pays à droite et à gauche de la route sans rencontrer de résistance. Le 29 l'armée bivouaqua à El-Kantara, premier village où l'on trouve des plantations de palmiers, et atteignit Biskara le 4 mars. Les habitants de la ville et des députations de tous les villages des Ziban et des tribus nomades, vinrent faire acte de soumission. Le khalifa d'Abd-el-Kader n'avait pas attendu notre arrivée, et s'était réfugié dans les montagnes de l'Aurès. Le duc d'Aumale consacra dix jours à organiser le pays, dont il étudia avec soin les ressources et la situation. Une compagnie de tirailleurs indigènes fut installée dans la Casbah pour soutenir l'autorité du cheikh-el-arab ; et on lui adjoignit des cavaliers choisis parmi les nomades les plus dévoués à notre cause.

Le lieutenant de l'émir chassé de Biskara était cependant un drapeau autour duquel pouvaient se réunir les mécontents ; il fallait lui faire subir un nouvel échec pour lui enlever toute influence sur les populations des montagnes où il s'était réfugié. Il avait déposé ses magasins à Mechounèch, village situé au pied des derniers contreforts sud de la chaîne des monts Aurès, à trente-deux kilomètres nord-est de Biskara. L'Oued el-Abiadh, sortant d'une gorge étroite, arrosait une petite vallée plantée de palmiers et au milieu de laquelle on voyait plusieurs maisons. Sur les flancs dénudés et à pic des collines qui dominaient cette oasis se trouvaient trois fortins assez solidement construits, défendant l'approche du village. Une première reconnaissance dirigée sur ce point attira l'attention de l'ennemi ; la guerre sainte fut prêchée dans les tribus, et le khalifa d'Abd-el-Kader réunit à Mechounèch deux ou trois mille montagnards. Lorsque le duc d'Aumale se présenta, le 14 mars, avec seize cents hommes, toutes les hauteurs étaient couvertes d'Arabes. On attaqua aussitôt avec la plus vive impétuosité, et l'ennemi fut facilement chassé des premières pentes ; mais il se réunit sur un pic escarpé autour des soldats réguliers du khalifa. Une de nos compagnies, envoyée pour le déloger, commençait à plier, lorsque le duc d'Aumale, par une charge vigoureuse, qu'il commanda en personne, refoula au loin les Arabes qui tenaient encore.

Pendant que le khalifa d'Abd-el-Kader réunissait contre nous les populations du sud de l'Aurès, celles du nord et les tribus de Belezma étaient ameutées par Ahmed-Bey et venaient attaquer les troupes qu'on avait laissées au camp de Batna. Dans les journées des 10 et 12 mars, des rassemblements composés de plus de quatre mille Arabes firent irruption contre les redoutes qui défendaient les abords du camp ; ils furent repoussés avec perte sur tous les points. C'était la première fois que ces tribus luttaient contre nos soldats ; elles reçurent une si rude leçon, qu'elles renoncèrent depuis à toute espèce de tentative contre le camp de Batna.

Après quelques jours de repos les forces actives de la division de Constantine reprirent la campagne pour aller châtier et soumettre les tribus de Belezma qui avaient pris part à l'attaque de Batna. Parmi les montagnes de cette contrée, celles des Ouled Sultan passaient pour inexpugnables ; plusieurs fois les Turcs avaient vainement tenté d'y pénétrer. Le but principal de nos efforts devait être de prouver à ces tribus que nos armes ne pouvaient pas rencontrer d'obstacles insurmontables. Partie de Constantine le 17 avril, la colonne se réunit le 20 aux troupes de la subdivision de Sétif à Ras-el-Aïoun, en face du pays des Ouled Sultan. Le 24 une première tentative pour entrer dans la montagne ne fut pas couronnée de succès. Nos soldats marchant au milieu d'un brouillard très-épais, dans des ravins inconnus, soutinrent un très-rude combat. L'absence de guides fidèles, une panique qui se déclara parmi nos auxiliaires arabes, forcèrent le duc d'Aumale de venir reprendre son ancien bivouac à Megaous, au pied de la montagne. Les derniers jours du mois d'avril furent employés à rassembler dans la partie du pays plat cultivée par les Ouled Sultan les tribus nomades du Sahara récemment soumises, dont les innombrables troupeaux dévastèrent entièrement les récoltes des montagnards. Enfin le 1er mai on pénétra dans la montagne. La résistance des Ouled Sultan fut bientôt vaincue. On fouilla le pays dans tous les sens ; Ahmed-Bey fut obligé de se sauver en toute hâte, en nous abandonnant la plus grande partie de ses bagages; après quatorze jours d'efforts persévérants, toutes les tribus firent leur soumission.

Le duc d'Aumale rentrait à Batna le 14 mai, lorsqu'il reçut la nouvelle d'une horrible catastrophe arrivée à Biskara. En quittant cette ville au mois de mars précédent, le commandant de la province avait prescrit de former une compagnie de tirailleurs indigènes pour garder la Casbah. Les personnes chargées de cette organisation n'apportèrent pas toute l'attention désirable dans le choix des nouveaux soldats; on accepta trop légèrement des hommes qui venaient directement de chez le khalifa de l'émir, et qui n'offraient pas tous la garantie d'avoir leur famille à Biskara. Deux officiers français et quelques artilleurs étaient restés avec cette troupe. Dans la nuit du 11 au 12 mai le lieutenant d'Abd-el-Kader, suivi de quelques hommes dévoués, se présenta devant la Casbah; les portes lui furent ouvertes par trahison; les Français, réveillés en sursaut par un bruit inusité, furent massacrés avant d'avoir pu se reconnaître. Les artilleurs furent emmenés prisonniers; le matériel et les approvisionnements furent livrés au pillage. Un seul sous-officier français parvint à se sauver dans un village dévoué aux intérêts du parti français.

En apprenant ces sinistres nouvelles le duc d'Aumale se hâta de diriger des troupes sur Biskara; le 18 au matin notre cavalerie faisait irruption dans l'oasis. Le khalifa de l'émir était parti depuis la veille. Les habitants les plus compromis l'avaient suivi; les autres vinrent protester de leur obéissance. La colonne séjourna une semaine dans les Ziban pour arrêter l'organisation administrative d'une manière définitive et pour punir ceux des habitants qui avaient participé à la trahison. Le 25 mai le corps expéditionnaire se mit en marche; il traversa la Houdna orientale, et gagna le pays des Ouled Sultan par le sud. Les chefs de ces contrées reçurent l'investiture, les contributions des tribus furent réglées. Les troupes rentrèrent à Constantine le 4 juin.

Les résultats de cette longue campagne furent l'occupation permanente de Batna et de Biskara, l'organisation des tribus du Sahara, du Belezma et de la Houdna. Les nombreux villages des Ziban, qui avaient tant eu à souffrir pendant que le pays était déchiré par les luttes de notre cheikh-el-arab contre le khalifa d'Abd-el-Kader, en retrouvant le calme, se développèrent rapidement. Cette partie de la province de Constantine ne donna plus par la suite aucun sujet d'inquiétude. Le duc d'Aumale, après avoir visité Sétif et toute la subdivision de Bône, quitta le commandement de la province de Constantine dans les premiers jours du mois d'octobre. Son administration a laissé des souvenirs impérissables dans l'esprit des populations. Personne avant lui ne s'était occupé avec autant de zèle, d'activité et d'intelligence de toutes les questions d'organisation et des intérêts si souvent opposés des indigènes et des Européens. La province de Constantine offrait alors un exemple remarquable de ce qu'on pouvait trouver de ressources parmi les officiers de l'armée pour le gouvernement des tribus, et de ce qu'on pouvait attendre des Arabes en les administrant avec justice et avec bienveillance.

ÉVÉNEMENTS DE LA PROVINCE D'ALGER EN 1844. — La tranquillité régnait sur tous les points de la province d'Alger; le gouverneur général voulut en profiter pour étendre notre domination jusque dans les contrées méridionales, où les partisans d'Abd-el-Kader pouvaient trouver un refuge et des ressources. Des troupes furent chargées de soumettre les Ouled Naïl, de pénétrer dans Laghouat et dans Aïn-Madhi pour organiser l'administration au nom de la France. Cette expédition réussit complétement; et si les résultats ne furent pas aussi décisifs que pour Biskara dans la province de Constantine, c'est qu'on ne put laisser sur les lieux une garnison française. D'ailleurs l'importance des intérêts n'était pas assez grande pour nécessiter un établissement, toujours difficile et dispendieux.

Ben-Salem maintenait encore l'autorité de l'émir au milieu des tribus kabiles du Djurdjura et jusque dans le Sebaou. Le maréchal Bugeaud résolut de détruire ce foyer d'intrigues, où les mécontents de la province se donnaient rendez-vous. Il partit d'Alger le 27 avril, avec une colonne de cinq mille hommes aguerris, et après avoir expliqué aux Kabiles dans une proclamation le but de son entreprise. L'occupation du port de Dellis ayant été arrêtée depuis longtemps, cette ville, qui allait devenir la base des futures opérations, reçut nos troupes le 8 mai. Pendant qu'on relevait les fortifications de la place, le maréchal marcha contre les rassemblements de Kabiles qui s'étaient formés au delà de l'Oued-Sebaou. Par une habile manœuvre il les attira dans la plaine, et les battit le 13 mai. Une seconde troupe d'ennemis, encore plus considérable, s'était rassemblée au centre du pays des Flissa; les Kabiles avaient construit des rédans en pierres sèches pour ajouter à la force d'une position déjà formidable. L'armée française sut cette fois encore suppléer au nombre par le courage et la science de la guerre. Le 17 mai on occupa un sommet très-élevé au-dessus des positions de l'ennemi; en voyant leur ligne débordée, les Kabiles, qui avaient d'abord résisté avec bravoure, se dispersèrent, et nous laissèrent occuper cinquante villages, où les auxiliaires indigènes firent un grand butin. Ce succès amena la soumission des Flissa, et permit au gouverneur général de compléter l'organisation de cette partie de la province jusqu'au Djurdjura. Cette opération importante était à peine terminée, que des nouvelles de la plus haute gravité, venues de la frontière du Maroc, appelèrent sur ce point toute l'attention du maréchal Bugeaud. Il courut en avant de la Tafna, avec une partie des troupes qui avaient combattu et soumis les Kabiles.

GUERRE AVEC LE MAROC. — Abd-el-Kader, chassé de l'Algérie à la fin de l'année 1843, s'était retiré dans le Maroc; il avait établi les débris de ses partisans et de ses réguliers échappés aux coups du duc d'Aumale à Taguin, du général de Lamoricière et du général Tempoure, sur un point situé à l'ouest du Chot-el-Gharbi, à quatre-vingts kilomètres environ au sud-est d'Ouchda. Son influence religieuse rallia bientôt autour de lui une sorte d'armée, composée en grande partie d'aventuriers, et avec laquelle il franchissait souvent la frontière pour piller nos tribus. Ces brigandages entretenaient une vive agitation dans tout l'ouest de la province d'Oran. Les autorités marocaines, malgré toutes nos réclamations, loin de s'opposer à ces désordres, semblaient les encourager et les favoriser. Bientôt les marocains sentirent leur fanatisme s'exalter au contact d'Abd-el-Kader et de ses partisans; ils se crurent appelés à chasser les Français de la régence d'Alger, et les vieilles prétentions de la dynastie des chérifs sur l'ancien royaume de Tlemsen se réveillèrent avec toutes leurs illusions. Le kaïd d'Ouchda réunit autour de lui un corps de plus de deux mille cavaliers, et sembla se préparer à la guerre. Abd-el-Kader joignit bientôt ses forces à celles du Maroc.

Pour être prêt à parer aux graves éventualités que tout faisait prévoir comme très-prochaines, le général de Lamoricière avait fait occuper le fort de Sebdou, relevé de ses ruines; bientôt il choisit un nouveau point sur la frontière du Maroc pour surveiller Ouchda, et établit un camp à Lella-Maghnia, à soixante kilomètres à l'ouest de Tlemsen. Le kaïd marocain, frappé de l'attitude résolue de nos troupes, aurait voulu ne rien précipiter; mais il ne pouvait plus maîtriser les passions fanatiques des contingents réunis autour de lui et qu'Abd-el-Kader poussait à la guerre sainte. D'un autre côté, un parent de l'empereur de Maroc arriva à Ouchda à la tête d'un corps de cavalerie régulière, les Abids-Boukhari. Cette troupe, justement renommée pour sa bravoure parmi les tribus du Maroc, brûlait d'en venir aux mains avec les chrétiens, pour montrer aux hommes d'Abd-el-Kader la supériorité des Marocains sur les Arabes de l'Algérie. Toutes ces causes réunies entraînèrent l'armée marocaine à franchir la frontière et à attaquer le camp français sans déclaration de guerre. Le général de Lamoricière prit des dispositions rapides; le premier choc fut terrible: les Abids-Boukhari, qui se trouvaient en présence d'un bataillon de zouaves, firent des efforts inutiles pour l'enfoncer. Après une lutte acharnée, l'ennemi fut repoussé et vigoureusement poursuivi. Cette affaire glorieuse pour nos armes eut lieu le 30 mai; elle imprima aux Marocains une si grande terreur, que jamais dans les combats livrés postérieurement ils n'osèrent aborder nos troupes de si près et s'exposer à leurs coups.

Dans les premiers jours du mois de juin le maréchal Bugeaud arriva sur la frontière pour prendre la direction des opérations militaires. Il voulut d'abord recourir aux négociations, afin d'éviter la guerre avec le Maroc, si c'était possible. Le kaïd d'Ouchda consentit à une conférence, et se rendit le 15 juin sur les bords de la Molouïa, où il rencontra le général Bedeau. Le chef marocain s'était fait accompagner de plus de trois mille hommes; le général français n'avait pris pour toute escorte que quatre bataillons. Dès l'ouverture de l'entrevue, le général Bedeau pressentit qu'elle ne pourrait pas avoir d'issue. Les troupes marocaines poussaient des clameurs sauvages et des cris de malédiction contre les chrétiens; elles tiraient même des coups de fusil contre l'escorte du général. Le kaïd d'Ouchda essaya d'abord de ramener l'ordre parmi ses gens, et finit par déclarer que son maître demandait que les frontières entre les deux États fussent reportées à la Tafna, et que si nous n'acceptions pas ces conditions, nous pouvions considérer la guerre comme dénoncée. Ces paroles rompirent la conférence; le général Bedeau se retira. Comme il était en marche, son arrière-garde fut assaillie par les Marocains. Prévenu de ces circonstances, le gouverneur général accourut, prit l'offensive, et mit en fuite les forces de l'ennemi, qui laissa environ trois cents hommes sur le terrain.

Après de nouveaux efforts pour arriver à un arrangement, le maréchal Bugeaud marcha sur Ouchda, et y entra sans coup férir. La ville fut respectée; et comme la difficulté des approvisionnements recommandait de se rapprocher de la mer, l'armée rentra sur le territoire algérien. Le 26 juin elle se porta sur le petit port de Djema-Ghazaouat; on établit un camp sur ce point, et on s'occupa d'y former les magasins et les hôpitaux, pour le cas où les hostilités avec le Maroc deviendraient plus sérieuses et se prolongeraient. Le gouverneur général avait fait savoir aux autorités marocaines qu'il ne respecterait pas plus leur territoire qu'elles n'avaient respecté le nôtre, et qu'il y poursuivrait Abd-el-Kader et les tribus algériennes révoltées. En effet, le 1er juillet il se porta sur l'Oued-Isly, et il eut, deux jours après, un engagement peu important avec les troupes du Maroc. L'armée française remonta le cours de l'Isly pour chercher Abd-el-Kader et les tribus émigrées. Les 11 et 13 juillet quelques centaines de cavaliers seulement vinrent nous attaquer, et le 19 on regagna le camp de Lella-Maghnia.

Cependant tous les rapports annonçant que des contingents nombreux venaient grossir incessamment l'armée marocaine, et qu'un des fils de l'empereur avait été envoyé pour la commander; le maréchal Bugeaud concentra les forces dont il pouvait disposer, et qui avaient été accrues par l'arrivée de plusieurs régiments envoyés de France. Il apprit bientôt que l'escadre française, qui croisait devant Tanger, sous les ordres du prince de Joinville, avait démantelé les fortifications de cette ville. Le rassemblement marocain, établi à une très-faible distance de notre camp, comptait déjà plus de quarante mille combattants. Différer plus longtemps, c'était voir diminuer chaque jour les chances de succès. Aussi le gouverneur général n'hésita pas à prendre l'initiative. Le 13 août, à trois heures après midi, nos troupes se mirent en mouvement, en simulant un grand fourrage; le 14, à deux heures du matin, elles se remirent en marche. A huit heures on aperçut tous les camps marocains sur la rive droite de l'Isly; l'ennemi tenta de nous disputer le passage de la rivière; il fut repoussé par les tirailleurs d'infanterie. A peine notre armée avait pris son ordre de combat sur la rive opposée, qu'elle fut assaillie sur les deux flancs et sur ses derrières par des masses considérables de cavalerie. Mais partout l'attaque échoua contre la solidité de notre infanterie; bientôt notre artillerie mit le désordre dans ces bandes confuses, qui se retirèrent devant nous. La colonne française voyant l'effort de l'ennemi brisé sur ses flancs, continua sa marche en avant, et, après une légère résistance, enleva la butte où le fils de l'empereur s'était établi dès le commencement du combat. Alors le maréchal se dirigea contre les camps. Notre brave cavalerie accomplit cet exploit ; une charge vigoureuse la fit précipiter jusque sur la batterie qui défendait les tentes du fils de l'empereur. Les canonniers furent sabrés sur leurs pièces, et un immense butin tomba en notre pouvoir. Les Marocains, vivement poursuivis, se dispersèrent dans toutes les directions, et nous restâmes maîtres du champ de bataille.

Pendant que l'armée de terre se couvrait de gloire sur les bords de l'Isly, notre escadre ne demeurait pas inactive. Le prince de Joinville, chargé des opérations maritimes contre le Maroc, ayant en vain attendu une réponse satisfaisante aux justes réclamations de la France au sujet d'Abd-el-Kader et du retrait des troupes rassemblées à Ouchda, avait détruit les fortifications de Tanger le 6 août. Ce premier fait d'armes n'ayant pas suffi pour amener les Marocains à composition, l'escadre se porta devant Mogador le 11 août. Cette ville était en quelque sorte la fortune particulière de l'empereur du Maroc ; il est propriétaire de la presque totalité des terrains et des maisons, qu'il loue à ses sujets ; c'était en outre la source principale des revenus du trésor public, à cause des droits de douanes acquittés par le commerce. Le mauvais temps fit retarder l'attaque jusqu'au 15 ; nos vaisseaux eurent facilement raison des batteries de la place, et une colonne de débarquement de cinq cents hommes s'empara de l'île qui commandait le port. Le lendemain Mogador fut occupé sans obstacle : les forts et la ville avaient été évacués ; nos troupes enclouèrent les pièces de canon, démolirent les embrasures, noyèrent les poudres, et rapportèrent comme trophées trois drapeaux et dix canons en bronze. Après cette expédition les Français rentrèrent dans l'île, qu'on devait occuper jusqu'à la conclusion de la paix. Des bandes de Kabiles, accourues des montagnes environnantes, envahirent la ville, et y mirent le feu après l'avoir pillée.

En apprenant coup sur coup les événements de Tanger, de Mogador et de l'Isly, l'empereur du Maroc fut consterné et ne songea plus qu'à presser la conclusion de la paix. L'intervention officieuse de M. Drummond-Hay, agent diplomatique de l'Angleterre au Maroc, avait déjà contribué à convaincre les Marocains qu'ils n'avaient aucun secours à attendre des puissances européennes. Les populations des villes désiraient vivement la fin de la guerre, dans la crainte de voir le gouvernement, affaibli dans sa lutte contre la France, devenir impuissant à réprimer les excès des tribus insoumises et dont l'état d'hostilité faciliterait les actes de brigandage. Les pourparlers entre les plénipotentiaires français et le délégué de l'empereur furent assez longs ; on signa le traité à Tanger le 10 septembre 1844 (1). Abd-el-Kader

(1) TRAITÉ DE TANGER.

Art. 1er. Les troupes marocaines réunies extraordinairement sur la frontière des deux empires, ou dans le voisinage de ladite frontière, seront licenciées.

S. M. l'empereur de Maroc s'engage à empêcher désormais tout rassemblement de cette nature ; il restera habituellement, sous le commandement du kaïd d'Ouchda, un corps dont la force ne pourra excéder habituellement deux mille hommes ; ce nombre pourra toutefois être augmenté si des circonstances extraordinaires et reconnues telles par les deux gouvernements les rendaient nécessaires dans l'intérêt commun.

Art. 2. Un châtiment exemplaire sera infligé aux chefs marocains qui ont dirigé ou toléré les actes d'agression commis en temps de paix sur le territoire de l'Algérie, contre les troupes de S. M. l'empereur des Français. Le gouvernement marocain fera connaître au gouvernement français les mesures qui auront été prises pour l'exécution de la présente clause.

Art. 3. S. M. l'empereur de Maroc s'engage de nouveau, de la manière la plus formelle et la plus absolue, à ne donner ni permettre qu'il soit donné dans ses États, ni assistance, ni secours, ni armes, munitions ou objets quelconques de guerre à aucun sujet rebelle ou à aucun ennemi de la France.

Art. 4. Hadj Abd-el-Kader est mis hors la loi dans toute l'étendue de l'empire du Maroc, aussi bien qu'en Algérie.

Il sera, en conséquence, poursuivi à main armée par les Français sur le territoire de l'Algérie et par les Marocains sur leur territoire, jusqu'à ce qu'il soit expulsé ou tombé au pouvoir de l'une ou de l'autre nation.

fut immédiatement sommé par les autorités marocaines d'évacuer le territoire de l'empire. Il répondit à Mouley Abd-er-Rahman une lettre pleine de témoignages de respect et de soumission, s'excusa de ne pouvoir obéir à ses ordres à cause des maladies qui régnaient parmi ses compagnons; mais il réunit les sept ou huit cents hommes armés qui composaient ses troupes, et resta campé sur la rive gauche de la Molouïa, à cent kilomètres de notre frontière.

Dans le cas où Abd-el-Kader tomberait au pouvoir des troupes françaises, le gouvernement de S. M. s'engage à le traiter avec égard et générosité. Dans le cas où Abd-el-Kader tomberait au pouvoir des troupes marocaines, S. M. l'empereur de Maroc s'engage à l'enfermer dans une des villes du littoral ouest de l'empire, jusqu'à ce que les deux gouvernements adoptent, de concert, les mesures indispensables pour qu'Abd-el-Kader ne puisse, en aucun cas, reprendre les armes et troubler de nouveau la tranquillité de l'Algérie et du Maroc.

Art. 5. La délimitation des frontières entre les possessions de S. M. l'empereur des Français et celles du Maroc reste fixée et convenue conformément à l'état reconnu par le gouvernement marocain à l'époque de la domination des Turcs en Algérie. L'exécution complète et régulière de la présente clause sera l'objet d'une convention spéciale, négociée et conclue sur les lieux entre les plénipotentiaires délégués à cet effet par l'empereur des Français et un délégué du gouvernement marocain. S. M. l'empereur du Maroc s'engage à prendre sans délai, dans ce but, les mesures convenables et à en informer le gouvernement français.

Art. 6. Aussitôt après la signature des présentes conventions les hostilités cesseront de part et d'autre; dès que les stipulations comprises dans les articles 1, 2, 4 et 5 auront été exécutées à la satisfaction du gouvernement français, les troupes françaises évacueront l'île de Mogador, ainsi que la ville d'Ouchda, et tous les prisonniers faits de part et d'autre seront mis immédiatement à la disposition de leur nation respective.

Art. 7. Les hautes parties contractantes s'engagent à procéder, de bon accord et le plus promptement possible, à la conclusion d'un nouveau traité qui, basé sur les traités actuellement en vigueur, aura pour but de les consolider et de les compléter, dans l'intérêt des relations commerciales et politiques des deux empires.

En attendant, les anciens traités seront scrupuleusement respectés, et la France jouira, en toute chose et en toute occasion, du traitement de la nation la plus favorisée.

Art. 8. La présente convention sera ratifiée, et les ratifications en seront échangées dans un délai de deux mois, ou plus tôt si faire se peut.

Cejourd'hui, 10 septembre 1844.

DERNIERS ÉVÉNEMENTS DE 1844. — L'issue favorable de la campagne contre le Maroc exerça la plus salutaire influence sur la tranquillité de toute l'Algérie. Les troupes de Mascara firent une démonstration dans le sud pour rassurer les tribus qui redoutaient la réapparition d'Abd-el-Kader dans leur pays. La colonne de Sidi-bel-Abbès châtia les Ouled Ali-ben-Hamel qui avaient commis quelques désordres. Dans la province d'Alger, les montagnes du Djurdjura attiraient encore l'attention du gouverneur général. Ben Salem et quelques partisans fanatiques de l'emir y entretenaient l'agitation par leurs menées. Un détachement trop faible sortit de Dellis le 17 octobre pour reconnaître les dispositions des tribus; les troupes, mal dirigées, furent engagées imprudemment contre un ennemi dix fois plus nombreux; elles éprouvèrent des pertes assez fortes. Le maréchal Bugeaud se hâta d'accourir à la tête d'un renfort; il atteignit les Kabiles le 28 octobre, et les mit en fuite après leur avoir tué plus de cent cinquante hommes. A la suite de ce combat vigoureux les tribus révoltées rentrèrent dans le devoir. Ce fut le dernier fait de guerre de l'année. Le 16 novembre, le maréchal Bugeaud partit pour la France, et laissa le gouvernement par intérim de l'Algérie au général de Lamoricière; après quatre années de séjour en Afrique, le vainqueur de l'Isly reçut en France les plus éclatants témoignages d'estime et d'admiration pour les grands services qu'il venait de rendre au pays.

ADMINISTRATION EN 1844. — Des efforts nombreux furent faits pour organiser le gouvernement des indigènes; un arrêté ministériel du 1er février donna une consécration définitive à l'important service des affaires arabes. On institua un bureau arabe dans chaque poste occupé par nos troupes, en le plaçant sous la dépendance directe du commandant supérieur de la localité. Des circulaires du gouverneur général réglèrent les points principaux de l'administration des tribus pour la nomination des chefs, le droit de frapper des amendes, les travaux d'utilité publique, la responsabilité pour les crimes dont les auteurs restaient inconnus. Le domaine de l'État fut partout recherché avec soin, et on réunit de très-nombreux renseignements statistiques sur la population et sur les ressources de toute espèce du pays. Cette année marqua un progrès des plus utiles accompli par l'armée; elle se dévoua aux soins multipliés du gouvernement des Arabes avec la même ardeur et la même intelligence qu'elle avait apportées à faire la guerre pendant les années précédentes. Nous avons déjà eu l'occasion d'indiquer que ce mouvement organisateur naquit d'abord dans la province de Constantine, sous l'inspiration et la direction du duc d'Aumale; les deux autres provinces ne tardèrent pas à entrer dans la même voie, dès que l'affermissement de la tranquillité permit de ne plus regarder la guerre comme notre intérêt principal.

Un arrêté ministériel du 6 mai régla l'exercice de la profession de courtier de commerce; par un arrêté du 8 juin suivant, le ministre de la guerre organisa pour l'Algérie un service télégraphique, dont le personnel fut emprunté au service de France. Une ordonnance royale du 21 décembre établit un droit d'octroi municipal à percevoir aux portes de mer, afin d'augmenter les ressources locales, tant pour les villes du littoral que pour celles de l'intérieur. Mais l'acte le plus important fut sans contredit l'ordonnance royale du 1er octobre sur la constitution de la propriété en Algérie. Ce document traitait des acquisitions d'immeubles faites devant les kadhis musulmans, et indiquait les formalités pour établir le droit de possession, l'État se réservant la propriété des immeubles sur lesquels personne n'aurait fait acte public de possession. Il réglait le rachat des rentes; les prohibitions d'acquérir ou de former des établissements dans les territoires où les autorités civiles ne fonctionnaient pas encore; l'expropriation et l'occupation temporaire pour cause d'utilité publique. Enfin il accordait le droit à l'État de rentrer en possession des terres qu'il avait concédées et qui étaient restées sans culture; un impôt de cinq francs par hectare frappait les propriétaires des terres incultes. Cette ordonnance, qui n'était qu'une tentative pour mettre fin à l'agiotage scandaleux des propriétés rurales et pour permettre au gouvernement de disposer de vastes espaces afin d'y établir des colons, souleva cependant des réclamations nombreuses parmi les propriétaires algériens. On trouva les mesures contre les détenteurs des terres incultes trop rigoureuses, et l'administration dut apporter des tempéraments à l'exécution de ces dispositions.

MOUVEMENTS DES POPULATIONS INDIGÈNES EN 1845. — La victoire nous avait rendu maîtres de l'Algérie; mais les efforts que nous faisions pour organiser l'administration du pays n'avaient pas encore produit tous les résultats que nous pouvions en attendre dans les provinces d'Alger et d'Oran. Du fond de sa retraite, dans le Maroc, Abd-el-Kader envoyait des émissaires pour prêcher la révolte; il faisait circuler des lettres nombreuses dans lesquelles il annonçait aux tribus que l'empereur du Maroc devait bientôt se joindre à lui pour nous attaquer par le sud et par l'ouest. Ces sourdes menées portèrent un coup funeste à la tranquillité du pays. Le 30 janvier au matin, une bande de fanatiques, excitée par les prédications d'un marabout des Ouled Brahim, se présenta sans apparence hostile devant le poste de Sidi-bel-Abbès dans la province d'Oran. Introduits dans le camp, ils tirèrent tout à coup des armes de dessous leurs burnous et se précipitèrent sur nos soldats. Des ordres énergiques et promptement exécutés firent aussitôt courir aux armes; et en quelques instants les cinquante-huit fanatiques qui avaient pénétré dans le poste furent tous massacrés. Dans le premier mouvement de surprise nous eûmes six hommes tués et vingt-six blessés. Ce châtiment ne suffit pas cependant pour détruire l'effet des intrigues d'Abd-el-Kader. La fermentation devint bientôt générale. La tribu des Beni Amer nous abandonna la première;

et il fallut adopter des mesures de surveillance et de répression très-rigoureuses pour arrêter la défection d'un grand nombre de tribus qui voulaient émigrer afin de se joindre à Abd-el-Kader dans le Maroc. Cette situation nécessita l'établissement d'un nouveau poste à Daïa, à soixante-huit kilomètres au sud de Sidi-bel-Abbès, dans le but de défendre cette partie du Tell contre une irruption subite des tribus du sud qui suivaient la fortune de l'émir.

L'insurrection, un moment comprimée dans l'ouest, s'étendit vers l'est, et fit explosion dans les montagnes du Dahra, où habitait une population turbulente, qui n'avait jamais obéi à aucun pouvoir régulier. Les nombreux éléments de désordre qui existaient dans cette contrée furent organisés par un homme, jeune encore, qui s'annonçait comme issu de la famille impériale du Maroc et envoyé de Dieu pour expulser les chrétiens de l'Algérie. Le chef de l'insurrection prit le nom de Mohammed ben Abd-Allah, afin de s'attribuer le bénéfice des prophéties qui avaient prédit depuis longtemps qu'un homme de ce nom mettrait fin aux malheurs de l'islamisme; mais les populations le désignèrent plus habituellement par le sobriquet de Bou-Maza (*le père de la chèvre*). En peu de jours l'agitation gagna toutes les tribus comprises dans les subdivisions d'Orléansville et de Mostaganem. Plusieurs de nos kaïds furent décapités et les biens de nos partisans pillés. Le 18 et le 23 avril des détachements français peu nombreux soutinrent une lutte inégale contre les insurgés entre Tenès et Orléansville, et essuyèrent des pertes sensibles. Bientôt Bou-Maza pénétra dans l'Ouarsenis, et alluma partout la rébellion. En même temps un mouvement éclata parmi les populations qui habitaient entre la Mina et le Chélif.

Quoique Abd-el-Kader continuât à inonder le pays de ses lettres et de ses agents, l'insurrection était plutôt déterminée par les succès de Bou-Maza, qui travaillait à sa grandeur personnelle. On pouvait prévoir que l'émir ne tarderait pas à profiter de cette levée de boucliers partielle pour tenter un mouvement plus général. Mais le premier caractère de cette révolte fut beaucoup plus religieux que politique. Pour un grand nombre d'Arabes, le rôle d'Abd-el-Kader était fini; la fortune avait prononcé contre lui; il avait été vaincu, et depuis longtemps aucun succès n'avait relevé le prestige de son nom. Tandis que Bou-Maza venait de tenir en échec les forces françaises; il instituait un gouvernement nouveau, nommait des fonctionnaires, percevait des impôts, et donnait du butin à partager aux cavaliers qui prenaient part à ses expéditions. Pour bien comprendre le caractère de cette insurrection et les circonstances qui aidèrent à l'élévation de Bou-Maza, il est indispensable de consulter un livre très-intéressant écrit sur ces matières par le chef du bureau arabe d'Orléansville (1).

Le maréchal Bugeaud était de retour à Alger depuis le 27 mars. Il fit d'abord une excursion dans l'ouest pour s'assurer de la situation des choses. Revenu à Alger le 6 avril, il s'occupa des préparatifs d'une grande expédition pour faire rentrer dans le devoir les tribus de l'Ouarsenis. Il laissa le soin aux colonnes de Cherchel, de Tenès et d'Orléansville de réduire le Dahra, et pénétra le 5 mai dans le pays insurgé avec des forces imposantes. Le duc de Montpensier commandait l'artillerie du corps expéditionnaire. Les montagnards avaient été trop rudement châtiés dans les luttes précédentes pour accepter encore le combat contre nos troupes; la plupart avaient évacué leur territoire; ils furent cependant amenés à capituler, et on procéda à leur désarmement, opération dure pour leur orgueil, d'une exécution difficile, mais qui devait produire de bons résultats et qui fut poursuivie avec fermeté et persévérance.

Pendant que ces événements se passaient dans l'Ouarsenis, la colonne d'Orléansville remporta deux avantages signalés sur les révoltés du Dahra. Les troupes de la subdivision de Mostaganem contribuèrent aussi à la dispersion des partisans de Bou-Maza. Le 11 juin notre khalifa de l'est de la province d'Oran battit complétement les insurgés sans le concours des forces françaises, et mas-

(1) *Étude sur l'insurrection du Dahra* (1845-1846) par M. Richard, capitaine du génie, chef du bureau arabe d'Orléansville.

sacra une grande partie de leur infanterie. Après cet échec, Bou-Maza n'osa plus tenir la campagne, et disparut pour un instant. La fin de ses opérations fut malheureusement signalée par un fait extrêmement regrettable. La colonne de Mostaganem en poursuivant les populations rebelles au milieu d'un pays difficile la força à chercher un refuge dans une grotte profonde. On les somma vainement de se rendre, en leur promettant la vie sauve. Elles repoussèrent toutes nos propositions. Alors, pour les obliger à quitter leur retraite, on jeta des fascines enflammées à l'entrée de la grotte; mais soit que des fanatiques persistassent à ne vouloir accepter aucun arrangement, soit que le bruit même de l'incendie empêchât d'entendre les voix qui demandaient grâce, huit cents individus furent étouffés et brûlés. Ce châtiment terrible, désavoué par nos mœurs, et qui n'avait pas été calculé par le chef des troupes françaises, frappa d'épouvante toutes les tribus, et mit fin à la résistance du Dahra. Bou-Maza, traqué de retraite en retraite, réduit à se cacher, était dans l'impuissance de rien entreprendre de sérieux.

EXPÉDITION DANS L'AURÈS. — Le mouvement insurrectionnel dont nous venons de retracer les principales phases dans les provinces d'Alger et d'Oran n'avait eu aucun retentissement dans la province de Constantine. Après le départ du duc d'Aumale, le commandement avait été confié au général Bedeau, promu au grade de lieutenant général, en récompense des services éminents qu'il avait rendus sur la frontière du Maroc. La province était dans une situation favorable. Cependant les tribus de l'Aurès, qui n'avaient pas encore été visitées par nos troupes, se montraient hostiles à notre établissement à Batna. Quelques expéditions rapides opérées avec discernement avaient atteint les populations les plus rapprochées et les avaient amenées à reconnaître notre autorité; mais la majeure partie des tribus, excitées par la présence d'Ahmed-Bey et du khalifa de l'émir, chassé de Biskara, refusaient obstinément d'entrer en relation avec nous. Cet exemple d'insoumission était dangereux : le général Bedeau résolut de pénétrer dans ces montagnes difficiles, d'en expulser nos ennemis, et de forcer les tribus à se ranger sous notre domination.

Les troupes partirent de Batna le 1er mai en se dirigeant vers l'est; dès qu'on atteignit les premiers contre-forts des montagnes, les kabiles se présentèrent en très-grand nombre pour nous combattre; ils ne purent résister à l'élan de nos soldats, et quelques engagements heureux suffirent pour les disperser. Le général Bedeau obtint plusieurs soumissions, et parvint le 4 à Médina, point central de ces montagnes, où il établit un dépôt d'approvisionnements pour le ravitaillement des colonnes qui devaient opérer dans toutes les directions. De là, inclinant un peu au sud, il pénétra chez les Ouled Abdi, qui, cédant aux conseils fanatiques de quelques marabouts, avaient pris les armes. On les rencontra par une marche rapide auprès du village d'Aïdoussa; après deux heures de combat, et après avoir vu incendier leurs habitations, les Ouled Abdi arrivèrent à composition. Les autres tribus, effrayées, cessèrent toute résistance, et consentirent à accepter des chefs nommés par nous et à payer l'impôt de guerre. La chaîne entière de l'Aurès fut parcourue dans tous les sens; le khalifa d'Abd-el-Kader et l'ancien bey de Constantine durent quitter leur retraite. Le premier se retira dans l'oasis de Souf, et se mit ainsi dans l'impuissance de rien entreprendre contre les populations soumises à notre autorité. Le 21 juin le général Bedeau rentra à Batna; moins de deux mois avaient suffi pour dompter ces populations guerrières, contre lesquelles les conquérants arabes avaient échoué et que les Turcs eux-mêmes n'avaient jamais tenté de soumettre complétement. Cette expédition eut un résultat très-important pour nos rapports avec le Sahara; la route de Batna à Biskara devint parfaitement libre et sûre.

EXPÉDITION DES KESSOURS (1). —

(1) On donne ce nom, dans la région du Sahara, à une agglomération de cabanes, environnée d'un mur d'enceinte et de quelques petits forts détachés qui la rendent susceptible d'une certaine défense. Les constructions sont faites en pierres sèches ou en briques cuites au soleil; les terrasses sont formées avec de la

Les premiers troubles qui avaient éclaté dans la partie occidentale de la province d'Oran avaient été assez facilement réprimés. Mais les populations éloignées des points occupés par nos troupes étaient sans cesse en butte aux menées d'Abd-el-Kader. Ses efforts persévérants parvinrent à fomenter de grandes agitations dans les tribus au sud de Mascara, limitrophes à l'empire de Maroc. Le gouverneur général reconnut la nécessité de faire une démonstration énergique dans ces contrées et d'y inaugurer notre domination. A cet effet une colonne de deux mille hommes partit de Mascara le 14 avril, et se dirigea vers les villages du désert (Kessour), où les tribus nomades déposent leurs grains et leurs approvisionnements. Le 24, après avoir parcouru deux cent soixante-huit kilomètres, nos troupes atteignirent Stitten. Le village était abandonné; mais un envoyé se présenta bientôt au nom des habitants, et annonça qu'ils étaient disposés à rentrer. En effet, le lendemain ils firent leur soumission. Le 27 avril la colonne arriva à Rassoul, situé à quarante-huit kilomètres de Stitten; le 30 elle fut en vue de Brezina, à soixante kilomètres plus au sud que Rassoul. Ce village est situé au milieu d'une fraîche oasis entourée de tous côtés de sables arides. La présence d'une troupe française à une aussi grande distance du littoral produisit une impression très-vive sur l'esprit des indigènes; ils purent dès lors se convaincre que les retraites les plus éloignées ne mettraient pas nos ennemis à l'abri de notre vengeance.

TROUBLES DANS LE CERCLE DE DELLIS. — L'insurrection de Bou-Maza dans la subdivision d'Orléansville et dans l'Ouarsenis avait eu un grand retentissement jusque dans la Kabilie, à l'ouest et au sud de Dellis. Ben Salem et les partisans d'Abd-el-Kader avaient cherché à exciter aussi une révolte parmi les tribus soumises : ils ne purent produire qu'une agitation partielle. Cependant pour prévenir les conséquences fâcheu-

terre glaise, on ne blanchit pas ces constructions, de sorte que le Kessour entier a une teinte uniforme, qui se confond avec celle des terres environnantes.

ses que cette situation pouvait amener, le gouverneur général partit d'Alger le 23 juillet, et en peu de jours il rétablit la tranquillité, et força les agents de désordre à se retirer dans les parties les plus reculées du Djurdjura. Quelque temps après, toute cause de dangers paraissant conjurée, le maréchal Bugeaud se rendit de nouveau en France, et appela le général de Lamoricière au gouvernement général par intérim.

TRAITÉ DE DÉLIMITATION AVEC LE MAROC. — L'article 5 du traité du 10 septembre 1844 avait stipulé qu'une convention spéciale négociée et conclue sur les lieux déterminerait la délimitation des frontières entre les possessions algériennes et le Maroc. Au mois de janvier 1845 le gouvernement français nomma pour son plénipotentiaire le général de la Rüe, qui avait rempli déjà une mission diplomatique au Maroc. Les négociations, habilement conduites, aboutirent à la conclusion d'un traité qui fut signé sur la frontière le 18 mars. Ainsi que l'avait indiqué le traité du 10 septembre, les limites furent maintenues telles qu'elles existaient autrefois lorsque la Régence d'Alger était au pouvoir des Turcs. On énuméra avec beaucoup de détail les cours d'eaux, les sommets de montagnes et les accidents de terrain qui marquaient la frontière. Mais cette précision ne put s'appliquer qu'au Tell. Pour le territoire dénudé et uniforme d'aspect du Sahara on ne donna que des indications vagues; le partage même des populations nomades qui fréquentent ces parages se fit d'une manière peu mûre. En effet, deux confédérations de tribus très-puissantes, les Ouled Sidi-Cheikh et les Ahmian, furent divisées chacune en deux fractions, dont l'une fut assignée au Maroc et l'autre à l'Algérie. Le maintien de l'état des choses antérieur à la conquête française nous aurait autorisé à revendiquer la totalité de ces populations, et on doit d'autant plus regretter que nos droits aient été abandonnés sur ce point, que la division opérée a amené de fréquents conflits d'autorité et des difficultés très-graves pour l'administration de ces nomades. L'article 7 du traité consacra le droit d'asile réciproque pour les deux territoires. Cette convention et les relations amicales qui en furent la conséquence permirent d'employer la plus grande partie des troupes disponibles pour la répression des troubles intérieurs. Vers la fin de l'année l'empereur du Maroc envoya un ambassadeur extraordinaire à Paris pour témoigner de ses bonnes dispositions et pour offrir des présents au roi. Un instant on put croire que le Maroc, à l'exemple de l'Égypte, de Tunis et de Tripoli, allait tenter quelques efforts pour s'assimiler la civilisation européenne; mais l'empire du fanatisme religieux et des traditions nationales fut le plus fort. L'ambassade de 1845 ne produisit aucun résultat pour la régénération du Maroc.

RÉAPPARITION D'ABD-EL-KADER. — A plusieurs reprises Abd-el-Kader avait été sommé par les autorités marocaines de tenir sa promesse et de se retirer dans le sud. L'émir avait continuellement répondu évasivement, et avait mis tous les délais à profit pour grossir le nombre de ses partisans. Moins d'une année après la bataille d'Isly il comptait à sa déira (1) plus de six mille tentes, pouvant mettre au moins deux mille hommes à cheval. Il était parvenu à réorganiser à peu près huit cents fantassins réguliers et autant de cavaliers. Les populations marocaines l'entouraient de sympathies si vives, que les agents de l'empereur avaient dû renoncer au projet de le chasser du Tell. Il recevait des secours et des subsides de tous les points de l'empire; ses émissaires parcouraient sans cesse l'Algérie, et au moyen des ramifications nombreuses qui existent dans les tribus parmi les membres des confréries religieuses, il entretenait le fanatisme. Bientôt on apprit la présence de la déira sur la basse Molouïa, et on commença à s'entretenir des projets d'invasion d'Abd-el-Kader en Algérie, soit par le sud, soit même directement par le Tell.

Une levée générale de boucliers eut lieu au mois de septembre dans la province d'Oran. La colonne de Mostaganem engagée dans le pays des Flitta, pour réprimer quelques désordres, fut attaquée pendant plusieurs jours avec un grand acharnement, et elle fit des pertes sensibles, sans pourtant essuyer d'échec. Dans la subdivision de Tlemsen, le voisinage d'Abd-el-Kader rendit la situation plus grave. Le général Cavaignac, qui s'était porté avec dix-sept cents hommes sur le territoire difficile des Trara, soutint deux combats très-vifs; quelques jours après, un détachement de deux cents hommes envoyés de Tlemsen, pour renforcer la garnison du poste d'Aïn-Temouchen sur la route d'Oran, fut rencontré par un fort parti de cavalerie sous les ordres de Bou-Hamedi. Les Arabes entourèrent nos soldats en se présentant comme des amis, et leurs arrachèrent ensuite leurs armes, avant qu'ils eussent pu s'en servir.

Le 21 septembre le lieutenant-colonel de Montagnac, commandant supérieur du poste de Djema-Ghazaouat, cédant aux instances des chefs des tribus voisines, qui se disaient menacés par l'émir, sortit à la tête de quatre cent cinquante hommes, et se porta au marabout de Sidi-Brahim, à douze kilomètres de Djema-Ghazaouat et à six kilomètres à l'ouest de Nédroma. Le 22 septembre, toujours attiré par les sollicitations des Arabes, il poussa une reconnaissance jusqu'au lieu appelé Dar-el-Foul, à quatre kilomètres plus loin, laissant le gros de sa troupe à Sidi-Brahim. Il était suivi sur ses flancs par des groupes de cavaliers arabes dont le nombre augmentait à mesure qu'il avançait; bientôt le detachement fut entièrement enveloppé et assailli avec fureur. Soixante cavaliers du deuxième hussards, commandés par le chef d'escadron Courby de Cognord, firent de vains efforts pour repousser les Arabes; l'infanterie, accourue pour appuyer l'attaque, tomba sous les coups de l'ennemi, cent fois supérieur en nombre; le colonel Montagnac fut lui-même frappé mortellement. Tous les officiers furent tués ou pris après des blessures qui les mettaient hors de combat. Cent soixante hommes détachés de Sidi-Brahim pour secourir le commandant supérieur eurent le même sort que les premiers. M. de Cognord, resté avec soixante hommes, fantassins et cavaliers, sur une petite éminence, se défendit

---

(1) Nous avons déjà dit que le mot Déira a une signification identique à celle du mot Zmala; il désigne les personnes qui suivent la fortune d'un chef et campent autour de lui.

pendant une heure et demie contre les charges de trois milles cavaliers arabes conduits par Abd-el-Kader lui-même; mais les munitions venant à manquer, l'ennemi resserra dans un cercle plus étroit nos braves soldats, et les fusilla sans qu'ils pussent disputer leur vie. Le commandant de Cognord, ayant été lui-même renversé par trois coups de feu, les Arabes se précipitèrent et enlevèrent la position. Quatre-vingts hommes avaient été laissés à Sidi-Brahim; ils se retranchèrent dans le marabout, et ne tardèrent pas à être attaqués à leur tour après la destruction des deux premières troupes. Pendant quarante-huit heures cette poignée de braves se maintint dans le marabout, et n'eut que sept blessés. Mais pressés par la faim et par la soif, voyant leurs munitions s'épuiser, ils prirent la résolution de se faire jour à travers l'ennemi pour regagner Djema-Ghazaouat. Partis le matin, ils marchèrent pendant une heure sans être entamés. Ils étaient arrivés en vue des forts qui dominent Djema-Ghazaouat; un dernier effort allait les sauver; mais ils eurent l'imprudence de rompre les rangs et de s'arrêter pour boire à une rivière qui coupait la route: les Arabes, réunis en force, se ruèrent sur eux, et ils furent tous massacrés, à l'exception de quinze qui purent atteindre la ville en se glissant à travers les broussailles.

Après la journée si funeste du 22 septembre, Abd-el-Kader avait fait irruption vers l'est; il passa la Tafna, et parvint sans rencontrer d'obstacles jusqu'à quarante-huit kilomètres d'Oran. Déjà même ses agents commençaient à entraîner les Douairs, jusque alors si fidèles à notre cause, lorsque le directeur des affaires arabes de la division d'Oran arrêta la marche de l'émigration par sa conduite énergique. Dès que ces nouvelles furent connues à Alger, elles produisirent une sensation des plus fâcheuses; le général de Lamoricière, dominé par la gravité des circonstances, se sentit insuffisant pour y faire face, et écrivit au maréchal Bugeaud pour le prier de venir reprendre le commandement. Cependant il se hâta de se rendre dans la province d'Oran avec des renforts. Le 2 octobre il partit d'Oran pour aller se réunir au général Cavaignac à Tlemsen. L'aspect du pays était désolant; l'incendie avait partout exercé ses ravages; toutes les populations avaient été enlevées par l'ennemi et s'étaient dirigées vers la deïra dans le Maroc. Le général Cavaignac était à Bab-Taza, avec dix-huit cents baïonnettes, pour tâcher d'arrêter ces émigrations; malgré un brillant combat livré aux fugitifs, ils passèrent en grand nombre la frontière. Le 8 octobre le général de Lamoricière se joignit à la colonne de Tlemsen avec cinq mille cinq cents hommes. Les troupes étaient impatientes d'en venir aux mains pour venger les victimes du guet-apens de Sidi-Brahim; la fortune ne seconda pas leur bouillant courage : Abd-el-Kader ne voulut pas accepter le combat; il nous laissa châtier les malheureuses populations qu'il avait entraînées, et poursuivit sa fuite vers l'ouest. Les insurgés furent habilement cernés et réduits à implorer notre clémence. Malgré l'exaspération des soldats qui venaient de traverser le théâtre encore sanglant du massacre du 22 septembre, le général de Lamoricière eut l'énergie de pardonner et d'accepter la soumission de cette population qu'il était en son pouvoir d'anéantir. Il avait d'ailleurs hâte de se porter au sud pour arrêter l'insurrection, qui faisait chaque jour des progrès. Le poste de Zebdou avait été attaqué, et son commandant avait été assassiné.

Abd-el-Kader, ayant fomenté la révolte dans toute la subdivision de Tlemsen, pénétra dans celle de Mascara en passant par le sud. Il entra d'abord dans la Iakoubia, marchant à petites journées, comme un souverain qui reprend possession de ses États; les tribus saluaient partout son retour avec transport. Cette fois il ne leur demandait plus de combattre pour chasser les Français de l'Algérie: il voulait leur persuader d'émigrer, de fuir un sol souillé par la présence des infidèles, et de venir grossir le peuple nouveau qu'il implantait dans le Maroc. Les Arabes, qui sont tous très-attachés à leur pays, refusèrent pour la plupart de suivre ce conseil, et commencèrent à redouter notre vengeance. Quant au général de Lamoricière, voulant suivre les mouvements de l'émir, il quitta le général Cavaignac à Tlemsen, et marcha vers la subdivision de Mascara, où de graves événements réclamaient sa présence. Il arriva sous les murs de cette ville le 29 octobre, et entra aussitôt en opération contre les Beni Chougran, qui s'étaient révoltés. Cette tribu ne put résister; elle rentra dans l'obéissance, et se soumit à payer une contribution de guerre considérable. Son exemple fut promptement suivi par les populations situées entre Mascara et Mostaganem, et la liberté des communications fut rétablie. Cette première tâche achevée, le général de Lamoricière fit rentrer dans le devoir la Iakoubia, et ne cessa de parcourir le pays, malgré la rigueur de la saison.

Ce mouvement insurrectionnel paraissait avoir été combiné entre Abd-el-Kader et Bou-Maza; les combats chez les Flitta et le massacre de Sidi-Brahim avaient eu lieu presque en même temps. Bou-Maza, descendu des montagnes, pillait et soulevait les populations de la Basse-Mina. Battu une première fois le 30 septembre dans un brillant combat de cavalerie, il tenta cependant d'enlever des tribus jusque dans la banlieue de Mostaganem le 18 octobre. Cette attaque lui coûta cher, et il fut contraint de se réfugier dans le Dahra, où il exerçait encore une très-grande influence. La rapidité des mouvements de cet agitateur semblait tenir du prodige: chassé de Mostaganem, il était le 1ᵉʳ novembre sur le Riou; le 4, chez les Ataf, dans le Chélif; le 11 il attaquait sans succès le Vieux-Tenès, occupé par des Arabes; puis, se dirigeant vers l'est, il envahit les Beni Rached, les souleva, atteignit les Beraz, revint chez les Medjadja, et arriva jusque sous les murailles d'Orléansville. Cette dernière tentative ne fut pas heureuse; ses bandes furent dispersées après avoir supporté des pertes énormes, et lui-même disparut pour quelque temps de la subdivision d'Orléansville (1).

Mais les troupes de la province d'Alger étaient entrées en campagne de leur côté. Dès que le maréchal Bugeaud avait reçu la nouvelle de l'insurrection, il s'était empressé de revenir à Alger, amenant avec lui de nombreux renforts. Il débarqua à Alger le 15 octobre, et en partit trois jours après pour diriger une colonne dans l'Ouarsenis. Le mouvement d'Abd-el-Kader vers l'est était facile à prévoir. Le gouverneur général espérait pouvoir l'arrêter en se postant dans ce pays montagneux, toujours disposé à la rébellion. Le général de Lamoricière avait assez de troupes pour s'opposer aux entreprises de l'émir dans la province d'Oran. Le 22 octobre le maréchal quitta Miliana, se dirigeant vers Teniet-el Ahd, afin de prendre l'Ouarsenis par le sud. Par des manœuvres habiles et des marches incessantes, l'insurrection commençait à s'apaiser, lorsque Abd-el-Kader arriva dans ce pâté de montagnes. Il fut accueilli avec enthousiasme, et la résistance prit un caractère plus acharné. Toutes les tribus habitant un pays découvert fuirent devant nos colonnes, et firent le vide autour de nous. L'émir lui-même fut atteint le 23 décembre. Après cet échec il tenta de pénétrer dans la vallée du Chélif et de porter le théâtre de la guerre jusque dans la plaine de la Metidja; mais la vigilance du gouverneur général, la mobilité des mouvements du général de Lamoricière, qui s'était rapproché, l'en empêchèrent. Il dut quitter le Tell et chercher des forces nouvelles parmi les tribus du sud. Les populations agricoles, qui l'avaient d'abord reçu avec acclamations, commençaient à se lasser des malheurs dont elles étaient frappées. Un parti de la paix se forma parmi elles; il fit des progrès rapides, et bientôt les prédications de guerre sainte ne trouvèrent plus que de faibles échos.

NOUVELLE ORGANISATION ADMINISTRATIVE. — Une ordonnance royale du 15 avril 1845 modifia l'organisation du gouvernement et de l'administration de l'Algérie. Le territoire fut divisé en trois zones: 1° la zone civile, où les services administratifs étaient complètement organisés; 2° la zone mixte, où l'autorité militaire remplissait les fonctions civiles; 3° la zone arabe, entièrement soumise au régime et au pouvoir militaires. Le gouverneur général conserva le commandement et la haute administration de l'Algérie; il avait sous ses ordres: un directeur général des affaires civiles, un directeur de l'intérieur et des travaux publics, un direc-

---

(1) Voyez le livre du capitaine Richard: Étude sur l'insurrection du Dahra (1845-1846).

teur des finances et du commerce, et un procureur général. Les attributions du conseil supérieur d'administration furent déterminées et étendues. Cette ordonnance, en perfectionnant les rouages administratifs, augmenta le personnel d'une manière exagérée et compliqua dangereusement les lenteurs de la centralisation ; les pouvoirs, mal définis, se heurtèrent souvent, et les intérêts des administrés restèrent en souffrance. Des plaintes très-vives ne tardèrent pas à s'élever, et amenèrent des modifications successives. M. Blondel, ancien directeur des finances, fut nommé directeur général des affaires civiles.

Les actes administratifs les plus importants furent en outre : une ordonnance royale, du 17 janvier 1845, pour régler le régime financier de l'Algérie et faire un départ des recettes et des dépenses entre le budget de l'État et le budget de la colonie; deux ordonnances du 21 juillet, l'une sur l'organisation de la cavalerie indigène régulière, créant un régiment de spahis dans chacune des trois provinces ; l'autre sur le mode des concessions de terre. Un arrêté ministériel, du 3 novembre, organisa le corps des interprètes militaires. Enfin les ordonnances royales datées du 9 novembre attribuèrent des concessions de terre et de mines à plusieurs capitalistes, et donnèrent ainsi une impulsion remarquable aux travaux de colonisation. Il serait trop long d'entrer dans une discussion approfondie de ces mesures; nous les mentionnons afin de suivre le développement sommaire de l'histoire administrative du pays, ou plutôt pour marquer la série des tentatives, souvent malheureuses, que le ministère de la guerre faisait pour donner des institutions civiles à notre colonie.

ANNÉE 1846. — Dès le mois de décembre 1845 le dévouement et la persévérance de l'armée, dans une suite d'opérations pénibles et rapides, avaient arrêté les progrès de l'insurrection fomentée par Abd-el-Kader. La majeure partie des tribus du Tell était rentrée dans l'obéissance. Les plus remuantes avaient subi de justes châtiments; sur plusieurs points on les voyait fermer l'entrée de leur territoire à l'émir, et quelques-unes même le poursuivaient à coups de fusil. Forcé d'abandonner le Tell, Abd-el-Kader traversa le pays des Flitta, et se retira dans le sud-ouest de la province d'Oran ; mais il ne put se maintenir longtemps dans ces contrées, parce que les ressources des tribus étaient très-restreintes et que la vigilance de nos troupes lui interdisait l'entrée du Tell. Prenant alors la direction de l'est, il traversa rapidement le Djebel-Amour et les Ouled Naïl, chez lesquels il comptait de nombreux amis, et vint tomber sur les tribus du petit désert de la subdivision de Médéah. Celles-ci, qui n'avaient pas encore pris part à la révolte, furent entraînées dans le parti de l'émir. A la suite de ce coup de main, il se porta par une marche rapide dans la vallée de l'Isser, où il fut rejoint par son khalifa Ben-Salem. En un jour toutes les tribus furent enlevées, et perdirent un butin considérable; mais une de nos colonnes, qui gardait les abords de la Métidja, informée de ces événements, marcha à l'ennemi, le surprit dans son camp, le mit en déroute, et le força à abandonner toutes les prises qu'il avait faites. Cette brillante affaire eut lieu le 7 février 1846.

Le gouverneur général s'était hâté d'accourir pour faire tête à l'orage. Abd-el-Kader fut obligé d'évacuer les vallées accessibles et de se réfugier sur les pentes sud du Djurdjura. Le 27 février l'émir convoqua une grande assemblée de Kabiles à Bordj-el-Boghni, pour les appeler à la guerre. Malgré son éloquence, il ne put rien obtenir de ces fiers montagnards. Alors il rallia les cavaliers arabes qui le suivaient encore, traversa la subdivision de Médéah, en dérobant sa marche aux nombreuses colonnes françaises manœuvrant dans le pays, passa à une portée de canon du poste de Boghar, et enleva une tribu établie à une petite distance d'un camp français. En un jour et deux nuits il avait parcouru près de deux cents kilomètres. Nos troupes volèrent au secours de nos alliés, atteignirent l'ennemi le 7 mars à Ben-Nahar, le mirent en fuite, et ramenèrent tout le butin qui avait été perdu. Quelques jours après, le 13, une autre colonne légère surprit Abd-el-Kader chez les Ouled Naïl, dispersa complètement les bandes qui le suivaient, et les mena, le sabre dans les reins, jusqu'en vue de Boucaada. Après ces premiers succès des renforts furent envoyés à nos colonnes ; elles poursuivirent sans relâche les partisans de l'émir, et les forcèrent à faire leur soumission. Celui-ci, sérieusement menacé par nos progrès, se retira dans le Djebel-Amour, puis se dirigea vers le sud-ouest dans l'Oued Sidi-Nasser. Après son départ la tranquillité fut promptement rétablie.

A la fin du mois de mai les derniers foyers de l'insurrection générale de 1845 se trouvaient éteints. Les tribus avaient fait des pertes considérables, et leur découragement était extrême ; nos ennemis les plus ardents et les plus fanatiques avaient péri dans la lutte, ainsi que les chefs importants qui avaient accompagné Abd-el-Kader dans l'est. La chaîne du Djebel-Amour était soumise et organisée. La grande Kabilie, tentée un moment de se joindre a nos ennemis, avait repoussé les provocations de l'émir. Un poste nouveau avait été créé à Sour-el-Ghozlan pour surveiller les pentes du Djurdjura, l'Ouennougha et le Dira, servir de point d'appui aux opérations militaires, et garder la communication entre Médéah et Sétif. Bou-Maza avait été chassé une fois encore du Dahra; l'Ouarsenis avait été ramené à l'obéissance. Dans la province d'Oran un nouveau sultan avait voulu attaquer Tlemsen, et avait été facilement anéanti dans un combat livré le 24 mars, sur le plateau de Terni, entre Tlemsen et Sebdou. Au sud les Harar avaient été obligés d'accepter la paix à des conditions très-onéreuses pour eux. Dans la province de Constantine nos succès n'avaient pas été moins remarquables; quelques marabouts fanatiques avaient tenté de prêcher l'insurrection : les populations, loin de se lever à leur voix, nous aidèrent à les chasser du pays. Enfin, les tribus marocaines nous ayant donné de graves sujets de mécontentement en s'unissant aux bandes de pillards qui exerçaient leurs rapines sur notre territoire, le général Cavaignac franchit la frontière, et leur infligea une punition exemplaire. Cette opération délicate, conduite avec habileté et couronnée d'un plein succès, impressionna vivement toutes les populations de la frontière, rassura nos amis,

et porta l'alarme jusque dans le camp d'Abd-el-Kader.

MASSACRE DES PRISONNIERS FRANÇAIS DE LA DEÏRA. — La satisfaction qu'inspirait la situation favorable de nos affaires fut troublée par un déplorable incident, le massacre des prisonniers français détenus à la deïra de l'émir. On reconnut que ce funeste événement était le résultat de la double crise que venait de traverser la puissance d'Abd-el-Kader. Obligé de fuir sans cesse devant nos troupes; attendant en vain les secours qu'il réclamait de sa deïra ; surpris par la défection des Beni Amer et des Hachem, qui s'étaient réfugiés dans l'intérieur du Maroc ; désespérant de faire accepter par la France une négociation officielle pour l'échange des prisonniers; menacé de voir ces gages précieux pour ses mensonges politiques enlevés de vive force par les agents marocains ; resserré chaque jour dans un cercle plus étroit, où les armes et les intrigues demeuraient pour lui également impuissantes ; pressé par la disette et les besoins de toutes sortes, l'émir se laissa arracher, dit-on, l'ordre barbare de massacrer nos malheureux prisonniers. Cette odieuse boucherie s'accomplit de nuit vers les derniers jours du mois d'avril, sur les bords de la Molouïa, où la deïra était campée. Onze personnes, la plupart officiers, furent épargnées; quelques soldats, fuyant devant leurs meurtriers, parvinrent à se sauver et gagnèrent la frontière. Cet acte de cruauté n'améliora pas la situation précaire de la deïra; elle ne se composait plus que de la famille d'Abd-el-Kader et d'un petit nombre de tentes. Mustapha ben Thami, beau-frère de l'émir, commandait ces débris.

Quant à Abd-el-Kader, poursuivi vivement par une colonne française dans l'Oued Sidi-Nasser, il fut successivement chassé des Kssours de Stitten, de Chellala, de Bou-Semghoun, et fut rejeté jusqu'à la frontière du Maroc, à la hauteur de l'oasis de Figuig. Lorsqu'il rejoignit sa deïra, vers la fin du mois d'août, il la conduisit à Aïn-Zohra, à soixante-douze kilomètres environ de la ville de Thaza, et employa toute son habileté et toute son énergie à rétablir sa cavalerie et à se créer de nouvelles ressources. Bou-Maza, en quittant l'Ouarsenis, s'était réfugié à la déira; mais, lassé des lenteurs et des atermoiements que l'émir opposait sans cesse à ses projets d'agression contre l'Algérie, il se rapprocha de la frontière pour tenter quelque entreprise par sa propre influence. Malgré toutes ses démarches, il reconnut bientôt son impuissance; il en attribua la cause aux menées d'Abd-el-Kader, qu'il croyait jaloux de sa renommée, et il jugea prudent, dans l'intérêt de sa sûreté, de s'enfuir de la déira. Suivi de quarante cavaliers seulement, il gagna Stitten, et se dirigea vers l'est, plutôt en fugitif qu'en prétendant.

Le 25 novembre les onze prisonniers français qui restaient à la déira furent rendus à la liberté pour une rançon d'environ 33.000 francs. Cet événement souleva contre Abd-el-Kader l'indignation des musulmans, qui lui reprochèrent d'avoir vendu les prisonniers français, lorsqu'il pouvait, par un échange, délivrer ceux de ses amis et de ses partisans détenus en France.

ÉVÉNEMENTS DE LA PROVINCE DE CONSTANTINE. — Deux foyers de désordre existaient encore à l'est de nos possessions : l'un dans les montagnes au nord de Sétif et l'autre vers la frontière de Tunis. Des opérations bien dirigées contre les deux marabouts qui agitaient les tribus de Sétif eurent promptement une issue satisfaisante. Vers la frontière de Tunis, quinze soldats malades ayant été assassinés dans une tribu, auprès de Tébessa, la colonne de la subdivision de Bône infligea un châtiment terrible à la population sur le territoire de laquelle le crime avait été commis. A quelque temps de là, nos troupes campées chez les Ouled Khiar, non loin de la frontière, furent attaquées, le 19 juin 1846, par un rassemblement de plusieurs milliers de cavaliers et de fantassins, conduits par un marabout. Notre cavalerie s'élança contre ces fanatiques, les dispersa, et leur tua plus de cent hommes. Dans les Ziban quelques hostilités eurent lieu; mais ces divers événements ne donnèrent aucune inquiétude sur la tranquillité générale de la province de Constantine. Il faut aussi mentionner un engagement très-vif à Bougie entre la garnison et la tribu kabile des Mezaïa, pendant le mois d'octobre. Ce combat, terminé à notre avantage, amena un commencement de relations avec quelques chefs importants des tribus voisines, et on ne tarda pas à recueillir les fruits de cette situation nouvelle.

ACTES ADMINISTRATIFS EN 1846. — Une ordonnance royale, en date du 21 juillet 1846, soumit à vérification tous les titres de propriété, et détermina les conditions de la validité de ces titres et de la culture obligatoire. Deux règlements ministériels des 17 septembre et 2 novembre pourvurent aux nécessités de l'exécution de cette ordonnance. Le gouvernement était depuis longtemps préoccupé des avantages qu'on trouverait à porter vers la zone intérieure les principaux sièges de l'autorité militaire. Ce projet fut adopté en principe dans le mois de novembre 1846. D'après ces dispositions nouvelles, le chef-lieu de la division d'Alger devait être transféré à Méléah; Batna, dans la province de Constantine, devenait le chef-lieu d'une subdivision; Sidi-bel-Abbès était désigné comme la future capitale militaire de la division d'Oran. Cette grande mesure devait avoir pour résultat de rendre la guerre et la répression des révoltes plus faciles, le gouvernement des indigènes plus efficace et plus puissant, la colonisation plus sûre. Par une ordonnance royale du 10 juillet 1846 M. Blondel fut remplacé comme directeur général des affaires civiles par M. Victor Fouché.

SOUMISSION DES KABILES DE BOUGIE. — Les relations nouées avec les chefs des tribus voisines de Bougie, à la suite du combat du mois d'octobre 1846, hâtèrent la manifestation de dispositions inespérées chez les Kabiles de Bougie et de Sétif. Sur ces deux points, les montagnards, fatigués d'un état d'hostilité qui rendait tout commerce impossible, frappés des succès militaires obtenus par nos armes contre les rebelles, redoutant pour leur pays les dangers d'une guerre de conquête, vinrent se ranger d'eux-mêmes sous notre domination. Dans le courant du mois de janvier 1847, les Mezaïa, les Beni bou-Messaoud et les Beni Mimoun, situés à proximité de Bougie, furent organisés en cercle et placés, sur leur demande expresse, sous les ordres immédiats des autorités françaises. Bientôt treize tribus qui suivaient la fortune du chef kabile Mohammed-ou-Amzian imitèrent cet exemple. « Nous sommes, dirent leurs envoyés, « las de la guerre; convaincus que « l'heure indiquée par Dieu pour la sou- « mission de notre pays et de notre race « est arrivée, nous ne pouvons qu'obéir « aux décrets du Tout-Puissant. » Le résultat de cet événement fut d'ouvrir la communication directe entre Bougie et Sétif. Si la route n'offrait pas alors au commerce une sécurité parfaite, elle put cependant être librement parcourue par des courriers indigènes. La ville de Bougie ressentit aussi les effets de ces soumissions. Les Kabiles s'y présentèrent en grand nombre avec des denrées de toutes sortes. Le prix des aliments de première nécessité baissa immédiatement de moitié. Du côté de Sétif les relations avec les tribus du Sahel devinrent plus fréquentes, et l'autorité française put enfin faire sentir son action parmi les rudes populations de ces montagnes.

SOUMISSION DE BEN SALEM. — La solution pacifique de l'importante question de la Kabilie reçut une confirmation définitive par la soumission de Sy Ahmed Ben Salem ben Thaïeb, ancien khalifa d'Abd-el-Kader dans le Sébaou et sur les pentes du Djurdjura. Ce chef, après plusieurs entrevues avec un officier français, chargé des affaires arabes, se rendit le 27 février au nouveau poste de Sour-el-Ghozlan, et reconnut l'autorité française par cette démarche significative. Le kabile Bel-Kassem-ou-Kassi, qui s'était fait un nom pendant la dernière insurrection, des personnages importants réfugiés dans la Kabilie, et tous les chefs notables de la vallée du Sébaou et des revers ouest et sud du Djurdjura furent entraînés par l'exemple de Ben Salem. Ces heureux événements portèrent le dernier coup à l'influence d'Abd-el-Kader dans la partie orientale de la province d'Alger, et ouvrirent des débouchés nouveaux pour notre commerce.

SOUMISSION DE BOU-MAZA. — Nous avons vu précédemment que Bou-Maza avait quitté furtivement la deïra d'Abd-el-Kader pour échapper à ses embûches, et qu'il s'était dirigé vers Stitten. Après avoir fait des efforts inutiles pour s'établir dans l'Oued Sidi-Nasser, il traversa successivement le Djebel-Amour et les Ouled Naïl sans pouvoir trouver un refuge assuré. Poursuivant toujours sa marche vers l'est, suivi à peine d'une cinquantaine de cavaliers, il arriva dans les Ziban de la province de Constantine, prit part à un engagement livré le 10 janvier 1847 à une colonne française par les Ouled Djellal, et poussa jusqu'à Tougourt. Nulle part il ne rencontra une sympathie assez vive pour oser rester au milieu des tribus. Enfin déchu de toutes ses espérances de ce côté, il reprit la direction de l'ouest pour regagner le Dahra, où des milliers de fanatiques s'étaient toujours levés à sa voix. Vers les premiers jours du mois de mars, il pénétra dans le Tell en passant auprès de Teniet-el-Ahd; un détachement français, qui se trouvait par hasard à proximité, le poursuivit pendant plusieurs kilomètres et lui enleva douze chevaux. Il parvint avec beaucoup de difficulté dans le Dahra; mais, pour la première fois, il trouva les tribus sourdes à ses excitations. Cet échec le jeta dans un découragement complet, et le détermina à se remettre lui-même entre les mains des Français. En effet, le 13 avril il s'adressa à cinq cavaliers arabes laissés chez les Ouled Iounès pour percevoir une amende, et leur demanda d'être conduit auprès du commandant supérieur d'Orléansville. Après avoir rendu hommage au gouverneur général à Alger, Bou-Maza fut interné en France (1).

EXPÉDITION DE LA KABILIE. — Les événements qui s'étaient produits aux environs de Bougie au commencement de l'année, la soumission de Ben Salem, de Mohammed-ou-Amzian, de Bel-Kassem-ou-Kassi, avait fait croire que le maréchal Bugeaud renoncerait

(1) Nous renvoyons à l'ouvrage intéressant de M. le capitaine Richard : *Études sur l'insurrection du Dahra*, pour les détails et les renseignements concernant le rôle religieux et la vie aventureuse de Bou-Maza. Cet indigène habitait Paris; mais lors de la révolution de février il s'évada de la capitale, et ne fut arrêté qu'à Brest, au moment où il cherchait à s'embarquer. Le gouvernement l'a fait enfermer au fort de Ham.

ALGÉRIE.

à diriger une expédition contre la Kabilie et qu'il attendrait que l'influence des relations commerciales eût habitué ces farouches montagnards à notre contact, avant de faire pénétrer nos troupes au milieu d'eux. Mais le gouverneur général, excité par la résistance de l'opinion publique et par la désapprobation exprimée à la tribune de la chambre des députés, s'exagéra l'urgence de cette grande opération, et à force d'insistance obtint du gouvernement l'autorisation de conduire une colonne de Sour-el-Ghozlan à Bougie, pendant que la division de Constantine partirait de Sétif pour se rendre également à Bougie.

Le fort de Hamza fut désigné comme point de concentration des troupes de la division d'Alger appelées à prendre part à l'expédition de la Kabilie. L'armée se mit en mouvement le 13 mai, et arriva le 15 dans la vallée de l'Oued Sahel qui descend jusqu'à Bougie. Un grand nombre des tribus habitant le haut de cette vallée envoyèrent leurs chefs au camp du maréchal, fournirent des guides et firent acte de soumission. Mais arrivé devant les Beni Abbas, tribu puissante et industrieuse de la rive droite, on apprit que sept fractions sur huit étaient décidées à la guerre. D'un autre côté, les Zouaoua, situés sur la rive gauche, manifestaient également l'intention de résister. En effet, dans la nuit du 16 au 17 les grandes-gardes du camp furent attaquées sur trois faces à la fois. Les Kabiles poussaient de grands cris et faisaient un feu roulant. Ils s'excitaient au combat par des chants de guerre qui rappelaient que dans des attaques semblables les troupes turques avaient essuyé des catastrophes dans ces mêmes contrées. Tous leurs efforts échouèrent devant l'attitude énergique de nos soldats, qui durent, sur plusieurs points, charger à la baïonnette pour se dégager. A une heure du matin l'ennemi se retira, sans nous avoir causé aucune perte.

Le 16, à la pointe du jour, huit bataillons débarrassés de leurs sacs, furent lancés dans les montagnes contre les villages des Beni Abbas. On rencontra partout une résistance opiniâtre; mais l'impétuosité de nos soldats en triompha bientôt. Maître de ces beaux villages, le gouverneur général en ordonna la dévastation, afin de faire un exemple qui ôtât aux autres tribus l'idée de nous combattre. Cette population, que son industrie avait enrichie, éprouva dans cette circonstance une perte immense. Ses fabriques de poudre et d'armes furent renversées; un grand nombre de fusils et de pièces d'armes furent détruits. Les résultats de cette opération ne se firent pas attendre. Une heure après la fin du combat un chef kabile vint traiter de la soumission des Beni Abbas, qui acceptèrent toutes les conditions imposées par le gouverneur général. La colonne poursuivit sa route, et arriva devant Bougie sans autre accident de guerre.

Quant aux troupes de la division de Constantine, elles partirent de Sétif le 14 mai sous les ordres du général Bedeau; elles ne trouvèrent aucun obstacle pendant les deux premiers jours. Le 16 les Gheboula essayèrent de leur barrer le passage, et engagèrent une fusillade très-bien nourrie. Ils furent facilement repoussés, et on pénétra dans trois de leurs villages, dont toutes les maisons étaient couvertes en tuiles et crépies à la chaux. Le lendemain, pendant la journée entière, les Kabiles entretinrent un feu assez vif contre nos avant-postes, tandis que leurs envoyés traitaient de leur soumission. Un engagement sans importance eut encore lieu le 18; le jour suivant toutes les tribus arrivèrent au camp, et firent acte de soumission. A partir de ce moment la colonne ne rencontra plus de résistance et fit sa jonction avec les troupes de la division d'Alger, non loin de Bougie. Dans les montagnes assez difficiles qui séparent cette ville de Sétif, le corps expéditionnaire trouva de remarquables cultures, une végétation active habilement entretenue, de très-nombreux villages, bien construits, dont quelques-uns avaient l'apparence de véritables villes.

Dans leur marche, les deux colonnes avaient soumis par trois combats seulement le grand triangle montagneux indiqué par Hamza, Sétif et Bougie. Ce territoire est habité par cinquante-cinq tribus, ayant plus de trente-trois mille fusils (1). La grande vallée du Sébaou et tout le revers nord du Djurdjura jusqu'à la mer reconnurent l'autorité de la France, par suite de l'influence de nos succès. Le 24 mai le maréchal Bugeaud réunit sous les murs de Bougie tous les principaux personnages des tribus qui venaient de faire leur soumission, et leur donna une organisation administrative en rapport avec le caractère indépendant de ces montagnards.

OPÉRATIONS MILITAIRES DANS LE SUD. — Pendant cette opération principale le gouverneur général avait envoyé vers le sud sept colonnes légères avec mission de raffermir notre autorité dans le petit désert et d'enlever à Abd-el-Kader et aux autres perturbateurs les appuis et les ressources qu'ils pouvaient y trouver. Nos forces se montrèrent dans les Ziban, dans l'Aurès, dans la Houdna, chez les Ouled Naïl et dans le Djebel-Amour; enfin la colonne de Mascara et celle de Tlemsen poursuivirent nos ennemis jusque chez les Ahmian-Gheraba et chez les Ouled Sidi-Cheikh, et obtinrent partout des garanties réelles de fidélité et d'obéissance. Ainsi, à la fin du mois de mai, depuis la frontière du Maroc jusqu'à celle de Tunis, depuis le littoral jusqu'au désert, l'autorité française était partout acceptée sans contestation. Le maréchal Bugeaud rentra à Alger le 26 mai, et demanda au ministre de la guerre de pourvoir à son remplacement. La durée de son commandement, qui fut marqué par une si prodigieuse activité, et pendant lequel s'accomplirent des faits de la plus haute importance pour l'Algérie, avait dépassé six années (2).

(1) Voyez les *Études sur la Kabilie*, par M. le capitaine Carette, ouvrage en deux volumes, de la collection de l'exploration scientifique de l'Algérie, publiée par le gouvernement.

(2) Voici l'ordre du jour qu'il adressa à l'armée avant de s'embarquer pour la France:

Au quartier général à Alger, le 30 mai 1847.

« Officiers, sous-officiers et soldats de l'armée d'Afrique,

« Ma santé et d'autres motifs puissants m'ont obligé de prier le roi de me donner un successeur. Sa majesté ne me refusera pas un repos devenu indispensable. En attendant sa

Commandement du duc d'Aumale.

(Du 11 septembre 1847 au 24 février 1848.)

GOUVERNEMENT INTÉRIMAIRE. — Le maréchal Bugeaud quitta Alger le 5 juin, et laissa le commandement par intérim au général de Bar. La province d'Alger conserva le calme que nos suc-

décision, je vais jouir d'un congé qui m'est accordé depuis longtemps.

« Comment me séparer de vous sans éprouver de profonds regrets! Vous n'avez cessé de m'honorer pendant six ans et demi d'une confiance qui faisait ma force et la vôtre. C'est cette union entre le chef et les troupes qui rend les armées capables de faire de grandes choses. Vous les avez faites. En moins de trois ans, vous avez dompté les Arabes du Tell et forcé leur chef à se réfugier dans l'empire du Maroc : les Marocains entrèrent alors dans la lutte; vous les avez vaincus dans trois combats et une bataille. Abd-el-Kader, rentré en Algérie à la fin de 1845, a soulevé presque tout le pays : vous l'avez vaincu de nouveau. Il avait trouvé des appuis et des ressources dans le désert, vous avez su l'y atteindre en vous rendant aussi légers que les Arabes. En apprenant l'art de subsister dans ces contrées lointaines, où les populations, en fuyant, ne laissent aucune ressource au vainqueur, vous avez pu frapper vos ennemis partout, dans les plaines du Sahara comme dans les montagnes les plus abruptes du Tell. Vous ne leur avez laissé aucun refuge, aucun répit, et voilà comment vous avez établi cette puissance morale qui garde les routes et protège la colonisation sans exiger votre présence constante. C'est ainsi que vous avez pu vous dispenser de multiplier les postes permanents, ce qui aurait immobilisé une grande partie de vos forces et vous aurait mis dans l'impuissance d'achever l'œuvre de la conquête.

« La grande Kabilie servait de refuge et d'espérance à vos adversaires. Un danger permanent était là suspendu sur vos têtes. Le simple bruit d'une expédition a suffi pour soumettre l'ouest et la chaîne du Djurdjura, et par trois combats vous avez dompté ces fiers montagnards du centre qui se glorifiaient de n'avoir été soumis à personne : l'est ne vous résistera pas davantage.

« Il est des armées qui ont pu inscrire dans leurs annales des batailles plus mémorables que les vôtres; il n'en est aucune qui ait livré autant de combats et qui ait exécuté autant de travaux... »

ces dans la Kabilie venaient de donner aux populations. Dans la province de Constantine le général Bedeau réunit toutes les troupes disponibles à Milah le 14 juin, et dirigea une opération importante sur Collo, afin de garantir la sécurité de la communication entre Philippeville et Constantine. La colonne parcourut successivement le territoire des plus fortes tribus qui habitent ces montagnes. Elle fut attaquée le 19 chez les Ouled Aïdoun ; mais par la vigueur de ses retours offensifs elle eut promptement raison de cette résistance. Le 21 et le 22 les Kabiles revinrent à la charge, et essuyèrent des pertes qui les découragèrent complétement. Le général Bedeau atteignit Collo le 26, et y séjourna pendant quelques jours pour achever la pacification des montagnes comprises entre Collo, Milah et le bord de la mer. La province d'Oran était tranquille ; toute l'attention était absorbée par la position, chaque jour plus significative, que prenait Abd-el-Kader vis-à-vis de l'empereur du Maroc. Pressées par les représentations des agents français, inquiétées de l'ascendant que l'émir gagnait dans les tribus de la frontière, les autorités marocaines s'étaient enfin décidées à poursuivre l'exécution du traité de Tanger et à exiger l'éloignement d'Abd-el-Kader. Celui-ci, voyant qu'on ne voulait plus garder de ménagement envers lui, résolut de prévenir ses adversaires, et dirigea un coup de main contre un camp marocain situé sur les bords de l'Oued Azlif. Cette opération, exécutée vigoureusement et avec habileté, eut l'issue la plus heureuse ; les Marocains furent mis en fuite, et leur chef, tombé au pouvoir de l'ennemi, eut la tête tranchée. Cependant Abd-el-Kader, redoutant la vengeance de l'empereur, s'efforça de le calmer par des actes de respect, rejetant l'attaque du camp sur les provocations et les menaces qui lui avaient été adressées. Ces excuses ne furent pas agréées, et les Marocains, incités par les agents français à Tanger, commencèrent à faire des préparatifs sérieux contre l'hôte dangereux qui dans l'esprit de beaucoup d'indigènes pouvait porter ombrage à la puissance même de l'empereur.

Le général de Bar ne tarda à rentrer lui-même en France, et le général Bedeau arriva à Alger le 18 juillet pour y exercer l'intérim du commandement. Déjà on savait que le gouvernement avait arrêté la nomination du duc d'Aumale comme gouverneur général. Le général Bedeau appliqua tous ses efforts à imprimer une marche régulière aux services civils et militaires : sous son habile direction les affaires restèrent dans la situation la plus satisfaisante. Sur la frontière du Maroc, le *statu quo* semblait vouloir se prolonger. L'empereur se décidait lentement à un parti énergique ; quant à Abd-el-Kader, il était poussé par la fortune, et chaque jour son influence grandissait. Afin de donner un point d'appui sérieux à sa puissance, il envoya des émissaires aux tribus des Beni Amer et des Hachem qui avaient émigré dans l'intérieur du Maroc, et les engagea à venir le rejoindre ; il connaissait leur dévouement et leur bravoure, et il espérait s'en servir pour affermir sa domination ; ces malheureuses populations, qui supportaient avec peine les douleurs de l'exil, acceptèrent avec trop de facilité l'occasion qui leur était offerte pour se rapprocher du pays natal ; elles se mirent en marche, l'émir leur ayant promis de venir à leur rencontre. Les autorités marocaines, informées de ce mouvement, sommèrent les Algériens de s'arrêter ; mais ceux-ci repoussèrent par la force les cavaliers qui leur portaient ces ordres. Alors on ameuta contre eux la population encore sauvage des contrées qu'ils devaient traverser. Ils furent bientôt enveloppés par des bandes furieuses, impatientes de piller leurs bagages. Ils résistèrent bravement pendant plusieurs jours ; mais, les munitions venant à leur manquer, ils furent écrasés par le nombre et entièrement dispersés ; beaucoup trouvèrent la mort dans cette lutte acharnée ; quelques-uns seulement purent franchir la frontière. Les Hachem souffrirent moins que les Beni Amer, qui furent fort maltraités. Abd-el-Kader était parti de son camp, comme il l'avait promis, pour se porter au-devant d'eux ; mais il fut arrêté par des obstacles, et ne put leur porter secours ; cet événement jeta la consternation parmi ses partisans.

ARRIVÉE DU DUC D'AUMALE. Le

nouveau gouverneur général débarqua à Alger, le 5 octobre 1847. Il consacra les premiers jours à discuter avec les généraux commandant les trois provinces et avec les directeurs des affaires civiles les principales mesures qui allaient être mises à exécution pour favoriser le développement de la colonisation et donner des garanties nouvelles aux populations européennes. Le général de Lamoricière conservait le commandement de la province d'Oran, le général Bedeau celui de la province de Constantine; le général Changarnier, après quatre années d'absence, fut rappelé en Algérie pour commander la province d'Alger. Avec le concours d'aussi illustres lieutenants, le jeune prince était assuré de ne pas laisser péricliter les bons résultats obtenus par son prédécesseur. Toute la population accepta avec les plus vifs témoignages de joie et d'espoir l'arrivée du duc d'Aumale. Peu de jours suffirent pour donner la preuve que le nouveau gouverneur général ne le cédait à aucun de ses devanciers pour l'ardeur au travail, l'intelligence rapide des questions spéciales au pays, tant en ce qui concernait les Arabes qu'en ce qui touchait aux intérêts européens. Pour la première fois peut-être on vit un chef s'adresser avec une égale confiance à toutes les parties du service public; faire appel à tous les fonctionnaires soit civils, soit militaires, sans trahir de prédilection, et sans les subordonner les uns aux autres. L'autorité civile et le pouvoir militaire sous la haute direction d'un fils du roi semblaient devoir abjurer bientôt leur longue rivalité et travailler enfin de concert à la prospérité de l'Algérie.

ABD-EL-KADER ET LE MAROC. — Les événements intérieurs de l'Algérie perdaient de leur importance depuis que le gouverneur général n'accordait plus une attention exclusive et exagérée aux faits de guerre. Le pays était tranquille, et la répression des troubles qui se produisaient sur quelques points s'opérait facilement et sans bruit. A l'extérieur la position d'Abd-el-Kader vis-à-vis de l'empereur du Maroc s'aggravait chaque jour. A la fin du mois de novembre, trois camps marocains s'étaient dirigés de Fès contre la déira de l'émir, fixée depuis plusieurs mois à Casbah-Zelouan (non loin de Melilla et de la mer); deux fils de l'empereur étaient à la tête de ces opérations. L'un de ces corps de troupes suivait la rive gauche de la Molouïa; le second marchait le long de la côte du Riff; enfin le troisième, conduit par le kaïd d'Ouchda, tenait la rive droite de la Molouïa. Ces colonnes châtiaient sur leur passage les tribus qui entretenaient des relations avec Abd-el-Kader, et déterminaient les populations à cesser tous rapports avec la déira. Cette situation jeta l'alarme parmi les amis de l'émir; on changea de campement, et on s'établit à Zaïou, pays difficile, où avaient été formés des dépôts de grains. En même temps, pour relever le courage des siens, Abd-el-Kader envoya un agent à Djema-Ghazaouat pour faire des propositions de paix à la France. Son émissaire fut reconduit à la frontière sans réponse. Rebuté de ce côté, il dépêcha son khalifa Bou-Hamedi auprès de l'empereur pour offrir sa soumission. Son lieutenant fut retenu à Fès. A mesure que ces faits si graves se développaient, le général de Lamoricière avait réuni un corps d'observation sur la frontière pour seconder au besoin les mouvements de l'armée marocaine. Bientôt la déira se trouva resserrée de tous les côtés, et une solution parut imminente. Le duc d'Aumale partit d'Alger le 18 décembre pour se rapprocher du théâtre de ces événements importants.

SOUMISSION D'ABD-EL-KADER. — Le 9 décembre l'empereur fit connaître à l'émir sa réponse aux propositions portées par Bou-Hamedi. Il exigeait la venue de la déira à Fès, sa dispersion dans les tribus, l'incorporation des troupes régulières dans son armée; à ce prix, il promettait des terres et la paix aux Algériens qui reconnaîtraient son autorité. Abd-el-Kader ne discuta pas même ces conditions, et renvoya les agents de l'empereur sans répondre. Il dirigea son infanterie, renforcée de tous les hommes valides de la déira, sur le camp marocain le plus rapproché. Son projet était de tenter une surprise au moyen d'un stratagème bizarre. Deux chameaux enduits de poix, entourés d'herbes et de broussailles sèches furent conduits en tête de sa troupe, et dans le milieu de la nuit, lancés tout en feu à travers les camps mal gardés des Marocains. La ruse avait été éventée par des déserteurs de la déira, et lorsqu'on pénétra dans un premier camp, on trouva les tentes vides. Sans s'arrêter, on attaqua avec furie le second camp où l'ennemi s'était réfugié, et on lui fit essuyer des pertes énormes. Mais bientôt, entouré de toutes parts par les Marocains, dix fois supérieurs en nombre, Abd-el-Kader fut forcé de reculer en laissant entre leurs mains des morts et des prisonniers. Cependant, faisant un appel suprême au courage et au dévouement de ses plus braves cavaliers, il parvint à contenir les poursuivants, et couvrit sa retraite jusqu'au lieu dit *Agueddin*, situé entre la partie inférieure de la Molouïa, la mer et la montagne de *Kebdana*, presque en face des îles Zaffarines.

Les camps marocains, après avoir sollicité et obtenu des munitions des autorités françaises, se disposèrent à attaquer de nouveau le 20 ou le 21 décembre. La déira était dans la plus grande confusion. Déjà le frère aîné de l'émir s'était enfui et avait gagné le territoire algérien, après avoir obtenu un sauf-conduit du général de Lamoricière. Le 21 la déira ayant commencé à traverser la Molouïa pour se rapprocher de l'Algérie, les troupes et les tribus marocaines se précipitèrent à la fois contre elle; Abd-el-Kader courut au-devant des assaillants, à la tête de ses fantassins et de ses cavaliers réguliers, et au prix de la vie de plus de la moitié de ses soldats il réussit à protéger le passage de la rivière et à ramener tout son monde au delà des limites du Maroc. Il forma alors le projet de livrer sa déira à la générosité de la France, et de tenter de sa personne la route du désert avec ses plus dévoués partisans; c'était la seule que les troupes marocaines avaient laissée libre. Cherchant son chemin au milieu de l'obscurité, il interrogea, sans soupçonner la méprise, un cavalier placé par nous pour surveiller ses mouvements, et demanda des renseignements pour gagner le pays des Beni Snassen, en traversant le col de Kerbous. Ces indications, transmises aussitôt au général de Lamoricière, le portèrent à marcher en diligence vers le col désigné; des dispositions rapides furent prises pour fermer cette voie; et le 22, à la tête de toute sa colonne, il se mit lui-même en marche vers le col de Kerbous.

Un officier indigène envoyé en reconnaissance distingua, au milieu de l'obscurité de la nuit et de la pluie, quelques cavaliers qu'il chassa à coups de fusil; au bruit de la fusillade un peloton de renfort accourut en sonnant la charge. Abd-el-Kader, car c'était lui-même qui tentait de franchir le col, reconnut au son des trompettes la présence d'une troupe française, et demanda à parlementer avec le général. La nuit et la pluie ne permettaient pas d'écrire; l'émir apposa son cachet sur un papier blanc, le remit à l'officier et le chargea d'être son organe. Il offrait de se mettre entre les mains des Français, sous l'engagement d'être conduit avec sa famille à Saint-Jean d'Acre ou à Alexandrie. Le général de Lamoricière ne pouvait non plus écrire; il donna son sabre et le cachet du bureau arabe de Tlemsen comme gage de sa parole. Les incertitudes d'Abd-el-Kader furent longues; il lui était encore possible de tenter la fortune dans le sud; il hésitait à briser par cette démarche décisive le prestige religieux dont son nom avait été entouré jusque alors. Toute la journée s'écoula sans solution. Enfin à onze heures du soir il écrivit au général; il sollicitait *une parole française* pour se livrer sans défiance et se soumettre à sa destinée. L'engagement fut pris immédiatement, et le lendemain 23 décembre notre redoutable adversaire se rendit à une troupe française qui l'attendait au marabout de Sidi-Brahim, théâtre d'un de ses plus importants succès.

Le même jour à six heures il arriva à Djema-Ghazaouat, où il fut introduit devant le duc d'Aumale. Après s'être assis, sur un signe du prince, il prononça les paroles suivantes : « J'aurais voulu faire plus tôt ce que je fais aujourd'hui. J'ai attendu l'heure marquée par Dieu. Le général m'a donné une parole sur laquelle je me suis fié. Je ne crains pas qu'elle soit violée par le fils d'un grand roi comme celui des Français. Je demande son *aman* (protection) pour ma famille et pour moi. » Le duc d'Aumale confirma la promesse du général de Lamoricière, et congédia l'émir, dont on admira dans cette entrevue l'attitude noble, calme et résignée. Le 24 décembre il s'embarqua pour Oran, et dans les derniers jours du mois il arriva en France, où les circonstances politiques ont obligé de le retenir jusqu'à présent, sans pouvoir exécuter encore la promesse de l'envoyer en Orient (1).

Nous avons voulu raconter les phases principales de ce grand drame qui termina si heureusement pour les intérêts français la lutte que la nationalité arabe soutenait depuis dix-sept années contre notre domination. La soumission d'Abd-el-Kader donna une consécration définitive aux succès si brillants et si nombreux obtenus par notre armée ; elle marqua d'une manière plus éclatante que désormais la tâche que nous avions à remplir pour affermir notre autorité en Algérie, cessait d'être exclusivement militaire et guerrière, pour devenir civile et administrative. Sans doute la prudence commandait de prévoir qu'on aurait encore à réprimer des insurrections

(1) L'émir Abd-el-Kader et sa suite, composée de plus de quatre-vingt-dix personnes, hommes, femmes et enfants, ont été enfermés d'abord au fort Lamalgue à Toulon, jusqu'à la fin du mois d'avril 1848. A cette époque on les transféra au château de Pau ; mais le voisinage de la frontière d'Espagne détermina le gouvernement à les interner à Amboise. Depuis les premiers jours de novembre 1848 ils habitent le château d'Amboise, où ils sont entourés de tous les soins qui peuvent diminuer l'amertume et les ennuis de la captivité.

Voici le portrait que le duc d'Aumale traçait d'Abd-el-Kader au moment de sa soumission : « L'émir est un homme d'environ qua-
« rante ans. Sa physionomie est intelligente ;
« ses yeux, grands et noirs, ont le regard sévère
« et impérieux ; son teint est jaune, sa face
« amaigrie, sans être longue ; sa barbe noire
« est abondante, et se termine en pointe.
« L'ensemble de sa figure est austère ; elle
« rappelle la figure traditionnelle du Christ.
« Sa voix est grave et sonore. Sa taille, au-
« dessus de la moyenne, paraît robuste et
« bien prise. Il porte un burnous noir sur
« deux burnous blancs, des bottes de maro-
« quin jaune ; le costume est des plus sim-
« ples. »

partielles sur quelques points ; mais les chefs manquant à ces révoltes, nous n'avions plus à craindre un soulèvement général semblable à celui de l'année 1845. Les tribus elles-mêmes d'ailleurs semblèrent comprendre la position nouvelle que leur faisait la soumission du plus infatigable athlète de leur indépendance religieuse et politique ; elles étaient avides de repos ; les dernières années avaient été désastreuses pour leurs récoltes : elles se tournèrent pour ainsi dire unanimement vers les choses et les travaux de la paix. Sous l'active et intelligente inspiration des bureaux arabes, elles entreprirent la construction de maisons qu'elles groupèrent en village, elles plantèrent des arbres, s'essayèrent à des associations industrielles, pour immobiliser leurs intérêts sur le sol. C'était la meilleure preuve de la confiance qu'elles accordaient à notre administration ; et c'était en même temps pour nous une garantie réelle de la durée de la tranquillité. Cette réaction contre la guerre et les troubles qui maintenaient les habitudes nomades se déclara d'abord dans la province d'Oran, parmi les tribus qui avaient pris la plus large part aux agitations et qui avaient le plus souffert pendant la lutte.

CONCLUSION. — L'année 1848 s'ouvrit sous les auspices les plus favorables. Depuis longtemps l'Algérie était en proie à une gêne industrielle et commerciale des plus intenses ; les propriétés avaient considérablement perdu de leur valeur, le crédit des négociants les plus recommandables était ébranlé ; le mouvement colonisateur était entièrement paralysé ; on avait étudié beaucoup de projets, mais nulle part on n'était en mesure de les réaliser. La soumission d'Abd el-Kader vint modifier de la manière la plus heureuse et la plus inespérée cette triste situation. Tout le monde prit confiance ; la banque de France, sollicitée avec vivacité, se décida enfin à fonder un comptoir à Alger ; le règlement des indemnités dues pour expropriation allait verser des sommes importantes dans la circulation ; le conseil supérieur du gouvernement, présidé par le duc d'Aumale, travaillait pour ainsi dire nuit et jour, étudiait, élaborait, arrêtait des projets de toutes sortes, pour donner une impulsion nouvelle aux affaires et à l'administration. Des institutions municipales venaient d'être accordées à un grand nombre de localités; les autorités civiles, dont l'action avait été simplifiée et fortifiée par des ordonnances royales du 1ᵉʳ septembre 1847, modificatives de celle du 15 avril 1845, commençaient à donner des preuves d'une activité jusque alors inusitée. On se sentait de toutes parts, et pour tous les intérêts, arrivé sur le terrain des améliorations et du progrès.

C'est au milieu de ces impatiences qui semblaient toucher déjà à l'avenir si vivement souhaité qu'on reçut comme un coup de foudre la nouvelle de la révolution de Février. L'anxiété patriotique qui oppressa d'abord les cœurs au sujet des périls dont la France était menacée empêcha de mesurer la gravité de la crise que l'Algérie allait subir. Mais lorsque les nouvelles furent confirmées, lorsqu'on vit s'embarquer pour l'exil ce jeune prince qui avait montré tant de dévouement et de véritable amour de la France, qui pendant les quelques mois de son gouvernement avait réchauffé tous les courages, rassuré les intérêts, le découragement s'empara de tous les esprits, et on retomba dans une situation plus terrible encore que celle à laquelle on venait à peine d'échapper. Le mouvement des affaires fut subitement arrêté; le personnel administratif, menacé dans son existence, n'accorda plus qu'une attention distraite aux intérêts dont il était chargé; l'effectif de l'armée d'Afrique fut diminué de trente mille hommes environ, qui rentrèrent en France pour la formation du corps d'observation des Alpes; la population civile européenne diminua tout à coup de vingt mille âmes; on conçut dans les trois provinces des inquiétudes sérieuses sur le maintien de la tranquillité. Dans ces conjonctures si graves, on reconnut combien il était important pour notre domination que les principaux chefs de la résistance se trouvassent hors de l'Algérie : Abd-el-Kader et Bou-Maza étaient en France, Ben Salem en Syrie; Ahmed-Bey lui-même était réduit à faire sa soumission.

Les événements que nous aurions maintenant à raconter sont encore trop récents pour que nous puissions les apprécier avec une certitude complète. Il nous suffira seulement d'indiquer que le général Cavaignac fut d'abord désigné par le gouvernement provisoire comme successeur du duc d'Aumale; qu'appelé à Paris dans le mois de mai pour remplir les fonctions de ministre de la guerre, sous la commission exécutive, il fut remplacé par le général Changarnier. Au mois de juin cet officier général fut à son tour mandé pour exercer le commandement des gardes nationales de la Seine; l'intérim fut confié au général Marey; et au mois de septembre seulement le général Charon fut nommé gouverneur général.

Nous devons dire aussi en terminant que les dangers les plus sérieux qui semblaient prêts à fondre sur l'Algérie furent pour la plupart conjurés. Le pays, après avoir cruellement souffert du temps d'arrêt imposé à son développement, s'est remis peu à peu. Des institutions très-libérales ont été accordées : le principe civil a reçu une plus large application; l'Algérie a obtenu d'envoyer des représentants à l'Assemblée nationale. Enfin le vote de cinquante millions pour l'établissement de colonies agricoles et l'allocation de cinq millions pour la liquidation des indemnités d'expropriation, ont appelé dans la colonie un mouvement de population et d'affaires qui va chaque jour en augmentant. Les troubles qui avaient éclaté dans les tribus ont été facilement réprimés; les tendances des indigènes vers les travaux de construction et de plantation, un instant suspendues, ont repris tout leur empire. En un mot, si la situation matérielle est loin d'être aussi bonne qu'avant la révolution de Février, on a cependant un légitime sujet de ne pas désespérer de l'avenir : le progrès a repris sa marche, et on peut même dire que le succès maintenant se fera sentir sur une plus large échelle, parce que la vie politique a pénétré dans toutes les parties de la population.

FIN DE L'ALGÉRIE.

AVIS.

Les événements survenus en Algérie et l'importance de cette grande colonie française nous ont engagés à lui donner toute l'extension qu'elle devait avoir dans notre *Univers Pittoresque*. Lorsqu'en 1832 nous avons commencé la publication de cette grande histoire universelle, M. le capitaine du génie Rozet, qui avait fait partie de la première expédition d'Algérie, dont il a écrit l'histoire, voulut bien se charger de traiter cette partie de notre ouvrage. Mais sur le désir de nos souscripteurs, et en raison de l'importance des événements postérieurs, nous avons cru ne pas devoir renfermer cette histoire dans des limites aussi restreintes, et nous avons mis à profit les documents nombreux publiés à grands frais par le gouvernement, résultant de l'*Exploration scientifique de l'Algérie* faite par les commissions nommées par l'Institut.

Nous n'avons pas cru pouvoir mieux nous adresser qu'à M. le capitaine Carette, membre de ces commissions, rédacteur d'une grande partie de ces documents, et maintenant préfet à Constantine. Ses travaux, dont quelques-uns ont été couronnés par l'Institut, et la connaissance parfaite qu'il a des localités, ainsi que des événements auxquels il a pris part, lui ont permis, tout en offrant un résumé très-complet de ce qui a été jusqu'à ce jour publié sur l'Algérie, d'y ajouter des renseignements nouveaux.

Le travail de M. le capitaine Rozet, placé en tête de cet ouvrage, doit donc être considéré comme un tableau général de l'Algérie, dont on trouvera les développements dans la suite, donnée par M. Carette, qui pour la partie historique s'est adjoint M. Urbain, interprète principal pour la langue arabe, attaché pendant dix ans à l'armée d'Afrique.

Notre histoire de l'Algérie s'arrête au moment où, par suite de la soumission des chefs les plus influents, et surtout de la prise d'Abd-el-Kader, le pays semble devoir entrer dans une ère nouvelle, de paix et de prospérité; au moment enfin où survient la révolution de février.

A l'histoire et à la description de TRIPOLI, rédigées sur les textes originaux et d'après les voyages les plus récents, M. le docteur Hoefer a joint un appendice contenant des extraits du voyage de M. de la Condamine à Tripoli, une flore de Tripoli, et des détails étendus sur les palmiers d'Afrique.

———

La partie de TUNIS se compose de la description de cette régence, par le docteur Louis Frank, ancien médecin du Bey de Tunis, et qui avait fait partie de l'armée d'Égypte ; elle a été revue et accompagnée de pièces historiques et d'éclaircissements tirés des écrivains orientaux par J. J. Marcel, ancien membre de l'Institut d'Égypte et professeur suppléant au Collége de France, etc.

PLACEMENT DES GRAVURES.

ALGÉRIE.

Texte de M. Rozet.

Planche 1. Alger (côté du nord).............................	Page	1
2. Intérieur d'une maison.............................		14
3. Costumes.............................		19
4. La Calle.............................		28
5. Belida.............................		16
6. Col de Tenia.............................		32
7. Medeya.............................		17
8. Oran.............................		18

Texte de M. Carette.

Carte de l'Algérie, Maroc, Tunis et Tripoli.............................	1
9. Sidi Yacoub, marabout près d'Alger.............................	40
10. Constantine (après l'assaut, 13 octobre 1837).............................	296
11. Constantine, El-Kantara, Pont Romain.............................	56
12. Oasis de Ben Tiout (source d'Ani-Kalbi).............................	75
13. Vue générale d'Alger (prise de la mer).............................	34
14. La place d'Alger.............................	38

TRIPOLI.

Planche 1. Arc de Marc-Aurèle à Tripoli.............................	2

TUNIS.

Planche 2. Ruine du grand aqueduc de l'ancienne Carthage.............................	18
9. Vue intérieure d'un Nymphée à Zagwan.............................	18
10. Porte et ville de Zagwan.............................	17
11. Costumes et vue de Bizerte.............................	56
12. Femmes de Tripoli. (C'est par erreur que la planche porte TRIPOLI au lieu de TUNIS.).............................	166

Nota. Ces quatre dernières Planches ont paru avec les *livraisons* de Maroc, d'où elles devront être extraites. On peut aussi reporter à l'article *Tunis* la gravure n° 15, représentant les thermes de Zagwan, qui a paru dans le volume de l'*Afrique ancienne* contenant Carthage, etc.

ÉTATS TRIPOLITAINS,

PAR M. FERD. HOEFER.

RÉGENCE DE TRIPOLI.

I. Description topographique et physique.

La régence de Tripoli, y compris le Fezzan et le Benghazi, est la partie le moins explorée de la région méditerranéenne. Limitée à l'est par l'Égypte, et à l'ouest par le beylik de Tunis, elle est comprise entre 8-23° longitude est de Paris, et le 23°-33° latitude boréale. Elle s'étend le long de la côte depuis l'île de Djerbi, à l'entrée du golfe de Cabès, jusqu'au Ras-el-Mellah.

Les dernières ramifications de la grande chaîne de l'Atlas viennent aboutir aux limites occidentales de Tripoli, au golfe de Cabès. Ce golfe, jadis connu sous le nom de petite Syrte (*Syrtis minor*), fait partie du territoire de Tunis (1). L'île de Djerbi (Gerbi ou Jerbi), qui établit la ligne de démarcation entre la régence de Tunis et celle de Tripoli, est l'*insula Meninx* des anciens. Ératosthène lui donne le nom d'île des Lotophages (*Lotophagitis*). Sa longueur est, suivant Pline, de vingt-cinq mille pas, et sa largeur de vingt-deux mille. À l'époque des Romains, cette île avait deux villes : l'une, Meninx, sur la côte qui regarde l'Afrique, et l'autre, Thoar, sur la côte opposée. Elle est à deux cent mille pas du promontoire oriental de la petite Syrte (1). — L'île de Djerbi a un excellent port; elle compte, selon Ritter, environ 30,000 habitants, très-industrieux : ils ont changé leur île en un véritable jardin, et envoient leurs pro-

---

(1) Le golfe de Cabès ou petite Syrte commence près des îles de Kerkeni (*Cercina*), séparées de la côte par un profond canal. Un énorme banc, très-poissonneux, s'étend, dans une direction nord-est, depuis les îles de Malte et de Sicile jusqu'à l'île de Lampeduse (*Lopadusa*), et forme tout près de Kerkeni une mer calme et paisible dans les plus violentes tempêtes. Il est difficile de l'aborder, à cause des bas-fonds, et les îles qui couvrent la surface de l'eau ne sont reconnaissables, à une certaine distance, que par leurs groupes de palmiers. Les habitants de ces îles, au nombre de six cents environ, obéissent à un cheik, et vivent de la pêche.

De toute antiquité, les deux Syrtes étaient renommées pour leurs bancs de sable et les dangers qu'elles offraient à la navigation : *vadoso ac reciproco mari diræ*, dit Pline (*Hist. Nat.*, V, 4). C'est au nord de la petite Syrte, plus près de Carthage, que se trouvait située la ville de *Leptis parva*. — Au rapport de Pline, l'île *Cercina* comprenait une ville libre du même nom; elle avait vingt-cinq milles d'étendue dans sa moindre longueur, sur douze mille cinq cents pas dans sa plus grande largeur; et aux extrémités sa plus grande largeur ne dépassait pas cinq milles. Du côté qui regardait Carthage, elle était jointe à une autre île, nommée *Cercinitis*. « À cinquante mille pas environ de l'une et de l'autre est, ajoute Pline, *Lopadusa*, dont la longueur est de six mille pas. » (Ibid., *loc. cit.*)

(1)..... *Clarissima est Meninx, longitudine XXV. M. pass. latitudine XXII, ab Eratosthene Lotophagitis appellata. Oppida habet duo, Meningem ab Africæ latere, et altero, Thoar; ipsa a dextro Syrtis minoris promontorio passibus CC sita.* (Plin., *Hist. nat.*, V, 7.)

ductions à Malte et dans beaucoup d'autres endroits; leurs marchandises en laine, en lin et surtout leurs châles sont répandus dans tous les États barbaresques. — Léon l'Africain appelle cette île *Gerbo*, et en fait la description suivante : « Gerbo est une île près de la terre ferme, toute plaine et sablonneuse, et garnie d'une infinité de possessions de vignes, dattes, figues, olives et autres fruits, et contient de circuit environ dix-huit milles. En chacune de ces possessions est bâtie une maison, et là habite une famille à part, tellement qu'il s'y trouve force hameaux, mais peu qui aient plusieurs maisons ensemble. Le terroir est maigre, et quelque soin qu'on mette à le labourer et l'arroser, à grande difficulté y saurait-on faire croître un peu d'orge, ce qui cause toujours une grande cherté..... Il y a un fort sur la mer, auquel le seigneur avec sa famille fait résidence, et tout auprès d'iceluy y a un gros village, là où logent les marchands étrangers, comme chrétiens, maures, turcs, et s'y fait toutes les semaines un marché que l'on prendrait quasi pour une foire, à cause que tous les habitants de l'île s'y assemblent. Joint aussi que plusieurs Arabes de terre ferme s'y transportent avec leur bétail, y portant des laines en grande quantité. Mais ceux de l'île vivent de la facture et trafique des draps de laine (au moins la plus grande partie), lesquels ils portent vendre, ainsi que du raisin sec, dans la cité de Tunis ou d'Alexandrie (1). »

Cette description s'accorde en tout point avec celle que donne Marmol, qui appelle cette île *Gelves* (2).

Paul Lucas donne à l'île de Gerbo soixante milles de tour. Il y vit, près du château où réside le gouverneur, une pyramide de trente pieds de haut et de plus de cent trente de circonférence. « C'est, dit-il, le tombeau des chrétiens qui furent tués par Arcan le cheik, qui conquit l'île sur la chrétienté. Cette pyramide est faite de pierres de taille jusqu'à la moitié; le reste jusqu'au haut n'est que de têtes et d'ossements d'hommes entassés les uns sur les autres (1). »

L'île de Djerbi est actuellement au pouvoir du pacha de Tripoli, depuis l'époque où les Arabes en chassèrent les ducs d'Alva et de Médina Cœli, dans le quinzième siècle. Suivant Shaw, on apporte de cette île à Tripoli une quantité considérable d'un fruit de la grosseur d'un haricot, et jaune clair lorsqu'il est nouvellement cueilli. Serait-ce le lotus des anciens? Les Arabes l'appellent *karroub*, et se servent de sa graine pour peser les diamants et les perles (2).

TRIPOLI (*Trebliz, Tarabilis*). Le capitaine H. Smith place le chef-lieu de la régence de Tripoli à 32° 54' 13" latitude nord, et 30° 50' 30" longitude est de l'île de Fer. A l'entrée du port, à quelques milles de la terre, une verdure magnifique donne au pays un aspect pittoresque. Toutefois, aucun objet ne semble interrompre l'uniformité du sol, qui est d'une couleur presque blanche, et entrecoupé de longues avenues de palmiers. La ville offre au loin la forme d'un croissant. L'extrême blancheur des édifices, plats et enduits de chaux, frappe d'abord les regards. Les établissements de bains forment, dans les différentes parties de la ville, des groupes de dix ou douze grands dômes. Les mosquées sont la plupart entourées de plantations de figuiers et de dattiers. En entrant dans la rade, on aperçoit quelques buttes de décombres qui indiquent les effets destructifs du temps. Le château où réside le dey est à l'extrémité occidentale de la ville, au dedans de l'enceinte ; tout auprès se trouve le chantier. Ce château est très-ancien ; il est fortifié par une haute muraille, et paraît inexpugnable. Mais il est très-irrégulièrement construit à l'intérieur, à cause des additions nombreuses que l'on y a faites pour loger tous les membres de la famille du dey ; c'est ce qui le fait ressembler à une petite ville.

(1) Léon l'Africain, *Description de l'Afrique*, p. 290; édit. in-folio, Lyon, 1556.
(2) Marmol, *Afrique*, trad. de Perrot d'Ablancourt, tome II, p. 538 ; Paris, 1667, in-4°.

(1) Paul Lucas, *Voyages*, etc., t. II, p. 136.
(2) L'espèce végétale dont il est ici question, et que Shaw n'a point décrite, est, selon toute apparence, le caroubier (*ceratonia siliqua*, L.). Je ne suis pas éloigné de croire que le fruit du caroubier était le véritable mets des Lotophages.

Les murs et les tours qui forment l'enceinte de Tripoli sont dans un état fort délabré. La mer baigne cette enceinte de trois côtés; une plaine de sable joint la ville au continent; à l'est, elle est limitée par une contrée stérile, où l'on ne rencontre que des Arabes nomades. Le sol est très-inégal dans la ville, à cause des décombres accumulés sur lesquels on élève souvent de nouvelles bâtisses qui se trouvent alors de niveau avec les terrasses des maisons voisines. Les rues sont étroites, quoiqu'elles soient plus larges que celles de Tunis. Des palanquins, doublés de toile, et portés sur des chameaux, y remplacent nos voitures. Aucune des femmes appartenant à la famille du dey ne se promène dans les rues, excepté lorsqu'elles se rendent à leurs mosquées, pour remplir un vœu, ce qui leur arrive assez fréquemment. Elles sortent jusqu'à onze heures ou minuit, escortées par une garde nombreuse. Les femmes de la moyenne classe sortent généralement à pied, mais rarement sans être accompagnées par une esclave. Elles se couvrent d'un vêtement appelé *baracan*, large d'environ un mètre, et long de trois à quatre. Le baracan les cache entièrement; elles le tiennent si près de la figure, qu'à peine y voient-elles assez pour guider leur marche. Les juives portent cette partie de leur habillement à peu près de la même manière, à l'exception qu'elles laissent un œil à découvert, ce qu'une Mauresse n'oserait faire sans ternir sa réputation. — On transporte les marchandises à dos de chameaux et de mulets; la poussière que ces animaux occasionnent dans des rues sablonneuses est insupportable (1).

La ville de Tripoli renferme de quinze à vingt mille habitants; elle est bâtie sur un rocher. On voit çà et là des parties de pavé, dont quelques-unes sont fort anciennes, et paraissent être du temps des Romains. Les boutiques ont un aspect misérable : les plus belles ne sont guère que des échoppes; mais elles renferment souvent des marchandises d'un grand prix. Tripoli possède deux bazars : l'un a quatre ailes, en forme de croix; ces ailes contiennent des boutiques bâties de chaque côté, avec un chemin au milieu pour les acheteurs. L'autre est beaucoup plus petit, et n'a pas de boutiques; il n'est destiné qu'à la vente des esclaves noirs. L'extérieur de la grande mosquée, où les membres décédés de la famille du dey sont ensevelis, est de la plus grande beauté. Elle est bâtie dans la grande rue, presque vis-à-vis du château. Devant la porte de la mosquée est une seconde entrée, faite en un treillis de bois, ciselé d'une manière curieuse, avec deux portes à battants, aussi en treillis. Un grand nombre de belles tuiles coloriées lui donnent un air de propreté extrêmement agréable à l'œil. Au-dessus des portes de toutes les mosquées on voit, sculptés et peints, de longs préceptes du Koran. Ceux qui se trouvent au-dessus de la porte de la grande mosquée sont peints et dorés plus richement, et la sculpture en est préférable à celle de toutes les autres. Il n'y a dans les mosquées ni siéges, ni pupitres, ni carreaux pour s'agenouiller, ni prie-dieu; tout le monde est debout et indistinctement placé. — Le café bazar est le lieu où l'on s'assemble pour se communiquer les nouvelles du jour, et pour prendre le café. Aucun Maure de la classe distinguée n'entre dans ce bazar : ils se font apporter le café par leurs esclaves à la porte, où il y a des lits de repos en marbre, couverts de berceaux verts; ces lits de repos sont garnis de tapis et de nattes de la plus grande richesse. C'est là qu'à certaines heures du jour on trouve les principaux Maures assis, les jambes croisés, et occupés à boire du café, qui est très-fort et contient quelquefois de la cannelle et des clous de girofle. Quand les Maures se trouvent dans les cafés publics, ils sont servis par leurs propres esclaves noirs, qui se tiennent constamment auprès de leur maître : l'un porte sa pipe, un autre sa tasse, et un troisième son mouchoir.

On voit à Tripoli l'un des arcs de triomphe romains les plus beaux et les mieux conservés. (*Voir* la planche). Il fut construit, vers l'an 164 de l'ère chrétienne, par un questeur, sous le règne commun de Marc-Aurèle et de Lucius Ælius Verus. Lorsqu'en 164 ces deux

(1) *Voyage à Tripoli*, etc. (trad. de l'anglais par Mac-Carthy), t. I, p. 50; Paris, 1819.

empereurs commencèrent à régner, ils changèrent leurs noms, ce qui explique le grand nombre de lettres initiales employées dans les inscriptions de l'arc de triomphe.

Quand ce monument fut élevé il n'y avait guère d'autres lieux habités près de Tripoli que Lebida, le *Leptis magna* des anciens. Lucius Verus se trouvait à cette époque dans les bois de Daphné à Antioche, où il se livrait à des excès de tout genre. Des Romains occupés à la chasse des bêtes féroces, s'étant égarés vers l'endroit où se trouve aujourd'hui Tripoli, trouvèrent sous cet arc de triomphe un abri salutaire contre la chaleur brûlante du soleil.

L'arc de triomphe de Tripoli est très-élevé sans le paraître, à cause de la grande quantité de sable qui s'est accumulée autour. On peut estimer que la partie qui se trouve au-dessous de la surface du sol égale celle qui est au-dessus. Il est construit en pierres d'une si grande dimension que l'on a peine à s'imaginer comment elles ont pu être transportées dans ce lieu, surtout lorsqu'on sait qu'il n'y a ni pierres ni carrières dans ce pays. On n'a employé aucun ciment pour joindre les pierres, et cependant leur solidité est telle, que le monument existe encore dans toute son intégrité, malgré les ravages du temps. La voûte est de la plus belle sculpture. Il n'y en a qu'une petite partie de visible, parce que les Maures l'ont remplie de décombres et de mortier pour faire des boutiques. On voit à l'extérieur des groupes énormes de figures d'hommes et de femmes dans toute leur grandeur; mais ces figures sont trop mutilées pour qu'on en puisse comprendre la signification (1).

(1) Depuis longtemps cet arc de triomphe ne subsisterait plus, si les gens du pays ne croyaient pas qu'il leur arriverait de grands malheurs s'ils y touchaient pour le démolir. Ils racontent qu'un prince en voulant un jour ôter quelques pierres, il se fit un tremblement de terre épouvantable; et comme, malgré l'avertissement du ciel, les ouvriers continuaient à travailler à la démolition, il vint une pluie de sable qui les ensevelit tous. On y voit encore une pierre à demi tirée, dont on n'ose pas seulement approcher. Des fouilles qu'on ferait aux environs pourraient amener

A l'époque où Lemaire était consul à Tripoli (vers le commencement du dix-huitième siècle), ce monument était bien moins endommagé qu'il ne l'est aujourd'hui. Voici la description qu'en a donné ce consul : « Il n'y a rien de curieux à Tripoli qu'un ancien monument, qui est un arc de triomphe, tout de marbre blanc, élevé de trois toises, et qui est enseveli pour le moins autant dans la terre : l'architecture et le bas-relief en sont admirables; il y a quatre bustes de consuls romains, tous mutilés. Les ornements des quatre coins sont des pilastres ornés de feuilles de vignes. Il y a quatre portes, au-dessus desquelles est un char de triomphe, avec une figure d'Alexandre tirée par deux sphinx; au-dessous sont des troupes d'esclaves. Il y avait au-dessus des portes des inscriptions latines; il y en a encore une du côté du nord que j'ai copiée avec M. Paul Lucas. La voûte en est bien conservée; elle est ronde, avec de très-beaux ornements en relief, et tout l'édifice est bâti sans chaux ni ciment. Ces pierres de marbre de cinq à six pieds d'épaisseur en carré, sont assises sur des platines de plomb, et liées avec des crampons de fer. Près des murailles on trouve des tombeaux creusés dans la pierre, à trois toises dans la roche : ils sont faits en manière de fours, mais plus grands et plus élevés, avec plusieurs niches. On trouve dans chacun une grande urne de verre. Toutes ces ruines sont remplies d'ossements de corps humains, et d'une eau rousseâtre, insipide (1). »

Les maisons de Tripoli diffèrent de celles des autres villes de l'Orient : elles ont presque toutes trois ou quatre étages. On passe d'abord, pour y entrer, par une salle ou loge que les Maures appellent *skiffar*, ayant des bancs de pierre de chaque côté. De là un escalier conduit à un seul grand appartement nommé *gulphor*, qui a des croisées sur la rue, ce qui n'est permis dans aucune autre partie de l'édifice. Cet appartement est uniquement réservé au maître de la maison; c'est là qu'il traite

des découvertes curieuses. (*Voyages* de Paul Lucas, t. II, p. 133; Paris, 1712.)

(1) Voyez Paul Lucas, *Voyages*, etc., t. II, p. 129 et 130.

d'affaires et reçoit ses amis. Les personnes même de sa famille n'osent entrer dans le gulphor sans son autorisation. D'un autre côté, le maître ne peut entrer dans l'appartement de sa femme : s'il trouve sur le seuil une paire de sandales de dames, il doit attendre, pour passer outre, qu'elles aient été retirées. Au delà de cette salle est une cour, plus ou moins richement pavée, suivant la fortune du propriétaire. Quelques-unes de ces maisons sont en ciment brun, ressemblant à du marbre très-poli; d'autres sont de marbre noir ou blanc; les plus communes sont de pierre ou de terre. Mais, petites ou grandes, elles sont toutes bâties sur le même modèle. La cour sert à recevoir un grand nombre de femmes, que la maîtresse de la maison régale à l'occasion de la célébration d'un mariage; et, en cas de mort, à l'accomplissement des cérémonies funèbres, avant que le corps soit porté en terre. Dans ces circonstances, on couvre la cour de nattes et de tapis de Turquie, et on tend dessus une toile pour se garantir de l'intempérie de l'air. De riches coussins de soie sont placés tout autour pour servir de siéges; les murs sont garnis de tapisseries; en un mot, la cour est transformée dans un grand salon. Elle est environnée d'un portique, soutenu par des piliers, et au-dessus duquel s'élève une galerie dans les mêmes dimensions, fermée par un treillis de bois. Du portique et de la galerie on entre dans de grandes chambres qui ne communiquent pas entre elles, et qui ne sont éclairées que par cette cour. Les croisées sont sans carreaux : elles n'admettent qu'une lumière sombre, par des espaces qui n'ont pas plus de trois lignes de largeur, et sont traversées par de lourdes barres de fer. Les combles des maisons sont couverts de plâtre ou de ciment, et entourés d'un parapet d'un pied de haut, pour empêcher que rien ne tombe dans la rue. C'est sur ces terrasses que les Maures sèchent et préparent leurs figues, leurs raisins et leurs dattes. Ils vont y jouir de la fraîcheur que procure l'*inbat* ou brise de mer. Des terrasses les eaux pluviales tombent dans des citernes qui sont au-dessous de la cour, et où l'eau se conserve pendant des années sans se corrompre.

L'auteur du *Voyage a Tripoli* (belle-sœur de M. Tully, ancien consul général britannique à Tripoli) donne la description suivante du château, qui n'a été visité encore que par un très-petit nombre d'Européens.

« Ce château est environné d'un mur de plus de quarante pieds d'élévation, avec des créneaux, des embrasures et des tours, d'après l'ancienne manière de fortifier. Son architecture est d'une époque reculée; il est, au reste, très-défiguré dans l'intérieur, par les additions irrégulières faites par le pacha actuel pour contenir les nombreuses branches de sa famille. Après avoir passé la grande porte, on entre dans la première cour du palais, remplie de gardes qui attendent devant le skiffar ou salle, où le chiah se tient tous les jours : c'est l'officier le plus élevé en grade, et auquel le pacha accorde le plus de confiance. En cas d'absence du pacha, c'est lui qui est investi du pouvoir suprême. Personne ne peut entretenir le pacha d'aucune affaire que par son intermédiaire; un grand nombre de gardes et d'esclaves sont toujours auprès de sa personne. Il y a dans cette salle une place carrée et comme une galerie, soutenue par des piliers de marbre, où est bâtie la *messeley*, ou chambre du conseil, et où le pacha reçoit sa cour dans les jours de gala. L'extérieur de cet appartement est garni de tuiles chinoises, dont un certain nombre forme une espèce de tableau; on s'y rend par un escalier en marbre de différentes couleurs. Le *nubar*, ou musique royale, joue avec beaucoup d'appareil, devant la porte de la messeley, chaque après-midi, quand le marabout annonce la prière vers l'heure du coucher du soleil. Le nubar ne joue jamais que pour le pacha et son fils aîné, lorsqu'ils vont en campagne avec l'armée. Avant qu'il commence, le chef ou capitaine des chaoux, remplissant les fonctions de héraut d'armes, renouvelle la cérémonie de proclamer le pacha. Les sons du nubar sont singuliers pour une oreille européenne; ils sont formés par le turbuka, espèce de timbale, le chalumeau et le tambour de basque.

« Les nombreuses constructions ajoutées au château forment différentes rues, au delà desquelles est le bagne où sont enfermés les esclaves chrétiens. Il s'y trouve dans ce moment un certain nombre de Maltais, Génois et Espagnols. Il n'est permis à aucun homme d'approcher le harem plus près que du bagne, où l'on est conduit par des eunuques à travers de longs passages voûtés, si sombres que l'on a beaucoup de peine à reconnaître son chemin. On est frappé en entrant dans le harem d'une certaine tristesse. La cour est recouverte d'un grillage fait de barres de fer très-rapprochées, ce qui lui donne une apparence très-mélancolique. Les galeries qui règnent autour de la cour, devant les chambres, sont entourées de treillis de bois à petites entailles. Lorsque les filles du pacha sont mariées, elles ont des appartements réservés à elles seules; personne ne peut y entrer, excepté leur mari et leur suite; et si les princesses sont dans le cas de parler en présence d'une tierce personne, même à leur mari, à leur père ou à leur frère, elles doivent être voilées. Le grand nombre de serviteurs qui remplissent toutes les issues fait qu'il est presque impossible de se rendre d'un appartement à un autre (1). »

Il sera curieux de comparer ces détails fournis sur Tripoli par un voyageur récent avec la description que fait de cette ville un voyageur du seizième siècle. Voici comment s'exprime Léon l'Africain :

« Tripoli fut édifiée par les Africains, après les ruines de l'ancienne Tripoli, et ceinte de hautes et belles murailles, située en une plaine sablonneuse, en laquelle il y a plusieurs dattiers. Les maisons sont magnifiques en comparaison de celles de Tunis, et semblablement les places ordonnées, et députées par divers métiers, principalement de tisserands. Il ne s'y trouve aucun puits ni fontaine, mais seulement des citernes; et toujours le grain y est fort cher, parce que toutes les campagnes de Tripoli sont en sable, comme celles de Numidie, à cause que la mer Méditerranée se jette sur le midi (2), tellement que les lieux qui devroient être gras et fertiles sont tous baignés en eau. Les habitants de ce pays disent qu'anciennement il y avoit une grande étendue de terres qui s'avançoient bien fort envers la Tramontane (nord); mais que par laps de temps et cours d'années elles furent couvertes par l'heurt des flots continuels, lesquels minoient toujours, comme il se voit aux plages de Monestir, Mahdiéh, Affacos, Cabes, l'île de Gerbo, et d'autres cités, qui sont devers levant, et ne sont guère profonds ces lieux là; de sorte que si quelqu'un venoit à entrer dans la mer en ces endroits, l'eau ne lui sauroit venir jusque à la ceinture. Par ce moyen, ils disent que les lieux qui sont ainsi étouffés ont été naguère couverts de la mer. Ils sont semblablement d'opinion que la cité tiroit plus en sus Tramontane, mais que pour le continuel miner de l'eau on l'a toujours retirée devers midi, et disent qu'à présent même se voient des maisons et édifices cachés sous les ondes. — Il y eut autrefois plusieurs temples en cette cité, quelques collèges et hôpitaux pour loger les pauvres et étrangers. Les habitants usent d'une viande fort vile, parce que les vivres qui se portent dans la cité ne sont quasi suffisants pour la tenir fournie un jour seulement; et est estimé riche le paysan qui peut épargner un setier de grain ou deux pour sa provision. Néanmoins ils s'adonnent fort à trafiquer, à cause que la cité est voisine de *Numidie* et de Tunis, ainsi que de Malte et de Sicile. Et souloient autrefois les navires des Vénitiens y aborder, lesquels menoient grands trafiques avec les marchands de Tripoli et avec ceux qui s'y transportoient tous les ans (1). »

Voici comment s'exprime sur Tripoli le géographe arabe Ibn-Haucal, d'environ cinq siècles antérieur à Léon l'Africain. « La ville de Tripoli faisait autrefois partie du gouvernement de la province d'Afrique; et le siége du gou-

---

(1) *Voyage à Tripoli, ou Relation d'un séjour de dix ans en Afrique* (trad. par Mac-Carthy), tom. I, p. 61; Paris, 1819.

(2) Cette observation est parfaitement exacte, à ne juger que d'après les ruines d'anciennes cités maritimes, dont quelques-unes sont en partie submergées sur la côte septentrionale de l'Afrique. Sur la côte européenne opposée le contraire doit avoir lieu.

(1) Léon l'Africain, *Description de l'Afrique*, p. 292. Lyon, 1556, in-fol.

verneur était à Sabra (Zavra), ville située à une journée de Tripoli. Le gouverneur de Sabra prélevait des impôts sur des marchandises qui allaient de Tripoli à Kaïrewan, et de ce dernier lieu à l'autre, indépendamment du droit qu'on avait à payer au gouverneur de Tripoli pour chaque bête de somme, chaque ballot et chameau. — Tripoli est bâtie en pierres blanches, et s'élève sur le bord de la mer. C'est une ville très-riche et très-forte; elle possède de vastes bazars. Son territoire est d'une grande étendue; on y voit beaucoup de fermes et des terrains incultes. Le revenu est aujourd'hui moins considérable que celui de Barca. Elle produit des fruits délicieux, tels qu'on en trouve rarement dans le Maghreb ou ailleurs, c'est-à-dire des pêches et des poires incomparables. Les marchandises y abondent ainsi que la laine du pays. Les habitants se distinguent par la dignité de leur caractère, par la recherche de leurs vêtements et de leurs tables, par la beauté de leur figure et l'élévation de leurs sentiments. — La situation du port en rend l'abordage difficile aux vaisseaux, le vent étant toujours contraire et la mer agitée; lorsqu'un navire paraît pour y mouiller, les habitants de la ville, se jettent aussitôt dans des canots, avec des câbles, et l'ont bientôt amené dans le port; ce qu'ils font sans aucune rétribution, et par dévouement pour les étrangers (1). »

Au commencement du dix-huitième siècle la ville de Tripoli était déjà bien déchue de son ancienne splendeur, au rapport d'un témoin oculaire.

« La puissance de cette ville, dit Paul Lucas, autrefois la plus fameuse pour les corsaires, est à mon avis bien exténuée. Elle n'a plus que trois vaisseaux et une poulacre pour faire le cours; et comme c'est son principal négoce et toute sa ressource, elle serait sans doute bientôt ruinée entièrement si elle n'avait soin d'en fabriquer d'autres. Tripoli est une petite ville entourée de murailles et assez jolie; elle n'a que trois portes : une du côté des terres, et deux du côté de la mer. Son port est beau et le mouillage y est bon. J'y vis des bâtiments antiques, qui ont autrefois servi à faire des citernes. En d'autres endroits, il y a des caveaux, où l'on trouve des ossements de morts avec de belles phioles de verres de plusieurs façons, dont la plupart ont un petit couvercle, et quelques-unes sont encore pleines de liqueurs. Autre part ce sont des plats et des assiettes de terre rouge, mais d'une finesse qui les rend précieuses, aussi bien qu'un nombre infini de grandes jarres ou cruches de terre rouge (1). »

Le capitaine Lyon donne sur les habitants de Tripoli les renseignements suivants. « Un quartier spécial est, dit-il, assigné aux juifs qui y tiennent leurs boutiques, et ils y sont enfermés tous les soirs au coucher du soleil. Ce quartier s'appelle *Zanga-el-Yahoud*. Quoique persécutés, ils savent s'emparer de tout le commerce et de toutes les places lucratives. Il leur est défendu de porter des vêtements d'un couleur brillante; le bleu est la seule couleur qui leur soit permise pour leurs turbans. — L'ivrognerie est plus commune à Tripoli même que dans la plupart des villes d'Angleterre. Il s'y trouve des maisons où l'on vend du vin publiquement; et l'on voit des Maures, assis à la porte, en boire sans scrupule. Rarement on traverse le *Saldanah*, la place du corps de garde, sans y rencontrer quelques gens ivres. La plupart des personnes de haut rang sont aussi de grands buveurs; leur liqueur favorite est le rosoglio, qu'on tire d'Italie. Les femmes de mauvaise vie sont nombreuses. Quand elles sont connues pour telles, on leur fait habiter un certain quartier de la ville, qu'on appelle *Zanga-el-Ghaab*, ou quartier des prostituées; elles ont un chiaoux pour intendant. Ces femmes sont obligées de fournir la nourriture aux chiens du pacha qui gardent l'arsenal. — Une coutume singulière est de roter avec beaucoup de bruit et le plus souvent possible. Les grands personnages satisfont à ce besoin avec un air de dignité solennelle, se frottant la barbe, et remerciant Dieu du

(1) Ibn-Haucal, *Description de l'Afrique*, trad. par Slane. (*Journal Asiatique*, troisième série, t. XIII, p. 166.)

(1) *Voyages de Paul Lucas*, etc., tom. II, p. 107 et 108; Paris, 1712, in-12.

soulagement qu'il leur accorde. — Les Tripolitains parlent assez généralement une espèce de mauvais italien, de sorte que les Européens n'ont pas beaucoup de peine à se faire comprendre (1). »

La plaine qui avoisine Tripoli est fertile et bien cultivée ; mais pendant les chaleurs de l'été elle se dessèche et présente l'aspect d'un désert. Le maïs y parvient à près de deux mètres de hauteur, et forme les plus belles allées pour la promenade, lorsque le sable n'est pas trop mouvant.

Près de la grande route de Tripoli à Tunis, il existe un lac sur les bords duquel on trouve du sel à une assez grande profondeur. Ce lac est à sec une bonne partie de l'année ; il est alors doux et uni comme le plus beau tapis. De là on voit dans le lointain les sommets bleus des montagnes de *Gourianah* (Gourian, Gharian, Goriano). Il y a dans ces montagnes un village d'Arabes très-curieux : les habitations ne sont facilement reconnues que par ceux dont elles sont le séjour, par la raison qu'elles sont toutes bâties sous terre. Une entrée petite, étroite et creusée obliquement conduit à la demeure ; on y fait passer le bétail, qui est suivi par la famille. Ces Arabes sont pour la plupart des bandits, que l'on n'attaque jamais, parce que les longs défilés souterrains qui conduisent à leurs asiles les garantissent suffisamment contre toute entreprise. La longueur de ces défilés a donné lieu à une comparaison proverbiale parmi les Maures. Tout conte trop long est, disent-ils, comme le *skiffar* (entrée) de Gourianah, qui est sans fin.

Il n'y a pas de rivière dans le voisinage de Tripoli. Une sécheresse continuelle peut donc y occasionner facilement des maladies pestilentielles. Il arrive souvent qu'il pleut pendant plusieurs jours de suite sans interruption ; mais une fois que la pluie a cessé, il se passe quelquefois des mois entiers sans qu'il tombe une seule goutte d'eau.

A *Zavia* (*Zoara* de Marmol et de Léon l'Africain), petite ville sur les bords de la mer, à l'ouest de Tripoli, on voit un amphithéâtre bâti par les Romains. Cet amphithéâtre est à cinq rangs de marches et très-bien conservé ; il a intérieurement environ cinquante mètres de diamètre.

« Zoara, dit Marmol, est une petite ville sur la côte, bâtie à dix-sept lieues de l'île de Gelves, du côté du levant. Elle est fermée de méchantes murailles, et habitée par de pauvres gens, qui font de la chaux et du plâtre, qu'ils portent vendre à Tripoli, ou qui s'adonnent à la pêche, et vont en course avec les vaisseaux turcs. Cette ville a été fondée par les Africains, et était autrefois fort peuplée, à cause d'un port où l'on abordait de tous côtés pour le commerce. Ptolémée lui donne 41° 15′ de longitude, et 31° 30′ de latitude, et la nomme *Posidon*. Elle fut ruinée la première fois par Occuba, avec Tripoli, et l'a été encore plusieurs fois depuis. Les Turcs la possèdent aujourd'hui, et les gouverneurs de Tripoli la chargent de tant d'impôts, que les habitants sont misérables, et ce n'est plus qu'un méchant village (1). »

Entre Tripoli et Zoara est l'emplacement de *l'ancienne ville de Tripoli* (le vieux Tripoli), dont on ne retrouve presque plus de vestige. Cette ville, bâtie par les Romains, portait autrefois le nom d'*Oea*. Suivant quelques auteurs, elle fut fondée par les Phéniciens, en mémoire d'une ville de Syrie du nom de Tripoli. Plus tard, elle tomba au pouvoir des Goths, et quand les Arabes vinrent en Afrique, sous le règne du second calife, Omar, ils l'assiégèrent six mois et la pressèrent tant, que les Maures furent contraints de l'abandonner et de se sauver à Carthage : les Arabes rasèrent la ville. Au rapport de Marmol, s'appuyant sur l'autorité d'Ibn-el-Raquig, historien africain, la plupart des habitants furent tués, et le reste mené captif en Égypte et en Arabie. Ce ne fut que longtemps après que les Africains bâtirent la nouvelle ville de Tripoli (2).

---

(1) Q. F. Lyon, *Voyage dans l'intérieur de l'Afrique septentrionale*, p. 16. Paris, 1822, in-8°.

(1) Marmol, *Afrique*, tome, II, p. 561 (édit. d'Ablancourt). — Comparez Léon l'Africain, *Description de l'Afrique*, p. 291.
(2) Marmol, *Afrique*, t. II, p. 562. Léon l'Africain, *Description de l'Afrique*, p. 291.

Les caravanes allant de Tripoli à Fezzan passent par Mesurate; elles font ce détour afin d'éviter les montagnes de Gourianah, qui forment l'extrémité orientale du plateau de l'Atlas. Ces montagnes sont les seules que par un temps clair on aperçoive de Tripoli. « Garian, dit Léon l'Africain, est une montagne haute et froide, qui a en longueur quarante milles et quinze en largeur, séparée des autres par le sable, et distante de Tripoli environ cinquante milles, produisant l'orge en grande quantité, et dattes en parfaite bonté, mais elles veulent être mangées toutes fraîches. Outre cela, il y croît force olives, lesquelles rendent l'huile en quantité, qui est ensuite transportée à Alexandrie et aux autres villes voisines. Semblablement le safran y est produit en grande abondance, et admirable, tant en couleur qu'en bonté, tellement que si la livre de Tunis, du Caire et de Grèce se vend dix sarafes, celui-ci ne se délivrera à moins de quinze..... Il y a en cette montagne jusqu'au nombre de cent trente villages, avec des maisons pauvrement bâties et mal en ordre (1). »

Ce récit s'accorde parfaitement avec celui de Marmol, que *Léon l'Africain* paraît avoir copié (2).

Les monts Gourianah sont habités, ainsi que les plaines sablonneuses voisines, par de nombreuses tribus arabes, parmi lesquelles on distingue celles des Tahoconis, des Acas, des Beniolides, des Nowalles et des Nargummas. La première, composée d'Arabes pur sang, la seconde, de ceux d'Afrique, et la troisième, des Bédouins errants. Les deux premières sont également belliqueuses; les individus sont d'un beau physique, d'un caractère généreux, honnêtes dans leurs transactions et sobres dans leur manière de vivre. Chacune des tribus est gouvernée par un cheik, qui réunit tous les pouvoirs civils et militaires. Chaque famille a un chef pris dans son sein, qui a également droit de vie et de mort. Leur commerce est la guerre. Ils servent d'auxiliaires à quiconque les paie le mieux. — Les Bédouins font le petit négoce, et vivent de ce qu'ils colportent

d'un endroit à l'autre. Ils fabriquent une sorte d'étoffe pour baracans, et des tissus épais de poils de chevre, que l'on emploie à couvrir les tentes, et qu'ils vendent aux Maures. Au printemps, ces Bédouins s'approchent de Tripoli par la plaine qui touche à la ville; ils sèment alors leur blé, attendent qu'il soit mûr, et disparaissent jusqu'à l'année suivante. Pendant leur séjour dans la plaine, leurs femmes tissent différentes étoffes, qu'ils vendent aux Tripolitains. Ils dressent leurs tentes sous les murs de la ville, mais ne peuvent pas y entrer sans permission. Leur chef est responsable envers le pacha de tous les désordres qu'ils pourraient commettre.

Ces Bédouins se vantent beaucoup de leur noblesse. Ils se disent les descendants des tribus de Sabéens, qui passèrent de l'Arabie Heureuse en Afrique, sous la conduite de Mélic-Ifrique, qui donna, dit-on, son nom à l'Afrique. Leurs tentes ne sont pas somptueuses dans l'intérieur : elles sont dressées sur le sable qui, sans aucun préparatif, sert de plancher. Lorsque les Bédouins ou Arabes causent ensemble, ils s'asseyent en cercle; celui qui parle commence d'abord par niveler un petit espace sur le sable, avec sa main, et continue son discours avec ses doigts, en faisant des signes sur le sable, et recommençant à le niveler, à mesure que le besoin l'exige. Ils sont si habitués à cela, que, faute de sable, un Arabe qui parle à un chrétien saisit sa main, fait sur la paume divers signes pour marquer les différents points de son discours, et passe ensuite une main sur l'autre pour annuler les signes déjà employés à la manière des sourds-muets; si son interlocuteur lui refuse sa main, il se sert de la sienne. Les Bédouins sont ce qu'ils étaient il y a quelques milliers d'années. Ils s'abordent encore en se servant de l'antique salut : « que la paix soit avec vous » (*salam aleikom*). Les hommes portent un épais baracan (bournous) de laine brun foncé, depuis cinq à six aunes de long, sur environ deux de large; il leur sert de vêtement pendant le jour et de couverture pendant la nuit. Ils le mettent en réunissant ensemble les deux extrémités supérieures au moyen d'un poinçon de bois ou de fer. Ces deux extrémités

---

(1) *Description de l'Afrique*, p. 297.
(2) *Voyez* Marmol, *Afrique*, t. II, p. 576 (trad. d'Ablancourt).

étant d'abord réunies sur l'épaule gauche, ils s'enveloppent le corps avec le reste; il en est qui se drapent avec goût. Ce n'est pas une chose facile de porter un baracan, pour quiconque n'en a pas l'habitude; et un étranger est bientôt reconnu sous les plis de ce costume.

Littoral depuis Tripoli jusqu'à Derna (1).

Le développement de la côte (de 13° 10′ à 22° 45′ longitude orientale de Greenw.) depuis Tripoli jusqu'à Derna comprend le fameux golfe de la Syrte (Sidras), que les Arabes appellent *Djioun-el-Kebrit*, ou golfe de soufre. En quittant Tripoli pour suivre la côte à l'est on rencontre d'abord *Tagiura*, qui est un groupe de villages dont les huttes sont dispersées dans une plaine. Marmol l'appelle *Tachore*. « C'est, dit-il, une grande campagne à quatre lieues de Tripoli, vers le levant, remplie de plusieurs villages et de quantité de palmiers et d'autres arbres portant du fruit. Au milieu est une grande mosquée, bâtie depuis peu par les Turcs, comme une forteresse, avec beaucoup de bois tout à l'entour, et force arbres fruitiers qu'on arrose par le moyen de certaines roues, à cause que le pays est fort sec et sablonneux. Lorsque les chrétiens eurent pris Tripoli, cette campagne servit de retraite aux habitants, et un Turc s'en étant rendu maître, se fit déclarer roi, et fit toujours la guerre aux chrétiens. Aussi Cénan Bacha lui donna-t-il la ville de Tripoli, quand il l'eut conquise, pour en jouir pendant qu'il vivait. Les gens du pays sont barbares, et leur principal exercice est voler. Ils vivent dans des cabanes sous les palmiers, et se nourrissent de farine d'orge et de vesce. Ils dépendent du gouverneur de Tripoli depuis la mort de Morataga. Il y a dans ces villages grand nombre de cavaliers et d'arquebusiers fort braves, qui faisaient des courses à Tripoli quand elle était aux chrétiens; mais ils étaient si chargés d'impôts qu'ils se révoltèrent, et ayant été remis en leur devoir, ils furent condamnés à sept mille pistoles d'amende, sans autre peine (1). »

Tagiura est une plaine d'environ douze milles de long sur trois de large; elle est fertile, bien cultivée, et avoisine, au midi, un désert sablonneux. Le sable envahit de plus en plus les plantations de palmiers. On y trouve quelques colonnes magnifiques de granit, provenant, suivant Della-Cella, des ruines de Lebda ou Lebeda (Lebida), la *Leptis magna* des anciens. La population de Tagiura est d'environ trois mille habitants, mélange de juifs et de Maures, qui se livrent principalement à l'industrie agricole. Tagiura est, selon quelques auteurs, l'*Abrotanum* de Scylax.

Après sept heures de marche, à l'est de Tagiura, on rencontre une petite rivière, *Wadi-Msit* ou *Wadi-Rammel* (ravin sablonneux), qui doit son nom au pays qu'elle parcourt (2). Cette rivière a sa source au sud, dans les montagnes de Gourianah; son lit est fangeux et profond; ses rives dépourvues de verdure. A quelque distance de là est le Wadi-Sayd, petite rivière qui forme la limite orientale de ce désert de sable, borné au sud par les montagnes de Gourianah. Le Wadi-Sayd ainsi que le Wadi-Terragad et le Wadi-Bouforris traversent les riches prairies du Turot (plaine de Jumarr?), où des pâtres bédouins ont établi leurs tentes. L'humidité de ces prairies, privées d'arbres, mais toutes couvertes d'herbes, est entretenue par quelques montagnes qui s'affaissent vers la côte. Tout le terrain est sablonneux; c'est pourquoi il faut creuser à une certaine profondeur, pour trouver un peu d'eau saumâtre. A environ quatre heures de marche de la côte, Della-Cella vit, sur une colline, un vieux castel en ruines; les environs étaient couverts de vignes produisant des raisins délicieux. Ce voya-

---

(1) Le relevé de cette partie de la côte de la région méditerranéenne est exactement indiqué sur la carte de Beechey. (*Proceedings of the expedition to explore the northern coast of Africa, from Tripoli eastward*, in 1821 et 1822, etc.; London, 1828, in-4°.)

(1) Marmol, *Afrique*, t. II, p. 572 (édit. d'Ablancourt).

(2) Il faut se rappeler que le nom de *Wadi*, ou *Ouadey*, signifie, en arabe, tout à la fois *vallée* et étroite *rivière*. C'est qu'en effet presque toutes les vallées étroites sont traversées par des rivières qui s'alimentent des eaux découlant du versant des montagnes.

geur pense qu'on pourrait en faire des vins exquis (1).

Dans le voisinage est *Guadigmata*, qui paraît marquer l'emplacement de *Graphara* de Scylax. Ce géographe indique Graphara comme une ville située entre *Abrotanum* et *Leptis magna*. A deux milles de Guadigmata on trouve quelques colonnes et chapiteaux, presque entièrement enfouis dans le sable (2). Un peu plus loin est l'embouchure du Wadi-Abdellata, sur les rives duquel Smyth a rencontré un village formé de cavernes de Troglodytes.

Sidi-Abdellati est un village qui doit son nom à un célèbre marabout, dont le tombeau est entouré de jardins et de plantations de dattiers. La contrée environnante est bien cultivée et riche en bétail. C'était jadis une station militaire de quelque importance, comme semblent l'indiquer les ruines de plusieurs forts carrés qui dominaient la route. Le tombeau du marabout est construit avec des matériaux d'édifices anciens, et on voit à l'entour des débris de faïence, de poterie et de verre. C'est peut-être là, et non à Guadigmata, qu'il faut placer le *Graphara* de Scylax (3).

Après avoir quitté cette place, on traverse le Wadi-Sélim, bordé par une rangée de collines, appelée *Terhouna*, qui est une branche des monts Gourianah. Sur ces hauteurs, la vue plonge à l'ouest dans la magnifique plaine de Jumarr, jusqu'au désert, tandis qu'à l'est le regard embrasse la plaine de Lébida. Les points les plus élevés au nord sont couronnés de tours en ruines, vestiges d'anciennes vigies. Les vallons sont très-fertiles, mais peu cultivés : on y trouve la vigne, l'olivier, le pistachier et différentes espèces de céréales. Sur le versant oriental du Terhouna, Beechey remarqua des débris de murs, de forteresses, de tombeaux, et quelques fragments de colonnes de marbre.

La route de Sélim à Lebida longe le pied du mont Merdjip, sur le sommet duquel on aperçoit de loin les ruines d'une tour considérable. Tout à l'entour on trouve les vestiges d'anciens tombeaux.

Autant les environs de Tripoli sont stériles, autant ceux de *Lebida* (*Lebda*, *Lebeda*) sont riants et fertiles. C'est là plutôt qu'on aurait dû fonder la capitale de la régence. Lebida (*Leptis magna*) fut fondée par les Phéniciens de Sidon, qui fuyaient leur patrie à cause des discordes civiles (1). Leur cité prit peu à peu un accroissement considérable; elle occupa le premier rang, après Carthage et Utique; ils contractèrent des mariages avec les Numides, habitants du pays, ce qui altéra un peu leur langue primitive; mais ils gardèrent en grande partie les lois et les coutumes sidoniennes; et ils les conservèrent avec d'autant plus de facilité que cette ville est éloignée du centre de la Numidie, et que entre elle et la partie peuplée de ce pays il y a de vastes déserts.

Leptis magna était une ville libre; dès le commencement de la guerre de Jugurtha ses habitants avaient envoyé demander à Rome l'alliance des Romains. Ils l'avaient obtenue, et se conduisaient en bons et fidèles alliés, lorsqu'un certain Amilcar, peut-être un agent de Jugurtha, essaya de s'emparer de l'autorité souveraine (2). Ni les lois ni les magistrats ne purent le retenir; mais les Leptitains envoyèrent au proconsul Metellus, qui venait de prendre la ville de *Thala*, demander des secours, et celui-ci leur envoya quatre cohortes liguriennes, avec *C. Annius* comme gouverneur, ce qui les mit en état de s'opposer aux entreprises d'Amilcar. L'histoire nous a laissé dans l'ignorance sur l'issue de cette affaire. Les Romains envoyèrent, par la suite, une

---

(1) *Ne riuscirebbero vini da far prevaricare l'austerità di un musulmano*, Viaggio de Tripoli, etc., p. 25.

(2) De Guadigmata on aperçoit à sept milles au sud deux tours, *Selma* et *Ipsilata*, situées sur des hauteurs. (Beechey.)

(3) Beechey, *Proceedings of the expedition*, etc., p. 47.

(1) Le nom de *Lebida* vient probablement du phénicien *lebatah*, qui signifie *dans le désert*.

(2) Sallust. *Bellum Jugurthinum*, cap. LXXVII : *Nam Lepitani jam inde a principio belli Jugurthini ad Bestiam consulem et postea Romam miserant, amicitiam societatemque rogatum. Dein, ubi impetrata, fuere semper boni, fidelesque mansere et cuncta a Bestia, Albino, Metelloque imperata gnariter fecerant.*

colonie a *Leptis*, dont les vestiges subsistent encore aux environs de *Lebida*.

A l'époque de la domination des Vandales en Afrique, les murs et les fortifications de Leptis paraissent avoir été détruits (1). Justinien les releva probablement lorsque la ville devint la résidence du préfet Sergius. Plus tard, les Sarrasins les démolirent de nouveau, au rapport de Marmol et de Léon l'Africain. Depuis lors, Leptis paraît avoir été entièrement abandonnée : ses ruines servirent en partie à la construction de la moderne Tripoli. Pendant l'exarchat de Salomon, successeur de Bélisaire, le préfet Sergius fut assiégé dans Leptis par une tribu d'indigènes appelée *Levates* (2); il fut défait et obligé de se sauver par la fuite (3).

La ville de *Leptis* était située tout près de la mer, sur les rives d'un torrent appelé Wadi-Lebda, qui, presque à sec en été, grossit beaucoup dans la saison pluvieuse. Quelques vestiges d'un aqueduc semblent attester que cette ville fut jadis alimentée par les eaux du Cinyphus. Le port, qui n'a jamais été considérable, est en grande partie comblé par les sables d'alluvion qu'entraîne le Wadi-Lebda pendant ses débordements. Il faut fouiller à une assez grande profondeur dans le sol pour trouver quelques débris d'édifices romains d'un excellent style. Presque toute la cité avait été construite en briques. Le capitaine Smyth y a découvert les restes d'un cirque. Malheureusement il faudrait des sommes énormes pour exécuter ces travaux de débayement.

A l'est de Lebida, on trouve, sur une colline, la demeure d'un marabout fort vénéré dans le pays. Della-Cella et Beechey en parlent dans leurs relations. Le marabout leur défendit d'approcher de sa demeure, et menaça le premier de le manger tout cru (1). Du reste, on rencontre beaucoup de ces marabouts fanatiques entre Lebida et Mésurate.

Le capitaine Smyth, qui visita en 1816 et 1817 une grande partie de la côte tripolitaine, donne sur *Leptis magna* les détails suivants : « *Leptis magna*, dit-il, est située dans un terrain plat, argileux, bordé de petites collines. Une grande partie de ce terrain est couverte de champs de blé, de légumes, de plantations d'oliviers, de grenadiers, de dattiers, et de quelques vignes. La récolte est annuellement endommagée par une espèce de rat ou gerboise, probablement le μῦς δίπους (rat bipède), qu'on voit représenté sur quelques médailles cyrénéennes. Les champs cultivés manquent d'enclos : ils ne sont protégés que par des rangées de *scilla maritima*. Dans les terrains plus élevés, on ne trouve pas mal de pâturages; on y élève des chameaux, des chevaux, des bœufs, des moutons et des chèvres. Mais la méthode destructive des Arabes, qui autour de leurs douairs appauvrissent le sol sans songer à l'amender, s'y fait sentir d'une manière désolante.

« Je visitai pour la première fois Leptis en mai 1816, pour m'assurer de la possibilité d'embarquer les nombreuses colonnes enfouies dans le sable que le pacha de Tripoli avait offertes au roi d'Angleterre. Ces ruines présentaient un aspect très-pittoresque : débris d'une grandeur déchue, elles formaient un contraste frappant avec les huttes éparses de tribus nomades, composant les villages de Lebida et Legatah. La plus grande partie de l'emplacement de Leptis est couverte d'un sable blanc très-fin qui, poussé par les vents le long de la baie, a été arrêté dans sa marche envahissante par les piliers, chapiteaux, corniches, etc., de l'antique cité, lieu de naissance de l'empereur Sévère (2). »

Le capitaine Smyth rendit compte de son exploration au chef de la station de Malte, et signala au gouvernement britannique les ruines de *Leptis magna*

---

(1) *Voy.* Procop., *Hist. Vandal.*, lib. I, p. 17 : *At Gizerichus alia moliri non desiit. Nam præter Carthaginem, Africæ urbes nudavit omnes.*

(2) Selon le major Rennel, le nom de *Levates* dériverait de *Libye*, et serait synonyme de *Libycus*. Cependant Hérodote dit que *Libye* vient du nom d'une femme indigène. D'autres le font venir de l'Arabe *lub*, qui signifie soif. Mais l'étymologie la plus probable est לביא (*lebya*), qui en phénicien signifie *lionne*; de là *Libya*, c'est-à-dire pays nourricier des lions.

(3) Procop. *Hist. Vandal.*, lib. II, p. 119.

(1) Beechey, p. 60. Della-Cella, p. 33.

(2) Beechey, *Journey from Tripoly*, p. 74.

comme pouvant donner, par des fouilles, une riche moisson de monuments d'art. Mais quand il y retourna, en janvier 1817, il trouva presque toutes les colonnes, qu'il avait vues intactes quelques mois auparavant, brisées en morceaux : pour empêcher l'exportation de ces belles colonnes, les Arabes avaient imaginé de les réduire en fragments et de s'en servir eux-mêmes en guise de pierres meulières. Smyth ne se laissa pas cependant décourager; il fit immédiatement déblayer le terrain et commencer les fouilles. Mais il constata, à son grand regret, que les édifices publics n'offrent plus que des débris informes. Smyth pense qu'ils furent démolis par l'intolérance des premiers évêques chrétiens, qui en voulaient jusqu'aux monuments mêmes du paganisme. La plupart des statues sont complétement mutilées; les ornements, les feuilles d'acanthe des chapiteaux sont défigurés ou brisés; il ne reste plus que le fût massif des colonnes. Dans la nécropole il ne trouva que des amphores et des patères assez grossièrement travaillées, ainsi qu'un petit nombre de médailles, particulièrement de Sévère, de Papienus, d'Alexandre, de Julia Mammea, de Balbus et de Gordien Pie. Enfin, il renonça bientôt à poursuivre ces fouilles. A en juger d'après ces ruines, Smyth place postérieurement au règne d'Auguste l'époque de la plus grande splendeur de Leptis.

Suivant Marmol, les ruines de Leptis servirent en partie à la construction de la moderne Tripoli. « Leptis, dit cet historien, fut détruite par l'armée d'Occuba, la première fois que les successeurs de Mahomet passèrent en Afrique, et se repeupla depuis. Elle appartint au calife de Kaïrouan, jusqu'à ce qu'une armée d'Arabes passant en Afrique contre le rebelle qui avait fait soulever cette place, la ruina entièrement, et de ses ruines on bâtit la ville de Tripoli, quoiqu'on voie encore quelques restes de ses anciens bâtiments (1). »

A neuf milles à l'est des ruines de Lebida, on trouve une rivière appelée *Wad-el-Khahan*, dont les bords verdoyants sont couverts d'arbrisseaux; on y voit çà et là quelques ruines qui rendent ce séjour fort pittoresque. A un demi-mille de l'embouchure de cette rivière sont les vestiges de l'aqueduc qui fournissait l'eau à Leptis. Dans les environs, qui sont marécageux, on voit les traces manifestes de la chaussée dont parle Strabon, et qui avait été élevée par les Carthaginois. Cette circonstance montre que le Wad-el-Khahan (la rivière faible) est le *Cinyphus* ou *Cinyps* des anciens (1). Hérodote en parle en ces termes : « Le fleuve Cinyps, qui traverse le pays [des Maces], découle d'une colline portant le nom des Grâces, et se jette dans la mer. Cette colline des Grâces est couverte de bois, tandis que le reste de la Libye, que nous avons mentionné, est nu. Depuis la mer jusqu'à cet endroit il y a deux cents stades (2). »

Cette distance est, selon Beechey, beaucoup trop grande ; car la rangée de collines où le Wad-el-Khahan prend sa source n'est qu'à quatre ou cinq milles de la côte (3). Ne pourrait-on pas admettre qu'une partie de cette côte, jadis couverte de sable, a été depuis envahie par les eaux de la mer?

Pline et Ptolémée placent le Cinyphus beaucoup plus à l'est, dans le voisinage du pays des Lotophages. Nous savons, d'après Hérodote, que les environs du Cinyphus formaient une des régions les plus fertiles de l'Afrique (4).

A l'extrémité nord-est des marécages très-malsains qui entourent l'embouchure du Wad-el-Khahan, est situé le cap Tabia, où Beechey trouva les vestiges d'un tombeau. Tout à côté est une rangée de récifs formant une sorte de cri-

(1) L'*Afrique* de Marmol, trad. de Perrot d'Ablancourt, t. II, p. 561 ; Paris, in-4°, 1667.

(1) Strab. XVII, § 18 : Ἑξῆς δ' ἐστὶ ποταμός Κίνυφος· καὶ μετὰ ταῦτα διατείχισμά τι ὃ ἐποίησαν Καρχηδόνιοι, γεφυροῦντες βάραθρά τινα εἰς τὴν χώραν ἀνέχοντα.

(2) Hérodot., lib. IV, cap. 175 : Διὰ δὲ αὐτῶν [Μάχων] Κίνυψ ποταμὸς ῥέων ἐκ λόφου καλευμένου Χαρίτων ἐς θάλασσαν ἐκδιδοῖ. Ὁ δὲ λόφος οὗτος ὁ Χαρίτων δασὺς ἴδῃσί ἐστι, ἑούσης τῆς ἄλλης τῆς προκαταλεχθείσης Λιβύης ψιλῆς· ἀπὸ θαλάσσης δὲ ἐς αὐτὸν στάδιοι διηκόσιοί εἰσι.

(3) Le stade d'Hérodote est, selon Rennel, de 10 ⁴⁄₇ milles anglais.

(4) Hérodot. lib. IV, cap. 198.

que; les Arabes l'appellent le *Marsa-Ugrah*, d'après le nom d'un village voisin.

Dans la belle plaine qui s'étend à l'est du Wad-el-Khahan, on rencontre le village de *Zeliten* (Sliten), comprenant environ cinq cents habitants, dont la plupart sont juifs; c'est le chef-lieu du district de même nom, situé entre le Wad-el-Khahan et Sélin. Ce district est fertile et très-peuplé: il renferme au moins dix mille habitants, dispersés dans une quinzaine de villages. Ils sont industrieux, et polis envers les étrangers. Chacun de ces villages est environné de plantations de dattiers et d'oliviers, qui produisent plus que les habitants ne consomment; le surplus est vendu aux Bédouins marchands. Près de Zeliten sont deux sources d'eau douce qui entretiennent un petit étang; les femmes de l'endroit viennent y laver et s'y baigner. Le port de Zeliten (Mersa Zeliten) est sans importance; il est peu profond et entouré de recifs. Les débris de chapiteaux et de colonnes de marbre qu'on voit dans les environs font supposer que Zeliten est l'emplacement d'une ancienne ville, peut-être du *Cinsternæ oppidum* de Ptolémée; c'est la première ville que ce géographe mentionne après le Τρώρων ἄκρον, le *Cephalas promontorium* de Strabon.

Plusieurs collines de sable environnent Zeliten; et près de la baie on trouve le tombeau d'un marabout fort vénéré, Sidi-Abd-el-Salam; ce tombeau est assis sur des colonnes de marbre de très-petite dimension. On y voit aussi beaucoup de fragments de verre et de faïence. Entre les collines de sable sont des vestiges d'anciens bains arabes.

En sortant de Zeliten, on entre dans une vaste plaine, tapissée en grande partie d'arbustes et d'arbrisseaux. Deux routes se croisent dans cette plaine: l'une conduit à Beniolid, au sud; l'autre à Mésurate, à l'est, le long de la côte. Sur les bords de cette dernière route on remarque un grand nombre de monticules et des vestiges d'anciennes constructions. On y rencontre le village de Sélin, probablement l'*Ori* de Della-Cella; c'est là que le voyageur italien place le Κινστέρναι de Ptolémée (1). On

voit sur une colline des environs les ruines d'une forteresse. Tout près de là est le petit hameau de *Zouia*, qui ressemble à Zeliten. Le village de *Zoraïg*, qui vient après, toujours le long de la côte, renferme environ cent habitants, occupés à la culture des dattiers; deux petites baies, formées par des recifs, portent le nom de *Mersa* (port) *Zoraïg*.

Au cap de *Mésurate* finit la zone cultivée qui s'étend le long de la côte à l'est de Tripoli. La ville de Mésurate est construite avec assez de régularité; ses rues se croisent à angles droits, et presque au centre se trouve la place du marché, qui est en partie occupée par un étang d'eau verte et saumâtre. Les maisons n'ont qu'un étage, et sont bâties en pierres brutes, le plus souvent sans chaux ni mortier; les toits sont plats et couverts d'algues. Le terrain est inculte et sablonneux; les Arabes y creusent facilement leurs silos ou greniers. Les habitants vivent de l'agriculture et de la manufacture de quelques étoffes de laine. Les caravanes du Fezzan et de Tombouctou passent à Mésurate, et donnent à cette ville une certaine importance commerciale.

« Les habitants de cette province, dit Marmol, sont riches et trafiquent avec les chrétiens de marchandises d'Europe, qu'ils portent au pays des Nègres, et qu'ils troquent contre des esclaves, de la civette et du musc, qu'ils vont vendre en Turquie, sur quoi il y a beaucoup à gagner (1). »

La ville de Mésurate est loin d'être aujourd'hui aussi florissante qu'elle l'était du temps de Marmol et de Léon l'Africain.

Entre cette ville et la mer se trouve une rangée de collines sablonneuses, dont la hauteur dépasse de beaucoup celle des plus grands palmiers qui les entourent; et au delà de ces collines est le cap de Mésurate proprement dit; il est formé de grès, et se trouve à environ trente-trois mètres au-dessus du niveau de la mer; son sommet est entièrement nu et dépourvu de toute végétation; les collines qui l'environnent, et qui sont couvertes de dattiers, lui donnent l'aspect

---

(1) Della-Cella, *Viaggio da Tripoli*, etc., p. 38.

(1) Marmol, *Afrique*, t. II, p. 574.

d'un triple cap; d'où le nom de Τριῶν ἄκρων que lui donne Ptolémée. C'est sans doute le promontoire des *Têtes* (Κεφαλαί) de Strabon (1), ou la corne occidentale du golfe connu sous le nom de *grande Syrte*. Il est bon de faire remarquer que l'épithète de ὑψηλή, élevé, que Strabon donne à ce cap, n'est vrai que comparativement à toute la région, qui n'offre que des collines basses; car le cap en lui-même est peu élevé, et semble s'affaisser de plus en plus par suite de la dégradation de ses assises en pierres de grès.

Sur le sommet du cap Mésurate, la vue embrasse le contraste le plus frappant : à l'ouest et au sud le regard s'arrête sur des plaines fertiles, parsemées de villages et de riches troupeaux; tandis qu'à l'est l'œil plonge dans un immense désert, plage stérile et désolée. C'est cette plage que Marmol, Léon l'Africain et presque tous les géographes anciens appellent le *désert de Barca* (2).

Voici la description qu'en donne Marmol : « A l'extrémité de la province de Mésurate commence un grand désert que les Arabes nomment *Sahart Barca*, ou *désert de la tempête*, quoique quelques-uns, mal à propos, prétendent qu'il signifie *désert de la bénédiction*. D'autres l'interprètent *passage*, comme qui dirait *passage des Syrtes*; mais c'est encore une corruption, car les Arabes d'Afrique ne l'appellent point autrement que *Ceirat Barca*, ou chemin de la tempête, qui est le passage de Barbarie en Égypte. Il s'étend depuis le cap de Rachaltin jusqu'à celui de Glauque, sur la frontière de l'ancienne Alexandrie, par l'espace de quatre cents lieues, et en a plus de soixante de traverse depuis la mer Libyque jusqu'en Numidie. C'est un pays rude, sec et infertile, sans eau, sans culture, et sujet à de grandes tempêtes, dont sans doute il tire son nom. Il était entièrement inhabité avant la première venue des Arabes; mais après que les plus puissants se furent emparés de terres fertiles, ce désert demeura pour les misérables qui vont nus, et sans souliers, matés de faim, de soif et de chaud, parce qu'il n'y a aucune habitation dans tout le voisinage, et qu'il n'y croît rien dont on puisse faire profit. La Sicile leur fournit du blé, et, quelquefois n'ayant pas le moyen d'en acheter, ils engagent leurs enfants, et vont faire des courses dans la Numidie, afin d'avoir de quoi les racheter; car ce sont tous traîtres et tous voleurs, qui dépouillent les passants, puis les pendent par les pieds, dans le dessein de leur faire vider tout ce qu'ils ont dans le corps, pour voir s'il n'y a point d'argent caché (1). »

En quittant les champs cultivés de Mésurate pour entrer dans le désert de la grande Syrte, on rencontre d'abord le vaste marais dont parle Strabon (2). Il s'étend au sud, le long de la côte depuis Mésurate jusqu'à Djirafa. Le marais (de cent un milles de long, sur quinze de large) n'offre pas, comme du temps de Strabon, une nappe d'eau uniforme; il se compose d'une multitude d'étangs qui communiquent accidentellement avec la mer. Plusieurs de ces étangs sont assez étendus et assez profonds pour mériter le nom de lacs; peut-être dans la saison des pluies ne forment-ils qu'une seule nappe d'eau, ayant l'étendue indiquée par Strabon (soixante-dix stades de large sur trois cents de long). A neuf milles environ de Mésurate on voit les vestiges d'une jetée de construction singulière, dans une étendue de trois cent trente pas dans l'intérieur; elle forme, avec un butte située en face, ce qu'on pourrait appeler l'ancienne communication (στόμα) du marais avec le golfe. Comme le terrain environnant est plus élevé que ce marais, on comprend la nécessité d'un canal artificiel, construit par les anciens, pour l'écoulement des

---

(1) Strab. lib. XVII, § 18 : Εἶτ' ἄκρα ὑψηλὴ καὶ ὑλώδης, ἀρχὴ τῆς μεγάλης Σύρτεως· καλοῦσι δὲ Κεφαλάς.

(2) Les géographes modernes ont restreint ce nom, comme nous verrons plus loin, à la plage sablonneuse située à l'est de Benghazi.

(1) Marmol, *Afrique*, t. II, p. 578 (édit. d'Ablancourt). — Comparez Léon l'Africain, *Description de l'Afrique*, p. 299 (édit. in-fol.; Lyon, 1556).

(2) Strab., § 20 : Εἰσπλέοντι δὴ τὴν μεγάλην Σύρτιν, ἐν δεξιᾷ μετὰ τὰς Κεφαλάς ἐστι λιμνή, τριακοσίων που σταδίων τὸ μῆκος, ἑβδομήκοντα δὲ τὸ πλάτος, ἐκδίδουσα εἰς τὸν κόλπον, ἔχουσα καὶ νήσια καὶ ὕφορμον πρὸ τοῦ στόματος.

eaux. Peut-être ce canal servait-il jadis de refuge (ὅρμος) à des navires.

A quelque distance au sud du tombeau du marabout Sidi-Abou-Chaïfa, près de Mésurate, sont les ruines d'un fort dont les murs circonscrivent un carré d'environ trente-trois mètres; on y remarque des traces de murs plus petits, qui paraissaient avoir divisé le grand carré en plusieurs compartiments. Du côté nord-ouest on voit quelques blocs de pierre, qui paraissent avoir appartenu à des arches supportant la voûte d'un édifice. Ces ruines se trouvent sur une colline basse, près de la mer. Entre ces ruines et Abou-Chaïfa, le lac de Strabon paraît avoir également communiqué avec le golfe.

Il ne faut pas confondre ce lac ou marais, comme l'a fait d'Anville, avec le lac de Zuchis (golfe de Zuca?), qui appartient à la petite Syrte (1). Son passage est assez dangereux : indépendamment des fièvres qu'on y gagne, à chaque moment on court risque de voir le sol s'enfoncer sous les pas des chevaux. On y rencontre çà et là quelques îlots, semblables à des oasis. Le premier de ces îlots qu'on trouve en quittant Mésurate s'appelle *Taouerga*; il est situé en dehors de la route, à sept ou huit milles de la côte; il y a un village et une belle plantation de dattiers. Tout alentour le sol est plat, formé d'alluvion, incrusté de sel, et entièrement dépourvu de végétation.

Arar est formé par une oasis semblable; il se fait remarquer par un grand dattier, le seul qu'on rencontre sur tout le littoral de la grande Syrte. A *Melfa*, au sud d'Arar, le sol s'élève un peu et se garnit de quelques plantes. On y voit les ruines d'un marabout abandonné. *Souleb* (pointe méridionale du marais, d'après les dimensions données par Strabon) est plus fertile que Melfa; c'est la propriété de quelques cheiks arabes, qui y entretiennent des troupeaux de chèvres et de brebis. Souleb est situé dans l'endroit que plusieurs cartes désignent sous le nom de *golfe de Zuca*.

Près de Mahada, Della-Cella aperçut les ruines d'un vieux castel, très-vénéré par les Arabes; il s'appelait *Kasr-el-Djebha* (palais de Jebha), d'après le nom du fils d'un célèbre marabout. Ce castel se compose de trois chambres étroites (dix mètres de long, sur deux de large), voûtées, parallèles et communiquant entre elles; dans celle du centre est la porte d'entrée.

A partir de là le passage du marais devient de plus en plus périlleux : les Arabes eux-mêmes refusent souvent de servir de guides. La croûte saline a dans quelques endroits à peine deux pouces d'épaisseur : elle se rompt sous les pas du voyageur, qui s'enfonce dans des creux assez profonds. Ces creux sont remplis d'une eau saumâtre et salée; il en est qui ont de quatre à cinq mètres de profondeur (1). Ils sont très-nombreux, et contournés par des sentiers étroits qu'il est facile de manquer pendant la nuit.

Près de Mahada, au fond d'une crique, Beechey vit un bloc de marbre portant cette inscription française :

LA GABARE DU ROI
LA CHEVRETTE.
1821.
LAT. 31° 35', LONG. 13° 18'.

Cette inscription fut évidemment gravée par l'équipage de *la Chevrette*, capitaine Gautier, qui fit en 1821 le relevé d'une partie de cette côte.

Les Arabes ont donné le nom de *Djerid* à quelques collines basses et stériles, entre Mahada et Mhad-Hassan, petite oasis couverte de pâturages. On y voit quelques oliviers sauvages et les restes d'anciens bâtiments. A partir de Mhad-Hassan le chemin devient plus praticable; on remarque sur toute cette partie du littoral, jusqu'à Derna, un grand nombre de petits édifices carrés, dont on ignore l'usage. Ces édifices, espèces de petits forts, occupent la plaine aussi bien que les hauteurs; ils ont de soixante-dix à cent pieds carrés; les fentes des murs sont envahies par les racines des végétaux, qui donnent à ces ruines un aspect très-pittoresque.

---

(1) Strab. lib. XVII, § 18 : Μετὰ δὲ τὴν Σύρτιν (Petite Syrte), Ζοῦχίς ἐστι λιμνὴ σταδίων τετρακοσίων, στενὸν ἔχουσα εἴσπλουν, καὶ παρ' αὐτὴν πόλις ὁμώνυμος πορφυροβαφεῖα, ἔχουσα καὶ ταριχείας παντοδαπάς.

(1) Beechey, p. 129.

« A *Mhad-Hassan* nous nous procurâmes, dit Beechey, un peu de lait dans une tente arabe habitée par une vieille femme avec ses deux fils. Ce furent, à l'exception des chakals, de quelques gazelles et oiseaux aquatiques, les seuls êtres vivants que nous eussions rencontrés depuis notre campement à Souleb (1). »

A seize milles au sud de Mhad-Hassan, le marais finit à *Djiraf*. A quelque distance de Djiraf on rencontre un petit torrent appelé *Wadi-Ghibaiba*, dont les bords sont assez bien cultivés, seule culture des environs ; près de là on voit les vestiges d'un ancien bâtiment. Plus loin, le sol perd sa désolante monotonie ; il devient de plus en plus ondulé, et se couvre de prairies où paissent des troupeaux de chèvres et de moutons : mais la rencontre qui réjouit le plus le voyageur dans cette contrée déserte, c'est celle des sources d'eau douce près de Zaffran.

A *Zaffran* on trouve des vestiges de constructions nombreuses et régulières. Cet endroit paraît avoir été jadis une station militaire de quelque importance. C'est probablement l'*Aspis* de Strabon (2) ; seulement son port n'est plus aussi beau qu'autrefois : comme celui de Lebida, il est en partie comblé de sable. Les édifices dont on voit encore les ruines sont d'architecture romaine : la forme quadrangulaire y domine. Leur construction paraît remonter au règne de l'empereur Adrien.

On est frappé du grand nombre d'anciennes tours ou forteresses qui garnissent presque toutes les hauteurs dans cette partie de la Syrte, et dont quelques-unes sont assez bien conservées. Ces tours servaient, suivant Diodore et Appien, de lieux de refuge ou de magasins ; elles étaient dans le voisinage des sources d'eau douce. Ce qu'il y a de remarquable, c'est qu'on n'y découvre aucune porte ni ouverture latérale ; elles recevaient sans doute le jour par le haut ; c'est aussi par là que l'on s'y hissait probablement au moyen de cordes. On comprend que ces forteresses étaient tout à fait inaccessibles à l'ennemi.

La tour d'Euphrantas doit se trouver dans les environs de Zaffran. C'est près de Zaffran qu'il faut chercher les ruines de la ville de *Sert* ou *Sort*, si les mesures données par Édrisi sont exactes (deux cent trente milles arabes ou deux cent quarante-six milles géographiques de Tripoli) (1). Mais, d'après l'autorité d'Aboulfeda, il faut reculer l'emplacement de cette ville plus à l'est, dans le voisinage de Médinet-Sultan. Les colonnes qui portent des inscriptions tronquées, et que Della Cella regarde comme des bornes de territoire établies sous les Ptolémées, appartiennent, suivant Bee-

---

(1) Beechey, p. 134.
(2) Strab. lib. XVII, p. 836 edit. Casaub. Μετὰ δὲ τὴν λίμνην τόπος ἐστιν Ἄσπις, καὶ λιμὴν κάλλιστος τῶν ἐν τῇ Σύρτει.

(1) Voici la description qu'Ibn-Haucal fait de cette ville, au onzième siècle : « La ville de Sort a l'apparence d'une forteresse, étant entourée d'une bonne muraille d'argile. Plusieurs peuplades de Berbères habitent ses environs, et possèdent des terres où elles se rendent, au temps des pluies, pour les ensemencer. Elle possède des dattiers dont les fruits parviennent à maturité, mais elle produit moins de cannes à sucre qu'Audgela, et moins de dattes que Weddan : ce qui s'y récolte suffit à peine aux besoins des habitants. Ils ont des jujubes et d'autres fruits, et la vie y est à assez bon marché. Les dîmes et impôts sont administrés par le chef de la prière. Il a la direction de toutes les affaires de la ville, ainsi que l'inspection des marchandises qui arrivent de Kaïrewan et d'Égypte, et sur lesquelles il prélève un impôt ; il vérifie les papiers et les patentes, et il saisit tous les objets que l'on cherche à passer frauduleusement. Pour ces raisons, la ville de Sort est plus riche et plus prospère qu'Adjèdabia. Elle s'élève sur le bord de la mer, et un grand nombre de navires y arrivent et en partent. Par la quantité des étoffes de laine qu'elle produit, elle n'est nullement inférieure à Adjèdabia et à Barca. On y mange plus de chair de chèvre que de mouton, et la première flatte le goût des habitants et des étrangers. On y boit l'eau du ciel que l'on recueille dans des citernes, les puits y étant fort rares. Les alentours sont habités par de nombreuses peuplades de Berbères ; il y a même dans l'enceinte de la forteresse un quartier qui leur sert de demeure. De temps en temps, des discussions et des guerres éclatent parmi eux ; mais ces guerres ne se prolongent pas comme celles du peuple de Sous et de Fez. » (*Journal Asiatique*, troisième série, t. XIII, p. 164.)

chey, à une époque beaucoup plus récente; quant aux inscriptions, ce seraient des noms de tribus griffonnés par des Bédouins. Ces colonnes se trouvent à Hamed-Garouch, près de Zaffran.

Les environs de Zaffran sont pittoresques et bien accidentés, comparativement à la plaine marécageuse de l'ouest. Zaffran est une des places les plus importantes de la Syrte (1); elle est riche en prairies, céréales et bestiaux. Les habitants sont hospitaliers et polis envers les étrangers. Les hommes sont vigoureux, bien faits, et les femmes jolies. Ces dernières portent une large chemise de coton sous leur baracan, et des bottes lacées au lieu de sandales. Elles sont couvertes d'amulettes pour se garantir contre les maux d'yeux, maladies très-communes dans ce pays.

Entre Djedid et Zaffran on rencontre beaucoup de silos ou greniers souterrains. Dans ces greniers, qui sont ici en usage de temps immémorial, le blé peut se conserver pendant plus de cinquante ans. Varron et César en parlent (2).

De Zaffran à Hamed-Garousch, le sol s'élève de plus en plus, et les vallées sont bien cultivées. On y voit beaucoup de gibier (lièvres) et d'oiseaux aquatiques (pluviers, courlis, canards sauvages, bécasses).

Médinet-Sultan a été une station militaire importante. Les ruines de forteresses carrées qu'on y remarque sont mieux conservées que celles de Zaffran. A Médinet-Sultan est une baie où des bateaux peuvent s'abriter. Près de là est un lac, en apparence assez profond, qui communique avec la mer en deux endroits, et s'étend le long de la côte à l'est. Peut-être ce lac servait-il autrefois de port; cependant ses communications avec la mer ne sont pas assez larges pour cela. Beechey y vit un grand nombre de flamants et de courlis.

A *Nehim* est une petite baie sablonneuse. *Hammah* à quelques milles à l'est a également une baie où l'on peut se procurer de l'eau douce. Ces deux baies se reconnaissent facilement à un promontoire situé à égale distance de l'un à l'autre, et où se voient les ruines d'un ancien port.

Le chemin de Nehim à *Bousaïda* est très-plat et offre peu d'intérêt. Les environs de Bousaïda sont un peu montueux et couverts d'herbes et d'arbustes. Les habitants sont occupés à élever des chameaux, des brebis et des chèvres. A l'est de Bousaïda on trouve quelques faibles ruines et des cavernes nombreuses, creusées, à ce qu'il paraît, par les gerboises qui abondent dans la contrée. A *Scharfa* commence un lac qui s'étend parallèlement à la côte, jusqu'au cap (*ras*) Houeidjah, qui offre de loin l'aspect d'un château en ruines; c'est probablement le cap *Liconda*. Entre le lac et la mer est une étroite bande de terre, entrecoupée de collines sablonneuses, dont les anfractuosités sont habitées par des Bédouins très-hospitaliers: ils offrent avec empressement du lait et des dattes aux étrangers qui y passent.

Entre *Wadi-Schagga* et *Bendjerwad* se rencontrent beaucoup de ruines provenant d'anciennes forteresses. C'est là que se trouvait, suivant Beechey, la tour d'Euphrantas (πύργος Εὐφράντας), qui sous le règne des Ptolémées servait de borne entre les territoires de Carthage et de Cyrène. Ce qui rend cette opinion probable, c'est la nature même du terrain: depuis Zaffran c'est la position la plus élevée et par conséquent le plus en vue de la côte.

A l'ouest de la tour d'Euphrantas était la cité de *Charax*, mentionnée par Scylax et Strabon. Entre Bendjerwad et Hudia, Beechey place les ruines

---

(1) Cette place doit sans doute son nom à une espèce de crocus (safran) qui croit dans les environs.

(2) Varro, *De Re Rustica*, I, 57: *Quidam granaria habent sub terris, speluncas, quas vocant σειρούς, ut in Cappadocia ac Thracia. Alii, ut in Hispania citeriore, puteos, ut in agro Carthaginensi et Oscensi. Horum solum paleis substernunt, et curant ne humor aut aer tangere possit, nisi cum promitur ad usum. Quo enim spiritus non pervenit, ibi non oritur curculio. Sic conditum triticum manet vel annos quinquaginta; milium vero plus annos centum.*

Cæsar, *De Bello Africano*, cap. 65: *Est in Africa consuedo incolarum, ut in agris, et in omnibus vere villis, sub terra specus, condendi frumenti gratia, clam habeant, atque id propter bella maxime, hostiumque subitum adventum præstarent.*

de cette cité frontière. C'est à Charax que les Carthaginois venaient échanger leurs vins contre le silphium et le suc de cette plante (1).

Hudia (de *Hudi*, juif) doit son nom à la qualité de ses eaux, qui, disent les Arabes, ne sont bonnes que pour les juifs. Peut-être était-ce autrefois une ville juive; car, au rapport de Procope (2), les juifs étaient jadis très-nombreux dans la Pentapole, dont ils habitaient particulièrement l'extrémité occidentale. Hudia était, il y a une trentaine d'années, infesté par des maraudeurs arabes. On remarque près de là une colline dont le sommet est couronné d'une masse d'albâtre qui lui donne l'aspect d'un cône de glace. Les vallées adjacentes sont riches en plantes rares.

Près de *Mahiriga*, entre la route et la mer, on voit les ruines d'un bâtiment carré, occupant le sommet d'une rangée de collines basses. Ce bâtiment se distingue de tous les autres du même pays : à chacun des angles est une petite tour circulaire, qui s'élargit à la base.

A l'est de Mahiriga, la contrée est stérile, pierreuse, et offre peu d'intérêt jusqu'au delà de Linouf. On n'y aperçoit d'autres êtres vivants que l'hyène et une espèce de taureau sauvage, que les Arabes appellent *bograh-wach*.

Muktahr forme la limite des districts de la Syrte et de Barca; la ligne de démarcation est indiquée par quelques tas de pierres. De là une branche de la route se dirige vers les mines de soufre, appelées *Kebrit*, qui sont situées à une journée et demie au sud. Le soufre qu'on en retire est transporté par des chameaux jusqu'à Braïga, où il est embarqué sur des navires qui stationnent dans le port (Mersa-Braïga). C'est sans doute à cette circonstance que cette partie du golfe doit son nom de *Djiun-el-Kebrit* (golfe du soufre). Près de Muktahr est un plateau remarquable, appelé *Djebbel-Allah* (montagne de Dieu), et un lac assez grand (*Esubbah Muktahr*). A quelques milles à l'est on se trouve dans le point le plus méridional du golfe (*in imo recessu Syrtis*). « Il y a, dit Beechey, probablement peu de contrées dans le monde qui offrent un aspect aussi désolé que cette plage. L'œil n'y rencontre que des marais, des sables et des rochers stériles; de quelque côté qu'on se tourne, on n'y aperçoit aucun être humain ni trace de végétation. Pendant le temps que nous passâmes sur ce triste rivage, le silence de la nuit ne fut pas même troublé par les hurlements de nos anciens amis, les chacals et les hyènes, qui dans les autres parties de la Syrte venaient toujours rôder autour de nos tentes. Tous les êtres vivants de la création semblent avoir fui cette plage désolée (1). »

Dans une caverne de ce coin abandonné, la fameuse Lamia, femme féroce dont le nom seul faisait, chez les Romains, peur aux enfants, avait, suivant la tradition, établi son séjour (2). Le sol se compose de sable mouvant, entrecoupé de quelques collines basses. Malheur au voyageur qui est surpris dans ces parages par le vent brûlant du sud! Jéria est le point le plus élevé du sommet de la Syrte, et par conséquent le plus favorable aux observations hydrographiques de cette partie de la côte. Strabon mentionne le fort *Automala* comme situé dans l'endroit le plus reculé du golfe (κατὰ τὸν μυχὸν τοῦ κόλπου πάντος) (3). C'est là aussi que Pline place le séjour des Lotophages : *in intimo sinu fuit ora Lotophagon* (4).

C'est aussi quelque part au fond de la grande Syrte que devaient se trouver les autels des Philènes, qui servaient de limites entre les territoires des Carthaginois et des Cyrénéens. Voici l'origine de ces autels.

« A l'époque, dit Salluste, où les Carthaginois commandaient à presque toute l'Afrique, les Cyrénéens étaient puissants et riches. Entre les deux États se trouvait une plaine sablonneuse uniforme (*ager in medio arenosus, una specie*); il n'y avait ni fleuve ni montagne qui pût servir de limites. Cette circonstance occasionna entre eux

---

(1) Strab. XVII, p. 688, édit. Casaub.
(2) Procop., *De Ædificiis*, lib. V, p. 110-111; Paris, 1663, in-fol.

(1) Voy. Beechey, p. 211.
(2) Voy. Diodor., lib. XX.
(3) Strab., XVII, p. 836.
(4) Pline, *Hist. Nat.*, lib. V, cap. 5.

2.

une guerre longue et sanglante. De chaque côté, des armées et des flottes avaient été dispersées, anéanties, et les forces s'étaient affaiblies réciproquement. Redoutant qu'un troisième peuple n'attaquât les vainqueurs et les vaincus épuisés, ils conviennent qu'à un jour marqué des envoyés partiront de chaque ville, et que l'endroit où ils se rencontreront servira de limite aux deux nations. Les Carthaginois choisissent deux frères, nommés Philènes. La marche de ceux-ci fut rapide; celle des Cyrénéens plus lente. Était-ce leur faute ou celle du hasard? Je l'ignore; car dans ces lieux les ouragans retiennent le voyageur comme en pleine mer : dans ces déserts plats et nus, le sable, soulevé par les vents et agité avec violence, remplit la bouche, les yeux des voyageurs, et retarde leur marche. Les Cyrénéens, arrivés les derniers, craignant que leur retard ne fût puni, accusent les Carthaginois d'avoir quitté leur ville avant le temps convenu, dénaturent les faits, aiment mieux enfin tout endurer que de s'en retourner vaincus. Les Carthaginois demandent un autre accord, égal pour les deux parties. Les Grecs leur donnent le choix, ou d'être enterrés vifs à cette limite contestée, ou de les laisser s'avancer aussi loin qu'il leur plaira, sous la même condition. Les Philènes, acceptant ce traité, se sacrifièrent à la patrie; ils furent enterrés vifs. Les Carthaginois consacrèrent dans ce lieu des autels aux deux frères, et leur décernèrent à Carthage d'autres honneurs (1). »

Suivant Pline, les autels des Philènes étaient des monticules de sable, dont il ne restait déjà plus de vestiges du temps de Strabon et de Ptolémée le géographe (2).

Au nord-ouest de *Sachrin*, que Beechey signale comme le véritable fond du golfe, est situé, à cinq quarts de mille du rivage, un îlot appelé *Bouchaïfa*; il est entouré de brisants à

(1) Sallust., *Bellum Jugurth.* cap. 79. — Val. Maxime et Pomponius Mela rapportent le même fait.

(2) Strab., III, p. 171 : Ὀυ γὰρ νῦν Φιλαίων βωμοί, ἀλλ' ὁ τόπος μετείληφε τὴν προσηγορίαν.

l'est et à l'ouest. Au sud de Sachrin est un petit lac, desséché pendant l'été, et quelques ruines; de là une vallée s'étend à l'est, entre un plateau au sud et une rangée de collines basses sur le littoral; ces collines sont formées de sables mouvants et pouvant être, comme des avalanches, déplacées par la violence des vents. Des armées entières peuvent y trouver leurs tombeaux.

En quittant Sachrin, la côte se relève doucement vers le nord. Après cinq heures de marche, on arrive à *Gartubbah*, où l'on trouve quelques tentes arabes. A partir de là la terre devient moins stérile, et offre un aspect plus attrayant.

Braïga fut jadis une place forte, à en juger d'après ses ruines. A l'angle ouest de la baie (Mersa-Braïga) est une hauteur où l'on voit les vestiges d'un vieux castel. On trouve dans les environs quelques inscriptions grecques et latines; il serait important d'y faire des fouilles. Au sud-ouest de Braïga est un lac salé, plus bas que le niveau de la mer, avec laquelle il communique par une source jaillissante. Plus au sud on rencontre de grands pâturages, où paissent des troupeaux de chameaux, de chèvres et de brebis. Beechey pense que c'est près de Braïga qu'il faut chercher les traces de l'ancienne station ou tour *Automala* (1). Il y trouva une médaille de l'empereur Auguste.

Au nord de Braïga on rencontre le cap rocailleux de *Tabilba*, dont la base est criblée d'excavations spacieuses, comme une ruche d'abeilles. On y voit quelques inscriptions grecques à moitié effacées. Plusieurs de ces excavations, de forme carrée, ont évidemment servi de tombeaux. On y a découvert quelques médailles de cuivre et d'argent. C'est aux environs de Tabilba que Beechey place les *stations maritimes* de Ptolémée, où les Grecs et les Romains mettaient leurs flottes à l'abri.

Entre Braïga et Aïn-Agân on voit, sur des collines, les débris de deux forteresses. *Aïn-Agân* doit son nom à une source d'eau douce. A quelques milles de là est une hauteur remarquable, appelée *Aálum-Limarisch*, du sommet

(1) Strabon, XX, p. 753.

de laquelle on jouit d'une vue étendue sur une grande partie de la contrée. Au sud on aperçoit une série de lacs salés, qui paraissent s'étendre au loin dans le sud-est. Leur eau est tout à fait saumâtre, et paraît avoir jadis communiqué avec la mer. Au nord on voit la petite île de Gara (*Gaïa* de Ptolémée?), à six milles de la côte, environnée de brisants à l'est et à l'ouest. A un mille du rivage, presque en face d'Aâlum-Limarisch, est un rocher blanc, taillé à pic, d'environ quatorze mètres de haut; les Arabes l'appellent *Ischaïfa*. Des rescifs s'étendent de là jusqu'à l'île de Gara.

De Aâlum-Limarisch à Schebah le sol est parsemé de collines de sable, qui sont partiellement couvertes de végétation. Aux environs de *Rhout-el-Assoud*, qui doit son nom à son aspect noir, on trouve de nombreux troupeaux de moutons. Près de Scheibah l'eau a une saveur sulfureuse si marquée, qu'elle n'est guère potable. A Schohaut-Marabout on aperçoit au sud-est les ruines de deux forteresses.

Beechey ne trouva point à *Carcora* le puits qui, selon le capitaine Lauthier, était très-profond et contenait plusieurs inscriptions grecques (1). Au pied de quelques collines de sable se trouvent quelques sources d'eau excellente, bien qu'il y ait à quelques pieds plus loin un vaste marais saumâtre et salé. Ce fait, qui se reproduit ailleurs, mérite de fixer l'attention des géologues.

De Carcora à Benghazi la côte offre peu d'intérêt; cependant le sol est fertile, et dans quelques endroits assez bien cultivé. Un peu plus dans l'intérieur on rencontre beaucoup de ruines d'anciens forts et des débris d'édifices. Les ruines qu'on voit à *Ghimenès*, à une journée de marche au nord de Carcora, diffèrent des autres en ce que les pierres sont grosses, non taillées et non jointes par du mortier, comme dans les ouvrages dits cyclopéens. Dans le voisinage on trouve quelques cavernes ou tombeaux taillés dans le roc. Les ruines de Ghimenès et d'Imschalla paraissent correspondre à l'emplacement du *Diachersis præsidium* de Ptolémée (1). C'est à Benghazi que plusieurs géographes assignent la limite orientale de la grande Syrte.

Observations générales sur la grande Syrte.

Voici la circonscription que Strabon donne à la grande Syrte : « La circonférence de la grande Syrte est d'environ neuf cent trente stades (2); son diamètre au fond du golfe (ἐπὶ τὸν μυχόν) est de quinze cents stades, et sa largeur à l'entrée (τοῦ στόματος πλάτος) est à peu près la même (de quinze cents stades) (3). »

L'erreur de ces mesures saute aux yeux; car comment la circonférence peut-elle être plus petite que le diamètre? — Les commentateurs ont essayé, chacun à sa manière, de corriger ce passage de Strabon, évidemment tronqué. Casaubon proposa (d'après la glose marginale d'un manuscrit) de substituer pour la circonférence le nombre *cinq mille* au lieu de neuf cent trente que donne le texte. Gossellin adopta la correction de *quatre mille*; et en voici la raison :

Dans le deuxième livre de sa *Géographie*, Strabon rapporte deux opinions sur les dimensions de la grande Syrte : la première est celle d'Ératosthène, qui assignait à ce golfe cinq mille stades de pourtour et dix-huit cents stades de profondeur; selon l'autre opinion, la Syrte n'aurait eu que quatre mille stades de circonférence et quinze cents de profondeur. Or, dans le passage que nous venons de citer Strabon paraît abandonner l'opinion d'Ératosthène et adopter l'autre, puisqu'il ne parle que de la mesure de quinze cents stades. Il est donc probable que la mesure de la cir-

---

(1) Della Cella, *Viaggio*, etc., p. 177 : *Nel fondo di questo seno* (di Carcora), *alla parte di tramontana v'ha un pozzo di acqua dolce, ove si attigne a una grandissima profondità sopra tutto in estate. E rotondo, con una scalinata interna, per laquale vi si può facilmente discendere. Ad ogni 10 scalini vi si trovano scolpite inscrizioni in greco. Furono impiegate nel mese di settembre 83 braccia di corda per attignerne l'acqua.*

(1) Beechey, p. 246.
(2) Le major Rennell compte sept cents stades pour un degré géographique.
(3) Strab., XVII, p. 385.

conférence était de quatre mille stades plutôt que de cinq mille.

Beechey, qui a parcouru tout le littoral de la Syrte, estime le diamètre de ce golfe à deux cent quarante-six milles géographiques, et sa circonférence à quatre cent vingt-deux. Ce dernier résultat s'accorde assez bien avec les quatre mille stades indiqués dans le deuxième livre de Strabon. Quant au diamètre, il est à peu près celui de Pline (trois cent treize milles romains, c'est-à-dire deux cent quarante-huit milles géographiques) (1).

Les anciens paraissent avoir eu une connaissance assez précise de cette partie du littoral de l'Afrique. Ainsi, d'après Beechey, le tracé de Ptolémée est, à beaucoup d'égards, plus exact que celui de nos cartes modernes (2). Toute la contrée, depuis Mésurate jusqu'à Benghazi, a été dépeinte comme un désert de sable, dépourvu d'eau et de végétation, et peuplé de serpents venimeux. Léon l'Africain lui-même abonde dans ce sens. Cependant d'après la relation de Beechey, à laquelle nous avons emprunté la plupart des détails qui précèdent, cette contrée offre des espèces d'oasis où l'on trouve une végétation luxuriante et de l'eau très-potable. Il y a sans doute de vastes marais incultes; mais leur proportion, comparativement aux endroits cultivés, n'est pas aussi grande qu'on pourrait l'imaginer. Si la population y est clairsemée, il faut l'attribuer moins à la nature du sol qu'aux mœurs nomades des Arabes.

Le caractère des habitants est encore tel que les auteurs anciens nous l'ont dépeint. « Ils sont, dit Salluste, sains de corps, agiles, durs au travail; la plupart s'éteignent de vieillesse, à moins qu'ils ne périssent par le fer ou par les bêtes féroces; rarement la maladie les emporte (3). »

(1) *Syrtis Major, circuitu DCXXV, aditu autem, CCCXIII M. passuum.* (*Hist. Nat.*, lib. V, cap. 4. — Pline évalue (V, 5) la distance entre *Leptis magna* (Lebida) et Bérénice (Benghazi) à trois cent quatre-vingt-cinq milles romains.

(2) Ainsi, par exemple, le prétendu golfe de Zuca, indiqué sur la carte de d'Anville et d'autres, n'existe pas; il en est de même du prolongement de l'angle méridional de la Syrte.

(3) Salluste, *Bellum jugurthinum*, cap.

Hérodote nous apprend à peu près la même chose; mais il y ajoute plus de détails (1). Les *Nasamons* (2) habitaient la partie sud-est de la Syrte, à l'occident des *Auchises*. « Ils forment, dit Hérodote, un peuple nombreux; ils laissent pendant l'été leurs troupeaux sur la côte, et remontent dans le pays d'Augila (ἀναβαίνουσι ἐς Αὔγιλα χῶρον), pour y faire en automne la récolte des dattes; car les palmiers y croissent en abondance et tous portent des fruits. Ils vont aussi à la chasse des sauterelles (ἀττελέβοι); ils les font dessécher au soleil, les broyent ensuite, et en saupoudrent le lait qu'ils boivent. Chacun a le droit d'épouser plusieurs femmes, qui d'ailleurs sont en commun (ἐπίκοινον αὐτέων τὴν μίξιν ποιεῦνται), à la façon des Massagètes. Ils indiquent l'acte de cohabitation par un bâton qu'ils placent à côté [de la tente] (ἐπεὰν σκίπωνα προστήσωνται, μίσγονται). La première fois qu'un Nasamon se marie, la coutume est que la jeune épouse se livre, pendant la première nuit, successivement à tous les hommes conviés à sa noce, et reçoive de chacun d'eux un présent qu'il a apporté avec lui. — Quant aux serments et à la divination, voici leurs usages : ils jurent par les hommes les plus justes et les plus vertueux que la tradition leur désigne, en touchant leurs tombeaux. Pour la divination, ils entrent dans les sépultures de leurs ancêtres, y font leurs prières et s'endorment : ils croient ce qu'ils voient en songe. Ils confirment leurs serments en se donnant réciproquement à boire l'un de la main de l'autre. S'ils n'ont rien de liquide, ils ramassent de la poussière et se la donnent à lécher. — Les Nasamons enterrent leurs morts assis : ils ont soin, dès qu'un homme va rendre l'âme, de le tenir sur son séant, afin qu'il ne meure pas couché sur le dos. Leurs cabanes sont construites avec des

XVII : *Genus hominum salubri corpore, velox, patiens laborum; plerosque senectus dissolvit, nisi qui ferro aut bestiis interiere; nam morbus haud sæpe quemquam superat.*

(1) Hérod., II, 32 ; IV, 172, 190.
(2) Suivant Pline (*Hist. Nat.*, V, 5), les Nasamons s'appelaient d'abord *Mesammons* ou habitants au milieu des sables (de μέσον milieu, et ἄμμος, sable).

antherics (asphodèles?), entrelacées de joncs; elles sont portatives (σύμπηκτα ἐξ ἀνθερίκων ἐνερμένων περὶ σχοίνους ἐστί, καὶ ταῦτα περιφορητά) (1). »

Cette dernière circonstance peut nous mettre sur la voie de la nature du pays qu'habitaient les Nasamons : il devait leur fournir des roseaux et des joncs pour la construction de leurs cabanes portatives. Or, un terrain marécageux est seul propre à la production de ces végétaux. Les Nasamons occupaient donc très-probablement le voisinage des marais de la Syrte (2). Suivant Strabon (XVII, p. 836, édit. Cas.), ils habitaient l'espace compris entre Bérénice et les autels des Philènes, au fond de la Syrte.

D'après le témoignage des anciens (3), les Nasamons habitaient le pays des Psylles, dont Hérodote, reproduisant une tradition libyque, raconte ainsi la destruction : « Un vent du midi avait tari les réservoirs d'eau (ἔλυτρα τῶν ὑδάτων) : toute la contrée en dedans de la Syrte est sans eau. Les Psylles, ayant délibéré entre eux, marchèrent d'un commun accord contre le vent du midi, pour le combattre. Mais, arrivés dans les sables, ils y furent ensevelis par le souffle de ce vent. Après l'extinction des Psylles, les Nasamons vinrent occuper leur territoire (4). »

Ainsi, les témoignages anciens et modernes s'accordent à ne pas nous représenter la grande Syrte comme une contrée entièrement inhabitée.

Comme autrefois, la navigation est encore dangereuse dans ces parages,

(1) Hérodot., IV, 172 et 190.
(2) Au rapport de Pline (XIII, 17), le pays des Nasamons produit les plus grands lotus; et cette race d'hommes occupe le territoire des Psylles (VII, 2). Camp. Strabon, XVII, p. 838, édit Casaub.) — Lucain (*Phars.* lib. IX), dépeint ainsi les Nasamons :

Quas Nasamon gens dura legit, qui proxima ponto
Nudus rura tenet ; quem mundi barbara damnis
Syrtis alit : nam littoreis populator arenis
Imminet, et nulla portus tangente carina
Novit opes. Sic cum toto commercia mundo
Naufragiis Nasamones habent ....
......Patet omne solum, liberque meatu
Æoliam rabiem totis exercet habenis....
Regna videt pauper Nasamon errantia vento.

(3) Hérodote, IV, 117 ; Pline, VII, 2.
(4) Hérodote, IV, 173.

à cause des nombreux bancs de sable qui s'y trouvent. Les vents du nord, qui y soufflent régulièrement et avec violence, augmentent encore le danger; aussi, pour éviter d'échouer sur les bas-fonds, les navires doivent se tenir à une certaine distance de la côte. Qu'il nous soit permis de saisir cette occasion pour éclaircir quelques points intéressants de physique générale.

Vents étésiens. Les Grecs ont donné le nom d'ἐτήσιαι, c'est-à-dire *annuels*, à certains vents réguliers de la région méditerranéenne. Ce sont les moussons de la mer Méditerranée. Les anciens physiciens ont assigné à ces vents des causes différentes, au nombre desquelles la chaleur du soleil occupe avec raison le premier rang. Mais leurs explications sont obscures, embarrassées, sinon tout à fait inexactes.

Les vents étésiens sont sous la dépendance des saisons. En été, ils soufflent du nord ou nord-est et se font sentir avec le plus de violence sur la côte septentrionale de l'Afrique; ils s'engouffrent, pour ainsi dire, dans le golfe de la Syrte. En hiver, ce sont au contraire les vents du sud ou du sud-ouest qui prédominent, et se font surtout sentir sur la côte de l'Égypte. Tous les navigateurs savent qu'en été la traversée d'Europe en Afrique est plus prompte que le retour et *vice versa*.

Ces circonstances peuvent nous mettre sur la voie pour expliquer la véritable cause des vents étésiens et de tous les vents réguliers, comme le sont, par exemple, les brises de terre et de mer, qui soufflent sur les côtes le matin et le soir. C'est un déplacement d'air déterminé par des différences de température agissant simultanément. Pour nous faire mieux comprendre, rappelons l'expérience de Franklin. Imaginez deux chambres contiguës, inégalement chauffées et séparées l'une de l'autre par une porte mal jointe en haut et en bas. Aussitôt vous verrez deux courants d'air s'établir : l'un supérieur, allant de la chambre chaude vers la chambre froide; l'autre inférieur, allant en sens inverse. Pour s'en assurer, il suffit de placer deux bougies, l'une en haut, l'autre en bas de la porte : la flamme de la première se dirigera de dedans en dehors, celle de la seconde se dirigera, au contraire, de dehors en dedans. C'est la chambre chaude qui aspire en quelque sorte l'air de la chambre froide de telle façon, que le courant lui arrive en haut et détermine un contre-courant en bas.

La même chose existe dans la nature. Le sol et la mer s'échauffent inégalement, lors même qu'ils recevraient la même quantité de chaleur. La terre s'échauffe bien plus vite que l'eau; mais en retour, elle se refroidit plus vite. Telle est la cause fondamentale des vents réguliers qui soufflent sur les bords de la mer. Quelques heures après le lever de l'astre échauffant, la mer se trouvera dans la condition de la chambre froide dans l'expérience citée, tandis que le sol se trouvera dans la condition de la chambre chaude. De là un vent dirigé de la mer vers le sol; c'est la brise de mer ou du matin. Nous faisons ici abstraction du vent opposé supérieur qui n'est sensible qu'aux nuages. Quelque temps après le coucher du soleil, le contraire aura lieu : la mer est encore chaude pendant que la terre est déjà froide; de là un vent dirigé de la terre vers la mer. C'est la brise de terre ou du soir.

Appliquons maintenant ces faits sur une plus grande échelle. Au sud de la mer Méditerranée s'étend un immense désert. Le sable de ce désert, exposé à l'action d'un soleil tropical, s'échauffe, non-seulement plus vite, mais plus fortement que la mer, située au nord. Le Sahara est un brasier, comparativement à la mer Méditerranée. Il s'y doit donc, pendant l'été, établir un immense courant d'air froid, qui allant du nord au midi, renouvelle l'air chaud qui forme un courant en sens inverse dans les régions supérieures de l'atmosphère. Le contraire a lieu en hiver. Telle est la principale cause des vents étésiens.

Les vents ne modifient pas seulement les climats; ils produisent aussi, particulièrement dans les plages sablonneuses, des changements profonds. C'est surtout sur la frontière libyque de l'Égypte que l'on a observé ces changements; mais, selon toutes les apparences, il y en a eu de semblables au midi de la Syrte et dans le désert de Barca. Des monceaux de sables, transportés par les vents, ont englouti des villes entières et fait disparaître des ruines antiques.

On ne peut concevoir aucun mode d'ensevelissement plus favorable à la conservation des monuments, que celui que l'on observe dans la région située à l'ouest du Nil. Le sable qui entourait et remplissait le grand temple d'Ibsamboul, découvert d'abord par Burckhardt, et ensuite partiellement par Belzoni et par Beechey, était assez fin pour être comparé à un liquide mobile. Ni les traits des figures colossales, ni la couleur du stuc qui en recouvrait quelques-unes, ni les peintures qui décoraient les murs, n'avaient souffert du contact de la poussière impalpable dont pendant plusieurs siècles elles étaient restées enveloppées.

Peut-être un jour l'action de la mer ou un tremblement de terre pourra mettre au jour quelques-uns de ces temples engloutis. D'un autre côté, on peut supposer que le désert n'éprouvera aucun dérangement, et que des changements dans la configuration de la mer et de la terre ferme environnantes donneront lieu à des modifications dans le climat et dans la direction des vents dominants telles, qu'alors ceux-ci pourraient éloigner les sables libyens de ces régions, dans un espace de temps égal à celui qu'à une autre époque ils auraient mis à les y amener. Plusieurs villes et des temples d'une antiquité plus grande encore que Thèbes et Memphis pourraient ainsi reparaître dans leur intégrité primitive, et par suite une partie de l'obscurité qui entoure l'histoire des nations anciennes se trouverait dissipée (1).

Dans l'appréciation des causes capables de modifier le golfe de la Syrte et la côte de l'Afrique en général, il faut tenir compte des vents étésiens et des courants marins.

On sait qu'un fort courant coule constamment de l'Atlantique dans la Méditerranée, et que son influence s'étend non-seulement sur toute la côte méridionale de cette mer, mais même jusqu'aux rivages de l'Asie Mineure. Suivant le capitaine Smyth, la vitesse de ce courant central dirigé vers l'orient est

(1) Lyell, *Principes de Géologie*, t. II, p. 380, traduction de Mme Meulien (Paris, 1845).

de trois à six milles (de 1 à 2 lieues) par heure, et sa largeur de trois milles et demi. Mais, outre ce courant central, il y a deux courants latéraux, l'un qui longe la côte de l'Europe, et l'autre le rivage de l'Afrique; leur vitesse égale à peu près celle du courant central, et la largeur de chacun d'eux est de deux milles et demi environ. Ils suivent les mouvements de la marée, se déversant alternativement dans la Méditerranée et dans l'Atlantique. L'eau de l'Atlantique semble être en quelque sorte pompée par la Méditerranée soumise à une forte évaporation. Cette évaporation est en grande partie déterminée par les vents chauds et secs qui soufflent des rivages de l'Afrique; d'un autre côté, elle est entretenue par un air assez sec, par conséquent capable de se saturer des vapeurs aqueuses. Ainsi des expériences hygrométriques faites à Malte et ailleurs montrent que la quantité moyenne d'humidité contenue dans l'air qui entoure la Méditerranée équivaut à la moitié seulement de celle que renferme l'atmosphère des bords de l'Atlantique. Il faut signaler enfin comme un moyen puissant à favoriser l'évaporation la température, qui sous la même latitude excède d'environ deux degrés celle de la partie orientale de l'océan Atlantique (1).

Mais l'évaporation n'entraînant que l'eau douce, et le courant qui vient de l'Atlantique apportant continuellement de l'eau salée, comment se fait-il que les eaux de la Méditerranée ne soient pas plus salées que celles de l'Océan? Pour répondre à cette objection, on a supposé que le sel en excès dans la Méditerranée pouvait être entraîné par un sous-courant, coulant dans une direction opposée au courant supérieur. Cette opinion paraît confirmée par une expérience du capitaine Smyth. Ayant puisé de l'eau à la distance d'environ 50 milles, dans l'intérieur du détroit de Gibraltar et à la profondeur de six cent soixante-dix brasses, il reconnut qu'elle contenait une quantité de sel quatre fois plus grande que celle de la surface. Wollaston, qui analysa l'eau ainsi recueillie, établit que si un sous-courant doué d'une telle densité, et se dirigeant de dedans en dehors, avait la même profondeur et la même largeur que le courant supérieur, il suffirait, lors même qu'il n'aurait pas le quart de sa vitesse, pour transporter dans l'Océan autant de sel que celui-ci en fait entrer dans la Méditerranée, et que par suite l'excès de salure de cette mer, par rapport à celle de l'Atlantique, n'irait pas toujours en augmentant.

Voici ce qui fit naître l'idée de l'existence d'un contre-courant à une certaine profondeur. Delaigle, commandant du corsaire *le Phénix*, de Marseille, poursuivait un navire hollandais, près de la pointe de Ceuta, lorsque, l'ayant atteint dans le milieu du détroit, entre Tarifa et Tanger, il lui envoya une bordée qui bientôt le coula à fond. Peu de jours après, ce navire fut jeté, avec sa cargaison d'eau-de-vie et d'huile, sur le rivage, près de Tanger, à quatre lieues, au moins, à l'ouest de la place où il avait coulé bas, ce qui montre qu'il avait flotté dans une direction contraire à celle du courant central. Ce fait, toutefois, ne doit pas être considéré comme une preuve de l'existence d'un sous-courant; car le navire, en approchant de la côte, avait dû nécessairement se trouver sous l'influence d'un courant latéral qui, en coulant vers l'ouest, deux fois en vingt-quatre heures, pouvait avoir ramené le navire à Tanger.

Mais il y a d'autres faits qui détruisent l'opinion d'après laquelle la salure de la Méditerranée n'irait pas toujours en augmentant. D'abord, il est acquis à la science que l'eau la plus salée ne se trouve qu'à d'immenses profondeurs, parce qu'elle est très-lourde, son poids spécifique étant très-grand. Il faut arriver à une profondeur de plus de quatre cents

(1) Quant à la mer Noire, qui est située sous une latitude plus haute, et qui sert de réceptacle aux rivières coulant du nord, elle est beaucoup plus froide, et sa perte est bien moins considérable. Loin donc de rien recevoir de la Méditerranée, elle lui envoie une certaine quantité de ses eaux par l'intermédiaire d'un courant, qui, pendant la majeure partie de l'année, s'échappe par le détroit des Dardanelles. Toutefois, l'écoulement qui a lieu au Bosphore est si petit, comparativement aux volumes des eaux qu'amènent les rivières, qu'il doit faire supposer une évaporation considérable, même dans la mer Noire.

à quatre cent cinquante brasses, pour rencontrer une eau sensiblement plus salée que celle qui se trouve à peu près uniformément répandue dans les couches supérieures. Or, d'après les sondages exécutés par le capitaine Smyth, le détroit de Gibraltar, entre les caps Trafalgar et Spartel, n'a que deux cent vingt brasses de profondeur, les eaux les plus profondes, c'est-à-dire les plus salées, y sont donc arrêtées (malgré le courant qui pourrait exister), comme par une barrière sous-marine, et tout le sel apporté dans la Méditerranée ne repasse donc pas le détroit. Jusqu'où cette accumulation de sel peut-elle s'étendre, et quelles modifications l'énorme pression des couches supérieures de l'eau peut-elle apporter à l'action dissolvante? Ce sont là des questions auxquelles il est impossible de répondre dans l'état actuel de la science (1).

Ces courants ont pour caractère de répandre sur un espace immense des mélanges homogènes; car souvent ils longent une grande étendue de côte, et les dépôts auxquels ils donnent naissance, comparés à ceux des deltas des rivières, font paraître ceux-ci tout à fait insignifiants.

Le courant qui longe les côtes doit sans cesse tendre à les niveler. Par suite d'une action continuée pendant des siècles, les baies peuvent se combler et les saillies s'effacer. Il ne répugne pas de croire que les Syrtes étaient jadis bien plus profondes qu'aujourd'hui; peut-être dans quelques milliers d'années auront-elles entièrement disparu. On verrait alors se reproduire ce qui, d'après l'hypothèse d'Hérodote, a eu lieu pour la formation de l'Égypte. Plusieurs circonstances nous portent, en effet, à penser que la basse Égypte était primitivement un golfe, comblé depuis par l'action réunie du Nil et des courants méditerranéens.

Un fait certain c'est que les anciens ports situés sur le littoral de la Syrte sont aujourd'hui en partie comblés de sable, et les lacs ou étangs indiqués par Strabon sont maintenant convertis en marais. Dans bien des endroits, les sables mouvants sont devenus des terrains solides et compactes.

Les changements qui se sont effectués pour l'isthme de Suez (1) ont dû avoir lieu, avec bien plus de force, dans les deux Syrtes, où le niveau du sol est bien plus bas (2).

Les vents réguliers du nord doivent y déterminer une espèce de flux et de reflux indépendant de la marée. Ce sont ces flux et reflux bien plus que les bas-fonds qui rendent la navigation dangereuse dans ces parages. C'était là aussi l'opinion des anciens (3). Salluste dit que c'est à cette espèce de remous que les Syrtes doivent leur nom (4).

(1) Lyell, *Principes de Géologie*, t. II, p. 333.

(1) D'après une hypothèse de Girard, un des savants de l'expédition d'Égypte, l'isthme de Suez lui-même n'est qu'une barre formée par les dépôts amenés par les courants marins, et jadis la mer Rouge et la mer Méditerranée étaient réunies. Il paraît certain qu'un accroissement extraordinaire de terre ferme s'est produit à l'extrémité supérieure de la mer Rouge : la largeur de l'isthme a doublé depuis le siècle d'Hérodote. Du temps de cet historien jusqu'à celui d'Arrien, Heroopolis était sur la côte; aujourd'hui elle se trouve presque aussi loin de la mer Rouge que de la Méditerranée. Suez, qui en 1541 reçut dans son port la flotte de Soliman II, ne forme plus à présent qu'un banc de sable. Le territoire de Tehama, situé sur la côte arabique du golfe, a augmenté de 3 à 6 milles depuis l'ère chrétienne. A une certaine distance des ports actuels on trouve dans l'intérieur des terres les ruines de villes plus anciennes, qui jadis étaient sur le bord de la mer, et portaient le même nom que les nouveaux ports. Il paraît que le sable transporté des déserts par le vent fournit une partie des matériaux de ce nouveau terrain, et que le reste se compose de coquilles et de coraux, dont l'accroissement est très-rapide.

(2) Rennel a démontré que la petite Syrte devait entrer jadis plus profondément dans le littoral, et qu'elle communiquait avec le lac *Tritonis* (lac Lowdeh); ce qui s'accorde avec les récits d'Hérodote, de Ptolémée et de Scylax.

(3) Pomp. Mela, *De Situ Orbis*, lib. I, cap. 7. — *Importuosus atque atrox, et ob vadorum frequentium brevia, magis etiam ob alternos motus pelagi affluentis ac refluentis infestus.*

Pline appelle les deux Syrtes *vadoso ac reciproco mari diros*. (*Hist. Nat.*, V, 4.)

(4) *Syrtes, ab tractu nominatæ.* (Du grec

Benghazi (1).

A partir de Benghazi la contrée offre un aspect tout différent. La ville de Benghazi est située tout près de la mer, à l'extrémité d'une belle plaine fertile, qui longe une chaîne de montagnes, au sud-est. Les maisons sont construites en pierres brutes, cimentées avec de la terre glaise, qui se détrempe pendant les pluies. Elles ont chacune une cour non pavée, et ordinairement un puits au milieu. Les toits sont plats; ils se composent de poutres de pin (provenant des forêts voisines), que recouvrent des nattes sur lesquelles on étend des touffes d'algues, et le tout est enduit de boue battue, ou, ce qui est plus rare, de chaux. L'eau de pluie qui tombe dans ces huttes est conduite par des gouttières dans un réservoir général ou dans des vases de terre. Il n'est pas rare de voir pendant la saison des pluies des maisons ou des toits s'écrouler; on laisse ensuite les décombres à leur place, au grand embarras de la circulation et au détriment de la salubrité; car elles donnent d'ordinaire lieu à des flaques d'eau stagnante, ou servent de repaires à une multitude d'animaux immondes. Beechey, pendant son séjour à Benghazi (mois de janvier 1822), trouva les rues littéralement changées en rivières (*the streets literally converted into rivers*). Les marchés ne purent être approvisionnés, et le nombre des bestiaux (moutons et chèvres) qui périrent dans le voisinage, à cause de l'inclémence du temps, s'éleva à plusieurs milliers. Le voyageur anglais ne put se procurer qu'une seule maison à l'épreuve de la pluie (*weather-proof*). « La cour, dit-il, autour de laquelle nos chambres étaient bâties eut pendant longtemps l'apparence d'un étang; et il n'y avait çà et là sur les côtés qu'un espace étroit pour passer d'une chambre à l'autre (1).

La place du marché sert aussi d'abattoir, et le sang qui s'y putréfie exhale des miasmes délétères. C'est un foyer de peste pendant l'été. Toute la ville est infectée de mouches et d'autres insectes qui incommodent l'homme pendant la nuit et le jour. Beechey pense qu'il n'est peut-être pas d'endroit au monde où il y ait autant de mouches et de puces.

Le port de Benghazi est aujourd'hui en partie comblé; autrefois il pouvait, au dire des habitants, recevoir de gros vaisseaux. Du côté de la mer il est bien protégé par des rescifs, qui laissent une entrée si étroite qu'elle n'est praticable qu'avec le secours d'un pilote. Suivant Lemaire, consul à Tripoli, ce port était encore bon vers le commencement du siècle passé : il pouvait contenir aisément jusqu'à trente bâtiments. C'est près de ce port que l'on trouva, il y a environ cent cinquante ans, une belle statue de marbre, représentant probablement une Vestale, qui est dans la galerie de Versailles. « J'ai été, dit Lemaire, plusieurs fois dans le lieu où elle a été trouvée, quand on jeta le fondement de la maison du cadi de Benghazi : elle était dans le sable, la face en bas, enfoncée à quinze ou seize pieds, et sans aucun vestige et bâtisse auprès d'elle; ce qui m'a fait juger qu'elle avait été transportée en cet endroit pour être portée à Rome, et qu'on l'avait ensevelie dans le sable pour la conserver (2). »

A l'entrée du port est le château du bey, élevé sur les ruines d'un ancien édifice dont on voit encore les assises du côté de la mer. Sa forme est carrée, avec une tour ronde à trois des angles, dont la quatrième, qui regarde le port, est occupé par une série de bâtiments servant de harem. Chacune des trois tours est garnie de quelques pièces d'artillerie. Outre le harem, le château renferme les logements des officiers du bey et une nombreuse garnison en dedans de l'enceinte. Benghazi n'offre aucune de ces ressources que présentent au voya-

σύρειν, tirer, aspirer). Solinus, cap. 6 : *Syrtis a σύρω, traho, quod in accessu et recessu arenam et cœnum ad se trahit at congerit.*

Il est plus probable que le nom de *Syrte* vient du phénicien ou hébreu סער (*Siar*), tourbillon, tempête. On sait que les Phéniciens, peuple navigateur, fréquentaient ces parages depuis la plus haute antiquité.

(1) Ce nom signifie, en arabe, fils de la guerre.

(1) Beechey, *Expedition to explore*, etc., p. 282.

(2) Paul Lucas, *Voyages*, etc.; t. II, p. 122-123 (Paris, 1712).

geur les autres villes de l'Orient ; les divertissements sont à peu près nuls, car on n'y rencontre ni café ni bain public.

Suivant Beechey, la ville de Benghazi renferme environ deux mille habitants, dont une grande partie se compose de juifs et d'esclaves noirs. Della Cella porte la population de cette ville à cinq mille âmes. Quant à leur costume et à leurs mœurs, les habitants ne diffèrent pas des autres Arabes. La principale branche du commerce consiste en bestiaux, laine et quelques objets manufacturés. Les bestiaux et le blé sont exportés à Malte, où ils servent surtout à l'approvisionnement de la garnison anglaise.

Le climat n'est pas très-sain. La dyssenterie y est une des maladies les plus communes ; cependant on ne trouve pas à Benghazi autant de cas d'ophthalmie qu'à Tripoli et Mésurate. Les affections cutanées sont très-fréquentes tant chez les citadins que chez les Bédouins du voisinage. Les habitants de la Cyrénaïque en attribuent la cause au contact des bestiaux.

On admet généralement que Benghazi occupe l'emplacement de l'ancienne *Hesperis*, qui avait elle-même fait place à la ville de *Bérénice*, qui florissait sous les Ptolémées (1). Mais il ne reste guère de vestiges de ces antiques cités. Les ruines de Bérénice servirent en grande partie, comme matériaux de construction, à la moderne Benghazi. C'est dans les murs des huttes arabes qu'il faut chercher les débris de Bérénice, où il faut fouiller le sol à plusieurs pieds de profondeur, pour découvrir quelques restes de l'antiquité, tels que médailles, inscriptions, fragments d'architecture, de sculpture, etc.

Pendant un séjour de deux mois que Lemaire fit en 1703 à Benghazi, il y trouva plusieurs médailles de bronze, d'or et d'argent sans inscriptions. « La fameuse ville, qui est, dit-il, devenue à présent un village, ne paraît pas avoir été superbe en bâtisses de marbre ; j'y ai seulement vu quelques petites colonnes de marbre, de jaspe et de granite (1). »

La ville de Bérénice, qui existait encore sous le règne de Justinien, ne paraît pas avoir dépassé les limites actuelles de Benghazi ; un lac d'eau salée s'opposait, au midi, à tout agrandissement dans cette direction, et à l'est le sol est si bas qu'il éprouve de fréquentes inondations. Les carrières que l'on trouve aux environs ne paraissent pas avoir servi de tombeaux, comme chez les Égyptiens. Les rochers sont couverts d'herbes et d'arbrisseaux grimpants. Ils bordent des précipices fort remarquables et d'un effet d'autant plus pittoresque qu'ils contrastent avec tout le paysage. Au fond des précipices on aperçoit de beaux tapis de verdure, qui rappellent les contes des Mille et une nuits ou les jardins des Hespérides gardés par des dragons (2). Quelques-uns de ces précipices sont remplis d'eau, et présentent l'aspect de petits lacs.

On trouve aussi dans le voisinage de Benghazi plusieurs cavernes, dont l'une, située à près de trente mètres au-dessous du niveau de la plaine, contient une vaste nappe d'eau fraîche. La tradition fait venir cette eau de fort loin à travers les entrailles de la terre. Beechey pense que cette caverne occupe la partie souterraine de la rivière *Léthé* ou Lathon, que Pline, Ptolémée et Strabon placent dans le voisinage du jardin des Hespérides (3).

---

(1) Bérénice était fille de Magos et femme de Ptolémée Philadelphe. Les rois d'Égypte de la dynastie des Ptolémées ont donné à un grand nombre de villes les noms de leurs sœurs, de leurs filles ou de leurs femmes.
— Les habitants de la contrée environnante portaient le nom de Bérénicides ou d'Hespérides.

(1) *Voyez* Paul Lucas, *Voyages*, etc., t. II, p. 123. — Lemaire, consul de France à Tripoli, avait fait un voyage à Benghazi, Derne, Grennie (Cyrène), dans le but, ainsi qu'il l'avoue lui-même, « de chercher des chevaux pour monseigneur le comte de Toulouse. » Les antiquités n'attirèrent son attention qu'accidentellement.

(2) Les témoignages de Pline, de Strabon et de Scylax semblent s'accorder pour placer le Jardin des Hespérides près de Bérénice. Beechey (*Expedition to explore the northern coasts*, etc., p. 321 et suiv.) essaye de confirmer ces témoignages par la description des localités actuelles.

(3) Lucain place le Léthé et le Jardin des Hespérides près du lac Tritonis, dans la Petite Syrte.

On se rappelle, ce qui viendrait à l'appui de la tradition mentionnée, que le Léthé, au dire des poëtes, disparaissait et reparaissait alternativement. C'est ce qui expliquerait aussi son nom (de λανθάνω, je suis caché).

D'après l'autorité de Strabon, le Léthé ou Lathon se jetait dans le port des Hespérides; et, suivant Beechey, on voit encore, près de la caverne indiquée, un petit ruisseau qui communique, par l'intermédiaire du lac, avec le port de Benghazi. L'exemple de l'Ilissus, du Ximoïs et du Scamandre semble, en effet, démontrer que des fleuves jadis célèbres peuvent, par la suite du temps, se changer en ruisseaux insignifiants. Pendant l'été, le lac de Benghazi est presque à sec et le petit ruisseau qui va de ce lac au port de Benghazi est à peine aperceptible. C'est là, suivant Beechey, la partie apparente du fameux fleuve de l'Oubli, se jetant dans le port des Hespérides. Il est très-probable qu'anciennement la communication du lac salé avec le port était beaucoup plus large et qu'elle permettait aux navires d'y aborder. Le lac de Benghazi serait alors le lac *Tritonis* de Strabon, où il y avait une île avec un temple de Vénus (1).

Beechey nous apprend que pendant la saison des pluies on remarque près du lac un îlot sur lequel se trouvent quelques ruines (2). Il n'est pas éloigné de croire que ce sont les ruines du temple de Vénus dont parle Strabon. Si l'on ne trouve pas aux environs de Benghazi les fruits du jardin des Hespérides, on y voit encore un grand nombre de dattiers et de figuiers sauvages.

La route de Benghazi à *Teuchira* et *Ptoléméta* ou *Toléméta* (*Ptolémaïs* des anciens) passe par un pays fertile, mais dont il n'y a qu'une petite partie de cultivée. C'est une plaine couverte d'herbes et d'arbustes; elle s'étend depuis les bords de la mer jusqu'au pied des montagnes qui forment les limites septentrionales de la Cyrénaïque. A mesure que l'on s'avance vers Ptoléméta, ces montagnes se rapprochent de plus en plus des bords de la mer : l'espace intermédiaire qu'elles laissent est à Benghazi d'environ quatorze milles géographiques; il n'est que d'un mille et demi à Ptoléméta. La longueur totale de la plaine, depuis Benghazi à Ptoléméta, est de cinquante-sept milles géographiques. Les flancs de ces montagnes sont couverts de bois, principalement de pins (1), de chênes et de plusieurs espèces de genévriers. Les torrents qui en descendent sont encombrés de troncs d'arbres et difficiles à franchir pendant la saison des pluies.

On rencontre sur cette route plusieurs tours de construction solide, dont l'une correspond, par sa position, à celle de *Cafez*, indiquée par Édrisi. Elle est à quinze milles de Benghazi et à quatre milles de la mer; à l'est se trouve un petit bois. On le voit de fort loin. Dans le voisinage sont des lacs, également décrits par Édrisi, et qui sont parallèles à la côte; leur eau est saumâtre. Le nom d'*Aziana*, par lequel les Arabes désignent l'un de ces lacs, semble indiquer le voisinage de l'ancienne ville d'*Adriana*, qui était, selon Cellarius, située entre Bérénice et Teuchira.

A *Birsis* on trouve un grand nombre de puits et beaucoup de fragments mutilés d'édifices. Birsis, où se tient d'ordinaire un campement arabe, est situé à environ trente et un milles de Benghazi, et à sept de Teuchira; il n'est qu'à un mille et demi de la mer. Au sud-ouest de Birsis on trouve quelques ruines, couvertes de végétaux. Les Arabes appellent l'emplacement de ces ruines *Mabny* ou *Nably*. Serait-ce l'ancienne *Neapolis*, qui, suivant Ptolémée, était située entre Teuchira et Ptoléméta?

---

(1) Strab., XVII, p. 836 (edit. Casaub.)
Ἔστι δὲ ἄκρα λεγομένη Ψευδοπενίας, ἐφ' ἧς ἡ Βερενίκη τὴν θέσιν ἔχει, παρὰ λίμνην τινα Τριτωνίδα, ἐν ᾗ μάλιστα νησίον ἐστι, καὶ ἱερὸν Ἀφροδίτης.
Ἔστι δὲ καὶ λιμὴν Ἑσπερίδων, καὶ ποταμὸς ἐμβάλλει Λάθων.

(2) Pendant l'été cet îlot disparaît. C'est ce qui pourrait expliquer le mot μάλιστα (ordinairement) dont se sert Strabon.

(1) Nous soupçonnons que les *pins* dont parle le voyageur anglais sont des espèces d'*ephedra* (*ephedra distachyos*, L.?) arbres qui par leur aspect ressemblent à des pins et appartiennent essentiellement à la flore de la région méditerranéenne. D'autres voyageurs n'ont-ils pas confondu le laurier-rose (*nerium oleander*, L.) avec des saules, à cause de la similitude des feuilles?

Entre Birsis et la mer sont les vestiges de deux tours, occupant le sommet d'une rangée de collines sablonneuses, à l'entrée de la baie. Le sol y est très-fertile. A six milles au delà de Birsis, dans la direction nord-est, on rencontre un amas de ruines fort imposantes : des pans de murs, garnis de tours quadrangulaires et de deux grands portiques placés en face l'un de l'autre. Ce sont les vestiges de l'antique *Teuchira* ou *Tauchira*, l'une des cités de la Pentapole. Elle changea plusieurs fois de nom : elle s'appelait *Arsinoé*, sous les Ptolémées, et *Cleopatris*, depuis Marc-Antoine. Les Arabes la nomment aujourd'hui *Tocra*. Ses murs furent, au rapport de Procope (*de Ædificiis*), solidement réparés sous le règne de Justinien. On y trouve, selon Beechey, beaucoup d'inscriptions grecques, qui sont probablement presque toutes inédites. Une expédition de savants et d'archéologues envoyée dans cette région serait une entreprise digne d'un gouvernement ami de la science.

Tocra n'est habitée que pendant l'été, parce qu'on y trouve beaucoup de puits d'eau douce. Des cavernes sépulcrales servent de demeure aux Arabes nomades.

La distance de Tocra ou Teuchira à *Ptoléméta* est d'environ dix-huit milles. Le chemin va le long de la côte, à travers un pays très-fertile et assez bien cultivé. Ici la chaîne de montagnes touche presque à la mer. En s'approchant de Ptoléméta, l'attention est d'abord fixée par un grand tombeau quadrangulaire, très-élevé, construit sur un roc isolé, taillé en carré. Il présente de loin l'aspect d'une tour. Della Cella suppose que ce monument, « *veramente di regia grandezza*, » servait de tombeau au septième des Ptolémées, surnommé Physcon, qui joignit, comme on sait, la Cyrénaïque à son royaume. Beechey n'y put découvrir aucune trace d'inscription.

On voit encore à Ptoléméta un cirque et deux théâtres. Ces derniers sont attenants aux ruines d'un palais, dont il ne reste que deux colonnes debout. La cour intérieure du palais est couverte de mosaïques; au-dessous de cette cour sont des citernes voûtées très-spacieuses, communiquant l'une avec l'autre, et recevant par en haut l'air et la lumière. Les colonnes mentionnées ont été décrites par Bruce, comme faisant partie d'un portique d'un temple ionien. Une inscription grecque, que l'on voit à leur base, porte les noms de Cléopatre et de Ptolémée Philométor; on y lit aussi, d'après Beechey, les noms d'Arsinoé et de Bérénice.

Les ravins qui forment les limites orientales et occidentales de Ptoléméta sont extrêmement romantiques : on pourrait s'y croire transporté dans quelque beau vallon de la Suisse. Beechey ne tarit pas en éloges sur les charmes de ce paysage. Ne vaudrait-il pas mieux y placer le jardin des Hespérides ? Sur les flancs de ces montagnes qui bordent ces riantes vallées, on rencontre quelques tombeaux grecs ou romains, qui paraissent receler des inscriptions. Deux ponts paraissent avoir été jetés sur chacun des ravins; les restes de l'un de ces ponts sont assez bien conservés.

Ptoléméta est d'une assiette admirable; défendue de front par la mer, la place s'appuyait, de chaque côté, sur des vallées étroites, qui offrent encore quelques vestiges de fortification. Elle était abondamment pourvue d'eau par des citernes et des aqueducs, qui paraissent avoir été construits par ordre de Justinien. Ces citernes, bien qu'elles soient très-mal entretenues, fournissent encore aujourd'hui de l'eau fraîche excellente aux Arabes nomades.

La plus grande partie de Ptoléméta est aujourd'hui couverte d'herbes touffues, et ses ruines servent de retraites à des hyènes, à des chacals, à des chats-huants et à beaucoup d'autres animaux. D'après l'estimation de Beechey, cette ville avait environ trois milles et demi de circuit; sa longueur, du nord au midi, était d'un peu moins d'un mille, et sa largeur, de l'est à l'ouest, d'environ trois quarts de mille (1).

Depuis Ptoléméta à *Grenna* ou *Grennie* (l'ancienne (*Cyrène*) le pays est très-pittoresque, varié de collines et de vallons. La vallée d'Haribih est couverte d'o-

---

(1) Beechey (*Expedition to explore the northern coast of Africa*, etc., p. 367-385) donne une description détaillée des ruines de Teuchira et de Ptoléméta.

liviers et contient plusieurs puits d'eau douce. On y trouve aussi plusieurs espèces de lauriers, de cyprès, de myrtes et de caroubiers. A mesure que l'on s'approche de Cyrène le terrain devient plus uni; il offre de riches moissons et d'abondants pâturages. C'est dans la plaine de Merge et aux environs de Grenna (Cyrène) que Beechey rencontra cette ombellifère à suc âcre qui paraît être le *silphium* des anciens (1).

Ruines de Grenna (Cyrène).

Lemaire, consul de France à Tripoli, visita (en 1706) les ruines de Cyrène, longtemps avant Beechey et Pacho. Il copia le premier, quoiqu'imparfaitement, l'inscription qui se trouve gravée au-dessus de la fontaine d'Apollon (2). Voici comment il expose lui-même le résultat de ses recherches : « Cyrène, dit-il, a été une grande et superbe ville, à en juger par les édifices dont les débris paraissent être quelque chose de grand. J'ai vu dix statues d'un très-bon goût, toutes drapées à la manière des Arabes d'aujourd'hui, de la hauteur de cinq pieds et demi, mais toutes mutilées et sans tête. Il y a une très-belle fontaine qui sort d'un rocher, et qui fait un gros murmure : la source vient de fort loin, au dire des Arabes, et a été trouvée à force de travailler dans la roche. Cette source est grosse et coule avec impétuosité : l'eau est fraîche et admirable ; elle coule sans cesse, et n'augmente ni ne diminue, quelque grande que soit la sécheresse. Les plus belles maisons étaient, selon toute apparence, autour de la fontaine. Il y a au-dessus une muraille d'une épaisseur extraordinaire, qui a environ cent toises; elle est très-bien bâtie ; il y a quelques colonnes de marbre de seize pieds. J'estime que la ville avait quatre lieues de tour; il ne paraît point d'enceinte de murailles : elle est bâtie sur une haute montagne à deux lieues de la mer. Son port était Sousse; il en est à deux petites lieues. Ce port était bon autrefois; il y avait une vue étendue ; il y peut mouiller à présent deux ou trois petites barques dans la belle saison.

« Il y a dans un autre grand vallon quantité de maisons taillées dans le rocher, où il y a des boutiques et des chambres avec un ordre d'architecture particulier et des grandes fenêtres ; c'était là, selon toute apparence, où les marchands cyrénéens avaient leurs habitations (1). Il y a un ruisseau qui passait au milieu. Ce vallon est compris dans la ville de Cyrène, et dans le vallon de la fontaine dudit lieu.

« Sur le revers de la montagne, du côté de l'est, il y a un nombre infini de tombeaux taillés dans le roc avec une propreté singulière; il y a des chambres séparées, dans une desquelles j'ai trouvé un tombeau de marbre grec, très-bien travaillé : il a huit pieds de long sur quatre de large ; il a deux griffons très-bien faits et bien conservés, qui tiennent une espèce de flambeau; il n'y a point d'inscription. J'ai vu sur un piédestal de marbre, renversé sens dessus dessous, une inscription en caractères latins, dont je n'ai pu rien tirer, étant fort effacée. On y voit aussi huit femmes qui tiennent chacune une petite fille par la main ; elles sont très-bien faites et toutes habillées d'une draperie fort plissée : ces femmes regardent le char de triomphe. On voit aux environs de la ville une infinité de tombeaux, situés de différentes manières. J'ai remarqué que les peuples de ce temps-là avaient une grande vénération pour les morts. Il y a un champ de Mars, que les Arabes appellent *Safsaf*, saule (2). Ils le nomment ainsi à cause qu'il y a trois différents réservoirs taillés dans le roc, dans l'un desquels il y a sept saules (3) d'une beauté et d'une grandeur extraordinaires ; ceux qui sont dans les autres ne sont pas si beaux. Les réservoirs sont actuellement remplis d'eau. Il y a un autre réservoir d'eau

---

(1) Suivant Hérodote (lib. IV, cap. 169) la région du silphium s'étendait depuis l'île de Platée jusqu'à l'entrée de la Grande Syrte. Comp. Arrien (*Exped. Alexand.*, lib. III, c. 29.)

(2) La copie de cette inscription est reproduite dans le *Voyage* de Paul Lucas, à la fin du tome II.

(1) On verra plus loin que ce que Lemaire regardait comme le quartier des marchands était la nécropole.

(2) Suivant Della Cella (*Viaggio*, etc., p. 107) le *safsaf* et le laurier-rose (*nerium oleander*, Lin.).

(3) Laurier-rose?

taillé dans le roc : il a cent vingt pieds de long sur vingt-deux de large, et est couvert d'une seule voûte, et est rempli d'eau très-bonne et fraîche. Les pierres de cette voûte, qui est presque entière, ont trois pieds de long, sur un pied de large, et sont toutes numérotées par lettres alphabétiques de caractère latin. Il y a plus de vingt autres réservoirs d'eau : les uns sont remplis d'eau et les autres de terre. Ce qui me fait décider que c'était un champ de Mars, c'est un nombre infini de tombeaux élevés de différentes manières et rangés en bataille comme une armée. On distingue les tombeaux des officiers généraux, des subalternes, et ceux des soldats sont de pierres de cinq à six pieds de haut, plantés sur deux lignes droites ; ceux des bas officiers sont élevés du double de ceux des soldats. Le corps de bataille était toute la force de l'armée ; l'aile droite et l'aile gauche étaient très-faibles en comparaison du corps de bataille ; et le poste avancé en est à une portée de canon. Autant que j'en puis juger, il peut y avoir vingt-cinq mille tombeaux dans ce champ de Mars. On remarque distinctement ou le fort du combat s'est donné en différents endroits. Les hommes de ce temps-là n'étaient pas plus grands que ceux d'aujourd'hui : les tombeaux n'ont que huit pieds ; j'en ai vu un seul qui en a vingt de long sur cinq de large. On pourrait trouver quelque belle statue, si on voulait faire travailler dans les ruines des grandes bâtisses. J'ai vu plusieurs chapiteaux de l'ordre corinthien et ionique, mutilés par le temps ; et, suivant toute apparence, il n'y avait pas de grandes magnificences en marbre. Les historiens disent que Cyrène avait quarante milles de tour, ce que je crois, compris les tombeaux taillés dans le roc : ils sont très-grands et étaient destinés pour les familles de considération. Cette ville avait, à dix lieues dans ses environs, plus de cent villes ou villages très-beaux ; et à trois lieues on trouve un grand bois où il y a plus de cent mille oliviers sauvages. Les montagnes et les anciens monuments sont presque inhabités. Il y a quelques Arabes qui sont campés dans les ruines de Cyrène, et qui vivent pendant six mois de l'année du laitage de leurs bestiaux, avec un peu de farine d'orge ; cela les maintient en santé et les fait vivre longtemps. Il y a des peuples dans le bois qui vivent comme des bêtes ; ils n'ont aucune religion : les enfants jouissent de leurs mères, le père de ses filles, et les frères et les sœurs les uns des autres : il n'y a pas d'autre mariage entre eux. Il ne payent rien à personne, et font des vêtements de peaux de chèvre. Les Arabes qui sont campés dans les ruines de Cyrène ont des manières plus civiles et plus affables. Les femmes y sont gracieuses et moins farouches : elles ont les plus belles dents du monde, et les mieux rangées ; elles sont fort brunes et font tout le travail, les hommes étant très-paresseux. S'ils voulaient cultiver les terres, ils feraient des trésors ; mais ils ne sèment que ce qu'ils peuvent manger chaque année (1). »

Ces renseignements demeurèrent longtemps dans l'oubli. Ce n'est que plus d'un siècle après le voyage de Lemaire, que les ruines de Cyrène furent de nouveau visitées, à des intervalles très-rapprochés, par un médecin italien, Della Cella, par un capitaine anglais, Beechey, et par un Français, Pacho. Les récits de ces voyageurs se complètent ou se rectifient réciproquement.

Au rapport de Beechey, les approches de Grenna ont l'apparence de rues désertes : des tombeaux rangés de chaque côté remplacent les maisons. La solennité de cette scène est rehaussée encore par le style varié de l'architecture. Les tombeaux les plus anciens se font remarquer par leur simplicité ; tandis que ceux d'une époque plus récente sont beaucoup plus chargés d'ornements. La même différence a lieu pour les bustes et les statues, qui sont dispersés autour de ces tombeaux : on y reconnaît les types grecs et romains de différents âges.

Mais ce qui a le plus d'attraits pour le voyageur c'est la fameuse fontaine de Cyrène consacrée à Apollon. C'est plutôt un ruisseau qu'une fontaine : son eau est courante, froide, excellente à boire, ce qui la distingue des eaux stagnantes

(1) Mémoire d'un voyage dans les montagnes de Derne, dans l'ouvrage de Paul Lucas, tome II, p. 114-120 (Paris, 1712).

que l'on rencontre dans le reste de la contrée. La face du rocher d'où elle jaillit était jadis ornée de deux portiques, semblables à ceux d'un temple. Elle parcourt, dans l'intérieur du roc, un canal d'environ un mètre de large, et tombe dans un bassin en formant une espèce de cascade. De là elle descend de cascade en cascade les échelons de la montagne; elle suit tantôt le lit sinueux que les anciens lui ont creusé dans la roche, tantôt elle le quitte, puis le reprend encore, jusqu'à ce qu'elle soit arrivée à la plaine rocailleuse qui s'étend au bas de la nécropole. Le canal, dont on ignore l'étendue, est, selon la tradition des Arabes, le séjour des fées et des démons. Sur l'un des côtés de la cascade sont deux chambres creusées dans le roc, ou plutôt une seule chambre, divisée en deux compartiments. Plus loin, au-dessous du niveau de la chambre, est un second bassin, qui paraît avoir primitivement communiqué avec le courant au moyen d'une petite ouverture pratiquée juste au-dessus. Ce réservoir, que Beechey trouva sec, paraît avoir été autrefois affecté à l'usage des prêtres chargés de l'entretien de la rivière sacrée. Presque en face était l'entrée principale. Le voyageur anglais y trouva une tablette brisée en deux morceaux, sur laquelle étaient sculptées trois figures de femmes, joignant leurs mains comme pour exécuter une danse sacrée. La draperie de ces bas-reliefs indique une époque très-reculée.

Sur l'une des parties les plus saillantes du rocher on lit une inscription en grec dorien, rappelant le nom du prêtre (Dionysius) qui a élevé l'un des portiques mentionnés (τὰν κράναν ἐπεσκεύασε). L'eau de la fontaine de Cyrène est au-dessous du niveau de la ville : elle paraît y avoir été jadis distribuée par des moyens hydrauliques, dont on croit avoir retrouvé quelques vestiges. Aujourd'hui les Bédouins logent leurs troupeaux dans les cavernes de la fontaine d'Apollon ; ils en disputent matin et soir l'approche aux chacals et aux hyènes (1).

(1) Un voyageur français, Pacho (*Voyage dans la Marmarique et la Cyrénaïque*, etc., p. 213 et suiv.) visita, en compagnie d'un Nubien, portant un flambeau, le canal de la fon-

Tout près de là se voient quelques débris d'un temple périptéral de Dia-

taine d'Apollon à Cyrène. « Ce canal atteint, dit-il, cinq pieds de hauteur ; sa largeur permet rigoureusement à deux personnes de marcher de front ; et ses parois, sans être d'un travail fini, offrent assez de régularité ; on y distingue des couches schisteuses alternativement de rouge vif et de jaune foncé. Le temps a charrié dans le fond un fort dépôt de terre argileuse, et tellement glissante, que nous sommes obligés de nous appuyer contre les parois latérales pour conserver notre équilibre. Nous avons pénétré ainsi assez avant dans le souterrain, et nous continuions d'y trouver les mêmes détails, auxquels il faut toutefois en ajouter un accidentel, mais d'un intérêt particulier. Sur un des côtés du canal, et presque au niveau de l'eau, nous avons remarqué de temps en temps une bande étroite de terre, sur laquelle étaient de légères traces qui n'ont que vaguement attiré nos regards. Cependant, parvenus à un endroit où la bande de terre est plus large et les traces plus multipliées, nous voulons en deviner la cause ; et ce n'est pas sans surprise que nous reconnaissons de belles et larges empreintes de pattes d'hyène, et d'autres, plus petites, qui nous semblent être celles de loups et de renards. Ces témoignages valent bien les magiciens et les spectres ; aussi nous arrêtons aussitôt notre marche. Néanmoins la réflexion succède à la surprise, et l'on essaye de distinguer la direction des empreintes. La plupart sont tellement posées les unes sur les autres, comme les pas des voyageurs sur un chemin battu, qu'il est impossible de se faire à ce sujet aucune idée exacte. Mais on ne tarde pas à s'apercevoir que ces traces sont recouvertes d'une légère couche de terre d'alluvion ; on joint ce fait à celui des interruptions qui divisent le petit sentier, et l'on en induit que le volume d'eau, grossi en hiver par la filtration des pluies, couvre à cette époque une partie du sentier qui doit être entièrement découvert en été, et que par conséquent les fauves ne doivent chercher un repaire dans le souterrain que durant cette dernière saison. Rassurés par ces observations, qui nous promettent de ne faire aucune fâcheuse rencontre, nous nous empressons de continuer notre marche.

« Quoique l'axe général du canal soit du nord au sud, il décrit toutefois quelques sinuosités, nécessitées par l'état plus ou moins sain des couches de la roche. En détournant un de leurs coudes, un sourd mugissement se fait entendre ; nous en soupçonne (1). Les colonnes, à moitié enfouies dans le sol, ont environ quatre pieds et demi anglais de diamètre; celles du nord sont complétement ensevelies. On y trouve encore les restes de quelques constructions qui ne semblent pas se rattacher immédiatement au plan du temple de Diane. Tout près du mur septentrional, Beechey découvrit une statue mutilée, représentant une femme assise, dont la ceinture serre étroitement la robe (2). Entre le temple de Diane et la fontaine Beechey trouva un beau bas-relief en marbre blanc et le torse d'une figure d'homme de grandeur naturelle, également en marbre blanc, et exécutés dans le meilleur style grec (3).

nous la cause : cependant le Nubien s'est tu tout à coup; il avance encore, mais il avance en tremblant : le bruit augmente; pour le coup il n'y tient plus, il s'arrête, le flambeau va s'échapper de ses mains; nous nous en emparons; et cet intrépide jeune homme, qui n'a reculé devant aucun danger, tremblant maintenant comme un enfant, se glisse à la hâte derrière nous. La rumeur, concentrée dans un corridor étroit, en frappe la colonne d'air de telle manière, qu'elle produit l'effet de voix rauques et glapissantes. Nous ne tardons pas d'arriver à l'endroit d'où part ce singulier vacarme, et nous trouvons au côté oriental, et à peu près à la moitié de son étendue, une crevasse caverneuse, par où se précipite avec fracas un volume d'eau considérable. Ce gouffre, trop étroit pour en distinguer à l'aide d'un flambeau la forme intérieure, paraît, au son que produit l'eau, pénétrer très-avant dans le sein de la montagne, et tomber à une centaine de pieds au moins au-dessous du niveau du canal. Si l'on pouvait émettre à ce sujet quelque conjecture, il serait possible que ce torrent souterrain allât déboucher à une caverne située à l'extrémité occidentale de la nécropolis, d'où jaillit un ruisseau qui, pour donner plus d'extension encore à cette idée, se rendait peut-être autrefois aux magasins de la station d'Apollonie, par l'aqueduc maintenant en ruines. Hormis cet accident, le reste du canal n'offre plus rien de remarquable. Nos précédentes observations furent heureusement sanctionnées par l'expérience : aucune rencontre ne nous arrêta dans notre visite; et dans plusieurs endroits où le sentier des fauves s'élargit, nous le trouvâmes couvert d'ossements de chameaux et d'autres quadrupèdes, restes des proies apportées du désert, et dévorées en ce lieu. Enfin, dès qu'on est parvenu à cent cinquante mètres de distance de l'entrée, le travail de l'homme finit, et l'on ne voit plus que celui de la nature. Là le canal, terminé dans sa partie supérieure en angle droit, présente encore en dessous une ouverture irrégulière par où l'on ne peut passer qu'en se trainant à plat ventre dans l'eau; et l'on arrive de cette manière dans une grotte très-large, mais peu élevée, et tapissée de stalactites. Si l'on est encore poussé par la curiosité, il faut conserver la même position qu'on a prise en entrant, et s'avancer ou plutôt serpenter à travers les rocailles : la vue se perd alors de tous côtés dans les ténèbres, l'eau ruisselle de toutes parts; elle paraît surgir de la terre; elle coule perpendiculairement de mille crevasses du plafond cristallisé; on est dans l'eau jusqu'au cou, ou on a la tête inondée; enfin, après s'être ainsi trainé çà et là dans les entrailles de la montagne, après avoir reconnu une ouverture pratiquée au plafond parmi les stalactites, on se voit forcé de se retirer; car avec l'embarras des formes humaines on ne saurait pousser plus loin cette aquatique reconnaissance. »

(1) Le nom de cette déesse se lit sur un fragment de ruines (Beechey).

(2) Suivant Pacho (*Voyage dans la Marmarique*, etc., p. 218) les débris magnifiques en marbre qui couvrent presque totalement le champ devant la fontaine, sont ceux du célèbre temple d'Apollon, élevé à Cyrène dans les premiers temps de l'autonomie (Callimach. *Hym. in Apoll.*). Le feu éternel que l'on conservait dans ce temple (Pindar. *Pyth.* V) et le beau canal qui, d'après sa direction, conduisait dans le sanctuaire du temple, offrent, en effet, quelques rapprochements allégoriques. De plus, Battus, selon Pindare, avait fait paver une rue pour la marche des pompes religieuses qui se rendaient au temple d'Apollon; et quelques restes de cette rue se retrouvent encore à peu de distance des ruines du temple. Enfin, le bas-relief en marbre représentant une jeune femme nue jusqu'à la ceinture, sans attribut de déesse, et paraissant couronner un buste dont il manque la tête, figure, d'après Pacho, non pas Diane, mais la nymphe Cyrène, couronnant Apollon.

(3) La voie de communication entre la plaine de Cyrène et la fontaine d'Apollon est, selon Pacho, la rue de Battus; c'est près de là qu'on trouve les monuments les plus importants. On a à peine franchi la forte pente qu'elle décrit non loin de la source, que l'on rencontre les ruines d'un amphithéâtre

Cyrène est située à l'angle d'une chaîne de collines d'environ deux cent cinquante mètres de hauteur. Ces collines sont disposées par gradins ou rangées. C'est au pied de la rangée supérieure que la ville avait été bâtie. Des défilés étroits sillonnent la contrée, et servent de lits aux torrents qui se précipitent vers la mer. La chaîne basse des montagnes qui, à Benghazi, sont à quelque distance dans l'intérieur, se confond ici avec la côte; elle est couverte de bois et entrecoupée de ravins. Sa hauteur a été estimée à environ mille pieds au-dessus du niveau de la mer, et celle de Cyrène à dix-huit cents. De là on jouit de l'une des plus belles vues du monde. Le versant nord de cette chaîne de montagnes est abrupte, et descend vers la plaine, non par un plan uniformément incliné, mais par galeries successives souvent taillées à pic. C'est dans les rochers de ces galeries suspendues que les anciens habitants de Cyrène creusèrent leurs tombeaux.

Ces tombeaux se composent généralement d'une seule chambre, au bout de laquelle, à l'opposite de l'entrée, est une façade en bas-relief, le plus souvent de l'ordre dorique, taillée avec élégance et régularité dans la surface du roc; elle représente un portique et un certain nombre de colonnes en proportion avec l'étendue du tombeau. Les espaces entre les colonnes varient, les portiques étant tantôt monotriglyphes, tantôt ditriglyphes, selon la fantaisie de l'architecte. Dans les intervalles compris entre les colonnes sont les cellules taillées dans le roc, rectangulairement à la façade, pour recevoir les cendres ou les corps des décédés. L'entrée de ces cellules paraît avoir été primitivement fermée par des pierres en forme de tables portant les noms des morts qu'elles recélaient. La plupart de ces pierres sont brisées ou complètement enlevées. Peut-être en découvrirait-on un grand nombre en débarrassant les tombeaux des matières alluviales amassées par les pluies. Les cellules se trouvent quelquefois bien au-dessous du niveau des chambres, et soutiennent une rangée de corps ou d'urnes cinéraires, placées les unes au-dessus des autres.

Beechey découvrit dans plusieurs de ces grottes sépulcrales des restes de peinture représentant des sujets historiques, allégoriques et pastoraux, aussi beaux que ceux d'Herculanum et de Pompéi. La composition et le dessin de ces groupes témoignent d'une profonde connaissance de l'art et d'un goût vraiment classique. Dans quelques-unes de ces peintures, les couleurs sont belles, bien conservées, et invariablement appliquées à certains sujets; le bleu et le rouge y sont surtout prodigués. Le bleu était la couleur dominante des triglyphes dans tous les édifices de Cyrène.

Pacho, qui visita cette partie de l'Afrique presque à la même époque que le voyageur anglais, donne sur la nécropole de Cyrène les détails suivants (1).

« C'était, dit-il, une ville des morts séparée de la ville des vivants. Entièrement creusée dans le flanc de la montagne, elle en suit les diverses sinuosités : elle pénètre dans ses ravins, s'avance avec ses contreforts; et cette situation irrégulière, donnée par la nature, présente néanmoins une certaine régularité donnée par les hommes. En effet, malgré les angles profonds que décrit cette nécropolis, malgré les amas confus de débris de toute espèce dont elle est couverte, on peut toutefois y distinguer huit ou neuf petites terrasses qui s'élèvent en échelons les unes au-dessus des autres, longent horizontalement la montagne, et sont divisées en deux parties par un ancien chemin sillonné

---

dont les marches inférieures sont enfouies dans la terre; au-devant sont épars plusieurs fûts de colonnes, et des torses de statues, qui, d'après leurs graves attitudes et leurs larges draperies, paraissent représenter des philosophes. A peu de distance de là, et parmi un nombre plus considérable de colonnes, on remarque un immense bloc de marbre de forme parallélogramme, et offrant une analogie vague avec les stèles égyptiennes, à cause d'un globe sculpté en relief au sommet du monolithe. (*Voyage dans la Marmarique*, p. 219.)

(1) *Relation d'un voyage dans la Marmarique, la Cyrénaïque, et les oasis d'Audjelah et de Maradeh*, etc., par J.-R. Pacho; Paris, 1822, 1 vol. in-4°, p. 195 et suiv.

3.

profondement par les roues des chars, et contenant en plusieurs endroits des marches peu élevées. Chacune de ces terrasses présente une série rarement interrompue de façades de grottes sépulcrales, dont l'élégance et la variété du style, et surtout la conservation, très-souvent intacte, forment un grand contraste avec les amas de débris qui les environnent. Des sarcophages monolithes, la plupart taillés dans la colline même, sont placés au-devant des terrasses, et bordent la série des façades. Ces sarcophages de roche grossière sans aucune espèce d'ornement, comparés aux pompeuses sépultures dont ils relèvent l'éclat, ressemblent plutôt à des blocs massifs de pierre qu'à des tombeaux. Ils furent infailliblement destinés à la classe pauvre des Cyrénéens; c'était ici le peuple, là étaient les grands: même distinction, même sort après la mort que durant la vie.

« On peut établir comme règle générale, que partout où les localités permirent aux Cyrénéens de tailler leurs monuments funéraires dans la roche au lieu de les bâtir, ils en profitèrent soigneusement. En partant de ce principe, on ne sera donc pas surpris que parmi toutes les élégantes façades qui ornent cette nécropolis il y en ait peu qui ne soient, au moins en partie, taillées dans la roche : des accidents locaux seuls ont empêché quelquefois qu'elles ne le fussent entièrement. Dans ce dernier cas, on a équarri, parfois horizontalement, parfois perpendiculairement, la roche formant la base, la moitié ou les trois quarts de la façade; on a posé ensuite au-dessus, à côté ou au milieu de la roche équarrie, des assises qui en ont rempli les lacunes, ou complété la hauteur et la largeur de la façade. Ces espèces de rapiécetages sont loin de déplaire à la vue, parce qu'ils sont faits avec beaucoup d'art, et que la partie de la façade taillée dans la colline même est sillonnée de lignes qui représentent des assises simulées et succèdent avec régularité aux assises véritables. La solidité et la durée des monuments, tel fut sans doute le but de tant de soins; et ce but n'a pas été trompé.

« Parmi ce grand nombre de tombeaux, le style dorique domine continuellement. On le trouve quelquefois, pur avec ses colonnes cannelées, ses triglyphes et ses gouttières; quelquefois il est modifié par des détails égyptiens, tels que des corniches et des encadrements; et d'autres fois il forme un style à part, qui, tout en conservant son type original, paraît néanmoins appartenir en propre à l'architecture de Cyrène. Les traits distinctifs de ce style sont des consoles en place des colonnes, et des angles obtus, dans les moindres moulures, au lieu d'angles droits. Non-seulement ce style caractérise un grand nombre de monuments de la Pentapole, mais on le trouve exactement reproduit sur les édifices grecs ou romains de l'oasis d'Ammon. Si l'histoire ne nous apprenait pas que la colonie des Ammoniens fut successivement alliée et dépendante de Cyrène autonome et soumise aux Romains, cette identité de formes architectoniques le ferait présumer; elle sert du moins à constater les témoignages de l'antiquité.

« Cependant toutes les grottes de cette nécropolis ne sont pas ornées de façades à ordres d'architecture, on y en trouve quelques-unes pareilles à celles décrites dans d'autres cantons de la Cyrénaïque, et dont l'entrée n'est qu'un simple carré pratiqué dans la roche. Celles-ci sont-elles antérieures ou postérieures aux précédentes? c'est ce que je ne saurais affirmer, malgré que par plusieurs raisons je sois porté à pencher vers la première hypothèse. Quoi qu'il en soit, ces dernières grottes méritent seules d'être appelées *hypogées*, puisque seules elles contiennent de vastes appartements souterrains qui s'avancent quelquefois très-loin dans la montagne. Les autres seront mieux désignées en les nommant *mausolées excavés*; car, loin de contenir de grandes salles sépulcrales, elles ne sont composées au contraire que de deux à six caisses funéraires, séparées par des cloisons taillées avec un soin infini dans le roc, et se terminant à la façade en pilastres ou en colonnes. Ces caisses, toujours égales en largeur, quelquefois inégales en hauteur et profondeur, sont elles-mêmes divisées par d'autres cloisons horizontales posées sur des étais ou taillées aussi dans le roc. Les mausolées des environs du *Naustathmus* nous ont déjà offert en construction la même disposition que ceux-ci nous offrent en excavation. Dans les uns comme dans les autres nous voyons une, deux et quelquefois trois caisses creusées au-dessous du niveau de la façade; nous les voyons aussi ne dépasser jamais en largeur la ligne perpendiculaire des caisses supérieures, en former parfois l'exacte continuation, et le plus souvent se rétrécir progressivement, de manière que la plus inférieure de ces caisses n'est plus qu'une excavation parallélogramme, dont la largeur est disproportionnée avec la longueur.

« Telles sont les grottes sépulcrales à façades de Cyrène. Les hypogées à portique composent un nouveau genre d'architecture employé dans la nécropole. Le plus considérable d'entre eux, creusé presque au sommet de la nécropole, déploie par cette situation à une très-grande distance sa longue et magnifique galerie; on croirait s'approcher des ruines imposantes de l'Égypte. On arrive auprès du monument, et l'on trouve une colline entière divisée intérieurement en appartements funéraires, et décorée au dehors de vingt-six colonnes et pilastres massifs, disposés sur une seule ligne, et ayant pour entablement la couche supérieure de la colline couverte de champs et d'arbustes. Ce sont bien là les efforts prodigieux de l'art égyptien; mais voici la grâce élégante du ciseau grec jointe aux faveurs du ciel de l'Attique.

« Lors même que la grande étendue de cet hypogée ne porterait pas à croire qu'il est le résultat de travaux entrepris à diverses époques, on en demeurerait convaincu par la diversité des styles dont il est composé, et qui en forme autant de monuments distincts quoique réunis sur une même ligne. Une élégante façade, contenant deux colonnes cannelées à chapiteaux en volutes qui soutiennent une architrave ornée de frises légères, frappe d'abord l'attention. Pour découvrir les riches détails d'architecture délicatement sculptés sur le roc, il faut en écarter de larges bandes d'*hypnum*, de lichens foliacés, et de petites graminées, ornements posés par la nature sur ces ornements de l'art, pour les protéger contre les outrages du temps. Les autres parties du portique, ou, pour mieux dire, les autres portiques attenants à celui-ci, n'offrent pas, il s'en faut de beaucoup, la même élégance de travail. Les uns sont des colonnes élargies à la base et rétrécies au sommet, les autres des pilastres à chapiteaux en volutes, et d'autres encore présentent à peu près la même disposition, mais on s'aperçoit qu'ils sont restés inachevés. Ces derniers forment l'extrémité orientale de ce grand hypogée: ils constatent l'observation faite précédemment, puisqu'il est hors de doute qu'ils appartiennent à une époque postérieure aux autres. On trouve dans l'intérieur de ce portique de longs bancs destinés à servir de repos aux personnes qui venaient visiter ces lieux funèbres; et ici comme ailleurs des noms gravés négligemment çà et là sur le roc indiquent leur passage et leurs pieuses intentions.

« Rendons-nous maintenant à l'extrémité occidentale du cimetière de Cyrène; nous y verrons le même genre d'architecture modifié par les localités, et par le même motif offrir un aspect plus sauvage et plus varié. Cette partie de la nécropolis est séparée de la précédente par un profond ravin où coule un ruisseau dans toutes les saisons; et tout le penchant de la montagne où les tombeaux sont creusés se trouve couvert d'arbres et d'arbustes de diverses espèces. A ces caractères, qui distinguent le côté occidental de la nécropolis du côté oriental, il faut ajouter que la montagne y est partout abrupte et entrecoupée de gros rochers, cause du petit nombre de ses excavations sépulcrales, et de leur situation par laquelle elles ne peuvent occuper qu'une seule ligne.

« La variété et la richesse de la végétation qui décore ces hypogées paraissent être en harmonie avec cette bizarrerie de l'art et du site. Des genévriers de Lycie, aux troncs noueux, aux branches errantes, couronnent le rocher et en ombragent la pittoresque façade; à ses côtés s'élèvent des cyprès orientaux, qui par leur forme pyramidale servent, pour ainsi dire, de cadre au tableau; et au-devant, parmi des bouquets de myrtes et de lauriers-roses, coule un ruisseau qui de cascade en cascade va se précipiter, à quelques pas de ce lieu, dans le fond du ravin. A ces massifs de végétation que l'on oppose les teintes ocreuses du rocher et quelques croûtes bleuâtres peintes par le temps ; que l'on place dans les crevasses du roc, sur les corniches des tombeaux, mille plantes saxatiles de teintes diverses et d'une floraison éclatante, telles que des renoncules, des séneçons, des giroflées, des sauges, des alyssons, des géraniums, et tant d'autres ; que l'on entremêle ces belles plantes du peuple innombrable des petites graminées, et l'on n'aura qu'une faible idée des contrastes de formes, de couleur et d'aspect, que présentent ces hypogées, et que je donne comme type des sites sauvages mais charmants de toute la partie occidentale de la nécropolis.

« Après cette esquisse rapide de ce que les hypogées de Cyrène offrent de plus remarquable en perspective, il convient de pénétrer dans l'intérieur, pour connaître ce qu'ils renferment. Sans quitter la partie de la nécropolis où nous nous trouvons, mais en longeant vers le sud, le sentier étroit qui borde la série d'hypogées dont je viens de faire mention, nous apercevons cinq ou six grottes dont les entrées, encombrées de rocailles et de buissons épineux, ne semblent annoncer que d'informes cavernes. Cependant, comme les réduits les plus cachés et les sites les plus bizarres sont ceux qui piquent davantage notre capricieuse imagination, loin de passer dédaigneux devant ces antres obscurs, nous mettons au contraire tout en œuvre pour pouvoir y pénétrer. Pioches et bâtons sont tour à tour employés ; serpents et hiboux délogent à la hâte ; enfin, après quelques égratignures et de petites contusions, nous voilà dans l'antre, et nous sommes obligés d'avouer que les travers d'esprit aident quelquefois aux découvertes de l'art. A peine nos yeux sont-ils familiarisés avec l'obscurité, que nous nous trouvons en face d'un magnifique sarcophage en marbre blanc d'une parfaite conservation, et orné sur trois côtés d'élégants bas-reliefs. Des caryatides, à la pose gracieuse, à la draperie légère, et de jeunes garçons dont la ceinture n'est voilée que par un tablier, soutiennent des guirlandes de fleurs et de feuillage où pendent des grappes de raisin. Des têtes, emblèmes de deuil, ou des rosaces, occupent le centre des médaillons formés par les ondulations des guirlandes. Le couvercle très-massif est sculpté en feuilles imbriquées ; les Arabes sont parvenus à le détourner de son plan vertical, pour enlever ce que le tombeau contenait : il n'est aucun monument de ce genre dans toute la Cyrénaïque qui n'ait subi la même violation. En outre, l'hypogée est divisé en trois pièces, dont chacune contenait un sarcophage. Si l'on en juge par leurs débris, ils étaient tous d'un travail non moins achevé que celui qui est resté intact. Sur l'un était sculptée une chasse, et sur l'autre des griffons ; la perte de ce dernier ne cause pas de grands regrets, puisque nous allons en trouver un semblable, pour les emblèmes, dans un autre hypogée.

« Une petite grotte, taillée dans le flanc d'un ravin de la nécropolis, offre plus de richesses monumentales à elle seule que toutes les autres ensemble. Cette grotte, sans niches ni sarcophages, contient au milieu un puits sépulcral, et ses quatre parois sont couvertes de peintures qui paraissent représenter des jeux funéraires. La mieux conservée comme la plus remarquable de ces peintures occupe toute la longueur d'une paroi : elle est composée d'une série de figures dont les unes, revêtues de riches costumes, exécutent une marche solennelle, et les autres, divisées en plusieurs groupes et couvertes d'une simple draperie, donnent l'idée du peuple de Cyrène qui assiste à la cérémonie, et s'attroupe auprès des principaux personnages. En tête du tableau est une espèce de meuble, auprès duquel des jeunes gens sont occupés à préparer des mets, emblème sans doute des repas qui suivaient, dans l'antiquité, les fêtes populaires ; une table couverte de couronnes et de palmes le termine. Là se trouvent trois personnages mitrés, debout chacun sur un piédestal. L'un d'entre eux est appuyé sur une massue, l'autre paraît consacrer les palmes et les couronnes ; et le troisième, dans l'attitude d'un orateur, semble attirer l'attention du peuple groupé auprès de lui. »

Suivant M. Letronne, cette peinture

est romaine. Mais la mitre, les grandes robes chamarrées de fleurs, les ceintures en bandelettes, rappellent plutôt le costume des anciens peuples de l'Orient (1). Pacho incline à l'attribuer aux Israélites, dont le nombre s'accrut considérablement dans la Cyrénaïque sous la domination romaine.

Vers le côté occidental de la nécropole Pacho découvrit une grotte, creusée au sommet d'un rocher, et d'un abord très-difficile. Le fond de cette grotte est occupé par un sarcophage taillé dans le roc et couronné d'une frise en triglyphes, contenant dans chaque métope une peinture élégante et d'une conservation parfaite. Dans la série des petits tableaux qu'on y voit, on reconnaît les diverses occupations de la vie d'une esclave noire. « J'ai cru y distinguer, dit Pacho, successivement les entretiens de l'amitié, l'éducation d'une jeune fille, l'ambition de la parure, les délassements figurés par l'exercice du balançoir, le bain si nécessaire dans la brûlante Libye, et enfin le triste lit de mort sur lequel la négresse est étendue, les yeux éteints, et paraît être regrettée de son maître, le blanc Cyrénéen, que l'on voit à côté d'elle dans une attitude de douleur. La coiffure et le costume de ces miniatures ne sont pas moins remarquables, tant par la forme que par la couleur. Les longues robes blanches, sans agrafes, et les schalls rouges, entrelacés avec les cheveux, ou couvrant la tête en guise de turban, offrent une analogie frappante avec l'habillement des modernes Africaines, et principalement avec celles qui habitent le Fezzan (2).

A peu de distance de la fontaine d'Apollon, sur le point culminant de la plaine de Cyrène, on voit les ruines d'un *Cæsareum* ou temple de César; l'inscription : *Porticus Cæsarei*, gravée en grandes lettres sur une corniche colossale, en est la preuve évidente. Ce temple fut élevé avec les débris d'édifices plus anciens. Les matériaux précieux, tels que le marbre, le porphyre et le granit, étrangers au sol de Cyrène, y avaient été transportés à une époque fort reculée, avant d'être employés pour flatter la vanité d'un prince romain; ils avaient déjà servi aux monuments érigés en l'honneur d'un Battus ou d'un Arcésilas. Cette circonstance empêche souvent d'assigner à un édifice une origine et une époque précises. Parmi les colonnes dispersées çà et là, il en est peu qui se ressemblent, soit par la forme, soit par la nature de la pierre. On en voit de rondes, de torses et de cannelées; les unes sont en marbre blanc, les autres en granit rose, d'autres en porphyre bleu. Hors de l'enceinte du temple, à soixante-dix mètres vers l'ouest, on trouve le torse d'une statue colossale en marbre blanc représentant un guerrier. Sur la cuirasse, enrichie de sculptures d'un travail fini, on distingue les emblèmes suivants : au milieu du poitrail une figure de femme ailée, la tête couverte d'un casque, et tenant d'une main un glaive et de l'autre un bouclier, se tient debout sur une louve; c'est sans contredit l'emblème de Rome la guerrière (1). Deux autres figures, également ailées, sculptées latéralement à la précédente, paraissent représenter les génies qui présidaient aux destins de la ville héroïque. Les écailles semisphériques de la cuirasse qui recouvrent les bandelettes libyennes contiennent aussi chacune des sculptures en relief, disposées symétriquement, parmi lesquelles on remarque des dauphins, des têtes de Mercure, d'Apollon, etc. (2).

Le profond ravin qui reçoit les eaux des sources occidentales de la nécropolis, très-large vers le nord, se rétrécit insensiblement à mesure qu'il pénètre

---

(1) Au rapport de Salluste (*Bell. Jugurth.*, cap. XVIII), les Mèdes et les Arméniens, débris de l'armée d'Hercule, vinrent s'établir en Afrique, et, se mêlant aux Libyens, ils changèrent leur nom même en celui de Maures.

(2) Pacho, *Voyage dans la Marmarique*, p. 210.

(1) Hérodote (IV, 89) nous apprend que les Libyennes s'habillaient de peaux de chèvres, dont une partie, coupée en bandelettes, pendait sur les genoux en guise de franges; les Grecs en ont fait des serpents pour l'égide (de αἴξ, chèvre), bouclier de Minerve, déesse primitive des Auséens, qui habitaient les bords de la Grande Syrte.

(2) Pacho, p. 221.

dans les ruines de la ville; puis il s'élargit encore et se dirige vers l'est. A un point qui se trouve en ligne parallèle avec le temple de César, et à sept cents mètres environ de celui d'Apollon, on voit à la rive occidentale de ce ravin un mur d'étayement, moins considérable que celui de ce dernier temple, et où se trouve aussi les débris en marbre d'un édifice. Parmi ces débris, plusieurs sont couverts d'inscriptions, dont l'une, gravée sur un beau pilastre, remonte peut-être au règne des Lagides; mais elle n'offre malheureusement que des noms propres. Une autre, publiée par M. Letronne d'après la copie rapportée par Della Cella, et appartenant à l'époque des empereurs, est ainsi conçue :

CLAUDIA VENUSTA,
FILLE DE CLAUDE CARPISTHÈNE MELIOR,
[A ÉLEVÉ] A SES FRAIS [LA STATUE DE BACCHUS,
AINSI QUE LE TEMPLE [OU ELLE EST PLACÉE].

Les rues de Cyrène sont au nombre de cinq; une seule est dirigée de l'est à l'ouest, les quatre autres se prolongent irrégulièrement vers le sud, où elles finissent par former deux angles très-aigus. Elles sont toutes sillonnées de traces de chars antiques, ce que l'on observe; une d'entre elles paraît avoir été spécialement consacrée aux courses de chars : non-seulement elle est plus large que les autres et les traces plus profondes et plus multipliées, mais on y lit le mot ἱππικος, profondément gravé en lettres de plusieurs pouces (1); c'était là sans doute un ancien hippodrome. Ces rues ne sont point spacieuses, l'hippodrome même n'a que dix mètres de largeur, et les autres ne dépassent jamais quatre mètres. Dans les talus ou intervalles des rues, on trouve des grottes sépulcrales semblables à celles de la nécropolis (2). De courtes

inscriptions grecques et latines y sont gravées intérieurement et extérieurement : elles apprennent que tel est mort il y a environ deux mille ans, et rien de plus. Dans la partie septentrionale on trouve les ruines d'un bain construit en briques, et conservant plusieurs pièces voûtées, un stadium formé par de simples rangs de bornes semblables à celles des rues, deux petits temples hypogées de l'époque romaine avec des emblèmes chrétiens, et enfin plusieurs châteaux, dont deux, entre autres, sont situés à l'extrémité méridionale des ruines, chacun auprès de l'angle aigu qu'y forment les rues en se joignant (1).

En dehors de la plaine, aux confins méridionaux de Cyrène, on voit les troncs antiques et crevassés d'immenses caroubiers, qui, suivant Pacho, marquent l'emplacement du grand marché, célébré par le chantre des Pythiques (2). Il est en effet constant que chez les anciens les marchés publics étaient séparés des quartiers habités des villes. Près de là on voit un groupe d'hypogées à façades d'ordre dorique très-ruinés, mais qui, si l'on en juge par leurs débris, ne le cédaient ni par la magnificence du travail, ni par le grandiose des dimensions, aux plus beaux monuments de la nécropolis. C'est à l'extrémité du marché de Cyrène que se trouvait, selon Pindare, le tombeau de Battus (3). Les arbrisseaux et arbustes qui couvrent l'extrémité occidentale de la nécropolis rappellent, suivant Pacho, le bois que Battus fit planter près de la ville et qu'il consacra aux dieux (4).

Notice historique sur l'antique Cyrène. — Hérodote (lib. IV, cap. 155 et suiv.) raconte que Battus, fils de Polymneste de Thères, se rendit en Libye, d'après un ordre de l'oracle de Delphes, et qu'il y fonda une colonie dans l'île de Platée, voisine du littoral de la Cyrénaïque. Après deux ans de séjour dans cette île, il transporta sa colonie à Azi-

(1) Della Cella trouva près de là une monnaie antique; sur l'une des faces se voit une roue avec l'inscription presque effacée de Κυράνα, et sur l'autre un cheval lancé au galop. Il signale les empreintes profondes des roues que l'on aperçoit encore dans les rochers (*Viaggio*, etc., p. 112).

(2) Lemaire (dans Paul Lucas, *Voyages*, etc., t. II, p. 90), et, d'après lui, Thrige (*Hist. Cyren.*, p. 268) ont pris ces grottes pour des boutiques, vestiges de la grande activité du commerce des Cyrénéens. Cette opinion n'a pas besoin d'être réfutée.

(1) Pacho, p. 225.
(2) Pindar., *Pyth.* IV.
(3) Pind., *loc. cit.*; Catull., *Carm.*, VI, v. 6.
(4) Pind., *Pyth.* V.

ris, sur la côte opposée à Platée. Cet endroit était riche en bois et bien arrosé; une rivière l'entourait des deux côtés (ποταμὸς τὰ ἐπὶ θάτερα παραρρέει). Après y être resté six ans, Battus se fit conduire à Irasa, vers l'ouest, par quelques Libyens. Arrivés près de la fontaine d'Apollon, les Libyens s'arrêtèrent, et dirent à Battus et à ses compagnons : « Grecs, là il vous est commode de demeurer; car là est le ciel perforé. » (Ἄνδρες Ἕλληνες, ἐνθαῦτα ὑμῖν ἐπιτήδεον οἰκέειν· ἐνθαῦτα γὰρ ὁ οὐρανὸς τέτρηται.) Ce fut dans cet endroit que Battus fonda Cyrène.

Tel est en abrégé le récit d'Hérodote. Selon quelques auteurs, une ville nommée Zoa avait existé antérieurement à Cyrène, dont Battus n'aurait été que le second fondateur. Mais il a été prouvé que cette opinion ne repose que sur une erreur philologique. Quant au nom de la ville, il vient, suivant quelques-uns, de Cyrène, fille du roi Hypsée, dont l'histoire est bien connue par les beaux vers de Virgile.

Après Carthage, Cyrène était la ville la plus considérable de l'Afrique ancienne; Pindare la surnomme la *magnifique*, la *très-bien bâtie*, la *ville au trône d'or*. L'étendue de ses rues en est un témoignage encore marquant de nos jours. Strabon dit qu'elle était située sur une plaine élevée, unie comme une table, à cent stades de la mer, ce qui permit au célèbre géographe de l'apercevoir de son navire dans un trajet maritime. — A l'est de Cyrène, s'élevait une colline consacrée à Jupiter Lycéen. Pausanias mentionne le temple de Jupiter Olympien, et Tacite celui d'Esculape, où les Cyrénéens renfermaient leur trésor.

Suite de l'exploration du littoral.

En quittant les ruines de Cyrène, et se dirigeant vers le port d'Apollonie, au nord-est, on rencontre un endroit richement boisé, qui à cause de ses cavernes profondes a reçu le nom de *Magharenat*. Ces immenses excavations se voient de loin, quoiqu'à demi cachées par des touffes d'arbres, et frappent l'imagination par leur sombre aspect. On peut y entrer à cheval, et on trouve dans ces hypogées des pièces ayant trente à quarante mètres de chaque côté, soutenues par plusieurs rangs de pilastres, placés plus ou moins régulièrement selon la solidité de la roche. On n'y reconnaît pas le moindre indice de destination sépulcrale. Les unes sont ornées d'une espèce de portique monolithe et d'une salle découverte; les autres ont une avenue droite ou sinueuse. Ces vastes hypogées paraissent avoir servi de magasins ou d'entrepôt aux marchandises transportées d'Apollonie à Cyrène. Aujourd'hui ils servent de lieux de refuge aux Arabes nomades ou à des troupes de bandits.

La côte près d'Apollonie (aujourd'hui *Sozysa* ou *Sousa*) est en grande partie formée de bancs de roche, prolongements aplatis des monts Cyrénéens. Dans les intervalles d'un banc à l'autre on remarque du sable rougeâtre, qui, suivant Della Cella, doit sa couleur à des fragments très-petits d'une espèce de corail; ces fragments varient depuis la grosseur d'une molécule microscopique jusqu'à celle d'un grain de millet (1). Le sable des environs d'Apollonie, comme en général celui de tout le littoral de la Syrte, est mêlé de débris de nombreux zoophytes, de madrépores, de tubicoles, etc.; il offre donc beaucoup de matière aux observations du naturaliste et du géologue.

La plage d'Apollonie, qui était, à proprement parler, le port de Cyrène, est aride, dépourvue d'arbres et de sources. Pour suppléer à la sécheresse du sol, les anciens habitants avaient construit un aqueduc qui traversait la plaine depuis les régions boisées ou le pied des montagnes jusqu'aux bords de la mer. Quelques restes de cet aqueduc existent encore : ce sont de grands blocs monolithes, placés sur une chaussée dont l'élévation diffère selon l'inégalité du terrain; on y voit des fragments d'inscriptions romaines, mais tellement frustes qu'il n'est guère possible de les

(1) Della Cella se demande si cela ne paraît pas être une espèce de corail particulière, non décrite. *Sarebbe egli*, dit-il, *il corallo comune (isis nobilis) nascente, che l'impeto dell' onde avrebbe staccato da questi scogli, ove si sa che cresce copioso? o ben si specie pigmea, e non descritta?* (*Viaggio da Tripoli*, etc., p. 127; Napoli, 1830.)

déchiffrer. Dans les endroits où la roche est à nu, les Apolloniens creusèrent des citernes ou réservoirs pour les eaux de pluie, qui seules fournissent encore aujourd'hui aux besoins des Arabes nomades qui occupent cette plage déserte. Apollonie était une des cinq villes de la Pentapole; suivant Étienne de Byzance elle portait aussi le nom de Cyrène, ce qui expliquerait certaines difficultés géographiques dans le *Rudens* de Plaute (1); elle était entourée d'un mur construit en grandes assises sur un massif de roche : il n'en reste plus que le côté méridional, flanqué çà et là de petites tours carrées. Du côté opposé, les flots de la mer, à force de battre ces bases peu solides, sont parvenus à y faire de nombreuses échancrures. Dans le vaste amas de pierres qui couvre l'emplacement de cette antique cité, M. Pacho ne remarqua que les ruines de deux temples, contenant l'un dix, et l'autre six colonnes de marbre pentélique. Voici la description qu'en donne ce voyageur :

« Ces deux temples étaient chrétiens; indépendamment du style des chapiteaux, indice certain du moyen âge, on remarque sur les fûts des croix taillées en relief, et surmontées d'un globe pouvant représenter l'anse égyptienne, qui dans d'autres cantons de l'Afrique septentrionale accompagne toujours le symbole du christianisme. Cette particularité porterait à croire que les premiers chrétiens de la Pentapole usèrent des mêmes précautions que ceux des oasis. Il est certain, d'après les monuments encore existants, que ces derniers adoptèrent la croix ansée des anciens Égyptiens, dans l'intention peut-être de déguiser par ce symbole antique de la régénération physique, une régénération morale, foi naissante qu'on n'osait alors professer ouvertement. On voit aussi dans le fond de ces deux temples une grande pièce cintrée, semblable à celle que j'ai fait remarquer dans les tours et les châteaux romains.

« L'intérieur des ruines de la ville n'offre rien autre de reconnaissable.

---

(1) L'aridité des environs du port de Cyrène et la difficulté d'y trouver de l'eau rappellent une des plus jolies scènes de la comédie antique (Plaut., *Rudens*, act. II, sc. 4).

Hors de l'enceinte et à son extrémité orientale, on voit un quai magnifique composé de trente à quarante degrés, et disposé en amphithéâtre. Du côté opposé sont les traces d'anciens bains taillés dans le roc, et se trouvant maintenant dans les eaux. Le port, plus intéressant, et objet spécial de cette excursion, malgré les envahissements de la mer, peut néanmoins donner encore une idée de son ancien état. Deux gros rochers, peu écartés l'un de l'autre et couronnés de ruines, paraissent en avoir formé l'entrée. Plusieurs écueils font suite à ces rochers dans l'ouest et l'abritent parfaitement, de ce côté, de l'action des vagues, dont l'impétuosité n'aurait point été suffisamment ralentie par un promontoire rocailleux qui s'avance à quelque distance dans l'occident. Ce port, quoique infailliblement changé, par les éboulements, de son ancienne forme, semble susceptible d'offrir encore une bonne station aux navires, et confirme ce qu'ont dit les anciens auteurs, et particulièrement Scylax, de sa situation qui le rendait sûr et accessible par tous les temps.

« Nous ne pouvons douter en effet que les ruines que nous venons de décrire ne soient, d'après leur position relativement au *Naustathmus*, celles d'Apollonie, et que ce port n'ait été par conséquent celui de Cyrène dans les premiers âges de la colonisation grecque (1). »

La ville d'Apollonie, consacrée au dieu protecteur de la Cyrénaïque, resta longtemps dépendante de Cyrène, et ne servit d'abord que d'entrepôt au commerce de la métropole. Elle devint autonome sous les Ptolémées. C'est probablement à dater de cette époque que le *Phycus* (*Razat*) (2) devint pour Cyrène ce qu'avait été jadis le port d'Apollonie (3).

---

(1) Synésius, *Epistolæ* 51, 100.
(2) Pacho, p. 161.
(3) Strabon (lib. XVII) nous apprend que ce promontoire, le plus septentrional de la côte libyque, contenait une petite ville. Suivant Synesius (*Epist.* 113), il était dangereux à habiter, à cause des eaux stagnantes, et de leurs exhalaisons fétides; un port, ajoute-t-il, se trouvait à son extrémité occidentale, ce qui est confirmé par le Périple anonyme.

Dans les premiers siècles du christianisme, Apollonie changea son nom païen en celui de *Sozysa*, et devint la capitale de la Pentapole et le siège d'un évêque (1).

Depuis le promontoire Phycus (Razat) jusqu'à Derna, la côte est des plus accidentées; c'est une plaine inégale, tantôt boisée, tantôt nue; croisée par de petites hauteurs, et sillonnée par de profonds vallons; ici rocailleuse, plus loin fertile; elle aboutit à une chaîne de collines qui se dégradent en petites terrases, au-dessus desquelles s'étend le vaste plateau cyrénéen.

A peu de distance des ruines d'Apollonie on rencontre, à l'est, le cap Hal-al (Ras-Hal-al). C'est un banc de terre peu élevé, qui s'avance dans la mer, et forme à son côté oriental un golfe spacieux. La plaine qui sépare le rivage de la première terrasse du plateau cyrénéen devient plus large vers le centre du golfe. Là on rencontre les ruines d'un village et de petites flaques d'eau dans le sable. Ces détails s'accordent très-bien avec ceux que donne ici le Périple anonyme. C'est là que Pacho place (2) l'ancien *Naustathmus,* que Strabon (lib. XVII) indique comme un des lieux les plus renommés du littoral de la Cyrénaïque (3). La belle situation du cap et surtout la jolie baie qu'il forme, dont le fond est de sable couvert d'algues, devaient en effet offrir une bonne station navale. Cependant, hormis le village désigné, on n'aperçoit d'autres traces d'habitation que les vestiges d'un castel romain, situé à l'extrémité du cap. Tout près de là, au sud-ouest, Pacho découvrit un amas de fort belles ruines, dont aucun voyageur n'avait encore parlé. Voici le récit qu'il en fait :

« Il est des sensations que les voyages seuls peuvent procurer : l'aspect de belles ruines restées inconnues durant plusieurs siècles n'en est pas une des plus faibles. Essayer de la reproduire, ce serait une tentative inutile. La contrée, le site, les circonstances, ajoutent à ces découvertes mille impressions différentes que l'on sent vivement, et que l'on ne saurait rendre. Je n'avais vu jusqu'alors rien de semblable dans les champs désolés de la Pentapole, et je n'y vis par la suite rien de plus beau que ces petits monuments. Les Arabes les nomment *Zaouani*, et le lieu où ils sont situés *Menakhiel*. La variété des sites, qui fait le charme de cette contrée, en rend les localités difficiles à trouver, lorsqu'on n'y est point conduit par un habitant du canton : encore faut-il que cet habitant y ait résidé depuis le bas âge; sinon, l'on s'expose à perdre beaucoup de temps dans les courses. Cependant, l'agréable effet que produisent, au premier aspect, ces édifices placés dans une riante solitude, change bientôt de nature. A peine a-t-on jeté un coup d'œil dans l'intérieur que le prestige disparaît : ces jolis monuments sont encore des tombeaux. Le plus considérable contient une cloison longitudinale qui le divise en deux pièces, séparées elles-mêmes dans leur hauteur par trois rangées de salles formant autant de caveaux funéraires de toute la longueur du monument. Une belle frise dorique en contourne le sommet, et de riches sculptures ornent les côtés de la double entrée. De grands blocs monolithes le couvrent; ils décrivent un triangle aplati, style gracieux que l'on voit très-souvent reproduit dans les tombeaux de la métropole. Tout le corps de l'édifice est élevé sur quatre rangées de larges assises disposées en escalier quadrilatère. Enfin, un antique olivier est placé au devant, et il en ombrage le faîte d'une manière aussi religieuse que pittoresque.

« A quelques pas de ce magnifique mausolée on en voit un second, moins grand, mais mieux conservé, et n'ayant qu'une seule pièce. Deux autres se trouvent à une portée de fusil de ceux-ci : l'un, semblable au dernier, est enfoui dans le bosquet ; l'autre diffère tout à fait des précédents. A ses petites dimensions, à sa forme de carré parfait, et surtout à sa surface plane, on dirait d'un autel antique élevé dans ces lieux en l'honneur de quelque divinité champêtre. Aucune entrée n'y fut ménagée; après quelques

---

(1) Voyez les noms de ses évêques dans *Oriens Christian.*, t. II, p. 618.

(2) Pacho, *Voyage dans la Marmarique*, p. 142.

(3) Pomp. Méla (I, 8) le cite comme un promontoire, et Ptolémée (IV, 4) comme un port.

efforts, ayant réussi à extraire une pierre de ses assises, je le trouvai divisé en trois cloisons, et totalement rempli de têtes d'enfant.

« Des monuments construits avec tant de soin, et un grand nombre de grottes sépulcrales ornées aussi de façades doriques, que l'on voit auprès d'eux, indiquaient le voisinage d'une ancienne ville. J'en cherchai les vestiges dans les environs. Des traces de chars dans la partie de la plaine où la roche est dépouillée de terre frappèrent mes regards; j'en suivis la direction, et elle me conduisit, non sans interruptions, durant un quart d'heure de marche dans l'est, auprès d'une forêt d'oliviers, où je trouvai enfin les ruines de la ville antique. Les incidents de cette excursion devaient m'offrir chacun des résultats nouveaux. Par leur singulière localité, ces ruines sont à la fois les mieux conservées et les plus bouleversées de toutes celles dont j'ai parlé jusqu'ici. Un mur d'enceinte les entoure de toutes parts; selon les irrégularités du sol, il atteint trente pieds environ de hauteur, ou cinq à six seulement. Une grande porte cintrée est à son côté occidental. Dès qu'on l'a franchie, on se trouve dans un immense labyrinthe de pans de murs encore debout, de fûts de colonnes renversés, et de blocs de pierre entassés pêle-mêle, et entourant ensemble les troncs énormes d'un bois épais d'oliviers. Les divers étages que forme le feuillage de ces arbres majestueux ne laissent échapper çà et là que des rayons inégaux de lumière, et répandent un demi-jour vénérable sur ce vaste tableau d'un poétique désordre.

« Cependant je m'aperçus que le plan général des ruines décrivait une pente insensible vers l'est. Je me rendis de ce côté, où un nouveau spectacle m'attendait. J'étais loin en effet de me croire sur la sommité d'un profond vallon dont les rives abruptes sont pittoresquement bariolées de rubans de roche de diverses couleurs. Sur une pelouse voisine se trouvait un enfant gardien d'un troupeau de chèvres. Ce jeune pâtre m'apprit que ces ruines se nomment *Ghertapoulous*, et que le vallon que nous avions sous les yeux porte le même nom; un ruisseau, ajouta-t-il, y coule dans toutes les saisons, et se rend dans le port (1). »

Ces ruines, dans le voisinage du *Naustathmus*, attestent l'existence d'une ville jadis florissante. Cependant les géographes anciens n'en font aucune mention. Le nom d'*Hierah*, que les indigènes donnent à un groupe de collines, au sud de *Zaouani*, pourrait porter à croire que ces lieux intéressants représentent le canton *Hieræa*, qui, selon Étienne de Byzance, était compris dans le pays de Cyrène. — Au sud d'Hierah on atteint le sommet des immenses contre-forts qui forment le soubassement du grand plateau Cyrénéen. Ce n'est pas sans danger que l'on parcourt les sentiers étroits et rocailleux qui longent la cime de ces crêtes aiguës, dont les talus sont couverts de la plus belle végétation. On rencontre plusieurs débris de tours et de villages, entre autres, *Kssariaden*, *Tegheigh*, *Agthas* et *Tebelbeh*. Ces ruines ne contiennent rien de remarquable, si ce n'est la dernière. Sur une colline isolée on voit un grand nombre de sarcophages en pierre calcaire; ils sont placés sur les bords d'un chemin en spirale encore profondément sillonné par les chariots grecs ou romains qui servirent au transport de ces masses monolithes. La tour de *Tebelbeh* domine les environs; elle conserve un pan de mur orné d'une frise en triglyphes. Au pied du rocher sur lequel fut bâtie la tour on voit un souterrain : deux rangs de pilastres bien équarris sortent du sein d'une source, et se terminent en voûtes qui se prolongent fort avant dans la montagne. La transparence de la source invite à y pénétrer, malgré l'obscurité qui règne dans le fond. On enfonce d'abord dans l'eau jusqu'à la ceinture, et lorsqu'on est parvenu à une certaine distance de l'entrée la profondeur devient plus considérable; on aperçoit alors au plafond une large ouverture cylindrique faite avec le ciseau, et correspondant en ligne droite à la tour, qui se trouve à cent pieds environ au-dessus de la source.

Au sud de Tebelbeh est la colline d'*El-Hôch* (l'habitation), qui se trouve en quelque sorte détachée des hauteurs qui l'entourent. Les anciens y bâtirent une

(1) Pacho, p. 145.

forteresse, et immédiatement au-dessous ils creusèrent un hypogée ; c'est une belle salle quadrangulaire, contenant dans le fond deux grandes corniches, et ornée autrefois, sur le devant, de trois pilastres dont il ne reste plus que la base. Ces pilastres abattus sont maintenant remplacés par une double rangée de cyprès, dont le faîte pyramidal, garni de mousse, forme un péristyle naturel pittoresque.

A une heure de chemin d'*El-Hôch*, vers l'ouest, on trouve le village de *Djaus*, dans un site enchanteur. A l'extrémité occidentale de ce village on voit les ruines d'un grand édifice, dont il n'existe qu'une seule pièce construite en grandes assises, et couverte à la manière égyptienne. Dans les environs sont dispersés de grands blocs de marbre, restes défigurés de statues, parmi lesquels on ne peut distinguer que le torse gracieux d'une femme. A une heure et demie à l'ouest de Djaus est *Saffneh*, où l'on voit les restes d'une tour antique. Tout près de ce village, la plaine est garnie, non pas de monticules, mais de creux irréguliers de cinq à six mètres de profondeur : de petits tombeaux sont taillés dans leurs parois circulaires ; au milieu est un tapis de verdure, et des degrés ménagés çà et là aident à y descendre. Au-dessus de ces excavations sont d'autres emplacements sépulcraux destinés à des funérailles plus somptueuses ; on y remarque des sarcophages et des voûtes en ogive qui n'ont nullement le caractère sarrasin.

Après une heure et demie de marche, au sud de Saffneh, on arrive à *Ghernès*, petite ville antique, à une petite distance à l'est de Cyrène. On y voit, sur une colline, deux élégants mausolées construits immédiatement au-dessus d'une grotte sépulcrale. Plus loin, près des vestiges d'un grand monument, est une porte dont l'architrave est ornée d'un vase en relief. Plus loin encore, dans un bas-fond, on voit un château entouré d'un large fossé, et, à quelques pas de distance, les ruines assez bien conservées d'anciens bains. Ces bains sont remarquables par des voûtes semi-sphériques qui terminent, tant horizontalement qu'au sommet, de petites pièces carrées enduites de ciment à citerne intérieurement, et de plâtre extérieurement. Ces détails, et surtout de petits soupiraux pratiqués dans la partie supérieure des voûtes, offrent une ressemblance frappante avec les bains que l'on voit dans l'Orient, et portent à croire que ces ruines appartiennent à la période arabe, d'autant plus que celles de la ville même ont des caractères qui sont relatifs à la même période. Les maisons, bâties en belles assises, ont conservé presque toutes leur hauteur, et ne sont distantes entre elles que de deux ou trois mètres. De cette proximité des domiciles, et de leur élévation très-grande en raison de leur peu de superficie, il résulte qu'ils ne peuvent remonter à une époque bien reculée. L'usage des chars, anciennement répandu dans toute la contrée, aurait empêché les Cyrénéens de construire leurs villes dans le système oriental actuel. Ce système ne peut donc avoir été introduit dans la Cyrénaïque que par les Sarrasins. Ces peuples, tant anciens que modernes, n'ayant d'autre monture que les chevaux et habitant un sol brûlant en été, adoptèrent dans la construction de leurs villes un usage qui s'est perpétué jusqu'à nos jours : ils ne laissèrent entre les maisons que des sentiers étroits, et en élevèrent le faîte, pour augmenter les masses d'ombre et faciliter les courants d'air. Ces précautions devaient être nécessaires chez les Sarrasins de la Cyrénaïque, bien plus pour les villes bâties un peu avant dans le plateau que pour celles situées aux bords de la mer, ou sur les terrasses boisées, sans cesse rafraîchies par les brises marines (1).

Au nord-est de Ghernès sont les ruines de *Djaborah* ; ce sont des tombeaux à côté des vestiges d'un petit bourg. Ces tombeaux, bien que dépourvus de richesses architectoniques, imitent par leur forme les élégants mausolées de Zaouani. Ils sont placés sur un grand piédestal à gradins, et couverts de blocs triangulaires. A côté de ces monuments se trouve un grand édifice, qui paraît avoir été consacré à des cérémonies funèbres : il n'en reste plus qu'un angle de conservé. Au milieu de l'édifice sont deux pilastres doriques et plusieurs bassins circulaires, semblables à ceux qu'on

(1) Pacho, p. 159.

trouve dans les excavations sépulcrales.

A une heure de Djaborah, au sud, est un château grossièrement construit, que les Arabes appellent *Ghabou-Diounis* (château de Dionysius). Il rappelle par son nom le séjour de Dionysius et d'Agathocle dans cette contrée (1). Dans les environs on voit encore un beau tombeau circulaire, situé sur un monticule; les vestiges de deux villages, *Bou-Ebeilah* et *Ghaoufel*. Enfin, en s'avançant davantage dans l'intérieur, on trouve un immense castel, entouré de larges fossés creusés dans la roche. Les habitants lui donnent le nom de *Thaougat*. Il occupe la position la plus méridionale de ce groupe de ruines dont *Téreth* est le centre.

Téreth paraît être le *Thintis* de Ptolémée (lib. IV, c. 4), ou le *Disthis* de la Pentapole chrétienne (2). Cette partie du plateau Cyrénéen porte les témoignages d'une population jadis fort nombreuse : les ruines de Téreth sont environnées de traces de bourgs et de villages dont le plus septentrional est Djaus, que nous venons de décrire. Sept pilastres, restes d'un grand édifice, des castels, plusieurs bassins, quelques pans de murs et des voûtes, tels sont les débris de Téreth. Dans un bas-fond, à l'ouest, on voit un grand nombre de sarcophages monolithes sans chaussée, les uns debout, les autres renversés, et la plupart à demi enfouis dans le sol. Ces masses, formées de roche grossière et sans aucune espèce d'ornement, paraissent avoir autrefois bordé les avenues de la ville.

Lamloudeh, ville mentionnée de l'*Itinéraire* d'Antonin sous le nom de *Limniade*, est à trois heures environ à l'ouest de Téreth. Comme Téreth, elle est entourée de groupes de ruines isolés. On dirait une place flanquée de forts et de contre-forts. Lamloudeh, assise sur le penchant d'une colline, est souvent citée parmi les villes de la Pentapole chrétienne, sous les noms de *Lemandus*, *Lemnandi* et de *Lamponia*. Ces ruines, paraissant appartenir à l'époque romaine, figurent un amphithéâtre dont les divers échelons de la colline représentaient les degrés. Des montants de portes, des an-

(1) *Voyez* Synesius, *Epistol.* 6.
(2) Voy. *Oriens Christian.*, t. II, p. 630.

gles d'édifices et des voûtes encore debout les couvrent de toutes parts, et forment un ensemble bizarre, non point d'une ville ruinée, mais d'une ville qu'on va bâtir. Après ce coup d'œil général, si l'on se rapproche des ruines du côté du nord, ce qui frappe d'abord l'attention ce sont deux grands bassins quadrangulaires, ayant vingt mètres environ de chaque côté, et taillés avec soin dans la roche. Immédiatement au-dessus de ces réservoirs, on en aperçoit deux autres; le temps en a usé les parois, mais on peut toutefois distinguer encore leurs contours élégants. Ceux-ci furent ainsi placés pour transmettre l'eau des pluies qu'ils recevaient par la pente de la colline, dans ceux qui se trouvent sur un plan inférieur. Ces derniers en sont encore entièrement remplis, et contiennent, en outre, une végétation abondante : les *potamogeton* forment à leur surface de larges réseaux, cèdent parfois la place aux feuilles arrondies des *nymphæa*, ou bien aux touffes de scirpes et de roseaux.

A quelques pas de ces réservoirs est un souterrain, on y pénètre par un escalier étroit qui conduit à deux pièces latérales. L'une contient au plafond une ouverture ronde, bouchée par un bloc de pierre; cette ouverture correspond à l'intérieur d'une petite construction que l'on trouve au-dessus : l'autre est suivie d'un corridor qui se prolonge fort avant dans la colline. Les décombres qui le remplissent empêchent d'en connaître toute l'étendue; mais, selon les Arabes, il communique avec un château que l'on voit sur la partie la plus élevée des ruines de la ville. Le souterrain prend en effet cette direction, et des faits analogues rendent cette tradition vraisemblable. Quant au château, son enceinte est revêtue d'un mur en talus; l'entrée est de même voûtée et fort petite, et des arcs, restes détachés d'anciennes voûtes, se voient dans l'intérieur.

Les grottes sépulcrales de *Lamloudeh* se trouvent au nord et à quelque distance de la ville. Elles ont les plafonds en plein cintre, indice de l'époque romaine. On n'y remarque ni inscriptions, ni ornements architectoniques. Mais une d'entre elles est fort curieuse; elle est très-spacieuse et divisée en plusieurs pièces. Dans la plus reculée on voit un petit sécos orné au-devant de trois pilastres, et contenant dans le fond deux niches au milieu desquelles est une croix grossièrement sculptée et entourée de deux lignes sinueuses imitant deux serpents entrelacés. Cette espèce d'union d'idées païennes avec la religion du Christ éveilla le souvenir de cette secte de gnostiques, de ces carpocratiens qui, d'après des inductions probables, auraient habité la Cyrénaïque (1).

La colline où fut construite Lemniade se trouve isolée au milieu d'une plaine étendue. Cette situation exposait la ville aux irruptions des hordes barbares ; pour s'en garantir, les habitants élevèrent des forteresses sur les hauteurs environnantes. C'est ainsi que l'on voit les sommités d'*Oum-el-Laham*, *El-Harachi*, *Ghelleb*, *Senniou*, *Reffah* et *Boumnah* occupées par des châteaux semblables à ceux qui ont été décrits, et appartenant à l'époque romaine, excepté celle de *Senniou*, qui est d'un âge plus récent. On y a multiplié les précautions pour s'assurer une ample provision d'eau. A quelques pas de la forteresse de Raffah on voit de vastes citernes, en partie remplies d'eau ; un conduit couvert de tables monolithes de cinq pieds de longueur servait de communication entre le fort et les bassins. Boumnah, situé à un quart de lieue de là, offre dans ses souterrains des dispositions remarquables : leur entrée est au milieu même de l'édifice ; un escalier aide à y descendre, et l'on arrive dans une vaste pièce au milieu de laquelle est un grand pilier de soutien. Dans la paroi du fond, à quelques pieds au-dessus du niveau du sol, on voit un conduit de hauteur d'homme : il paraît avoir été destiné à des sorties contre les assiégeants. A gauche de la même salle est une petite pièce oblongue, qui en est séparée par une cloison où sont pratiquées trois arches également taillées dans le roc. On y trouve deux colonnes arrivant jusqu'au plafond, entre lesquelles est une ouverture conique, bouchée par un bloc de pierre de même forme, ainsi que dans le souterrain de Lameloudeh. A côté des colonnes est un massif carré, légèrement creusé à sa surface (1).

Ces forteresses servaient évidemment à arrêter les incursions méridionales, venant de l'intérieur du pays, de même que les châteaux ou forteresses de *Lemschidi* et *Lemlez*, situés au nord, étaient destinés à prévenir les invasions maritimes. Ces deux châteaux sont à une heure de distance l'un de l'autre ; leurs murailles, ayant environ quarante mètres de chaque côté, sont formées d'énormes assises posées à sec. Comme les précédents, ils avaient deux étages ; l'intérieur en était également voûté, sans offrir toutefois la même distribution : on n'y remarque point la petite pièce cintrée, ornée de deux colonnes, indice de l'époque chrétienne. De la hauteur de ces châteaux le regard plonge au loin dans la mer.

Chenedireh, près du bourg *Debek*, à l'est de Lemley, nous fait encore mieux comprendre les véritables usages de ces châteaux. Voici la description qu'en donne Pacho :

« Le château de Chenedireh est revêtu d'un second mur en talus à angles arrondis. Sur trois de ses côtés, et au niveau du sol, se trouve une petite entrée cintrée, qui ne permet à un homme d'y passer qu'en s'agenouillant. Après avoir franchi l'enceinte générale, on en rencontre une autre, séparée de la première par un corridor étroit ; des portes carrées et à hauteur d'homme y sont placées vis-à-vis des petites entrées extérieures. Malgré les décombres dont l'intérieur est rempli, on peut toutefois s'assurer que sa surface était divisée en sept pièces voûtées ayant des communications entre elles. Un second étage s'élevait sur celui-ci ; les indices qui en

---

(1) Les carpocratiens avaient emprunté aux thesmophories des Grecs et au culte d'Isis plusieurs symboles où le serpent était figuré tantôt traînant un char, tantôt se mordant la queue, image de l'immortalité. Leur doctrine était un mélange des préceptes de l'Évangile et des maximes de Zoroastre et de Pythagore. Par une application littérale des principes de Masdaces, un de leurs prophètes, les carpocratiens avaient adopté l'égal partage des biens et la commune jouissance des femmes. (*Voy*. Pococke, *Specimen Hist. arab.*, ed. White, p. 21 ; et Herbelot, *Biblioth. oriental.*, au mot MASDAK.)

(1) Pacho, p. 130.

restent prouvent qu'il était également voûté, mais ne permettent point de connaître s'il avait la même distribution. Cet édifice présente en outre une disposition architectonique très-remarquable : au fond de l'étage inférieur, indépendamment des pièces mentionnées, on en voit une autre plus petite, semicirculaire horizontalement, se terminant aussi en plein cintre au sommet, et ornée au-devant de deux colonnes. Cette disposition, accompagnée des mêmes détails, est continuellement répétée dans tous les monuments du même genre et de la même époque, de plus, on la retrouve dans plusieurs ruines de temples chrétiens de la Cyrénaïque, ajoutons encore dans quelques châteaux sarrasins appartenant au premier âge de la conquête de l'islamisme. Que les musulmans, après s'être emparés de cette contrée, aient imité, en construisant leurs châteaux, une partie des formes et de la distribution de ceux qu'ils y ont trouvés, il n'y a rien là de surprenant ; mais que des édifices qui ne sont évidemment que des postes militaires offrent une telle analogie avec d'autres édifices qui sont aussi évidemment les restes de temples, c'est ce qui paraîtrait fort étrange si le philosophe de la Pentapole chrétienne n'avait pris le soin de nous en indiquer clairement la cause. Ne pouvant arrêter ces torrents dévastateurs, les habitants se réfugiaient dans les châteaux ; « lieux publics, nous apprend Synésius, où l'on célébrait les saints mystères, et où la population alarmée allait prier lorsque les barbares s'approchaient pour dévaster le canton (1). »

Ces renseignements nous expliquent la double destination de ces châteaux forts, dont les vestiges sont si nombreux dans la Pentapole. A l'ouest de Chenedireh se trouvent les ruines de Met-ar-Arch, qui n'offrent rien de remarquable. Tout près de là est un bois touffu, peuplé de gibier de toute espèce. C'est peut-être jusqu'à ce bois que l'empereur Adrien étendait ses chasses en Libye pendant son séjour à Alexandrie.

A deux heures et au nord de Chenedireh sont les ruines de *Natroun*, l'ancienne *Erythron*, placée par le Périple

(1) Pacho, p. 121.

anonyme à soixante-seize stades de *Zephirium*, et dans le voisinage du cap *Erythra*, qui est situé à l'est et qui donne son nom au golfe (1). Erythron n'est mentionné comme ville que chez les écrivains postérieurs. C'est sous ce titre qu'Étienne de Byzance et Synesius en parlent. Suivant ce dernier, c'était la métropole d'*Hydrax* et de *Palæbisca* (2). A peu de distance et à l'est du cap Erythra était, suivant Ptolémée, le village de *Chersis*. La ville d'Érythron avait été bâtie sur une couche de terre de trois à quatre mètres d'épaisseur, au-dessous de laquelle se trouve une roche composée alternativement de grès friable et de brèche mal liée. Ces fondements n'ont pu résister à l'action continuelle des vagues : des pans de murailles, des arcs détachés d'anciennes voûtes, des angles d'édifices sortent çà et là de la couche de terre que la mer a fait ébouler tout autour, et forment ensemble un aspect étrange, cause des récits merveilleux des Arabes. Dans les environs on voit de nombreux ravins, remplis de petites grottes, sans ornement d'architecture. Un chemin sillonné par les roues des chars antiques, et un aqueduc, suivent les contours de la montagne. L'eau qui coulait autrefois dans l'aqueduc a changé de lit : elle se précipite en cascade du sommet des rochers dans le fond d'un vallon voisin. De cette source naissent de nombreux ruisseaux qui entretiennent les prairies verdoyantes du vallon *Bou-Chafeh*, ainsi appelé d'après le nom d'une famille arabe qui l'habite de temps immémorial. Ce lieu agreste est couvert de vieux ceps de vigne, de mûriers et de grenadiers.

A l'est de Natroun sont les ruines de *Massakhis* (ville des statues), nom que les Arabes appliquent à toutes les villes dont les ruines contiennent des statues. La sommité septentrionale du plateau Cyrénéen se trouve ici taillée à pic dans une profondeur de sept à dix

(1) Synesius, *Epist.* 51.
(2) Hydrax (*Kousoumous*) et Palæbisca (*Bou-Hassan*) étaient les bourgs les plus méridionaux occupés dans la Cyrénaïque par la civilisation grecque et romaine. Synesius (ep. 67) les place aux confins de la Libye aride.

mètres, et forme une espèce de falaise creusée de toutes parts en tombeaux. Des fragments de marbres et de statues, épars çà et là, témoignent de l'ancienne splendeur de cette cité. Les excavations sépulcrales sont remarquables par la prodigieuse quantité de niches taillées dans le roc, et dont les plus spacieuses paraissent avoir servi de chapelles aux premiers chrétiens. Le séjour des chrétiens à Massakhit est encore attesté par les sculptures de l'intérieur d'une grotte située à l'extrémité occidentale de la ville. Deux colonnes à chapiteaux en volute, dont un non achevé, soutiennent les angles d'une frise intérieure taillée, ainsi que les colonnes, dans le rocher. Cette frise se compose de trois faces, chacune sculptée d'une manière différente ; sur celle qui est vis-à-vis de l'entrée on voit un médaillon formé d'une couronne de laurier, au milieu duquel est une croix entourée de deux serpents ; latéralement au médaillon sont de grossières arabesques, où la figure du cœur se trouve souvent répétée. On ignore quelle est la ville ancienne que Massakhit a remplacée. Serait-ce *Olbie* (1) ?

Au sud et au nord de Massakhit on aperçoit un monticule couronné de ruines : c'est un vaste édifice carré, dont chaque côté a environ quatorze mètres de longueur ; des blocs de grès de deux mètres d'épaisseur en forment les assises ; cependant de ces masses monolithes il ne reste plus que quelques mètres au-dessus du sol. Dans l'intérieur, une corniche dorique et quatre chapiteaux de marbre, ornés de feuilles d'acanthe et de grappes de raisin, ont seuls échappé à une complète mutilation ; on les voit à demi enfouis au milieu de blocs écornés et de fûts renversés ou debout.

Le cap *Tourba*, à peu de distance à l'est de Massakhit, est le *Zephyrium* des anciens. A soixante stades de là, à l'ouest, se trouvait la station navale d'*Aphrodisias*, qui devait son nom à un temple de Vénus. Scylax place dans ce même lieu l'île *Aphrodisias*, que mentionne aussi Hérodote (IV, 169). Vis-à-vis de la situation présumée de l'île ou du port d'Aphrodisias se trouvent les ruines imposantes de *Tammer*

ou *Beit-Tammer*, situées sur le sommet d'une colline d'où la vue embrasse de magnifiques paysages, et s'étend au loin dans la mer. Ce sont sans doute les vestiges du célèbre temple de Vénus. En s'avançant dans les terres, sur un espace de deux heures, chaque hauteur est creusée en tombeaux, et le sol est partout couvert de ruines de villages. *Asrak*, *Tadenet* et *Koubbeh* paraissent de loin des collines percées circulairement. *Kaffram*, *Zatrah* et *Kraát* hérissent la plaine de quelques pierres angulaires, et renferment chacun un petit château. *Koubbeh* (coupôle) se distingue au loin à ses huit pilastres à chapiteaux, qui forment une galerie couverte de longs blocs monolithes, adossés contre la colline. Dans l'intérieur de la galerie est une petite ouverture pratiquée dans le rocher, au niveau du sol ; un escalier aide à y pénétrer : dès que les yeux sont familiarisés avec l'obscurité, on se voit dans une grotte dont le plafond, tapissé de fougères, s'arrondit en voûte sur une source d'eau limpide : jaillissant avec force hors de la galerie, l'eau se répand au loin dans la vallée, qu'elle fertilise. Tous ces monuments étaient certainement des dépendances du temple de Vénus.

A Koubbeh vient aboutir la vallée étroite et sinueuse de *Betkraát*, dont la direction générale est du nord au sud. Pour la défense de ses habitants, cette vallée était bordée par intervalles de postes fortifiés. La mieux conservée de ces ruines est située sur le point le plus élevé et aux deux tiers de l'étendue du vallon : elle consiste en deux bâtisses carrées, construites sur un rocher escarpé d'où l'on jouit d'une vue magnifique. Non loin de *Betkraát* jaillit une belle source, qui ajoute encore aux charmes du paysage. Un peu plus au sud on rencontre les vestiges d'un village, avec une tour antique qui fut pendant longtemps la résidence d'un chef arabe, d'où elle a pris le nom de *Bou-Hassan*, qui paraît être le *Palæbisca* des anciens. Ces ruines sont à l'entrée du vallon *Harden*, qui, d'abord spacieux, se rétrécit ensuite insensiblement, et forme enfin une gorge tellement étroite qu'elle ressemble à un profond sillon creusé dans la montagne ; à ce point le vallon

(1) Comp. Synésius, ep. 76.

4º Livraison. (ÉTATS TRIPOLITAINS.) 4

quitte sa première dénomination, et prend celle de *Betkraât.*

A l'est de Bou-Hassan se voient les débris d'un bourg qui a reçu le nom de *Zeïtoun*, d'après quelques oliviers rabougris, épars çà et là ; de même que des bouquets de figuiers ont fait donner celui de *Kouroumous* aux ruines d'un village voisin. On y trouve des restes de tombeaux antiques. Au delà de ces lieux commencent les plages stériles de la Libye.

A l'est de Koubbeh est la vallée de *Tara-Kenet*, moins étroite que celle de Betkraât, mais plus boisée ; pour y arriver il faut se frayer un passage à travers un épais taillis d'arbres et d'arbustes. Sur les hauteurs les plus saillantes, on voit des forteresses ou châteaux, parmi lesquels *Maârah* mérite seul une mention spéciale (1). Ce château, construit sur un rocher nu, près d'un ancien bourg, forme un grand carré, ayant de chaque côté vingt mètres de longueur. Dans l'intérieur on ne reconnaît plus que les fondations de quatre pièces, communiquant entre elles par de petites voûtes encore debout. Cet édifice paraît avoir appartenu aux Sarrasins ; mais un large fossé, qui l'entoure de trois côtés, est incontestablement antérieur au château, et porte à croire que la construction actuelle a été élevée sur l'emplacement d'un monument plus ancien. Le fossé de circonvallation est entièrement creusé dans le roc, et contient dans les parois opposées aux murs du château un grand nombre de grottes sépulcrales, formant une galerie souterraine. Les Arabes ont changé ces grottes en ateliers, s'il est permis d'appeler ainsi des pieux fixés au sommet des rochers, où sont attachés des fils de laine que l'on croise avec assez d'adresse pour en faire des *ihrams.* Des ossements retirés d'antiques tombeaux servent de navette. Quel sujet de méditation pour un philosophe (2) !

(1) Avant d'arriver à Maârah, on rencontre le château sarrasin *El-Harami* (château des voleurs), près duquel sont les vestiges d'un ancien village, *Kasch-Moursek.*
(2) Pacho, p. 110.

Littoral depuis Derne jusqu'à Alexandrie.

Après environ trois heures de route, à l'est de Maârah, on arrive à la ville maritime de *Derne*, l'ancienne *Darnis* ou *Dardanis* (*Zarine*), qui, selon quelques auteurs, fut bâtie par les Maures chassés d'Espagne (1). Cette ville se compose de cinq quartiers ou plutôt de cinq villages distincts, dont le plus considérable, entouré d'une muraille, s'appelle *El-Medineh*, la capitale, ou *Beled-el-Sour*, lieu fortifié. C'est là que résident les autorités et les riches ; c'est là que sont les bazars et que viennent se réfugier les caravanes de passage. On y voit deux châteaux, dont l'un, espèce de grande masure ceinte d'un mur élevé, est le séjour du bey lorsqu'il visite la ville. *El-Magharah*, le village de la grotte, est à l'ouest et un peu au-dessous du précédent. El-Djébeli, rapprochée de la mer, doit son nom à son état d'abandon bien plus qu'à sa situation isolée. C'est en face de ce village qu'est le port de Derne, mauvaise petite rade dont le fond, sillonné par des récifs, ne peut offrir aux navires qu'une station peu sûre. Enfin, *Mansour-el-Fokhâni* et *Mansour-el-Tahatani* sont séparés des trois villages qui viennent d'être cités, par un vallon formant en hiver un torrent considérable. Il existe une assez grande différence de mœurs entre les habitants de *Beled-el-Sour* et ceux des autres villages. Les premiers, livrés au commerce, sont généralement casaniers et sédentaires ; les seconds, plus farouches et plus pauvres, ressemblent aux Bédouins : ils cultivent les champs des environs, font fréquemment des voyages dans l'intérieur du pays, pour y vendre des marchandises. — Les maisons de Derne sont toutes construites en pierre calcaire ; leurs entrées sont généralement formées de deux pilastres à chapiteaux imitant grossièrement le style dorique. Ces portes se trouvent souvent placées aux deux tiers de la hauteur de la maison : un escalier saillant y conduit ; il est ordinairement couvert de treilles où les habitants viennent, pendant les chaleurs de l'été, prendre le frais. Dans le village

(1) Della Cella, p. 138.

central presque toutes les maisons ont des jardins clos de murs ou d'une haie de nopals (*Cactus opuntia*, L.). On y trouve les fruits de la Provence, mêlés à quelques palmiers. Deux sources abondantes jaillissent des flancs exhaussés du vallon de Derne, et distribuent les eaux dans les jardins de la ville. Ce vallon, à bords abruptes et rocailleux, renferme une riche végétation de caroubiers, d'oliviers, de palmiers, de figuiers, de lauriers-roses, etc.

La population de Derne est composée d'Alexandrins, de Barbaresques et de quelques familles du Fezzan qui sont venues s'établir dans cette ville depuis la conquête de leur pays par le pacha de Tripoli. On y trouve aussi beaucoup de juifs, qui s'y plaisent malgré les outrages que les musulmans leur infligent. Vers le commencement de notre siècle, la population de Derne, qui était alors de sept mille âmes, fut réduite à cinq cents, par les ravages de la peste (1). Les États-Unis avaient entrepris de former un établissement à Derne; mais ils renoncèrent bientôt à leur entreprise. Il reste encore, comme souvenir de leurs tentatives, un moulin à eau et une batterie de quelques pièces de canon démontées.

A un quart d'heure à l'est de Derne sont les excavations sépulcrales appelées *Kennisieh*, les églises; elles sont situées au sommet des rochers escarpés qui bordent cette partie du littoral, et contre lesquels viennent se briser les flots de la mer. Les anciens y avaient pratiqué des escaliers, dont on retrouve encore quelques vestiges. On y voit des voûtes et des niches de toute forme et de toute dimension, depuis le plein cintre romain jusqu'à l'ogive parfaite du moyen âge. Là, comme dans le reste de la Pentapole, on voit les travaux du christianisme ntés sur ceux de l'idolâtrie.

A l'extrémité orientale du plateau Cyrénéen, non loin de Derne, on rencontre, au milieu d'un paysage des plus attrayants, une source appelée *Ersen* ou *Érasem*; elle jaillit d'une grotte ornée de festons de lierre et de bouquets de cytise, et donne naissance à un ruisseau qui serpente à travers une plaine fertile. Un rideau de genévriers de Lycie

(1) Paul Lucas, *Voyage*, t. II, p. 121.

borne l'horizon à l'ouest, et détache par sa teinte obscure les beaux arbrisseaux qui s'élèvent çà et là aux alentours (1). Cet endroit délicieux, qui rappelle le jardin des Hespérides, est probablement le pays d'*Irasa*, dont parle Hérodote (lib. IV, 169). Ce fut là, près de la fontaine Theste, que les Cyrénéens défirent l'armée d'Apriès. Dans le voisinage d'Irasa ou Aïn-Ersen (source Ersen) est situé le cap *Ras-el-Tyn*, qui est sans doute le *Chersonèse Antide* de Scylax, ou *Chersonesus magna* de Ptolémée. Lucain dépeint cette région dans le quatrième livre de sa *Pharsale* (2). A l'est d'Irasa était *Aziris*, où les Grecs établirent une colonie, en quittant l'île de Platée, aujourd'hui *Bomba*, située dans le golfe du même nom. L'aspect d'*Ouadi-Temmimeh* confirme la description que les anciens nous ont laissée d'*Aziris*. Ainsi, Hérodote (IV, 157) nous apprend que ce lieu était situé vis-à-vis de Platée, entre une rivière et des collines toujours vertes. Cette rivière était le *Paliurus* des anciens géographes; on l'appelle aujourd'hui *Temmimeh*; elle se jette dans le golfe de Bomba, et traverse une vallée qui va s'élargissant vers les bords de la mer. Suivant Ptolémée, elle prend sa source dans un lac de l'intérieur. C'est du côté occidental de Temmimeh qu'il faudrait chercher les vestiges du temple d'Hercule, cité par Strabon, et auprès de l'embouchure de ce torrent, le bourg *Paliurus*.

Ras-el-Tyn et la vallée Temmimeh peuvent être considérées comme les limites de la Cyrénaïque ou de la Pentapole.

MARMARIQUE.

La plage qui s'étend à l'est de la Cyrénaïque jusqu'à Alexandrie a reçu le nom de Marmarique (3).

(1) Pacho, p. 84.
(2) Lucan., Pharsal., IV, vers 590.

*Inde petit tumulos, excesasque undique rupes
Anthæi quæ regna vocat non vana vetustas.*

(3) Les auteurs ne s'accordent pas entre eux sur les limites qu'il faut donner à la Marmarique et à la Cyrénaïque. Ainsi, Scylax place les Marmarides entre le bourg *Apis* et les Hespérides; Pline, entre *Parætonium* et la grande Syrte, et Strabon leur fait occuper tout le

Le sol de la Marmarique est beaucoup moins fertile que celui de la Cyrénaïque : la terre n'y produit qu'une fois dans l'année, et le moment des récoltes passé tout reprend l'aspect du désert : les troupeaux se réfugient dans l'ombre des vallées, et un petit nombre de plantes échappent à l'ardeur destructive du soleil. Les habitants languissent dans leurs tentes, et trompent leurs ennuis par des récits fabuleux.

Dans toute l'étendue du littoral, plus bas que celui de la Cyrénaïque, le voyageur rencontre, de distance en distance, des puits ou citernes, dont les uns sont l'ouvrage des Grecs et des Romains, et les autres celui des Arabes. Ces citernes sont un véritable bienfait dans cette région peu favorisée du ciel. Leur construction varie suivant la nature du sol : elles sont ou taillées dans le roc, ou revêtues d'assises régulières, ou simplement étayées par des pierres brutes. Celles des Grecs ou des Romains se reconnaissent à leurs grandes dimensions ainsi qu'à la perfection du travail ; elles sont toutes revêtues d'un ciment ordinairement plus dur que la roche même sur laquelle il est appliqué ; elles sont quelquefois divisées en plusieurs pièces, et le plus souvent soutenus par un ou plusieurs piliers, ou taillés dans le roc ; leurs ouvertures sont rondes, elliptiques ou carrées. Les citernes qui paraissent être l'ouvrage des Arabes sont d'un travail plus grossier, dépourvues de ciment et de piliers de soutien.

En longeant le golfe de Bomba, de l'ouest à l'est, on voit d'abord l'île de Bomba, puis celle d'Aïn-el-Ghazal, l'*Ædonia* des anciens. Nous avons déjà dit que la première est la *Plataea* des anciens. Scylax ne laisse pas le moindre doute à cet égard. « Entre *Petras Parvus*, dit-il, et la Chersonèse, distante d'une journée de navigation, sont les îles *Ædonia* et *Plataea*, ayant chacune un port (1). » Il y a en effet une journée de navigation, ou douze lieues de distance, entre les ruines situées près de *Magharat-el-Heabès*, qui correspondent à *Petras Parvus*, et Ras-el-Tyn, l'ancienne Chersonèse.

A. L'extrémité orientale du golfe de Bomba est une petite baie, environnée de lagunes et de plantes marines, séjour d'une quantité prodigieuse de grenouilles. C'est ce qui lui valut déjà dans l'antiquité le nom de port *Batrachus* (grenouille). Une belle source d'eau sulfureuse (*Aïn-el-Ghazal*) se jette dans ce port ; ses eaux ne sont potables que dans les calmes.

A *Magharat-el-Heabès* (grottes des prisons), on voit des hypogées remarquables par leur style gréco-égyptien. Devant leur entrée on voit ordinairement une cour découverte, ceinte d'un mur dont la base est taillée dans le roc, et la partie supérieure construite en assises. Intérieurement elles sont subdivisées en plusieurs pièces à angle droit, mais avec une ou plusieurs ouvertures pratiquées au plafond, ainsi qu'aux catacombes des Égyptiens. Devant la plus belle de ces cavernes croît un alizier (*Cratægus mona*, L.), le seul que Pacho ait vu dans toute la Marmarique. C'est là probablement les grottes du mont *Bombæa*, dont parle Synésius (*Epist.* 104), et qui servirent de refuge à saint Jean.

Avant d'arriver à Toubrouk on traverse les ruines d'un petit bourg nommé *Klekah*. On y voit quatre massifs en briques crues, qui paraissent être les restes de quatre tours carrées. *Toubrouk* est situé sur une hauteur qui se rattache à une chaîne de collines. Entre cette chaîne et la mer est une bande de terre d'une demi-lieue de largeur, sablonneuse et couverte de soudes et d'euphorbes ; elle conserve à peu près cette distance depuis Akabah jusqu'à Toubrouk, et devient ensuite plus spacieuse jusqu'au golfe de Bomba. Les puits qu'on y rencontre engagent les voyageurs à préférer en été cette route à celle des hauteurs qui la dominent. D'après les distances indi-

---

pays compris entre la partie méridionale de Cyrène, l'Égypte et l'oasis d'Ammon. Ptolémée donne le nom de *Marmarique* à la contrée située entre le nome Libyque et la ville de Darnis. Agathémère fait commencer la Marmarique à la Pentapole et l'étend jusqu'à Alexandrie. — Les limites de la Cyrénaïque sont encore plus incertaines ; selon Strabon, Pomponius Méla et Solin, elle occupe tout l'espace compris entre le *Catabathmus*, les autels des Philènes et l'oasis d'Ammon.

(1) Scylax, *Peripl.* p. 45 édit. Voss.

quées dans le *Périple* de Scylax, Toubrouk correspond au poste maritime *Antipyrgus*. Les principales ruines qu'on y voit sont sur le prolongement rocailleux de la côte qui forme le port et le préserve de tous les vents, excepté de celui d'est.

La portion du littoral dans laquelle on entre en quittant Toubrouk s'appelle *Dar-Fayal*; elle se continue avec la vallée de Daphneh (*Ouadi Daphneh*). Sur le sommet d'une colline on aperçoit *Kassr-Coumbouss*, débris d'édifices qui paraissent avoir appartenu à des époques très-différentes. A sept lieues plus loin on voit *Kassr-Djédid*, masure informe, mélange de fragments tant antiques que modernes.

La vallée fertile de *Daphneh*, qui doit son nom à des bouquets de laurier-rose, (*Nerium oleander*, Lin.), ne contient pas de restes de monuments remarquables. La végétation y est assez active, surtout dans les ravins. Des vestiges de canaux d'irrigation y sillonnent le sol en tous sens, et attestent la présence d'une population jadis industrieuse. Aux environs du cap *el-Mellah* (*Ardanaxès* des anciens) devait, suivant les distances indiquées par Strabon (lib. XVII), se trouver le port de Ménélas, où Agésilas vint terminer sa glorieuse carrière (1). La vallée Daphneh aboutit à la plaine *Zarah*, d'où l'on aperçoit un port spacieux, que les Arabes appellent *Marsah-Soloum*, probablement celui de *Panormus*, que Ptolémée indique comme la limite du nome libyque, en le plaçant à l'ouest de la vallée du *Catabathmus*. A l'extrémité orientale de la plaine Zarah on rencontre plusieurs puits creusés avec soin dans le roc, à une très-grande profondeur; ces puits sont garnis à leurs bords de petits bassins également taillés dans le roc, mais d'une origine plus moderne.

De *Biar-Zemleh* on monte le plateau ou montagne d'*Akabah-el-Kébir* (le grand Akabah), beaucoup moins élevé du côté occidental et d'une pente plus douce qu'à l'est. Cette montagne s'élève par ondulation, par hauteur progressive; dans quelques points cependant elle présente des flancs escarpés, que le chameau gravit avec peine. La roche est un calcaire coquiller, compacte, entremêlé de masses de grès; des bouquets de lentisques et de genêts en remplissent çà et là les crevasses. Suivant Pacho, le Djebel-el-Akabah a environ trois cents mètres d'élévation; cette chaîne commence immédiatement aux bords de la mer, d'où elle se dirige au sud-sud-est, pour aller joindre les hauteurs qui côtoient l'oasis d'Ammon. Au sommet s'étend un plateau de treize heures d'étendue du sud-est au nord-ouest, occupé par des Arabes cultivateurs et pasteurs. — L'*Akabah-el-Kébir* est séparé de l'*Akabah-el-Zoghaïr* (petit Akabah) par une vallée, l'Akabah-el-Kébir-el-Soloum, d'une lieue de large, qui vient aboutir dans une espèce de golfe, à l'ouest du cap *Halem*. Les eaux qui s'écoulent des montagnes y entretiennent une végétation abondante, qui attire de nombreux camps d'Arabes. Cette vallée, le *Catabathmus magnus* des anciens, formait du temps des Romains la limite entre l'Asie et l'Afrique; aujourd'hui elle sépare les États de Tripoli de ceux d'Égypte. Mais cette délimitation de la régence de Tripoli et du vice-royaume d'Égypte est très-vague; car la suzeraineté des deux pachas dans les déserts est plutôt nominale que réelle. L'Akabah-el-Kébir-el-Soloum, territoire en quelque sorte neutre entre deux États souvent en guerre, fut de temps immémorial l'asile de tous les transfuges des tribus environnantes. Ce fut là que le général Minutoli vit échouer ses projets, sous le prétexte que lui et les siens étaient des espions.

Après avoir franchi cette vallée, on aperçoit les murs de *Kassr-Ladjebah*, ancienne forteresse sarrasine, qui par sa situation à quatre heures des plus hautes montagnes de la Marmarique, et à une égale distance de la mer, devait en même temps défendre le littoral et protéger l'intérieur des terres contre une invasion venant de l'ouest. Les murs, assez bien conservés, sont construits en belles assises, mais dépourvus de tout ornement d'architecture; deux tours

---

(1) « Pendant le retour dans sa patrie, en passant par Cyrène, Agésilas mourut; son corps fut embaumé avec du miel, et fut transporté à Sparte, où il reçut des funérailles royales. » Diodore de Sicile, XV, 93. (Tome III, p. 88, de ma traduction.)

carrées sont aux angles du côté ouest; intérieurement est un puits, et l'on voit des escaliers pratiqués dans l'épaisseur des murs pour arriver au sommet. A quelque distance de là est une citerne dont l'eau est excellente.

Le sol de l'*Akabah-el-Zoghaïer* (petite descente) est moins élevé et plus stérile que celui de l'Akabah-el-Kébir; c'est un mélange d'argile et de sable ferrugineux, formant après les grandes pluies un chemin très-glissant et presque impraticable pour les chameaux. A chaque instant s'offrent des traces d'anciennes habitations, des citernes à sec ou à demi écroulées. Cette disposition du terrain continue à être la même durant seize heures de marche, depuis Chammès jusqu'à Marsah-Lebéi. *Chammès* est un château sarrasin, cité par Édrisi sous le nom de tour *Alschemmas*. Les murs, très-grossièrement construits, conservent encore toute leur hauteur; intérieurement, il est divisé en trois pièces; deux canons de fer sont à demi enfouis parmi les décombres.

Boun-Adjoubah paraît occuper l'emplacement de l'ancien bourg *Apis*, qui, suivant Scylax, était la limite de l'Égypte. Cette position correspond, en effet, à la distance d'Apis au port *Paraetonium*, aujourd'hui *Berek-Marsah*. Des débris de deux édifices, *Kassr-Bou-Souety* et *Kassr-Medjah*, entourent la vallée au sud de Berek-Marsah. Depuis cet endroit jusqu'à Alexandrie on ne rencontre plus le palmier. Kassr-Bou-Souety doit son nom à un cheik arabe qui a longtemps résidé dans ces lieux : par le secours des puits il faisait cultiver le pays et soignait les palmiers et les figuiers, qu'on y voit en grand nombre. Le nom de *Paraetonium* (*Ammonia* de quelques auteurs, *Baretoun* d'Ali-Ghaouy) rappelle bien des souvenirs historiques. Cette ville ne devait sans doute sa célébrité qu'à son port, bien abrité par une ligne de gros rochers, et dont la circonférence, au rapport de Strabon, était de quarante stades; c'était la capitale du nome libyque; elle servit de refuge à Cléopâtre et Antoine, et fut le point de départ d'Alexandre pour se rendre au temple de Jupiter Ammon. Il ne se trouve plus de la ville de *Paraetonium* que de bien faibles vestiges; un grand mur d'enceinte, contenant des débris d'une belle époque, servit longtemps de forteresse, alors que les Aoulâd-Aly régnaient en souverains dans la contrée. Ce mur est aujourd'hui en partie enfoui par les sables, qui ont aussi rétréci le port, autrefois très-spacieux. Avant le règne de Méhémet-Ali, Marsah-Berek était un des ports les plus fréquentés de la côte : les caravanes de Syouah et d'Audjelah y apportaient leurs dattes, et les habitants les plus éloignés de la Marmarique y venaient échanger leurs laines et leurs grains contre les ihrams et les tarbouches de Derne et de Tripoli. Le pacha d'Égypte attira à sa cour les principaux cheiks des Aoulad-Aly, et confisqua le commerce de Marsah-Berek au profit d'Alexandrie et de Damma...hour.

A l'est de Marsah-Berek est le port Mahadah, près duquel on trouve des ruines qui ont de l'analogie avec les tombeaux de la Cyrenaïque; on leur donne le nom de *Kassaba-Zarghah-Baharich*; c'est peut-être l'emplacement de l'ancienne *Zygis* ou *Gyzis*. On voit sur quelques pierres des traces de caractères qui n'appartiennent à aucun alphabet connu; c'est probablement de simples signes de reconnaissance pour les différentes tribus nomades. On en trouve d'ailleurs sur d'autres édifices de la Marmarique, ainsi que sur les rochers des environs de Syouah et d'Audjelah.

A deux heures de marche au midi de Zarghah-Baharich on trouve un autre monument en ruines, appelé *Zarghah-el-Ghublieh*, et qu'on voit de très-loin. Ce monument est un carré régulier, dont chaque côté a sept mètres quatre décimètres de long sur quatre mètres un décimètre de haut. Ses murs ont à l'extérieur un soubassement massif, surmonté par deux colonnes engagées et des pilastres. Le côté sud offre un encadrement en relief, qui représente une porte; mais l'entrée n'est réellement pratiquée qu'au plafond par une ouverture carrée d'un mètre quatre décimètres. La partie supérieure manque : elle devait être couronnée par des frises, dont on aperçoit encore les fragments dispersés aux alentours. L'intérieur est vide; depuis le sommet jusqu'à la base les assises s'écartent successivement, et lui donnent une forme oblique. Pacho suppose que cet édifice, dans lequel il trouva quelques débris d'ossements, fut un tombeau élevé sous le règne des Ptolémées (1). Ces ruines sont situées dans la vallée (*Ouadi*) Thaoun, qui envoie des ramifications de collines, les unes fertiles, les autres rocailleuses, depuis les bords de la mer jusqu'à *Bir-Thaoun*. De là on gravit une chaîne de collines, nommée *Mekdar-el-Medah*, dont la direction générale est du nord-ouest au sud-est. Cette chaîne se rattache aux collines de l'*Akabah-el-Zoghaïer*, qui, s'avançant dans la mer, forment le cap *Kanaïs*, probablement l'*Hermæa extrema* de Ptolémée; au rapport des Arabes, elles se prolongent par mamelons jusqu'à l'oasis Gharah, en décrivant une légère inclinaison à l'ouest (2). Ces collines, à environ cent cinquante mètres au-dessus du niveau de la mer, constituent pour ainsi dire le premier gradin des hauteurs qui s'élèvent progressivement jusqu'aux montagnes de la Pentapole.

Le *Leucé Acte* (rivage blanc) des anciens correspond aux environs du cap Kanaïs; mais, suivant Scylax, il conviendrait davantage à la situation d'*El-Heyf* (3). Au reste, depuis la grande Akabah jusqu'à Abousir, près d'Alexandrie, le bord de la mer est formé par une digue de sables blanchâtres. Les ruines d'*Assamback*, de *Ghepheïrah*, de *Djammerneh*, et de *Benaëh-bou-Selim* n'offrent rien de remarquable; ce sont toujours des fragments de murs qui font supposer que c'étaient les restes d'anciens postes militaires, destinés à protéger les villes ou les bourgs de quelque importance contre les incursions de l'ennemi.

Les habitants donnent le nom de *Maktaernaï* à un plateau en grès, où l'on voit environ deux cents ouvertures pratiquées dans la roche, qui servent d'entrée à des grottes, et distantes entre elles de trois ou quatre pas. Sur leurs bords sont entassés des blocs de pierres brutes que l'on a extraits du sein du plateau pour former ces excavations; à en juger d'après leur aspect fruste, ils doivent être là depuis une époque très-reculée. La contrée où sont le plateau de Maktaernaï et les ruines dont nous venons d'indiquer le nom s'appelle *Djebel-Kourmah*; c'est une région assez stérile, occupée pendant une partie de l'année par des camps d'Arabes nomades; à l'est elle est limitée par l'*Ouadi-Mariout*, espèce de vallon ou de plaine basse qui avoisine le lac Mariout ou Maréotis.

A *Dresieh* on voit les ruines d'une ancienne ville, située à peu de distance de la mer (1). Parmi les ruines on ne trouve de remarquable que des souterrains voûtés en ogive, revêtus d'une couche de plâtre et subdivisés en plusieurs pièces, débris d'un château sarrasin. Ces souterrains servent d'asile aux voyageurs dans la saison rigoureuse, et les Arabes des environs y déposent, pendant l'été, une partie de leurs récoltes. Près de Dresieh est un lac d'eau salée, qui s'étend sur un espace de deux heures, en suivant les bords de la mer, dont il n'est séparé que par une digue de sable.

A quelque distance de Dresieh, au sud-est, dans l'intérieur des terres, sont les ruines d'un monument, appelé *Kassabah-el-Chammameh* (palais des chandeliers). C'était un édifice carré, dont il ne reste plus que l'angle oriental; sur une de ses faces extérieures le mur forme trois rentrées prises dans son épaisseur; elles dessinent une porte, aux côtés de laquelle sont deux colonnes engagées, ornées de chapiteaux à fleur de lotus, imitation grossière du style égyptien. Ce monument, dont les détails architectoniques offrent de petites proportions,

---

(1) Pacho, *Voyage dans la Marmarique*, p. 22.

(2) Le nom d'*Akabah-el-Zoghaïer* (petite descente) rappelle le *Catabathmus parvus* des anciens. Ce mot, qui signifie aussi *petite descente* était appliqué (ainsi que celui de *Catabathmus magnus*) tout à la fois à un bourg et à la vallée qu'il dominait.

(3) Le promontoire *El-Heyf* paraît être le *Deris* des anciens. Quant à la *Roche-Noire*, que Strabon indique près de Deris, on pourrait au besoin la retrouver dans les écueils qui entourent El-Heyf. Les nombreux vestiges d'habitations que l'on voit à l'ouest de ce promontoire, et à quelque distance de la mer, rappellent les petits bourgs *Antiphræ*, mentionnés par le même géographe.

(1) Le nom de *Dresieh* rappelle le promontoire *Deris* de Strabon; mais la situation de Dresieh dans un golfe ne convient pas à un promontoire (Pacho).

était construit en grandes assises de grès, posées sans ciment ; l'épaisseur des murs était monolithe. A tous ces caractères on reconnaît la date des monuments lagidéens, dont on voit le plus remarquable à Abousir.

A quatre heures et demie de marche, au nord-est de Kassabah-el-Chammameh, on rencontre les ruines de *Lamaïd*, château sarrasin, situé sur le bord de la mer. Trompé par les premiers mots d'une inscription arabe (1), M. Scholz (*Reise in die Gegend zwischen Alexandrien und Parætonium*, p. 52) a pris Lamaïd pour une mosquée en ruines. Le Kassr-Lamaïd est divisé en deux étages; il forme un grand carré, dont chaque côté est flanqué d'une tour également à angles droits : celle du sud donne entrée au château par une porte dont les montants et le linteau sont en grosses masses de granit rose. Ainsi que les châteaux forts du moyen âge, celui de Lamaïd avait une seconde porte de clôture, immense dalle qu'on soulevait par des chaînes en fer, à travers une coulisse pratiquée au-dessus de l'entrée du château. Sur la façade étaient deux lions en ronde bosse, posés sur une corniche ornée d'arabesques; on n'en voit plus que les restes défigurés (2).

Les ruines d'*Abdermaïn* et *El-Hammam* n'offrent rien de remarquable. A douze heures de marche, au sud-est de El-Hammam est le *Kassr-Ghettadjiah*; c'est une petite mosquée isolée dans les sables, et construite avec les débris d'un ancien monument; deux colonnes, l'une de porphyre bleu, l'autre de syénite, sont renversées au milieu de l'enceinte; au dehors on voit quelques tronçons de colonnes calcaires. La situation de Ghettadjiah, au milieu des sables, prouve un empiétement du désert sur la terre cultivable. Cet empiétement est favorisé par la nudité du pays, jadis couvert d'arbres, et par l'absence de collines assez élevées pour opposer une barrière à l'invasion des sables.

De Ghettadjiah à *Abousir* on rencontre des ruines d'anciens bourgs et une végétation appauvrie. Les ruines de *Boumnah* n'offrent de remarquable qu'une pièce cintrée, ornée de deux colonnes. *Abousir*, l'ancienne *Taposiris*, fait partie de la vallée Maréotide (*Ouadi Mariout*), canton réputé autrefois par ses vignobles, et dont le territoire, au temps de Macrizi, était couvert de jardins et de maisons qui se prolongeaient jusqu'à la province de Barkah. Parmi les ruines d'Abousir, les plus apparentes et les plus considérables sont celles d'un temple situé sur une hauteur à peu de distance des bords de la mer. Ses murs, disposés en talus, à la manière égyptienne, et construits en pierres de taille, forment un carré dont chaque côté a quatre-vingts mètres. La partie supérieure manque ; mais au côté oriental est un grand pylone quadrangulaire, engagé dans l'enceinte générale du temple, dont il suit aussi le même degré d'inclinaison. Ce pylone contient intérieurement deux petites pièces latérales à la porte d'entrée, et sa face extérieure offre une analogie frappante avec les monuments de l'ancienne Égypte. Cependant les petites dimensions des pierres qui forment ses assises, l'absence de tout symbole hiéroglyphique ; enfin l'aspect général de ce monument indiquent une origine grecque : sa construction paraît remonter à l'époque des Ptolémées. Près des ruines de ce temple sont les restes d'un autre édifice connu sous le nom de *Tour des Arabes* : il figure en effet une tour posée sur un grand socle quadrangulaire, et divisée en deux étages, dont l'inférieur est octogone, et le supérieur rond et plus rétréci. A la partie sud du rocher sur lequel elle est bâtie on voit une grotte funéraire, divisée en deux pièces, où l'on remarque trois niches larges et peu profondes ; le tout est d'un travail

---

(1) Voici la traduction de cette inscription arabe, sculptée en relief sur une frise en forme d'ogive, et ornée d'arabesques d'un travail très-soigné : « Au nom de Dieu clément et miséricordieux, la construction de ce château a été ordonnée par le fortuné seigneur, le sultan très-grand, le roi éminent, roi des Arabes, maître souverain des nations, colonne du monde et de la religion, père de la victoire, Bibars, partisan du prince des fidèles (que Dieu glorifie son ouvrage), et exécutée par le pauvre serviteur, sur qui soit la miséricorde divine, Ahmed el Taher, el-Iaghmouri. » (Traduction de A. Jaubert.)

(2) *Voyez* Pacho, p. 12.

peu soigné. Ce monument paraît avoir servi de phare aux navires qui s'approchaient de cette côte dangereuse. Les ruines de Taposiris, à une petite distance de la mer, sont en partie situées sur le revers méridional d'un colline, percée de quelques cavernes sépulcrales; une digue, allant de l'est à l'ouest, fut construite au sud de la ville, peut-être pour préserver ce côté des inondations du lac Maréotis. Parmi les monceaux de pierres on remarque les fondements d'une construction subdivisée en plusieurs pièces et revêtue de ciment; ce sont là sans doute les vestiges des bains dont Justinien, au rapport de Procope, orna la ville de *Taposiris* (1). D'Abousir à Alexandrie la route suit la langue de terre qui sépare le lac Maréotis de la mer. Cette chersonèse étroite n'a qu'une lieue dans sa plus grande largeur. Dans la chaîne de collines, qui forme une digue au Maréotis, on voit d'anciennes carrières, contenant une végétation abondante : des touffes de figuiers sauvages sortent du sein de ces excavations, et on aperçoit çà et là quelques plantes marines.

Nous terminons ici notre panorama de la côte depuis Tripoli. Si nous avons dépassé les limites des États tripolitains, c'est que nous avons voulu compléter notre description de cette partie de l'Afrique en la rattachant à la topographie de l'Égypte moderne que nous avons publiée dans la collection de l'*Univers pittoresque* (2).

Habitants de la Marmarique.

Les *Aoulad-Aly* et les *Harâbi* sont les principales tribus qui occupent cette région, les premiers depuis Alexandrie jusqu'à Marsah-Soloum, et les derniers jusqu'aux environs de Dernah. Cette population s'élève, selon Pacho, environ à 38,000 âmes, dont la moitié seulement est armée.

Les Aoulad-Aly appartiennent aujourd'hui à la domination de Méhémet-Aly. Leur bravoure les rendait autrefois redoutables à tous leurs voisins. Ils profitaient du moindre trouble qui survenait dans les principales villes de l'Égypte pour fondre à l'improviste sur les bazars, et disparaître aussitôt pour cacher leur butin dans des solitudes inaccessibles. Ils occupaient presque tout le pays qui s'étend depuis l'Égypte jusqu'à la grande Syrte; et de leurs camps innombrables, qui couvraient ce vaste littoral, se détachaient des corps de cavalerie qui se dispersaient dans les déserts du sud, pour mettre à contribution les oasis et s'emparer des caravanes d'esclaves. Mais rentrés dans leurs camps ces hommes farouches et spoliateurs devenaient généreux et hospitaliers. C'est là du reste un trait caractéristique qui s'applique à tous les Arabes. — Les Aoulad-Aly sont gouvernés par des cheiks qu'ils nomment eux-mêmes, et qui reçoivent du pacha d'Égypte le bournous d'investiture. Mais, loin d'être un emblème du pouvoir, ce bournous serait un objet de mépris si les suffrages de la tribu n'avaient précédé ceux du pacha. Le cheik n'exerce qu'une autorité précaire, qui est moins le résultat de la force que celui de la réputation et de l'estime dont il jouit dans la tribu. Il ne diffère en rien des simples Arabes; aucun signe du pouvoir ne l'entoure, aucune ressource pour s'établir n'est à sa disposition; ses trésors sont des troupeaux plus nombreux; ses gardes sont ses proches et ses enfants. Aussi, ne pouvant exercer l'autorité par la violence, il l'obtient par la libéralité et la douceur.

Les Aoulad-Aly sont d'une taille médiocre, mais bien proportionnés; leur figure basanée, maigre, est généralement régulière : l'œil noir et vif, le nez assez grand et jamais aquilin, le front large et souvent avancé en forment les traits les plus constants. Leur barbe peu fournie, courte et dégarnie latéralement, se termine en pointe au menton; elle blanchit de bonne heure, ce qui occasionne la surprise d'un Européen en voyant l'emblème de la caducité contraster avec des yeux pleins de feu et avec toutes les apparences de la force et de l'agilité. Le costume des Aoulad-Aly est le même que celui des autres Arabes du désert libyque. Un bonnet de drap rouge (*tarboueh*) ou de feutre blanc (*takieh*) couvre leur tête; les cheiks ornent quelquefois ce bonnet

---

(1) Pacho, p. 6.
(2) L'*Égypte sous la domination de Méhémet-Aly*, p. 166-205 (*Univers pittoresque*).

d'un châle, mais ils affectent de le coiffer différemment des Osmanlis. Les plus riches chaussent des *boulhnas*, souliers jaunes que l'on fabrique dans les villes de la Barbarie. Un ample caleçon de toile, nommé *lebas*, noué à la ceinture, leur descend jusqu'aux jarrets; ils revêtent ordinairement par-dessus une chemise bien plus ample encore, mais ils en sont quelquefois dépourvus, et le *ihram* la remplace. Cette dernière partie du costume bédouin en est aussi la plus indispensable comme la plus distinctive. C'est tout simplement une pièce d'étoffe de laine, formant un parallélogramme très-allongé, que l'on revêt sans couture ni incision préalable. Mais l'Arabe du désert possède l'art de la draper avec une noblesse et une simplicité inimitables. Une des extrémités du ihram, repliée et nouée au quart de sa longueur, forme une ouverture qui donne libre passage à la tête et au bras gauche; la partie nouée descend en replis sous ce bras, soutenu par le nœud qui vient se poser sur l'épaule droite; le reste de la draperie est jeté négligemment sur l'autre épaule. Mais l'usage du ihram ne se borne pas à draper le corps, il supplée à lui seul tout l'attirail de nos lits. Sans autre secours que leur costume, ces Arabes trouvent leur lit partout : ils se blottissent dans leur draperie, et s'en couvrent de telle manière qu'une personne étrangère à leurs usages, en entrant la nuit dans un camp, ou s'arrêtant près d'une caravane, chercherait en vain les habitants, si un *allah*, ou *hia akbar*, ou telle autre exclamation ne décelait des hommes sous des paquets de hardes.

Les femmes portent aussi l'ihram, mais elles le mettent différemment : une partie de la draperie contourne la tête en guise de capuchon, et le reste est assujetti autour du corps par une ceinture ordinairement en peau. Les cheveux, qu'elles laissent croître dès l'enfance, sont disposés en tresses autour du front, ou tombent flottants sur les épaules. Elles les couvrent ordinairement du *medaouârah*, étoffe de laine ou de coton, noire, ou bariolée de différentes couleurs. Ces Bédouines ont l'avantage de n'être point voilées par le *bounah*; leurs traits sont réguliers, et seraient même assez agréables s'ils n'étaient défigurés par des tatouages de khol et d'énormes anneaux en verre ou en argent, qui leur pendent aux oreilles et souvent même au nez. Elles ne se bornent point à charger leur figure de ces lourds ornements, elles s'en garnissent aussi les jambes et les bras. — Les femmes s'occupent seules des soins du ménage : elles dressent les tentes, y entretiennent la propreté, préparent différents laitages, et se dispersent le soir dans les environs de la demeure pour recueillir des herbes sèches et quelques plantes ligneuses, éparses dans les vallées. — Les filles sont vendues à leurs époux. Il est rare que la plus jolie des Bédouines soit évaluée au delà de deux chameaux. Les Aoulad-Aly ont souvent plus d'une femme.

Quoique scrupuleux observateurs des préceptes du Koran, les habitants du désert n'ont pas cet esprit d'intolérance stupidement féroce que l'on ne remarque que trop souvent chez les musulmans des villes.

Les Aoulad-Aly mènent en général une vie très-oisive. Dès que la terre est ensemencée, toutes leurs occupations se bornent à garder les troupeaux et à veiller à la sûreté de la famille. Quelques-uns font des voyages en Égypte, à Syouah et à Derne; ils portent à Alexandrie et à Damanhour la laine de leurs troupeaux, et en rapportent des ihrams, des toiles, des armes et de la poudre; ils prennent à Syouah et à Audjelah des dattes qu'ils échangent contre du beurre et des bestiaux. Comme tous les Arabes du désert, ils ne connaissent ni l'agriculture régulière ni le jardinage. C'est aux céréales, et principalement à l'orge, indispensable pour leur nourriture et celle de leurs juments, que se bornent tous les travaux agricoles. La terre n'est sillonnée qu'une fois et peu profondément par une charrue de petite dimension, souvent dépourvue de fer et faite quelquefois de roseaux. Dès que le grain est semé on le recouvre d'une légère couche de terre; trois mois après la récolte est prête : le chanvre est coupé aux deux tiers de sa hauteur, et le champ même devient l'aire où l'on bat le grain pour le dépouiller de son enveloppe. L'Arabe du désert croirait déroger à sa noblesse, et compromettre son orgueilleuse indépendance, s'il fixait son séjour dans un lieu quelconque, pour le rendre plus fécond par des soins agricoles : ce serait imiter les mœurs du Fellah, qu'il méprise; ce serait quitter la vie errante, qu'il aime, pour la vie sédentaire, qu'il abhorre.

Les *Harabi* ont des mœurs et des coutumes analogues. Ils sont peut-être un peu plus vindicatifs et plus enclins au brigandage que les Aoulad-Aly, leurs voisins. Les *Mourabouti*, autres Arabes du désert, composant pour ainsi dire un ordre religieux, qui, sans le secours des prosélytes, se renouvelle lui-même dans ses propres descendants.

Sol, végétaux et animaux de la Marmarique.

Tout le pays compris entre Alexandrie et le golfe de Bomba occupe une étendue de cent cinquante-six lieues de l'est à l'ouest, c'est-à-dire du 27° 34′ jusqu'au 20° 49′ de longitude orientale de Paris. La seule partie cultivable est le littoral, dans une largeur de dix à quinze lieues. Au delà de cette zone, au sud, jusqu'à l'oasis d'Ammon, on ne trouve qu'un désert aride, garni de quelques îlots de terres salées. Des collines, dont la hauteur s'élève progressivement, croissant en tout sens le littoral fertile, alternent avec des plaines ou des vallons, qui en hiver livrent passage à des torrents. D'Abousir à la petite Akabah le rivage est formé par une digue de sables blanchâtres, qui s'avance très-loin dans les eaux, et occasionne des bas-fonds dangereux pour l'abordage des navires. Cette digue n'est interrompue que par les prolongements rocailleux des collines et de leurs contreforts. A l'ouest de la petite Akabah, la côte devient plus inégale, et présente en plusieurs endroits des flancs escarpés contre lesquels viennent se briser les flots de la mer. Dans cette partie du littoral plus encore que dans la précédente, on aperçoit de nombreux enfoncements, qui ont dû jadis servir de ports ou de simples abris aux navires; mais aujourd'hui ils sont en grande partie comblés par des sables.

Le sol de la Marmarique offre partout des traces de grandes révolutions. Partout on voit des coquillages incrustés dans le roc, des madrépores épars sur les collines, des basaltes et des granits roulés sur des terrains secondaires. Dans la vallée maréotide le grès est plus fréquent que le calcaire; à mesure qu'on avance à l'ouest le calcaire domine, et devient souvent coquiller. Les lieux les plus fertiles sont les bas-fonds, qui conservent plus longtemps l'eau des pluies, et les plateaux formés par des chaînes de collines que leur élévation garantit de l'invasion des sables. Partout où les contre-forts, qui vont de l'est à l'ouest, laissent un passage, les sables poussés par les vents du sud viennent s'unir aux terres, et prolongent quelquefois leur envahissement jusqu'aux bords de la mer. La nudité du sol rend au voyageur plus sensible encore l'anéantissement des villes et la disparition de leurs habitants : il ne voit devant lui que plaines grisâtres et collines arides; et au milieu de ce tableau sans couleur, à peine si la présence de l'homme lui est indiquée par le bêlement des troupeaux et par les tentes arabes qui paraissent dans le lointain, comme des taches noirâtres.

La végétation est aussi peu variée que le sol. L'*Ephadra distachyos* et un grand nombre de soudes, parmi lesquelles on remarque surtout le *Salsola vermiculata*, bordant presque exclusivement le littoral. Une espèce ligneuse d'armoise (*Artemisia arborescens*, Desf.), que les Arabes appellent *chéah*, s'étend depuis la petite Akabah jusqu'au golfe de la Syrte, et suit la partie méridionale des terres cultivables. Le *Scilla maritima* (peut-être l'*asphodèle* d'Hérodote) orne la même plage, mais dans la partie la plus fertile; sa hampe sèche sert de combustible aux indigènes; verte, elle repose la vue par ses fleurs blanches, disposées en panicule terminale. Pacho rapporte, sans d'autres détails, qu'on trouve dans cette même partie du littoral une espèce de *rubia* « à tige peu rameuse, mais très-frutescente (1). » Dans les bas-fonds des plaines, dans les enfoncements des vallées, et même dans les endroits sablonneux, on trouve une

---

(1) Desfontaines (*Flora Atlantica*) ne mentionne que le *Rubia tinctorum* (la garance) et le *Rubia lucida*.

multitude de graminées, mêlées à un grand nombre de synanthérées, telles que les *Anthemis maritima* et *arabica*, les *Senecio laxiflorus* et *glaucus*, les *Gnaphalium stœchas* et *conglobatum*, le *Crepis filiformis* et plusieurs *Aster*. A côté de ces plantes on rencontre l'*Anchusa bracteolata* et le *Lithospermum callosum*, dans les sables ; les *Silene linguata* et *pigmæa*, les *Cuphorbia minima* et *heterophylla*, les *Plantago lagopoides* et *amplexicaulis*, ainsi que plusieurs espèces de *Cleome*, *Eruca*, *Clypeola*, *Buplevrum*, *Cuminum*, etc.

Parmi les animaux de la Marmarique on remarque, comme les plus abondants, le chacal, l'hyène, le rat, la gerboise, et le lièvre, que les Arabes chassent avec une espèce de chien lévrier, d'une agilité extrême. Les gazelles vivent en troupeaux, suivent les sinuosités des vallées et s'avancent rarement jusqu'aux bords de la mer. L'empreinte de leurs pattes dans les sables trahissent leur retraite. De toutes les plantes aromatiques du désert, le *Statice tubifera* (*Statice pruinosa*, Viviani), que les Arabes appellent *Hachich el-ghazal*, est le plus recherché par les gazelles. Le pays étant totalement dépourvu de forêts touffues, les oiseaux y sont fort rares, à l'exception de quelques espèces rapaces et aquatiques. Cependant, vers la fin de décembre, lorsque le littoral se couvre de verdure, on voit un grand nombre d'oiseaux voyageurs (hirondelles, alouettes, cailles, etc.) qui viennent s'y reposer, et poursuivent ensuite leur émigration périodique.

INTÉRIEUR DES ÉTATS DE TRIPOLI.

Nous venons de décrire le littoral depuis Tripoli jusqu'à Alexandrie : c'est la partie la moins mal connue. Quant aux pays de l'intérieur, situés au sud de la zône maritime, dont la largeur varie, nos connaissances sont encore très-imparfaites, et nous devons avouer que les anciens étaient à cet égard plus avancés que nous. Aussi trouvera-t-on tout naturel de leur faire ici quelques emprunts.

Du temps d'Hérodote, les Phéniciens et les Grecs avaient fondé plusieurs colonies sur la côte de la Libye qui s'étend depuis l'Égypte jusqu'au cap Soloëis, aujourd'hui cap Cantin, dans le Maroc.

Le reste du pays était occupé par des Libyens, divisés en plusieurs nations. « La partie éloignée de la côte, la Haute-Libye, est peuplée de bêtes féroces ; et au delà de cette contrée on ne trouve qu'un désert de sable, privé d'eau et complétement stérile. » (Ψάμμος καὶ ἄνυδρος δεινῶς καὶ ἐρῆμος πάντων) (1).

Ici se place un récit qui a la plus haute importance pour l'histoire de la géographie. Hérodote avait entendu dire à des Cyrénéens, qu'étant allés consulter l'oracle d'Ammon ils avaient eu un entretien avec Étéarque, roi des Ammoniens. Ce dernier raconta qu'il était venu autrefois chez lui des Nasamons, et que leur ayant demandé s'ils savaient quelque chose de remarquable sur les déserts de la Libye, ils lui avaient rapporté le fait suivant : Des fils entreprenants de quelques chefs imaginèrent de désigner par le sort cinq d'entre eux pour explorer les déserts de la Libye et pénétrer plus loin que tous ceux qui jusque alors s'y étaient aventurés. Les jeunes gens que le sort avait désignés, munis d'eau et de vivres, traversèrent d'abord le pays habité (ἡ οἰκεομένη), puis ils entrèrent dans la contrée peuplée de bêtes sauvages (ἡ θηριώδης) ; de là ils parcoururent le désert (ἡ ἐρῆμος), en faisant route vers l'ouest. Après avoir marché pendant beaucoup de jours dans un vaste pays sablonneux (διεξελθόντας δὲ χῶρον πολλὸν ψαμμώδεα καὶ ἐν πολλῇσι ἡμέρῃσι), ils virent enfin des arbres croissant au milieu d'une plaine ; ils s'en approchèrent et goûtèrent du fruit de ces arbres. Dans ce moment ils furent attaqués par des hommes petits, au-dessous de la taille moyenne, qui les saisirent et les emmenèrent. Ils parlaient une langue inconnue aux Nasamons, de même qu'ils n'entendaient pas celle de ces derniers, et les conduisirent à travers d'immenses marais (δι' ἑλέων μεγίστων), et après cette marche ils arrivèrent dans une ville dont tous les habitants étaient noirs et de la même stature que leurs conducteurs. Près de cette ville coulait un grand fleuve, dont le cours était de l'occident à l'orient, et l'on y trouvait des crocodiles. »

D'après ce passage remarquable d'Hérodote, que nous avons rendu textuelle-

(1) Hérodote, IV, 32.

ment, il est permis de croire que les anciens avaient des notions certaines sur le pays situé au delà du désert de Sahra, c'est-à-dire le Soudan. En se dirigeant à l'ouest, les jeunes Nasamons (dont la nation habitait au sud de la grande Syrte) devaient tomber dans le désert de Sahara, qui est ici parfaitement indiqué par χῶρος πολλὸς ψαμμώδης, un *vaste pays sablonneux*. Or, la partie orientale du Sahara est particulièrement infestée par les Touaricks, qui nous paraissent être les descendants de ces petits hommes (ἄνδρες μικροί) dont parle Hérodote : encore aujourd'hui, ils ne vivent que de pillage, se saisissent des voyageurs et les emmènent dans l'intérieur de Soudan pour les vendre comme esclaves. La ville où les Nasamons furent conduits pourrait bien être Tombouctou : les environs du lac Tchad, dans le voisinage duquel ils devaient passer, sont en effet très-marécageux, et près de Tombouctou le cours du Niger est précisément de l'ouest à l'est : car il est évident qu'il s'agit ici, non pas du Nil, mais du Niger, qui pourrait bien communiquer, par l'intermédiaire du lac Tchad, avec le fleuve de l'Égypte (1).

Oasis de Siwah (Syouah) ou d'Ammon.

Hérodote divise, comme nous venons de voir, toute la Libye en trois parties : celle qui est habitée (οἰκεομένη), celle qui est peuplée de bêtes féroces (θηριώδης) et la région sablonneuse χῶρος ψαμμώδης), « s'étendant depuis Thèbes jusqu'aux colonnes d'Hercule. » La première comprend tout le littoral; la seconde, la contrée montagneuse située entre le littoral et le désert; et la troisième, le désert proprement dit. « Sur la lisière de ce désert, le plus ordinairement tous les dix jours de marche, on rencontre, dit Hérodote, des collines couvertes de gros fragments de sel, et du sommet de chacune de ces collines, jaillit, au milieu du sel, une source d'eau froide et douce. Autour de ces sources vivent les peuples limitrophes du désert et de la région habitée par les bêtes féroces. En partant de Thèbes, on rencontre d'abord, après dix jours de marche, les *Ammoniens*, qui ont un temple dont l'origine remonte à celui de Jupiter Thébain : car c'est à Thèbes que se voit la statue de Jupiter à face de bélier (1). On trouve aussi chez les Ammoniens une source d'eau particulière : le matin elle est tiède, vers l'heure de midi (ἀγορῆς πληθυούσης), elle est déjà un peu froide : à midi même, elle est très-froide, et ils s'en servent alors pour arroser les jardins; au déclin du jour, elle devient moins froide; au coucher du soleil, elle est tiède; puis, l'eau s'échauffe peu à peu jusqu'à minuit, où elle entre en ébullition (ζέει ἀμβολά-δην); dès que minuit est passé, elle se refroidit jusqu'au matin. Elle porte le nom de *fontaine du soleil* (2). »

Les Ammoniens descendaient d'une colonie égyptienne et éthiopique; aussi leur langue était-elle un mélange de celles des deux nations. Leur nom vient d'*Amoun*, par lequel les Égyptiens désignaient la principale divinité de Thèbes (3). L'oracle d'Ammon était un des oracles les plus célèbres de l'antiquité. Crésus et Alexandre le Grand l'avaient consulté : le premier par des délégués, le dernier en personne. Lors de l'invasion des Perses en Égypte, Cambyse résolut de soumettre les Ammoniens, de les faire esclaves et de brûler le temple qui renferme l'oracle de Jupiter. Cette expédition échoua complètement ; l'armée du roi des Perses disparut sans qu'on eût jamais eu sur son sort des nouvelles certaines. Au rapport des Ammoniens, elle fut engloutie dans les sables, après avoir dépassé la Grande Oasis. Voilà tous les renseignements que put à ce sujet se procurer Hérodote, qui, comme l'on sait, voyagea en Égypte peu de temps après les guerres de Cambyse (4).

Arrien et Quinte-Curce décrivent la

---

(1) *Voyez* ce que nous avons dit sur les sources du Nil, dans notre volume de l'*Afrique*, p. 212 et suiv.

(1) D'après la mythologie, Jupiter se montra à Hercule, qui désirait ardemment le contempler, sous l'enveloppe d'une peau de bélier avec la tête et les cornes. Au rapport des prêtres égyptiens, interrogés par Hérodote, l'oracle d'Ammon fut fondé sur l'indication d'une colombe noire qui s'était envolée de Thèbes. (Hérodote, II, 55.)
(2) Hérodote, IV, 181.
(3) Hérodote, II, 42.
(4) Hérodote, III, 25 et 26.

fameuse fontaine du soleil presque dans les mêmes termes qu'Hérodote ; Arrien ajoute que l'endroit où est situé le temple d'Ammon occupe un très-petit espace, qu'il est tout environné de sables arides, qu'il est d'environ quarante stades dans sa plus grande largeur, et qu'il est couvert d'arbres fruitiers, particulièrement d'oliviers et de palmiers. On y trouvait des fragments de beau sel gemme, qui étaient vendus en Égypte. Comme Hercule, Alexandre voulait consulter l'Amoûn des Égyptiens ; il avait surtout à cœur de faire accréditer auprès des nations fanatiques de l'Orient-son origine divine et ses relations intimes avec Jupiter. Après avoir fondé la ville qui encore aujourd'hui porte son nom, Alexandre longea le rivage jusqu'à *Parætonium*, et de là il traversa avec son armée un désert aride, où des corbeaux lui servirent de guide jusqu'au temple d'Ammon. Selon les uns, Alexandre reprit la même route pour revenir en Égypte; selon d'autres, il prit le chemin plus court de Memphis (1).

L'oasis de Syouat fut décrite par les géographes arabes sous le nom de *Santaryé*. Ibn-Sayd, cité par Aboulféda, place Santaryé sous la latitude d'Augela. « Santaryé est un groupe d'îles au milieu des déserts ; ces îles sont arrosées d'eau et plantées de palmiers; des montagnes les entourent de toutes parts. On y trouve une grenade qui dans les commencements est amère, mais qui lorsqu'elle est d'une bonne qualité devient douce. L'air y est malsain pour les habitants, à plus forte raison pour les étrangers. Entre la mer, auprès de la petite Acaba (Alacabat-Alseguyré) et Santaryé, il y a huit marches ; au sud-est sont les Oasis du nord (Aloûahât-Alschemalyé).

« Au rapport d'Édrisi, la ville de Santaryé est petite ; on y trouve cependant une chaire, et plusieurs familles berbères et arabes, de races diverses, y ont établi leur demeure. De cette ville à la mer Méditerranée on compte neuf marches. Les sources y sont rares, et on y boit de l'eau de puits ; il s'y trouve

(1) Arrien, *Expédit.* III, 3 et 4. Comparez Quint.-Curt. IV, 7. Quinte-Curce est ici plus détaillé qu'Arrien.

beaucoup de palmiers. De Santaryé à Audjela, du côté de l'ouest, il y a dix marches. « Je tiens, ajoute Aboulféda, de l'un des Arabes qui sont employés à l'administration d'Alexandrie, et qui perçoivent leur traitement sur les revenus de Santaryé, que cette dernière ville est à dix journées d'Alexandrie, vers le sud-ouest. Cet homme ajoutait que la ville de Santaryé renferme un millier d'habitants, que ses maisons sont en briques cuites et en d'autres matières du même genre, qu'on y trouve des sources d'une eau extrêmement chaude, et que l'air y est très-malsain (1). »

Voici maintenant ce que les voyageurs modernes nous apprennent sur l'antique *oasis d'Ammon*, appelée aujourd'hui *Siwah* ou *Syouah* (2).

Browne, en 1792, entreprit le premier de découvrir les vestiges du temple de Jupiter-Ammon. Et voici les renseignements qu'il nous donne à cet égard. L'oasis où est située la petite ville de Siwah est d'environ six milles de long sur quatre milles et demi de large. Une grande partie de cet espace est remplie de dattiers, de grenadiers, de figuiers, d'oliviers, d'abricotiers. On y cultive une quantité considérable de riz. On y trouve de l'eau douce et de l'eau salée ; mais les sources qui fournissent la première sont pour la plupart chaudes.

La ville de Siwah se divise en quartiers supérieur et inférieur ; elle est défendue par une citadelle bâtie sur un rocher et entourée de murs solides. Les rues sont irrégulières, étroites et très-sombres, à cause de l'élévation des maisons ; quelques-unes sont couvertes. Les gens mariés occupent seuls le haut quartier, les étrangers et les gens non mariés sont tous relégués dans le bas quartier.

C'est à deux milles de Siwah que Browne découvrit des ruines (*bir*) qui ressemblent à celles de la Haute-Égypte ; elles paraissent avoir dépendu du temple de Jupiter-Ammon. « J'avoue, dit-il, que

(1) *Géographie d'Aboulféda*, traduite de l'arabe en français et accompagnée de notes et d'éclaircissements, par M. Reinaud, t. II, p. 181 (Paris, in-4°, 1848).
(2) *Voyez* Jomard, *Description de l'oasis de Syouah*, d'après les observations de M. Drovetti et de M. Caillaud ; Paris, 1823.

je fus extrêmement surpris de voir là un édifice d'une antiquité incontestable, et qui, quoique petit, était à tous égards très-digne de remarque. Il n'y avait qu'une seule chambre; mais les murs étaient construits de très-grosses pierres, pareilles à celles des pyramides. Cette chambre était de trente-deux pieds de long sur quinze de large et dix-huit de haut; et elle avait eu originairement pour couverture six grandes pierres qui atteignaient d'une muraille à l'autre. Une porte, placée à l'une des extrémités, formait la principale entrée, et près de cette extrémité il y avait de chaque côté une autre porte parallèle. L'autre bout de la chambre était presque entièrement en ruines: malgré cela, on pouvait juger qu'elle n'avait jamais été plus grande qu'elle ne l'était en ce moment. Il paraissait aussi qu'il n'y avait point eu d'autre appartement attenant, puisque l'extérieur des murs était couvert de sculptures. On voyait trois rangs de figures qui semblaient représenter une procession, et les intervalles étaient remplis de caractères hiéroglyphiques. La voûte était aussi ornée de la même manière; mais une des pierres qui la formaient était tombée, et faisait qu'on n'en pouvait voir la suite. Les autres cinq pierres de la voûte restaient entières. La sculpture était assez facile à distinguer, et les couleurs même des peintures s'étaient conservées en quelques endroits. On voit aisément dans les environs de cet édifice qu'il y en a eu d'autres; mais le temps les a détruits jusqu'au niveau du sol, ou les gens du pays en ont enlevé les matériaux. Je remarquai dans les murailles de quelques maisons des pierres qui provenaient sans doute de ces ruines; mais il me fut impossible de reconnaître quelle avait pu être leur place (1). »

Browne détermina les coordonnées de ce lieu par une méthode très-peu précise; il le trouva situé à 29° 12′ latitude nord et 44° 54′ longitude est.

Les chambres taillées dans le roc étaient probablement destinées à recevoir les morts. Il n'y a ni ornement ni inscriptions. Elles ont toutes été couvertes, et ne contiennent rien qui annonce avec certitude à quoi elles ont pu originairement servir. On y voit cependant encore des crânes et des ossements humains auxquels sont attachés quelques fragments de peau, même des cheveux, et qui paraissent avoir subi l'action du feu. Mais il est impossible de dire s'ils sont les restes d'un peuple qui fut dans l'usage de brûler ses morts, ou s'ils ont été brûlés par les habitants actuels de ces contrées. La grandeur des catacombes peut seule faire croire que les corps qu'on y déposait étaient entiers: elles ont douze pieds de long, six de large et six de haut; leur nombre est de plus de trente (1).

A deux journées de Siwah, plus avant dans le désert, Browne rencontra, près de la plaine de Gegabib, un petit lac d'eau salée, avec une île située au milieu. « On y voit, dit-il, beaucoup de rochers difformes; mais rien ne peut faire croire avec certitude que ce sont des ruines d'architecture. Il n'est même pas vraisemblable qu'on y ait jamais construit quelque édifice, puisqu'il n'y a ni arbres ni eau douce (2). »

Ce lac porte le nom d'Araschie (*Birket-Araschich*); les habitants du pays en ont longtemps défendu l'accès aux étrangers; ils en débitent des contes merveilleux. Ils disent entre autres que l'épée, la couronne et le sceau de Salomon sont cachés dans ce lac mystérieux, et servent de charmes pour la protection de l'oasis.

« Quand je me rendis, dit Browne, de Siwah à Araschie, qui en est à environ six milles, je passai près d'un petit édifice d'ordre dorique, qui paraissait être un ancien temple. J'ignore s'il y avait eu autrefois quelque inscription, car il n'en restait pas le moindre vestige. Les proportions de cet édifice annonçaient qu'il avait été construit dans le beau temps de l'architecture, et cependant il n'était que de pierre calcaire remplie de fragments de coquillages. »

Browne pense que Siwah est le *Siropum* de Ptolémée, et que les ruines qu'il a visitées n'étaient qu'une dépendance du temple de Jupiter-Ammon.

---

(1) Browne, *Nouveau Voyage dans la haute et basse Égypte*, t. I, p. 29.

(1) Browne, *Nouveau Voyage*, etc., p. 32.
(2) *Ibid.*, p. 40.

Depuis Browne, plusieurs voyageurs ont visité l'oasis d'Ammon. Les routes les plus ordinaires pour s'y rendre partent d'Alexandrie ou du Kaire, en passant par les lacs Natroun. On met onze jours par cette dernière route. Celle d'Alexandrie longe la côte jusqu'à Baratoun, le *Parætonium* des anciens; de là elle se dirige au sud. C'est le chemin qu'avait pris Alexandre. Strabon (XVII, p. 549) décrit Parætonium comme une ville importante, ayant presque quarante stades de diamètre. Quelques-uns l'appelaient *Ammonia*.

D'après les renseignements les plus récents, c'est à deux ou trois milles à l'est de Siwah qu'était situé le temple d'Ammon, dans l'endroit appelé aujourd'hui *Om-Baydah* (mer blanche). C'est près de là que se trouve ce qu'on suppose avoir été la fontaine du soleil, nappe d'eau formée par cinquante-cinq sources. L'eau paraît être en effet plus chaude la nuit que le jour (ce qui s'explique parfaitement par la différence de température de l'air), sa densité est plus grande que celle de l'eau du Nil. Les ruines d'Om-Baydah ne sont pas très-vastes; on y voit les figures assez bien conservées de plusieurs divinités, et, entre autres, celle de Jupiter à tête de bélier. Il est à regretter qu'on n'ait pas encore copié toutes les inscriptions hiéroglyphiques qu'on trouve sur les murs et des pierres éparses. Une connaissance plus exacte des vestiges du temple de Jupiter Ammon serait du plus haut intérêt pour l'archéologie et l'histoire ancienne. Minutoli a donné quelques vues de ce temple, qui a été décrit par Caillaud et d'autres voyageurs.

A trois quarts de mille environ d'Om-Baydah, et à deux milles sud-est de la ville de Siwah, est une colline nommée Dar-Abou-Berek, où se trouvent quelques excavations anciennes, sans doute des tombeaux; un peu au-dessus de la colline, on voit quelques inscriptions grecques, gravées sur des rochers. Kasr-Roum (palais romain), à cinq milles à l'ouest de Siwah, est un petit temple d'architecture dorique, de l'époque romaine; il était autrefois entouré d'une enceinte sacrée. Les ruines d'Amondayn (deux colonnes), près de Kamsyeh, à l'ouest de Siwah, sont de peu d'importance, et datent d'une période assez récente.

La petite oasis est à sept journées de l'oasis d'Ammon, c'est-à-dire entre le Fayoum et Siwah. Les productions de Siwah sont semblables à celles de la petite oasis; seulement les dattes y sont d'une qualité supérieure, et beaucoup plus estimées. On en distingue six variétés, dont la plus recherchée se nomme *frahih*. Les frahih sont de petites dattes blanches quand elles sont desséchées.

Les habitants de Siwah sont hospitaliers, mais très-soupçonneux, sauvages dans leurs habitudes, et des musulmans aussi fanatiques que ceux de la petite oasis. La souveraineté est exercée par des cheiks, dont le pouvoir est temporaire ou à vie. Le *Bayt-el-mal* (maison de la propriété) est un édifice public où sont déposés les biens de ceux qui meurent sans héritiers, ainsi que les amendes infligées à des coupables. Ces dépôts sont employés à la réparation des mosquées, à l'entretien des étrangers et à d'autres œuvres pies.

Les cheiks reçoivent les étrangers avec un cérémonial particulier; la première question qu'ils leur adressent est de leur demander de quoi les nouveau-venus sont capables. Leur autorité n'est pas toujours très-respectée; car ils sont souvent impuissants à réprimer les querelles sanglantes qui éclatent entre les familles, au sein des villages.

Siwah tomba sous le pouvoir de Méhémet-Ali en 1820. La grande et la petite oasis ont été incorporées dans la province d'Égypte. Affligés de la perte de leur indépendance, les habitants ont plus d'une fois essayé de secouer le joug de la domination turque, notamment en 1829 et 1835; mais leurs tentatives furent réprimées par les troupes de Hassan-bey.

Le principal commerce des habitants consiste en dattes. Ils comprennent l'arabe; mais ils se servent d'un idiome particulier, dont M. Wilkinson a communiqué les termes suivants :

Tegmirt, maison; *Ragawen*, dattes;
Dalghrumt, chameau; *Esdin*, froment;
Shaho, chèvre; *Tinirfayn*, lentilles;
Rous, riz.

Le voyage des savants prussiens (Liman, Hemprich et Ehrenberg) a fourni des documents remarquables sur la découverte de deux chemins conduisant à l'oasis d'Ammon, et dont l'un ne peut être éloigné de celui que prit Alexandre le Grand, lorsqu'il partit de la Maréotide (1). On nous saura gré de reproduire ici ces documents, fort intéressants surtout sous le rapport des sciences naturelles. Les savants prussiens s'avancèrent à l'ouest d'Alexandrie, le long de la côte libyque, jusqu'au delà d'El-Baratoun, dernière station qu'atteignit Browne. Ils arrivèrent ainsi jusqu'à quelques lieues du territoire tripolitain, où ils séjournèrent près de quinze jours (entre le 43° et le 44° longitude de l'île de Fer), dans le voisinage de quelques sources, y attendant le retour des messagers de Derna. Leur camp établi à Gasser-Eschtabi, à la base nord-est du Djebel-Kébir, n'était qu'à quelques lieues de la mer; il y avait là d'excellents puits et un fort des Sarrasins (Gasser ou Kassr, c'est-à-dire château), bâti de cubes de calcaire coquillier. Une particularité qui caractérise les collines basses et planes de cette contrée, c'est qu'elles forment des demi-cercles qui partent de la mer, et s'élargissent concentriquement, comme si la mer, autrefois plus élevée, s'était retirée peu à peu. A l'ouest, à quatre lieues de là, ils remarquèrent une chaîne de montagnes, ou plutôt la pente d'une plaine élevée, qu'ils avaient déjà regardée de plus loin comme la limite entre la domination égyptienne et la Barbarie. Elle est située à peu près à six lieues au sud de la mer, et n'est réellement que la pente de la haute plaine occidentale ou du plateau de Barca, ainsi que s'en assura le docteur Hemprich par une excursion qu'il y entreprit. Cette chaîne limitrophe, dit Liman, s'appelle *Etges-el-Egoba*. L'oasis de Siwah, au sud-est, en est éloignée de cinq fortes journées de marche. Cette route, située à l'ouest de celle que Browne suivit pour aller d'El-Baratoun à Siwah, est ainsi, du côté de la mer, la plus courte entrée du désert. Suivant Pline, la distance de Syène à Ammonium (Siwah) était de *centena quater millia passuum*, à peu près quatre-vingts milles géographiques. En quittant la plaine de Kassr-Eschtabi, les voyageurs franchirent d'abord une rangée de collines basses, qui se prolonge de l'ouest à l'est. Ils traversèrent ensuite une seconde plaine; et le soir, après une forte journée de marche, ils atteignirent le versant du *Djebel-Kébir* qui conduit à une haute plaine, où ils ne prirent que quelques heures de repos. Une longue colline, remplie de pétrifications, s'étendait obliquement au pied de la montagne; son sommet était couvert de couches d'une masse blanche, que les voyageurs ne purent examiner de très-près à cause de l'obscurité.

Le second jour, le chemin les conduisit sur le plateau qui s'élève à peu près trois cents pieds au-dessus de la surface littorale qu'ils avaient parcourue le jour précédent : le sol est partout désert et pierreux; et à peine aperçoit-on çà et là une misérable plante desséchée.

Au pied de ce Djebel-Kébir étaient une quantité d'arbustes (*asclepias*) et des *spartium* de la hauteur de douze pieds, phénomène remarquable dans cette contrée, car il contraste singulièrement avec l'uniformité et la pauvreté du littoral de la Libye. Le passage de la flore des côtes d'Alexandrie à la flore du désert n'offrait rien de remarquable; cependant ils virent ici une trentaine de phanérogames, qu'ils ne retrouvèrent plus dans l'intérieur; les cryptogames parasites

---

(1) Ces documents furent d'abord communiqués en manuscrit à M. Ritter, qui s'empressa de les publier dans le tom. III de sa *Géographie de l'Afrique*. Liman, architecte, Hemprich et Ehrenberg, naturalistes, accompagnèrent, sous la protection du gouvernement prussien et de l'Académie des Sciences de Berlin, le général Minutoli dans un voyage archéologique en Égypte; leur intention était de pénétrer, dans l'automne de 1820, de la province de Mariout (Maréotide) jusqu'à Cyrène. Ils avaient déjà fait douze journées de chemin, et étaient parvenus, du 10 au 22 octobre, jusqu'au puits de Bir-el-Gaur, à l'ouest de la tour des Arabes; bientôt ils allaient atteindre la frontière de Tripoli, près de la haute montagne Djebel-Kébir, lorsqu'ils furent forcés de revenir sur leurs pas dans l'oasis de Siwah, d'où ils retournèrent à Alexandrie par des routes jusqu'alors inconnues.

qui en tirent leur nourriture disparurent naturellement en même temps.

Près d'Alexandrie, comme dans l'intérieur du désert libyque, les *atriplex* demeurèrent toujours de toutes les plantes les plus nombreuses; ce qui ajoutait encore à l'uniformité de ces plaines d'ailleurs si pauvres en végétaux. On remarquait pour la première fois un caractère un peu différent dans la végétation, au bord rocheux du Djebel-Kébir; mais cette variété cesse dès qu'on approche du sommet : on ne découvre plus alors que quelques espèces d'*echium*, des *atriplex* et des *salicornia*; plus loin, les voyageurs trouvèrent le *Capparis ægyptiaca*, qu'ils rencontrèrent depuis, une seconde fois, en s'en retournant de Siwah en Égypte. Jusqu'à Siwah la contrée offrit toujours le même aspect; les lichens seuls abondaient dans ces déserts, entre autres le *Parmelia saxatilis*, qui couvrait quelquefois des plaines entières et leur donnait une couleur blanche comme de la craie. Une nouvelle espèce d'*urcéolaire* tapissait les cailloux brunâtres lorsqu'ils n'étaient pas disposés en couches trop compactes; d'autres urcéolaires n'étaient pas rares non plus. Une nouvelle espèce d'*isidium* et le *Parmelia miniata* se rencontraient habituellement sur les rochers brûlants, de sorte que même le Sahara n'était pas désert pour le botaniste.

La haute plaine du Djebel-Kébir était souvent couverte de galets, et déjà, au matin de la seconde journée, les voyageurs rencontrèrent plusieurs plaines unies, qui de loin ressemblaient à de larges étangs. Elles se composaient d'une terre argileuse aussi unie qu'un plancher poli, et étaient fendues par des millions de crevasses en morceaux hexagones, sur la surface desquels le pas des chameaux ne laissait aucune trace. Ces endroits sont toujours situés un peu plus bas que le reste de la contrée, et paraissent avoir été autrefois recouverts par les eaux. Les vastes plaines, presque dénuées de végétation, avaient tantôt une teinte noire provenant des masses de *hornstein*; tantôt elles présentaient, sur de vastes espaces, un reflet d'un brun rougeâtre provenant des fragments de cornaline; souvent on y voyait aussi des fossiles à peine à moitié pétrifiés.

La disette d'eau était générale dans cette contrée; aussi les voyageurs parcoururent-ils à marches forcées, pendant plusieurs jours, un désert aride et monotone, rencontrant de temps en temps de petites élévations et quelques vallées peu remarquables. Le cinquième jour ils arrivèrent enfin à un ravin entouré de montagnes escarpées et souvent disposées en forme de terrasse; ce ravin les conduisit dans la vallée de Siwah. Ils avaient aperçu, dès le matin du même jour, quelques élévations isolées, semblables à des huttes de charbonniers; puis des couches horizontales de calcaire coquillier, étendues les unes au-dessus des autres, en formant des cônes aplatis, semblables à des pyramides; à partir de ce point la contrée ne cessa pas d'être montueuse. Vers midi ils découvrirent, dans le lointain, des montagnes de forme bizarre, qui excitèrent des cris et des exclamations de joie parmi les Arabes, car elles étaient un signe qu'on approchait de l'oasis. Dans les gorges de ces montagnes on voyait les tombeaux d'une quantité de voyageurs assassinés. Depuis midi la caravane ne fit que descendre à travers des gorges étroites et profondes et entre des montagnes formant des terrasses naturelles, jusqu'à ce qu'on arrivât le soir à Siwah. A l'entrée de cette vallée étaient d'énormes masses de pétrifications très-bien conservées. Toute la chaîne de montagnes près de Siwah forme au sud une pente semblable à celle du haut plateau du désert du côté de la mer au nord. Cette pente cependant se dégrade plus doucement et s'effleurit davantage près de Gasser-Eschtabi, tandis que la dégradation près de Siwah est très-escarpée et forme plusieurs groupes de monticules. Il est difficile de dire si ces masses, stratifiées horizontalement et disposées en terrasses, sont du grès ou seulement un conglomérat de sable; car souvent on remarque des couches entières composées uniquement de coquilles sans aucune espèce d'alliage. Ces masses de rochers se sont évidemment formées d'un dépôt réitéré d'une mer pacifique.

On remarque ordinairement aux montagnes de Siwah jusqu'à neuf couches différentes, étendues pour la plupart en forme de terrasse les unes au-dessus des autres et se distinguant par leur couleur comme par leurs pétrifications; les trois supérieures sont blanches, celles du milieu jaunâtres, et les trois inférieures verdâtres. Les supérieures ont moins de fossiles, et sont d'un grain très dur : dans les couches moyennes on trouve de très-gros pectinites et des ostracites; dans les inférieures, des cardes et autres formations analogues. Mais toutes ces couches réunies ne s'élèvent probablement pas au delà de cent mètres au-dessus du niveau de la mer, c'est-à-dire qu'elles ne dépassent pas la hauteur du plateau du désert libyque, qui se prolonge de la même manière à l'est, et auquel correspond sans doute aussi, au sud de l'oasis de Siwah, une formation analogue, si l'on peut en juger d'après les chaînes de collines qui se déroulaient dans le lointain aux yeux des voyageurs.

Le séjour des voyageurs à Siwah n'eut pas de bien grands résultats pour la science, attendu qu'ils furent continuellement contrariés dans leurs recherches par les vexations du chef. Mais leur route de retour de Siwah à Alexandrie nous fera connaître l'entrée du désert, du côté de la Maréotide, la même route que prit Alexandre le Grand lorsqu'il voulut pénétrer jusqu'à l'oasis d'Ammon.

Le 23 novembre, les voyageurs, ayant quitté Siwah, arrivèrent jusqu'au puits de Bir-Bagar à l'est. De là, après avoir marché trois jours dans la direction de l'est, ils prirent un jour de repos dans la petite oasis de *Dyr-Asa*. Après trois autres journées de marche, ils trouvèrent de nouveau de l'eau à *Bir-Hajé*. De là ils arrivèrent en deux jours au puits salé, le *Bir-Lebouk*; puis, tournant au nord-est, ils atteignirent, après trois journées de marche, le puits abondant de *Bir-Haman*, sur la limite de la Maréotide. Tout cet espace fut ainsi franchi en onze jours. La route est extraordinairement pénible et très-conforme à la description que nous avons donnée plus haut de l'entrée du désert, du côté du nord. Les voyageurs ne quittèrent que le soir de la seconde journée l'enfoncement de la vallée de l'oasis de Siwah pour monter sur l'élévation aride du désert libyque. A Dyr-Asa ils entrèrent dans une seconde vallée plus petite que la première, et que Liman appelle *Gara* ou *Siwah-Seghir*; elle est presque inhabitée, et ne produit que quelques buissons de dattiers et quelques tamarins (*Tamarix africana*); mais en revanche toute sa surface est couverte de vastes forêts de roseaux (*Arundo Hammonis*, Ehr.) et de petits buissons de *zygophyllum* et de joncs. L'étendue de cette vallée était de deux lieues et demie dans la direction du chemin; le sol, quoique salant, donnait cependant de l'eau potable. A l'est de cette petite oasis, le plateau de calcaire du désert libyque s'élève de nouveau, et forme plusieurs éminences que Liman appelle *Kelis*. A trois milles à peu près à l'est des derniers puits, les voyageurs rencontrèrent de nouveau les lichens du désert; vers le soir du même jour ils trouvèrent aussi quelques *mimosa* appelées *aolha* par les Arabes; c'est par l'incision de l'écorce de cet arbrisseau que l'on obtient la précieuse gomme dont l'Orient fait un si grand commerce; on le rencontre fréquemment dans ces régions, mais seulement dans les enfoncements des vallées d'oasis.

Les voyageurs établirent leur tente à un endroit où ils trouvèrent pour la première fois l'*anastatica hierochuntica*, plante connue sous le nom de *rose de Jéricho*.

Le second jour de leur départ de Dyr-Asa, les voyageurs arrivèrent, par une contrée montueuse et pittoresque, à la troisième oasis, à laquelle il ne manquait que de l'eau pour être habitable; ils y rencontrèrent les mêmes plantes que dans les précédentes; mais ce qui les frappa surtout ce fut le caractère particulier des palmiers qu'ils y trouvèrent à l'état sauvage, touffus et bien différents des palmiers tels qu'on est accoutumé à les voir dans les plantations de dattiers. Les savants prussiens rencontrèrent aussi dans ce même enfoncement les premières traces de bois pétrifiés, et constatèrent par cette découverte une analogie frappante de cet enfoncement avec la vallée du Bahr-Bilma, près des lacs de natron, et avec celle de Mogharah. Ces pétrifications se rapprochaient le plus, quant à la forme, du *Tamarix africana*,

5.

qui croît dans toutes les oasis du voisinage; près de Bir-Haja elles recélaient des cristaux de quartz. Les puits de Haja, également entourés de bosquets de palmiers sauvages, sont situés dans l'enfoncement de la vallée qui s'étend, à l'est, jusqu'à Bir-Lebouk, sur un espace de deux journées et demie. Le sol y est généralement salant, couvert de mottes et dénué de toute végétation. De Bir-Lebouk cet enfoncement (sans doute le même dont parle aussi Hornemann) se prolonge vraisemblablement encore plus loin vers l'est, jusqu'à Perraneh, sur le Nil, et communique ainsi réellement avec le Bahr-Bilma. Nos voyageurs ne suivirent pas cette direction; mais, arrivés à Bir-Lebouk, ils tournèrent au nord-est, vers la Maréotide. En traversant les plaines élevées du désert (qui cependant sont moins exhaussées que celles qui entourent Siwah), ils remarquèrent çà et là des masses de rochers isolés, offrant un aspect grotesque et un mélange de toutes les couleurs, qui leur rappelait en petit quelques cités de la Suisse-Saxonne. Les Arabes de la caravane prenaient souvent pour guides, dans le désert, des *troncs de palmiers pétrifiés*, de la hauteur d'un homme, qui surgissent du sol et ressemblent à des colonnes cylindriques; parfois on rencontrait aussi des troncs de dicotylédones, avec leurs branches; ceux que l'on trouvait pétrifiés en entier, avec leurs rameaux et leur écorce, ressemblaient extérieurement au mimosa *aotha*. Les débris de coquillages qui étaient déposés en quantité dans le sein du désert ne paraissaient pas appartenir aux espèces perdues; ils avaient au contraire une frappante ressemblance avec ceux qu'on trouve dans les marais de la Maréotide et que les vagues de la Méditerranée jettent encore tous les jours sur la côte.

Augila (Audjelah).

« Après avoir dépassé, dit Hérodote, les Ammoniens, et après dix jours encore de marche à travers la zone sablonneuse, on rencontre une colline de sel, semblable à celle des Ammoniens, et de l'eau, ainsi que des habitations tout autour. Cet endroit s'appelle Augila (Αὔγιλα). C'est là que se rendent les Nasamons pour faire la récolte des dattes » (οἱ Νασαμῶνες ὀπωριεῦντες τοὺς φοίνικας φοιτέουσι) (1).

Voilà un document dont l'exactitude a été parfaitement mise en relief par les explorations des voyageurs modernes. Le nom même de cette oasis n'est pas changé : elle s'appelle *Audjelah;* et les descendants des Nasamons y viennent encore régulièrement tous les ans faire la récolte des dattes. La distance même de Siwah à Augila, qu'Hérodote évalue à dix journées de marche, est parfaitement exacte. Suivant le témoignage des modernes, on met treize petites journées pour aller de Siwah à Audjelah. Hornemann, qui fit la route à marches forcées, n'en mit que neuf; la moyenne donne donc sensiblement la distance indiquée par Hérodote. La chaîne de rochers nus (*Djebel-Mogharah*), qui commence à une vingtaine de lieues à l'ouest des lacs de natron, se continue quatre journées de marche à l'ouest de Siwah jusqu'à l'endroit fertile de Schiatha. Elle trace la route de la zone des oasis, et forme, selon la poétique expression d'Hérodote (si mal comprise par les traducteurs), le *sourcil*, ἡ ὀφρύη, ou l'arête saillante entre la *Libye riche en animaux* (θηριώδης) et la *Libye déserte* (ἔρημος) formée de calcaires coquilliers; cette chaîne aride se dégrade au sud, et est séparée du désert par une rangée d'oasis plus ou moins fournies d'eau. Les masses calcaires sont disposées par couches horizontales, et coupées par des défilés où se réfugient les tribus nomades. Les collines qui surgissent çà et là de ces masses présentent souvent une ressemblance frappante avec les pyramides, à cause des interstices colorés des couches de calcaire. Elles semblent ainsi protéger la Libye *thériode* (remplie d'animaux) contre l'envahissement des sables. Les pyramides d'Égypte auraient-elles été élevées dans le même but?

La chaîne de rochers calcaires (Djebel-Mogbarah) se rattache, à l'ouest de Siwah, à une rangée de collines sablonneuses qui s'étend jusqu'à Augila. Dans cette route on rencontre alternativement des sables arides, des endroits fertiles, des sources d'eau douce et des lacs d'eau salée.

(1) Hérodote, IV, 182.

Audjelah est loin d'offrir l'aspect agréable des oasis voisines de l'Égypte : un village et une forêt de palmiers isolés dans une immense plaine de sable rougeâtre, tel est le coup d'œil que présente cette oasis. On peut en dire autant de *Djallouh* et de *Leckerreh*, petits cantons habités qui dépendent d'Audjelah ; ils sont séparés l'un de l'autre par six ou sept lieues de distance (1).

Voici les renseignements que nous donne Aboulféda sur l'oasis d'Augila, qu'il place à 27° 52′ de latitude.

« Parmi les lieux situés entre le Magreb et les oasis, nous citerons, dit-il, Audjela, nom d'une île au milieu des sables. C'est un lieu habité, entouré de déserts ; on y trouve de l'eau et des palmiers. Suivant Édrisi, « Audjela est une petite ville où quelques nomades ont fixé leur demeure. Les habitants sont adonnés au commerce. Leurs relations commerciales s'étendent jusqu'à diverses régions du pays des Nègres, comme la contrée de Kouar et celle de Koukou. Le territoire d'Audjela et celui de Barca n'en font pour ainsi dire qu'un. L'eau y est rare. D'Audjela à la ville de Zalla, du côté de l'occident, il y a dix marches ; Zalla est une petite ville possédant un marché florissant ; c'est un lieu fortifié. De Zalla on peut se rendre aussi dans le pays des Nègres. On compte de Zalla à Zaouyla, dans la direction du sud-ouest, dix journées ; de Zalla à Port, neuf journées, et de Port à Ouaddan, cinq. Ouaddan est un lieu situé au midi de Port ; ce sont deux châteaux (cassr), séparés seulement par l'espace que peut parcourir une flèche. Le château qui fait face à la mer est abandonné ; mais celui qui est placé du côté du désert est occupé ; il s'y trouve plusieurs puits, à l'aide desquels les habitants peuvent semer du *doura*. A l'occident sont des lieux boisés, où croissent en abondance le mûrier, le figuier et le palmier. Edrisi ajoute qu'on exporte du pays de Kouar de l'alun (1). »

Léon l'Africain s'exprime ainsi sur Augila : « C'est une contrée au désert de Libye, distante du Nil environ quatre cent cinquante milles, en laquelle sont situés trois châteaux avec quelques villages, autour desquels se voient plusieurs petites possessions de dattiers ; mais les terres sont stériles en grain, à défaut de quoi les Arabes y en apportent de la région d'Égypte. Cette contrée est assise sur le grand chemin, par lequel on s'achemine de Mauritanie en Égypte, traversant le désert de Libye (2). »

Une quatrième oasis, censé aussi faire partie du groupe d'Audjelah, est située à trois journées de marche à l'ouest. Ce lieu, caché au milieu d'un labyrinthe de monticules de sables mouvants, se nomme *Maradah*, et, soit que son aspect s'embellisse de la profonde horreur qui l'entoure, soit qu'une ceinture de collines schisteuses, bariolées de grandes veines jaunes et bleues, délasse un peu la vue fatiguée de la monotonie de ce vaste désert, soit enfin que plusieurs sources d'eau douce, dont une thermale, raniment par leur agréable saveur l'estomac affadi par les eaux saumâtres, ce n'est pas sans plaisir que l'on arrive dans ce petit canton. Le sol, formé de terre rougeâtre comme celui des oasis d'Égypte, offre avec celles-ci une analogie des plus remarquables. De même que dans ces oasis, on y trouve abondamment l'*hedysarum alhagi*, ce sainfoin du désert, célèbre chez les écrivains orientaux, tandis qu'il ne croît ni sur les terres trop grasses de Cyrène, ni dans les plaines argileuses de la Marmarique, ni à Augila. Une belle forêt de palmiers en couvre la surface.

Un pareil canton, quoique peu spacieux, a dû attirer l'attention des Arabes. On y voit en effet les ruines de deux villages ; cependant, il est main-

---

(1) Les noms de ces lieux diffèrent suivant les auteurs. D'après Beaufoy (*Proceedings*, I, p. 192), l'oasis d'Augila se compose de quatre endroits habités ; le plus oriental s'appelle *Quizarah* (*Saragma* de Ptolémée ?) ; les trois autres, que Hornemann qualifie du nom de villes, sont : *Majabrah* à l'est, *Meledilah* et *Augila*. (*Voyez* Ritter, *Géographie de l'Afrique*, tom. III, p. 296.)

(1) *Géographie d'Aboulféda*, traduite de l'arabe en français et accompagnée de notes et d'éclaircissements, par M. Reinaud, tome II, p. 180. (Paris, in-4°, 1848.)

(2) Léon l'Africain, *Description de l'Afrique*, p. 319.

tenant sinon tout à fait abandonné, du moins il reste inhabité durant la majeure partie de l'année. Les divisions des tribus qui s'en sont tour à tour disputé la possession en sont la principale cause. Toutefois, les nomades des environs de la Syrte ne laissent pas de venir chaque année y recueillir les dattes; mais n'osant résider dans les villages ruinés, livrés au pouvoir des esprits créés par la superstition, ils se sont construit séparément des habitations en branches de palmiers. C'est là qu'ils viennent s'établir, en automne, avec leurs troupeaux; et comme ce petit canton est sous la dépendance d'Augila, ils sont obligés de payer à cet effet une redevance au gouverneur de ce groupe d'oasis; mais cette contribution plus que les autres est fort aventurée.

Augila fait partie des États du pacha de Tripoli, de même que la région de Barcah et celle du Fezzan; elle est affermée à un bey qui lui paye annuellement la somme de dix mille piastres d'Espagne. Le prélèvement de cette contribution est uniquement fondé sur les palmiers, dont la taxe est de deux piastres de Tripoli par pied, c'est-à-dire, de huit sous environ, monnaie de France. Ceci ne donnerait qu'une idée fausse du nombre des palmiers d'Augila si l'on n'ajoutait pas que la moitié seulement de ce nombre est soumise à l'impôt; l'autre moitié appartient aux mosquées et à leurs desservants.

Les villages épars dans les trois oasis nommées sont bâtis en blocs de pierre, tirés d'une épaisse couche schisteuse que l'on trouve sous les sables à six pieds environ de profondeur. La plupart des maisons ont une enceinte extérieure, avec une hutte conique au milieu, faites l'une et l'autre en branches de palmier; elles servent à renfermer les dattes et les troupeaux. Quant aux habitants, si l'on en croit leur rapport, ils peuvent fournir environ trois mille hommes armés, ce qui porterait la population totale sans distinction d'âge ni de sexe à neuf ou dix mille âmes.

Sibilleh, située à trois lieues et au nord du village principal, est la seule source de tout le canton. Ainsi point de ruisseaux, comme à Syouah et à l'oasis de Thèbes; on ne voit à Augila que des puits creusés à une vingtaine de pieds de profondeur, revêtus de troncs de dattiers, et d'où l'on extrait des eaux plus ou moins saumâtres. C'est avec ces seules ressources que les habitants s'efforcent d'alimenter la végétation de quelques champs, si l'on peut même donner ce nom à des bandes de sable, métamorphosées en humus par les débris des palmiers et par de pénibles irrigations.

Toutefois au moyen de cette lutte de l'industrie contre la nature on parvient à faire croître l'orge. Le *doukhn*, espèce de sorgho dont se nourrissent en général les habitants de l'Afrique, est la plante qui se refuse le moins à cette ingrate culture; le piment et le pourpier s'y montrent aussi peu rebelles : on peut en dire autant de l'ail et de l'oignon, qui occupent à eux seuls des champs entiers; mais il n'en est pas de même des tomates, des melons d'eau, etc., qu'on ne peut obtenir qu'à force de soins. Enfin, les seigneurs les plus riches du canton, ceux qui ont à entretenir un cheval, emploient plus de précautions encore pour faire germer dans le sable un peu de *bercim*, de ce trèfle symbole des gras pâturages de la vallée du Nil.

Isolés au milieu des déserts, n'ayant dans leur patrie, brûlée par le soleil, aucune des compensations que les autres oasis offrent à leurs habitants, ceux d'Augila ont dû être essentiellement voyageurs. Ils se destinent dès l'enfance à cette carrière, et ils y deviennent fort habiles. La connaissance des astres est le point fondamental de cet art; ils en conservent avec soin les principales notions, qu'ils se transmettent de père en fils. Quant aux procédés de l'enseignement, ils sont peu compliqués : le seuil de leurs cabanes est leur observatoire, leurs télescopes sont leurs regards perçants qu'ils peuvent promener à l'aise sur l'immense pavillon qui se déroule, sans taches, au-dessus de leurs têtes.

« Qu'un Européen, dit Pacho, aille assister aux séances pastorales de ces académies du désert; l'objet en vaut la peine. Qu'il aille s'asseoir au-devant de la cabane rustique, sur le sable rafraîchi par les brises de la nuit, au milieu des vieillards, des femmes et des enfants, et il verra l'ancien du village, dont la figure vénérable s'animera aux rayons de la lune, indiquer à l'assemblée de la voix et du geste les diverses constellations; il l'entendra décrire les cercles et les ellipses des planètes, dénombrer les principales étoiles, les nommer par leurs noms classiques, quoique altérés par la langue et les traditions, et désigner par leur moyen les routes inaperçues sur les plaines unies du désert, mais tracées dans le firmament : il sera frappé de la patriarcale simplicité de ses paroles et de la religieuse attention de l'auditoire. Il entendra ensuite les jeunes gens répéter aux recueillements les leçons du vieillard. »

Les approvisionnements de comestibles que les habitants d'Augila sont obligés d'aller faire chaque année à Ben-Ghazi commencent à mettre en pratique leur éducation de voyageurs. Ces approvisionnements consistent en céréales, beurre et bestiaux, contre lesquels ils échangent leurs dattes, dont la qualité exquise, de beaucoup préférable à celles des autres oasis libyques, fut appréciée dès la plus haute antiquité. Le voyage de Tripoli, moins nécessaire pour eux, est aussi moins fréquent. Ils se rendent plus souvent à Syouah, mais ils ne font ordinairement que s'y arrêter quelques jours, pour continuer ensuite leur route vers la vallée du Nil, où ils apportent les peaux de chèvres et le miel des montagnes de Barcah, et un petit nombre de plumes d'autruche, fruit de leur chasse aux environs d'Augila. Mais ces courtes excursions sont généralement abandonnées aux jeunes gens encore inexpérimentés, et à quelques vieillards leurs guides, qui terminent ainsi leur carrière comme ils l'ont commencée. Les grands déserts du sud, la spacieuse vallée du Soudan, en un mot les provinces centrales de l'Afrique, et particulièrement la ville de Tombouctou, tels sont les lointains et productifs voyages qu'entreprennent les hommes dans la force de l'âge, et dont la durée atteint quelquefois plusieurs années : le commerce des esclaves en est malheureusement l'objet exclusif.

Les seuls édifices antiques dont on voie à Augila les traces témoignent du peu de ressources que cette oasis a dû offrir de tout temps à ses habitants. Ces édifices consistent en grands massifs de briques crues, au nombre de trois, contenant chacun un puits au milieu. Il n'en reste à peu de chose près que les fondements; mais autant qu'on peut en juger par la disposition de l'ensemble, ce devaient être de grandes tours semblables à celles qu'on rencontre sur le plateau cyrénéen. Il est certain que les villages actuels d'Augila existaient au moins dès le quinzième siècle, d'après le témoignage de Léon l'Africain; mais déjà dans l'antiquité l'oasis d'Augila était incontestablement habitée. La seule fontaine qu'on y trouvait du temps d'Hérodote est la seule qu'on y trouve encore de nos jours; c'est *Sibilleh*. La seule colline qui, d'après l'historien, existait dans ce canton est encore la seule qui interrompe la monotonie de son immense plaine de sables : elle occupe la partie nord du village principal. De plus, il ajoute que cette colline, comme celles d'Ammon, était de sel; et dans le monticule de spath calcaire d'Augila, comme aux collines d'Ammon, on trouve encore des masses de sel gemme. Ainsi vingt-trois siècles ont passé sur le canton d'Augila, et les mêmes ressources qu'il offrait aux anciens habitants, il les offre aux habitants actuels; à l'exception des villages arabes, c'est encore le même aspect. Différemment des Libyens nomades, les Augilites, au lieu d'adorer les astres, n'avaient d'autres dieux que leurs mânes, ne juraient qu'en leur nom, les consultaient comme des oracles, et dans ces occasions ils dormaient sur les tombeaux, et prenaient leurs songes pour les réponses des mânes (1).

Pacho croit avoir reconnu des traces de cet ancien culte dans un petit hypogée de Djallon, découvert et déblayé depuis quelques années par les habitants. On y trouva deux petites colonnes en quartz, de deux pieds six pouces de hauteur et de forme conique. « Ce ne serait donc pas, dit ce voyageur, émettre une conjecture dépourvue de fondement, si l'on supposait que ces petits monuments, enfermés pendant une longue suite de siècles dans un hypogée sépulcral, et enterrés sous les

(1) Pacho, p. 179-181.

sables, fussent des pierres votives que les Augilites auraient élevées à leurs mânes, et offrissent par conséquent des témoignages encore existants de la fidélité des récits de l'histoire, et du culte funéraire des anciens habitants d'Augiles (1). »

En terminant l'histoire d'Augila, nous rappellerons que le bey actuel de cette oasis, Abou-Zeith-Abdallah, est Français d'origine et natif de Toulon. A l'âge de douze ans, il servait comme tambour dans l'armée d'expédition en Égypte. Pris dans un combat par un corps de Bédouins, il fut vendu au pacha de Tripoli : son heureux physique fit sa fortune. Il resta longtemps attaché au service du pacha, et fut envoyé dans le Fezzan, avec l'armée de Mohammed le Circassien. La bravoure qu'il déploya dans cette campagne, qui eut pour résultat la conquête du Fezzan, lui attira les bonnes grâces de son souverain : celui-ci le récompensa en lui accordant le titre de bey et le gouvernement d'Augila. Abou-Zeith-Abdallah, dit Pacho (qui nous donne ces détails), n'a conservé d'autre souvenir de sa patrie qu'un idée vague de la ville et des environs de Toulon, et d'autre usage de la langue originaire que quelques mots provençaux qu'il estropie avec une bonhomie charmante.

La route la plus commode et la plus courte pour visiter l'oasis d'Augila est celle qu'a suivie Pacho. Parti de Ladjedabiah, sur la côte de la Grande Syrte, il traversa la partie occidentale du désert de Barcah (petit désert de la Syrte Libyque), en passant par Rassam et Maragh. *Ladjedabiad* (*Serapeum* des anciens?), à treize lieues sud du cap Carcora, était, au rapport d'Édrisi, une ville jadis très-florissante. Si l'on en juge par l'étendue et la beauté des ruines que l'on aperçoit dans cette partie de la plaine qui sert de limite aux terres fertiles, ce devait être en effet une ville considérable.

(1) Pacho, p. 282. Voyez sur le culte des anciens habitants d'Augila, Pomponius Méla, lib. I, c. 8 : *Augilæ manes tantum deos putant; per eos dejerant; eos ut oracula consulunt: precatique quæ volunt, ubi tumulis incubuere, pro responsis ferunt somnia.*

DÉSERT DE BARCAH.

A deux lieues au delà de Ladjedabah, on entre dans le *désert de Barcah*, dont Pacho trace ce sombre tableau. « Je doute, dit-il, qu'un Européen, aventuré pendant la chaude saison dans ces immenses solitudes, quoique familiarisé avec le sol de la Libye, n'en éprouve pas une impression pénible. Il tourne le dos à l'Europe, et l'horizon se déroule à ses yeux en plaine mobile et sans bornes. Là, nulle végétation, quelque grêle et grisâtre qu'elle soit, ne fait hâter le pas du chameau et n'interrompt la monotonie de sa marche; nulle colline, quelque aride et calcinée qu'elle soit, ne coupe la nudité du désert; nul palmier solitaire ne provoque les chants de l'Arabe par l'annonce de la source hospitalière; nul troupeau de gazelles, se jouant dans la plaine, ne vient distraire la caravane attristée; l'hyène même et les autres fauves de la Libye ne s'aventurent jamais dans cette zone brûlée, et le silence de ce tombeau de la nature n'est pas même troublé par leurs hurlements nocturnes. Un ciel de feu, un sol constamment uni, du sable, toujours du sable, rien que du sable sans eau, telle est la région qui s'étend du littoral de la Syrte jusqu'à la station de *Rassam*; et cet espace, en n'en parcourant qu'une ligne, forme au moins trente lieues d'étendue (1). »

(1) Pacho, *Voyage dans la Marmarique*. — Aboulféda dit que la province de Barca est la Pentapole des anciens. « C'est, dit-il, un pays d'une grande étendue; les Arabes (nomades) s'y sont établis, et maintenant il ne s'y trouve plus de ville belle et importante. On lit dans l'*Azyzy* que le pays de Barca est traversé par deux montagnes, où se trouvent beaucoup de fermes considérables, de sources d'eaux courantes, de champs ensemencés, et de beaux monuments élevés par les Romains. Les vivres y sont toujours à très-bon marché, et on en exporte pour l'Égypte du goudron et beaucoup de brebis. » Il est dit dans le même ouvrage que le pays présente un lieu où les navires peuvent jeter l'ancre; ce lieu est nommé Adjyé. « Le pays renferme une ville où se trouvent une chaire, un marché, et plusieurs maîtres. Cette ville est située à six

Cette région inhospitalière était la patrie des Psylles et des Nasamons, peuples errants, qui voyaient leurs rares moissons souvent englouties par les sables mouvants. Les Psylles eux-mêmes, voisins des Nasamons, périrent de cette façon : ils furent engloutis au milieu des sables soulevés par un violent vent du midi. Quant aux Nasamons, ils allaient tous les ans, comme nous l'apprend Hérodote (1), faire leur provision de dattes à l'oasis d'Augila. « Ils font aussi, ajoute-t-il, la chasse aux sauterelles (ἀττελέβους); il les font dessécher au soleil et les trempent ensuite dans le lait, qu'ils boivent. Ils ont la coutume de prendre chacun plusieurs femmes, et ils peuvent cohabiter avec toutes les autres qui sont en commun (2). » — Du reste, les usages des Nasamons paraissent avoir été appropriés à la nature du sol. Ils n'occupaient point de tours, comme les Libyens de la région montueuse; ils ne se construisaient point de maisons, comme les Maxyes leurs voisins; ils n'avaient point de tentes, comme les Scénites des environs d'Ammon : mais ils se construisaient avec des asphodèles et des joncs entrelacés de petites cabanes portatives (*mapalia*), qu'ils pouvaient placer partout sur ces terrains mouvants (3). On pourrait aussi attribuer aux mêmes causes le soin qu'ils prenaient de ne pas laisser expirer leurs parents couchés sur le dos, et de les tenir assis, de crainte peut-être que leur corps ne disparût sous les sables (4).

Comme les Maures de la côte d'Oued-Noun, les Nasamons vivaient surtout du pillage des navires jetés sur les côtes de la Syrte. Ces déprédations devinrent si nuisibles au commerce de Cyrène, que les Romains, devenus possesseurs de la Pentapole libyque, songèrent aussitôt à y mettre fin. Auguste ne dédaigna point de leur faire la guerre, et leur fit quitter le littoral. Denys le Périégète dit, en effet, que de son temps on n'y apercevait plus que leurs cabanes vides. Toutefois, ils firent encore une tentative pour reconquérir leur misérable patrie. Mais Domitien, au rapport d'Eusèbe et de Josèphe, leur fit éprouver une nouvelle défaite. Les Nasamons se retirèrent alors dans l'intérieur des terres, vers le sud-ouest, et allèrent probablement peupler quelques îlots de terre sur la lisière du grand désert.

Au delà d'Augila, Hérodote indique encore trois stations ou oasis, composées également d'un tertre de sel (ἁλὸς κολωνός), d'eau et de palmiers fertiles (φοίνικες καρποφόροι). Malheureusement les explorations comparatives des modernes nous manquent ici. L'oasis à dix journées à l'ouest d'Augila était habitée par les *Gamphasantes* (Garamantes d'Hérodote), peuple timide, allant nu, et fuyant tout commerce avec les autres nations (1). « Ce peuple, dit Hérodote, est dans l'usage de répandre de la terre végétale sur la croûte de sel qui recouvre le sol, et c'est de cette manière qu'il sème et récolte les grains. » L'historien grec ajoute que c'est dans ce pays que l'on trouve les bœufs qui paissent à reculons (ὀπισθονόμοι βόες), à cause de la direction de leurs cornes saillantes; et que les Garamantes (Gamphasantes) vont à la chasse des Troglodytes éthiopiens, qui vivent de lézards, et ont un langage comparable au sifflement des chauves-souris (τετρίγασι κατάπερ αἱ νυκτερίδες) (2).

A dix journées du pays des Gamphasantes on trouvait un autre tertre de sel, de l'eau et la peuplade des *Atarantes*. C'est, dit Hérodote, la seule, à notre connaissance, dont les individus ne se distinguent pas entre eux par des noms propres. Celui d'Atarante est commun à tous, et personne n'en porte d'autre (3).

---

milles de Barca. » (*Géographie d'Aboulféda*, traduite par M. Reinaud, tome II, p. 178.)

(1) Hérodote, IV, 173.
(2) Hérodote, IV, 172.
(3) Ces cabanes avaient la forme d'une carène de navire. Sallust. *Bellum Jugurth.* cap. XVIII : *Ædificia Numidarum agrestium, quæ mapalia illi vocant, oblonga, incurvis, lateribus tecta, quasi navium carinæ sunt.*
(4) Hérodote, IV, 190.

(1) Pomp. Méla, lib. I, 8 : *Nudi sunt Gamphasantes, armorumque omnium ignari; nec vitare sciunt tela, nec jacere; ideoque obvios fugiunt, neque aliorum, quam quibus idem ingeni est, aut congressus, aut colloquia patiuntur.*
(2) Hérodote, IV, 183.
(3) Il est à remarquer que Léon l'Africain parle d'un peuple du Bornou dont les habitants n'avaient pas de nom propre. « Les ha-

Ils maudissent le soleil, qui passe au-dessus de leur tête (ὑπερϐάλλων) (1), et se répandent en injures contre cet astre, parce qu'il brûle et les hommes et le pays. Plus loin, et toujours à dix jours de marche, on rencontre un autre terre de sel, de l'eau, et des hommes autour. Près de cet endroit est l'Atlas. Ce mont, étroit et de forme circulaire, est si élevé qu'il est impossible, à ce qu'on dit, d'en apercevoir les sommets, et que les nuages ne l'abandonnent jamais, ni pendant l'été, ni pendant l'hiver; les indigènes prétendent que c'est une colonne du ciel; ceux qui habitent cette montagne, en tirent leur nom : ils s'appellent *Atalantes*. On dit qu'ils ne mangent rien de ce qui a eu vie, et qu'ils n'ont jamais de rêves (2). »

Là s'arrêtent les renseignements d'Hérodote. « Je sais seulement, ajoute-t-il, que cet arc de collines s'étend jusqu'aux colonnes d'Hercule et même au delà, enfin que l'on y trouve toujours des mines de sel de dix jours en dix jours (3). »

En résumé, la ceinture de collines qu'Hérodote nomme le *Sourcil* (ὀφρύη), s'étend depuis Thèbes en Égypte jusqu'aux colonnes d'Hercule en passant par les oasis d'Ammon, d'Augila, le Fezzan, le Beled-el-Djérid et la chaîne de l'Atlas. « Au delà de cette ceinture, au midi et dans l'intérieur de la Libye, est un désert sans eau, sans pluie, dé-

bitants, dit-il, vont nus en temps d'été, sinon qu'ils portent quelques brayes de cuir, puis l'hiver s'enveloppent dans des peaux de brebis, de quoi ils font encore des lits. Au reste, ils n'ont aucune cognoissance de quelque foy que se soit, tant chrétienne, judaïque, que mahométane; mais sans aucune loi, menant une voie brutale, ayant femme et enfants en commun. Et (comme il me fut dit par un marchand qui séjourna longtemps en ce pays, et qui entendoit bien la langue), ils ne *s'imposent pas de noms propres selon la coutume des autres peuples*, mais selon la qualité des personnes, comme ceux de haute stature, hauts; les petits, petits; les louches, louches; et ainsi semblablement de tous les autres accidents et particularités. » (*Description de l'Afrique*, p. 331.)

(1) Cette expression montre qu'ils habitaient sous les tropiques.
(2) Hérodote, IV, 184.
(3) *Ibid.*, 185.

pourvu d'animaux et de bois (1). » C'est désigner, on ne saurait plus clairement, le désert de Sahara.

Hérodote, comme on vient de voir, avait parfaitement compris les rapports de ce parallélisme remarquable qui, se déroulant sur un arc immense, séparait la Libye riche en animaux, du grand désert. Les stations qu'il indique jusqu'à Augila s'accordent parfaitement avec les observations des voyageurs modernes. Celles situées au delà ont seules encore besoin d'être vérifiées. La *station des Atarantes* paraît s'appliquer à l'*oasis de Gadamès*, située au pied du grand Atlas. Celle des *Atalantes* se rapporte peut-être à une chaîne de l'Atlas carthaginois, qui, sans être très-haute, l'est cependant assez pour « diviser les orages et rassembler des nuages », et on peut dire, sans trop de licence poétique, qu'elle touche au ciel et qu'elle est une des colonnes qui lui servent d'appui (2). Il est probable que dès la plus haute antiquité les caravanes des Libyens nomades, partant de Thèbes, traversaient la grande oasis, la petite oasis, le pays des Ammoniens, l'oasis d'Augila, le pays des Garamantes (Gamphasantes), des Atarantes, des Atalantes, et de là se rendaient à Carthage, comme aujourd'hui ils se rendent à Tripoli (3). Des vestiges d'anciens édifices viennent à l'appui de cette opinion. La grande et la petite oasis contiennent des débris d'anciennes habitations. Les habitants de Siwah ne construisent leurs maisons qu'avec les fragments d'anciens monuments. Enfin dans le Fezzan, à Zuilah et à Germah, on voit des ruines majestueuses qui témoignent d'une architecture étrangère.

FLORE DE TRIPOLI ET DES PAYS ENVIRONNANTS.

La végétation de la côte africaine ne diffère pas essentiellement de celle des côtes d'Asie et d'Europe que baigne la mer Méditerranée. En jetant un coup d'œil sur la végétation qui caractérise toute la région méditerranéenne, on comprend la nécessité de ne pas subordonner

(1) Hérodote, IV, 185.
(2) Desfontaines, *Flora atlantica*, tom. I, préface.
(3) Ritter, *Géogr. d'Afrique*, t. III, p. 321.

les flores aux divisions géographiques et politiques des pays. Les flores spéciales du midi de l'Espagne, de la Provence, de Nice, de Gênes, de la Sicile, de la Grèce, des côtes de l'Asie Mineure et de la Syrie, forment avec celles des côtes du Maroc, de l'Algérie, de Tunis et de Tripoli, les éléments de la grande flore de la région méditerranéenne. Ces éléments sont encore fort incomplets, surtout en ce qui concerne les États tripolitains. Nous n'avons guère ici à consulter que le *Specimen floræ Libycæ*, mémoire que le professeur Viviani a publié sur les plantes recueillies par Della Cella (1). Poiret (*Voyage en Barbarie*), et Desfontaines (*Flora Atlantica*) n'ont décrit que les espèces végétales des territoires de Tunis et d'Alger.

Poiret, en débarquant sur la côte de Barbarie (près de la Calle), fut frappé de l'aspect lugubre du pays. « Les forêts, dit-il, presque toutes composées de chênes-liéges, n'offrent de loin qu'une teinte sombre et noire (2) : l'yeuse, le lentisque (3), le filaria, l'arbousier,

(1) *Voyez* dans l'*Appendice* l'énumération des espèces indiquées par Viviani.

(2) Poiret (*Voyage en Barbarie*, etc.; Paris, 1789, 2 vol. in-8°) cite le *Quercus ilex* (chêne-yeuse), le *Q. suber* (chêne-liége), le *Q. coccifera* (chêne-kermès) et le *Q. robur* (chêne-rouvre). A ces espèces Desfontaines ajoute (*Flora Atlantica*, vol. II, p. 348) : *Quercus pseudo-suber*, dont l'écorce est moins fongueuse et les feuilles moins larges que celles du *Q. suber*; *Q. pseudo-coccifera*, à feuilles très-courtement pétiolées; *Q. ballota* (chêne à glands doux). Ce dernier chêne a déjà été mentionné par Pline (*Hist. Nat.*, lib. XVI, cap. 5). Il se rapproche le plus du *Q. ilex*; mais son fruit est beaucoup plus gros, allongé, et d'une saveur sucrée. Les Arabes le mangent cru, bouilli dans l'eau ou cuit sous la cendre.

(3) Le *Pistachia lentiscus*, L., répand au soleil couchant une très-forte odeur de térébenthine; ses baies, arrondies, monospermes, rouges d'abord, puis brunâtres à leur maturité, donnent une huile grasse qui sert à des usages domestiques. — Le *Pistachia atlantica*, cité par Desfontaines, est un arbre élevé, qui se plaît dans des terrains sablonneux, et porte des baies acidules, bleuâtres à leur maturité; l'écorce du tronc et des branches laisse suinter un suc résineux, jaune, qui durcit à l'air et ressemble au mastic des Orientaux. Les Arabes l'appellent *heule*, et le recueillent

quoique d'un vert plus clair, ne rendent pas les côteaux où ils croissent beaucoup plus riants. C'est pourtant dans les États tripolitains que se trouvaient les fameux jardins des Hespérides.

La plupart des auteurs anciens s'accordent à placer dans la Cyrénaïque le fameux jardins des Hespérides. Voici comment Hérodote s'exprime sur la fertilité du sol dans cette région : « Il me semble que la Libye ne peut, pour la bonté du sol, se comparer ni à l'Asie ni à l'Europe, à l'exception seulement du Cinyps, contrée dont le nom est le même que celui du fleuve qui le traverse. Elle ne le cède à aucun autre pays du monde pour l'abondance des céréales (Δημητρίης καρπόν), et le reste de la Libye n'offre rien de semblable. Le terrain y est noir (μελάγγαιος), bien arrosé, et ne souffre jamais ni de la sécheresse ni de l'excès de pluie, car il pleut dans cette partie de la Libye. Le produit des récoltes y est dans le même rapport que dans la Babylonie. Les Évespérides habitent aussi un sol fertile ; et dans les meilleures récoltes il rapporte cent pour un, tandis que dans le Cinyps il donne trois cents pour un.

« La Cyrénaïque, pays le plus élevé de la Libye qu'occupent les nomades, a trois zones dignes de remarque, déterminées par les saisons. Dans la première, qui comprend le littoral, la moisson et la vendange se font de bonne heure. Quand elles y sont terminées, les fruits commencent à mûrir dans la zone intermédiaire, qui s'élève à partir de la côte et que l'on appelle les *collines* (βουνούς); lorsque la récolte y est faite, les productions de la partie supérieure de la colline, et la plus haute de tout le pays, touchent à la maturité; de telle sorte que quand les fruits donnés par les deux premières récoltes ont été consommés, ceux de la dernière région viennent les suppléer. Les Cyrénéens ont ainsi huit mois d'automne (1). »

Il ne manque à cette description, pour être complète, que l'indication des distances ; mais Strabon et Pline y ont suppléé, en rapportant que le sol, dans l'es-

en automne et en hiver. Ils le mâchent pour donner à l'haleine une odeur agréable.

(1) Hérodote, IV, 198 et 199.

pace de cent stades du rivage, est couvert d'arbres, et que dans une étendue de cent stades plus au sud il ne produit que des moissons (1).

Si l'on compare ces récits avec l'état actuel de la Cyrénaïque, on les trouve de la plus grande exactitude. Les forêts qui couvrent toute la partie septentrionale des montagnes de Barcah ne s'étendent pas au delà de quatre lieues des bords de la mer, ce qui correspond parfaitement aux cent stades indiqués. Quant à l'espace assigné à la partie du sol couverte de céréales, mais dépourvue d'arbres, il se prolonge aujourd'hui au moins à six cents stades de distance au delà du sommet des montagnes, c'est-à-dire à vingt-cinq lieues environ vers le sud. Telle est l'étendue du plateau Cyrénéen.

En quittant la région maritime où étaient situées les cinq villes principales désignées sous le nom collectif de Pentapole, et en s'avançant dans l'intérieur des terres, à travers le plateau Cyrénéen, on marche sur une immense plaine sans cesse ondulée de vallons peu profonds. Cette plaine, partout susceptible de culture, et en grande partie cultivée, est couverte, çà et là, d'arbrisseaux, sans offrir des forêts. Pendant l'hiver ou la saison des pluies elle est toute verdoyante et arrosée par de nombreux ruisseaux ; les Arabes du désert viennent y établir leurs joyeux campements. En été, le tableau change ; un soleil brûlant dessèche la tige des arbrisseaux et les dépouille de leur feuillage ; les belles prairies ne sont plus que des terres pelées et grisâtres. Le silence succède alors au tumulte des camps nomades, et l'Européen peut parcourir en sécurité ces vastes solitudes. Des tours isolées, massives, de forme pyramidale, construites en briques, attestent l'existence des campements de ces Libyens dont parle Diodore de Sicile.

« Tous ces Libyens, dit-il, mènent une vie sauvage, couchent en plein air, et n'ont que des instincts de brutes. Ils sont sauvages dans leur manière de vivre et dans leurs vêtements : ils ne s'habillent que de peaux de chèvre. Leurs chefs ne possèdent pas de villes, mais ils ont quelques tours assises au bord de l'eau, dans lesquelles ils conservent le restant de leurs vivres. Ils font annuellement prêter à leurs sujets serment de fidélité. Ils soignent comme leurs compagnons d'armes ceux qui leur sont soumis ; mais ils condamnent à mort ceux qui ne reconnaissent pas leur domination, et les poursuivent comme leurs ennemis. Leurs armes sont appropriées à leur pays et à leurs habitudes ; en effet, légers de corps et habitant une contrée en général plate, ils vont aux combats avec trois lances et quelques pierres dans des sacs de cuirs. Ils ne portent ni épée, ni casque, ni aucune autre arme. Ils ne songent qu'à surpasser l'ennemi en légèreté, dans la poursuite ou dans la retraite. Aussi sont-ils fort habiles à la course, à lancer des pierres, et fortifient par l'exercice leurs dispositions naturelles. Ils n'observent aucune justice, ni aucune foi à l'égard des étrangers (1). »

Ces campements stationnaires des anciens Libyens étaient en nombre égal à celui des sources qu'on voit dans la partie méridionale du plateau Cyrénéen. C'est sans doute à ces mêmes campements, et non à des villes ou villages, que se rapportent les lieux désignés, dans les tables de Ptolémée, par les noms de *Maranthis*, *Andan*, *Achabis*, *Echinos*, *Philaus*, *Arimanthos*.

Revenons à la Cyrénaïque, et essayons de déterminer l'endroit que devait occuper le *jardin des Hespérides*. Poëtes et historiens, tous ont vanté la beauté et la fertilité de cette région. Pindare l'appelle la Frugifère, le jardin de Jupiter, le jardin de Vénus. Nous venons de citer le témoignage d'Hérodote. Selon Théophraste, les terres de la Cyrénaïque étaient légères, et vivifiées par un air pur et sec ; l'olivier et le cyprès, ajoute-t-il, y parvenaient à une rare beauté (2).

« Le territoire limitrophe de la Cyrénaïque, dit Diodore, est excellent et produit quantité de fruits ; car il est non-seulement fertile en blé, mais il produit aussi des vignes, des oliviers et toutes sortes de fruits sauvages. Il est arrosé par des rivières qui sont d'une grande utilité pour les habitants (3). »

(1) Strab., XVII, 3 ; Plin., V, 5.

(1) Diodore de Sicile, t. I, p. 228 (de ma traduction).
(2) Théophr., VI, 27 ; IV, 3.
(3) Diod., t. I, p. 228 (de ma traduction).

Arrien rapporte aussi que cette contrée était abondamment arrosée, couverte de très-belles prairies et qu'elle produisait toutes sortes de fruits (1).

Mais quelle était la partie la plus belle de cette contrée?

Strabon plaçait le jardin des Hespérides aux environs de la grande Syrte. « Ceux qui habitent, dit-il, le fond de la Syrte, ne mettent que quatre jours pour se rendre au jardin des Hespérides, en suivant la direction du levant d'hiver; encore marchent-ils fort lentement (2). »

Une opinion, généralement accréditée, plaçait ce jardin près de Bérénice, par la raison que cette ville, appelée d'abord *Hesperis*, aurait donné son nom au jardin des Hespérides. L'aspect et les productions du lieu sont tout à fait contraires à cette opinion. Bérénice, actuellement Ben-Ghazi, située à l'extrémité occidentale de la Pentapole, se trouve séparée, par une plaine d'environ six lieues, de la région boisée, c'est-à-dire des terrasses au-dessus desquelles s'étend le plateau Cyrénéen. Une plage nue, aride, sablonneuse, généralement rocailleuse, mais plate, et parsemée seulement çà et là de palmiers, de caroubiers et de figuiers sauvages, tels sont le lieu même et les environs de l'ancienne Bérénice (3).

Quelques savants ont traité le jardin des Hespérides de fable. D'autres l'ont considéré comme synonyme d'*oasis*. D'après cette dernière opinion, il y aurait eu plusieurs jardins des Hespérides sur la côte septentrionale de l'Afrique depuis la Cyrénaïque jusqu'à la Tingitane.

Mais le témoignage de Scylax, confirmé par celui de plusieurs voyageurs modernes, semble mettre hors de toute contestation l'existence et la position précise du jardin des Hespérides.

Voici le passage de Scylax : « Le golfe formé par le promontoire de Phycus est inabordable. C'est près de là que se trouve le jardin des Hespérides. C'est un lieu de dix-huit orgyes, ceint de toutes parts de précipices si escarpés,

(1) Arrien, *de Expedit. Alex.* 28.
(2) Strab. lib. XVII.
(3) Pacho, *Voyage dans la Marmarique et la Cyrénaïque*, p. 172.

qu'ils ne sont accessibles d'aucun côté. Il a deux stades d'étendue en tout sens, sa longueur étant égale à sa largeur. Ce jardin est rempli d'arbres serrés les uns contre les autres, et dont les branches s'entrelacent. Ce sont des lotus, des pommiers de toutes espèces, des grenadiers, poiriers, arbousiers, mûriers, myrtes, lauriers, lierres, oliviers domestiques et sauvages, amandiers et noyers (1). »

Ainsi, c'est près du golfe formé par le promontoire de Phycus (aujourd'hui *Ras-Sem*) qu'il faut placer le jardin des Hespérides. A l'exception des noyers et des pommiers, on y retrouve encore, au rapport du voyageur Pacho, tous les arbres nommés par Scylax (2). Ce voyageur voit dans ce lieu inabordable ceint de précipices rocailleux, l'allégorie du dragon gardant le jardin des Hespérides. A quelque distance de Phycus sont les ruines de Beneghdem, l'ancienne *Balacris*, située sur la route qui conduisait à Ptolémaïs, à quinze milles de Cyrène, selon Ptolémée (3). Non loin de là était le port où abordèrent probablement les Argonautes, lorsque du cap Malé ils furent poussés en Libye par le vent du nord.

Le témoignage de Della Cella s'accorde avec celui de Pacho, par conséquent

(1) Scylax, *Peripl.*, edit. Gronov. p. 110.
(2) Pacho, *Voyage dans la Marmarique et la Cyrénaïque*, p. 172.
(3) Le nom de *Balacris* rappelle celui de *Balis*, ville de Libye, qui était située, selon Etienne de Byzance, près de Cyrène, et ainsi nommé à cause du dieu assyrien ou phénicien *Baal*. On sait d'ailleurs que les Phéniciens bâtirent plusieurs villes sur cette partie du littoral. — Les ruines de Beneghdem sont éparses en partie au fond d'un vallon, et en partie sur des rochers abruptes. Là, comme ailleurs, on trouve de nombreuses excavations dans le roc; mais leur aspect est tel qu'on ne saurait affirmer si elles servaient d'habitations ou de tombeaux. Le site où ces ruines se trouvent est un des plus âpres et des plus sauvages de la contrée de Barcah : de toutes parts on voit des vallées sinueuses et des gorges étroites. Vers le nord, la montagne s'incline graduellement jusqu'aux bords de la mer; vers le sud apparaissent plusieurs élévations sur les crêtes desquelles sont des restes d'anciens postes fortifiés.

avec la description que les auteurs anciens nous ont laissée de cette contrée fertile (1). *I due alberi*, dit Della Cella, *ricordati da Teofrasto, come di rara bellezza nella Cirenaica, l'ulivo e il cipresso, lussureggiano tuttora in questa contrada, di una vegetazione, che mai mi occorse di vedere altrove più bella*. C'est dans la plaine intermédiaire entre la partie élevée de la Cyrénaïque et le bord de la mer qu'il place le jardin des Hespérides (2). Toute cette étendue de côte, à partir de l'ouest du cap Ras-Sem (Phycus), est presque inaccessible, à cause des innombrables rochers qui la bordent. Derrière ces rochers se trouvent les belles prairies d'Ericab.

Les pommes d'or gardées, d'après le mythe, par les dragons du jardin des Hespérides, étaient-elles des citrons ou des oranges? Cette question a peu d'importance. Il suffit de savoir qu'aujourd'hui, comme autrefois, on trouve des citronniers et des orangers sur toute la côte de l'Afrique, depuis la Cyrénaïque jusqu'aux colonnes d'Hercule.

Le *thyon* (θύον) (3), appelé *citrus* par les Latins, n'est pas le *citrus* des botanistes modernes. C'était un arbre de la famille des conifères; peut-être une espèce de *juniperus* ou de *thuya*. Son bois, à cause de son incorruptibilité et de son parfum, servait à différents usages : le tronc était employé à la construction des temples (4);

avec la racine on faisait des tables consacrées aux fêtes de Bacchus. C'est ce qui avait valu aux Bacchantes le nom de *Thyades*. Enfin, Homère place le *thyon* au nombre des bois odorants dont Circé parfumait sa grotte. Il croissait, suivant Théophraste, dans la Cyrénaïque, là où l'on trouve aujourd'hui le genévrier de Phénicie (*Juniperus Phœnicea*, L.)

Si l'on parcourt au printemps ces forêts de *thyon*, qui du sommet des montagnes de Cyrène s'étendent jusqu'aux vallées maritimes, on rencontre fréquemment à leur pied une petite liliacée, fort célèbre; c'est le safran (*Crocus sativus*, Linn.) (1). La plupart des auteurs anciens s'accordent à vanter la beauté du safran de la Cyrénaïque. Non-seulement on le mêlait à la préparation des mets, des médicaments et des teintures; mais on s'en servait aussi comme parfum; on en retirait même une essence très-estimée chez les Grecs et les Romains (2). Le safran, ainsi que le séné (*Cassia senna*, Linn.) sont encore aujourd'hui une branche des revenus du pacha de Tripoli.

Toutefois cette essence ne valait pas celle que l'on faisait avec les roses de la Cyrénaïque (3). L'essence de roses de la Cyrénaïque était, tout à la fois vantée comme parfum et comme un médicament, propre à guérir les blessures et à empêcher la putréfaction des cadavres (4).

Ces belles roses libyques, quoique de nulle valeur aux yeux des Arabes, font encore aujourd'hui l'ornement des fraîches vallées de Benghazi. « J'en ai rencontré fréquemment, dit Pacho, deux espèces à corolle blanche, qui m'ont paru s'accorder par leurs caractères à celles connues des botanistes sous les noms de *Rosa sylvestris* et *R. spinosis-*

---

(1) La giacitura di questo piano intermedio alla parte elevata della Cirenaica, e a quella ove questi monti declinano dolcemente verso il mare negli orti Esperidi, mette sott' occhio il quadro, che della sua fertilità ci avevano trasmessi gli antichi. (*Viaggio da Tripoli di Barberia alle frontiere occidentali dell' Egitto*, p. 119.)
(2) Della Cella, p. 77 et 78.
(3) Ce nom vient de θύω, je brûle de l'encens.
(4) Della Cella suppose que le *thyon* de Théophraste est le *Juniperus Phœnicea*, dont les fruits, à l'état de maturité, sont des baies rouges de la grosseur d'un pois; feuilles ternées, imbriquées, obtuses. Le *Juniperus oxycedrus* s'en distingue par ses feuilles ternées, écartées, piquantes et par ses baies roussâtres, de la grosseur d'une noisette. — Desfontaines (*Flora Atlantica*) ne cite qu'une seule espèce de *thuya*: *Th. articulata*.

(1) Pline, XXI, 6. Comparez Pacho, *Voyage dans la Marmarique et la Cyrénaïque*, p. 256.
(2) Thrige, *Hist. Cyren.*, p. 252, 253.
(3) Desfontaines (*Flora Atlantica*) n'a trouvé que trois espèces de roses, sur la côte de la Barbarie : *Rosa moschata*, *R. maialis*, *R. microphylla*.
(4) Athen. *Deipnosoph.*, XV, 29.

sima, n'osant toutefois affirmer que celles-ci, croissant spontanément parmi les autres plantes, soient les mêmes qui, transplantées autrefois dans les jardins, fournissaient l'essence dont je viens de parler (1). »

Pline et Théophraste, en parlant de la Cyrénaïque, font mention de quelques autres plantes, assez célèbres dans l'antiquité; telles sont le *sphagnos* ou *bryon* et le *misy*. Ce sont des cryptogames dont la détermination spécifique est bien difficile. Le *bryon* était une mousse odorante, fixée aux arbres. Pacho affirme que, malgré le grand nombre de cryptogames qui couvrent les forêts de la Cyrénaïque, il n'en est aucune dont l'odeur offre un caractère remarquable. Quant au *misy*, c'était, selon Pline, une truffe d'un goût et d'un parfum exquis. Il est certain que l'on rencontre encore aujourd'hui dans les parties sablonneuses du littoral de la Libye une espèce de truffe de couleur blanche (2).

Au nombre des plantes qui ornaient les belles collines maritimes de Cyrène, et que Scylax a oubliées dans son énumération, il faut ajouter le figuier, le cornouiller et le lentisque. Ainsi, dans le *Rudens* de Plaute (act. III, sc. 4) il est dit qu'un valet ne se nourrissait à Cyrène que de figues; et Pline nous apprend que les cornouilles et les fruits du lentisque servaient, dans la Cyrénaïque, à la préparation de certains aliments (3). Toutes ces plantes, auxquelles il faut ajouter le caroubier (*Ceratonia siliqua*, L.) croissent encore aujourd'hui naturellement dans cette région (4).

Quant aux pommiers et aux noyers, étrangers au sol africain, ils furent apportés en Libye par les Grecs. — Les pommes, les poires, les prunes et en général tous les fruits drupacés qu'on trouve en Afrique, ne valent pas ceux de l'Europe. Mais les olives y fournissent de l'excellente huile.

Les plantes qu'on trouve répandues aux environs de la grande Syrte sont, la plupart, de chétive apparence, hérissées d'épines, et rabougries; elles sont desséchées par le soleil, et conviennent parfaitement à ces terres sablonneuses. Les labiées, les légumineuses, les liliacées, les corymbifères et les ombellifères y sont en majorité (1).

Suivant Della Cella, on rencontre aux environs du cap de Mésurata (Cephalus) une plante à racine fibreuse, garnie de tubercules qui servent de nourriture aux Bédouins. Ces tubercules ressemblent à ceux du souchet (*Cyperus esculentus*, L.) Les feuilles sont rugueuses, blanchâtres, découpées; l'absence des organes de fructification n'avait pas permis au savant voyageur d'en déterminer le genre ni l'espèce (2).

A l'ouest du cap de Mésurata on trouve un territoire très-fertile, le Zaffran. Il y a de belles prairies émaillées de renoncules (3), et arrosées de sources d'eau douce. Aux environs croissent plusieurs espèces d'armoise, dont une (*Artemisia arborescens*) est entièrement recouverte d'un duvet blanc, lanugineux (4). Ces plantes, desséchées, sont employées comme combustibles.

Aux environs de Labiar on trouve le verdoyant *Juniperus Phœnicea* (le thuya de Pline). Les oliviers y abondent; toute la contrée pourrait s'enrichir si elle faisait le commerce de l'huile d'olive, par la voie de Benghasi. Les oliviers y croissent en société des

---

(1) Pacho, *Voyage dans la Cyrénaïque*, etc., p. 257.

(2) *Ibid.*, p. 257.

(3) Pline, *Hist. nat.*, XV.

(4) Le figuier (*Ficus carica*) y présente de nombreuses variétés. Le pistachier lentisque (*Pistachia lentiscus*) est, d'après Desfontaines, un des arbres les plus fréquents sur la côte de Barbarie.

(1) Della Cella, *Viaggio*, etc., p. 47.

(2) *Ibid.*, p. 50..... Le foglie sono irsute, biancastre, e frastagliate; ma la mancanza delle sue parti di fruttificazione ne lascierà probabilmente incerta la cognizione.

(3) La *Flora Atlantica* (t. I, p. 435) donne le *Ranunculus flammula*, le *R. bullatus*, le *R. ficaria*, le *R. macrophyllus*, le *R. trilobus*, le *R. flabellatus*, le *R. monspeliacus*, le *R. spicatus*, le *R. bulbosus*, le *R. paludosus*, le *R. arvensis*, le *R. muricatus*, le *R. millefoliatus*, le *R. parviflorus*, le *R. hederaceus*, le *R. aquatilis* et le *R. peucedanoides*.

(4) Les autres espèces d'*Artemisia* citées dans la *Flora Atlantica* (t. II, p. 263), sont: *A. odoratissima*, *A. pontica*, *A. absinthium*, *A. vulgaris*, *A. dracunculus*.

figuiers, des caroubiers, des pistachiers et des poiriers sauvages. Des bosquets de *Nerium oleander*, L., embellissent les ruines de la Cyrénaïque; les Bédouins lui donnent le nom de *Safsaf*.

Le territoire de Derna est une plaine très-fertile, au fond d'une baie abritée à l'ouest par le cap de Ben-Andrea. C'est là qu'on trouve des bananiers (*Musa paradisiaca*, L.). On n'en trouve pas ailleurs sur ces rivages.

Deux plantes, célèbres dans l'antiquité, croissent sur le territoire de Tripoli; nous voulons parler du *silphium* et du *lotus*, dont le fruit avait fait oublier aux compagnons d'Ulysse le retour dans leur patrie.

Les anciens attribuaient au *silphium* les propriétés les plus merveilleuses. C'était une espèce de panacée propre à guérir toutes sortes de maladies, à désinfecter les eaux corrompues et l'air malsain. Pline lui reconnut, entre autres, celles d'endormir les moutons et de faire éternuer les chèvres (1). On vendait le suc de cette plante au poids de l'or. Le *silphium* fut l'un des principaux objets du commerce des Cyrénéens; il passa en proverbe comme symbole des richesses. Une simple tige fut estimée comme un présent qui n'était point indigne des souverains et des dieux. César, au commencement de la guerre civile, retira d'une tige de silphium enfermée dans le trésor public de Rome la somme de quinze cents marcs d'argent. Les Cyrénéens consacrèrent cette plante à leurs souverains les plus vertueux. Ainsi, sur plusieurs médailles de Cyrène, on voit d'un côté la tête du roi Battus ou de Jupiter Ammon, et de l'autre la figure du *silphium*. Le suc de cette plante s'obtenait par l'incision de la tige et de la racine; le premier s'appelait *thysias* et le second *caulias*. Quelques auteurs ont donné à l'un et à l'autre indistinctement le nom de *larmes de la Cyrénaïque*.

Le suc de la racine était préféré à celui de la tige, parce qu'il se conservait plus longtemps. Pour empêcher qu'il ne se corrompît, on y mêlait de la farine. Une loi fixait le temps et la manière de faire l'incision et la quantité de suc que

(1) Pline, *Hist. Nat.*, XII, 23.

l'on devait en tirer pour ne pas faire périr la plante.

Quelle espèce de plante était le *silphium* ?

Suivant Théophraste, sa racine était épaisse, charnue, vivace; sa tige, de la même forme que celle du fenouil; ses feuilles ressemblaient à celles du *selinum*; ses graines étaient larges, ailées, et à peu près comme celles de la *phyllis*. Cette plante croissait principalement aux environs du jardin des Hespérides (1).

D'après Pline, la racine du *silphium* avait une écorce noire et plus d'une coudée de longueur; à l'endroit où elle sortait hors de terre était une grosse tubérosité, qui incisée produisait un suc laiteux. Ses graines étaient plates; ses feuilles tombaient tous les ans, dès que soufflait le vent du midi (2).

Scylax et Hérodote placent le *silphium* dans la région littorale de la Pentapole libyque, depuis l'île Platée jusqu'à l'entrée de la grande Syrte (3). Catulle le place près de Cyrène (4). Cependant plusieurs auteurs, tel qu'Arrien et Pline, paraissent reléguer le *silphium* sur la lisière des terres fertiles; les autres, comme Strabon et Ptolémée, dans les parties centrales du désert du sud de la Cyrénaïque. On a essayé de concilier ces opinions contradictoires, en adoptant pour la Cyrénaïque toute l'étendue que lui ont donnée quelques savants, c'est-à-dire en y comprenant la région ammonienne. Partant ensuite de ce principe, ils ont cru approcher de la vérité en supposant que le *silphium* croissait dans toute cette vaste contrée, et que par cette raison on l'avait placé indifféremment au nord et au sud; de là ils ont justifié l'épithète de Cyrénaïque *silphifère*, de Libye *silphifère*, que l'on trouve fréquemment chez les écrivains de l'antiquité. Malheureusement cette explication ne peut point se concilier avec la nature du sol, qui n'est pas le même dans la Libye septentrionale et méridionale.

(1) Théophrast., *Hist. Plant.*, VI, 3.
(2) Pline, XIX, 3.
(3) Hérodote, IV, 169; Scylax, édit. Gronov. p. 108.
(4) Ode à Lesbie, V, 4.

Depuis les sommités qui dominent l'ancienne Chersonèse cyrénaïque jusqu'à la côte orientale de la Syrte, on trouve fréquemment dans la partie septentrionale de cette région, et dans un espace qui s'étend tout au plus, vers le sud, à huit ou dix lieues du rivage, une grande ombellifère nommée par les Arabes *derias*, et dont voici les caractères : racine fusiforme, charnue, très-longue, de couleur brune à sa surface; la tige, striée, atteint deux ou trois pieds de hauteur, et s'élève sur un collet épais, d'où jaillit, si on le casse, un suc laiteux abondant. Les feuilles radicales sont nombreuses, luisantes, surdécomposées; les graines, terminant en petit paquet chaque ombellule, sont ovales, comprimées, entourées d'une membrane transparente et colorées d'un vernis argenté. La fleur se développe en été; elle est jaune, échancrée et très-ouverte.

Cette description s'applique également au genre *Ferula* et au *Laserpitium*. Serait-ce le *Ferula assa fœtida*? Suivant Sprengel, c'est le *Ferula tingitana*. Pacho pense que le *silphium* est une espèce de *laserpitium*, et il propose de lui donner le nom de *Laserpitium derias* (1).

Ce qu'il y a de certain, c'est qu'à la simple inspection des médailles de Cyrène, sur lesquelles se trouve figuré le *silphium*, on y reconnaît au premier coup d'œil une ombellifère. Les feuilles engaînantes, découpées et opposées; l'inflorescence axillaire, en ombelle, etc., indiquent évidemment la famille de la plante décrite par Théophraste.

Della Cella rapporte le *silphium* au genre *Thapsia* (2); et Viviani (*Plantæ Libycæ specimen*) lui donne le nom de *Thapsia silphium*.

Le *silphium* des anciens croît-il encore aujourd'hui dans la Cyrénaïque? Du temps de Plaute, on faisait encore d'abondantes récoltes de *silphium* (3). Il commença à devenir rare à l'époque de Strabon. Au siècle de Pline il avait été détruit par des troupeaux, et on ne connaissait plus qu'un *laser*, provenant de la Perse et de l'Arménie, très-inférieur à celui de la Cyrénaïque. Sous Néron on n'en trouva plus qu'un seul pied, qui fut envoyé à ce prince comme une grande rareté (1). Strabon attribue la cause de la rareté du *silphium*, de son temps, à une invasion de barbares qui avaient cherché à le détruire par l'extirpation même des racines; Solin, en répétant ce fait, ajoute que les Cyrénéens avaient contribué à détruire le *silphium*, pour se délivrer des impôts énormes dont il était l'objet.

Mais aucune puissance humaine ne saurait faire disparaître une espèce de plante quelconque. Un fragment de racine, une graine échappée au hasard, peuvent en assurer la propagation. Il n'est donc pas impossible que le *Laserpitium derias* de Pacho, ou le *Thapsia silphium* de Viviani, qu'on rencontre encore aujourd'hui dans la régence de Tripoli, ne soit le *silphium* des anciens. Seulement, dans ce cas il faut beaucoup rabattre des propriétés merveilleuses de cette plante. La plupart des voyageurs ont reconnu la propriété d'être nuisible aux bestiaux, et particulièrement aux chameaux. Ainsi, Della Cella avait remarqué que les bestiaux de l'armée du bey s'empoisonnaient en mangeant une ombellifère (*Thapsia silphium*, Viv.) qui croît sur les montagnes de la Cirénaïque, et qu'une si grande mortalité éclata parmi eux que l'armée fut menacée de les perdre tous. Cependant, grâce aux prudents conseils de son habile médecin, le bey put en conserver une partie, en changeant de lieu de pâturage. Il paraît que cette plante agit comme un violent drastique, surtout quand elle est desséchée : quelques brins de *derias*, mêlés par hasard à la paille que l'on donne aux bestiaux, suffisent, dit-on, pour tuer le chameau le plus robuste né sous un autre ciel que celui de Barcah. Mais c'est à peu près la seule propriété que le *Laserpitium derias* partage avec le *silphium* des anciens (2).

---

(1) Pacho, *Relation d'un Voyage dans la Marmarique*, etc.; Paris, 1827, in-4°, p. 250.
(2) *Viaggio da Tripoli di Barberia*, etc.; Napoli, 1830, in-18°, p. 103.
(3) Plaut., *Rudens*, act. III, sc. 2, vers 15 et 16.

(1) Pline, *Hist. Nat.*, XVIII, 3.
(2) Il importe de ne pas confondre le *silphium* des anciens avec le *silphium*, L., des botanistes modernes : ce dernier appartient

Les tiges de cette plante, jetées sur des tisons ardents, servent aujourd'hui de nourriture à quelques pâtres desœuvrés ; c'était aussi l'usage qu'en faisaient les Asbytes avant l'arrivée des Grecs en Libye (1).

Lemaire, consul de Tripoli, cité par Paul Lucas, rapporte que les campagnes de Derne sont couvertes d'une plante que les Arabes nomment *Cefie* ou *Zarra*. C'est, selon lui, le *silphium* des anciens. « Cette plante, dit-il, fait un petit buisson ; les feuilles en sont épaisses et veloutées, couleur de sang ; elle est toujours verte, et fleurit en toute saison. La fleur en est jaune, et jette plusieurs bouquets les uns dans les autres en forme d'artichaut (2). »

Mais cette description ne s'applique à aucune des ombellifères qu'on puisse rapporter au *silphium*.

Les mangeurs de *Lotos*, ou lotophages, dont parle Homère vivaient dans les cavernes formées par les rochers qui entourent la petite Syrte (3). La nature du fruit qui fit oublier aux compagnons d'Ulysse le retour à Ithaque a été l'objet de nombreuses recherches. Le nom de *Lotus* a été appliqué à plusieurs plantes différentes. Le *Lotus* consacré aux anciennes divinités de l'Égypte appartient au genre *Nymphæa* (*N. lotus*, Linn., à corolle rose, et *N. cærulea* à corolle bleue), de même que le lotus comestible, dont les fruits s'appelaient *fèves d'Égypte*, est une espèce de *Nelumbium* (*N. speciosum*), qui croît dans le Nil aussi bien que dans le Gange. Les genres *Lotus* et *Melilotus* de Linné sont des légumineuses de la tribu des papilionacées. Enfin, le micocoulier de Provence (*Celtis australis*, Linn.), ainsi que plusieurs espèces de *Trigonella*, *Coronilla diospyros*, Linn., avaient également reçu le nom de *Lotos*.

D'après l'opinion le plus accréditée, le *Ziziphus lotus*, Encycl. (*Rhamnus lotus*, Linn.), est l'arbrisseau dont les fruits (jujubes) étaient mangés par les Lotophages. Clusius et J. Bauhin avaient déjà soupçonné que le vrai *Lotus* des anciens était un jujubier ; Shaw partagea cette opinion. Linné l'admit aussi, en appelant cette plante *Rhamnus lotus*. Poiret et Desfontaines vinrent enfin lever tous les doutes à cet égard. Le premier trouva le *Ziziphus lotus* le long des côtes de Tunis et de Tripoli, particulièrement dans la petite Syrte et dans l'île de Djerbi. Desfontaines l'observa dans les mêmes contrées, et en donne la description suivante : C'est un arbrisseau très-rameux, d'environ trois ou quatre pieds de haut, qui, lorsqu'il a perdu ses feuilles, ne présente plus qu'un buisson composé de rameaux blancs, nombreux, fléchis en zig zag, très-épineux, d'un aspect tout à fait sauvage. Ses feuilles sont dures, petites, ovales, obtuses, légèrement dentées, à trois nervures ; les pétioles très-courts ; les fleurs petites, d'un blanc pâle, ramassées par paquets, axillaires le long des rameaux. Les fruits sont globuleux, roussâtres à leur maturité, offrant, sous une chair pulpeuse d'une saveur agréable, un noyau globuleux, à deux loges. Ses fleurs paraissent au mois de mai ; ses fruits sont mûrs dans les mois d'août ou de septembre.

Cette description s'accorde assez bien avec celle qu'en donne Polybe. « Le Lotos des Lotophages, dit cet historien, est un arbrisseau rude et armé d'épines. Ses feuilles sont petites, vertes et semblables à celles du *Rhamnus* ; ses fruits encore tendres ressemblent aux baies du myrte lorsqu'ils sont mûrs ; ils se teignent d'une couleur rousse ; ils égalent alors en grosseur les olives rondes, et renferment un noyau osseux dans leur intérieur. »

Hérodote décrit le Lotos de la manière suivante : « Le fruit du Lotos est de la grosseur d'une baie de lentisque (μέγεθος ὅσον τῆς σχίνου), et d'une saveur analogue à celle des dattes. Les Lotophages préparent du vin avec ce fruit (1). »

Polybe donne aussi des renseignements sur la manière dont on préparait le Lotos. « Lorsque le fruit est mûr, dit-il, les Lotophages le cueillent, l'écrasent et le renferment dans des vases ;

à la famille des composées, et ressemble au seneçon.

(1) Pline, XIX, 3.
(2) Paul Lucas, *Voyages*, etc., t. II, p. 112.
(3) Hom., *Odyss.*, IX.

(1) Hérodote, IV, 177.

ils ne font aucun choix des fruits qu'ils destinent à la nourriture des esclaves; mais ils choisissent ceux qui sont de meilleure qualité pour les hommes libres. On les mange ainsi préparés; leur saveur approche de celle des figues ou des dattes. On en fait aussi une sorte de vin en les mêlant avec de l'eau. Cette liqueur est très-bonne, mais elle ne se conserve pas au delà de dix jours. »

Desfontaines remarque à cette occasion que les habitants des bords de la petite Syrte et du voisinage du désert recueillent encore aujourd'hui les fruits du *Ziziphus lotus* : « Ils les vendent, dit-il, dans les marchés, les mangent comme autrefois, et en nourrissent même leurs troupeaux; ils en font aussi une boisson, en les broyant et les mêlant avec de l'eau. Enfin, la tradition que ces fruits servaient anciennement de nourriture aux hommes s'est conservée parmi ces peuples : c'est encore ce même *Lotos* dont parle Homère, et qui avait un goût si délicieux qu'il faisait perdre aux étrangers le souvenir de leur patrie (1). »

Les fruits du Lotos étaient sans doute une ressource précieuse pour des peuples qui habitaient un pays peu cultivé; mais il ne peut appartenir qu'à l'imagination des poëtes d'attribuer à ces fruits, très-inférieurs à beaucoup d'autres, tels qu'aux dattes, une saveur si agréable que les étrangers ne voulaient plus quitter une terre aussi fortunée.

Pour terminer cette discussion, j'ajouterai que le fruit du caroubier (*Ceratonia siliqua*), si commun dans cette contrée, pourrait bien avoir été le véritable Lotus des Lotophages, quoi qu'en disent Polybe et ses commentateurs.

Della Cella s'appuie sur un passage d'Hérodote (IV, 176 et 177), confirmé par Strabon (III, 65, 6), pour soutenir que les Lotophages n'habitaient pas le pays de la petite Syrte, mais la Cyrénaïque, à l'est de Cinyphium (2).

Il est probable que le *Ziziphus lotus* est aujourd'hui moins abondant dans ces contrées qu'autrefois, et qu'il a été en grande partie remplacé par le palmier. On distingue principalement deux espèces très-différentes de palmiers : le latanier nain (*Chamærops humilis*, L.) et le dattier proprement dit (*Phœnix dactylifera*, L.). A ces deux espèces on pourra ajouter une troisième, le *Cucifera Thebaica*, Delil. Le premier est partout commun sur toute la côte de la Barbarie, ainsi que dans la Sicile, dans l'Italie et l'Espagne méridionale. Son fruit est inférieur aux dattes. C'est une baie presque ronde; la pulpe qui environne le noyau est légèrement succulente, mielleuse, un peu sèche, mêlée à beaucoup de filaments. Ce palmier a une tige extrêmement courte; il fleurit au printemps et porte des fruits en automne et dans l'hiver.

Quant au dattier, il se cultive particulièrement dans l'intérieur des terres, vers le désert; cependant on en rencontre aussi de belles plantations sur les côtes, et surtout dans la vaste plaine qui s'étend de Tripoli au cap Tagiura. Cet arbre majestueux, à tronc nu, non ramifié, couronné d'une touffe verte, imprime au paysage un caractère particulier. Ses fruits sont la principale ressource des habitants. Ils sont inférieurs aux dattes de Tunis, qui à leur tour le cèdent à celles du Fezzan. Ces dernières sont les plus estimées, et on les voit très-rarement sur les marchés d'Europe. Une seule grappe de dattes peut à peine tenir dans la peau d'un mouton, dont on se sert ordinairement pour les tenir fraîches et les conserver. Les jeunes pousses du sommet fournissent tous les ans, à l'époque de leur taille, une liqueur agréable, fermentescible, que les indigènes appellent *laghibi*. Au bout de quelque temps, par suite de la fermentation qu'elle éprouve, cette liqueur devient une espèce de vin fort et enivrant. Ils en boivent

---

(1) Desf., Acad. Par., 1788.
(2) La nave di Ulisse, sorpresa, a vele spiegate, dal vento di tramontana al capo Malea, non doveva punto essere spinta alle Sirte minore, ma bensì a Lotofagi della Cirenaica, che sono a mezzodì di quel Capo. La due circostanze, aggiunte da Omero d'aver salito questo littorale, per far acqua, sono due tratti di più, presi dal vero in questa parte marittima della Cirenaïca. Tanta concordanza avrebbe dovuto fissare prima d'ora questo punto di geografia Omerica. *Viaggio da Tripoli*, etc., p. 123.

souvent immodérément, malgré la défense du Koran. L'usage de ce vin est très-ancien; car Hérodote rapporte que Cambyse envoya aux Éthiopiens, par l'intermédiaire des Ichthyophages, quelques mesures de vin de palmier (1).

Les dattiers dont on a coupé les pousses pour en extraire le suc fermentescible ne portent des fruits qu'au bout de trois ans, et ces fruits sont alors d'une qualité supérieure. L'Afrique boréale est la patrie du palmier porte-dattes, *Phœnix dactylifera*, L. (2). Ce n'est qu'à quelque distance du littoral qu'on trouve le palmier doum (*Cucifera Thebaica*, Del.).

(1) Hérod., III, 20.
(2) Chaque continent a pour ainsi dire ses palmiers. L'Amérique compte plus d'espèces que l'Afrique et l'Asie réunies. Parmi les espèces qui fournissent le vin de palmier, on peut citer : *Arenga saccharifera*, Lat.; *Sagus Rumphii*, W.; *Borassus flabelliformis*, *Cocos nucifera*, L.; *Rhaphia vinifera*, Lab.; *Mauritia vinifera*, Mart. Les jeunes pousses de ces palmiers sont en outre mangées en guise d'épinards; la moelle du *Sagus Rumphii*, dans l'Inde, donne une excellente fécule (sagou). Les semences non mûres du *Cocos nucifera* renferment un liquide qui sert de boisson rafraîchissante; à leur maturité, elles donnent une matière pulpeuse, saine, qu'on mange. Les baies vertes de l'*Arenga saccharifera* sont confites avec du sucre. On exprime des graines de l'*Elæis guineensis* et d'autres espèces une huile grasse, qui se distingue des autres huiles par la présence de l'acide palmique. Le suc du *Corypha umbraculifera*, L., et *Talierna sylvestris*, palmiers de l'Asie, est émétique, et sert en médecine. Les noix de cocos, de grosseur monstrueuse, vendues autrefois très-cher, et que les eaux apportent souvent du rivage de l'Inde jusqu'aux îles Seychelles et plus loin, appartient au *Lodoicea Sechellarum*. Le *Hyphœne coriacea*, Pers. (*Cucifera Thebaica*, Delisl., *doum* des Arabes), remarquable par sa division dichotome, fournit le *Bdellium d'Égypte*, substance gommo-résineuse, jadis employée comme diaphorétique et diurétique. Le *Calamus draco*, Will. (*Dracæna draco*), donne le sang-dragon, remarquable par son principe colorant et la matière astringente qu'il renferme. Des troncs du *Cerozylum andicola*, Humb., et du *Corypha cerifera* découle une cire particulière (*Cera de Palma, Carnauba Brasil*).

FEZZAN.

On donne le nom de *Fezzan* ou *Fassan* à une vaste oasis comprise entre le 25° et 30° latitude boréale, entourée au nord par une ceinture de sable, à l'est par le grand désert libyque, et à l'ouest et au sud par le désert de Sahara. Rennell reconnaît dans le Fezzan le pays des Garamantes d'Hérodote (*Gamphasantes* de Pomponius Méla). Les Romains l'appelaient *Phazania*, les Arabes du moyen âge *Zuila*; Marmol le nomme *Fizen*. Léon l'Africain l'appelle *Fezzen*, et en fait la description suivante : « Fezzen est une contrée bien ample, en laquelle sont situés de gros châteaux et villages, tous habités par un peuple fort opulent, tant en possessions comme en deniers, pour ce qu'ils sont aux confins d'Agadey et du désert de Libye, qui confine avec l'Égypte, et est distante cette marche du grand Caire environ soixante journées, sans qu'on puisse trouver d'autres habitations par le désert qu'Augela. Cette contrée de Fezzen est gouvernée et régie par un seigneur qui est comme primat du peuple, lequel distribue tout le revenu du pays au profit public, après avoir satisfait aux Arabes de quelque somme de deniers, de quoi on leur est redevable. Il n'y a en ce pays autre chair que de chameau, qui est en grande requête et fort chère (1). »

C'est par le Fezzan que passe la grande voie de communication du nord-est de l'Afrique avec le Soudan, et particulièrement avec Tombouctou. On devine donc facilement l'importance commerciale que ce pays pourra un jour acquérir.

État physique, climat, constitution géologique. — Le Fezzan présente, d'après Hornemann, une forme arrondie. La plupart des géographes lui donnent une étendue de trois cents milles du nord au sud, et de deux cents milles de l'est à l'ouest. Il est comme une île entourée de chaînes de montagnes sauvages et impénétrables, qui ne sont interrompues qu'à l'ouest, où l'oasis paraît confiner immédiatement au désert. Le Fezzan est une vaste plaine basse, couverte partout d'un sable léger, qui autrefois, dit-on,

(1) *Description de l'Afrique*, p. 316.

encombrait un torrent profond et rapide près de Tessowa, à l'est. A l'ouest, du côté de Sahara, le sol est aride et désert. Au sud, il est généralement sec et couvert d'un sel alcalin fixe (sesquicarbonate du soude), auquel les indigènes donnent le nom de *trona*. On y trouve des puits nombreux, et quelques sources vives qui ne tarissent jamais. Il ne pleut jamais ou très-rarement dans le Fezzan, et l'on ne rencontre dans tout le pays aucune rivière qu'un Européen pourrait appeler considérable. Le chérif Imhammed vante cependant le petit fleuve qui coule à Mourzouk, ainsi que le territoire bien arrosé des environs, où l'on trouve toujours des puits de trois à quatre mètres de profondeur. Il y en a, dit-il, plusieurs dans chaque jardin, qui servent à l'irrigation et produisent une végétation abondante. Le nombre des lieux habités est, selon lui, de cent; Hornemann dit qu'on y compte cent une villes et villages. Le climat a un effet funeste sur les étrangers non habitués aux différences considérables qui existent entre la température du jour et celle de la nuit. Ritchie succomba à l'action de ce climat; et Lyon, Oudney, Clapperton demeurèrent longtemps malades à Mourzouk, capitale du Fezzan. Ces voyageurs nous apprennent qu'il est rare de rencontrer même parmi les indigènes un visage qui annonce la santé. Lyon observa, le 14 janvier, pendant la nuit une température de — 2° 30′ : les outres étaient congelées, et il y avait de la glace d'un demi-pouce d'épaisseur; pendant le jour, au contraire, la température s'élevait quelquefois jusqu'à 30° et au-dessus. Un sable très-fin, soulevé par les vents, cause des ophthalmies et des affections pulmonaires très-graves.

Suivant le capitaine Lyon (1), un sable jaune rougeâtre (silice ferrugineuse) couvre la plus grande partie du pays. Au sud des montagnes de Soudah, depuis le 29ᵉ jusqu'au 24° latitude nord, on ne trouve d'autres roches qu'un grès rouge de formation tertiaire, avec quel-

(1) Captain G. F. Lyon, *Narrative of the Travels in northern Africa, in the years* 1818, 19 et 20, etc.; London, in-4°, 1821. Traduction française; Paris, in-8°, 1822. (Gide).

ques couches de gypse, de sel gemme et de marne, qui, en s'adossant de deux côtés, au nord et au sud, aux basaltes des monts Soudah, constituent toute la variété géologique de ces plaines africaines. La base du grès rouge se compose de couche de calcaire coquillier. Le capitaine Lyon ne rencontra que trois sources dans tout le vaste espace qu'il parcourut (1); mais en beaucoup d'endroits il trouva de l'eau dans des terrains argilo-salins à une profondeur de trois à sept mètres. « Le Fezzan, dit le capitaine Lyon, ne se distingue nullement du désert sous le rapport du sol : dans le sens propre, il fait même partie du Saharah. Près de Mourzouk, le terrain est argileux et blanc, et, quoique mélangé de sable, il offre ici une certaine fertilité; mais l'irrigation est tellement pénible, que dans tout le royaume on ne trouve pas un jardin qui ait plus d'un acre d'étendue, et pas un gazon de la longueur d'une table. En aucun endroit, depuis les montagnes au sud de Tripoli jusqu'à Mourzouk et Tegerry, l'herbe ne croît spontanément, excepté entre les fissures des roches, et sur les bords de quelques ouadeys. »

Agriculture, productions naturelles, végétaux, du Fezzan.

Les riches seuls possèdent des terres, et la valeur des biens-fonds s'estime d'après le nombre des puits et des palmiers, qui fournissent la principale nourriture des habitants. Les jardins ainsi que les terres sont cultivés à la pioche par les esclaves. A la mort d'un proprié-

(1) Lyon, accompagné du consul anglais Ritchie, voyagea, au mois de mars 1819, de Tripoli à Mourzouk; il se proposait de pénétrer de là dans le Soudan. Mais les fièvres dont ils furent tous deux atteints pendant leur séjour à Mourzouk, et la mort prématurée de Ritchie, décidèrent le capitaine Lyon à renoncer à ses projets de découverte dans l'intérieur de l'Afrique. Cependant il fit de nombreuses excursions dans le Fezzan; et la relation de ses voyages a jeté un grand jour sur la géographie de ce pays. C'est principalement dans la direction du nord au sud qu'il l'a exploré. L'étendue du Fezzan, de l'est à l'ouest, lui est moins connue qu'à Hornemann.

taire, ses biens appartiennent au plus proche parent : s'il meurt sans héritiers ou s'il est condamné à mort, ses propriétés sont saisies au profit du sultan. Tout Fezzanien peut acheter et vendre : aucune réserve ni substitution ne l'empêche de disposer des biens qu'il a reçus de ses ancêtres. Les jardins se cultivent avec une espèce de bêche : on les divise en carrés d'environ un mètre. Ils sont traversés par de petits canaux d'irrigation. On emploie beaucoup de fumier : le sol sablonneux des anciens jardins ressemble beaucoup à la terre végétale. Les travaux pénibles qu'exige la culture de ces jardins obligent les propriétaires de demeurer sur les lieux, s'ils veulent en tirer quelque profit.

« La plupart des plantes, ajoute Lyon, que l'on cultive dans le midi de l'Europe, réussiraient certainement dans le Fezzan, en leur donnant des soins convenables. Il serait facile d'y introduire l'usage de la bêche, du rateau, de la houe, de la charrue et du van. Les Fezzaniens ne sauraient d'abord comment s'en servir, mais ils l'apprendraient bientôt, et en feraient grand cas (1). »

On ne voit dans le Fezzan aucune espèce de bois de charpente, ni de végétal propre à faire des planches. Le palmier et les arbres fruitiers, le blé et les légumes ne sont cultivés que dans le voisinage des bourgs ou des villes. Les plantations de palmier ne s'entretiennent qu'avec les plus grands efforts : l'irrigation se fait au moyen de machines tirées par des ânes (2). Outre le sorgho (*gafouly masr*), on cultive trois espèces de dourrah, du froment, de l'orge, des haricots, des raisins, des abricots, des pêches et quelques chétives pommes. On y trouve de bonnes figues, d'excellents melons d'eau et du *corna*, petit fruit rond de la grosseur d'une noix. L'arbre qui le porte atteint jusqu'à dix mètres de hauteur; c'est, suivant Ritchie, le *Lotus* des anciens (*Ziziphus lotus*, Linn.)

Voici à quoi se borne la liste des végétaux cultivés du Fezzan, tels qu'ils sont indiqués dans le voyage du capitaine Lyon :

Gafouli masr, sorgho.
Gafouli abiad, petit millet.
Goussoub, petit grain brun, rond; le dourrha d'Égypte.
Goussoub lamzavi et *Goummah albavi*, deux autres espèces du même grain.
Goummah, froment.
Chair, orge.
Taridi, autre espèce d'orge, de couleur rouge.
Bichena, petit grain ressemblant au millet.
Loubia, petite fève.
Gilgillan, petit pois.
Latila, petite vesce noire.
Kervia, carvi.

(On mange aussi la graine de coloquinte et celle de soleil.)

Navet, de forme allongée, petit et rare.
Carotte, petite et rare.
Radis, bon et piquant.
Melochia et *Birti Gallis*, plantes que l'on mange en salade.
Bamia, petite gousse qu'on mange dans la soupe.
Sénevé, cresson; bon, mais rare.
Oignons, bons et abondants.
Ail, rare, mais de bonne qualité.
Piment, très-bon et en abondance.
Tomates, rares, mais bonnes.
Potiron, gros, jaune, et de bonne qualité.
Gerou, fruit qui ressemble au melon.
Raisins; on en trouve près des puits et dans tous les jardins.
Grenades, fort belles, mais en petite quantité.
Abricots, rares et mauvais.
Pêches; ne mûrissent jamais.
Pommes, rares, cotonneuses et sans goût.
Melons d'eau, bons, mais en petite quantité.
Figues, petites, mais bonnes.
Corna, petit fruit rond, ressemblant à la pomme pour la forme et l'odeur, et de la grosseur d'une noix. Il a trois noyaux; il est très-bon quand il est frais; il croît sur un arbre qui a quelquefois trente pieds de haut.

Les semailles de dourrha et d'orge se font au mois d'octobre et de novembre. Les moissons aux mois de mars et d'avril. Dans l'intervalle qui s'écoule entre les semailles et la récolte, il faut arroser deux fois par semaine. Les ré-

---

(1) *Voyage* de Lyon, p. 242.
(2) Suivant Lyon, le palmier du Fezzan (*Phœnix dactylifera*, L.) est très-poreux, sec, se casse aisément, et ne dure pas. — Ces différences, purement accidentelles, tiennent sans doute à l'aridité du sol et à la sécheresse du climat.

coltes de dattes les plus importantes pour le Fezzan ont lieu, la première au mois de septembre, lorsque le fruit est encore tendre; la seconde, au mois d'octobre, lorsqu'il est sec et blanchi. Le *gouddoub* ou *soufsafa* est une espèce de trèfle qui se sème par petites planches, en janvier et février, et qu'on peut couper tous les quinze jours jusqu'en novembre. Alors il ne pousse plus, et on en donne les racines aux bestiaux. Cette nourriture engraisse en peu de temps les chevaux et les chameaux. Toutes les espèces de *goussoub* et de *gafouly* se sèment au milieu de l'été; la récolte se fait en automne; quelquefois on les donne en vert aux chevaux, alors la tige a le goût de la canne à sucre. On arrache la plante avec les racines. La paille sert de fourrage pendant l'hiver; elle est d'un prix exorbitant. La tige du gafouli s'élève quelquefois à sept et à huit pieds. (Lyon.)

Nous avons fort peu de renseignements sur la flore du Fezzan. Nous ne connaissons guère les végétaux de ce pays que par le petit nombre d'échantillons recueillis par Ritchie et d'Oudney et déterminés par Rob. Brown (1). Ces herbiers renferment à peine cinquante espèces nouvelles, c'est-à-dire non décrites dans la *Flora Atlantica* de Desfontaines, dans la *Flore d'Egypte* de Delile, et dans le *Floræ Libycæ specimen* de Viviani. Les collections de Ritchie, d'Oudney et de Clapperton ne contiennent que deux cryptogames, l'*Acrostichum velleum*, trouvé dans les monts Tarhona, et le *Grammitis ceterach*. L'herbier d'Oudney renferme quarante-cinq espèces de graminées, dont trente appartiennent aux *poacées* et quinze aux *panicées*. Dans les plages sablonneuses, les panicées sont bien moins nombreuses : elles sont aux poacées dans le rapport de cinq à dix-huit.

A l'occasion des graminées du désert, Oudney remarque qu'il ne vit aucune espèce à racines rampantes, et que

(1) *Voyages et découvertes dans le nord et dans les parties centrales de l'Afrique*, par le major Denham, le capitaine Clapperton et le docteur Oudney, trad. de l'anglais par Eyriès, tom. III, p. 251; Paris, 1826.

l'*Arundo phragmites*, L., qu'il cite comme une exception, n'est point, à proprement parler, une plante du désert. L'herbier ne contient point d'échantillon du *Cyperus papyrus*, L., que le capitaine Clapperton a vu croître sur les bords du Chary, près du lac Tschad, dans le Soudan. Parmi les autres monocotylédonées, il n'y a que deux espèces qui ne paraissent encore avoir été décrites : l'une est voisine du *Melanthium punctatum*; l'autre est une espèce de colchique, que R. Brown a nommée *Colchicum Ritchii* : elle se distingue des autres espèces du même genre par deux crêtes ou appendices membraneux, généralement frangeux, situés à la base de chaque segment du périanthe, et un filament intermédiaire. Quelques botanistes ont fait de cette espèce un genre nouveau, sous le nom de *hermodactylus*.

Dans la classe des dicotylédonées, le *Gymnocarpus decandra* (famille des caryophyllées) fut constamment observé par le docteur Oudney dans les déserts pierreux, sur la route de Tripoli au Fezzan; de même que le *Cornulaca monacantha* de Delile (famille des chénopodiacées) paraît être très-commun depuis Tripoli jusqu'au Bornou, et fournit une nourriture excellente aux chameaux. — De toutes les plantes dicotylédones, le *Samolus Valerandi* est probablement la plus répandue; elle se trouve dans toute l'Europe, dans l'Afrique septentrionale et dans le Bornou : R. Brown l'a observée au cap de Bonne-Espérance et dans la Nouvelle-Galle du sud; elle est également indigène dans l'Amérique du Nord. La distribution géographique du genre *Samolus* est très-remarquable : à l'exception du *S. ebracteatus*, qu'on rencontre à Cuba, toutes les autres espèces, environ au nombre de sept, appartiennent à l'hémisphère oriental, où le *S. Valerandi* est très-commun.

L'herbier d'Oudney contient vingt-six espèces de papilionacées, parmi lesquelles on remarque l'*Alhagi Maurorum* (*agoul*), plante très-commune dans le Fezzan, et qui procure une excellente nourriture aux chameaux. Les mimosées n'y sont représentées que par trois espèces : l'*Acacia nilotica*, le *Mi-*

mosa habbas et l'*Inga biglobosa*, dont les fruits sont attachés à un réceptacle en forme de massue. L'*Inga biglobosa* est un arbre dont les habitants du Fezzan méridional et du Bornou font le plus grand cas; ils l'appellent *doura*. Suivant Clapperton, on torréfie les graines comme le café, puis on les écrase avant de les faire fermenter dans l'eau; lorsqu'il se manifeste un commencement de putréfaction, on les lave et on les réduit en poudre, pour en former des gâteaux assez semblables au chocolat, et fournissant une sauce excellente à toute sorte d'aliment. La matière féculente qui enveloppe les graines sert à la fabrication d'une boisson agréable; on en fait aussi une espèce de confiture. Le doura du capitaine Clapperton est probablement le *nitta* dont parle Mungo-Park dans son premier voyage. Palissot de Beauvois, dans sa *Flore d'Oware*, remarque que l'*Inga biglobosa* (*netti* du Sénégal), décrit par Jacquin, comme indigène de la Martinique, y aura été probablement introduit par les Nègres.

Une espèce de tamarix, qui ne paraît point différer du *T. Gallica*, est très-commun dans le Fezzan, où on l'appelle *attil*. Suivant le docteur Oudney, c'est le seul arbre susceptible de donner de l'ombrage. Trois espèces de cistes furent trouvées entre Tripoli et Mourzouk. L'herbier d'Oudney contient six espèces de zygophyllées, savoir: *Tribulus terrestris*, recueilli dans le Bornou; *Fagonia cretica*, entre Tripoli et Beniolid; *Fagonia arabica*, à Aghedem; *Fagonia Oudney* et le *Zygophyllum simplex*, dans le Fezzan; enfin le *Zygophyllum album*, dans toutes les parties du désert.

Ritchie trouva entre Tripoli et Mourzouk une espèce de *Reseda*, voisine des *R. suffruticulosa* et *undata*, Linn.; R. Brown lui donne le nom de *Reseda propinqua*; elle est remarquable en ce que les onglets de tous les pétales sont simples, c'est-à-dire qu'ils ne sont ni dilatés ni épaissis, et qu'ils n'ont aucune sorte d'appendice à leur point d'union avec le limbe trifide, avec lequel ils se confondent insensiblement. — Parmi les crucifères, on remarque le *Cleome siliquaria*, plante assez abondante sur les limites du Fezzan et de Tripoli. Toutes les espèces de ce genre sont, suivant R. Brown, indigènes de l'Afrique septentrionale et de l'Asie moyenne, excepté le *C. violacea*, qui appartient au Portugal. R. Brown considère l'*Hesperis nitens* de Viviani comme appartenant à un genre nouveau, auquel il a donné le nom d'*Oudneya*, en mémoire du docteur Oudney. Cette plante fut recueillie par ce voyageur dans les nombreuses vallées entre Tripoli et Mourzouk; les chevaux et les mulets la mangent volontiers (1).

R. Brown propose de faire un sous-genre (*Plagiloba* de R.B.) de l'*Hesperis ramosissima*, recueillie par Ritchie dans le Fezzan: il diffère par son aspect de toutes les autres *Hesperis*; il se rapproche sous quelques rapports des *Malcomia*, et sous d'autres des *Mathiola*. Les cotylédons sont très-obliquement incombants. Le *Savignya Ægyptiæ*, R. Brown, fut recueilli près de Bondjem par le docteur Oudney. Delile découvrit cette plante près de la pyramide de Saqqârah; il la figura et la décrivit sous le nom de *Lunaria parviflora*. Le *Lunaria Libyca*, Viv., en est une espèce voisine, trouvée en 1819 par Ritchie aux environs de Tripoli. Elle fut décrite et figurée en 1824 par Viviani, d'après les échantillons recueillis en 1817 par le docteur Della Cella. Sprengel en fait une espèce de *Farsetia*. Le genre *Savignya*, R. Brown, très-voisin du *Lunaria*, n'a pas été généralement adopté.

Il importe de faire ici observer que les herbiers de Ritchie, d'Oudney et de Clapperton ne se rapportent pas seulement à la flore du Fezzan, mais à celle des environs de Tripoli, du désert de Sahara et du Bornou dans le Soudan. Le tiers des échantillons soumis à l'examen de R. Brown appartient au territoire de Tripoli; cinquante furent recueillis sur la route entre Tripoli et Mourzouk, trente-deux dans le Fezzan, trente-trois

(1) R. Brown donne du genre *Oudneya* la caractéristique suivante: *Calyx clausus, basi bisaccatus. Filamenta distincta, edentula. Stigmata connata, apicibus distinctis. Siliqua sessilis, linearis, rostrata; valvis planis, uninerviis, funiculis adnatis, septis areolarum parietibus supparallelis. Semina uniseriata. Cotyledones accumbentes.* — Ce genre ne diffère des *Arabis* que par la forme du stigmate et le bec de la silique.

de Mourzouk à Kouka, soixante-sept dans le Bornou, et seize dans le Soudan.

Animaux du Fezzan.

Parmi les animaux carnassiers communs au Fezzan on remarque la panthère, l'hyène, le chacal, plusieurs espèces de renards et le chat sauvage. Sur les frontières du territoire de Tripoli et du Fezzan on trouve un animal particulier, que les indigènes appellent *kandy*. Lyon en tua trois individus, et les envoya au musée britannique. « Je crois, ajouta-t-il, que ce sont les premiers animaux de cette espèce qui arriveront en Europe. » Le kandy ressemble beaucoup au cochon d'Inde; sa couleur est d'un brun cendré, son poil est plus long que celui du rat, et fort soyeux. Il a les yeux grands, noirs et à fleur de tête. L'orifice de ses oreilles, aplaties sur le côté de la tête, est également noir, et n'est pas couvert de poils. Sa queue est très-courte, mais elle est garnie d'une touffe de poils noirs, très-longs. Il a le corps arrondi, couvert de graisse, et s'élargissant vers les épaules. Il se creuse un terrier dans les montagnes. Les Arabes en aiment beaucoup la chair, qui est blanche et grasse, et semblable à celle du lapin (1). Le chameau du Fezzan (*maherry*), très-rapide à la course, est de toutes les bêtes de somme la plus répandue; le cheval, l'âne, le bœuf, le mouton, la chèvre et le chien sont des animaux rares et très-précieux. Dans une chaîne de montagne, à l'est de Sockna, on trouve, selon Lyon, une immense quantité de buffles, distingués en trois espèces : le *ouadan*, de la taille d'un âne, ayant de très-longues cornes, le cuir rougeâtre, et de grandes touffes de poils de 18 à 20 pouces de longueur, qui leur tombent des épaules; il a la tête fort grosse, et est très-méchant. Le *bogra el oueiche* est encore un buffle rouge, ayant de grandes cornes; il est de la taille d'une vache ordinaire, et lent dans tous ses mouvements. Le *buffle blanc*, un peu moins gros, est un animal aussi léger que timide, et qui se laisse difficilement atteindre. Ces animaux mettent bas en avril ou en mai. — Les oiseaux n'abondent pas dans le Fezzan, à l'exception des vautours, des faucons et des corbeaux, qui sont aussi communs dans le désert que les moineaux dans la ville et les pigeons sauvages dans les bois de palmiers; les autruches s'avancent quelquefois ici jusqu'au 30e degré latitude nord. Le produit de la chasse de ces animaux fait vivre une grande partie des habitants de l'intérieur du Fezzan. « Tous les Arabes, dit Lyon, sont d'accord sur la manière dont l'autruche couve ses œufs, qu'elle ne laisse pas éclore à la chaleur du soleil, comme on le croit communément. Elle se construit un nid assez grossier, y pond quatorze à dix-huit œufs, et les couve de la même manière que la poule, le mâle prenant de temps en temps la place de la femelle. C'est pendant qu'elles élèvent leurs petits qu'on s'en procure le plus grand nombre; les Arabes tuent les mères tandis qu'elles sont sur leurs nids. A Sockna et aux environs on élève des autruches dans des basses-cours, et l'on récolte leurs plumes trois fois en deux ans. D'après les peaux d'autruches sauvages que j'ai vu exposer en vente, je crois que toutes les belles plumes qu'on voit en Europe viennent de celles qui sont privées, les autres ayant les leurs tellement souillées et brisées, qu'elles n'en ont quelquefois pas une douzaine de bonnes (1). »

Voici la liste que Lyon donne des animaux (vertébrés) du Fezzan :

MAMMIFÈRES.

Chat tigre.
Hyènes, très-farouches et très-nombreuses.
Chakals, très-nombreux; ils s'approchent des lieux habités.
Renard, rare, et plus petit que celui d'Europe.
Oadan, buffle sauvage de la taille d'un âne, ayant de très-grandes cornes, et sur les épaules de longues touffes de poils.
Buffle rouge, animal et lourd et facile à prendre.
Buffle blanc, de petite taille, mais agile et courageux.
Antilope, rare près de Mourzouk.
Chat sauvage, dans les rochers.
Porc-épic, dans les vallées voisines de Beredjan.
Hérisson; dans les environs des puits. Les Arabes en mangent la chair.

---

(1) *Voyage de Lyon*, etc., p. 35.

(1) *Voyage de Lyon*, p. 80.

Rat, de deux espèces, l'une jaunâtre, l'autre brune. La première habite le désert, la seconde se trouve dans les maisons. Toutes deux ont la queue touffue.

Ganutcha, animal semblable à un rat, ayant la queue touffue, et la tête semblable à celle d'un blaireau; il vit dans les palmiers, et est facile à apprivoiser.

Souris, de deux espèces, l'une jaune, l'autre brune, comme les rats.

Gerbo; ne se trouve que dans le désert.

Lapins sauvages; on en voit à Mourzouk quelques-uns de privés, qui sont amenés des côtes de la Méditerranée.

Lièvre, assez rare; dans les vallées.

Mecherry, chameau de course.

Cheval; moutons, chèvres, vaches, en très-petit nombre.

OISEAUX.

Autruche, dans les montagnes du Ouadan.

Aigle, rare.

Vautour, très-commun dans le désert.

Faucons, assez nombreux.

Pintade sauvage; dans les vallées au nord de Sockna.

Corbeaux, très-nombreux dans le désert.

Canard sauvage. « J'en ai vu, dit Lyon, quelques volées; mais je ne puis dire d'où ils viennent, c'est probablement de quelques lacs du désert.

Foulque. « On en trouve dans les rues de Mourzouk pendant le séjour que nous y fîmes, et on nous l'apporta. C'était la première qu'on y voyait. »

Moineaux, très-nombreux. Le mâle est de couleur d'ardoise, avec des taches noires; la femelle comme en Europe.

Hirondelle, couleur d'ardoise.

Hibou; de petites espèces ayant une touffe de plumes sur la tête.

Roitelet; ailes noires, poitrine jaune.

Bergeronnette, ressemblant à un serin mucelet.

Oiseau, ressemblant à une grive, mais à queue plus longue.

Perdrix, au nord de Sockna.

Pigeon sauvage et *privé*. Le premier est un oiseau de passage, qui part en août, et s'en va du côté du Bornou et du Tibbou.

Poules, en très-petit nombre. Quelques oies à Zouela.

Cette liste, quoique bien incomplète et défectueuse, nous fait cependant comprendre tout l'intérêt qu'on retirerait d'une exploration scientifique du Fezzan.

Les oiseaux aquatiques, comme les canards, les oies, etc., sont presque inconnus. On ne voit que très-peu d'abeilles, de coléoptères et de papillons, par la raison que les fleurs sont très-rares; les mouches même sont, suivant Lyon, inconnues au Fezzan (1). En revanche, on y trouve en abondance des scorpions et des fourmis d'un brun clair, tachetées, et munies de fortes mandibules. Les lacs d'eau salée sont peuplés de myriades de petits vers gélatineux, que les habitants prennent au printemps, pour les dessécher et les manger (2).

Parmi les productions du règne minéral on remarque, comme les plus abondantes, le trona (espèce de carbonate de soude impur), le sel gemme, l'alun (*shub*), le gypse, le nitre et le soufre (3). Le sel gemme et le trona constituent des articles de commerce importants. C'est près du bourg de Mafen que l'on rencontre la mine la plus considérable de sel

(1) Denham, Clapperton et Oudney se plaignent, au contraire, de la prodigieuse quantité de mouches qu'ils ont rencontrée dans le Fezzan.

(2) Ces vers comestibles sont particulièrement pêchés dans les eaux des étangs du Ouadey Chiati. Ils sont de la grosseur d'un grain de riz. On les pile dans un mortier avec un peu de sel, et on les réduit en une pâte dont on fait des boulettes qu'on laisse ensuite sécher au soleil. Ces vers, qu'on nomme *doud*, ressemblent, pour le goût, à de mauvais caviar, et l'odeur en est très-désagréable.

(3) Il est à remarquer que le soufre est très-commun, et se rencontre le plus souvent à la surface même du sol depuis le littoral de la grande Syrte jusqu'au delà du Fezzan. Serait-ce là un indice de grands bouleversements d'origine volcanique? On sait que le soufre est en général très-répandu dans les terrains (*solfatarres*) qui avoisinent les volcans. Nous rappellerons à cette occasion que M. Subtil, qui a séjourné longtemps dans les États de Tripoli, a signalé l'existence de soufrières très-abondantes à Bréga, Linouf et Moukta, au fond de la grande Syrte. « Les terrains de soufre, dit cet habile ingénieur, occupent une étendue de huit myriamètres du nord au sud, depuis Linouf jusqu'à Bréga, et de vingt-cinq à trente kilomètres de l'est à l'ouest depuis les bords de la mer jusqu'aux montagnes, dont la chaîne se perd dans le Fezzan. On y trouve des lacs sulfureux et des monticules de soufre dont les sommets, dénudés par les eaux du ciel, laissent le minerai à découvert. » (Document communiqué par M. Ferd. Denis.)

gemme : c'est une plaine qui s'étend sur un espace d'environ trente milles.

Habitants.

La population du Fezzan peut être évaluée à soixante-dix ou quatre-vingt mille âmes. C'est sans doute un mélange d'Arabes et d'aborigènes, tant de la côte que de l'intérieur. Les habitants sont de taille moyenne; ils ont la peau brun foncé, les pommettes très-saillantes, le visage plat, les yeux petits, la bouche large, et les cheveux moins laineux ainsi que le nez moins voûté que chez les Nègres. Les Fezzaniens, avec leurs formes originairement belles, ne sont pas robustes. Hornemann et d'autres voyageurs les dépeignent comme un peuple sans énergie, indolent d'esprit et de corps, mais entreprenant lorsqu'il s'agit de gain. Les femmes sont en général très-laides, elles sont nubiles à douze et treize ans; a quinze ou seize ans leurs seins tombent, elles commencent à prendre les traits de la vieillesse. Il est rare qu'elles soient fécondes jusqu'à trente-cinq ans. Quelques familles dont les membres ont la peau d'une teinte plus claire, et qu'on appelle mamelouks, forment en quelque sorte la caste nobiliaire; ils sont pauvres, mais fiers de leur origine : la plupart de leurs ancêtres étaient attachés au service du pacha de Tripoli, et avaient été envoyés en présent aux beys du Fezzan. Les chérifs de Zuila appartiennent aussi à la classe des nobles : ils descendent d'une tribu arabe, et sont connus pour leur probité et leur hospitalité.

Les propriétés territoriales sont entre les mains des cadis, des cheiks, des caïds, des hadjis et des marabouts, qui les font exploiter par des esclaves noirs. Il n'y a presque pas de différence entre le commun du peuple et l'esclave domestique.

Au rapport de Lyon, les Fezzaniens ne brillent ni par leurs sentiments d'honneur ni par leur courage : ils sont servilement soumis à leurs tyrans. Ils ne sentent pas leur abjection, parce qu'ils n'ont jamais connu la liberté, et qu'ils ont toujours été le jouet des caprices de leurs maîtres.

La langue dominante est l'arabe occidental (le *maghrebi*). Cependant on parle aussi au Fezzan les idiomes du Bornou, des Touariks, des Tibbous, et du Soudan, à cause des relations fréquentes avec le Sahara et le Soudan. Les *fekhis* sont des gens qui font métier d'écrire des lettres pour les principaux habitants, et de lire celles qu'ils reçoivent; on les paye en grain. Toutes les correspondances du sultan passent par les mains de ses fekhis; quoiqu'ils ne soient que des esclaves, ils deviennent des personnages importants. Presque tous les habitants savent lire et écrire l'arabe. Ils n'ont pas la moindre idée de l'arithmétique; ils comptent en traçant des points sur le sable, et en mettent six à chaque ligne. Ils sont extrêmement sobres, soit par habitude, soit par nécessité. Ils ne mangent que des dattes (avec lesquelles on nourrit aussi les chevaux) et une bouillie de farine, préparée avec de la graisse de mouton rance; ils ont rarement de la viande de chameau. Pour désigner un homme riche, ils disent qu'il mange tous les jours du pain et de la viande. Les sauterelles grillées et le vin de dattes (*lougibi*) sont leurs plus grandes friandises.

L'extrême facilité avec laquelle on importe toutes sortes de marchandises dans le Fezzan, fait que l'industrie y est très-négligée; les habitants n'ont que de misérables huttes. Les cordonniers et les maréchaux-ferrants sont seuls indispensables; le maréchal qui ferre le cheval du sultan est souvent l'artiste qui fabrique aussi les boucles d'oreilles en or de la sultane.

Les tisserands de laine ne connaissent pas encore la navette; leurs étoffes sont lourdes et grossières. Aussi les Fezzaniens s'habillent-ils en tissus de Tripoli et du Caire, qu'ils recouvrent d'une draperie légère et blanche fabriquée dans le Soudan. Certaines industries sont tout à fait impossibles, par le manque absolu de bois de charpente.

Dépourvus des produits indigènes qui puissent être l'objet d'un commerce universel, sans fabriques ni manufactures, les Fezzaniens n'expédient que des marchandises étrangères, et les habitants des oasis voisines sont leurs commis subalternes : ceux d'Augila sont des expéditionnaires pour le Caire, ceux de Bilma pour le Bornou, ceux d'Agades pour le Soudan, ceux de Gadamès et de Mésurate pour le nord. Le Soudan envoie des esclaves : on y fait pour ainsi dire la chasse aux hommes, et on expédie annuellement mille à quinze cents de ces malheureux. Cette contrée fournit, en outre, la poudre d'or, les plumes d'autruche, l'ivoire, le séné et les noix de gourou. On pourrait y ajouter encore l'airain, les peaux de chèvres, les étoffes de coton bleu de Cashna et le trona de Mandrah, que les indigènes échangent contre les articles de luxe de l'Orient, des armes en fer et autres marchandises de l'Occident.

Pendant toute l'année il se tient, dans toutes les villes et villages du Fezzan, des marchés à jours fixes. Cet usage est également répandu dans toute l'Afrique septentrionale, dans le Darfour, dans le Habech, et dans le Soudan. C'est avec la saison tempérée, qui dure depuis le mois d'octobre jusqu'au mois de février, que commence à Mourzouk la grande foire, où se donnent rendez-vous les grandes caravanes du Caire, de Ben-Ghazi, de Tripoli, de Gadamès, de Touat et du Bornou. Dans cinquante-sept journées les petites caravanes des Berbères, des Rehadeh, des Touaricks, des Tibbous, qui font le commerce de blé, d'huile, de beurre, etc., s'y rendent aussi; mais elles n'y séjournent que peu de temps. A l'approche du printemps toute cette foule commerçante se met en mouvement; car c'est alors la seule époque où les caravanes puissent reprendre leur route vers le sud, si elles veulent regagner avec le moins de fatigue possible leur but éloigné, le Niger.

L'introduction du luxe étranger altéra les mœurs des habitants. Les Fezzaniennes poussent la passion de la danse et de la parure à l'extrême. Avec les esclaves nègres on transporte les kadankas du Soudan, destinées aux plaisirs des hommes ; comme les *almeh* (femmes savantes) du Caire, elles sont habiles dans la danse, la musique et le chant. On assure qu'aucun endroit de la terre n'est plus rempli de courtisanes que le Fezzan, ce grand port où viennent aborder tous les voyageurs de l'océan de sable.

Le gain terrestre, réuni à l'espoir du gain céleste, conduisent chaque année des milliers d'hommes au tombeau du prophète. La caravane des pèlerins, qui passe par le Fezzan, est connue pour la mieux organisée, et la plus sûre. Partout elle apporte la joie, les fêtes et les richesses ; elle fait naître et cultive, dans ceux qui la suivent, les devoirs de l'islamisme, les vertus de l'hospitalité, de la bravoure et de l'abnégation.

Revenus et forces militaires.

Les revenus du caïd ou sultan, qui ne reconnaît que l'autorité du pacha de Tripoli, consistent dans l'impôt qu'il prélève sur les esclaves, les dattes ou toute espèce de marchandise. Chaque esclave, en entrant dans le pays, paye deux dollars d'Espagne, et souvent les marchands de l'intérieur en transportent jusqu'à quatre mille par an aux marchés du Fezzan; un chameau chargé d'huile ou de beurre paye sept dollars; une charge d'étoffes coûte trois dollars, une charge de dattes, un dollar, etc. Les dattiers payent un dollar par deux cents pieds, les troupeaux le cinquième du nombre. La vente de chaque esclave vaut en outre un dollar et demi au sultan. Ses propres plantations de palmiers lui rapportent annuellement six mille charges de dattes, dont chacune, pesant quatre cent livres, a pour le moins une valeur de dix-huit mille dollars. Les jardins payent le dixième de leur produit; chaque ville paye, en outre, un petit tribut, et le quart des esclaves qu'on amène annuellement du Soudan appartient au caïd. Il a, de plus, le monopole du commerce des chevaux. Le tribut annuel qu'il est obligé de payer au pacha de Tripoli est d'environ vingt mille dollars. Le tribut qu'il est tenu de déposer en personne devant le pacha conduit ainsi chaque année le caïd ou sultan du Fezzan à Tripoli, et pendant ce temps son fils est chargé du gouvernement. Les forces militaires du Fezzan s'élèvent à cinq mille soldats, tous arabes. Jamais les Fezzaniens ne sont appelés au service actif : le sultan ne les regarde pas comme assez belliqueux pour se fier à eux. Mais ils payent cher cette exemption, par l'obligation de nourrir et d'entretenir ceux qui portent les armes. Jamais le sultan n'aurait occasion de faire la guerre ; mais l'état des peuplades nègres du sud, qui sont sans défense, offre à sa cupidité des tentations trop fortes pour qu'il puisse y résister. Il envoie donc tous les ans une force armée pour piller leurs possessions et réduire les habitants en esclavage.

Histoire du Fezzan.

Nous ne savons que fort peu de chose sur les événements qui se rattachent à l'histoire du Fezzan. Hérodote connaissait, comme nous avons vu plus haut, le Fezzan sous le nom de pays des Garamantes, dont le souvenir semble se retrouver dans le nom de la ville de *Gherma*. Les Romains l'appelaient *Phazania*. Au commencement du premier siècle de l'ère chrétienne, ils y dirigèrent une expédition, sous les ordres de Cornélius Balbus, et soumirent les habitants. Dans cette expédition, on trouve mentionnées des villes *Alalé* et *Cillala*, qui tombèrent également sous le pouvoir des Romains. Dans le septième siècle, les Arabes devinrent les maîtres du pays, et s'y maintinrent longtemps. Edrisi et Ebn Haukal nomment Zuila (l'ancienne *Cillala*) comme la capitale du pays. Au quatorzième siècle le Fezzan appartenait aux chérifs du Maroc. Plus tard, ce pays tomba entre les mains d'une dynastie de noirs qui se comptait, suivant Lucas, au nombre des chérifs du Tafilelt. En 1811 un usurpateur, nommé Mohamed-el-Mekni, parvint à se défaire de tous les membres de cette ancienne famille, et se fit nommer sultan, après s'être assuré, par la promesse d'un triple tribut annuel, la protection du pacha de Tripoli. Son gouvernement est tout à fait despotique, et il ne se maintient au pouvoir que par la crainte qu'ont les habitants d'une invasion tripolitaine (1). Un cadi, résident à Mourzouk, et dont la dignité est héréditaire depuis plus de cent cinquante ans, interprète les lois d'après le Koran; il est tout à fait indépendant du sultan.

Topographie.

Le Fezzan a été parcouru de l'est à l'ouest par le voyageur allemand Hornemann; il l'a été du nord au sud par les anglais Lyon et Ritchie, et plus tard par Clapperton, Oudney et Denham. Ces voyageurs ont suivi les deux grandes routes que prennent de temps immémorial les caravanes qui se rendent dans le Soudan; elles aboutissent à Mourzouk, capitale du Fezzan. La première part du Caire, et passe par les oasis de Syouah et d'Augila; la dernière part de Tripoli.

Mekni était alors en grande faveur : on le regardait comme un personnage de grande importance; et après la mort de son père il devint *bey el noba*, ou percepteur du tribut que paye au pacha le sultan du Fezzan, et il faisait tous les ans un voyage dans ce pays. Quoique ce tribut fût peu considérable, on n'en regardait pas moins la place de bey el noba comme très-importante. Mekni était revêtu de cette dignité quand Horneman l'accompagna dans le Fezzan. Les fréquents voyages de Mekni lui fournirent l'occasion de se convaincre que le tribut payé par le sultan n'était qu'une très-faible partie de ses revenus. Il résolut de s'approprier ce royaume, et trouva bientôt le moyen de déterminer le pacha à lui permettre de se défaire de la famille régnante, en lui persuadant qu'il n'agirait que dans ses intérêts. Ce fut en 1811 qu'il réussit à surprendre Mourzouk avec un corps de troupes, tiré des montagnes de Gharian. Il fit étrangler le sultan et son frère, son principal mamelouck et ses deux fils aînés; et, prétextant ensuite qu'après des actes pareils de cruauté et d'injustice, il serait imprudent de quitter Mourzouk, il eut l'adresse de déterminer le pacha à le nommer son vice-roi, et il lui promit de porter le tribut annuel à 15,000 piastres au lieu de 5,000. S'étant ainsi emparé de l'autorité souveraine, il fit la guerre à tous ses voisins hors d'état de se défendre, et emmena de chez eux tous les ans quatre à cinq mille esclaves. C'était au retour d'une semblable expédition, faite dans le Kanem, qu'il s'était rendu à Tripoli avec un nombre considérable d'esclaves et de chameaux, et il avait été en conséquence parfaitement accueilli par le pacha. »

---

(1) Voici dans quels termes Lyon (*Voyage*, etc., p. 6-8) raconte l'histoire de ce chef. « Mahomed-el-Mekni, qu'on nomme à Tripoli *bey* du Fezzan, mais qui prend le titre de *sultan* en entrant sur son territoire, est un homme d'environ cinquante ans (en 1819), ayant l'air martial, et doué d'une grande force de corps : il est dévoré d'une ambition excessive et d'une avarice insatiable. C'était un des amis et des plus fermes soutiens du pacha actuel pendant le règne de son père, et il lui fut d'un grand secours pour apaiser les troubles qui s'élevaient lorsqu'il usurpa le trône.

C'est autour de ces deux grandes artères que se groupent toutes nos connaissances topographiques du Fezzan.

Mourzouk, capitale du Fezzan, est située à environ 26° lat. nord et 12° longitude orientale de Paris. C'est une ville garnie de murs, et qui compte environ vingt-cinq mille habitants sédentaires, outre les nombreux étrangers qui s'y rassemblent annuellement. Les remparts ont environ cinq mètres de hauteur, deux mètres d'épaisseur et sept portes; ils sont bâtis en terre, comme toutes les maisons, et ces constructions sont ici très-durables, par la raison qu'il ne pleut presque jamais dans le Fezzan. Les maisons n'ont en général qu'un étage; dans la plupart le jour n'entre que par la porte, qui est si basse qu'il faut se plier en deux pour y passer; mais les grandes maisons ont des portes beaucoup plus élevées; la manière dont on les construit est assez ingénieuse. On prend d'épaisses planches de palmier de quatre à cinq pouces de largeur; on y fait un trou en haut et en bas, et on les assemble en y passant un bâton de palmier. On les serre ensuite avec une courroie de cuir de chameau mouillé, qui, se rétrécissant en séchant, tient encore les planches plus serrées les unes contre les autres. Les portes n'ont pas de gonds : elles tournent sur un pivot taillé au bout de la première des planches qui les composent, et qui, pour cette raison, est toujours plus longue que les autres. — La rue par laquelle on entre dans la ville a environ cent mètres de largeur; elle est fort belle et conduit au château. Les autres sont très-étroites; mais il y a plusieurs grandes places destinées aux chameaux des marchands. On trouve dans la ville un assez grand nombre de palmiers; quelques maisons ont de petits enclos où l'on cultive de préférence le poivre rouge et les oignons. Le château, qui a près de trente mètres de haut, est vaste et très-fortifié; les murs ont à leur base de quinze à vingt mètres d'épaisseur, et ne diminuent qu'à mesure qu'ils s'élèvent, de sorte que l'intérieur du palais est très-étroit, à proportion de sa circonférence. Il renferme le harem des premières femmes du sultan, et la garde en est confiée à des eunuques. La ville est entourée de tous côtés de plantations de dattiers qui fournissent aux habitants leur principale nourriture.

Il y a dans la ville plusieurs étangs d'eau salée stagnante, que Lyon regarde avec raison comme la source des fièvres qui y règnent tous les étés. Le cimetière est situé hors de la ville; son étendue est considérable. Au lieu de couvrir les tombeaux d'une pierre sépulcrale, on les entoure d'un petit parapet fait en terre, et on les orne de morceaux d'étoffe attachés à des bâtons enfoncés dans le sol, de pots carrés, et quelquefois d'œufs d'autruche. Il y a un cimetière séparé pour les esclaves; on les enterre si près de la surface, qu'il arrive souvent que le vent, emportant le sable qui les couvre, laisse leurs os exposés à la vue. A cause de la rareté du bois, on ne se sert pas de cercueils; les corps sont enveloppés dans une natte ou dans une pièce d'étoffe; on les descend dans la fosse, on les couvre de branches de palmiers, et on rejette la terre par dessus. Quand les branches pourrissent, la terre s'affaisse, de sorte que les tombeaux, au lieu de présenter une surface convexe, ont une forme concave. Le lieu de sépulture des anciens sultans est une plaine voisine de la ville; leurs tombeaux ne se distinguent de ceux des autres individus que parce qu'il s'y trouve un plus grand nombre de fragments de pots cassés. Jamais on n'enterre les animaux : on les porte sur des hauteurs hors de la ville, et il n'en résulte aucune exhalaison putride. L'excessive chaleur les a bientôt desséchés; il n'en reste que la peau, à laquelle le poil demeure attaché.

Les habitants notables de Mourzouk portent le même costume que les Tripolitains. Les autres ont une grande chemise de toile de coton blanche ou bleue, à manches très-larges, des pantalons de même étoffe et des sandales de peau de chameau. Les chemises étant très-longues, bien des gens ne portent pas d'autres vêtements. Le costume des femmes de Mourzouk est entièrement différent de celui des femmes maures; elles exhalent une odeur qui n'est rien moins qu'agréable. Les cheveux leur tombent jusqu'aux sourcils, et sont fortement enduits d'une huile grasse.

Elles les couvrent ensuite d'une poudre nommée *hatria*, composée de clous de girofle, des feuilles d'une plante ressemblant à la lavande sauvage, et de quelques autres herbes odoriférantes. Ce mélange forme une espèce de pâte qui, grossie par la transpiration et les particules de sable volant, révolte, au bout de quelques jours, la vue aussi bien que l'odorat. Les cheveux de la nuque forment deux tresses qui tombent sur les épaules; pour les faire paraître plus longs, on y ajoute souvent de la laine noire; on y suspend aussi des ornements d'argent ou de corail. Un autre ornement en corail ou en verroterie pare le milieu du front. Chaque oreille porte le plus grand nombre d'anneaux qu'il est possible de faire passer dans le trou dont elles sont percées; on en compte quelquefois cinq ou six, le plus grand a cinq pouces de diamètre. Un mouchoir de laine attaché derrière la tête est noué sous le menton par une bande de cuir. Le cou est orné de colliers de corail et de verroteries très-serrées. Le devant a souvent une large plaque d'or. Les femmes portent en général une chemise blanche ou bleue, dont le collet et la poitrine sont brodés à l'aiguille; ou bien une chemise de soie rayée, qu'on tire d'Égypte, et qui se nomme *chami*. Un djérid et des pantoufles rouges complètent leur toilette.

Au rapport de Lyon, on trouve dans les environs de Mourzouk un petit reptile, qu'on nomme *aselis*, ressemblant assez à un lézard; il s'enfuit dans le sable en un instant. Si, le tenant à la main, on le laisse tomber, il s'enfonce si perpendiculairement, qu'en remuant le sable on est sûr de le retrouver. Quand on le tient étendu, son épine dorsale fait entendre un craquement; et les femmes croient religieusement qu'elles auront autant d'enfants que ce bruit se répète de fois. Aussi achètent-elles cet animal avec empressement.

La route de Tripoli passe par *Sockna*, qui est à environ cinq journées de Mourzouk. En quittant Tripoli on franchit les monts Ghouriano pour arriver d'abord à *Beniolid* (Beni-Oulid). Beniolid est une vallée fertile, bordée de montagnes blanchâtres, où l'on trouve de la serpentine et des laves vésiculaires et amygdaloïdes. Des villages et des châteaux en ruines s'y montrent partout. Les habitants sont de la tribu arabe d'Arfilli; c'est une belle race, et les jeunes filles sont véritablement jolies. Lyon estime la population de Beniolid à environ deux mille âmes.

La structure des montagnes de Ghouriano est très-intéressante; leur hauteur n'excède pas cent cinquante mètres; la roche calcaire y domine. Toute la partie nord est calcaire, jusqu'à un mille de l'extrémité occidentale; à partir de là on ne voit que de la serpentine en couche épaisse, entremêlée de laves vésiculaires. Au sud est un plateau étendu, aride, parsemé de cailloux roulés; il se déploie à perte de vue vers l'est. Les laves paraissent déposées par un courant, et par conséquent d'une formation plus récente que la roche sur laquelle elles reposent; elles n'ont que quelques pieds d'épaisseur. L'inclinaison générale des roches est de 18 degrés. Le Djibel-Ghelat est le pic le plus élevé de la chaîne; il a près de deux cents mètres; son sommet est en table rase; ses côtés, très-escarpés, offrent un nombre considérable de parties détachées. La couche inférieure est en tuf calcaire, presque entièrement formée de coquillages, parmi lesquels on reconnaît l'huître et la moule dans un parfait état de conservation; au-dessus sont des couches de carbonate de chaux, dans lesquelles on remarque une grande quantité de spath calcaire lamellaire, tombant en poussière à la plus légère pression; puis paraît enfin un marbre assez beau. La quantité de débris qui existent partout ferait croire que cet état de la montagne et ses déchirures sont dus à un tremblement de terre; cependant il serait possible que la décomposition des couches inférieures eût produit le même effet. Cette montagne a un mille de long, et s'étend dans la direction est et ouest.

On n'y rencontre qu'une seule famille, composée d'un homme, de sa femme et de plusieurs enfants. Elle habite ce lieu inculte et stérile depuis plus de vingt ans, et ne subsiste que de pillage. Près de la grande chaîne on voit beaucoup de petites montagnes coniques, composées d'une substance tendre et blanchâtre, et paraissant mises au jour tout récemment, quoique rien ne justifie cette idée. Cette chaîne est parallèle à celle de la côte, mais les voyageurs anglais ne purent en atteindre la fin vers l'est et l'ouest. On y voit plusieurs passes : l'une d'elles est rendue raboteuse par la grande quantité de masses qui se sont détachées d'en haut. On y rencontre plusieurs tumulus en pierres, indiquant la sépulture des voyageurs qui ont péri par la chute des roches. La passe conduit à une vallée qui offre quelques bouquets d'acacias et une plante semblable au néflier, portant des baies agréablement astringentes : les naturels la nomment *Boutomo* (1).

En se dirigeant sur *Bondjem*, on franchit une montagne peu élevée qui mène à la vallée de *Niffed*. Il s'est livré plusieurs combats dans cette vallée, entre des Arabes de différentes tribus. — De là on passe dans un défilé vers le sud pour entrer dans une plaine très-étendue, nommée *Ambouloum*, et qu'on met un jour à traverser. Sa surface est en quelques endroits composée de sable à travers lequel perce le rocher, et de gravier fin entremêlé de débris de coquillages. La végétation y est très-rare, et on n'y voit qu'une seule petite oasis, où croît une graminée du genre *Festuca*. Le *Fœniculum Duter* et une belle espèce de *Genista* y sont encore assez communs. Le *Boutomo* s'y trouve en abondance. On rencontre quelques beaux fragments de jaspe rubanné (*quartz jaspe onyx* de Haüy), et de petites pièces de cornaline (*quartz agathe cornaline* de Haüy).

La distance de Beniolid à *Bondjem* (*Ouadi-Bondjem*) est d'environ six journées. Le puits de Bondjem est situé sur la limite septentrionale du Fezzan; son eau est très-saumâtre. A un demi-mille de là on voit les ruines d'un ancien édifice romain, qui forme un parallélogramme, dont chaque côté fait face à l'un des points cardinaux. Au centre de chaque muraille est une grande porte cintrée, flanquée de deux tours. Chaque façade est d'un style

(1) Cette plante ne se trouve pas indiquée dans l'herbier de Ritchie. — Il est à regretter que la flore du Fezzan soit encore si peu connue.

différent. Une seule existe dans son entier; les trois autres sont ou détruites ou enterrées sous le sable. Les pierres qui ont servi à élever cet édifice sont de la même grandeur que celles qu'on voit dans toutes les constructions romaines. On trouve dans l'intérieur d'énormes pierres, qui semblent avoir servi autrefois à soutenir quelque bâtiment. Quelques-unes s'élèvent de dix pieds au-dessus du sable qui en couvre la base. On voit encore l'ouverture d'un puits portant les marques des cordes dont on s'est servi pour en tirer l'eau; mais il est entièrement rempli de sable. Les murs qui s'étendent de l'est à l'ouest ont plus de deux cents pas de longueur; dans certains endroits ils sont tout à fait enterrés dans le sable. Ceux qui vont du nord au sud n'en ont qu'environ cent cinquante. Il paraît que les Arabes, probablement du temps des califes, ont fait usage des tours situées du côté du nord; car on voit sur le haut des premières constructions des restes de leur maçonnerie grossière. Au-dessus de chaque porte est une inscription, identique des quatre côtés; celle du nord est la mieux conservée. En voici la copie, donnée par Lyon :

IMP. CAES. L. SEPTIMIO. SEVERO.
PIO. PERTINACI. AVG. TRPOTV. IIII.
IMP CSIIPPET IMP. CAES. M.
AURELIO. ANTONINO. V RI.
IIII ET. SEPTIMIO CAE.
AVG. O. ANICIO FAUSTO. LEG.
AVGVSTORVM. CONSVLARI
IPO. III AVG. PV.

Sous chacune de ces inscriptions on voit un grand aigle en bas-relief. Mais la sculpture en est très-mutilée. — Le Bondjem, d'après les calculs de Ritchie, est sous la latitude nord de 30° 35′ 32″.

Le Ouady Bondjem ne diffère des autres vallées environnantes qu'en ce qu'on y rencontre le gypse sous des formes diverses, ainsi que des coquillages du genre *pecten*, et plusieurs térébratules. On y trouve beaucoup d'incrustations de carbonate de chaux, mêlé avec du cristal de sulfate, qui, miroitant à la surface du sol, éblouissent la vue à cause de la réflexion des rayons solaires. Il y a une série de monticules composés de craie, et recouverts d'une couche de gypse. Ces monticules sont bornés par une chaîne de montagnes beaucoup plus élevées, qui ressemblent de loin à des fortifications. Un petit *Senecio*, un *Geranium* et un *Statice* sont tous les végétaux que les voyageurs anglais y rencontrèrent. Ils y constatèrent une température de 17° 76′ R. — Près des puits de Bondjem on voit croître en abondance l'*Arundo phragmites*. Cette graminée à racines traçantes serait très-susceptible de diminuer l'aridité des sables du désert, et en rendrait habitables les parties qu'il est même dangereux de traverser.

De Bondjem on arrive, après quatre fortes journées de marche à travers des plaines arides et quelques défilés rocheux (appelés *Hormouts* par Hornemann), à *Sockna*, qui est la ville la plus septentrionale du Fezzan. Cette ville, située dans une immense plaine de sables, bornée au sud par les montagnes de Soudah, et à l'est par celles de Ouadan. Elle est entourée de murailles dont la circonférence est d'environ un mille; elle a sept portes, mais il n'y en a qu'une seule par où un chameau chargé puisse passer. Les rues sont fort étroites; les maisons sont construites en terre et en petites pierres. La plupart d'entre elles sont élevées d'un étage au-dessus du rez-de-chaussée. Une petite cour en occupe le centre, et les portes qui s'ouvrent sur cette cour donnent le seul jour que reçoivent les appartements. L'eau y est généralement saumâtre et amère. Située entre Tripoli et Mourzouk, Sockna est devenue un lieu d'asile pour les exilés et les réfugiés des deux pays. Les habitants, au nombre de deux mille, parlent la langue touarick. Ils vivent de leurs plantations de dattiers, qu'ils cultivent presque sans impôts, car ils ne payent de tribut que pour deux cent soixante mille pieds de palmiers. Les dattes de Sockna sont fort estimées et très-abondantes. Les habitants portent le costume des Bédouins, et sont d'une propreté remarquable comparativement aux Arabes du littoral. Suivant Denham, les femmes de Sockna sont très-jolies, et on prétend qu'elles aiment les intrigues amoureuses. Leur habillement ressemble à celui des femmes de Tripoli; elles portent des chemises plissées en soie ou en toile, de grandes boucles d'oreilles en argent, des anneaux du même métal aux bras et aux jambes; dans les classes inférieures, ces anneaux sont en verre ou en corne. Pendant son séjour à Sockna, Denham fut témoin d'une cérémonie de mariage, qu'il raconte ainsi :

« Le matin du jour du mariage (la cérémonie finit toujours vers le soir, mais les futurs sont généralement engagés un an d'avance), la musique se fait entendre; une cornemuse et deux petits tambours donnent une aubade, d'abord à la mariée, puis à l'époux, qui se promène dans la ville, richement vêtu et suivi de toute la population. Les femmes s'assemblent toutes dans la maison de la jeune fille, et se mettent aux différents trous qui servent de fenêtres et qui donnent sur la cour; la mariée se place alors à une fenêtre en face, le visage entièrement couvert d'une barracane et dans sa plus belle toilette; toutes ses parures sont exposées aux regards, attachées à la maison, depuis le toit jusqu'au bas. Les jeunes chefs arabes viennent lui présenter leurs hommages, précédés de musiciens et d'une ou deux danseuses. Ils s'avancent à pas lents jusqu'au centre de la cour, sous la fenêtre de la mariée : les dames saluent alors les visiteurs par les exclamations de *lou, lou*. Je demandai la permission de présenter mes respects à mon tour, et, loin de s'en formaliser, on considéra cette démarche comme une faveur. Le marié, qui n'était pas admis dans la cour, me conduisit à la maison de sa maîtresse. Cette longue présentation se termine ordinairement quelques instants avant le coucher du soleil. La mariée se prépare alors à quitter le toit paternel; on lui envoie un chameau avec son *djaafa* (chaise en osier recouverte de peaux et de châles du Soudan, du Caire et de Timbouctou). Elle s'y place de manière à tout voir sans être vue. On la conduisit hors la ville, où étaient réunis tous ceux qui ont des armes. Notre escorte, d'après les ordres de Bou-Khaloum, vint en augmenter le nombre. On exécuta une décharge générale aux pieds du chameau. Je tremblais pour la jeune fille; mais l'honneur qu'elle recevait était

7ᵉ *Livraison*. (ÉTATS TRIPOLITAINS.)

pour elle une compensation de la peur. On fit ensuite trois fois le tour de la ville en exécutant diverses évolutions et en tirant continuellement sur le djaafa de la mariée. L'époux futur s'approchait de temps en temps du chameau de sa bien-aimée; mais les jeunes négresses lui criaient aussitôt : *Barra! barra!* éloignez-vous! *mazal chouia*, encore un peu, ce qui amusait infiniment l'assemblée. On se rend ensuite à la maison du mari ; il est d'usage que la jeune vierge paraisse alors très-surprise et refuse de descendre ; les femmes crient, les hommes hurlent; enfin on lui persuade d'entrer, et, après que le mari lui a mis un morceau de sucre dans la bouche, et qu'elle lui en a fait autant, la cérémonie est terminée, et on les déclare mariés (1). »

Suivant Lyon, les jardins de Sockna sont les plus fertiles et les mieux cultivés de tout le Fezzan. Ils sont entourés de murs de terre. On trouve dans ces jardins deux espèces de rats, l'un noir, qui se creuse un terrier, l'autre jaune, qui habite dans les branches des palmiers. « Je promis, dit Lyon, une piastre pour deux animaux vivants de chaque espèce. On ne m'en apporta qu'un petit de la première. Sa tête ressemblait à celle d'un blaireau, sa queue était longue et touffue. Belford et moi nous parvînmes à lui faire une cage d'une grande boîte à thé en étain, désirant l'emporter en Angleterre, de même que trois autres animaux que les Arabes nomment *dahoub*, qui ressemblaient beaucoup à des lézards. Leur forme est moins élégante, et leurs mouvements plus lents. Leur queue est large et couverte de pointes écailleuses. Ils ont la faculté de se suspendre par les pattes de devant. Ils ressemblent, par la tête et le museau, à une tortue à bec crochu. Ils changent de couleur à peu près comme les caméléons (2). »

La route de Sockna à Mourzouk est aussi monotone que celle de Tripoli

(1) *Voyage dans le nord et les parties centrales de l'Afrique*, par Denham, Clapperton, etc., tome I, p. 30-32.
(2) *Voyage* de Lyon, p. 272. — Ajoutons que le capitaine ne réussit point à apporter ces animaux en Angleterre.

à Sockna. « Nous passions, dit Denham, deux à trois jours sans trouver d'eau, et celle que nous rencontrions était généralement boucuse et amère ; mais ce n'est pas ce désagrément que le voyageur craint le plus : il redoute autrement les terribles effets des tourbillons de vents, qui causent quelquefois la perte d'une kafila tout entière, déjà abattue par les fatigues. On nous fit remarquer un endroit à l'extrémité du désert, tout rempli d'ossements, où l'année précédente avaient péri cinquante moutons, des chameaux et des hommes qui les conduisaient. Ces malheureux n'étaient qu'à huit lieues de marche de la citerne que nous cherchions avec impatience et anxiété (1). »

Entre Sockna et *Zeghen* (village à 27° 26' lat. nord, situé au centre d'un bois de palmiers) est un désert de sables, où Lyon fut témoin d'un phénomène physique fort remarquable : « L'air, dit-il, était si sec que nos couvertures et nos barracans rendaient des étincelles électriques quand on les frottait ; on remarquait le même effet quand nos chevaux se battaient les flancs de leur queue pour écarter les mouches. » Les cadavres des animaux morts dans ce désert n'exhalaient aucune mauvaise odeur : ils ne paraissaient pas avoir éprouvé de putréfaction. La peau qui les couvrait était intacte et garnie de son poil, mais tellement desséchée qu'elle se brisait au moindre choc (2). »

Au sud-est de Sokna est située la ville de Houn, entourée de murailles ; elle a trois portes, trois mosquées et une espèce de château-fort.

Au sud de Sockna est une chaîne de montagnes, connue sous les noms de *Soudah* ou de *Djibel-Assoud;* c'est une chaîne basaltique (*parousch*), le *Mons Ater* des anciens. Ces montagnes noires s'étendent du nord-est au sud-ouest, aussi loin que l'œil peut les suivre. Elles atteignent, en plusieurs endroits, une hauteur de cinq cents mètres, et occupent, entre les 28° 40' et 27° 30' latitude nord, une étendue d'environ vingt milles géographiques. Le basalte

(1) *Voyage dans le nord*, etc., par Denham, Clapperton, etc., tome I, p. 16.
(2) *Voyage* de Lyon p. 84.

dont elles se composent est noir, fortement mélangé de carbonate de chaux, et se désagrège en petits fragments globuleux. Toute la chaîne est complétement aride, déchirée, et forme une quantité de cônes isolés. Les plaines adjacentes sont fréquemment parsemées de débris d'une masse basaltique vitreuse, remarquable par son éclat éblouissant. Plus loin, au nord, le même basalte se retrouve en abondance dans la chaîne de Ghouriano, près de Tripoli (32° latitude nord), où l'on aperçoit aussi beaucoup de cônes basaltiques. L'aspect des montagnes de Soudah est tellement sauvage, que le capitaine Lyon se crut un instant transporté au milieu du cratère d'un volcan. Au sud se déroulent à leur base de vastes plaines inhospitalières, couvertes tantôt de fragments de basalte, tantôt de sable : on n'y rencontre pas d'eau, ni aucune trace de végétation. D'innombrables carcasses de chameaux et une quantité de squelettes humains bordent ici les routes des caravanes. La route s'étend ainsi, sur un espace de cinq journées de marche, jusqu'à une forêt de palmiers, au milieu de laquelle est situé le village de Zeghaen (à 27° 26′ latitude nord); de là elle se prolonge, pendant quatre journées, jusqu'à la ville de *Sebha* (à 27° 3′ 8″ latitude nord). Entourée d'un magnifique bosquet de palmiers, au milieu du désert, cette ville est surtout remarquable en ce qu'on y aperçoit, selon Lyon, les premières traces de cette transition de couleur, de la peau blanche des habitants du nord au teint foncé des mulâtres, jusqu'à la peau d'ébène des habitants de Mourzouk (1).

Voici la description que Denham donne des montagnes basaltiques de Soudah ou Djibel-Assoud : « Cette chaîne, dit-il, commence près Sockna. Nous nous arrêtâmes à Melaghi, au pied des montagnes et près du puits d'Agoutifa. Là, on a la plus belle vue qu'il soit possible d'imaginer de ces hauteurs. Vers le sud le défilé des montagnes du Niffdah se montre avec ses pics penchés, et un précipice au bord duquel tourne le chemin. En tirant un peu vers l'ouest on remarque le sentier d'El-Nichka, qui ne paraît guère moins difficile à franchir; et vers le sud-ouest des hauteurs inégales ferment le passage, tandis que le terrain, au nord, n'est occupé que par le ouadey aride d'Agoutifa, dont le puits est dominé par des coteaux de calcaire et d'argile rouges. On voit répandues sur cette grande chaîne des masses basaltiques et de larges ouvertures qui s'étendent même sur les plaines environnantes; les plus grandes élévations offrent les plus grandes surfaces basaltiques, dont les côtés affectent la forme trapézoïde, avec des colonnes courbées, inclinées et perpendiculaires; l'effet qu'elles produisent ne manque ni de beauté ni de grandiose. Les couches inférieures de toutes ces montagnes sont un calcaire mélangé d'argile rouge : cette dernière espèce se rencontre également près des basaltes supérieurs; près de là d'autres montagnes calcaires n'offrent pas la moindre apparence de basalte, quoique l'état des lieux puisse faire supposer qu'il a existé dans le voisinage un ancien cratère qui aurait produit tous ces débris. Plusieurs de ces montagnes calcaires ont été déchirées ou percées, soit par la chute des masses supérieures, soit par la violence des eaux ; une de ces brèches nous offrit la pierre à chaux dans toute sa pureté, mélangée avec un peu d'argile.

« Le Ghibel-Assoud s'étend du nord au sud, mais en décrivant tant de sinuosités, que, bien que sa longueur en ligne droite n'excède pas trente-cinq milles, on met trois jours à le traverser. Vers l'ouest il se prolonge jusqu'au puits d'Assela, sur la route de Chiati, où l'on ne rencontre que des montagnes d'argile rouge, et vers l'est jusqu'aux ouadey de Temellin, sur la route de Zella ou Bengaghi, dans une distance de trois journées de marche (1). »

---

(1) Ritter, *Géographie d'Afrique*, tome III, p. 308, 309.

(1) Le Djibel-Assoud et toutes les montagnes de ce côté portent le même nom; la vallée est bordée de toutes parts de collines de quatre cents et six cents pieds d'élévation; leurs sommets sont généralement tabulaires; quelques-uns cependant se présentent sous la forme conique; leurs flancs sont entièrement recouverts de débris. Leur couleur

A deux journées à l'est de Mourzouk est située *Targhan* (25° 55' latitude nord). La route est bonne; le terrain offre fréquemment des efflorescences salines. Targhan est une des principales villes du Fezzan ; elle est entourée d'un mur. Cette ville était autrefois aussi riche que Mourzouk, et la capitale des États d'un sultan qui gouvernait la partie orientale du Fezzan. On voit encore les ruines du château où il faisait sa résidence. Targhan ne renferme pas tout à fait mille habitants. On y fabrique des tapis, qui sont aussi estimés que ceux de Constantinople. Les eaux du voisinage sont excellentes; elles forment quatre étangs de trente à quarante pieds de diamètre. Ces étangs sont entourés d'épais bosquets de palmiers, habités par une multitude d'oiseaux; un marabout, respecté pour sa sainteté, est le principal personnage de Targhan ; son père l'était avant lui.

Les trois voyageurs anglais, Denham, Oudney et Clapperton passèrent par Targhan pour se rendre à Lari, sur les bords du lac Tchad, dans l'intérieur du Soudan. Comme c'est la route que suivent le plus ordinairement les khafilas, nous allons suivre les traces de ces intrépides voyageurs. Le premier village que l'on rencontre après Targhan est *Mæfen;* ce n'est qu'un assemblage de cabanes construites avec des feuilles de dattiers. Le chemin conduit par un terrain qui est un mélange de sable et de sel, et dont l'apparence est réellement singu-

lière ; sa surface est remplie de fentes, et en plusieurs endroits elle offre l'aspect d'un champ récemment labouré ; les mottes de terre sont si compactes qu'on ne les brise qu'avec une peine extrême. Près de Mæfen le terrain prend un aspect nouveau et moins désagréable ; les fentes sont plus larges ; on y aperçoit de beaux cristaux attachés à un fond du blanc le plus pur ; c'est du sel (peut-être du nitre) qui tombe en miettes au plus léger ébranlement. Ce terrain a une étendue de plus de vingt milles de l'est à l'ouest.

En sortant de Mæfen on entre dans une plaine déserte ; et après une marche fatiguante de quatorze heures on arrive à *Mestoula* (de *mestem*, lieu de repos), où les chameaux trouvent à brouter quelques touffes d'aghoul. De là on voyage encore dans une plaine déserte, où l'on ne voit aucune créature vivante, pas même un insecte. Le sable est très-fin, à grains arrondis, et rouge. Les Arabes de la kafila épient les dattiers qui environnent *Gatrone* (*Katroun*), comme les matelots cherchent à découvrir la terre. Dès qu'ils ont aperçu ces signes, ils dirigent leur marche en conséquence. Gatrone (à 24° 47' 57" latit. nord, d'après Lyon) est dans une situation assez pittoresque. Les habitants sont la plupart nègres. Tout alentour s'élèvent des collines de sable et des monticules de terre couverts d'un petit arbre, appelé *alhali*. Des cabanes, bâties pour les Tibbous, entourent la ville. Les vents de nord et de nord-est s'y font vivement sentir. Denham observa, le matin dans sa tente, de 4° 88' à 5° 77' therm. centigrade. Le personnage le plus important de Gatrone est un certain Hadji-el-Raschid, marabout et grand propriétaire. Denham en fait un grand éloge.

On quitte Gatrone après y avoir fait une bonne provision de dattes. On passe devant *El-Bahhi*, petit groupe de cabanes, sur la route, dans une jolie situation. Après avoir fait halte à Medrousa, on continue la route, en laissant un château arabe au sud-est, et des collines aplaties au sud et à l'est. Puis on arrive à *Kasrowa*. Des tertres assez hauts et couverts d'alhali entourent ce lieu. Il y a un puits de bonne eau. Une

---

donne à la vallée un caractère tout particulier ; les parties élevées sont d'un noir brillant, semblable à de la mine de plomb ; plus bas, cette couleur se change en brun mêlé de jaune, qui se montre quelquefois comme des marbrures sur le noir. Les couches inférieures sont de calcaire jaunâtre, et remplies de débris marins ; quoique assez dure, l'air attaque facilement cette roche, qui laisse échapper une grande quantité de petits fragments. On y voit encore des bandes peu épaisses de gypse terreux, au-dessus desquelles se montre la pierre calcaire, à surface extérieure fibreuse, et sonore comme la chaux cuite ; enfin, au-dessus de cette dernière couche est le basalte à texture serrée et brillante, mêlée d'amygdaloïdes. — *Voyages* de Denham, Clapperton, etc., t. I, p. 33-34.

route se dirige de là au sud-est, et va au Kanem et au Ouaday (Waday). On dit que c'est la plus courte pour aller au Bornou ; mais on y trouve bien peu d'eau. De Kasrowa on atteint, après une journée, *Tegherhy* (à 24° 4′ lat. nord), ville principalement habitée par des Tibbous. On entre à Tegherhy par un passage étroit, bas et voûté ; puis on trouve une seconde muraille et une porte. La muraille est percée de meurtrières (1) qui rendraient très-difficile l'entrée par le passage resserré. Au-dessus de la seconde porte il y a une ouverture d'où l'on pourrait lancer sur les assaillants des traits et des tisons enflammés, dont les Arabes faisaient autrefois un grand usage. Il y a dans l'intérieur des murs des puits dont l'eau est assez bonne. La situation de Tegherhy est vraiment agréable ; tout alentour croissent des dattiers, et l'eau y est excellente. Le désert commence aux murs de cette ville ; ainsi, plus au sud on ne trouve plus de dattiers. Une chaîne de collines basses se prolonge à l'est. Les bécassines, les canards et les oies sauvages fréquentent les étangs salés qui sont près de la ville. Les habitants ne cultivent aucune espèce de plante potagère (2). Ils sont absolument noirs, mais n'ont pas la physionomie des Nègres. Les hommes ont le visage très-aplati, les pommettes saillantes, le nez épaté des Nègres, la bouche grande, les dents gâtées par l'action du tabac et du trona qu'ils mâchent. Ils portent toujours deux poignards, l'un de dix-huit pouces, l'autre de six pouces de longueur ; celui-ci est attaché à un anneau qui orne le bras ou le poing. Les femmes sont pour la plupart jolies, moins cependant que celles de Gatrone. Elles façonnent avec beaucoup d'adresse les feuilles de dattier, et en font des paniers et des jattes. — Il n'est presque pas de ville en Afrique qui n'ait sa merveille. Celle de Tegherhy est un puits en dehors et à côté de la porte du château. On raconte très-sérieusement que son eau monte toujours quand une kafila s'approche de la ville ; dès que les habitants s'aperçoivent de la crue de l'eau, ils préparent ce qu'ils ont à vendre, car jamais, disent-ils, cet indice ne les a trompés. Autrefois, Tegherhy était très-redouté des voyageurs, à cause des brigandages exercés par ses habitants. Actuellement le pacha y entretient une discipline sévère. Cette ville passe pour la limite méridionale du dattier (*Phœnyx dactylifera*). C'est ici qu'on rencontre les premiers groupes de palmiers doûms (*Cucifera Thebaïca*, Del.), qui à partir de cet endroit semblent remplacer les dattiers au sud, comme cela se voit aussi dans la Haute-Égypte et la Nubie, où le palmier doûm croît en abondance au sud de Girgeh, tandis qu'il est rare au nord de cette ville.

En sortant de Tegherhy on entre de nouveau dans un désert que parcourent les marchands d'esclaves. Çà et là s'élèvent des monticules de terre et de sable, couverts de divers arbrisseaux, entre autres d'alhali, que les chameaux mangent avec avidité. Au bout de six milles, les voyageurs anglais dressèrent leurs tentes à *Omah*, puits entouré de dattiers ; ils s'y arrêtèrent pendant trois jours.

À dix milles de là on arriva à *Ghad*. Aux environs de ces puits et plus loin, au sud, presque sur toute la route, on rencontre des ossements humains, des débris de cadavres, tristes dépouilles de malheureux esclaves amenés de l'intérieur, et morts de faim ou de fatigue. « Ces infortunés, dit Denham, sont traînés à travers les déserts ; souvent l'eau manque, et rarement la provision de vivres est assez forte pour nourrir tout le monde durant ce long et pénible voyage. À peine parcourait-on un petit nombre de villes sans rencontrer un squelette ; les uns étaient en partie couverts par le sable, d'autres seulement avec un petit tas amassé par le vent. Une main était fréquemment posée sur la tête, plus souvent encore elles l'étaient toutes deux comme pour la presser. La peau et toutes les substan-

---

(1) Ces ouvertures ou meurtrières se nomment en arabe *embraza*, analogie assez frappante avec le mot français *embrasure*.

(2) Cependant, le capitaine Lyon raconte qu'il ne voyait dans les jardins de Tegherhy (au mois de décembre) que des raves, des oignons et quelques autres légumes. Dans les premiers jours de janvier, le blé n'était pas aussi avancé qu'à Mourzouk.

ces membraneuses étaient raccornies et séchées par l'action de l'air et de la chaleur; les muscles et les viscères étaient les seuls parties qui fussent détruites. Autour de notre campement à Mechrou il y avait plus de cent squelettes humains; la peau tenait encore à quelques-uns; les voyageurs n'avaient pas même jeté un peu de sable sur ces déplorables restes. L'horreur que je manifestais excita le rire des Arabes : « Bah! s'écrièrent-ils, ce n'étaient que des Nègres : *Nambou* (malédiction à leurs pères) »; puis ils se mirent à remuer ces ossements avec le bout de leurs fusils, en disant avec la plus grande indifférence : « Ceci était une femme; ceci était un jeune homme! » La plus grande partie des infortunés dont les restes frappaient nos regards avaient formé l'année précédente le butin du sultan de Fezzan. On m'assura qu'à leur départ du Bornou ils n'avaient qu'un quart de ration par individu, et qu'il en mourut plus de faim que de fatigue. Ils marchaient enchaînés par le cou et par les jambes; les plus robustes seulement atteignirent le Fezzan, dans un grand état d'exténuation; on les y engraissa pour le marché de Tripoli (1). »

Le puits de *Mechrou* a de six à sept mètres de profondeur; l'eau en est bonne et exempte de goût salé. Le terrain des environs se compose de sable d'une belle couleur de crème, et mêlé d'opales grossières. On y voit de beaux échantillons de bois pétrifié. Le centre, les vaisseaux du latex et les nœuds sont remplis d'une matière calcaire; les fibres ligneuses sont transformées en une substance siliceuse. Une chaîne de collines, *Aloweri-Seghir*, se dirige au sud; les roches sont rouges et noires, et fortement chargées de parcelles ferrugineuses. La chaîne de l'*Aloweri-el-Kébir*, qui est plus haute, se trouve plus à l'est. Au rapport des indigènes, on n'en rencontre pas de plus élevée dans le pays des Tibbous, à l'exception de l'*Ertcherdat-Erner*. Les habitants qui sont plus au sud s'appellent *Tibbou-Irtchad* (Tibbous des rochers); des défilés qui traversent ces deux chaînes mènent au Kanem et au Ouaday. Les collines, raboteuses et coniques, ressemblent beaucoup, par leur structure géologique, à celles du Fezzan occidental. La partie supérieure est formée de deux couches successives d'un grès noir à texture fine, ayant l'apparence du basalte; au-dessous on trouve du schiste alumineux, ensuite de la pierre argilo-ferrugineuse, mêlée çà et là de couches d'argile bleuâtre; enfin la base, qui forme près de la moitié de la masse, est d'un beau grès blanc, mêlé d'une grande quantité de craie. Une belle roche bleue, très-dure, veinée de blanc, compose la surface de plusieurs terrains bas, évidemment de formation récente. On voit une formation semblable dans la grande plaine stérile qui s'étend entre les collines du Fezzan, à l'est, et les montagnes des Touaricks.

Le puits de Mechrou forme la limite méridionale du Fezzan.

De Mechrou la route conduit à l'ouest, en tournant le défilé ou ouadey d'*El-Ouahr* (le difficile). Ce défilé est entre deux collines hautes, garnies de cônes et de pics, qui dans l'obscurité ont quelque chose d'imposant. Il a près de deux milles de longueur. A l'extrémité ouest s'élève *El-Baab*, haute colline. Les éminences se prolongent vers l'est, et forment une partie de la chaîne que l'on trouve près de Tibetsy, où elles deviennent plus hautes et plus escarpées (1). De là on entre dans un désert où pendant six jours on n'aperçoit pas la moindre apparence de végétation. Dès que la pluie tombe, ce qui a lieu avec une abondance extraordinaire, un graminée croît soudainement à une hauteur de plusieurs pieds. Dans la traversée de ce désert, les Arabes empoignèrent avec des cris de joie quelques racines de cette herbe desséchée : c'était pour leurs chameaux affamés. — L'oua-

(1) Dans cet endroit les voyageurs observèrent un phénomène physiologique fort remarquable. Les chameaux avaient le regard éteint, la démarche chancelante, et par intervalle ils tombaient comme un homme ivre. Cela leur arrive quand ils mangent des dattes après avoir bu de l'eau. L'explication de ce phénomène est très-simple : par suite de la fermentation des dattes au contact de l'eau, il se forme de l'alcool dans l'estomac de ces animaux.

(1) *Voyages* de Denham, etc., t. I, p. 121.

dy *Izhaya* est nommé *Yaat* par les Tibbous. Il y a là quatre puits, qui ressemblent à des auges creusées dans le sable; ils ont deux à trois pieds de profondeur. On dit qu'en creusant ainsi on peut trouver de l'eau dans toutes les parties du ouadey.

La ville d'*Anay*, que l'on rencontre à deux journées de là, consiste en quelques cabanes bâties sur le sommet d'un rocher semblable à celui de Goummaganoumina. Tous les ans les Touaricks y font une visite dévastatrice, emportant le bétail et tout ce qui leur tombe sous la main. Dans ces occasions, les habitants se réfugient sur le sommet du rocher; ils y grimpent par une échelle grossière qu'ils tirent après eux. Les côtes de leur citadelle étant toujours très-escarpées, ils se défendent à coups de flèches et en faisant rouler des pierres sur les assaillants. — A cinq milles d'Anay est *Kisbi*, rendez-vous très-fréquenté par les kafilas et les marchands. C'est là que le sultan de Bilma perçoit le tribut pour la permission de traverser son pays. Kisbi est à huit journées d'Aghadès et à vingt-quatre du Bornou, pays qui borde au sud-ouest le lac Tchad.

Il ne faut pas confondre Aghadès (1)

---

(1) Aghadès, située sur la route du Fezzan à Tombouctou, est une des plus anciennes stations ou villes du Soudan. Léon l'Africain en parle; il nous apprend que l'on trouve dans les environs (*royaume d'Aghadez*) de l'eau excellente, dans des puits très-profonds, et que l'air y est tempéré. « Près d'Aghadez, dit-il, tombe la manne, qui est une chose fort merveilleuse, et la vont au matin les habitants cueillir dans de petits paniers, qu'ils portent vendre fraîchement dans Aghadez, là où s'achète douze deniers la peinte, et se boit mêlée avec de l'eau, qui est une chose fort souveraine. On en met aussi parmi les potages, à cause qu'elle a la propriété de rafraîchir. Et on croit que pour cette occasion les étrangers sont peu souvent atteints de maladie en Aghadez, comme le contraire leur advient dans Tombut, combien que l'air soit corrompu et pestiféré en ce désert, qui s'étend de tramontane à midi, par l'espace de trois cents milles. » *Description de l'Afrique*, p. 318; Lyon, in-folio, 1556.

Voici la description que Léon donne de la ville même : « Aghadez est une cité ceinte avec le puits d'*Aghadem*, qui est au sud de Bilma. Au rapport des voyageurs anglais, *Aghadem* est un grand rendez-vous de brigands de toutes sortes, et par conséquent la terreur de toutes les petites kafilas et des voyageurs. Les monticules du pays d'alentour sont couverts d'une espèce d'arbre que les indigènes appellent *souag*; le fruit de cet arbre est une baie de la grosseur et de la forme des airelles. Il est d'une saveur douceâtre et chaude, analogue au

de murailles, édifiée par les modernes aux cousins de la Libye. Les maisons sont fort bien bâties, et en la manière de celles de Barbarie : pour ce qu'il ne s'y trouve guère de marchands autres qu'étrangers; et ce peu qu'on y voit du pays sont tous artisans ou à la solde du roi de cette cité, en laquelle n'y a marchand qui ne tienne un grand nombre d'esclaves pour s'en aider à ses affaires... Doncques les marchands s'acheminent par pays, s'accompagnent de leurs esclaves, qui leur font escorte en leur équipage, et bien armés d'épées, javelines et arcs. Mais depuis peu de temps ils ont commencé à porter l'arbalète, tellement que ces paillards voleurs ne sauraient mordre sur eux ni leur donner aucune entorse. Puis les marchands étant arrivés en quelque bonne ville, font travailler leurs esclaves de tel métier qu'ils savent, à cette fin qu'ils puissent gagner leur vie, en réservant dix ou douze d'iceux pour sûreté de leurs personnes et garde de leurs marchandises. Le roy de cette cité tient semblablement une bonne garde dans un somptueux palais qu'il a dans icelle. Mais sa gendarmerie est des habitants de la campagne et des déserts, pour ce qu'il a pris son origine des peuples de Libye; et quelquefois ceux-ci le chassent, et en son lieu élisent un de ses parents, se donnant garde, tant qu'il leur est possible, de commettre homicide, et celui est créé roy qui revient vieux et est plus agréable au peuple de cette cité. Le reste des habitants de ce royaume, comme ceux qui habitent du côté du midi, s'adonnent tous à mener le bétail au pâturage. Leurs habitations sont de rames ou nattes, qu'ils transportent ordinairement sur des bœufs en quelque part qu'ils croissent, les posant et dressant là où se trouve meilleure pâture et en plus grande abondance, comme aussi font les Arabes. Le roy reçoit de grands deniers, qui proviennent de la gabelle que payent les marchands étrangers, et encore des usufruits du pays, mais il est tributaire de celui de Tombut de cent cinquante mille ducats. » (*Ibid.*, p. 327-328.)

cresson de fontaine. Les habitants du Soudan le recherchent beaucoup, parce qu'ils lui attribuent la propriété de faire disparaître la stérilité des femmes. En passant près de cet arbre on est frappé d'une odeur forte et narcotique (1).

Il importe de constater ici que la plupart des cheiks de ces contrées paraissent reconnaître l'autorité du pacha du Fezzan, et conséquemment celle du pacha de Tripoli. Suivant le récit de Denham et de Clapperton, il existe même un service de courriers assez régulier entre le Bornou et Mourzouk. Ces courriers font à peu près six milles à l'heure. Un sac de *zoumita* (blé torréfié), et une ou deux outres remplies d'eau, un petit bassin de cuivre et une gamelle, qui leur servent pour manger et boire composent leurs provisions et leurs ustensiles de voyage. On y ajoute quelquefois un peu de *ghedid* ou de viande découpée en lanières et séchée au soleil; elle est mangée crue, car rarement ces hommes allument du feu pour faire cuire leurs aliments, quoiqu'en approchant du Fezzan les nuits froides qui succèdent à des jours très-chauds soient souvent fatales à des voyageurs, faute d'un brasier (2). Ils suspendent sous la queue du *maherhie* un sac dans lequel tombe la fiente, qui leur sert de combustible à leur halte de nuit.

(1) Cette espèce végétale ne se trouve pas décrite dans la partie botanique du voyage de Denham, Clapperton, etc. Elle reste donc encore à déterminer.

(2) L'énorme différence de température qui existe dans ces climats chauds, entre le jour et la nuit, est une des principales causes de maladie pour les voyageurs. Elle augmente à mesure que l'on s'éloigne des côtes. L'explication de ce phénomène se trouve, suivant nous, dans la capacité fort inégale de l'eau et du sol pour la chaleur : pendant que le soleil est sur l'horizon, le sol, surtout sablonneux, s'échauffe incomparablement plus vite que l'eau ; de là ces chaleurs excessives dans l'intérieur des terres et la température modérée sur les côtes mêmes des régions équatoriales. Dès que le soleil est au-dessous de l'horizon, le sol commence à se refroidir bien plus rapidement que l'eau, qui conserve encore une température supérieure à celle du sol quand le jour reparait. De là un effet inverse qui influe aussi sur la direction des vents.

C'est avec les cheiks du Ouangara (Wangara), du Kanemy, du Bornou et de quelques provinces à peu près inconnues de l'intérieur du Soudan que le pacha de Tripoli entretient des relations de commerce très-fréquentes par l'intermédiaire du gouverneur du Fezzan (1).

(1) Qu'il nous soit permis de compléter ici, par le témoignage de Léon l'Africain, ce que nous avons dit sur ces régions, encore si peu explorées, dans notre volume *Afrique centrale*, etc., de l'*Univers pittoresque*. Voici ce que Léon nous apprend sur le *Ouangara*, le *Zanfara*, le *Kano* et le *Zeg-Zeg*, provinces du Soudan, sur lesquelles les voyageurs anglais ne nous ont fourni que fort peu de renseignements.

« *Guangara*. — Le royaume de Guangara est habité d'un grand peuple. Le roy peut avoir sept mille archers, avec cinq cents chevaux étrangers, et retire un grand revenu des marchandises et gabelles. Toutes les habitations de ce royaume ne sont que petits villages et hameaux; fors un qui en grandeur et beauté excède les autres de beaucoup. Du côté du midi, il confine avec aucunes terres, là où l'or se trouve en grande quantité. Maintenant ce peuple ne peut faire train de marchandise hors les limites du pays, pour crainte de deux puissants ennemis qui lui sont voisins, l'un (du côté du ponant) est Izchia, et l'autre (qui tient le levant) est le roy de Borno; là où me retrouvant, celui qui pour lors régnait (appelé *Abram*) assembla tout son exercite pour se ruer sur le roy de Guangara. Et ainsi qu'il marchoit sur les frontières de ce royaume, il fut averti qu'Homar, seigneur de Gaoga, s'acheminoit à la volte de Borno, qui fut cause de le faire changer de chemin et de volonté ; ce qui ne fut pas petite aventure au roi de Guangara, dont les marchands, qui s'acheminent en ces lieux, desquels l'on tire l'or en si grande quantité, ne sauroient prendre autre route, sinon par très-hautes montagnes, âpres et aux bêtes inaccessibles ; de sorte qu'ils sont contraints de faire porter à leurs esclaves sur la tête les marchandises et autres choses en larges cocourdes (*gourdes*) sèches et creuses, avec lesquelles ils peuvent porter jusques au poids de cent livres par l'espace de dix mille ; et en a qui font ce chemin deux fois par jour, tellement qu'ils sont chauves au sommet de la tête pour les grosses charges qu'ils ont accoutumé de porter. » (*Description de l'Afrique*, p. 329.)

Le *Guangara* de Léon est sans doute le *Wangara* ou *Ouangara* des voyageurs mo-

Hornemann, parti du Caire, pénétra dans le Fezzan par la route de l'est, en traversant les oasis de Syouah et d'Augila. C'est à lui et au capitaine Lyon dernes. Mais, d'après ces derniers, cette province a le Bornou (*Borno*), non pas à l'est, mais au sud-ouest ; de plus, elle est située au nord du lac Tchad, dont Léon ne parle pas.

» *Cano*, province. Cano est une grande province, distante du Niger environ cinq cents milles du côté du levant ; il y habite plusieurs peuples dans des villages. Une partie d'iceux conduisent au pâturage les vaches et brebis, et les autres s'adonnent à cultiver la terre, qui produit du grain, riz et coton en grande abondance ; et s'y trouve plusieurs déserts et montagnes couvertes de fontaines et bois, où croissent force orangers et citronniers sauvages, dont le fruit ne diffère guère au goût des prives. La province prend son nom d'une cité assise au milieu d'icelle, environnée de murs de craye, comme les maisons même. Les habitants sont riches marchands, et civils artisans. Leur roy était jadis fort puissant, tenant grand cour, et plusieurs chevaux, tellement qu'il se rendit tributaires les roys de Zegzeg et Casena (*Kashna*). Mais Izchia, roi de Tombut (feignant leur vouloir donner secours et aide contre l'ennemi) procura leur mort avec grande trahison ; en moyen de quoi il s'empara de leur royaume. Puis de là environ trois ans suscita une forte guerre contre le roy de Cano, et fit de sorte (en continuant le siège) qu'il le rendit jusqu'à épouser sa fille et lui quitter la tierce partie de son revenu ; ce qui lui étant accordé, laissa en ce royaume plusieurs facteurs et trésoriers pour lever sa portion des deniers et fruits provenant d'iceluy. » (*Description de l'Afrique*, p. 328.)

Évidemment la province dont il est ici question n'est pas le *Kanem* ou *Kanemy*, au nord-est du lac Tchad, mais le *Kano*, située au 12° lat. nord, presqu'au centre du Soudan, entre le Haoussa au nord, et le Zeg-Zeg au sud.

« *Zeg-Zeg*. — Ce royaume confine avec Cano de la partie du Siloc, et est distante de Casena (*Kashna*) par l'espace de cent cinquante milles, étant habité d'un peuple très-opulent, qui trafique par tous les contours de ce pays, qui est partie en plaine et partie en montagnes, dont l'une est merveilleusement froide, l'autre chaleureuse, tellement que les habitants, ne pouvant supporter la véhémence du froid, ont coutume de faire en l'aire de leurs maisons des grands foyers qu'ils avivent à force brasier ; puis le mettent sous les châlis qui sont fort hauts, et dorment en cette manière. Néanmoins le territoire est très-fructueux, et abondant en grains et fontaines. Ce royaume-cy souloit être gouverné par un seul roy ; mais Izchia l'occit, et s'empara de son pays. » (*Ibid.*, p. 329.)

Le pays de Zeg-Zeg est, en effet, traversé par une vaste chaîne de montagnes qui, selon quelques géographes, se rattachent au Djebel-Kamr ou montagnes de la lune. On s'explique donc parfaitement les variations de froid et de chaud qui doivent y régner. Quant à *Izchia*, c'était un conquérant qui paraît avoir joué un grand rôle dans l'histoire du Soudan à la fin du quinzième siècle.

« *Zanfara* est une région qui confine avec le royaume de Zeg-Zeg, du côté du levant, laquelle est abondante en grains, riz, millet, coton, et habitée par gens vils et mécaniques, de grande corpulence, mais noirs au possible, portants visage large et difforme, participant d'avantage plus de bêtes brutes que d'hommes raisonnables. Ce roy fut empoisonné à l'aveu d'Izchia, qui détruit une grande partie de ce royaume. » (*Ibid.*, p. 329.)

Suivant les voyageurs anglais, le Zanfara ou *Zamfra* est situé au nord-est du Haoussa, entre Kashna et Tombouctou. Sa capitale est Zirmi. — Le Kano, le Zeg-Zeg, le Haoussa et le Zanfara appartiennent aujourd'hui à la race des Fellatahs, qui sont les maîtres d'une grande partie du Soudan. Cette race offre, sous le rapport historique, quelques traits d'analogie avec les Mantchous-Tartares auxquels appartient actuellement l'empire de la Chine. Izchia était probablement un chef fellatah.

« *Guber*, royaume. — Ce royaume est distant de Gaoga environ trois cents milles du côté du levant... Il est situé entre hautes montagnes, et peuplé de plusieurs villages, lesquels sont habités par gens qui mènent les bœufs et brebis au pâturage. On y trouve communément les personnes assez civiles. Il y a grand nombre de tisserands et cordonniers, lesquels font des souliers à la mode que les souloyent anciennement porter les Romains ; il s'en transporte une grande quantité à Tombut et à Gago. Le riz y croit abondamment et autres grains, et de telle espèce en ay vu aux Itales, et croy semblable que l'Espagne en doit produire. Lorsque le Niger se déborde, il couvre toutes les campagnes voisines des habitations de ce peuple, qui a coutume de semer le grain sur l'eau. Entre autres, il y a un grand village contenant environ six milles feux ; là font résidence autant les marchands étrangers comme ceux du pays même, et souloit être la demeure du roi, lequel de notre temps fut pris par Izchia, roy de Tombut, qui le fit mourir, que l'on doit les principaux documents sur la partie orientale du Fezzan.

faisant couper les génitoires à ses enfants, pour les employer au service de son palais. Par ce moyen il s'empara de ce royaume, sur lequel il constitua un gouverneur, oppressant merveilleusement le peuple. » (*Description de l'Afrique*, p. 327.)

Le *Guber* de Léon ne peut être que le *Cubbi* (*Coubi* ou *Goubi*), pays de plaine, situé sur les rives du Niger, au nord-ouest de Sackatou. Quant au royaume de *Gaoga*, qui l'avoisine à l'est, c'est une contrée encore indéterminée; à moins que ce ne soit la région désignée sur les cartes sous le nom de *Koukou*, qui occupe une grande partie du nord-est du Soudan et du grand désert de Libye limitrophe jusque dans le voisinage de la Nubie. En effet, Léon nous apprend lui-même (p. 331) que le *Gaoga* est un royaume qui confine avec celui de Borno du côté du ponant, et s'étend devers le levant jusque sur les frontières du royaume de Nubie, qui est sur le fleuve du Nil, et la partie du midi se termine avec un désert qui se joint à un détour que fait le Nil, et devers tramontane finit aux déserts de Serta et borne d'Égypte, prenant son étendue du ponant au levant par l'espace de cinq cents milles, et autant en largeur ou peu s'en faut. Il n'est florissant en civilité, en lettres, ni en bon gouvernement. »

Dans notre volume sur l'*Afrique centrale*, etc., p. 221, nous avons fait remarquer combien les voyageurs anglais sont laconiques en parlant de *Kouka*, capitale du Bornou. Ce laconisme semble cacher un mystère : c'est que la ville de *Kouka* est une des villes les plus commerçantes de l'Afrique et peut-être du monde. Déjà au seizième siècle elle était la rivale de Tombouctou. Léon l'appelle *Gago*. « C'est, dit-il, une très-grande cité et distante de Tombut environ quatre cents milles, du côté du midi, tenant quelque peu du Siloc. La plus grande partie des maisons est de laide montre; toutefois il s'y trouve quelques édifices assez beaux et commodes, auxquels loge le roy avec sa cour. Les habitants sont riches marchands, qui demeurent toujours sur les champs, vendant leur marchandise et trafiquant d'un côté et d'autre. Il arrive en cette cité une infinité de noirs, qui apportent de l'or en grande quantité, pour acheter et enlever ce qui vient de l'Europe et Barbarie; mais ils ne sauraient trouver assez de marchandises pour employer si grande somme de deniers qu'ils apportent, tellement qu'il leur est force de faire retour en leur pays reportant quasi la moitié ou le tiers de leurs deniers. Les autres cités ne peuvent ni ne doivent égaler à celle-ci, quant à civilité. Joint aussi qu'elle est fort abondante en pain et chair; mais il seroit impossible d'y trouver ni vin ni fruit, fors que son terroir est fertile en melons, citrouilles et coucourdes, qui s'y trouvent en grande quantité, et de riz une chose infinie. Il y a plusieurs puits d'eau douce, avec une grande place, en laquelle au jour du marché se vendent les esclaves tant hommes que femmes, et s'achète une fille de quinze ans au prix de six ducats, et autant un garçon. L'aune du plus bas drap d'Europe s'y vend quatre ducats, quinze le moyen, et celui de Venise fin, comme est l'écarlate, le bleu, ou violet, ne se laisse à moins de trente ducats. Une épée, la plus imparfaite qu'on sauroit trouver, s'y vendroit trois ou quatre ducats. Ainsi, les éperons, brides, et semblablement toutes merceries et épiceries y sont très-chères, mais non pas tant (sans comparaison) que le sel : on le vend plus chèrement que toute autre marchandise qui s'y puisse conduire. » (*Ibid.*, p. 326.)

A l'est de Targhan, dont nous avons parlé plus haut, est la petite ville de *Hemara*, située dans une belle et grande vallée. A quelques lieues de là est *Zuila*, *Zuela* ou *Sylah* (*Cillala* de Pline), qui du temps d'Ebn-Haukal et d'Édrisi était la capitale du Fezzan (à 26° 11' 48" lat. nord). Les habitants se disent issus d'une tribu de chérifs, c'est-à-dire parents du prophète. Ils ont tous le teint clair, et se distinguent de leurs voisins par leur amour de la justice, leur maintien calme et leur hospitalité. A un quart de lieue de la ville, à l'ouest, on trouve les ruines d'une ancienne mosquée de quarante-cinq mètres de long sur trente mètres de large; elle est bâtie en briques crues, avec du ciment de chaux; l'architecture est d'un style parfait. A un quart de lieue de la mosquée, à l'est, sont cinq édifices quadrangulaires, ayant sept mètres de diamètre, dix mètres de haut, et des toits et des fenêtres voûtés, ce qui est très-remarquable dans l'intérieur de l'Afrique. Ces édifices sont garnis, jusqu'à la moitié de la hauteur, de plaques de grès

Tels sont les renseignements qui complètent ceux que nous ont donnés les voyageurs anglais. La ville de Kouka pourrait devenir un point de communication fort important avec l'Algérie. La route la plus praticable est celle qui passe par Gadamès et Ghraat ou par Mourzouk.

rouge, et couverts d'inscriptions frustes que le capitaine Lyon prend pour des inscriptions arabes. D'après ce voyageur, ce sont là les monuments des chérifs qui s'établirent dans cette contrée il y a cinq à six siècles. — Après une journée de marche, au nord-est, on arrive à *Temissa* (*Tamest* d'Édrisi). Le chemin conduit à travers de plaines fertiles. Ici la route se divise en deux branches : l'une, passant par *Tagga* et *Djermah* ou *Germah* (*Garama*, capitale des Garamantes?), aboutit au fond de la Syrte; l'autre, passant par Augila, conduit en Égypte.

Nous ne devons pas passer sous silence deux stations principales, qui, à l'ouest du Fezzan, pourraient acquérir une haute importance si l'Algérie allait, ce qu'il faut espérer, entretenir un jour des relations de commerce avec le Soudan, et particulièrement avec Kouka, capitale du Bornou. L'une, la plus voisine de l'Algérie au sud-est du territoire tunisien, s'appelle *Gadamès*; l'autre, la plus éloignée, se nomme *Ghraat*.

Gadamès (*Cydamus* de Pline).

C'est une oasis, mieux connue jadis que de nos jours; elle s'adosse au plateau des Berbères, près du bord méridional de l'Atlas. Léon l'Africain ne nous en donne que cette courte description : « *Gadamès*, dit-il, est une contrée contenant plusieurs châteaux et villages bien peuplés, distante du côté de la mer Méditerranée environ trois cents milles. Les habitants sont riches en possessions de dattiers et en argent, pour ce qu'ils demènent grand train de marchandise en la terre des Noirs, et se gouvernent par eux-mêmes, rendant quelque tribut aux Arabes. Mais ils étaient premièrement sous le gouvernement du roi de Thunes, c'est à savoir, lieutenant de Tripoli. Là le grain et la chair y est en grande cherté (1). »

Le capitaine Lyon a recueilli sur Gadamès les renseignements suivants : cette station est située à quinze journées au sud-ouest de Tripoli et à vingt journées au nord-ouest de Ghraat. C'est le rendez-vous de tous les marchands qui vont à Tombouctou ou Touat; c'est là qu'ils font leurs préparatifs pour les longs voyages dans le désert. Depuis quelque temps la ville de Gadamès est tributaire de Tripoli et gouvernée par un fils du pacha. Les habitants sont en relations de commerce continuelles avec Tombouctou, et tous en parlent la langue, ainsi que celle des Touaricks. La population est formée par deux tribus ennemies, qui vivent l'une à côté de l'autre sans entretenir entre elles aucune communication. Une grande muraille circulaire les renferme toutes deux; mais un mur très-large coupe diamétralement la ville, et la divise en deux parties, qui ne communiquent que par une porte, que l'on ferme à la moindre apparence de trouble. Avant que cette barrière n'existât il y avait guerre continuelle entre les deux tribus ennemies, qui se nomment les *Benewazid* et les *Benewalid*. La ville est entourée de jardins et de bosquets de dattiers; dans l'intérieur des murs est une source abondante, qui, à l'aide de cinq grands canaux, fournit d'eau les bains, et arrose toutes les plantations. La distribution de l'eau est confiée à une garde nommée par les deux tribus. Chaque tribu a son cheik et une mosquée à part. Le commerce et la chasse aux autruches est la principale occupation des Gadamiens.

Gadamès est, d'après l'état actuel de nos connaissances, la frontière la plus occidentale de la chaîne d'oasis dont parle Hérodote. C'est là que commence *le pays riche en dattes*, cette immense steppe, plane, unie et large de quatre-vingts milles géographiques, qui s'étend au sud de l'Algérie jusqu'à la frontière du Maroc, sous le nom de *Beled-el-Djerid* ou plutôt *Belad-el-Schérit* (pays de dattes) (1). D'après Léon l'Africain, le Beled-el-Djérid s'étend depuis Pescara jusqu'à l'île de Djerbo. Ce pays est fort sec, fort chaud; le sol ne produit aucune espèce de blé : il ne produit que des dattes en grande abondance et d'excellente qualité.

(1) *Description de l'Afrique*, p. 316.

(1) Shaco fait dériver ce nom de *Beled-el-Jéridd*, pays aride. Suivant Jackson, il vient de *djeráad*, sauterelles.

Ghraat.

Cette station ne nous est connue que depuis les relations des voyageurs anglais. Ghraat est une ville enceinte de murs, située à vingt journées de Touat et à dix journées à l'ouest de Mourzouk. La plaine dans laquelle Ghraat est située est couverte de cailloux, et entourée de montagnes désertes. Le cheik de cette ville prend le titre de sultan, mais il ne reçoit d'impôt que des habitants sédentaires ; les Touariks, qui forment la population nomade, ne lui payent aucun tribut ; beaucoup d'entre eux ont fait le pèlerinage de la Mecque, et sont, pour cette raison, vénérés comme des marabouts. Le gouvernement est entre les mains d'un conseil des anciens : le sultan n'est, à vrai dire, qu'un grand commerçant. Les habitants sédentaires se nomment *Ghrati*. Un trait qui les distingue de tous les autres habitants, c'est qu'ils permettent aux étrangers d'avoir des relations avec leurs femmes et leurs filles, qu'on assure être très-jolies. Leur commerce avec le Soudan les rend tous riches et opulents.

Il se tient chaque printemps un grand marché à Ghraat. Les marchands de Gadamès y transportent des armes, de la poudre, du plomb, du fer ; ceux du Soudan, des esclaves, de l'or et des noix de gourou. Les Fezzaniens y viennent aussi avec leurs marchandises de Tripoli et de l'Égypte ; mais les principaux articles de commerce sont toujours les esclaves, les chameaux et les dattes.

En résumant les renseignements que nous avons fait connaître, soit ici, soit ailleurs (1), on trouve pleinement justifiée la division naturelle de ces régions, telle que l'admettent les Arabes : ils divisent l'Afrique septentrionale en partie occidentale (*El-Maghreb*) et en partie orientale. La limite entre les deux est le Fezzan. La partie orientale s'étend depuis l'Égypte (*Mesr*) jusqu'au Fezzan (*Zuilah*), et le Maghreb, depuis Zuilah jusqu'à l'océan Atlantique.

(1) *Voyez* notre volume sur l'*Afrique*, dans la collection de l'*Univers pittoresque*.

II. PARTIE HISTORIQUE.

L'histoire des États tripolitains, de la Cyrénaïque et de la Marmarique, ayant déjà été traitée au long dans d'autres volumes de l'*Univers pittoresque*, nous n'aurons pas besoin d'y revenir (1). D'ailleurs, Tripoli n'ayant jamais formé un État réellement indépendant, son histoire offre peu d'intérêt.

Les Phéniciens furent les premiers maîtres de l'Afrique, par les colonies qu'ils y avaient fondées. Ils léguèrent leur pouvoir aux Carthaginois, et implantèrent parmi les populations indigènes le caractère, les mœurs et la langue de la Phénicie, dont il reste encore aujourd'hui des traces évidentes, après un intervalle de plusieurs siècles. Leur domination fut successivement remplacée par celle des Grecs et des Romains. Ces derniers, malgré leur puissance, ne réussirent point à s'assimiler des races qui sont et resteront toujours antipathiques aux nations européennes. Cette antipathie, qu'on le sache bien, est pour ainsi dire instinctive ; elle ne repose point sur de simples différences de religion ; car, en matière religieuse, quel peuple fut jamais plus tolérant que les Romains ? D'ailleurs, à l'époque de la grandeur de Rome le polythéisme était partout la religion dominante.

Plus tard, les chrétiens ne surent pas davantage gagner l'affection des indigènes. Ils furent donc facilement chassés par les Arabes, qui, sous la conduite des successeurs du prophète, vinrent envahir et conquérir l'Afrique. Leur règne fut le plus long de tous, et l'on peut dire qu'il dure encore, car la conquête de l'Afrique par les Turcs n'est qu'un épisode : la vraie force réside dans l'élément arabe. Pourquoi ? C'est que l'Arabe, ainsi que le Phénicien et le Car-

(1) Voyez l'*Afrique ancienne* par M. d'Avezac, et l'*Afrique chrétienne*, etc., par M. Yanoski. Dans le volume *Arabie*, par M. Desvergers, on trouve les meilleurs renseignements sur l'*Afrique sous la domination des Arabes* ; enfin le volume *Turquie*, par M. Jouannin, renferme le récit de la *Conquête et de l'occupation des États barbaresques par les Turcs*.

thaginois, appartient à une souche commune de langues et de race, la souche sémitique, à laquelle appartiennent aussi l'Hébreu, le Syrien, l'Assyrien, le Chaldéen, et peut-être même l'Égyptien primitif. Voilà le secret de ces haines implacables, et de cette antipathie instinctive contre toute nation qui n'est pas de race sémitique.

APPENDICE.

I.

On conserve à la Bibliothèque nationale un manuscrit français (n° 2582, in-fol., *Suppl.*) qui est, comme l'indique le titre « la copie collationnée d'un manuscrit français inédit de M. de la Condamine » (1). C'est le journal d'un voyage en Barbarie, en Syrie et en Asie Mineure. Il intéresse tout à la fois par les détails qu'il renferme et par le nom de l'auteur, qui, précurseur de Humboldt, ouvrit dans le Nouveau Monde un vaste champ aux investigations du philosophe et du naturaliste. Ce double intérêt devrait faire hâter l'impression du manuscrit, dont nous nous bornerons à extraire quelques fragments, relatifs à Tripoli et à Alger.

Ce voyage en Orient, exécuté en 1731, précéda de cinq ans celui que la Condamine fit au Pérou, en compagnie de Bouguer et de Godin.

Voici comment il raconte lui-même le but de son voyage :

« *Journal de mon voyage au Levant.*

« A Toulon, le 21 mai 1731.

« Ayant appris qu'une escadre de quatre vaisseaux du roi armait dans le port de Toulon, sous les ordres de M. Duguay-Trouin, lieutenant général, pour aller visiter les échelles du Levant et protéger le commerce, j'ai obtenu de M. le comte de Maurepas un ordre pour m'embarquer sur le vaisseau commandé par M. le chevalier de Camilly, dans le dessein de satisfaire l'envie extrême que j'ai toujours eue de faire un voyage de mer, et dans l'espérance de m'instruire sur la navigation, et de trouver occasion de faire quelques observations qui pussent m'être de quelque utilité pour l'Académie. »

La Condamine visita successivement Alger, Tunis et Tripoli.

(1) Nous devons l'indication de ce manuscrit à l'obligeance de M. Ferd. Denis, dont nous admirons les vastes connaissances bibliographiques et littéraires.

Voici les renseignements qu'il nous donne sur Tripoli :

« Tripoli (dit-il, p. 95) n'a point de rade à proprement parler ; on y est exposé à tous les vents, hors ceux qui viennent de la côte... Les Tripolitains sont peu forts sur mer ; leurs plus gros vaisseaux ne portent que trente pièces de canon. Le fort qui défend le port est plus régulier que les forts de la Goulette à Tunis et que le fanal d'Alger ; mais l'artillerie n'approche pas de celle des autres places, surtout d'Alger, dont le fort rond, appelé le Fanal, parce qu'il éclaire l'entrée du port, est garni, dans son contour, de trois batteries de canon l'une sur l'autre. A mesure qu'on approche de Tripoli, il enlaidit à vue d'œil, et quand on est dedans, c'est encore pis. Les rues sont dépavées, ou ne l'ont jamais été ; elles sont pleines de plâtras et de décombres, et le peu que j'ai vu de la ville me paraît se ressentir beaucoup de nos bombardements. »

Voici la description que la Condamine donne de l'arc de triomphe romain à Tripoli :

« C'est un pavillon carré, où on entrait par une arcade de quatre côtés : il paraît très-enterré, n'ayant que vingt pieds hors de terre : il est si défiguré, tant de vétusté que par la main des Turcs, qui ont mutilé toutes les têtes de figures humaines, pour se conformer à un article de leur loi, qu'il faut presque être averti pour faire quelque attention à ce monument. Ils en ont fait un magasin, et ont été obligés, pour lui donner plus de hauteur, d'élever une maçonnerie de moellon, qui a environ une toise au-dessus de l'entablement. Les quatre faces sont exposées obliquement aux quatre points cardinaux. Elles regardent les points d'entre eux, c'est-à-dire, en terme de marine, le nord-est, le sud-est, le sud-ouest, et le nord-ouest.

« Le côté du sud-est, qui donne sur la rue, au milieu duquel est la porte du magasin, est le plus maltraité ; la face opposée, qui regarde le nord-ouest, est la mieux conservée, du moins par le haut ; car on ne peut juger du bas, qui est masqué par des maisons qui y sont adossées, ainsi que le côté du nord-est. La face opposée au sud-ouest le découvre en entier; en montant sur les terrasses des maisons voisines, d'où je pouvais examiner plus commodément les deux faces du nord-est et nord-ouest, où est la grande inscription, que j'ai déjà reconnue être beaucoup plus longue et fort différente de ce qu'en rapporte la Motraye. Ce que j'ai reconnu de plus important, le soir, au coucher du soleil, qui en éclairant obliquement les caractères à demi effacés les rendait plus aisés à lire, est que cet arc a été élevé en l'honneur des deux empereurs M. AURELIUS ANTONINUS et L. AURELIUS VERUS. »

A la pag. 109 et suiv. on lit :

« Les Français qui ont vécu à Tripoli nous ont tous dit que les Tripolitains étaient de bonnes gens : ils m'ont paru, ainsi qu'à Tunis, beaucoup plus polis et plus affectueux en général que ceux d'Alger; mais cela doit surprendre moins de la part des Tunisiens, à qui nous n'avons point fait de mal, au lieu que nous avons bombardé plusieurs fois Tripoli, et récemment, en 1727, dont leur ville se ressent encore beaucoup (1). J'ai parlé à plusieurs, qui me montraient froidement par occasion des ruines causées par les bombes, comme une chose à laquelle ils n'auraient pris aucune part. Un d'eux même, et c'était le Turc sur la terrasse de qui je montais pour examiner l'arc de triomphe, et qui me montrait des maisons voisines, qui n'étaient point encore rétablies, parut goûter mes raisons, lorsque je lui dis que l'empereur de France ne les devait pas bombarder pour le plaisir de leur faire du mal, que cela lui avait coûté beaucoup d'argent, raison qui près d'un Turc devient encore meilleure, et qu'il y avait été obligé, parce que le pacha lui avait manqué de parole. A cela le Turc levait les yeux et haussait les épaules, et semblait, par le geste, convenir de ce que je lui disais, et n'osait dire hautement que c'était la faute du pacha.

« Je me faisais assez bien entendre de lui et de la plupart des Turcs en me servant de la langue franque, à laquelle on s'accoutume fort aisément, surtout quand on sait un peu de latin et d'italien. Le franc de Tunis et celui de Tripoli tient beaucoup plus de l'italien, comme celui d'Alger tient de l'espagnol. Tous les Turcs qui ont été en Provence, en Italie ou au Levant, entendent et parlent ce langage, qui est la langue de commerce de tous les ports de la Méditerranée.....

« J'oubliais de dire que dans les temps du dernier bombardement les esclaves français n'en furent pas plus maltraités. Les Turcs se complaisaient en disant que Dieu le voulait ainsi, et ne s'en prenaient point à ces malheureux. Il est vrai que le consul de Hollande eut alors pour eux de grandes attentions, et leur fournit tout ce qui était nécessaire pour la vie; car on peut bien juger qu'ils étaient renfermés très-étroitement dans le bagne, d'où il s'en sauva même plusieurs, une bombe qui y tomba leur ayant fait passage. Ce bagne est un fort vilain endroit, voûté et obscur, où les esclaves de la république sont enfermés aux heures où ils quittent le travail, et où les particuliers envoient les leurs quand ils craignent de ne les pouvoir pas garder assez sûrement, et particulièrement quand il y a en rade des vaisseaux de guerre français, qui sont pour les esclaves un asile sûr, ainsi que je l'ai déjà remarqué. J'ai observé déjà que les esclaves n'y sont pas, du moins la plupart, dans l'état d'oppression et de misère où on les croit en France : à la réserve d'un très-petit nombre, qui peuvent tomber entre les mains de patrons capricieux ou brutaux, les autres sont très-doucement traités, en sorte qu'il y a souvent plus à gagner, pour un matelot ou pêcheur ou autres gens de cette trempe, qui y sont les plus exposés, à être emmenés esclaves en Barbarie, que de rester dans leur première condition. Les maîtres les plus difficiles ont soin de ne pas maltraiter leurs esclaves, qui sont leur bien et qui leur coûtent de l'argent; et chez les autres ils deviennent souvent les maîtres, et c'est une chose qui m'a encore été confirmée à Tripoli ainsi qu'à Tunis, que quand il y avait dans la ville quelque bon morceau, ou quelque jolie femme, les esclaves chrétiens y avaient la meilleure part. Un grand nombre même de ceux qui sont au Bélic ou à la République ont la permission de tenir taverne et de vendre du vin; ce qui leur vaut beaucoup. Ils rendent tant par lune à leur patron sur leur profit; et quand ils sont payés, ils amassent de quoi se racheter du surplus. Leur condition d'esclave et leur profession ou leurs talents, quand ils en ont, leur donnent accès dans les maisons; et comme les femmes les plus resserrées sont les plus complaisantes, et qu'elles ne connaissent ici pas même

(1) Sous le règne de Louis XIV, Duquesne avait été chargé de réprimer les pirateries des Tripolitains. Ce célèbre amiral rencontra huit de leurs vaisseaux, et leur donna la chasse : ils se réfugièrent dans le port de Chio, appartenant au sultan. Mais les Français les y suivirent, et les enlevèrent presque tous. Duquesne régla ensuite les conditions de la paix avec le pacha de Tripoli. Les corsaires rendirent un vaisseau qu'ils avaient pris, ainsi que tous les Français qui étaient tombés entre leurs mains, et qu'ils avaient faits esclaves. (*Annales maritimes, sciences et arts*; t. XIV, p. 932.)

le nom d'honneur et de vertu, et que l'inégalité des conditions ne fait pas ici la même impression qu'en Europe, il ne faut pas s'étonner que les esclaves qui sont à portée de profiter des occasions aient souvent de bonnes fortunes. Ce sont les juifs, comme partout ailleurs, qui font ici le change; il y en a de riches à Tunis; mais à Tripoli, comme à Alger, ils sont presque tous misérables. Peu de temps avant l'arrivée de l'escadre, le pacha avait eu la précaution de diminuer les espèces, surtout celles d'or, présumant qu'on apporterait des sequins, qui est la monnaie d'or qui a cours dans le Levant.

« La ville ressemble à un grand village ruiné, les maisons sont blanches, bâties en terrasses comme à Alger et à Tunis, mais plus basses; je n'en ai point vu à deux étages. Les rues sont plus larges, ce qui, joint au peu de hauteur des maisons, fait qu'on est fort incommodé du soleil. Les bazars que nous avons vus ne sont pas si beaux que ceux de Tunis. Il y en a seulement un fort petit que je ne crois pas achevé, qui est assez bien bâti; il fait ressouvenir des salles de marchands du Palais à Paris.

« On appelle pacha le souverain de Tripoli : les trois républiques de Barbarie avaient anciennement la même forme de gouvernement; un pacha y commandait au nom du grand seigneur; il y avait deux principaux officiers qui avaient sous lui la principale autorité. Le dey rendait la justice, et le bey commandait les troupes. Par les révolutions, fréquentes, il est arrivé que celui des trois qui a été le plus heureux s'est emparé de la souveraine puissance, et est demeuré maître de l'État. En Alger c'est le dey qui gouverne. A Tunis le bey est absolu, et n'a laissé au dey ou dolely que des honneurs, et la portion d'autorité qu'il a bien voulu lui conserver, qui ne consiste que dans l'administration de la justice, dans les affaires que le bey n'évoque point à lui. Le pacha que le grand-seigneur y envoie n'y est reçu qu'à la condition qu'il ne se mêlera de rien, en attendant que les Tunisiens osent secouer ce reste de joug, comme les Algériens leur en ont donné l'exemple. A Tripoli le pacha est demeuré en possession de la souveraineté, et a gardé le nom de pacha. Il réunit en sa personne le titre de bey, que lui donne la république en l'élisant, et celui de pacha, que la politique de la cour ottomane accorde toujours au bey de Tripoli. La côte est plus nord que la carte ne l'a marqué.

« Tripoli est plus sud qu'Alger et Tunis; d'ailleurs son terrain sablonneux contribue à augmenter la chaleur. Elle m'a paru considérable; cependant nous en avons moins souffert qu'à Tunis, même dans la rade, tant que le vent du golfe de Soliman ou de la montagne de Plomb y a régné. Les Maures, j'entends les Maures blancs, qui sont les naturels du pays de Barbarie, sont la plupart grands et bien faits; ils ont le visage long, basané; les yeux petits et vifs; l'air fin; la bouche grande, les dents belles, et pour peu qu'on en ait vu, on reconnaîtrait un Maure au milieu de plusieurs Turcs. Les Noirs habitent les montagnes en dedans des terres. Il y en a cependant quelques-uns dans les villes. J'en ai vu même qui ont une assez belle physionomie; mais la plupart sont si horribles, qu'on ne les envisage qu'avec peine, surtout lorsqu'on voit une barbe blanche et frisée, clair-semée, sur les rides qui labourent un teint noir et enfumé.

« Nous avons mangé à Tripoli du raisin mûr et fort bon; c'était du chasselas. Dans toute la Barbarie, je n'ai mangé aucun fruit qui ne soit connu en France; je ne parle point des dattes fraîches, ni des figues de Barbarie, dont ce n'était pas la saison.

« La Motraye dit, en parlant des habits des Tripolins : « La pièce d'étoffe de laine
« blanche qu'ils ont autour du corps, du
« moins les gens du commun, fait que leur
« habillement ressemble beaucoup aux dra-
« peries que les peintres donnent dans leurs
« tableaux aux anciens philosophes aussi bien
« qu'aux apôtres et aux saints. Les Turcs ont
« une pièce d'étamine blanche, qu'ils mettent
« par-dessus leurs autres vêtements, et qui est
« une espèce de manteau de cérémonie, qu'ils
« appellent bernins ou bernon. »

Nous n'avons pas pu résister au plaisir de reproduire ici les renseignements que la Condamine nous fournit sur l'Algérie, qui devait, un siècle après, devenir une conquête de la France.

« Alger est une espèce de république; le dey, qui en est originairement le doge, a usurpé peu à peu toute l'autorité. Celui qui règne aujourd'hui est plus absolu que n'a jamais été aucun de ses prédécesseurs; mais il ne maintient son autorité que par une sévérité qui approche de la cruauté. Pour réprimer les moindres complots qui y pourraient donner atteinte, il a souvent sacrifié à ses soupçons ses meilleurs amis, ou, pour parler plus juste, ceux des grands du pays avec lesquels il vivait le plus familièrement. Un mois ou deux avant notre arrivée il en avait fait étrangler trois, qui peu auparavant avaient toute sa confiance, ou qui paraissaient l'avoir; car il serait très-imprudent à lui d'en prendre en personne. Il vit dans une défiance perpétuelle de tout ce qui l'approche, et ressemble en cela au Pygmalion de *Télémaque*, avec cette différence, que tout autre en place du dey serait obligé d'être aussi défiant que lui. On lui rend la justice qu'il n'a point cherché à se faire ce qu'il est, et qu'il a même résisté quand on l'a mis en place, et je n'ai pas de peine à le croire. Il est général de la cavalerie, et avait une grande considération.

« En montant à la souveraine puissance il a perdu la liberté, et est plus esclave qu'aucun de ceux qui le servent. Il n'oserait sortir de son palais, qu'on appelle maison du roi, qui est tout à la fois, comme le temps de nos anciens monarques, et la demeure du souverain et le lieu où il rend la justice. Le dey a une autre maison, qui lui appartient comme particulier, dans laquelle logent ses femmes et ses enfants; mais il n'oserait y aller, de peur qu'on ne croie qu'il leur porte son trésor, amassé aux dépens de la république; et depuis huit ans qu'il règne on assure qu'il n'est sorti que quatre ou cinq fois : deux ou trois fois pour aller à sa maison, voir ses femmes, et deux fois pour aller visiter la marine; encore n'était-on prévenu de rien, et il revint par un autre chemin, pour éviter le sort de son prédécesseur, qui fût tué à coup de fusil, près de la porte de la ville, en revenant du port. Il est dans une appréhension perpétuelle de quelque soulèvement, et est souvent obligé de faire, par condescendance pour son divan et pour sa milice, des choses contre son gré. Il s'en explique assez ouvertement, et dans une des audiences particulières où je me suis trouvé il nous a parlé des sept deys qui avaient été tués en un jour, et nous disait qu'il n'était pas le maître. Peut-être affectait-il de parler ainsi pour s'autoriser à refuser une partie de ce qu'on lui demandait; aussi lui répondait-on toujours qu'il était despotique, et par-là on flattait sa vanité. Lors de la première audience particulière, il avait été question de la manière dont il recevrait M. de Beaucaire, savoir s'il aurait ou non son chapeau sur la tête; le dey tint bon sur cet article, et dit au consul que cela lui était impossible, qu'il ferait soulever tous ses soldats; que pour lui il souhaiterait le pouvoir faire, et que s'il était en campagne, ou en un lieu où il pût s'abstenir de ce cérémonial, il courrait au-devant de M. de Beaucaire pour l'embrasser et le prévenir. On n'insista pas sur cet article, qui retarda d'un jour l'audience. M. de Beaucaire ne voulut point que cela arrêtât la négociation. Il parla assis dans une chaise à bras et découvert à l'audience particulière qu'il eût dans le corridor au second étage, et debout les deux fois qu'il parla au dey, sous la galerie découverte au fond de la cour dont j'ai parlé, qui est le lieu où le dey assemble son divan et rend la justice. Ricaut, dans son *Histoire de l'Empire Ottoman*, rapporte que c'est faire affront aux Turcs que de se découvrir devant eux : ils ont changé de cérémonial à Alger sur cet article; c'est, à ce qu'on m'a assuré, par l'imprudence de quelques esclaves français, qui pour faire leur cour au dey, pendant leur captivité, lui dirent qu'en France c'était une grande incivilité que de paraître le chapeau sur la tête. Depuis ce temps, dit-on, ils sont devenus plus près regardants, et exigent même qu'on se découvre en passant devant la porte de la maison du dey. M. de Florensac, à sa première audience, pour être entré dans la cour du dey avec son chapeau sur la tête, reçut d'un chiaoux un avertissement assez brusque, par un coup de baguette sur le bras. Une fois, en passant devant la porte du dey avec un marchand français je ne me découvris point comme lui, feignant d'ignorer la coutume. J'entendis un Turc ou un Maure qui disait en espagnol : Celui-là n'a pas ôté son chapeau.

« Le mauresque est la langue du pays. Les Turcs parlent turc entre eux ; mais la langue dont se servent les uns et les autres pour se faire entendre aux Européens est ce qu'on appelle la langue franque. On dit qu'on la parle dans tout le Levant et dans tous les ports de la Méditerranée, avec cette différence que celle qui est en usage du côté de Tripoli, et plus en avant vers le Levant, est un mélange de provençal, de grec vulgaire, de latin, et surtout d'italien corrompu, au lieu que celle qu'on parle à Alger, et qu'on appelle aussi petit mauresque, tient beaucoup plus de l'espagnol, que les Maures ont retenu de leur séjour en Espagne. On assure même qu'il y a dans les terres de Barbarie plusieurs endroits où le bon espagnol s'est conservé, et la plupart des Maures l'entendent. On ne se sert presque pas des infinitifs dans ce jargon, qui s'entend aisément quand on est accoutumé à l'accent, surtout quand on sait le latin : c'est celui des divertissements turcs du *Bourgeois Gentilhomme* et de *l'Europe Galante*.

« Il y a à Alger, parmi les Maures qui y sont établis, des familles très-anciennes. Il y en a surtout une, très-nombreuse, qui descend des anciens rois maures de Grenade. L'un des chefs de cette famille vint rendre visite au consul pendant que j'y étais. Ils sont considérés de leur nation, à raison de leur naissance ; mais les Turcs ne mettent de différence entre eux et les gens de la lie du peuple qu'à proportion de leurs biens et facultés. Comme ceux dont je viens de parler sont riches et puissants, et qu'ils ont plusieurs vaisseaux en course dont ils sont armateurs, ils sont considérés des Turcs. On m'a dit aussi que ceux de cette maison ne se mésalliaient pas, et que comme elle est très-étendue ils ne se mariaient qu'entre eux. Celui que j'ai vu chez le consul se nommait Ben-Amar; je ne sais quel est le nom de sa maison.

« Alger est une ville fort peuplée; les rues y fourmillent de monde, quoique dans la saison présente la plupart des particuliers fussent à la campagne. Outre que les camps sont partis, c'est-à-dire que les gens de guerre sont dehors tous les ans au printemps, le dey forme trois camps de ses troupes, qui pénètrent dans les terres, l'un du côté de l'est, l'autre du côté de l'ouest, et l'autre vers le midi. Ils vont d'abord dans les villages, pour faire payer aux Maures le carach ou le tribut ordinaire qu'ils doivent au dey. Ils se répandent ensuite dans les montagnes et dans le pays inhabité jusqu'à ce qu'ils aient rencontré le camp des Maures, et qu'ils les aient forcés de satisfaire à la contribution. On dit aussi que les troupes qui partent d'Alger dans cette saison vont renouveler les garnisons que les Turcs entretiennent dans les places et les forts qu'ils ont sur la côte et dans les terres. Outre les Maures, qui sont les naturels du pays, et les Turcs, qui en sont les conquérants, il y a, à ce qu'on assure, plus de dix mille juifs dans Alger. La plupart sont misérables; il faut qu'ils le soient beaucoup pour rester dans un pays où ils sont aussi maltraités. Ainsi que je l'ai déjà remarqué, un grand nombre travaillent en orfévrerie, et les autres font leur métier de juifs, en exerçant le change et la banque, et en rognant les piastres, au risque de se faire brûler.

« La petite monnaie du pays, qui est peut-être la seule qui y soit fabriquée, sont de petits morceaux de laiton blanc, taillés irrégulièrement de la forme d'un carré long, très-minces, sur lesquels sont empreints quelques caractères turcs ou arabes. On prétend qu'il y en a quelques-uns qui sont d'argent, qu'ils devraient tous en être, et qu'ils ne sont si remplis d'alliage que par la mauvaise foi du prince, qui s'est servi de ce moyen pour s'enrichir, par la persuasion d'un favori; on appelle cette monnaie aspre. La petite piastre en vaut sept cents: il en faut à peu près dix pour faire un para, ou un sol de France. Il suffit de savoir qu'une monnaie si basse a cours pour en conclure la misère de ce peuple: ils vivent pour cinq à six aspres par jour. Cependant, hors les choses nécessaires à la vie, tout est cher à Alger, du moins pour les étrangers, et je n'ai pu faire faire un gnomon pour une méridienne, composée d'une plaque de tôle ronde comme le creux de la main, et d'une verge de fer grosse comme le petit doigt, longue d'un pied, à moins d'un écu, qui vaut près de six cents aspres de leur monnaie.

« Le commerce n'est pas très-considérable à Alger. La Provence en tire des laines, des huiles pour les savons, et de la cire, qui vient d'un endroit de la côte qu'on nomme Bougie. Je ne sais si le nom de bougie en français en tire son étymologie. Quoi qu'il en soit, la cire qui en vient est jaune; ils ne savent pas la blanchir. C'est en France qu'on la prépare, ou dans les autres lieux où on la transporte. On m'avait promis de me mener dans quelques boutiques voir travailler en broderie sur des maroquins et à quelques autres ouvrages; mon départ précipité m'en a empêché. Ce sont quelques marchands français, anglais et hollandais qui y font tout le commerce. Les Algériens sont tous soldats ou pirates. Depuis peu, outre les consuls de France, d'Angleterre, de Hollande, les Suédois y en ont envoyé un, et ont fait un traité de paix et de commerce avec les Algériens. Ils l'ont acheté à force de présents, de munitions de guerre et de marine. Les Anglais et les Hollandais en font autant, et quoique nos traités n'en fassent aucune mention, par un article secret il est arrêté qu'on leur fournira tous les ans un certain nombre de câbles, de voiles et d'ancres. Comme ces gens ne vivent que de leurs prises sur mer, il paraît juste qu'en se mettant par la paix à l'abri de leurs courses on achète ces avantages, en leur fournissant ce qui leur est nécessaire pour la navigation. Si les princes de l'Europe voulaient s'entendre, il serait aisé, je ne dis pas seulement de se rendre maître d'Alger, ce qui leur serait peut-être plus à charge qu'à profit, mais d'obliger les Algériens à quitter leur métier de pirates, à cultiver leurs terres et à se livrer au commerce. Le terrain y est bon; et si les Maures n'étaient pas découragés par le pillage des soldats turcs, la plupart des terres ne resteraient pas en friche comme elles sont.

« La nourriture ordinaire est le riz. Ils sont aussi dans l'usage de couper la viande en morceaux longs qu'ils mettent dessécher au soleil pour les conserver.

« Alger ressemble de loin à une carrière de pierres blanches; la ville s'élève en amphithéâtre sur un côteau dont la pointe s'avance au nord dans la mer, et forme le cap de Caxines. La ville s'étend est et ouest, et paraît avoir de loin la forme d'un hunier de vaisseau. J'ai parlé de la construction intérieure des maisons, dehors elles paraissent assez mal bâties; elles sont de briques, mal liées avec du mauvais ciment, qui est le même qu'ils emploient à leurs terrasses; la plupart des murailles sont blanchies avec la chaux, jusqu'à une certaine hauteur. Il y a près de la maison du dey et dans quelques autres endroits, des cafés, où je ne suis point entré; ils m'ont paru de grandes salles voûtées, soutenues de colonnes; on s'y entretient de nouvelles comme en France; les politiques oisifs et autres fainéants s'y rassemblent souvent. Les germes des soulèvements et des révolutions y sont éclos; aussi sont-ils remplis des espions du dey, et de tout ce que j'ai vu à Alger c'est ce qui m'a le plus rappelé l'idée de Paris. J'ai passé devant plusieurs mosquées; il n'est pas permis aux chrétiens d'y entrer, sous peine, dit-on, ou de mort, ou de se faire turc. Ils sont ici plus superstitieux et plus attentifs sur cela qu'à Constantinople, où il suffit pour y entrer de quitter ses souliers. Le jour elles sont toujours ouvertes, et ressemblent assez, autant qu'on peut juger au coup d'œil, à une église chrétienne sans tableaux ni ornements, et dont le pavé serait couvert de nattes de jonc. Les porteurs de faix, ou gens chargés, ont dans les rues de la ville le même droit que les charrettes chargées ont en France sur les grands chemins et les porteurs de chaise à Paris : ils crient : Batie! batie! ce qui veut dire : Gare! et n'ont aucune considération pour qui que ce puisse être. C'est encore bien pis quand on rencontre des femmes à équipage. Cet équipage est une mule, une rosse, ou une bourrique qui porte sur le dos une espèce de siège ou de boîte carrée; car tout ce qu'on voit est une étamine blanche, qui enveloppe la chaise et la femme, dont à peine aperçoit-on quelquefois le sommet de la tête. On juge bien que cet attirail et le Maure qui le conduit ne laissent pas de place de reste, dans les rues aussi étroites que le sont celles d'Alger; et s'il ne se trouvait quelque porte, ou quelque coude, on ne saurait réellement où se mettre. Aux heures de la prière, à Alger comme dans toutes les villes mahométanes, un homme chargé de ce soin monte à chaque minaret, et par les quatre côtés successivement avertit le peuple par de grands cris; cela leur tient lieu de cloches. Si elles étaient en usage chez eux, les Algériens n'en iraient pas chercher loin : il en reste huit de celles qu'ils ont enlevées d'Oran, quand ils l'ont pris sur les Espagnols, qui sont encore sous une des portes d'Alger. On dit qu'ils en ont fondu plusieurs autres. Il y a à Alger des lieux de commodité, et on ne jette pas, comme à Toulon, les ordures dans les rues : elles sont si étroites qu'il n'y aurait pas où poser le pied. En général, Alger n'est peuplé que de canaille. Les Maures sont des misérables, et les Turcs qui viennent tous les ans de Constantinople pour s'y établir sont de vrais bandits : ils ne subsistent que de leurs rapines et pirateries. C'est pour cela qu'il est fort singulier qu'on soit plus en sûreté chez soi que dans un pays chrétien, surtout le plain-pied des terrasses offrant une facilité infinie de passer d'une maison à l'autre. On m'avait assuré que mes instruments n'y couraient aucun risque, et qu'il était inouï qu'on y volât dans les maisons ni par les terrasses. Effectivement toutes mes affaires ont resté sur celles du consul à la discrétion des voisins, et on n'a touché à rien. La promptitude, la sévérité et le peu de formalité de la justice, procurent cette sécurité. On coupe la main aux voleurs, et on la leur pend au cou; on les exécute à mort. Les esclaves ne sont point maltraités à Alger, à moins que le hasard ne les ait fait tomber entre les mains de quelque patron extraordinaire; mais en général ils sont assez doucement traités. Quand ils ont quelques talents, ou quelque métier, et un peu d'esprit, ils se rendent quelquefois nécessaires, deviennent les maîtres de la maison, ont la confiance du patron, et couchent avec sa femme, ce qu'ils peuvent avec sûreté lorsqu'ils sont d'accord avec elle, sans courir les mêmes risques que les étrangers. Alger se sent encore des bombardements; il y a encore des maisons qui ne sont pas encore rétablies. Il serait aujourd'hui plus difficile à bombarder qu'autrefois. Le môle est bordé de grosses pièces de canon. Le Fanal, qui est un fort à l'entrée, a des batteries l'une sur l'autre. J'ai vu un canon de vingt-deux pieds, donné par le sultan Sélim, dont le nom est gravé sur la pièce en caractères turcs. Il y a plusieurs forts qui défendent la ville, un au nord, à quelque distance de la ville, qu'on appelle le fort des Anglais, bâti depuis quelques années pour défendre un endroit de la rade assez éloigné de la ville, où des bâtiments anglais venaient quelquefois mouiller, outre le fort de l'Empereur et le fort de l'Étoile, dont j'ai parlé plus haut. Notre chancelier m'a assuré qu'on pouvait sans aucun risque chasser seul à deux ou trois lieues de la ville. Le plus sûr est cependant de prendre un Maure pour guide et pour escorte. L'architecture du pays est moresque ou gothique. Ce que j'ai remarqué de plus singulier est le cintre des arcades qui soutiennent les tribunes en dedans des maisons. Ce cintre est presque les deux tiers d'un cercle, au lieu que nos voûtes ordinaires ne prennent pas le demi-cercle. Ils les construisent fort adroitement, et n'ont pas d'autre charpente pour étayer la voûte jusqu'à ce qu'elle soit fermée que de simples cannes de jonc. »

Nous reproduirons ailleurs la partie du voyage de la Condamine qui concerne les côtes de la Syrie.

La Condamine rencontra à Tunis le célèbre voyageur Shaw, dont il fait un éloge mérité. Dans plusieurs circonstances il fait ressortir l'exactitude des récits de Thévenot, qui avait parcouru l'Orient bien avant la Condamine.

Nous avions cru rencontrer dans le Journal de la Condamine quelques indications sur la flore et la faune du nord de l'Afrique; mais notre espoir a été déçu : nous n'y avons trouvé qu'une courte notice sur le *Cactus opuntia*, L. (*Opuntia vulgaris*), ou figuier de Barbarie, répandu dans toute la région méditerranéenne, et que l'on croit originaire du Nouveau Monde.

Aux environs d'Alger la Condamine trouva « une espèce particulière de petits abricots, qui ne quittent pas leur noyau, qui sont infiniment plus délicats et d'un goût plus relevé que les gros abricots. » Il en conserva des noyaux pour en essayer la culture en France.

II.

NOTE SUR LES PALMIERS DE L'AFRIQUE.

Les palmiers constituent la famille la plus intéressante du règne végétal, non-seulement par leur structure et leur forme, aussi variée que merveilleuse, mais surtout par leurs nombreux usages. Malheureusement, pour ce qui est relatif aux espèces africaines, nos connaissances sont encore fort bornées. Il faudrait faire pour les palmiers de l'Afrique ce que Martius, célèbre botaniste de Munich, a fait pour les palmiers de l'Amérique; mais un pareil travail, si important pour les sciences, ne pourrait être que le résultat d'une expédition dans l'intérieur de l'Afrique (1) : car c'est là surtout qu'on trouverait des végétaux qu'aucun Européen n'a encore vus ni décrits. Il répugne de croire que l'Afrique ne possède qu'une demi-douzaine d'espèces de palmiers, tandis que le Brésil seul en compte plusieurs centaines.

Desfontaines (*Flora Atlantica*), Viviani (*Specimen floræ Libyæ*) et Mungby (*Flore de l'Algérie*) n'indiquent sur la côte septentrionale de l'Afrique que le dattier (*Phœnix dactylifera*), connu de toute antiquité, et le latanier nain (*Chamærops humilis*, L.). Les fruits de ce dernier, quoique fort peu savoureux, sont, dit-on, mangés par les Bédouins (1).

Quant au dattier, dont nous avons parlé en différents endroits, il est, avec le chameau, aussi nécessaire à l'Arabe que l'air et l'eau le sont à tous les êtres vivants. Quelques voyageurs, entre autres le capitaine Lyon, ont parlé de palmiers un peu différents du dattier commun. Serait-ce des espèces différentes ? c'est là encore un point à éclaircir (2).

A une certaine distance du littoral, au delà de l'oasis d'Audjéla, on rencontre une espèce de palmier fort remarquable, en ce que son tronc (*stipe*) se divise par dichotomie, ce qui est un caractère assez rare dans cette famille de monocotylédonées. Ce palmier est le *Cucifera thebaica* de Delile (*Hyphæne crinita* de Gaertner, et *Hyphæne cucifera* de Persoon). Les Arabes l'appellent *Doum*, nom qu'ils donnent aussi quelquefois au dattier commun. Delile a trouvé le palmier *doum* dans la haute Égypte, près des monuments de Philœ, de Thèbes et de Denderah. Une des îles du Nil, à peu de distance de Girgeh, a reçu le nom d'*île de Doum*, à cause du grand nombre de ces arbres qu'elle produit. En s'élevant dans les plaines presque stériles qui bornent le désert, le palmier *doum* présente un rempart naturel contre les vents et les sables, et il rend propres à la culture des lieux qui autrement seraient abandonnés. Il reçoit sous son ombre les *Mimosa* épineux, qui croissent rarement dans les champs arrosés par le Nil. Sa verdure contraste avec la sécheresse des lieux qui l'environnent (3).

---

(1) Nous avons déjà, dans plusieurs occasions, fait ressortir l'utilité, la nécessité même d'une semblable expédition, qui ne pourrait être entreprise qu'aux frais du gouvernement. Il ne manque pas de savants courageux qui désireraient en faire partie.

(1) Le *Chamærops humilis* est répandu, non-seulement sur la côte africaine, mais dans toute la région méditerranéenne. Le *C. histrix* appartient à l'Inde.

(2) « Le dattier, dit M. Rozet, est l'arbre des ruines et des tombeaux : on en remarque dans tous les cimetières, et presque toujours un auprès de chaque marabout. Il est bien rare que les ruines un peu considérables ne soient pas annoncées par quelque dattier qui s'élève de leur intérieur. (*Voyage dans la Régence d'Alger*, tome I, p. 188; Paris, 1833.)

(3) *Description de l'Égypte*, Histoire naturelle, tome I, in-fol., p. 54 (Paris, 1809).

Théophraste a le premier indiqué le palmier *doum* comme un arbre de l'Égypte ; il l'appelle κουκιοφόρον, et en fait la description suivante : « L'arbre appelé *Koukiophore* est semblable au dattier : il lui ressemble pour la tige et les feuilles, mais il y a une différence : le dattier est d'une seule végétation (μονοφυές) (1) et simple, tandis que l'autre, parvenu à un certain développement, se divise et devient dichotome, puis ces divisions se bifurquent à leur tour (2). Il a les rameaux courts et peu nombreux. On emploie son feuillage, comme celui du dattier, pour des ouvrages textiles (πρὸς τὰ πλέγματα). Il produit un fruit particulier, bien différent de grosseur, de forme et de suc ; car ce fruit remplit presque le creux de la main (σχεδὸν χειροπληθής), il est arrondi, et non oblong ; sa couleur est jaunâtre, son suc doux et d'une saveur agréable ; il ne croît pas serré (ἀθρόον), comme le fruit du dattier, mais par intervalle, un à un. Il a un noyau grand et fort dur, avec lequel on fabrique des anneaux pour des ouvrages de marqueterie. Son bois diffère beaucoup de celui du dattier : l'un a les fibres lâches et jaunâtres, tandis que l'autre est dense, lourd, imprégné de suc, à section nette et dure. Aussi les Perses l'estimaient-ils beaucoup ; ils en faisaient des pieds de lit (1). »

Plus de deux mille ans après Théophraste (2), Delile, membre de l'expédition française en Égypte, compléta cette description (3) :

« Les fleurs, dit-il, sont mâles ou femelles, sur des pieds différents. De longues grappes les produisent en dehors de spathes dans les aisselles des feuilles. Ces spathes, formés d'une seule pièce, s'ouvrent sur le côté, et sont petits en comparaison de ceux du dattier ; ils contiennent des graines ou spathes partiels propres aux rameaux des grappes. Chacun de ces rameaux se termine par plusieurs épis ou chatons couverts d'écailles imbriquées, que des faisceaux de soie séparent, et du milieu desquels sortent des fleurs solitaires fort petites.

« Les fleurs mâles ont un calice à six divisions, dont trois, extérieures, étroites, sont redressées contre un pédicelle qui soutient les trois intérieures, plus larges. Ces dernières divisions sont ouvertes et écartées. Le pédicelle sur lequel elles naissent porte aussi les étamines, qui sont au nombre de six, et dont les filets, réunis par leur base, au centre des divisions, sont tellement disposés, que trois alternent avec ces divisions, tandis que les trois autres leur sont opposés. Une anthère ovoïde termine chaque filet.

« Le calice des fleurs femelles est plus grand que celui des mâles, et se divise en six portions presque égales ; il est placé au-dessous d'un ovaire à trois lobes. Cet ovaire grossit d'une manière irrégulière. Un seul des lobes se développe communément pour former le fruit, à la base duquel on remarque souvent deux tubercules, qui remplacent les lobes avortés. Mais lorsque deux ou trois lobes se développent ensemble, ils produisent autant de fruits soudés par la base, sur lesquels une même écorce passe de l'un à l'au-

---

(1) L'expression de μονοφυές, d'une *seule végétation*, contient en germe la belle théorie que M. Auguste Saint-Hilaire a developpée (*Leçons de Botanique*) avec cet esprit de clarté et de philosophie dont Linné semblait seul avoir le secret. Le nom de μονοφυές laisse naturellement supposer qu'il y a un second, un troisième, etc., degré de végétation. C'est en effet ce qui a lieu dans les divisions et subdivisions du système axile.

(2) Théophraste signale parfaitement le caractère le plus propre à faire reconnaître sur-le-champ le palmier doum : Κουκιοφόρον ἐστιν ὅμοιον τῷ φοίνικι· τὴν δὲ ὁμοιότητα κατὰ τὸ στέλεχος ἔχει καὶ τὰ φύλλα· διαφέρει δὲ, ὅτι ὁ μὲν φοίνιξ μονοφυές καὶ ἁπλοῦν ἐστι, τοῦτο δὲ προσαυξηθὲν σχίζεται, καὶ γίνεται δίκροον. L'interprète latin a ici (ce qui lui arrive souvent) fort mal rendu le texte. Ainsi, il traduit τὴν δὲ ὁμοιότητα κατὰ τὸ στέλεχος ἔχει καὶ τὰ φύλλα· διαφέρει δὲ, ὅτι κ. τ. λ. par cette phrase : *caudice et foliis differt, quod*, etc. Or, comme on vient de le voir, le texte original dit tout le contraire. (*Theophrasti Eresii quæ supersunt Opera*, tom. II, p. 82, edit. Schneider ; Lips., 1818, in-8°.)

Ne serait-il pas à souhaiter que les livres de Théophraste sur la botanique (Περὶ φυτῶν ἱστορία ; περὶ αἰτίων φυτικῶν) fussent enfin traduits du grec en français. Ce serait rendre un service éminent tout à la fois à l'histoire de la science et à la géographie ancienne.

---

(1) Théophrast. Περὶ φυτῶν ἱστορία δ. κεφ. β. (p. 123-124, tome I, edit. Schneider).

(2) Pline (*Hist. nat.*, XIII, 9) n'indique que fort sommairement le doum. Il dit que ce palmier croit en Égypte, en Syrie, et en l'île de Crète ; il signale comme caractère essentiel la bifurcation de la tige... *Quædam in Syria et Ægypto in binos dividunt se truncos : in Creta et in ternos, quædamque in quinos*.—L'Ecluse et Bauhin n'en ont parlé que d'après Théophraste et Pline.

(3) Le doum a de l'affinité avec le genre *Chamærops*, dont les feuilles ont presque la même forme ; mais dans les *Chamærops* l'embryon est placé sur la côte de la graine, tandis que dans le doum il est placé au sommet.

tre, et dans chacun desquels se trouve une semence parfaite.

« Le fruit est un drupe sec, jaunâtre, ovoïde, couvert d'une écorce fine, lisse et friable, qui cache un tissu particulier de fibres. Une pulpe d'une saveur mielleuse et aromatique est logée entre les fibres, qui extérieurement sont lâches et redressées ; elles naissent d'une couche très-serrée à l'intérieur, et qui forme une enveloppe ligneuse. Le tissu dense de cette enveloppe ne se continue pas également de toutes parts pour former la paroi d'une loge complète ; il est interrompu dans un point à la partie supérieure, qui se perce aisément. Cette enveloppe contient une amande ou semence de forme conique, quelquefois presque ovoïde, et élargie par une de ses extrémités, qui lui sert de base. Cette semence est un peu tronquée au sommet, où l'embryon se trouve logé dans une petite cavité ; elle est composée d'une substance blanche et cornée, qui laisse un vide dans le centre. La surface est recouverte d'une pellicule brune et écailleuse.

« Le bois du doum est plus solide que celui du dattier. On en taille des planches dont on fait des portes dans plusieurs villages du Saïd. Les fibres de ce bois sont noires, et la moelle qui les unit est un peu jaune. Le bois des branches est mou, léger, et n'a point de couleur. Les feuilles sont employées à faire des tapis, des sacs et des paniers fort commodes et d'un usage très-répandu. Les fruits ont une pulpe pleine de fibres ; ce qui n'empêche pas les paysans du Saïd d'en manger quelquefois. On en apporte beaucoup au Caire, où on les vend à bas prix. On les regarde plutôt comme un médicament utile que comme un fruit agréable ; ils plaisent cependant aux enfants, qui en sucent la pulpe, dont la saveur est exactement celle du pain d'épice. On en fait par infusion un sorbet, qui ressemble à celui que l'on prépare avec la racine de réglisse ou avec la pulpe des gousses de caroubier. Cette liqueur est douce, et passe pour salutaire.

« Le doum fleurit tous les ans au mois d'avril. Il n'est pas besoin d'aider la fécondation en portant des fleurs mâles sur les grappes femelles : la poussière des étamines, en volant dans l'air, imprègne suffisamment les ovaires. Les paysans du Saïd assurent qu'un doum mâle peut féconder plusieurs pieds femelles éloignés. Quoiqu'il avorte beaucoup de fruits sur les grappes, ils y sont fort serrés ; s'ils nouaient tous, ils manqueraient d'espace pour se développer : une grappe en produit environ trente ou quarante. Ils sont très-pesants avant leur maturité. Ils se colorent et se recouvrent d'une poussière glauque, comme des prunes fraîches.

« La semence ou l'amande de ses fruits est d'abord cartilagineuse et remplie d'une eau claire sans saveur ; dans les fruits mâles elle se durcit assez pour que l'on puisse en former des anneaux et des grains de chapelet faciles à polir. »

On n'avait connu encore que les fruits du *doum*. Delile en a le premier bien décrit les fleurs. Avant ce botaniste célèbre, Pocock l'avait sommairement décrit et dessiné, sous le nom de *Palma thebaica*. Bruce le mentionne également ; mais il attribue aux fruits une saveur amère, qualité tout à fait passagère. Forskal le place, sans le décrire, entre les genres *Borassus* et *Corypha*. Gaertner en a formé un genre particulier, sous le nom de *hyphæne*, à cause de la position de l'embryon au sommet de la graine (1). Deux espèces de ce genre sont décrites dans l'ouvrage de Gaertner : l'une, *H. crinita*, est la même que le *doum* ; l'autre, *H. coriacea*, en diffère par son fruit, élargi au sommet. Ces fruits se ressemblent d'ailleurs beaucoup : on découvre dans les deux espèces le même tissu de fibres, lorsque la pulpe et la pellicule des fruits commencent à se détruire ; mais ces fibres se séparent plus facilement dans l'*H. coriacea*, que dans l'*H. crinita*. — L'*H. coriacea* est indigène de Mélinde (Zanguebar), sur la côte orientale de l'Afrique (2).

La côte occidentale de l'Afrique tropicale produit l'*Elæis guineensis*, Jacq., le palmier à l'huile ou *maba* des indigènes. C'est la seule espèce de palmier que renferme l'herbier de Smith, recueilli au Congo, pendant l'expédition du capitaine Tuckey. Le genre *Elæis* est encore très-imparfaitement connu, selon le journal de Smith. D'après Jacquin, l'*Elæis guineensis* est monoïque, tandis que Gaertner l'a décrit comme

(1) Le nom d'*hyphæne*, du grec ὑφαίνω, je tisse, est tout à fait mal choisi. Nous proposons le nom, beaucoup plus correct, de *epacra* (de ἐπί, *sur*, et ἄκρα, *sommet*), qui rappelle parfaitement le caractère essentiel du genre. Il faudrait alors nommer le palmier-doum *Epacra cucifera*.
(2) R. Brown, *Observations sur l'herbier de Smith, recueilli sur les bords du Zaïre*. Broch. in-4°, 1818. (Extrait de l'expédition du capit. Tuckey.)

dioïque, opinion adoptée, sans examen, par Schræber, Willdenow et Persoon. Ce palmier est aussi très-répandu dans l'Amérique tropicale, particulièrement au Brésil, où il est connu sous le nom de *Palma dendé* (*Palma adil* de Clusius). Suivant R. Brown, il est indigène de l'Afrique tropicale et occidentale, d'où il a été sans doute transporté en Amérique par des colons portugais. Son fruit, de forme ovalaire, fournit l'huile de palme. Le suc fermenté des jeunes spathes est employé en guise de vin (vin de palmier).

Dans son *Journal de l'expédition aux bords du Zaïre* (Congo), le professeur Smith fait mention d'une espèce d'*Hyphæne*, dénomination sous laquelle il a rangé les palmiers qu'il aperçut, pour la première fois en grande abondance, à l'embouchure du fleuve, et qu'il eut souvent occasion de reconnaître, dans ses excursions, surtout auprès des banzas, ou villages des Nègres. D'après les renseignements du jardinier Lockhart, qui faisait partie de l'expédition, ce palmier a les feuilles en forme d'éventail, et la tige droite, simple, indivise. D'après ce dernier caractère, il n'appartient pas à l'*Hyphæne* de Gaertner; mais Rob. Brown incline à penser que c'est une espèce, non déterminée, de *Corypha* (1) (*Corypha umbraculifera*?). Les Nègres du Congo le cultivent pour en extraire du vin. — Le journal de Smith mentionne aussi une espèce de *Raphia*, probablement le *Raphia vinifera* de Beauvois (*Sagus palma-pinus* de Gaertner). L'herbier renferme des feuilles semblables à celles du *Calamus secundiflorus*, Beauv., qui a été aussi retrouvé à Sierra-Leone par le professeur Afzelius. On y voit en outre un chaton mâle, qui ressemble à celui de l'*Elate* (*Phœnix*) *sylvestris* de l'Inde. — On n'a aperçu le cocotier (*Cocos nucifera*, L.) dans aucun endroit sur les bords du Zaïre.

Dans la Guinée septentrionale, sur la côte de Sierra-Leone, on a trouvé une espèce de palmier qui fut d'abord désignée sous le nom de *Fulchironia leonensis*. Mais ce palmier ayant été reconnu pour une espèce de *Phœnix* (*Ph. leonensis*), le genre *Fulchironia*, dédié à M. Fulchiron, devra disparaître de la science. Ce palmier a cela de particulier, que ses feuilles, qui ressemblent tout à fait à celles du *Phœnix dactylifera*, se laissent diviser, beaucoup plus facilement que dans les autres espèces, en une multitude de filaments fibreux, propres à fournir des tissus. Une autre espèce de *Phœnix*, le *Ph. paludosa*, est également indigène de l'Afrique; mais on n'a pas su indiquer avec précision la contrée spéciale que ce palmier habite. Ces deux espèces sont cultivées dans les serres du Jardin des Plantes à Paris (1).

Voici, en résumé, les palmiers de l'Afrique jusqu'à présent connus : ceux dont les noms sont suivis de (?) ne sont encore que vaguement indiqués :

Phœnix dactylifera. Sur toute la côte de l'Afrique méditerranéenne.

Chamærops humilis. Dans toute la région méditerranéenne.

Phœnix leonensis. Sur la côte de Sierra-Leone.

Ph. paludosa. Sénégambie et Guinée (?).

Hyphæne crinita, Gært. (*Cucifera thebaica*, Del.). A une certaine distance de la côte méditerranéenne, dans la haute Égypte et dans le Fezzan.

Hyph. coriacea, Gært. Sur la côte de Zanguebar.

Corypha umbraculifera (?). Au Congo; bords du Zaïre.

Elæis guineensis, Jacq. Au Congo; bords du Zaïre.

Raphia vinifera (?). Ibidem.

Calamus secundiflorus (?). Ibidem.

Elate (*phœnix*) *sylvestris*, Ait. (?). Ibid.

Tels sont les renseignements que j'ai pu recueillir sur les palmiers de l'Afrique.

(1) Je saisis cette occasion pour témoigner toute ma reconnaissance à M. Oulet, sous-chef des serres du Muséum, botaniste d'un rare mérite, qui a bien voulu me guider dans ces recherches. C'est à son obligeance que je dois les derniers détails que je viens de rapporter.

(1) R. Brown, *Observations sur les plantes recueillies aux bords du Zaïre*, p. 66.

III.

NOTE SUR LA FLORE DE TRIPOLI.

La flore de la région méditerranéenne, dont celle de Tripoli n'est qu'une fraction, nous intéresse sous le triple rapport de la botanique, de la géographie physique et de la météorologie. Un fait qui frappe tous les botanistes, c'est que les mêmes plantes qui habitent la côte méditerranéenne de l'Europe se retrouvent sur le rivage opposé de l'Afrique. C'est ce qui avait fait établir à Viviani cet axiome célèbre : *Nihil in flora boreali-africana reperiri quod Europæam australiorem non sapiat.*

La flore générale de la région méditerranéenne reste encore à faire : ce serait une entreprise digne de tous les encouragements d'un gouvernement ami de la science et jaloux de la gloire du pays. Nous ne possédons encore à cet égard que de rares documents, la plupart fort incomplets, du moins en ce qui concerne la côte méditerranéenne de l'Afrique. Ainsi, Schousboe (*Jagttagelser over vextrigeti Marokko;* Copenhague, in-4°, 1800) a donné l'énumération de quelques plantes du Maroc, principalement des environs de Ceuta et de Tanger; Poiret (*Voyage en Barbarie;* 2 vol. in-8°, Paris, 1787) a décrit les végétaux qui croissent aux environs de la Calle, près de Tunis ; Desfontaines (*Flora atlantica*) et, plus récemment, Mungby ont fait connaître la flore de l'Algérie. Prosper Alpin, au seizième siècle, et Delile, au commencement du dix-neuvième, ont le mieux étudié la flore de l'Égypte.

Quant à la flore de la côte tripolitaine, nous n'avons que l'herbier du docteur Della Cella, collationné et décrit par le professeur Viviani, sous le titre : *Floræ Libycæ Specimen, sive plantarum enumeratio Cyrenaicarum, Pentapolim, Magnæ Syrteos desertum et regionem Tripolitanam incolentium, quas ex siccis speciminibus delineavit,* etc., Viviani, in regia univers. Genuensi bot. et hist. nat. professor. Genuæ, 1824. — Comme cet ouvrage (brochure in-fol. de 62 pages) est assez rare, et qu'il traite d'une matière tout à la fois intéressante et peu connue, on nous saura gré d'en donner ici un abrégé. Voici, d'après le système de Linné, l'énumération des plantes de l'herbier de Della Cella (nous avons reproduit à la fin les principaux caractères des genres et espèces nouveaux établis par Viviani) :

Salicornia radicans. Sur la côte de Tripoli.
— *fruticosa.* Sur la côte de toute la Libye.
Olea europæa. Sur les collines de Tripoli et de la Cyrénaïque.
Phyllyrea angustifolia. Dans les montagnes de la Cyrénaïque.
— *latifolia.* Ibid.
Salvia clandestina. Dans le désert de la Grande Syrte.
Fedia cornucopia. Dans les prairies de la Cyrénaïque.
— *dentata.* Ibid.
— *coronata.* Ibid.
Iris syrtica. Monticules sablonneux de la Grande Syrte.
— *sissyrinchium.* Sur les collines près de Lébida.
— *juncea.* Sur les collines de Tripoli.
— *tuberosa.* Montagnes de la Cyrénaïque.
Phalaris canariensis. Régions herbeuses de Tripoli.
— *pubescens.* Ibid.
Melica cyrenaica. Montagnes de la Cyrénaïque.
Chrysurus cynosuroides. Collines de Tripoli et de la Cyrénaïque.
Cynosurus echinatus. Prés montueux de la Cyrénaïque.
Bromus chrysopogon, Viv. Prairies de la Cyrénaïque. (Espèce nouvelle.)
— *canescens.* Littoral de la Pentapole.
— *tenuifolius,* Viv. Ibid. (Espèce nouvelle.)
Milium cærulescens. Collines de Tripoli.
Stipa tortilis. Tripoli et littoral de la Pentapole.
Avena fatua. Collines de Tripoli et de la Cyrénaïque.
— *sterilis.* Collines de la Cyrénaïque.
Triticum hispanum. Littoral de Tripoli.
Scabiosa rhizantha, Viv. Montagnes de la Cyrénaïque. (Espèce nouvelle.)
Globularia alypum. Rochers maritimes de la Pentapole.
Sherardia arvensis. Montagnes de la Cyrénaïque.
— *muralis.* Rochers de la Cyrénaïque.
Plantago lagopoides. Rivage de Tripoli.
— *syrtica.* Bords de la Grande Syrte.
Hypecoum æquilobum. Cyrénaïque.
Echium macranthum. Entre Tripoli et Lébida.

ÉTATS TRIPOLITAINS.

Echium spathulatum. Littoral de la Grande Syrte.
— *distachyum*. Ibid.
Echiochilon fruticosum. Littoral de la Grande Syrte.
Myosotis tenuifolia. Montagnes sablonneuses et sèches de la Cyrénaïque.
Nonea phaneranthera. Cyrénaïque.
Lithospermum micranthum. Désert de la Grande Syrte.
Anchusa bracteolata. Montagnes de la Cyrénaïque.
— *ventricosa*. Monticules sablonneux de la Grande Syrte.
Cynoglossum clavatum. Ibid.
Cerinthe aspera. Cyrénaïque.
Onosma echinata. Littoral de la Pentapole et de Tripoli.
Anagallis arvensis. Collines de Tripoli et de la Cyrénaïque.
Convolvulus althæoides. Ibid.
— *lineatus*. Ibid.
— *tricolor*. Ibid.
Lonicera cyrenaica. Collines de la Cyrénaïque.
Coris monspeliensis. Collines maritimes de Tripoli et Pentapole.
Lycium europæum. Près de Tripoli.
— *afrum*. Désert de la Grande Syrte.
Ziziphus vulgaris. Tripoli et Cyrénaïque.
— *lotus*. Rochers maritimes de la Cyrénaïque.
Rhamnus alaternus. Dans toute la Cyrénaïque.
Vitis vinifera. Collines de Tripoli et de la Cyrénaïque.
Illecebrum paronychia. Collines de Tripoli.
Gymnocarpus decandrum. Rivage sablonneux de la Grande Syrte.
Nerium oleander. Dans toute la Cyrénaïque.
Periploca rigida. Collines de Pentapole.
Herniaria hirsuta. Collines de Tripoli.
Salsola fruticosa. Rivage de Lébida.
PITURANTHUS. (Nouveau genre d'ombellifères, créé par Viv.; de πιτυρόν, *écaille*, dont se recouvrent l'involucre, l'involucelle et les fruits.)
Caractères essentiels : *Involucrum et involucella polyphylla ; petala ovato-subrotunda, integerrima ; fructus hemisphæricus, squamis furfuraceis tectus*.
— *denudatus*, Viv. Dans la Cyrénaïque.
Caucalis leptophila. Champs près de Tripoli.
Athamanta sicula. Rochers de la Pentapole.
Ferula nodiflora. Montagnes de la Cyrénaïque.

Ferula opoponax. Montagnes de la Cyrénaïque.
— *communis*. Cyrénaïque.
Scandix australis. Montagnes de la Cyrénaïque.
Sium radiatum. Dans les marais salants de la Grande Syrte.
Parentucellia. (Nouveau genre de scrophulacées établi par Viv., en l'honneur de Parentucelli, savant du quinzième siècle.)
Caractères essentiels : « *Corolla rigens ; tuberculi duo antheriformes supra labium inferius ; semina parietibus capsulæ bivalvis seriatim inserta.* » (Voisin du genre *Besleria*.)
— *floribunda*. Collines maritimes de la Pentapole. (*Foliis ovato-acutis, profunde serratis, omnibus oppositis, sessilibus, quinquenerviis ; floribus spicatis ; caule erecto.*)

Voici les renseignements que Viviani donne sur le fameux *sylphium* des anciens :

Thapsia sylphium : « Foliis pinnatis ; foliolis multipartitis ; laciniis simplicibus, trifidis, omnibus linearibus, elongatis, utrinque hirsutis, margine revolutis. Radix crassa, fusiformis ; caulis erectus, teres, sulcatus, glaber ; folia caulina petiolo basi ample dilatato, amplexicauli, pinnata, foliolis plurimis verticillatim erumpentibus, sessilibus, quinquepartitis ; laciniis aliis simplicibus, aliis trifidis pinnatifidisque ; foliolis, laciniisque omnibus linearibus, elongatis, margine revolutis, utrinque hirsutis ; umbellæ in extremo caule et ramis magnæ, convexæ, multi-radiatæ ; involucra et involucella, in planta fructifera, nulla ; umbellulæ multifloræ ; pedunculi tenues, glabri ; florem haud vidi ; fructus maximus, 22 millima longus, 13 mill. latus ; semen lineari-ellipticum, basim versus paulo tenuius, nervis 3-4 crassis exaratum, lato margine membranaceo, sericeo-nitente, subundulato, exceptum. — Habitat in montibus Cyrenaicis. — Obs.: Licet florem non viderim, de Thapsiæ genere haud dubito. — Thapsiam quoque *garganicam*, cui nostra species valde proxima, medicatis viribus apud incolas prædicari ab I. Bahuinio aliisque auctoribus traditum fuit. Folia cotyledonalia e seminibus ex sicco hujus plantæ specimine decerptis, vidi ovata longe petiolata, eaque æmulantia quæ clar. Guanius in *T. garganica* observaverat. »
Statice monopetala. Marais de la Grande Syrte.
— *pruinosa*. Littoral de Tripoli et de la Grande Syrte.
— *Thouinii* (*S. ægyptiaca*, Delile).
Linum narbonense. Champs près de Tripoli.

Linum decumbens. Champs près de Tripoli.
Narcissus serotinus. Entre Lébida et Mesurate.
Aphyllanthes monspeliensis. Collines de Tripoli.
Allium chamæmoly. Ibid.
— *odoratissimum.* Ibid.
— *paniculatum.* Littoral de Tripoli.
Ornithogalum fibrosum. Désert de la Grande Syrte.
— *umbellatum.* Collines de Tripoli.
— *Pyrenaicum.* Ibid.
Scilla Peruviana. Ibid.
— *undulata.* Ibid.
— *maritima.* Littoral de Tripoli.
Asphodelus fistulosus. Ibid.
Anthericum trinervium. Cyrénaïque.
Hyacinthus sessiliflorus. Littoral de la Grande Syrte.
Hyacinthus botryoides. Collines de Tripoli.
Frankenia hirsuta. Littoral de la Grande Syrte.
Rumex bucephalophorus. Collines de Tripoli.
— *spinosus.* Montagnes de la Cyrénaïque.
Lawsonia inermis. Cyrénaïque.
Passerina hirsuta. Littoral de Tripoli.
Polygonum maritimum. Ibid.
Laurus nobilis. Montagnes de la Cyrénaïque.
Anagyris fœtida. Littoral de la Pentapole.
Fagonia Cretica. Montagnes de la Cyrénaïque.
Arbutus unedo. Montagnes de la Cyrénaïque.
Dianthus prolifer. Collines près de Tripoli.
Silene setacea. Littoral de la Grande Syrte.
— *nocturna.* Cyrénaïque, et près de Tripoli.
— *articulata*, Viv. (Espèce nouvelle.) Caractères essentiels : *Petalis subbifidis, calyce quadruplo laminam superante; floribus axillaribus, racemosis; calyce setulis articulatis hirto; capsulis globosis; foliis inferioribus spathulatis; superioribus floralibusque lanceolatis.* Littoral de la Grande Syrte.
— *cryptantha*, Viv. (Espèce nouvelle.) Caractères essentiels : *Foliis obovato-spathulatis; floribus axillaribus, subsessilibus, solitariis; petalis bilobis, calycem quinquefidum subæquantibus.* Littoral de Tripoli.
Cette plante ressemble au *S. decumbens;* elle en diffère par ses feuilles, non spathulées, arrondies au sommet.
— *ligulata*, Viv. (Nouvelle espèce.) *Foliis linearibus; floribus racemosis; calycibus angulato-hispidis; petalis bipartitis; squamis coronæ binis, elongatis, linearibus, obtusis.* Littoral de Tripoli.
Arenaria serpyllifolia. Ibidem.

Sedum bracteatum, Viv. (Espèce nouvelle, qui diffère du *S. cœruleum*, Vahl., par ses feuilles, linéaires, non oblongues, par ses bractées ovales-aiguës; elle est d'ailleurs tout à fait hispide.) Littoral de la Grande Syrte.
Oxalis libyca, Viv. (Espèce nouvelle.) *Acaulis, scapo umbellifero; calycinis foliolis apice biglandulosis corolla quadruplo brevioribus; foliis ternatis, foliolis obcordato-bilobis, sessilibus, pilis sparsis, hirsutis.* Dans les prairies de la Cyrénaïque.
Euphorbia seticornis. Littoral de Tripoli.
— *trapezoidalis.* Littoral de la Pentapole. Cette plante diffère de l'espèce précédente par sa petite taille et par son ombelle, non quinquéfide, dichotome.
— *heterophylla.* Collines sèches de Tripoli.
Euphorbia paralias. Côtes de Tripoli et de la Pentapole.
— *dendroides.* Ibid.
— *spinosa.* Collines de Tripoli et de la Cyrénaïque.
— *peplus.* Sur les bords des champs de Tripoli.
— *helioscopia.* Cyrénaïque.
Cactus opuntia, L. Rochers de la Pentapole.
Myrtus communis. Dans toute la Cyrénaïque.
Punica granatum. Montagnes de la Cyrénaïque et jardins de Tripoli.
Amygdalus communis. Ibidem.
Capparis spinosa. Dans les fentes des rochers de la Pentapole et de la Cyrénaïque.
Glaucium violaceum. Collines de Tripoli.
Papaver rhœas. Tripoli et Cyrénaïque.
— *hybridum.* Littoral de Tripoli.
Cistus syrticus, Viv. (Espèce nouvelle.) Caractères essentiels : *Stipulatus, suffruticosus, hirsutus; ramis divaricatis; foliis subsessilibus, linearibus, margine revolutis; stipulis conformibus; calycinis foliolis majoribus, exquisite quinquenerviis; minoribus ovato-rotundatis.* Fruit encore inconnu. Ibidem.
— *ciliatus.* Collines de la Cyrénaïque.
— *ruficomus*, Viv. (Espèce nouvelle.) Caractères essentiels : *Stipulatus, suffruticosus, pube stellata canescens; foliis oppositis, inferioribus ellipticis, superioribus linearibus; floribus racemosis, adproximatis, calycibus hispidissimis, rufescentibus.* Littoral de la Grande Syrte.
— *micranthus*, Viv. Ibid. (Espèce nouvelle.) Caractères essentiels : *Stipulatus, suffruticosus, stellato-hirtus; foliis linearibus, obtusis, margine subrevolutis; stipulis lineari-lanceolatis; calycis foliolis majoribus ovato-acutis, corollam superantibus.*
— *parviflorus.* Rivage de la Pentapole.

Cistus lanuginosus. (Espèce nouvelle.) Caractères essentiels : *Suffruticosus, stipulatus, foliis ellipticis; calycibus lanuginoso-hirsutis; foliolis calycinis omnibus lanceolatis, longitudine æqualibus; corolla calycem æquante; capsulis exquisite triquetris.* Collines de la Grande Syrte.

Adonis microcarpa. Collines sablonneuses de la Grande Syrte.

Ranunculus asiaticus. Bord oriental de la Grande Syrte.

— *saniculæfolius,* Viv. (Espèce nouvelle.) Caractères essentiels : *In inundatis salsis Magn. Syrt. Proximus Ranunculo hederaceo, at differt foliis profundius lobatis, et partitis lobis non integerrimis, sed constanter crenatis, pedunculis longissimis; petiolis basi non appendice membranacea auctis.*

Ranunculus hederaceus. Montagnes de la Cyrénaïque.

Teucrium flavum. Collines maritimes de Tripoli et de la Cyrénaïque.

Satureia nervosa. Collines sèches près de Lébida.

Nepeta scorditis. Pentapole. Plante encore peu connue.

Phlomis samia. (Var. *bicolor*). Montagnes de la Cyrénaïque.

Thymus hirtus, Viv. (Espèce nouvelle.) Caractères essentiels : *Incano-hispidus; foliis linearibus, margine revolutis; ramis floriferis virgatis, aphyllis, bracteis ovato-acutis.* Collines sablonneuses de la Grande Syrte.

Prasium majus. Collines maritimes de la Pentapole.

— *minus.* Ibidem.

Antirrhinum spicatum, Viv. Montagnes de la Cyrénaïque. (Espèce nouvelle.) Caractères essentiels : *Caule suffruticoso; ramis, pedunculisque tandem in spiram abeuntibus; foliis subsessilibus, ovatis, basi cuneatis, inæqualiter dentatis; calcare corollam æquante.* Viviani n'en a pas vu la capsule.

— *triphyllum.* Près de Tripoli.

— *virgatum.* Ibid.

— *laxiflorum.* Ibid.

— *tenue,* Viv. (Espèce nouvelle.) Caractères essentiels : *Foliis alternis, ternisque linearibus; floribus terminalibus, pedunculatis; corollæ labia inferiore bilobo, superiore bifido. Calcare subconico, recto, tubum æquante.* Viviani n'en a pas vu la capsule. Collines sablonneuses de la Grande Syrte.

— *sparteum.* Littoral de Tripoli.

Orobanche compacta, Viv. (Espèce nouvelle.) Caractères essentiels : *Caule simplici, imbricato, a basi ipsa florifera; spica ovato-multiflora; bracteis ternis, ovatis; labio superiore bifido, laciniis ovatis, acutis.* Littoral de la Grande Syrte.

Orobanche foetida. Collines de Tripoli.

Phelypæa violacea. Littoral de Tripoli.

Lunaria libyca, Viv. (Espèce nouvelle.) Caractères essentiels : *Hirsuta; caule ramoso, diffuso, foliis sublinearibus, integerrimis; floribus corymboso-racemosis; siliculis hispidis.* Grande Syrte.

Carrichtera vella. Collines et rivage de Tripoli.

Alyssum atlanticum. Rochers de la Pentapole.

— *campestre.* Montagnes de Tripoli.

Biscutella apula. Montagnes de la Cyrénaïque.

Bunias ovalis, Viv. (Espèce nouvelle.) Caractères essentiels : *Glabra; foliis carnosis, ovatis, inæqualiter et obsolete crenatis, vel integerrimis; siliqua subtetragona, subdisperma, nervoso-angulata, in calyce pedunculata.* Littoral de la Pentapole.

Sisymbrium coronopifolium. Littoral de la Grande Syrte.

— *simplex,* Viv. (Espèce nouvelle, qui diffère du *S. murale* par sa tige et ses feuilles glabres, et les valvules planes, non carénées.) Littoral de Tripoli.

— *cinereum.* Ibid.

— *erysimoides.* Ibid.

Nasturtium palustre. Marais de la Cyrénaïque.

Mathiola acaulis. Rivage de la Pentapole.

— *parviflora.* Littoral de Tripoli.

Brassica lyrata. Collines entre Tripoli et Lébida.

— *suffruticosa.* Rivage de la Pentapole.

Raphanus amplexicaulis, Viv. (Espèce nouvelle.) Caractères essentiels : *Foliis caulinis ovato-cordatis, acutis, amplexicaulibus, serrulatis; rostro apicem versus tetragono.* Au pied des montagnes de la Cyrénaïque, du côté de la Syrte.

— *pinnatus,* Viv. (Espèce nouvelle.) Caractères essentiels : *Foliis pinnatis, foliolis linearibus, canaliculatis; siliquis hispido-furfuraceis, rostrum complanatum longitudine æquantibus.* Littoral de la Grande Syrte.

Hesperis nitens, Viv. (Espèce nouvelle.) *Caule suffruticoso; foliis sessilibus, inferioribus obovato-oblongis, superioribus lato-linearibus, obtusis; siliqua subtetragona.* Plante très-glabre. Rochers maritimes de la Pentapole.

Erodium laciniatum. Rivage de Tripoli.

— *asplenioides.* Ibid.

— *pruinum.* Montagnes de la Cyrénaïque.

— *supragonum.* Ibid.

— *tordiliodes.* Ibid.

Geranium molle. Dans toute la Cyrénaïque.

— *dissectum.* Champs de Tripoli.

Geranium tuberosum. Cyrénaïque.
— *robertianum.* Ibid.
Var. *parviflorum.* Ibid. Champs de Tripoli et de la Cyrénaïque.
Malva sylvestris. Ibid.
Fumaria officinalis. Rivages de la Cyrénaïque.
Spartium monospermum. Littoral de Tripoli.
Spartium sphærocarpum. Ibidem.
— *rigidum,* Viv. (Espèce nouvelle.) Caractères essentiels : *Caule ramisque aphyllis, spinosis; spinis patentibus, subæqualibus, folia floresque fasciculatim gerentibus.* Grande Syrte.
— *spinosum.* Collines de Tripoli.
Ononis vestita, Viv. (Espèce nouvelle.) Caractères essentiels : *Glanduloso-hirta; caule flexuoso, tecto, stipularum vaginantium laciniis lanceolatis; foliis ternatis; foliolis ellipticis, profunde denticulatis, summis simplicibus.* Toute la plante est couverte de poils glanduleux. Endroits sablonneux de la Grande Syrte.
Ononis falcata, Viv. (Espèce nouvelle.) *Pedunculis bracteatis, folio longioribus; foliis omnibus ternatis; foliolis sublinearibus, apice dentatis; stipulis integerrimis, falcatis, basi vaginantibus.* Cyrénaïque.
— *vaginalis.* Littoral de la Pentapole.
— *calycina,* Viv. (Espèce nouvelle.) *Glanduloso-hirta; foliis ternatis, supremis simplicibus; foliolis cuneato-obovatis, serrato-dentatis; stipulis laxe amplexantibus, bilobis; calycibus corollam superantibus.* Littoral de la Pentapole.
Anthyllis barba Jovis. Rochers maritimes de la Pentapole.
— *vulneraria* (Var. β). Montagnes de la Cyrénaïque.
Vicia monanthus.
Var. β. *hirsuta.* } Rivage de la Pentapole.
— *angustifolia.* }
— *intermedia,* Viv. (Espèce nouvelle.) *Leguminibus subsessilibus, solitariis, hirsutis; foliolis mucronatis, in foliis superioribus linearibus, in inferioribus obcordato-cuneatis; stipulis immaculatis, semisagittatis, integerrimis.* Prairies de la Cyrénaïque.
— *sativa.* Ibid.
Lathyrus aphaca. Ibid.
— *cicera.* Ibid.
Ornithopus scorpioides. Ibid.
Scorpiurus acutifolia, Viv. (Espèce nouvelle.) *Pedunculis bifloris; leguminibus extrorsum spinis confertis, hamosis, hirtis; foliis elliptico-lanceolatis; stipulis membranaceis.* Collines sablonneuses de la Pentapole.
Astragalus trimorphus, Viv. (Espèce nouvelle.) *Hirtus; foliis inferioribus simplicibus, superioribus ternatis, summis pinnatis; leguminibus subbinis, incurvis, subcylindricis.* Littoral de la Grande-Syrte.
Astragalus biflorus, Viv. (Espèce nouvelle.) *Caulescens, hirsutus; stipulis brevissimis; foliis pinnatis, foliolis ellipticis; pedunculis filiformibus, folio longioribus, subbifloris; calyce pilis nigricantibus, hispido.* Cyrénaïque.
— *lanigerus.* Collines sablonneuses du rivage de Tripoli.
— *epiglottis.* Collines près de Lébida.
— *Bæticus.* Montagnes de la Cyrénaïque.
— *stella.* Ibid.
Trifolium sulcatum, Viv. (Espèce nouvelle.) *Leguminibus monospermis, obovatis, arcuatim parallelo-sulcatis, racemis, folium æquantibus; foliolis ellipticis, serrulatis, stipulis lanceolato-acuminatis, inferioribus dentatis.*
Melilotus sulcata, Desfont. ? .
— *micranthum,* Viv. (Espèce nouvelle.) *Racemis paucifloris in capitulum laxum pedunculatum contractis; leguminibus monospermis, nitidis, sphæricis; foliolis cuneato-obovatis; stipulis ovatis; caule diffuso.* Montagnes de la Cyrénaïque.
— *scabrum.* Id. ibid.
— *tomentosum.* Id. ibid.
— *agrarium.* Id. ibid.
— *strictum.* Prairies de la Cyrénaïque.
— *angustifolium.* Ibid.
Var. α. *Corollis duplo calicem superantibus; spicis globosis.*
β. *Corollis calycem æquantibus; spicis globosis.* Montagnes de la Cyrénaïque.
Lotus creticus. Rochers maritimes de la Pentapole.
— *secundiflorus.* Viv. (Espèce nouvelle.) *Suffruticosus, sericeo-argenteus; foliolis obovato-cuneatis; stipulis ovato-obliquis; pedunculis capituliferis, secundis, reflexis; bractearum foliolis obovatis.* Collines sèches de la Cyrénaïque.
— *cytisoides.* Ibid.
— *pusillus,* Viv. (Espèce nouvelle.) *Diffusus, hirsutus; foliolis, stipulis, bracteisque ovato-ellipticis; pedunculis unifloris, folio triplo longioribus.* Montagnes de la Cyrénaïque.
— *unibracteatus,* Viv. (Espèce nouvelle.) *Diffusus, hirsuto-rufescens; foliolis obovatis; bracteis oblique ovatis; pedunculis axillaribus, unifloris; bractea monophylla, elliptica munitis.* Montagnes de la Cyrénaïque.
— *tetragonolobus.* Collines maritimes de la Cyrénaïque.
Lotus hirsutus, Linn.
— *sericeus,* DC. Montagnes de la Cyrénaïque.
DIPLOPRION, Viv. Nouveau genre de légumineuses. (De διπλὸς, *double,* et πρίων, *scie*;

par allusion au fruit, qui ressemble à celui du *Biserrula pelecinus.*) Caractères essentiels : *Legumen uniloculare, polyspermum, in spiram involutum; suturis linearibus, valvularum plano, axi spiræ parallelo.* (Voisin du genre *medicago.*)

Diploprion medicaginoides, Viv. *Foliis ternatis; stipulis ovato-lanceolatis; pedunculis axillaribus, filiformibus, nudis capitulatis.* Collines sablonneuses de la Grande Syrte.

Trigonella petiolaris, Viv. (Espèce nouvelle.) *Leguminibus subcapitatis, pendulis, pedicellatis, subfalcatis; petiolo duplo pedunculos superante; foliolis obcordato-cuneatis; stipulis obliquis, ovato-acutis, profunde dentatis.* Pâturages de la Cyrénaïque.

Scorzonera serrulata, Viv. (Espèce nouvelle.) *Caulibus unifloris; foliis linearibus calyceque glaberrimis seminibus tuberculato-serrulatis; foliis lineari-acuminatis.* Prairies de la Cyrénaïque.

Sonchus Tingitanus. Montagnes de la Cyrénaïque.

Apargia taraxaciflora, Viv. (Espèce nouvelle.) *Setuloso-hispida; foliis sinuato-pinnatifidis; floribus paniculatis; calycis foliolis exterioribus laxis.* Dans le voisinage de Cyrène.

— *hastilis.* Cyrénaïque.

Hieracium simplex, Viv. (Espèce nouvelle.) *Scapo simplici, unifloro, prope calycem incrassato, squamifero; foliolis calycinis unica serie in cylindrum conniventibus; foliis obovato-ellipticis, sinuato-dentatis; seminibus apicem versus coarctatis.* Prairies de la Cyrénaïque.

Crepis nudiflora, Viv. (Espèce nouvelle.) *Setuloso-hirta; foliis spathulato-oblongis, dentatis; pedunculis nudis; calyculi foliolis lineari-setaceis, patentibus; corolla calicem paulo superante; seminibus stipitatis, transverse rugosis.* Pâturages de la Cyrénaïque.

Crepis nigricans. Viv. (Espèce nouvelle.) *Setuloso-hispida; foliis caulinis lanceolato-amplexicaulibus, sinuato-dentatis, summis integerrimis; calyculi foliolis lineari-acutis, patentibus; calycinis dorso pilis nigris hirtis.* Montagnes de la Cyrénaïque.

Crepis filiformis, Viv. (Espèce nouvelle.) *Foliis lineari-lanceolatis ellipticisque, integris vel remote sinuato-dentatis; pedunculis aliis radicalibus, filiformibus, unifloris, nudis, aliis multifloris, foliolis; bracteis linearibus in laxum calyculum confluentibus.* Cyrénaïque.

Hedypnois laciniflora. (Espèce nouvelle.) *Foliis caulinis amplexicaulibus lanceolatis; pedunculis elongatis, superne incrassatis, nudis; ligulis quadrifidis; lacinuli apice glandulosi.* Littoral de la Grande Syrte.

Catananche lutea, Linn. Collines de la Cyrénaïque.

Carduus tenuiflorus. Will. Montagnes de la Cyrénaïque.

Atractylis cæspitosa, Desf. Littoral de Tripoli.

Staehlina chamæpeuce, Linn. Rochers maritimes de la Pentapole.

Santolina maritima, Linn. Littoral de Tridoli.

APATANTHUS. Viv. Nouveau genre de synanthérées. (De ἀπατάω, *je séduis*, et ἄνθος, *fleur*; parce qu'elle simule une *hieracium.*) Caractères essentiels : *Receptaculum paleaceum; pappus sessilis, pilosus; corollulæ omnes hermaphroditæ, radii ligulatæ; disci tubulosæ, tubo inferne filiformi, superne in cylindrum expanso, ore truncato,*

— *crinitus*, Viv. *Hispidus; foliis obovatis, in pedunculum attenuatis; scapo unifloro.* Montagnes de la Cyrénaïque.

Artemisia pyromacha, Viv. (Espèce nouvelle.) *Fruticosa, incana; foliis apicem versus laciniatis, pinnatisve; foliolis nunc integris, nunc incisis, subteretibus; superne sulcatis.* Désert de la Grande Syrte.

Gnaphalium conglobatum, Viv. (Espèce nouvelle.) *Fruticosum; foliis lineari-spathulatis, sessilibus, margine subrevolutis, canescentibus, floribus terminalibus congestis, ovato-conicis, truncatis; foliis calycinis adpressis, ovato-acutis.* Rivage de la Grande Syrte.

— *stœchas*, Linn. Collines sèches de Tripoli.

— *italicum*, Roth. Ibid.

Senecio laxiflorus, peut-être le *Senecio coronopifolius* de Desfont. Monticules sablonneux de Tripoli.

Chrysanthemum pusillum, Viv. (Espèce nouvelle.) *Glaberrimum; foliis radicalibus obovato-ellipticis, superioribus lineari-lanceolatis, utrinque integerrimis; internodiis apice dentatis, sublinearibus, omnibus sessilibus; caule unifloro.* Bords de la Grande Syrte.

— *macrocephalum*, Viv. (Espèce nouvelle.) *Foliis sessilibus, linearibus, apice palmatis, tridentatisque; dentibus mucronatis; summis integerrimis; caule unifloro.* Près de Tripoli.

— *coronarium.* Linn. Montagnes de la Cyrénaïque.

Anthemis arabica, Linn. Rivages de Tripoli.

— *clavata*, Will. Cyrénaïque.

— *maritima*, Linn. Rivages de Tripoli.

Buphthalmum spinosum, Linn. Collines de Tripoli et de la Cyrénaïque.

— *asteroideum*, Viv. (Espèce nouvelle.) *Foliis alternis, caulinis superioribus semi-amplexicaulibus, lineari-acutis; foliolis calycinis linearibus, trinerviis, mucronatis, radium sextuplo superantibus.* Montagnes de la Cyrénaïque.

Centaurea contracta, Viv. (Espèce nouvelle.) *Acaulis; calycibus palmato-spinosis; floribus congestis, radicalibus, subsessilibus; foliis primoribus lineari-acuminatis, integerrimis, reliquis pinnatifido-dentatis.* Rochers de la Pentapole.

— *bimorpha*, Viv. (Espèce nouvelle.) *Calycibus palmato-spinosis; floribus altero radicali sessili, cæteris rameis terminalibus; foliis radicalibus integris, runcinatisque; rameis oblongis, dentatis, decurrentibus.* Cyrénaïque.

LACELLIA, Viv. Nouveau genre de synanthérées, établi en l'honneur de Della Cella, élève de Viviani.

Caractères essentiels : *Receptaculum paleoso-setosum; corolla radiata ex flosculis tubulosis, elongatis, filiformibus, quinquefidis, sterilibus; flosculi hermaphroditi tubulosi, quinquedentati in disco; semina apice denticulata, pappo paleaceo, polyphyllo coronata.* (Voisin du genre *Centaurea.*)

— *libyca*, Viv. *Foliis caulinis remote et decursive pinnatis, summis integerrimis; floribus paniculatis.* Cette plante ressemble tout à fait au bluet. Montagnes de la Cyrénaïque.

Calendula crista galli. Viv. (Espèce nouvelle.) *Seminibus exterioribus cymbiformibus, dorso triplici ordine late dentato; interioribus rotundatis, vesiculosis, muticis; calycibus corollam æquantibus; foliis lineari-lanceolatis, denticulato-ciliatis.* Littoral de la Grande Syrte.

— *ceratosperma*, Viv. (Espèce nouvelle.) *Seminibus exterioribus cymbiformibus, dorso late dentatis, in rostrum nudum, emarginatum porrectis; interioribus vesiculosis, reniformibus; dorso dentato; foliis sessilibus, oblongis, obsolete dentatis.* Littoral de la Grande Syrte.

— *arvensis*, Linn. Cyrénaïque et collines de Tripoli.

Orchis longibracteata, DC. Pâturages de la Cyrénaïque.

Arum pictum, Linn. Cyrénaïque.

Poterium spinosum, Linn. Rochers de la Pentapole.

Cupressus sempervirens, Linn. Dans toute la Cyrénaïque.

Ricinus africanus, Willd. Aux environs de Tripoli.

Salix tridentata, Viv. (Espèce nouvelle.) *Incana; foliis cuneiformibus, subsessilibus, tridentatis.* Monticules sablonneux de la Grande Syrte.

Pistacia lentiscus, Linn. Cyrénaïque.
— *terebinthus*, Linn. Ibid.
— *vera*, Linn. Ibid.
Juniperus lycia, Linn. Montagnes de la Cyrénaïque.

Musa paradisiaca, Linn. Cultivé dans les jardins de Derné.

Valantia hispida, Linn. Près de Tripoli; Cyrénaïque.

Parietaria judaica, Linn. Montagnes de la Cyrénaïque.

Atriplex albicans, Willd. Rochers maritimes de la Pentapole.

Ficus carica, Linn. Sur toute la côte.

Phœnix dactylifera, Linn. Sur toute la côte; principalement dans les lieux sablonneux.

Chamærops humilis, Linn. Sur toute la côte.

IV.

NOTE SUR LES LANGUES DU SOUDAN.

Dans notre volume intitulé : *Afrique australe, centrale*, etc., nous avons déjà communiqué le peu de documents que nous possédons sur le Soudan, la Nigritie des anciens. C'est par la voie de l'Algérie que nous pourrions arriver à combler les immenses lacunes que présente la géographie de l'intérieur de l'Afrique. Tous les efforts des gouvernements devraient donc tendre, non-seulement dans l'intérêt de la science, mais encore dans celui du commerce, à établir des relations suivies avec le Soudan, soit à travers le désert de Sahara, soit en passant par les stations que nous avons indiquées plus haut sur la lisière du Fezzan. En attendant il conviendrait de recueillir toutes les indications propres à nous éclairer sur cette importante voie de communication, qui pourrait devenir pour la France une source de prospérité.

La première chose à faire, ce serait d'étudier les ressources d'un pays, ainsi que les mœurs et surtout l'idiome de la nation avec laquelle on voudrait entretenir des relations de commerce. Or cette étude, surtout pour ce qui concerne les idiomes du Soudan, ne repose encore que sur un fort petit nombre de renseignements, fournis par des voyageurs anglais, et particulièrement par Denham et Clapperton, que nous avons eu si souvent l'occasion de citer. On nous saura donc quelque gré d'en dire ici un mot.

Une chose qui frappe d'abord l'observateur, c'est que dans des contrées pour ainsi dire contiguës les unes aux autres, comme le *Bornou*, le *Begharmi*, le *Mandara*, le *Tombouctou*, on parle, d'après ce que nous rapportent les voyageurs, des langues qui ne paraissent pas avoir la moindre analogie entre elles. C'est ce que fera mieux comprendre le tableau ci-joint :

LANGUE du BORNOU.	LANGUE du BEGHARMI.	LANGUE du MANDARA.	LANGUE du TOMBOUCTOU.	VALEUR en FRANÇAIS.
Fulk.	Gaba.	Ghila.	Harri.	Homme.
Kamou.	Ni.	Muksa.	Wfy.	Femme.
Aba.	Bab.	Dada.		Père.
Yuan.	Konu.	Mama.		Mère.
Fur.	Saudah.	Bilseh.	Barri.	Cheval.
Kelghimmo.			Yeo.	Chameau.
Inki.	Mane.	Yowah.	Hary.	Eau.
Angala.		Chrugra.	Abouri.	Bon.
Dibbé.	Kussu.	Mangaua.	Affoutou.	Mauvais.
Hena boul.		Zuzie.	Ngha	Manger.
Inkero.	Tcheri.		Togouli.	Boire.
Dibdouy.	Douro.	Vetchea.	Nonny.	Jour.
Bouni.	Ndjau.	Vegghea	Kighi.	Nuit.
			Gunda.	Terre.
		Auvré.	Fandi.	Montagne.
Komadagou.	Bah.	Gauah.	Issa.	Rivière.
		Sauah.	Bungo.	Puits.
Kano.	Peddou.		Djarri.	Feu.
			Ourah.	Or.
			Nzurfa.	Argent.
Faro.		Gala.	Izowy.	Jeune fille.
Tetaua.			Ezahary.	Garçon.
Keir.	Baly.	Affi.	Bannia.	Esclave.
Kla.	Gheadjo.	Erey.	Bongo.	Tête.
Chem.	Kammo.	Etchey.	Moh.	Œil.
Tché.	Tara.	Okay.	Mey.	Bouche.
N'tchitly.			Kabi.	Barbe.
Musk'o.			Kamba.	Main.
Chi.	Ndjandja.		Kay.	Pied.
Kamâgum.	Kidji.		Turkonda	Eléphant.
Krl.	Besy.		Hanché.	Chien.
Fea.	Mungho.		Hau-foh.	Bœuf.
Anglaro.	Batta.	Tsah.	Fughi.	Mouton.
Gorassa.	Tabaka.	Keoay.	Takoula.	Pain.
Kyam.		Sauah.	Wah.	Lait.
Fa.	Bé.		Hou.	Maison.
			Hourie.	Couteau.
Geaqua.			Tienta.	Bonnet.
		Mugray.	Gana.	Joli.
Kli.			Kofn.	Doux.
			Tumba.	Aigre.
Dava.	Keske.		Kau.	Vite.
Araï.	Da.	Sauak.	Kata.	Viens.
Kautaï.		Sensa.	Gabycoin.	Donner.
		Tsuksa.		Sultan.

Remarque. Les vocables ci-dessus énoncés ont été recueillis par Denham. Le vocabulaire du Begharmi fut écrit sous la dictée du fils du dernier sultan de ce pays ; et celui du Mandara, sous la dictée d'Achmet, Mandaran, esclave du cheik du Bornou. Les mots de l'idiome de Tombouctou diffèrent totalement de ceux recueillis par le capitaine Lyon.

Dans le monde entier il n'existe peut-être pas d'exemple de pays aussi rapprochés les uns des autres, comme le Bornou, le Begharmi, le Mandara, et le Tombouctou, dans lesquels on parle en même temps des langues aussi différentes entre elles. On aurait pu douter peut-être de l'identité de valeur des substantifs rapportés ci-dessus ; car en fait de semblables renseignements il ne faut pas se fier à la bonne foi, encore moins aux lumières des habitants de l'intérieur de l'Afrique. Mais pour les noms de nombre le doute n'est plus permis : il ne peut y avoir qu'un son pour prononcer un chiffre.

LANGUE du BORNOU.	LANGUE du BEGHARMI.	LANGUE du MANDARA.	LANGUE du TOMBOUCTOU.	VALEUR en FRANÇAIS.
Telo.	Keddy.	Mtaqué.	Affou.	Un.
Nide.	Sub.	Sardah.	Nah-inka.	Deux.
Yasko.	Mattâh.	Kighah.	Nah-inza.	Trois.
Dago.	Soh.	Fuddah.	At-taki.	Quatre.
Ougou.	Mi.	Eliba.	Aggou.	Cinq.
Araska.	Muka.	N'quaha.	Iddou.	Six.
Tolur.	Tchilly.	Vauyak.	Ea.	Sept.
Waskou.	Marta.	Tisah.	Yaha.	Huit.
Lekar.	Doso.	Musselmann.	Yagga.	Neuf.
Meagou.	Dokemi.	Klaau.	Auwy.	Dix.
Meagou lageri.	Dokemi karkeddy.		Auwy kindofou.	Onze.
Nidouré.	Dokemi kar sub.		Auwy kindou hinka.	Douze.
Meagou yaskun.	Dokemi kar mattah.		Auwy kindou hinza.	Treize.
Meagou dari.	Dokemi kar soh.		Auwy kindou taki.	Quatorze.
Findé.	Doke sub.	Kullo boa.	Warunka.	Vingt.
Fi-askar.	Doke mattâh.	Kullo kegah.	Warunza.	Trente.
Fi-daga.	Doke soh.	Kullo fuddah.	Waytakki.	Quarante.
Fi-ougou.	Doke mi.	Kullo eliba.	Wayaggou.	Cinquante.
Fi-raski.	Doke muka.	Kullo n'quaha.		Soixante.
Fi-tolur.	Doke killy.	Kullo vauga.		Soixante-dix.
Fi-loskou.	Doke marta.	Kullo tisah.		Quatre-vingts.
Fi-lekar.	Doke doso.	Kullo musselmann.		Quatre-vingt dix.
Mea.	Arrau.	Drimka.		Cent.

De même qu'on a voulu voir quelque analogie entre le grec et le chinois, de même aussi on pourra trouver quelques ressemblances de mots en comparant les langues du Soudan avec les langues sémitiques et indo-germaniques. En voici des exemples : En begharmi :

Douro; jour, rappelle l'italien *giorno*, le français *jour*, l'un et l'autre dérivant du latin *diurnus*.

Bah, rivière, ressemble beaucoup à l'arabe *bahr*, rivière.

Beh, maison, en hébreu (phénicien) *bet* (*status construct.* de *baït*).

Tcheri, bois, et *al djemmo*, bride, sont des mots presque tout à fait arabes.

Ni, femme; en espagnol, *niña*.

Abey, qui signifie *va-t'en*, rappelle tout à fait le latin *abi*, va-t'en.

Ma, mon, ma (même valeur dans toutes les langues indo-européennes).

Nous nous garderons bien de conclure de ces rapprochements qu'il existe une parenté étroite entre les langues sémitiques, indo-européennes et celles du Soudan. Cependant nous ne pouvons nous empêcher de faire observer que ces rapprochements sont déjà bien nombreux, comparativement au peu de renseignements que nous avons sur les idiomes du Soudan. Serait-il vrai, comme nous l'avons déjà dit ailleurs sous forme d'hypothèse (1), que la Nigritie, pays mystérieux, a servi successivement de refuge à tous les peuples, de race différente, qui, tour à tour vainqueurs et vaincus, ont occupé le littoral de l'Afrique depuis les bouches du Nil jusqu'aux colonnes d'Hercule. Il y a eu des Phéniciens, des Carthaginois, des Romains, des Grecs, des Vandales, sans parler des autochthones. Tout cela a disparu. Derrière le désert de Sahra, cet océan de sable, ils devaient être à l'abri du glaive des conquérants. Pourrait-on reconnaître dans les peuplades si diverses du Soudan les descendants dégénérés de ces antiques nations qui ont joué un si grand rôle dans l'histoire? C'est là un immense problème encore à résoudre.

(1) *Afrique centrale*, etc., p. 211 (dans la collection de l'*Univers pittoresque*).

FIN DE L'APPENDICE.

TUNIS,

DESCRIPTION DE CETTE RÉGENCE,

PAR LE Dr LOUIS FRANK,

Ancien médecin du Bey de Tunis, du Pâcha de Jannina, et de l'armée d'Égypte;

REVUE,

ACCOMPAGNÉE D'UN PRÉCIS HISTORIQUE ET D'ÉCLAIRCISSEMENTS TIRÉS DES ÉCRIVAINS ORIENTAUX,

PAR J. J. MARCEL,

Officier de l'Ordre de la Légion d'honneur, Ancien membre de l'Institut d'Égypte,
et professeur suppléant des langues orientales au Collége de France;
des Sociétés Asiatiques de Paris et de Calcutta, des *Lincei* de Rome, de la Société littéraire du Kaire, etc.

NOTICE PRÉLIMINAIRE (1).

Le docteur LOUIS FRANK était neveu du savant médecin *Jean-Pierre Frank*, dont la célébrité a été européenne, et qui mérita la faveur particulière des souverains de l'Allemagne et de la Russie.

Sa famille était belge, d'origine française, et dans ses affections comme dans la carrière qu'il s'était tracée, il s'est toujours regardé comme véritablement Français lui-même.

Lorsque nos armes pénétrèrent en Italie, dans la mémorable campagne de 1794 et 1795, le jeune Frank, qui était alors étudiant en médecine à l'université de Pavie, où il avait déjà obtenu les plus brillants succès, se hâta d'offrir ses services au Général en chef, qui le reçut au nombre des médecins ordinaires de l'armée, et l'attacha bientôt au service particulier de l'état-major général.

La manière distinguée dont Louis Frank remplit ces fonctions pendant toute la campagne lui mérita le choix du Général en chef, pour l'accompagner dans son expédition d'Égypte, et le jeune médecin y rendit à l'armée française de tels services, qu'ils lui valurent fréquemment les plus grands éloges, dans les rapports de Desgenettes, médecin en chef,

et lui obtinrent l'amitié particulière de cet habile appréciateur du mérite : le nom de Louis Frank a été cité avec distinction par Desgenettes dans son *Histoire médicale de l'armée d'Orient* (2), où le dévouement et la science de Louis Frank reçoivent les témoignages les plus honorables.

Mais les travaux de Louis Frank ne se bornèrent pas en Égypte à ses fonctions médicales : répondant avec zèle à l'appel que Desgenettes avait adressé dès son arrivée en Orient aux officiers de santé placés sous ses ordres (3), en les invitant à recueillir et à lui adresser des notices descriptives sur les différentes localités où leur service les portait, Louis Frank s'empressa d'offrir à son chef plusieurs mémoires importants, parmi lesquels nous nous contenterons de mentionner les suivants :

1° Rapport sur l'état sanitaire de l'hôpital d'Ibrahym-Bey;

2° Mémoire sur le commerce des Nègres au Kaire, et sur les maladies auxquelles ils sont sujets en y arrivant (4).

---

(1) Nous avons pensé qu'il pourrait être agréable à nos lecteurs de connaître, par cette courte notice, un savant recommandable dont le nom a été omis par toutes les biographies, malgré le droit bien réel qu'il avait de ne pas en être oublié.

(2) *Histoire médicale de l'armée d'Orient*, par R. Desgenettes; Paris, Crouillebois, an X = 1802; 2 vol. in-8°.

(3) *Lettre circulaire aux médecins de l'armée d'Orient, sur la rédaction de la topographie physique et médicale de l'Égypte* (Décade égyptienne, tome 1er, page 29).

(4) Page 125 et suivantes du IVe volume des *Mémoires sur l'Égypte*, publiés pendant les années VII,

1re *Livraison.* (TUNIS.)

3° Notice sur la topographie physique et médicale de Rosette, opuscule que Desgenettes jugea digne d'être publié dans la *Décade égyptienne* (1), et qu'il a inséré en entier dans la seconde partie de son *Histoire médicale de l'armée d'Orient* (2).

Lorsque les efforts réunis de l'Angleterre et de la Porte Ottomane eurent contraint les Français à évacuer la belle province que leurs armes avaient conquise, Louis Frank suivit encore nos soldats dans leur retour en Europe; mais son humeur aventureuse, et le goût que son séjour en Orient lui avait inspiré pour les voyages dans ces contrées, le portèrent à quitter Paris, presque aussitôt après sa rentrée en France, pour aller visiter Tunis : cependant il ne fit pas alors un très-long séjour dans cette Régence, quoiqu'il eût été accueilli favorablement à la cour du Bey régnant à cette époque.

Les mœurs de ce pays lui parurent trop peu différentes de celles de l'Égypte, au milieu desquelles il avait vécu quatre années : une autre contrée lui sembla piquer davantage sa curiosité, et mériter d'être exploitée préférablement à toute autre.

Cette contrée était l'Épire, sur laquelle les succès d'un heureux rebelle avaient fixé les yeux de l'Europe entière.

Il partit donc de Tunis pour se rendre à Jannina, sans aucune crainte des dangers qu'il pouvait courir au milieu des chances diverses d'une lutte acharnée entre l'usurpateur du Pâchalyk et les armées ottomanes.

Louis Frank reçut en Épire un accueil non moins favorable que celui qu'il avait reçu à Tunis ; et il resta quelque temps attaché, en qualité de médecin particulier, auprès du terrible Pâcha de Jannina.

Toutefois, malgré les émoluments considérables qui lui étaient alloués, malgré la faveur particulière dont il était investi auprès du maître de l'Épire, Louis Frank ne tarda pas à se lasser de voir sa tête à chaque instant menacée, et sa vie en péril à chacune des vicissitudes de la santé de son redoutable malade. Après avoir profité de son séjour dans cette partie de la Grèce pour y faire une ample moisson de médailles et d'antiquités précieuses, il se décida à quitter une cour où nul n'était sûr du lendemain, et où lui-même voyait le sabre du Pâcha continuellement suspendu sur sa tête. Une absence du despote, qui l'avait rendu responsable de sa santé ; lui fournit l'occasion de s'échapper clandestinement de l'Épire, et il retourna en 1806 à Tunis, où il était sûr de retrouver un bon accueil, et où du moins il devait n'avoir aucunement à craindre pour sa tête le danger incessant qui lui faisait fuir Jannina.

En effet, il séjourna alors à Tunis pendant un temps assez prolongé, et il remplit à la cour de cette Régence les fonctions de médecin particulier du Bey, qui l'honora de sa faveur intime.

Son entraînement pour les mœurs orientales était tel, qu'il s'était marié dans le Levant, où il épousa une femme chrétienne, quoique Arabe de naissance, qui pendant toute sa vie lui prodigua les plus tendres soins.

C'est pendant son double séjour à Tunis que Louis Frank a recueilli les matériaux de son ouvrage sur cette Régence : il m'avait promis ce travail comme le tribut de son amitié, et il m'en envoya le manuscrit (3) d'Alexandrie (en Italie), où, à son retour en Europe, le gouvernement lui avait confié la direction du grand hôpital militaire.

C'est en remplissant ces fonctions honorables avec le zèle et le talent médical dont il avait déjà donné tant de preuves, dans les diverses contrées où il avait exercé l'art de guérir, que Louis Frank s'est éteint, il y a quelques années, laissant après lui la réputation d'un véritable ami de la science et de l'humanité.

VIII et IX. **Paris**, P. **Didot** l'aîné, an XI. Cet opuscule a été depuis réimprimé séparément, et a eu deux éditions en 1802.

(1) Journal littéraire publié au Kaire, en 2 volumes petit in-4°, sous ma direction et celle de Desgenettes.
(2) Pag. 110 et suivantes.

(3) Ce manuscrit, tout entier écrit de la main de Louis Frank, était accompagné de dessins autographes et inédits, représentant des costumes et des monuments, que nous avons eu soin de reproduire dans les gravures qui sont annexées à cette Description de Tunis.

Dans la lettre qu'il m'adressait avec l'envoi de son manuscrit, Louis Frank, m'en faisant la cession pleine et entière, m'autorisait à le refondre, et même à le publier sous mon nom; mais ma conscience m'aurait reproché ce plagiat, quoique autorisé, et j'ai voulu lui conserver scrupuleusement tout l'honneur que peut lui mériter la portion de cet opuscule dont il est réellement l'auteur ; mais, en même temps, pour ne pas rejeter sur lui la responsabilité de mon propre travail, j'ai eu soin de signer toutes les notes et les éclaircissements que j'ai cru devoir ajouter au texte de cette publication.

J. J. M.

PREMIÈRE PARTIE.

PAR LOUIS FRANK (1).

INTRODUCTION.

« Il y a une infinité d'erreurs politiques qui, une fois adoptées, deviennent des principes. »
RAYNAL.

Les impressions favorables que j'avais conservées de mon voyage en Égypte, un attrait naturel que j'éprouvais pour les voyages et l'instruction qui en résulte, le prix que j'attachais à une vie isolée, loin du fracas de la vie européenne, l'analogie enfin qui me paraissait s'établir entre ce pays, qui le premier m'avait révélé l'Orient, et les côtes de la Barbarie, tels furent les principaux motifs qui me déterminèrent à me rendre à Tunis et à y faire un assez long séjour.

Ce qui m'engagea alors encore plus à faire ce voyage, c'est qu'on m'assurait que les Européens, et surtout les Français, étaient plus respectés dans cette ville qu'en aucune autre échelle des régions barbaresques, et que surtout le titre de médecin m'y garantissait plus particulièrement un accueil favorable.

Convaincu qu'on ne juge bien un pays qu'autant qu'on s'est préalablement instruit de ce qui le concerne sous tous les rapports, je travaillai dès lors à me procurer tout ce qui avait pu être écrit au sujet de cette partie de la Barbarie; mais quel fut mon étonnement de ne trouver qu'un seul voyageur, le docteur Shaw, qui s'en fût occupé avec quelque étendue (2).

Son ouvrage, dont l'édition anglaise fut publiée en 1737, ne donne cependant que de faibles détails sur Tunis, et ce fut en vain que je cherchai à me procurer d'autres notions, plus satisfaisantes : mais je fus bientôt convaincu qu'un pays si voisin de la France, et si intéressant pour son commerce, n'était guère connu que de nom. Je commençai alors à comprendre pourquoi les idées qu'on en a en Europe sont si vagues et si insignifiantes.

Dans ce manque total de renseignements antérieurs, à peine étais-je arrivé à Tunis, que je m'empressai de recueillir des notes sur tous les objets qui frappèrent mes regards, et je ne cessai de me livrer à cette consciencieuse investigation, pendant tout le temps que j'y séjournai, dans mes deux voyages successifs sur cette terre inexplorée.

Ce sont ces notes que j'offre aujourd'hui au public, et j'ai pensé qu'elles pouvaient intéresser, non-seulement les curieux, mais encore les commerçants, les navigateurs, et peut-être aussi notre gouvernement lui-même (3).

Le lecteur serait trompé dans son attente s'il espérait trouver ici des descriptions riantes et poétiques, des digressions théoriques ou anecdotiques, qui pourraient amuser un moment son esprit, et le délasser en quelque sorte de l'ennui que fait souvent éprouver un écrit d'une nature sérieuse : je crois devoir l'avertir que je n'ai cherché, dans ce tableau de Tunis, qu'à être vrai et utile; et si cet opuscule consciencieux obtient quelque approbation du public,

---

(1) Cette Description sera divisée en deux parties : la première est entièrement l'ouvrage de Louis Frank; la seconde partie, contenant les documents historiques que lui-même dans ses lettres m'invitait à y joindre, a été entièrement rédigée par moi. (J. J. M.)

(2) Voyages de M. Shaw, D. M., dans plusieurs provinces de la Barbarie et du Levant, contenant des observations géographiques, physiques, philologiques, etc.; La Haye, 1743, 2 vol. in-4°.

(3) Cet intérêt, si incontestable d'ailleurs, s'accroît encore, pour nous, par les circonstances où nous place la conquête de l'Algérie, et surtout par les relations amicales maintenant établies entre la France et Tunis, relations dont la visite en France du Bey de cette Régence nous donne un gage éclatant et une démonstration riche d'avenir. (J. J. M.)

ce n'est que sous ce rapport qu'il pourra espérer de la mériter.

Il y a plus : c'est que je dois avouer que ce n'est ici qu'un itinéraire, esquissé dans l'intention d'engager quelque savant voyageur qui aura l'occasion et le temps d'entreprendre des recherches plus approfondies, à perfectionner, par un nouveau travail, celui que je n'ai pu qu'ébaucher moi-même.

Les connaissances humaines en général ne pourraient que gagner, sans doute, à acquérir des notions aussi précises qu'étendues, sur une contrée qui offre de toutes parts une récolte aussi intéressante que variée ; l'histoire, la géographie, l'histoire naturelle, l'archéologie, la politique, l'industrie, l'étude des mœurs, des idiomes, des croyances, etc., telle est la riche moisson promise par les côtes barbaresques.

Je ne terminerai pas ce préambule sans solliciter l'indulgence du public pour ce travail, qu'il s'apercevra peut-être avoir été rédigé dans une langue qui ne m'est pas entièrement familière.

L. Frank.

Alexandrie, 1ᵉʳ octobre 1816.

CHAPITRE Iᵉʳ.

Insuffisance des notions antérieures sur Tunis. — Anciennes révolutions de cette contrée. — Les Phéniciens ; — les Carthaginois ; — les Romains ; — le Bas-Empire ; — les Vandales ; — les Arabes. — Connaissance que les anciens avaient de l'Afrique intérieure. — Étendue du territoire de la Régence. — Ancienne division. — Villes détruites. — Villes anciennes existant encore. — Détails géographiques.

Une curiosité dont les motifs auraient été facilement justifiés aux yeux du philosophe et de l'antiquaire m'entraînait donc une seconde fois sur les rivages de la partie du monde qui nous est la moins connue, quoiqu'elle soit la plus rapprochée de cette Europe civilisée, qui a fourni tant d'explorateurs actifs et infatigables aux îles les plus imperceptibles des mers océaniennes, aux labyrinthes les plus inaccessibles des glaces polaires.

Ce fut de tout temps une destinée particulière, et pour ainsi dire fatalement inhérente à cette partie du monde, de conserver inconnues et cachées, comme sous les ténèbres impénétrables d'un voile mystérieux, les contrées et les nations qui occupent l'intérieur de son continent immense, même lorsque son littoral y servait de théâtre aux luttes des peuples divers, qui, des autres parties du monde, semblaient s'y être donné rendez-vous, comme dans un champ clos, pour décider des intérêts de rivalité, ou satisfaire des inimitiés, étrangères au sol sur lequel ils établissaient leur sanglante arène.

C'est ainsi que, dès les temps historiques les plus reculés, chassée d'un coin de l'Asie, une horde de Phéniciens vint s'implanter par la force au milieu des peuplades pacifiques et inoffensives de l'Atlas, et y fonder cette cité orgueilleuse, si longtemps l'arbitre de l'Afrique et la reine de la Méditerranée, Carthage, dont l'empire osa si longtemps rivaliser avec celui de Rome : cette rivalité, mettant en péril la suprématie romaine, après mille combats qui ensanglantèrent la Sicile, l'Espagne et l'Italie elle-même, finit par appeler les aigles de la République sur le sol même où la domination carthaginoise avait jeté de si profondes racines. Carthage fut écrasée sous les pas de ses vainqueurs, et l'Afrique ne fut plus qu'une province romaine, qui subit passivement toutes les révolutions de la République, de l'empire des Césars et du Bas-Empire, jusqu'à la chute des derniers titulaires des trônes de Rome et de Constantinople.

Ainsi l'Afrique avait successivement reçu ses maîtres des rivages de la mer Tyrienne, des bords du Tibre et des parages du Pont-Euxin ; la faiblesse de ses derniers possesseurs appela bientôt à sa conquête d'autres dominateurs, sortis du fond des régions hyperborées : les Vandales, repoussés successivement de presque toutes les contrées européennes, vinrent à leur tour jeter leurs essaims dévastateurs sur les provinces littorales de l'Afrique, et en disputer par de longues guerres la possession aux fantômes impériaux qui régnaient encore nominativement à Byzance.

Mais tandis qu'ils étaient à grande

peine refoulés par les Grecs derrière les versants de l'Atlas, et confondaient leur population septentrionale avec celles des Numides, des Libyens et des Mauritaniens indigènes, qu'ils y avaient eux-mêmes repoussés, un autre colosse se levait dans les déserts de l'Arabie, et venait faire peser un joug commun sur les vainqueurs et sur les vaincus.

Le Koran de Mahomet d'une main, le sabre d'Omar de l'autre, les sectaires de l'islamisme, qui avaient déjà arraché l'Égypte aux gouverneurs que lui avait imposés Byzance, se répandaient, comme un torrent que nul obstacle ne peut arrêter, depuis les sables de la Marmarique jusques aux rochers des Colonnes d'Hercule, dont ils devaient bientôt s'élancer pour enlever l'européenne Espagne à ces rois visigoths qui peu auparavant en avaient expulsé les Vandales.

Ce tableau rapide des révolutions subies par cette zone littorale resserrée entre les chaînes de l'Atlas et la mer Méditerranée, suffira pour convaincre que cette partie de l'Afrique a joué un rôle historique non moins important, dans les annales du monde, que cette antique vallée du Nil dont peu d'années auparavant je venais d'explorer les bords.

Mais, au milieu de ces vicissitudes multipliées, l'Afrique elle-même, l'Afrique intérieure, n'avait pas été plus connue des peuples qui établissaient sur ses bords leurs luttes sanglantes et leurs dominations éphémères. Ils savaient combattre et vaincre, ravager et détruire, non explorer et civiliser : nul des vainqueurs ne songea à établir le domaine de la science au delà des limites qui circonscrivaient le domaine de leurs armes.

Cependant, il paraît que les Grecs et les Romains ont porté leurs connaissances sur l'Afrique au delà de celles que jusques à présent nous possédons nous-mêmes sur ses contrées intérieures.

Hérodote, qui nous raconte les merveilles du pays des *Lotophages*, nous offre aussi quelques détails intéressants sur les peuplades qui de son temps habitaient les bords du fleuve *Cinyphs* (1), depuis les rivages des deux Syrtes,

jusqu'à la source de ce fleuve, sortant d'une montagne à laquelle il donne le nom de montagne des Grâces (Χαρίτων).

Sur la route qui conduit de la Cyrénaïque en Nigritie, Ptolémée a connu *Phazania*, maintenant le *Fezzan*, à peine exploré de nos jours par quelques voyageurs; la position qu'il nomme *Cydamus* est aujourd'hui *Guadamès*, dont nous ne connaissons guère maintenant que le nom, mais où des restes d'antiquités et des traces d'anciennes voies romaines indiquent la communication habituelle qui avait lieu, par ce point intermédiaire, entre les places maritimes et les contrées intérieures. Les armes romaines avaient, en effet, pénétré fort avant de ce côté dans le cœur de l'Afrique, et, sous le règne d'Auguste, jusque chez les Garamantes (2), au milieu des déserts sablonneux du Sahrâ :

Reclusâ nudos Garamantes arenâ.

Virgile prophétisait même à Octavius Cæsar des conquêtes au delà de ces peuples si reculés :

...... *Super et Garamantes et Indos Proferet imperium*

Et, moins d'un siècle après cette prédiction, Lucain, ainsi que Silius Italicus, nous représente ces peuples et leurs voisins comme entièrement soumis par les aigles romaines.

Au nombre des villes dont le nom orna le triomphe de Balbus le Jeune se trouve celle de *Tabidium* ou *Thabudis*, conservant encore maintenant chez les Arabes la dénomination de *Tibedou* ou *Tembouktou*, située également sur la route du pays des Noirs, et qui jusques à ces derniers temps n'a été pour nous qu'une position géographique idéale.

Ptolémée cite encore, comme bien connus de son temps, plusieurs points de ces contrées à peu près inconnus maintenant pour nos géographes modernes, tels que *Bedirum*, aujourd'hui nommé par les Arabes *Mederam* (3); *Sabe*, main-

---

(1) Maintenant nommé par les Arabes *Ouâdy-Qaham*. (J. J. M.)

(2) La grande nation des Garamantes tire, suivant les anciens géographes, sa dénomination de la ville de *Garama*, dont le nom se retrouve écrit *Ghermah* dans les cosmographies arabes. (J. J. M.)

(3) La différence de B et de M dans ces

tenant *Ta-Sabah,* ou *Ta-Saouah* (1) ; un fleuve *Cnyphus,* différent de celui de *Cinyphs,* cité ci-dessus, etc.

Les Arabes aussi paraissent avoir eu sur les contrées africaines des connaissances encore plus étendues que celles des Grecs et des Romains : leurs colonies conquérantes ayant pénétré plus avant dans l'intérieur de ce continent, et leurs tribus, d'origine et de mœurs nomades, s'étant plus facilement incorporées et pour ainsi dire amalgamées aux tribus des anciens Numides, c'est-à-dire des Berbères, qui s'unirent d'autant plus vite à leurs vainqueurs, que ces apôtres armés leur avaient fait embrasser leur religion en les soumettant à leur glaive.

Pendant la domination romaine, la portion de l'Afrique littorale dans laquelle je vais introduire mon lecteur, et qui s'étend de l'est à l'ouest sur une zone assez large, depuis la petite Syrte, maintenant le golfe de *Gâbess* (2), jusques aux confins de l'Algérie, était particulièrement désignée sous le nom d'Afrique propre (*Africa propria,* ou *Africa propriè dicta*) : elle était partagée alors en quatre provinces : *Zeugitana, Proconsularis, Byzacena* (3) et *Tripolitana;* et elle était arrosée par deux grands courants d'eau, le *Rubricatus fluvius,* et le célèbre *Bagradas* (4), maintenant *Medjerdah,* qui se jette dans la mer à *Porto-Farina,* près de Tunis.

Le nombre des villes ainsi que des autres établissements romains que renfermait autrefois ce territoire était bien plus considérable qu'à présent. Celles qui ont disparu, et dont on rencontre à peine maintenant quelques ruines, sont les suivantes :

Tabraca,	*Aræ Philænorum,*
Madaurus (5),	*Horrea cælia,*
Musli,	*Leptis minor* (6),
Tucca,	*Ubaha,*
Gypsaria,	*Præsidium,*
Sufes,	*Septimuncia,*
Speculum,	*Utica* (7),
Abrotonum,	*Nevirgitab,*
Mesphe,	*Tubætis,*
Talalati,	*Euphrautas,* etc.

Maintenant la Régence de Tunis n'est plus divisée en provinces; elle a seulement deux grandes divisions, qui partagent son territoire en deux parties à peu près égales, celle d'*été* et celle d'*hiver* : elles sont ainsi nommées parce que chacune d'elles est annuellement, dans chacune de ces saisons, parcourue par le Bey, qui, entouré d'un camp volant de cavalerie, vient alternativement y percevoir lui-même les impôts.

Les anciennes villes existant encore

---

deux noms ne peut empêcher d'en reconnaître l'identité : on sait que dans le passage des mots d'une langue à une autre il y a habituellement permutation des lettres du même organe, et surtout des labiales : c'est ainsi que de *Jacobus* les Italiens ont fait *Giacomo,* comme les Espagnols *Jaymè* et les Anglais *James;* les Français, de *sabbati dies, samedi,* et réciproquement de *marmor, marbre;* les Latins ont de même fait *somnus* du grec ὕπνος; de l'ancien nom de *Bekkéh,* que portait jadis leur ville sainte, les Arabes ont fait celui de *Mekkéh,* sous lequel elle est connue aujourd'hui; notre adjectif *tout* se rend par *nib* dans un des dialectes coptes, et dans un autre par *nim,* etc. (J. J. M.)

(1) La syllabe *Ta* ne doit pas être regardée comme faisant partie du nom moderne de cette ville. Cette syllabe n'est autre chose qu'un article préfixe, qui est encore de nos jours employé par la langue berbère, idiome indigène de l'Afrique, et que tout prouve avoir déjà existé du temps des Grecs et des Romains. (J. J. M.)

(2) Ce golfe tire son nom de la ville de *Gâbess* ou *Qâbess* (l'ancienne *Tacape*), qui subsiste encore dans l'enfoncement le plus reculé de la courbure que forme la côte. (J. J. M.)

(3) Ce nom est dérivé de celui de la ville de *Byzacium* ou *Bizacium,* maintenant *Begny.* (J. J. M.)

(4) Voyez la note 3ᵉ de la page précédente, relativement au changement de B en M, dans ce double nom ; c'est sur les bords de ce fleuve que Régulus combattit et tua un boa d'une grandeur prodigieuse. (J. J. M.)

(5) Cette ville était la patrie d'un philosophe célèbre du temps de saint Augustin, et qui fut connu sous le nom de *Maxime de Madaure.* (J. J. M.)

(6) Il ne faut pas confondre cette ville avec celle de *Leptis magna,* maintenant *Lébidah.* (J. J. M.)

(7) Quelques géographes ont pensé que *Porto-Farina* avait remplacé l'ancienne Utique. (J. J. M.)

dans la Régence de Tunis et ses dépendances sont les suivantes :

Anciens noms.	Noms modernes.
Hippo-Zartyos,	*Bizerte*,
Vacca,	*Ouegyah*,
Bulla,	*Boull*,
Sicca-Venerea,	*Ourbou*,
Membresa,	*Takaber*,
Tuburdo,	*Tuburhok*,
Clypæa,	*Aklibyah*,
Curubis,	*Gourbess*,
Neapolis,	*Nâbel*,
Aquæ calidæ,	*Hammâmet*,
Ammedera,	*Hedrah*,
Zama,	*Zag*,
Suffetula,	*Sbaytl*,
Marazana,	*Trouzza*,
Sousa,	*Sous*,
Tedres,	*El-Djem*,
Caputuada,	*Qâboudyah*,
Capsa,	*Kafsah*,
Bizacium,	*Begny*,
Aquæ tacapinæ,	*A'yn dél-hammâ*,
Taphrura,	*Sfaks*,
Thenæ,	*Tayny* ou *Taynéh*,
Machomades,	*El-Mahress*,
Tacape,	*Gâbess* ou *Qâbess*,
Nepte,	*Neft*,
Turris Tamalleni,	*Tamelen*,
Tisurus,	*Touzer*,
Cydamus,	*Gadouméh*,
Enfin *Tunes*,	*Tunis*.

Cette dernière est située à 36 degrés 47 minutes 39 secondes de latitude septentrionale, et à 7 degrés 51 minutes de longitude orientale du méridien de Paris.

Le Pâchalik de Tunis, borné au nord et à l'est par la Méditerranée, a pour limites à l'ouest les frontières de l'Algérie, et au sud une des chaînes de l'Atlas, qui le sépare des déserts du *Sahrâ*. Il comprend une superficie d'environ six mille lieues carrées, contenant une population de près de trois millions d'habitants, Maures, Turks, Arabes, Juifs, et Berbères ; la partie septentrionale est en général montagneuse, et renferme plus d'une localité stérile et déserte : la partie occidentale est, au contraire, bien arrosée et fertile en céréales comme en fruits de toute espèce ; les animaux domestiques et sauvages y sont très-nombreux : le commerce, qui s'y fait tant avec les États européens qu'avec le Levant et l'intérieur de l'Afrique, est considérable et consiste en blés, huiles, olives, laines, éponges, savons, etc. ; et les productions d'Europe s'y échangent contre celles de la Nigritie. (*Voyez* ci-après le chapitre XI, où il est traité spécialement du commerce de Tunis.)

CHAPITRE II.

Rade de Tunis ; — la Goulette ; — nouveau bassin ; — forts, batteries ; — lac de Tunis ; — îles ; — douanes.

Une vaste rade, bornée à l'est par la chaîne des montagnes d'une péninsule, et au nord-ouest par le cap de Carthage, forme le seul abri que la ville de Tunis offre aux navigateurs qui y portent ou qui vont y charger des marchandises. Lorsque les vents de sud-est, le mistral des marins provençaux, vulgairement appelés à Tunis *Souloumen yel* (1), ou ceux du nord-ouest (2) y soufflent avec violence, les navires ont d'assez grands risques à courir ; aussi n'est-il pas rare d'en voir périr en temps d'hiver, pour peu que le capitaine néglige les précautions qui sont nécessaires dans cette occurrence.

Le Bey, pénétré de l'importance d'avoir un meilleur abri pour les navires, avait conçu le projet de faire construire un port à l'extrémité de cette rade, et il avait fait venir à cet effet deux ingénieurs hollandais ou belges, dont l'un portait le même nom que moi, et était mon parent : mais, soit qu'ils eussent rencontré de trop grandes difficultés à surmonter, soit que les dépenses fussent trop considérables, l'exécution de ce dessein fut suspendue, et on finit par y renoncer entièrement.

L'espèce de golfe aboutissant à la rade, et surtout l'endroit où la plupart des navires jettent l'ancre, est ordinairement désigné sous le nom de la Goulette (*Gouletta*, en langue franque) ; mais cette dénomination appartient plus particu-

(1) Ce nom signifie littéralement *vent d'arsenic, vent empoisonné* ; ce nom vulgaire a probablement été corrompu de celui de *Kechychtemeh*, qui est le nom turk de ce vent, auquel on donne aussi les noms de *Qiblah*, et de *Qahly* en langue arabe. (J. J. M.)

(2) Nommé en turk *Qarah-yel* (vent noir), et en arabe *Semâouy*. (J. J. M.)

lièrement au petit canal de communication entre la mer et le lac de Tunis. On conçoit de quelle importance est ce canal pour la navigation dans le lac, étant la seule voie par laquelle on puisse transporter à Tunis les marchandises; mais cette voie est souvent très-pénible par son peu de profondeur. Cette double considération engagea le Bey à accepter deux projets qui lui furent présentés par le colonel *Frank*, l'un des deux ingénieurs hollandais dont j'ai parlé ci-dessus.

Le premier de ces projets consistait à creuser, latéralement au canal, un bassin pour y placer les corsaires et les chaloupes canonnières; le second, de construire sur le canal lui-même une écluse, afin de retenir les eaux du lac, qui, en été surtout, baissent quelquefois si considérablement, qu'on ne peut aller à Tunis qu'avec des petites barques tirant peu d'eau, et souvent encore chargées seulement à moitié.

Mais avant d'entrer dans les détails des travaux du colonel Frank, nous remarquerons qu'à l'embouchure du canal il y a une batterie et un petit fort qui en défendent le passage : ces moyens de défense semblent également superflus; car on ne voit pas ce qu'on doit craindre d'un canal étroit et peu profond, où il ne peut tout au plus passer que des barques plates, ou des chaloupes de moyenne grandeur. Ce passage ne mériterait d'être bien gardé que s'il était le seul point par où l'on pût prendre terre et opérer un débarquement; mais les marins, qui connaissent la grande extension de la rade de Tunis, savent qu'il y a vingt autres endroits où ce débarquement pourrait être effectué commodément et sans crainte d'être inquiété par les batteries.

On doit au reste avoir en général une opinion bien médiocre de la vigilance du soldat turk, surtout à Tunis, où l'idée d'une attaque imprévue, ou d'une descente, paraît généralement la chance la plus invraisemblable et la moins capable d'inspirer la moindre crainte.

La batterie, bien située au bout du môle, a été construite sous la direction du colonel Frank; elle est armée de douze pièces de trente-six; mais elle a de grands défauts, faciles à saisir : le premier, c'est que l'épaisseur du merlon n'est que de quatre pieds et demi (un mètre 50 centimètres), tandis qu'il devrait en avoir au moins neuf (trois mètres), pour résister au canon de trente-six; 2° les embrasures sont trop ouvertes : conséquemment l'ennemi aurait la plus grande facilité d'en démonter en peu de temps toutes les pièces; 3° le mur de face de la poudrière, au lieu d'être placé entre deux embrasures, étant dans la direction de l'embrasure elle-même, il s'ensuit naturellement qu'en cas d'une attaque, on ne pourrait plus y entrer, sans courir les plus grands dangers dans le service.

Il y a entre les forts de la *Goulette* et le cap de *Carthage* un autre petit fort nommé *Bourdj-él-Djedyd* (la Tour-Nouvelle) : ce fort est tout aussi inutile que les deux premiers; mais, en supposant que ces divers points de défense fussent essentiels et munis d'un nombre double de canons, qu'ils fussent annuellement approvisionnés de toutes sortes de munitions de guerre et de bouche, il serait encore fort aisé à l'ennemi, quel qu'il fût, d'opérer sa descente, par le défaut ou l'ignorance absolue des artilleurs.

Le Bey tient à la *Goulette* un aga, qui est chargé de vérifier les lettres des capitaines qui arrivent, de lui en donner immédiatement connaissance, et de ne laisser descendre personne à terre, lorsque le navire vient d'un pays suspect de peste. Il surveille également toutes les marchandises qui sont portées à Tunis, et interdit l'entrée des articles prohibés, comme le vin, l'eau-de-vie et les liqueurs. Sa vigilance s'étend également sur tous les objets de sortie, et principalement sur tous les passagers, qui ne peuvent s'embarquer sans une permission spéciale du Bey.

Le lac de Tunis, nommé par les habitants *él-Baheyrah* (1), est formé par les eaux de la mer, qu'y conduit le canal de la *Goulette*, et par la filtration de ces mêmes eaux à travers une langue de terre sablonneuse; il a une circonférence de quatre lieues (16 kilomètres) environ,

---

(1) Le mot *Baheyrah* signifie proprement en langue arabe *petite mer*, étant le diminutif du mot *Bahar*, qui signifie *la mer*, et qui désigne aussi quelquefois les grands fleuves; c'est par cette dernière raison qu'on donne, en Égypte, au Nil le titre de *él-Bahar*. (J. J. M.)

et sa profondeur était anciennement assez considérable pour offrir un abri sûr aux escadres romaines (1); mais la ville de Tunis s'étant agrandie ensuite, ses égouts charrièrent dans le bassin de ce lac toutes les immondices des rues et des latrines, comme dans un réservoir général, et il s'est encombré, au point de n'offrir en certains endroits que deux pieds d'eau (2). Il y a plus, c'est que ces mêmes bas-fonds, se trouvant entièrement à sec pendant les fortes chaleurs, laissent à découvert un limon fangeux et infect : heureusement les exhalaisons de ce cloaque, quoique très-fétides, n'influent que très-rarement sur la salubrité de l'air et sur la santé des habitants : je m'arrêterai plus particulièrement à cette circonstance remarquable lorsque je traiterai du climat et de la constitution atmosphérique de cette contrée (3).

Il y a dans le lac, près du rivage méridional, plusieurs atterrissements que les eaux laissent toujours à sec, et sur la côte septentrionale une petite île que l'on nomme *Chikly*, avec un vieux fort qui tombe en ruine. L'une et l'autre servent de lazaret aux marchandises suspectes, ainsi qu'à quelques personnes atteintes de la peste.

Il y a tout auprès de cette île un mauvais môle alentour duquel les marins viennent ranger leurs barques; l'encombrement du bassin est néanmoins si grand, qu'on ne peut approcher le môle qu'avec beaucoup de difficultés et qu'après un laps de temps considérable.

On conçoit aisément qu'il eût été très-facile d'obvier à cet inconvénient, si les autorités locales s'étaient occupées du curage de ce bassin, opération qui, dans le principe, eût été très-aisée à pratiquer, et qu'on aurait pu renouveler, soit toutes les années, soit chaque fois que le besoin l'aurait exigé. Mais telle est l'incurie des Orientaux, qu'ils ne s'aperçoivent d'un mal que lorsqu'il n'est plus temps d'y remédier.

Tout porte, en effet, l'empreinte de leur insouciance: deux méchantes baraques forment l'établissement du bureau où se mesurent les huiles, les blés, etc. La Douane elle-même n'a qu'une très-petite maison, où se tiennent ceux qui sont destinés à visiter les bagages des voyageurs et les ballots de marchandises. Ces marchandises, dès qu'elles sont débarquées, sont portées, par des bêtes de somme, dans la ville, où se trouve la grande Douane, dont le directeur rend les effets aux propriétaires, à des époques déterminées.

Tout cela se fait avec une simplicité et une bonne foi admirables; et quoique Tunis soit en relation commerciale avec l'Espagne, la France, l'Italie, la Sicile, Malte, la Morée, Constantinople, Smyrne, l'Égypte, etc., sa douane ne compte tout au plus que huit employés. Que ce système, sans rouage inutile, est loin de la complication bureaucratique des douanes de ces États européens qui se disent plus civilisés que l'Afrique (4) !

CHAPITRE III.

Ville de Tunis; — château; — forts; — maisons; —, quartiers; — rues; — marchés; — fortifications; — faubourgs; — cimetières; — environs de Tunis; — palais du Bey; — maisons de campagne; — anciens aqueducs.

On peut avancer, sans exagération, que Tunis est une des plus belles et des plus grandes villes de la Barbarie; mais sa beauté est relative au pays, et ne pourrait être d'aucune manière comparée avec la moindre des villes du troisième ordre en Europe.

Elle existait déjà du temps des Carthaginois (5); mais elle était alors peu de chose en comparaison de leur superbe capitale, et peut-être aussi de ce qu'elle-même est aujourd'hui. Ruinée plusieurs fois pendant les guerres d'Afrique, Tunis dut son rétablissement, puis son agrandissement successif, à la destruction de

(1) *Voyez* ci-après la Notice historique, dans la deuxième partie.
(2) Environ 66 centimètres.
(3) *Voyez* ci-après, chapitre VII.

(4) *Voyez*, pour les détails géographiques relatifs à la rade de Tunis, la Goulette, le lac, et les environs de cette ville, la planche n° 3 publiée dans le volume *Afrique, Esquisse générale*, et *Afrique ancienne*, par M. d'Avezac.
(5) *Voyez* ci-après la Notice historique, dans la deuxième partie.

Carthage, son antique métropole. Cette fameuse cité devint alors pour les bourgades voisines une carrière ouverte à tous, dont les matériaux ont été emportés pour la construction des maisons de Tunis; et, pour peu qu'on parcoure la ville, on rencontre une quantité de beaux marbres et de fragments de colonnes placés aux coins des bâtiments mauresques, ou devant leurs portes, et qui, par leurs formes élégantes, leur matière précieuse et la riche exécution de leur travail antique, annoncent incontestablement leur origine.

Diodore de Sicile donne à Tunis la dénomination de ΛΕΥΚΟΗ ΤΥΝΗΤΑ, c'est-à-dire *Tunis la blanche*, d'où il résulterait la tradition que de tout temps les Tunisiens ont blanchi soigneusement la façade de leurs maisons (1). Les Maures d'aujourd'hui la nomment *Tounès és-Chattrah* (Tunis l'industrieuse); d'autres la décorent du nom de *Tounès éz-Záherah*, c'est-à-dire, Tunis la fleurissante; mais si sa qualification devait dériver des sensations qu'éprouve le voyageur en parcourant ses rues et ses places, elle porterait indubitablement le surnom de *Fassedéh* (la fétide).

Cette ville est située à peu près à trois cents toises (six cents mètres) de distance du lac dont nous avons parlé dans le chapitre précédent : elle est bâtie partie en amphithéâtre sur le penchant d'une colline, et partie dans les plaines environnantes : elle a près de deux lieues (huit kilomètres) de circuit; on ne peut cependant pas en faire exactement le tour, à cause des nombreux fossés, destinés à charrier toutes les immondices de la ville dans le lac qui est leur commun réceptacle (2).

A l'extrémité la plus élevée de la ville domine un assez beau château, qu'on appelle la *Qasbéh* ou *Gasbén* (3). Ce château semble construit plutôt pour contenir la ville que pour la défendre. Il reçoit l'eau qui lui est nécessaire, au moyen d'aqueducs assez bien construits, et qui semblent dater encore du temps où les Espagnols en étaient maîtres (4).

Il y a à la *Gasbéh* un hôtel des monnaies (5), une poudrière, une fonderie de boulets, et les prisons publiques destinées aux Turks, aux Maures et aux Juifs : c'est là que le Bey fait étrangler les Turks condamnés à ce supplice. Il n'est pas facile à un curieux européen d'obtenir l'entrée de cette enceinte.

Deux petits forts, qui avaient été construits également par les Espagnols, sont évidemment destinés, comme le grand château, à contenir la ville.

Tunis est, en général, une ville mal percée; les rues sont étroites et non pavées; les maisons sont la plupart d'une forme carrée avec une grande salle au milieu, dont le plafond n'est qu'un large auvent ouvert à l'air libre; ils appellent cette pièce *el pateo* (6), et les Européens la nomment *ciel-ouvert*. Les maisons n'ont souvent que le rez-de-chaussée; celles qui ont un étage sont rares, et celles qui en ont deux, plus rares encore. Elles ont toutes pour toits des terrasses, et cette forme est d'autant plus essentielle, que ce n'est que par le moyen de cette couverture qu'on peut rassembler dans des citernes l'eau des pluies; ressource d'une indispensable nécessité, dans un pays où les eaux sont généralement peu abondantes et saumâtres.

Les maisons des riches sont souvent à l'intérieur élégantes et commodes; elles ont néanmoins rarement des fenêtres ouvertes sur la rue; d'où il résulte que, malgré cette élégance dans la construction, leur extérieur présente

---

(1) Il est cependant plus probable que le surnom de *Blanche* a été donné à la ville de Tunis à cause de la couleur qu'offre généralement aux navigateurs l'aspect de toute cette partie de la côte, dont le sol est entièrement composé d'une argile blanchâtre ou de terres calcaires de la même couleur; le même motif a fait donner à l'un des promontoires le nom de Cap Blanc (*Rás-Abyadd*). (J. J. M.)

(2) *Voyez* la planche 3 de l'*Afrique*, Esquisse générale.

(3) C'est le même nom arabe que celui de *Qassabah* ou *Qassóbah* à Alger. (J. J. M.)

(4) *Voyez* ci-après le Précis historique, dans la seconde partie.

(5) *Voyez* la seconde partie, sur les monnaies de Tunis.

(6) Ce mot est espagnol, et dérive lui-même du mot arabe *él-batehah*, qui signifie un espace découvert dans l'intérieur d'une maison.

(J. J. M.)

plutôt à l'Européen l'idée d'une prison que celle d'une demeure agréable.

Chaque métier occupe un quartier ou une rue particulière. Les rues des cordonniers, des armuriers, des bonnetiers et des serruriers, sont les plus remarquables; il y a aussi plusieurs quartiers particuliers pour les marchands, ainsi que des marchés publics, où se vendent tous les objets nécessaires à la vie. Le plus considérable de ces derniers est *Soug-êt-Tourk* (le marché Turk), au voisinage duquel il s'en trouve d'autres moins considérables, savoir, celui où les bijoux se vendent à l'enchère, celui des Nègres (1), et enfin celui des toiles, etc.

Un autre marché, appelé *Soug-êl-Faleah*, est destiné à la vente des épiceries et des quincailleries, et n'est généralement habité que par des Juifs; le plus agréable de tous est celui où sont rassemblés les droguistes, chez lesquels on trouve plusieurs sortes d'essences et de parfums précieux. Les gens du pays l'appellent *Soug-Taybyn*, c'est-à-dire, le marché des odeurs suaves; d'autres le nomment simplement *Soug-Gemaah el-Khâtoun* (le marché de la Mosquée de la Dame), à cause d'une grande mosquée qui porte ce nom, et qu'on rencontre au milieu de ce quartier. On visite avec plaisir et on ne quitte qu'avec regret cette halle attrayante, dont l'atmosphère est parfumée des odeurs les plus délicieuses; celle de l'essence de roses est entre autres si forte et si enivrante, que l'on croit se trouver dans un appartement où l'on aurait répandu cette précieuse essence avec profusion.

La ville de Tunis est entourée d'une muraille couronnée de créneaux nombreux; cependant ce rempart ne présente pas une grande solidité, et on peut croire que dix coups de canon suffiraient pour y faire une énorme brèche. Cette enceinte a cinq portes, au delà desquelles se trouvent des faubourgs très-étendus : celui qui est au nord est entouré de quelques bastions solides, mais sans fossés.

Ces travaux, qui ne sont pas encore entièrement terminés, étaient pendant mon séjour à Tunis dirigés par M. Hombert, capitaine de génie hollandais, qui m'a paru très-instruit, et qui était en grande estime auprès du Bey.

Il s'était formé, par le laps du temps, des éminences considérables à l'est des faubourgs; elles résultaient des débris provenant des diverses démolitions de la ville, qui y étaient journellement charriés : comme ces monticules commandaient les fortifications, le Bey, d'après les représentations de l'ingénieur, a ordonné de les raser, et ils ont été déblayés aux frais des habitants.

Tous les travaux de défense qui existaient à cette époque, et qui existent probablement encore, étaient, malgré leur faiblesse, suffisants pour arrêter les Algériens, qu'on redoutait le plus alors; mais ces moyens seraient absolument nuls contre une puissance européenne.

Autour de la ville sont placés plusieurs cimetières; mais comme il est d'usage de n'enterrer qu'un seul cadavre dans chaque fosse, leur proximité ne paraît pas influer sur la santé des habitants les plus voisins. Les corps y étaient à peine recouverts d'une légère couche de terre; mais les consuls européens ayant observé, dans la grande peste de 1785, que ces endroits fournissaient beaucoup d'exhalaisons putrides, ils firent sentir au Bey la nécessité d'enterrer les cadavres à six pieds (deux mètres) de profondeur : ce conseil fut de suite adopté, et l'usage en a continué depuis.

Au nord-ouest de Tunis, à la distance d'environ une petite demi-lieue (deux kilomètres), est situé *Él-Bardo*, où réside le souverain (2). C'est un assemblage bizarre de maisons irrégulières, entre lesquelles se trouve le palais du Bey, entouré d'une grosse muraille avec des créneaux et des fossés. Ce château, que le prince regarde en quelque sorte comme une place forte, peut vraiment l'être pour les Bédouins; mais située dans une plaine et dominée au nord par des montagnes, cette prétendue forteresse ne pourrait résister une heure à une attaque régulièrement dirigée des quatre côtés par des troupes européennes.

A un quart de lieue (un kilomètre)

---

(1) *Voyez* ci-après le chapitre XVI, sur la vente des Nègres.

(2) *Voyez* la planche n° 3 de l'*Afrique*, *Esquisse générale*.

du *Bardo* se rencontre la *Manouba*, où le Bey a une belle maison de campagne, avec un vaste jardin, qui, sans avoir beaucoup de ressemblance avec ceux de l'Europe, est cependant le plus beau du pays.

Le premier ministre a également dans ce voisinage une jolie petite maison de campagne, dans le goût de celles du pays, avec un jardin, qui, comme celui du Bey, était autrefois entretenu et soigné par des esclaves européens, mais qui l'est maintenant par des esclaves nègres. Les orangers et les citronniers, toujours chargés à la fois de fruits et de fleurs, forment les principaux ornements de ces jardins, qui ne récréent pas moins la vue que l'odorat.

Entre le *Bardo* et la ville, et au sud-ouest de cette dernière il y a un vaste étang, nommé *Sebkhat-és-Seldjoumy* (1), dont l'étendue est assez considérable lorsqu'il tombe des pluies abondantes, mais qui se dessèche en grande partie lorsqu'il règne de la sécheresse.

Enfin, à une petite lieue (trois kilomètres environ) de Tunis, et au nord-ouest, il y a dans une immense plaine un village appelé *Él-Aryânah*; il est environné de jardins et de maisons de campagne destinées à recevoir des locataires, et que l'on peut souvent affermer à assez bon compte.

C'est là qu'on voyait autrefois une portion des anciens aqueducs qui amenaient l'eau à la ville ; mais maintenant c'est à peine s'il en existe quelques ruines, ces utiles monuments ayant été abandonnés aux ravages du temps, puis enfin entièrement démolis (2).

CHAPITRE IV.

Carthage; — Él-Mersâ; — le port vieux; — le port neuf; — Él-Malgah; — citernes; — Utique; — Porto-Farina; — Bizerte.

Je craindrais de peu intéresser le lecteur, si je lui répétais ici tout ce que les anciens historiens nous ont transmis

(1) Le mot *Sebkha*, ou *Sabkhah*, signifie proprement en arabe un marais salant, un terrain dont la surface offre des efflorescences salines.
(J. J. M.)

(2) *Voyez* la planche n° 14 du volume *Afrique, Esquisse générale*.

sur la position, l'étendue et la magnificence de la cité des Carthaginois; ces détails se trouvent retracés dans tant d'ouvrages, que je crois devoir me borner uniquement dans ce chapitre à ne m'occuper de cette fameuse rivale de Rome que sous le rapport des ruines qu'elle présente encore, et que j'ai été d'autant plus curieux d'observer moi-même avec le plus grand soin, qu'en offrant une carrière précieuse à explorer aux investigations de l'antiquaire, elles ouvrent le plus large champ aux méditations du philosophe.

Que de réflexions amères et mélancoliques viennent navrer involontairement le cœur du voyageur debout au milieu des débris qui jonchent humblement la terre, et qui sont les seuls témoins de la splendeur, pour toujours éteinte, de cette cité, qui fut la dominatrice des mers et la rivale longtemps heureuse de la Maîtresse du monde !

*Giace l'alta Cartago, ed à pena i segni
De l'alte sue ruine il lido serva* (3).

Où sont maintenant ces remparts formidables, ces arsenaux, ces palais, ces arcs de triomphe, ces deux ports creusés de mains d'hommes d'où s'élançaient ces flottes puissantes qui allaient porter la terreur en Sicile, en Sardaigne, en Espagne, et jusques au pied du Capitole? De toutes ces nobles créations de l'industrie humaine, que reste-t-il? Quelques pierres éparses qui roulent sous le pied dont les heurte en passant l'Arabe insouciant et le Berbère nomade, ignorant qu'il foule les cendres des anciens maîtres qui asservirent ses pères.

...... *Quâ devictæ Carthaginis arces* [*res
Procubuere, jacentque, infausto in littore, tur-
Eversæ. Quantum illa metús, quantum illa*
[*laborum
Urbs dedit insultans Latio et laurentibus arvis ;
Nunc passim vix relliquias vix nomina servans,
Obruitur, propriis non agnoscenda ruinis* (4).

Et, comme si ce coin de terre avait été fatalement prédestiné à être le rendez-vous des plus hautes infortunes, peut-on contempler ces tristes décombres sans que l'esprit soit frappé d'un autre grand souvenir, Marius, proscrit par les guerres civiles, répondant

(3) Tasso, *Gerusalemme liberata*, canto XV.
(4) Lucanus, *De bello civili*, lib. II.

à l'esclave de son heureux antagoniste, Sylla : « Va dire à ton maître que tu as vu Marius assis sur les ruines de Carthage. »

.... *Solatia fati*
Carthago, Mariusque tulit : pariterque jacentes
Ignovere Deis........ (1).

Mais un autre désastre, et qui nous touche de plus près encore, ne vient-il pas aussi associer à ces adversités carthaginoises et romaines le deuil français d'une tombe royale?

Le nom de Carthage peut-il être prononcé sans rappeler que le plus saint de nos rois, Louis IX, venant chercher la gloire sur ces parages, y trouva la peste et la mort?

L'observateur a besoin d'écarter de son esprit ces lugubres images pour pouvoir se livrer avec l'attention nécessaire à l'examen archéologique de ces débris, seuls restes de la puissante Carthage.

Des traces assez faciles à reconnaître nous révèlent une partie de l'ancienne enceinte qui circonscrivait de ses remparts l'antique métropole punique : elles paraissent confirmer d'une manière non équivoque l'exactitude de la position que lui ont attribuée les géographes anciens, et qu'à leur tour les savants modernes ont cherché à établir par la sagacité de leurs conjectures (2).

Cette enceinte avait, suivant Tite-Live (3), vingt-trois mille pas de tour, et Pline (4) nous apprend que cette circonférence s'étendait encore davantage à l'époque où les Romains n'en étaient pas encore maîtres : Strabon donne à la péninsule sur laquelle Carthage était assise trois cent soixante stades de tour, ce qui établirait une circonférence de quarante-cinq milles romains; mais il s'abstient de préciser les mesures qui pourraient déterminer la dimension de la ville elle-même.

Quoi qu'il en soit de cette dimension précise, les ruines maintenant existantes déterminent la position de l'ancienne métropole carthaginoise sur cette saillie de la côte qui porte encore de nos jours le nom de *Cap Carthage*, c'est-à-dire à trois lieues environ (douze kilomètres) au nord de Tunis, et pour ainsi dire en face de cette Rome qu'elle devait si longtemps combattre et qui devait enfin l'écraser.

..... *Italiam contra Tiberinaque longe*
Ostia (5).

Lorsqu'il parcourt l'immense amoncellement des débris qui autrefois furent Carthage, et qu'il considère jusqu'à quel point le poids de vingt siècles et la haine humaine ont pu anéantir une ville à laquelle la solidité de ses constructions et la puissance de l'empire dont elle était le siége semblaient devoir promettre un avenir presque indestructible, l'observateur d'une telle misère, après une telle gloire, ne peut s'empêcher d'associer à un profond sentiment de regret un retour douloureux sur l'instabilité des choses humaines et sur l'impitoyable rigueur des destinées auxquelles elles sont contraintes d'obéir.

Pour mieux connaître ce vaste territoire jadis occupé par Carthage, je pris le parti d'aller établir ma demeure pendant un mois entier,

inter semirutas magnæ Carthaginis arces,

c'est-à-dire, à *la Marse* (6). On appelle ainsi une assez grande étendue de la côte occupée maintenant par de nombreux jardins et des maisons de campagne agréables, qui forment, à ce que l'on peut croire, à peu près le centre de l'ancienne Carthage; car il paraît que cette grande ville s'étendait depuis les environs de *Sydy-Abou-Sayd* jusqu'en deçà de *Kamart*, que nos navigateurs nomment *la Camarte* (7).

D'après la signification du nom de *Él-Mersá*, le docteur Shaw a cru y trouver un indice certain pour déterminer l'emplacement du port de Carthage; mais pour peu qu'on examine la position de *la Marse* et les deux montagnes qui la séparent de la mer, on reconnaît promptement le peu de fondement de cette conjecture.

---

(1) Lucanus, *loco citato*.
(2) *Voyez* dans le volume *Afrique, Esquisse générale*, les planches 1re et 2e.
(3) Tit.-Liv., lib. LI.
(4) Plin., *Afric. Descr.* lib. V.
(5) Virgil., *Æn.*
(6) *Él-Mersá* ; ce nom arabe signifie l'ancrage, la rade, le port. (J. J. M.)
(7) Ce village est situé sur un promontoire qui porte lui-même le nom de *Rás-Kamart*.

C'est inutilement que j'ai cherché à reconnaître l'emplacement du *Vieux Port* et du *Port Neuf*; mais d'après tout ce que des géographes habiles en ont dit dans leurs savants ouvrages, on peut, je crois, conjecturer que le grand port, autrement dit le vieux port, était réellement situé là où est actuellement *la Camarte*, et que le port neuf était entre le cap de Carthage et le canal de *la Goulette*.

Les traces de ce dernier sont moins équivoques si on en juge par les restes d'une espèce de construction qui s'avance sur ce point dans la mer; mais il n'en est pas ainsi du premier, qui a été entièrement comblé par les sables, et qui, par les envahissements d'alluvions, a subi une métamorphose si considérable, qu'il est maintenant absolument impossible de le reconnaître.

Bélidor, dans son excellent ouvrage sur l'*Architecture hydraulique*, a donné le plan de ces deux ports d'après les plus célèbres géographes anciens, et il suffira de jeter un coup d'œil sur les planches qu'il a données, pour se convaincre de l'exactitude de ce que je viens d'exposer.

Si toutefois il y avait erreur dans cette hypothèse, il faut espérer qu'elle pourra être postérieurement rectifiée par des savants plus instruits dans l'ancienne histoire du peuple qui a si longtemps dominé la Libye.

En partant de *la Marse* pour se rendre à *la Goulette*, et en marchant constamment, ainsi que je pense avoir lieu de le croire, dans l'enceinte de l'ancienne Carthage, on arrive à un santon nommé *Abd-Elyâ*, puis à un petit village qu'on appelle *El-Malgah*; ce village est en grande partie bâti sur des citernes, dont les proportions sont réellement gigantesques. Quelques-uns des voyageurs qui les ont visitées ont été tentés de croire que ces longues voûtes souterraines, dont plusieurs sont encore en assez bon état, étaient jadis des magasins; mais pour peu que l'on considère que les célèbres aqueducs venant du *Zaghouán* (1) y aboutissent précisément et devaient y porter leurs eaux, on trouvera sans aucun doute que par cet indice positif l'emplacement du réservoir général de cette eau, si abondante autrefois, est fixé ici d'une manière incontestable.

En partant de là, et en se dirigeant vers le cap Carthage, on trouve encore, près d'un petit village nommé *Douár és-Sahal*, et au pied d'un petit fort, nommé *el-Bourdj él-Djedyd* (la Tour-Nouvelle), d'autres citernes d'une forme plus élégante et plus régulière, et véritablement d'un travail admirable. Plusieurs d'entre elles sont dans un état parfait de conservation, et remplies d'une eau saumâtre que la mer y a filtrée à travers le terrain sablonneux. Leur position indique clairement qu'elles ne pouvaient être destinées qu'à recevoir les eaux pluviales, qui étaient recueillies, par le moyen des terrasses, formant la toiture des maisons de l'ancienne ville.

Dans toute l'étendue de terrain qui se trouve entre le cap Carthage et *la Malgah*, et principalement du côté de la mer, on peut remarquer çà et là quelques portions assez considérables des antiques murailles, que le poëte nommait *validissima Carthaginis mœnia*; mais on y observe surtout un grand nombre de voûtes ou arcades, plus ou moins ensevelies sous les sables et les décombres : ces restes, qui ont traversé tant de siècles dans un tel état de conservation, pourraient indiquer, de la manière la plus positive, que les Carthaginois, ou les Romains, possédaient dès lors par excellence l'art de cette espèce de construction.

Les ruines couvrent ici toutes les parties du terrain ; en revanche le territoire qu'on appelle *la Marse* (2) est si complétement déblayé et si bien cultivé, qu'on a de la peine à se persuader qu'il y ait eu là autrefois quelques édifices; mais ce qui a sans doute favorisé l'industrie dans cet emplacement, c'est qu'on y a trouvé une qualité d'eau moins saumâtre, et, par conséquent, plus propre à favoriser la végétation, que toute celle qui se trouve sur le reste de la plage.

Du côté de *la Camarte* il existe beaucoup d'indices d'anciennes constructions; on y trouve même plusieurs sou-

---

(1) *Voyez* dans le volume *Afrique*, *Esquisse générale*, la gravure n° 14, et ci-après les planches n° 2, 9, 14, 15, et 16.

(2) Le mot arabe *mersá* signifie un port, comme nous l'avons vu ci-dessus, note 6, page 13.

terrains aussi vastes que curieux à examiner, mais que beaucoup de voyageurs n'ont pas eu l'occasion de visiter, soit par défaut de temps, soit par le manque d'un guide qui pût les conduire dans leurs excursions archéologiques.

Voilà à quoi se réduisent les vestiges de cette grande et célèbre cité, de cette dominatrice de l'Afrique (1). Sur chacun des décombres que heurtent les pas du voyageur, il croit lire encore ce terrible anathème si souvent lancé par l'implacable Caton contre la rivale de sa patrie : « *Delenda est Carthago!* »

Utique, située au nord de Carthage, à la distance d'environ quatre lieues (seize kilomètres), était, d'après tout ce que l'histoire nous en apprend, une très-grande ville, et elle jouissait sous plusieurs rapports d'une célébrité que rehaussa encore la mort du second Caton.

Si, d'après les données des anciens historiographes, on cherche à reconnaître l'emplacement de cette ville, et si on considère le peu de vestiges qui en sont restés, on ne se persuadera qu'avec peine que le temps ait pu en faire disparaître aussi complétement les traces.

Les Maures ont fait à Utique ce qu'ils ont fait à Carthage; ils en ont successivement emporté tous les matériaux précieux, surtout les marbres, pour construire ailleurs des demeures particulières ou des mosquées.

Tout ce qu'on voit aujourd'hui sur l'emplacement d'Utique se réduit à sept grandes citernes remplies de chauves-souris et de pigeons sauvages, avec les indices non équivoques de l'ancien port; ce port autrefois si fréquenté a été évidemment comblé par les sables de la rivière appelée maintenant *Megerdah* (2), qui a changé son lit depuis longtemps, de façon que cet emplacement est éloigné aujourd'hui de près de quatre milles du rivage de la mer.

Tandis que les eaux qui viennent de l'intérieur du pays ont tellement éloigné Utique du littoral, par la quantité considérable des sables qu'elles charrient, celles de la mer, d'un autre côté, ont opéré le contraire; car tout prouve que les eaux de la Méditerranée se sont portées sur Carthage elle-même, et ont envahi et détruit une portion assez étendue du cap, qui, d'après toutes les probabilités, s'avançait dans la mer beaucoup plus autrefois qu'aujourd'hui.

Porto-Farina, au fond du golfe formé par le cap que les Maures ont nommé *Rás-Zebyb* (3), c'est-à-dire le cap des Raisins, est une très-petite ville, avec un port assez profond, qui peut contenir environ vingt-cinq navires. Le Bey tient toute sa marine, ou, pour mieux dire, sa petite escadrille, dans ce petit port, pendant tout le temps de l'hiver. On assure que c'est en cet endroit que saint Louis mourut de la peste à sa seconde croisade (4).

L'embouchure du port a si peu de profondeur, qu'il faut incliner les navires de côté pour les y faire entrer. Elle est, au reste, défendue par trois forts; le premier est au nord-est du port, le second au sud-ouest; le troisième, appelé *fort Nadour*, est au nord et éloigné d'un mille de la ville.

Au nord de Porto-Farina, à la distance de cinq lieues (vingt kilomètres), se trouve Bizerte, petite ville située sur le bord de la mer; elle a des alentours très-agréables, et un petit port qui présentait autrefois de grands avantages aux navigateurs; mais aujourd'hui ce

(1) *Voyez* la planche 4, *Afrique*, *Esquisse générale*.

(2) *Medjerdah* ou *Megerdah*; les géographes ont reconnu dans cette rivière l'ancien fleuve *Bagradas*, dont il est si souvent fait mention chez les historiens latins. La permutation réciproque des labiales est fréquente dans les anciens noms géographiques. Voyez ci-dessus la note 3e de la page 5.

(3) Ce mot arabe *rás* signifie *tête*, *cap*, *promontoire*; le mot *zebyb* signifie *raisins secs*; on prétend que ce nom a été donné à ce cap à cause du grand commerce de raisins secs qu'y font les habitants : ce cap est l'ancien *Apollonis promontorium*. (J. J. M.)

(4) Ce fut l'an 1270 de notre ère, le 1er juillet, que Louis IX s'embarqua à Aigues-Mortes avec ses fils et soixante mille hommes, pour sa seconde expédition contre les infidèles; il relâcha d'abord en Sardaigne, et cingla ensuite de là vers l'Afrique; le 17 du même mois il arriva au port de Tunis, où il débarqua sans résistance : huit jours après il en emportait le château; mais la maladie s'étant mise dans son camp, il en fut attaqué lui-même, et mourut le 25 août suivant, à l'âge de cinquante-cinq ans, après en avoir régné près de quarante-quatre. (J. J. M.)

port a si peu de fond, par ses atterrissements successifs, qu'il ne permet guère l'entrée qu'à de très-petits bâtiments.

Cet encombrement du port de Bizerte accuse la funeste négligence du gouvernement de la Régence ; partout on ne voit qu'insouciance, que dégradations ; et si on ne connaissait le système, généralement adopté par ce gouvernement, de ne pas employer de l'argent en réparations, on ne pourrait croire qu'on ait pu ainsi abandonner et laisser détruire, par l'incurie, des établissements aussi importants pour un État qui songe non-seulement aux intérêts de son fisc, mais aussi à ceux de ses sujets.

Les navires qui viennent charger des marchandises ou des denrées sont obligés de rester en rade, et même à une distance assez considérable, s'ils sont d'un fort gabarit. Cette rade offre si peu de sûreté, lorsque les vents du nord au nord-ouest dominent avec force, qu'il n'est absolument pas rare de voir ces navires se perdre sur les récifs des côtes ; aussi les navigateurs qui s'y rendent cherchent-ils toujours à faire avec célérité leur chargement, pour se soustraire aux dangers qui les menaceraient dans un plus long séjour.

Bizerte a tout au plus une population de dix mille âmes ; les rues y sont mal percées, comme dans toutes les villes de l'Orient, et on n'y observe ni activité ni industrie. On ne peut dire que l'air y soit plus sain qu'à Tunis ; mais pourtant je dois avouer qu'il m'a semblé y éprouver une sensation plus agréable que celle dont j'étais affecté dans la capitale de la Régence.

Durant l'hiver le froid y est un peu plus sensible, à cause de la proximité de la mer et de la direction des vents ; mais l'été, en revanche, y est plus tempéré, et plus agréable qu'en aucun autre lieu de la côte (1).

Au sud-ouest de Bizerte est un lac d'une vaste étendue et d'une assez grande profondeur ; ce qui est remarquable, c'est que tantôt il verse ses eaux avec beaucoup de force dans la mer, tantôt il en reçoit les eaux avec un con-

(1) La planche de costumes que l'on trouvera ci-après, n° 11, offre dans le fond l'esquisse d'une vue de Bizerte.

tre-courant d'une force égale. On croit ordinairement que ces courants opposés sont l'effet du flux et du reflux, mais des observateurs plus éclairés ont reconnu que ce double phénomène n'est que l'effet naturel d'une différence alternative de niveau entre l'eau de la mer et celle du lac lui-même.

On voit dans ce lac une île au milieu de laquelle s'élève une montagne assez haute. Il est au reste très-poissonneux, et toutes les espèces de poissons qu'on y prend viennent de la mer, s'introduisant avec les eaux par ses canaux de communication. Cette abondance de poissons est si considérable, qu'on en pêche habituellement beaucoup plus qu'il n'en faut pour la consommation de Bizerte.

La pêche de ce lac étant affermée, les entrepreneurs envoient la plus grande partie de cet excédant à Tunis, où le poisson se vend plus ou moins cher, en raison de sa conservation ; car, comme on le charge simplement sur des bêtes de somme, qui restent quinze heures en chemin, il arrive souvent demi-gâté à sa destination, pour peu que la saison soit chaude ou orageuse.

Au reste, le poisson se pêche facilement, et avec la plus grande simplicité, au moyen d'une espèce de bâtardeau en joncs, formant une enceinte, de laquelle le poisson ne peut plus sortir une fois qu'on l'a forcé à y entrer.

CHAPITRE V.

Zaghouân ; — sa montagne ; — sa plaine ; — sa porte romaine ; — temples ; — aqueducs ; — Mohammedyah.

Zaghouân est une très-petite ville, distante d'environ dix lieues (40 kilomètres) de Tunis, et elle mérite d'être considérée sous les différents rapports qui la recommandent à la curiosité du voyageur.

D'abord sa position sur le penchant de l'une des plus hautes montagnes de la Régence est d'autant plus riante qu'elle est entourée d'un grand nombre de jardins ou vergers, arrosés par des eaux vives et abondantes.

La belle et vaste plaine qui se développe à perte de vue devant cette petite ville, paraît, lorsqu'on l'aperçoit à une

certaine distance, ne former dans toute son étendue qu'un même jardin, rempli d'arbres fruitiers de toutes les espèces, et surtout d'un grand nombre d'oliviers; les sentiers qui passent entre les portes diverses de ce jardin sont eux-mêmes bordés de jolis peupliers, de noyers et d'autres arbres, dont la verdure concourt encore à augmenter l'illusion de cette délicieuse perspective.

Le premier objet qui frappe la vue en entrant dans la ville du côté qui regarde le sud-est est une porte gigantesque, construite en grosses pierres de taille noirâtres (1). Sa partie supérieure est ornée d'une belle tête de bélier, coiffée d'une paire de grandes cornes très-élégamment enroulées, et au-dessous de laquelle on lit le mot latin AVXILIO.

On trouve cette formule assez communément employée par les Romains, auxquels on doit la construction de cette antique porte : des inscriptions de ce genre étaient placées particulièrement par eux sur des portes destinées à faciliter certaines issues supplémentaires et indépendantes des portes principales des villes, ou à procurer durant un siège l'entrée d'un secours dans la cité attaquée.

La tête de bélier, avec ses deux cornes, indiquait probablement l'abondance et la fertilité des terres, dont les productions étaient introduites par cette porte, pour les besoins habituels des habitants.

Peut-être aussi cette tête de bélier, jointe au mot AVXILIO, qui l'accompagne, n'était-elle autre chose qu'une dédicace à Jupiter-Ammon, implorant son secours en faveur des pèlerins qui sortaient par cette porte pour prendre la route de son temple et se rendre à l'Oasis Ammonien (2). Peut-être encore la ville elle-même était-elle consacrée à Jupiter-Ammon et le reconnaissait-elle pour son protecteur particulier.

Quelle que soit l'hypothèse que l'on adopte, on doit avouer que la ville n'a d'autre beauté que sa position pittoresque; l'aspect de l'intérieur est triste et sévère, la plupart des maisons y étant bâties sans élégance, et en partie de pierres de taille, analogues à celles dont la grande porte ci-dessus décrite est construite, pierres qui sont incontestablement des débris des monuments qui ornaient l'ancienne ville, beaucoup plus belle et plus grande que celle d'aujourd'hui.

On voit sourdre de tous côtés, soit dans la montagne, soit dans la plaine, des sources abondantes, dont les ruisseaux fournissent de l'eau aux maisons et aux jardins; c'est sans doute l'abondance de ces eaux, ainsi que leur pureté, qui a engagé les bonnetiers, les foulons et les mégissiers de Tunis à venir établir leurs fabriques dans ce lieu (3).

L'endroit de toute la Régence où l'on respire l'air le plus pur et le plus salutaire, c'est, sans contredit, *Zaghouán*; la température en est même beaucoup plus régulière, et la chaleur modérée, que celle de Tunis; l'hiver, en revanche, y est infiniment plus froid, à cause de la proximité de plusieurs montagnes fort élevées dont la chaîne s'étend au nord-est.

Quoi qu'il en soit, il n'y a, dans toutes les contrées dépendantes de Tunis, que cette petite ville qui réunisse autant d'avantages et d'agréments, et on pourrait s'étonner que les Tunisiens ne fissent pas construire dans les alentours des

(1) *Voyez* ci-après, la planche n° 16.
(2) Personne n'ignore que Jupiter-Ammon était représenté avec une tête de bélier, ce qui lui a fait donner par Hérodote (lib. II, cap. 4) l'épithète de χρισοπρόσωπος; et par Lucain (lib. IX) celle de *fortis cornibus Ammon* : la tête de bélier, comme emblème de Jupiter-Ammon, se trouve sur un assez grand nombre de médailles. Celles d'Alexandre représentent la tête de ce prince ornée de cornes de bélier, à cause de la prétention qu'il avait de descendre de Jupiter-Ammon, et ce genre de diadème se retrouve encore sur les médailles des rois de Macédoine, de Thrace et de Syrie, qui s'étaient partagé l'empire de l'illustre conquérant ; plus tard, un roi des Perses, *Sapor*, qui prenait le titre de second Alexandre, avait également adopté ce genre de parure royale. Le bélier était aussi chez les Grecs l'attribut de Mercure, protecteur des troupeaux.
(J. J. M.)

(3) Les eaux de *Zaghouán* sont surtout renommées pour la teinture des bonnets feutrés (*tarbouch*) en écarlate : on trouve aussi à *Zaghouán* et aux environs un grand nombre de blanchisseries.

maisons de campagne, de préférence à toute autre localité de la province.

Au milieu d'une multitude de riants vergers, échelonnés au sud de la ville, existent encore les restes magnifiques d'un ancien temple, situé tout près d'une belle source d'eau jaillissante, appelée vulgairement *El-Bourg*, ou, plus exactement, *A'yn-êl-Bourg* (1); on ne peut s'empêcher d'être frappé d'admiration à la vue de la beauté de ce monument, dont l'antiquité est incontestable (2).

L'ignorance d'un peuple barbare, plus encore que la faux du temps, a attenté à la conservation de ce temple, soit en détachant des matériaux, pour la construction de quelques maisons, soit en faisant des fouilles, que dirige la cupidité, dans l'espoir d'y découvrir quelque trésor caché : car la recherche des trésors est un des préjugés les plus enracinés chez tous les peuples orientaux (3).

Comme il n'est pas possible de douter que les Romains ont bâti la porte de la ville, dont nous venons de faire mention ci-dessus, on présumera facilement qu'ils sont encore les auteurs de ce temple magnifique, dont l'enceinte semi-circulaire paraît avoir été à demi voûtée, comme la Rotonde à Rome; et on est autorisé à adopter cette hypothèse, d'après l'examen des pierres d'attente,

(1) Ce mot *bourg* en arabe, peut-être dérivé du grec πύργος, signifie de même *une tour, une citadelle, un édifice élevé, un temple*. Ce nom paraît avoir été donné à la fontaine à cause du temple dont elle était voisine. *A'yn-êl-Bourg* signifie littéralement *la fontaine du temple*. (J. J. M.)

(2) *Voyez* la planche n° 15 du volume *Afrique, Esquisse générale*.

(3) La recherche des trésors est en Égypte l'occupation habituelle d'une corporation particulière, dont les membres, sans se laisser décourager par leur non-réussite continuelle, se livrent sans relâche à l'exploitation de Sakharah, de Thèbes et des autres localités, où ils espèrent trouver des dépôts précieux enfouis pendant les révolutions nombreuses dont la vallée du Nil a été le théâtre pendant tant de siècles. Les historiens nous ont raconté en effet quelques rares découvertes de cette espèce ; mais elles sont si peu fréquentes qu'une expression proverbiale usitée chez les Arabes est : « Pauvre comme un chercheur de trésors. » (J. J. M.)

encore existantes au sommet des parois de cet édifice.

Une fort belle colonnade régnait aussi tout à l'entour de ce monument; mais les Maures en ont détaché les colonnes, pour orner l'intérieur de la grande mosquée de *Zaghouân*, qu'il ne m'a pas été possible de visiter.

On aperçoit encore dans la circonférence du temple douze niches de grandeur humaine, dans lesquelles étaient sans doute placées des statues qui ont successivement été enlevées.

Dans le fond de cet édifice, et dans la portion qu'on peut considérer comme l'ancien sanctuaire, on voit également une niche plus grande que les précédentes, et près d'elle l'autel de la divinité à laquelle était consacré ce monument. Ces douze niches étaient-elles destinées aux douze grands dieux de l'Olympe, ainsi que l'ont pensé plusieurs antiquaires ; mais alors à qui la treizième, la plus grande, était-elle consacrée? Peut-être à une divinité phénicienne, à une divinité locale, protectrice de la ville et du territoire.

D'autres antiquaires ont cru voir dans les deux grands bassins d'eaux vives, qui accompagnent le monument, la preuve qu'il était consacré aux Nymphes des fontaines, et, en conséquence, ont donné à ce temple le nom de *Nymphée*.

En dehors et de chaque côté s'élèvent avec majesté deux larges escaliers ou perrons, surmontés chacun d'un bel arceau, dont les voussures ont résisté aux doubles ravages du temps et des barbares (4) : ces deux perrons conduisent, par une douzaine de marches, dans l'intérieur du sanctuaire.

Au pied du temple, et au bas des deux perrons, est un vaste bassin double et de forme ovale, qui reçoit les eaux venant de la montagne, et dont les sources, jaillissant en abondance, sont versées par quatre bouches de différentes largeurs, ouvertes dans les parois circulaires des bassins.

Au reste, la planche n° 15 citée ci-dessus donne, mieux que cette description sommaire, une idée de cet ancien

(4) *Voyez* ci-après la planche n° 9 et la planche n° 15 du volume *Afrique, Esquisse générale*.

monument, dont la beauté est vraiment inexprimable; je dois les dessins annexés à cette description à l'amitié de M. J. B. Adanson (1), qui les a faits sur les lieux mêmes, et qui a bien voulu m'autoriser à les joindre à mon opuscule.

J'appris, pendant mon séjour à *Zaghouân*, qu'il existait, à six lieues environ (24 kilomètres) de cet endroit, des restes d'un temple semblable à celui que je viens de décrire, à la différence seulement que les eaux, dont les sources dégorgent de la montagne qui le domine, sont encore plus abondantes : cette identité de forme, piquant moins ma curiosité, me fit renoncer au dessein que j'avais d'abord formé d'aller visiter alors ce monument à *Zoungâr*, l'ancienne *Zacchara*.

On sait, d'après une tradition vague, que ces eaux ou du moins celles de *Zaghouân*, alimentaient autrefois les fameux aqueducs qui se prolongeaient de là jusques à Carthage; mais il serait très-difficile de déterminer avec précision si la fondation de ces monuments hydrauliques doit être attribuée aux Romains depuis le rétablissement de Carthage sous Auguste, ou aux Carthaginois antérieurement à la conquête romaine.

L'histoire ancienne se tait absolument sur l'origine de ces aqueducs; mais comme les Romains construisirent souvent de ces espèces d'édifices, peut-être serait-il permis d'en inférer, avec quelque apparence de probabilité, que les aqueducs de Carthage sont plutôt l'ouvrage de ceux-ci que des anciens Carthaginois.

Toutefois, il serait, d'un autre côté, difficile de croire que, le besoin d'eau s'étant fait sentir aux Carthaginois dès la première époque de la fondation de leur ville, ils n'aient pas dès lors avisé aux moyens de satisfaire à cette première nécessité de la vie : ce qu'on sait de leur habileté en architecture peut donc bien faire croire, avec beaucoup de vraisemblance, que la construction de ces aqueducs remonte jusqu'aux Carthaginois, et que ces monuments sont contemporains des remparts de la ville même.

Il faut donc bien peser les deux hypothèses, avant de se déterminer à adopter l'une ou l'autre de préférence.

Quoi qu'il en soit, une autre difficulté m'arrêtait encore : en considérant le niveau des sources de *Zaghouân*, qui n'ont qu'une médiocre élévation, surtout en faisant attention aux groupes de montagnes assez considérables qui sont placés entre *Zaghouân* et Carthage, je ne pouvais d'abord m'empêcher de croire qu'il était douteux que les eaux de *Zaghouân* pussent être portées à Carthage par une ligne d'aqueducs.

Déjà je songeais à parcourir ces montagnes, pour examiner si elles avaient été excavées, ou s'il existait quelques traces d'après lesquelles on pût inférer la manière dont les eaux franchissaient un aussi grand obstacle; mais une circonstance imprévue m'empêcha de pousser jusqu'au bout mes recherches à ce sujet.

Cependant j'ai appris par la suite qu'il existait à *Mohammedyah*, situé au delà des montagnes, des traces évidentes qui prouvent d'une manière certaine qu'on avait autrefois percé toute cette masse énorme, pour y faire passer les aqueducs, et qu'ainsi, contre ma première opinion, leur ligne avait pu se prolonger sans interruption depuis Carthage jusqu'à *Zaghouân*.

Bien plus, en partant de *Mohammedyah* pour Tunis, on voit à sa gauche une portion considérable de l'ancien aqueduc encore debout (2); elle contient au moins, à présent, une centaine d'arcades entières; mais de là jusqu'au voisinage de Carthage il n'y a guère que des ruines amoncelées et ne laissant rien reconnaître de leur antique forme : ces ruines néanmoins indiquent très-positivement à l'observateur leur direction régulière, et le conduisent, de débris en débris, jusqu'aux citernes de la grande ville carthaginoise.

Quelle que soit la conséquence de ce fait, il me suffit d'avoir indiqué les incertitudes qui rendent encore ce sujet indécis, et d'appeler sur la décision de

---

(1) Parent du savant Michel Adanson, si célèbre par ses travaux immenses sur la botanique, et ses excursions scientifiques au Sénégal.

(2) *Voyez* ci-après, planche n° 2, et la planche 14 du volume *Afrique*, *Esquisse générale*.

ces problèmes archéologiques l'attention des savants explorateurs qui pourront visiter ces contrées après moi.

Certes il serait bien intéressant pour un voyageur de s'occuper plus particulièrement de la recherche exacte de tout ce qui est relatif à l'histoire de ces célèbres monuments, soit pour en déterminer la direction précise, depuis leurs réservoirs dans l'antique capitale jusqu'à leur source, soit pour fixer d'une manière certaine l'époque et les auteurs de leur construction.

Si mes recherches incomplètes, et par cela même infructueuses, peuvent amener quelque voyageur à des résultats plus heureux que les miens, je me consolerai de mon insuccès en répétant avec Horace :

.... *fungar vice cotis, acutum*
Reddere quæ ferrum valet, exsors ipsa secandi.

CHAPITRE VI.

Description sommaire des parties occidentales et septentrionales de la Régence; — Quartier d'*Été*; — Littoral; — Péninsule; — cap Bon; — Parties méridionales et occidentales; — Quartier d'Hiver; — Monuments, inscriptions.

Je n'ai jusqu'à présent rendu compte que de mes premières excursions aux environs de Tunis, tant à Carthage qu'à *Zaghouán*; excursions auxquelles je m'étais empressé de me livrer dès les premiers instants de mon séjour sur les côtes barbaresques; plus tard les occasions ne me manquèrent pas pour pousser mon exploration dans l'intérieur du pays, et il est maintenant convenable d'offrir au lecteur une description sommaire et rapide des autres parties du territoire de la Régence; j'entrerai donc dans quelques détails à l'égard de plusieurs positions remarquables, que j'ai eu occasion de visiter dans les deux divisions territoriales de cette contrée.

Nous nous occuperons d'abord de la partie occidentale de la première des deux grandes divisions territoriales, et qui est désignée par la dénomination de *Quartier d'Été* (1), c'est-à-dire de la partie qui s'étend au nord et au nord-ouest de la capitale, jusques aux côtes qui dépendent de l'Algérie.

Cette exploration sera suivie de celle de l'intérieur du territoire que renferme le Quartier d'*Été*, au sud des cantons littoraux, et comprendra particulièrement toute la contrée nommée *Frygyah* ou *Fryqyah*, avec le cours supérieur de la *Medjerdah*, les villes nombreuses assises sur les bords de cette grande rivière, et je n'oublierai pas de mentionner les antiquités remarquables que ces anciennes cités peuvent nous présenter encore, car les vestiges des antiques monuments sont plus nombreux et mieux conservés dans cet intérieur qu'ils ne le sont sur les côtes, naturellement plus exposées par leur situation même aux ravages des eaux et aux dévastations des conquêtes.

Je transporterai ensuite le lecteur dans la presqu'île qui forme la partie orientale du golfe de Tunis, et qui, se terminant au cap Bon, sépare ce petit golfe du grand golfe de la Syrte.

La description du Quartier d'Hiver suivra immédiatement cette dernière notice, et complétera ainsi la description générale de toute la Régence.

Chacune des quatre parties que je viens d'énumérer a été pour moi successivement le but de quatre tournées particulières, faites à diverses époques : c'est ce qui m'a engagé naturellement à partager ce sixième chapitre en quatre sections, afin que ces descriptions partielles puissent présenter plus d'ordre et de régularité.

SECTION PREMIÈRE.

Littoral; — Bizerte; — Double lac; — Hipponites; — la Medjerdah; — Gellah; — El-Qantarah; — Bou-Challer; Mers-el-Yemyn; — Râs-Zebyb; — Iles de Camelora, des Cani, des Frati de Galtah, Tabrakah; — Cap Blanc; — Cap Serra; — Cap Negro; — la Calle; — Cap Roso.

Le point le plus éloigné de Tunis dont j'aie fait mention ci-dessus dans le chapitre IV (2) est *Bizerte* (l'ancienne *Hippo-Zaritus*), petite ville que les Maures nomment maintenant *Ben-Zert* (3),

(1) *Voyez*, sur ces deux divisions du territoire de la Régence, ci-dessus, page 6.

(2) *Voyez* ci-dessus, page 15.
(3) Suivant l'usage communément répandu

et qui est regardée comme l'une des principales du pachalyk.

Pour se rendre à Bizerte, on a à traverser l'espèce de péninsule comprise entre le rivage de Carthage et le double lac qui, de la mer, s'avance profondément dans les terres ; ce double lac avait autrefois les deux noms de *Sisara* et d'*Hipponites*, qui distinguaient les deux bassins séparés ; mais maintenant ces deux bassins, quoique encore bien distincts, se trouvent réunis par un court et étroit canal de communication, et ne forment plus ainsi qu'un seul lac, qui a reçu des habitants le nom commun de *Bahyrah ben-Zert*, c'est-à-dire le lac de Bizerte (1).

Sortant de Tunis par la porte du nord pour se rendre à Bizerte, on longe d'abord pendant quelques instants les bords du lac de Tunis qu'on a à sa gauche ; puis, laissant à l'orient la vaste enceinte couverte par les ruines de Carthage, et le village d'*él-Mersá*, ainsi que la position de *Gellá* (anciennement *Castra Cornelia*), on se dirige vers le nouveau lit que la *Medjerdah* s'est creusé (2), en se jetant dans le lac de *Porto-Farina*.

On traverse ce fleuve au village d'*él-Qantarah*, qui a pris son nom du pont même servant au passage (3).

Peu après on trouve la position de *Bou-Chatter*, que l'on doit regarder véritablement comme l'emplacement où existait jadis la célèbre ville d'Utique. Ce lieu, illustré jadis par tant de nobles souvenirs, n'est plus remarquable maintenant que par l'établissement d'un santon ou ermitage musulman, qui jouit de la plus haute vénération parmi les populations environnantes : un vieux cheykh, abruti et à moitié imbécile, fanatisé par des superstitions mystiques et inintelligentes, mène bestialement une vie sale et indolente aux lieux où Caton voulut mourir par le désespoir d'un autre fanatisme pour sa république expirante.

De là on arrive à *Mers él-Ymyn* (4), petit port creusé à la droite de l'entrée du canal par laquelle le double lac de Bizerte communique avec la Méditerranée : ce petit port n'est séparé de Bizerte que par ce même canal, qui est d'une largeur médiocre.

Le lac de Bizerte était autrefois accessible aux plus forts bâtiments et a servi d'asile à des flottes entières ; maintenant dans les endroits les plus profonds il a à peine quatre pieds et demi (1 mètre 50 centimètres) de profondeur, et ne peut recevoir que les plus petites barques.

Dans ce trajet à travers la péninsule, on a laissé successivement à sa droite l'ancienne *Clatia*, *Porto-Farina* (5) à l'embouchure de la *Medjerdah*, puis le cap nommé par les Arabes *Rás-Zebyb* (6), et que les anciens appelaient *Promontorium Apollinis*, sans doute à cause d'un temple consacré à Apollon qui avait été érigé par les dévots navigateurs sur cette pointe avancée de l'Afrique.

Non loin de ce cap sont l'île de *Gamelora*, et le redoutable écueil du rocher de *Pellou* (7) ; plus au large, du côté de l'occident, les îles des *Cani* (anciennement *Dracontia*).

chez les Orientaux dans l'explication et l'origine des noms de lieu. les Maures assurent que ce nom de *Ben-Zert* était celui d'un prince arabe qui aurait été le fondateur de cette ville ; mais il paraît plus vraisemblable que *Zert* n'est qu'une altération de l'épithète de *Zarites*, que les Grecs avaient donnée à cette position, nommée *Hippo*, comme *Hippo-Regius* (*Bounah*), afin de la distinguer de cette dernière.
(J. J. M.)

(1) *Voyez* ci-dessus la note 1, page 8.
(2) *Voyez* ci dessus, page 15.
(3) Le mot *Qantarah* signifie en arabe *une arcade*, *une voûte*, *un pont*. C'est de ce mot que vient celui d'*Almucantarat*, que nos astronomes, par un emprunt fait aux géographes arabes, donnent à certains cercles célestes, à cause de leur courbure. (J. J. M.)

(4) *Mers él-Ymyn* signifie en arabe *le port* ou *l'ancrage de la droite*. *Voyez* ci-dessus la note 6, page 13. (J. J. M.)
(5) *Voyez* ci-dessus, page 15.
(6) Le nom de *Rás-Zebyb* signifie littéralement *Cap du raisin sec* ; s'il faut en croire les Maures, cette dénomination aurait été donnée à ce promontoire à cause du grand commerce que les habitants y font de cette denrée, qui de là s'expédie pour la Sicile, l'Italie, la Provence et les autres côtes de la Méditerranée.
(7) Les habitants de la côte prétendent que ce nom a été donné à cet écueil à cause de sa forme pointue et élevée au sein des flots, qui le fait, disent-ils, ressembler à un plat de pilau (en arabe *Pellou*) dressé en pyramide au milieu d'une table.

Si de Bizerte on continue sa ligne d'exploration vers l'occident, on laisse à gauche *Thinedah*, situé au bord même du petit canal qui sépare et unit les deux lacs; on a alors à sa droite le cap nommé par les anciens *Promontorium Candidum* (le Cap Blanc), qui a conservé cette dénomination dans celle de *Râs Abyad* (1), que lui donnent les Maures (2).

Plus loin on aperçoit les deux îles des *Frati*, au large, puis le *cap Serra*, pointe de terre la plus septentrionale de tout le pachalyk,

Che sporge soprà la mar la cima altiera,
E i piè si lava nelle instabili onde.

puis, à quelque distance en mer, l'île de *Djaltah*, ou *Galtah* (l'ancienne *Galata*, ou *Calatha*).

Après avoir traversé le territoire montagneux des *Mogadys*, on atteint aussi le cap *Negro*, qui s'avance dans la mer au sud du cap *Serra*; puis, cinq lieues environ (20 kilomètres) plus loin, dans la direction du sud-ouest, la plage occupée par les tribus des *Zenatys*, où l'on passe à gué la petite rivière nommée *Oued-Zâyn* (3), qui prend sa source dans les montagnes du nord de *Bedjah*, ou *Baggah* (l'ancienne *Vacca*), et qui se jette dans la mer en face de l'île de *Tabrakah* ou *Tabarkah*.

On se trouve alors dans le territoire des *Mâdys*; puis on côtoie la rive méridionale d'un lac semblable à celui de Tunis, et qui, de même que celui-ci, communique avec la Méditerranée par un canal étroit nommé *Oued-êl-Agh*; cette communication s'ouvre entre deux petites saillies de la côte, dont la plus occidentale est désignée par le nom de *Cap Roux*, ou *Cap Rouge*.

Après avoir dépassé ce lac, on entre dans le pays des *Marouyahs*, où l'on rencontre encore plusieurs lacs; mais ceux-ci n'ont aucune communication avec la mer, dont ils sont séparés par une large plage.

C'est sur cette langue de terre intermédiaire qu'est assise, entre un de ces lacs et la mer, la petite ville de *la Calle*, à l'occident de laquelle s'élève le *Bastion de France*.

Le *Cap Roso*, ainsi que les territoires occupés par les tribus des *Merdars* et des *Anebbys*, arrosés par deux petites rivières, terminent de ce côté le territoire tunisien, et conduisent à l'ancienne *Hippone* (*Hippo-Regius*), maintenant *Bonah* ou *Bounah*, si célèbre dans l'histoire ecclésiastique comme ayant été le siège épiscopal de saint Augustin.

Toute la partie que nous venons de parcourir est presque entièrement littorale; en pénétrant davantage dans l'intérieur du territoire occidental, qui est généralement montagneux, on trouverait les habitations d'autres tribus, plus ou moins nombreuses, telles que celles des *Nifigehys*, des *Bourghals*, des *Oueled-Bousderâs* (4), des *Oueled-Bou-*

---

(1) *Abyad* signifie *blanc* en langue arabe. (J. J. M.)

(2) Cette dénomination a été donnée dès la plus haute antiquité à cette portion de la côte, à cause de l'aspect que présente aux navigateurs son terrain aride, composé d'argile et de craie, à peine recouvert d'un sable blanchâtre et dépourvu de toute verdure.

Une remarque singulière à faire est que presque tous les caps de la côte barbaresque sont désignés par des noms de couleurs, le cap Blanc, le cap Negro, le cap Roux, le cap Roso, le cap Vert; dénominations données sans doute par les navigateurs à cause des différentes teintes que leurs terrains offraient à la vue. (J. J. M.)

(3) Le mot *Oued* ou *Ouàd* et *Ouâdy* signifie *rivière*, *fleuve*, *courant d'eau*, en dialecte africain : altéré en *Guad* par les Arabes conquérants de l'Espagne, il entre dans la composition des noms d'un grand nombre de rivières de cette contrée : Guadalquivir (*Ouâd-el-Kebyr*, mot à mot le grand fleuve); Guadiana, Guadacahon, Guadalupe, Guadajara, Guadajoz, Guadalete, Guadalaviar, Guadalbollon, Guadalentin, Guadalimea, Guadalhaya, Guadalmansor, Guadalcanal, etc.
(J. J. M.)

(4) Le mot *Oueled* ou *Oulâd* signifie en langue arabe *fils*, *enfants*, *descendants*; ce mot, ainsi que celui de *Beny*, qui a la même signification, entre dans la composition des noms d'une grande partie des tribus arabes.

Quoique ces deux mots soient parfaitement synonymes, il est cependant à remarquer que la dénomination de *Oulad* indique plus particulièrement les tribus berbères, tandis que le mot *Beny* est plus ordinairement adopté dans la désignation des tribus arabes.
(J. J. M.)

guy, etc., qui s'étendent dans les vallées nommées *Oued-Mossoud* (1), et *Frygyah*, que traverse le cours supérieur du Bagradas (*Oued-Medjerdah*).

Ce fleuve, dont la source est beaucoup plus méridionale, se grossit dans ces vallées des eaux de plusieurs rivières secondaires, telles que le *Soudjeràs*, et le *Oued-él-Boul*, coulant au midi des mêmes montagnes de *Bedjah*, d'où sort au nord la rivière de *Zayn*, dont nous avons eu déjà occasion de parler.

Les autres affluents du *Oued-Medjerdah* sont le *Oued-és-Serrât*, une rivière qui descend de *Oussef*, et quelques autres courants d'eau assez nombreux, mais peu considérables.

Il est à remarquer que toute la partie du territoire tunisien arrosée par le *Bagradas* (*Oued-Medjerdah*) est désignée particulièrement chez les Maures par la dénomination de *Frygyah*, ou *Fryqyah*, conservant ainsi, avec une légère altération, le nom d'Afrique proprement dite, *Africa propria*, que lui donnaient les Romains.

La partie la plus remarquable de la division septentrionale de la Régence, comprise sous la dénomination de Quartier d'Été est la grande presqu'île qui s'avance dans la mer du sud ouest au nord-est, en face de la rade de Tunis, entre les deux golfes de *Carpis* et de *Hammâmét* (2), et dont la pointe la plus au nord est l'ancien *Promontorium Mercurii*, que les Arabes nomment maintenant *Râs-Addâr*, ou *Râs-Attar* (3).

Ce promontoire, placé presque en face du *Promontorium Apollinis*, dont nous avons parlé au commencement de ce chapitre, paraît comme celui-ci avoir dû son ancienne dénomination à quelque temple érigé en l'honneur de la divinité dont il porte le nom.

Mais avant de visiter cette presqu'île, où nous devons trouver des débris antiques importants, nous devons achever l'exploration de cette partie occidentale de la Régence, nous devons parcourir le territoire de *Fryqyah*, c'est-à-dire les vallées intérieures arrosées par la *Medjerdah*, où nous attend une moisson bien plus abondante de monuments et de souvenirs antiques.

SECTION SECONDE.

Vallées intérieures du Quartier d'Été; — Canton de Fryqyah; — Alyah, Thimidah, Mezel-Djenneyh; — Djebel-Eskell, Matter, Baydjah, Toubourdo, Tuccaber, Bazil-Bâb; — Testourah, Saloukyan, Toubersòq, Toungah, Douggah, Lorbous; — Mestorrêh, Bessous, Sydy-Abd-èl-Abbâs, Qeff; — Monuments, Inscriptions.

Après avoir terminé cette exploration littorale et avant de visiter la péninsule orientale placée en face de *Tunis*, nous devons jeter un regard rapide sur les portions intérieures du territoire qui dépendent du *Quartier d'Été* et qui s'étendent à l'occident de la capitale.

Le Quartier d'Été comprend le pays fertile qui est dans le voisinage de *Qeff* et de *Baydjah*; et comme il s'étend sur toute la partie de la Régence qui est au nord du parallèle du golfe de *Hammamét*, on peut croire qu'il correspond assez bien à l'ancienne province Zeugitane : car, borné par la rivière de *Tusca*, il doit comprendre non-seulement la contrée que Strabon nomme le territoire de Carthage, mais encore l'Afrique proprement dite de Pline, de Solin, et d'Isidore de Séville.

Cette partie de la Régence est beaucoup mieux peuplée que les districts plus méridionaux, qui forment le *Quartier d'Hiver*; elle contient proportionnellement un plus grand nombre de villes, de villages, et de *douars* (4); tout y paraît plus riant, et tout y annonce une plus

---

(1) Le mot *Oued*, ou *Ouâdy*, que nous avons vu ci-dessus signifier *rivière*, *courant d'eau*, est aussi employé en arabe pour désigner les *vallées* en général. (J. J. M.)

(2) *Tunisi ricca ed onorata sede,
A par di quante n'ha Libia più conte,
Che ha d'ambo i lati del suo'golfo un monte.*
TASSO, *Gerusal. lib.*, canto XV.

(3) Ce nom est évidemment altéré de celui de *Râs-Altâred*, *Attared* étant le nom donné par les astronomes orientaux à la planète de Mercure. (J. J. M.)

(4) Le mot *Douâr* est pluriel de *dâr* (maison, habitation); on désigne par le nom de *Douâr* les lieux de campement habituel des Arabes nomades, souvent aussi les réunions des cabanes des Arabes sédentaires. (J. J. M.)

grande abondance et une plus grande prospérité.

Cependant toute cette portion du territoire ne jouit pas d'une égale fécondité ; ce que je viens de dire se rapporte particulièrement aux parties situées aux environs de *Qeff* et de *Baydjah*, pays désigné par le nom commun de *Frygyah*, ou *Fryqyah*, dérivé du mot *Africa*.

On y trouve toutefois assez fréquemment des parties de territoire où le sol, montagneux et coupé de rochers, de sables stériles ou de marécages, se refuse entièrement à toute culture.

La plus septentrionale des villes de cette contrée intérieure est *El-Alyah*, située presque au sommet d'une haute colline (1), à moitié chemin entre *Porto-Farina* et *Bizerte*. Les Romains avaient nommé cette ancienne ville *Cotuza*; et elle avait autrefois quelque importance, comme le prouve le fragment de l'inscription suivante :

……. REIPVBLICAE SPLENDI
DISSIMAE COTVZAE SACR.
VALERIVS IANVARIVS

Au sud-est de Bizerte, à trois milles de distance de la ville, et sur le bord même du lac, à l'endroit où il se resserre tellement, qu'il forme véritablement deux lacs, on trouve le village de *Thimidah*, l'ancienne *Theudalis*.

Plus loin, à sept milles au sud-ouest de Bizerte, et aussi sur le bord opposé du lac, est *Mezel-Djemeyh* (l'ancienne *Thinissa*) : on trouve dans ces deux endroits quelques restes d'antiquités.

Au sud-ouest du double lac, à cinq lieues (20 kilomètres) de *Bizerte*, s'élève la montagne anciennement nommée *Cirna* et maintenant *Djebel-Eskell* (2) : près de cette montagne, au sud-est, on aperçoit *Matter*, l'ancien *Oppidum Materense*; et ce n'est maintenant qu'un petit village, bâti sur une éminence, au milieu d'une plaine fertile qu'arrose un ruisseau dont les eaux vont se perdre dans le lac de Bizerte.

Dix lieues (40 kilomètres) plus loin, au sud-ouest, est la ville de *Baydjah*, qui parait être la *Baga* de Plutarque, la *Vacca* de Salluste, et le *Vagense Oppidum* de Pline.

Baydjah est encore aujourd'hui, comme elle l'était du temps des Romains, une ville remarquable par son commerce, particulièrement par celui des blés, étant comme l'entrepôt de tous ceux qui se récoltent dans la Régence. Tous les étés il se tient, au-dessous de cette ville, dans les plaines de *Bousderah*, le long du cours de la *Medjerdah*, une foire célèbre, à laquelle accourent toutes les tribus arabes des points les plus reculés de l'intérieur, avec leurs familles et leurs troupeaux.

La position de *Baydjah* sur le penchant d'une colline, lui procure l'avantage d'eaux pures et abondantes. Au haut de la colline est une citadelle construite de matériaux antiques et dans les remparts de laquelle est encastrée l'inscription suivante :

M. IVLIO M. TI…….. DECVRIONI
ANN. XXII PRAEFECT. VRB.
DEC. II VIR..…… QQ……….
ORDO SPLENDIDISSIMVS
OB MERITA SVA STATVAM
P. P. FIERI DECREVIT.

La statue a été brisée sans doute, et l'inscription qui la décerne n'a échappé au même sort que par la forme du bloc sur lequel elle était gravée, qu'on a trouvé apte au revêtissement d'une muraille.

Un peu plus loin, sur les mêmes remparts, on lit cette autre inscription, monument de la gratitude d'un neveu envers son oncle :

FELIX AVVNCVLO SVO
MAGNO PRO PIETATE SVA
DATO IBI … … DINE SVO
S. P. FECIT DD.

Dans une des maisons particulières on trouve aussi une stèle funéraire avec cette inscription :

D. M. S.
M. TREDIVS RIBIANVS
SILOMANVS TRIB. POP.
VIXIT ANN. LVII.

---

(1) Le nom d'*Alyah* signifie *élevée* en langue arabe. (J. J. M.)

(2) On sait que le mot arabe *Djebel* signifie *montagne*; c'est de cette dénomination donnée au mont Etna par les Arabes pendant leur domination dans la Sicile que nos géographes ont fait le nom de *mont Gibel*, qui n'est qu'un vicieux pléonasme. (J. J. M.)

A six lieues (24 kilomètres) au sud-est de *Matter*, et en même temps à la même distance à l'ouest de Tunis, est la petite ville de *Toubourdó*, habitée presque entièrement par des descendants des Maures chassés de l'Andalousie (1). C'est l'ancien *Tuburbum Minus*; cette ville doit ses embellissements à un des beys de Tunis, nommé *Mohammed*. Ce prince avait fait planter dans les environs un grand nombre d'arbres fruitiers, tels que orangers, citronniers, abricotiers, pêchers, etc., disposés par bosquets isolés, suivant leurs diverses espèces : il avait aussi fait construire dans la ville un pont sur la *Medjerdah*, et y avait fait pratiquer des écluses pour élever les eaux, afin de faciliter par là l'arrosage des plantations; mais cette construction, qui avait été faite avec les matériaux d'un ancien amphithéâtre, n'a pas subsisté longtemps et maintenant est en ruines.

On a trouvé dans les débris de cet amphithéâtre le fragment de l'inscription suivante :

.... PRONEP. AEL. HADRIANO
.... GENTIQVE MVNICIPIVM AELIVM
.... PROCOS. ET Q. EGRILIO....
.... LARIAN. LEG. PR........

Dans une des mosquées se lit aussi l'épitaphe suivante :

D. M. S.
MEMORIAE SANCTISSIMAE
FAEMINAE DONATAE
QVAE VIXIT ANN. XLVI
MENSIBVS VIII.

En se rendant de *Toubourdó* à *Bazil-Báb* on traverse le petit village de *Touccaber*, qui paraît avoir été l'ancienne *Thuccabori*, dont font mention saint Augustin et saint Cyprien : on ne trouve dans cet endroit aucune antiquité remarquable.

Il n'en est pas de même à *Bazil-Báb* (la porte royale), dont les Maures altèrent souvent le nom en celui de *Mazel-Báb* (2); c'est un antique arc de triomphe,

(1) Les Arabes donnent aux familles qui descendent des Maures d'Espagne le nom d'*Andaloussy* (Andaloux). (J. J. M.)
(2) *Bazil-Báb* est un nom hybride, composé par les Maures du mot grec βασιλεύς (roi) et de l'arabe *báb* (porte) : la fusion des peuplades arabes avec les populations grecques et romaines a créé, non-seulement en

érigé à l'est de la *Medjerdah*, à dix lieues (40 kilomètres) au sud-ouest de Tunis : cet édifice était autrefois décoré de niches et d'ornements que le temps, et plus encore la main des hommes, ont peu à peu tellement ruinés, que maintenant il n'offre rien de remarquable ni dans sa décoration ni dans son architecture.

Au reste, sa construction ne date que de l'époque de la décadence de l'Empire, comme le prouve sans aucun doute l'inscription suivante, qu'on y peut encore lire :

SALVIS ET PROPITIIS DDD. NNN. (3).
GRATIANO VALENTINIANO THEODOSIO
INVICTISSIMIS PRINCIPIBVS
DE PACE EX MORE CONDIT. DECRET (4).

Sur un autel renversé auprès de l'arc de triomphe on lit cette invocation :

PRO SALVTE C......
QVINTVS SENTIVS FELIX
N. DEI LIBERI PATRIS......

Sur le même bord de la *Medjerdah*, mais deux lieues (8 kilomètres) plus à l'ouest, on arrive à *Testourah*; c'est une ville jolie et florissante, habitée, comme *Toubourdó*, par des descendants des Maures expulsés d'Espagne.

Cette ville paraît avoir anciennement porté le nom de *Colonia Bisica Lucana* (5); du moins c'est ce que semble

Afrique, mais encore dans toutes les autres contrées orientales, des dénominations de cette espèce : quant à la corruption du B en M dans *Mezel-Báb*, voyez ci-dessus la note 3 de la page 5. (J. J. M.)
(3) Les deux derniers groupes de cette ligne sont des sigles signifiant *Dominis nostris*. Cette épithète n'a été donnée aux princes, soit sur les monuments, soit sur les médailles, qu'à l'époque du Bas-Empire. (J. J. M.)
(4) Gratien devint empereur d'Occident l'an 367 de notre ère, et Valentinien II du nom, l'an 375 : le premier régna quinze ans et huit mois; le second seize ans six mois et vingt et un jours. Pendant leur règne à Rome, Théodose le Grand était devenu empereur d'Orient, l'an 379 de l'ère chrétienne, et il occupa le trône de Constantinople jusqu'à l'an 395.
(5) Le surnom de *Bisicanus* se trouve donné à l'empereur Aurélien par une inscription presque entièrement effacée qui existe dans un moulin un peu au-dessous de *Bazil-Báb*.

prouver l'inscription suivante, qu'on y remarque :

D. N. IMP. VALERIO LVCINIANO
LICINIO AVG. MAX. SARMATICO
GERMANICO TRIB POT. X.
COS. V. IMP. X. PAT. PATRIAE
PROCONS. COL. BISIC. LVCANA
DEVOTA NVMINIBVS
MAIESTATIQVE EIVS.

On lit aussi sur une colonne cette autre inscription :

FORTISSIMO IMP.
ET PACATORI ORBIS
M. CLAVDIO TACITO
PIO FELICI AVG (1).

Au milieu d'un grand coude que fait la *Medjerdah*, entre *Bazil-Bâb* et *Testourah*, est le petit village de *Saloukyah*, ou *Slougyah*, l'ancien *Mancipium Chidibbetensium* : on y trouve des restes de citernes, des colonnes, des chapiteaux, des murs antiques fort épais ; mais ce qu'on y voit de plus remarquable est l'inscription suivante :

IMP. CAES. DIVI. M........
ANTONINI PII GE........
NEP. DIVI HADRIANI PRONEP.
DIVI TRAIANI PARTH. AB........
DIVI NERVAE SEPTIMO SEVERO
PERTINACI AVG. ARAB. N. P.P.
PONT. MAX. TRIB. POT. IMP. VII.
COS. II............ HIDIBELENS (2)

En se dirigeant de *Testourah* à *Toubersók*, et à cinq milles au nord de cette dernière ville, on rencontre *Toungah*, nommée aussi *Tounikah* ; cette grande ville, l'ancienne *Thignica*, ou *Thigiba Colonia*, offre dans sa citadelle un grand nombre de ruines et plusieurs inscriptions curieuses, parmi lesquelles je citerai les deux suivantes :

ANTONINI PII..........
CASTRORVM..........
THIGNICA DEVOT..... (3)

(1) Ces titres semblent bien emphatiques pour un empereur qui ne régna que six mois, depuis octobre de l'an 275 de notre ère, jusqu'à la fin de mars 276.

(2) Septime-Sévère parvint à l'empire l'an 193 de l'ère chrétienne, après le meurtre de Didius-Julianus ; et après avoir gouverné l'empire dix-sept ans huit mois et trois jours, il mourut de chagrin d'avoir pour fils Caracalla.

(3) Antonin le Pieux parvint à l'empire

Sur le portail d'un temple ruiné on lit :

MERCVRIO
IMP........ AVRELIO..........
PONT. MAX. TRIB. POT. XXIIII (4).

Après une route de deux lieues (8 kilomètres), dans la direction du sud-ouest, on arrive à *Toubersók*, l'ancien *Thibursicum-Bure* : c'est une petite ville, entourée d'une muraille, bâtie sur le penchant d'une colline, et au centre de laquelle on voit une belle fontaine, qui est située près des ruines d'un temple, dans lequel elle était autrefois renfermée.

Les murailles de ce temple avaient été construites avec d'anciens matériaux, où l'on peut encore lire plusieurs inscriptions, entre autres les deux suivantes :

VRBI ROMAE AETERNAE AVG.
RESP. MVNICIPI SEVERIANI ANTO
NINIANI LIBERI THIBVRSICENSIVM
BVRE.

La seconde inscription paraît dater de la construction même des murailles où elle est encastrée :

SALVIS DOMINIS NOSTRIS CHRISTIANISSIMIS
ET INVICTISSIMIS IMPERATORIBVS
IVSTINO ET SOFIAE AVGVSTIS
HANC MVNITIONEM THOMAS (5)
EXCELLENTISSIMVS PRAEFECTVS
FELICITER AEDIFICAVIT (6).

La fontaine du centre de la ville a aussi cette inscription :

NEPTVNO AVG. SAC. PRO SALVTE
IMP. CAESARVM................ (7).

l'an 138 de notre ère, et régna vingt-deux ans sept mois et vingt-six jours.

(4) Marc-Aurèle succéda, l'an 161 de l'ère chrétienne, à Antonin le Pieux, et occupa vingt-neuf ans le trône impérial.

(5) Le préfet *Thomas*, gouverneur de l'Afrique, dont cette inscription porte le nom, est cité avec honneur par *Corippus Africanus*, dans le premier livre de son poëme *De laudibus Justini minoris*, où on lit le vers suivant :

« Et THOMAS *Libycæ nutantis dextera terræ.* »
(J. J. M.)

(6) Justin II° du nom, ou le Jeune, succéda à son oncle Justinien Ier, l'an 565 de notre ère, et occupa pendant treize années le trône de Constantinople avec Sophie, son épouse, qu'il avait associée à l'empire.

(7) On trouve souvent dans les inscriptions les noms des princes qu'elles offraient effacés, non par les effets du temps, mais par la

Mais l'endroit où l'antiquaire pourrait faire la moisson la plus abondante est la petite ville de *Douggah* ou *Touggah*, l'ancienne *Thugga*, assise à l'extrémité d'une petite chaîne de montagnes, à environ deux milles au sud de *Toubersók* : on y remarque encore plusieurs beaux tombeaux antiques, les restes d'un ancien aqueduc qui fournissait la ville d'eaux abondantes, et surtout les portiques d'un temple orné de belles colonnes : le fronton de ce monument est décoré d'un aigle les ailes éployées, au-dessous duquel on lit cette inscription :

L. MARCVS SIMPLEX ET L.
MARCELLVS SIMPLEX REGI
LIANVS S. P. F.

Plusieurs autres inscriptions encore, les unes frustes, les autres bien conservées, ornent la frise et les parois de ces belles ruines.

On ne trouve, au contraire, aucun vestige d'antiquités à *Lorbous*, l'ancienne *Laribus Colonia*; cette petite ville, située à cinq lieues environ (20 kilomètres) à l'ouest-sud-ouest de *Testourah*, et à la même distance au nord-est de *Qeff*, n'est maintenant remarquable que par la beauté de sa situation sur une éminence.

Dans la plaine qui s'étend au-dessous de *Lorbous*, non loin de *Douggah*, est assise une autre petite ville, *Mestorrah*, l'ancienne *Civitas secunda Tuggensis*; on y trouve le piédestal d'une antique statue qui a disparu, et sur lequel existe encore cette inscription :

SATVRNO AVG. SACRVM CIVITAS
II TVGGENSIS DEDIC. DECR. DECVR.

A une demi-lieue seulement (2 kilomètres) de *Douggah* et à une lieue (4 kilomètres) de *Toubersók* s'élève sur une colline *Bessous*, l'ancien *Municipium Agbiensium*, où l'on trouve les vestiges de deux temples antiques et d'un château plus moderne.

Ces ruines offrent quelques cippes main des hommes : il paraît que dans les guerres civiles qui ont si longtemps bouleversé l'empire romain, surtout en Afrique, les vainqueurs effaçaient le nom des princes vaincus ou détrônés sur les monuments qui leur avaient été dédiés. (J. J. M.)

funéraires et plusieurs inscriptions en partie effacées.

On trouve aussi quelques vestiges antiques à l'ancienne *Musti*, située dans une plaine, en vue de *Douggah* et de *Bessous*, à moitié chemin de *Testourah* et de *Qeff* : ce lieu est nommé par les habitants *Sydy-Abd-él-Abbás*, du nom d'un *marabout* qui y a sa sépulture : on y voit les restes d'un bel arc de triomphe, dont l'une des pierres offre encore cette inscription :

INVICTISSIMO FELICISSIMOQVE
IMP. AVGVSTO CAESARI ORBIS PACAT
.... MVSTICENSIVM DD.

En continuant de marcher au sud-ouest on arrive à la frontière qui sépare de ce côté la Régence tunisienne du territoire de l'Algérie, et qui est à 24 lieues (96 kilomètres) ouest-sud-ouest de Tunis.

La ville frontière est celle de *Qeff* (l'ancienne *Sicca-Veheria*), située à cinq lieues (20 kilomètres) au sud-ouest de *Lorbous* : cette ville est réputée la troisième de la Régence pour la richesse et la force, quoique sa citadelle ait été démantelée, il y a environ un siècle, dans les guerres civiles. La ville elle-même est bâtie sur le penchant d'une colline, comme son nom même semble l'indiquer (1), et presque au milieu de son emplacement elle possède une fontaine qui lui fournit une eau abondante. Les seules antiquités que possède la ville de *Qeff* sont deux inscriptions, dont je citerai seulement la suivante :

HERCVLI SACRVM. TITACIVS
PROCVLVS PROCVRAT. AVGVSTI
SVA PECVNIA FECIT.

En partant de *Bazil-Báb* pour se rapprocher de Tunis on suit la direction de l'est à peu près dans le même parallèle; et, quittant la vallée arrosée par la *Medjerdah*, on se jette dans un pays montagneux; la première position remarquable qu'on y rencontre est *Bouchah*, qui n'est qu'un monceau de ruines, à environ six lieues (24 kilomètres) au sud-sud-ouest de Tunis.

On peut croire que *Bouchah* était autrefois la cité nommée *Turza* ou

(1) Le mot *Qeff* ou *Qoff* signifie *une colline, un monticule*, en langue arabe. (J. J. M.)

Turceta; du moins cette induction doit se tirer des fragments d'une inscription qu'on y lit encore, quoiqu'elle soit presque entièrement détruite : ce que l'on peut déchiffrer des restes de cette inscription indique que le monument auquel elle appartenait avait été érigé en l'honneur de *Cælius Alcinus Felicianus*, qui paraît être natif de cette ville, et elle se termine par les lignes suivantes :

OB EXIMIVM AMOREM IN
PATRIAM SPLENDIDISSIMVS
ORDO TVRCET. PATRONO SVO.

De là le chemin de Tunis laisse à droite *Mechergah*, ou *Mecherkah*, qui est dans une plaine entourée de montagnes, à trois lieues (12 kilomètres) à l'est de *Bouchah*.

Cette petite ville s'appelait autrefois *Giuf* ou *Municipium Giufitanum*; elle a aussi porté en même temps les titres de *Aurelium*, *Alexandrianum*, *Augustum*, *Magnum* : cette dernière épithète aura sans doute été donnée à cette cité, pour la distinguer de la bourgade nommée *Giuf Minus*, située dans la montagne de *Zaghouân*, et qu'on appelle encore aujourd'hui *Zyouf-èz-Zaghouân* : on n'y trouve d'autres vestiges d'antiquités que cinq inscriptions, dont je citerai de préférence celle qui prouve que la ville de *Giuf* a porté simultanément à la même époque, et non successivement, les divers surnoms que je viens de rapporter :

LVCINIAE SATVRNINAE
AVRELI DIONISI PATRONI
CONIVGI MVNICIPES
MVNICIPI AVRELI ALEXAN
DRIANI AVGVSTI MAGNI
GIVFITANI.

C'est de *Mechergah* qu'une route tournant vers le sud-ouest conduit directement à la montagne de *Zaghouân*, dont il a été fait une mention détaillée dans le chapitre V ci-dessus (1). Une autre route, partant du même point à l'est-sud-est, se dirige vers *Toubernôk* (2) située dans une position centrale entre la petite ville de *Souleymân* et *Qassr-*

(1) *Voyez* ci-dessus, pages 16 et suivantes.
(2) Il faut prendre garde de ne pas confondre *Toubernôk* avec *Toubersôk*, dont il a été question ci-dessus, page 26.

èz-Zéyt, à l'entrée de la péninsule qui forme la partie orientale du Quartier d'Été, et que nous allons rapidement parcourir.

SECTION TROISIÈME.

Partie orientale du Quartier d'Été ; — Beled-èl-Hadarah ; — Rhadès, Hammâm-èl-Ayn, Souleymân, Toubernôk, — Péninsule, Gourbos, Sydy-Dâoud, Louaréah, Grottes antiques ; — Cap Bon, Dakhoul, Klybêah, Gourbah, Nabal, Hamâmét, Qassr-èz-Zéyt, Minârah, Farâdys, Herklah.

Pour se rendre dans la partie orientale du Quartier d'Été et visiter cette péninsule, qui doit nous offrir une moisson d'antiquités plus abondante que notre exploration de la côte septentrionale, on sort de Tunis par la Porte du Sud, et on traverse les faubourgs.

D'abord, dans celui qui est nommé *Beled-èl-Haddrah*, on rencontre un *Bagno*, où un beau fût de colonne, apporté probablement de Carthage ou de ses environs, offre l'inscription suivante :

IMP. CAES. DIV. NERVAE NEP.
DIV. TRAIANI PARTHIC. FIL.
TRAIANVS HADRIANVS AVG.
PONT. M. TR. P. VII. COSS. III.
VIAM A CARTH. THEVESTEN
STRAVIT PER LEG. III AVG.

On sort du faubourg en passant entre le lac, qu'on laisse à sa gauche, et les marécages de *Sebkhat-èl-Sedjoumy* (3), et on suit un chemin qui, partant de *Bella-Kebira*, sur les bords méridionaux du lac, se dirige au sud-est : cette route passe bientôt auprès du santon nommé *Sydy-Fath-Allah*, et, traversant le village de *Fondouq*, près de la montagne de *Mosmar Kassâ*, elle aboutit au port de *Rhadès*.

La petite ville de *Rhadès* est située sur une hauteur, entre le lac et la mer, et distante d'environ deux lieues (8 kilomètres), à l'est-sud-est de Tunis : c'est l'ancienne *Ades*, où Régulus défit Hannon, général des Carthaginois.

En sortant de *Rhadès*, on traverse la rivière nommée maintenant *Bahyrt-èl-Mournouq* (4) ou *Milyânah* (l'an-

(3) Le mot *Sebkhat*, en arabe, signifie *marais salants*; voyez ci-dessus, la note 1, page 12.   (J. J. M.)
(4) *Boheyréh*, *Bahyrét* en arabe, et *Bahyrt*

cienne *Catada*), qui prend sa source dans les montagnes du midi, et se jette dans la mer à peu de distance de *Rhadès*.

Après ce passage, se rapprochant de plus en plus du rivage, une route d'environ une lieue (4 kilomètres) conduit directement aux eaux thermales nommées *Hammâm-êl-Ayn* (1). situées un peu au sud des bains chauds de *Hammâm-êl-Lyf*, et de *Hammâm êl-Ênf* (2), ainsi nommés d'après leur position sur un petit promontoire (3), au pied d'une montagne à double sommet; cette montagne elle-même, à cause de la configuration bifurquée de sa cime, a reçu le nom de *Gebel-bou-Qournéyn* (la montagne à deux cornes) (4).

Ces différentes sources d'eaux thermales sont fréquentées depuis un temps immémorial, non-seulement par les habitants de Tunis, mais encore par tous ceux de la côte africaine.

On laisse à sa droite cette double montagne, ainsi que le santon nommé *Sydy-Sa'yd-Chourchân*, et, après une route de deux lieues environ (9 kilomètres), on est bientôt arrivé à la petite ville de *Souleymân*.

Cette jolie ville, construite il y a quelques siècles seulement par les musulmans, a été placée par eux dans une position agréable, auprès d'une vaste plaine arrosée par une belle rivière, dont le cours supérieur est d'environ deux milles : elle occupe l'angle le plus enfoncé et le plus méridional du golfe,

et peut être regardée comme la première cité de la péninsule. A l'époque de sa fondation, elle fut principalement habitée par des familles de Maures chassés de l'Andalousie (5) : leurs descendants, qui forment la plus grande partie de la population actuelle, ont conservé entre eux l'usage de la langue espagnole; ils sont beaucoup plus civilisés que les autres Maures, et traitent surtout les chrétiens avec beaucoup d'égards.

Si de *Souleymân* on voulait, sans visiter les deux côtes de la péninsule, passer immédiatement d'un golfe à l'autre, une route conduirait à peu près dans la direction du sud-sud-ouest, de *Souleymân* à *Qassr-êz-Zéyt*, en passant par *Toubernôk* (6), qui se trouve à peu près à moitié chemin.

Toubernôk est l'ancien *Oppidum Tuburnicense* de Pline (7) : cette petite ville est à sept lieues (28 kilomètres) au sud-sud-est de Tunis. Elle a la forme d'un croissant, et est construite dans un enfoncement entre les deux sommets d'une belle montagne verte, nommée *Mons Balbus* par Tite-Live (8). Cette montagne fait partie d'une chaîne de hauteurs qui fait aux environs de *Toubernôk* des tours et retours nombreux, et forme ainsi ces défilés étroits et difficiles entre lesquels *Massinissa* fut enfermé par *Bocchar*. Le seul vestige antique que l'on aperçoive à *Toubernôk* est un bas-relief placé sur le portail d'un grand édifice, et représentant deux grandes cornes de cerf.

Sur cette route de *Toubernôk* à *Qassr-êz-Zéyt* (9) se trouvent, à peu de distance de ce dernier château, les ruines de la ville de *Djeraado*, qui est à la fois à douze milles au sud-ouest de *Toubernôk* et à quatre au nord de *Faradys* (10). On y trouve les débris d'un petit aqueduc et des citernes dans lesquelles il versait ses eaux : sur le portail d'un temple ruiné, comme le reste des édi-

---

en idiome mauresque, signifie proprement *petite mer*, comme nous l'avons dit ci-dessus; mais on donne aussi ce nom aux petits lacs, aux petits fleuves; *voyez* ci-dessus la note de la page 8. (J. J. M.)

(1) Ce nom signifie mot à mot, en arabe, les *bains de la fontaine*. (J. J. M.)

(2) Ce nom signifie en arabe les *bains du promontoire*. (J. J. M.)

(3) Ce mot arabe *ênf*, qui signifie proprement le *nez*, s'emploie aussi pour désigner toute partie saillante, un cap, un promontoire. (J. J. M.)

(4) Sur le mot *Gebel*, voyez ci-dessus la note 2 de la page 24 : à l'égard du mot *bou* il remplit dans l'idiôme barbaresque les mêmes fonctions que le mot *dou* ou *zou* dans les autres dialectes, et s'emploie comme celui-ci pour former des adjectifs de qualification ou de possession. (J. J. M.)

(5) *Voyez* ci-dessus, la note 1 de la page 25.
(6) *Voyez* ci-dessus, la note 2, page 28.
(7) Plin. lib. V, cap. 4.
(8) Tit. Liv. lib. XXIX, cap. 31.
(9) *Voyez* ci-après, page 34, l'article sur *Qassr-êz-Zéyt*.
(10) *Voyez* ci-après, page 35, l'article sur *Faradys*.

fices dont la ville se composait, on remarque l'inscription suivante.

Cette inscription, séparée en deux parties, paraît contenir des détails sur les diverses sommes fournies par les fondateurs qui avaient concouru à la construction de ce monument.

On lit en effet à droite :

AVRELIVS RESTITVTVS HCC.....
JVLIVS TERTIVS HCCCC ET SPAT.
I AVRELIVS SEVERIANVS HD ET
CALCIS .... P. XX. M
AVRELIVS QVINTINVS HCCCC.

A gauche :

CALPVRNIVS HCC
MARTIVS VENVSTVS HCC
L. AELIVS LARGVS HCC
AVRELIVS FROTIANVS HCC.

En sortant de *Souleymân*, pour entrer dans la péninsule, la route, tournant au nord-est, conduit, après deux lieues environ de marche (9 kilomètres), à l'ancienne *Maxula*, maintenant nommée *Morayssah* : cette ville, ainsi que son nom arabe l'indique, a un petit port (1).

On ne trouve à *Morayssah* d'autres traces d'antiquités que des citernes ruinées et hors d'usage, les voûtes en étant effondrées et les canaux afférents obstrués par des écroulements.

C'est ici qu'on commence réellement à entrer dans la péninsule; le chemin, qui depuis Tunis avoit été plat et sablonneux, commence à s'élever et à devenir de plus en plus raboteux, à mesure qu'on approche de la chaîne montagneuse, qui fait pour ainsi dire l'arête centrale de ce vaste promontoire.

En avançant encore deux lieues environ (9 kilomètres) au nord-est, et en suivant la côte, on rencontre la baie de *Gourbos*, ainsi nommée de la petite ville bâtie sur ses bords ; c'est sur cette côte que firent naufrage quelques-uns des vaisseaux d'Octavius.

Gourbos (l'ancienne *Carpis*) est aussi connue sous le nom de *Hammâm Gourbos* (les bains de *Gourbos*), parce qu'elle a également des eaux thermales,

et c'est ici qu'il faut placer les *Aquæ Calidæ* dont parle Tite-Live (2).

En s'avançant toujours vers le nord, après environ trois lieues (12 kilomètres) d'un chemin pénible, on atteint un cap élevé qui avance dans la mer sa pointe escarpée ; c'est le *Râs-Abeyd*, le *Promontorium Herculis* des anciens : par son prolongement il forme à l'est une petite baie dans laquelle a son embouchure une petite rivière nommée *Oued-êl-Abeyd* (3).

Depuis *Gourbos* on a parcouru une longue route qui se dirige au nord-est, en suivant la côte occidentale de la péninsule, sans y rencontrer une seule habitation digne d'être citée; on continue cette route pendant cinq lieues (20 kilomètres, avant d'arriver à un santon situé à l'est-nord-est du cap *Râs Abeyd*; ce santon est appelé *Sydy-Dâoud* (David), et a pris son nom d'un saint musulman dont les Maures croient posséder en ce lieu la sépulture ; mais ce prétendu tombeau n'est autre chose qu'un ancien prétoire romain, orné d'assez belles mosaïques représentant des pêcheurs, des chasseurs, et différentes espèces d'arbres, de poissons, et d'autres animaux.

Du reste, ce santon est situé au milieu de ruines remarquables, qui nous indiquent seules, maintenant l'emplacement où existait l'antique *Misua*, dont le grand port offrait jadis un asile si favorable aux navigateurs.

A deux lieues environ (8 kilomètres) de ces ruines, dans la direction de l'est-nord-est, immédiatement au sud de la pointe la plus saillante du cap *Bon*, s'élève le village de *Louaréah*, l'ancienne *Aquilaria* ; les ruines d'antiquités y sont assez nombreuses, mais en général peu dignes d'attention.

Le village de *Louaréah* est réellement remarquable par les grottes ou souterrains qui dès la plus haute antiquité ont été creusées dans la montagne voisine, et qui paraissent avoir été les anciennes carrières dont parle Strabon (4), et dont les excavations ont fourni des matériaux

---

(1) Le mot *Morayssah* est dans la langue arabe le diminutif du mot *Mersâ*, ou *Mersah*, qui signifie un *ancrage*, un *port*. *Voyez* ci-dessus, la note 6, page 13.   (J. J. M.)

(2) Tit. Liv. l. XXX, cap. 24.

(3) Le mot *Oued*, ou *Ouady*, signifie *rivière* ; *voyez* ci-dessus, la note 3 de la page 22.

(J. J. M.)

(4) Strab. lib. XVII.

aux constructions de Carthage, d'Utique, ainsi que des autres villes de la côte africaine.

Cette montagne, qui sépare *Louaréah* du rivage, et qui n'a pas moins d'un demi-mille d'étendue, ne s'élève guère qu'à une trentaine de pieds (10 mètres) au-dessus du niveau de la mer. Sa superficie est partout boisée, et son sommet offre des arbres d'une belle végétation ; mais toute la couche inférieure du sol a été entièrement fouillée de toutes parts, et excavée dans toutes les directions : la voûte des galeries que forment ces souterrains est soutenue d'espace en espace, et à des distances régulières, par des arcades et de forts piliers qu'on a artistement réservés en taillant ces immenses masses de pierre : dans la partie supérieure, des ouvertures ont été ménagées avec beaucoup de soin, pour faciliter la circulation de l'air dans ce labyrinthe souterrain.

Plusieurs bancs taillés dans le roc invitent le voyageur à s'y reposer, et plusieurs sources vives, sortant des parois, y forment de petits bassins dont les ruisseaux, s'épanchant sur le sol, entretiennent partout la plus agréable fraîcheur.

Différentes ouvertures donnent accès dans ces grottes, mais toutes sont percées du côté de la mer, et la principale est directement en face de la petite île de *Zouammore*, qui, par sa position à la pointe du cap *Bon*, garantit cette partie du rivage du souffle des tempêtes et des flots de la haute mer.

Cette petite île concourt, avec la grande île du même nom, à diviser l'effort des vagues en deux courants, qui se dirigent séparément sur les deux golfes qu'elles commandent.

Cette entrée principale des grottes est, de plus, flanquée, de chaque côté, de deux énormes blocs de rochers, dont les pics escarpés, menaçant les nues, brisent les efforts des vents et des vagues, et semblent deux tours avancées, destinées à couvrir les abords d'une citadelle.

En voyant toutes ces circonstances se rapporter avec une exactitude si minutieuse à la description que nous fait Virgile de la caverne, délicieuse habitation des Nymphes, où Énée fut conduit par Didon, on est facilement porté à croire que la description de cette retraite, qu'il place d'ailleurs sur un des côtés de ce golfe, est loin d'être seulement, ainsi que l'ont prétendu la plupart des commentateurs, une fiction purement poétique, et le jeu d'une imagination pittoresque : on ne peut, au contraire, s'empêcher d'être persuadé que le poëte a visité les lieux mêmes, et qu'il a, *de visu*, tracé un tableau si détaillé, si fidèle, et maintenant encore si facile à reconnaître l'*Énéide* à la main.

*Est in secessu longo locus : insula portum
Efficit objectu laterum, quibus omnis ab alto
Frangitur, inque sinus scindit sese unda reductos
Hinc atque hinc vastæ rupes, geminique minantur
In cœlum scopuli, quorum sub vertice late
Æquora tuta silent : tum silvis scena coruscis
Desuper, horrentique atrum nemus imminet umbra :
Fronte sub adversa, scopulis pendentibus, antrum :
Intus aquæ dulces, varioque sedilia saxo :
Nympharum domus......... vivoque.*

VIRGIL. *Æneid.* l. I.

Quelle que puisse être la vraisemblance de cette hypothèse, en sortant de ces grottes curieuses on marche encore environ une lieue (4 kilomètres) au nord, et on se trouve à l'extrême pointe du cap *Bon*, l'ancien *Promontorium Mercurii* ou *Promontorium Hermæum* (1), du haut duquel on a presque sous ses pieds à sa gauche les deux îles de *Zouammore* (anciennement *Zembræ insulæ*), et l'on aperçoit du même côté à l'horizon le cap *Zebyb*, qui, à l'autre extrémité du golfe, est à l'ouest-nord-ouest, à la distance de douze lieues environ (48 kilomètres).

On assure même que quand le temps est clair et le ciel serein on peut quelquefois apercevoir de cette hauteur non-seulement les rochers de Pantelerie (l'ancienne *Cossyra*) et de Malte (2), je-

(1) *Voyez* ci-dessus, la note 3 de la page 23.
(2) On pourrait croire que les îlots de *Pantelerie*, de *Favognana* (l'ancienne *Ægusa*), les écueils des *Squerqui*, les îles Ægades, et Malte elle-même, avec son île de *Gozzo* et les îlots de *Cumino* et de *Cuminotto*, ainsi placés dans l'endroit le plus étroit de la Méditerranée, resserrée entre la Sicile et le cap le plus septentrional de l'Afrique, ne sont que les jalons restés jusqu'à notre époque d'une ancienne réunion entre ces deux plages, antérieure à tous les temps historiques, et qui aurait été submergée par le même cataclysme qui a fait disparaître l'Atlantide.

tés au milieu de cette vaste mer, mais encore les pointes les plus élevées des montagnes qui bordent la côte méridionale de Sicile.

Deux îles portent également le nom de *Zouammore*; la plus petite, dont nous avons parlé déjà ci-dessus (1), est très-rapprochée du rivage; mais la plus grande est à la distance de quatre lieues (16 kilomètres) dans la direction du nord-nord-ouest.

Tout le territoire que nous venons de parcourir depuis la petite ville de *Souleymân* jusques au cap *Bon*, et auquel on donne le nom de *Dakhoul* (c'est-à-dire le coin *intérieur*) est particulièrement renommé pour sa fertilité : il est en général habité et cultivé par les diverses tribus des *Oueled-Séyd* (2). C'est surtout dans cette partie qu'on trouve des prairies et des terres labourables; le reste de la péninsule, étant presque partout coupé par des collines, des ravins, des bruyères et des marais, est peu susceptible de culture et d'amélioration.

A partir du cap *Bon* la route change entièrement de direction, et, suivant l'inclinaison du rivage oriental de la presqu'île, redescend du nord-est au sud-ouest.

Cependant la première partie de cette route, qui comprend environ cinq lieues (20 kilomètres), ne suit pas encore exactement cette nouvelle direction : on marche du nord au sud pour atteindre la première position, qui est celle de *Klybéah*.

Cette ancienne ville a conservé, sans altération, dans son nom arabe, l'ancien nom de *Clypæa*, ou *Clupea*, que les Romains lui avaient donné jadis, à cause de sa forme, qui ressemblait, disait-on, à celle d'un bouclier : cette configuration lui avait déjà valu antérieurement, de la part des Grecs, le nom de Ἀσπίς, dont le nom latin *Clypæa* n'est que la traduction.

Cette ville avait été bâtie sur un petit cap auquel les anciens avaient donné le nom de *Taphitis*; mais cet emplacement n'est plus occupé maintenant que par un château d'architecture moresque, et on n'y voit plus aucun édifice antique : le hameau qui a conservé le nom de *Klybéah* est à environ un mille de distance, et n'offre que de misérables masures.

Dans la baie que forme le cap de *Klybéah* est l'embouchure de la rivière la plus considérable de la péninsule : le passage de cette rivière est difficile, et devient souvent dangereux, par la profondeur et la rapidité de ses eaux, surtout par les inégalités de son lit, et le manque complet de tout endroit guéable. On croit que c'est dans ce courant torrentiel que se noya *Massinissa* lorsqu'il fut poursuivi par *Bocchar*, après sa défaite (3).

Lorsqu'on a passé cette rivière fatale, on traverse une plaine non moins fameuse par de funestes souvenirs; c'est là que, suivant Tite-Live (4), furent massacrés les quarante cavaliers, dernière escorte du malheureux prince dans sa fuite.

En sortant de cette plaine on se dirige au sud-ouest, et par une route de sept lieues environ (29 kilomètres), après avoir reconnu, à mi-chemin, une grande tour isolée, de construction moresque, et désignée par le nom de *Tour du Guet*, on parvient à la petite ville de *Gourbah*.

Cette position était autrefois celle de l'ancienne *Curobis*, ou *Curubis*; mais les seuls vestiges d'antiquités qu'on y trouve sont un grand aqueduc et quelques citernes. Cependant il paraît que l'ancienne ville avait assez d'importance autrefois; mais son port et une partie de la ville elle-même ont été envahis par la mer, qui ronge journellement de plus en plus toute cette côte, et on assure qu'on peut encore, dans les temps calmes, distinguer au fond de l'eau, à quelque distance du rivage, les restes des édifices ensevelis sous les flots.

Au sud de *Gourbah*, et presque sous les murs de la ville, est l'embouchure d'une petite rivière, qui descend des montagnes de l'intérieur, et sur laquelle on avait élevé un pont de pierre, dont on voit encore les débris; non loin de là

---

(1) *Voyez* ci-dessus, page 31.
(2) *Voyez* ci-dessus, la note 4 de la page 22, sur le mot *Oueled* : *Oueled-Séyd* signifie *les descendants de Séyd*. (J. J. M.)

(3) Tit. Liv. lib. **XXIX**, cap. 32.
(4) Idem, loc. cit.

on remarque un autel antique, portant l'inscription suivante :

> C. HELVIO C. F. HONORATO AED.
> II. VIR. CVRAT. ALIM. DISTR.
> OB INSIGNES LIBERALITATES
> IN REMP. ET IN CIVES AMOREM.
> VIR. BON. COL. FVLVIA CVRVBIS
> DD. PP.

En continuant de marcher au sud-ouest, on arrive, cinq lieues (20 kilomètres) plus loin, aux ruines de l'ancienne *Neapolis*, qui paraît avoir été autrefois une grande ville, mais dont la mer, aussi destructive qu'à *Curubis*, a emporté la meilleure partie.

La portion des ruines de *Neapolis* qui subsiste encore offrirait à l'investigateur qui aurait le temps de se livrer à cette recherche un grand nombre d'inscriptions qu'on aperçoit entaillées sur de grandes pierres longues d'environ six pieds (2 mètres), sur trois (1 mètre) de largeur; mais, par malheur, elles sont tellement effacées, ou encroûtées de mortier et recouvertes, soit de débris, soit de terre, qu'il serait difficile de les explorer, et peut-être impossible de les déchiffrer.

Le plus remarquable des fragments antiques que j'ai pu apercevoir est un bloc de marbre blanc, encore debout au bord d'un ruisseau qui traverse ces ruines : sur ce bloc est sculpté un bas-relief représentant un loup, qui m'a semblé d'un assez bon travail.

La ville moderne de *Nabal*, dont le nom est dérivé de *Neapolis*, et qui a succédé à cette ancienne cité, n'a pas été construite sur le même emplacement : la crainte des invasions de la mer, qui avaient détruit la vieille ville, aura sans doute déterminé les fondateurs de la nouvelle à la transporter plus avant dans l'intérieur des terres, dans un fond défendu par une espèce de levée naturelle, à environ un mille du rivage et de l'ancienne *Neapolis*.

Au reste, *Nabal* est maintenant une ville florissante, renommée par l'industrie de ses habitants, et surtout fameuse par ses fabriques de poterie.

Après avoir quitté *Nabal*, on a à suivre pendant deux lieues environ (9 kilomètres) un chemin difficile et raboteux, mais délicieusement ombragé par de magnifiques oliviers : on parvient ainsi à *Hamâmét*, que quelques-uns ont cru être l'ancienne ville d'*Adrumetum*, position que la plupart des géographes s'accordent au contraire à regarder comme identique avec celle de *Herklah*, reculée un peu plus loin à l'est.

Ce qui vient à l'appui de cette dernière opinion, c'est que Léon l'Africain (1),

---

(1) Le géographe que nous connaissons sous le nom de *Léon l'Africain* était Maure de naissance, et professa longtemps la religion musulmane. Il était né d'une famille distinguée à Grenade dans les dernières années du quinzième siècle de notre ère, et porta alors le nom de *Hassan-ben-Mohammed él-Fàssy*.

Quand sa patrie, dernier boulevard de la puissance des Maures en Espagne, fut assiégée en 1491, ses parents l'emmenèrent encore enfant en Afrique, et lui firent donner une éducation soignée à Fez, alors la métropole des sciences dans cette contrée.

Il n'avait que seize ans quand il suivit son oncle dans une mission que lui avait donnée le roi de Fez pour le roi de Tombut (Tembouctou) : ce voyage dura quatre années, et fut suivi de plusieurs autres dans l'Afrique septentrionale, qu'il parcourut souvent comme chargé des affaires de différents princes.

Il traversa l'Atlas, le grand désert du *Sahra*, visita l'Égypte, l'Arabie, la Perse, la Tartarie, l'Arménie, la Syrie : après avoir fait un autre voyage de Fez à Constantinople, il venait de visiter l'Égypte de nouveau, lorsqu'en retournant dans sa patrie le vaisseau qui le portait fut pris par des corsaires chrétiens, près de l'île de Djerby, sur la côte de Tripoli.

Devenu esclave, il fut amené à Rome et donné en présent au pape Léon X : ce pontife, ami des lettres, n'eut pas plus tôt reconnu dans l'esclave arabe un savant distingué, qu'il l'accueillit avec une faveur particulière, et lui accorda une forte pension : bientôt après il le fit instruire dans la religion chrétienne, le fit baptiser, fut lui-même son parrain, et lui donna ses deux noms, *Jean-Léon*.

Le nouveau converti fixa son séjour à Rome, y apprit l'italien et le latin, et y ouvrit un cours de langue arabe ; mais la mort de Léon X mit un terme à cette honorable existence : négligé par les successeurs de ce pontife, *Léon l'Africain* se décida à retourner en Barbarie, à y abjurer le christianisme, et à y professer de nouveau la religion mahométane.

Dès lors il vécut retiré à Tunis, au milieu de ses compatriotes et de ses coreligionnaires ; mais aucun renseignement ne nous apprend en quelle année il y est mort ; tout ce que dont le témoignage ne peut manquer d'avoir le plus grand poids, nous représente la fondation de *Hamâmét* comme antérieure seulement de quelques années à l'époque à laquelle il écrivait sa *Description de l'Afrique* : il ajoute que les premiers habitants de la nouvelle ville étaient pauvres et misérables, et il paraît même que cette cité n'est devenue florissante que vers la fin du dix-septième siècle de notre ère.

Quoi qu'il en soit, *Hamâmét* n'est maintenant qu'une ville peu considérable ; mais elle est opulente, et agréablement située sur une langue de terre peu élevée qui s'avance dans la mer en forme de cap.

S'il faut en croire les habitants, le nom que porte cette ville arabe lui aurait été donné à cause de la quantité innombrable de pigeons sauvages (1) qui peuplent les creux des rochers dans les montagnes voisines, et qui viennent s'abattre par nuées sur les minarets des mosquées et sur les terrasses les plus élevées des principaux édifices de la ville.

Les maisons de *Hamâmét* sont en général bien bâties, ainsi que les édifices publics, dont la construction paraît ne pas manquer d'élégance : les colonnes et les blocs de marbre qui les décorent, comme aussi plusieurs autres restes d'antiquités qu'on y retrouve en plus d'un endroit, paraissent y avoir été apportés de *Qassr-éz-Zéyt*, et par conséquent ne peuvent fournir aucune preuve incontestable de l'identité de la moderne *Hamâmét* et de l'antique *Adrumetum*.

Parmi les inscriptions qu'on rencontre à *Hamâmét*, je citerai les deux suivantes, qui toutes deux ont bien évidemment été apportées de *Qassr-éz-Zéyt*. Voici la première, qui est entière et non mutilée :

VICTORIAE
ARMENICAE PARTHICAE
MEDICAE AVGVSTORVM A.
SACRVM CIVITAS SIAGITANA
DD. PP.

La seconde n'offre qu'un fragment ; mais elle présente les mêmes conséquences que la précédente :

M. AVRELIO ANTONINO PIO FEL.
PAR. BRIT. GERM.
IMP. III COS. III P. P.
CIVITAS SIAGITANORVM.
DD. PP.

C'est à une lieue (4 kilomètres) au nord-ouest de *Hamâmét*, dans un pays montagneux et à quelque distance du rivage, qu'on trouve *Qassr-éz-Zéyt* (2) :

Cet endroit est couvert de ruines, que leur proximité a fait servir de carrière aux constructeurs de *Hamâmét* : là était autrefois une ville considérable, qui paraît surtout avoir joué un rôle important à l'époque des Antonins, et que les anciens nommaient *Civitas Siagitana*, ou *Civitas Siagitanorum* ; c'est à cette ville que se rapportent les deux inscriptions précédentes, auxquelles j'ajouterai encore le fragment suivant :

PRO SENATV POPVLOQVE.
SIAGITANO CELER IMILCONIS ET
CVLISSAE F. SVFFES.

Cette inscription nous apprend que l'ancienne cité *Siagitana* était gouvernée par des magistrats qui portaient le titre de *Souffetes*, comme ceux de l'antique Carthage (3).

Un peu au delà de ces ruines on entre dans une grande plaine, qui s'étend jusqu'à *Herklah*, et qui est cultivée par les tribus des *Oueled-Séyd*, que nous avions déjà trouvés dans la péninsule.

En reprenant la direction du sud-ouest

---

nous savons, c'est qu'il était parvenu à un âge très-avancé, continuellement livré à l'étude et à la composition d'un grand nombre d'ouvrages, dont la plus grande partie ne nous est pas parvenue. L'un des plus utiles et des plus importants de ceux que nous connaissons est sa *Description de l'Afrique*, qu'il avait composée d'abord en arabe, à Rome, et qu'il y traduisit ensuite lui-même en italien et en latin. (J. J. M.)

(1) Le mot arabe *hamâméh* (au pluriel *hamâm*) signifie *pigeons sauvages*. Il faut prendre garde de ne pas confondre ce mot avec celui de *Hammâm* (pluriel *hammâmyn*), qui signifie *des bains chauds*, *des eaux thermales*.
(J. J. M.)

(2) *Qassr-éz-Zéyt* signifie le *Château de l'Huile*. (J. J. M.)
(3) Ce titre de *Suffetes* dans les langues punique ou phénicienne est analogue à celui de *Souffett*, que la Bible hébraïque donne aux Juges d'Israël.   J. J. M.

on trouve bientôt sur la côte, à deux lieues environ (9 kilomètres) de *Hamâmét*, une grande construction de forme cylindrique, et semblable à une haute tour, mais sans autres aménagements intérieurs qu'une voûte qui la recouvre, et une baie de porte qui y donne entrée. Les Maures ont donné à ce monument le nom de *Minârah*, c'est-à-dire *Phare* (1), et prétendent qu'autrefois on allumait sur le sommet des feux pour guider les navigateurs.

Cependant cet édifice pourrait bien n'être qu'un monument funéraire destiné à la sépulture commune de toute une famille : c'est du moins ce que l'on peut supposer en voyant la corniche de l'édifice surmontée de plusieurs cippes en forme de têtes funéraires, ou d'autels, dont les moins ruinés laissent encore lire de courtes inscriptions offrant seulement des noms propres accompagnés de titres de parenté : c'est ainsi qu'on lit sur un de ces cippes :

VITELLIO QVARTO PATR.

Sur un autre cippe :

C. SVELLIO PONTIANO
PATRVELI.

Sur un troisième :

L. AEMILIO AFRICANO
AVVNCVLO.

Quelle que soit l'ancienne destination de ce monument, pour s'y rendre de *Hamâmét* on a traversé les ruines d'un port qui appartenait autrefois à l'ancienne ville d'*Aphrodiseum*, dont le nom est maintenant altéré en celui de *Faradys*.

Cette dernière position n'est plus immédiatement au bord de la mer, mais à quelque distance du rivage, en tirant un peu vers le nord-ouest, sur le bord de la grande plaine où sont établis les *Oueled-Séyd*, et au milieu de laquelle on trouve encore un monticule, nommé *Selloum*, qui paraît avoir été formé par les ruines de quelque ancien village.

(1) C'est de l'arabe *minârah*, ou *minâréh*, que nous avons formé le mot *minaret*, par lequel nous désignons les tours qui accompagnent les mosquées : les Maures nomment *soumah* ces tours, qui sont appelées *madeneh* en Égypte. (J. J. M.)

On assure qu'autrefois les habitants du port de *Faradys* étaient les marins les plus habiles et les pirates les plus redoutés de toute la côte barbaresque ; mais depuis plus d'un siècle cette population a quitté *Faradys* pour s'établir à *Hamâmét*, dont la position est plus favorable au commerce et à la navigation.

De là, en tournant un peu au sud-est, on a encore environ trois lieues (12 kilomètres) pour arriver à *Herklah*, regardée par la plupart des géographes comme étant véritablement l'ancienne *Adrumetum*, qui reçut le nom d'*Heraclea* à l'époque de la décadence de l'Empire.

Située au fond de la courbe que décrit la côte du golfe de *Hamâmét*, *Herklah* est assise sur une langue de terre resserrée entre la mer et un lac dont les eaux se déchargent dans la mer à travers un terrain marécageux : comme ce marécage se trouve directement sur la route qui conduit à *Herklah*, on y avait construit un pont et une chaussée qui longeait le marais et le lac, et il paraît que cette chaussée était l'ancienne limite qui séparait la *Zeugitane* de la *Byzacène* ; maintenant elle est, avec la ville de *Herklah* et le château nommé *Qassr-Ouâly* (2), à l'occident du lac, les derniers points jusqu'où s'étend le *Quartier d'Eté* de ce côté.

Ce quartier, qui forme toute la largeur du territoire de la Régence, contient l'espace d'environ trois degrés de longitude, depuis *Sebekhat*, le point le plus occidental, jusqu'à *Klybéah* et *Herklah*, les deux villes les plus avancées vers l'orient. *Herklah* est en même temps la ville la plus méridionale de ce Quartier ; au delà on entre dans la division territoriale désignée sous la dénomination de *Quartier d'Hiver*, et qui comprend toute la partie sud de la Régence.

(2) Le mot arabe *Quassr* signifie *château*, *forteresse*. *Ouâly* est le titre qu'on donne dans l'Orient au lieutenant d'un général, à un officier militaire ; et spécialement à celui qui est chargé de la police. J. J. M.

SECTION QUATRIÈME.

Quartier d'Hiver. — Zoungâr; — Youse., Kisser; — Sous, Sahabyl, Monastyr, Cemptah; — Agour, Toboulbah, Demâs, Djoury; — Mahadyah; — Djerby; — Qayrouân, Spayttah, Trouzzah, Qassarëyn. — Beled-él-Djeryd, Tozer, Sebkhat él-Aoudyah, — Megs, él-Hammah; — Tribus arabes.

Le Quartier d'Hiver comprend toutes les contrées de la Régence situées au midi du Quartier d'Été : toutes les parties que j'en ai vues sont bien loin d'être maintenant aussi fertiles que l'ont été les anciens : celles qui sont le long des côtes de la mer sont en général sèches et sablonneuses, même dans les cantons réputés les meilleurs ; l'intérieur des terres ne vaut guère mieux que ces rivages stériles.

A l'exception des plaines qui sont arrosées par la *Défaylah*, le *Derb*, et le *Hattaab*, on ne trouve que des forêts et des montagnes depuis *Zoungâr*, dans les cantons d'*Ouselét*, de *Trouzzah*, de *Spayttah*, de *Qassarëyn*, en tournant à l'ouest-nord-ouest, dans la direction du santon de *Sydy-bou-Gannim*, jusqu'à *Hydrah* et aux frontières de l'Algérie.

Le territoire qui avoisine *Qayrouân* est en général bas et marécageux, et en hiver les eaux stagnantes y forment fréquemment des lacs et des *sebkhâs* (1) qui se dessèchent à peine dans les plus grandes chaleurs de l'été.

Depuis le territoire de *Ghilmah* jusques aux bords de la rivière *Akroud*, on ne rencontre qu'un labyrinthe irrégulier de collines et de vallées, qui n'est pas beaucoup plus favorable à la fertilité que les terrains qui bordent la mer.

Au-delà des montagnes de *Qassarëyn*, jusqu'à *Ferréanah* et aux frontières du *Sahrâ*, on a à traverser une vaste plaine, stérile et sans aucune espèce d'habitation ou de culture ; cette plaine est longée de chaque côté par deux chaînes de hauteurs peu considérables, mais qui, à droite et à gauche, bornent l'horizon d'une manière désagréable.

Le pays est aride et inculte jusques à *Kapsah*, et à *Djeryd*, la vue y étant

(1) *Voyez* sur la signification du mot *Sebkâ*, ou *Sebkhah*, ci-dessus la note 1 de la page 12.

également bornée à quelque distance par des montagnes, dont la chaîne s'étend au sud-est jusqu'à *Djebel-Hadeffan*, et à un grand lac qu'on appelle *Sebkhat-él-Aoudyéh* : une autre branche de cette chaîne se dirige à perte de vue vers le sud-ouest, le long d'immenses marais salants, et paraît être une continuation d'une des ramifications de l'Atlas (2).

La partie limitrophe du *Sâhrâ* qui passe pour être une des dépendances de la Régence ne le cède en horreur à aucune autre portion de ce vaste désert, et justifie bien réellement ce qu'en disait le Tasse :

.... *Addientro solo*
Fertil di mostri, e d'infeconde arene. (3).

C'est ordinairement de *Herklah* (4) que l'on part pour s'enfoncer dans les districts du Quartier d'Hiver : en sortant de cette ville on suit la direction de l'ouest, un peu inclinée vers le sud, et l'on arrive à *Zoungâr*, l'ancienne *Zacchara*, dont j'ai déjà dit quelques mots ci-dessus (5).

La petite ville de *Zoungâr* est, comme nous l'avons vu, à six lieues environ (24 kilomètres) au sud de *Zaghouân* : elle faisait partie de l'ancienne Byzacène, et maintenant c'est le point le plus septentrional de la division du Quartier d'Hiver. Elle est remarquable par ses eaux abondantes et son grand temple, semblable à celui de *Zaghouân ;* mais ses environs, ses ruines et son temple même, sont couverts d'une forêt de chênes verts tellement épaisse, qu'il est très-difficile de pouvoir y pénétrer.

Le temple de *Zoungâr*, à en juger par quelques débris d'ornements qui subsistent encore, paraît avoir été d'ordre corinthien, et avoir été, comme celui de *Zaghouân*, recouvert d'une coupole : il renfermait trois niches, placées immédiatement au-dessus de la fontaine, et qui étaient sans doute destinées à recevoir autant de statues de Nymphes, Naïades ou Napées, qui présidaient à ces sources.

(2) Les Maures donnent à l'Atlas le nom de *Deren*, d'où le pays de *Derne* a pris sa dénomination, ou celui de *él-Djebel*, c'est-à-dire *la montagne par excellence*. (J. J. M.)
(3) Tasso, *Gerus. lib.* canto XV.
(4) *Voyez* sur *Herklah*, ci-dessus, page 35.
(5) *Voyez* ci-dessus, page 9.

Cependant Vitruve (1) nous apprend que les anciens regardaient comme divinités protectrices des fontaines Vénus, Flore et Proserpine, et que l'ordre corinthien était ordinairement préféré pour la construction des temples qui leur étaient consacrés : rien n'empêcherait alors de croire que ce temple était dédié à ces trois déesses; et ce qui semblerait confirmer cette hypothèse, c'est l'inscription suivante qu'on lit encore sur la frise du portail :

.... PRO SALVTE CAESARIS APHRODISII (2)
TOTIVSQVE DIVINAE DOMVS EIVS
CIVITAS ZVCCHARA FECIT ET DEDICAVIT.

A cinq lieues (20 kilomètres) au sud-ouest de *Zoungâr* sont les ruines de *Yousef*; c'est là qu'est la source de la *Chilianah*, qui, après avoir traversé et fertilisé les vallées de *Bessous*, de *Touggah* et de *Toubersok*, à l'ouest, va se jeter dans la *Medjerdah*, à peu de distance de *Testourah*.

A trois lieues (12 kilomètres) au sud-ouest des ruines de *Yousef*, on rencontre d'autres ruines, celles de *Kisser* (l'ancienne *Assuras*, ou *Assurus*), puis celles d'*Hyblah*, presqu'à la même latitude que *Kisser*, dans une vallée étroite qu'arrose un ruisseau.

Ces dernières ruines sont les plus remarquables que l'on trouve dans cette partie de l'ancienne Byzacène; on y voit des pans de murailles encore debout, le pavé entier d'une rue, des autels, des tombeaux de toutes formes, assez bien conservés : les uns ronds, les autres octogones; les uns soutenus par des colonnes, les autres carrés et massifs; mais la plupart des inscriptions que portaient ces sépultures ont été détruites soit par le temps, soit par les Arabes.

Au milieu de ces ruines, le monument qui frappe d'abord les yeux plutôt par sa masse que par sa beauté, est un grand arc de triomphe portant l'inscription suivante en caractères de près d'un pied (30 centimètres) de dimension :

IMP. CAES. L. SEPTIMIO SEVERO
PERTINACI AVG. P. M. TRIB. POT. III.
IMP. V. COS. II. P. P.
PARTH. ARAB. ADIABEN. DD. PP.

(1) Vitr. lib. I, cap. 2.
(2) On sait que Jules César prétendait tirer son origine de Vénus, mère d'Énée.

Cette inscription, la seule bien conservée de *Hyblah*, ne nous apprend ni quels furent les fondateurs du monument ni quel était le nom ancien de la ville où il fut érigé, quoique, à en juger par l'étendue de ses ruines, on puisse conjecturer que c'était une des principales cités de la Byzacène.

Nous sommes dans la même ignorance sur plusieurs lieux de cette province dont, faute de renseignements, nous ne pouvons déterminer l'identité avec les positions anciennes; tels sont *Nabhanah* à huit lieues (32 kilomètres) à l'ouest de *Herklah*; *Djelloulah*, à cinq lieues (20 kilomètres) au sud-sud-ouest de *Nabhanah*; *Foussanah*, à huit lieues (32 kilomètres) de *Hydrah*; *Zouâryn*, *Sbybah*, l'une à six lieues (24 kilomètres) à l'est-sud-est de *Qeff*, l'autre à sept lieues (28 kilomètres) au sud-sud-est; *Mansous*, à trois lieues (12 kilomètres) au sud des ruines de *Yousef*, etc.

Dans les débris de *Mansous* on lit encore sur une pierre tumulaire l'inscription suivante :

D. M. S.
.... VSVRVS PONICINNVS ....
VERECVNDIA INCOMPARABILIS
...... ET INGENIO CLARVS......
OMNI SIMPLICITATE IVCVNDVS.

Mais avant de pénétrer dans l'intérieur du Quartier d'Hiver, il convient d'explorer la portion de la côte du golfe qui s'étend au sud-sud-est, et qui dépend de cette division territoriale.

Sous ou plus vulgairement *Soussah*, située à cinq lieues (20 kilomètres) au sud-est de *Herklah*, est la position la plus remarquable de toute cette côte, et mérite d'être regardée comme une des principales villes de la Régence (3); c'est là en effet que se fait le plus grand commerce des huiles, des toiles, qui s'exportent dans tous les ports de la Méditerranée : mais les seuls vestiges d'antiquités qui y attestent son ancienne grandeur se réduisent à quelques voûtes, à quelques colonnes de granit, et

(3) Une autre ville du même nom se trouve dans le royaume de Marok : pour distinguer l'une de l'autre ces deux villes, les Arabes ont ajouté au nom de la dernière l'épithète de *él-Aqsá*, c'est-à-dire l'*ultérieure*, la plus reculée. (J. J. M.)

à d'autres débris sans importance.

La ville est ceinte de murailles, et bâtie à l'extrémité septentrionale d'une chaîne de collines qui se prolonge jusques à *Soursef*, l'ancienne *Sarsura*, et derrière laquelle on a la vue d'une vaste plaine qui a plusieurs milles d'étendue.

A une lieue et demie (6 kilomètres) de *Sous* on traverse une vallée qu'arrose un ruisseau dont les eaux sont fraîches et claires; puis à une demi-lieue (2 kilomètres) plus loin, sur le penchant d'une des collines qui se rattachent à celle sur laquelle la ville de *Sous* est bâtie, on rencontre, à environ un mille du rivage d'une petite baie, le village de *Sahalyl*, qui offre quelques ruines antiques.

Sur l'extrémité d'un petit cap, à cinq milles de *Sahalyl*, s'élève la petite ville de *Monastyr*. C'est une ville florissante et murée comme celle de *Sous*; mais on n'y rencontre que peu de marbres, de colonnes, et d'autres restes d'antiquités: cependant elle a dû être construite par les Romains, peut-être même par les Carthaginois, dans une position qui commande à la fois le golfe de *Sous* et celui de *Lemptah*.

Lemptah est l'ancienne *Leptis parva*, qui avait reçu cette épithète, non comme indication de son peu d'importance, mais pour la distinguer d'une autre ville de la Cyrénaïque, qui portait le nom de *Leptis magna*, et qui est maintenant connue sous le nom de *Lebidah*(1).

Cette ville paraît avoir eu autrefois plus d'un mille de circonférence, mais maintenant on n'y voit plus que le château, et un amoncellement de pierres qui paraissent avoir formé autrefois un môle, du côté du nord.

Les ruines d'*Agour* sont à quelques milles de *Lemptah*, vers l'ouest; la situation de cette petite ville sur un rocher, et l'immense quantité de pierres qu'offrent ses débris, lui a fait donner par les Arabes modernes le nom de *Bou-Hadjar*, c'est-à-dire *la pierreuse* (2).

Entre *Bou-Hadjar* et *Demás*, et à environ quatre milles de cette dernière position, on rencontre un grand lac d'eau salée, qui s'étend jusqu'à une demi-lieue (2 kilomètres) de *Toboulbah*, petit village bâti au bord de la mer.

Demás est l'ancienne ville de *Thapsus*; elle est située sur une langue de terre fort basse, à environ trois milles au sud-est de *Toboulbah*. La grande quantité de ruines que l'on y trouve pourrait faire croire que c'était, après Carthage, la ville la plus considérable de ces parages, si d'ailleurs tous les renseignements fournis par les historiens ne concouraient à prouver son importance très-secondaire sous les Romains.

Le cap de *Demás* et celui de *Monastyr* forment entre eux la baie de *Lemptah*, dans laquelle on rencontre plusieurs îles remarquables.

La première de ces îles, située parallèlement à la côte, s'étend dans sa longueur presque depuis *Demás* jusqu'à *Toboulbah*, puis les îles *Djoury* (les anciennes *Tarichiæ*), en face de *Lemptah* et de *Toboulbah*, puis encore une autre île qui se prolonge depuis *Monastyr* jusqu'à moitié chemin de *Lemptah*.

A cinq milles au sud de *Demás*, est assise dans une péninsule la ville d'*él-Medéah*, ou plus correctement *Mahadyah*, que les géographes modernes nomment *Africa*, et qui paraît avoir été autrefois une place forte et importante. Son port est creusé dans l'enceinte même de la ville, et s'ouvre du côté de *Kapoudyah*; mais maintenant les eaux sont si basses qu'elles ne peuvent qu'à peine recevoir les plus petits navires.

Léon l'Africain nous apprend que cette ville doit sa construction au khalyfe

---

(1) Les ruines de *Leptis magna* ont été visitées en 1806 par mon ancien ami et collègue J. D. *Deloporte*, qui y a recueilli une riche moisson d'inscriptions latines, grecques, phéniciennes et puniques: il a publié ces inscriptions en 1836. (*Voyez* Journal Asiatique, tome Ier de la IIIe série, page 305 et suivantes.) (J. J. M.)

(2) Le mot *hadjar* signifie en arabe *pierre*, *rocher*; nous avons déjà vu que le mot *bou*, altéré par les Maures de celui de *abou* (père), entre dans la composition d'un grand nombre de mots pour former des adjectifs vulgaires. (*Voyez* ci-dessus, la note 4 de la page 29.) (J. J. M.)

Mahady, prince de la dynastie des Fatimites (1), qui régnait d'abord à *Qayrouân*, et que la ville a pris son nom de celui de son fondateur. Les beaux chapiteaux, les colonnes, les fragments d'entablements, et les autres débris d'architecture antique qu'on trouve à *Máhadyah* pourraient faire croire que cette ville a été non fondée, mais reconstruite sur les ruines d'une ville plus ancienne; mais il paraît que ces débris antiques ont été apportés des villes voisines par l'ordre du khalyfe fondateur, pour embellir sa nouvelle ville.

Il n'est pas en effet dans les habitudes des princes de l'Orient de reconstruire, de réparer ou de rétablir; ils laissent tomber en ruines un vieux palais, une ville ancienne; ils aiment mieux fonder auprès du palais ruiné et de la ville dévastée un édifice nouveau, une ville nouvelle à laquelle s'attache leur nom de fondateur, et qu'ils enrichissent des dépouilles les plus précieuses du palais démoli ou de la ville ruinée dont ils achèvent ainsi la destruction; et cette manière d'agir n'est pas particulière aux princes; elle est pratiquée généralement par tous les habitants des contrées orientales. Un édifice menace-t-il de s'écrouler, une ville a-t-elle été ravagée par la guerre, incendiée, bouleversée par un tremblement de terre ou quelque autre événement funeste, on abandonne l'édifice et la ville, que l'on croit dès lors sous une fatale influence, et au lieu de réparer les dommages causés par le temps, la guerre, l'incendie ou tout autre fléau, on va s'établir dans une habitation nouvelle, que l'on désertera à son tour si les circonstances qui ont fait quitter la première se renouvellent dans la seconde.

C'est ce système qui a multiplié d'une façon si étonnante les ruines qu'on rencontre dans tout l'Orient, au sein même des pays les plus peuplés et des villes les plus florissantes.

C'est ainsi qu'en Égypte à la *Thèbes* aux cent portes a succédé la *Memphis* des Pharaons, puis l'*Alexandrie* des Ptolémées, puis à ces deux villes la *Fostatt* des conquérants arabes; à *Fostatt* enfin la grande ville du *Kaire*, fondée immédiatement auprès de *Fostatt* par les nouveaux khalyfes de la dynastie fatimite.

Toutes ces villes qui se sont remplacées l'une l'autre se sont, chacune à leur tour, embellies et décorées des dépouilles architecturales des villes abandonnées auxquelles elles succédaient, et il est peut-être telle colonnade, tel portique, tel marbre précieux qui a ainsi successivement voyagé des temples de Thèbes à ceux de Memphis, puis à Alexandrie et aux mosquées du Kaire.

*Namque, hominum instar, habent urbes sua
   fata, superbæ
Pauperibus cedunt quandoque mapalibus arces.*

Le point le plus oriental des domaines de la Régence est l'île de *Djerby* ou *Djerbih*, qui, quoique située sur la côte du pachalyk de Tripoli (2) est cependant dans les dépendances du Pacha de Tunis, qui y envoie un gouverneur, au-

---

(1) Les Fatimites sont les princes d'une dynastie puissante, qui commença à régner en Afrique l'an 296 de l'hégire (908 de l'ère chrétienne), et s'empara de l'Égypte l'an 362 de l'hégire (972 de notre ère). *Obeyd-Allah*, surnommé *él-Mahady*, en fut le fondateur; il était de la tribu de *Ketamah*, qui habitait en Mauritanie les montagnes des environs de Fez : il prétendait descendre du khalyfe Aly et de *Fatimah*, fille du Prophète, descendance qui valut à sa dynastie le titre de *Fatimite*. *Él-Mahady* commença à se faire connaître dès l'an 269 de l'hégire (882 de notre ère), et le nombre de ses partisans s'étant accru, il vint à bout de s'emparer de *Qayrouân* l'an 280 de l'hégire (893 de notre ère), puis l'an 295 de l'hégire (907) de renverser la dynastie des Aglabites, qui régnait alors en Afrique. Ce prince, qui avait fait de *Mahadyah* la capitale de son nouvel empire, mourut à *Roukadah*, après avoir régné en Afrique pendant vingt-cinq années, l'an 322 de l'hégire (933 de l'ère vulgaire), et laissa le trône du khalyfat africain à son fils *él-Qâym-be-âmr-Illah*. Les Fatimites sont aussi désignés par les noms d'Obéydites, d'Alides et d'Ismaéliens. (Voyez ci-après dans la seconde partie les éclaircissements historiques.) (J. J. M.)

(2) *Tripoli* est appelée *Tarabolous* par les Arabes; il y a en Syrie une autre ville du même nom : pour distinguer ces deux villes l'une de l'autre, les Orientaux nomment celle-ci *Tarabolous ès-Châm*, c'est-à-dire *Tripoli de Syrie*, tandis qu'ils donnent à la première la dénomination de *Tarabolous él-Gharb* (Tripoli d'Occident). (J. J. M.)

quel il confère le titre de *hâkem* (1).

Cette grande île, qui a près de dix-huit milles de circonférence, offre quatre ports aux navigateurs de cette côte ; savoir : à l'ouest *Adjym*, à l'est *Djerdjys*, et *Mersat és-Souq*, enfin au sud *Mersat él-Qantarah* (2).

Le territoire de *Djerby* est très-fertile, et doit peut-être cet avantage à la quantité de pluie qui y tombe ; il produit une grande abondance de fruits de toute espèce, tels que raisins, pêches, olives, figues, grenades, amandes ; mais il est à remarquer qu'on n'y trouve pas de dattiers, et que les habitants sont contraints de tirer des différents ports de la côte les dattes nécessaires à leur consommation : du reste, le marché est grand et bien fourni, et de nombreux marchands y ont établi leurs *fondouqs* (magasins ou boutiques). Les principales exportations consistent en chaux, en poteries fabriquées dans l'île et en huile qu'on y récolte.

L'île tout entière est divisée en portions séparées, et chaque propriétaire a sa maison et son jardin y attenant : ces maisons sont généralement bâties en mortier de terre ; cependant on en rencontre quelques-unes construites en briques.

La population de l'île se compose de plusieurs races différentes, parmi lesquelles domine la race arabe ; cependant le district de l'ouest, dont le port est vis-à-vis de *Gâbès*, n'est habité que par une population nommée *Adjym*, comme le port lui-même : le langage de cette peuplade est le berbère, et leurs femmes se voilent beaucoup plus strictement que dans le reste de l'île : quoiqu'ils reconnaissent l'autorité du Koran, et qu'ils en approuvent la lecture, les doctrines de leur foi s'éloignent des croyances orthodoxes de l'islamisme, et se rapprochent de celles des *Ouahâbys* et des *Beny-Mezzâb* : quelques-uns même d'entre eux rejettent *Aly-ben-Aby-Tâleb* (3) : mais ils évitent en général de manifester publiquement leurs croyances, quoiqu'ils refusent de faire leurs prières avec les partisans de la secte de *Mâlek*, et qu'ils aient pour leur culte des mosquées particulières.

Maintenant, après avoir achevé l'exploration de toute la côte maritime, nous allons nous enfoncer dans l'intérieur des terres, pour visiter les parties méridionales du Quartier d'Hiver.

Qayrouán, la seconde ville de la Régence pour le nombre des habitants et le commerce, est située dans une grande plaine stérile et sans presque aucune végétation, à environ neuf lieues (36 kilomètres) de *Sous*, et à la même distance au sud-ouest de *Herklah*.

Cette ville est entourée de murailles comme celles de *Sous* et de *Mahadyah*, et à peu de distance de son enceinte on trouve un vaste étang, auprès duquel est une citerne où se recueillent les eaux pluviales : l'étang sert à abreuver les bestiaux, et fournit l'eau nécessaire pour le lavage, l'arrosage et les autres usages ordinaires : quant à la citerne, elle paraît d'une construction très-ancienne, et elle existait déjà du temps d'*Aboul-fédah*, qui lui donne le nom de *él-Mâouahel* : elle est employée à la boisson des habitants ; mais souvent, au milieu de l'été, l'eau y manque, ou bien elle se corrompt,

---

(1) *Hâkem* signifie en langue arabe *gouverneur*. (J. J. M.)

(2) En langue arabe *Mersat és-Souq* signifie *le port du marché*, et *Mersat él-Qantarah*, *le port du pont*. (J. J. M.)

(3) *Aly*, fils d'*Abou-Taleb*, était cousin de *Mahomet*, et devint son gendre en épousant sa fille *Fatimah* ; cette double parenté ne put toutefois lui assurer la succession du Prophète, et il fut trois fois écarté du trône de l'islamisme par *Aboubeker*, *Omar*, et *Othmán*. A la mort de ce troisième successeur du Prophète, *Aly* tenta de ressaisir la souveraineté dont il avait été frustré ; mais il ne tarda pas à en être de nouveau dépouillé par *Moaouyah*, fondateur de la dynastie des Ommiades. Dès lors deux sectes s'anathémisant réciproquement se sont établies en Orient ; l'une, la secte des Sounnites, admettait les khalyfats d'*Aboubeker*, d'*Omar* et d'*Othmán* ; l'autre, qu'on appelle secte des Chyítes, ne regardait qu'*Aly* et ses descendants pour légitimes *imâms* et successeurs du Prophète : cette dernière opinion est particulièrement professée par les Persans, mais elle a aussi de nombreux partisans parmi les peuplades de l'Afrique ; les Fatimites, qui ont conquis l'Égypte, et les Chérifs, qui sont assis sur le trône de Marok, prétendaient également tirer d'*Aly* leur origine.

(J. J. M.)

causant ainsi chaque année des fièvres pernicieuses et d'autres maladies épidémiques.

Quelquefois aussi l'eau de l'étang où s'abreuvent les bestiaux est presque tarie et s'altère par les chaleurs; cependant les habitants n'ont pas remarqué dans leurs troupeaux d'épizooties habituelles : la cause probable de cette différence entre l'état sanitaire des hommes et celui des animaux, tient sans doute à ce que les eaux de la citerne, renfermées sous des voûtes, sont entièrement soustraites à l'action de l'air, tandis que les eaux de l'étang en reçoivent à chaque instant l'influence.

On trouve à *Qayrouán* divers débris d'ancienne architecture : la grande mosquée est réputée la plus belle et la plus sainte de toutes les côtes barbaresques; s'il fallait en croire les habitants, le nombre des colonnes de marbre, de granit, et même de porphyre ou d'albâtre qui la soutiennent et la décorent, s'élèvent à plus de cinq cents : l'entrée des mosquées étant interdite scrupuleusement à tous les chrétiens, je n'ai pu vérifier si ce nombre avait quelque exagération.

Je n'ai pu même apprendre si parmi les matériaux antiques qui ont été employés à la construction de ce magnifique édifice, il existe quelques blocs portant des inscriptions anciennes : quant à celles qu'on peut rencontrer en d'autres endroits de la ville, elles sont tellement mutilées ou encroûtées de ciment, qu'il est absolument impossible d'en déchiffrer la moindre partie.

C'est à tort que quelques géographes ont confondu *Qayrouán* avec l'ancienne *Cyrène*, malgré la ressemblance des deux noms. La position de la ville antique est tellement différente de celle de la ville moderne, qu'il est impossible de donner la moindre vraisemblance à cette hypothèse (1).

(1) Léon l'Africain attribue la fondation ou la reconstruction de *Qayrouán* à *Ibrahym-ben-Aglab*, fondateur de la dynastie des Aglabites, qui avait été nommé gouverneur de l'Afrique par le khalyfe *Haroun ár-Rachyd*, et s'y rendit indépendant l'an 184 de l'hégire (800 de l'ère chrétienne) : ce prince régna environ douze années, et mourut l'an 196 de l'hégire (812 de notre ère), laissant

Un des lieux les plus remarquables de cette province pour l'étendue et la magnificence des ruines qu'on y rencontre, c'est *Spaytlah* (l'ancienne *Suffetula*), située à environ douze lieues (48 kilomètres) de *Qeff*, sur une éminence entièrement couverte de genévriers, auprès d'un petit ruisseau.

Ce ruisseau coule au nord-est, se perd un peu plus loin dans les sables, et reparaît ensuite pour continuer son cours vers *Guelmah*.

Auprès de la ville du côté de l'est, s'élève un magnifique arc de triomphe, d'ordre corinthien, percé d'une grande arcade au milieu et de deux petites latérales : malheureusement l'inscription qui contenait la dédicace est tellement ruinée qu'on n'y peut lire que les mots suivants :

IMP. CAESAR. AVG........
.... ANTONIN........

puis après une grande lacune,

SVFFETVLENSIVM........ HANC.
AEDIFICAVERVNT ET DD. PP.

Depuis cet arc de triomphe jusqu'à la ville s'étend une chaussée pavée en pierres noires et bordée de chaque côté par un petit mur à hauteur d'appui.

Vers l'extrémité de cette chaussée est un magnifique portique, sous lequel on passe pour entrer dans une grande esplanade, où sont les ruines de trois temples contigus, dont il ne reste que quelques pans de murs avec des frontons parfaitement conservés.

Dans chacun de ces temples est une niche, qui a dû avoir autrefois sa statue; ce qui est particulier au temple du milieu, c'est que derrière sa niche on remarque une petite cellule, qui servait sans doute aux oracles.

En s'avançant à huit lieues (32 kilomètres) à l'ouest de *Qayrouán* on arrive aux ruines de *Trouzzah* (*Tuzzo* de Ptolémée). Ce lieu renferme plusieurs chambres souterraines et voûtées, qui sont toujours remplies d'une vapeur chaude

sa nouvelle souveraineté à son fils *Aboul-Abbás-Abd-Allah*, dont les descendants se maintinrent sur le trône pendant un siècle entier, et furent renversés par les Fatimites l'an 296 de l'hégire (908 de l'ère chrétienne.)

(J. J. M.)

et sulfureuse; ces thermes naturels, que les Arabes fréquentent, ont fait donner à l'endroit où ils sont situés le nom de *Hammám Trouzzah*, c'est-à-dire les bains chauds de *Trouzzah*.

A quelques milles au sud de *Trouzzah* on rencontre, sur les bords de la rivière *Mergalyl*, les vestiges d'une grande cité, probablement autrefois *Aquæ Regiæ*; puis à quatre lieues (16 kilomètres) vers l'ouest, sur les bords de la rivière *Défaylah*, les ruines de l'ancienne *Musclianis*.

La rivière *Défaylah* a sa source dans une chaîne de montagnes nommée *Gebel-Megala* (1), et qui s'étend depuis *Trouzzah* jusqu'à *Spaytlah*. Les Arabes cultivateurs des plaines que parcourt cette rivière ont coutume d'arrêter son cours par des digues et de la faire déborder, pour opérer par ses eaux l'irrigation de leurs cultures, et subvenir au manque d'eaux pluviales dont elles sont rarement favorisées.

A six lieues environ (24 kilomètres) vers l'ouest de *Spaytlah*, on aperçoit la ville de *Qassareyn*, assise sur une éminence autour de laquelle la rivière *Derb* serpente d'une manière agréable, arrosant les belles prairies qui l'entourent.

Sur une éminence qui semble presque suspendue en saillie au-dessus de la rivière, et qui fait face au nord-est, s'élève un arc de triomphe plus remarquable par la masse de ses matériaux que par l'élégance de son architecture: il ne se compose que d'une grande arcade surmontée d'un attique, et d'un entablement qui semblerait appartenir à l'ordre corinthien, si les pilastres qui le supportent n'étaient évidemment gothiques.

On y lit l'inscription suivante :

COLONIAE SCILLITANAE
Q. MANLIVS FELIX C. FILIVS PAPERIA RECEP-
TVS POST ALIA ARCVM QVOQVE CVM INSIGNIBVS
COLONIAE SOLITA IN PATRIAM LIBERALITATE
EREXIT OB CVIVS DEDICATIONEM
DECVRIONIBVS SPORTVLAS CVRIIS EPVLAS........

(1) Le nom de *Gebel-Megala* paraît être un composé hybride, comme celui de *Bazil-Báb*. (*Voyez* ci-dessus la note 6, page 25.) *Gebel-Megala* signifiera alors *grande montagne*, étant formé de l'arabe *gebel* (montagne) et du grec μεγάλη (grande).

(J. J. M.)

Au-dessous de cette grande inscription et au-dessus de la clef de la voûte on aperçoit encore les restes d'une autre inscription en plus petits caractères; mais on n'y peut plus déchiffrer que les mots suivants :

......INSIGNIA CVRANTE M. CELIO AN. CV.....

Les plaines qui s'étendent au-dessous de la ville offrent un grand nombre de monuments funéraires, de toutes les formes, mais dont les plus considérables ont la forme de tours, ce qui a peut-être été l'origine du nom moderne de cette ville (2).

Sur l'un des monuments qui ont cette forme on lit l'inscription suivante :

M. FLAVIVS SECVNDVS FILIVS
FECIT L. FLAVIO SECVNDO
PATRI VIXIT ANN. CXII. H. S. E.
FLAVIAE VRBANAE MATRI PIAE
VIX. ANN. CV. H. S. E.

A cette inscription, qui m'a semblé curieuse par son double exemple de longévité, j'ajouterai les fragments suivants, qu'on peut encore lire sur la façade d'une sépulture ornée de pilastres corinthiens :

.........PERFECIT ANNOS LXXX
SIBI ET CLAVDIAE MARCIAE
CAPITOLINAE KONIVGI KARISSIMAE
QVAE EGIT............ ANNOS LXV. ET M.
PETRONIO FORTVNATO FILIO
.... VIXIT ANN. XXXV. CVI
FORTVNATVS ET MARCIA PARENTES
KARISSIMO MEMORIAM FECERVNT.

Si de *Spaytlah* on se dirige à l'est-sud-est, après une marche d'environ six lieues (24 kilomètres), on arrive à *Djelmah*, ou *Guelmah*, l'ancienne *Cilma*, ou *Oppidum Chilmanense* : on y voit un assez grand nombre de ruines, et entre autres celles d'un temple antique.

S'il fallait en croire les traditions des habitants, le nom moderne de cette bourgade, au lieu d'être simplement la corruption du nom sous lequel elle était désignée par les Romains, tirerait son origine d'un miracle qui y aurait été opéré par un de leurs saints marabouts.

(2) *Qassareyn* signifie en arabe *les deux châteaux*, les deux forteresses. (J. J. M.)

Suivant cette légende, les eaux de la rivière de *Spaytlah* s'étant perdues dans les sables, comme nous l'avons vu ci-dessus (1), le saint vint à bout de les faire reparaître à *Djelmah*, et chacun, dans l'admiration d'un tel miracle, s'écria : *Djâ-el-mâ* ; c'est-à-dire en arabe : « L'eau est venue! »

En s'avançant davantage dans le sud on trouve plusieurs villages peu importants : *Manzil* et *Manzil-Hayr*, tous deux à six milles vers l'ouest de *Sahâlyl*; et *Djemmel*, à six milles au sud de *Manzil-Hayr*. Ces trois villages sont situés dans une vaste plaine, où l'on rencontre çà et là quelques plantations d'oliviers; *Sourseff*, l'ancienne *Sarsura*, et *Arydjis* sont deux villages contigus, à six milles environ vers l'ouest de *el-Mahadyah*, au pied d'une chaîne de collines qui s'étendent depuis *Djemmel* jusqu'à *Salecto*.

De *Sourseff* une route de six lieues (24 kilomètres), se dirigeant au sud-sud-ouest, conduit à *Djemm*, l'ancienne *Tisdra*, où l'on trouve un assez grand nombre de débris antiques, tels que des colonnes de divers marbres, des autels avec des inscriptions, des fragments de statues, et entre autres un torse colossal revêtu d'une cuirasse, une Vénus pudique, semblable à celle de Médicis, mais dont la tête a été détruite.

Mais ce que l'on voit de plus remarquable à *Djemm*, c'est un grand amphithéâtre dont l'enceinte extérieure est presque entièrement conservée ; elle avait autrefois soixante-quatre arcades et quatre rangs de colonnes. Le rang supérieur a été dévasté par les Arabes, et le Bey de Tunis *Mohammed* a fait sauter quatre de ces arcades pour en expulser des Arabes révoltés, qui avaient fait de l'amphithéâtre une forteresse.

Dans l'intérieur du monument on voit encore les plate-formes des siéges, les galeries, les *vomitoria*, l'arène presque circulaire, au centre de laquelle est un puits profond revêtu de pierres de taille.

A deux lieues (8 kilomètres) au sud-sud-est de *Djemm* est *Rougga*, l'ancienne *Caraga*, renommée dans le pays par son *Dâmous*, immense citerne dont la voûte est soutenue par plusieurs rangées de piliers massifs, et qui autrefois suffisait pour fournir de l'eau à toute la ville.

Sous le même parallèle, à sept lieues (28 kilomètres) au sud-sud-ouest de *Qassaréyn*, est *Ferryânah*, dans un terrain sec et stérile, où la vue est désagréablement bornée de toutes parts par des chaînes de rochers abruptes et arides, qui ne laissent apercevoir à travers quelques défilés étroits qu'un désert brûlé par le soleil et véritablement impraticable : on ne rencontre aucune végétation dans les environs, excepté dans un terrain peu étendu au sud, où la proximité d'un ruisseau pouvant faciliter les irrigations a encouragé les habitants à tenter quelque culture.

Cette ville, qui paraît être l'ancienne *Thala* (2), passe pour avoir été jadis la principale de la Byzacène ; mais de son ancienne splendeur il ne reste plus que quelques colonnes, que les Arabes ont laissées par hasard debout sur leurs piédestaux.

A douze lieues (48 kilomètres) à l'est-sud-est de *Ferryânah* on trouve la ville de *Gafsah*, l'ancienne *Capsa*, l'une des principales places fortes de Jugurtha ; cette ville frontière est bâtie sur une éminence qui est entourée presque de toutes parts par des montagnes. Sa situation est presque aussi triste que celle de *Ferryânah*, mais au moins on y rencontre un peu de végétation, quelques dattiers et quelques oliviers : néanmoins ces arbres sont peu nombreux et ne se trouvent que dans un cercle très-rapproché de la ville, tout le reste de la campagne étant sec et désolé, et les irrigations ne pouvant avoir lieu que par les eaux de deux sources situées l'une au centre de la ville, l'autre dans la citadelle : la première de ces sources dégorge ses eaux dans un vaste bassin, destiné probablement autrefois à des bains publics, et qui sert maintenant aux ablutions des musulmans. Ces deux sources se réunissent avant de sortir de la ville, et forment ainsi un ruisseau qui pourrait

---

(1) *Voyez* ci-dessus, page 41.

(2) Le nom arabe de *Ferryânah* paraît s'être formé de celui de *Ferraditana*, qu'elle portait dans le moyen âge : saint Cyprien cite cette ville sous ce dernier nom comme l'un des siéges épiscopaux de cette province.

prolonger assez loin son cours si les habitants n'en épuisaient les eaux pour l'arrosement de leurs plantations (1).

Dans les murailles de plusieurs maisons de la ville et de la citadelle on trouve un grand nombre de débris antiques brisés et employés pêle-mêle comme matériaux de construction; ces fragments de divers marbres, ces entablements brisés, ces colonnes, maintenant tronçons informes, ces autels démolis, devaient faire l'ornement de la ville avant que la barbarie n'eût réduit à l'état de simples moellons leurs richesses architecturales.

Les inscriptions qu'on découvre çà et là sont ou entièrement effacées ou tellement endommagées qu'elles sont devenues tout à fait illisibles; cependant j'ai pu recueillir les deux fragments suivants, inscrits, le premier sur un bloc carré, le second sur une colonne.

Premier fragment.

..........ORTVM NOSTRORVM..........
..........MAGISTRVM MILIT..........
..........TINIANE CAPSE..........

Deuxième fragment.

IMPERATOR M. AVRELIVS ANTONINVS
PIVS AVGVSTVS PONT. MAX. PARTH.
BRIT. TRIB. POT....... COS.... FEST......

A quatre lieues (16 kilomètres) au sud-sud-ouest de *Gafsah* est l'ancienne *Orbita*, maintenant *Ghorbatah* : ce village, assis sur un monticule arrondi en forme de demi-phare, est entouré d'un grand nombre d'autres mamelons, également hémisphériques, configuration singulière, qui a été considérée par quelques géographes comme l'origine de la dénomination donnée par les Romains à l'ancienne ville que ce misérable village a remplacée.

Cette dernière station du Pachalyk Tunisien à l'entrée du *Sahrâ* a peu d'habitants, et ils n'ont d'autre eau qu'un ruisseau peu abondant d'eau saumâtre qui coule du côté du sud, mais dont le cours ne tarde pas à se perdre dans les sables.

Non-seulement la plupart des positions les plus méridionales que nous venons d'explorer sont situées sur la lisière limitrophe du *Sahrâ*, mais encore elles sont déjà presque cernées par les envahissements partiels des sables mouvants que pousse vers elle, du grand désert intérieur, l'action incessante des vents du midi : il nous resterait maintenant à pénétrer plus avant dans le *Sahrâ* lui-même, afin d'y visiter quelques portions de ce vaste désert dont le Pachalyk de Tunis revendique la possession et la souveraineté.

Mais cette partie, désignée sous le nom de *Djéryd* ou *Beled-él-Djeryd* (2), ne comprend que quelques points presque inconnus, disséminés dans une étendue incommensurable, sur lesquels subsistent encore à peine quelques restes de misérables populations, et qui, isolés au milieu de cette mer de sable, ressemblent moins à des oasis susceptibles d'habitation et de culture, qu'à des îlots imperceptibles, perdus sur l'immense abîme du vaste Océan.

Les positions qu'on rencontre sur ces points épars, à de grandes distances les uns des autres, et que l'on décore du nom de villages, ne se composent que de la réunion de quelques masures,

---

(1) Salluste (*de Bello Jugurth.*) fait mention de ces fontaines, auxquelles il donne le nom de *Jugis Aqua*; et *él-Édryssy*, qui en parle aussi dans sa *Géographie Arabe*, leur donne le titre d'*ét-Termed*, qui n'est que la traduction de l'épithète latine, et comme elle signifie *intarissable*. (J. J. M.)

(2) Ce nom signifie en arabe *le pays desséché, nu, sans végétation, le désert;* la plupart des géographes modernes donnent à tort à cette dénomination le sens de *pays des dattes, pays des palmiers*; ils ont été induits en erreur par le mot *djeryd*, qui signifie, il est vrai, *branche de palmier*, mais qui ne désigne qu'une branche sèche, effeuillée, dépouillée de ses folioles, de ses rameaux, et réduite ainsi à l'état de bâton et de javelot : les branches vertes (*ghosn*), les dattes (*balaa* ou *thamr*), les palmiers eux-mêmes (*nakhl*), portent des noms qui n'ont avec celui-ci aucune analogie. La racine du mot *djérid* est le verbe *djered* (il a dévasté, il a dépouillé), et c'est également de cette racine que s'est formé le nom *djérád*, donné aux sauterelles à cause de leurs dévastations, qui changent quelquefois en déserts les cantons les plus fertiles et les mieux cultivés. (J. J. M.)

construites en branches de palmiers, que lient entre elles un mortier de boue et de sable. Aucun vestige d'antiquité ne subsiste plus dans les lieux habités autrefois par les Cinéthiens, les Machlyes, les Auses, et les Maxyes; je me bornerai donc à une énumération sommaire, et je n'entrerai dans quelques détails qu'à l'égard de l'immense marécage qui sépare du Désert les pays habités, et qui paraît avoir été jadis ce *Palus Tritonis* célébré par l'ancienne géographie.

Sbekkah (la *Cerbica* de Ptolémée) est à dix-huit lieues (72 kilomètres) à l'ouest-sud-ouest de *Gafsah*; puis à douze lieues (24 kilomètres) au sud-sud-ouest, *Tegouf*, ou *Tedjouf* (l'ancienne *Tichafa*); puis, tout auprès de cette dernière position, *Ebbah* (l'ancienne *Thabba*); puis on arrive à *Tozer* (autrefois *Tisurus*), situé à quatre lieues (16 kilomètres) au sud-ouest de *Tegous*: cinq lieues (20 kilomètres) plus loin, au sud-ouest, on trouve *Neftah* (l'ancienne *Negeta*).

De là, en traversant le grand marais, on entre au district de *Nyfzouah*, où l'on trouve *Télémyn* (l'ancienne *Almæna*), à dix lieues (40 kilomètres) à l'est-sud-est de *Tégous*, puis, à deux lieues (8 kilomètres) au sud-est, *Ebilly* (autrefois *Vepilliam*).

Les seules traces de l'ancienne domination romaine qu'on rencontre dans toutes ces positions se bornent à quelques fragments informes de marbres brisés, épars en quelques endroits sur le sol, sans qu'on puisse y reconnaître le moindre tronçon de colonne, la moindre moulure d'entablement, le moindre mot appréciable d'aucune antique inscription.

Le commerce des habitants si peu nombreux de ce quartier immense ne consiste qu'en dattes, qu'ils échangent contre de l'orge, de l'huile, de la toile, et autres objets nécessaires, soit à leur subsistance, soit à leur habillement, apportés des provinces septentrionales de Tunis, de Tripoli, de l'Algérie et de Marok même. *Tozer* est le marché le plus considérable et l'entrepôt le plus fréquenté de ce trafic: les dattes que l'on y vend sont les plus estimées; et il y a des marchands qui, faisant ce commerce en grand, les portent à travers le grand Désert jusqu'au *Beled-és-Soudán* (le pays des Noirs), d'où ils ramènent des Nègres, qu'ils troquent contre des dattes, ordinairement sur le pied de deux ou trois *qonttars* (1) par tête d'esclave (2).

Le grand lac, ou marais, dont je viens de parler (3) établit dans ses sinuosités une ligne de séparation entre le territoire de *Tégous*, les hameaux qui avoisinent *Tozer*, et la partie du territoire de *Nyfzouah*, qui entre autres villages comprend *Télémyn* et *Fatnassah*: on donne à ce lac marécageux le nom de *Sebkhat-êl-Aoudyah*, c'est-à-dire *le marais des poteaux* ou *des jalons* (4); il a reçu cette dénomination à cause du grand nombre de troncs de palmier qui y sont plantés de distance en distance pour servir d'indication aux passages praticables: sans le secours de ces *poteaux indicateurs*, les caravanes qui sont obligées de traverser ce lac ne pourraient que s'égarer dans une route de plus de seize milles, au milieu d'un horizon aussi plat que celui de la mer, et courraient à chaque pas le danger inévitable d'être englouties dans les sables mouvants, et dans les gouffres des immenses fondrières dont se compose presque entièrement cet abîme fangeux.

Ce marais s'étend de l'est à l'ouest, sur une longueur d'environ vingt lieues (80 kilomètres), et sa plus petite largeur est au moins de six lieues (24 kilomètres); il renferme un grand nombre de petites îles, une entre autres, située vers l'extrémité orientale, sous le même méridien que *Télémyn*, et qui, quoique inhabitée, est remplie d'innombrables palmiers: s'il en fallait croire les traditions des Maures, la plantation de cette forêt isolée serait due à une circonstance bien singulière: suivant eux, une armée égyptienne ayant fait

---

(1) Le *qonttar* équivaut à cent rotls, ou à peu près à 50 kilogrammes.

(J. J. M.)

(2) *Voyez* ci-après le chapitre XVI, sur le commerce des esclaves nègres.

(3) *Palus Tritonis*.

(4) *Voyez* sur le mot *Sebekhah*, ou *Sebkhat*, ci-dessus la note 1 de la page 12. A l'égard du mot *Aoudyah*, il dérive de *aoud*, qui en arabe signifie *un tronc d'arbre, un poteau de bois*.

(J. J. M.)

autrefois une invasion dans cette contrée, s'arrêta quelque temps sur cette île, alors nue et sans végétation; les dattes, disent-ils, composaient en grande partie l'approvisionnement que ces troupes avaient apporté dans leur expédition, et les palmiers maintenant existants tirent leur origine des noyaux de ces dattes que les Égyptiens y ont jetés.

On ne peut douter que le *Sebkhat-él-Aoudyah* ne soit identique avec le *Lacus Tritonis* des anciens, et l'île aux Palmiers celle de *Phla*, dont parle Hérodote, et dans laquelle Diodore de Sicile prétend que les Amazones libyennes avaient bâti une ville, qu'il appelle *Chersonèse* (1).

Megs est un des plus petits villages du territoire de *Nyfzouah*, situé à trois lieues (12 kilomètres) est-nord-est de *Ébilly* : après l'avoir dépassé, on a devant soi une route de près de trente milles, à travers un terrible désert, où l'on ne trouve ni une goutte d'eau ni un brin d'herbe.

Il faut pourtant le traverser pour arriver à *El-Hammah*, située à quatre lieues (16 kilomètres) à l'ouest de *Gabs* : la ville d'*El-Hammah* est l'extrême frontière de la Régence de ce côté; et par cette raison les Tunisiens y ont construit un petit fort, où ils entretiennent une garnison.

La vieille ville est à quelque distance de ce fort, et on y rencontre quelques traces d'antiquités; mais il n'y subsiste plus ni édifice remarquable, ni monument, ni inscription.

El-Hammah tire son nom de quelques eaux thermales qu'elle possède, et elle est désignée communément par le titre de *Hammah-él-Gabs*, qui lui a été donné afin de distinguer sa position d'une autre du même nom, située à quelques milles au nord de *Tozer*, et où se trouvent également des bains chauds.

Ceux de *Hammah-él-Gabs*, quoique assez fréquentés, sont dans un état misérable et seulement recouverts d'un toit de paille. Il y a plusieurs bassins de douze pieds (4 mètres) à peu près en carré, sur une profondeur d'environ quatre pieds et demi (1 mètre 50 centimètres), avec des bancs en pierre au-dessous de la surface de l'eau, pour la commodité des baigneurs.

Un de ces bains particuliers porte le nom de *bain des lépreux* ; et l'eau qui s'en écoule forme un peu au-dessous un étang dont Léon l'Africain fait mention sous le nom de *Lac des lépreux*.

Les sources qui alimentent ces bains viennent du sud, à un mille et demi au-dessus de la ville; leurs eaux se réunissent ensuite et forment un petit ruisseau qui, partagé en un grand nombre de canaux, sert à arroser les jardins et le peu de terres cultivables qu'offrent les environs de la ville. Ce ruisseau se dirige ensuite vers l'extrémité orientale du grand marais dont j'ai parlé ci-dessus; mais avant d'y arriver les eaux se perdent dans les sables, à quelques milles de *El-Hammah*.

Les principales tribus arabes et berbères qui habitent le Quartier d'Hiver sont les diverses branches des *Farachys* et des *Ouéled-Séyd* : ces derniers s'étendent surtout le long du *Sahel* (2), nom qu'ils donnent à la partie la plus orientale de cette province, depuis *Herklah* jusques à *Sfax* : les *Farachys* occupent la plus grande partie de l'intérieur des terres, particulièrement les environs de *Spaytlah* et de *Foussanah*.

Les *Ouéled-Sydy-Bou-Gannim* (3) sont au nord des plaines de *Foussanah*, et s'étendent jusqu'aux montagnes d'*El-Loulyah* et de *Hydrah*.

A l'est de ceux-ci, en s'avançant du côté de *Sbybah* et de la montagne nommée *Djebel-Megala* (4), on rencontre les douârs des *Ouéled-Omrân*.

Les *Ouéled-Matty* font paître leurs troupeaux dans le riche pays qui avoisine *Yousef* et *Zouâryn*, et les *Ouéled-Yagoub* habitent une campagne non moins fertile, presque sous les murs de *Qeff*.

Enfin les Bédouins des frontières sont les *Ouéled-Bou-Gaff*, qui disputent fréquemment le passage de la rivière *Serrat* aux *Ouorgahs*, tribu formidable dont

---

(1) Diod. Sic. lib. III.

(2) Le mot *Sahel* signifie *plaine* en langue arabe. (J. J. M.)

(3) Leur territoire renferme un sanctuaire, ou santon, consacré à un marabout dont ils ont dérivé leur nom.

(4) *Voyez* ci-dessus, la note 1 de la page 42.

la résidence habituelle est dans les dépendances de l'Algérie.

Au reste, quoique plusieurs de ces tribus se livrent à la culture des terres, il est rare de leur voir former des établissements sédentaires, et on les rencontre communément à l'état nomade dans les diverses contrées du Pachalyk, qu'elles parcourent aux diverses époques de l'année, par peuplades plus ou moins nombreuses.

CHAPITRE VII.

Climat de la Régence; — température; — saisons; — vents dominants; — miasmes; — pluies; — eaux; — sol et productions; — culture; — fruits, légumes; — jardins; — maisons de campagne; — arbres; — animaux domestiques.

Il n'est pas permis de douter que le climat et la température, dont on reconnaît généralement les influences directes sur la variété des productions de chacun des trois règnes de la nature, n'aient également la même action sur le système physique et moral de l'espèce humaine; Polybe avait senti cette vérité lorsqu'il disait que « c'est le climat qui forme « les mœurs, le caractère, la couleur « et les tempéraments des hommes. »

Je regretterai donc bien vivement de n'avoir pu recueillir des observations assez multipliées et assez exactes sur les différentes variations du baromètre et du thermomètre dans ces contrées, où je n'ai pu me procurer ces instruments; quoique peut-être les observations que j'aurais pu faire pendant le peu d'années de mon séjour n'eussent certainement pas suffi pour établir un système complet et une appréciation exacte des différentes modifications si variables de la température.

Une seule personne, M. Magra, consul britannique, qui a habité pendant de longues années à Tunis, et qui possédait les instruments nécessaires, aurait pu me fournir une série d'observations météorologiques exactes, et comparées dans leurs variations d'une année à l'autre; mais il était malheureusement absent de cette résidence dans les derniers temps que j'y ai séjourné, et au moment de mon départ je n'ai pu réclamer de son obligeance la communication qu'il avait bien voulu me promettre du recueil de ses observations année par année et jour par jour.

Je me bornerai donc à tracer rapidement ici ce que mes souvenirs ont conservé des conversations intéressantes que nous avons eues ensemble sur ce sujet, et j'y joindrai les observations générales que j'ai été à portée d'y faire, d'après mes sensations comparées avec celles que j'avais conservées du climat d'Égypte, et surtout d'après les renseignements que je me suis fait un devoir de puiser chez d'autres personnes recommandables et dignes de foi, qui ont également longtemps séjourné à Tunis.

La partie habitée de la Régence étant située entre le 34ᵉ et le 37ᵉ degré de latitude septentrionale, on y jouit en général d'un air sain et assez tempéré : la température n'y est presque jamais trop chaude ni trop étouffante en été, et dans l'hiver le froid n'y est ni trop vif ni de trop longue durée : il est très-rare que le thermomètre y descende jusqu'à la gelée, et c'est dans ce seul cas qu'on voit tomber de la neige. Le thermomètre, d'un autre côté, ne monte au plus haut degré de chaleur que quand le vent souffle du *Sahrâ ;* aussi voit-on les saisons se succéder d'une manière presque insensible, sans variations brusques dans la température, et l'on pourra juger de cette égalité habituelle en remarquant que le baromètre ne varie, quelque temps qu'il fasse, que d'un pouce et trois dixièmes, c'est-à-dire depuis 29 pouces un dixième jusqu'à 30 pouces quatre dixièmes.

Les anciens Arabes partageaient autrefois l'année en six saisons, auxquelles ils donnaient la dénomination commune de *Foussoul* (1), et qui comprenaient chacune deux mois de l'année; ils désignaient alors par le nom de *Raby* non-seulement les deux mois du printemps, mais encore les deux mois de l'automne ou *de la récolte* (2).

(1) *Foussoul* est le pluriel du mot arabe *fasl,* qui signifie proprement *division, séparation, partie séparée et distincte.*
(J. J. M.)

(2) Le mot arabe *raby* signifie proprement le *fourrage vert,* soit de la première coupe,

Par la suite les Orientaux n'admirent plus dans leur année que trois saisons, c'est-à-dire 1° le printemps, auquel ils conservèrent son nom de *Raby*; 2° l'été, qu'ils nommèrent *Sayf*; 3° l'hiver, qui fut appelé *Chitâ* : alors l'époque de l'automne était comprise dans celle de l'été (1).

A l'époque où les Arabes ont compté six saisons ils partageaient en deux époques chacune des trois saisons ci-dessus indiquées; mais maintenant l'usage de compter quatre saisons s'est peu à peu introduit chez la plupart des peuples orientaux.

Les quatre saisons de l'année ont beaucoup plus d'analogie avec celles des parties méridionales de la France ou de l'Espagne et de l'Italie, qu'avec celles de l'Égypte.

L'automne, que les Arabes nomment *Fasl dêl-kharyf,* y commence ordinairement en septembre; cette saison est tempérée et souvent pluvieuse, ou du moins fort orageuse. Cette première saison de l'année solaire des Arabes (2)

soit du regain : deux mois de l'année musulmane ont conservé le nom de *Raby*, qui est maintenant sans application précise à aucune saison, puisque cette année étant maintenant lunaire fait successivement parcourir à la saison du printemps tous les mois de l'année pendant un cycle de trente-deux ans.

(J. J. M.)

(1) Un ancien poëte arabe fait allusion à cette antique division des saisons dans un distique dont voici la traduction :

« L'hiver succède à l'été, à l'hiver succède
« le printemps; ainsi sont variables nos dé-
« sirs et nos destinées. » (J. J. M.)

(2) L'année solaire des Arabes a son commencement à peu près à l'époque de l'équinoxe de septembre.

Les mois qui la composent sont les suivants :

1° *Techryn él-Aouel;*
2° *Techryn ét-Thâny;*
3° *Kânoun él-Aouel;*
4° *Kânoun ét-Thâny;*
5° *Chabâtt;*
6° *Adâr;*
7° *Nyssân;*
8° *Ayar;*
9° *Houzeyrân;*
10° *Tamouz;*
11° *Ab;*
12° *Éyloul.*

se prolonge quelquefois jusqu'à la moitié de janvier.

Lorsque l'hiver, qu'on nomme *Chitouah*, ou *Fasl-des-chitâ*, est prématuré, il commence quelquefois avec la nouvelle année des Européens; mais il dure rarement plus de deux mois ou environ dix semaines. Les habitants se réjouissent de voir les pluies fréquentes de cette saison (3), car la fréquence de ces météores est pour eux le sûr présage d'une récolte abondante, tandis que la siccité à cette époque annoncerait une prochaine disette.

L'hiver pluvieux leur fournit en outre plus particulièrement l'approvisionnement de l'eau qu'ils ont soin de conserver dans des citernes; mais cet approvisionnement annuel, pour peu qu'on le dissipe mal à propos, ne suffit pas pour tout le courant de l'année.

Il est du reste bien rare de voir le froid parvenir jusqu'au point de la congélation, et il est plus rare encore de voir tomber de la neige : j'avoue cependant en avoir vu tomber pendant un jour entier, phénomène qu'on n'avait pas observé à Tunis depuis dix-sept années.

Comme les rues de Tunis ne sont pas pavées, il résulte de cet état de la voie publique que pour peu qu'il pleuve on ne peut guère circuler en hiver dans la ville qu'avec des bottes ou en se servant d'une monture.

Le printemps (*Fasl-der-Raby*) n'a guère plus de durée que l'hiver, et comme lui ne comprend qu'environ deux mois.

Les mois de l'année lunaire des musulmans sont les suivants :

1° *Moharrem*, ou *Aachour;*
2° *Safar*, ou *Chây él-Aachour;*
3° *Raby él-Aouel*, ou *Mouloud;*
4° *Raby êt-Thâny*, ou *Chây él-Mouloud;*
5° *Djemâdy él-Aouel*, ou *Djoumâd él-Aouel;*
6° *Djemâdy ét-Thâny*, ou *Djoumâd él-Akher;*
7° *Bedjeb*, ou *Érdjeb;*
8° *Chaabân;*
9° *Ramaddân;*
10° *Chaouâl*, ou *Chahar-Aftour;*
11° *Dou-l-Qaadêh*, ou *Bout-Djelayb;*
12° *Dou-l-Hadjèh*, ou *él-Iid-él-Kebyr.*

(J. J. M.)

(3) Le mot arabe *chitâ* signifie en même temps *hiver* et *pluie*. (J. J. M.)

En revanche, l'été, nommé *Fasl-dés-sayf*, est long, et on peut compter que sa durée est de cinq mois au moins; j'ai lieu de penser que le degré de chaleur ordinaire est de 25 à 30 degrés du thermomètre de Réaumur.

Au reste la chaleur de l'été est entièrement subordonnée à la nature et à la force des vents qui dominent alternativement et assez constamment pendant toute l'année, et qui la plupart du temps se succèdent sans aucun ordre régulier.

Lorsque les vents du sud, que les Maures nomment *Lebetch*, ou *Lebâdjy* (le *Lebecchio* des Italiens), ou ceux du sud-est nommés *Qably*, dominent, la température est réellement accablante, et l'atmosphère est troublée par des vapeurs étouffantes. La plupart des personnes qui y sont exposées éprouvent un malaise général, qui ne disparaît que lorsque ce vent a cessé de souffler.

Les autres vents dont le souffle alterne avec ceux-ci sont ceux du nord nommés *Djerdjy*, du nord-est (*Cherqy-Moudjerredj*), de l'est (*Cherqy*), du sud-ouest (*Ghadyyah*), de l'ouest (*Gharby*), et du nord-ouest (*Semâouy*) (1).

Les vents soufflent assez ordinairement de la mer, c'est-à-dire du nord-est et du nord-ouest, avec des variations qui rapprochent leurs aires de l'est ou de l'ouest. Les vents du nord-est et ceux en général de la région de l'est dominent depuis le mois de mai jusqu'à celui de septembre; pendant le reste de l'année les vents du nord-ouest et de l'ouest sont les plus réguliers.

Quelquefois, surtout vers les époques équinoxiales, la Régence est exposée à des rafales de ce vent fort impétueux du sud-ouest que nous avons vu ci-dessus nommé par les Arabes *Lebetch*, auquel les anciens avaient donné le nom d'*Africus*, et qui était généralement regardé par eux comme le vent des tempêtes (2).

(1) En langue franque, *Norte, Norte-Levanti, Levante, Schiroco-Ponente, Garbino, Norte-Ponenti*.

(2) *Africus furibundus, ac ruens ab occidente hiberno.*

SENEC. *Natur. Quæst.* V.

Una Burus Notusque ruunt, creberque procellis, Africus......

VIRGIL. *Æneid.* lib. I.

4ᵉ *Livraison.* (TUNIS.)

Les vents d'ouest, du nord et du nord-ouest, amènent ordinairement le beau temps en été et la pluie en hiver; mais les vents de l'est et du sud sont presque toujours secs, quoiqu'ils poussent devant eux de gros nuages et que le temps soit alors fort couvert.

Les vents du sud, qui sont ordinairement chauds et violents, soufflent quelquefois cinq ou six jours de suite; ils sont assez fréquents en juillet et en août, et rendent l'air si prodigieusement étouffant que les habitants sont obligés de jeter de l'eau en abondance sur leurs planchers, pour rafraîchir leurs demeures et les rendre supportables.

On éprouve aussi quelquefois ces rafales subites et presque meurtrières dans les autres mois de l'année, et on assure qu'on en a eu des exemples même en janvier.

Les vents du nord font monter le baromètre à 30 pouces et 2 ou 3 dixièmes, quoiqu'ils soient le plus souvent accompagnés de grosses pluies et de tempêtes; mais les vents d'est ou d'ouest n'y produisent point d'effets constants, et dans les trois ou quatre mois de l'été le mercure se maintient toujours environ à 30 pouces, sans aucune variation sensible, soit que le vent vienne de l'est, soit qu'il souffle de l'ouest; mais lorsque les vents chauds du sud règnent dans l'atmosphère, le baromètre ne monte guère plus haut que 29 pouces 3 dixièmes, ce qui est aussi sa hauteur ordinaire pendant les pluies qu'amène un gros vent d'ouest.

Ces vents du sud favorisent plus que tous les autres le dégagement du gaz hydrogène carboné; c'est par cette raison qu'il règne alors dans plusieurs endroits de Tunis et du reste de la Régence une puanteur insupportable, qui ferait croire qu'on est plutôt dans une vaste latrine que dans une ville habitable.

Cependant j'ai vu avec un véritable étonnement jusqu'à quel point les Européens établis dans ce pays se sont accoutumés à cet intolérable méphitisme; ils sont si indulgents à cet égard, qu'ils considèrent ce désagrément comme bien peu appréciable, et ne s'en plaignent

Luctantem Icariis fluctibus Africum Mercator metuens.....

HORAT. *Carm.* lib. I, od. I.

aucunement. Il faut vraiment qu'ils se croient suffisamment indemnisés par d'autres avantages pour tenir aussi peu de compte de cet inconvénient, qui se renouvelle à chaque instant aux moindres variations des vents et de la température.

Il est plus étonnant encore d'observer que les émanations qui s'élèvent de ces cloaques ne soient jamais devenues le germe de maladies épidémiques; on doit en dire autant de la corruption des charognes d'animaux morts qu'on trouve fréquemment jetées çà et là aux alentours de la ville, souvent même aux coins des rues de chaque quartier et dans les impasses peu fréquentées.

Le docteur *Shaw* ainsi que plusieurs habitants de Tunis pensent que ces miasmes sont neutralisés par les émanations salutaires de la grande quantité de broussailles aromatiques qu'on brûle journellement dans les fours nombreux qui servent tant à calciner la chaux qu'à cuire le pain, dans lesquels les feux ne cessent ni jour ni nuit d'être allumés.

On ne croira pas qu'il soit nécessaire de combattre cette opinion; car, pour peu qu'on soit versé dans les sciences physiques, on sait que le feu en lui-même, loin de corriger les mauvaises qualités de l'atmosphère, peut au contraire le vicier en consommant une trop grande quantité d'oxygène.

La prévention favorable si généralement répandue à l'égard du feu pour la purification de l'air n'a pour fondement que l'activité des courants qu'il y occasionne et multiplie, et ce n'est par conséquent que dans les vastes édifices, dans les amphithéâtres ou les hôpitaux, qu'on peut sous ce rapport se promettre de retirer du feu un avantage réel.

Il n'est pas douteux que la mauvaise odeur qu'on éprouve à Tunis ne dépende du dégagement d'une grande quantité d'hydrogène sulfuré, car on y observe constamment que l'or et l'argent, s'ils ne sont pas scrupuleusement enfermés, noircissent en très-peu de temps et perdent entièrement leur brillant métallique.

Comme ce gaz est de la plus grande légèreté, comme aussi l'atmosphère est continuellement agitée par les vents, il me paraît indubitablement démontré que c'est aux vents seuls qu'il faut attribuer la salubrité de l'air à Tunis, malgré les obstacles qui sembleraient devoir s'y opposer.

Il ne paraîtra pas, je crois, hors de propos de rapporter ici quelques faits qui non-seulement serviront à appuyer ce que je viens d'avancer, mais qui prouveront en même temps que ce même gaz concentré dans l'intérieur des navires exerce souvent des effets pernicieux et léthifères.

La plupart des navires marchands partant de Marseille pour aller chercher de l'huile à Tunis ont généralement la coutume de remplir la plus grande partie de leurs futailles d'eau puisée dans le port qu'ils quittent, afin d'empêcher le desséchement et l'écartement des douves.

Dès que les bâtiments sont en pleine mer et fortement agités, il se manifeste à bord une puanteur détestable; l'argent et l'or y noircissent. Arrivés dans la rade de Tunis, ils vident cette eau pour la remplacer par l'huile qu'ils s'y procurent, et il n'est pas rare alors de voir tomber malades ceux de l'équipage qui sont chargés de ce soin, surtout si après avoir enlevé la bonde de quelques tonneaux ils ne se hâtent pas de monter sur le pont pour y respirer un air non vicié par les émanations méphitiques de l'entre-pont et des soutes de la cale.

Nous connaissons des exemples de matelots qui ont été atteints d'une fièvre aiguë nerveuse immédiatement après le vidage des tonneaux; d'autres ont été frappés de violentes ophthalmies et de cécités subites; le seul moyen d'éviter de tels inconvénients serait d'engager les capitaines des navires à faire monter sur le pont les futailles remplies d'eau pour les vider en plein air : cela serait sans doute plus pénible, mais cette opération ainsi pratiquée éviterait incontestablement des accidents graves chaque jour renouvelés.

Les vents d'est (*Cherqy*) sont plus frais et moins importuns pour ceux qui les respirent; mais ils ont l'inconvénient de porter sur une grande partie de la ville les exhalaisons des environs du lac, où pourrit toujours un nombre considérable de charognes et d'autres matières fétides.

Les vents du nord (*Djerdjy*) et du nord-ouest (*Semaouy*) sont les plus sains et les plus agréables; on éprouve lorsqu'ils soufflent, surtout en été, une sensation de bien-être et de vigueur qui fait facilement oublier l'importunité des autres vents. Si ces vents de nord et de nord-ouest régnaient régulièrement en été, comme ils règnent en Égypte, je pense qu'on ne pourrait guère trouver un dédommagement plus agréable contre l'intensité des chaleurs; mais comme ils varient autant en été que dans les autres saisons, on est trop souvent accablé à Tunis par ces chaleurs excessives.

Il n'y a que très-peu d'eau douce dans les environs de cette ville, et toute celle qu'on y trouve est plus ou moins saumâtre : il est vrai que le peuple de ces contrées n'est pas fort difficile sur la qualité des eaux potables, et j'en ai vu souvent boire dont le goût se rapprochait plutôt de celui d'une potion médicinale que de toute autre espèce de boisson.

L'eau du *Bardo*, quoique généralement vantée dans le pays, n'est même pas très-bonne; aussi le Bey a-t-il la précaution d'en envoyer chercher à quelque distance par des esclaves et des bêtes de somme dont les outres se remplissent à de certaines sources dans l'intérieur de la montagne et en rapportent une eau pure et salubre. Lorsqu'un particulier, soit maure, soit européen, manque d'eau, il s'adresse à un de ces esclaves, qui peuvent toujours disposer d'une charge, dont le prix ordinaire est d'une demi-piastre (1); mais si les demandes se multiplient, on paye quelquefois une charge de cette eau une piastre, ou même une piastre et demie. Aussi une grande partie des habitants ne boit-elle que l'eau des citernes, construites avec soin pour conserver l'eau des pluies.

Il pleut rarement dans ces climats, et surtout en été il est rare que les pluies durent plus de deux ou trois jours, après lesquels revient le beau temps; cependant on m'a assuré qu'on avait vu pleuvoir à Tunis pendant quarante jours de suite, ce qui parut alors un phénomène remarquable. Dans le *Sahrâ* surtout et dans le pays de *Djeryd* il ne pleut presque jamais, et les plus fortes pluies se réduisent à quelques gouttes d'eau.

Cependant on raconte qu'il tomba à *Tozer* une de ces petites pluies qui dura deux heures entières, et qui y occasionna les plus fâcheux accidents : les toits des maisons n'y étant construits qu'en branchages de palmiers, recouverts par des tuiles d'argile pétrie et séchée au soleil, la pluie délaya ces tuiles et fit effondrer un grand nombre de toits et de murailles composées de briques de même nature; on ne faisait aucun doute que si la pluie se fût prolongée ou eût acquis plus d'intensité, la ville tout entière n'eût été réduite en un immense monceau de boue.

Les premières pluies tombent en septembre, quelquefois un mois plus tard; c'est alors que les Arabes commencent à labourer leurs terres; ensuite, c'est-à-dire vers le milieu d'octobre, ils sèment leur froment (*qamêh*) et plantent leurs fèves (*foul*); l'orge (*chayr*), les lentilles (*ats*) et les pois chiches (*garbanços*) ne se sèment que deux ou trois semaines plus tard, de manière à ce que ces semailles soient terminées pour la fin de novembre.

Si les pluies de l'arrière-saison tombent vers le commencement d'avril, comme c'est l'ordinaire, on est assuré d'une bonne récolte; la récolte se fait à la fin de mai, ou dans les premiers jours de juin, suivant le temps qu'il a fait auparavant et les circonstances, qui peuvent l'avancer ou la retarder de quelques jours.

Deux boisseaux et demi de froment ou d'orge suffisent pour ensemencer l'étendue de terre qu'une paire de bœufs peut labourer en un jour.

Un boisseau en rend ordinairement de huit à douze; on m'a cependant assuré que dans certains districts le froment rapportait bien davantage; aussi n'est-il pas rare de voir un seul grain produire douze ou quinze tuyaux : on prétend même en avoir vu dont étaient sortis quarante et même quatre-vingts tuyaux : chaque tuyau a souvent plu-

(1) *Voyez* ci-après, dans la deuxième partie, la Notice sur les monnaies de Tunis.

4.

sieurs épis dont chacun en contient quelquefois plusieurs autres.

Mais cette fécondité est encore bien loin de celle que les anciens attribuaient au froment de l'Afrique, et particulièrement à celui de la *Byzacène*; car Pline (1) parle d'une plante qui avait produit trois cents ou quatre cents tiges toutes nées d'un seul grain, et évalue en général le produit du blé à cent cinquante mesures pour une seule semée.

Au reste, ces blés varient dans leurs qualités, suivant la nature du terrain qui les produit; et ceux qui sont récoltés dans les plaines de *Bousdyrah* sont estimés les meilleurs de toute la Régence. Dans quelques districts, où on peut suffisamment se procurer de l'eau pour les irrigations en été, comme en diverses plaines qui s'étendent le long du cours de la *Medjerdah*, on sème du riz (*rouz*), du maïs (*dourrà* ou *tourkyah*), et particulièrement une espèce de millet blanc, que les Arabes nomment *dirah*, et qu'ils préfèrent pour engraisser leurs bestiaux.

Les grandes cultures des Maures sont en froment et en orge; dans un très-petit nombre de localités, on sème une espèce de froment pointu que les Arabes nomment, je ne sais pourquoi, *djenah-nesr*, c'est-à-dire *aile d'aigle* ou *de vautour;* mais cette culture est si peu répandue, qu'elle vaut à peine une mention dans les travaux agricoles. A l'égard de l'avoine, les Arabes n'en sèment jamais, et ne nourrissent leurs chevaux que d'orge.

Au lieu de battre les grains, les Maures ont conservé l'ancienne coutume de les fouler; plus expéditive que notre méthode, cette opération est loin d'offrir les mêmes résultats sous le rapport de la propreté : elle se pratique en effet sur des aires de terre battues et recouvertes d'un enduit de fiente de vache : il est ainsi facile de concevoir combien d'ordures et de graviers se mêlent alors inévitablement au grain; de plus, la paille qui doit servir à la nourriture des bestiaux se trouve entièrement brisée et hachée par cette opération, qui s'exécute au moyen d'une espèce de chariot garni de rondelles tranchantes, et que l'on nomme *dirás*.

(1) Pline, lib. XVIII, cap. 10.

Le foulage du blé étant terminé, on vanne le grain en le jetant avec des pelles à l'opposite du vent, puis on l'enfouit pour le conserver dans d'immenses fosses, ou magasins souterrains pouvant contenir jusqu'à trois cents ou même quatre cents boisseaux, et auxquels on donne le nom de *matmourah* (1), moyen de conservation que Pline et Hirtius (2) nous apprennent avoir été pratiqué dans ces contrées dès la plus haute antiquité (3).

Le sol est en grande partie argileux ou sablonneux; mais il est fertile, et produit tout ce que l'on peut désirer, pourvu qu'il soit arrosé par les pluies à des époques convenables; si cette faveur du ciel lui est refusée, il devient bientôt absolument stérile, se refuse à la culture, et se dépouille de toute végétation.

Lorsque les pluies manquent totalement, comme cela arrive quelquefois, la famine se manifeste d'autant plus promptement que les cultivateurs ne conservent pas toujours des denrées pour les besoins des années suivantes.

Les environs de Tunis présentent en général un mélange de vues variées et un spectacle vraiment pittoresque, l'horizon n'offrant de toutes parts que des plaines agréables, coupées en divers sens par des montagnes boisées et des collines verdoyantes qui charment presque partout les regards par leur aspect riant et par la diversité de leurs perspectives.

Les principaux arbres qui embellissent ces paysages sont les palmiers-dattiers (*phœnix dactylifera*), que les Arabes nomment *nakhl* ou *nakhlah*, et qui croissent en grande abondance, surtout dans les parties maritimes de cette contrée; il s'en trouve aussi beaucoup de plantations dans l'intérieur des terres; mais il n'y a guère que ceux du *Sahrà* et du pays de *Djeryd* dont les fruits parviennent à leur entière perfection.

Pour multiplier les palmiers, on transplante ordinairement les rejetons qui

(1) Ce mot est dérivé de la racine arabe *temer*, qui signifie *enfouir, cacher sous la terre*. (J. J. M.)
(2) Plin. lib. XVIII, cap. 30. — Hirt. *Bell. Afric.* cap. 57.
(3) Pline donne à ces magasins souterrains le nom de *siri*.

croissent au pied des vieux arbres, et si ces jeunes tiges sont convenablement soignées, elles donnent du fruit dès la sixième ou la septième année, tandis que les arbres nés de noyaux n'en produisent qu'au bout de seize ans.

On sait que les palmiers sont mâles et femelles, et que les fruits de ces derniers ne sont que secs et sans saveur s'ils n'ont été fécondés par le pollen des mâles. Cette fécondation s'opère au mois de mars ou d'avril, lorsque les gousses qui renferment les grappes des fleurs et des fruits commencent à s'ouvrir; les dattes sont déjà formées et les fleurs couvertes d'une fine poussière. Deux procédés sont alors employés : le premier consiste à prendre un jet ou deux de la grappe du palmier mâle, et à l'insérer dans la grappe de l'arbre femelle; autrement on prend une grappe mâle entière, et on en secoue la poussière fécondante sur les grappes des arbres femelles. C'est cette dernière méthode que j'ai vu pratiquer en Égypte, où les palmiers mâles sont très-nombreux; mais le premier procédé est préféré dans la Régence, où les arbres mâles sont moins communs, et alors un seul palmier mâle suffit pour féconder quatre ou cinq centaines d'arbres femelles.

Les Maures nomment cette opération *doukkar*, c'est-à-dire *fécondation par le mâle*, et ils la pratiquent également à l'égard des figuiers, par la suspension de quelques figues d'un figuier mâle ou sauvage sur les figuiers femelles, pour empêcher leurs fruits d'avorter ou de dégénérer, pratique que Pline nous apprend avoir été connue des anciens, qui la nommaient *caprificatio* (1).

Le palmier-dattier entre dans sa plus grande vigueur environ trente ans après avoir été transplanté, et on assure qu'il continue pendant soixante-dix ans de porter chaque année quinze ou vingt grappes de dattes (*balaa* ou *thamr*), pesant chacune douze à vingt livres (6 à 10 kilogrammes). Ces arbres commencent ensuite à déchoir peu à peu, et tombent avant d'avoir vécu deux cents ans. Le seul soin qu'exige leur culture est de les arroser tous les quatre ou cinq jours, et de tailler successivement les branches qui viennent à vieillir dans la partie inférieure de leur touffe, à mesure qu'elle s'élève.

La plupart des autres arbres fruitiers de la Régence sont communs à l'Afrique et à l'Europe.

Celui qui les devance tous dans sa végétation, l'amandier, que les Maures nomment *chadjerah-dél-louz*, fleurit dès le mois de janvier, et on en recueille les fruits dès le commencement d'avril.

L'abricotier (*chadjerah-dél-michmàch*) donne sa récolte en mai; on donne à ses fruits le nom de *michmàch* et de *nyf*. Une variété qu'on appelle *sáchy*, qui n'a que la grosseur du brugnon, et qui de même ne se détache pas du noyau, se cueille un peu plus tard. Ce dernier fruit n'est pas regardé comme dangereux à manger, tandis que l'abricot ordinaire donne souvent la fièvre et la dysenterie; aussi est-il nommé en langue franque *matza-franka*, c'est-à-dire *bourreau des Européens*.

Dans le mois de juin on a deux ou trois espèces de prunes (*barqouq* ou *mollys*) et de cerises; mais ces dernières sont peu abondantes et presque sans saveur : cependant on les a honorées du titre de *habb-él-molouk* (2), c'est-à-dire de *fruit des rois*.

Vers la même époque on a aussi des mûres (*tout*) et des pommes (*toffàh*) : celles-ci deviennent plus communes en juillet et en août; mais elles sont loin d'être comparables aux espèces les plus communes de celles que produit la France.

C'est aussi dans le mois de juin qu'on cueille les figues hâtives (*bákour*), dont il existe deux variétés, l'une noire et l'autre blanche (3); mais la figue proprement dite (*kermous*) ne mûrit que fort rarement avant le mois d'août. C'est seulement cette espèce que l'on conserve en la faisant sécher, et dont on approvisionne les ports de la Méditerranée. Il y a encore une autre espèce de figue

---

(1) Pline, *Hist. nat.*, lib. XV, cap. 19. — *Voyez* aussi Palladius, *De re rustica*.

(2) Le mot arabe *habb* signifie proprement *une graine, un grain, une baie*. (J. J. M.)

(3) Le figuier est nommé *kermah* par les Maures. (J. J. M.)

longue et noirâtre, qui reste quelquefois sur l'arbre pendant tout l'hiver.

Les brugnons et les pêches (*khoukh*) se cueillent vers le milieu de juillet; les premiers surpassent les nôtres en grosseur et en saveur : les pêches ont une odeur exquise, et pèsent quelquefois jusqu'à dix onces.

Les premières grenades (*roummân*) sont mûres en août; elles parviennent quelquefois à une grosseur étonnante : on en voit qui ont jusqu'à quatre pouces (11 centimètres) de diamètre et qui pèsent une livre (un demi-kilogramme).

Enfin un fruit qui fait l'unique nourriture d'un grand nombre de pauvres familles pendant les mois d'août et de septembre, c'est la figue du nopal ou *opuntia*. Ce fruit, hérissé de piquants plus longs et plus dangereux que ceux de la châtaigne, a sans doute été apporté de l'Espagne sur les côtes barbaresques; c'est du moins ce que pourait faire présumer le nom qu'on lui donne de *kermous dên-nassarâ*, qui signifie la *figue des chrétiens*.

L'olivier (*chadjerah-dêz-zeytoun*) et le noyer (*chadjerah-dêl-gouz*) donnent des récoltes abondantes tous les deux ans.

L'olivier surtout est très-répandu dans toute la Régence; mais l'huile que son fruit y donne est bien loin d'approcher de l'excellence de celle de notre Provence; aussi ne s'en sert-on guère en France que pour les savonneries, où on en fait une grande consommation.

Je ne crois pas devoir mettre au nombre des ressources agricoles de la Régence quelques autres fruits, que l'on y rencontre en petites quantités : les châtaignes (*qostâl*), plus petites que celles de France, mais qui ne leur sont pas inférieures en bonté; l'arbouse (*bou-khannou*); les caroubes (*kharroub*); les poires sauvages (*iddjâs*); les coings (*seferdjel*); les nèfles, les jujubes (*zifzouf*), etc., ces fruits n'étant cultivés qu'en petite quantité et en peu d'endroits.

On voit dans les jardins des environs de Tunis toutes sortes de productions utiles et agréables; mais la culture entre les mains d'un peuple plus actif et plus industrieux y rendrait dix fois plus que les Tunisiens n'en obtiennent.

Pour entretenir la végétation dans ces jardins il est indispensable d'y avoir un puits, garni d'une roue à godets que font tourner des chameaux, des bœufs ou des chevaux, et au moyen de laquelle l'eau monte à la surface du sol pour se distribuer dans les divers canaux d'arrosage.

Les maisons de campagne des Tunisiens diffèrent en quelques points de celles de la ville; dans les premières, le *pateo* ou *ciel ouvert*(1) a un bassin d'eau presque toujours jaillissante, tandis que les secondes n'en ont pas : si on n'use pas de la précaution de faire vider souvent ces bassins, et de les faire nettoyer soigneusement, il n'est pas rare de voir, à l'approche de l'automne, le dégagement de gaz hydrogène qui s'y forme et s'y accumule, occasionner des ophthalmies ou même des fièvres ataxiques et pernicieuses.

La campagne devient riante et agréable dès que les pluies commencent à tomber : elle devient aride, stérile, et d'un aspect déplaisant par la cessation des pluies, dès que la saison de la sécheresse se déclare.

On rencontre fréquemment des étendues de terrain très-considérables en friche, ou privées de culture par le défaut des bras nécessaires. La dépopulation est telle dans quelques parties de ce pays, qu'on voyage souvent pendant plusieurs heures sans rencontrer ni habitations ni hommes.

Et cependant, quel heureux pays que celui de la Régence si elle était gouvernée par une législation sage et prévoyante, qui, correspondant à l'importance que ce pays est susceptible d'acquérir, saurait favoriser l'industrie manufacturière, entretenir et améliorer les voies de communication, assainir les marécages, amener les eaux superflues ou nuisibles sur les terrains secs et arides pour les fertiliser par une irrigation habilement coordonnée, et contribuer à l'accroissement de la population, dont la diminution est partout sensible, en encourageant les travaux, la culture, le commerce; en rouvrant les anciennes relations jadis établies avec l'intérieur du vaste continent, dont Tunis pourrait ainsi devenir l'entrepôt principal et la clef commerciale,

(1) *Voyez* ci-dessus, page 10, note 6.

comme autrefois l'était Alexandrie.

Outre la précieuse récolte d'olives (*zeytoun*) et de dattes (*thamr* ou *balaa*), ce qui fait la richesse de la Régence c'est la grande abondance du blé, du maïs (*dourrá*), des fèves (*foul*), des pois (*djoulbân*), des haricots (*loubyah*), des pois chiches ou lupins (*hoummous*), ainsi que de beaucoup de plantes légumineuses et potagères, telles que le chou (*kroumb*), la laitue (*khass*), l'artichaut (*kharchouf*), l'asperge (*sekkoum*), la poirée (*selq*), le pourpier (*ridjlah*), le cardon (*guernyn* ou *gannaryah*), le cresson (*zeyatah*), les raves (*left-beledy*), le navet (*left-mahfour*), le raifort (*figoul*), le persil (*kerafess*), le cerfeuil (*magdounes*), l'oignon (*bassal*), l'ail (*thoum*), le poireau (*beyberouz*), l'oseille (*hamyddah*), la tomate (*tomáttich*); mais ces dernières sont ordinairement assez chères, parce qu'elles ne sont en général que très-peu cultivées dans les jardins.

On y trouve cependant plusieurs espèces de courges (*qaraa*), de concombres (*khyâr* ou *fayous*) et de citrouilles (*mahyá*), des melongènes ou aubergines (*badindján* ou *badindjâl*), une grande variété de pastèques (*keouá*), et surtout de melons (*dillah*, *fellous*, *battykh*).

A la nomenclature des fruits que j'ai déjà cités, je dois ajouter encore les oranges (*ledjyn*), les citrons doux ou limons (*leym* ou *leymoun*), les citrons aigres (*lárendj*), les cédrats (*troundj*).

On peut joindre encore à cette liste quelques poires (*neggâs*), des amandes (*leouz* ou *neouá*), des raisins (*áyneb*), des noix (*gouz* ou *guergáa*), des noisettes (*zelzella*), etc.

Mais en général il est fort rare de pouvoir manger aucun de ces fruits dans un état complet de maturité qui permette à leurs qualités savoureuses une entière perfection, sous un ciel dont la température serait si favorable à ce développement. Les Européens voient avec regret les Maures les cueillir longtemps avant qu'ils ne soient tout à fait mûrs, et ils s'étonnent avec raison que le goût des gens du pays soit flatté à un tel point par la saveur âcre et acerbe de ces avortons encore verts.

Le raisin est abondant dans toutes les parties de la Régence; il est doux et savoureux; son jus est exquis, et probablement pourrait fournir un vin égalant ceux de l'Italie, de la Grèce et de l'Espagne: mais nul habitant, soit Maure, soit Juif, soit Européen, n'oserait fabriquer une grande quantité de vin sans avoir préalablement obtenu du bey une autorisation spéciale. La plus grande partie de ce que produisent les vignes (*dalyah*) de la Régence est convertie en raisins secs (*zebyb*), dont il se fait une grande exportation pour tous les ports de la Méditerranée.

Indépendamment des saisons, dont nous avons vu les noms ci-dessus, les Maures divisent aussi leur année agricole en quatre époques, qui correspondent à peu près aux saisons déjà indiquées.

Ces époques de l'agriculture, qu'ils comprennent sous la dénomination commune de *áouqât-del-felláhah*, sont les suivantes:

Le Temps du Labourage (*Ouaqt-dél-Harts*);

Le Temps des Semailles (*Ouaqt-déz-Zeryah*);

Le Temps de la Moisson (*Ouaqt-dél-Hissád*);

Le Temps du Battage des grains (*Ouaqt-déd-Derás*).

Dans la saison du bon pâturage on mange à Tunis d'assez bonne viande de bœuf (*begry*); mais cette viande perd tout à fait ses meilleures qualités dès que la sécheresse exile les troupeaux des prairies, et ne leur laisse pour nourriture que des herbes fanées.

Le mouton (*él-ghannâm*) a généralement un très-mauvais goût; aussi les personnes un peu aisées ne mangent guère que de l'agneau (*kharouf*), qui est infiniment meilleur, et qui au moins n'a pas le goût insupportable de suif qu'exhale la chair des vieilles brebis (*nadjah*) et des moutons adultes (*haohly*), envers lesquels la loi musulmane défend de pratiquer la castration.

Le porc (*hallouf*) est rare; on mange en revanche d'assez bons sangliers (*khanzir*), quoique l'un et l'autre soient également interdits par les prescriptions de l'islamisme.

Les volailles et surtout les poules (*djedâd* ou *dedjadj*) sont assez abondantes; mais elles ont bien renchéri depuis environ un siècle; et si l'on compare le prix qu'elles valaient en 1737, époque à laquelle le docteur Shaw a résidé dans ce pays, on trouvera qu'elles coûtent maintenant le quadruple des prix de cette époque.

Les oies (*ouezz*), les canards (*bork*) ne sont pas absolument rares. Dans la saison favorable on trouve en assez grande quantité sur le marché des pigeons sauvages (*hamâm* ou *limâm*), des cailles (*soummân*), des alouettes hupées (*koubaa*), des perdrix (*hadjel*), des outardes (*hobarâ*), des grives, des pintades (1) ou poules de Numidie (*bouzerrâd*), et un nombre prodigieux de sansonnets ou étourneaux (*zerzour*).

Le lièvre (*arneb*) et le lapin (*qouleyn*) sont aussi assez communs dans les marchés. La plus grande partie du poisson qu'on y vend est prise dans le lac de Bizerte, et n'est guère mangeable qu'en hiver; mais le bas peuple et surtout les Juifs en font leur principale nourriture, et le mangent en toute saison, même lorsqu'il est presque à demi gâté, dans les grandes chaleur de l'été.

Je terminerai ici mes remarques sur le climat et les productions du sol de la Régence, en répétant que ce pays entre les mains d'une nation industrieuse deviendrait bientôt une des plus belles contrées du globe entier, et pourrait même fournir à l'Europe beaucoup de denrées précieuses, telles que l'indigo, le sucre, le café, le carthame et d'autres productions utiles que nous sommes maintenant forcés d'aller chercher si loin et avec tant de risques.

CHAPITRE VIII.

Le Bey de Tunis; — Gouvernement de la Régence, Divan, Dewlelty; — Administration; — Avanies; — Tribunaux; — Justice; — Loix pénales; — Déportation; — Ile de Kerkanah; — Anecdotes judiciaires; — Lieux d'asile; — Moyen d'annuler leur privilége pour les criminels.

La Régence de Tunis était autrefois élective, comme l'est encore celle de Tripoli et comme l'était alors celle d'Alger; elle est maintenant devenue héréditaire : les prédécesseurs du Bey maintenant régnant, ayant su adroitement s'arroger peu à peu tout le pouvoir, et ayant réussi à paralyser entièrement les forces des partisans du système électif et de la forme primitive du Pachalyk Tunisien.

Le Bey qui occupait le trône de Tunis à l'époque de mon voyage et de mon séjour dans la Régence était *Hamoudah-Pacha* (2). Ce Bey est le maître absolu d'un vaste pays, sur lequel il exerce une autorité despotique, et rien ne peut s'y faire sans ses ordres; cependant autrefois le Grand-Seigneur conférait assez facilement ce titre aux personnages distingués, pourvu qu'ils eussent la précaution de joindre à leurs demandes un présent de quelque valeur pour les différents fonctionnaires qui étaient chargés

---

(1) La pintade est originaire des Indes : elle est du genre des poules, et a été ainsi nommée à cause de son plumage, qui paraît être peint de taches blanches et noires. On lui a aussi donné les divers noms de *poule d'Afrique, poule de Barbarie* ou *de Mauritanie, poule de Tunis* et *de Numidie, poule de Guinée* : en Égypte on la connaît sous le nom de *poule de Pharaon;* quelques naturalistes l'ont appelée *meleagris*. Les œufs de la pintade ressemblent à son plumage, par leurs couleurs mélangées.

Les pintades sont à peu près de la grosseur des poules domestiques, mais elles ont la queue effilée comme les perdrix; elles ont, comme les poules, deux appendices membraneuses, de couleur de chair, qui leur pendent aux deux côtés des joues : tout leur plumage n'est que de deux couleurs, blanc et noir : les taches du plumage sont presque partout d'une forme ronde, lenticulaire, régulièrement semées, excepté aux ailes, où elles sont allongées et rangées comme par bandes; les jambes sont couvertes de petites plumes marquetées, couchées sur la peau et comme collées; la tête est dépourvue de plumes, et la paupière supérieure a de longs poils noirs qui se redressent; au-dessus de la tête il y a une crête, ou une sorte de casque, formé d'une peau sèche, ridée et dure comme du bois; la couleur de ce casque est jaune-brun.

Le bec de la pintade est semblable à celui de nos poules, la peau des paupières est blanche chez les mâles et rouge chez les femelles : les pieds sont brunâtres, et le tiers de la longueur des doigts est uni par une membrane.

(2) Voyez ci-après la *Notice Historique*, dans la IIe partie.

de proposer leur nomination. On a même vu des présents adroitement disséminés faire nommer à ce poste important des enfants encore au berceau.

Le Bey de Tunis est considéré par la Porte-Ottomane comme un de ses principaux feudataires. Ce pacha ne paye cependant au trésor impérial aucune contribution fixe; mais l'usage anciennement établi exige qu'il envoie tous les trois ans au sultan de Constantinople un présent considérable. S'il manque à cet usage, on ne l'importune pas pour en réclamer l'exécution; mais il tombe en disgrâce; on ne lui envoie plus ni *firman* ni *kaftan* jusqu'à ce qu'il ait réparé sa faute.

Le *firman* est une lettre de félicitations émanée chaque année du trône impérial et portant confirmation du titre primitif de nomination; et le *kaftan* est un manteau long ou vêtement d'honneur qui est présenté au Pacha en audience solennelle par un envoyé extraordinaire de la Porte.

La réception de cette marque honorifique de la faveur du Grand-Seigneur cause une grande joie dans le Pachalyk, et est l'occasion de réjouissances solennelles à la cour du Bey, qui fête de son mieux le porteur du présent impérial.

Un divan, composé d'officiers pris presque dans tous les rangs de la milice turke, nommait autrefois dans son sein le *Dewletly*, c'est-à-dire le lieutenant du Bey, qui était de droit gouverneur particulier de la ville, et contrebalançait souvent l'autorité du Pacha; mais aujourd'hui cette nomination n'est plus qu'une simple formalité, et personne n'arrive par droit d'élection à cette place importante sans l'agrément bien positif du Bey, ou plutôt sans sa nomination immédiate.

Lorsque le *Dewletly* vient à manquer par décès ou révocation, l'aga de la *Gasbéh* (1) lui succède de droit. Le *Dewletly* et le divan, qui avaient autrefois un pouvoir indépendant du Bey, et qui étaient même chargés d'exercer leur surveillance sur les actes de son autorité, lui sont aujourd'hui entièrement subordonnés, et n'ont qu'une influence très-se-

(1) *Voyez* ci-dessus la note 3 de la page 10.

condaire dans le gouvernement de la Régence.

En effet, le Bey est à la fois le chef suprême de tout le Pachalyk; l'administrateur des revenus publics, le juge sans appel de toutes les grandes contestations; c'est de son autorité immédiate que ressort la police générale et particulière, la haute surveillance des divers fonctionnaires, la perception des impôts, les rapports diplomatiques, et tout ce qui appartient à l'état militaire, ainsi qu'à la marine.

En Europe on aurait bien de la peine à comprendre comment un seul homme peut faire face à tant d'objets différents et les diriger avec ordre et précision. Mais il est bon de remarquer que tout est réduit dans l'administration de ce pays à la plus grande simplicité; de cette simplicité, qui sait se passer des rouages compliqués de la bureaucratie européenne, découlent naturellement une stricte économie dans les dépenses publiques et une marche directe et sans détours dans les jugements des tribunaux et les affaires gouvernementales.

Là où un prince européen aurait besoin de cent employés de diverses classes pour l'administration des affaires d'État, quatre ou six écrivains suffisent à Tunis pour diriger tout ce qui rentre dans ce ressort.

Outre une plus grande célérité dans l'expédition des affaires, outre l'économie positive d'une administration aussi simple, il résulte un troisième avantage incontestable et bien important, c'est-à-dire la facilité que le Bey a par cette organisation de surveiller les opérations d'un corps administratif si peu nombreux, et d'apercevoir d'un seul coup d'œil les malversations et les abus qui pourraient s'y glisser, et qui lui échapperaient nécessairement dans une organisation plus compliquée.

Si le Bey, par exemple, reconnaît qu'un de ses agents vole ouvertement ou son trésor ou ses sujets, le châtiment ne se fait pas attendre : il le punit immédiatement de la manière la plus rigoureuse; s'il se doute seulement, au contraire, que cet agent emploie, pour cacher ses malversations, des moyens adroits et qui puissent en imposer assez pour qu'il ne puisse pas être pris, comme on dit vulgairement *la main dans le sac*, alors le Bey ne manque jamais de frapper d'une avanie l'employé suspect, et de lui arracher ainsi en un instant, sans forme de procès, la restitution de ce qu'il peut avoir détourné à son bénéfice pendant un temps plus ou moins long.

L'augmentation subite de fortune est communément l'indice auquel se reconnaissent de pareilles infidélités et qui expose inévitablement celui qui a dépouillé les autres à être lui-même dépouillé à son tour : aussi le principal soin des enrichis est-il de dissimuler autant que possible un accroissement de richesses dont la manifestation pourrait les trahir et causer leur perte.

Ce mode de dépouiller les riches concussionnaires, qui ne serait qu'une justice *à la turque* s'il se bornait à leur faire rendre gorge de leurs rapines, devient souvent, suivant le caprice du Bey, un acte d'iniquité révoltante. On en pourra juger par le fait suivant, qui s'est passé sous mes yeux.

Le ministre du Bey *Moustafa-Khodgia*, mort il y a quelques années, avait un intendant juif, dans lequel il avait la plus entière confiance. Il lui avait remis successivement une somme de huit cent mille piastres (environ quatre millions de notre monnaie) : cette remise avait eu lieu par versements partiels, et dans le plus grand secret, et sans qu'il en fût fait mention dans aucun de ses registres, ni dans aucune pièce comptable.

Le ministre étant mort sans avoir disposé de cette somme, le juif aurait pu facilement s'approprier ce dépôt inconnu de tous, et en jouir avec toute sécurité; cependant soit qu'il craignît qu'un jour l'existence de cette somme entre ses mains ne pût venir à la connaissance du Bey, soit qu'il voulût lui donner une preuve de son honnêteté et de son attachement, et dans l'espoir d'obtenir ainsi sa faveur, il se décida à lui en faire la déclaration.

Mais le prince, loin de se montrer satisfait de cette confession, sentit, au contraire, s'en accroître une avidité sans bornes ; il se crut fondé à soupçonner le juif d'une réticence dans sa déclaration, et le crut dépositaire d'un trésor beaucoup plus considérable que celui qu'il avouait avoir entre les mains.

En conséquence, loin de lui donner des preuves de sa faveur, il ne cessa de l'accabler d'avanies multipliées, afin de le forcer ainsi à restituer la portion du trésor qu'il l'accusait d'avoir dissimulée : le pauvre juif, dont la déclaration avait été exacte, fut ainsi réduit à la plus profonde misère, et je l'ai vu mendier dans les rues de Tunis.

Le Bey, sans être aucunement initié aux études de la jurisprudence, est le juge souverain, non-seulement des causes importantes, mais encore des moindres différends qui s'élèvent parmi ses sujets. Tous les jours à huit heures du matin il va siéger dans une salle d'audience, où il écoute jusqu'à midi, avec une patience admirable, les plaintes et querelles sur lesquelles chacun réclame sa décision.

Il paraît se plaire singulièrement à ce genre d'occupation, qu'il considère même comme le plus important de ses devoirs envers le peuple soumis à son gouvernement. Je pense aussi qu'il y trouve souvent son propre avantage, non-seulement par les amendes dont il ne manque jamais de frapper la partie qu'il condamne, mais encore parce que, comme juge, il apprend à connaître une infinité de détails qu'il ignorerait comme prince, et cette connaissance lui est souvent d'une grande utilité, soit pour son administration, soit pour ses finances.

Cependant, il ne pourrait guère s'acquitter que d'une bien faible partie de ses fonctions judiciaires si, comme dans un tribunal européen, il devait s'assujettir à la régularité de certaines formes accessoires.

Ici tout se réduit à une exposition simple des faits. Chacun plaide individuellement sa cause sans intermédiaire et sans autres écrits que ceux qui attestent le payement ou la dette.

Le Bey, après avoir entendu les deux parties, cherche souvent à se procurer une connaissance plus exacte de l'affaire par des questions et des objections adressées à chacune des parties, et dès qu'il est suffisamment éclairé, ou du moins qu'il croit avoir bien saisi le fond de l'affaire en litige, il rend son arrêt, arrêt décisif et en dernier ressort. S'il faut pour achever d'éclaircir l'affaire quelque pièce, quelque témoin, quelque attestation, la chose est renvoyée à un autre jour.

Dans les cas les plus importants ou les plus épineux il fait revenir les plaideurs à une autre audience, pour se donner le temps de mieux réfléchir sur leur cause, ou pour se consulter avec des hommes de loi, qu'il appelle auprès de lui ; mais en général la justice du Bey est expéditive, et un tribunal d'Europe aurait bien de la peine à examiner dans un mois autant de causes que ce prince en termine dans une seule matinée.

Une manière de juger aussi précipitée peut avoir ses inconvénients; car elle expose au risque d'une condamnation irréfléchie celui qui dans le fond a raison, mais dont l'affaire aurait besoin d'un mûr examen. Il est vrai néanmoins que, même dans ce dernier cas, au moins le plaideur a l'avantage de ne pas languir dans une pénible incertitude, et évite ainsi des démarches désagréables et des dépenses ruineuses.

Il est également juste d'avouer que le Bey qui régnait à Tunis à l'époque de mon séjour dans cette Régence se faisait remarquer par un fonds naturel de bon sens et par une pénétration dont la perspicacité, en presque toute affaire, suppléait heureusement à l'instruction qui pouvait lui manquer.

On peut même lui reprocher de pousser cette circonspection jusqu'à la dissimulation, à la ruse et à une défiance, peut-être fondée sur l'expérience de vingt-cinq ans d'exercice dans ses fonctions : cette longue expérience lui a fait acquérir une connaissance exacte de tous les détails de l'administration et de tout ce qui importe à son maintien dans son Pachalyk.

J'assistais souvent à ces séances judiciaires; et je regrette de ne pas avoir eu assez de loisir pour recueillir une série complète des sentences que j'ai entendues prononcer; j'aurais pu ainsi faire mieux comprendre comment le Bey s'acquitte de ces hautes fonctions judiciaires.

Je citerai cependant ici quelques faits qui pourront faire connaître la manière dont ce prince procédait soit dans l'instruction, soit dans la décision des affaires.

Un Maure avait perdu une bourse contenant quelques monnaies d'or ou sequins nommés *mahboubs* (1). Désirant la recouvrer, il fit proclamer sa perte dans les rues et les places de la ville, par un crieur. Celui qui avait trouvé l'objet perdu était un homme généralement renommé par sa probité; et dès qu'il connut le propriétaire de la bourse, il s'empressa de la lui rendre. Mais celui-ci, voyant qu'il avait affaire à un homme riche, crut la circonstance favorable pour se procurer un gain illicite aux dépens de celui qui venait de lui faire cette restitution consciencieuse. Dans ce but de spoliation coupable, il soutint qu'il manquait 80 sequins dans la bourse rendue, et en réclama avec violence la restitution. Il s'engagea, comme on peut le croire, une forte querelle entre les deux Maures, et ce différend fut enfin porté devant le Bey.

Le propriétaire de la bourse perdue soutenait vivement qu'il y avait dans sa bourse cent sequins, tandis que celui qui l'avait trouvée affirmait également avec serment qu'il l'avait rendue telle qu'il l'avait trouvée.

Comme il y avait en apparence autant de probabilité pour l'une que pour l'autre assertion, le Bey se vit un instant embarrassé sur la décision qu'il devait rendre : cependant, avant de prendre un parti définitif pour son jugement, il demande à voir la bourse, qui lui fut présentée aussitôt. Après l'avoir examinée avec attention, il en retira le peu de sequins qu'elle contenait, et il ordonna qu'on lui apportât de son trésor cent autres sequins *mahboubs*. Il essaya alors de les faire entrer dans la bourse, qui ne put en recevoir qu'environ cinquante : puis la vidant de nouveau, il invita le propriétaire à y placer lui-même les cent sequins qu'il prétendait y avoir été contenus. Celui-ci n'ayant pas pu davantage y réussir, le Bey remit dans la bourse les vingt sequins qu'elle renfermait d'abord, et la donna à celui qui l'avait trouvée en lui disant : « Comme l'état « de cette bourse ne répond pas aux in- « dications désignées par votre adver- « saire, elle vous appartient légitime- « ment et sans que personne puisse vous « en contester la possession. Quant à « vous, ajouta-t-il en s'adressant au

(1) *Voyez* ci-après la Notice sur les Monnaies de Tunis.

« propriétaire de la bourse, vous mé-
« riteriez certainement que je vous fisse
« donner deux ou trois cents coups de
« bastonnade : mais il me suffit d'avoir
« constaté d'une manière aussi authen-
« tique que vous êtes un malhonnête
« homme : allez, et gardez-vous de ja-
« mais reparaître devant mon tribunal. »

Voici un second exemple de la manière dont le Bey rend la justice.

Deux Bédouins avaient trouvé une vache égarée dans la campagne ; nul ne se présentait pour la réclamer ; mais chacun des deux Bédouins prétendait s'arroger un droit exclusif à la possession de l'animal trouvé par eux. De là contestation et plainte portée devant le Bey ; le juge essaya vainement de concilier l'avidité des deux prétendants ; et ne pouvant y réussir, il leur ordonna d'amener devant lui la vache en litige ; alors il leur dit : « Tout bien qui n'a pas
« de propriétaire reconnu légalement
« m'appartient ; d'après cette maxime la
« vache ne sera ni à l'un ni à l'autre
« de vous, mais à moi. Que le pro-
« priétaire qui l'a laissée égarer vienne
« la réclamer ; il sera assuré de recevoir
« une punition exemplaire pour sa né-
« gligence à garder ses troupeaux :
« quant à vous, estimez-vous heureux
« de ne pas me voir approfondir davan-
« tage cette affaire, et de sortir sans bas-
« tonnade de mon audience ; car je vous
« soupçonne fort de n'avoir pas trouvé
« la vache, mais de l'avoir volée. »

D'autres voyageurs ont suffisamment fait connaître les dangers que les aventures galantes entraînent à leur suite, et la sévérité des lois musulmanes à cet égard ; je citerai seulement les deux faits suivants, qui se sont passés pendant mon séjour, et qui pourront peut-être faire sourire le lecteur par le côté plaisant qu'ils offrent.

Un Maure de Tunis avait une femme jeune et jolie ; ce qui ne l'empêchait pas d'avoir clandestinement des relations très-intimes avec une de ses voisines, veuve et belle, et qui s'était montrée très-disposée à l'accueillir : celle-ci, jalouse de la femme de son amant, dont elle désirait d'occuper le cœur sans partage, épia tellement sa rivale, qu'elle parvint à découvrir l'introduction secrète d'un jeune et beau négociant dans la maison conjugale, toutes les fois que le mari s'en absentait.

On peut aisément croire à l'empressement que met la veuve à révéler cette intrigue à son amant, qui, plein de confiance en sa femme, refusa d'abord de croire la dénonciatrice, et ne se laissa persuader que lorsqu'il lui entendit citer des faits tellement positifs, qu'il lui fut impossible de conserver son incrédulité.

Un jour donc, averti par la jalouse que le galant de sa femme venait de se glisser dans son domicile, il se hâta de rentrer chez lui pour surprendre les deux coupables ; il trouva sa femme seule, contre son attente ; mais il n'en fit pas moins dans toute la maison une recherche qui fut également sans résultats.

Désappointé, il courut aussitôt chez l'accusatrice lui faire part de l'inutilité de son investigation dans toutes les parties de la maison qui auraient pu servir de retraite à celui qu'il voulait saisir.

La jalouse réfléchit, l'interroge successivement sur toutes les cachettes qu'il avait explorées, puis tout à coup : « Et
« le grand coffre de votre femme, lui
« dit-elle, celui où elle serre ses robes
« et ses atours, l'avez-vous visité ? —
« Non, vraiment. — Allez vite, c'est là
« où elle a caché son amant. »

Le mari s'élance aussitôt, remonte dans la chambre de sa femme, voit le coffre, en demande la clef, qui lui est d'abord obstinément refusée et qu'il n'obtient que par la violence : le coffre est ouvert, le coupable y était, en effet, caché sous quelques robes et quelques châles.

Aussitôt il referme le coffre à double tour, enferme sa femme dans un cabinet attenant à la chambre, et court faire sa déclaration au chef de la police, réclamant le jugement du Bey contre le couple adultère.

Pendant que le mari outragé prépare ainsi sa vengeance, la femme infidèle n'était pas restée inactive. Une petite fenêtre, ouverte au haut de la cloison pour éclairer le cabinet qui lui servait de prison, lui facilita les moyens d'en sortir ; elle avait une double clef ; elle s'en servit pour ouvrir le coffre fatal, et donner à son complice une liberté dont il s'empressa de profiter.

En allant porter sa plainte devant le

chef de la police et devant le Bey, le Maure s'était empressé d'instruire sa veuve du succès qu'avaient obtenu ses nouvelles recherches : celle-ci, impatiente de jouir de son triomphe et de l'humiliation de sa rivale, ne tarda pas à se présenter chez elle, sous le prétexte de la consoler dans l'affliction où elle la supposait plongée, lui demandant les détails de la scène de jalousie conjugale qui devait avoir eu lieu entre le mari et la femme infidèle. Celle-ci paraît ne rien comprendre aux discours de sa voisine, et l'assure qu'il ne s'était passé chez elle rien d'extraordinaire.

« Comment! s'écria la veuve, votre
« mari n'a pas découvert un amant caché
« chez vous? — Et où aurais-je pu le ca-
« cher, dans toute la maison il n'y a
« pas un coin qui puisse offrir une ca-
« chette sûre. — Mais.... dans ce cof-
« fre? — Est-ce qu'un homme pourrait
« y tenir? — Pourquoi pas? J'y tiendrais
« bien , moi, et à l'aise. — Impossible.
« — Voyez! » Et la veuve s'était vivement blottie dans le coffre, dont plus vivement encore le couvercle fut refermé sur elle et assuré par un double tour de clef.

Aussitôt la femme du Maure s'était réintégrée dans sa prison par le même chemin qu'elle avait pris pour s'en échapper, et le mari, arrivant au même instant avec les gens de la police, ne se douta de rien, en trouvant sa femme prisonnière comme il l'avait laissée et le coffre également fermé.

Le coffre est placé sur les épaules de quatre porteurs de la police ; et le cortège, entraînant la femme accusée, accompagne au tribunal du Bey le mari accusateur.

Celui-ci expose ses griefs contre les deux coupables, et sur l'ordre du Bey le coffre est ouvert. Mais on peut se figurer quelles durent être la surprise et l'hilarité générale quand on vit apparaître sous le couvercle levé une femme effarée, honteuse, et qui sans aucune explication s'empressa de prendre la fuite au milieu des éclats de rire et des huées de la foule rassemblée.

Le Bey aussi avait beaucoup ri de la singulière aventure ; mais toutefois il ne voulut pas qu'on semblât se moquer de sa justice, et le Maure fut condamné à une forte amende, heureux encore de ne pas payer par une bastonnade l'insuccès de sa fausse accusation.

Cependant, malgré sa mésaventure, le mari était loin de croire à l'innocence de sa femme : il avait vu, et ne pouvait démentir le témoignage de ses yeux ; sans doute aussi la veuve, sa maîtresse, l'avait instruit des circonstances qui avaient amené la métamorphose imprévue dont le tribunal avait été témoin. Toujours est-il que la femme fut plus adroitement épiée, et les deux amants, imprudents comme ils le sont tous, furent saisis un jour en flagrant délit, et sans qu'aucune substitution fût possible.

Le couple adultère fut traîné de nouveau aux pieds du Bey, pour y subir une condamnation désormais inévitable : leur crime, d'après les lois musulmanes, encourait la peine de mort, la noyade pour la femme, la strangulation pour son complice ; mais le Bey, qui n'avait pas encore oublié combien la première scène l'avait égayé, voulut cette fois user d'indulgence. La peine capitale fut commuée pour la femme en une déportation à l'île de *Kerkanah* (1), et pour l'homme en cinq cents coups de bâton sous la plante des pieds, suivis de six mois de galères, et du payement d'une amende considérable, complément ordinaire de tous les arrêts criminels rendus par le Bey.

Le fait suivant m'a semblé mériter également d'être mis sous les yeux du lecteur.

Une chanteuse publique, de la classe de celles qu'on nomme en Égypte *alméhs* ou *ghaouazys* (2), avait demandé au

---

(1) *Voyez* sur ce lieu d'exil, ci-après, p. 63.

(2) Ces danseuses ou chanteuses publiques se voient fréquemment sur les places de toutes les villes de l'Orient, où la plupart se livrent aussi au métier de courtisanes. Leurs danses attirent toujours autour d'elles un grand nombre de spectateurs, que charment surtout leurs gestes lubriques et les contorsions obscènes dont leurs exercices se composent, et dont l'impudeur ne pourrait qu'exciter le dégoût de tout spectateur honnête.

Les Romains paraissent avoir été autrefois très-amateurs de ce genre de spectacle ; les poëtes latins nous dépeignent surtout les femmes des îles Baléares comme les actrices les plus renommées dans ce genre de panto-

Bey un passe-port pour aller à Constantine, dans la Régence d'Alger. Ayant reçu un refus formel, elle s'était décidée à partir furtivement et à se passer de la permission refusée; mais bientôt arrêtée et ramenée à Tunis devant le tribunal du Bey, elle y fut condamnée pour sa désobéissance à la déportation dans l'île de *Kerkanah*, et elle fut confiée à deux soldats chargés de l'y conduire.

La chanteuse était assez jolie. L'état qu'elle exerçait n'annonçant pas des mœurs trop sévères, ses conducteurs conçurent à l'égard de leur captive des projets amoureux, auxquels elle se prêta avec assez de facilité, et qui lui valurent pendant la route tous les soins et toutes les attentions que permettait sa situation.

Arrivés à *Soussah*, ces soldats, se croyant assez loin de la capitale pour ne plus craindre une surveillance immédiate, et pouvoir se livrer impunément à leurs projets d'orgie, achetèrent du vin et de l'eau-de-vie, en burent assez copieusement pour se livrer à la plus profonde ivresse. Cependant, avant de s'y abandonner, craignant que leur prisonnière, quoique ayant un bras et un pied enchaînés, ne profitât pour s'évader de leur déraison ou de leur sommeil, ils prirent la précaution d'attacher à leur ceinture la chaîne qui liait le pied de la chanteuse, afin de mieux s'assurer contre les diverses tentatives qu'elle pourrait essayer pour leur échapper.

Cette combinaison faite au moyen de la portion de la chaîne qui retenait le bras et qui fut détachée, permettant d'ailleurs à la captive les mouvements nécessaires pour qu'elle pût s'associer à l'orgie de ses gardiens, la chaîne fut fermée par un fort cadenas, dont la clef fut placée soigneusement dans la poche de l'un d'eux.

La femme but avec les soldats sans

mime libidineuse, dont les riches débauchés de Rome faisaient leurs délices.

Forsitan expectes ut Gaditana canoro
Incipiat prurire choro, plausuque probata,
Ad terram tremulo descendat rene puella,
Irritamentum Veneris languentis, et acres
Divitis urticæ........
　　　　　　　　　　JUVÉNAL, XI.

Vel de Gadibus improbis puellæ
Vibrabunt sine fine prurientes
Lascivos docili tremore lumbos.......
　　　　　　　　　　MARTIAL, V.

se faire prier, les encourageant même; et elle feignit bientôt d'être plus ivre qu'eux; bientôt aussi ceux-ci furent plongés dans un sommeil profond, produit par une ivresse dont la chanteuse avait eu soin de se garantir. Saisissant alors le moment favorable, elle s'empare adroitement de la clef du cadenas, se délivre de ses chaînes, avec lesquelles elle lie étroitement les deux gardiens endormis; puis s'emparant de leurs armes et de l'ordre écrit qui constatait leur mission, elle se hâta de prendre la fuite.

Malgré leurs velléités érotiques, les gardiens de la chanteuse n'avaient pas négligé de s'approprier les sequins et les petites plaquettes d'or que les femmes de l'Orient ont coutume de suspendre à leur longue chevelure. Ces plaquettes d'or et les sequins étaient passés immédiatement des tresses de la chanteuse dans les bourses des deux soldats; à son départ la fugitive à son tour n'oublia pas de ressaisir les ornements dont elle avait été spoliée, et emporta avec elle les deux bourses, sans s'amuser à trier parmi les sequins qu'elles contenaient ceux qui lui appartenaient et ceux qui appartenaient réellement aux soldats : l'une de ces bourses renfermait en outre l'ordre de déportation rendu contre elle et la commission donnée aux deux soldats de conduire à l'île de *Kerkanah* leur captive.

Ceux-ci avaient longtemps cuvé leur vin et leur eau-de-vie; ils ne s'éveillèrent qu'au milieu de la nuit. Le premier qui reprit ses sens, se sentant fortement retenu par la chaîne dont la chanteuse l'avait étroitement accouplé à son camarade, et n'ayant pas encore les idées très-nettes, au milieu des ténèbres, se crut l'objet d'une attaque inconnue et se hâta de faire pleuvoir une grêle de coups sur celui par lequel il se croyait ainsi retenu. Éveillé brusquement à son tour par cette aggression, le camarade chercha son poignard, et nul doute que sans le soin qu'avait eu la chanteuse d'emporter leurs armes, les deux adversaires ne se fussent entr'égorgés avant toute explication.

Cette explication eut lieu enfin, après un long combat et de cruelles meurtrissures dont chacun d'eux, enchaîné corps à corps à l'autre, n'avait pu se garantir; mais le combat n'avait cessé que par l'intervention des gardes de la police, que le bruit de la rixe et les hurlements des combattants avaient attirés.

Les trouvant ainsi au milieu de la nuit, enchaînés, sans armes, dépourvus de toute pièce qui pût justifier la mission dont ils prétendaient avoir été chargés, le chef de la police, incrédule à toutes leurs allégations, les prit pour des déserteurs échappés du bagne, où il s'empressa de les réintégrer.

Mais les deux prétendus fugitifs n'ayant été reconnus par aucun des geôliers, ils furent reconduits sous bonne et sûre garde à Tunis, où ils comparurent devant le tribunal du Bey.

Là ils racontèrent leur aventure galante avec les modifications qu'ils crurent devoir y ajouter dans l'intérêt de leur cause.

L'histoire amusa le prince, qui en rit beaucoup; mais toutefois il donna au récit qui lui avait semblé plaisant un dénoûment plus sérieux : par sa sentence, les deux soldats reçurent chacun trois cents coups de bastonnade, en punition de leur infidélité à remplir leurs devoirs, et, renfermés pendant trois ans aux galères, ils purent y réfléchir longuement sur les inconvénients de la galanterie et de l'ivresse.

L'île de *Kerkanah* ou *Kerkano*, dont il est fait mention dans les deux anecdotes précédentes, est située vis-à-vis de *Sfax*; elle est absolument stérile, inculte, et seulement habitée par des pêcheurs et des déportés. Le Bey ne fournit à ceux-ci que le pain; mais le poisson étant très-abondant dans ces parages, ils peuvent facilement se procurer leur nourriture. Cependant ce n'est qu'à force de travail que les déportés parviennent à gagner suffisamment pour subvenir à leurs besoins les plus pressants, et il m'a été assuré que le nombre de ces condamnés ou exilés s'élève à plus de six cents; ce qui n'est pas difficile à concevoir, si on considère qu'il y en a beaucoup qui sont condamnés pour la vie.

D'ailleurs, outre les condamnations judiciaires, il arrive souvent que les femmes des gens riches, lorsqu'elles ont commis quelque faute grave, sont envoyées par le Bey à *Kerkanah*, sans jugement, et seulement d'après la demande de leurs maris.

Ceux qui connaissent la rapacité habituelle des gouvernements orientaux ne seront sans doute pas étonnés de voir figurer dans presque tous les procès des condamnations à des amendes, qui forment ainsi une des branches les plus lucratives du revenu fiscal; mais ils trouveront sans doute, avec raison, étrange que la bastonnade, qui ne rapporte rien au trésor du prince, soit si fréquemment ordonnée par lui, et joue, pour ainsi dire, un rôle obligé dans toutes ses décisions judiciaires.

Un débiteur nie-t-il une dette, s'il est convaincu de mauvaise foi, il est condamné non-seulement au payement, mais encore à une forte bastonnade; si, au contraire, le créancier échoue dans sa demande, l'ordre de la bastonnade accompagne l'arrêt qui le déboute de ses prétentions iniques.

Toute discussion, toute plainte, toute querelle, tout procès, aboutissent nécessairement à une bastonnade, pour celle des deux parties qui succombe, indépendamment des fortes amendes qui sont imposées, et véritablement c'est le cas d'appliquer notre vieux proverbe, peut-être originaire de l'Orient, « les battus payent l'amende. »

Il s'est même trouvé plus d'une fois des cas où la bastonnade a été distribuée par portions égales à la fois au demandeur et au défendeur, les Maures ayant un proverbe, qu'ils regardent comme un axiome juridique : « Bâtonne l'innocent, « pour faire avouer le coupable. »

J'ignore jusqu'à quel point cette formule de procédure peut avoir du succès; cependant on cite à ce sujet le fait suivant :

Un marchand joaillier de Tunis venait de recevoir de Constantinople dix belles bagues montées en rubis, en émeraudes, en topazes et autres pierreries; il les avait serrées soigneusement dans un coffret qu'il avait enfermé dans une de ses armoires; le lendemain, voulant prendre ces joyaux pour en aller proposer l'achat à quelqu'une de ses riches pratiques, il s'aperçut qu'il n'en restait plus que neuf dans le coffret, et qu'une topaze avait disparu.

Aucun étranger n'avait pénétré dans la chambre où avait été placé le coffret précieux, et il était incontestable que la soustraction n'avait pu être faite que par un habitant de la maison : les esclaves, les domestiques, les membres même de la famille furent interrogés, et exactement fouillés, sans que la bague fût retrouvée; les soupçons du joaillier se portèrent alors sur un vieux domestique depuis plusieurs années attaché à son service, et, se persuadant de sa culpabilité, malgré ses dénégations réitérées, il le traîna devant le tribunal du Bey, l'accusant du vol commis à son préjudice.

Le malheureux accusé n'avait pour se défendre que ses larmes et les serments énergiques par lesquels il attestait son innocence. D'un autre côté, le joaillier ne pouvait alléguer pour appuyer son accusation que le soupçon d'après lequel il l'avait intenté, et le témoignage de sa jeune fille, âgée de douze à treize ans, qui déclarait avoir bien réellement vu, la veille, son père examiner l'une après l'autre les dix bagues, les compter, et les enfermer dans le coffret, qui n'en contenait plus que neuf le lendemain.

Entre les allégations si opposées et si peu décisives de l'accusation et de la défense, le Bey, ne pouvant distinguer la vérité, était plongé dans une perplexité dont rien ne semblait devoir le tirer; tout à coup il s'écrie : « J'ordonne cinq « cents coups de bastonnade à répar-« tir également entre les deux parties, « et qui seront distribués alternative-« ment cinquante par cinquante à cha-« cun d'eux. »

L'exécution de la sentence commença par l'accusé, et le malheureux domestique reçut ses cinquante coups de bâton, en persistant à protester de son innocence et en adjurant Mahomet et tous les prophètes de faire éclater sa justification.

Les cinquante coups suivants devaient appartenir à l'accusateur; déjà il était saisi par les exécuteurs, renversé à plat-ventre; déjà le bâton était levé, lorsque sa jeune fille, s'avançant aux pieds du Bey, tire de sa bouche la bague qu'elle y tenait cachée, et qu'un désir de coquetterie l'avait portée à dérober la veille à son père.

Le Bey ne pouvait ôter au malheureux domestique les cinquante coups de bâton qu'il avait déjà si injustement reçus; mais il lui alloua pour dédommagement la bague fatale, et ordonna que les quatre cent cinquante coups restant à solder de la bastonnade seraient immédiatement administrés au joaillier, dont l'accusation inconsidérée avait manqué de faire condamner un innocent à la peine capitale. Comme le marchand était riche, il est inutile de dire qu'une forte amende payée au trésor du Bey dédommagea ce juge perspicace de l'effort d'imagination qui lui avait procuré la découverte de la vérité.

Au reste, quoique les formalités de procédure employées par la justice du Bey soient peut-être en général assez acerbes, les Tunisiens aiment mieux avoir recours à son tribunal qu'à la juridiction des qâdys et des hommes de loi; et un proverbe commun à Tunis est celui-ci : « Mieux vaut la tyrannie du Turk que « la justice de l'Arabe. »

Les meurtres sont généralement punis par la peine de mort, avec cette différence toutefois que si c'est un Turk qui en soit coupable, il est étranglé au fort de *la Gasbéh*, et que si le meurtrier est un Maure, il est pendu sur le lieu même où le crime a été commis : les femmes mêmes condamnées pour meurtre subissent ce supplice.

Lorsqu'un Turk est condamné à la strangulation, on envoie prendre dans la ville quelques chrétiens ou des taverniers grecs, qui sont ainsi forcés d'exercer les fonctions de bourreaux; deux d'entre eux enlacent au col du patient une corde bien frottée de savon, deux autres saisissent la corde, qu'ils attachent également à chacun de leurs pieds, et tous les quatre tirent de concert des pieds et des mains jusqu'à ce que la mort s'en suive.

Un autre supplice auquel les femmes sont condamnées en certain cas est celui de la *noyade*.

Une femme condamnée à être noyée est d'abord promenée par toute la ville, assise à rebours sur un âne; puis elle est conduite au lac, mise dans un sac avec quelques grosses pierres, et jetée dans l'eau par les exécuteurs; mais comme le lac n'a guère sur ses bords que deux pieds à peu près (66 centimètres) de profondeur, des hommes sont chargés d'enfoncer le sac avec des perches et de le maintenir au fond de l'eau jusqu'à ce que la patiente soit tout à fait étouffée.

Ordinairement le Bey fait couper le poignet aux voleurs. La sentence prononcée, ceux-ci sont conduits pour être opérés à l'hôpital maure, où un juif exécute le jugement et ampute tant bien que mal la main dans l'articulation avec un mauvais couteau.

Autrefois on trempait le moignon dans du goudron chaud, il en résultait ce qu'il pouvait au mutilé; mais aujourd'hui on fait quelquefois une ligature aux grosses artères, ou bien on les tamponne avec de la charpie, sans s'inquiéter aucunement des suites de l'opération. La main coupée est attachée à une ficelle et suspendue au col du voleur, qui, ainsi châtié, est promené par la ville, assis à rebours sur un âne, au milieu des huées générales.

Le chef des médecins maures (*Hakim-Bâchy*) profite souvent de l'occasion d'un de ces supplices pour exercer une avanie sur quelques chirurgiens européens, en les faisant appeler par des soldats et les contraignant à pratiquer une opération aussi répugnante. Mais, dans le fond, son but réel n'est guère que de les exposer à une démarche désagréable et de leur extorquer quelque argent au bénéfice du juif qui fait l'amputation.

Il y a à Tunis quatre mosquées jouissant du privilége d'immunité ou d'asile, et où beaucoup de malfaiteurs se réfugient pour se mettre à l'abri des poursuites de la justice. Cette immunité est accordée aux mosquées en l'honneur du saint musulman ou du fondateur qui y ont leur sépulture; cette prérogative est attribuée non-seulement à la mosquée elle-même, mais encore à un certain espace de terrain qui l'avoisine; de sorte que les chrétiens et les juifs peuvent également y trouver un refuge, ce qui n'est pas absolument rare, surtout lorsqu'ils sont poursuivis pour dettes.

Mais entre toutes les mosquées qui jouissent de ce privilége, il n'y en a aucune qui soit en si grande vénération que celle de *Qayrouân*, la ville la plus considérable de la Régence, après celle de Tunis : cet édifice est même si vénéré par les musulmans, qu'ils ne sauraient en permettre l'approche, soit aux chrétiens, soit aux juifs, et il était même autrefois réputé si respectable par sa sainteté, que les Beys eux-mêmes n'osaient plus poursuivre un homme qui s'y était réfugié : le Bey maintenant régnant n'a osé y faire saisir qu'un seul assassin, qui avait égorgé impitoyablement deux petits enfants pour se venger de leur père. Le privilége de la mosquée a dû cette fois céder devant l'énormité du crime et l'indignation générale.

Si cependant le Bey veut absolument avoir en son pouvoir quelque malfaiteur réfugié dans une des mosquées privilégiées, voici le moyen qu'il emploie, et dont le succès est infaillible.

Il envoie des maçons à la mosquée, avec l'ordre de murer la porte et les fenêtres de la chambre où se trouve le réfugié, en ne laissant qu'une petite ouverture par laquelle la voix peut à peine passer : cela fait, deux gardes y sont placés avec la consigne de ne laisser donner au reclus aucune espèce de boisson ni d'aliments; il est vrai que par ce moyen on ne force pas directement le délinquant à sortir de son asile; mais, pressé par la faim et par la soif, il ne tarde pas à demander lui-même son extraction du saint lieu et sa comparution devant le tribunal du Bey.

Ces mosquées servent particulièrement d'asile aux débiteurs poursuivis pour leurs dettes, et ils s'y trouvent complétement à l'abri des poursuites de leurs créanciers; ils y restent ainsi jusqu'à ce qu'ils aient pu les solder, ou prendre des arrangements avec eux; s'il leur survient cependant quelque affaire trop importante, et qu'ils soient absolument obligés de sortir, ils peuvent le faire sans crainte d'être molestés en se munissant d'un chapelet du cheykh de la mosquée qui leur sert d'asile. Ce chapelet ne se délivre guère par celui-ci qu'à raison de la rétribution d'un sequin *Mahboub* (sept francs environ de notre monnaie) que le débiteur paye par jour au cheykh dont il obtient ce sauf-conduit.

Les Qâdys jugent communément les causes sommaires et les contestations minimes; mais il y a à Tunis un autre tribunal supérieur, qui est formé par la réunion des Qâdys et des jurisconsultes les plus instruits. Les Maures le nomment *Mohakemét-ès-Cheryah*, ou le *tribunal du droit divin*, *le tribunal légal* (1). Celui qui croit n'avoir pas été bien jugé par les Qâdys particuliers ou même par le Bey peut porter son appel devant ce tribunal, et quelquefois le Bey lui-même renvoie à cette juridiction certains procès, mais surtout lorsqu'il veut favoriser une partie; car, malgré le proverbe que j'ai cité ci-dessus (2), ce tribunal est toujours plus modéré dans ses sentences, quoique souvent il soit beaucoup trop tardif à les rendre. Les plaideurs peuvent aussi s'y présenter directement et sans avoir besoin d'un arrêt de renvoi ou d'un acte d'appel.

Il y a un juge particulier pour les Turks, un pour les Maures, et un pour les Bédouins. Dès que le juge a prononcé sa sentence, il frappe un coup avec un petit marteau de bois, ce qui indique que tout est terminé et que toute réplique ou observation est entièrement inutile.

C'est dans ce même tribunal que se décide plus particulièrement tout ce qui a rapport à l'infraction des lois de la religion mahométane, ainsi que les contestations entre sectaires de rits différents.

CHAPITRE IX.

Administration intérieure; — contributions; — revenus publics; — Qâyds, gouverneurs d'arrondissement; — leurs redevances annuelles; — leurs exactions; — réclamations; — ministre, garde du sceau de la Régence; — ambassadeurs; — discrétion exigée de tous les sujets de la Régence sur les affaires d'Europe; — service intérieur du palais; — attentat contre la vie du Bey; — caractère de ce prince; — sa famille.

La simplicité qui règne dans la partie judiciaire règne également dans la partie administrative. Les habitants musulmans ne payent aucune contribution personnelle ou foncière, ni même d'imposition relative à l'état qu'ils exercent; ce n'est que sur les productions territoriales que le Bey perçoit le dixième de leur valeur brute.

La source la plus fertile du revenu public, et en même temps la plus ruineuse pour les contribuables, provient des gouverneurs ou *Qâyds*, établis dans chaque arrondissement.

En effet, chaque district a un *Qâyd* (3), qui est obligé de payer annuellement au Bey une somme déterminée; et s'il veut jouir de quelque considération auprès du Bey, surtout s'il veut rester dans son emploi, il faut qu'outre cette somme fixée d'avance, il fasse parvenir à ce prince de temps en temps, dans le courant de l'année, un présent particulier, en argent ou en denrées, que chacun d'eux s'efforce à l'envi de rendre le plus considérable qu'il peut.

Sous de telles conditions, le *Qâyd* jouit d'un pouvoir absolu dans son arrondissement; il peut avec assurance exercer toute espèce de vexations, d'extorsions, d'avanies; et ce n'est guère que par ces moyens illicites qu'il parvient à recueillir la somme qui doit être envoyée au Bey.

Le *Qâyd* est d'ailleurs dans son district à la fois chef administratif et juge. Nulle contestation ne peut être portée devant lui sans lui payer une somme plus ou moins considérable; cette somme est toujours relative à la nature de la cause et proportionnelle à la fortune de la partie qu'elle concerne.

Mais, malgré l'omnipotence accordée au *Qâyd* dans son district, il en est de cet emploi comme de bien d'autres, il doit avoir soin, comme on dit vulgairement, *de plumer la poule sans la trop faire crier*; car si ce gouverneur pousse son avidité trop loin, s'il vexe trop ouvertement et avec trop d'impudeur, il court le risque d'être destitué par le Bey et d'être à son tour dépouillé de toutes ses richesses mal acquises.

Il n'est pas rare, en effet, de voir arriver chez le Bey une nombreuse dé-

(1) Le mot arabe *Cheraa*, dont celui de *Cheryah* est dérivé, signifie proprement *la loi divine*, *le code religieux*; mais il signifie encore *la loi civile*, et même *la loi criminelle*, parce que l'une et l'autre jurisprudences n'ont pour base que les prescriptions du Koran et de la tradition sacrée. (J. J. M.)

(2) *Voyez* ci-dessus, page 64.

(3) C'est du mot arabe *él-Qâyd* ou *al-Qâyd*, que les Espagnols ont formé leur titre d'*Alcade*. (J. J. M.)

putation des habitants d'un district, qui vient solliciter le changement de leur gouverneur : quelque fondement qu'aient leurs réclamations et leurs plaintes, le Bey paraît toujours se refuser à les écouter ; mais, comme il leur importe de ne pas retourner dans leur pays sans avoir réussi dans leurs démarches, qui les exposeraient infailliblement à la vengeance du Qâyd accusé par eux, ils insistent de nouveau auprès du prince, et ils viennent ordinairement à bout d'obtenir la destitution demandée, par le présent d'une somme d'argent, qui édifie la conscience du Bey, et fait pencher la balance en leur faveur.

Quoi qu'il en soit, les mécontentements du public envers les *Qâyds* qui gouvernent les divers districts de la Régence sont loin de déplaire au Bey, qui y trouve un triple intérêt : 1° le présent des réclamants dont je viens de parler ; 2° la spoliation du fonctionnaire destitué ; 3° le tribut que lui rapporte la nomination nouvelle : car ce ne sont guère que des personnages très-riches ou des favoris qui peuvent aspirer à ces sortes d'emplois, et c'est encore par un présent qu'ils doivent acheter du prince leur nomination à la place du gouverneur dépossédé.

Le Bey n'a qu'un seul ministre, qu'on nomme communément *Zou-l-Khâtem*, ou *Sahab-tabaa*, c'est-à-dire *garde du sceau*, parce que c'est lui qui imprime le cachet du Bey sur les ordres qui émanent du prince ; cachet qui remplace dans tout l'Orient la signature sur les actes, usitée en Europe.

Au reste, ce ministre a très-peu de pouvoir, et on doit plutôt le considérer comme un conseiller privé, attaché aux intérêts du Bey, que comme le chef réel d'une vaste administration. Celui qui était en place pendant mon séjour à Tunis était Géorgien d'origine, et avait appartenu primitivement au *Qâyd* de *Sufrah*, l'un des plus riches et des plus puissants dignitaires de la Régence. Ce Géorgien, jeune, bien fait et d'une figure agréable, fut donné par son maître au Bey, qui, en reconnaissance des preuves d'attachement qu'il en reçut, le fit passer promptement par tous les grades de la milice, et l'éleva enfin aux fonctions aussi honorables que lucratives du ministère.

Le Bey envoie quelquefois, auprès des puissances européennes qui bordent les côtes de la Méditerranée et avoisinent ses États, des ambassadeurs (*Éltchys*), qu'il choisit parmi les riches personnages qui l'entourent ; ces ambassadeurs n'ont guère d'autre but que celui de remplir quelques formalités cérémonielles, ou quelquefois de nouvelles négociations commerciales.

Au reste, ces ambassadeurs ne sont bien reçus par le Bey à leur retour qu'autant qu'ils rapportent des présents, offerts à la Régence par les princes à la cour desquels ils ont été envoyés : car c'est là ordinairement tout le résultat que le Bey attend de leur mission diplomatique : ils doivent de plus se garder de s'entretenir avec les Tunisiens des États dans lesquels ils ont séjourné, et surtout de se permettre aucunes réflexions comparatives soit en bien soit en mal, entre les princes européens et le Bey de Tunis.

En effet, pour plaire à ce prince, une qualité importante est surtout une discrétion à toute épreuve : et si un envoyé manquait à cette obligation, s'il parlait de la magnificence d'un pays ou d'un gouvernement, qu'il aurait observée pendant son ambassade ; s'il osait surtout en comparer l'étendue, la richesse, la culture, la force militaire ou maritime avec celles de la Régence, ses assertions risqueraient d'être tournées en contes ridicules par les courtisans du Bey, si même il n'était pas accusé d'être devenu un mauvais Musulman et le partisan des Chrétiens, pour lesquels la population mauresque tout entière professe un mépris souverain, et une prompte disgrâce ne manquerait pas de payer l'imprudence de l'ex-ambassadeur indiscret.

L'anecdote suivante, que je puis d'autant mieux citer que je la garantis comme m'étant personnelle, fournira au lecteur un double exemple et du mépris général des Maures pour les Chrétiens, et de la discrétion sévèrement imposée par le Bey à tous les sujets de la Régence, pour tout ce qui a rapport aux affaires des puissances européennes.

Lorsque je me rendais au palais du Bey pour mon service auprès de lui, j'entrais ordinairement par la porte principale, et, parfaitement connu des portiers, jamais la moindre difficulté

5.

n'avait arrêté mon passage. Un jour pourtant, revenant d'un des quartiers intérieurs de la ville, où mes affaires m'avaient conduit, je voulus, pour abréger ma route et m'éviter un long circuit, passer par une petite porte latérale qui devait me faire entrer directement et sans détour dans la partie du palais où m'appelait mon service; mais le Maure chargé de la garde de cette petite porte, ne me reconnaissant pas, ou plutôt affectant de me méconnaître, me refusa l'entrée, et même me repoussa avec quelque brutalité.

Il s'éleva dès lors une rixe entre nous deux. « Je suis musulman, s'écriait le « Maure, et nuls autres que des Musul« mans ne passeront par cette porte. » Puis il répétait avec arrogance : « Je suis « au service du noble Bey de Tunis. — « Et moi aussi, répondais-je, je suis « maintenant au service de ton Bey ; « mais, de plus, je suis Français, et je « n'ai pas cessé d'être au service de Bo« naparte, le vainqueur de l'Egypte, le « grand empereur des Français, l'ami et « le protecteur de ton noble maître. »

A cette réplique, la fureur du Maure ne connut plus de bornes : « Un « chien de Chrétien, hurla-t-il, oserait-il « se dire l'ami, le protecteur d'un magna« nime prince musulman; non, non, « Allah n'a pas permis cet outrage à sa « sainte religion ! Tu mens, Roumy (1) ! « Et qu'est-ce, après tout, qu'un Bona« parte auprès du trône sublime de « notre Bey? Qu'est-ce que le pays des « Français, auprès de notre belle Ré« gence? Je l'ai vu, leur pays, dans une « des courses auxquelles j'ai pris part, « je suis descendu sur les côtes de la « Corse; notre île de Kerkanah, ce lieu « terrible de châtiment et de déporta« tion, est un vrai paradis auprès des ri« vages désolés de la France. »

Je ne sais si le bruit de nos voix, dont la dispute élevait de plus en plus le ton, parvint par hasard jusqu'aux oreilles du prince, ou si quelqu'un des témoins de cette rixe s'était hâté de lui en faire officieusement le rapport : toujours est-il que le Maure et moi nous reçûmes l'ordre de nous rendre devant lui.

Je racontai le sujet et les détails de la querelle ; le Maure, tout fier d'avoir défendu l'honneur de son prince et de son pays, répéta lui-même les sarcasmes qu'il s'était permis contre la France et son Empereur : il comptait par là assurer le gain de sa cause ; il se trompait : son indiscrète apologie du Bey et de la Régence, au détriment de Bonaparte et de la France, n'obtint d'autre récompense que cent coups de bastonnade, administrés sur-le-champ devant moi, puis l'envoi aux galères pour six années : j'ajouterai que depuis cette scène le Bey sembla me traiter avec plus de bienveillance encore qu'auparavant; et il est inutile de dire que le passage par aucune des portes ne me fut plus refusé.

La conduite du Bey de Tunis dans cette circonstance semble prouver qu'en effet il est loin de partager les préjugés de ses sujets à l'égard des Européens ; mais, quelle que soit l'opinion réelle de ce prince sur les Chrétiens, il est néanmoins constant qu'il en a toujours un assez grand nombre à son service, et qu'il se plaît à leur accorder sa confiance, beaucoup plus qu'aux Turks eux-mêmes et surtout qu'aux Maures naturels du pays.

Le service intérieur des appartements du palais est fait par six jeunes garçons italiens, qui ont été enlevés il y a quelques années par quelques corsaires sur les côtes de la Toscane et de la Sicile, avec lesquels la Régence de Tunis était alors dans un état d'hostilité permanent, état qui depuis n'a cessé que grâce à l'intercession française.

Ces jeunes gens, bien faits, d'une taille élégante et d'une physionomie agréable, remplissent auprès du Bey les fonctions de valets de chambre et de pages. Son premier favori, qui est Napolitain, le sert depuis dix-sept ans ; il a même amassé dans ce service une petite fortune, qui suffirait pour le faire vivre en Europe dans une honorable aisance; mais la possession de ces richesses lui est entièrement inutile, parce que le Bey refuse obstinément de lui rendre sa liberté.

Tout le *Bardo* était, il y a peu de temps encore, presque entièrement peu-

---

(1) On donne en langue barbaresque aux Chrétiens et aux Européens en général ce titre, qui signifie proprement *Grec, sujet de la Porte Ottomane dans la Romélie.*

(J. J. M.)

plé d'esclaves européens, attachés soit à la maison du Bey, soit à celles de ses parents. La garde du palais est entièrement composée de renégats, sur la fidélité desquels le Bey se repose, malgré la modicité de la solde qui leur est allouée et la rareté des gratifications qu'ils peuvent espérer.

Le Bey est, en effet, généralement partisan de l'économie. Ses libéralités ne sont presque jamais des dons pécuniaires; et s'il veut récompenser quelqu'un particulièrement, cette faveur consiste ordinairement en une licence (*tezkereh*) ou un privilége qu'il lui concède. Ces priviléges ou licences sont des permissions d'embarquer ou de débarquer des marchandises, dont la quantité et la qualité sont spécifiées, et qui deviennent par là exemptes du régime de la douane. Au reste, ces licences se transmettent et se négocient par des transports et des endossements, absolument comme des lettres de change.

Lorsque le Bey sort de la ville, ou même du palais, son frère et ses deux cousins doivent indispensablement, d'après un ancien usage, le suivre, et ne pas cesser de l'accompagner : cet usage paraît n'avoir d'autre origine que la crainte d'une tentative de leur part pour s'emparer de l'autorité par quelque coup de main, que favoriserait, pendant un moment d'absence, la suspension d'une surveillance incessante et immédiate.

Dans ses moments de loisir, le Bey s'entretient volontiers avec quelques-uns de ses courtisans, ou admet auprès de lui quelques bouffons, qui par leurs jeux et leurs plaisanteries font leurs efforts pour l'égayer : un de ceux qui depuis quelque temps s'était livré à cette espèce de profession, et qui recevait quelquefois du prince une douzaine de sequins, ayant pensé que ses lazzis n'étaient pas suffisamment récompensés, imagina un tour d'adresse assez spirituel pour accroître ses bénéfices.

Un jour que le Bey, satisfait d'une de ses plaisanteries, lui avait présenté quelque argent, le bouffon pria très-humblement le prince de ne plus lui en donner à l'avenir : « Que votre Altesse, ajouta-« t-il, daigne, en remplacement de toute « gratification pécuniaire, m'accorder « une faveur légère qui ne coûtera rien à « son trésor : qu'elle daigne seulement « m'appeler, lorsqu'elle sera dans sa « salle d'audience, pour me dire à l'o-« reille et en souriant quelques paroles « insignifiantes. »

Le Bey consentit facilement à ce genre singulier de libéralité; et le bouffon, lorsque le Bey lui parlait ainsi d'une manière gracieuse en public, ne manquait pas de répondre au prince d'un air de confiance et en souriant lui-même, comme s'il eût reçu des confidences intimes : bientôt cette condescendance du prince pour son bouffon fut remarquée, et à peine eut-on observé la familiarité dont celui-ci semblait être honoré, qu'on se persuada généralement de sa faveur particulière et de son pouvoir sur l'esprit du souverain. Dès lors, ce fut à lui que les solliciteurs s'adressèrent; dès lors chaque jour de riches présents lui étaient adressés par ceux qui croyaient avoir besoin de ses bons offices. Le Bey lui demanda un jour si sa bourse n'était pas trop vide depuis que les gratifications éventuelles avaient cessé : « O mon prince, répondit-il, elle « n'a jamais été plus pleine que depuis « que vous n'y mettez plus rien. » On voit donc que la Barbarie a aussi ses *Roquelaures*.

Quoi qu'il en soit, le Bey était autrefois d'une rigidité sans égale envers les gens de son service particulier; il leur défendait de converser entre eux; et dès qu'il s'apercevait que deux de ses esclaves se disaient deux mots à voix basse, il leur faisait payer cette communication interdite par cent ou deux cents coups de bastonnade.

C'est vraisemblablement cette rigueur excessive du Bey qui contribua à déterminer, il y a quelques années, trois de ses mamelouks à concerter contre lui un complot d'assassinat.

Les conspirateurs s'introduisirent après minuit dans la chambre du prince, avec l'intention de lui couper la tête avec leurs yatagans; mais, réveillé en sursaut par cette brusque attaque, le Bey se défendit vigoureusement contre ses assassins; et sa longue barbe ayant empêché le couteau de pénétrer dans sa gorge, il en fut quitte pour deux blessures au visage et une autre très-légère au col. Le ministre, qui couchait dans une chambre adjacente à celle du Bey, accourut au bruit, et en cherchant à défendre son maître il reçut, au milieu de l'obscurité, un coup de poignard dans la poitrine et un coup de pistolet dans la cuisse: l'un des trois assassins fut coupé en morceaux par les gardes qui vinrent au secours du Bey, et les deux autres, voyant leur attentat manqué, désarmés, et enfermés provisoirement dans une des chambres du palais, s'y tuèrent réciproquement avec leurs pistolets, pour échapper aux cruelles tortures qui les attendaient.

Cet événement avait fait naître différents soupçons sur les chefs présumés de cette conspiration, dont les trois assassins ne semblaient être que les exécuteurs; mais on n'a jamais pu vérifier jusqu'à quel point ces soupçons pouvaient être fondés.

Il se répandit néanmoins un bruit qui assignait à cet attentat une autre cause; on prétendit que, quoique le Bey en fût la victime immédiate, la conspiration était réellement dirigée contre le ministre : on assure que les trois conjurés ayant subi de mauvais traitements de la part de ce haut fonctionnaire, auquel le Bey avait confié la garde particulière de sa personne, ils avaient imaginé ce moyen étrange de le compromettre et de le perdre, en s'évadant, comme ils l'espéraient, après l'exécution de leur crime, et en faisant peser sur le ministre même l'accusation de cet assassinat.

Quoi qu'il en soit de ces deux versions différentes, on assure que cet attentat a rendu le Bey beaucoup plus circonspect, plus modéré et plus indulgent surtout avec les gens attachés à son service; et on ajoute que le ministre lui-même, dont la sévérité excessive avait jusque alors approché de la barbarie, une fois guéri de ses blessures, s'est empressé de suivre l'exemple d'indulgence et de mansuétude que lui donnait son maître.

Le Bey est d'une haute taille, bien fait, bien proportionné dans sa stature, et peut, à juste titre, être considéré comme un des plus beaux hommes de Tunis : sa physionomie porte le caractère de la finesse et de la perspicacité : il a beaucoup d'esprit naturel; et si l'on considère l'éducation bornée qu'il a reçue, on sera étonné de reconnaître en lui un jugement aussi sagace et aussi éclairé.

Il parle, lit, et écrit facilement l'arabe et le turk; la langue franque, c'est-à-dire cet italien ou provençal corrompu qu'on parle dans le Levant, lui est également familière : il avait même voulu essayer d'apprendre à lire et à écrire l'italien pur-toscan; mais les chefs de la religion l'ont détourné de cette étude, qu'ils prétendaient être indigne d'un prince musulman.

Une longue expérience jointe à sa sagacité naturelle lui ont donné une facilité surprenante pour deviner et apprécier le caractère et les qualités de ceux qui l'approchent : dans la discussion d'une affaire, sa manière de raisonner est précise, concise et pressante : il saisit avec promptitude et habileté le point essentiel d'une question, et en juge avec autant de pénétration que de sagesse : la dissimulation est surtout son talent principal, et lorsque l'occasion le demande il joue son rôle avec un air naturel dont un comédien consommé lui envierait l'expression factice.

Si dans l'art de gouverner il ne possède pas à un degré éminent les qualités qu'on regarde comme devant être propres aux grands hommes d'État en Europe, s'il paraît étranger aux nobles idées qui caractérisent un génie supérieur, il faut considérer que c'est un souverain barbaresque, ignorant les principes qui gouvernent les nations civilisées; mais, sans s'arrêter à ce parallèle, il faut avouer qu'il administre avec une habileté suffisante pour son pays, qu'il tient d'une main ferme les rênes de son gouvernement, et qu'il a su contenir par sa prudence non-seulement les velléités hostiles des Algériens, ennemis nés de Tunis, mais encore les intrigues intérieures et les troubles civils, qui pourraient compromettre la sûreté de l'État.

La Régence n'a jamais joui d'une tranquillité plus complète et d'une situation plus florissante que sous le règne de *Hamoudah-Pachá*; jamais les sujets tunisiens n'ont joui de plus d'indépendance et de sécurité à l'égard de leurs ennemis extérieurs; les troupes établies sur le pied actuel sont mieux payées qu'elles ne l'ont été sous le règne d'aucun de ses prédécesseurs; et quoiqu'on doive les considérer plutôt comme une bande de pillards que comme une armée régulière, elles suffisent à la défense au dehors, dans les rapports actuels de la Régence avec ses voisins, et à l'intérieur au maintien du bon ordre, à la police telle quelle, et à la perception des impôts.

Depuis que *Hamoudah-Pachá* occupe le trône de Tunis, il ne s'est formé contre lui aucune conspiration véritable pour l'en arracher ; car on ne peut donner le nom de conspiration à l'échauffourée dont le guet-apens fortuit et improvisé mit ses jours en danger, mais qui n'eut aucune portée politique (1).

Le défaut principal qu'on puisse reprocher au Bey est son avarice et sa cupidité, fruit de ses fausses maximes sur la manière dont les hommes doivent être gouvernés : cette avidité le porte à opprimer ses sujets et particulièrement à ruiner le commerce tunisien en se livrant pour son propre compte à des spéculations commerciales dont aucun négociant particulier n'est en état de soutenir la concurrence.

Un autre défaut que *Hamoudah-Pachá* avait manifesté dans sa jeunesse, mais dont il s'est corrigé depuis, c'est le penchant à l'ivrognerie ; malgré l'interdiction portée contre le vin par la loi musulmane, ce prince en buvait avec un tel excès, que souvent son ivresse associait à ses orgies ses courtisans, ses officiers, jusqu'à de simples soldats et ses esclaves eux-mêmes.

Un jour qu'à cet état d'abrutissement et de déraison il joignit un accès de colère furieuse, il avait ordonné à son ministre un assez grand nombre d'exécutions capitales contre des tapageurs dont le seul crime était d'avoir imité leur souverain dans ses excès bachiques ; la réflexion fit naître le repentir dans l'esprit du prince lorsqu'il sortit de son ivresse ; heureusement que son prudent ministre avait osé prendre sur sa responsabilité un sursis à l'exécution des ordres qu'il avait reçus. Au reste, le repentir du Bey porta d'excellents fruits. Depuis ce temps ce prince renonça entièrement à l'ivresse, et même à l'usage du vin ; et on remarque généralement que sa sévérité se signale d'une manière particulière contre l'ivrognerie et contre les délits qu'elle entraîne après elle.

Hamoudah-Pachá a plusieurs femmes ; mais il passe peu de temps dans son *hàrem* : il y a quelques années on lui amena une très-jeune esclave, dont la beauté singulière fit sur son cœur une vive impression. Cet enfant n'avait que huit ans, et le Bey confia à un de ses renégats, dont il connaissait les talents et la fidélité, l'éducation de la future odalisque ; mais une fièvre maligne, qui causa de grands ravages sur la ville entière, moissonna peu de temps après cette jeune plante avant que son âge eût permis sa transplantation dans le palais du prince : vivement touché de cette perte, le Bey paraît avoir entièrement renoncé aux plaisirs du *hàrem*.

Tous ses enfants étant morts en bas âge et n'en ayant plus pour succéder à son trône, *Hamoudah-Pachá* vit sur le pied le plus amical avec ses cousins, qui sont ses héritiers naturels, ainsi qu'avec son frère et ses neveux, qui habitent continuellement le *Bardo*. Ses neveux, ayant avec eux leurs femmes et leurs enfants, accompagnent leur oncle toutes les fois qu'il sort, et prennent part à tous ses plaisirs. On ignore encore quel est celui de ces jeunes princes qu'il choisira pour son successeur ; ils sont au nombre de quatre, dont deux du côté de son frère, deux du côté de sa sœur, tous à peu près de même âge, et quoique lorsque je résidais à Tunis aucun d'eux n'eût encore atteint la majorité, ils étaient tous déjà mariés et avaient des enfants.

L'opinion générale désignait alors l'aîné des fils du frère du Bey comme devant un jour succéder à son oncle ; il m'a paru à cette époque être un jeune homme d'un naturel assez doux, mais dont le caractère et l'esprit ne manifestaient aucunes qualités supérieures. Au reste, quoique le plus âgé de ces princes ait montré quelque prudence dans sa conduite, aucun d'eux ne paraissait devoir hériter du mérite et des qualités personnelles de leur oncle (2).

(1) *Voyez* ci-dessus, page 69.

(2) *Hamoudah-Pachá* a eu pour successeur son frère *Othman*, qui trois mois après fut remplacé par son cousin *Mahmoud*, l'un des fils de *Mohamed-Bey*, écartés du trône par *Aly-Bey*.

(J. J. M.)

CHAPITRE X.

Forces militaires de la Régence; — troupes de terre; — recrutement; — soldats turks; — soldats maures; — troupes arabes auxiliaires; — guerres; — tournées fiscales et militaires; — violences commises par les soldats turks; — forces maritimes; — pusillanimité de quelques États Européens envers la Régence.

L'entretien des forces militaires est une des plus grandes dépenses auxquelles sont nécessairement assujetties les Puissances européennes; il n'en est pas ainsi à l'égard de la Régence de Tunis, et tout concourt à rendre pour le trésor du Bey cette charge très-modérée.

Les principales causes de cette économie sont l'esprit parcimonieux qui règle en général toutes les parties du gouvernement, la position territoriale du pays, la facilité de contenir les populations, et surtout la conduite habituelle des Puissances qui peuvent être en guerre avec la Régence.

En effet, il ne s'agit pas à Tunis de rassembler, pour la défense du territoire, et de tenir continuellement sur pied une masse considérable d'hommes régulièrement enrégimentés, de les diviser en bataillons, en compagnies, en escouades, pelotons, hiérarchiquement coordonnés, sous des chefs permanents et convenablement instruits; bien moins encore de les discipliner, de leur enseigner les exercices, les évolutions et la tactique militaire, d'assurer l'exactitude de leur solde et de leur nourriture, de les habiller d'une manière réglée et uniforme, afin d'avoir ainsi à chaque instant sous la main un corps d'armée prêt à voler au combat, ou à se porter partout où pourrait l'appeler la répression de quelque désordre.

On n'a, au contraire, dans ce que l'on peut appeler l'organisation militaire de la Régence, d'autre but que celui de se procurer, à certaines époques de l'année, la disponibilité du petit nombre de soldats strictement nécessaire pour assurer au souverain, dans chaque arrondissement, la rentrée des revenus publics; et l'on sera, sans doute, bien surpris d'apprendre qu'un prince qui est le maître absolu d'un pays aussi étendu que la Régence de Tunis n'ait à sa solde habituelle que tout au plus neuf à dix mille hommes de troupes, répartis dans tout le territoire.

Les trois quarts au moins des milices qui sont à la solde habituelle du Bey sont formées de corps de cavalerie, le service de l'infanterie étant en général méprisé chez les peuples barbaresques, et aucun corps d'artilleurs n'y est attaché, les canons que possède la Régence n'y étant employés qu'à la defense des forts et à l'armement des vaisseaux.

Le tiers environ de ces forces militaires si peu redoutables est composé de soldats turks asiatiques, qui passent pour être plus courageux que les Maures, et que le Bey recrute dans le Levant d'où il les fait venir, par petits corps détachés, sous la conduite de chefs de la même nation.

Si l'on devait juger cette classe d'hommes, ainsi ramassée, d'après tout ce que j'ai pu en voir pendant mon séjour dans la Régence, il est certain qu'on ne saurait la considérer en général que comme une vile canaille, indigne du nom de soldat, redoutée des habitants des campagnes, mais méprisée de ceux des villes; et j'ajouterai que le Bey lui-même est bien loin de leur accorder la moindre confiance: plus j'ai vu ces bandes grossières et ignorantes, et plus je me suis convaincu qu'elles étaient absolument semblables à celles qui, poussées contre l'Égypte du fond de l'Asie Mineure, sont venues, à plusieurs reprises, essayer de nous arracher notre conquête, mais dont les victoires d'Aboukir, de Damiette et d'Héliopolis, ont si sévèrement châtié les tentatives téméraires.

Je dois avouer que les soldats orientaux ne manquent pas d'un certain courage, surtout lorsqu'ils s'aperçoivent que leur ennemi leur est inférieur en force, ou lorsqu'ils le voient prendre la fuite; on peut même leur accorder quelque bravoure individuelle dans un combat d'homme à homme. Mais d'après toutes les observations que j'ai été à portée de faire sur les hommes dont se composent ces milices, j'ai dû me persuader qu'ils ne seraient pas moins poltrons que les milices ottomanes qui nous attaquèrent en Égypte, s'ils étaient obligés de marcher à la rencontre de troupes disciplinées et connaissant la tactique militaire des Européens.

Toutes leurs connaissances dans l'art de la guerre se bornent à manier un sabre avec quelque dextérité, à charger un fusil avec la plus grande lenteur, et à le tirer sans ensemble et de la manière la plus irrégulière; n'attendez pas d'eux des feux de peloton, ou des feux de file; tout se borne dans leurs attaques à des coups de fusil ou de pistolet, tirés isolément, et suivant la fantaisie de chacun d'eux. Ils évitent surtout autant que possible de s'exposer aux chances d'une attaque générale; cependant l'appât du butin les engage quelquefois à se jeter dans les plus grands dangers : ces attaques partielles sont toujours exécutées au milieu de hurlements semblables à ceux des bêtes féroces, et elles ne sont nullement coordonnées ni même dirigées par des chefs, car je ne crois pas qu'il y ait au monde des soldats plus insubordonnés que ceux-ci.

En dépit de l'interdiction du vin et des liqueurs fortes portée par les lois musulmanes, ils passent leur vie dans une ivresse presque continuelle, et on les rencontre fréquemment, ainsi privés de raison, parcourant par bandes les rues de la ville, leur khandjâr nu à la main, épouvantant les passants, et se livrant surtout aux plus grandes violences contre les juifs et contre les chrétiens ; au reste, quoique leur insolence soit moins turbulente lorsque, par hasard, ils se trouvent hors de cet état presque habituel d'ivresse, néanmoins la rencontre de ces troupes désordonnées fait toujours craindre quelque insulte aux habitants paisibles qui se trouvent sur leur passage.

L'Européen qui, dans les rues, ne leur céderait pas la droite s'exposerait indubitablement à quelque mauvais traitement ; car leur orgueil leur fait croire qu'ils seraient déshonorés s'ils cédaient la droite à un infidèle. Les scènes de cette nature, qui se multiplient chaque jour, restent presque toujours impunies, quoiqu'elles ne soient pas ignorées du Bey, qui feint ordinairement de ne pas en avoir eu connaissance : si, d'ailleurs, il voulait châtier cette soldatesque effrénée pour chacune des insultes qu'elle se permet envers les chrétiens ou les juifs, il risquerait de la dégoûter de son service, et de passer pour un mauvais musulman.

Quoique les milices tunisiennes ne portent pas d'uniforme, comme nos troupes d'Europe, il n'est pas cependant difficile de reconnaître les soldats turks dont elles sont composées, au costume lévantin qu'ils ont conservé, à leur physionomie toute différente de celle des Maures, et particulièrement aux armes dont ils sont pour ainsi dire bardés : ces armes consistent au moins en deux ou quatre pistolets fort longs, en un large poignard et un yatagan, qu'ils portent à la ceinture, et souvent en une carabine de fort calibre, jetée en bandoulière derrière leurs épaules, avec la poire à poudre et la petite giberne bien garnie de cartouches.

Les deux autres tiers des forces militaires de terre se composent de Maures : cette classe de soldats est moins considérée que les milices turkes ; on les croit moins courageux et moins bons soldats, peut-être parce qu'ils sont moins insolents et qu'on est moins exposé à leurs violences.

L'expérience a prouvé que ce petit nombre de troupes est plus que suffisant pour maintenir l'ordre dans le pays, tant que la Régence est en état de paix; mais toutes les fois que le Bey s'est trouvé engagé dans quelque guerre, soit avec le Pacha de Tripoli, soit avec les Beys d'Alger ou de Constantine, il a été forcé de réunir une force militaire plus imposante, et il peut, dans de telles circonstances, rassembler sous ses drapeaux une armée de quarante à cinquante mille combattants. Voici la manière dont il s'y prend alors pour se la procurer. Après avoir réuni tous les corps d'armées qu'il tient à sa solde, il fait parvenir à toutes les tribus des Arabes Bédouins un appel général, les invitant à venir dans ces conjonctures au secours de la Régence, offrant à ces auxiliaires l'appât qui peut le plus les tenter, l'espoir d'un riche butin et du pillage des camps ennemis.

Alors, d'après un ancien usage universellement établi, chaque tribu s'empresse de lui fournir un certain nombre de combattants, conduits par des chefs choisis dans chacune de ces peuplades errantes. Jamais les tribus arabes ne manquent à cet appel, attirées par l'espoir du butin à faire, non-seulement sur leurs ennemis, mais encore sur les sujets même de la Régence dont elles traversent le pays : en se rendant au rendez-vous désigné par le Bey, les Bédouins portent avec eux leurs armes et leurs bagages, comme tentes, munitions de bouche et de guerre, et en général tout ce qui est nécessaire pour leur campement ; et même, ce qui paraîtra sans doute singulier, ils amènent aussi à leur suite leurs familles entières, leurs chameaux et leurs troupeaux de toute espèce.

Chaque tribu marche isolément, et établit son camp à part, sous le commandement de son chef respectif. Il n'y a pas parmi ces combattants de piétons, tous sont à cheval et généralement bons cavaliers. Les chevaux qu'ils montent maintenant n'ont plus rien de commun avec la race primitive des chevaux autrefois si renommés des Carthaginois et des Numides ; et il est très-rare de trouver chez eux un cheval remarquable par sa beauté. Cependant, quoique le défaut de soins ait fait dégénérer à ce point l'espèce chevaline, on y rencontre encore quelquefois de bons coursiers, qui réunissent des qualités précieuses, malgré leur maigreur rebutante et leur mauvaise mine.

La manière de se battre habituelle aux Bédouins est presque toujours d'homme à homme ; mais dès qu'il en est tombé une cinquantaine sur le champ de bataille, la tribu qui les a perdus regarde, pour cette fois, la victoire comme décidée contre elle : il arrive même fréquemment, après une affaire qui a eu de tels résultats, que les deux partis se réconcilient, et chacun d'eux, mettant isolément fin aux hostilités générales, s'en retourne sur ses pas, et rentre paisiblement dans son pays.

Voilà en quoi consiste la guerre chez ces peuples, qui se croient les plus braves du monde. Les Européens ne se trouveraient-ils pas heureux si leurs chefs ne faisaient la guerre que d'après un pareil système, et évitaient ainsi à l'État les dépenses énormes qu'entraînent les hostilités prolongées, comme aussi aux populations les torrents de sang que coûtent les grandes batailles ?

Depuis un temps immémorial, les Beys de Tunis et les gouverneurs qui les ont précédés dans ces contrées sont dans l'usage de faire marcher, deux fois par an, dans les divers districts de la Régence plusieurs colonnes mobiles de troupes pour faire opérer la rentrée des contributions ; la plus considérable de ces colonnes est la division turke, forte d'environ deux mille hommes : son départ est annoncé huit jours à l'avance, d'après un ancien usage, par les salves de toute l'artillerie des différents forts.

Pendant les deux journées qui précèdent immédiatement celle dans laquelle l'expédition quitte Tunis, la consternation et la terreur règnent dans toute la ville : les chrétiens, les juifs, et même beaucoup de maures, n'osent sortir de chez eux, dans la crainte d'être insultés, volés et maltraités, par ces soldats indisciplinés, presque toujours alors livrés à une ivresse furieuse, qui, le poignard nu, ou le pistolet au poing, exigent impérativement de l'argent de ceux qu'ils rencontrent dans les rues, ou même leur enlèvent de force leurs habillements, de manière à les laisser souvent entièrement nus sur la voie publique.

Il n'est pas rare d'apprendre que quelques malheureux passants ont été grièvement blessés, ou même massacrés, dans ces scènes d'un désordre qui ne fait que s'accroître la veille et le jour même du départ.

Ce dernier jour surtout la ville entière semble être une place prise d'assaut, tant retentissent de toutes parts les coups de pistolet et de fusil, que ne cessent de tirer les soldats ; de telle sorte qu'on croirait se trouver sous des feux de file, dans une bataille rangée. Ce jour-là aussi la violence des soldats turks est tellement parvenue à son comble, que l'on a des exemples de maisons d'habitants envahies, pillées et même incendiées par ces forcenés.

En vain porterait-on des plaintes au Bey contre ces excès : à ceux qui ont été maltraités dans les rues il répond qu'ils ont mérité leur malheureux sort, par leur imprudence à s'y exposer dans une pareille circonstance : à ceux dont les maisons ont été pillées, il demande les noms des pillards, qu'on ne retrouve jamais. Ainsi les malfaiteurs sont assurés de l'impunité, et les victimes n'ont d'autre ressource que leur résignation et leurs prières au ciel pour réclamer vengeance.

Un négociant de Raguse établi à Tunis avait vu ainsi sa maison saccagée, et ses deux filles, à peine nubiles, enlevées par les soldats turks; il réclama avec les plus vives instances, et demanda justice aux autorités compétentes: après bien des démarches, tout ce qu'il put obtenir, c'est qu'on lui rendit sa fille aînée; mais la malheureuse, victime de la brutalité de son ravisseur, était enceinte: quant à la plus jeune des deux jeunes filles, malgré toutes les recherches et les réclamations du père, elle ne put jamais être retrouvée, et l'on ignorait encore son sort pendant mon séjour à Tunis.

Au reste, quelque temps après ce fatal événement, on trouva dans une rue écartée de Tunis le cadavre d'un soldat turk poignardé, et l'on présuma parmi les Européens, mais sans oser le dire trop publiquement, que ce meurtre n'était autre chose que la *Vendetta* du père outragé: heureusement il ne se trouva pas le moindre indice qui pût appeler sur lui, de la part des autorités tunisiennes, un soupçon qu'il aurait indubitablement payé de sa tête.

La colonne turke emploie environ deux mois dans sa tournée, qu'elle pousse jusqu'au *Beled-él-Djerid*; elle est toujours commandée par un chef reconnu pour exercer avec sévérité ses fonctions d'exacteur: au reste, partout sur le passage de la colonne, se renouvellent les mêmes violences et les mêmes avanies qui ont signalé son départ de la ville, et je m'engagerais dans un trop long récit si je voulais raconter tous les détails que j'ai appris, à ce sujet, de mon compatriote et ami *Zehler*, natif de Strasbourg, qui pendant un assez grand nombre d'années a suivi ces expéditions en qualité de médecin et de chirurgien du corps expéditionnaire.

Les colonnes mobiles composées de troupes maures ne font à leur départ aucun bruit dans la ville, et n'y occasionnent aucun désordre; et l'on peut dire que généralement on ne s'aperçoit pas plus de leur départ que de leur retour.

Au reste, lorsqu'elles reviennent de leur expédition les colonnes turkes sont beaucoup plus tranquilles; et si les soldats qui les composent voulaient à leur retour se livrer aux mêmes excès qui ont marqué leur départ, le Bey, qui craignait alors d'affaiblir leur zèle et de décourager leur dévouement par sa sévérité, le but de leur tournée étant rempli suivant ses désirs, se garderait bien de se montrer aussi indulgent envers eux.

Au surplus, je dois rendre au Bey cette justice, qu'à l'époque où j'ai quitté la Régence il paraissait avoir compris la nécessité d'une répression sérieuse pour ces excès, et d'une réforme fondamentale dans son système d'organisation militaire. Il paraissait avoir renoncé à ces enrôlements, qui ne recrutaient dans l'Asie Mineure que la lie de la canaille et le rebut des populations, vagabonds tarés, capables de tout hors du bien, et menaçant quelquefois de devenir plus dangereux pour leurs maîtres, que ceux contre lesquels leur force devait être employée: des enrôlements réguliers devaient avoir lieu, surtout dans les îles grecques de l'Archipel, dont les naturels, bien autrement civilisés que les bandits asiatiques, étaient susceptibles à la fois de fidélité, d'ordre, d'instruction et de discipline (1).

Lorsqu'une Puissance européenne se trouve en état de guerre avec quelques-uns des États barbaresques, en entendant raconter le nombre considérable de prises capturées par les vaisseaux des corsaires africains, et les vexations que font subir leurs armements aux bâtiments marchands, même des nations alliées, on est porté à croire que chacun de ces États a réellement une force maritime considérable.

Il n'en est pas cependant ainsi. Parmi les Puissances de la côte barbaresque, le Bey de Tunis n'est ni le plus fort ni le plus faible sur mer: il n'a pas tant de voiles qu'en pouvait armer le Dey

(1) Ces projets salutaires ont été réalisés par *Hamoudah-Pacha* et les Beys ses successeurs; bien plus, des officiers français ont été appelés à Tunis pour introduire parmi les troupes nouvelles de la Régence l'organisation régulière et la discipline européenne.

(J. J. M.)

d'Alger, mais il en a plus que le Pacha de Tripoli ; et cependant toutes ces forces, jointes à celles que pourraient offrir les côtes de Maroc, sont loin d'équivaloir à celles que pourraient réunir les marines européennes des côtes du nord de la Méditerranée, et même sans y comprendre les armements de la marine française.

Il n'y a pas bien longtemps que toutes les Puissances barbaresques étaient en même temps en guerre contre la France : cette circonstance me portait à croire qu'à mon arrivée à Tunis j'y trouverais des indices non équivoques des forts armements que cette guerre avait dû nécessiter, et que sa rade ou ses ports m'offriraient encore une escadre plus ou moins considérable ; et cependant, à mon grand étonnement, je n'ai vu dans la rade de Tunis, que quelques mauvais chebecks désarmés, quelques petites pinques ou tartanes, quelques felouques et un petit nombre de chaloupes canonnières.

J'appris cependant que la plupart des bâtiments tunisiens étaient stationnés pendant l'hiver à *Porto-Farina,* et je dus rester ainsi dans l'incertitude sur la véritable force maritime de Tunis, jusqu'au moment où ces bâtiments vinrent se réunir dans la rade devant la *Goulette,* pour de là se mettre en course et se livrer à différentes excursions ; mais on peut s'imaginer combien plus grande encore fut ma surprise en voyant que cette escadre, si vantée d'avance, n'était composée en totalité que de seize voiles ; savoir : une seule frégate, deux gros chebecks, quelques bricks et corvettes, et quelques petites pinques à peine armées, qui avaient été prises sur les Napolitains.

Si à cette marine de l'État on ajoute vingt-quatre petits corsaires appartenant à des particuliers, montés par quelques mauvais marins, et encombrés par autant de soldats qu'il est possible d'y en entasser, on aura une idée complète de la force maritime de la Régence.

Du reste, la plus profonde misère règne à bord de cette dernière classe d'armement ; aucun des besoins de la navigation n'y est prévu : ni les provisions de vivres de l'équipage, ni les matériaux pour le radoub et les réparations des avaries éventuelles. Une flottille de ce genre va chaque année en course ; mais elle ne quitte la rade qu'au mois de mai, et y rentre tout entière en septembre, ou, au plus tard, en octobre, pour se mettre à l'abri du mauvais temps jusqu'à l'année suivante.

Pendant même le temps que dure la course, il n'est pas rare de voir, de six semaines en six semaines, quelques-uns de ces bâtiments rentrer, pour se ravitailler, ou prendre de nouveaux vivres et de nouvelles provisions de guerre.

Dès le moment que l'escadre tunisienne s'est réunie dans la rade, aucun bâtiment étranger à l'armement, quelle que soit la nation à laquelle il appartienne, ne peut mettre à la voile avant le départ de la flottille ; et cette mesure, qui peut être de quelque utilité pour la marine du Bey, n'est souvent que trop préjudiciable aux intérêts des commerçants et des navigateurs.

Au reste, les armateurs tunisiens sont loin de faire de la course le but spécial et unique de leurs spéculations maritimes, et n'ont jamais imité, sous ce rapport, leurs voisins les Algériens, puisqu'ils ne s'y livrent qu'en cas de guerre, et à l'égard des Puissances qui leur sont hostiles, respectant scrupuleusement les bâtiments des alliés et des neutres. Ce scrupule n'avait jamais arrêté les Algériens, qui trouvaient toujours des prétextes pour faire des prises, même sur les sujets des Puissances dont ils recevaient des contributions annuelles.

Dans le courant de chaque été on voyait arriver à Tunis plusieurs corsaires algériens, qui, quoique sur le territoire d'une Régence indépendante de la leur, se permettaient de commander en maîtres dans la rade, comme s'ils eussent été chez eux ; leur exigence et leur insolence étaient telles, qu'ils imposaient aux capitaines des bâtiments qui s'y trouvaient à l'ancre l'obligation d'envoyer leurs chaloupes pour les aider à faire de l'eau ; et si quelque vaisseau s'y refusait, les Algériens n'hésitaient pas à l'y forcer, en le criblant de leurs boulets, ou en montant à bord et maltraitant l'équipage d'une manière véritablement intolérable.

Les navires français eux-mêmes n'étaient pas à l'abri de ces insolentes vexations, qui cependant, il faut l'avouer, tombaient de préférence sur les marines sarde, napolitaine, toscane, génoise et même espagnole. Plusieurs capitaines ont été battus cruellement, et des gens de leurs équipages, enlevés par les Algériens contre toute espèce de droit, ne leur ont été rendus qu'après le payement d'une forte indemnité pour leur rançon. C'était en vain que des excès aussi criants parvenaient à la connaissance du Bey et des consuls européens ; ni le Bey ni les consuls n'osaient faire la moindre démarche pour réprimer des désordres qui outrageaient à la fois et le pavillon violé et les droits du territoire de la Régence.

D'après le tableau que je viens de tracer des forces de terre et de mer que possède le Bey de Tunis il est aisé de concevoir que ce prince est bien loin d'être assez puissant pour inspirer la moindre crainte à un État quelconque de l'Europe ; et cependant, durant mon séjour à Tunis, j'ai vu la Régence oser menacer l'Espagne d'une déclaration de guerre, malgré l'infériorité si évidente de ses forces contre celles de la marine espagnole.

Il est vrai que de la manière dont on a fait jusqu'à présent la guerre aux Puissances barbaresques, celles-ci ne peuvent que gagner aux hostilités, et la perte devait toujours être considérable pour les États européens qui ont une marine marchande ; car, tandis qu'on coule bas quelque petit corsaire tunisien, dont la valeur est insignifiante, leur flottille prend ailleurs un grand nombre de navires marchands, dont la riche valeur les dédommage amplement de ces pertes.

Tant qu'on ne fera la guerre aux Barbaresques que par mer, on ne domptera jamais leur orgueil ; mais si on débarquait sur leurs côtes seulement vingt mille hommes de nos troupes disciplinées, on verrait bientôt succéder à leur audace la terreur et l'humiliation ; on pourrait alors leur dicter des lois, et même extirper peut-être entièrement le fléau de la piraterie (1).

Mais une entreprise de cette nature n'est guère possible qu'à la France ; Naples, la Toscane, la Sardaigne, l'Espagne elle-même, par leur faiblesse, les Puissances du Nord, par leur position éloignée, sont forcées d'entretenir la paix avec le Bey, au moyen d'un présent qu'elles s'obligent de lui envoyer tous les trois ans ; et il serait du moins bien à désirer que ces redevances périodiques ne se composassent point d'armes, de munitions de guerre, d'artillerie, de bois de construction, et encore moins de navires construits et équipés ; car il est certain que si le Bey n'avait d'autre moyen de se procurer ces objets, qu'en les achetant à prix d'argent, sa marine se trouverait bientôt dans un dénûment qui la mettrait hors d'état de tenter la moindre opération hostile (2).

Le prince auquel on peut le plus justement reprocher de concourir à l'accroissement de la puissance tunisienne et d'encourager la rapacité des corsaires, est sans contredit le roi de Naples ; car on ne peut concevoir avec quelle résignation et quelle indolence il souffre que les pirates lui enlèvent ses vaisseaux, déciment continuellement sa marine marchande, et réduisent en esclavage un nombre considérable de ses sujets, tandis qu'il suffirait d'un seul effort de sa marine militaire, toute faible qu'elle est, pour repousser vigoureusement les vexations continuelles du Bey ; il est même difficile d'attribuer une cause vraisemblable à une pareille conduite, et rien ne peut justifier cette lâcheté ou cette nonchalance.

La marine commerciale napolitaine est tellement intimidée par l'approche du plus petit corsaire barbaresque à l'horizon, que l'équipage se hâte aussitôt de jeter son bâtiment à la côte, et de s'enfuir dans l'intérieur des terres, quels que soient les moyens qu'il ait de se défendre, et même quand sa défense paraîtrait évidemment devoir être supérieure à la force des agresseurs.

Ce qui rend les marins napolitains

---

(1) Ces lignes étaient écrites par le Docteur *Frank* longtemps avant l'expédition qui a mis Alger en notre pouvoir, expédition qu'il semblait dès lors prévoir et appeler de tous ses vœux.

(J. J. M.)

(2) Il serait plus à désirer encore que les Puissances européennes osassent s'affranchir enfin de ce tribut monstrueux payé par la civilisation à la barbarie, et qu'un refus formel, appuyé de démonstrations vigoureuses, apprît enfin à l'Afrique septentrionale que le bassin de la Méditerranée cesse d'être l'apanage, et pour ainsi dire le domaine féodal, des pirates barbaresques.

aussi pusillanimes, c'est qu'ils sont en général terrifiés par l'exemple de l'infortune de leurs compatriotes qui sont tombés dans l'esclavage, et par la difficulté du rachat, qui leur ôte tout espoir de retour dans leur patrie : cette terreur avilissante paralyse leur force physique et morale, dans le moment même où ils devraient déployer le plus d'énergie et de courage (1).

CHAPITRE XI.

Commerce de la Régence ; — exportations, — importations ; — relations commerciales de la Régence avec la France et les autres États européens ; — négociants français établis à Tunis.

Si on jette les yeux sur une carte du bassin de la Méditerranée, on sera facilement convaincu que les relations commerciales des régions méridionales de l'Europe avec le littoral barbaresque ont dû exister dès la plus haute antiquité, et du moment même où quelque commerce a commencé à s'établir dans chacune de ces diverses contrées. Loin d'être un obstacle aux communications du commerce entre les deux continents, la mer qui les sépare offrait au contraire, aux Européens comme aux Africains, une voie facile et un véhicule assuré pour les denrées et les marchandises, dont leurs besoins réciproques réclamaient le mutuel échange.

(1) Depuis l'époque dont le tableau est tracé par le Docteur *Frank*, et surtout depuis la conquête d'Alger, les armateurs tunisiens ont entièrement renoncé à la course maritime, et bornent leurs opérations à des spéculations commerciales ; les redevances annuelles que payaient à la Régence les Puissances trop faibles pour se maintenir en paix avec Tunis ont également cessé, grâce à l'influence de la France ; et on assure que depuis quelques années la Régence de Tunis paraît marcher à grands pas dans la voie de la civilisation européenne. Le voyage que le Bey régnant de Tunis est venu faire à Paris doit certainement concourir à accélérer cette marche progressive, dont peut être regardée comme une preuve incontestable une telle pérégrination dans le pays des *infidèles*, si opposée aux préjugés répulsifs enracinés chez les Orientaux.

(J. J. M.)

Placées en face l'une de l'autre, Marseille et Carthage étaient les deux centres de ces échanges habituels, auxquels l'une fournissait les productions territoriales de la Gaule, tandis que l'autre y apportait toutes les richesses de l'Afrique centrale, et même celles des régions plus lointaines, explorées par les marines phénicienne et punique.

Sur la ligne de son trajet la marine commerçante des deux contrées trouvait des points intermédiaires, tels que la Sicile, la Sardaigne, la Corse et même les îles Baléares, dont les golfes et les promontoires, si multipliés, leur offraient, presqu'à chaque instant de la navigation, soit des ports de relâche, soit des abris assurés contre la violence des vents et des tempêtes.

Ces circonstances favorables devaient également encourager les expéditeurs de la Gaule et ceux de l'Afrique septentrionale ; cependant dans les premiers temps de ces communications elles furent plus actives de Carthage à Marseille que de Marseille à Carthage ; mais quelques siècles plus tard, lorsque Carthage, deux fois détruite, eut entièrement perdu son ancienne force et son antique splendeur, Marseille s'empressa de lui succéder dans la suprématie du commerce méditerranéen, et d'exploiter avec les plus grands avantages les productions des côtes barbaresques, qu'elle allait recueillir avec une activité admirable, pour les répandre ensuite dans les provinces intérieures de la Gaule, dont elle portait à son tour les produits aux peuples du littoral de l'Afrique septentrionale.

Ce commerce enrichit Marseille, et fut la cause principale de l'état de splendeur auquel elle parvint à cette époque ; mais ces succès excitèrent l'émulation des autres villes méridionales de la Gaule, et bientôt elle eut pour rivale, dans ses expéditions transmarines, Narbonne, Montpellier, Arles, Agde, Toulon, Antibes, Fréjus, surtout Barcelone et les autres villes de la Catalogne littorale : elle finit pourtant par éclipser ses rivales, et reconquérir cette suprématie commerciale que leurs efforts avaient tenté de lui enlever.

Le commerce de Marseille avec les côtes barbaresques fut quelque temps paralysé, à l'époque où Rome fut abandonnée par les empereurs pour Constantinople, et où l'Occident fut livré aux invasions des Barbares; mais ces relations commerciales reprirent une extension nouvelle, lorsqu'après les victoires de Bélisaire et de Narsès, les rois de France Childebert, Théodebert, Clotaire et Chilpéric se firent accorder, par les empereurs byzantins Justinien et Tibère II des capitulations favorables au commerce de Marseille et des autres villes de la Provence, avec le littoral barbaresque.

Dès lors les armateurs provençaux allèrent fonder sur ces côtes des établissements commerciaux, qui jouissaient déjà d'une prospérité toujours croissante au septième siècle de notre ère, époque de l'invasion des Arabes.

Les perturbations causées par la conquête durent nécessairement interrompre les relations commerciales entre les contrées chrétiennes et celles qui venaient de devenir musulmanes; cependant cette interruption ne fut que momentanée : bientôt les Arabes, dont on connut l'esprit mercantile, reprirent d'eux-mêmes les relations qui avaient mis en rapport le commerce des deux contrées : des capitulations, des concessions favorables aux négociants provençaux, furent stipulées par les nouveaux maîtres du pays; et les communications amicales qui s'établirent entre Charlemagne et le khalyfe *Haroun-èr-Rachyd* vinrent encore concourir à activer et protéger les opérations commerciales de la Provence avec Tunis et les autres contrées barbaresques; et les historiens nous apprennent qu'en l'an 813 de l'ère chrétienne, un an avant la mort de Charlemagne, le commerce avec l'Afrique septentrionale était florissant dans les provinces méridionales de la France, parmi lesquelles on comptait alors la Sardaigne, la Corse et les îles Baléares.

Cette prospérité fut ruinée par le démembrement du grand empire français, et surtout par l'établissement de la puissance Aghlabite sur le rivage africain; cependant à l'époque des croisades le génie maritime des peuples de l'Europe méridionale sembla se réveiller, et le commerce français avec les contrées barbaresques avait repris quelque activité, puisque nous savons qu'en l'an 1270 de notre ère, lorsque saint Louis vint assiéger Tunis, un assez grand nombre de commerçants français faisaient leur trafic dans ce royaume. Le traité conclu après la mort de ce prince, entre Philippe le Hardi et le roi de Tunis (1), stipule en faveur de ces négociants d'importants priviléges. Suivant un article de ce traité « les marchands chrétiens
« doivent être respectés et préservés de
« toute injure, de tout dommage : ils
« doivent être traités à l'égal des marchands musulmans dans tous les ports
« du royaume, et tout ce qui leur aura été
« pris pendant la guerre leur sera restitué. »

Tels sont les avantages que recueillit du moins notre commerce de cette expédition de saint Louis, entreprise dans un but non moins politique que religieux, et qui, si elle n'avait malheureusement avorté, eût, en mettant entre nos mains Tunis, ce point central du littoral africain, assuré notre prépondérance commerciale sur toutes les côtes barbaresques, et particulièrement dans la partie occidentale du bassin de la Méditerranée.

La prospérité dont était redevable à l'expédition de saint Louis notre commerce avec Tunis prit des accroissements successifs jusqu'au milieu du quatorzième siècle de notre ère; à cette époque elle perdit cet état florissant, par l'épuisement dans lequel les guerres entreprises pour soutenir les prétentions de la maison d'Anjou sur la couronne de Naples jetèrent la Provence et les autres provinces du midi de la France : ce commerce se releva ensuite un peu après l'expulsion des Anglais par Charles VII, et il dut surtout sa renaissance aux expéditions commerciales du célèbre argentier du roi Jacques Cœur, qui y trouva, dit-on, la source de ses immenses richesses; mais il reçut ses plus grands accroissements de Louis XI, qui lui accorda une protection toute particulière.

Les communications commerciales de la France avec le littoral africain furent

(1) *Voyez* ci-après les éclaircissements historiques de la seconde Partie.

(J. J. M.)

brusquement interrompues au seizième siècle, lorsque ces contrées tombèrent sous la domination de *Khayr-éd-dyn*, que nous connaissons sous son surnom de *Barberousse*, et de son frère *Haroudj* (1). Ces deux pirates y établirent l'autorité nominative du Sultan ottoman ; mais leur brigandage et leurs cruautés effrayèrent le commerce européen, qui dès lors se tint à l'égard de l'Afrique dans une prudente réserve.

Le commerce ne put reprendre avec quelque sûreté ses opérations sur les côtes de l'Afrique septentrionale que quelques années plus tard, à l'époque du traité conclu par François Ier avec le sultan *Souleymân* dit le *Magnifique* (2), et ces relations devinrent bientôt assez importantes pour que Charles IX, en 1564, crût nécessaire d'y accréditer un consul français (3), et depuis ce temps la France a toujours entretenu des consuls dans ces parages.

En 1578 Henri III nomma le capitaine *Lourdaries* au consulat de Tunis : par les soins de ce consul, des comptoirs français furent établis à Tunis et à *la Goulette*, ainsi qu'à Tripoli, et il s'étudia avec le plus grand zèle à faire fleurir le commerce français dans ces contrées.

Cet établissement consulaire, dont on apprécia promptement les avantages, fut bientôt suivi de plusieurs autres sur la rive africaine, à Fez, à Tetouân, à Asfy, à Moghador, à Aghadir, à âl-Bouzen, à Alger.

En voyant combien est peu considérable la distance qui sépare la France de la Régence de Tunis, et combien le trajet immédiat en est prompt et facile ; en considérant surtout l'utilité qu'ont pour notre consommation, soit alimentaire, soit industrielle, les différents articles commerciaux que nous fournit son territoire, on ne sera aucunement étonné de voir que depuis plusieurs siècles le commerce de nos provinces méridionales ait constamment, dans ses spéculations, donné la préférence à ce port sur tous les autres ports des rivages barbaresques.

Nos armateurs de Provence ont dû en effet regarder cette Échelle comme la plus favorable, sous tous les rapports, où ils pussent étendre des relations mutuellement avantageuses. Aussi il n'y a pas bien longtemps qu'on pouvait compter une vingtaine de maisons de négociants français résidents à Tunis : ces établissements commerciaux, en faisant jouir leur patrie d'avantages considérables, surtout par le versement dans nos ports, des matières premières nécessaires à l'exploitation des manufactures de nos provinces méridionales, trouvaient en même temps dans leurs opérations d'immenses profits, et finissaient par y amasser des fortunes bien capables d'encourager leurs compatriotes à les suivre dans la même carrière.

Deux circonstances principales favorisaient les maisons françaises qui se livraient aux opérations commerciales avec Tunis : la première résulte de l'ignorance des gens du pays, qui n'ont en général qu'une connaissance très-bornée des matières commerciales, et de tous les détails qui s'y rapportent : par suite de cette ignorance, toutes les marchandises, soit d'importation, soit d'exportation, devaient nécessairement passer par les mains des négociants français : une seconde circonstance favorable au commerce français, c'est que les cargaisons expédiées sur un navire français

---

(1) *Haroudj-ébn-Yaqoub* et son frère *Khayr-éd-dyn* s'emparèrent d'Alger l'an 922 de l'hégire (1516 de l'ère chrétienne) : *Haroudj*, qui y avait d'abord exercé le pouvoir souverain, le laisse à son frère *Kkayr* l'an 924 de l'hégire (1518 de notre ère). Celui-ci, voulant se mettre à l'abri sous la protection du Sultan de Constantinople, contre la vengeance des princes chrétiens, irrités de ses brigandages, fit hommage de sa conquête à la Porte Ottomane, et en reçut la même année le double titre de *Bey* d'Alger et de *Qapytan-Pachâ*, c'est-à-dire de généralissime des forces maritimes de l'empire Ottoman.

(J. J. M.)

(2) *Souleymân-ben-Selym*, connu de nos historiens sous le nom de *Soliman Ier* du nom, succéda l'an 926 de l'hégire (1520 de l'ère chrétienne) à son père, *Selym-ben-Bayazyd*. (*Selym Ier*) : son long règne fut d'environ quarante-sept années, et l'an 974 de l'hégire (1566 de notre ère) il laissa le trône ottoman à son fils *Selym-ben-Souleymân* (*Selym IIe* du nom).

(J. J. M.)

(3) Ce consul se nommait *Bertholle* de Marseille.

jouissaient de la franchise des droits du port, tandis que les Maures qui expédiaient directement et par leurs propres navires un chargement étaient obligés de payer une redevance de vingt pour cent.

Ce règlement, qui avait été établi sous le ministère de Colbert, a subsisté jusqu'à l'époque de la révolution ; mais les événements qui résultèrent alors des diverses secousses politiques ayant amené la pénurie des grains surtout dans nos provinces méridionales, les agents du gouvernement se virent forcés, pour activer l'arrivage des blés de Barbarie, de consentir à la suspension momentanée de cette imposition conservatrice du commerce français ; profitant alors des circonstances qui les favorisaient, les négociants maures, instruits par des Européens, et même par quelques Français, s'initièrent à quelques connaissances sur la manière de se conduire dans le commerce ; les résultats de l'expérience qu'ils acquirent leur ouvrirent successivement les yeux, et les engagèrent bientôt à faire par eux-mêmes ce qu'ils faisaient faire autrefois par l'intermédiaire des négociants français.

L'esprit commercial s'étant ainsi répandu parmi les Maures, le ministre et le Bey favorisèrent cette disposition des esprits, et prirent part eux-mêmes aux opérations commerciales alors tentées par les négociants maures : dès lors l'avantage, à chance égale, étant plus du côté des habitants du pays que du côté des Français, le commerce de ceux-ci subit des détériorations successives, et il est réduit dans ce moment à bien peu d'opérations, tellement qu'il n'y a aujourd'hui à Tunis que cinq commerçants français (1), qui y sont encore retenus, plutôt par l'habitude, ou par le besoin de terminer quelques affaires, que par l'espoir d'y former quelques nouvelles entreprises capables de les enrichir.

S'il est vrai qu'un des intérêts principaux de l'État est de faire fleurir son commerce, il doit regarder comme indispensable de favoriser particulièrement les nationaux, qui, en étendant leurs vues et leurs spéculations au dehors, contribuent à l'agrandissement de notre commerce extérieur et à l'amélioration de notre marine marchande : or, il est certain qu'on n'arrivera jamais à rétablir le commerce de la France avec la Régence de Tunis si l'on n'adopte derechef le système de Colbert, système qui consiste à établir un droit de port de vingt pour cent sur les bâtiments maures exportant de France nos marchandises ou y important leurs denrées.

Je ne crois pas qu'on puisse prétendre qu'il importe peu à l'État que le commerce d'un pays se fasse par l'intermédiaire des Français, ou par celui de tout autre peuple ; car adopter de telles maximes serait vouloir ouvertement nuire aux intérêts de sa patrie.

En effet, indépendamment des autres considérations, qu'un Français gagne une fortune en pays étranger, il est presque certain qu'il reviendra en France pour en jouir et en faire jouir sa patrie ; qu'un Maure, au contraire, amasse cette fortune dans ses opérations commerciales avec les Français, il ira en jouir dans son pays, et c'est une perte réelle pour la France.

Je le dis à regret, il n'est que trop certain que le commerce des Français à Tunis n'est dans ce moment qu'une pure illusion, et si le gouvernement ne donne pas des soins particuliers à cet égard, il sera difficile de prévoir les résultats fâcheux que causera une telle négligence (2).

La chambre de commerce de Marseille avait autrefois établi pour maxime réglementaire, que les négociants qui iraient s'établir au Levant ne pourraient y rester que dix ans seulement, et elle exigeait qu'ils fussent célibataires : son but était, sans doute, de diminuer ainsi les dépenses annuelles de ces mai-

(1) Depuis l'époque du séjour du docteur *Frank* à Tunis le nombre des maisons de commerce françaises s'est beaucoup accru.
(J. J. M.)

(2) Depuis ce temps, et particulièrement depuis quelques années, notre gouvernement s'est occupé avec zèle du rétablissement des relations commerciales et diplomatiques avec la Régence : la visite que le Bey de Tunis a rendue à la France n'a pu que concourir à assurer les liens d'amitié qui unissent les deux États.
(J. J. M.)

sons de commerce, afin de leur faciliter par là les moyens d'amasser des fortunes, et de les obliger à venir en faire jouir la France à l'époque du retour.

Mais cette loi n'est plus observée aujourd'hui, sous prétexte qu'elle nuisait aux progrès du commerce et aux intérêts des jeunes gens qui s'y livrent, en restreignant les facilités d'entrer dans cette carrière. Il résulte de cette abrogation tacite, que les négociants qui ont passé de longues années dans ces contrées s'y enracinent, pour ainsi dire, et finissent souvent par trouver convenable à leurs intérêts de s'y marier : ils ont alors des enfants, qui les attachent davantage au pays, et ils restent pour toujours dans cette patrie adoptive, avec les biens qu'ils y ont amassés, sans penser aucunement à rapporter leur fortune en France.

On voit donc qu'il serait peut-être également convenable pour l'avantage du commerce de remettre en vigueur ce règlement, utile à l'intérêt public et si mal à propos abrogé par l'usage.

Quoiqu'il y ait à Tunis un consul français pour présider aux relations commerciales, quoiqu'on puisse, par conséquent, supposer que ce mandataire s'empresse de donner des soins particuliers à tout ce qui concerne les intérêts de sa nation, il est vraiment affligeant de voir qu'il ne peut faire que bien peu pour elle, et que notre commerce est gêné et opprimé à un tel point, qu'on a peine à concevoir comment nos commerçants résistent à tant de vexations (1).

Je ne tracerai ici qu'une esquisse sommaire des entraves qui s'opposent au développement et à l'amélioration du commerce français dans la Régence, et je me contenterai de rapporter simplement, mais avec liberté, ce que j'ai été dans le cas de voir moi-même à cet égard.

La maison *Dolier* et compagnie, de Marseille, avait nolisé un gros navire suédois pour charger des laines à Tunis; mais à peine ce navire fut-il arrivé dans la rade, que le Bey, qui avait l'intention d'envoyer un chargement d'huile à Alger, s'empara du bâtiment suédois, sans autre prétexte que celui de la commodité qu'il allait en retirer pour sa propre opération, et il n'éprouva aucune opposition de la part du consul français : on pensa cependant généralement à Tunis que si ce fonctionnaire eût montré du caractère dans cette circonstance, s'il avait parlé au Bey avec cette fermeté que doit inspirer le bon droit et la justice, le navire nolisé par des Français aurait été relâché et rendu certainement à sa destination légitime (2).

Dans une autre occasion, il plut à un agent commercial du Bey, nommé *Hadgy-Younès*, de s'emparer d'une manière aussi arbitraire d'une certaine quantité de jarres appartenant à un négociant français; celui-ci fut forcé au silence par la crainte d'une plus grande avanie. Certes, si le consul doit remplir les devoirs de sa charge, c'est dans des occurrences pareilles, où l'honneur du pavillon français et la fortune des commerçants sont à la fois compromis.

Mais ce négociant n'a pas été la seule victime de l'oppression arbitraire exercée par cet *Hadgy-Younès*; chaque jour il faisait éprouver les vexations les plus intolérables aux bateliers chargés de transporter les marchandises à bord des navires européens, sans s'inquiéter aucunement du tort que le commerce devait en éprouver; il s'emparait, pour son propre service, de toutes les barques qui devaient servir aux négociants, les retenait aussi longtemps que bon lui semblait, et mettait de cette manière des entraves tyranniques aux expéditions des cargaisons, et aux opérations des négociants, dont les retards qu'ils étaient forcés d'éprouver trompaient les calculs et rendaient les entreprises infructueuses.

Il résultait encore de là que pendant ces retards forcés, qui se prolongeaient quelquefois à plus de vingt jours avant

---

(1) Cet état de choses s'est singulièrement amélioré, et le commerce français est maintenant plus florissant à Tunis que dans aucune autre Echelle du Levant.

(J. J. M.)

(2) Je rapporte ces assertions du docteur *Frank*, en déclinant toute solidarité à l'égard des accusations qu'il hasarde peut-être un peu légèrement.

(J. J. M.)

que les marchandises pussent être débarquées, les navires en rade couraient des dangers fort à craindre, surtout en hiver, saison pendant laquelle il n'est pas rare de voir, ainsi que je l'ai déjà dit, des coups de vent assez forts pour les pousser à la côte et occasionner leur naufrage.

Les négociants français et anglais sont les seuls qui jouissent à Tunis de la prérogative de ne payer que trois pour cent sur les articles d'importation : toutes les autres nations qui ont des traités avec le Bey payent cinq pour cent à la douane; mais il est expressément stipulé que les marchandises doivent venir directement du pays du commerçant, et sous le pavillon de sa nation. Un navire français qui y exporterait des marchandises de Livourne, d'Espagne, de Naples, etc., payerait aussi bien le droit de cinq pour cent que le négociant de ces contrées, qui ne jouit d'aucun privilége.

L'exportation, en revanche, n'est ni aussi facile ni à aussi bon compte : aucune nation ne jouit de la moindre prérogative. Il n'y a pas longtemps, par exemple, qu'on ne payait que 21 francs de frais d'extraction (1) par *gaffiz* (2), aujourd'hui on est obligé de payer 60 fr.; de façon qu'un chargement de blé d'une valeur de 80,000 francs coûte autant que le prix d'achat, pour la permission de sortir des ports de la Régence.

Mais ce n'est pas le seul obstacle à surmonter : il faut encore se présenter chez le Bey, solliciter de lui cette permission de sortie, comme une grâce particulière, et il arrive souvent que le négociant, l'argent à la main, renouvelle cinq à six fois sa supplique avant d'obtenir une faveur qu'il paye aussi cher. La coutume qui s'établit de débourser le montant de la *teskeréh* avant l'achat des denrées destinées à être exportées entraîne de grands inconvénients; car il peut arriver souvent qu'après l'acquisi-

(1) Ces frais étaient ceux que nécessitaient la délivrance de la *tezkeréh* (permission d'exporter), que l'on obtenait du gouvernement tunisien.

(2) *Voyez* ci-après, page 88, sur cette mesure de capacité, le chapitre XII, traitant des poids et mesures de Tunis.

tion faite il se trouve des circonstances qui empêchent d'effectuer le chargement immédiat, ou qui forcent à ne l'opérer qu'en partie; il faut alors avoir derechef recours au Bey, pour en obtenir un *contrebon*; car si on négligeait cette démarche dans le courant de l'année, la permission précédemment obtenue et payée cesserait d'être valable.

On exporte de la Régence de Tunis beaucoup de blé, de l'huile d'olive, de la belle laine et des légumes secs; on y importe de Marseille du café, du sucre, des draperies, des soieries, des laines d'Espagne qu'ils emploient pour la fabrication de leurs bonnets, du vermillon, et toute sorte d'épiceries. Le gain était assez considérable autrefois sur tous les articles, soit d'importation, soit d'exportation; mais depuis que le commerce est entre les mains d'environ cent cinquante négociants maures, ou chrétiens indigènes et juifs, le profit des Européens se réduit à peu de chose.

Le vin, l'eau-de-vie et les liqueurs sont des marchandises de contrebande; elles ne peuvent être débarquées que sur une permission spéciale (*teskeréh*) du Bey, qui ne l'accorde que très-difficilement; d'où il résulte que celui qui en aurait obtenu une trouverait facilement à la vendre, souvent au prix de 90 à 100 piastres, et les cessionnaires font d'autant plus volontiers ce sacrifice, qu'ils ont alors aussi bien la facilité de débarquer une pièce de vingt millcroles (3) qu'une pièce d'un jaugeage très-inférieur.

Le consul français obtient, sur sa demande, un certain nombre de *tezkeréh* pour ceux de sa nation; mais il en dispose à son gré, quoiqu'il en soit toujours à sa disposition. Quand il a de la mauvaise volonté, pour colorer son refus il l'attribue au refus qu'il prétend avoir lui-même éprouvé du Bey. Cependant la moindre faveur que le Bey pût accorder aux négociants français qui sont établis dans ses États serait la diminution de ces entraves, qui font hausser le prix du vin pour les consommateurs français; car il y en a beaucoup qui n'ont jamais pu parvenir à obtenir une *tezkeréh*, même pour leur con-

(3) *Voyez* ci-après le chapitre XII, page 88.

sommation habituelle, et qui, étant obligés d'acheter aux débitants le vin qu'ils boivent, le payent trois fois plus cher qu'il ne coûte à leurs compatriotes.

Il est certain que les reproches à ce sujet peuvent tomber sur le consul; mais malheureusement on peut lui appliquer cette sentence *de minimis non curat prætor*.

Rien n'excite plus le mécontentement du Bey que d'apprendre que, malgré les mesures rigoureuses prises à l'égard du débarquement du vin, il y a cependant toujours un certain nombre d'Européens qui trouvent le moyen d'en faire le commerce clandestin.

Cette boisson a été maintes fois la cause des plus grands désordres; et il est certain que si les Maures et les Turcs pouvaient s'en procurer avec autant de facilité que dans les autres pays, on les verrait à chaque instant commettre les plus criminels excès.

Il y a peu d'années que quelques soldats turcs, ivres, rencontrèrent dans les rues un jeune garçon d'une naissance honorable; ils fondirent sur lui le couteau à la main, et lui firent subir les outrages les plus infâmes.

Les auteurs de ce crime ayant été bientôt connus reçurent pour tout châtiment une rude bastonnade; mais le Bey fut plus sévère envers les marchands de vin, car il fit jeter dans le lac tout le vin qui se trouvait alors dans leurs magasins, et un seul négociant perdit plus de cent mille francs par cet acte de rigueur.

Il se faisait autrefois un commerce assez considérable entre les Grecs de la Morée et les Tunisiens; plusieurs maisons grecques s'étaient même établies à Tunis, et se livraient avec succès à ce négoce; mais depuis 1769, époque d'une guerre avec la Russie, la plupart des Grecs ont cessé de fréquenter les ports de la Régence. Ils apportaient de Zante des toileries, et de la Morée du vermillon, des soies non ouvrées et des soieries. Les Albanais, les Turks et les Maures se sont aujourd'hui emparés exclusivement de cette partie du commerce, et les Grecs aiment mieux rester chez eux que de demeurer à Tunis dans l'inactivité.

Une des branches d'industrie les plus importantes de Tunis est sans contredit la quantité de bonnets *tarbouch*, ou *qaouq*, qu'on y fabrique. On les préfère dans le Levant à ceux qu'on fabrique en Europe (1), soit à cause de leur forme, soit pour la bonté de leur couleur; mais il en est de ce commerce comme du reste dans la Régence; il s'en faut de beaucoup qu'il soit aujourd'hui ce qu'il était autrefois. La douzaine de beaux bonnets, qui se vendait anciennement 14 fr., se vend maintenant près du double, sans que cet accroissement de prix augmente le gain des fabricants.

Le ministre du Bey fait venir directement les laines d'Espagne; les bonnetiers sont forcés de les prendre de lui aux prix qu'il en exige, et il les oblige non-seulement à subir ce monopole des matières premières, mais encore à lui fournir les bonnets fabriqués qu'il désire, au prix qu'il détermine lui-même. Par cet acte d'un despotisme usuraire il s'enrichit, il est vrai, mais aussi il détruit le commerce, et finira par anéantir entièrement l'industrie du pays.

Je ne terminerai pas ce chapitre sans parler d'une autre branche de commerce qui se fait à Tunis: celui de l'essence de rose. Tout le monde sait que cette essence suave jouit d'une renommée toute particulière (2), et que Tunis en fournit qu'on regarde comme de la première qualité; sans vouloir démentir entièrement cette opinion, je ferai cependant observer que la majeure partie de cette essence précieuse qui entre dans le commerce n'est pas fabriquée sur le territoire de la Régence; mais elle y est apportée de Constantinople, d'Andrinople et des autres parties de la Turquie Européenne (3). Le *mithqâl* (4) se vend com-

(1) Une fabrique importante de ces bonnets levantins avait été établie à Orléans.
(J. J. M.)
(2) *Voyez* sur l'essence de rose l'opuscule de mon illustre maître, le savant et modeste *Langlès*, intitulé : *Recherches sur la découverte de l'essence de rose*. Paris, de l'imprimerie impériale, 1804. (J. J. M.)
(3) Une grande partie de l'essence de rose se fabrique en Égypte, où les roses du Fayoum fournissent d'abondants matériaux pour la distillation. (J. J. M.)
(4) *Voyez* ci-après le chapitre XII, page 86.
(J. J. M.)

munément 9 à 10 fr.; heureux l'acquéreur lorsqu'elle n'est pas falsifiée.

On reconnaît sa pureté lorsqu'elle a une véritable odeur de rose, sans aucun mélange d'odeur étrangère, et lorsqu'une goutte versée sur l'ongle n'y coule pas facilement : d'autres amateurs de ce délicieux parfum jugent de sa bonté et de sa pureté parfaite par l'essai suivant. On en verse une goutte sur un morceau de papier blanc placé près du feu : si le liquide s'y volatilise promptement sans altérer le papier, l'essence est reconnue pour être parfaitement pure; mais si elle forme une tache sur le papier, c'est une preuve de falsification et de mélange avec des substances hétérogènes.

La vraie essence de rose *de Tunis* est rare et coûte deux tiers de plus par *mithqâl* que celle de Constantinople. Un quintal (*qontâr*) de feuilles de roses ne donne guère par la distillation que deux à trois *mithqâls* d'essence, et le quintal de roses se vend à raison de 50 à 60 piastres. Dans cette distillation on obtient, outre l'essence, environ cinquante livres (25 kilogrammes) de bonne eau de roses (*mâ-ouerd*), qui revient à assez bon compte, la valeur n'en étant regardée que comme accessoire au prix de l'essence, but principal de l'opération.

La rose rouge ordinaire est celle qu'on distille ordinairement; cependant il y a en outre une espèce de rose blanche, qu'on nomme *nessery*, et qui fournit une essence encore plus précieuse; mais comme elle est très-rare, elle coûte 90 à 100 piastres le *mithqâl*.

En effet ceux qui aiment les parfums ne sauraient trouver une odeur plus exquise que celle de l'essence de *nessery*; sa rareté est telle à Tunis, que souvent on ne peut s'en procurer à quelque prix que ce soit; aussi ce ne sont que les Maures les plus riches et les plus voluptueux qui en font distiller chez eux pour leur usage particulier.

Les Tunisiens qui s'occupent de distillation fabriquent surtout une grande quantité d'eau de fleur d'orange (*mânarendj* ou *mâ-bortougân*); le prix de ces fleurs est, comme celui des roses, relatif à l'abondance plus ou moins grande qu'en produit la saison, et varie quelquefois beaucoup : on ne les vendait qu'à raison de 15 piastres le quintal pendant les dernières années de mon séjour à Tunis; tandis que l'année qui avait précédé mon arrivée elles coûtaient jusqu'à 30 piastres; l'huile essentielle qu'on en retire n'est guère recherchée, parce qu'elle a souvent une odeur d'empyreume.

Plusieurs distillateurs fabriquent aussi de l'essence de jasmin (*yasmyn*) : quoique cette plante soit assez commune, l'essence qu'on en extrait se vend au même prix que l'essence de *nessery*, parce que les fleurs du jasmin ne fournissent qu'une très-petite quantité d'huile essentielle.

CHAPITRE XII.

Des poids et mesures usités à Tunis; — Rottl-Attâry; — Rottl-Souqy; — Rottl-Khoddâry; — qyrâtt, mithqâl; — onces; — qontârs. — Mesures de longueur; — Deraa-êl-Hendazéh; — Deraa-êt-tourky; — Deraa-êl-Araby; — Chebr; — Qâmêh. — Mesures de capacité; — Sâa; — Oueybah; — Qâfyz; — Millerole; — Escandeau; — Salma. — Mesures agraires; — Feddân; — Messâhab; — Zoudjêh-Fered. — Mesures itinéraires; — Myl-Khattouah.

POIDS.

Les poids portent en général le nom de *ouezn*.

L'unité pondérale en usage à Tunis a la même dénomination que celles qui sont usitées en Égypte, à Tripoli, à Alger et à Marok : on lui donne le nom de *rottle* ou *rottl* (1), correspondant à celui de *rotolo*, que les Maltais donnent à leur livre.

On connaît à Tunis trois espèces différentes de *rottles*, savoir : le *rottl-attâry*, le *rottl-souqy*, et le *rottl-khoddâry*.

1° Le *rottl-attâry* (c'est-à-dire la *livre des droguistes*), dont la dénomination est formée du mot *attâr* (épicier-droguiste), équivaut à 506 grammes 88 centigrammes de nos poids métriques.

Cent *rottles-attârys* équivalent à 103 et 23 centièmes de nos anciennes livres poids de marc.

Cent livres anciennes poids de marc va-

(1) Pluriel *rottâl* ou *értâl*. Pour exprimer *deux* rottles, on dit *rottlèyn* ou *zoudj-értâl*.

lent 96 *rottles-attârys*, plus 88 centièmes. Ce rottl sert à peser toutes sortes de drogues (*ottryah*), les matières précieuses, les pierreries, les perles, le corail, le thé, l'opium, le musc, les parfums de toute espèce; il sert aussi à peser les métaux, tels que le fer, le plomb, l'étain, le cuivre, l'argent, l'or, ainsi que les substances minérales connues sous la dénomination de *demi-métaux*.

Le *rottl-attâry* se divise en 16 onces : et je ferai ici la remarque que la division en seize parties est employée communément à Tunis, non-seulement pour les poids, mais encore pour les mesures de longueur et de capacité, comme nous le verrons ci-après, à l'égard du *deraa* ou *pyk* (coudée), du *gâfyz*, du *mettâr*; cette division est même usitée à l'égard des monnaies, et la piastre se divise en seize *qarroubes* (1).

Les mesures des anciens peuples admettaient aussi fréquemment la division en seize parties : parmi elles on peut citer le pied romain et le pied philétéréen, qui avaient adopté cette division (2).

Lorsqu'on emploie ce poids à peser l'or et les pierres précieuses, il se divise en *qyrâtts* (3), d'où vient notre mot *carat*; ou en *mithqâl* pour les essences, l'argent et les perles.

Le *qyrâtt* vaut en poids décimal 2,670 millionièmes de gramme, et le *mekqâl* 4,169 millionièmes.

2° Le *rottl-souqy* (c'est-à-dire la livre du marché) équivant à 568 grammes 445 milligrammes des poids du système décimal.

Il correspond à 18 onces, et sert à peser la viande de boucherie, l'huile, le beurre, le savon, les olives, le miel, le bois à brûler, le charbon, et les fruits secs de toute espèce.

3° Le *rottl-khoddâry*, mot à mot la livre des verdures, équivaut à 639 grammes 453 milligrammes de nos nouveaux poids français, et correspond à 20 onces.

Il sert à peser toutes sortes d'herbages, de légumes verts, de fruits frais ou cuits,

(1) *Voyez* ci-après la Notice sur les monnaies de Tunis.
(2) Vitruv. lib. III. — Greaves, *on the Roman foot*. — Hero, *in Isagoge*.
(3) Pluriel *qararytt*.

et de tout autre aliment de même nature.

Les divers poids de ces trois espèces différentes de livres employées par le commerce de Tunis sont en général exécutés d'une manière grossière et bien éloignée d'une exactitude rigoureuse ; cependant leur rapport est fixé par l'usage dans les proportions de 8 à 9 et à 10, et ce rapport serait celui qui devrait être établi par un étalon régulier; mais cet étalon n'existe pas, et parmi les poids employés vulgairement dans le commerce habituel on en trouve qui ont près de deux grammes *en moins*, et un plus grand nombre qui ont près de six grammes *en plus*.

L'once (*ouqyah*, pluriel *ouqyât*) équivaut à 31 grammes 68 centigrammes de notre poids décimal ; elle se divise en 8 parties, dont chacune est encore subdivisée en 20.

Il existe trois espèces différentes de quintaux (*qontâr*, pluriel *qenâttyr* ou *qenâtter*).

La première est de 100 rottles, et sert à peser toutes les marchandises, à l'exception du fer, du coton filé, et du coton brut ou en laine.

Ce troisième article se pèse avec un quintal particulier, qui comprend 110 rottles.

Enfin le fer et le coton filé se pèsent avec un quintal qui se compose de 150 rottles.

Indépendamment de ces quintaux, il en existe plusieurs autres de convention spéciale dans les transactions sociales, et dont l'emploi est particulier à certaines marchandises.

MESURES DE LONGUEUR.

Les mesures en général, soit de longueur, soit de capacité, portent le nom de *qyâs*.

Il existe à Tunis trois différentes mesures linéaires ou de longueur, et on les comprend toutes les trois sous la double dénomination de *deraa* (coudée), qui signifie en même temps le *bras*, ou plus exactement l'*avant-bras*, et de *pyk*, nom d'origine grecque, dérivé de celui de πῆχυς (coudée).

Les règles dont on se sert pour déterminer les mesures des coudées sont faites ordinairement de fer ou de cuivre, quelquefois même de bois pour les plus pauvres débitants; mais toutes en général, et surtout celles qui sont employées à Tunis pour le mesurage des grosses toiles et autres étoffes communes, sont d'une exécution tellement grossière, et d'une graduation si peu exacte, qu'on ne peut que difficilement parvenir à une appréciation précise de leur longueur totale, et du rapport corrélatif que devraient avoir entre eux les points de leur division, de manière à établir un échantillon régulier qui puisse servir d'étalon unique et légal.

Pour cela il serait nécessaire de faire la comparaison entre elles de la plupart de ces règles, et d'en fixer le résultat moyen, en éliminant celles qui pèchent soit *en plus*, soit *en moins*; et il est à remarquer que ces dernières forment généralement le plus grand nombre.

Chaque règle porte seize divisions, qui devraient être égales; mais il est rare que la plupart se coordonnent régulièrement entre elles; on remarque même généralement que les deux divisions qui terminent de part et d'autre chaque extrémité de la mesure sont plus longues que les divisions intérieures, et cet excès est trop considérable pour pouvoir être attribué au hasard ou à la maladresse ou à la négligence de l'ouvrier qui a établi ces mesures: il paraîtrait plutôt que cet excès est introduit à dessein, et qu'il est toléré par le gouvernement comme nécessaire aux besoins du commerce de détail.

Quoi qu'il en soit de ces imperfections et de ces inexactitudes, les trois mesures de longueur usitées à Tunis sont les suivantes:

1° *Deraa-él-hendâzéh*, nommé aussi *pyk-hendazéh*, qui équivaut à 673 millimètres de nos mesures décimales; cette coudée sert à mesurer les draps et les étoffes de laine.

2° *Deraa-ét-tourky* (coudée turke), qui correspond à 637 millimètres de nos mesures métriques. Cette coudée sert à mesurer les étoffes de soie ou de fil. On donne aussi à cette coudée le nom de *pyk-tourky*, et souvent même elle est désignée par le nom seul de *pyk*, sans épithète.

3° Enfin, *deraa-él-araby* (coudée

males est seulement de 488 millimètres, et sert à mesurer les toiles et les étoffes de coton: cette coudée, qui porte aussi le nom de *pyk-araby* ou *pyk-beledy* (coudée du pays). est aussi désignée fort souvent par l'appellation de *deraa*, sans aucune épithète.

Cette *coudée arabe* paraît être identique avec celle qui fut autrefois employée par les astronomes du khalyfe *Al-Mamoun*; car en supposant cinquante-sept milles arabes au degré terrestre qu'ils mesurèrent, et en attribuant quatre mille coudées à chacun de ces milles, on trouve avec une différence très-minime la coudée arabe de Tunis pour résultat de la coudée qu'ils ont dû employer dans leurs calculs astronomiques.

En effet, cette valeur de la *coudée arabe* donne pour celle du mille 1,949 mètres ou justement 1,000 toises de nos anciennes mesures; ainsi la coudée arabe se trouve être avec la toise dans la proportion de 14 à 15, avec le pied ancien comme 3 est à 2, et avec le mètre, presque exactement comme 1 est à 2; rapports utiles pour simplifier les calculs du commerce, et d'autant plus importants à remarquer que l'emploi de la *coudée arabe* ne se borne pas seulement à Tunis, et que son usage est général sur toutes les côtes barbaresques, à Tripoli, à Alger, et même dans l'empire de Marok, où l'on ne se sert d'aucune mesure turke.

On ne doit pas s'étonner de voir conservées ainsi jusqu'à nos jours parmi ces peuples les mesures du temps du khalyfat; la position géographique de ces contrées, l'isolement des Orientaux dans leurs croyances, leurs mœurs, leurs usages, font véritablement de cette population un peuple *monumental*, chez lequel tout se conserve et se transmet de siècle en siècle: lois, coutumes, habillements, mesures, et toutes les choses de la vie, qui sont si variables dans notre Europe, sont stables dans l'Orient, et à l'abri de tout caprice de mode et de changement. Ainsi on trouve encore aujourd'hui sur les côtes barbaresques les lois, les habitudes, les costumes et les préjugés qu'y ont introduits les Arabes à l'époque de leur première invasion et de leur conquête.

Quoique j'aie donné le rapport des trois coudées tunisiennes avec les mesures métriques, j'ai cru qu'il ne serait peut-être pas désagréable au lecteur de trouver ici le rapport de ces trois espèces de coudées avec l'ancienne aune de Paris.

Cent *coudées hendâzéh* équivalent à 56 aunes et 61 centièmes;

Cent *coudées turkes*, à 53 aunes et 60 centièmes;

Cent *coudées arabes*, à 41 aunes et 9 centièmes;

Cent anciennes aunes de Paris équivalent à 176 *coudées hendâzéh* et 64 centièmes; à 186 *coudées turkes* et 57 centièmes; à 243 *coudées arabes* et 38 centièmes.

Il y a encore deux autres mesures de longueur qui sont quelquefois employées à Tunis, et dont l'usage remonte incontestablement à la plus haute antiquité chez les peuples orientaux.

La première de ces mesures est celle du *chebr* (l'empan ou palme); mais cette mesure est plutôt approximative que rigoureusement applicable.

Huit empans forment une *canne*, que l'on évalue ordinairement à la toise ancienne ou à environ deux mètres : la mesure de la *canne* paraît, au reste, avoir été introduite à Tunis par le commerce de Provence.

Une autre mesure également assez en vogue, et sans détermination bien précise, est celle de la hauteur d'homme : cette mesure porte le nom de *qâméh;* c'est celle que la plupart de nos voyageurs traduisent le plus ordinairement par *toise*, ce qui peut occasionner habituellement une erreur d'environ un sixième dans leurs calculs.

MESURES DE CAPACITÉ.

La principale mesure de capacité à Tunis est le *sâa* (pluriel *sâân*), qui équivaut, mesure rase, à 2 litres 583 millièmes de litre en système décimal. Cependant dans l'usage ordinaire on ne nivèle pas le contenu avec une règle, et on emplit la mesure comble en y ajoutant du grain jusqu'à ce qu'il se verse de toute part hors de la mesure, au-dessus de laquelle il forme un cône ou une pyramide, qu'on appelle *kemelah*, et dont la circonférence repose sur l'épaisseur même des parois du *sâa*.

Par conséquent ce mesurage est naturellement très-arbitraire, et son exactitude est susceptible d'être contestée.

Cette mesure, faite en bois, a la forme d'un cône tronqué, à l'ouverture duquel une barre prismatique en fer soutient une croix également de fer, placée dans le plan du bord supérieur.

Le *sâa* ne sert qu'au mesurage du blé, de l'orge, de toutes les espèces de grains qu'on apporte au marché, et des légumes secs, ainsi que du sel et de la farine; le lait, l'huile, le vinaigre et autres liquides se mesurent dans un *sâa* en grès, qui contient un litre et 26 centilitres, en mesures décimales.

Douze *sâas* forment un *oueybah*, équivalant à 30 litres 996 millièmes de litre, et le poids d'un *oueybah* de bon blé de Tunis s'évalue au poids de 50 rottles.

Seize *oueybahs*, ou cent quatre-vingt-douze *sâas*, font un *qâfyz*, correspondent à 495 litres et 93 millièmes de litre.

Une autre évaluation du *qâfyz* le fait équivaloir à environ trois *charges* et demie de Marseille; la *charge* étant de 1 hectolitre six dixièmes, cette évaluation porterait le *qâfyz* à 5 hectolitres 6 dixièmes.

Les relations commerciales qui existent habituellement entre la France et la Régence de Tunis y ont introduit l'usage de plusieurs des mesures usitées anciennement en Provence; telle est surtout pour le jaugeage des tonneaux la mesure provençale nommée *millerole*, et qui équivaut à 64 litres 32 centilitres.

Cette mesure se divise en quatre *escandaux* pour le mesurage des huiles, et pour celui des vins en 60 *pots*, dont chacun se subdivise en 4 *quarts*, ce qui établit 240 *quarts* pour la contenance totale de la *millerole*.

Le *pot* équivaut à un litre et 72 millièmes de litre.

Les rapports continuels et immédiats de Tunis avec l'île de Malte ont aussi introduit quelquefois dans la Régence l'usage de la mesure de capacité maltaise nommée *salma;* cette mesure équivaut à 2 hectolitres plus 897 millièmes.

MESURES AGRAIRES.

La mesure agraire usitée habituellement dans la Régence est celle qui est nommée *feddân*, comme en Égypte, ou *messâhah*, comme à Alger, espèce d'arpent, dont la valeur est variable suivant les localités.

On emploie aussi l'expression *zoudjeh-fered* (une paire de bœufs) pour désigner un espace d'environ 25 arpents de nos anciennes mesures, ou à peu près 13 hectares, mesure décimale.

MESURES ITINÉRAIRES.

Les seules mesures itinéraires sont :
1° L'heure de marche, *sáah ét-taryq* (pluriel *sáát* ou *souyah*).
2° La journée de chemin, *youm-éttaryq* (pluriel *ayyâm*) : on lui donne aussi la dénomination de *nehâr-mâchy*, et quelquefois celles de *mehalah* ou de *messyrah* (pluriel *messyrât*).

On a observé que les caravanes conduisant des chameaux chargés de 15 à 20 myriagrammes avaient par heure une vitesse moyenne de trente-cinq centièmes de myriamètre, c'est-à-dire un peu plus d'un tiers de myriamètre.

Cependant quelquefois, pour mesurer les distances, on se sert du mille, *myl*, qui contient 1,000 pas.

Le pas lui-même porte le nom de *kattouah* (pluriel *kattouât*).

CHAPITRE XIII.

Des Européens établis à Tunis ; — rapports des consuls avec le Bey ; — cérémonie du baisement de mains ; — consuls ; — quartier qu'ils habitent ; — logement ; — insolence des soldats turks envers les Européens.

Le désir du bonheur est de tous les sentiments celui que la nature a le mieux gravé dans le cœur de l'homme, qu'il soit civilisé ou sauvage ; il le fait consister dans le repos et l'abondance, qu'il ne peut se procurer dans l'un ou l'autre état, et surtout dans le premier, que par des travaux constants et souvent périlleux. Ce désir, dépassant chez lui la plupart des bornes que prescrit la raison et la prudence, lui fait surmonter avec constance tous les obstacles ; et pour parvenir au but si ardemment désiré on le voit quitter sa patrie, traverser les mers, braver les écueils, s'exposer à tous les dangers, et passer sa vie parmi des peuples dont les institutions, les lois, les usages et les mœurs lui sont tellement étrangers, qu'ils lui paraissent barbares.

La curiosité et l'ambition d'acquérir de vastes connaissances peuvent, à la vérité, faire naître le même mouvement d'expatriation ; mais celui-ci n'a-t-il pas un point de vue analogue au premier, celui de contribuer à la félicité, en servant d'aliment à ce sentiment factice qu'on a appelé *amour-propre*, premier mobile du désir d'acquérir soit des connaissances, soit des richesses ?

De toutes les villes de la Barbarie Tunis est celle où il y a un plus grand concours d'Européens. Son commerce et sa proximité avec les côtes méridionales de l'Europe en sont les causes principales. Il y avait autrefois quinze maisons de commerce françaises établies dans cette ville, il n'y en a plus que cinq aujourd'hui ; et j'indiquerai ailleurs les motifs de cette décadence.

En ce moment deux négociants anglais y sont établis ; mais l'expérience prouve que le commerce de cette nation n'a jusqu'à présent jamais prospéré dans ce pays. Le plus grand nombre des Européens qui l'habitent est d'origine génoise, corse, napolitaine, romaine, etc. Ils s'occupent tous de quelque branche particulière et spéciale de commerce ou de travaux industriels, dont ils trouvent l'emploi soit chez leurs compatriotes, soit chez les indigènes.

Il n'y a pas de doute que le climat de la Barbarie ne soit plus favorable aux Européens que celui de l'Égypte ; leur génération y prospère aussi bien que dans leur patrie ; et sous ce rapport la côte barbaresque conviendrait beaucoup mieux aux Français que la vallée du Nil pour l'établissement d'une colonie.

D'un autre côté, tous ceux qui ont quelque connaissance de ce pays conviendront avec moi de la réalité de l'observation, que les Européens, en général, ne manquent guère de contracter par un long séjour dans ces contrées les vices et les qualités morales des Juifs et des Maures au milieu desquels ils passent leur vie.

On fera cependant une exception en faveur de plusieurs personnes qui habitent depuis longtemps Tunis, et surtout des Français, qui, dans quelque climat qu'ils soient, ne perdent que difficilement cette affabilité et cette loyauté qui les caractérisent plus particulièrement que toutes les autres nations.

L'exercice du culte catholique est absolument libre à Tunis; il y a deux petites églises, desservies par des religieux italiens et espagnols.

Du reste, les Européens sont, ainsi que les Juifs, confinés ou relégués dans certains quartiers fort étroits de la ville. Et la plupart des maisons qu'ils habitent, à l'exception de celles des consuls et quelques autres en petit nombre, sont mal construites, peu commodes et d'un loyer excessivement cher; les Européens sont forcés de se soumettre à cette nécessité, le Bey interdisant formellement aux chrétiens la faculté de se loger dans les autres quartiers de la ville, où les logements sont à bien meilleur marché.

Un Européen qui vient à Tunis pour s'y établir se trouve ainsi singulièrement embarrassé pour s'y procurer un logement; car, outre la cherté du loyer qu'exige le propriétaire, il fait payer encore au nouveau locataire les réparations déjà faites et celles qui sont à faire, pour rendre le logement habitable; et de plus il lui fait souvent solder par avance, et en un seul payement préalable, le loyer de plusieurs des années à échoir.

Cependant, les négociants français jouissent de l'avantage d'être logés à assez bon compte, dans la maison même du consul, appelée *le Fondouq*, et dont le Bey est propriétaire. Quoique ce logement offre d'un côté quelques agréments par la réunion de plusieurs familles, il faut regretter que d'une autre part il y règne trop souvent les tracasseries et les jalousies qui sont propres à toutes les maisons de communauté, et surtout lorsqu'il y habite des personnes qui ne cessent d'avoir des prétentions ridicules, ou des antipathies déraisonnables.

Il est vrai que dans les réunions de cette espèce les passions prennent un degré d'incandescence intolérable; mais il paraît qu'à Tunis l'avidité de la concurrence, l'ennui de la solitude et de l'isolement en inspirent de plus violentes qu'en Europe, et que l'égoïsme, à son comble, s'y manifeste avec une telle force que la cohabitation y devient quelquefois réellement insupportable.

La France, l'Espagne, l'Angleterre, les États-Unis, la Hollande, le Danemark, la Suède et plusieurs autres États européens d'une importance secondaire, ont chacun un consul, ou un autre agent, chargé de protéger leur commerce, et résidant près le Bey de Tunis. Ces consuls et ces agents, accrédités sous divers titres, forment en apparence une espèce de corps diplomatique; mais ce corps semble manquer de ce caractère imposant qui caractérise les vrais représentants des Puissances européennes (1).

Le traitement qu'ils reçoivent, réuni avec le casuel de leur place, leur forme un revenu assez considérable. Leurs fonctions sont de protéger à Tunis les commerçants de la nation dont ils sont les agents, de prendre leur défense lorsqu'ils sont lésés dans leurs intérêts, ou qu'ils ont reçu quelque insulte; ils sont, de plus, les juges naturels de toutes les contestations qui s'élèvent entre ceux de leur nation; et ils doivent porter les plaintes et les réclamations de leurs compatriotes au Bey, afin de lui en demander satisfaction.

Il est encore de leur devoir d'instruire le gouvernement qu'ils représentent, de tous les faits qui peuvent intéresser le commerce dans le pays de leur résidence.

La plupart des consuls ont un chancelier ou un secrétaire qui fait une grande partie de la besogne; c'est l'un ou l'autre de ces auxiliaires qui dresse les contrats, reçoit les dépositions, les déclarations, expédie les passeports, etc.

Il y a quelques années que l'Espagne et la Hollande tiennent aussi chacune à Tunis un vice-consul, qui remplaçait, en son absence, le principal agent, et le suppléait dans ses fonctions.

Les consuls ont ordinairement à leur service plusieurs gens du pays, qu'on appelle *janissaires* dans les Échelles du Levant, mais qu'on nomme à Tunis *drogmans*, quoiqu'ils ne sachent souvent qu'une seule langue et qu'ils soient absolument incapables de remplir les véri-

(1) Depuis l'époque dont le docteur *Frank* trace ici le tableau les consuls européens ont repris l'importance qui leur est due, et exercent à Tunis l'influence à laquelle leurs fonctions leur donnent droit de prétendre.

(J. J. M.)

tables fonctions du drogmanat. Le consul ne sort guère de chez lui sans être précédé par un de ces hommes, et cette espèce de garde d'honneur a la plus grande influence sur le respect que la population a pour les consuls.

Les maisons consulaires jouissent de l'immunité pour toutes les personnes qui y ont cherché un asile, et l'entrée en est toujours gardée par des *janissaires*, qui font chacun à leur tour l'office de portier; on reconnaît de loin les consulats par un long mât fixé sur la terrasse, et sur lequel est hissé le pavillon de leur nation.

Les consuls peuvent se présenter tous les jours, excepté le vendredi, chez le Bey, pour lui parler d'affaires; mais il les fait souvent attendre plusieurs heures dans le *pateo* (1), sorte d'antichambre, où ils se trouvent confondus avec le public. Cette humiliation n'est pas la seule qu'ils éprouvent; ils sont encore tenus de se présenter avec une double paire de souliers, dont ils quittent la première lorsqu'ils entrent dans l'appartement du Bey; puis, ils doivent lui baiser la main comme le font ses sujets et ses esclaves, et ôter leur chapeau, quoiqu'il ne soit pas d'usage dans ce pays de se découvrir la tête comme marque de respect.

Il n'existe aucune contrée dans le monde où les anciens usages soient aussi respectés qu'à Tunis; quelque ridicules qu'ils soient, quelque répugnance même que la raison éprouve à les suivre, les Maures disent: « C'est l'usage, » *star la usanza* (en langue franque), et cette phrase termine toutes les difficultés; en voici un exemple:

A l'époque des fêtes du grand et du petit *Béyrâm* (2) les consuls et les négociants européens vont, les uns par devoir, les autres par convenance, visiter et féliciter le Bey: ils obtiennent alors de ce prince la faveur insigne de lui baiser la main, cérémonial auquel j'ai voulu assister deux fois, afin de pouvoir en bien connaître toutes les particularités.

Je me suis donc rendu à l'endroit désigné à cet effet, et là je trouvai groupés dans un coin du *pateo* tous les consuls, en grand uniforme, entourés de plusieurs Européens, qui attendaient patiemment l'heureux instant du baisement de main.

Les consuls défilèrent l'un après l'autre devant le souverain, avec les négociants de leur nation, et baisant la main présentée, à peu près comme les dévots qui à la messe vont baiser la patène, en se présentant à l'offrande, et les surpassant encore par leur air d'humilité et de componction.

Je ne puis assez m'étonner d'un acte qui me paraissait très-inconvenant, non-seulement pour les consuls eux-mêmes, mais encore plus pour les gouvernements qu'ils représentent, et qui sans doute

---

(1) *Voyez*, sur le local indiqué par cette désignation, ci-dessus la note 6, page 10.

(2) Le petit *Béyrâm* (en turk *Koutchouk Béyrâm*) est une des principales fêtes de l'année musulmane: les Arabes la nomment *Youm él-Qorbân*, c'est-à-dire *le Jour du Sacrifice*, qui se célèbre avec une grande pompe à la Mekke. Cette fête a lieu le 10 du mois de *dou-l-hadjeh*, douzième et dernier mois de l'année lunaire musulmane. Cette solennité dure quatre jours, et le treizième jour du même mois lunaire est spécialement férié, comme la clôture du Petit Béyrâm.

La fête du *Grand Béyrâm* (*Iid-él-Kebyr*), est aussi appelée *Iid-él-Fettr*, c'est-à-dire *la Fête de la rupture du jeûne*. En effet cette solennité se célèbre le 1er du mois de *chaouâl*, dixième mois de l'année lunaire musulmane, et sert de clôture au jeûne imposé pendant tout le mois de *Ramaddân*; c'est par cette raison que le mois de *chaouâl* a pris chez les barbaresques le nom de *chaharaftour*, mot à mot *le mois de la cessation du jeûne*.

Il est à remarquer que les deux fêtes qui portent également le nom de *Béyrâm* ne sont pas désignées chez les diverses sectes orthodoxes de l'islamisme d'une manière uniforme, par l'appellation de *Grande* (en arabe *Kebyr*, en turk *Bouyouk*) et de *Petite* (*Sogheyr* en arabe, *Koutchouk* en turk): la première épithète n'est donnée que par les Chaféytes et les Hanefites à la fête qui, au 1er du mois de *chaouâl*, termine le jeûne du *Ramaddân*; tandis que ce titre est réservé spécialement par les Malekites et les Hambalites, et particulièrement par les peuplades barbaresques, ainsi qu'à la Mekke, au *Béyrâm* solennisé le 10 du mois de *dou-l-hageh*; et par cette raison le dernier mois de l'année musulmane a reçu en Afrique le nom de *Iid-él-Kebyr*, c'est-à-dire *la Grande-Fête*. Il en résulte que pour eux le *Petit Béyrâm* est la fête qui fait la clôture du jeûne du *Ramaddân*.

(J. J. M.)

ignorent cet avilissant cérémonial. On peut facilement s'imaginer combien de pareils usages doivent enorgueillir un prince naturellement fier, et diminuer aux yeux des Tunisiens l'importance et la considération des consuls européens.

Il existe dans la chancellerie du consulat de France un acte qui constate qu'en l'année 1757 le Bey, s'étant aperçu que le consul français n'était pas venu lui rendre, avec les autres consuls, à l'occasion de la fête, l'hommage du baisement de main, lui envoya l'ordre de venir s'acquitter de ce devoir, sous peine d'avoir la tête tranchée. Le consul communiqua cet insolent message au corps des négociants français, et leur demanda leur avis ; ils déclarèrent à l'unanimité qu'attendu le caractère violent et despotique du Bey alors régnant, il convenait de se soumettre à ses volontés, intimées d'une manière si acerbe ; mais aussitôt après la cérémonie le consul quitta Tunis, et se rendit par terre à Tripoli, d'où il donna avis à son gouvernement de ce qui s'était passé ; l'acte déposé à la chancellerie du consulat constate à la fois l'ordre émané du Bey et la protestation solennelle du consul.

Les consuls prétendent que leur conduite habituelle avec le Bey est constamment basée sur les instructions qu'ils reçoivent de leurs gouvernements ; mais des motifs, dont je parlerai plus bas, me portent, au contraire, à croire qu'ils ne sont pas fâchés de maintenir ce cérémonial, à l'insu de leurs gouvernements, auxquels d'ailleurs ils ne communiquent que ce qu'ils croient convenable à leurs propres intérêts.

Lorsque la cérémonie du baisement de main est terminée, une musique turque très-bruyante se fait entendre ; et pendant sa barbare exécution la fête se termine par un singulier spectacle : deux hommes, qui n'ont d'autres vêtements qu'une culotte de peau, souvent fort sale, et dont la partie supérieure du corps est entièrement nue et frottée d'huile, se présentent devant le Bey, et, après une profonde salutation, luttent ensemble en sa présence, jusqu'à ce que la supériorité de la force ou de l'adresse de l'un des deux soit évidemment constatée. Après ces premiers lutteurs, huit autres athlètes, dans le même costume, se présentent successivement deux à deux, et se livrent tour à tour à ce combat gymnastique.

Ce spectacle étrange m'a paru d'autant plus intéressant que ces lutteurs tunisiens me rappelaient absolument les athlètes combattant aux jeux olympiques de l'ancienne Grèce et les gladiateurs dont les amphithéâtres de Rome faisaient leurs délices. Après s'être exercés pendant quelque temps devant l'assemblée, ils traversent la ville dans le même costume en continuant leurs combats, et tâchent de mettre à contribution les Chrétiens ou les Juifs qu'ils rencontrent. Lorsque ces derniers font quelque résistance, les lutteurs se vengent en les embrassant étroitement, corps à corps, et en salissant ainsi leurs habits de l'huile dont ils sont enduits.

Ceux des consuls qui aspirent à la bienveillance du Bey, ou qui la possèdent, ne manquent pas de lui faire une visite de cérémonie tous les vendredis (1).

Le consul danois jouissait particulièrement de la confiance du Bey : à l'époque où j'habitais Tunis c'était lui que ce prince consultait le plus volontiers, et dont il suivait le plus ordinairement les conseils : en plus d'une occasion ce prince a reconnu l'utilité des avis de ce conseiller, dont les profondes connaissances en fait de commerce et de navigation ne pouvaient faire qu'un guide éclairé pour l'administration et la politique de la Régence. Aussi ce consul avait-il mérité auprès du Bey une faveur toute particulière, que les autres consuls s'efforçaient en vain d'obtenir.

Puisque l'ordre établi exige que les consuls traitent directement avec le Bey sur les difficultés ou les différends que le commerce et la navigation peuvent faire naître, ils doivent sans aucun doute tâcher de se concilier la bienveillance de ce prince ; mais il serait à désirer qu'ils

(1) On sait que le vendredi est le jour férié des Musulmans, pour lesquels ce jour est ce qu'est le dimanche pour les Chrétiens et le samedi pour les Juifs : c'est le vendredi de chaque semaine qu'ils se rassemblent dans leurs mosquées ; et c'est par cette raison qu'ils ont donné à ce jour le nom de *youm-éldjemaah*, c'est-à-dire *jour d'assemblée*.

(J. J. M.)

n'oubliassent pas leur dignité, en cette occasion, surtout lorsqu'il s'agit des intérêts ou de l'honneur des nations qu'ils sont chargés de représenter; mais aussi il conviendrait que lorsqu'il s'élève quelque difficulté entre le Bey et un consul celui-ci fût puissamment soutenu par son gouvernement, et surtout qu'il ne pût être renvoyé par le Bey sans autre prétexte que celui de sa mauvaise humeur.

Pendant mon séjour à Tunis le Bey a expulsé le consul des États-Unis, sans lui manifester d'autres motifs que celui de sa volonté; or, la place de consul étant à la fois honorable et lucrative, et peu pénible à remplir, tous ceux qui ont le bonheur d'y être parvenus songent surtout à ne pas la perdre, c'est-à-dire *à ne pas déplaire au Bey;* il résulte de là que dans les discussions qui s'élèvent entre lui et un gouvernement le consul agit trop souvent avec mollesse, ou même sacrifie les intérêts de sa nation pour ne pas tomber en défaveur auprès du prince.

Mais il ne s'agit pas seulement de faire sa cour au Bey, il faut nécessairement la faire encore à son ministre, et avoir pour celui-ci des complaisances sans cesse exigées. S'agit-il de raccommoder un fusil, une montre dérangée, ou de quelque autre objet aussi minime appartenant au ministre ou aux gens de sa maison, c'est toujours au consul qu'on s'adresse, et il ne serait pas convenable à celui-ci de réclamer le montant de la dépense. Si les consuls ne sont pas en faveur chez le ministre, ils sont assurés de ne pas obtenir celle du Bey; d'où il résulte qu'il faut courtiser le premier pour être bien avec le second.

Au reste, la considération dont jouissent les consuls à Tunis est généralement relative au rôle que joue la puissance qu'ils représentent: on y est persuadé que la France et l'Angleterre méritent des égards particuliers; mais ces égards sont bien moindres envers les autres puissances qui ont des consuls à Tunis. Cependant, quoique les consuls soient les seuls Européens pour lesquels ces égards soient plus ou moins observés, ils ne sont pas toujours à l'abri de toute insulte, et je puis en citer quelques exemples.

Dernièrement un consul venant du *Bardo* fut assailli par trois soldats turks, qui lui demandèrent sa bourse en plein jour, et il fut contraint de se laisser ainsi voler, sans qu'aucune recherche ait été ensuite faite pour reconnaître et punir les voleurs.

Le frère du consul danois, âgé d'environ douze ans, se promenait sur le bord de la mer, lorsqu'il fut attaqué par d'autres soldats turks, qui lui firent subir les plus odieux outrages; et cet attentat ne fut pas plus puni que le premier.

La nation française est dans ce moment la plus respectée à Tunis, c'est-à-dire qu'elle y essuie moins d'avanies que les autres, et que si un Français vient à être insulté, le Bey ou son lieutenant, *el-Deweletly,* ne manquent pas de faire paraître leur mécontentement et de manifester la résolution de faire châtier les coupables; mais rarement cette promesse, toute d'apparat, reçoit son exécution.

Quoi qu'il en soit, en avouant que de tous les Barbaresques les Tunisiens sont, en général, les plus doux et les plus humains, on doit convenir néanmoins que les Européens sont souvent exposés à recevoir des insultes, lorsque par état ils sont obligés de parcourir la ville; et la rencontre des nombreux individus de différentes nations qui y habitent, ou d'une soldatesque insolente et indisciplinée, expose à chaque instant les étrangers à en venir aux prises avec quelque agresseur imprévu, s'ils ne mettent en usage dans ces occasions la modération que dicte la prudence.

Plusieurs faits qui sont arrivés pendant mon séjour à Tunis viendront à l'appui de ce que j'annonce.

Un capitaine français ayant été frappé par un officier de la garnison turke de *la Goulette,* le consul de France porta ses plaintes au Bey, qui l'assura que le Turk serait puni sévèrement; mais le coupable en fut néanmoins quitte pour quelques jours de prison.

Un autre officier de la marine française ayant été assailli et volé par trois soldats turks, le consul adressa également ses plaintes aux autorités tunisiennes. On l'assura que les voleurs avaient reçu une forte bastonnade; mais la restitution du vol ne put être obtenue.

Peu de semaines avant mon départ de

Tunis, un perruquier français et sa femme, enceinte de huit mois, furent insultés et battus par trois Maures, auxquels se joignit un groupe de la plus vile populace; et ils furent si indignement traités, qu'ils furent forcés de garder le lit pendant plus de dix jours : sur les représentations du consul, on répandit le bruit que les agresseurs avaient été condamnés à cinq cents coups de bastonnade et à six ans de galères; mais rien ne constata la réalité de ce châtiment, si justement mérité.

Moi-même, j'ai été également exposé plusieurs fois à de pareilles insultes; mais je m'en suis toujours tiré sain et sauf, en parlant aux agresseurs avec fermeté, et en faisant bonne contenance, surtout en faisant valoir le titre de mes fonctions auprès du Bey; car les Maures et même les Turks rabattent beaucoup de leur insolence lorsqu'ils trouvent des hommes qui ont plus de courage qu'eux, surtout lorsqu'ils peuvent craindre que leur délit ne soit porté aux oreilles du prince, et ne leur attire une punition grave.

Pour obvier à de tels inconvénients, je pense que le gouvernement français devrait exiger que l'homme qui a insulté ou frappé un Français fût remis entre les mains de notre consul, pour être châtié par ses ordres, ou du moins qu'il subît, par jugement des autorités tunisiennes, une punition publique et exemplaire, qui pût prouver d'une manière incontestable à chaque habitant la ferme volonté du prince de ne jamais laisser impunie toute infraction aux égards qui sont dus à une puissance voisine et alliée.

Mais tout me porte à croire que la mollesse avec laquelle agissent en général les consuls dans de semblables occasions vient de ce qu'ils aiment souvent mieux assurer leur tranquillité en employant les voies d'une faible représentation, que remplir dignement leurs devoirs.

Toutefois M. *Devoize*, qui a occupé la place importante de consul français à Tunis, et qui a été employé dans les mêmes fonctions depuis trente années en plusieurs Échelles du Levant, ne mérite pas ce reproche, quoiqu'on lui adresse ordinairement celui d'être devenu plus Oriental et plus Africain que Français.

Je passerai sous silence d'autres observations; seulement je crois utile de remarquer, comme un fait particulier à Tunis, qu'aucune femme, de quelque nation qu'elle soit, ne peut y débarquer sans une permission expresse du Bey. Cette mesure, qui influe puissamment sur le bon ordre et la moralité des habitants, soit indigènes, soit européens, n'est pas sans inconvénients, d'autant plus que le Bey est très-rigoureux sur ce point, et refuse souvent l'autorisation demandée. Cependant, lorsque les consuls français et anglais demandent une permission d'entrée pour une femme de leur nation, ils l'obtiennent assez facilement; mais il n'en est pas de même à l'égard des autres consuls.

Cependant il est arrivé que deux Françaises, dont l'une venait rejoindre son père, l'autre son mari, furent forcées de rester à bord par l'absence momentanée du consul, la première pendant une semaine, la seconde pendant trente-cinq jours.

La France est intéressée, plus que toute autre Puissance, à avoir des consuls qui possèdent des connaissances exactes sur ce qui concerne la Barbarie, et qui soient suffisamment instruits dans la science de la statistique pour fournir des renseignements utiles sur la géographie ancienne et moderne de ces contrées, sur l'histoire naturelle, le gouvernement et le commerce du pays, dont on n'a eu jusqu'à présent que des notions très-confuses; les facilités et les avantages que lui procurerait un emploi permanent, et la considération qui y est attachée, les mettraient en état d'envoyer tous les ans un mémoire détaillé et raisonné, relatif aux sciences ci-dessus mentionnées; et le gouvernement serait en droit d'exiger ce travail en sus de leurs fonctions officielles.

Il serait peut-être encore utile que le gouvernement envoyât de temps en temps *incognito* en Barbarie des agents d'une probité reconnue, dont la mission spéciale serait d'éclairer la conduite des consuls, pour lui en rendre compte : je pense qu'on obvierait par cette mesure à beaucoup d'inconvénients ou d'abus; car l'expérience a prouvé que plus un homme a de pouvoir, plus il est tenté d'en abuser.

CHAPITRE XIV.

Juifs de Tunis ; — femmes juives ; — leurs costumes, leurs mœurs ; — courtiers ; — colporteurs, marchands ambulants ; — ordonnance du Bey à leur sujet. — Rabbins ; — leur sévérité ; — leurs enquêtes morales ; — usuriers juifs ; — conditions des prêts ; — écritures des Juifs de Tunis.

Les Juifs sont plus nombreux à Tunis que dans les autres villes de la Barbarie : leur nombre n'est pas positivement déterminé ; on assure même qu'il est impossible de le connaître, et qu'il est de leur intérêt de le cacher au gouvernement tunisien. Si cependant on consulte l'opinion publique à ce sujet, si on fait un calcul approximatif, d'après l'extension du quartier qu'ils habitent et leur entassement prodigieux dans les maisons dont ce quartier se compose, je crois pouvoir penser qu'il n'y aurait pas d'exagération à présumer qu'il y en a plus de vingt mille qui y ont fixé leur résidence habituelle.

Cette race d'hommes est là ce qu'elle est partout, remplie de superstition, de ruse, de méchanceté et de haine pour quiconque n'est pas leur coreligionnaire.

Quelques-uns s'occupent des arts mécaniques ; mais la plus grande partie se livre à quelque branche particulière de commerce. Ils ont acheté du Bey le privilège exclusif de faire celui de la pelleterie et celui de la cire, commerces qui sont l'un et l'autre très-lucratifs. Ils payent aussi une somme très-considérable pour le privilège de distiller les eaux-de-vie, qu'ils ne peuvent cependant vendre qu'à ceux de leur nation. Mais, quoiqu'il leur soit sévèrement interdit d'en débiter aux Maures et aux Turks, ils trouvent habituellement le moyen d'éluder cette prescription, par des ventes clandestines, qui forment la plus grande partie du gain de leur fabrication.

Beaucoup d'entre eux font des opérations très-actives, en tout genre de négoce, avec Livourne et Marseille, et l'on peut assurer qu'une grande partie du commerce de ces deux places avec Tunis est aujourd'hui entre leurs mains ; les Européens même n'en peuvent faire aucun dans la Régence sans avoir à leur service plusieurs *sensals*, ou courtiers juifs, qui sont les intermédiaires obligés de toutes leurs transactions avec les Maures. Ce sont ces courtiers qui achètent ; ce sont eux qui vendent ; c'est par leurs mains que l'argent est transmis des acquéreurs aux vendeurs : toutes ces opérations leur valent le demi pour cent de la part de l'un et de l'autre côté ; ce qui leur produit en totalité une remise d'un pour cent pour leur courtage.

Les Juifs sont les seuls des sujets de la Régence qui payent au Bey une imposition personnelle ; cependant, quoique cette redevance ait pour prétexte le but d'assurer leur sécurité, rien n'est plus commun que de les voir outrager et même frapper par les Maures ; ils reçoivent même les mauvais traitements ou les coups avec une résignation vraiment étonnante ; mais aussi si jamais un d'eux osait en riposter à ses aggresseurs, il risquerait infailliblement d'être compromis dans un procès sérieux, qui ne pourrait s'arranger que par le sacrifice d'une forte somme d'argent ; et souvent ces insultes n'ont pas d'autre but que cette extorsion abusive et tyrannique.

Quelques-uns parmi les Juifs s'habillent à l'européenne ; et ce costume est plus particulièrement adopté par ceux qui sont originaires de Livourne ; d'autres adoptent les vêtements orientaux, portant le bonnet et le châle gris ou bleu ; car cette couleur leur est imposée, afin qu'ils ne puissent pas être confondus avec les musulmans, dont leur costume ne diffère pas d'ailleurs.

Malgré les humiliations qu'ils essuyent et l'état d'avilissement auquel ils sont réduits, ils peuvent cependant monter des chevaux et des mulets, ce qui leur est défendu en Égypte et dans la plupart des autres contrées soumises aux musulmans.

Les femmes juives ont assez généralement adopté le costume du pays ; mais ce qui les distingue des femmes maures, c'est qu'elles n'ont que la moitié de la figure couverte par un crêpe noir, tandis que les femmes des Maures se voilent le visage entièrement. J'en ai vu un assez grand nombre qui étaient belles et bien faites, surtout parmi celles que pare encore la jeunesse ; mais la nature grossière et la forme désagréable de leur habillement les empêche de faire valoir ces avantages ; et leur défaut de soin pour soutenir leur gorge, qui est communément fort volumineuse, leur fait perdre bientôt toute espèce de charme. Elles ne se montrent pas trop difficiles à se prêter aux aventures galantes ; mais elles apportent les plus grands soins pour cacher leurs intrigues amoureuses ; car si leur mari ou le rabbin de la synagogue en avait connaissance, elles courraient le risque d'être châtiées sévèrement, ou même répudiées.

Il n'est pas difficile à un Juif de répudier sa femme, pour peu qu'il puisse alléguer une cause raisonnable pour motiver ce divorce ; et plusieurs, sans avoir recours à cet acte légal, prennent une seconde femme, leur loi autorisant la polygamie ainsi que la loi musulmane.

Un assez grand nombre de Juifs et de Juives parcourent la ville en colportant des marchandises que ces marchands ambulants offrent à acheter dans les maisons et les harems ; et il est à remarquer que les femmes mauresques ne croient pas être obligées de se voiler devant un Juif, qu'elles ne regardent que comme de vils animaux, et qu'elles sont loin de croire appartenir à l'espèce humaine.

Comme il est arrivé plusieurs fois que des Juifs et des Juives ont été assassinés dans des maisons, pour s'approprier leurs marchandises, le Bey a ordonné qu'à l'avenir les colporteurs de l'un ou de l'autre sexe iraient toujours deux à deux, et que l'un d'eux serait obligé de rester devant la porte de la maison pendant que son compagnon y entrerait avec ses marchandises. Depuis cette ordonnance, aussi simple que sage, aucun Juif n'a été la victime de l'avidité et de la perfidie des spoliateurs meurtriers.

Les rabbins jouissent d'une autorité très-étendue sur leurs coreligionnaires ; ils veillent non-seulement sur la stricte observance du culte mosaïque, mais aussi sur la conduite morale des particuliers de l'un et l'autre sexe.

Peu de temps après mon arrrivée à Tunis, la Régence fut affligée d'une grande sécheresse, fléau qui est une des calamités les plus dommageables et les plus redoutées dans ce pays. Les rabbins ordonnèrent deux jours de jeûne rigoureux par semaine, et des prières solennelles pour obtenir du ciel la faveur d'une pluie abondante ; malgré ces actes de pénitence et ces supplications ferventes, la sécheresse continua à désoler le pays. Les rabbins se persuadèrent alors que les péchés des impies, et surtout l'impudicité des femmes répudiées ou veuves, devaient être la seule cause du courroux céleste ; en conséquence ils firent dans toutes les familles juives des recherches scrupuleuses, à la suite desquelles ils découvrirent qu'un assez grand nombre de ces femmes délaissées, ou condamnées au célibat par la mort de leurs maris, avaient un commerce illicite avec des débauchés, ou même étaient devenues enceintes par suite de ce commerce criminel : les pécheresses furent châtiées sévèrement ; mais cette punition exemplaire n'empêcha pas que de nouvelles recherches n'en fissent découvrir encore un assez grand nombre, parmi lesquelles on en reconnut beaucoup de relapses, dont le châtiment précédemment subi n'avait pu amender la conduite.

Tout Juif convaincu d'avoir mangé à la table d'un Chrétien ou d'un Maure est fortement réprimandé par le rabbin, en pleine assemblée de la synagogue, et s'il vient à récidiver, il est déclaré déchu de ses droits civils et religieux dans la communauté israélite ; son témoignage n'est plus admis ; il est frappé d'anathème, déclaré infâme, et en conséquence déshonoré dans l'esprit de tous ceux qui composent sa nation.

Les rabbins ne dédaignent même pas de s'occuper du règlement des habillements ; et ils cherchent à réprimer le goût des jeunes filles pour l'élégance du costume, les bijoux, les parures et pour les modes du jour. Je croirai volontiers qu'il est très-probable que cette grande autorité des rabbins a dû exercer beaucoup d'influence sur la conservation et la propagation dans ces contrées de la secte mosaïque, qui sans cela aurait peut-être éprouvé des altérations et des changements aussi sensibles que toutes les autres sectes religieuses dont l'Orient a vu les révolutions et l'extinction successive.

Cependant, si la sévérité des rabbins s'exerce sur les infractions du sixième et du neuvième commandement du Décalogue, leur rigidité se relâche singulièrement sur le reste de la conduite morale, de leurs ouailles, et principalement sur les diverses tromperies dont les Juifs ne se font aucun scrupule d'user dans le commerce avec les Chrétiens, et même avec les Maures, auxquels on peut dire qu'ils semblent vouloir disputer le monopole des fourberies et le privilège de la mauvaise foi.

Les rabbins sont les premiers à aider les membres de la synagogue dans toutes les manœuvres mensongères qu'ils emploient journellement, soit pour frauder les droits de la douane par de fausses déclarations, soit pour éluder ceux du fisc dans le payement de la redevance du *kharadj*, à laquelle les membres de la corporation judaïque sont soumis, espèce de capitation ou d'impôt personnel qui frappe également tous les individus de cette caste, de tout sexe, de tout âge, depuis le vieillard décrépit jusqu'à l'enfant à la mamelle.

La principale cause de l'ignorance où le gouvernement lui-même est sur le nombre réel des Juifs habitant Tunis vient des fausses déclarations que font à ce sujet les chefs de la synagogue, donnant ainsi à leurs co-religionnaires les premiers exemples de duplicité et de fraude.

Ils tolèrent d'ailleurs l'usure la plus révoltante, et qui est désapprouvée par les Maures eux-mêmes; beaucoup de Juifs ne vivent que des produits de ce trafic infâme de leur capital, et la seule chose dont ils s'occupent, c'est du soin de ne placer leur argent que d'une manière sûre, et entre les mains de débiteurs incontestablement solvables.

Dès qu'ils sont assurés de ce premier point essentiel, ils mettent tous leurs soins à garantir le recouvrement de leur capital et de leurs intérêts par les stipulations les plus rigoureuses, qu'ils s'efforcent de rendre aussi lucratives pour le créancier qu'oppressives et spoliatrices pour le débiteur.

Lorsque des emprunteurs n'ont aucun crédit, ou même n'ont qu'un crédit incertain, ils ont beau avoir besoin de quelque somme, ils ne la trouvent pas chez les Juifs, ou, s'ils réussissent à l'obtenir, ce n'est qu'en consentant à se soumettre aux quatre conditions suivantes :

1° De donner pour gage et nantissement quelque effet précieux et portatif, comme bijoux, diamants, perles, or ouvré ou en lingots, etc., sur lesquels le prêteur ne donne jamais que moitié ou tout au plus deux tiers de la valeur intrinsèque ;

2° De payer d'intérêts par mois un, et même souvent deux, pour cent de la somme dont le prêt est stipulé, lesdits intérêts payables mensuellement et à jour fixe ;

3° De défalquer d'avance sur la somme prêtée le montant des intérêts de la première année ;

4° Enfin, d'abandonner à l'usurier le gage entier, sans aucun dédommagement, si le débiteur se trouve dans l'impossibilité de lui solder un terme des intérêts à leur échéance. Dans ce dernier cas il n'est même fait aucune défalcation des intérêts payés aux différents termes précédents.

Ces prêts usuraires ne peuvent manquer d'absorber ainsi, dès la première année, le huitième au moins ou même le quart de la somme prêtée; chaque année porte le même préjudice à l'emprunteur ; et pour peu que celui-ci tarde à retirer son gage, il risque de le perdre entièrement, soit par les intérêts monstrueux qu'il est obligé de payer, soit par le défaut de payement d'un seul terme de ces intérêts. Il ne doit, dans ce dernier cas, espérer d'obtenir de son créancier ni la moindre faveur ni le moindre délai.

Mais il ne faut pas croire que cet infâme monopole se limite simplement à la nation juive: on accuse, à tort ou à raison, des Européens, qui se disent chrétiens, de s'y livrer à Tunis avec autant d'empressement que les enfants d'Israel.

Ceux-ci, au reste, sont loin d'être découragés par la concurrence, soit des Européens, soit des Maures, dans toute espèce de commerce et de trafic, bien sûrs de l'emporter sur leurs concurrents, par leur habitude des affaires, leurs ruses financières, et surtout leur activité véritablement admirable.

On ne peut en effet faire un pas dans Tunis sans rencontrer sur son passage des Juifs et des Juives, courant d'un bout à l'autre de la ville, aux divers endroits où leurs intérêts commerciaux les appellent : on les trouve partout, se glis-

7ᵉ *Livraison.* (TUNIS.)

sant dans la foule, heurtant les passants, au hasard d'encourir les plus mauvais traitements, et à leur marche accélérée, essoufflée, haletante, à leur air effaré, on croirait qu'ils arrivent à l'instant des quatre coins du globe terrestre, alléchés par l'odeur d'un gain à faire et d'une opération fructueuse à exploiter.

On les reconnaît aisément, les hommes à leurs vêtements d'une couleur sombre, à leur vaste bonnet évasé par le haut, le turban musulman leur étant interdit; les femmes, à la manière particulière dont elles sont voilées, soit, comme je l'ai déjà dit, par un morceau de crêpe noir leur couvrant seulement la moitié de la figure, soit par un mouchoir tendu transversalement d'une oreille à l'autre, qui, passant sur la bouche et le menton, ne cache que la partie inférieure de leur visage.

On les reconnaît surtout, dans tous les endroits où il y a des réunions commerciales, non-seulement à leur allure turbulente et empressée, et à leur physionomie, qui à Tunis, comme partout ailleurs, a conservé son type originel, mais encore à leurs voix glapissantes et criardes, à leur timbre nasillard, au détestable patois qu'ils emploient entre eux, si différent des idiômes arabes et de toute autre langue usitée soit en Afrique, soit en Europe.

En effet, le langage habituel des Juifs de Tunis, dans leurs rapports avec les Européens, est le jargon informe que l'on désigne par le nom de *langue franque*, et qui se parle dans toutes les Echelles du Levant; mais entre eux ils ne se servent que d'un patois judaïque, ou hébreu corrompu. La langue franque est seulement parlée, et n'est presque jamais employée par les Juifs dans leur correspondance écrite : l'idiôme qu'ils écrivent dans leurs lettres missives est cet hébreu corrompu dont je viens de parler, ou un mauvais arabe, mêlé non-seulement de mots hébreux, mais encore de ceux des langues de toutes les nations qui bordent la Méditerranée.

Je ne dois pas oublier d'ajouter ici une observation digne de remarque; c'est que, soit que les Juifs emploient, en écrivant leur correspondance, leur patois hébreu corrompu, soit qu'ils se servent du dialecte arabe vulgaire, qui est leur langage habituel, il leur est strictement interdit de se servir des caractères arabes, réservés par l'usage aux seuls Musulmans; quoique cette interdiction ne soit basée sur aucune prescription légale, elle s'est pourtant établie également dans toutes les contrées barbaresques, où elle a acquis force de loi.

Les Juifs de Tunis doivent donc se servir uniquement, pour écrire non-seulement leur langue, mais encore l'arabe, de caractères hébréo-rabbiniques qui leur sont particuliers, ainsi qu'à leurs co-religionnaires d'Alger et de Tripoli, mais qui sont très-différents des lettres rabbiniques connues et en usage chez les Juifs des autres contrées, soit européennes, soit asiatiques : comme cet alphabet n'a jusqu'à présent été publié par aucun voyageur, le lecteur me saura peut-être quelque gré de le lui faire connaître.

SPECIMEN

de l'écriture des juifs de Tunis, d'Alger et de Tripoli (1).

Le tableau suivant offrira les lettres de cette écriture exactement représentées, avec leur double valeur, tant alphabétique qu'arithmétique; car ces lettres servent en même temps de chiffres; et les Juifs n'ont pas d'autres signes numéraux.

Ce caractère, se trace de droite à gauche, ainsi que l'hébreu ordinaire et l'arabe, mais les lettres n'en sont pas liées entre elles, comme dans la plupart des autres écritures orientales.

(1) LECTURE : *min a'nd-y'aná mosselem a'lày-k ketyr èslem na'lem-ki le-dy l-youm talit áyyám.*

ALPHABET

des Juifs de Tunis, d'Alger et de Tripoli.

TT	KH.	Z.	OD.	AH.	D.	DJ.	B.	A.
9	8	7	6	5	4	3	2	1

SS.	F.	AA.	S.	N.	M.	L.	K.	Y.
90.	80.	70.	60.	50.	40.	30.	20.	10.

SS*.	T*.	N*.	M*.	K*.	T.	CH.	R.	Q.
900.	800.	700.	600.	500.	400.	300.	200.	100.

Les cinq dernières lettres de ce tableau, marquées d'un astérisque, sont seulement finales; les vingt-deux précédentes sont en même temps initiales, médiales et finales.

CHAPITRE XV.

Des Maures. — Étymologie du nom de *Maures*; — physionomie et caractère des Maures; — leur taille; — leur industrie; — leur haine pour les Chrétiens; — renégats chrétiens; — renégats juifs; — manière de vivre des Tunisiens; — ivrognerie; — usage de l'opium; — Turks de Tunis; — écriture des Maures.

On désigne par le nom de *Maures*, ou de *Mores*, non-seulement les indigènes de la Régence de Tunis, mais encore tous ceux de la côte de Barbarie. Ce nom dérive de celui de *Mauri*, sous lequel on comprenait toutes les nations occidentales de l'Afrique septentrionale.

S'il fallait s'en rapporter à l'opinion la plus généralement accréditée chez les écrivains qui se sont occupés de la recherche étymologique de ce nom, il serait dérivé lui-même du grec Μαυρος, qui signifie *sombre, basané, qui a la peau brune*, à cause, disent ces étymologistes, de la couleur du teint des peuples qui ont été ainsi appelés; et on donne, par la même raison, la même étymologie au nom de *Mauritania*, attribué au pays qu'ils habitent.

Cependant cette étymologie ne ferait remonter que jusqu'aux Grecs l'origine de ce nom, et on doit d'ailleurs avouer que la plupart des Maures tunisiens qui habitent les villes sont à peu près blancs comme les Européens; ceux qui habitent la campagne, et particulièrement les cultivateurs, ont le teint plus brun, et sont presque basanés; mais ils ne le sont pas plus que beaucoup de laboureurs de nos provinces méridionales, et beaucoup moins peut-être que la plupart des gens du peuple parmi les espagnols.

Ne paraîtrait-il pas plus probable que le nom donné aux *Maures* remonte plus haut que les Grecs, et qu'il peut rapporter son origine à l'époque plus ancienne, où les Phéniciens explorèrent les premiers les côtes septentrionales de l'Afrique, et où les Carthaginois y établirent leur puissant empire.

Or, en langue phénicienne, et sans doute aussi en dialecte punique, *Mouérym*, ou *Mouéryn*, est le nom attribué aux *Occidentaux*, *aux nations les plus reculées, les plus éloignées de l'Orient* (1); quelle dénomination peut mieux convenir aux peuples qui habitent les parties occidentales des côtes septentrionales de l'Afrique, et quelles autres expressions ont pu mieux adopter les navigateurs phéniciens pour les désigner, lorsqu'ils en firent la découverte dans leurs excursions maritimes?

Au reste, la Mauritanie et les côtes barbaresques, en général, portent en langue arabe le nom de *él-Moghreb*, c'est-à-dire l'Occident (2), et le peuple qui les habite est dit *Moghreby* (Occidental).

(1) *Ultima ad Herculeas Maurorum terra Columnas,*
Imperat Occidui fluctibus Oceani.
Littoribus mauris duplex simul incubat Atlas;
Hasque ultrà metas longius ire vetant,
Hinc mare fine carens, nulli navigabile, et illinc
Æquora arenarum, torrida, fœta feris.
Sistere limitibus sic te natura, viator,
His jubet, atque tibi claudit utrimque viam.
CL. RUTILIUS.

(2) C'est de la racine arabe *gharb*, dont est formé le mot *Moghreb*, qu'est dérivé le nom d'*Algarves*, donné à la province la plus occidentale du Portugal, dont les Arabes Maures ont été longtemps les maîtres. (J. J. M.)

7.

La taille moyenne est la plus commune parmi les Maures, pour les hommes; cependant on y en rencontre un assez grand nombre qui sont d'une haute stature, tandis que la taille inférieure à la moyenne est très-rare. Ils ont généralement le maintien sérieux, leur physionomie est mâle; et si, malgré ses variétés, je ne la trouvai pas aussi agréable et aussi belle que celle des Européens, il faut peut-être en attribuer la cause au turban qui l'écrase, et à la longue barbe qui la couvre et la déforme.

La religion musulmane et le dogme de la prédestination les tiennent dans la superstition la plus déraisonnable, et dans la plus profonde ignorance; ils leur doivent néanmoins cette admirable résignation qui les accompagne toujours dans les plus grandes épreuves de l'adversité. Cette superstition et cette ignorance ne sont cependant pas générales; car on rencontre de loin en loin quelques Maures intelligents, qui se sont dépouillés des vieilles routines et des préjugés populaires, et dont la croyance est moins vive pour leurs maximes superstitieuses; ils doivent ce progrès surtout aux communications qu'ils peuvent avoir, soit avec les peuples d'Europe, soit avec les esclaves de ces dernières contrées qui sont à leur service.

Le Tunisien en général ne manque pas d'aptitude pour différentes branches d'industrie, et on trouve dans la ville de nombreux ateliers où ils fabriquent des toiles, des gazes, des soieries et surtout beaucoup de bonneterie.

Les affaires d'intérêt sont les seules qui les rendent susceptibles d'émotion: aussi se fâchent-ils et crient-ils autant pour une lésion de la valeur d'un sou, que les gens les plus intéressés pourraient le faire parmi nous pour une somme beaucoup plus forte et pour la perte d'une fortune entière.

Ils croient fermement que leur religion les rend supérieurs à tous les autres hommes, et ils n'estiment par conséquent les Chrétiens qu'à une bien faible valeur, quoique cependant ils les mettent bien au-dessus des Juifs.

La haine qu'ils vouent aux premiers paraît, selon toute probabilité, être le résultat du souvenir de ces guerres injustes qui, sous de vains prétextes, et notamment sous celui d'un zèle mal entendu, leur furent faites autrefois par les Croisés, qui s'acharnèrent si longtemps à vouloir délivrer la Terre-Sainte des maîtres que la victoire lui avait donnés, et d'en expulser ses pacifiques habitants, ainsi que tous ceux qui, n'adorant pas le Christ, suivaient innocemment la religion de leurs pères.

Que le lecteur veuille bien se rappeler les horreurs, les meurtres, et les exactions, que les Croisés commirent à cette époque de fanatisme, tant en Asie qu'en Afrique; qu'il se retrace le souvenir des flots de sang qu'ils firent couler, au nom et sous la bannière d'un Dieu qui est venu apporter la paix aux hommes, (*pax hominibus bonæ voluntatis*), et il concevra facilement comment, d'une génération à l'autre, s'est propagée et perpétuée une haine nationale, dont la cause paraît juste et naturelle à ces peuples, quoique oubliée peut-être du vulgaire, chez lequel l'instinct de l'habitude a remplacé le souvenir : ainsi la postérité paye souvent les fautes de ses ancêtres, et la peine du talion tombe, après bien des générations, sur les têtes innocentes des descendants des coupables.

Il y a cependant quelques occasions où la haine et le mépris pour un Chrétien semblent disparaître totalement; mais ces circonstances ne naissent que de l'égoïsme, et lorsqu'un besoin pressant tourmentant le Maure le force de recourir au Chrétien. Il s'établit alors une égalité parfaite entre lui et le Chrétien : celui-ci même jouit quelquefois de la prééminence; mais dès que le besoin, ce puissant moteur, vient à cesser, dès que l'urgence qui réclamait un concours est satisfaite, il est plus fréquent de voir le Maure revenir à sa fierté et au dédain habituel, que de voir succéder sa gratitude à sa détresse et au service reçu.

Je ne puis nier cependant que j'ai rencontré à Tunis plusieurs Maures dont le cœur m'a semblé accessible à quelques sentiments de reconnaissance; ces Maures, qui avaient été esclaves à Malte, et qui avaient été mis en liberté par *Bonaparte*, lorsqu'il fit la conquête de cette île, n'avaient pas oublié ce bienfait du général français : tous me demandaient avec empressement de ses nouvelles, en priant *Allah* de le combler des faveurs célestes, et de lui accorder tout le bonheur qu'il pourrait désirer.

Au reste, il est facile de témoigner verbalement sa reconnaissance, et je n'ai jamais eu occasion de vérifier par des faits l'influence de ces souvenirs en ma faveur. J'ajouterai même qu'un de ces Maures me demandait l'aumône en langue franque, et formulait sa supplique en ces termes, bien étranges dans la bouche d'un musulman. « *Donar mi meschino la carità d'una carrouba, per l'amor della santissima Trinità e dello gran Bonaparte.* »

La classe des Maures admet dans ses rangs un assez grand nombre de Renégats, dont les descendants sont estimés *Maures pur sang,* aussi bien que si leurs ancêtres avaient fait partie des premiers Musulmans conquérants de l'Afrique.

La prééminence dont jouissent les Musulmans dans presque toutes les occasions sur les sectateurs d'une autre religion, le désir d'améliorer son sort, et l'espoir d'amasser quelque fortune, en obtenant la protection du gouvernement, et en parvenant à quelque poste éminent et lucratif, soit civil, soit militaire, mais surtout, peut-être, la liberté d'avoir légitimement et légalement plusieurs femmes ou concubines, ainsi que le droit de les répudier à sa volonté; tels sont généralement les motifs qui paraissent déterminer les Européens à renier leur religion, pour embrasser la croyance musulmane.

Il est vrai que le nombre des Renégats dépend en grande partie encore de l'arrivée plus ou moins nombreuse des aventuriers que la navigation jette sur les côtes barbaresques, et qui y sont poussés par des motifs divers.

En effet, cette abjuration est aussi quelquefois la suite du désespoir, après des malheurs irréparables ; mais le plus souvent c'est un moyen de se soustraire à quelque fâcheuse poursuite, en cas de démêlés trop compromettants avec la justice européenne ; aussi la caste des Renégats se recrute-t-elle, en grande partie, de meurtriers, de faussaires, de banqueroutiers, condamnés par les tribunaux de leurs pays respectifs, et dont l'unique ressource est la fuite à Tunis et l'abjuration.

Il n'est pas absolument rare de voir des Juifs, de l'un et de l'autre sexe, embrasser la religion de l'islamisme ; mais ce qu'il y a de singulier, c'est que les renégats de cette nation sont beaucoup moins considérés que les renégats chrétiens, à tel point que lorsqu'un renégat juif vient à mourir, il n'est pas inhumé dans le cimetière des musulmans, et il lui est désigné une place particulière et isolée, tandis que les cadavres des renégats chrétiens se mêlent sans aucune difficulté à ceux des Maures musulmans de race et d'origine.

La manière de vivre des Tunisiens est assez simple, et n'admet guère aucun excès de prodigalité ; on trouve la plupart du temps sur leur table un grand plat de *kouskousou,* avec quelques herbages ou quelques légumes, auxquels ils ajoutent ordinairement de la viande de bœuf ou de mouton.

Le *kouskousou* est une espèce de semoule, pétrie avec une très-petite quantité d'eau ; on fait sécher ensuite cette pâte pour la diviser en très-petits segments, et alors on procède à l'assaisonnement, dans lequel ils n'épargnent ni l'oignon, ni le poivre, ni le beurre. Les gourmets se plaisent à mêler à ce mets ainsi apprêté toutes sortes d'épices et de parfums, qui en rehaussent encore le goût.

Ils aiment beaucoup les fruits, et ils ne manquent pas d'en couvrir abondamment leur table pendant la saison qui les produit. Ils sont moins partisans du café que les autres peuples orientaux ; mais, en revanche, ils sont tous adonnés au vin et à l'eau-de-vie ; et malgré la défense formelle dont la loi musulmane frappe ces liqueurs, un grand nombre d'entre eux a de la peine à se persuader qu'il y ait péché à en boire. Au surplus, voilà comment ils raisonnent pour tranquilliser leur conscience : « Ce n'est pas, « disent-ils, ce qui entre dans la bouche « qui fait du mal à autrui, mais ce qui « en sort : donc, le péché peut être dans « le second cas, mais non pas dans le « premier. »

Quoi qu'il en soit de leur raisonnement, ils conviennent de la nécessité de boire avec modération, pour ne pas scandaliser le prochain, et croient, en ne s'enivrant pas, avoir pleinement satisfait à la loi d'interdiction, qui ne spécifie ni l'eau-de-vie ni le vin, et ne prohibe que les liqueurs *enivrantes*.

Ceux qui se sont livrés à l'ivrognerie se corrigent quelquefois de ce vice; mais le plus souvent, en renonçant à un excès, ils retombent dans un autre, qui consiste dans l'usage ou plutôt l'abus de l'opium (*áfyoun*).

Les *opiophages* (que le lecteur me permette de créer ce mot) sont assez répandus dans la Régence, et surtout à Tunis; l'excès auquel ils parviennent progressivement, dans l'abus de cette substance délétère, est réellement effrayant, et j'en ai connu qui en consommaient depuis un quart d'once jusqu'à une demi-once par jour.

Ils soutiennent assez généralement que les sensations agréables que ce narcotique enivrant leur procure sont de beaucoup supérieures à celles qu'occasionne l'ivresse du vin et des autres liqueurs spiritueuses; mais ils sont trop peu instruits pour comprendre que l'opium altère bien plus vite et plus puissamment leur constitution que le vin et même l'eau-de-vie : il en est de cette jouissance factice comme de tant d'autres; on n'aperçoit que le plaisir du moment, sans s'inquiéter sur l'avenir.

D'après les recherches que j'ai faites sur la quantité approximative d'opium que l'on consomme annuellement à Tunis, je regarde comme très-probable que cette consommation peut monter à près de vingt quintaux par an; mais il serait bien difficile de pouvoir évaluer la quantité que les Bédouins et les autres habitants des provinces de la Régence absorbent journellement.

Les Tunisiens sont singulièrement portés aux plaisirs de l'amour, et s'y livrent généralement avec ardeur; mais, soit qu'ils abusent habituellement avec trop d'excès des jouissances voluptueuses, soit qu'ils commencent à s'y adonner dès un âge trop tendre, il en résulte que beaucoup d'entre eux se plaignent de bonne heure d'un épuisement et d'une impuissance plus ou moins complets : aussi c'est particulièrement dans ce cas qu'ils aiment à consulter les médecins européens, dans la persuasion que leur science médicale doit être, plus que celle de tout autre médecin et surtout de leurs docteurs ignorants, capable de leur indiquer des moyens efficaces pour rétablir leur vigueur primitive; toutefois, comme la plupart des médecins qu'ils consultent, charlatans ou autres, ne cherchent à remédier à cette débilitation fatale que par des médicaments échauffants et des aphrodisiaques actifs, ils ne produisent sur des organes usés, au lieu d'une cure réelle, qu'un effet momentané; et même cette lutte avec la nature épuisée n'est pas sans danger pour la santé et pour la vie du patient qui s'est soumis à leur expérience.

Un vice honteux, dont ma plume se refuse à écrire le nom, paroxisme de la débauche la plus effrénée, et qui outrage à la fois la nature et les lois morales, est malheureusement trop répandu parmi les Maures, ainsi que parmi une grande partie des peuples de l'Orient.

On doit peut-être chercher la cause d'une pareille dépravation, qui pervertit et dégrade l'instinct naturel du sexe masculin, dans le mépris qu'inspire aux Maures et aux autres peuples orientaux la faiblesse d'un sexe qui, leur accordant ses faveurs sans leur opposer assez de résistance, doit nécessairement, par cette soumission passive à leurs moindres velléités, loin d'exciter et d'aiguillonner leurs désirs, leur inspirer bientôt la satiété et le dégoût.

A cette première cause sont probablement venues s'en joindre d'autres, soit une inconstance maladive des fantaisies voluptueuses, soit une bizarrerie insatiable qui pousse l'homme oisif à chercher des jouissances moins communes et plus étranges, soit enfin un raffinement illimité de volupté plus facile à caractériser qu'à comprendre et à expliquer.

Je pense cependant qu'on aurait tort de croire, comme le prétendent quelques-uns de ceux qui habitent ce pays depuis longtemps, que ce vice a ici une extension générale, tellement que, s'il fallait ajouter foi à leurs assertions, on pourrait pronostiquer la fortune dont un homme peut courir la chance, en la préjugeant d'après le plus ou moins de beauté dont il pourrait être pourvu; au reste, j'avouerai que cette assertion ne semblera pas être destituée de toute probabilité, si on considère que ce qui est, à mon avis, au moins douteux en Barbarie, ne l'était pas en Égypte, lorsque les Mamelouks en étaient les maîtres.

Mais si, en quelques points des mœurs, des coutumes, et des habitudes de la vie intérieure, les Tunisiens m'ont paru avoir avec les populations que j'avais déjà observées en Égypte ces rapports généraux qui semblent ne faire qu'un seul peuple de tous les peuples de l'Orient, le caractère particulier des habitants de la Régence et l'aspect de Tunis en général m'ont offert des différences bien marquées entre ceux qui foulent le sol punique et ceux qui occupent maintenant l'ancien domaine des Pharaons.

Tunis, Tripoli, Alger et Maroc forment comme un peuple à part parmi les tribus nombreuses d'Arabes que l'islamisme a répandues d'Orient en Occident sur les vastes contrées de l'Asie méridionale et de l'Afrique septentrionale. Les diverses populations barbaresques sont, avec quelques nuances, des populations *sœurs*; qui a vu l'une d'elles a vu les autres :

       . . . . facies non omnibus una,
  Nec diversa tamen, qualis decet esse sororum.

La nuance qui paraît donner à la population tunisienne une teinte morale particulière, c'est l'esprit mercantile, qu'on pourrait croire lui avoir été légué par héritage, de génération en génération, depuis les anciens Carthaginois, héritiers eux-mêmes, sous ce rapport, des Phéniciens leurs ancêtres, auxquels les Hébreux avaient donné le nom caractéristique de *Cananéens*, attestant la propension que les peuples de la Phénicie avaient pour le commerce (1).

L'antique reine du commerce méditerranéen, Carthage, dont les ruines sont si rapprochées de la nouvelle capitale de l'*Afrique proprement dite*, semble en effet présider encore du fond de ses débris à l'esprit dont sont animés les peuples qui ont remplacé ses anciens sujets, si industrieux, si adonnés aux opérations commerciales : on pourra dire véritablement que les Carthaginois des siècles passés se retrouvent encore dans les Tunisiens de nos jours.

Mais s'il est permis de supposer que la portion de la population tunisienne qui peut réclamer sa descendance des anciens colons puniques, en ait conservé cette tendance commerciale, il est vrai de dire qu'elle a été fortifiée et généralisée dans ce pays par les populations juives qui se sont empressées d'y accourir, attirées soit par cette conformité des mœurs maures avec les leurs, soit par la situation éminemment favorable que leur offre Tunis pour leurs opérations commerciales, comme point intermédiaire entre l'Orient et l'Occident, entre l'Afrique et le littoral de l'Europe méridionale.

Au reste, que les Maures aient donné aux juifs tunisiens ou qu'ils en aient reçu cet instinct commercial qui forme le caractère distinctif des peuples de la Régence, il n'en est pas moins vrai de remarquer que la ville de Tunis tout entière semble n'être qu'un vaste bazar, ou plutôt, si j'ose le dire, une immense *juiverie*.

On pourrait dire que le génie du négoce plane non-seulement sur Tunis, mais encore sur toutes les cités de la Régence; la capitale surtout semble n'être qu'une aggrégation d'*hommes d'affaires*; les places publiques, les rues, les cafés fourmillent de Maures et de Juifs, et même d'Européens empressés sillonnant la foule stationnaire, coudoyant ceux qui marchent, agents de change ambulants, courtiers, entremetteurs, flairant les opérations commerciales, s'informant du cours des espèces et des marchandises, des arrivées, des départs des navires, suivant à la piste des opérations commencées ou en proposant de nouvelles ; ils ne s'abordent qu'en parlant d'*agio*, de *banco*, de *doit* et *avoir*. Tunis entière est pour l'Afrique ce que sont pour l'Europe les Bourses de Marseille, d'Amsterdam, de Londres et de Paris, mais avec une teinte plus prononcée de brocantage juif, de mesquin regrat et de tripotage illégitime.

Ces instincts commerciaux ont sans contredit coucouru à adoucir la rudesse primitive de la population tunisienne.

(1) *Canaan*, en hébreu, signifie *marchand*, *négociant*, *adonné au commerce*.

et en font, pour ainsi dire, l'avant-garde de la civilisation parmi les peuplades barbaresques; mais, en revanche, on peut reprocher à cet esprit mercantile d'avoir imprimé au caractère des habitants de la Régence une tendance vers la cupidité qu'on ne peut assez déplorer : l'avarice naturelle aux races arabes et juives se complique ici de rapacité, d'avidité, et de lésinerie.

Aussi, les exigences fiscales du gouvernement tunisien, en forçant les contribuables maures et les juifs à desserrer de temps en temps les cordons de leur bourse, ne réussissent qu'à leur faire dissimuler autant que possible leur richesse par les moyens les plus sordides : la thésaurisation secrète est la manie générale, et la fortune réelle d'un Tunisien est aussi inconnue au pouvoir lui-même qu'aux particuliers : il est admis parmi eux que les impôts, et même les dettes privées, ne doivent se payer qu'à la dernière extrémité, et comme *forcé et contraint* : les ruses les plus ingénieuses, les moyens de résistance les plus inconcevables sont inventés par la ladrerie des débiteurs; à toute demande d'argent le Tunisien répond invariablement « qu'il est trop « pauvre pour payer, qu'il est entière-« ment ruiné, et qu'il ne possède abso-« lument rien. » Une bastonnade bien administrée est la seule réplique qui puisse triompher de ces allégations : les Tunisiens payent alors; mais quand on leur demande s'il n'aurait pas mieux valu payer avant cet acerbe argument : « A « Dieu ne plaise, répondent-ils, que je « paye jamais avant d'avoir été préala-« blement bâtonné. »

Les mœurs des familles turques établies à Tunis sont en général meilleures que celles des familles mauresques : les Turks sont communément capables de bons sentiments et d'actions estimables; cependant on doit avouer que leur bon naturel s'est détérioré par leur contact habituel avec les Maures, et surtout avec les Renégats, classe d'hommes aussi dangereux à fréquenter que méprisables; mais cette contagion n'est pas tellement répandue qu'on ne trouve encore à Tunis plusieurs Turks qui s'y font remarquer par l'élévation de leurs sentiments, la droiture dans leur conduite et la sûreté dans leur commerce.

Les Maures reprochent aux Turks de n'avoir qu'un esprit pesant, borné, et dépourvu d'instruction; mais les qualités plus brillantes dont se vantent les Maures ne sont employées par eux qu'à nuire par leurs fourberies et à imaginer des ruses ourdies avec tant d'adresse et une telle apparence de bonne foi, qu'il est bien difficile de s'en défendre.

Au reste l'avarice et la cupidité règnent à peu près au même degré chez les Turks et les Maures. J'ai vu un riche marchand Turk venir trois fois dans une journée chez un négociant italien, pour solliciter de lui le dégrèvement de quelques sequins sur un nolisement de plus de mille piastres, et en voyant ses vives instances et l'excès de son désespoir lorsqu'il dut renoncer à rien obtenir, j'aurais dû croire qu'au lieu de cette modique somme il s'agissait pour lui de toute sa fortune.

D'après ce naturel cupide, on peut bien s'imaginer que les Turks, ainsi que les Maures, ne sont pas moins désireux de recevoir des présents : leur caractère à cet égard sera suffisamment indiqué par le proverbe populaire suivant, qu'ils se plaisent à répéter : « Vinaigre donné « est plus doux que miel acheté. » Aussi, il faut se garder de leur rien promettre, à moins qu'on ne soit en état de dégager sur-le-champ sa promesse, si l'on ne veut s'exposer à être tourmenté par les sollicitations les plus importunes. Ne s'occupant qu'à jouir du présent, les Maures préfèrent toujours des avantages actuels, quelque modiques qu'ils soient, à des avantages plus considérables, mais dépendant encore de l'avenir.

Le refus ou même le délai d'un service qu'ils vous réclament, et que les circonstances ne vous permettent pas de leur rendre à l'instant même, efface en eux le souvenir de tous les bons offices qu'ils ont reçus de vous, et vous en fait aussitôt des ennemis irréconciliables.

Les présents trop fréquents et à époque fixe sont bientôt regardés par ces peuples comme des redevances exigibles, et les seules puissances qui aient su se soustraire à ces prétentions intéressées sont l'Angleterre et la France, dont le Bey ne reçoit de présents que dans des occasions rares et importantes, et seulement lorsque ce complément de l'étiquette habituelle est réellement indispensable ; mais malgré les tentatives souvent répétées des souverains de la Régence, ces deux États se sont bien gardés de laisser convertir en règle leurs libéralités accidentelles, que, bien différents des autres princes de l'Orient, les Barbaresques demandent avec hardiesse, au lieu d'attendre qu'on les leur offre.

Une des principales différences qui existent entre les Tunisiens et les autres peuplades arabes de l'Orient, est celle qui a rapport à leur écriture.

Comme la conquête des Arabes a porté leur langue sur les côtes barbaresques, elle y a de même introduit leur écriture, et y a fait disparaître l'usage des caractères puniques, grecs et latins, qui y avaient successivement régné depuis les époques les plus reculées : cependant cette écriture arabe-occidentale, quoique identique dans son système avec l'orientale, et se traçant également de droite à gauche, c'est-à-dire dans un sens inverse de celui de nos écritures européennes, subit pourtant des variations de formes telles, qu'au premier aspect on pourrait croire le caractère arabe mauritanique et celui qui est usité en Syrie, en Égypte, en Arabie, etc., deux caractères entièrement différents.

Il n'en est pourtant pas ainsi ; les lettres de ces deux alphabets sont absolument les mêmes, à cela près de plus de roideur dans leur tracé, qui semble ainsi se rapprocher beaucoup de l'ancienne écriture arabe connue sous le nom de *koufique*, de quelques changements dans la position des points diacritiques, de variantes dans la prononciation de quelques-uns, et en général de la calligraphie plus négligente et plus grossière qui se fait remarquer dans les manuscrits moghrebins.

Pour mieux faire comprendre aux lecteurs cette identité et cette différence des deux alphabets, j'ai cru devoir joindre ici un spécimen de l'écriture barbaresque, suivi du tableau présentant les valeurs alphabétiques et numériques des lettres qui composent l'écriture des Maures de Tunis et de toute cette partie de l'Afrique septentrionale.

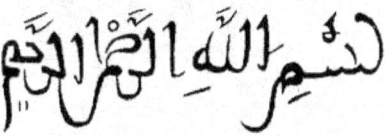

Cette ligne renferme la formule consacrée par la religion musulmane :

« *B-ism Illah ér-rahman ér-rahym.* »

« Au nom de Dieu clément et miséricordieux. »

Cette formule se place généralement en tête des livres, des lettres missives, des actes et écrits de toute espèce, des inscriptions soit glyptiques, soit lapidaires, sur les monnaies, etc., et elle se prononce au commencement, non-seulement de toutes les prières, mais encore de toute entreprise et action importante.

Alphabet Mauresque.

R. Z. D. KH. HH. DJ. TH. T. B. A.

200. 70. 4. 600. 8. 3. 500. 400. 2. 1.

DD. SS. N. M. L. G. K. ZZ. TT. Z.

90. 60. 50. 40. 30   20. 800. 9. 7.

Y. LA. OU. H. CH. S.   Q. F. GH. A'

10. 31. 6.   5. 1,000. 300. 100. 80. 900. 70.

Maintenant ce serait ici le lieu de donner la description des costumes usités parmi les habitants de Tunis ; mais, quoiqu'ils ne soient pas absolument les mêmes que ceux des autres nations arabes de l'Orient, ces costumes des Arabes, soit orientaux, soit occidentaux, ont été si souvent dépeints par tous les voyageurs qui ont visité ces contrées, que je crois superflu d'entrer dans quelque détail à ce sujet, croyant suffisant, pour en faire connaître les variantes au lecteur, de le renvoyer à la planche II ci-après (1).

CHAPITRE XVI.

Femmes Mauresques. — Leurs costumes ; — leur toilette; — préjugés sur leur grossesse ; — répudiation ; — divorce ; — polygamie ; — réclusion des femmes ; — leur jalousies; leur amusements ; — musique mauresque ; — chanteuses, danseuses publiques ; — ombres chinoises ; — bateleurs ; — ophiophages ; — canivores ; — femmes publiques ; — mariages ; — funérailles ; —circoncision.

La passion pour les femmes égale au moins celle que les Maures montrent pour l'argent; peut-être même pourrait-on dire que ce dernier penchant l'emporte sur le premier, et qu'il change ces harpagons intéressés et cupides en hommes généreux et libéraux, auxquels rien ne coûte pour acquérir les femmes qui ont excité leurs désirs.

Les Maures sont loin d'avoir dans leurs longs loisirs les mêmes distractions dont nous jouissons en Europe; ils ne connaissent ni lecture, ni spectacles, ni fêtes, ni assemblées publiques ou particulières, ni les exercices de la chasse, ni les réunions de la table : ils n'ont ainsi d'autre moyen de passer le temps que les plaisirs du *harem*, au milieu de femmes dont la vie désœuvrée, semblable à la leur, n'est occupée qu'à imaginer et mettre en usage tout ce qui peut exciter, entretenir et accroître la passion réciproque des deux sexes. Aussi le célibat volontaire leur paraît-il incompréhensible, et ils ne peuvent jamais l'attribuer qu'à un état d'infirmité et de maladie.

Un riche marchand maure que ses affaires avaient appelé à *la Calle* (2), ayant visité tout l'établissement sans y avoir aperçu aucune femme, s'imagina qu'on les avait fait cacher pour les soustraire à sa vue. Le directeur l'ayant assuré que bien réellement aucune femme n'était admise dans le fort : « Il faut, répondit le Maure, que vous et vos employés soyez coupables de bien grands crimes, pour qu'on vous en ait puni en vous séquestrant de toute cohabitation avec le sexe féminin. »

Cependant les femmes de Tunis et de la Barbarie en général sont bien éloignées de jouer un rôle aussi brillant que nos dames européennes, et elles sont bien loin d'obtenir, dans la société tunisienne, une position aussi agréable que celle dont notre civilisation fait jouir nos compagnes.

Dès qu'une jeune fille se marie, elle ne peut, sous quelque prétexte que ce soit, sortir de sa demeure pendant le cours de la première année, et cette prohibition n'a que de bien rares exceptions dans les années suivantes.

J'ignore sur quel motif est basé l'usage de cette réclusion complète, si strictement observée pendant la première année du mariage ; mais il est peut-être vraisemblable que le mari tunisien veut accoutumer ainsi la nouvelle mariée à ne connaître d'autres douceurs et d'autres distractions que celles que peut lui offrir l'intérieur de son ménage. Cette espèce d'emprisonnement continuel, qui serait un supplice pour une Européenne, n'est pas même une privation pour une Mauresque, qui est intimement persuadée qu'il doit en être ainsi d'après les mœurs établies, et qu'elle ne pourrait sans crime se refuser à l'observation d'un usage qui tient à la fois à la décence et à la volonté du mari auquel elle a été donnée : celui-ci, d'ailleurs, n'a nullement l'intention de produire sa femme dans la société, et il est bien rare que l'épouse veuille se regarder comme maîtresse absolue de la maison; il est plus fréquent de l'y voir figurer seulement ou comme la première esclave favorite, ou comme une concubine, ayant plus de droit que les autres à la tendresse de son mari et aux caresses conjugales.

Les seules femmes qu'on rencontre dans les rues, ou sur les marchés, appartiennent, ou à la classe du peuple, ou à celle des femmes de mauvaise vie ; mais, quelles qu'elles soient, elles sont toujours tellement couvertes et voilées, qu'on ne peut guère distinguer que l'embonpoint excessif dont la plupart d'elles

---

(1) Outre les quatre costumes tunisiens que présente cette planche, elle offre encore dans le fond de la perspective une vue de *Bizerte*.

(2) Le fort de *la Calle*, situé entre Tunis et Alger, était une concession de l'ancienne Compagnie d'Afrique.

jouissent, et qui est l'avantage corporel dont elles tirent le plus de vanité. En effet ce prétendu charme est si estimé parmi les Maures, qu'ils le regardent comme le plus haut degré de perfection auquel puisse parvenir la beauté, et ce charme l'emporte même jusqu'à un certain point sur la régularité des traits et sur les agréments de la figure dont les femmes peuvent être douées.

Cet embonpoint, qui donne aux femmes des formes exubérantes et plus que potelées, les gêne dans leur marche, et, si l'on peut me permettre cette comparaison vulgaire, fait ressembler leur allure habituelle à celle des cannes de nos basses-cours. Bien plus, celles à qui la nature ne procure pas cette démarche ne manquent pas cependant de se la donner elles-mêmes, sans nécessité, seulement pour se conformer à la mode établie, et mettre par là une ligne de démarcation entre elles et les femmes de la basse classe, dont la démarche est aisée et agile.

D'après ce préjugé singulier, mais généralement adopté, si, par une vie oisive et sédentaire et par leur manière de se nourrir, les femmes acquièrent naturellement cet embonpoint si désiré, leurs souhaits les plus chers sont en partie accomplis; mais si cette obésité n'arrive pas spontanément, elles ont recours à des moyens qui passent pour avoir la propriété d'engraisser : ces moyens sont parfois assez étranges (1); mais je m'abstiendrai d'en faire ici l'énumération, bien persuadé que cette mode n'obtiendra jamais de faveur parmi les femmes européennes.

Si, toutefois, on désirait connaître quelque partie de cette pratique hygiénique, il me suffira de dire que la plus essentielle et la plus raisonnable consiste à n'user que des aliments les plus nourrissants, et à leur associer quelquefois l'emploi fréquent des médicaments de la classe des confortatifs.

(1) Les femmes égyptiennes, chez lesquelles la mode d'obésité n'a pas moins été adoptée que chez les Tunisiennes, mangent pour y parvenir, outre certains mets particuliers, des aliments aussi étranges que dégoûtants, entre autres des scarabées de la grande espèce, des lézards vivants, d'autres reptiles, etc.
(J. J. M.)

Rien n'est plus humiliant pour une femme mauresque que d'être remarquable par sa maigreur, ou même d'avoir seulement une taille svelte et dégagée; car cet état la ferait regarder comme attaquée de quelque maladie ou comme ne jouissant pas d'une santé parfaite; mais le plus grand inconvénient qu'elle y trouverait, c'est d'être exposée par là à déplaire à son mari, et de voir quelque rivale, plus avantageusement constituée, réussir à lui enlever les bonnes grâces conjugales.

Aucun homme ne peut sous aucun prétexte être admis dans les *harems*, ou appartements des femmes, le *gynécée* des anciens Grecs; mais comme mon état de médecin était de nature à me donner le droit de pénétrer dans l'intérieur des maisons musulmanes, il m'a procuré la possibilité de voir à Tunis plusieurs femmes de la haute classe, dont les yeux noirs et vifs, la chevelure d'ébène et la fraîcheur du teint, la régularité des traits, et la physionomie piquante, auraient eu en tout lieu, même en nos pays, des admirateurs, quoique leur manière de se vêtir et de se parer fût loin d'être capable de les embellir; il faudrait en effet n'avoir jamais vu d'autres costumes, pour être tenté de trouver agréable et élégant celui des dames tunisiennes (2).

La parure principale des femmes mauresques consiste en une quantité impossible à décrire et à évaluer de perles, de diamants et d'autres pierres précieuses et d'innombrables plaquettes d'or, dont elles se couvrent pour ainsi dire de la tête aux pieds; mais ces parures, quelque précieuses qu'elles paraissent, sont d'un mauvais choix, mal montées, mal taillées, et placées sans art et sans aucune espèce de goût (3).

(2) *Voyez* ci-après la planche 12, représentant deux dames de Tunis et de Tripoli, dans l'intérieur de leur *harem*.
(3) Les femmes qui n'ont point de bijoux à attacher soit sur leur vêtement, soit aux tresses nombreuses de leur chevelure y suppléent par le plus grand nombre de pièces d'or qu'elles peuvent se procurer, qu'elles portent ainsi suspendues; les plus pauvres des femmes du peuple emploient les petites pièces d'argent à ce même usage : les unes et les autres semblent prendre un plaisir particulier

Elles ont en outre une manière singulière de s'embellir, ou plutôt de se défigurer, soit en se teignant les sourcils en noir, soit en les réunissant ensemble par une prolongation large de quelques lignes, qu'elles opèrent avec la même peinture; non contentes de ce prétendu agrément, comme les femmes de l'Égypte et de presque tout l'Orient, elles cherchent à faire paraître leurs yeux plus grands en insinuant sous leur paupière du *kohol*, ou poudre d'antimoine (1), ce qui noircit tout le tour de l'œil, et change tout à fait leur physionomie en leur donnant un air dur, hardi, et pour ainsi dire viril.

D'autres femmes, plus ridicules encore, dessinent, à deux doigts au-dessus des sourcils, un demi-cercle noir, qui ressemble de loin à une ficelle noirâtre que l'on aurait attachée à l'entour de la tête et qui passerait sur le front. Elles emploient également cette peinture noire à distribuer des mouches éparses sans symétrie sur leur figure; ces diverses peintures, qu'on pourrait comparer au tatouage des nations sauvages de l'Amérique ou à celui des Nègres, ne s'effacent que cinq à six jours après avoir été placées.

Souvent même le rouge est un des cosmétiques appelés à compléter cette singulière toilette, et sa préparation est tout à la fois plus simple et moins coûteuse que celui dont se servent les dames européennes.

Un usage généralement adopté par les Tunisiennes est celui de se frotter les gencives et les lèvres avec l'écorce de noyer; cette friction donne à toutes les parties de la bouche la couleur d'orange foncée, couleur que les femmes de ce pays aiment passionnément : elles prétendent, en outre, que l'usage habituel de cette écorce contribue puissamment à conserver les dents; et en effet cet ornement si utile de la bouche se fait généralement remarquer chez les Tunisiennes par la régularité de son arrangement et par la blancheur de son brillant émail; mais il m'a paru plus probable que cette beauté dépend beaucoup moins de leur spécifique dentifrice, que de la manière de vivre dont les femmes tunisiennes ont l'habitude, et surtout du soin avec lequel elles évitent de manger les mets aussi brûlants que le font la plupart des Européens.

La coutume de teindre en couleur orangée l'intérieur des mains, ou au moins le bout des doigts, avec le *hennéh* (2), est assez généralement adoptée,

---

au cliquetis que produit cette singulière parure, à chacun de leurs mouvements.
(J. J. M.)

(1) *Stibium*, nommé *surmah* ou *surméh* par les Turks.

Le *surméh* est un collyre ou une poudre impalpable, composée d'antimoine : l'usage d'en colorer leurs yeux, établi parmi les femmes de l'Orient, s'est conservé dans ces contrées, depuis les temps les plus reculés jusqu'à nos jours, et les Prophètes, qui reprochaient aux filles de Sion de colorer leurs yeux *du fard noir de la coquetterie* (*Cum pinxeris stibio oculos tuos,* Jérémie, IV, 3o), auraient encore le même reproche à adresser aux femmes de Tunis, d'Égypte, et des autres contrées orientales.

La poudre de *surméh* est conservée dans un étui, dont le couvercle est traversé par une aiguille d'or ou d'argent. Cette aiguille, plongeant dans le collyre, se charge légèrement des atomes qui s'y attachent, et, introduite avec dextérité entre l'œil et la paupière, y dépose sa teinture noire dans l'intérieur. L'effet de cette teinture est de faire paraître les yeux plus grands, plus fendus, plus vifs, et en même temps de donner aux regards une langueur tendre et vraiment enchanteresse pour les Orientaux, quoiqu'au premier aspect elle puisse sembler désagréable aux Européens.
(J. J. M.)

(2) *Hennéh* est le nom d'une fleur et de l'arbrisseau qui la porte; c'est le *Cyperus* des anciens (*Lawsonia inermis* de Forskal), et il est communément cultivé dans les jardins du Kaire. Il donne une fleur blanche, dont les grappes portent en Égypte le nom de *thamrhennéh* : leur odeur, assez pénétrante, malgré l'espèce de fadeur qui se mêle à leurs émanations, comme à celles du marronnier d'Inde, semble désagréable aux Européens; mais elle est aimée avec une véritable passion par les femmes de l'Orient; elles se plaisent à en parer leur turban, et à les placer dans leur sein.

Cette fleur a, dit-on, des vertus hystériques et aphrodisiaques. Les feuilles vertes de l'arbrisseau desséchées et réduites en poudre impalpable, forment une poussière colorante d'une grande activité et dont on fait surtout par les courtisanes, et on fait également subir ce prétendu embellissement à la plante des pieds ainsi qu'aux ongles des orteils, et aux malléoles des chevilles. Mais le sein, ce charme le plus délicieux dont la nature a orné la femme, est tellement négligé par les Mauresques, qu'elles le laissent bientôt se flétrir et se déformer de la manière la plus désagréable et la plus rebutante; je pense qu'on doit surtout accuser l'abus immodéré des bains chauds de cette dégradation, dont souvent les jeunes filles elles-mêmes ne sont pas exemptes.

Le désir d'avoir des enfants est après celui de plaire et de se parer la passion dominante des femmes tunisiennes; il ne les quitte que très-tard, et le médecin est souvent consulté par elles sur les moyens qu'elles pourraient employer pour devenir enceintes; car une femme stérile est un être méprisable aux yeux du mari maure et même de tous les parents qui composent la famille; ces femmes mauresques sentent très-bien que leur position conjugale manquerait de solidité si la tendresse paternelle, s'unissant à l'amour maternel, pour la conservation de ces fruits de leur union, ne venait par ce double lien corroborer celui qui attache les époux l'un à l'autre,

en Orient un grand usage. Les femmes de toutes les classes s'en servent pour se teindre les ongles et les paumes des mains en rouge orangé très-vif; cette teinture dure très-longtemps, et résiste à tous les détersifs ordinaires. Elles emploient ce genre singulier de parure principalement aux jours de fêtes et de réjouissances, et surtout dans les célébrations de noces. Cet usage n'est pas moins commun aux femmes chrétiennes qu'aux musulmanes.

Bien plus, j'ai remarqué pendant mon séjour au Kaire que les chevaux et les ânes eux-mêmes ne sont pas étrangers à ce genre de fard et de coquetterie. Le cheval favori du maître a son poil ainsi orné de bandes orangées. Parmi les ânes qu'on trouvait, à chaque coin de rue, prêts à être loués pour les courses dans la ville ou dans les environs, et qui attendaient leur cavalier temporaire, comme nos fiacres sur la voie publique, celui sur lequel son conducteur voulait attirer la préférence des pratiques, était largement décoré d'ornements de cette couleur, dont le *hennéh* faisait les frais.

(J. J. M.)

car la stérilité est un cas presque infaillible de répudiation.

A mesure qu'une femme donne des enfants à son mari, il s'établit progressivement entre elle et lui cette force d'habitude qui attache l'homme à sa femme: la consolation de se voir entourer d'une famille nombreuse, la jouissance des caresses et de l'affection partagée par les enfants entre les deux auteurs de leurs jours, l'espérance de trouver un appui pour ses derniers ans dans sa postérité, tous ces motifs ne laissent plus naître dans le cœur de l'époux la pensée et la volonté de se séparer de l'épouse à laquelle il est uni.

Si la femme, au contraire, est stérile, elle court toujours deux dangers également redoutés par elle, celui d'être répudiée, ou du moins celui de voir une rivale la remplacer dans les bonnes grâces et l'amour de son mari.

Les femmes mauresques ont réussi à accréditer une opinion aussi déraisonnable que ridicule; suivant elles l'enfant, une fois conçu, pourrait dormir plusieurs années dans le sein de sa mère, et n'en sortir qu'à son réveil, après cette gestation prolongée contre les lois de la nature: d'après ce préjugé absurde, il y a des exemples de femmes qui attestent que leur enfant a dormi plusieurs années, et qui prétendent que leur accouchement a été séparé de la conception par un intervalle de six à huit ans.

Ce préjugé, au reste, leur est de la plus grande utilité dans deux circonstances importantes: tantôt une femme répudiée, qui devient enceinte quelques années après que son mari l'a abandonnée, prétend que l'enfant provient néanmoins de ce mari, et que le fœtus a dormi pendant tout l'espace de temps qui s'est écoulé entre son accouchement et l'époque qu'elle assigne à sa conception; tantôt une femme s'aperçoit d'un refroidissement de la part de son mari: elle se croit en danger d'être répudiée ou de céder la place à une rivale; alors elle commence à se dire enceinte; plus tard elle déclare que l'enfant s'est endormi. Les maris, assez crédules en général, ajoutent foi à ces assertions de leurs femmes, redoublent d'égards pour elles, leur rendent leurs bonnes grâces et leurs caresses; et par cette manœuvre, non-seulement elles s'attirent un surcroît de considération et de ménagement, mais encore elles parviennent souvent à réaliser ce qui n'était d'abord qu'une fiction que leur intérêt leur avait fait supposer.

Il n'y a d'ailleurs pas de doute que l'état de soumission extrême dans lequel vivent les femmes de ce pays n'ait en grande partie pour cause la crainte d'être répudiées; et quoique de leur côté elles aient également le droit de demander le divorce, elles usent d'autant plus rarement de ce droit, qu'elles ne peuvent y recourir sans avoir à alléguer des motifs puissants et bien avérés, tandis que la volonté du mari suffit pour autoriser sa demande.

La polygamie est moins rare à Tunis qu'en Égypte; mais elle a ici, comme partout ailleurs, ses inconvénients. Si plusieurs femmes rivales habitent une même maison, les querelles, les tracasseries, les emportements et la jalousie sont inévitables, et troublent souvent d'une manière intolérable la tranquillité du mari.

Je conversais un jour avec un riche Maure, qui avait deux femmes, et qui, n'ayant obtenu aucun enfant ni de l'une ni de l'autre, songeait à en prendre une troisième. Je lui demandais comment il comptait maintenir l'harmonie et le bon ordre chez lui après ce triple mariage. « Il n'y a que deux moyens, me répon-« dit-il, pour avoir la paix, et les mettre « d'accord: c'est de terminer toutes leurs « querelles le bâton à la main, ou de les « loger dans des maisons séparées: » il est vrai qu'il n'y a guère que les gens très-riches qui puissent adopter ce dernier parti, et le premier moyen est plus à la portée des maris en général.

Cependant quoique le mari soit maître absolu chez lui, il cherche communément à entretenir autant qu'il est possible l'harmonie et le bon accord, au moins apparent, entre ses femmes; et comme chacune d'elles a sa chambre particulière et séparée dans le *harem*, il leur consacre successivement une journée et une nuit. Si cette attribution à lieu avec égalité entre elles, il arrive ordinairement qu'elles se résignent assez volontiers à ce partage conjugal; mais s'il en agit différemment et témoigne pour quelqu'une de ses femmes quelque préférence qui blesse les droits des autres, alors infailliblement la discorde règne dans le *harem* plus ou moins ouvertement.

La jalousie mutuelle des femmes mauresques a néanmoins quelquefois ses exceptions. J'ai connu un jeune homme qui était devenu éperdument amoureux d'une jeune fille sa voisine; ne pouvant ni la voir chez elle ou chez lui, ni l'épouser par son défaut de fortune suffisante, il prit le parti de se marier lui-même, dans le seul but que sa voisine pût librement, et sans être critiquée, entrer dans sa maison, sous prétexte de visiter la femme qu'il venait d'épouser. Supérieur aux préjugés de son pays, où un mari ne laisse voir sa femme à aucun autre homme, il m'admit non-seulement dans sa maison, mais encore dans l'intérieur de son *harem*, et là je vis et l'épouse et la voisine amicalement réunies. Ayant demandé à la jeune épouse comment elle pouvait tolérer avec cette apparence d'indifférence les empressements de son mari envers cette rivale, dont l'intrigue amoureuse était assez évidente, le mari ne se trouvant aucunement gêné par la présence de sa femme: « J'aime mieux, me répondit-elle « naïvement, qu'elle soit sa maîtresse « que sa femme; les journées sont à elle, « mais les nuits sont à moi. »

Les gens riches et les hauts personnages du pays ont dans leurs maisons des appartements séparés, non-seulement pour leurs femmes, mais encore pour leurs enfants lorsque ceux-ci ont atteint l'âge de l'adolescence; car ils ne restent auprès de leurs mères qu'à l'époque où ils sont encore en bas âge.

Les maris, les femmes et les enfants prennent leurs repas isolément, et sans se réunir à la même table; les enfants même ne sont pas admis à la table de leur père, usage établi, dit-on, pour augmenter le respect dû au chef de la famille.

Au reste, chacun de son côté fait ses invitations particulières; les hommes ont pour convives leurs amis, les femmes leurs amies; les enfants, les jeunes gens de leur âge. Cependant cette manière de vivre aussi isolément n'est pratiquée que par les gens de haute classe; les marchands et autres particuliers de condition médiocre, sont plus pères et plus maris, vivant habituellement et prenant leurs repas avec leurs femmes et leurs enfants.

Quoique les femmes mauresques soient la plupart du temps si strictement confinées dans leurs maisons, ou plutôt à cause de cette réclusion même, elles n'éprouvent pas moins le désir commun aux deux sexes d'interrompre la monotonie d'une vie sédentaire par quelques divertissements, ou du moins par quelques distractions.

La seule qui leur soit permise, et seulement encore à certaines époques, est de faire venir dans le harem des chanteuses ou danseuses publiques, qu'elles obtiennent la permission d'y introduire.

Il faut avouer franchement qu'il y a certains plaisirs de convention qui ont besoin d'être jugés tels d'avance par le préjugé, et d'être assaisonnés par l'attente et le désir, pour obtenir quelque prix; c'est là un reproche qu'on pourrait justement adresser à la plupart des plaisirs qui ont mérité ce titre de nos conventions sociales; véritablement le chant des musiciens et des musiciennes barbaresques nécessite, surtout, l'influence de l'opinion que le préjugé a répandu parmi les habitants en sa faveur, pour causer le moindre plaisir aux odalisques prisonnières, qui se délectent à l'entendre; car ce chant n'est, à proprement parler, qu'une longue série de criaillements et, si j'ose le dire, de miaulements confus, et d'une cascade de sons incohérents, le tout mêlé par intervalle d'espèce de hurlements, bien faits pour épouvanter quiconque n'est pas habitué à les entendre: cette musique barbare, étrangère à la fois à la mélodie et à l'harmonie, loin de pouvoir flatter les oreilles, serait capable d'en briser le tympan le plus dur.

Bien plus, les voix les plus perçantes et les plus discordantes sont en général celles qui sont les plus recherchées; et ces sons criards, poussés sans aucune pitié pour les auditeurs, jusqu'aux notes les plus élevées, hors des extrêmes limites du *diapazon* musical, firent sur moi un tel effet après avoir entendu un concert vocal qui réunissait plusieurs des meilleures chanteuses de Tunis, que depuis ce temps mon empressement à les fuir surpassa de beaucoup celui que la curiosité m'avait précédemment inspiré pour venir les écouter.

Aussi, ce qui plaît le plus aux recluses et les dédommage en quelque sorte de l'ennui que leur cause l'absence fréquente de leurs maris, c'est moins le chant sauvage de ces musiciennes anti-harmoniques, que la vue des danseuses publiques, qui exécutent devant elles leurs danses et leurs exercices avec un laisser-aller le plus souvent lascif et indécent (1).

En effet, le grand talent des danseuses consiste à mouvoir avec une agilité étonnante leurs reins et leurs hanches, qu'elles secouent en tous les sens par des oscillations tantôt graduées avec mollesse, tantôt brusquement saccadées. Cette danse, dans laquelle les pieds et les jambes ne jouent presque jamais aucun rôle chorégraphique, n'est ainsi pour ces artistes, dépourvues de toute pudeur, qu'une série non interrompue de gestes lubriques et de mouvements obscènes, qui embrasent l'imagination des spectatrices, mais qui feraient rougir de honte l'Européenne la plus dépravée.

Les figures de ces danses si étranges se composent de postures libidineuses, d'un certain nombre de pas divers, coordonnés de telle manière, que les danseuses, tout en ayant l'air de se fuir mutuellement, se rapprochent cependant insensiblement, et finissent par se serrer de très-près, s'entrelacent, et se permettent alors tous les excès du dévergondage le plus révoltant. Je supprime d'autres détails que ma plume se refuserait à décrire, car d'après ceux que je viens de tracer il est facile de présumer que les danseuses publiques ne sont pas d'une autre classe que de celle des prostituées.

Les maris maures accordent à leurs femmes un troisième genre d'amusement, qui est celui de promenades à la campagne, où elles sont conduites dans des voitures hermétiquement fermées: elles y sont accompagnées par une nombreuse cohorte de domestiques et d'esclaves, qui les surveillent, et qui sont très-attentifs à vérifier si le jardin où

(1) *Voyez* ci-dessus la note 2 de la page 61.

elles font leur promenade est entièrement à l'abri de la vue de tout individu du sexe masculin.

S'il arrivait par hasard que la maison ne fût pas tout à fait isolée, si on n'avait pas d'avance acquis la certitude que les femmes ne pourraient y être rencontrées par qui que ce soit, elles ne sauraient décemment sortir de l'appartement intérieur dans lequel on les renferme, d'où il résulte que souvent elles sont aussi bien emprisonnées à la campagne qu'à la ville.

Si cependant une femme était tourmentée par un désir irrésistible de s'absenter de la maison conjugale, et de se délivrer momentanément de cette réclusion auprès de son mari, si même elle avait en vue la conclusion de quelque aventure galante, elle parviendrait quelquefois au but désiré en affectant une dévotion particulière, et l'envie d'aller pour quelques jours visiter un saint lieu, autrement dit *santon*; c'est ainsi que l'on nomme l'espèce de chapelle où est inhumé un personnage réputé saint par les Musulmans, et où il y a toujours un petit sanctuaire.

Parmi ces lieux de pèlerinage, les uns sont destinés à la dévotion des femmes, les autres ne sont ouverts que pour les hommes. Si le mari est confiant et crédule, s'il aime à montrer quelque complaisance pour sa femme, il consentira à sa demande, et la conduira lui-même au saint lieu, pour venir la reprendre, soit le même jour, soit quelques jours après, suivant la longueur présumée des prières que la dévote déclare vouloir y faire.

Les femmes font ordinairement ces parties de dévotion en compagnie d'autres femmes leurs amies, et, s'il faut en croire la chronique scandaleuse de Tunis, il n'est pas absolument rare qu'elles profitent de ce moment de liberté pour quelque rendez-vous secret et quelque infraction aux droits conjugaux.

Au reste, les femmes maures, naturellement vives et d'un tempérament ardent, ne manquent ni de ruses ni d'intrigues pour se procurer des entrevues avec quelque amant, quand elles se croient négligées par leurs maris; des marchandes à la toilette qui parcourent les *harems* sont ordinairement les adroites entremetteuses de ces infractions à la fidélité conjugale : elles portent les propositions, elles facilitent les entrevues. Au reste, ces intrigues amoureuses n'ont aucunement à craindre d'être trahies par la saisie de quelque correspondance délatrice; les demandes et les réponses se faisant de vive voix par le moyen des officieuses intermédiaires, et les femmes tunisiennes ne sachant ni lire ni écrire : mais comme une aventure galante dévoilée coûte ordinairement la vie, ou tout au moins l'exil à l'île de *Kerkanah*, il n'y a que fort peu de Tunisiennes, même parmi celles dont les sens sont le plus ardemment impressibles, qui osent se livrer ainsi à leur penchant amoureux; et c'est vraisemblablement cet état de contrainte qui a introduit dans les *harems* le goût, trop répandu parmi les femmes tunisiennes, et même chez les dames du premier rang, du vice détestable, qui, dans l'ancienne Grèce, a déshonoré la célèbre *Sapho*; et on ne saurait croire jusqu'à quels sacrifices cette passion monstrueuse peut porter les femmes des *harems* pour parvenir à satisfaire un goût qui outrage autant la nature.

On ne peut que gémir, pour l'honneur de l'humanité, de ces immoralités révoltantes, qui sont les délices et l'occupation favorite des *harems*, et je croirais salir ma plume si je m'arrêtais davantage sur ces tableaux, qu'on ne saurait peindre avec trop d'indignation et de dégoût.

Mais l'immoralité des hommes de ce pays ne le cède en rien à celle de leurs femmes, et le goût du libertinage est aussi répandu dans les rues de la ville que dans les *harems* : je me bornerai ici à quelques détails, m'abstenant de parler des faits de ce genre dont j'ai été témoin à Tunis.

En général la décence est peu respectée dans les amusements des Maures, non-seulement en particulier mais encore en public : dans la plupart des cafés, surtout à l'époque du *Ramaddân*, qui est tout à la fois leur carême pendant le jour et leur *carnaval* pendant la nuit, à ces danses licencieuses on joint une représentation des ombres chinoises, dont le sujet est toujours quelque acte d'une licence tellement effrénée, qu'elle ne peut qu'inspirer le goût du plus honteux libertinage, non-seulement aux hommes faits, qui se plaisent à en être spectateurs, mais, ce qui est d'une immoralité bien plus révoltante, aux enfants, qui accourent et se pressent en foule à ces scènes scandaleuses ; combien ce spectacle pervertissant ne doit-il pas avoir d'influence sur leurs sens précoces, qu'il initie au mystère de la débauche, et dont il provoque une imitation bien funeste par les suites fatales qui en résultent à la fois pour leurs mœurs et leur santé !

D'autres danseuses et chanteuses exécutent leurs danses et leurs chants sur les places publiques, où, surtout pendant le mois de *Ramaddân*, on voit apparaître des troupes de chanteurs et de danseurs, des escamoteurs, des danseurs de cordes, des bateleurs, des baladins de toute espèce.

Mais ce qui attire le plus la curiosité du peuple, c'est le spectacle d'une classe de charlatans qui manient des serpents impunément et sans crainte ; on assure qu'on voit quelquefois ces jongleurs entrer dans une espèce de fureur et d'ivresse, et déchirer à belles dents le corps de ces animaux vivants; le peuple, qui regarde ces prétendus *psylles* comme de véritables magiciens (1), prétend qu'ils ne se nourrissent que de serpents, de lézards et d'autres reptiles qu'ils ont le pouvoir de charmer et dont ils rendent le venin inoffensif. Cette classe d'hommes serait-elle le reste de cette peuplade d'*Ophiophages*, que les anciens poëtes nous assurent avoir habité jadis un canton de l'Afrique (2) ?

Si l'existence d'une telle nation est problématique, du moins les historiens et les poëtes nous apprennent que les exercices des *psylles* étaient au nombre des spectacles offerts à la populace romaine (3).

Ces mêmes historiens racontent que les Carthaginois regardaient la chair des chiens comme le meilleur des mets, et que les gastronomes raffinés aimaient passionnément à voir leurs tables chargées de cette nourriture recherchée ; maintenant il se trouve encore dans les dépendances de la Régence de Tunis une peuplade qui semble avoir hérité des goûts *canivores* (4) des anciens maîtres de Carthage, et s'être transmis ce caprice d'une gastronomie bizarre, de génération en génération jusqu'à nos jours : il est, en effet, certain que les habitants de l'île de *Djerby*, située à l'extrémité orientale de la Régence, dans le voisinage des côtes de Tripoli, sont également de nos jours *canivores*, et manifestent généralement pour la viande de l'espèce canine un goût non moins passionné que celui des anciens gourmets puniques.

On voit à Tunis beaucoup de femmes publiques, qui parcourent les places et les rues les moins fréquentées de la ville : elles sont voilées comme toutes les autres femmes ; mais on les reconnaît facilement à leur démarche dévergondée, et à la hardiesse impudente avec laquelle elles découvrent, soit leur visage, soit quelque autre nudité, devant les hommes dont elles tentent l'attaque.

Les Maures et les Turks, c'est-à-dire tous les Musulmans en général, peuvent les fréquenter impunément ; mais malheur à l'Européen ou au Juif qui serait trouvé avec une femme maure quelconque, quand même elle ferait profession publique de la prostitution : il existe une loi d'après laquelle un Chrétien qui serait trouvé avec elle devra avoir la tête tranchée, le Juif sera brûlé vif, et la femme elle-même noyée impitoyablement dans le lac.

---

(1) Quand on soupçonne que quelque serpent ou autre reptile malfaisant s'est introduit dans une maison ou un jardin, on appelle un des *psylles*, et celui-ci, après quelques opérations magiques, ne manque pas de montrer un de ces animaux qu'il prétend avoir charmé et forcé de se livrer entre ses mains.

(2) .... *Gens unica terras,........*
Incolit, a sævo serpentum innoxia morsu;
Marmaridæ Psylli par lingua potentibus herbis.
LUCAN.

(3) *Ecce voratores serpentum, plebe vocati,*
Corpore nudato, sua dant spectacula Psylli :

Impavide hic artus cingit furialibus hydris,
Undique mille gyros stringentibus, anguineisque
Tot circum arrectis collis, quot Echidna, palude
Lernæo, herculeæ fuit ausa opponere clavæ :
Ille veneniferos lacerat sub dentibus angues,
Atque cruentato vivos ingurgitat ori,
Omnibus ipse feris, cunctisque ferocior hydris :
Pascitur his etenim, veluti foret escu venenum,
Quod fugiant etiam tigrides Libyæ atque leones.
AUSON.

(4) Qu'on me permette d'inventer cette expression, qui me dispense d'employer la périphrase, *mangeurs de chiens*.

Il n'y a pas un demi-siècle qu'un capitaine ragusais fut engagé à aller voir une courtisane maure : des espions, qui l'avaient suivi, ou même qui l'avaient peut-être provoqué, les saisirent ensemble en flagrant délit, et les conduisirent l'un et l'autre par devant le *Bey*; ce Prince, ayant constaté le fait, ordonna leur exécution selon toute la rigueur des lois.

Il est vrai que depuis cet arrêt rigoureux plusieurs autres Européens, ayant été surpris en *conversation criminelle* par des Maures, ont heureusement trouvé la possibilité d'assoupir leur affaire par le moyen de l'argent; mais cependant je crois devoir convenir que le conseil le plus raisonnable et le plus sûr qu'on puisse donner à ceux qui sont obligés d'habiter parmi les Musulmans, et surtout en Barbarie, est d'y amener une femme européenne avec eux, ou de se vouer courageusement pendant leur séjour au plus sage célibat.

La facilité que les Maures ont de rompre leurs mariages, pour les causes les plus légères, a sans doute contribué à introduire parmi eux l'usage de lier les parties dès le plus bas âge sans leur consentement. Si les liens conjugaux avaient chez eux la même indissolubilité que chez nous, ils apporteraient peut-être à cet engagement une attention plus sérieuse; mais comme la liberté des maris n'est aucunement restreinte, et comme le mariage des Musulmans n'est, pour ainsi dire, qu'une espèce de concubinage, ils ne cherchent point les considérations morales qui pourraient influer sur leur choix : une femme quelle qu'elle soit est toujours une femme pour eux; si elle déplaît on la renvoie ou on lui associe des compagnes plus agréables.

Lorsque les pères et les mères ont réciproquement disposé de leurs enfants, les deux familles s'assemblent, et les conventions matrimoniales sont arrêtées, en présence des *Mollahs*, et les deux fiancés continuent de vivre séparés jusqu'à l'époque où leur âge permet la consommation du mariage. Alors les deux familles se rassemblent de nouveau; le marié, après avoir fait une courte prière, et présenté aux gens de la noce le sorbet avec des parfums, va trouver l'épousée, qui l'attend dans son appartement; c'est là qu'elle se dévoile et se montre à lui pour la première fois : le mari seul la déshabille et détache les bijoux dont elle était parée : pendant tous ces préliminaires la nouvelle épouse garde le plus strict silence, et ne le rompt que quand son mari lui a offert quelque présent comme preuve de la satisfaction qu'il éprouve de leur union.

Les filles n'ont ordinairement en mariage que quelques bijoux et quelques habillements, qui ne figurent pas au contrat. A l'égard des autres stipulations, si le mari renvoie sa femme sans pouvoir alléguer contre elle quelque faute grave, il perd tout ce qui est énoncé dans le contrat; mais si la femme quitte son mari, quel qu'en soit le motif, elle n'a plus rien à prétendre de tout ce qu'il lui avait donné.

Si au moment de la séparation il existe des enfants, les garçons restent avec leur mère jusqu'à l'âge de sept ans; à cet âge le mari a droit de les reprendre.

A la mort des hommes et des femmes de toute condition, les Nègres et les Négresses de la maison, ainsi que les parentes et les amies, se meurtrissent et se déchirent avec leurs ongles le visage et la poitrine, en poussant de grands cris; la veuve s'habille de noir, et se ceint d'une double corde le corps et la tête; puis tout échevelée elle entre dans la chambre où le corps est déposé : alors ses amies et ses parentes qui y sont réunies redoublent leurs hurlements, accompagnés de battement de tambours. Ce tintamarre n'est interrompu par intervalle que pour entendre l'éloge répété des bonnes qualités du mort, oraison funèbre dont chaque reprise a pour accompagnement obligé de nouveaux cris et de nouveaux déchirements : cet office funéraire dure trois jours entiers, pendant lesquels les amis, les parents et les *Mollahs* ne cessent de faire des prières autour du cercueil découvert; puis on bouche soigneusement avec du coton toutes les ouvertures du corps, et on le lave avec du camphre et d'autres aromates. Le linceul des riches et des pauvres doit être également de toile neuve, et la famille la plus indigente croirait manquer à la mémoire du mort si elle ne se conformait à cette formalité.

Je n'entrerai dans aucun autre détail sur le culte et la religion des Maures de la Régence; ces détails sont généralement connus, puisqu'ils sont les mêmes que ceux des autres nations musulmanes, et surabondamment déjà décrits par tous les voyageurs; je me borne donc, avant de finir ce chapitre, à présenter ici une observation qui m'est particulière, et qui par son caractère hygiénique m'a semblé digne d'attention.

De tous les usages établis parmi les Maures de la Régence, et qui leur sont communs avec les Musulmans des autres contrées, celui que je blâmerai le plus, comme médecin, est celui qu'ils suivent relativement à la circoncision de leurs enfants mâles.

Cette pratique religieuse des Juifs, instituée parmi eux, depuis tant de siècles, par les lois mosaïques, a été, comme l'on sait, adoptée également par les sectateurs de l'islamisme; mais, tandis que les Juifs ont conservé la méthode salutaire de circoncire leurs enfants mâles dès le huitième jour de leur naissance, les Maures ne jugent à propos de pratiquer cette opération douloureuse, et qui souvent n'est pas sans danger, qu'après la septième année. Ils ont grand soin de cacher à l'enfant les détails de cette opération, et au moment où on la pratique on tâche de distraire l'attention du petit patient, par un grand fracas d'exclamations pieuses, de prières bruyantes, de tintamare musical dont on l'entoure et dont on l'étourdit : plusieurs jours avant la cérémonie il y a grandes fêtes dans la famille, si elle jouit de quelque aisance; mais dès que l'opération est terminée la tristesse règne dans la maison, à cause de la souffrance qu'éprouve l'enfant, et on s'efforce de le consoler en lui répétant qu'il est bien heureux qu'on lui ait enlevé un morceau de chair qui le déshonorait, et l'empêchait d'être reconnu pour vrai Musulman. Le zèle religieux est tellement fort chez les sectateurs de l'islamisme, que l'enfant endure ses souffrances, non-seulement avec patience, mais presque avec gaieté, pour la plus grande gloire de sa religion et de son Prophète.

Je ne puis certes disconvenir que la guerre est un fléau pour l'humanité, j'approuve le philosophe philanthrope qui la regarde comme un acte impie entre des peuples que devrait unir une fraternité universelle; mais après avoir vu les mœurs et la dégradation des peuples barbaresques, n'est-on pas amené à penser qu'une guerre importée dans ces contrées par les Européens serait un insigne bienfait pour elles, puisqu'une armée civilisée pourrait frayer à ces populations, par son exemple et les lumières qu'elle répandrait, le chemin de la renaissance à la raison et à l'amélioration morale, dissiperait progressivement les préjugés et les vices les plus choquants, qui s'y sont enracinés depuis tant de siècles, et les rapprocherait ainsi peu à peu de la classe des nations civilisées.

Nous en avons vu un exemple frappant dans la révolution qu'a opérée en Égypte la mémorable expédition des Français; cette conquête et cette occupation, de quatre ans seulement, ont produit sur l'esprit des peuples qui habitent cette contrée de l'Orient un effet très-remarquable : elles leur ont fait naître le désir de secouer le joug des préjugés; et si jamais les Français viennent arborer leurs drapeaux sur la côte barbaresque, ils y trouveront peut-être un nombre de partisans plus considérable qu'ils n'en ont rencontré en Égypte (1).

CHAPITRE XVII.

Commerce des Nègres; — leur affranchissement; — syndic des Nègres; — marché des esclaves; — Gellâbys, marchands d'esclaves; — examen minutieux avant l'achat; — manière dont se font les achats; — courtiers, sensals; — criée à l'encan; — chasses aux Nègres; — caravanes; — traversée du Désert; — relations avec l'Afrique centrale; — chasse des autruches.

Le nombre des Nègres est considérable à Tunis; les maisons et les rues en sont, pour ainsi dire, remplies, et à mon

(1) Je répéterai ici que cette description de la Régence de Tunis a été écrite par le docteur *Frank* longtemps avant qu'on songeât à la conquête de l'Algérie, et même qu'on pût en prévoir la possibilité. Cependant on voit que dès lors il semblait prophétiser cette expédition si glorieuse pour la France, et qu'il l'appelait de tous ses vœux.

(J. J. M.)

8.

arrivée dans cette ville je ne pouvais d'abord conjecturer la cause d'où provenait cette surabondance d'individus, que leur couleur me prouvait évidemment ne pas faire partie des indigènes : ce qui motivait mon étonnement, c'est qu'il n'y a le plus souvent qu'une seule caravane, qui en amène à peu près mille ou tout au plus douze cents chaque année ; tandis que je les avais vus beaucoup moins nombreux au Kaire, où cependant chaque année plusieurs caravanes en amènent un bien plus grand nombre des différentes contrées de l'Afrique centrale.

Mais bientôt mes recherches m'apprirent que cette multiplicité des Noirs, dont je cherchais la cause, résultait de deux circonstances particulières.

La première, et cette considération est la plus essentielle, consiste en ce que la peste étant beaucoup plus rare en ce pays qu'en Égypte, il y périt par conséquent une moins grande quantité de Nègres, tandis que la peste semble les attaquer de préférence aux Blancs sur les bords du Nil (1).

La seconde provient de la coutume, plus répandue parmi les Tunisiens, d'affranchir de temps en temps quelques-uns de leurs esclaves, qui, une fois libres, sont bien loin d'avoir la moindre envie de retourner dans leur pays natal, où sans doute les attendrait un nouvel esclavage, et préfèrent rester à Tunis, devenue pour eux une seconde patrie : ils se répandent ainsi dans la ville, soit pour y débiter en détails quelques marchandises qu'ils colportent, soit pour s'y procurer du travail.

Le commerce des Nègres n'est pas limité à l'arrivée de la caravane, comme elle l'est au Kaire ; on désigne ceux qui sont amenés à Tunis par le nom de *khodámsy*; mais une grande partie des esclaves qui s'y achètent journellement proviennent des reventes.

Le Marché destiné à ce genre de commerce est en effet garni toute l'année de cette marchandise humaine, parce que les particuliers mécontents d'un Nègre ou d'une Négresse se décident assez facilement à les revendre.

Une seconde cause qui alimente journellement le Marché des Nègres, c'est qu'ils ont eux-mêmes le droit de demander d'être revendus, lorsqu'ils croient avoir des motifs pour désirer de courir la chance d'un changement de maître : toutefois il est vrai de dire que le plus souvent cette demande ne leur vaut qu'une rude bastonnade. Le besoin d'argent est encore un motif qui force quelquefois les propriétaires d'esclaves à cette vente.

Les Chrétiens et les Juifs ne peuvent acheter des Nègres, cette prérogative n'étant accordée qu'aux Musulmans. Celui qui veut en acheter examine, avant tout, avec le soin le plus minutieux, leurs qualités et leurs défauts physiques ; cet examen se fait avec la même exactitude et les mêmes détails que pour l'achat d'un cheval ou de tout autre animal domestique.

On fait marcher, courir, sauter, se courber, se plier, se tordre en divers sens l'esclave, mâle ou femelle, qu'on examine. On palpe ses chairs ; on fait jouer ses articulations, craquer ses jointures, on explore minutieusement les parties les plus secrètes de son corps ; enfin, ce qu'on aura peine à croire, on voit les dames, même de la plus haute classe, déguster sur leur langue la sueur de la jeune esclave qu'elles veulent acheter, persuadées qu'elles reconnaîtront dans l'appréciation de cette saveur les bonnes ou mauvaises qualités de leur acquisition future.

Après cet examen si scrupuleux, accompagné de recherches si étranges, l'acheteur fait d'abord une offre préliminaire approximative, suivant le taux du prix ordinaire. Un courtier (*dellál* ou *sensál*) prend alors l'esclave en vente par la main, et le promène dans le Marché, proclamant à diverses reprises et à haute voix l'offre qui en a été faite, reçoit les enchères comme dans une vente à l'encan, et finit enfin par l'adjuger au plus offrant des enchérisseurs, ou bien le ramène à son maître, pour le représenter un autre jour aux enchères, si l'offre qui avait été faite par le premier est au-dessous de la valeur que le vendeur y attache.

Si, aucun enchérisseur n'ayant dépassé le prix offert par l'acheteur, celui-ci et

---

(1) *Voyez* ci-après le chapitre XIX, sur les maladies auxquelles les Nègres sont particulièrement sujets.

le vendeur n'ont pu se mettre d'accord, le *dellâl* se place entre eux et prend chacun d'eux par la main et prie l'acheteur d'augmenter son prix, comme le vendeur de diminuer le sien : celui-ci ne répond jamais que *yftah-Allah*, c'est-à-dire *Dieu m'en préserve*, aux instances du *dellâl*, auquel l'acheteur joint les siennes : ce trio de propositions et de refus se fait avec de tels cris et de telles contorsions dans les gestes que le spectateur croirait assister à une rixe violente, et non à la discussion pacifique d'une convention d'achat et de vente ; enfin le débat semble se terminer par la lassitude des parties contractantes ; et soit que l'acheteur ait ajouté quelque chose à son prix, soit que le vendeur ait fait quelque concession, le marché se conclut par la formule *bism-illah* (au nom de Dieu) que le courtier semble arracher de force au vendeur.

L'achat est ordinairement conditionnel, c'est-à-dire qu'on paye la somme convenue seulement après trois jours ; mais le marché devient virtuellement nul dans le cas où l'on découvre quelque défaut essentiel.

La vente une fois consommée et ratifiée par le vendeur et l'acheteur, il y a, sur le Marché même, des écrivains (*kâtebs*) qui délivrent un contrat d'achat (*heddjéh*), pour éviter toute espèce de litige entre les deux parties.

On expose aussi à ce Marché un nombre assez considérable de Négresses destinées à être expédiées au Levant, et on assure que les spéculateurs font un gain considérable à ce négoce.

Les prix des Nègres et des Négresses varient beaucoup, suivant leur âge et la valeur intrinsèque que leur donnent leurs qualités particulières ; une des plus belles Négresses, dans tout l'éclat de la jeunesse, peut ordinairement coûter 600 piastres (1) ; les jeunes filles sont d'un prix plus bas, et leur valeur est susceptible d'être plus ou moins élevée, suivant qu'elles approchent plus ou moins de l'âge de puberté. Les jeunes garçons, ainsi que les hommes faits, sont beaucoup moins chers, parce qu'ils sont moins recherchés.

(1) *Voyez* ci-après la Notice sur les monnaies de Tunis.

La plupart des Nègres qui se vendent à Tunis sont du royaume de *Bournou*, de *Hawnia* et du *Fezzân* : j'en ai vu quelques-uns de *Houffêh*, qui sont surtout reconnaissables à la manière dont ils ont coutume de se faire aiguiser les dents incisives de la mâchoire supérieure, dans la persuasion que c'est un ornement. Une autre race de Nègres a les lèvres supérieure et inférieure entourées de cicatrices en forme de petits boutons ronds.

Les habitants de Tunis ont l'habitude de juger de la bonté du caractère d'un Nègre ou d'une Négresse, d'après différents indices : le jugement est favorable lorsque l'esclave a un bel œil, bien ouvert et bien clair, avec l'albumine bien nette et bien blanche, les gencives et la langue vermeilles, sans aucune tache brune ou noirâtre, la paume des mains et la plante des pieds de couleur de chair, les ongles beaux et réguliers : ils prétendent que les Nègres qui ont le blanc de l'œil d'une couleur brunâtre ou rougeâtre, et sillonné de ramifications de petites veines apparentes, les gencives et la langue tachées de noir ou de brun, sont infailliblement d'un mauvais caractère et d'un naturel absolument incorrigible.

Je n'ai pas été à portée d'acquérir l'expérience nécessaire pour confirmer ou réfuter cette assertion ; mais je puis assurer que j'ai rencontré plusieurs Nègres et plusieurs Négresses portant tous les mauvais signes indiqués, et qui cependant n'avaient aucune des mauvaises qualités dont on prétendait que ces signes étaient les symptômes ; j'en ai vu d'autres qui étaient du caractère le plus pervers, quoiqu'ils réunissent tous les signes qui pouvaient motiver à leur égard une présomption favorable.

Beaucoup d'habitants de Tunis, et même quelques Nègres, m'avaient assuré qu'on rencontrait quelquefois, parmi les esclaves exposés en vente au Marché, des Noirs d'une caste vraiment anthropophage, et qu'on les reconnaissait à ce qu'ils avaient une petite queue, ou une prolongation de l'os du *coccyx* ; ils m'assuraient que les *Gellâbys*, lorsqu'ils s'en apercevaient, en faisaient faire l'extirpation, et que par cette raison il était essentiel d'examiner soigneusement si l'on ne découvrait aucune cicatrice à l'endroit auquel cette excision devait avoir eu lieu.

Ce fait m'avait aussi été assuré précédemment en Égypte, et je me suis donné beaucoup de peine, tant au Kaire qu'à Tunis, pour en acquérir la certitude oculaire; je dois néanmoins avouer que non-seulement je n'ai pu l'obtenir personnellement, mais encore que je n'ai pu recueillir de tous ceux que j'ai consultés à cet effet, que des réponses insuffisantes. Parmi les personnes considérables et dignes de foi que j'ai questionnées pour apprendre d'elles si elles avaient vu de leurs propres yeux des Nègres de cette espèce, il ne s'en est trouvé aucune qui pût répondre affirmativement à ma demande.

Les Nègres que l'on amène du royaume de *Dâr-Four* sont d'un beau noir, et ont généralement au plus haut degré les traits qui caractérisent la race nègre : le nez large et écrasé, les lèvres grosses, renversées, et en totalité une physionomie qui déplaît sensiblement aux Européens; leurs qualités morales m'ont paru être dans un parfait rapport avec leur physionomie.

Quant aux Nègres originaires du *Fezzân*, ils sont moins noirs, et se distinguent surtout par leur docilité et leur intelligence; ils sont fréquemment marqués à la figure par des cicatrices nombreuses et assez régulières, qu'ils ont coutume de considérer comme des ornements.

Les Négresses, en général, quoique plongées misérablement dans une condition si abjecte, sont bien loin d'avoir entièrement renoncé à la coquetterie et au désir de plaire. Dès leur arrivée à Tunis elles se frottent le corps tout entier d'huile ou de graisse, pour mieux faire ressortir le coloris de leur peau noire; quoique ces femmes n'aient, au lieu de cheveux, qu'une espèce de laine, cependant elles conservent pour cette partie de leur toilette la coutume de leur pays, et se couvrent la tête d'une centaine de petites tresses trempées, pour ainsi dire, dans le beurre ou la graisse de mouton, qui leur servent de pommade; toutes ont les oreilles, et souvent même les deux ailes des narines, percées, pour y suspendre des ornements. J'ai même vu quelques-unes de ces coquettes sauvages dont le ventre était artistement sillonné de cicatrices régulièrement tracées, dans le seul but d'éviter, par la ciselure de ce tatouage en relief, d'avoir le ventre trop uni, ce qui paraît n'être pas de mode chez elles.

Lorsqu'un Européen voit pour la première fois ce marché de créatures humaines, ces Nègres entassés, dont la plupart sont nus, ces jeunes garçons, ces filles de tout âge, ces jeunes coquettes si ridiculement vaines de leurs toilettes bizarres et dégoûtantes, ces mères portant leurs nourrissons collés sur leur sein, il ne peut guère se défendre d'éprouver un sentiment pénible, qu'un tel spectacle lui inspire.

Mais si l'on y retourne plusieurs fois, en voyant la gaieté qui règne parmi ces misérables captifs, leur insouciance, semblable à celle des enfants incapables de réflexion, et qui est bien éloignée de la grave et sérieuse résignation au malheur, on est amené à songer que ces infortunés savent maintenant que la plus grande partie de leur misère est passée, que les souffrances de la route du Désert ne doivent jamais recommencer pour eux, et qu'ils sont prêts à entrer dans une situation plus douce, qui effacera bientôt jusqu'au souvenir des maux qu'ils ont endurés : alors on les voit, non pas sans pitié, mais sans la peine poignante qui avait serré le cœur à leur première vue.

Tous les Nègres se plaignent du voyage qu'on leur a fait faire à travers le Désert, et de la cruauté inouïe des marchands d'esclaves qui les ont conduits à Tunis, dont les traitements impitoyables n'ont fait qu'aggraver leurs douleurs et leur misère, tandis que ces marchands auraient dû, pour leur propre intérêt même, chercher à alléger, autant que possible, les fatigues et les souffrances de ces malheureux esclaves.

Quoique les Nègres ne soient à Tunis que des domestiques, quoique leur état de servitude leur soit plus avantageux souvent que la liberté, les Maures croient cependant que c'est une œuvre pieuse que de les affranchir après un certain nombre d'années de service. Mais lorsqu'ils se déterminent à cet acte de bienfaisance il faut ordinairement qu'ils y soient poussés par quelque puissant motif. La plus fréquente occasion de l'affranchissement arrive, pour un Nègre, lorsque son maître ou sa maîtresse vient à mourir; cette sorte de sacrifice expiatoire se fait en témoignage de l'affection que son maître avait pour lui, et en réparation du tort qu'il a fait à l'esclave, en le retenant forcément à son service.

Lorsqu'une épouse du *Bey* vient à mourir, toutes les personnes qui sont de quelque considération s'empressent d'acheter plus ou moins de Nègres, auxquels ils accordent immédiatement la liberté. Leur nombre s'élève quelquefois à près de deux cents. Ils doivent suivre le cortège funèbre, ayant chacun à la main un long bâton, au bout duquel est attachée une pancarte sur laquelle est inscrit le certificat de leur liberté.

J'ai connu un riche particulier qui, ayant fait une chute de cheval si violente, qu'il faillit être tué sur le coup, fit vœu que s'il en guérissait il donnerait la liberté à dix de ses esclaves. Il guérit heureusement, et non-seulement il tint sa parole, mais il fournit de plus à chacun des affranchis quelques moyens d'établissement.

Souvent aussi des personnes qui attendent une succession, promettent, en cas de réussite, la liberté à quelques-uns de leurs esclaves, et si leurs vœux sont exaucés, la promesse est tenue religieusement.

Tant qu'une Négresse est esclave, elle peut aller dans les rues à visage découvert; mais dès qu'elle est devenue libre la décence exige qu'elle se couvre d'un voile, comme les femmes mauresques.

Les enfants des Nègres ne vivent et ne s'élèvent que très difficilement à Tunis; ils périssent presque tous dans la première enfance, et il est infiniment rare de les voir parvenir à l'âge d'homme.

Les mulâtres ne sont pas sujets à cette mortalité, et leur santé ne prospère pas moins que celle des blancs.

L'*Aghâ*, premier Eunuque du *Bey*, est le chef ou plutôt le Syndic et le Juge né des Nègres, et cette juridiction est d'autant plus nécessaire que beaucoup d'entre eux ne connaissent que très-imparfaitement la langue du pays. C'est lui seul qui a le droit de décider les différends qui s'élèvent entre eux et recevoir leurs réclamations.

Une autre prérogative attachée aux fonctions de ce chef, c'est que si un esclave trouve le moyen de se réfugier chez lui, le propriétaire ne peut obtenir la réintégration de cet esclave entre ses mains, que moyennant un payement de six piastres au profit du Premier Eunuque, qui se charge alors de terminer le différend entre l'esclave et son maître.

Comme le Premier Eunuque est obligé, par son service auprès du Prince, de résider habituellement au *Bardo*, il y a à Tunis même un sous chef des Nègres, qui a reçu les pouvoirs du Premier Eunuque, et qui, comme lui, est chargé d'arranger toute affaire contentieuse qui s'élève, soit de Nègre à Nègre, soit entre l'esclave et son maître.

Les Négresses ont également une supérieure qui les régit, les protège contre toute vexation, et donne ses décisions dans les querelles qui peuvent naître entre elles.

Les voyageurs ont avancé plus d'une assertion souvent révoltante, sur les causes qui forcent les Nègres dans leur pays natal à subir ainsi l'esclavage: j'ai, à mon tour, profité de mon séjour à Tunis pour y faire des recherches exactes et consciencieuses sur ce sujet, et c'est des Nègres eux-mêmes que j'ai tiré mes renseignements.

Quatre principales causes paraissent concourir le plus fréquemment à réduire les Nègres à l'état d'esclavage.

La première est, sans contredit, la guerre presque continuelle qui ravage le pays des Noirs, et qui provient des fréquentes dissensions élevées entre leurs Rois, ou leurs Sultans; ces guerres ne se terminent jamais par un accommodement; et les deux partis belligérants ont toujours recours au sort des armes. Tout alors appartient au vainqueur, et les sujets du vaincu deviennent les esclaves de ce nouveau maître. Celui-ci tantôt les retient à son service particulier, tantôt les vend ou les échange contre des articles de marchandises, tels que des pièces de toile bleue, des serviettes blanches, de la quincaillerie, des armes, de la poudre, de la verroterie, des habillements, des vaches, des chameaux, des chevaux, etc.

Lorsque les Nègres se mettent en campagne, tout ce qui forme leur famille suit son chef respectif: les femmes même, soit par dévouement, soit par devoir les accompagnent avec leurs enfants, ce qui fait que le plus ordinairement la suite de l'armée excède de beaucoup le nombre des combattants.

Browne, dans sa relation sur le royaume de *Dâr-Four,* rapporte que lorsque le Sultan *Terâoub* partit pour faire la guerre dans le *Kordofân,* il avait cinquante femmes à sa suite, et qu'il en laissa autant dans le lieu de sa résidence : parmi celles qui suivent ainsi les camps, les unes sont chargées de moudre le blé, de puiser l'eau, de préparer les aliments : à l'exception des concubines du Sultan, toutes voyagent à pied, et portent sur leurs têtes une partie des bagages ; si l'armée qu'elles suivent est vaincue, elles ne font guère que changer d'esclavage.

Aussi, après la mémorable bataille des Pyramides, nous avons vu les Nègres et les Négresses que les Mamlouks avaient, dans leur défaite et leur fuite précipitée, abandonnés, avec leurs familles, admirer et louer la bonté des Français, qui n'usaient pas envers eux du droit du vainqueur, et leur admiration était d'autant plus grande, qu'on leur avait représenté les Français comme le peuple le plus inhumain et le plus féroce.

Une seconde cause de l'esclavage des Nègres est l'enlèvement de quelques individus par les plus forts de leurs compatriotes, qui s'emparent violemment des plus faibles pour les vendre, e se procurer par là les denrées ou les marchandises dont ils ont besoin : cet enlèvement, qui se fait quelquefois entre voisins et d'une cabane à l'autre, contribue au moins autant que la guerre, à entraîner ces malheureux dans la servitude.

Cette coutume de voler la *chair humaine* est partout établie, et la hardiesse des voleurs est telle, qu'on les a vus quelquefois enlever ainsi, pendant la nuit, jusqu'à l'enfant couché auprès de sa mère.

Une Négresse m'a raconté que, dans son pays, un de ses voisins, qui était entré sous quelque prétexte dans sa pauvre cabane construite en joncs, y ayant remarqué la place où elle couchait avec sa fille âgée d'environ quatre ans, revint clandestinement la nuit suivante, s'approcha de la cabane, écarta peu à peu par dehors les joncs qui composaient la clôture, et par cette ouverture, pratiquée sans aucun bruit, enleva la petite Négresse endormie, sans que la malheureuse mère s'en aperçût. Dans la même nuit la pauvre petite avait été emportée au loin, livrée à des marchands ambulants par son ravisseur, qui l'avait échangée contre quelques provisions de bouche et quelques charges de poudre.

Troisièmement, une autre partie des Nègres esclaves est prise sur des hordes errantes et isolées, qui n'ont ni religion, ni lois, ni forme de gouvernement.

D'autres peuplades vivant sous l'autorité de quelque sultan sont conduites par lui à cette espèce de *chasse humaine;* les chasseurs, armés de fusils, épient la piste de ces hordes vagabondes, qu'il n'est pas rare de rencontrer, les cernent, les bloquent, et s'attachent surtout à leur couper l'eau : les malheureux bloqués cherchent en vain à se défendre à coups de pierres ; les bloqueurs resserrent de plus en plus leur enceinte, et se contentent de tirer de temps en temps quelques coups de fusil, mais en l'air seulement et comme moyen d'intimidation, se gardant bien de faire la moindre blessure qui puisse *gâter leur marchandise.*

La faim, la soif surtout, forcent bientôt la troupe cernée à se rendre : les capteurs lient de chaînes et de cordes leur *gibier,* qu'ils se partagent entre eux, et qu'ils emmènent pour en faire l'échange contre d'autres articles de commerce.

Enfin la quatrième cause d'esclavage a au moins une forme à peu près légale ; dans les peuplades de Nègres les moins éloignées de la civilisation, qui reconnaissent des lois et des magistrats, le moindre attentat à la propriété d'autrui est sévèrement puni ; tout vol constaté y expose le voleur à voir, en réparation du crime commis par le chef de la famille, réduire à l'esclavage ses enfants ou ses plus jeunes parents.

Bien plus, si un Nègre aperçoit dans son champ l'empreinte du pied d'un de ses voisins, il appelle des témoins, fait constater l'identité de l'empreinte, porte plainte contre le délinquant, auquel une condamnation enlève bientôt son fils, sa fille, son neveu, ou sa nièce, qui deviennent les esclaves du plaignant. Ces cas sont fréquents, et ne peuvent manquer de fournir un grand nombre d'esclaves; la même punition s'inflige à celui qui, chargé d'aller faire un achat dans un marché désigné, n'aurait pas rempli avec fidélité et exactitude la commission qui lui avait été donnée.

L'opinion assez généralement répandue en Europe que chez les Nègres les pères et les mères, et même les parents, vendent au marché leurs enfants au plus offrant, comme les autres animaux domestiques, est absolument fausse : les Nègres attachent autant de prix à leurs enfants que les nations les plus civilisées : « Si vous autres Blancs, me disait une « Négresse affranchie, pouvez croire à « de telles monstruosités, comment vous « étonnerez-vous de nous voir, nous « autres pauvres ignorants, adopter tant « d'erreur sur les mœurs et les coutumes « des Européens : il n'est pas d'animal « qui souffre volontiers qu'on lui enlève « ses petits; pouvez-vous penser que « nous nous ravalions nous-mêmes au-« dessous des bêtes brutes? »

Cependant il est une circonstance qui a pu donner cours à cette croyance. Lorsqu'un Nègre meurt, s'il laisse une nombreuse famille que la veuve ou les parents n'aient pas le moyen de nourrir, souvent il arrive que le Sultan prend les enfants, sous prétexte d'en faire ses domestiques et d'assurer ainsi leur subsistance; il donne alors quelque récompense à la mère ou aux parents qui les ont nourris jusque là; mais il fait ainsi réellement ses esclaves de ces enfants, et les vend bientôt aux marchands qui font la traite en grand, et qui, connus sous le nom de *Gellâbys*, amènent par caravanes les esclaves au Kaire, à Alger et à Tunis.

Ces marchands d'esclaves ne peuvent, en effet, se rendre aux lieux de leur destination qu'en caravanes plus ou moins nombreuses. Le Sultan du lieu de leur départ nomme un ou plusieurs chefs de la caravane : ces chefs prennent le titre de *el-Habiry*, et sont chargés, non-seulement de maintenir l'ordre, mais encore de vendre des esclaves et d'autres productions du pays, pour le compte du Sultan : ils ont également pour mission d'acheter, au lieu d'arrivée de la caravane, sur le produit de ces ventes, les articles d'habillements, les armes, et les autres marchandises dont le Sultan a besoin.

Les provisions de bouche pour la nourriture des Nègres pendant le voyage à travers le Désert ne consistent qu'en maïs ou blé de Turquie (*dourrâ*) et quelque peu de viandes. Comme les chameaux sont considérablement chargés, soit de provisions d'eau, soit de marchandises, telles que gomme arabique, dents d'éléphant, tamarin, etc., tous les Nègres, à l'exception des enfants au-dessous de dix ans, sont, ainsi que les Négresses, obligés de marcher à pied.

Au moment du départ de la caravane, les *Gellâbys* déploient la plus grande surveillance sur le troupeau d'esclaves qu'ils emmènent; autrement ils risqueraient d'en perdre une grande partie, la plupart des Nègres cherchant à profiter de cette circonstance pour s'évader; ce qui surtout alors détermine leur désertion, c'est la certitude de ne plus revoir jamais leur pays natal, et la crainte d'être maltraités chez les Blancs, quoique les marchands emploient toute leur éloquence pour leur persuader qu'ils seront bien plus heureux chez les étrangers que chez eux.

Au reste, les *Gellâbys* sont, pour l'ordinaire, des gens entièrement dépourvus d'humanité, qui ont plus d'égards pour leurs chameaux que pour leurs Nègres; car tandis qu'ils permettent à leurs chameaux de prendre le pas en marchant à leur volonté, sans jamais les presser pour accélérer leur allure, si quelque esclave, excédé de fatigue, a peine à les suivre de près, c'est au moyen du fouet, (*kourbadj*), qu'ils prétendent ranimer ses forces épuisées (1).

(1) Le *kourbadj*, ou le fouet des Orientaux, est formé par une lanière étroite de la peau de l'éléphant, ou mieux encore par un nerf de cet animal. Suivant même quelques-uns, on n'emploie que le nerf génital à cet usage. Quoiqu'il en soit, ce nerf, à peu près de la grosseur du pouce, est taillé à la longueur d'environ quatre pieds, arrondi et proportionnellement aminci, de manière qu'à son extrémité, qui est un peu aplatie, il soit réduit à une grosseur moindre que celle du petit doigt.

Ces fouets ne se brisent jamais, et laissent dans les chairs de ceux qu'on en frappe des

Quant aux *Gellâbys*, ils font plus commodément la traversée du Désert qui sépare le *Soudán* (pays des Noirs) de Tunis, montés sur des ânes, qui sont la meilleure des montures pour ce trajet, et garantis des ardeurs du soleil brûlant par un parasol de toile cirée.

La caravane se met constamment en marche à la pointe du jour, et ne s'arrête que vers le soir : alors les uns allument du feu, les autres écrasent sur une pierre concave, qui fait partie de leurs ustensiles de cuisine, une portion de *dourrá*, que l'on fait cuire ensuite en forme de bouillie, avec un très-petit morceau de viande de vache salée et séchée : le repas du matin consiste également en une bouchée de *dourrá*, mais sans viande.

On économise singulièrement l'eau pendant tout le voyage ; souvent les malheureux Nègres n'obtiennent qu'une seule fois à boire pendant toute la journée, d'où il résulte qu'il en périt encore plus de soif que de fatigue.

Quelque cruelle que soit cette économie de boisson, elle est cependant dictée par deux puissants motifs : le premier est que l'on ne rencontre de l'eau que trois ou quatre fois, dans le Désert, pendant une traversée de trente-six à quarante journées, c'est-à-dire à peu près tous les dix ou douze jours. Le second motif, c'est qu'il périt souvent un grand nombre des chameaux employés à porter les outres contenant la provision d'eau. Cependant, on doit avouer que, malgré ces fatigues et cette pénurie, le nombre des Nègres qui périssent dans cette traversée du Désert est infiniment moindre que celui que moissonne la traite européenne des Nègres, à la côte de Guinée.

Il arrive à Tunis, dans le cours de l'année, diverses caravanes qui y apportent les différentes marchandises et denrées que produisent les contrées qui les expédient ; en temps de paix Constantine et quelques autres districts de l'Algérie en dirigent plusieurs assez nombreuses vers la capitale de la Régence. Les parties les plus éloignées du territoire tunisien envoient aussi à Tunis, à certaines époques, des caravanes, ordinairement peu nombreuses ; mais ces dernières sont regardées comme peu importantes, et n'ont pas un intérêt majeur pour le commerce ; les plus considérables sont celles qui viennent de l'intérieur de l'Afrique.

Les caravanes que Tunis reçoit annuellement de l'Afrique centrale sont au nombre de trois seulement : on les désigne par le nom commun de caravanes de *Ghadamissyah*, parce que c'est par la ville de *Ghadàmess* qu'elles entrent sur le territoire de la Régence (1). Elles apportent de la poudre d'or, du séné, des dents d'éléphant, de la gomme, des plumes d'autruche et des esclaves noirs. Lorsqu'elles n'amènent qu'environ deux cents Nègres elles sont considérées comme peu importantes, et leur entrée dans la ville ne fait pas une grande sensation sur le marché.

Les retraits de ces caravanes consistent en draps, toiles, mousselines, soieries, cuirs rouges propres à fabriquer des chaussures, épices, cochenille pour la teinture de la soie : on évalue à environ soixante quintaux la quantité de ce dernier article vendu chaque année à ces caravanes, et c'est le seul de leurs

---

sillons sanglants, profonds, de l'épaisseur d'un doigt et vivement coupés.

Le mot *kourbadj*, qui est turk d'origine, a été, comme beaucoup d'autres de cette langue, introduit dans la langue vulgaire des diverses contrées de l'Orient soumises à la domination ottomane : il se prononce en Égypte *kourbag*, et le plus vulgairement en Syrie *krobatch* ou *karbatch* : c'est l'origine de notre mot français *cravache*, que nous avons emprunté aux Allemands, qui l'avaient adopté eux-mêmes des Turks, dans les communications fréquentes que le voisinage et les guerres continuelles ont établies entre eux.

(J. J. M.)

(1) *Ghadámess*, nommé aussi vulgairement *Gdamess*, et *Égdáméss*, est une grande ville de l'Afrique centrale, qui est le rendez-vous et l'entrepôt des marchands d'esclaves : c'est de cette ville que les caravanes se dirigent vers le *Soudán* (le pays des Noirs) par la route d'*Amyah*, qui est séparée de *Ghadámess* par un désert de huit journées de marche. Les maisons de *Ghadámess* sont bâties en terre, le vaste désert de sables qui l'entoure n'offrant pas la moindre pierre qu'on puisse employer aux constructions.

(J. J. M.)

achats qui ait quelque importance, car le reste est de peu de valeur.

Les caravanes de Constantine, au contraire, ainsi que celles des autres districts de l'Algérie, lorsque la paix avec Alger en permettait l'expédition, étaient d'un grand intérêt pour le commerce de Tunis ; elles venaient ordinairement une fois par mois, et n'étaient pas moins considérables par les valeurs qu'elles importaient que par celles qu'elles exportaient à leur retour, et par les bénéfices que procurait aux marchands tunisiens cette double opération. En argent seulement, les sommes qui circulaient dans les divers marchés d'achat et de vente, montaient souvent à 100,000 piastres fortes d'Espagne (environ 535,000 francs de notre monnaie). Ces monnaies, qu'on recherche particulièrement à Tunis pour les retraits, étaient soumises de nouveau au balancier, pour l'usage du pays, et les Juifs s'étaient empressés de profiter de cette circonstance, dans laquelle ils trouvaient une occasion favorable, pour exercer leur talent si connu de rogner les espèces.

Les articles bruts qu'apportaient les caravanes de Constantine consistaient en cire vierge, en peaux sèches, tant de bœufs que d'autres espèces diverses d'animaux sauvages ou domestiques, mais surtout en d'immenses troupeaux de bœufs et de moutons.

Les retraits étaient à peu près les mêmes que ceux des trois caravanes dont j'ai parlé ci-dessus : toiles, draps, mousselines, soies, tant écrues qu'ouvrées, denrées coloniales, bonnets des fabriques de Tunis, drogues, essences et épices de toute espèce.

Les principales caravanes que Tunis reçoit des points de son territoire les plus éloignés sont celles de *Djerbah*, qui apporte à la capitale de la Régence des étoffes de laine fabriquées dans le pays, et dont l'usage est commun à toutes les classes des habitants. Les retours de cette caravane sont de peu de valeur, et ne consistent qu'en quelques articles importés à Tunis, tant en denrées coloniales qu'en objets manufacturés en Europe.

Le *Beled-el-Djeryd* envoie aussi à Tunis quelques caravanes ; mais le peu qu'elles apportent se réduit à des dattes et à des étoffes de laine de l'espèce la plus grossière. Les retraits se bornent également à fort peu de chose, et ne se composent que d'une petite quantité de sucre et de café, et de quelques marchandises fabriquées.

Après la vente des esclaves noirs, une partie importante du commerce de Tunis avec l'Afrique centrale consiste en plumes d'autruche. La principale chasse de ces animaux se fait dans le vaste désert qui s'étend depuis *Ghadâmess* jusqu'à la vallée nommée *Ouady-Souf :* le manque absolu d'eau de cette vaste étendue de sables, qui a plus de dix journées d'étendue, empêche les Arabes de la fréquenter, et ils n'y pénètrent que pour y faire la chasse des autruches (*naâm*) et des bœufs sauvages (*baqar él-ouahech*), les seuls animaux qui puissent subsister sous ce soleil ardent qui embrase l'air, et brûle le sol de ses rayons semblables aux émanations d'une fournaise : les chakals, les tigres, les lions, les hyènes elles-mêmes fuient cette terre désolée, sur laquelle ils ne peuvent ni vivre, ni même respirer.

Voici la manière dont se fait cette chasse.

Les chasseurs montent à cheval, ayant soin de se pourvoir d'une petite provision d'eau ; ils entrent en chasse vers midi, époque de la journée à laquelle les autruches ont coutume de se rassembler par bandes d'une centaine, plus ou moins : aussitôt que les autruches les aperçoivent elles prennent la fuite, et les chasseurs se lancent à leur poursuite.

Cette poursuite dure quelquefois quatre heures sans interruption, jusqu'à ce que les autruches, épuisées de fatigue et paralysées par l'épouvante, cessent enfin d'accélérer autant leur course précipitée.

Le chasseur, pourvu d'eau, a pu boire dans sa longue course ; mais l'autruche, épuisée, ne pouvant se procurer le même soulagement, finit par tomber à terre et y rester étendue sans pouvoir faire aucun mouvement : le chasseur descend alors de cheval, coupe la tête de l'autruche, incapable de faire la moindre résistance, et remet l'animal à un homme dont il s'est fait suivre pour porter ses vivres et sa provision d'eau, puis recommence à se mettre à la recherche d'une autre proie, tandis que son compagnon va placer l'autruche sur un chameau qui les attend à un lieu indiqué.

Toutefois il est rare qu'un chasseur prenne plus d'une ou au plus deux autruches dans la même journée; mais le lendemain ces oiseaux, effarouchés d'abord et dispersés par la crainte dans les profondeurs du désert, semblent avoir perdu tout souvenir de la poursuite de la veille, de manière que le chasseur est assuré d'en retrouver les bandes aux lieux qu'elles ont coutume de fréquenter.

CHAPITRE XVIII (1).

De l'esclavage des Européens à Tunis; — corsaires; —armements en course; — descentes sur les côtes; — prises; — traitement des esclaves.

Ce n'était pas assez que l'arrêt du destin eût rendu maîtres d'une des plus belles contrées de l'Afrique un peuple barbare et ennemi de la civilisation européenne, il avait encore fallu que le sort infligeât à l'Europe l'affront le plus humiliant, en permettant que ce peuple osât s'arroger avec insolence une espèce de suprématie maritime, et un droit de pillage et d'extorsion, qui entravait d'une manière intolérable la navigation des sujets, dont les princes avaient refusé ou négligé de payer un tribut aux pirates.

Non-seulement les vaisseaux des États réfractaires étaient saisis et pillés en mer; mais la marine des Régences barbaresques cherchait même à capturer sur les plages de ces États, sur lesquels elle osait tenter des descentes, l'habitant paisible des champs, que ces pirates emmenaient comme esclave, aussi bien que celui qui voyageait sur les eaux; la prise de ces malheureuses victimes, de tout âge et de tout sexe, était pour les Barbaresques le but et l'occasion d'un trafic honteux, lorsqu'ils ne les condamnaient pas aux travaux pénibles de la culture de leurs terres ou au service particulier de leurs maisons.

Il est véritablement incompréhensible que les Puissances Européennes, qui avaient toutes éprouvé les vexations les plus révoltantes de la part des pirates barbaresques, n'aient jamais, dans les siècles passés, formé le dessein de les détruire, ou tout au moins de les contenir assez sévèrement pour mettre les navires et les côtes de l'Europe à l'abri de leurs ravages; car on ne peut présumer qu'aucune de ces Puissances ait eu quelque intérêt à tolérer de pareils brigandages.

Quoi qu'il en soit, on ne peut penser qu'aucun cabinet politique ait jamais pu être à cet égard influencé par l'opinion qu'en cas de guerre, ce fléau, dont tous souffraient, était un moyen tout comme un autre de gêner et de ruiner la marine et le commerce de son ennemi.

On doit toutefois convenir que ces pirates auraient montré moins d'audace s'il avait régné moins de jalousie et plus d'harmonie parmi les princes chrétiens. Mais je terminerai ces réflexions, pour ne m'occuper que du soin de tracer exactement un tableau historique de ce que j'ai vu à Tunis, de mes propres yeux, sur cet esclavage, qui n'était pas encore aboli à l'époque de mon séjour en Barbarie: ce tableau fera du moins connaître la manière dont on en agissait avec les infortunés qui avaient eu le malheur de tomber entre les mains des corsaires.

Si chaque Puissance trouve généralement dans la paix un bien inappréciable pour la prospérité de ses États, de son

(1) Une des parties les plus intéressantes que présentaient autrefois les relations des voyageurs qui avaient visité Tunis était le récit des détails qui concernaient les Européens que les pirates de la Régence avaient plongés dans un cruel esclavage. Quoique maintenant cet état de choses, alors si honteux pour les Puissances Européennes, ait entièrement cessé, grâce au concours des divers États de l'Europe pour abolir la piraterie barbaresque, grâce surtout à la glorieuse conquête d'Alger, où la France a écrasé, sous les pieds de ses guerriers victorieux, le nid le plus dangereux de ces odieux reptiles, et anéanti le principal foyer de ce fléau trop longtemps toléré, j'ai cru cependant ne pas devoir retrancher ce chapitre de la description du docteur *Frank*, et il m'a paru utile de le conserver, au moins comme document historique d'une époque qui n'existe plus, mais dont il a pu retracer *de visu* l'affligeant tableau. Je me permettrai seulement dans ma transcription de changer du présent au passé le temps grammatical qu'il employait.

(J. J. M.)

commerce et de sa navigation, il n'en était pas de même à l'égard du *Bey* de Tunis.

Il lui était assez indifférent d'être en paix ou en guerre avec les Puissances chrétiennes, à l'exception toutefois de la France et l'Angleterre : il trouvait même un avantage réel à avoir des voisins qui se refusassent aux conditions qu'il leur imposait pour leur accorder une sauvegarde contre les hostilités de ses corsaires ; car l'espèce de guerre qu'il leur faisait alors lui rapportait infiniment plus que les conditions de paix auxquelles se soumettaient ces Princes.

Les rois de Sardaigne et de Naples, la Toscane, Gênes, Raguse, Venise, et le Pape, étaient les Puissances qui n'avaient pas de traité permanent avec le *Bey* de Tunis, et qui par conséquent étaient le plus souvent avec lui sur le pied de guerre, et ce n'est qu'en s'obligeant comme plusieurs autres États à devenir les tributaires de ce prince, que la paix se rétablissait entre leurs sujets et lui.

Lorsque l'escadre du *Bey* allait en course, les corsaires cherchaient, aussi souvent qu'il leur était possible, à aborder clandestinement les territoires considérés comme ennemis, et à y enlever ce qu'ils trouvaient sur leur passage : denrées, marchandises, objets, précieux, hommes, femmes, filles, et enfants même en bas âge, hors d'état de se passer de leurs mères, tout semblait à ces forbans de bonne prise.

S'ils rencontraient dans leurs courses des bâtiments avec pavillon des nations qui n'avaient pas souscrit à des conditions de paix, ils les attaquaient avec l'ardeur qu'inspire l'amour du pillage, car les marchandises, le bâtiment, les passagers et les hommes de l'équipage, tout, sans exception, était pour eux un bénéfice assuré, qu'ils se partageaient, d'après des proportions établies d'avance.

Le capitaine avait droit à tous les objets qui se trouvaient dans la chambre du navire capturé ; mais aussi, s'il n'amenait pas de temps en temps quelque prise, il risquait de ne plus être employé par la suite à aucun commandement, événement qui blessait à la fois son honneur et ses intérêts. C'est pour obvier à cet inconvénient que les capitaines-corsaires cherchaient souvent à opérer des descentes aux endroits de la côte les plus mal gardés, et ils en enlevaient tout ce qu'ils pouvaient rencontrer ; c'est ainsi que le pillage de la terre les dédommageait du désappointement de la mer.

Dans l'an sixième de la République (1798), les corsaires tunisiens firent pendant la nuit une descente à l'île de San-Pietro (1), et s'emparèrent d'environ neuf cents personnes, hommes, femmes, filles, enfants, vieillards même. Ces malheureux captifs languissaient à Tunis depuis quatre ans et demi, dans le plus cruel esclavage, lorsque j'arrivai pour la première fois dans cette ville ; plusieurs d'entre eux m'ont alors raconté leur funeste aventure, et c'est leur propre récit que je vais répéter ici.

La veille du jour où ils tombèrent si misérablement entre les mains de leurs ravisseurs, ils avaient aperçu les bâtiments corsaires devant l'île ; mais ils n'avaient eu aucun soupçon de la descente préméditée qui s'exécuta vers minuit, pendant que les habitants et les gardes-marines eux-mêmes étaient livrés au sommeil le plus profond.

Arrachés de leurs lits à l'improviste, sans qu'on leur laissât le temps de se vêtir, plus morts que vifs d'épouvante, on les embarquait par troupeaux, de manière qu'à l'approche du jour toute la ville entière était non-seulement dévastée, mais encore entièrement dépeuplée.

Heureux ceux qui purent s'évader de leurs demeures par un heureux hasard, et échapper à cette chasse de chair humaine ! Mais qu'on se peigne, d'un côté la poignante douleur d'un père qui, revenant

(1) Il y a deux îles de ce nom dans la Méditerranée, l'une sur les côtes de Sardaigne, l'autre dans les États du roi de Naples, à l'entrée du golfe de Saverne : cette dernière porte particulièrement le nom de *San-Pietro da' frati* ; celle à laquelle se rapporte le cruel désastre dont le docteur *Frank* donne le récit est plus connue sous le nom de l'île de *Saint-Pierre* : c'est l'ancienne *Accipitrum Insula*, qui a environ neuf lieues de tour et qui est située au sud-ouest de la Sardaigne, dont elle dépend ; elle est bien cultivée, et a des salines qui procurent aux habitants un commerce avantageux.

(J. J. M.)

sur ses pas après le départ des corsaires, voyait sa maison dévastée, et n'y retrouvait plus ni son épouse ni sa famille chérie ; d'un autre côté, le sombre désespoir d'une mère pleurant la perte de ses enfants, d'un fils que les brigands avaient rendu orphelin en lui enlevant les auteurs de ses jours ; on ne pourra se former qu'une bien faible idée du tableau déchirant que présentaient ces malheureux insulaires miraculeusement échappés au désastre général de leur patrie.

Les hommes furent enchaînés, entassés les uns sur les autres, dans la cale du bâtiment. Les mères, les filles, les enfants se pressaient, hurlaient, et se cherchaient réciproquement dans cette foule confuse : il est facile de présumer que les corsaires, enivrés des désirs les plus licencieux, ne tardèrent pas à chercher et choisir les plus belles des jeunes filles, et à les séparer de leurs mères : ces victimes de leur lubricité furent les seules qui furent traitées avec quelques égards. On leur présenta du vin et des liqueurs pour les égayer, les induire à une sorte d'ivresse, afin d'en venir plus aisément à bout et d'amollir leur résistance (1).

A tant de maux en succédèrent bientôt de non moins affreux. Contrarié par les vents, le bâtiment des corsaires n'arriva qu'après le dixième jour à la rade de Tunis ; les forbans annoncèrent leur arrivée avec une prise par une canonnade réitérée ; et bientôt débarqués dans le port les malheureux capturés, qui partout ailleurs auraient été considérés comme prisonniers de guerre, devinrent, comme c'était l'usage dans tous les ports barbaresques, des esclaves, c'est-à-dire la propriété de l'armateur qui avait préparé l'expédition et de l'équipage qui l'avait exécutée.

Jamais un spectacle plus lamentable n'avait paru à Tunis ; car jamais nulle prise, nulle descente n'y avait amené un aussi grand nombre de victimes : ce n'était pas l'équipage d'un navire ; ce n'étaient pas quelques habitants des côtes qui avaient été saisis par hasard, épars dans la campagne, c'était une ville entière que cette fois les pirates amenaient prisonnière dans leurs bagnes.

Dans ce débarquement opéré par les forbans de leur gibier humain, les malheureux habitants de *San-Pietro* étaient jetés pêle-mêle sur le rivage, épuisés, défigurés par l'effroi et par les souffrances de toute espèce, couverts à peine de quelques misérables haillons, ou seulement des lambeaux d'une mauvaise chemise, insuffisants pour couvrir leur nudité ; la plupart la tête nue, les pieds nus ; les infirmes et les vieillards hors d'état de marcher avaient seuls obtenu la faveur de monter sur des ânes : voilà la triste scène qu'offrit l'arrivée de ces infortunés que la violence avait arrachés à leur patrie.

Leur sort funeste les fit accueillir avec une vive compassion par tous les Européens qui se trouvaient à cette époque à Tunis. Ces pauvres victimes furent conduites immédiatement devant le *Bey*, qui en préleva un certain nombre pour sa part, comme souverain. Les plus belles des jeunes filles furent d'abord choisies pour le service particulier de sa femme et celui de son *harem* ; les plus beaux parmi les jeunes garçons furent attachés au service personnel du Prince ; la majeure partie des hommes les plus valides furent destinés à cultiver ses terres ; le restant des hommes et des femmes fut distribué parmi ceux qui avaient pris part à la course, et vendu à différents Maures ; les vieillards, les infirmes, les malades, furent abandonnés à leur sort, à la charge de pourvoir comme ils pourraient à leur subsistance.

A mon arrivée à Tunis, je vis les rues, les places publiques et quelques misérables cabanes encombrées de ces dernières victimes, qui, plongées dans la plus déplorable misère, excitaient la pitié générale : quelques-uns, des plus valides, avaient pu se mettre volontairement au service de quelques maisons maures ; mais la plupart de ces serviteurs sans gages, ou plutôt de ces esclaves volontaires, avaient eu peu à se louer du traitement qu'ils reçurent de leurs maîtres ; tandis que ceux de leurs compatriotes que le manque de force, l'infirmité ou la maladie privaient de la faculté de

---

(1) Si cependant l'on voulait ajouter foi aux assertions unanimes des jeunes filles, elles auraient résisté victorieusement toutes, et triomphé des piéges dans lesquels tentaient de les faire tomber leurs nouveaux maîtres.

trouver un pareil asile, éprouvaient de la part de la populace toute sorte de sévices et de vexations.

Le roi de Sardaigne avait songé à racheter ses infortunés sujets; il avait même chargé ses agents de stipuler un contrat par lequel le *Bey* devait recevoir 100 piastres d'Espagne pour chaque individu remis en liberté, par conséquent une somme de 500,000 francs environ de notre monnaie pour la totalité; mais les événements de la guerre dans laquelle la Sardaigne se trouvait malheureusement alors compromise, firent retarder, puis avorter entièrement ce projet d'un acte de bienfaisance ou plutôt de justice.

Enfin, après de longues hésitations, il se forma à *Cagliari* une société qui, sous des conditions de remboursement par annuités, offrait la somme nécessaire pour racheter la population captive de *San-Piétro*.

Cette société s'adressa pour reprendre une nouvelle négociation à M. *Devoize*, Consul de France à Tunis, qui fut assez heureux pour faire sentir au *Bey* que dans les circonstances actuelles le roi de Sardaigne était hors d'état de fournir la somme d'abord convenue; que d'ailleurs ces esclaves, en grande partie incapables de tout service, ne pourraient jamais lui être d'une grande utilité; qu'enfin différentes Puissances européennes pourraient en réclamer un certain nombre, puisqu'il avait lui-même reçu de son gouvernement l'ordre de faire cette réclamation en faveur de cent vingt individus, qui avaient voulu en vain se réfugier à *San-Piétro* sous le pavillon de la France, au moment de la descente des corsaires, et dont l'asile avait été indignement violé.

On dressa en conséquence un nouveau contrat, dans lequel il fut convenu à l'amiable, entre le *Bey* et le Consul français, que le rachat de chaque esclave serait réduit à la moitié du prix antérieurement stipulé, c'est-à-dire à 50 piastres par tête d'esclave libéré : cette convention signée de part et d'autre, on ne s'occupa plus que de faire les préparatifs d'embarquement et de départ, au milieu des cris joyeux et des transports tumultueux qu'occasionnait l'allégresse parmi ces hommes, qui se voyaient enfin sur le point d'être rendus à la liberté et à leur pays natal.

Bientôt, pourtant, une circonstance aussi soudaine qu'imprévue retarda l'exécution du nouvel arrangement, et replongea momentanément les malheureux captifs dans l'abattement et le désespoir.

Un colonel sarde envoyé comme commissaire à Tunis par le vice-roi de Sardaigne, touché du sort de quelques esclaves, ses compatriotes, pris dans une autre occasion, et non compris dans le traité qui venait d'être conclu, insinua au Consul français de profiter de l'occurrence pour délivrer ces malheureux en payant au même taux leur rançon : le Consul, empressé d'être utile à ces autres victimes de l'infortune, et ignorant que depuis longtemps le marché de leur rachat avait été conclu à 12,000 piastres (près de 70,000 francs de notre monnaie), fit au *Bey* la proposition de les comprendre dans les clauses du nouveau marché. Suivant ce qu'on peut présumer, la comparaison entre les prix relatifs des deux transactions ouvrit les yeux du *Bey*, et le fit repentir d'avoir conclu la seconde, qui lui offrait un profit si inférieur à celui qu'il apercevait dans l'autre : il annula donc d'une manière fort dure le dernier traité auquel il avait souscrit, et se répandit en invectives contre le Consul français, l'accusant d'avoir abusé de sa bonne foi et de l'avoir indignement trompé dans cette négociation.

Des médiateurs désintéressés réussirent cependant à faire sentir au *Bey* l'inconséquence et l'injustice de ses procédés, injustice d'autant plus évidente, qu'il avait déjà touché une partie de la somme convenue, et ils vinrent à bout de le décider à ne pas rompre ainsi un contrat auquel il avait apposé sa signature, et qui était pleinement ratifié par un commencement d'exécution. Il se rendit à ces remontrances, et renvoya les habitants de *San-Pietro*, comme il avait été convenu ; mais il garda les autres captifs, pour ne les libérer que lorsque les 12,000 piastres de leur rançon auraient été soldées.

Revenons maintenant à ce qui concernait en général l'esclavage des Européens. J'ai parlé ailleurs de la prééminence dont jouissent à Tunis, comme dans tout le Levant, les Musulmans sur les Chrétiens et sur les Juifs; malgré ce préjugé de leur orgueil, si un Maure était pris dans ses courses par un bâtiment ennemi, ou s'il tombait par quelque accident entre les mains des Européens, le *Bey* s'empressait de proposer un échange, et n'appréciait, dans cette transaction, ses sujets, d'après un usage établi, que bien au-dessous de la valeur d'un Chrétien, puisqu'il fallait *deux Maures et demi* pour équivaloir à un Chrétien, c'est-à-dire cinq Musulmans pour deux Européens.

Les Puissances chrétiennes avaient été contraintes de souscrire à cet étrange système d'échange, si fort à l'avantage des Maures, lorsqu'elles n'avaient pas la force de réprimer une injustice aussi manifeste; mais, en général, on doit avouer que ce sont les Européens qui se sont fait ce tort à eux-mêmes dans presque toutes leurs transactions avec les Maures.

Dans le temps que la Compagnie d'Afrique existait à *la Calle*, elle avait stipulé avec les Maures que si un d'eux tuait un Chrétien hors du cas de guerre, il payerait seulement 500 piastres, tandis que le Chrétien qui aurait tué un Maure devait en payer 800. On voit donc que des Français eux-mêmes étaient convenus d'évaluer le sang maure à un prix près du double du sang de leurs compatriotes.

Au reste, il y avait dans ce mode d'échange une autre observation à faire, c'est que, quelle que fût la condition du Maure libéré, le *Bey* ne donnait guère en échange que des esclaves de la plus basse classe, et toujours des esclaves mâles; si on désirait obtenir des captifs réputés avoir quelque fortune, ou des femmes tombées dans l'esclavage, il s'élevait alors des difficultés graves, et le plus souvent un refus formel répondait à cette demande.

Il arrivait quelquefois que les Chrétiens devenus esclaves des Maures trouvaient des moyens de racheter leur liberté. Dans ce cas le prix du rachat d'un homme était assez communément de 300 sequins de Venise effectifs (ce qui équivalait à environ 3,600 fr. de notre monnaie); celui d'une femme s'élevait le plus souvent jusqu'à 600 sequins (7,200 francs de notre monnaie), que le *Bey* avait toujours soin de faire peser avec un soin minutieux avant que de délivrer la déclaration de la libération accordée.

Si toutefois les captifs qui voulaient se racheter étaient connus pour avoir une grande fortune ou quelque considération dans leur pays, ce dont le *Bey* ne manquait pas de se faire instruire, le prix ordinairement établi ne suffisait plus, devenait absolument arbitraire, et était subordonné au bon plaisir du Bey, dont la rapacité ne connaissait plus alors de bornes.

Les Consuls étaient ordinairement chargés du rachat et du versement de la somme convenue. C'était particulièrement par leur entremise que les communications des esclaves avaient lieu avec leurs compatriotes d'outre-mer.

Lorsque les corsaires avaient fait quelque prise, ils la signalaient dès leur entrée à *la Goulette*, par une forte canonnade; tous les captifs étaient ensuite indistinctement débarqués, conduits devant le *Bey*, et obligés, en entrant à la porte de la ville, de se découvrir la tête, pour être présentés ainsi devant le Prince.

Il traitait ordinairement avec un peu plus d'indulgence et d'égards les capitaines des navires capturés, les prêtres, les médecins et les autres passagers de marque, auxquels il permettait quelquefois de vivre en ville comme bon leur semblait; mais il envoyait ordinairement les marins, les laboureurs, les simples artisans et autres gens du commun, à la *Manouba* (1) ou aux travaux publics, où ils travaillaient sous l'inspection d'un gardien maure.

Le Bey accordait à chaque esclave, pour sa nourriture journalière, deux petits pains à peine cuits et faits d'une mauvaise farine gâtée, avec deux petites pièces de monnaie de cuivre équivalant à environ deux sous en argent

(1) La *Manouba* est un ancien palais maure, situé à peu de distance de Tunis et qui, malgré l'élégance remarquable de son architecture, a été converti par les Beys en caserne: il sert maintenant de quartier à un corps de cavalerie.

(J. J. M.)

de France; mais souvent, s'ils ne partageaient pas leur modique paye avec leur surveillant, ils risquaient d'être maltraités habituellement et même de recevoir maintes fois des bastonnades cruelles sous divers prétextes.

Telle était la position pénible à laquelle étaient soumis, pendant toute leur vie, des hommes qui n'avaient commis d'autre crime que celui d'appartenir à un État qui ne s'était pas rendu tributaire du *Bey*.

Au reste, sur le nombre habituel des esclaves qu'on employait aux travaux, une grande partie ne trouvait de terme à sa misère que quand la Providence céleste, prenant pitié des souffrances si cruelles qu'ils enduraient, daignait les rappeler dans son sein.

Cette mortalité annuelle était vraiment excessive; mais elle n'est pas difficile à concevoir, si on considère que ces hommes, après avoir déjà beaucoup souffert dans leur traversée, étaient obligés de s'épuiser par le plus dur travail, sous le bâton de leurs gardiens, sans aucun abri, presque sans vêtements, en proie aux ardeurs délétères d'un soleil dont les rayons embrasés tombaient à plomb sur leurs têtes nues pendant toute une longue journée, et ne recevant chaque jour qu'une nourriture malsaine, qui certainement suffisait à peine pour prolonger de quelques mois les restes de leur malheureuse vie.

Il faut même s'étonner que cette mortalité n'ait pas été plus grande encore, dans ce véritable enfer, auquel l'Afrique condamnait ses captifs européens; s'il en échappait à la mort par hasard quelques-uns, c'est que l'homme entouré de besoins pressants apprend à déployer toute l'industrie imaginable pour s'y soustraire.

L'un arrachait au sol à moitié brûlé quelques racines, quelques herbes sauvages, dont il parvenait à se faire une salade : l'autre trouvait un compatriote, et en obtenait par ses prières qu'il lui avançât quelque peu d'argent, en attendant qu'il en pût recevoir de son pays; d'autres encore, qui avaient le bonheur d'être plus industrieux, tricotaient, fabriquaient des chapeaux de paille tressée, des jouets, des coffrets, des bourses, des cordons, etc., pendant le peu d'heures qu'on accordait à leur repas.

Les nouveaux arrivés étaient souvent saisis, d'après les causes citées ci-dessus, de quelque maladie aussi violente que dangereuse : ces malades étaient abandonnés aux chances de leur malheureux sort et privés de tout secours. Ce fut à un noble désintéressement et à l'humanité vraiment héroïque d'un moine espagnol de l'ordre de la Trinité, et très-riche, qu'on dut le changement qui s'était opéré dans les derniers temps.

Ce bon religieux, étant tombé dans un de ses voyages entre les mains des pirates, fut profondément ému du cruel abandon dans lequel languissaient les malades européens; et, loin d'employer l'argent qu'il fit venir d'Europe à son propre rachat, pour lequel on exigeait une forte somme, il sacrifia généreusement sa propre liberté au soulagement de ses frères. Ayant calculé qu'à l'âge avancé auquel il était déjà parvenu il était probable qu'il n'avait plus longtemps à vivre, qu'il lui était à peu près égal de mourir à Tunis ou en Espagne, il fit une donation considérable à son ordre, à condition qu'il serait fondé pour le soulagement des esclaves européens, à Tripoli, à Tunis et à Alger, des hôpitaux dans lesquels on leur donnerait, en cas de maladie, tous les secours nécessaires.

Le bienfaiteur mourut en esclavage.

D'autres personnes, animées du véritable esprit de charité chrétienne, avaient ensuite imité un si bel exemple et voulu concourir à augmenter les fonds de ce pieux établissement; et on ne saurait dire combien il en était résulté d'avantages de toute espèce pour ceux qui avaient eu le malheur de tomber au pouvoir des corsaires barbaresques (1).

(1) Maintenant la fondation subsiste toujours, mais elle a changé d'objet, et l'établissement charitable a pris une autre destination : ce n'est plus l'hôpital des esclaves, mais c'est l'hospice des Européens, où les voyageurs qui viennent à Tunis sont sûrs d'être fraternellement accueillis par les deux religieux de l'ordre de la Trinité qui en ont la direction, et qui sont chargés, l'un des détails de l'administration intérieure, l'autre spécialement de l'extérieure.

(J. J. M.)

CHAPITRE XIX.

Des maladies les plus fréquentes dans la Régence de Tunis; — peste; — emploi des frictions d'huile contre la contagion;—manière de les administrer; — régime à suivre pendant le traitement; — piqûre des scorpions; — morsures des serpents; — maladies des Nègres; — affections catharrales; — ophtalmies; — petite-vérole; — maladie cutanée; — diarrhée, dyssenterie; — dragonneau, ou veine de Médine.

Les maladies qui règnent le plus communément à Tunis sont occasionnées en général, ou par les vicissitudes rapides de l'atmosphère, ou par la quantité de fruits qu'on y mange avant leur parfaite maturité. On peut en conséquence préjuger avec quelque certitude le caractère des maladies régnantes pendant la saison des fruits, et selon qu'ils sont plus ou moins abondants.

Ces maladies sont : les diarrhées, la dyssenterie, les coliques, les fièvres intermittentes, et même celle qu'on désigne vulgairement sous le nom de *fièvre putride*; des opthalmies assez analogues à celles qui ont été observées en Égypte, et qui se répandent dans un grand nombre de localités pendant l'automne.

Les maladies chroniques y sont moins communes qu'en Europe, et l'on peut rapporter cette rareté à la bonté du climat, à la simplicité des institutions, des mœurs, et surtout au régime de vie. Celles qui se présentent le plus souvent, et cependant d'une manière assez isolée pour ne pas en accuser le climat africain, sont l'asthme, l'hydropisie, l'apoplexie, la paralysie, les scrophules, la gravelle, les catharres, les affections cancéreuses, etc.

L'*éléphantiasis*, vulgairement appelé le *pied d'éléphant*, et décrite par *Prosper Alpin*, est peut-être plus fréquente à Tunis qu'en Égypte; je me bornerai à témoigner combien il est à regretter qu'on ne connaisse encore aucun moyen propre à combattre cette terrible maladie, et je ne dirai rien des divers traitements qu'exigent les autres maladies que j'ai désignées ci-dessus, parce qu'ils ne sont ignorés d'aucun des gens de l'art, et que je crois nécessaire de passer à un point plus important et moins connu.

On croit généralement que la Barbarie est un foyer de peste permanent et inépuisable ; que ce fléau y prend naissance, et que c'est de là qu'il se propage ; *Prosper Alpin* remarque même que de tous les miasmes pestilentiels qui sont portés en Égypte, celui qui s'y transmet de la Barbarie est le plus redoutable. Cependant, d'après les recherches les plus exactes que j'ai faites pendant mes deux séjours dans la Régence, sur tout ce qui concerne la salubrité de ce pays, je crois pouvoir franchement avancer que la peste n'est pas inhérente à son climat, comme plusieurs l'ont aussi prétendu à l'égard de l'Égypte. L'expérience dément l'opinion sinistre qu'on en a répandue depuis si longtemps ; car il est constant qu'il y a eu, dans le dix-huitième siècle, un intervalle de quatre-vingt-deux années pendant lesquelles ce fléau n'y a exercé aucun ravage.

En 1785, un bâtiment venu de Constantinople débarqua des pestiférés à *Soussah*, et cette cruelle contagion se répandit rapidement dans tout le pays. Le *Bey* méprisait d'abord, en bon Musulman, toutes les mesures préventives, et les précautions sanitaires que les Européens lui suggéraient ; mais lorsqu'il vit le fléau exercer ses ravages jusque dans son palais même, il revint de la résignation que lui inspirait le dogme du fatalisme, et, sortant enfin de son insouciance, il fit placer dans la salle d'audience une barrière qui empêchait qu'on ne pût l'approcher ; il abolit le cérémonial du baisement de main, et ne reçut plus de papiers sans les avoir trempés dans du vinaigre.

Comme cependant la mortalité augmentait chaque jour, les Consuls firent au *Bey* des observations sur le danger d'inhumer les cadavres dans les petits cimetières placés dans l'intérieur de la ville, ainsi que sur le peu de profondeur des fosses ; aussitôt le *Bey* défendit l'inhumation dans les cimetières de la ville, et ordonna de creuser les fosses des sépultures à six pieds au moins (deux mètres) de profondeur.

La plupart des observations que j'avais eu occasion de recueillir sur la marche et la variation de la contagion pestilentielle, dans les différentes saisons, en

Égypte, ne m'ont présenté aucune différence avec celles qui m'ont été offertes par cette maladie dans la Régence de Tunis ; ainsi, par exemple, les accidents étaient plus fréquents lorsque les vents du sud régnaient et lorsque la lune entrait dans ses différents quartiers.

Il faut cependant observer ici que la peste ne cesse ordinairement à Tunis que vers la fin du mois de juillet, tandis qu'en Égypte le terme de ses ravages a presque toujours lieu à l'époque du solstice d'été.

On remarque que les Nègres sont en général plus particulièrement frappés de la contagion ; mais il est difficile d'en assigner la cause véritable, quoiqu'on puisse cependant présumer que cette propension de la race noire à subir l'influence morbifique paraît dépendre d'une plus grande activité de leur système absorbant.

Il n'a été fait jusqu'à présent aucune observation particulière, et systématiquement suivie, sur le traitement de la peste à pratiquer à Tunis ; et la méthode curative par laquelle la théorie de quelques médecins s'est flattée d'obtenir des résultats extraordinaires, mérite d'être rangée au nombre des idées originales les plus follement hasardées par un empyrisme irréfléchi, et son inefficacité est trop généralement reconnue pour que je croie devoir en parler.

Des faits nombreux nous prouvent, en revanche, que les porteurs d'huile ainsi que les *Saqâs*, ou porteurs d'eau, dont les épaules nues sont continuellement en contact avec des outres fortement imprégnées d'huile, ne sont que très-rarement atteints de la peste ; que dès qu'ils quittent leurs habits imbibés d'huile, et qu'ils se purifient au bain, ils contractent la contagion aussi facilement que les autres habitants (1).

Si une suite d'observations consciencieuses et incontestées parvenait à confirmer pleinement les présomptions qu'ont fait naître à cet égard les faits déjà isolément constatés, nul doute alors ne serait permis sur l'efficacité des frictions d'huile d'olive tiède sur le corps, comme préservatif de la contagion, et même sur l'emploi de ce spécifique, si facile à administrer, comme un puissant moyen curatif des pestiférés déjà atteints par la terrible maladie.

Les premières observations qui ont donné l'éveil sur cette découverte salutaire sont dues à *George Baldwin*, Consul anglais à Alexandrie (2) : ces observations réitérées, et les raisonnements qu'il en avait déduits, l'avaient porté à croire à l'utilité de ces frictions contre la peste ; pour s'en assurer davantage, il fit part de son opinion au P. *Louis de Pavie*, alors directeur depuis vingt-sept ans de l'hôpital de Smyrne, en le priant de faire l'épreuve de ce remède.

Le religieux s'empressa de faire l'essai proposé, et déclara avoir observé que de tous les moyens employés sous ses yeux contre la peste, celui-ci lui a paru le plus avantageux. Il est résulté des essais faits sur ce remède une suite de préceptes sur la manière de l'administrer et sur le régime qu'il convient d'observer pendant le traitement, soit préservatif, soit curatif : mon désir d'être utile m'engage à entrer ici dans quelques détails à ce sujet.

Il ne suffit pas d'oindre le corps entier avec de l'huile, il faut encore en même temps le frotter fortement ; et c'est ce qui a fait préférer la dénomination de *friction* à celle d'*onction*.

La *friction* doit se faire avec une éponge propre, et s'opérer assez vite pour ne pas durer plus de trois minutes : elle n'est nécessaire qu'une fois seulement le jour où la maladie se déclare.

Si ensuite les sueurs ne sont pas abondantes, il faut recommencer la friction, jusqu'à ce que le malade soit dans un état tel qu'il nage, pour ainsi dire, dans les sueurs ; et alors on ne doit le changer de linge et de lit que lorsque la transpiration a cessé.

Cette opération ne doit se faire que dans une chambre bien fermée, et dans laquelle on doit tenir un brasier de feu

---

(1) Cette observation avait déjà été faite en Égypte par le docteur *Desgenettes*, médecin en chef de l'armée, et elle a été consignée dans une intéressante notice insérée au journal littéraire et scientifique que je publiais alors au Kaire. Voyez *Décade égyptienne*, volume premier, page 150. (J. J. M.)

(2) Cette observation a également été faite à Tunis, à Smyrne, etc.

sur lequel on jette de temps en temps du sucre ou des baies de genièvre.

On ne peut déterminer d'une manière précise l'intervalle qui doit s'écouler d'une friction à l'autre, parce que l'on ne peut commencer la seconde que lorsque les sueurs causées par la première ont entièrement cessé, et cette circonstance dépend de la constitution particulière du malade.

Avant de répéter la friction huileuse, il faut essuyer soigneusement, avec un morceau d'étoffe chaude, la sueur qui couvre encore le malade, et qui le tient en une moiteur qu'il importe de sécher absolument.

Ces frictions peuvent être continuées plusieurs jours de suite, jusqu'à ce qu'on aperçoive un changement favorable, et alors on diminue l'intensité de la force employée aux frottements : il n'est pas facile de déterminer avec précision la progression que doit suivre le frotteur dans la légèreté nouvelle donnée à son action, et moins encore de fixer la quantité d'huile qu'il doit employer à chaque opération ; mais une livre (un demi-kilogramme) doit certainement chaque fois suffire : l'huile la plus fraîche et la plus pure est toujours préférable, et il faut qu'elle soit plutôt tiède que chaude : la poitrine et les parties sexuelles seront plus légèrement frictionnées, et les portions du corps sur lesquelles ne s'exerce pas le frottement devront être soigneusement couvertes pour les préserver du froid. Si le malade a quelques tumeurs ou quelques bubons, les frotter également d'une manière légère, jusqu'à ce qu'ils soient disposés à recevoir des cataplasmes émollients qui puissent en procurer la suppuration.

Celui qui opère ces frictions doit auparavant s'oindre lui-même le corps entier d'huile ; mais il est inutile qu'il se frotte, et il est indifférent qu'il s'oigne plus ou moins promptement : qu'il prenne les précautions usitées, des vêtements de toile cirées, des chaussures de bois, etc. Qu'il évite avec soin le souffle des malades, et surtout qu'il conserve beaucoup de sang-froid et de courage.

On ne saurait trop recommander de ne pas différer le commencement des frictions dès que la maladie se prononce : quelques jours de retard pourraient rendre le remède tout à fait inefficace : on facilitera en même temps les sueurs ; et on obtiendra beaucoup de succès à cet égard, en faisant prendre au malade une infusion de fleurs de sureau, sans addition de sucre.

Quant au régime nutritif, on ne donnera au malade, pendant les cinq ou six premiers jours, qu'un potage de *vermicelle* bien cuit, à l'eau seulement et sans sel : dans la suite on ajoute peu à peu, cinq à six fois par jour, une petite cuillerée de confitures de cerises ; mais il faut veiller à ce qu'elles soient faites au sucre et non au miel, ce dernier pouvant favoriser la dyarrhée, qui est regardée comme un symptôme mortel : dans ce cas pourtant on ne doit pas pour cela abandonner les frictions ; car on a des exemples de malades arrivés à cette crise funeste, et que cependant on est parvenu à sauver.

Lorsqu'on a l'espoir de la guérison, c'est-à-dire lorsque après cinq à six jours la santé paraît un peu meilleure, on pourra donner le matin au malade une tasse de bon café moka, avec un petit biscuit fait également au sucre, et si le mieux continue on augmentera peu à peu le nombre des biscuits, suivant qu'on verra les forces renaître.

Le dîner et le souper des malades ne devra consister, pendant les quinze à vingt jours suivants, qu'en riz ou en vermicelle, cuits simplement à l'eau, un peu de pain, quelques raisins secs, et des confitures de cerises, un peu plus abondamment que dans les journées précédentes.

On augmentera ensuite la dose de pain, qui doit être le meilleur possible ; on pourra même donner de légères soupes composées en été de petites courges bien mûres, et en hiver d'herbes potagères, sans autre assaisonnement qu'un peu d'huile d'amande douce (*zeyt-louz*).

Dans le courant de la journée, suivant l'état du convalescent, on pourra soit lui permettre de sucer une orange, soit lui donner une poire cuite, ou du moins bien mûre ; on lui accordera même un supplément de quelques biscuits, mais à la condition qu'après avoir pris ces aliments il conserve encore quelque appétit, et que la digestion en soit facile, sans surcharge pour l'estomac, comme sans anomalie pour les intestins.

Ce n'est qu'après le trentième ou le quarantième jour, qu'on accordera un potage fait avec du bouillon de poulet ou de collet de mouton. L'usage de viandes légères ne sera permis que quelques jours encore après, afin d'éviter les indigestions, qui sont d'autant plus dangereuses, qu'elles sont fréquemment accompagnées de la récidive des bubons.

Passé cinquante jours ou deux mois, on pourra enfin permettre au convalescent le veau rôti ou bouilli, un peu de vin pris modérément, en lui prescrivant d'éviter, non-seulement tout excès, mais encore tout ce qui pourrait être d'une digestion difficile.

On a cru jusqu'à présent assez généralement que la contagion de la peste se communiquait par les organes de la déglutition, en prenant pour véhicule l'humeur salivaire, ou par l'organe de la respiration, qui absorbait les miasmes mêlés à l'air ambiant, ou enfin par les pores de la peau, dont les ouvertures multipliées opèrent à chaque instant cette absorption d'une manière insensible ; mais si l'observation faite sur les porteurs d'huile est incontestable, il faut nécessairement en conclure que ce dernier organe est la voie principale par laquelle la contagion pénètre dans le corps humain ; car si elle pouvait l'envahir avec égale facilité par les autres organes, les frictions huileuses ne seraient plus un moyen préservatif.

Depuis la grande peste de Tunis, en 1785, cette maladie a reparu à quatre autres reprises ; ce qui n'est pas étonnant à concevoir, si on considère que les Musulmans n'emploient aucun moyen de désinfection et de salubrité publique.

Dans les mois d'août et de septembre, on risque toujours, plus ou moins, d'être piqué par les scorpions (*aqráb*), qui sont très-nombreux dans la Régence, ainsi qu'à Tunis même, et qui peuvent se rapporter à la grande espèce.

Cette espèce particulièrement vénéneuse est désignée, par le docteur *Amoreux* sous le nom de *scorpion fauve* (1),

et par *Pinel* sous celui de *scorpio rufus*.

On a beaucoup de peine à empêcher l'intérieur des maisons d'être infesté par ces animaux nuisibles : afin de préserver leurs habitations d'hôtes aussi malfaisants, il y a des Maures qui s'occupent fréquemment à parcourir les rues de la ville pendant la nuit, avec un flambeau allumé et une longue canne, dont ils se servent pour faire tomber les scorpions des parois des murailles, le long desquelles ces insectes dangereux grimpent le soir, et auxquelles ils demeurent attachés pendant les ténèbres.

Les Européens ont néanmoins trouvé que le moyen le plus assuré d'empêcher ces insectes de pénétrer dans leurs demeures consiste à faire placer des grilles serrées en fil de fer devant les fenêtres et toutes les autres ouvertures. Si on n'use pas, en effet, de beaucoup de précautions, on est assez fréquemment exposé à être piqué, et les chambres à coucher elles-mêmes exposent à ce danger les dormeurs pendant la nuit, les scorpions recherchant particulièrement la chaleur des lits occupés.

Les principaux soins pour se garantir de ce fléau doivent consister à entretenir la plus grande propreté dans les maisons, à visiter exactement les lits avant de s'y coucher, à ne pas coucher par terre, et surtout à ne marcher jamais les pieds-nus. Il n'est pas moins essentiel de ne jamais mettre, surtout dans la saison chaude, des souliers ou des pantoufles sans les renverser auparavant et les secouer fortement, car il n'est pas rare que les scorpions s'y glissent et s'y cachent.

Il en est de la piqûre de cet insecte comme de celle de la vipère. Le venin qu'un seul scorpion verse dans sa piqûre ne suffit pas, il est vrai, pour donner la mort à un homme ; mais il lui occasionne de cruelles souffrances ; les enfants en éprouvent des effets plus fâcheux, et il n'est pas rare de les voir succomber à une seule piqûre.

Je ne m'arrêterai pas à détailler les moyens de guérison de ces piqûres, parce qu'ils ne diffèrent en rien de ceux qu'on emploie en Europe contre toute

---

(1) Voyez la *Notice des insectes de la France réputés venimeux*, publiée en 1789, in-8°, par *P. J. Amoreux*, membre et bibliothécaire de la Faculté de Médecine de Montpellier.

espèce de piqûre vénéneuse; la seule particularité qui mérite d'être rapportée ici, c'est que beaucoup de personnes emploient avec succès le sel ammoniac; mais il est toujours essentiel de ne pas négliger les autres moyens curatifs, comme, par exemple, la ligature immédiate, les scarifications, la cautérisation avec un fer rouge, etc.

La manière d'employer le sel ammoniac consiste à en prendre une petite portion réduite en poudre, et à en frotter pendant quelque temps l'endroit de la piqûre. Ce même remède est reconnu en Égypte comme très-utile contre toute espèce de piqûre des animaux vénéneux, et le succès constant qu'on en obtient prouve qu'il mérite réellement la confiance dont il jouit.

On voit à Tunis, à certaines époques, des espèces de jongleurs qui manient impunément les scorpions; mais un examen attentif a fait connaître qu'ils en avaient précédemment brisé le dard. Il est reconnu, au reste, que la piqûre du scorpion *fauve* n'est aussi dangereuse que dans les époques annuelles des amours de cet animal, c'est-à-dire pendant tout le printemps ainsi qu'une partie de l'été et de l'automne (1).

Souvent aussi, ainsi que je l'ai déjà dit ci-dessus, on voit sur les places publiques de Tunis d'autres bateleurs, qui manient des serpents, les excitent à leur mordre la langue et le nez, etc.; mais, indépendamment de ce que les reptiles de l'espèce des amphibies ne sont pas ordinairement réputés dangereux (2), il est fort à présumer qu'on leur a précédemment arraché les dents avec les vésicules contenant leur venin.

Le peuple ne laisse pas que d'admirer ces sortes de jongleries qu'offrent en spectacle les prétendus *psylles*, et il les considère comme une espèce de prodiges magiques (3); car le peuple est partout dupe des charlatans de toute espèce, qui veulent bien se donner la peine de le tromper; et la multitude irréfléchie court souvent même au-devant des déceptions les plus grossières dont on tente de l'abuser.

Au reste, à l'égard de la morsure de ceux de ces animaux qui n'ont pas subi l'opération par laquelle on les met hors d'état de nuire, le sel ammoniac est également un remède employé fréquemment avec succès.

Quoique les Nègres soient généralements forts et robustes, ils sont néanmoins sujets, en arrivant à Tunis, à diverses maladies, qui sont pour la plupart une suite naturelle des fatigues et des privations qu'ils ont subies dans leur voyage, si long et si pénible, à travers les déserts. Une autre cause aussi se joint à cette première, c'est la différence notable qui existe entre le climat de Tunis et celui de leur pays natal, toujours plus ou moins rapproché de la Zone Torride.

Les maladies dont ils sont alors le plus souvent attaqués se réduisent aux sept classes suivantes :

1° Les rhumes opiniâtres, ou affections catharrales. Cette indisposition, née de la nudité absolue des Nègres pendant les nuits, quelquefois très-fraîches, qu'amènent les vents froids, n'a jamais de suites fâcheuses, et finit par céder aux remèdes ordinaires.

2° Des ophthalmies accidentelles, produites, comme la maladie précédente, de l'exposition nocturne des Nègres nus à toutes les vicissitudes de l'atmosphère, se guérissent presque toujours spontanément, et n'ont d'autres remèdes que l'usage fréquent du simple lavage avec de l'eau naturelle et pure.

3° La petite-vérole (*djedrey*), maladie souvent bien funeste, tant à la vie des Nègres qu'aux intérêts des *Gellâbys*. Elle semble être moins fréquente parmi eux au *Soudán* (pays des Noirs) qu'à Tunis; mais elle est toujours meurtrière : les *Gellâbys* prétendent même qu'elle ne règne jamais dans leur pays, excepté lorsqu'une circonstance quelconque y apporte le germe de la contagion variolique; et ce qui paraîtrait fortifier cette assertion, c'est que parmi les Nègres amenés par les caravanes à Tunis j'en ai vu fort peu qui eussent été atta-

---

(1) Voy. Amoreux, *Histoire naturelle des Animaux vénéneux*, article *Scorpion*.

(2) Gesner, Aldrovande, Klein, Buffon et *Valmont de Bomare* ont observé, au contraire, que les reptiles amphibies sont souvent plus vénéneux que les autres. Les variétés de *lézards* nous en offrent des exemples.

(3) *Voyez* ci-dessus, page 113.

qués de cette maladie dans leur pays.

L'éruption de la petite-vérole est ordinairement très-abondante chez les Nègres, et presque toujours elle se fait avec plus de difficulté que chez les Blancs; vraisemblablement parce que les Noirs ont la peau plus épaisse et plus compacte : la fièvre qui précède l'éruption est souvent très-violente.

Un médecin européen, s'il n'a pas vu déjà plusieurs fois cette maladie chez les Nègres, a peine à la reconnaître dans son principe, à moins que les symptômes concomitants n'en indiquent suffisamment la nature, ou bien que l'épidémie régnante ne lui enlève tout doute à cet égard : en effet, les petits boutons qui se manifestent au moment de l'éruption sont d'une nature tellement équivoque, qu'on n'y distingue aucune nuance de blanc ou de rouge, et que la couleur de la peau est la même que celle des boutons. Comme les nouveaux arrivés sont souvent sujets à des maladies cutanées, ou couverts de boutons produits par la morsure des moustiques (*namous*), les médecins peuvent souvent hésiter sur la vraie nature de la maladie.

Au reste, les *Gellábys* perdraient certainement bien moins d'esclaves par cette maladie, s'ils leur donnaient plus de soins, et surtout s'ils se décidaient à consulter quelque médecin européen. Mais, ou leur peu d'intelligence n'arrive pas jusqu'à comprendre cette vérité, ou leur avarice se refuse à faire aucune dépense de ce genre.

4° Une maladie cutanée, que j'avais vue également chez les Nègres au Kaire, où elle est nommée vulgairement *Eéch-él-Medynéh* (mot à mot manière de vie de la ville), sans doute parce qu'on la regarde comme un effet de l'acclimatement et du changement que subissent les Nègres dans leur manière de vivre et leur nourriture; cette maladie est presque générale parmi les nouveaux arrivés, et on l'a souvent confondue avec la gale, soit par la forme des pustules, soit par le prurit intolérable qu'elle cause. Cette maladie, qui n'est pas contagieuse comme la gale, se manifeste par l'éruption successive d'une quantité de petits boutons, un peu pointus, plus ou moins nombreux, sur toutes les parties du corps; mais cette éruption a lieu sans fièvre et sans aucune indisposition morbide, quelquefois lente, quelquefois rapide, parfois durant quelques semaines, parfois stationnaire, et ressemblant parfaitement alors à une gale sèche (*scabies sicca*); d'autres fois encore les boutons s'agrandissent, et, en les perçant, on y trouve une matière séreuse et purulente, faisant naître dans le corps du malade une démangeaison générale, qui ne lui laisse de repos ni le jour ni la nuit.

J'ai vu quelquefois ces boutons venir si abondants, que les extrémités supérieures et inférieures en étaient tuméfiées comme dans la petite-vérole; la fièvre alors survient, et se déclare quelquefois avec assez d'intensité.

Abandonnée à elle-même, cette maladie dure quelquefois plusieurs mois, et devient quelquefois réellement hideuse; si, au contraire, après l'éruption complète, on applique les remèdes convenables, la maladie disparaît entièrement après un espace de temps assez court.

La méthode la plus usitée et la plus efficace à employer pour obtenir la guérison consiste à frotter le corps entier du malade tous les deux jours avec du *kiskes* : on appelle ainsi du blé froment (*Qaméh*) à demi cuit, puis desséché, trituré, mêlé pendant quelques jours avec du lait, et exposé au soleil pour que cette préparation se dessèche de nouveau : on continue les frictions jusqu'à ce que l'éruption ait complètement disparu, ce qui a lieu après une huitaine ou tout au plus une quinzaine de jours.

J'ai vu aussi employer avec succès la farine de lupin (*hoummouss*), humectée avec une bonne quantité de jus de citron (*leymoun máléh*) : on couvre de ce mélange tout le corps du malade, et on l'expose en cet état au soleil pendant quelques heures jusqu'à ce que cette pâte soit desséchée entièrement sur la peau : on conduit alors le malade au bain chaud, et on continue de deux jours en deux jours l'application de cet enduit jusqu'à la disparition complète de la maladie.

J'ai encore vu employer quelquefois, avec un égal succès, un liniment d'huile de lin, mélangé avec du soufre et de la noix de galle.

Au reste, on n'emploie jamais dans le traitement de cette maladie aucune espèce de remède interne; ceux qui ont voulu administrer le mercure doux ou le soufre pris intérieurement, n'en ont retiré aucun avantage sensible; et la maladie, ainsi traitée, n'a eu ni plus ni moins de durée.

Je terminerai cet article par un avis essentiel; c'est celui de ne donner que très-peu d'aliments gras aux Nègres nouvellement arrivés par les caravanes, qu'ils soient malades ou non; car on regarde l'usage de la viande comme une des principales causes de leurs maladies cutanées : les gens du pays prétendent même qu'on ne doit les nourrir, pendant les quarante premiers jours, que de riz, de pain et de légumes secs, cet espace de temps leur semblant nécessaire pour habituer graduellement les esclaves à un genre de vie aussi opposé à celui qu'ils suivaient dans leur patrie.

5° La diarrhée et la dyssenterie sont généralement redoutables pour tous les nouveaux arrivés; il y a deux moyens principaux pour en préserver : le premier consiste dans un bon régime et dans l'abstinence des viandes ; le second est de se couvrir de bons vêtements à l'approche de l'hiver : du reste, le traitement de ces deux maladies est suffisamment connu des praticiens, et n'offre aucune prescription particulière à Tunis.

6° La peste attaque plus particulièrement non-seulement les Nègres nouvellement arrivés à Tunis, mais encore les individus de la race noire qui depuis plusieurs années séjournent dans cette capitale.

J'ai peine à m'expliquer cette susceptibilité particulière; car tout ce qu'on peut dire sur l'acclimatement des Noirs, sur la propension de leurs humeurs à contracter la contagion, n'est qu'une présomption extrêmement vague et purement hypothétique.

7° Enfin le *dragonneau*, autrement dit la *veine de Médine* (1), se rencontre aussi quelquefois chez les Nègres nouvellement arrivés à Tunis.

Il paraît qu'il se trouve dans les eaux du *Soudân*, et peut-être aussi dans celles que l'on peut rencontrer dans le désert,

---

(1) *Furia infernalis, Vena Medinensis, Dracunculus, Gordius Medinensis, Draguntia Ægyptiaca.*

une espèce de ver qui s'introduit sous la peau, et principalement aux extrémités inférieures du corps. Ce ver est de la grosseur de la corde à violon, dite *chanterelle*, quelquefois même d'une ténuité encore plus grande : ses deux extrémités se terminent en pointe, comme celles du lombric, et sa longueur varie de quatre pieds et demi à plus de six pieds (de un mètre et demi à plus de deux mètres).

On reconnaît son existence à ses tortuosités sous la peau, qui ont assez de ressemblance avec les petites veines variqueuses; il reste quelquefois ainsi longtemps sans causer aucune incommodité, sans être même aperçu; mais quand enfin il a atteint le plus haut point de son accroissement, il occasionne dans la partie qu'il a envahie une inflammation, qui passe bientôt à l'état de suppuration : dès que l'abcès s'est ouvert, le ver s'y présente par la tête, et on commence alors à en pratiquer l'extraction par des procédés qui ne réclament de la part de l'opérateur que de l'adresse et surtout de la patience : ces procédés, souvent décrits, sont trop connus pour que je croie nécessaire d'entrer dans de longs détails à ce sujet.

Au reste, si on néglige de remédier à temps au mal, le Nègre qui en est atteint, en quelque partie du corps que ce soit, finit ordinairement par périr d'épuisement.

Je ne finirai pas ce chapitre sans y ajouter la remarque que le *Pian*, qui tue tant de Nègres en Amérique, est absolument inconnu sur les côtes septentrionales de l'Afrique.

CHAPITRE XX.

De la médecine à Tunis; — les médecins tunisiens; — leur ignorance; — préjugés sur le mauvais œil; — amulettes, talismans; — vertus attribuées aux pierres précieuses; — eaux minérales et thermales de la Régence.

La médecine est exercée à Tunis soit par des Européens, soit par des Juifs ou des Maures. Je crois superflu de parler des premiers, les seuls chez lesquels se trouvent les connaissances indispensables à l'exercice de l'art de guérir; mais je crois nécessaire de donner sur les médecins indigènes quelques détails qui puissent faire connaître en quel état est maintenant l'art de la médecine chez les Orientaux en général, et en particulier chez les Maures.

Sans passer individuellement en revue les membres de la faculté tunisienne, je me bornerai d'abord à cette seule observation, qu'il en est en Barbarie à l'égard des indigènes qui se vouent à l'art médical, comme dans beaucoup d'autres pays, même de notre Europe ; ces prétendus docteurs forment, dans la Régence et les autres États barbaresques, un bizarre assemblage d'empiriques sans instruction et sans théorie, ne se soutenant parmi les populations qui leur fournissent des *patients*, que par la tolérance d'un Prince ignorant l'importance qu'il devrait mettre à surveiller une classe dont l'ineptie peut occasionner des maux incalculables à ses sujets.

Les empiriques juifs ou maures de Tunis n'y deviennent qu'accidentellement *médecins*; leur titre de *doctor medicus* leur échoit sans étude, sans préparation, et absolument par cas fortuit.

Pour mieux faire connaître les causes de cette *éventualité accidentelle*, il est à propos de faire observer qu'un médecin européen qui vient s'établir dans ce pays doit avoir nécessairement, pour le conduire dans la ville et faciliter ses relations avec les gens du pays, un drogman ou courtier interprète, qu'il trouve assez aisément parmi les Juifs.

Ce *cornac* médical, qui dans le fond n'est qu'un domestique, marche devant son maître dans ses visites chez les malades, lui indique les rues, les demeures des clients, est l'interprète et l'intermédiaire obligé de ses conversations, achète les provisions journalières du ménage, prépare, sous les yeux du docteur, les tisanes, les infusions, les décoctions, les médecines, etc., et fait dans la ville et les environs les commissions de toute espèce.

En suivant ainsi pendant quelques années le médecin au service duquel il est attaché, le Juif acquiert nécessairement une connaissance empirique et superficielle des remèdes, des formules et des maladies dans lesquelles ses prescriptions ont été utiles; les Maures le confondent bientôt avec le médecin à la suite duquel ils ont l'habitude de le voir : ils lui demandent des conseils hygiéniques, et finissent par lui accorder les mêmes titres qu'à son maître; souvent même ils préfèrent aux consultations du docteur celles du *valet-médecin*, parce qu'elles sont d'abord gratuites, mais ensuite elles sont payées par quelques légers cadeaux, puis enfin elles ont leur rétribution fixe et leur tarif au rabais.

Le titre de médecin ainsi acquis par le drogman juif devient dans la famille un titre héréditaire ; le fils est médecin (*hakim*) parce que son père l'était, et il a dû transmettre ce titre à ses descendants, sans qu'aucun d'eux ait besoin de plus d'études et d'instruction qu'il n'en a fallu à son père et à lui-même : on sent par conséquent que j'ai bien peu de chose à dire sur les médecins juifs.

On compte parmi les Maures de Tunis au moins vingt-cinq *soi-disant médecins*. Cette faculté a un chef, qu'on appelle *él-Hakim-Bâchy*, et qui n'est pas plus instruit que ses collègues. Tout leur savoir ne consiste qu'en un empirisme grossier, et dans la plupart des cas ils ne connaissent d'autres remèdes que le cautère actuel.

Quoique les médecins européens ne soient pas subordonnés à ce chef, il est cependant convenable qu'ils fassent sa connaissance ; car il peut quelquefois leur être utile, et son inimitié les exposerait à quelques désagréments.

Les médecins maures ne connaissent en fait de livres que celui d'*Avicenne* (1). S'ils ont, outre cela, quelquefois d'autres

(1) Le nom d'*Avicenne* est tellement connu, même en Europe, par sa science médicale, que je regarde comme inutile d'entrer dans aucun détail à son sujet; cependant je crois nécessaire d'ajouter ici une particularité généralement ignorée des Occidentaux : c'est que ce philosophe célèbre n'était pas moins versé dans les sciences mathématiques que dans les sciences médicales. La belle collection de manuscrits que j'ai rapportée d'Égypte contient le manuscrit d'un ouvrage composé par lui sur la *science des nombres*, dont j'ai inséré un extrait dans le *Dictionnaire des Sciences mathématiques pures et appliquées*, publié par Montferrier et édité par Denain, à Paris, 1835.   (J. J. M.)

manuscrits sur la matière médicale, on peut être assuré que la teneur en est toujours basée en grande partie sur les théories de cet ancien auteur.

Pour eux, le classement général des maladies comprend deux grandes divisions : celles qui sont occasionnées par excès de chaleur ou d'échauffement, et celles qu'ils attribuent à des causes froides. La pituite ou l'âcreté du sang, considérées par la médecine arabe comme les causes principales des maladies chroniques, sont accusées par elle, peut-être aussi souvent que par la médecine européenne, des désordres qui se manifestent dans l'organisation humaine.

Les médecins orientaux connaissent, comme beaucoup de nos médecins, un certain nombre de formules hors desquelles leur savoir ne les fait jamais sortir, et qu'ils appliquent souvent sans motif dans les cas les plus divers.

Après avoir parlé des médecins, je crois devoir faire la remarque que dans aucun pays les Chrétiens, les Maures et les Juifs ne sont plus empressés qu'à Tunis à demander une consultation : ces consultations sont quelquefois formées d'un si grand nombre de médecins, soit européens, soit indigènes, qu'elles ressemblent bien plus à une assemblée populaire qu'à une société de gens instruits, réunis pour l'avantage du malade. Ordinairement chacun lui parle quand bon lui semble, souvent même plusieurs y parlent à la fois ; et si à la fin on désire connaître le résultat de la conférence, il est presque toujours impossible de ne pas s'apercevoir qu'il se réduit à rien par la nature et l'incohérence des opinions. C'est en vain qu'on prétendrait faire consulter ces médecins à la manière d'Europe : ils se refusent obstinément à suivre une méthode, qui est pour ainsi dire la pierre de touche par le moyen de laquelle on distingue facilement l'homme instruit de celui qui ne l'est pas.

Aussi je dois avouer que ces consultations m'ont toutes paru plus dignes de la scène comique que de la chambre d'un malade : l'un propose des corroborants, l'autre des désobstruants, sans que ni l'un ni l'autre motive d'une manière raisonnable les prescriptions opposées ; le troisième opine pour une multiplicité de remèdes compliqués, dont il explique les vertus par les théories les plus absurdes et les moins logiques ; un autre enfin prétend qu'on administre exclusivement les remèdes qu'il propose, sans daigner donner la moindre explication, ni soumettre aucun raisonnement au jugement de ses confrères.

Pour peu qu'on ait de l'instruction et de l'expérience, quand on est témoin de semblables scènes, on ne peut que se sentir humilié de cette dégradation de l'art médical ; mais il serait inutile de chercher à mettre ces *guérisseurs* de la Barbarie sur le bon chemin ; car leur profonde ignorance est d'autant plus présomptueuse, qu'ils n'attribuent qu'à leurs mérites et à leurs talents la confiance dont ils jouissent, et croient toute science entièrement inutile pour assurer leur succès.

Le prix ordinaire d'une consultation est de 7 fr. 50 cent. Les malades aisés payent 3 fr. 50 cent. par visite ; et sur cette somme le médecin, qui est aussi en même temps pharmacien-droguiste, est obligé de fournir les médicaments nécessaires dans le courant de la journée, et de faire même une seconde visite s'il le juge indispensable. Si la maladie est de longue durée, il est assez ordinaire de stipuler une convention à forfait, pour la totalité du traitement ; la moitié du prix convenu doit être payée d'avance. Si on n'insiste pas sur cette dernière condition, on a fréquemment les plus grandes peines à obtenir le payement de ses soins.

Au reste, comme les malades se lassent quelquefois du traitement, ou quand ils viennent à mourir, il est bon que le médecin ait quelque payement d'avance en main, d'autant plus qu'il éprouve souvent les plus grandes difficultés pour retirer après la cure le restant de ses honoraires ; car il arrive souvent qu'un Maure délivré de son mal n'en rapporte la guérison qu'aux secours de la divinité, et non aux soins qu'il a reçus du médecin.

J'ai parlé dans le chapitre précédent de l'ophthalmie comme d'une maladie assez fréquente à Tunis ; elle l'est pourtant beaucoup moins qu'en Égypte, car au Kaire, sur dix personnes que l'on rencontre dans les rues, on peut être presque assuré d'en trouver trois aveugles, trois borgnes, et trois ayant mal aux yeux; de manière qu'à peine en voit-on une sur dix qui soit exempte de l'ophthalmie ou des suites fatales de cette maladie.

J'ai entendu la plupart des Européens attribuer cet état morbide des yeux aux sables du désert, dont, disaient-ils, les vents portent au loin la poussière, et dont les molécules impalpables s'insinuant sans cesse entre la paupière et le globe de l'œil y causent ces lésions incessantes devenant peu à peu par l'irritation une multiplicité de petits ulcères, d'abord presque invisibles, mais finissant par envahir la totalité de l'organe visuel.

Les observations que j'ai été à portée de faire soit à Tunis, soit antérieurement en Égypte, me persuadent qu'on doit disculper les sables du désert de cette accusation : en effet, si elle était fondée, ce serait parmi les Bédouins, qui habitent constamment le désert, et dont les tribus nomades le sillonnent continuellement dans tous les sens, que le fléau de l'ophthalmie devrait étendre plus particulièrement ses ravages : or, il est incontestable que ces populations offrent beaucoup moins de cas ophthalmiques que les populations urbaines; bien plus on a observé que la plupart des ophthalmies contractées dans les villes se guérissent presque spontanément lorsqu'une circonstance quelconque transporte le malade dans le désert.

Il faut donc chercher une autre cause aux affections ophthalmiques, et je crois qu'on doit plutôt la trouver dans les émanations humides s'exhalant par l'effet de la chaleur atmosphérique des lacs, des canaux, et des autres réceptacles aqueux qui avoisinent les villes, et souvent y produisent des marécages d'eaux stagnantes et putréfiées : en Égypte c'est surtout au voisinage des lacs, des étangs et des canaux, et principalement à l'époque des débordements annuels du Nil, que les ophthalmies prennent un caractère endémique; nul doute que ces maladies ne soient produites et entretenues à Tunis par les émanations putrides du grand lac aux bords duquel la ville est située, et des marais salants qui l'avoisinent; l'eau de ces divers réceptacles, vaporisée incessamment, remplit l'atmosphère de molécules aqueuses dont chaque gouttelette a emporté avec elle un atome salin; cette gouttelette, introduite entre la paupière et les tuniques du globe oculaire, s'y volatilise de nouveau, mais en se volatilisant elle laisse dans les pores où elle s'était insinuée la molécule saline dont elle était chargée, A cette gouttelette en succède une autre, apportant une nouvelle particule saline, dont la multiplicité s'agglomérant successivement forme autant de petits coins aigus pénétrant et déchirant la surface dans laquelle ils sont implantés : augmentant de plus en plus l'irritation par leur action incisive, ils amènent l'inflammation, et finissent par donner à la maladie une intensité capable de détruire l'organe tout entier.

La médecine arabe ne s'est pas donné la peine de remonter à ces causes physiques : suivant les populations orientales, et même d'après l'opinion des médecins arabes eux-mêmes, l'ophthalmie aurait pour cause unique *un mauvais regard, un regard malfaisant*, jeté par un ennemi sur le malade; et le seul remède employé par eux contre la maladie est un petit morceau de drap écarlate, ou de toute autre étoffe rouge, suspendu par un fil devant le globe de l'œil, « afin disent-ils, d'attirer l'attention du « *mauvais œil*, et d'en recevoir la pre- « mière influence, ainsi détournée de « l'œil malade. » Je laisse à penser combien ce moyen ridicule est au contraire nuisible à la guérison de l'œil attaqué d'une affection ophthalmique, dont l'intensité ne peut que s'accroître par la présence continuelle et immédiate d'un lambeau rouge, source immanquable de fatigue et d'irritation pour le globe de l'œil.

Le *mauvais œil* ou *l'œil envieux* est également accusé par les Orientaux de toutes les maladies et de tous les événements fâcheux qui leur surviennent : aussi, si un Européen ou un Maure caresse un enfant, semble le regarder avec plaisir, ou en fait l'éloge, ses parents se hâtent de l'arracher brusquement à ces caresses et à ces regards, craignant que *l'œil mauvais* ne devienne fatal à leur famille; si on vante un beau cheval devant son propriétaire, il le regarde comme perdu d'avance, et comme devant bientôt être victime de quelque maladie ou de quelque accident imprévu (1).

Un des moyens curatifs qui jouissent de la plus haute réputation parmi les médecins arabes et leurs clients consiste dans des amulettes, c'est-à-dire en morceaux de papier, ou fragments de parchemin, sur lesquels sont inscrits, soit les noms de Dieu (2) et des Prophètes (3), soit certains versets du Koran, soit quelques formules composées de mots sans aucun sens et de caractères magiques.

Ces talismans, nommés *telsem* par les Arabes (4), sont ordinairement l'ouvrage des *Marabouts*, qui les vendent fort cher, et les Nègres, non moins crédules que les Maures, donnent à ces sortes d'amulettes le nom de *gris-gris*.

Je possède plusieurs de ces échantillons de la pharmacopée talismanique annoncés comme spécifiques préservatifs contre la galle, la fièvre, l'ophthalmie, la peste, l'avortement, l'épilepsie et même contre les chutes de cheval et les blessures de toute espèce (5).

Ces talismans consistaient aussi quelquefois en pierres précieuses, soit chargées de caractères et de légendes magiques, soit non gravées : c'est ainsi que les Orientaux, les Maures regardent la topaze (*Yaqout-astar*) comme un spécifique souverain contre la jaunisse et les affections bilieuses ; le jaspe sanguin et la gemme rouge nommée par nous *cornaline* ou *sardoine*, et par les Arabes *Hadjar-ed-dam*, c'est-à-dire *pierre du sang*, contre le flux de sang et l'hémorragie. Les nourrices croient augmenter l'abondance et la qualité nutritive de leur lait en portant des bagues dont les chatons sont des turquoises, etc.

Un des moyens curatifs qui mériteraient d'être les plus répandus dans la Régence serait l'usage soit en bains, soit en boisson, des eaux minérales que renferme son territoire.

Je n'entrerai pas dans des détails étendus sur ce qui concerne les sources thermales qu'offrent les contrées qui avoisinent Tunis (6) ; je me bornerai à rapporter les notions les plus générales qui les concernent, telles que j'ai été à portée de les recueillir, et qui m'ont paru devoir fixer l'attention sur un objet jusqu'à présent trop ignoré, ou presque totalement négligé.

Le docteur *Shaw* et les autres voyageurs qui ont parcouru ces pays ne

---

(1) Les anciens Grecs et les Romains croyaient aussi à l'influence du mauvais œil. On lit dans Virgile, *Eglog.* III, 103 :

Nescio quis teneros oculus mihi fascinat agnos.

Voyez aussi Héliodore, *Æthiopic.* lib. III.

Ils croyaient même que des éloges exagérés attiraient quelque malheur à ceux qui en étaient l'objet. *Voyez* Virgile, *Églog.* VII, 27 ; Pline, lib. VII, 2. (J. J. M.)

(2) Suivant les mystiques musulmans, on connaît quatre-vingt-dix-neuf noms de Dieu, dont chacun a sa vertu particulière : c'est en l'honneur de ces quatre-vingt-dix-neuf noms qu'ils portent des chapelets ayant un pareil nombre de grains, sur chacun desquels ils récitent un des noms divins : ils ajoutent que Dieu a effectivement cent noms, mais que le centième nom est resté caché aux hommes, et que celui qui parviendrait à le connaître en recevrait la puissance universelle, le don des miracles, et deviendrait le maître souverain de tout l'univers, commandant même aux génies, aux anges, et aux autres intelligences célestes : suivant eux, ce nom n'a jusqu'à présent été révélé qu'à Adam, à Salomon et à Mahomet. (J. J. M.)

(3) Les Musulmans comptent soixante et dix prophètes, dont Mahomet est le dernier et le plus parfait : c'est par cette raison qu'ils lui donnent le titre de *Khâtem él-ônbyâ*, qui signifie *le sceau des prophètes*. (J. J. M.)

(4) C'est du mot arabe *tel sem*, le même que le grec τέλεσμα, qu'est dérivé notre mot français *talisman*. (J. J. M.)

(5) Après les batailles de Sédiman, des Pyramides et d'Héliopolis, on a trouvé sur les cadavres d'un grand nombre de Mamlouks et de soldats turks des amulettes de cette espèce, dont la vertu devait les mettre à l'abri des coups de sabre et des balles ; quelques-uns même portaient pour le même but des petits Korans de forme octogone, pendus à leur cou et renfermés dans une boîte d'argent : si ces préservatifs magiques se sont trouvés impuissants pour défendre ceux qui les portaient, c'est que sans doute ceux qui les avaient fabriqués n'avaient pas prévu les cas des baïonnettes françaises et de la mitraille de nos canons. (J. J. M.)

(6) *Voyez* ci-dessus ce que j'ai dit sur les eaux thermales de *Hammâm-él-Ayn*, de *Hammâm-él-Lyf*, de *Hammâm-él-Énf*, de *Hammâm-Gourbos*, pages 29 et 30 ; de *Hammâm-él-Gabs*, page 46.

parlent que fort vaguement de deux de ces sources, qu'ils n'ont vraisemblablement pas visitées; les médecins du pays paraissent même à peu près ignorer ce qui les concerne, car les renseignements que j'ai pu en recevoir à ce sujet ne diffèrent en rien de ceux qui m'ont été communiqués par le vulgaire.

On compte dans la Régence de Tunis douze à quinze différentes sources minérales; mais je n'ai eu la possibilité de visiter que les deux principales, dont parle le docteur *Shaw*, et qui sont très-accréditées pour la guérison de beaucoup de maladies chroniques. La première est appelée *Hammam-él-Lyf* (1); elle est située près de la mer, à trois lieues au sud de Tunis, et au pied d'un groupe de montagnes assez élevées.

La première source fournit l'eau pour les bains et les étuves, qui ont naturellement à peu près la même température, que celle que l'on donne artificiellement aux bains chauds des différentes villes du Levant. Ces eaux sont claires et limpides, médiocrement salines et tant soit peu âpres. La teinture de noix de galles leur donne une couleur violette; ce qui indique assez qu'elles renferment du fer en petite quantité; d'ailleurs on peut, sans cette épreuve, se convaincre de la présence du métal, par l'examen du terrain qui l'avoisine, et qui est évidemment ferrugineux.

L'édifice construit sur cette source est assez vaste, et appartient au *Bey*, qui en réserve la moitié pour son propre usage, ou pour celui des riches particuliers auxquels il veut faire une politesse; l'autre moitié est destinée au public, et est affermée 1500 piastres par an; c'est une espèce de caravansérail, ayant une cour au milieu et un grand nombre de petites chambres assez mal tenues. Les deux bains d'étuves sont mesquins, obscurs, et rendus fétides par leur proximité avec les latrines.

Les eaux qui découlent des bains s'arrêtent dans le voisinage, y croupissent, et exhalent une puanteur malfaisante qui augmente à mesure que l'été s'approche.

Voilà le triste tableau d'un établissement qui pourrait présenter beaucoup plus d'avantages à l'humanité souffrante,

(1) *Voyez* ci-dessus, page 29.

et rendre avec usure au *Bey* les sommes qu'il avancerait pour les réparations indispensables. Cet endroit serait véritablement charmant si on y faisait des plantations d'arbres, des allées qui conduisissent au bord de la mer, et surtout si l'on y construisait une maison où l'on pût se procurer facilement des aliments, des rafraîchissements, et les autres objets nécessaires.

Une observation qui m'a semblé singulière et devoir appeler l'attention des naturalistes, c'est que dans les bains d'étuves, même dans ceux du *Bey*, et dans les eaux qui en découlent, j'ai vu plusieurs tortues qui semblent se plaire beaucoup dans ces eaux minérales. Je remarquai avec quelque étonnement que ces animaux se distinguaient des autres individus de leur espèce par une queue de la longueur et de la grosseur du doigt indicateur. Je crus d'abord que cette espèce de tortue, qui n'a pas l'écaille aussi convexe que celles de terre, était spécialement particulière à ces eaux et à cette localité; mais des personnes qui connaissaient mieux le pays que moi m'assurèrent qu'on en voyait une quantité de cette même espèce dans tous les étangs de la Régence qui contiennent de l'eau saumâtre.

A deux cents pas environ des bains d'étuves, vers le sud, on trouve une seconde source, qui n'est pas aussi considérable que la première, et que les Maures appellent *Hammâm-él-aryân*, c'est-à-dire *la source nue* (2).

L'eau qui en découle a à peu près le même degré de chaleur que la première; son goût est plus salé, les indices du principe ferrugineux y sont plus sensibles, et l'acide citrique lui procure une légère effervescence. On en obtient par l'évaporation une petite quantité de sulfate de soude, plus ou moins pur, et qui combiné avec les acides est aussi effervescent que la soude elle-même.

Un bassin formé par la nature reçoit l'eau de cette source; mais l'écoulement en est obstrué par toutes sortes d'immondices, et l'on est d'autant plus

(2) Cette dénomination paraît lui avoir été donnée parce qu'elle n'est garantie ni par aucune toiture, ni par aucune enceinte conservatrice.

répréhensible de tolérer un pareil abus, que cette eau est très-fréquemment employée en boisson. Tandis que des valétudinaires s'y rendent pour y boire l'eau de ce bassin, il n'est pas rare d'y trouver des Bédouins qui s'y baignent, ce qui ne peut manquer d'être très-désagréable et répugnant pour les buveurs.

Avec une dépense de 100 francs au plus on pourrait couvrir cette source d'une petite toiture et en fermer l'enceinte avec une porte pour empêcher ces inconvénients; mais l'insouciance, ce vice le plus constant de cette nation, vice qu'on ne pourra jamais déraciner que par une impulsion extraordinaire, s'opposera longtemps encore à une amélioration aussi urgente et aussi peu coûteuse.

Quelques malades sont convenablement purgés par deux livres (un kilogramme) de ces eaux; d'autres, pour obtenir ce même effet, ont besoin d'en boire jusqu'à six livres (3 kilogrammes); elles procurent souvent des déjections alvines une heure après qu'on les a bues.

Immédiatement après le jeûne du mois de *Ramaddân*, on voit une quantité extraordinaire de valétudinaires, et surtout des Juifs, se rendre à *Hammâm-él-Lyf*; comme ils ont une confiance aveugle, tant à l'efficacité des bains dans ces eaux qu'à celle de leur boisson, il en résulte que, la plupart usant avec excès, et à la fois, de l'une et de l'autre manière d'administrer ce remède, ils n'en obtiennent cependant pas tout l'avantage qu'ils pourraient retirer d'un emploi mieux raisonné et surtout en isolant les deux modes de traitement.

Dans les maladies vénériennes, cutanées, dartreuses, etc., les bains seuls opèrent admirablement; plusieurs affections du bas-ventre se trouvent soulagées sensiblement par la boisson de l'eau de la seconde source; mais je pense que l'état de certains malades est plus souvent amélioré par le changement d'air, que par les bains et la boisson des eaux, auxquelles on attribue leur guérison.

Une autre source d'eau minérale qui jouit d'une grande réputation dans la Régence de Tunis est celle que les Maures appellent *Hammâm-él-Gourbos* (1) : elle est située à l'est de Tunis et en face de Carthage. Une partie du chemin qui y conduit est fort agréable; l'autre, sur les bords de la mer et à travers des précipices, offre beaucoup de difficultés. Si la curiosité m'eût porté à visiter derechef cette source, j'aurais pris le parti de m'y rendre par mer, en m'embarquant à la *Goulette*.

Près de *Gourbos* est enterré un personnage réputé saint par les Maures, et le domaine de l'oratoire élevé sur sa sépulture s'étend sur les eaux minérales voisines; aussi sont-elles révérées comme un saint lieu, et les Musulmans n'y souffrent aucun infidèle. Quoique je fusse accompagné par le domestique d'une personne considérée, de la petite ville de *Souleymân*, chargé de me protéger, j'aurais peut-être essuyé le désagrément de ne pouvoir visiter ces sources, si le juif-interprète qui était à ma suite n'eût déclaré hautement que j'étais le premier médecin (*Hâkim-Bachy*) du *Bey*, envoyé par ce prince pour faire un examen officiel de la qualité des eaux.

Bientôt aux murmures des Musulmans succéda le désir de me consulter, et je ne tardai pas à être entouré par les malades, et même les gens valides, qui se trouvaient là, ou qui venaient des environs, attirés, soit par la curiosité d'assister à mon examen, soit par le besoin de me demander mon avis sur leurs maladies.

Je trouvai dans une large gorge plusieurs sources d'eau, beaucoup plus chaudes que celles de *Hammâm-él-Lyf*; on m'avait même assuré que le degré de chaleur avait assez d'intensité pour cuire des œufs; mais l'expérience m'a fait trouver cette assertion fausse, car les œufs mis dans cette eau et retirés après une demi-heure n'avaient pas subi de changement sensible.

Les eaux de *Gourbos* contiennent une grande quantité d'alumine; il s'y en cristallise même sur les rochers par lesquels l'eau passe. Les pièces d'argent qu'on y plonge et qu'on frotte un peu, deviennent d'une propreté et d'une blancheur étonnantes. La teinture de noix de galles ne leur fait subir aucune altération, l'acide citrique aucune effervescence.

Il y a à ces sources des bains d'étuves très-médiocres; mais, de plus, on a creusé dans le rocher plusieurs baignoires, qu'on remplit et vide à volonté; pour

(1) *Voyez* ci-dessus, page 30.

ces dernières baignoires il est indispensable d'avoir une tente; on se trouve ainsi tout à la fois dans un bain chaud, à l'air libre, et jouissant de la vue pittoresque de la mer. Quel endroit délicieux on pourrait faire de ces bains, s'ils étaient entre les mains des Européens, et si l'art suppléait à l'aridité naturelle des roches qui environnent les sources?

Les eaux de *Gourbos* sont fortifiantes; mais quand on en boit en trop grande quantité elles irritent le canal intestinal, et occasionnent des purgations violentes; elles sont d'ailleurs d'une efficacité supérieure dans bien des cas, en raison de leur plus haut degré de chaleur; car je pense que les effets salutaires attribués souvent exclusivement aux différentes substances contenues dans les eaux minérales dépendent peut-être davantage du calorique, qui jusqu'ici n'a pas été suffisamment apprécié, quoiqu'il soit reconnu que c'est l'agent le plus actif de la nature.

Bruce assure avoir visité à *Terianah*, des eaux minérales qui, quoique très-chaudes, contiennent beaucoup de petits poissons vivants et qui paraissent s'y trouver très-bien. Comme ce voyageur a avancé beaucoup d'autres faits peu croyables, ou même reconnus pour faux, j'avais aussi conçu quelques doutes sur ce qu'il dit de *Terianah*; mais je dois avouer que j'ai trouvé plusieurs habitants du pays, dignes de foi, qui m'ont confirmé la réalité de cette particularité remarquable.

A la distance de cinq milles de *Zaghouàn* il y a encore des eaux minérales, que les gens des environs emploient contre plusieurs infirmités; mais je n'ai pas eu le loisir de les explorer.

On en trouve également près de l'ancienne *Utique*, ainsi que dans l'île située au milieu du lac de *Bizerte*. N'ayant pu visiter qu'une seule fois les thermes naturels de *Hammâm-Trouzzah* et de *Hammah-èl-Gabs*, je n'ai rien à ajouter ici à ce que j'en ai déjà dit, sommairement, ci-dessus pages 42 et 46. Mais, indépendamment des sources dont je viens de parler, ceux qui voudront se livrer à la recherche des eaux minérales dans ce pays, y trouveront un grand nombre d'autres sources, sur lesquelles je ne puis donner des notions positives, et que je regrette de n'avoir pu aller examiner.

Je terminerai ce chapitre par une observation, plutôt cosmétique qu'hygiénique, que je n'ai pas trouvé l'occasion de placer dans les chapitres précédents.

L'usage des bains chauds est généralement recherché dans tous les pays orientaux. Il y a beaucoup de bains d'étuves établis dans la ville de *Tunis*; mais il n'y en a que bien peu qui soient élégants et propres, et l'eau des bains est désagréablement saumâtre. Pour laver la tête, pour dégraisser les cheveux, les Tunisiens se servent d'une terre argileuse particulière qu'ils apportent du royaume de Marok, et qu'ils appellent *Tiffel*.

Ici s'arrêtera cette *Description de Tunis*, pour laquelle je regrette de n'avoir pu recueillir les notes plus étendues que m'auraient, sans aucun doute, fournies un séjour plus prolongé dans la capitale de la Régence et quelques excursions dans l'intérieur du territoire; je m'étais promis d'explorer plus en détail toutes les parties du pays, et j'aurais exécuté ce projet si plusieurs circonstances ne m'avaient forcé, d'abord à l'ajourner, puis à y renoncer entièrement.

Je regrette aussi, surtout, de ne pas avoir possédé la langue arabe avec assez d'étendue pour pouvoir me livrer aux recherches historiques, dont je ne puis me dissimuler que le manque se fera sentir à mes lecteurs, comme je l'ai senti moi-même; mais je mets à ce sujet mon espoir dans l'active obligeance de mon ami et compagnon d'Égypte M. J. J. *Marcel*, dont personne n'ignore les travaux sur l'Orient, et qui a bien voulu s'engager, non-seulement à revoir et corriger mon texte avant sa publication, mais encore à y joindre le complément indispensable d'un *Précis historique* sur Tunis et ses révolutions diverses, dont les matériaux lui seront fournis, je l'espère, par quelques-uns des manuscrits arabes dont il a rapporté d'Égypte une si riche collection.

L. FRANK, D. M.

SECONDE PARTIE,

PAR J. J. MARCEL (1).

PRÉCIS HISTORIQUE DES RÉVOLUTIONS DE TUNIS,
DEPUIS SA FONDATION JUSQU'A NOS JOURS.

CHAPITRE Ier.

Fondation de Tunis par les Phéniciens ; — légende mythologique ; — Didon ; — Carthage ; — Utique ; — Tunis sous les Carthaginois ; — guerres puniques ; — Tunis prise par Régulus et reprise par les Carthaginois ; — Scipion rétablit les remparts de Tunis ; — Massinissa ; — Syphax ; — Juba ; — Jugurtha ; — révolte des Mercenaires ; — prise de Tunis par les révoltés ; — Tunis et Carthage sous la république Romaine.

Depuis les siècles les plus reculés dont l'histoire nous ait transmis le souvenir, il n'est que quatre époques pendant lesquelles ait été soumise à un seul maître cette vaste zone du littoral africain, qui, des embouchures du Nil à l'Océan Atlantique, ceint la partie méridionale du bassin de la Méditerranée.

Cette unité de souveraineté territoriale n'eut lieu, pour les États que nous comprenons dans la dénomination commune des *États Barbaresques*, que sous la domination des Romains, sous celle des empereurs Byzantins, sous les Kalyfes Ommiades, et sous les règnes de quelques-uns des Princes Fatimites. Toutes les autres périodes de l'histoire de l'Afrique septentrionale nous représentent cette contrée perpétuellement morcelée en petites principautés, où successivement établissaient leur pouvoir des familles, plus souvent étrangères qu'indigènes, qui se groupaient autour des États principaux, parmi lesquels jouent le rôle le plus important les royaumes de Marok, d'Alger et de Tunis.

On sait que la Régence de Tunis,

à laquelle on a conservé, même à présent encore, le titre de *Royaume*, comprend les deux anciennes provinces nommées *la Byzacène* et l'Afrique proprement dite (*Africa proprie dicta*).

La capitale de cette Régence, *Tunis*, est située à cent cinquante lieues (600 kilomètres) à l'est nord-est d'Alger, à cent dix lieues (440 kilomètres) ouest-nord-ouest de Tripoli, et à cent quatre-vingt lieues (720 kilomètres) au sud de Marseille.

Le nom sous lequel la ville de Tunis a été désignée par les plus anciens écrivains est celui de *Tunetum*, suivant quelques-uns *Thunetum*, *Tuneta*, ou même *Tunes*. L'Itinéraire d'Antonin nomme cette ville *Tunisum*, et le nom de *Tounès* est celui que lui donnent actuellement les Arabes, dont les géographes la placent dans la seconde partie du troisième climat (2).

Les premiers habitants de Tunis furent, suivant l'opinion de tous les géographes et de tous les historiens anciens, des colons, Phéniciens, comme ceux de Carthage, ville dont la proximité immédiate fait confondre tellement l'histoire avec celle de Tunis, que raconter les événements dont Carthage fut le théâtre, serait en même temps écrire les annales de Tunis ; j'ajouterai même que la plupart des géographes et des historiens orientaux ne font de *Tunis* et de Carthage qu'une seule et même ville.

Malheureusement l'histoire même de *Carthage*, où nous aurions pu puiser les matériaux de celle de *Tunis*, pendant les premiers siècles qui ont suivi la fon-

---

(1) *Voyez* ci-dessus la note 1re de la page 3 et le dernier *alinea* de la page précédente.

(2) *Voyez* ci-dessus, pour les détails géographiques généraux, le chapitre Ier, et pour la topographie particulière, le chapitre VI de la première partie.

dation de l'une et de l'autre ville, est bien incomplète; à peine un seul fragment des historiens puniques a-t-il survécu aux désastres qui ont réduit leur patrie à n'être plus maintenant qu'un monceau de ruines.

Certes, si les anciens historiens nous avaient laissé pour l'histoire de la république carthaginoise des documents tant soit peu proportionnés au pouvoir et à l'opulence de cette fameuse cité, il y aurait très-peu de peuples au monde dont les annales offriraient une série de faits plus intéressants; mais tel a été le malheur de cette métropole africaine, que, malgré ses immenses richesses, l'étendue de son commerce, sa politique consommée et son génie militaire (*Carthago dives opum, studiisque asperrima belli*), qui l'ont rendue si longtemps formidable aux peuplades voisines, et même à la puissante république romaine, il ne nous reste cependant que des mémoires très-imparfaits sur les grands événements qui ont dû être signalés par l'histoire carthaginoise. Les principaux faits auxquels les Carthaginois ont pris part, et qui ont pu échapper à l'oubli, nous ont été transmis par les écrivains d'une nation leur ennemie, ou par ceux qui étaient favorablement disposés pour leurs adversaires. Ainsi, bien des choses qui mériteraient d'être connues ont dû être omises dans l'histoire de Carthage et dans celle de *Tunis*, qui en dépend, et on ne peut recueillir quelques renseignements sur ces deux villes, dans les siècles qui ont précédé l'ère chrétienne, qu'en recherchant quelques passages épars dans les historiens grecs et latins, sans cependant qu'on puisse parvenir à en former un tableau historique complet et sans lacunes, et ce n'est même que depuis l'invasion des Arabes que les annales de Tunis peuvent être considérées comme un corps d'histoire suivi et régulier.

On assure que la fondation de Tunis fut contemporaine ou du moins de très-peu de temps postérieure à celle de Carthage (1); si l'on ajoutait même foi aux assertions de quelques anciens auteurs, l'origine de *Tunis* remonterait à des siècles plus reculés encore, et cette ville aurait été fondée par une colonie de Phéniciens en même temps que celle d'*Utique* (2), que *Justin* nous représente comme existant déjà depuis près d'un siècle sur la côte africaine avant que la princesse tyrienne connue sous le nom de *Elyssa* ou de *Didon* (3) n'y vînt aborder avec une nouvelle colonie, et y jeter les premiers fondements de l'antique citadelle des Carthaginois (4).

Au reste, si le génie poétique de Virgile s'est plu à embellir des fictions les plus intéressantes le berceau de la ville fondée par *Didon*, les Grecs, si amateurs de fables, n'ont pas laissé l'origine de *Tunis* sans légende romanesque.

Suivant quelques scoliastes, *Cadmus*, ce héros *oriental* (5), qui joue un rôle presque universel dans toutes les traditions des temps mythologiques, et que

___

(1) La fondation de Carthage fut antérieure à celle de Rome de soixante-cinq ans, suivant *Velleius Paterculus*; de soixante-douze ans, suivant *Trogus Pompeius* et *Jus-*

tin; de quatre-vingt-douze ans, suivant *Tite-Live*; de cent-dix-neuf ans, suivant *Solin*; d'autres chronologistes, tels que *Josèphe* et *Ménandre d'Éphèse*, portent jusqu'à cent quarante années cette différence de date. Nous n'entreprendrons pas de concilier ces assertions diverses, d'où résulte seulement l'antériorité de *Carthage*, généralement reconnue, et nous ne croirons pas être trop éloigné de l'exactitude chronologique, en adoptant l'opinion la plus généralement reçue, qui place la fondation de Carthage ainsi que celle de Tunis entre les années 900 et 890 avant l'ère chrétienne.

(2) Le nom d'Utique (*Outyqah*), ou *Atyqah*, signifiait en langue phénicienne *l'antique, l'ancienne ville*; celui de Carthage (*Qarthedata*), *la nouvelle ville*.

(3) *Didon* était petite-fille du roi de Tyr *Ithobaal*, que la Bible cite comme le père de la fameuse *Jezabel*, dont par conséquent *Didon* aurait été la nièce.

(4) Cette citadelle reçut le nom de *Byrsa*, qui en langue phénicienne signifie *tour*, *fortification*, et subsiste encore dans la langue arabe, sous la forme de *bourdj*, qui a le même sens, analogue au mot πυργος des Grecs.

(5) Le mot *qedam*, *qadm*, ou *qadem*, signifie *oriental* dans toutes les langues comprises sous l'appellation commune d'*idiômes semitiques*; et il est présumable que sous cette appellation commune les Grecs n'ont fait qu'un seul et même personnage de tous les Orientaux qui ont amené des colonies dans la Grèce.

l'on trouve partout, en Égypte, en Grèce et en Afrique, fuyant la Samothrace, avec la belle *Harmonie*, qu'il venait d'enlever (1), se serait retiré sur les bords du lac *Triton* (2) : il s'y vit entouré d'une postérité nombreuse ; mais il quitta cet asile pour poursuivre à son tour le ravisseur de sa sœur *Europe*. *Harmonie*, ajoutent-ils, mourut de douleur peu après son abandon, sur la plage où elle avait reçu les derniers adieux de *Cadmus*, et en mourant elle ordonna à ses enfants d'élever son tombeau au lieu même où elle avait exhalé ses derniers regrets. Non-seulement ils obéirent, mais encore ils quittèrent les bords du lac *Triton*, pour venir fixer leur habitation autour du monument qu'ils élevèrent à leur mère, et ils donnèrent à cette nouvelle résidence le nom de *Tounah*, ou de *Tounét*, qui signifie *habitation* en langue phénicienne.

Quoi qu'il en soit de ces hypothèses, on ne peut cependant disconvenir que les historiens de la République romaine font déjà mention de *Tunis* dès le temps de la première guerre Punique, c'est-à-dire dès l'époque qui s'étend de l'an 490 à l'an 513 de la fondation de Rome (deux siècles et demi avant l'ère chrétienne) ; et que, suivant eux, cette ville tenait alors le second rang parmi les cités de la côte africaine.

Déjà, dans les siècles qui précédèrent les hostilités si acharnées de Rome et de Carthage on trouve des preuves de l'importance que Tunis avait déjà acquise, et du puissant concours que prêta sa marine à celle de Carthage, dans les diverses expéditions que tentèrent les Carthaginois, soit contre la Sardaigne et les Phocéens (3), soit surtout contre la Sicile.

(1) Vers le milieu du seizième siècle avant l'ère chrétienne, peu de temps environ avant le déluge de *Deucalion*.

(2) *Voyez* ci-dessus, page 45.

(3) Vers le milieu du sixième siècle avant notre ère, les Phocéens, fuyant la domination de *Cyrus*, qui s'étendait sur la Grèce asiatique, vinrent s'établir à Marseille, où cinquante années auparavant ils avaient déjà envoyé une colonie. Les Phocéens avaient étendu leur établissement sur toute la côte depuis le Var jusqu'à l'Èbre, et y avaient fondé les villes de *Nicæa*, d'*Olbia*, d'*Agatha*,

Tunis fut à cette époque particulièrement exposée aux attaques des peuplades africaines, habituellement en état de guerre avec Carthage, tantôt subissant le joug de cette république, tantôt la forçant de leur payer un tribut annuel ; et l'an 395 avant notre ère les Africains, s'étant réunis au nombre de deux cent mille hommes, s'emparèrent de Tunis, menaçant Carthage même d'un siège ; mais la famine et les divisions qui éclatèrent parmi les barbares firent échouer leurs desseins, et délivrèrent bientôt Tunis de leur possession éphémère.

Les premiers siècles de la république romaine avaient été loin de faire présager l'animosité irréconciliable qui devait par la suite diviser Rome et Carthage : des traités d'alliance avaient même été conclus entre les deux peuples, dès l'époque même de l'expulsion des Tarquins, l'an 508 avant l'ère chrétienne, sous le consulat de Brutus et de Valerius ; et il est à remarquer que dans ces traités, ainsi que dans ceux qui les suivirent, particulièrement à l'époque de l'invasion de Pyrrhus en Italie, comme aussi dans tous les traités conclus par Carthage, soit avec *Denys* de Sicile, soit avec les peuples africains, la ville de Tunis se trouve toujours nominativement mentionnée immédiatement après celles de Carthage et d'Utique ; circonstance qui constate que dès cette époque Tunis était regardée comme la troisième ville du territoire carthaginois.

Tunis est spécialement désignée par les historiens au nombre des deux cents places dont Régulus se rendit maître sur la côte d'Afrique, après la victoire mémorable (4) qu'il avait remportée sur *Amilcar* et *Hannon*, dans les parages qui s'étendent entre la côte méridionale de la Sicile et le cap africain que nous con-

d'*Emporium*, d'*Alonis* et de *Mænace* ; ils s'étaient aussi rendus maîtres de la Corse et de la Sardaigne. Toutes ces possessions leur furent successivement enlevées par les Carthaginois.

(4) Dans cette bataille navale, Régulus prit aux Carthaginois soixante-quatre galères et en coula à fond plus de trente ; la descente qu'il exécuta alors sur la côte d'Afrique fut signalée par une nouvelle victoire qu'il remporta près de Tunis.

naissons maintenant sous le nom de *cap Bon*.

Tunis avait été choisie par les Romains pour y établir le quartier général de leur armée, et de ce poste militaire ils menaçaient avec avantage les remparts de *Carthage* elle-même; mais Tunis, où l'armée des assiégeants avait concentré ses forces, resta peu de temps en sa puissance; elle fut bientôt rendue aux Carthaginois par le général lacédémonien *Xantippe*, qui défit les Romains, leur tua trente mille hommes, et fit Régulus lui-même prisonnier.

Le sort des armes, qui avait livré Tunis tour à tour au parti victorieux, la soumit définitivement aux légions qui vinrent l'attaquer ayant Scipion à leur tête.

Lorsque cet illustre général forma le siège de Carthage, il fit de Tunis sa place d'armes, et, comme Régulus, son prédécesseur, il y établit son quartier général (1). Afin de mettre la place à l'abri de toute attaque de la part des assiégés, il en répara les fortifications, que lui-même avait ruinées pour s'en emparer, et y augmenta considérablement les travaux que les Carthaginois y avaient faits antérieurement.

En effet, lorsque Carthage était devenue puissante par le concours des étrangers, que sa situation favorable au commerce y attirait de toute part, elle avait fait le premier essai de ses forces contre Tunis, qu'elle avait soumise, et qu'elle s'était empressée de fortifier, comme un avant-poste important à la sûreté de la capitale, dont Tunis, par sa proximité, semblait n'être que la succursale et, pour ainsi dire, le faubourg.

Durant la première guerre punique et les suivantes, la ville de Tunis fut ainsi plusieurs fois prise et reprise par les deux partis qui se disputaient avec tant de fureur et d'opiniâtreté la souveraineté du monde alors connu en Occident.

Presque entièrement détruite à cette époque, par les vicissitudes de ces guerres acharnées, elle finit par subir, avec tout l'empire carthaginois, le joug de la domination romaine.

Mais dans les guerres intestines que Carthage avait eu à subir sur le territoire africain, Tunis n'avait pas eu à jouer un rôle moins important que dans les catastrophes des hostilités étrangères: l'année même dans laquelle la première guerre Punique avait été terminée par un traité qui coûta aux Carthaginois dix millions exigés par Rome au moment même de la signature, la république africaine s'était vue menacée d'une perte entière par la guerre des *Mercenaires*.

On donnait le nom de *Mercenaires* à des troupes soldées par les Carthaginois, et recrutées par eux parmi toutes les nations qui habitent autour du bassin de la Méditerranée; on comptait parmi ces soldats *mercenaires*, des Espagnols, des Gaulois, des Liguriens, des Siciliens, des Grecs, et surtout un grand nombre d'Africains: la politique du sénat de Carthage avait cru prévoir toute occasion de révolte parmi ces troupes étrangères, en réunissant sous les mêmes drapeaux des soldats parlant des idiomes différents et ne comprenant pas mutuellement leurs divers langages. Ce système avait réussi tant que la guerre avait duré; il n'en fut pas de même lorsque la paix était faite avec Rome. *Carthage* aurait voulu licencier ces troupes, devenues inutiles. Ramenées de la Sicile sur le continent africain, ces troupes ne purent y être sur-le-champ payées de leur solde arriérée et renvoyées dans leurs patries respectives, l'épuisement du trésor de Carthage ayant même forcé le sénat à proposer une réduction dans la somme considérable qui leur était due.

Le mécontentement des *Mercenaires* éclata aussitôt avec violence: ces corps militaires si hétérogènes, et que leurs idiomes étrangers semblaient isoler les uns des autres, surent s'entendre réciproquement pour une rébellion générale.

Les révoltés quittèrent les cantonnements dans lesquels les ordres du sénat de Carthage les avaient placés, et vinrent établir leur camp à Tunis, menaçant de ce poste la métropole elle-même.

La révolte s'étendit bientôt de Tunis au reste du territoire africain, dont toutes les villes s'unirent aux rebelles, à l'exception de deux seulement, celles d'*Utique* et de *Hippacra*: les Mercenaires, au nombre de soixante-dix mille,

---

(1) Ce fut à *Tunis* que Scipion reçut les trente ambassadeurs que les Carthaginois envoyaient pour demander la paix.

en firent le siége, et profitèrent de la proximité de Tunis, où ils avaient établi leur quartier général, pour bloquer étroitement Carthage.

Mais après les vicissitudes d'une longue guerre, les Mercenaires se virent enlever successivement toutes leurs positions par *Amilcar*, surnommé *Barca*, qui mit fin à la rébellion par la prise de *Tunis* elle-même et le massacre de tous les Mercenaires dont cette ville avait été la dernière retraite. Cette guerre, qui avait mis Carthage dans un si grand danger, avait duré trois années et quatre mois.

Après avoir subi le choc des armes romaines, *Tunis* avait aussi souffert les luttes sanglantes entre *Massinissa* et *Syphax* (1), dont son territoire fut le théâtre, puis celles qu'entraînèrent l'usurpation de *Jugurtha* (2) et plus tard l'alliance formée par *Juba Ier* avec *Pompée* contre *Cæsar* (3).

CHAPITRE II.

Tunis et Carthage sous les empereurs romains; — rétablissement de Tunis à diverses époques; — révolte du Berbère Takfarmas; — les empereurs Gordiens; — christianisme; — saint Cyprien; — invasions des Francs; — dissensions religieuses; — Donatistes.

Mais si le voisinage de Carthage et de *Tunis* fut fatal à cette dernière ville, et lui fit suivre toutes les phases des catastrophes que la fortune imposa à la première dans ses vicissitudes ennemies, cette proximité l'associa en même temps

---

(1) Au commencement de la seconde guerre Punique, *Syphax*, roi d'une partie de la Mauritanie, s'était d'abord déclaré pour les Romains, tandis que *Massinissa*, roi d'une autre partie du pays, avait embrassé la cause des Carthaginois; mais bientôt l'un et l'autre changèrent de parti, par suite de leurs inimitiés particulières : réunissant ses forces à celles d'*Ælius*, *Massinissa* livra à *Syphax*, l'an 201 avant notre ère, une bataille, dans laquelle celui-ci fut vaincu et fait prisonnier. Mis en possession par les Romains de tous les États qui avaient appartenu à son ennemi, *Massinissa* eut un long règne, pendant lequel il se montra toujours le fidèle allié de la République; il mourut l'an 149 avant notre ère, laissant cinquante-quatre enfants de diverses concubines : il avait chargé en mourant *Scipion le Jeune* de faire le partage de ses États entre ses trois fils légitimes, *Micipsa*, *Gulussa*, et *Mastanabal*.

(2) *Jugurtha* était fils de *Mastanabal* : *Micipsa*, que la mort de ses deux frères avait rendu héritier des provinces que chacun d'eux avaient eues en partage, se méfiant du caractère ambitieux de son neveu *Jugurtha*, l'avait envoyé faire la guerre en Espagne, espérant que les combats sanglants qui s'y livraient le débarasseraient d'un prince dont il regardait la rivalité comme pouvant être dangereuse pour ses deux fils auxquels il destinait sa succession. L'espoir de *Micipsa* fut trompé. *Jugurtha* sut unir la prudence au courage, et revint d'Espagne sain et sauf; alors *Micipsa* en mourant, l'an 120 avant notre ère, prit le parti d'adopter *Jugurtha* et de l'associer dans son héritage avec ses deux fils *Adherbal* et *Hiempsal*, espérant ainsi contenir par la reconnaissance les desseins ambitieux qu'il soupçonnait à son neveu et faire naître l'affection entre ce prince et ses deux cousins.

Il n'en fut pas ainsi; à peine *Micipsa* fut-il mort, que *Jugurtha* fit périr *Hiempsal*, qu'il dépouilla, et attaqua vivement *Adherbal*, dont il prétendait aussi saisir la part d'héritage. *Adherbal* avait réclamé le secours des Romains, qui envoyèrent successivement *Cecilius Metellus* et *Marius* pour combattre l'usurpateur. *Jugurtha* fut défait, et chercha vainement un asyle dans toutes les villes de l'Afrique septentrionale; repoussé partout, il se réfugia auprès de son beau-père, *Bocchus*, roi d'une portion de la Mauritanie; mais celui-ci livra aux Romains son gendre, qui fut emmené à Rome et jeté dans une prison, où l'on dit qu'il mourut de faim, l'an 106 avant notre ère.

(3) *Juba Ier* du nom avait succédé à son père *Hiempsal*; dans la guerre entre *Pompée* et *J. Cæsar*, il s'était attaché au parti de *Pompée*, et l'avait aidé de ses troupes : *Cæsar*, après la mort de son rival, revint punir *Juba Ier* de son alliance contre lui. *Juba Ier*, dont les troupes furent taillées en pièces, ne put survivre à sa défaite, et se fit donner la mort par *Petreius*, l'an 42 avant notre ère. Son fils *Juba IIe* du nom avait été amené à Rome pour orner le triomphe de *Cæsar*; il fut élevé à la cour d'*Auguste*, qui lui fit épouser *Cléopatre-Selénè*, fille de la fameuse *Cléopatre* et de *Marc-Antoine*, et lui donna le royaume des deux Mauritanies et de la Gétulie. *Juba II* mourut l'an 24 avant notre ère; et, après sa mort, ses États, dont Tunis faisait partie, furent réunis aux provinces romaines.

aux retours de fortune qui, à diverses époques, devinrent favorables à la capitale du territoire carthaginois.

Ainsi, à la fin de la troisième guerre Punique *Tunis* avait été ruinée avec Carthage par le second Scipion (1); puis, quelques années avant l'ère chrétienne, lorsque Auguste envoya une population de cinq mille hommes dans la métropole africaine, pour la faire sortir de ses ruines et la coloniser, *Tunis* partagea les bienfaits de la munificence impériale; comme aussi elle vit ses murs se relever, lorsque Hadrien rétablissait, vers l'an 125 de notre ère, une partie de ceux de Carthage, à laquelle il donnait le nom de *Hadrianopolis*, et qu'il destinait à contenir les esprits turbulents des peuplades de ces contrées, de tout temps portés aux séditions et aux révoltes.

En effet dès l'an 17 de notre ère un naturel du pays, c'est-à-dire un Berbère, nommé *Takfarmas*, avait excité en Afrique une grande sédition, qui s'était étendue sur presque toute la côte septentrionale de cette contrée, et qui ne put être apaisée par *Camillus* qu'après une guerre de sept années et la mort du chef des rebelles.

Depuis cette sédition, qui avait manqué d'enlever toutes les provinces africaines à l'autorité impériale, les Romains avaient eu encore à comprimer plusieurs autres soulèvements partiels, sans cesse renaissants parmi les tribus berbères.

Sous les empereurs romains du troisième siècle de notre ère, Carthage, qui liait toujours ses destinées à celles de Tunis, lui fit partager sa renaissance à la prospérité, dont elle commençait à jouir de nouveau à cette époque.

En effet l'antique métropole africaine paraît avoir alors repris assez de splendeur pour mériter d'être la résidence de deux empereurs : les deux *Gordiens* (le père et le fils) y furent élevés à l'empire, l'an 237 de l'ère chrétienne, par les légions qui tenaient garnison en Afrique (2); c'est dans cette ville que les deux empereurs reçurent les lettres d'assentiment du sénat de Rome, et qu'ils passèrent le peu de jours que dura leur règne éphémère; c'est là aussi qu'ils furent l'un et l'autre détrônés par *Capellianus*, général des troupes restées fidèles au parti de *Maximin*, l'an 238 de notre ère.

C'est également à Carthage que *Sabinianus*, mécontent de voir le trône impérial occupé par le troisième *Gordien*, fils du consul *Junius Balbus*, et petit-fils par sa mère de l'empereur précédent, fit éclater contre lui, l'an 240 de notre ère, une révolte, qui fut presque aussitôt étouffée par le gouverneur de la Mauritanie (3).

A cette époque le christianisme s'était déjà tellement répandu sur les côtes septentrionales de l'Afrique, qu'un évêché avait été établi à Carthage; et l'an 248 de l'ère chrétienne cette Église avait eu pour évêque l'illustre saint *Cyprien*, qui y fut martyrisé, l'an 258.

Les populations mêlées des descendants des Africains indigènes et des anciens Phéniciens, puis des Grecs et des Romains, dont les invasions successives avaient couvert les rivages de l'Afrique septentrionale, en repoussant dans l'intérieur du territoire les Berbères, les Numides, et les autres tribus africaines, se virent accrues à cette époque par une nouvelle colonie, bien étrangère à ces pays.

---

(1) L'an 146 avant l'ère chrétienne.

(2) *Marc-Antoine Gordien*, surnommé l'*Africain*, était né à Rome, l'an 157 de notre ère; nommé consul l'an 231, il fut envoyé l'année suivante comme proconsul en Afrique: les cruautés de l'empereur *Maximin* et les exactions de ses intendants ayant fait révolter cette province, *Gordien*, âgé de quatre-vingts ans fut proclamé empereur par les légions, l'an 237 de l'ère chrétienne : il associa son fils à la dignité d'empereur ; mais le règne de ces deux princes ne fut que d'environ six semaines : attaqué par *Capellianus*, gouverneur de Mauritanie, attaché au parti de *Maximin*, *Gordien* fils périt dans une bataille, et son père s'étrangla lui-même de désespoir.

(3) *M. A. Gordien*, surnommé *le Pieux*, petit-fils de *Gordien l'ancien* et neveu de *Gordien le jeune*, fut nommé César à l'âge de douze ans : à seize ans il fut proclamé empereur, l'an 241 de notre ère ; son règne ne fut que de quatre années environ ; et l'an 244 il fut assassiné par *Philippe*, préfet du prétoire, lorsqu'il venait de remporter une double victoire sur les hordes des Goths et sur l'armée de *Sapor*, roi de Perse.

En effet, les historiens nous apprennent que vers l'an 260 de notre ère une forte colonne de Francs, sortis des forêts de la Germanie, traversait les Gaules, les Pyrénées, s'embarquait à Tarragone, après l'avoir saccagée, et venait se jeter sur les côtes d'Afrique, où elle fondait plusieurs établissements.

Cette invasion des Francs n'est pas la seule dont l'Afrique ait eu à souffrir de la part du même peuple; s'il faut en croire ces mêmes historiens, un autre corps de Francs, que l'empereur *Probus* avait transportés près du Pont-Euxin, s'y embarquèrent, l'an 277 de notre ère, et purent, par le détroit de Cadix, regagner l'embouchure du Rhin, après avoir traversé dans toute sa longueur la mer Méditerranée, et pillé en route les côtes de la Grèce, de la Sicile, et surtout celles de la Libye, exposées alors à d'autres dévastations, par les excursions des Barbares indigènes sortis des gorges de l'Atlas.

Les troubles qui agitaient alors l'Empire romain ne permettaient pas aux empereurs de défendre contre ces diverses agressions leurs domaines africains; et peu d'années après (1) cette malheureuse contrée vit ses provinces intérieures en proie à la fois à tous les fléaux qu'enfantent les dissensions intestines, les révoltes sanglantes et les attaques réciproques des différents partis, ameutant successivement l'une contre l'autre les races hétérogènes dont se composait la population de ces contrées.

Bientôt les désordres devinrent tels, que pour y mettre un terme l'empereur *Maximien-Galère* fut obligé, l'an 301, de passer lui-même en Afrique. Mais à cette déplorable époque les Chrétiens d'Afrique semblaient vouloir, par les dissensions d'Église à Église et les disputes violentes entre les divers sectaires, ajouter encore aux fléaux qui désolaient leur malheureuse patrie : à peine échappés aux persécutions dont les avaient accablés les empereurs romains, ils se persécutaient mutuellement eux-mêmes. L'an 306 de notre ère, *Mensuris*, évêque de Carthage, était violemment arraché de son siège épiscopal, et remplacé par *Cécilien*; celui-ci à son tour

(1) L'an 286 de l'ère chrétienne.

était chassé, et forcé de céder l'épiscopat à *Majorien*.

Né de ces violences, le schisme des donatistes s'élevait au sein des Églises africaines, et s'y signalait par les fureurs réciproques des orthodoxes et des schismatiques.

Carthage avait alors deux évêques à la fois, *Cécilien* et *Majorien*, nommés, le premier par les orthodoxes, le second par les schismatiques; après des excès de tout genre, les deux partis, ne pouvant s'accorder, en appelèrent, l'an 314, à l'empereur *Constantin*, à peine devenu chrétien. Le proconsul d'Afrique *Ælianus*, que le prince avait chargé de pacifier les esprits, ne fut pas plus écouté qu'un concile provincial assemblé par l'ordre impérial, et les désordres, entretenus par les haines religieuses, troublèrent encore l'Afrique pendant de longues années, dont chacune était signalée à Carthage et à Tunis par de nouvelles scènes de guerre intestine et de meurtres.

CHAPITRE III.

Tunis sous les Empereurs Byzantins; — Massezel; — Dissensions religieuses; — Gildon; — établissement des Vandales; — Genséric; — ses successeurs, — Bélisaire; — expulsion des Vandales; — Héraclius; — invasion des Perses; — prise et pillage de Carthage par Khosroës; — invasion musulmane.

Lorsque l'Empire romain fut, l'an 337 de l'ère chrétienne, pour la première fois partagé et divisé par un triple droit d'hérédité entre les trois fils de *Constantin* le *Grand*, *Constantin* le *jeune*, *Constance* et *Constant*, l'Afrique, la Sicile, l'Italie, l'Illyrie, la Macédoine et la Grèce formèrent la part du troisième de ces princes; mais *Constance*, ayant survécu à ses deux frères, recueillit par héritage les deux portions que ceux-ci avaient possédées.

Ainsi *Carthage* et *Tunis*, comprises d'abord dans le troisième lot de ce premier partage, cessèrent d'être isolées des autres parties du grand Empire romain, et rentrèrent avec les autres provinces sous l'autorité d'un seul et même maître; mais cette réunion ne fut pas d'une longue durée.

Constant avait voulu pacifier l'Église d'Afrique, et y avait envoyé dans ce but, l'an 349, *Paul* et *Macaire*; mais les donatistes prirent les armes contre eux à *Carthage* et à *Tunis*, et la rébellion ne put être éteinte que dans le sang d'un grand nombre de révoltés que leur parti honora du nom de martyrs; enfin l'an 355 *Donat*, chef des schismatiques, fut définitivement chassé de Carthage et de Tunis, et mourut peu après.

Le second partage du grand Empire romain, entre les deux fils de *Théodose*, *Arcadius* et *Honorius*, formant par cette scission deux empires, l'un d'Occident, l'autre d'Orient, mit, l'an 395 de l'ère chrétienne, Carthage et Tunis dans le lot qui échut à l'empereur d'Occident. Mais les stipulations de ce partage ne furent pas longtemps respectées, et deux ans après, l'an 397, *Gildon*, fils d'un roi maure, à qui Théodose avait confié le gouvernement de l'Afrique, séduit par les intrigues d'Eutrope, abandonnait le parti d'Honorius, et livrait ses provinces à Arcadius, qu'il trouva empressé de dépouiller son frère d'un de ses plus beaux domaines.

Gildon ne tarda pas à recevoir le prix de sa trahison : aussitôt après sa défection, il s'opposa à l'envoi des blés que chaque année Rome tirait de l'Afrique, et particulièrement de la Byzacène, si renommée par sa fertilité; les Romains, qui étaient restés tranquilles quand il ne s'était agi que d'une spoliation des domaines de leur empereur, s'émurent quand ils virent leur subsistance compromise : l'an 398 de notre ère la guerre fut déclarée. *Massezel* (1), frère

(1) Le mot *mas*, *mes*, *mis*, qui commence un grand nombre de noms d'hommes et de peuples africains cités par les historiens, tels que ceux de *Mas-sinissa*, de *Mis-sipsa* ou *Micipsa*, de *Mas-tanabal*, de *Mas-sezel*, de *Mas-syli*, de *Mas-sassyli*, de *Mazices* ou *Mas-syces*, etc, paraît n'être autre chose que le mot *més* ou *mis*, signifiant *fils* dans l'ancienne langue numide, et qui existe encore dans la langue berbère.

Ce mot, équivalant ainsi aux mots *ben* des Hébreux, *ebn* des Arabes, *mac* des Irlandais, etc., paraît jouer dans la composition des noms propres africains le même rôle que les formes de noms patronymiques chez les Grecs, tels que ceux de *Héraclides*, d'*Inachides*, d'*A-*

de *Gildon*, et qui, ayant encouru sa colère, s'était réfugié en Italie, fut choisi pour satisfaire à la fois à sa propre vengeance (2) et à celle des Romains ; *Stilicon*, beau-père d'Honorius, envoya en Afrique *Massezel* avec une petite armée, qui remporta une grande victoire sous les murs de Tunis, et *Gildon*, désespéré de sa défaite, s'étrangla lui-même (3).

Arcadius et *Honorius* se disputèrent quelque temps le domaine africain ; mais il fut bientôt enlevé à leurs prétentions réciproques par l'invasion de *Genséric* à la tête de ses hordes scandinaves (4).

Forcés l'an 432 de l'ère chrétienne de quitter l'Andalousie, où ils s'étaient d'abord établis, les Vandales allèrent jeter en Afrique les fondements d'une nouvelle monarchie : leur roi *Genséric* profita de la trahison de *Boniface*, gou-

trides, de *Pélopides*, de *Lagides*, de *Seleucides*, etc.

(2) *Gildon* s'était vengé de la fuite de *Massezel* en massacrant les enfants que celui-ci avait laissés en Afrique.

(3) Lorsqu'il revint en Italie, *Massezel* fut à son tour, par l'ordre de Stilicon, précipité du haut d'un pont et noyé dans une rivière.

(4) Les Vandales étaient originaires des bords de la mer Baltique, où ils habitaient, entre l'Elbe et la Vistule, dans les contrées appelées aujourd'hui le Holstein, la Poméranie et le Mecklembourg : ils formaient une des tribus de cette grande famille de peuples septentrionaux qui comprenait les Bourguignons, les Ostrogoths, les Visigoths, les Gépides.

Pline l'Ancien est le premier écrivain qui fasse mention des Vandales ; ce fut vers le milieu du premier siècle de notre ère que ces peuples commencèrent à se faire connaître; vers la moitié du second siècle, ils s'étaient établis dans les montagnes des Géants, et ils avaient, en l'an 170, envahi la Pannonie, dont ils furent bientôt chassés par *Marc-Aurèle* : battus par *Aurélien* en 270, par *Probus* en 277, ils réussirent néanmoins à s'établir dans la Dacie, sur les bords du Danube et de la Theiss; l'an 406 de l'ère chrétienne, une partie qui s'était alors jetée en Allemagne y fut vaincue par les Francs; mais les autres, s'étant joints aux Alains et aux Suèves, passèrent le Rhin, entrèrent dans les Gaules, qu'ils ravagèrent jusques en l'année 416 de notre ère, et de là pénétrèrent en Espagne, qui dès lors prit, d'après leur nom, celui d'*Andalousie*, conservé encore de nos jours par une des provinces espagnoles.

verneur d'Afrique, pour se jeter sur cette nouvelle conquête, qui devait le dédommager de la perte de ses possessions espagnoles.

Mécontent de la cour de Rome, *Boniface* avait levé, en 427, l'étendard de la révolte; pour se soutenir dans sa rébellion il avait appelé à son secours les Vandales, leur promettant la moitié des provinces qu'il gouvernait. Le roi *Hondéric*, qui régnait alors sur les Vandales, s'apprêtait à profiter de ses ouvertures; mais il mourut sur ces entrefaites, et *Genséric*, son fils naturel, qui s'empara alors du pouvoir, mit à exécution le projet dont son père avait fait les préparatifs.

Le nouveau roi de ces Vandales, qui allaient jouer un si grand rôle dans l'histoire de la ruine de l'Empire romain, avait compris de quelle importance était dans cette grande lutte l'établissement de ses hordes tant sur le littoral africain que dans les îles de la Méditerranée; la position de Carthage, de Bizerte, d'Utique et de Tunis fournissait au prince qui en serait devenu maître les moyens d'établir une puissance maritime d'autant plus redoutable, que depuis longtemps les Romains n'avaient plus de flotte à opposer aux invasions de leurs côtes. De ces ports si favorables, les armements pouvaient impunément porter le ravage sur tous les points de l'Empire sans rencontrer d'obstacle; de plus, en enlevant ainsi l'Afrique à Rome on affamait l'Italie, qui tirait de ces provinces ses subsistances et les regardait comme ses véritables greniers.

Dès l'année 429 de notre ère quatre-vingt mille Vandales et Alains avaient déjà traversé le détroit de Cadix et débarqué en Mauritanie : effrayés de ce déluge d'envahisseurs, les habitants s'étaient enfuis et réfugiés dans les montagnes : pour les empêcher de se réunir de nouveau et de venir inquiéter ses derrières, *Genséric* fit tout détruire sur son passage. Les trois provinces mauritaniques étaient bientôt tombées en son pouvoir; mais quand les Vandales voulurent passer plus avant, *Boniface* s'aperçut qu'au lieu d'auxiliaires il s'était donné de nouveaux maîtres, et il essaya de refouler les hordes conquérantes loin de Carthage et de Tunis, où était établi le siége de son gouvernement.

Cette résistance tardive fut impuissante : l'an 430 il fut complétement battu, et bientôt chassé de toute l'Afrique, où la domination romaine fut dès lors entièrement détruite.

Avant d'abandonner les provinces qu'il perdait ainsi par sa faute, *Boniface* s'était d'abord réfugié dans la ville d'Hippone (maintenant Bône) : *Genséric* vint l'y assiéger, au mois de juin 430; mais, peu versé dans l'art poliorcétique, il ne trouva d'autre moyen de forcer la ville à se rendre, que celui de faire jeter dans ses fossés un nombre immense de cadavres qui empestèrent l'air et portèrent la mort chez les assiégés.

Cependant après quatorze mois de siége les Vandales n'avaient encore pu se rendre maîtres d'Hippone; mais pendant cet intervalle leurs détachements avaient poussé plus loin leurs incursions sur le littoral, où ils s'étaient emparés des places principales, entre autres, de Carthage, de Tunis, de Bizerte et d'Utique.

Devenu ainsi maître de presque toute l'Afrique septentrionale, *Genséric* voulut s'assurer la possession de ses conquêtes, et, craignant d'y être attaqué par l'empereur *Valentinien III*, il parvint à obtenir de ce prince un traité qui lui cédait les trois Mauritanies, la Numidie et les autres provinces africaines, que la force des armes avait déjà livrées entre ses mains en tout ou en partie. L'empereur s'était pourtant réservé la possession des villes de Carthage, de Tunis et de tout le territoire qui en dépendait, bornant ainsi aux provinces occidentales le territoire dont il faisait cession aux Vandales; mais ceux-ci, peu scrupuleux sur la stricte exécution des traités, voyant aussi l'impossibilité où se trouvait de les y forcer l'empereur, trop occupé à se défendre ailleurs contre d'autres barbares, les Vandales refusèrent de restituer les conquêtes dont le traité leur interdisait la possession, et s'établirent au contraire plus solidement encore à Carthage et à Tunis.

Avec ces villes le reste des provinces romaines en Afrique tomba bientôt en leur pouvoir.

La possession des ports de Carthage,

de Tunis et de Bizerte donna à *Genséric* les moyens de se créer une marine tellement puissante, que, comme la république romaine au moment de sa plus grande splendeur, il pouvait dire en parlant de la Méditerranée « *mare nostrum*. » C'est de ces ports, et surtout de celui de Tunis, que sortaient alors ces flottes formidables qui allaient librement ravager les côtes italiennes, prendre et piller Rome, dévaster le Péloponèse, l'Épire, la Dalmatie, l'Istrie, et qui revenaient amonceler dans Carthage et dans Tunis les richesses du monde entier.

Il serait beaucoup trop long d'entrer ici dans quelques détails sur les interminables guerres de *Genséric* et des empereurs romains : elles furent terribles : l'Empire épuisa ses dernières ressources pour équiper des flottes destinées à repousser les excursions de l'ennemi, ou même à reporter la guerre en Afrique ; ces flottes furent battues par celles de *Genséric*, et le prince vandale fit alliance avec les Huns d'*Attila*, les *Ostrogoths*, les *Gépides*, les *Francs-Saliens*, qui par leurs attaques continuelles contre les empereurs d'Occident opéraient une diversion favorable à la sécurité de ses États.

Genséric avait fait de *Tunis* et de *Carthage* le double siége de son nouvel empire, dont l'éclat cependant commença à décheoir à la mort de son redoutable fondateur. Il avait fait de ses Vandales un peuple belliqueux et de mœurs sévères ; les jouissances de la conquête et l'adoption de la civilisation romaine en firent un peuple amolli et de mœurs dissolues. Cependant, malgré cette dégénérescence progressive sous les règnes des successeurs de Genséric en Afrique, les Vandales ne purent en être expulsés que sous le règne de *Justinien*, par les armes de Bélisaire (1), après une possession de plus d'un siècle.

Genséric était mort l'an 477 de l'ère chrétienne ; il eut pour successeur *Hunéric*, puis *Gunthamund*, qui monta sur le trône en 484 ; puis *Thrasamund*, en 496, puis *Hildérich* en 523. *Hildérich* avait été élevé à la cour de Constantinople, et il y avait obtenu l'amitié de Justinien, mais cette éducation catholique le rendit odieux aux Vandales, que l'on sait avoir adopté les dogmes de l'arianisme, à l'imitation de tous les barbares qui à cette époque fondirent de toutes parts sur l'Empire romain. Lorsque les Vandales virent *Hildérich* permettre aux catholiques de rouvrir leurs églises, aux évêques exilés de rentrer dans leur diocèse et de se réunir en un concile à Carthage (2), le mécontentement public devint extrême ; on résolut de renverser un ennemi de la religion arienne, et que ses relations avec Justinien faisaient soupçonner du projet caché de livrer à l'empereur grec les provinces africaines.

Sur ces entrefaites, les Maures s'étant jetés sur la Tripolitaine et sur la Byzacène y avaient enlevé plusieurs villes et tenté une attaque sur Tunis ; envoyé par *Hildérich* pour les repousser, *Gélimer* les battit ; mais après la victoire l'armée proclama roi des Vandales son général victorieux, et l'an 531 *Hildérich*, détrôné, fut jeté en prison après le massacre de ses partisans.

Gelimer se croyait assuré du trône, lorsque *Justinien* lui intima l'ordre de mettre en liberté et de rétablir *Hildérich*, le menaçant de la guerre en cas de refus.

Gelimer refusa, et l'an 535 *Bélisaire* débarqua avec une armée sur les confins de la Byzacène et de la Tripolitaine, puis il marcha rapidement sur Tunis et sur Carthage, battit les Vandales, et entra dans leur capitale, dont les portes lui furent livrées ; bientôt après une bataille en rase campagne décida du sort de l'empire vandale ; toutes les villes africaines furent occupées par l'armée de Bélisaire, et l'Afrique fut rendue à l'empire grec.

Gelimer fut emmené prisonnier à Constantinople, la nation vandale disparut ; les uns furent tués, les autres réduits en esclavage ou incorporés dans l'armée byzantine, et envoyés contre les Perses. C'est à peine si dans les ré-

(1) L'an 533 de notre ère.

(2) Depuis le premier concile provincial tenu par l'ordre de l'empereur Constantin, dont il a été question ci-dessus, cette ville avait déjà vu se rassembler dans ses murs sept autres conciles, dans les années 390, 401, 403, 405, 407, 419 et 484 de l'ère chrétienne.

voltes des Maures qui suivirent la conquête de Bélisaire l'on trouva parmi eux quelques centaines de Vandales; les femmes vandales avaient elles-mêmes été expulsées de l'Afrique, et depuis cette époque il n'est plus question de ce peuple dans l'histoire.

Toutefois, cette réintégration de l'autorité impériale en Afrique n'eut pas une durée beaucoup plus longue que ne l'avait été l'occupation des barbares; bientôt la décadence de l'Empire de Byzance livra *Carthage* et *Tunis* à de nouveaux maîtres, et les Arabes, qui venaient d'enlever au faible *Héraclius* les belles provinces de la Syrie et de l'Égypte, ne tardèrent pas à s'élancer sur celles de l'Afrique septentrionale, dont ils s'assurèrent la possession, malgré la résistance que les Grecs tentèrent vainement de leur opposer.

Déjà, quelques années avant l'invasion musulmane, le malheureux Héraclius, battu par les Perses en Syrie, n'avait pu arrêter le débordement des armées de *Khosroès*, qui se répandirent, comme un torrent dévastateur, sur les côtes égyptiennes et africaines. Carthage et *Tunis* avaient été saccagées par les Perses (1); mais l'inondation de ce fléau n'avait été qu'éphémère, le patrice qui gouvernait alors l'Afrique au nom de l'empereur d'Orient n'ayant fait que céder momentanément à cet orage passager, et ayant presque aussitôt repris possession des provinces dévastées.

Il n'en fut pas de même à l'égard de l'invasion des Arabes : bientôt, dépossédé de ses riches vallées du Nil, expulsé pour toujours de ses domaines africains par ces tribus si longtemps inconnues, organisées maintenant en phalanges conquérantes, l'empire Byzantin dut prévoir dès lors que tôt ou tard ces sectaires fanatiques viendraient arborer l'étendard de leur prophète sur les remparts de la capitale que le grand *Constantin* avait rendue héritière de la suprématie romaine et chrétienne.

CHAPITRE IV.

Invasion des Arabes; — cinq expéditions conduites par Amrou, Abd-Allah-ben-Sayd, Moaouyah - ebn - Khadydjéh, Mousselymah - él - Nazzahy, et Oqbah - ben - Nafy; — Abd-Allah ben-Zobeyr; — prise de Barqah, de Tripoli d'Occident, d'Afryqyah; — conquête de l'Afrique par les Musulmans.

L'Afrique, cependant, ne fut entièrement conquise par cette invasion nouvelle, et n'appartint définitivement aux Musulmans, qu'après cinq expéditions successives, dont les victoires furent alternativement balancées par des revers.

La première de ces tentatives de conquête eut lieu dès l'an 23 de l'hégire (644 de l'ère chrétienne).

Cette expédition fut entreprise par le conquérant même de l'Égypte, *Amrou-ben-él-Aas* (2), qui, après avoir pacifié et organisé cette province dont il avait été nommé le premier gouverneur, réunit ses troupes à Alexandrie, et s'avança sur la côte barbaresque : il s'y empara bientôt de *Barqah* et de *Tripoli* d'Occident (3); mais il avait à peine annoncé cette conquête à *Omar-ebn-él-Khettâb* (4), que la mort de ce khalyfe força l'armée victorieuse à renoncer à ses projets d'invasion et à rentrer promptement en Égypte.

Othmân, fils d'*Affân* (5), succéda à

---

(1) « *Ille* (*Cosroas*)...... *totam occupavit Ægyptum, Libyam, atque Carthaginem, ubi Heraclius patricius fuerat antequam sumeret imperii diadema* » *Gesta Dei per Francos*, page 122.

Voyez la note au bas de la page 10 de mon *Histoire de l'Égypte*, faisant partie de cette Collection.

(2) *Amrou-ben-él-Aas* avait conquis l'Égypte par l'ordre du khalyfe *Omar*, l'an 20 de l'hégire (640 de l'ère chrétienne).

(3) Nommée par les Arabes *Tarabolous-élgharb*. Il existe sur les côtes de la Méditerranée deux villes portant également le nom de *Tripoli*; la seconde est située en Syrie et est appelée par les Orientaux *Tarabolous-és-Châm*.

(4) *Omar-ebn-él-Kettâb*, le second des khalyfes qui héritèrent de l'autorité du Prophète, succéda l'an 13 de l'hégire (634 de l'ère chrétienne) à Abou-Beker, beau-père du Prophète; il régna environ dix ans, et mourut l'an 23 de l'hégire (644 de notre ère).

(5) *Othmân* fils d'*Affân*, troisième khalyfe, monta sur le trône de l'islamisme l'an 23 de l'hégire (644 de notre ère); son règne fut d'environ douze années, et il fut tué l'an 35 de l'hégire (656 de notre ère).

Omar sur le trône du khalyfat : à peine ce prince avait-il été inauguré à Damas, qu'il avait déposé *Amrou*, malgré tous les titres que le conquérant de l'Égypte avait pour en conserver le gouvernement.

Amrou fut remplacé par le frère de lait du khalyfe *Abd-allah*, surnommé *Ben-Saad*, ou *Ben-Sayd* : celui-ci, jaloux de la gloire de son prédécesseur, voulut aussi s'illustrer par une conquête, dont l'éclat pût éclipser celui de la conquête de l'Égypte. Il obtint du khalyfe la permission de porter une seconde expédition en Afrique, pour y étendre à l'occident l'empire des Musulmans, qui, à cette époque, commençait d'envahir avec tant de succès la Perse et les autres contrées orientales.

Au lieu de se mettre en défense contre le déluge dans lequel l'islamisme menaçait d'engloutir leur empire dégénéré, les héritiers de *Constantin* et de *Théodose*, amollis par les délices de Byzance et tiraillés tour à tour dans les sens opposés par les divers sectaires qui s'attribuaient successivement le titre d'*orthodoxes*, passaient leur vie avilie au milieu des querelles ignobles du cirque (1) et des discordes religieuses. Pour s'opposer au torrent musulman, déjà maître de l'Égypte et qui menaçait l'Afrique d'une invasion prochaine, aucune armée n'avait été réunie à *Carthage*; mais les évêques y avaient été réunis en concile (2), l'an 646 de l'ère chrétienne ; et là, au lieu de songer aux moyens de préserver l'Afrique chrétienne du joug musulman, on n'avait pensé qu'à combattre la nouvelle hérésie des Monothélites.

Cependant l'orage grondait déjà dans l'Égypte, si voisine ; bientôt ses éclats vinrent frapper *Carthage* elle-même et disperser les pères du concile.

L'an 27 de l'hégire (647 de notre ère), *Abd-allah*, avec une armée de vingt mille hommes, se présenta devant la ville de *Tripoli* d'Occident, et il en avait déjà commencé le siège, quand l'arrivée d'une flotte des Grecs le contraignit de le lever et d'aller à leur rencontre : il les défit, revint prendre *Tripoli*, et assiéger *Qâbès*, battit en plusieurs rencontres les troupes impériales, et s'empara de plusieurs autres villes, entre autres de *Soubayttah*, où résidait le gouverneur envoyé de Constantinople.

Un des principaux officiers de cette expédition était le célèbre *Abd-allah-ben Zobéyr*, bien jeune encore, mais déjà illustre par sa bravoure et qui parvint depuis au khalyfat (3). *Abd-allah-ben-Zobéyr* fut choisi par le général en chef des Musulmans pour commander un corps nombreux qu'il envoyait afin de maintenir les communications ; et ce furent surtout les manœuvres habiles de ce corps qui décidèrent la défaite entière des Grecs.

Devenu maître de toute la côte de la Cyrénaïque, *Abd-allah-ben-Sayd* ajouta à sa conquête celle de la ville d'*Afryqyah*, dont le Prince fut tué de sa main, et il en réunit le territoire à son gouvernement d'Égypte. Mais le mauvais succès d'une autre expédition, qu'il avait en même temps envoyée en Nubie, le contraignit à renoncer à ses projets d'invasion sur la côte africaine.

Informé des progrès de la puissance musulmane sur ses provinces d'Afrique, et voulant prévenir l'envahissement de celles qui lui restaient encore, l'empereur grec y fit faire des levées considérables d'argent pour subvenir aux frais de la défense; mais, loin d'y concourir, ces levées n'eurent d'autre effet que celui de mécontenter les populations ; et, fatigués de ces vexations intolérables, les habitants des contrées non encore envahies implorèrent eux-mêmes, l'an 45 de l'hégire (665 de l'ère chrétienne) le secours de *Moaouyah*, fils d'*Abou Sofyân* (4), qui, après la mort d'*Othmân*,

---

(1) Les querelles entre le parti des *verts* et celui des *bleus*.

(2) Déjà, depuis le dernier concile cité ci-dessus, un autre avait été tenu à Carthage, l'an 534 de l'ère chrétienne.

(3) *Abd-Allah-ben-Zobéyr* fut le quatrième khalyfe de la dynastie des *Ommyades*, quoiqu'il ne fût pas de la race d'*Ommyah*; il fut inauguré l'an 64 de l'hégire (683 de notre ère), et régna, en même temps que *Mérouân*, dans l'Égypte, l'*Hedjâz* et l'*Irâq*. Il fut tué l'an 71 de l'hégire (690 de l'ère chrétienne), âgé de soixante-douze ans, après un règne de neuf ans et vingt-deux jours.

(4) *Moaouyah*, fils d'*Abou-Sofyân*, d'abord

s'était fait proclamer khalyfe (1), et fut le fondateur de la dynastie des Ommyades (2).

Ce Prince, débarrassé alors des guerres qu'il avait eu à soutenir contre les partisans d'*Aly* et de ses fils, était devenu paisible possesseur du khalyfat, et pouvait par conséquent, dans cette circonstance favorable, employer à achever la conquête de l'Afrique ses forces, devenues disponibles.

Le khalyfe envoya donc aussitôt dans la Cyrénaïque une troisième expédition, commandée par un de ses généraux, nommé comme lui *Moaouyah*, mais distingué par le surnom de *Ebn-Khadydjéh*.

Cette nouvelle armée comptait dans ses rangs les plus braves guerriers de l'islamisme, et entre autres cet *Abd-allah-ben-Zobéyr*, que nous avons déjà vu concourir si efficacement au succès de la précédente expédition.

Nourrissant dès lors en secret ses prétentions au khalyfat, mais contraint par l'avénement de *Moaouyah* d'ajourner ses projets, il employait les moments inactifs de son ambition à conquérir de nouveaux titres de gloire; et cette Afrique, qui avait été le premier théâtre de ses exploits, le vit encore en de nouveaux combats illustrer de plus en plus les drapeaux de l'islamisme.

Tandis que le khalyfe assurait par ces nouvelles forces la conquête entière des côtes africaines, l'empereur de Constantinople expédiait pour combattre les renforts musulmans une armée de trente mille hommes, qui vinrent établir leur camp sur le bord de la mer, à *Santbartah*.

Ils y furent bientôt attaqués par les Musulmans, qui les défirent et prirent d'assaut la ville elle-même.

Un des épisodes de cette campagne fut la première descente des Musulmans en Sicile. Voulant faire diversion aux forces que l'empereur de Constantinople envoyait pour défendre ses provinces africaines, *Moaouyah-ben-Khadydjéh* avait expédié *Abd-allah-ben-Qays* pour ravager ces côtes siciliennes, où plus tard la puissance musulmane devait s'établir pendant trois siècles, et de là s'étendre sur les provinces méridionales de l'Italie.

Les Grecs coururent au secours de la Sicile dévastée, abandonnant dès lors l'Afrique à ses propres forces.

Tel fut le succès de la troisième expédition musulmane sur cette plage, où dès lors l'islamisme put porter ses drapeaux triomphants presque sans aucune résistance.

Les Musulmans profitèrent de cette espèce de renonciation de la cour de Constantinople à ses domaines d'Afrique, et une quatrième expédition parut nécessaire, pour y doubler leurs forces, à *Mousseylimah*, fils de *Mokhalled-êl-Hazzahy*, que le khalyfe *Moaouyah* avait nommé au gouvernement de l'Égypte; et, en conséquence, l'an 46 de l'hégire (666 de notre ère), ce gouverneur envoya de nouvelles troupes, sous la conduite de *Bâcher-ben-Artah*.

Ce général s'avança encore plus loin dans l'Occident que ne l'avaient fait les trois expéditions précédentes, et conquit à l'islamisme une nouvelle partie des côtes de la Mauritanie.

Pour mieux s'assurer la possession, non-seulement des conquêtes qu'il venait de faire, mais encore de celles qui avaient été le fruit des trois expéditions précédentes, il établit son quartier général dans un poste bien fortifié, non loin des ruines de l'ancienne *Cyrène*, poste mi-

gouverneur de la Syrie sous *Othmân*, s'empara du trône du khalyfat l'an 41 de l'hégire (661 de l'ère chrétienne), au préjudice d'*Ali*, fils d'*Abou-Taleb*, gendre du Prophète. *Moaouyah* força *Hassân*, fils d'*Aly* et héritier de ses droits à la succession du Prophète, à lui céder ses prétentions à la souveraineté de l'islamisme : depuis cette cession *Moaouyah* régna neuf années, jusqu'à l'an 60 de l'hégire (680 de notre ère).

(1) L'an 37 de l'hégire (657 de l'ère chrétienne).

(2) La dynastie des Ommyades, qui avait dépossédé violemment les successeurs légitimes de Mahomet, compte quinze khalyfes nommés par les Orientaux *Beni-Ommyah*, depuis *Moaouyah I*er du nom jusqu'à *Merouân II*, qui fut le dernier; elle occupa le trône du khalyfat pendant quatre-vingt-onze années, et en fut renversée à son tour, l'an 132 de l'hégire (750 de l'ère chrétienne) par *Abou-l-Abbâs*, surnommé *és-Saffâh*, fondateur de la dynastie des Abbassides, qui massacra tous les princes Ommyades. Un seul, échappé à ce désastre, put se réfugier en Espagne, où il fonda une seconde dynastie des Ommyades.

litaire dont l'importance s'accrut de plus en plus, et qui peu après devint la nouvelle ville de *Qayrouân*.

Enfin une cinquième expédition africaine fut celle qui fut conduite jusque sur les côtes occidentales de la Mauritanie par *Oqbah*, surnommé *Ben-Nâfy*. Ce général y fut envoyé l'an 50 de l'hégire (670 de l'ère chrétienne), par le même khalyfe (1) qui avait ordonné les trois dernières des précédentes.

Oqbah-ben-Nâfy avait fait partie de la quatrième expédition des troupes musulmanes en Afrique; mais il était resté dans les cantonnements de *Barqah* et de *Rouylah*, où il avait rassemblé les tribus berbères qui avaient embrassé l'islamisme; le khalyfe mit sous son commandement de nouvelles troupes, à la tête desquelles il put pousser encore plus en avant vers l'occident.

Déjà maître du littoral de la Cyrénaïque, il dirigea les opérations militaires sur les peuplades des provinces intérieures, et pour contenir leurs esprits remuants, il jugea convenable de former un grand établissement musulman sur cette plage : il choisit à cet effet le poste militaire, déjà bien fortifié, qu'avait établi précédemment *Bâcher-ben-Artah*, près de l'emplacement qu'avait jadis occupé l'ancienne *Cyrène* : il jeta l'an 55 de l'hégire (675 de notre ère) les fondations de sa nouvelle ville, qu'il nomma *Qayrouân*, du nom de l'antique cité détruite; et cette ville prit des accroissements si rapides, par l'affluence des émigrants d'Égypte, qu'elle devint dès lors la résidence des gouverneurs que les khalyfes envoyèrent pour exercer leur autorité sur les provinces africaines.

CHAPITRE V.

Prise de *Tunis* et de Carthage; — victoire des Musulmans à Bizerte; — révolte des Berbères; — *Damyâh*; — gouverneurs envoyés par les khalyfes; — leur indépendance; — conquête de l'Espagne; — descentes et établissement en Sicile; — nouvelles révoltes; — gouverneurs particuliers de *Tunis*.

Ces différents gouverneurs ne cessèrent de s'occuper à étendre en Afrique

(1) *Moaouyah-ben-Abou-Sofyan*.

l'empire de l'islamisme, et les règnes des khalyfes successeurs de *Moaouyah Ier*, c'est-à-dire *Yezyd Ier* (2), *Moaouyah IIe* du nom (3), et *Merouân Ier* (4), furent presque toujours signalés par une nouvelle extension donnée à l'islamisme dans les parties occidentales de cette vaste contrée.

Sous le règne du khalyfe *Abd-él-Melek-ben-Merouân* (5), l'an 69 de l'hégire (689 de notre ère), sous la conduite d'un de ces gouverneurs, nommé *Hassan-ben-Noumân*, les Musulmans, après avoir pris *Tunis*, qui ne put se défendre, avaient enlevé la ville de Carthage, et les Grecs qui l'habitaient, abandonnant la ville conquise, étaient allés chercher un asile en Sicile et en Espagne.

Ceux qui étaient restés en Afrique se cantonnèrent à *Safal-Kousrah* et à *Bizerte*, où ils ne tardèrent pas à être poursuivis par les Musulmans et battus de nouveau. Ces Grecs étaient les seuls restes des milices impériales en Afrique, et un bien petit nombre put échapper au cimeterre des Musulmans. Pendant qu'ils éprouvaient cet échec décisif, celles des tribus berbères qui étaient

(2) *Yezyd*, fils de *Moaouyah Ier* du nom, succéda à son père, l'an 60 de l'hégire (680 de notre ère); il régna seulement quatre ans, jusqu'à l'an 64 de l'hégire (634 de notre ère).

(3) *Moaouyah IIe* du nom était fils de *Yezid Ier* du nom et petit-fils de *Moaouyah Ier*. Ce prince, appelé au trône par le droit d'hérédité après la mort de son père, hésita d'abord à accepter l'autorité souveraine; puis après l'avoir exercée pendant six semaines seulement, se sentant trop faible pour diriger les rênes du gouvernement, il abdiqua, et se renferma dans une retraite, où il mourut la même année.

(4) *Merouân Ier*, surnommé *Ben-él-Hakem*, succéda à *Moaouyah II* aussitôt après l'abdication de celui-ci, l'an 64 de l'hégire (684 de l'ère chrétienne), mais son règne ne fut que de dix mois, et il périt empoisonné, l'an 65 de l'hégire (684 de notre ère).

(5) *Abd-él-Melek*, fils de *Merouân Ier*, fut inauguré au khalyfat aussitôt après la mort de son père, l'an 65 de l'hégire (684 de notre ère). Son règne fut de vingt et une années, jusqu'à l'an 86 de l'hégire (705 de l'ère chrétienne), et il laissa le trône à son fils *Oualyd Ier* du nom.

restées fidèles à leur cause se concentrèrent à *Bounah* (Bône), où les troupes musulmanes dédaignèrent d'aller les poursuivre : toutefois ces tribus étaient loin d'être des ennemis méprisables. Les Berbères ne restèrent pas longtemps tranquilles dans cet asyle, et bientôt ils reprirent l'offensive, ayant à leur tête une femme de leur nation, nommée *Damyâh*.

Cette héroïne battit les Musulmans en plus d'une rencontre, et vint à bout de les chasser non-seulement de la portion orientale de la côte mauritanique (*Africa proprie dicta*), mais encore d'une partie du *Moghreb-él-aqsâ*, c'est-à-dire de la partie occidentale de ces mêmes côtes.

Hassan-ben-Noumân fut contraint de faire sa retraite sur *Barqah*, et il se tint renfermé dans cette ville, jusqu'à ce que le khalyfe lui eût fait passer des renforts suffisants pour qu'il pût à son tour reprendre l'offensive.

Grâce à la nouvelle armée que lui expédia le khalyfe, il alla au-devant de *Damyâh*, jusques alors partout victorieuse, l'attaqua, la battit en plusieurs combats, et parvint à reconquérir tout ce que cette femme belliqueuse avait enlevé aux Musulmans de leurs premières conquêtes.

Ce gouverneur eut pour successeur *Moussâ-ben-Nassir*, qui, non content de la vaste étendue de côtes qui étaient sous sa puissance, laissa à son fils aîné, *Abd-Allah*, le gouvernement de l'Afrique, et tenta avec succès, l'an 91 de l'hégire (708 de l'ère chrétienne) une conquête bien autrement importante, celle de l'Espagne, où, sous le khalyfat de *Oualyd I*er (1), l'an 92 de l'hégire (711 de notre ère), il porta les armes et la religion de l'islamisme.

Mais avant qu'un demi-siècle fût écoulé cette conquête, faite au nom des khalyfes d'Orient, leur échappait déjà irrévocablement, pour devenir le domaine d'une nouvelle dynastie de khalyfes, dits *Seconds-Ommyades*, ou *Ommyades occidentaux* (2).

Ce fut peu de temps avant cette dernière époque, sous le règne du khalyfe *Abd-él-Melek-ben-Merouân*, qu'eut lieu la seconde descente des Arabes d'Afrique en Sicile; parti des côtes mauritaniques, *Mohammed-Abou-Édrys* vint porter le ravage et la désolation sur ces contrées, encore soumises à l'empereur grec; ces descentes furent suivies d'autres excursions désastreuses.

Mais la Sicile était trop voisine de l'Afrique pour n'inspirer aux Arabes, maîtres de celle-ci, que des désirs de désastre et de dévastation : ils la regardèrent bientôt comme une annexe indispensable de leur domination africaine. Déjà, sous le règne du khalyfe *Hechâm* (3), quatrième fils d'*Abd-él-Melek*, un gouverneur musulman nommé *Bâcher*, fils de *Safouan*, surnommé *él-Kelâby*, avait commencé à former un établissement fixe en Sicile, et l'an 122 de l'hégire (739 de notre ère) *Habyb*, fils d'*Obeydah*, vint assiéger la ville même de Syracuse (4).

Cette même année est signalée par la première sédition qui eût éclaté en Afrique depuis la défaite des Berbères et de *Damyâh : Mâyrsarah*, surnommé *él-Mattaghâhy*, s'y déclara en révolte ouverte contre l'autorité des khalyfes, et se proclama indépendant de leur puissance.

Sept ans plus tard, l'an 129 de l'hégire (746 de l'ère chrétienne), de nouveaux troubles vinrent encore agiter l'Afrique; ils étaient suscités par le chef de la tribu des *Zenetes*, ou *Beny-Meryn*, nommé *Abou-Qara-él-Maghyly*, qui ameuta contre les Arabes toutes les tribus de l'Occident, et prétendait fonder dans le *Moghreb* un empire dont *Telmes-*

(2) *Voyez* ci-dessus la note 2 de la page 156.

(3) *Hechâm-ben-Abd-él-Melek*, onzième khalyfe de la dynastie des Ommyades orientaux, succéda à son frère *Yézyd II*e du nom, l'an 105 de l'hégire (724 de notre ère) ; son règne fut de vingt années environ, et se termina l'an 125 de l'hégire (743 de l'ère chrétienne).

(4) Huit ans après, le fils de ce *Habyb*, nommé *Abd-ér-Rhaman*, était le chef de l'expédition que nous verrons ci-après exécuter une nouvelle descente en Sicile.

(1) *Oualyd I*er du nom, fils d'*Abd-él-Melek*, fut le septième khalyfe de la dynastie *Ommyade* ; il succéda à son père, l'an 86 de l'hégire (705 de notre ère). Son règne fut de dix années environ, jusqu'à l'an 96 de l'hégire (714 de l'ère chrétienne).

san (Tremecen) devait être la capitale.

Ces deux séditions ne tardèrent pas à être comprimées; et il ne paraît pas qu'elles aient inspiré des inquiétudes bien sérieuses au gouverneur de l'Afrique, puisque dès l'année suivante, 130 de l'hégire (746 de notre ère), il consentait à détacher une partie de ses forces, qu'il envoya ravager en Sicile les provinces dont les Musulmans n'avaient encore pu se rendre maîtres. Mais un danger plus réel menaçait déjà l'autorité du khalyfat; c'était l'esprit d'indépendance des gouverneurs qu'ils envoyaient administrer leurs provinces africaines.

Le khalyfe *Yezyd II* (1), troisième fils d'*Abd-êl-Melek*, avait d'abord nommé *Bâcher-ben-Safouân*, dont nous avons parlé ci-dessus, au gouvernement de l'Égypte: puis, le soupçonnant d'ourdir dans cette contrée des trames contre sa suzeraineté, il lui avait fait échanger ce gouvernement, l'an 101 de l'hégire (720 de l'ère chrétienne), contre celui des provinces africaines; mais cette mutation ne fit qu'accélérer l'exécution des projets de *Bâcher*. Plus éloigné en Afrique qu'en Égypte du centre de l'autorité, il put développer sans crainte l'essor de ses vues ambitieuses, et le nouveau gouverneur ne tarda pas à y réaliser les craintes dont peut-être injustement il avait été l'objet dans son premier gouvernement. Il conserva en effet quelques apparences de soumission pendant le règne de *Oualyd*; mais à la mort de ce prince, l'an 105 de l'hégire (724 de l'ère chrétienne), et à l'avénement de son frère *Hecham*, le changement de souverain avait paru à *Bâcher* une occasion de secouer une autorité devenue importune; dès lors il avait cessé de prendre les ordres du khalyfe, et son expédition en Sicile, mentionnée ci-dessus, avait été faite non-seulement sans le consulter, mais même sans lui en donner avis.

Les dépouilles de ces déprédations,

(1) *Yezyd-ben-Abd-êl-Melek* fut le dixième khalyfe de la dynastie ommyade; il succéda l'an 101 de l'hégire (720 de notre ère) à son cousin *Omar-ben-Abd-êl-Azyz*; mais il ne régna que quatre années, jusqu'à l'an 105 de l'hégire (724 de l'ère chrétienne).

au lieu d'être versées dans le trésor du khalyfe, furent toutes portées dans les villes de la côte, c'est-à-dire à *Tripoli*, à *Qayrouân*, à *Afryqyah*, à *Carthage* et à *Tunis*.

Cette dernière ville avait toujours, depuis l'invasion arabe, partagé la destinée générale des provinces, conquises et perdues tour à tour, et successivement reprises par les Musulmans, pendant les vicissitudes que subirent entre leurs mains leurs conquêtes africaines: elle fut dès lors gouvernée par des *émyrs*, que nommaient les gouverneurs généraux des provinces du *Moghreb*, et qui, comme ceux-ci, reconnurent d'abord la suzeraineté des khalyfes.

Mais bientôt les souverains de l'islamisme, trop occupés de leurs conquêtes orientales, ne pensèrent plus qu'à leurs trophées de la Perse, de l'Inde et de la Transoxiane, et relâchèrent imprudemment le frein dont ils retenaient encore, du moins en apparence, les hauts fonctionnaires de leurs domaines de l'occident: bientôt les gouverneurs généraux de l'Afrique, bientôt les gouverneurs particuliers des villes africaines, à l'exemple des gouverneurs généraux, profitèrent de l'éloignement et de la négligence des chefs de l'État musulman; abusant surtout des dissensions intestines auxquelles fut en proie le khalyfat, lorsque la dynastie des Ommyades fut renversée par celle des Abbassides, ces gouverneurs particuliers eux-mêmes ne tardèrent pas à chercher à s'affranchir non-seulement de la suzeraineté des khalyfes, mais encore de l'autorité immédiate des gouverneurs généraux.

Ceux-ci, trop occupés à leur tour de leurs propres révoltes envers leur souverain, négligeaient de réprimer ces révoltes partielles, et les émyrs des principales villes des côtes barbaresques purent impunément s'arroger eux-mêmes un pouvoir indépendant à la fois des khalyfes et des gouverneurs généraux, pouvoir que plusieurs d'entre eux essayèrent même de rendre héréditaire.

Des compétiteurs nombreux s'élevèrent successivement, dépouillant leurs prédécesseurs, dépouillés à leur tour par une suite de catastrophes partielles que l'histoire a dédaigné d'enregistrer et de nous transmettre, au milieu des catastrophes de la grande révolution qui imposait un changement de maîtres à la population musulmane tout entière.

Les choses en vinrent au point que l'autorité des khalyfes n'était plus guère reconnue qu'à la mort du feudataire insoumis, ou à son renversement par un rival plus heureux mais non moins rebelle : alors seulement ceux qui s'emparaient du pouvoir semblaient se souvenir qu'il existait à *Baghdâd* un khalyfe, souverain de l'islamisme ; mais le seul acte de souveraineté qu'ils lui permettaient à leur égard se bornait à la délivrance du diplôme impérial d'investiture qui donnait à l'usurpation les apparences légales d'une vassalité illusoire et tout à fait fictive.

L'établissement d'une branche de la famille des Ommyades en Espagne avait contribué encore à encourager les gouverneurs envoyés par les khalyfes d'Orient pour administrer l'Afrique, à s'arroger ainsi peu à peu une puissance presque souveraine, n'obéissant aux ordres de ces khalyfes qu'autant que ces ordres étaient favorables à leurs desseins.

Néanmoins, les kalyfes orientaux continuèrent d'être les maîtres nominatifs des côtes africaines, et d'y nommer des gouverneurs à chacune des vacances qui leur permettait d'exercer ce droit, jusqu'à l'époque où la plus puissante des familles de la Mauritanie, celle des *Aghlabites*, y éleva un nouvel empire rival à la fois des khalyfes d'Orient et des khalyfes d'Occident, et qui, pendant un siècle entier, sut entre ces deux puissantes monarchies conserver sur toute la côte africaine sa domination indépendante.

Cette indépendance n'eut alors à redouter aucune attaque, ni des khalyfes d'Andalousie, occupés à résister aux tentatives des rois espagnols pour ressaisir leurs anciens domaines, ni des khalyfes orientaux, pouvant à peine lutter contre leurs puissants vassaux asiatiques, qui s'efforçaient de détacher quelques provinces du grand Empire musulman.

Le chapitre suivant exposera en peu de mots l'origine et les progrès de cette domination nouvelle, qui, s'établissant d'abord sur les côtes de la Cyrénaïque, s'étendit bientôt sur *Tripoli* d'Occident, sur *Tunis*, et sur le reste des provinces mauritaniennes, jusques aux rivages de l'océan Atlantique.

CHAPITRE VI.

Domination des Aghlabites ; — Ibrahym-ben-Aghlab ; — révolte des Berbères ; — prise de Tunis par *Hamdys*, leur chef ; — Édrys-ben-Édrys ; — princes Aghlabites, — Abou-l-Abbas Abd-Allah, Zyadét-Allah Ier du nom, Abou-el-Aqqâl-él-Aghlab, Abou-l-Abbas-Mohammed, Zyadét-Allah IIe du nom, Abou-Ishàq-Ibraym, Abou'-l-Abbas Abd-Allah II, Zyadét-Allah III, Ibraym-ben-Aghlab ; — conquête de la Sicile ; — révolte d'Abd-Allah ; — destruction de la monarchie Aghlabite par les Fatymites. — Règnes des khalyfes de cette dynastie.

Ibrahym-ben-Aghlab avait été présenté au célèbre *Haroun-ér-Rachyd* (1), khalyfe de la dynastie des Abbassides ; les bons témoignages qu'on rendit d'*Ibrahym*, et les qualités éminentes que le prince crut reconnaître en lui, le déterminèrent à confier au fils d'*Aghlab* le gouvernement de l'Afrique, espérant de trouver à la fois en lui un administrateur habile et un sujet fidèle, incapable de suivre les mauvais exemples par lesquels s'était signalée l'insoumission des précédents gouverneurs.

L'espoir du khalyfe fut déçu. Les prédécesseurs du nouveau gouverneur

(1) *Haroun-ér-Rachyd*, cinquième khalyfe de la dynastie des Abbassides, était fils du khalyfe *él-Mahady*, et succéda l'an 170 de l'hégire (786 de notre ère) à son frère *él-Hády*, dont le règne n'avait été qu'environ d'une année. *Haroun-ér-Rachyd* régna vingt-trois ans, c'est-à-dire jusqu'à l'an 193 de l'hégire (809 de l'ère chrétienne), et laissa en mourant le trône du khalyfat à ses deux fils, *él-Amyn* et *al-Mamoun*, qui régnèrent successivement après lui. Contemporain de Charlemagne, *Haroun-ér-Rachid* avait envoyé des ambassadeurs à ce prince avec de riches présents, et avait recherché son alliance, dans le but d'obtenir son concours pour l'attaque qu'il préméditait contre les khalifes d'Espagne. L'établissement de la puissance *aghlabite* sur les côtes d'Afrique, enlevant aux khalyfes d'Orient la souveraineté sur ces contrées, fit avorter les projets de cette expédition.

avaient, il est vrai, été insoumis, mais non ouvertement rebelles ; ils ne tenaient aucun compte des ordres du souverain de l'Islamisme, et n'envoyaient au trésor impérial aucune des sommes qu'ils prélevaient en tribut sur les provinces soumises à leur administration ; mais cependant ils étaient restés ostensiblement dans les formes du vasselage, et n'avaient pas cessé de reconnaître dans tous leurs actes les khalyfes de *Baghdâd* pour leurs suzerains *de droit*.

Ibrahym-ben-Aghlab alla plus loin qu'eux, et ne se contenta pas d'une position mixte, qu'il regarda comme fausse et précaire : à peine arrivé dans son gouvernement, il osa secouer le joug purement nominatif du khalyfat, en se déclarant maître absolu et indépendant dans la ville de *Qayrouân*, à la fin de l'an de l'hégire 184 (800 de l'ère chrétienne) ; il fut ainsi le fondateur de la première des dynasties qui, s'arrachant successivement le pouvoir, enlevèrent pour toujours aux khalyfes d'Orient la domination de l'Afrique.

Cependant l'autorité du nouveau maître des provinces africaines ne s'établit pas sans contestation et sans secousses ; et son règne fut d'abord agité par des troubles et des attaques réitérées ; plusieurs des émirs placés sous ses ordres, suivant son exemple, se révoltèrent à leur tour contre lui, dans plusieurs parties de son gouvernement, et refusèrent de reconnaître son pouvoir, croyant avoir les mêmes titres que ce prince à l'usurpation et à l'indépendance. *Hamdys*, fils d'*Abd-ér-Rahman-él-Kendy*, à la tête d'un grand nombre de Nègres et de Berbères, parut devant la ville de Tunis à l'improviste, s'en empara, et s'efforça de s'y établir, tandis que, d'un autre côté, *Édrys-ben-Édrys*, descendant d'*Abou-Taleb* (1), essayait également de se rendre indépendant, et méconnaissait à la fois l'autorité *de fait* d'*Ibrahym*, et l'autorité *de droit* du khalyfe ; mais ces compétiteurs, et d'autres plus ou moins redoutables, furent battus par les troupes d'*Ibrahym* et forcés à se soumettre.

Après un règne d'environ douze ans et demi, *Ibrahym* mourut, à l'âge de cinquante-six ans, l'an 196 de l'hégire (812 de l'ère chrétienne).

Victorieux de ses ennemis à l'intérieur, n'ayant rien à craindre du khalyfe, trop éloigné des provinces africaines pour y tenter une répression difficile, *Ibrahym-ben-Aghlab* était parvenu à rendre héréditaire son pouvoir sur l'Afrique ; et il le laissa en mourant à son fils aîné, *Abou-l-Abbâs-Abd-allah*.

A la mort de son père ce prince se trouvait dans la ville de *Tripoli* ; profitant de cette absence, son frère *Zyâdét-Allah* se fit proclamer à *Qayrouân* roi de Tunis ; mais l'année suivante, 197 de l'hégire (813 de notre ère), il rendit la couronne à son frère, qui n'en jouit que pendant cinq années, ayant été tué à *Qayrouân*, dans le dernier mois de l'année 201 de l'hégire (817 de l'ère chrétienne).

*Zyâdét-Allah I*er du nom, second fils d'*Ibrahym-ben-Aghlab*, avait le prénom d'*Abou-Mohammed*, et le surnom d'*Ébn-Chiklah* : la mort de son frère le fit remonter sur le trône, qu'il lui avait restitué. Son règne fut signalé par plusieurs événements remarquables, et surtout par la conquête de la Sicile.

Le patrice *Constantin*, nommé par l'empereur de Constantinople au gouvernement de la Sicile, avait envoyé son lieutenant *Phima* avec quelques vaisseaux ravager et piller les côtes d'Afrique. *Zyâdét-Allah*, résolu à venger cette agression, profita des troubles qui agitèrent alors la Sicile (2), et y envoya l'an 212 de l'hégire (827 de notre ère) une flotte forte de 100 vaisseaux (3), qu'il avait fait construire à *Soussah*, et dont il confia le commandement à *Assad-ben-Farath*.

(2) *Phima*, ayant appris que sa destitution avait été décidée à Constantinople, s'était emparé de Syracuse ; et, après avoir battu le gouverneur *Constantin*, s'était proclamé roi de la Sicile ; mais bientôt un des complices de sa rébellion, *Platha*, s'étant à son tour révolté contre lui, l'avait expulsé de Syracuse. *Phima* s'était alors réfugié en Afrique, où il avait imploré le secours de *Zyâdét-Allah* pour être rétabli sur le trône qu'il avait usurpé et dont un autre usurpateur venait de le chasser.

(3) Ces vaisseaux portaient dix mille hommes d'infanterie et environ sept cents de cavalerie.

(1) Père d'*Aly* et oncle de *Mahomet*.

Les Musulmans battirent à *Mazzara* l'armée sicilienne; et *Platha*, forcé de prendre la fuite, se retira en Calabre, où bientôt après il fut tué; le général musulman était également mort; et son successeur, *Mohammed-Abou-l-Djouáry*, qui, l'an 213 de l'hégire (828 de notre ère) avait été assiéger Syracuse, fut forcé par une flotte envoyée de Constantinople, non-seulement de lever le siége, mais encore de se replier dans l'intérieur de l'île, où les Musulmans, battus sur plusieurs points, privés de vivres, se virent réduits à manger leurs chevaux; après deux années de combats qui n'avaient été pour eux que des défaites continuelles, ils s'attendaient à une perte inévitable, quand, l'an 215 de l'hégire (830 de notre ère), des secours inespérés leur arrivèrent d'Espagne, amenés par *Asbay-ben-Ouakyl*. Dès lors les affaires changèrent de face; la victoire favorisant de plus en plus les Musulmans, les Grecs furent enfin forcés de leur abandonner la possession de l'île, dont le premier gouverneur, *Mohammed-ben-Abd-Allah-ben-Aghlab*, prit le titre de roi (1).

C'est ainsi que la Sicile passa sous la domination d'une branche de la famille des Aghlabites : ce domaine leur fut ensuite enlevé par les Fatymites, qui la possédèrent jusqu'à ce qu'ils en furent expulsés à leur tour par les armes des Normands, que commandait le célèbre comte *Roger* (2).

(1) Il mourut l'an 236 de l'hégire (850 de l'ère chrétienne), après un règne de dix-neuf ans.

(2) Roger Ier du nom, le dernier des douze fils de Tancrède, seigneur de Hauteville en Normandie, naquit en l'année 1031 de notre ère; il était venu en Italie vers l'an 1048 : devenu maître de la Sicile par la prise de Palerme et la conquête des autres places de cette île, il en chassa les Musulmans, et y rétablit la religion chrétienne. L'an 1096 il prit le titre de *grand Comte* de Calabre et de Sicile. Tous les historiens attestent que le règne de ce prince fut signalé non-seulement par les conquêtes brillantes qu'il remporta sur les Musulmans, mais encore par une administration sage et éclairée, qui rendit heureuses les populations sur lesquelles ses armes venaient d'établir son pouvoir.

Roger mourut au mois de juillet l'an 1101, âgé de soixante-dix ans, laissant pour succes-

Zyâdét-Allah mourut à l'âge de cinquante-un ans et demi (3), l'an 223 de l'hégire (838 de l'ère chrétienne), laissant le trône à son frère *Abou-l-Aqqál-él-Aghlab*. Ce prince se rendit surtout recommandable par la vigilance qu'il mit à préserver ses États de toute attaque, et par les largesses qu'il répandit sur les milices : son règne, qui ne fut que d'un peu moins de trois années, fut exempt de toute espèce de trouble; et il mourut (4) l'an 226 de l'hégire (841 de notre ère).

Son fils *Abou-l-Abbâs-Mohammed* étant mort jeune, il eut pour successeur son petit-fils *Ahmed-ben-Abou-l-Abbâs*, auquel on doit la construction du grand aqueduc et de la mosquée qui sont près de la porte de *Tunis*. Après un règne d'environ vingt-trois années, il laissa, l'an 249 de l'hégire (863 de notre ère), le trône à son frère *Abou-Mohammed-Zyâdét-Allah IIe* du nom, qui ne régna que six mois, et eut pour successeur son neveu *Mohammed-ben-Ahmed*, surnommé *Abou-l-Gharanyk*, âgé seulement alors de quatorze ans.

Ce prince, monté si jeune sur le trône, y mourut également bien jeune encore, car il n'avait que vingt-quatre ans lorsque la mort le frappa, après un règne d'environ onze années (5), l'an 261 de l'hégire (875 de l'ère chrétienne).

Cette mort transmit le pouvoir royal à *Abou-Isháq-Ibrahym*, fils de *Ahmed-ben-Abou-l-Abbâs* : le règne de ce prince se signala par deux événements remarquables; l'an 264 de l'hégire (877 de l'ère chrétienne) la ville de Syracuse fut prise par les Musulmans, que commandait *Ahmed-ben-Aghlab*; et l'an 281 de l'hégire (894 de notre ère) la résidence royale fut transférée à *Tunis*, où *Abou-Isháq* fit bâtir un palais, dans lequel il mourut l'an 289 de l'hégire (902 de notre ère), après un règne d'environ vingt huit années.

Son fils, *Abou-l-Abbâs-Abd-Allah IIe* du nom, avait été proclamé roi du vivant de son père; mais il lui avait à peine succédé qu'il fut tué dans le mois de

seur au trône de Sicile son fils *Roger II*, dit *le Jeune*.

(3) Le mardi 14 du mois de *Redjeb*.
(4) Dans le mois de *Raby-él-ákher*.
(5) Dans le mois de *Djemády-él douel*.

Chaabán de l'an 290 de l'hégire (l'an 903 de notre ère) : il avait régné conjointement avec son père un an et cinquante-deux jours, et seul neuf mois et treize jours.

Le fils d'*Abou-l-Abbás*, nommé *Abou-Nasr*, et surnommé *Zyadét-Allah III*° du nom, succéda à son père : le règne de ce prince fut signalé par les plus grands désastres : un rebelle, nommé *Abd-Allah*, se mit à la tête d'un parti nombreux, défit en plusieurs rencontres les troupes royales, et, s'emparant d'une grande étendue de pays, força *Zyadét-Allah* à abandonner ses États, après un règne seulement de cinq années et dix mois. Le prince détrôné s'était retiré en Égypte, d'où il avait dessein de se rendre à *Baghdâd*; mais l'entrée dans cette ville lui fut refusée.

A la nouvelle de la défaite et de la fuite de *Zyadét-Allah*, un autre prince de sa famille, nommé *Ibrahym-ben-Aghtab*, avait tenté de relever le trône aghlabite ; il était entré à la tête d'un parti dans la ville de *Qayrouân*, avait rassemblé les habitants dispersés, et s'était emparé du palais; il avait ainsi rétabli la tranquillité dans cette province, et se flattait du plus heureux succès, lorsque *Abd-Allah* vint l'attaquer, le battit en plusieurs combats successifs, et, l'ayant forcé de prendre à son tour la fuite, prit possession de toutes les provinces qui avaient appartenu aux Aghlabites.

C'est ainsi que fut éteinte, l'an 296 de l'hégire (908 de l'ère chrétienne), cette dynastie puissante, qui avait régné pendant plus d'un siècle sur l'Afrique septentrionale et avait conquis la Sicile.

Toutefois le rebelle *Abd-Allah* ne jouit pas longtemps de la double victoire qui semblait assurer son usurpation. Dans la même année, un adversaire, bien autrement formidable que les deux ennemis qu'il venait de vaincre, vint fondre sur lui et lui arracher la belle proie qu'il avait envahie. Le fondateur du khalyfat fatymite, *Abou-Mohammed-Obeyd-Allah*, surnommé *él-Mahady*, qui avait déjà convoité les dépouilles du royaume de Tunis et s'était emparé de *Qayrouân*, porta ses armes puissantes contre *Abd-Allah*, le mit à mort, et recueillit la riche succession de la dynastie aghlabite, dont il était devenu le vengeur (1).

Bientôt la puissance des successeurs d'*él-Mahady* se trouva trop resserrée dans les limites de ses possessions d'Afrique : les khalyfes fatymites allèrent en Égypte fonder une nouvelle capitale, qui devint la seconde ville (2) de l'Orient, et établirent un nouvel empire, qui divisa l'islamisme en deux schismes s'anathématisant l'un l'autre.

Dès lors les khalyfes du Kaire eurent plutôt les yeux tournés vers leur rival de *Bayhdâd* que vers leurs provinces barbaresques, dont ils abandonnèrent le gouvernement à différents princes, grands feudataires plus ou moins indépendants, plus ou moins soumis à la suzeraineté du khalyfat (3).

(1) Si le lecteur désire connaître plus en détail l'histoire de la dynastie des *Aghlabites*, il pourra se satisfaire pleinement en lisant la traduction de l'*Histoire de l'Afrique sous la domination des Aghlabites*, publiée avec le texte arabe d'*Ebn-Khaldoun*, et des notes aussi savantes qu'intéressantes, par M. *A. Noel Desvergers*; Paris, imprimerie de MM. Firmin Didot frères, 1841, gr. in-8°.

(2) Le Kaire fut fondé par *Djouhar*, général du khalyfe *Moëz-le-din-Illah*, l'an 362 de l'hégire (972 de l'ère chrétienne).

(3) Quoique les khalyfes fatymites aient conservé, au moins nominativement, le titre de souverains de l'Afrique septentrionale, je crois devoir m'abstenir de tout détail à leur sujet, leur histoire étant trop connue, et étant d'ailleurs devenue à peu près étrangère à celle de l'Afrique proprement dite depuis leur transmigration en Égypte.

Je me bornerai donc, à l'égard de ces princes, et pour compléter la série chronologique des souverains auxquels furent soumises Tunis et l'Afrique septentrionale, à donner seulement ici la liste des khalyfes qui composent cette dynastie :

1° *Obeyd-Allah Él-Mahady* monta sur le trône du khalifat l'an 296 de l'hégire (903 de notre ère).

2° *Él Qayem-be-amr-Illah*, l'an 324 (933).
3° *Él-Mansour-b-illah*, l'an 334 (945).
4° *Él-Moëz-le-dyn-Illah*, l'an 341 (952).
5° *Él-Azyz-b-illah*, l'an 365 (975).
6° *Él-Hakem-be-amr-Illah*, l'an 387 (996).
7° *Éd-Dâher-le-âzâz-dyn-Illah*, l'an 411 (1020).
8° *Él-Mostanser-b-illah*, l'an 427 (1035).
9° *Él-Mostaaly-b-illah*, l'an 487 (1094).

CHAPITRE VII.

Dynastie des Zeyrites; — Yousouf-Abou-l-Fotouh; — révoltes de Ebn-êl-Qadym, d'Abd-Allah et de Khalaf-ben-Khayr; — Abou-l-Qassem-al-Mansour; — Abou-Mounad-Badys; — Abou-Temym; — révolte de Ahmed-ben-Nasrouyah; — il est chassé de Tunis; — Yahyà; — Aly; — révolte de Rafy-ben-Makân; — Hassan; — conquêtes des Normands en Afrique; — prise de Tunis par Abd-èl-Moumen; — dynastie des Almohades; — prise de Tunis par Taq-y-ed-dyn-Qara-Qouch; — prise de Tunis par Aly-ben-Ishaq; — Nasser-le-dyn-Illah; — Almoravides; — fin de la domination des Almohades.

Le premier de ces vassaux ou vice-rois africains fut un prince de la famille des Zeyrites (1). *Yousouf*, surnommé *Abou-l-Fotouh* et *ès-Senahedjy* (2), avait suivi en Égypte le khalyfe *Moëz-le-dyn-Illah*, qui lui donna l'investiture des domaines du khalyfat en Afrique, comprenant, entre autres riches provinces, Tunis, Tripoli, et la Sicile. Accueilli avec joie par les Africains, victorieux en plusieurs combats contre les *Zenètes* (3),

10° *Él-Amer-be-ähkâm-Illah*, l'an 495 (1101 de l'ère chrétienne).
11° *Él-Hâfezz-le-dyn-Illah*, l'an 524 (1129).
12° *Éd-Dâfer-be-âmr-Illah*, l'an 544 (1149).
13° *Él-Fayz-be-nasr-Illah*, l'an 549 (1154).
14° *Él-Added-le-dyn-Illah*, l'an 557 (1160).

Ce dernier prince mourut sans postérité, et à sa mort tous les domaines qui avaient appartenu aux khalyfes fatymites, par conséquent *Tunis* et les autres villes de l'Afrique septentrionale, passèrent entre les mains de *Yousef-ben-Ayoub* (le célèbre Saladin) et de ses descendants, qui formèrent la dynastie des *Ayoubites*; mais ces derniers princes, dont les regards étaient plus particulièrement tournés vers l'Orient, n'exercèrent, ainsi que les Fatymites, qu'un pouvoir de suzeraineté nominative sur les provinces africaines, où de grands vassaux continuèrent d'être réellement les maîtres immédiats et indépendants.

(1) Les *Zeyrites*, en arabe *Zeyryèh*, sont les princes auxquels les Espagnols donnent le nom de *Zégris*, et qui sont si connus par leurs querelles sanglantes avec les *Abencerrages*.

(2) Il était fils de *Zeyry-ben-Mounoud*, fondateur de la dynastie des Zeyrites, qui régna pendant environ deux siècles en Afrique.

(3) Les tribus que nous connaissons sous

auxquels il enleva *Telmessân* (Tremecen), il eut dans l'intérieur à se défendre contre plusieurs révoltes: le drapeau de la rébellion était arboré dans *Qayrouân* par *Ebn-êl-Qadym*, puis par *Abd-Allah*, descendant de la famille des Aghlabites. En même temps *Khalaf-ben-Khayr* faisait soulever les Berbères: ces révoltes furent étouffées l'an 369 de l'hégire (979 de l'ère chrétienne); et *Yousouf*, libre de toute inquiétude à cet égard, put poursuivre le cours de ses conquêtes, qu'il étendit jusqu'à *Fez*, à *Sedjelmesse*, et sur tout le reste du *Moghreb*.

Yousouf mourut (4) à la fin de l'année 373 de l'hégire (984 de l'ère chrétienne); son fils *Abou-l-Qassem-âl-Mansour*, qui lui succéda, signala son avénement au trône par la reprise de *Qabès* et de *Sedjelmesse*, dont les *Zenètes* s'étaient emparés de nouveau à la mort de son père. *Abd-Allah* l'Aghlabite, qui s'était déjà révolté contre *Yousouf*, fut tué dans une nouvelle tentative de rébellion. La fin de son règne (5) ainsi que ceux de son fils, *Abou-Mounad-Badys* (6), et de son petit-fils, *Abou-Temym*, surnommé *el-Moëz* et *Chorf-êd-doulah* (7), furent presque continuellement troublés par des soulèvements et des révoltes, ou par des guerres contre les *Zenètes*, et des efforts impuissants pour

le nom de *Zenetes* ou *Mérinites* sont désignées par les Arabes par celui de *Beny-Meryn*; les princes de ces peuplades descendaient de *Abou-Kara-êl-Maghyly*, qui s'était révolté à *Telmessân* l'an 129 de l'hégire (746 de l'ère chrétienne). Un de ces princes, *Abd-êl-Haqq*, fils d'*Yahya* et descendant de *Meryn*, établit sa domination dans le *Moghreb* l'an 610 de l'hégire (1213 de notre ère). Cette dynastie, qui compte dix-huit princes, régna pendant environ un siècle et demi à Fez, à Marok, et sur presque tout le littoral de l'Afrique septentrionale.

(4) Au mois de *Doul-hadjèh*.

(5) Il mourut après un règne d'environ douze années, dans le mois de *Raby-êl-âouel* de l'an 386 de l'hégire (996 de l'ère chrétienne).

(6) Il régna près de vingt et un ans, et mourut au mois de *Dou-l-Qadèh* de l'an 406 de l'hégire (1016 de notre ère).

(7) Son règne fut de quarante-neuf ans: il mourut l'an 453 de l'hégire (1061 de notre ère).

conserver la Sicile sous le joug de l'islamisme.

Temym, fils de *él-Moëz*, eut aussi à combattre plus d'une rébellion. L'an 455 de l'hégire (1063 de l'ère chrétienne), il réduisit à son obéissance les villes de *Sfax* et de *Soussah*, qui avaient pris les armes contre son autorité. Trois ans après, l'an 458 de l'hégire (1066 de notre ère), il rentra dans *Qayrouán*, et reprit *Tunis*, où *Ahmed-ben-Nasrouyah* s'était établi. L'an 466 de l'hégire (1076 de notre ère) l'Arabe *Malek-ben-Alouy*, qui avait osé mettre le siège devant la ville de *Mahadyéh*, en avait été repoussé avec perte. Cet échec ne l'empêcha pas de se jeter sur *Qayrouán*, dont il se rendit maître ; mais presque aussitôt il en fut expulsé par *Temym*.

L'an 481 de l'hégire (1088 de l'ère chrétienne), les Normands, victorieux en Sicile et unis aux Grecs, s'étaient emparé de l'île de *Pantellaria* (1), d'où ils menaçaient également *Tunis, Bizerte*, et le reste de la côte africaine; *Temym*, déjà trop occupé par ses guerres continentales, acheta la paix, moyennant quatre-vingt-mille pièces d'or et la promesse de renoncer à toute intervention dans les affaires des Musulmans en Sicile (2).

En effet, à cette époque un Turk, nommé *Chah-Mélik*, était venu avec quelques troupes tenter une invasion en Afrique; il s'était déjà emparé de Tripoli, lorsque *Temym* courut à sa rencontre et le força d'évacuer cette ville. Pendant ce même temps les villes de *Qabès*, de *Sfax* et de *Tunis* même s'étaient soustraites à son autorité; et ce ne fut que l'an 491 de l'hégire (1098 de l'ère chrétienne) que ce prince, obligé d'employer la force des armes, parvint à s'en rendre de nouveau le maître.

Enfin, après avoir eu continuellement à défendre son trône pendant un règne d'environ quarante-huit années, *Temym*

(1) En arabe *Qossyrah*, la *Cossyra* des anciens géographes.

Fertilis est Melite sterili vicina Cosyræ.
Ovid.

(2) Les Musulmans furent entièrement expulsés de la Sicile l'an 484 de l'hégire (1091 de l'ère chrétienne). *Voyez* ci-dessus, la note 2 de la page 162.

mourut dans le mois de *Redjeb* de l'an 501 de l'hégire (1108 de l'ère chrétienne), laissant le trône de *Tunis* à son fils *Yahyá*, qui mourut l'an 509 de l'hégire (1115 de notre ère), et dont le court règne n'offre d'autre événement important que l'arrivée de Tripoli au territoire tunisien, de *Mohammed-ben-Tomrout*, surnommé *Él-Mahady*, qui dans la suite devait être le fondateur de la dynastie des Almohades.

Yayhá eut pour successeur son fils *Aly*; ce prince commença son règne en envoyant une flotte contre les habitants de l'île de *Djerby*, qui s'étaient révoltés et infestaient les côtes d'Afrique par leurs pirateries; puis, l'an 511 de l'hégire (1117 de l'ère chrétienne), il alla assiéger la ville de *Qabès*, toujours portée à la rébellion, et dans laquelle *Rafy-ben-Makán*, secouru par les troupes de *Roger* (3), roi de Sicile, s'était déclaré en révolte; *Aly* éprouva plusieurs échecs, qui le contraignirent de lever le siège, et *Rafy*, profitant de ses avantages, vint à son tour mettre le siège devant *Mahadyéh*; mais il fut défait par *Aly*, et se réfugia à *Qayrouán*, d'où il retourna à *Qabès*.

Aly n'avait régné qu'environ cinq années lorsqu'il mourut (4), l'an 515 de l'hégire (1121 de l'ère chrétienne).

(3) Roger II, fils du prince dont il a été question ci-dessus, dans la note 2 de la page 162, était né l'an 1097 de notre ère, et à la mort de son père, l'an 1101, il fut proclamé comte de Sicile et de Calabre, sous la régence de sa mère Adélaïde. Il prit le titre de roi de Sicile en 1130 ; l'an 1147 il avait envoyé une flotte attaquer Tripoli, dont les pirateries dévastaient les côtes de ses États; l'armée sicilienne prit la ville, et ramena en Sicile un grand nombre de prisonniers. L'an 1152, profitant des querelles qui s'étaient élevées entre les princes musulmans de l'Afrique, le roi Roger II porta la guerre sur leurs côtes, et y fit plusieurs conquêtes. Aussi avait-il pris pour devise ce vers latin :

Appulus et Calaber, Siculus mihi servit et Afer.

Enfin l'an 1154 ce prince mourut, à l'âge de cinquante-huit ans. Il avait favorisé les sciences, et avait appelé à sa cour les plus savants des Musulmans, parmi lesquels on remarque surtout le célèbre géographe *Él-Edryssy*, qui composa pour lui plusieurs savants ouvrages.

(4) Dans le mois de *Raby-él-ákher*.

Le règne de son fils *Hassan*, auquel il laissa le trône, ne fut qu'une suite de désastres. L'an 519 de l'hégire (1125 de l'ère chrétienne) les Normands de Sicile s'étaient emparés de l'île de *Djerby* sur la côte d'Afrique. A cette époque une famine cruelle ravagea les provinces africaines, et un grand nombre de familles de ces pays vint chercher en Sicile un abri contre ce fléau. Le roi *Roger*, instruit de l'état misérable des populations de l'Afrique, voulut profiter de cette circonstance; il arma une flotte, qu'il réunit, auprès de l'île de Pantelerie, débarqua sur la côte barbaresque, et l'an 541 de l'hégire (1146 de notre ère) s'empara de Tripoli, puis l'an 543 de l'hégire (1148 de notre ère) de *Mahadyéh*, de *Sfax* et de *Soussah*; de manière que les Francs se virent ainsi maîtres de toute la contrée qui s'étend depuis Tripoli jusques à *Tunis*.

Hassan avait abandonné sa ville de *Mahadyéh*, et avait pris avec toute sa famille la route de l'Égypte, dans le dessein de se réfugier auprès du khalyfe *Hâfezz-le-dyn-Illah* (1); mais en chemin il changea d'avis, et, retournant sur ses pas, il préféra chercher un asile auprès d'*Abd-él-Moumen*, qui venait d'établir avec éclat la dynastie des *Almohades* (2) dans le *Moghreb él-Aqsà*(3), dont il espérait obtenir des secours contre les Francs.

---

(1) *Voyez* ci-dessus la note 3 de la page 163.
(2) La dynastie qui porte le nom d'*Almohades* chez nos historiens, et d'*él-Mouahedyn*, c'est-à-dire unitaires, chez les Arabes, commença à paraître en Afrique l'an 514 de l'hégire (1120 de l'ère chrétienne). *El-Mahady-ben-Tomrout*, dont nous avons parlé ci-dessus, en fut le fondateur. Ayant été chassé de la ville de Marok par Aly, prince des *Almoravides*, il se retira à Soussah, où il se fit proclamer souverain par les tribus qui l'avaient suivi dans sa retraite. Cette dynastie, qui compte douze souverains, parmi lesquels le plus illustre est *Abd-él-Moumen-ben-Aly*, qui succéda à *él-Mahady*, régna sur l'Afrique et une partie de l'Espagne pendant cent quarante-quatre ans, jusqu'à l'année 668 de l'hégire (1269 de l'ère chrétienne), qu'elle fut renversée par la dynastie des *Merinites* ou *Zenètes*.
(3) Les Arabes désignent par ce nom la partie la plus occidentale des côtes barbaresques.

En même temps il envoya trois de ses enfants, *Yahyá*, *Aly* et *Temym*, vers un prince de la famille des *Bény-Hammed*(4), nommé *Yahyá*(5), comme l'aîné de ses fils.

Abd-él-Moumen se décida facilement à aller expulser les Francs de leurs conquêtes d'Afrique; il connaissait leur esprit entreprenant, et leur établissement sur la côte africaine lui faisait concevoir des inquiétudes pour la sûreté de ses propres États : il fit en conséquence tous les préparatifs nécessaires pour la délivrance des Africains musulmans que la victoire avait soumis au joug des chrétiens de Sicile; il voulut lui-même présider à cette *guerre sainte*, et partit de *Marok*, l'an 554 de l'hégire (1159 de l'ère chrétienne), à la tête d'une armée de cent mille hommes, dont il confia la conduite sous ses ordres à un général nommé *Hassan* comme le prince fugitif.

Il se rendit d'abord maître de *Tunis*, puis il alla assiéger *Mahadyéh*. Pendant le siège il prit possession des villes de *Tripoli*, de *Sfax*, de *Qabès*, et de tout le territoire qui en dépend : une flotte envoyée de Sicile pour porter des secours à la garnison assiégée fut battue par la flotte musulmane.

Enfin l'an 555 de l'hégire (1160 de notre ère), *Abd-él-Moumen* entra dans *Mahadyéh*, où il établit un gouverneur, et qu'il mit en état de se défendre contre les nouvelles attaques que les Francs auraient pu tenter : bientôt après il compléta la conquête des autres places et des autres parties du territoire, et se vit ainsi en possession de toute l'étendue de pays qui avait appartenu aux *Zeyrites*. Toutefois, aucune partie de ces conquêtes ne fut rendue au prince détrôné, et par cette spoliation fut complétée l'extinction de cette dynastie,

---

(4) Cette famille était une branche de celle des *Zeyrites*; elle descendait de *Hammád*, fils de *Yousouf* et petit-fils de *Zéry* : elle habitait les montagnes situées au sud de la ville de Bougie.
(5) Ce prince était le fils de *Azyz-b-Illah*, septième descendant du fondateur de la famille. Cette dynastie, dépouillée par *Abd-él-Moumen*, l'an 546 de l'hégire (1151 de notre ère), avait régné en Afrique sous neuf princes, pendant cent soixante années.

qui avait régné sur l'Afrique pendant deux cents années.

Chacune des provinces conquises eut son gouverneur particulier, nommé par *Abd-él-Moumen*, et *Tunis* n'eut pas un sort différent de celui auquel furent soumises les autres parties du vaste territoire incorporé par la victoire au grand empire des Almohades.

Tant que la dynastie Almohade, dont Marok était la capitale, conserva sa puissance en Afrique, *Tunis* fut gouvernée par des délégués envoyés de la résidence royale, et cette ville fut ainsi en proie aux vexations de nombreux oppresseurs, profitant de l'éloignement du chef-lieu du gouvernement pour se supplanter et se dépouiller mutuellement, par une série non interrompue de petites catastrophes intérieures sans aucune importance historique, mais dont le peuple payait toujours les frais en avanies et en spoliations de toute espèce : plus d'une famille musulmane abandonna alors *Tunis* pour aller chercher asile et protection chez les Chrétiens de la Sicile.

Une autre circonstance contribua encore à accroître cette émigration. *Abd-él-Moumen*, dont la passion favorite était celle de guerroyer en Espagne, pour en chasser les Chrétiens ou les soumettre de nouveau aux Musulmans, avait d'abord espéré pouvoir faire de ses nouveaux sujets autant de soldats pour recruter les armées qu'il voulait envoyer sur le continent européen.

Mais les Arabes refusèrent hautement de quitter leur pays, et se retirèrent dans le désert et dans les parties adjacentes du territoire, où ils excitaient des séditions : il fallut y envoyer des troupes et en venir aux mains avec eux ; ils furent battus l'an 556 de l'hégire (1161 de l'ère chrétienne), et les tribus qui prirent le parti de se soumettre furent immédiatement envoyées en Andalousie ; mais la majeure partie de cette population, attachée au sol natal, se maintint opiniâtrement en hostilité avec l'autorité des rois de Marok.

Cet état de choses dura sous *Abou-Yaqoub*, *âl-Mansour-Yaqoub* et *Nâsser-le-dyn-Illah*, successeurs d'*Abd-él-Moumen*, jusques à l'an 603 de l'hégire (1206 de l'ère vulgaire).

Pendant cet espace de temps les seuls événements qui eurent quelque rapport avec *Tunis* sont les suivants :

Tandis que *Abou-Yaqoub*, petit-fils et successeur d'*Abou-l-Moumen*, était occupé en Espagne à combattre le roi Alphonse, plusieurs troubles avaient agité ses provinces africaines.

L'an 568 de l'hégire (1172 de notre ère), une troupe de Turks, qui avaient quitté l'Égypte sous le règne de *Salah-éd-dyn* (Saladin) avaient été conduits sur les côtes barbaresques par *Taq-y-éd-dyn-Qara-Qouch* ; les populations mécontentes des Arabes indigènes s'étaient jointes à ces étrangers, qui s'étaient rendus maîtres de Tripoli, de *Tunis*, *Mahadyéh*, et de quelques autres places importantes.

Abou-Yaqoub se hâta d'accourir pour repousser les envahisseurs ; et il les eut bientôt expulsés de ses domaines. Lorsqu'il fut entré à *Mahadyéh*, il y reçut des ambassadeurs du roi de Sicile, avec lesquels il conclut une paix ou du moins une longue trêve, qui devait lui ôter toute inquiétude sur la sûreté de ses provinces orientales, et lui permit de retourner à son expédition de la péninsule espagnole.

Abou-Yaqoub faisait le siège de Santarem, en Portugal, lorsqu'il mourut, l'an 580 de l'hégire (1184 de l'ère chrétienne), laissant le trône à son fils *Al-Mansour-Yaqoub*, surnommé *Abou-Yousouf*.

La mort d'*Abou-Yaqoub* avait failli donner lieu en Afrique à une révolution générale. A la nouvelle de cet événement, *Aly-Ben-Ishaq*, de la race des *Morabethyn* (Almoravides)(1), qui régnait dans

---

(1) La dynastie des princes que nos historiens nomment *Almoravides* ou *Marabouts*, et que les Arabes nomment *él-Morabettyn* ou *él-Molatemin*, tirait son origine des tribus *Hémyarites* que le premier khalyfe des Musulmans, *Abou-beker-es-Sadyq*, avait autrefois envoyées conquérir la Syrie. Quelques-unes de ces tribus passèrent ensuite en Égypte, et de là dans le *Moghreb* avec *Moussa*, fils de *Nassyr*, sous lequel se fit la conquête de l'Espagne. Ces tribus ne suivirent l'expédition de *Táreq* que jusqu'à *Tandjah* (Tanger), où elles quittèrent ce général, lorsqu'il entra en Espagne : elles allèrent chercher dans le *Sahra* quelque point où elles pussent fixer leur habitation, et peu après s'emparèrent de *Sedjelmesse*. Ce fut

l'île de Mayorque, vint avec une flotte attaquer la ville de Bougie, et s'en rendit maître, ainsi que de *Tunis*, de *Qabès* et des autres places principales de ce territoire; il en chassa tous les *Almohades*, et fit faire la *khotbah* (1) au nom du khalyfe de Baghdâd, *Nâsser-le-dyn-Illah* (2), annonçant ainsi solennellement qu'il abjurait toute obéissance envers les khalyfes d'Occident. *Al-Mansour* accourut aussitôt attaquer les troupes du prince almoravide, les battit, leur reprit Tunis et toutes les autres places dont ils s'étaient emparés, et les força à chercher un asile dans le désert.

Al-Mansour-Yaqoub était retourné à la guerre contre les Espagnols; mais il se hâta de quitter son armée d'Espagne alors qu'un de leurs chefs, nommé *Djouhar*, de la tribu de *djoudalah*, appela auprès de lui un docteur, nommé *Abd-Allah*, pour instruire ses compatriotes, qu'il regrettait de voir plongés dans la plus profonde ignorance. Bientôt d'autres tribus se joignirent à la première pour participer à cette instruction ; et *Abd-Allah* leur persuada d'élire pour chef suprême un personnage recommandable par sa piété et ses vertus, nommé *Abou-beker-ben-Omar*, en lui conférant le titre d'*Émyr-êl-Moumenyn*, c'est-à-dire prince des croyants. C'est à cette époque que les tribus qui reconnurent l'autorité de ce nouveau prince adoptèrent le nom d'*êl-Morabetyn*, c'est-à-dire, liés, attachés à la religion. La dynastie des *Almoravides* comprend six princes, qui régnèrent pendant quatre-vingt onze ans sur l'Afrique et sur une portion de l'Espagne, depuis l'année 450 de l'hégire (1058 de l'ère chrétienne) jusqu'à l'an 541 de l'hégire (1146 de notre ère). Les *Almohades* détruisirent la dynastie des *Almoravides*, dont quelques-uns se retirèrent dans les déserts et dont les autres restèrent possesseurs des îles Baléares.

(1) La *khotbah* est une formule de prière publique qui se fait le vendredi dans toutes les mosquées : l'imam y fait mention du nom du prince régnant, et cette mention est l'acte solennel par lequel on reconnaît sa souveraineté.

(2) *Nasser-le-dyn-Illah* fut le surnom du khalyfe *Ahmed-abou-l-Abbas*, trente-sixième prince de la première dynastie des Abbassides ; il était le fils de *Mostaddy-be-amr-Illah*, auquel il succéda, l'an 575 de l'hégire (1180 de notre ère); il régna quarante-six ans et onze mois, et mourut âgé de soixante-dix ans, l'an 622 de l'hégire (1225 de notre ère), laissant le trône du khalyfat à son fils *Dâher-b-Illah*.

à la fin de l'an 593 de l'hégire (1196 de notre ère), en apprenant qu'*Aly-ben-Ishâq* et les Almoravides étaient sortis du désert avec un grand nombre d'Arabes, dont ils avaient su attacher les tribus à leur parti ; mais la maladie le saisit en route, et il fut forcé de s'arrêter à Marok, où il mourut, dans le mois de *Raby-êl-âkher* de l'an 595 de l'hégire (1199 de l'ère chrétienne), après un règne de quinze années.

Abou-Abd-Allah-Mohammed, surnommé *Nâsser-le-dyn-Illah*, fils d'*Al-Mansour*, qui succéda à son père, se rendit lui-même dans les provinces orientales d'Afrique, l'an 607 de l'hégire (1205 de notre ère). Ce prince vint à bout de pacifier cette contrée et d'y apaiser tous les troubles que *Aly-Ben-Ishaq* et ses Almoravides n'avaient cessé d'y susciter. Il quitta alors l'Afrique pour aller continuer la guerre en Portugal; mais à peine *Abou-Abd-Allah* fut-il sorti de l'Afrique, croyant y avoir pleinement rétabli son pouvoir, que cette contrée changeait de nouveau de maîtres, et tombait des mains des Almohades en celles des *Bény-Hafs*.

CHAPITRE VIII.

Dynastie des Beny-Hafs ; — origine de cette famille; — Abd-êl-Ouâhyd ; — Abou-Fâress; — il se déclare roi de Tunis ; — il est détrôné par son frère ; — Yahyâ-Abou-Zakaryâ Ier du nom ; — il force êl-Lehyâny à embrasser la vie religieuse ; — il se soumet aux Almohades ; — Abou-Abd-Allah-Mohammed, surnommé êl-Mostanser-b-Illah ; — il affranchit le trône de Tunis de la suzeraineté des Almohades ; — expédition de saint Louis en Afrique ; — motifs secrets de cette croisade ; — Charles d'Anjou roi de Sicile ; — ses griefs envers le roi de Tunis ; — premiers succès ; — prise de la citadelle de Tunis ; — invasion de la peste ; — mort de saint Louis ; — arrivée de la flotte de Sicile ; — proposition de paix du roi de Tunis ; — traité conclu entre lui et les princes chrétiens ; — retour en France de la flotte des Croisés.

La dernière des dynasties indigènes qui se succédèrent sur le trône de Tunis, et qui y portèrent le titre de *Roi*, est celle des *Beny-Hafs* ou *Beny-Abou-Hafs*. Cette famille tirait son origine d'une tribu de Berebères, ou suivant quelques historiens, de Nègres, et descendait de *Sinhadj-ben-Amer*.

Le premier chef de cette famille, *Abd-él-Ouâhid*, était fils d'*Abou-beker* et petit-fils du cheykh *Omar-Abou-Hafs*, premier du nom, de la tribu des *Henetas*, qui, répudiant son origine africaine, comme moins noble, se prétendait originaire du Yémen, et même descendant du khalyfe *Omar*.

Abd-él-Ouâhid avait accompagné le prince almohade *Nasser-le-dyn-Illah* dans son expédition d'Afrique, l'an 601 de l'hégire (1205 de l'ère chrétienne). Deux ans environ après, l'an 603 de l'hégire (1206 de notre ère), il obtint de ce prince le gouvernement de l'Afrique, et particulièrement celui de Tunis, où il établit tellement sa puissance que ses successeurs ne craignirent pas de substituer au titre de gouverneurs celui de *rois* de Tunis, et ce nouveau royaume s'accrut bientôt par des conquêtes qui soumirent à ses lois *Bougie* et plusieurs autres provinces voisines.

Abd-él-Ouâhid, qui reçut le surnom d'*Abou-Mohammed*, mourut l'an 618 de l'hégire (1222 de l'ère chrétienne), et il eut pour successeur son fils aîné, *Abou-Fâress*; mais à peine ce prince avait-il proclamé l'indépendance du trône de Tunis, qu'il en fut dépossédé par son frère *Yahyâ, I*er du nom, surnommé *Abou-Zakaryâ*, qui, pour jouir seul du pouvoir, força son autre frère *Abou-Abd-Allah-Mohammed* à se contenter du titre de cheykh et à se consacrer à la vie religieuse (1).

Mais *Abou-Zakaryâ* jouit peu du succès de sa violence : effrayé des dangers qui entouraient son nouveau trône, il se soumit bientôt aux Almohades, et mourut dans l'obscurité, l'an 647 de l'hégire (1249 de l'ère chrétienne).

Son fils, qui portait comme son oncle le nom de *Abou-Abd-Allah-Mohammed*, n'imita pas son père dans sa renonciation au trône de Tunis ; et, prenant le surnom royal de *él-Mostanser-b-illah* (2), il s'y établit dans une entière indépendance de l'autorité des Almohades : c'est la dix-huitième année du règne de ce prince qu'eut lieu l'expédition de saint Louis, qui vint assiéger Tunis, l'an 1270 de l'ère chrétienne (669 de l'hégire).

Le roi de Tunis était loin de s'attendre à cette aggression de la part des Chrétiens : les points de contact et de litige qui avaient si longtemps existé entre Tunis et l'Espagne chrétienne avaient cessé depuis que l'île de Mayorque et les autres Baléares avaient été définitivement enlevées aux derniers princes aghlabites, l'an 627 de l'hégire (1229 de notre ère), par le roi d'Aragon don *Jayme*, deuxième du nom, surnommé à juste titre *le Conquérant* : quelques années après cette conquête, les Musulmans de Mayorque avaient bien essayé de secouer le joug espagnol, et Tunis s'était empressée de seconder cette tentative par des secours de troupes et d'argent; mais le roi d'Aragon avait comprimé le soulèvement de ses nouveaux sujets, et y avait maintenu une autorité que rien ne put ébranler depuis cette époque.

Le roi de Tunis avait dès lors renoncé à toute hostilité envers les Chrétiens d'Espagne, s'estimant heureux que le roi d'Aragon, victorieux, n'eût pas jugé à propos d'aller à Tunis même punir, par de justes représailles, la coopération que le roi tunisien avait prêtée aux entreprises des rebelles.

Ainsi, quoique les victoires du roi d'Aragon sur les Musulmans des îles Baléares fussent loin d'avoir été vues avec indifférence par les divers princes maures de la côte d'Afrique voisins de ces îles, et particulièrement par le roi de Tunis, que la renommée de *Don Jayme* devait inquiéter pour ses propres États, cependant aucune tentative d'hostilité réelle n'avait eu lieu, et l'Espagne chrétienne n'eut pas besoin d'employer ses forces contre les préparatifs d'agression dont on soupçonnait alors le roi de Tunis.

Bien plus, plusieurs traités de paix ou de trêve avaient été depuis cette époque échangés entre *Don Jaime* et Tunis (3);

---

(1) Ce prince fut surnommé *él-Lchyâhy* (le barbu).

(2) Celui qui implore le secours de Dieu.

(3) Le dernier de ces traités de paix et de commerce n'avait précédé que de moins de cinq mois l'attaque de Tunis par saint Louis, et la pièce originale, conservée à la Bibliothèque nationale, atteste que ce traité avait été conclu entre le roi d'Aragon et le roi de Tunis le 14 février de l'an 1270 de notre ère.

par suite de ces stipulations pacifiques, la marine marchande des États chrétiens jouissait sur toutes les côtes barbaresques d'une sûreté et de garanties rarement violées ; et le trafic des Européens, libre et protégé sur terre comme sur mer, réalisait d'immenses bénéfices en faisant refluer les productions de son industrie des points les plus éloignés de l'Orient.

Il semblait donc devoir être de l'intérêt des puissances chrétiennes de ne troubler en rien un état de choses si favorable à la fois à l'Europe et à l'Afrique ; mais l'intérêt personnel d'un prince vint déranger cet équilibre, et le fanatisme religieux fournit le prétexte qui devait faire pencher la balance, pour entraîner l'Europe dans une nouvelle guerre contre les Musulmans.

La France commençait à peine à se remettre des pertes immenses d'hommes et d'argent que l'Égypte avait englouties, lorsque, loin d'être découragé par les revers de sa première croisade (1), à peine sorti lui-même des fers des sultans égyptiens, Louis IX, à son retour en France, prépara une seconde expédition contre les infidèles : il était surtout excité à ce projet pieux par son frère Charles d'Anjou, roi de Sicile (2), qui cachait, sous le prétexte d'un zèle chrétien et des intérêts de la religion, des motifs d'intérêt personnel et d'un ressentiment particulier contre le roi de Tunis.

En effet, depuis cinq années le prince musulman avait refusé de payer au roi de Sicile le tribut annuel auquel Tunis était assujetti (3) ; et Charles, se trouvant trop faible pour aller à Tunis revendiquer lui-même ses droits les armes à la main, persuada à son frère de diriger ses attaques sur Tunis, qu'il lui représenta comme la porte de l'Égypte, et le chemin le plus assuré vers la possession de cette terre sainte objet de tous ses pieux désirs.

Louis IX s'était donc décidé à l'attaque de Tunis, treize ans après son retour d'Égypte, laissant le gouvernement de son royaume en son absence à l'abbé de Saint-Denis et au comte de Nesle, et s'était embarqué à Aigues-Mortes (4), le 1er juillet de l'an 1270 de l'ère chrétienne, pour sa seconde croisade, qui devait lui être encore plus fatale que la première.

Le roi de France emmenait avec lui une armée de 60,000 hommes et ses trois fils, dont l'aîné fut depuis Philippe *le Hardi*, accompagnés du roi de Navarre (5) : forcé par une bourrasque qui

---

(1) La première croisade de saint Louis eut lieu en l'année 1248 de notre ère ; l'armée croisée descendue en Égypte se signala d'abord par les plus brillants succès et par la prise de Damiette ; mais elle vit bientôt ses triomphes se changer en revers après la mémorable bataille de *Mansourah*. L'armée française fut mise en déroute, et le roi lui-même devint le prisonnier des mamlouks qu'il était venu combattre ; il n'obtint sa liberté et celle des barons qui étaient tombés comme lui entre les mains des Musulmans que moyennant une rançon de huit mille besants d'or (sept millions de francs de notre monnaie) et la reddition de Damiette ; il revint en France l'an 1254.

Pendant qu'il était encore entre les mains des mamlouks, ceux-ci s'étaient révoltés contre leur sultan, dernier rejeton de la famille de Saladin ; on a assuré que les révoltés, pour mettre fin aux diverses prétentions rivales de leurs chefs, avaient offert la couronne d'Égypte à leur prisonnier ; ce fait a été repoussé, comme invraisemblable, par la plupart de nos écrivains européens. Cependant on en trouve les traces dans quelques historiens orientaux ; et ce qui pourrait lui donner quelque probabilité, c'est l'admiration qu'avait inspirée aux mamlouks la vertu et la noble fermeté de leur saint prisonnier, admiration partagée par tous les auteurs orientaux, et qui les a portés à désigner saint Louis particulièrement par le nom de *Redefrans* (Roi de France), comme si lui seul avait été digne de porter ce titre.

(2) Charles Ier d'Anjou, fils de Louis VIII et de Blanche de Castille, était né en 1220. Devenu maître de la Provence par son mariage avec Béatrix, fille de Raimond Bérenger, son ambition le porta à conquérir l'Italie ; et il y fut couronné roi de Naples et de Sicile en l'an 1265.

(3) Ce tribut avait été imposé aux rois de Tunis par les empereurs d'Allemagne, lorsqu'ils étaient souverains de la Sicile ; et Charles d'Anjou, en devenant maître de ce royaume, avait succédé à leurs droits.

(4) S'il en faut croire les historiens contemporains, la flotte des Croisés se composait de dix-huit cents vaisseaux.

(5) Le roi de Navarre qui accompagnait saint Louis dans sa croisade d'Afrique était

dispersa ses vaisseaux, il relâcha d'abord en Sardaigne, et il y réunit à sa flotte celle de Naples et de Gênes, puis de là cingla vers l'Afrique. Le 17 du même mois il arriva devant Tunis, où il put opérer son débarquement sans éprouver de résistance sérieuse, et il battit complétement les troupes qui étaient sorties de la ville pour s'opposer à sa descente.

Huit jours après il en emportait d'assaut la forteresse. Ces deux premières victoires semblaient être les préliminaires d'une campagne glorieuse, et tout promettait un heureux succès aux armes du saint roi; mais les infidèles s'étaient retranchés dans la ville d'une manière inexpugnable; maîtres de la campagne ils assiégeaient à leur tour les assiégeants, les harcelaient sans cesse, évitant toutefois soigneusement tout ce qui pouvait amener un combat décisif : le siége traînait en longueur, le renfort promis par Charles d'Anjou n'arrivait pas; le zèle des troupes croisées commençait à se refroidir : d'un autre côté, les soldats chrétiens, peu accoutumés à ces climats brûlants, en subirent la funeste influence : l'eau et les vivres manquaient; déjà un assez grand nombre de croisés était mort de fatigue et de privations; bientôt une terrible maladie, la peste, se répandit dans le camp de saint Louis, décima l'élite de son armée; bientôt il en fut lui-même attaqué; et transporté de Carthage, où il avait placé son quartier général, à *Porto-Farina*, il y mourut, le 25 août suivant, à l'âge de cinquante cinq ans, après en avoir régné environ quarante-quatre.

La mort de saint Louis avait jeté le découragement dans l'armée française : affaiblie d'ailleurs également par le manque de vivres et par la maladie qui la ravageait, elle n'était plus en état de résister aux Musulmans s'ils reprenaient l'offensive.

L'arrivée du roi de Sicile, Charles, avec une flotte chargée de renforts et de provisions, ranima un peu les espérances des croisés. Bientôt un avantage assez marquant, obtenu contre les Tunisiens par les troupes fraîches venues de Sicile, vint à propos relever le courage des Chrétiens et faire perdre aux infidèles la confiance que leur avait inspirée l'état de faiblesse et de consternation de l'armée française.

Dans de telles circonstances, le roi de Tunis *Abou-Abd-Allah*, crut prudent d'acheter la paix, et d'éloigner à prix d'argent les dangers dont était menacée sa capitale; l'inquiétude que lui inspirait la présence des croisés sur ses domaines avait abattu sa confiance dans sa puissance et dans ses richesses : il pensa donc ne pouvoir mieux employer une partie des immenses trésors qu'il avait hérités de son père qu'à se délivrer d'ennemis aussi dangereux et aussi redoutables, et se détermina à faire proposer aux assiégeants un accommodement.

La plupart des princes et des barons de l'armée chrétienne n'étaient pas éloignés de prêter l'oreille à ces propositions; mais le nouveau roi, Philippe *le Hardi*, eût mieux aimé poursuivre l'entreprise de son père contre *Tunis* ; il lui semblait facile d'achever la conquête de cette ville, et une fois maître de la place, il devait la raser, pour ne pas affaiblir, en y laissant une forte garnison, l'armée qu'il voulait porter en Égypte et en Syrie : toutefois il céda sans peine aux avis des rois de Navarre et de Sicile, et consentit à l'ouverture des négociations.

En effet, parmi les princes croisés le nouveau roi de France était peut-être celui à qui il devait le plus paraître convenable de terminer d'une manière honorable une expédition entreprise avec quelque imprudence, et dont les chances étaient hasardeuses. Indépendamment de l'indemnité qu'il voulait exiger pour les frais de la guerre dispendieuse portée en Afrique, Philippe *le Hardi* sentait toute l'importance de sa présence en France au commencement d'un nouveau règne ; et, même dans le cas où *Tunis* aurait été conquise, l'Égypte et la Syrie étaient encore bien loin : l'armée qu'il pourrait y conduire n'arriverait à ces nouveaux champs de bataille qu'excédée par les privations et les fatigues, et devait y trouver non des victoires, mais des défaites presque certaines.

Thibaut II, qui avait épousé Isabelle, fille du roi de France ; après la mort de saint Louis, Thibaut débarqua en Sicile et mourut lui-même à Trapani, le 5 décembre 1270.

Une paix ou plutôt une longue trêve fut conclue entre les Musulmans et les Chrétiens ; voici les clauses principales du traité (1) :

1° Une trêve de dix ans était convenue entre les deux parties belligérantes à partir du 1er novembre 1270 ;

2° Le roi de Tunis devait rembourser au roi de France et à ses barons les frais de la guerre, fixés à 210,000 onces d'or ;

3° Les Chrétiens qui s'établiraient dans les États du roi de Tunis y vivraient en liberté et avec les mêmes franchises que les naturels du pays ;

4° Il serait permis aux prêtres et aux moines chrétiens, non-seulement de résider dans les États barbaresques, mais encore d'y avoir des églises et des monastères pour la construction desquels le roi de Tunis leur devait donner des terrains convenables, où ils pourraient servir Dieu suivant leurs rites, enterrer leurs morts, et prêcher publiquement la religion chrétienne (2) ;

5° Les marchands chrétiens pourraient venir trafiquer dans ces mêmes États aux mêmes conditions que les marchands musulmans ;

6° Les prisonniers faits de part et d'autre devaient être immédiatement relâchés ;

7° Le roi de Tunis devait payer comptant une moitié de l'indemnité stipulée pour les frais de la guerre, et l'autre moitié en deux payements égaux, à la fin des deux années solaires suivantes : il devait de plus fournir, pour les sommes qui resteraient dues, des cautions prises parmi les négociants chrétiens ;

Le 8e et dernier article du traité était le plus important pour le roi de Sicile ; car c'était pour parvenir à obtenir cette stipulation à son profit, qu'il avait poussé Louis IX à la guerre et Philippe *le Hardi* à la paix.

Cet article portait en effet « que *Abou-Abd-Allah-Mohammed*, surnommé *él-Mostanser-b-Illah,* roi de Tunis et d'Afrique, khalyfe, prince des croyants (3), payerait à Charles d'Anjou, roi de Sicile, chaque année, le double du tribut auquel *Tunis* était depuis longtemps soumise envers la Sicile, et qu'il solderait avant le départ des croisés les arrérages des cinq années qu'il avait refusé de payer (4). »

Ce traité pouvait paraître nécessaire aux deux parties, surtout à l'armée française, ravagée par la contagion pestilentielle ; cependant s'il obtint l'assentiment des princes et des barons, il excita les murmures du reste de l'armée, qui ne participait pas au partage de l'indemnité stipulée, et qui, espérant beaucoup des renforts que devait amener le prince *Édouard* d'Angleterre, avait compté sur le pillage de *Tunis*, ville florissante, depuis longtemps enrichie soit par le commerce de l'Orient et de l'Occident, soit par les dépouilles des provinces opulentes de la péninsule espagnole.

Quoi qu'il en soit, ce traité fut mis à exécution, et Philippe *le Hardi* ramena sa flotte dans son royaume, emportant avec lui le corps de la royale victime qu'avait coûté à la France la croisade d'Afrique.

Ainsi se termina ce drame héroïque, à la fois religieux et chevaleresque, qui avait eu son exorde aux côtes de Provence, son nœud secret à la cour de Naples, et qui trouvait maintenant son triste dénoûment aux caveaux funèbres de Saint-Denis.

---

(1) L'acte original de ce traité, écrit en arabe, existe à Paris dans le dépôt des Archives nationales.

(2) Suivant *Guillaume de Nangis*, écrivain contemporain et quelques autres chroniqueurs, cet article aurait encore accordé aux Musulmans, la pleine et entière liberté d'embrasser le christianisme sans encourir la rigueur des lois musulmanes, qui condamnent sans aucune rémission à la peine de mort les apostats de l'islamisme ; mais l'insertion de cet article dans le traité n'a jamais été prouvée ; il ne se trouve pas dans l'acte original que cite la note précédente ; et une telle tolérance est trop en opposition avec les principes de la foi musulmane pour qu'on puisse attribuer à *Abou-Abd-Allah* une condescendance aussi pusillanime.

(3) *Émyr-él-Moumenyn*, titre que nos historiens ont altéré en celui de *Miramolin.*

(4) Ce traité fut déclaré commun à *Baudouin*, empereur de Constantinople, à *Alphonse*, comte de Toulouse, à *Guy*, comte de Flandres, à *Henry*, comte de Luxembourg, et à tous les comtes, barons, et chevaliers présents.

CHAPITRE IX.

Suite de la dynastie des Beny-Hafs; — mort d'Abou-Abd-allah-èl-Mostanser-b-illah; — Yahyâ-Abou-Zakaryâ IIe, surnommé él-Ouatheq-b-Illah; — Abou-Ishaq-Ibrahym; — Ahmed-ben-Marzouq (faux Faddel); — Omar-Abou-Hafs IIe; — él-Mottaked-li-yhay-dyn-Illah; — Mohammed-Abou-Abd-Allah; — Aboubeker; — Khaled-ben-Zakaryâ; — Zakaryâ-abou-Yahyâ; — Aboubeker-Abou-Yahyâ;—Omar-Abou-Hafs IIIe du nom; — Abou-Hassan-Aly, roi des Zénètes, s'empare de Tunis; — Ibrahym-ben-Abou-Faddel.

Cette croisade entreprise contre Tunis fut la sixième et la dernière, et la catastrophe royale qui venait de la terminer acheva d'éteindre chez les barons chrétiens ce fanatisme guerrier, qui avait, sans aucun autre résultat que celui de la gloire, dépeuplé l'Europe pendant deux siècles.

Abou-Abd-Allah-Mohammed survécut peu d'années à l'évacuation de ses États par l'armée française. Il mourut au mois de *Dou-l-Hadjeh* de l'an 675 de l'hégire (mai 1277 de l'ère chrétienne).

Le successeur de *Abou-Abd-Allah* fut son fils, *Yahyâ-Abou-Zakarya*, IIe du nom, surnommé *él-Ouatheq-b-Illah* (celui qui s'attache à Dieu).

Ce prince en montant sur le trône renouvela, l'an 676 de l'hégire (1277 de notre ère), le traité que son père avait conclu huit années auparavant avec le roi d'Aragon (1); mais à peine avait-il joui quelque temps de la souveraine puissance qu'au mois de *Raby-él-âouel* de l'an 678 de l'hégire (juillet 1279) il en fut dépouillé par son oncle *Abou-Ishâq-Ibrahym* (2), qui laissa d'abord à son neveu les apparences d'une souveraineté nominative, et ne prit pour lui-même que le titre d'*Émyr-él-Moudjâhed* (le prince dévoué à la guerre sainte): celui-ci espéra vainement pouvoir transmettre son pouvoir à l'un de ses deux fils, qui, pour mieux s'assurer de cet héritage, avait massacré *Yahya-Abou-Zakarya*, ainsi que deux de ses enfants, *él-Faddel* et *él-Tayb*: il fut bientôt lui-même renversé de son trône usurpé, par un autre usurpateur, étranger à la famille des *Bény-Hafs*.

Cet usurpateur, nommé *Admed-ben-Marzouq*, était d'une naissance obscure et originaire de la ville de Bougie; profitant de quelques traits de ressemblance qu'il avait avec *él-Faddel*, il se présenta comme ce prince lui-même, et entraîna dans son parti la plupart des tribus arabes, qui alors comme aujourd'hui étaient établies dans ces contrées. *Ibrahym* chercha en vain à résister à l'imposteur: réfugié dans Bougie, auprès d'un de ses fils, il ne tarda pas à y périr avec la plus grande partie de sa famille.

Le nouvel usurpateur prit alors les titres de khalyfe et de prince des fidèles, le nom d'*Abou-l-Abbas-él-Fâddel*, et le surnom d'*él-Mansour-b-Illah* (celui qui est secouru par Dieu): il ajouta ensuite à ce dernier surnom celui de *él-Qâyem-be-Haqq-Illah* (celui qui établit la vérité de Dieu), et se maintint pendant trois années entières sur le trône de *Tunis*; mais les efforts réunis de *Abou-Ishâq-Ibrahym* et de son neveu *Omar Abou-Hafs* IIe du nom, fils d'*Abou-Abd-Allah*, réussirent, l'an 683 de l'hégire (1284 de notre ère) à l'en faire descendre et à l'expulser du royaume tunisien.

Omar-Abou-Hafs, à qui était échu le souverain pouvoir, le conserva pendant un assez long règne, et l'an 694 de l'hégire (1295 de notre ère) il le laissa en mourant à son neveu *Abou-Zakarya*, qui fut surnommé *él-Mottakked-li-yhay-dyn-Illah* (celui qui revivifie la religion de Dieu).

Celui-ci eut pour successeur un fils de *Ouatheq-b-Illah* nommé *Mohammed-Abou-Abd-Allah*, mais plus connu sous le sobriquet de *Abou-Assydah*. Ce prince prit le surnom d'*él-Mostanser-b-Illah* (celui qui réclame le secours de Dieu), titre qu'avaient déjà porté deux de ses prédécesseurs, et mourut au mois de *Raby-él-Thâny* de l'an 709 de l'hégire (septembre 1309 de l'ère chrétienne).

Son règne n'éprouva aucune perturbation; mais il n'en fut pas de même de

---

(1) L'original de cet acte se lit à la Bibliothèque nationale, sur le même parchemin où est inscrit le traité de 1270, ci-dessus cité.

(2) *Abou-Ishaq-Ibrahym* avait déjà levé l'étendard de la révolte dès le temps d'*Abou-Abd-Allah-Mohammed* et avait été obligé d'aller chercher un refuge en Espagne.

celui de *Abou-Beker*, surnommé *Abou-Yahyâ*, son fils et son successeur : le petit-fils de *Abou-Ishâq-Ybrahym*, nommé *Khaled-ben-Zakaryâ*, et surnommé *Abou-l-Abbas*, leva l'étendard de la révolte dans la ville de *Badjyah* (*Bougie*), tandis que *Cheykh-ed-Doulet* faisait éclater sa rébellion dans les parties orientales du royaume et se rendait maître de *Tripoli* : *Abou-Beker* se vit hors d'état de résister à cette double attaque, et, abandonnant *Tunis*, qu'il ne pouvait défendre contre ses nombreux assaillants, il chercha une retraite chez les tribus arabes de la frontière méridionale.

Devenu ainsi possesseur du trône de Tunis (1), *Khaled* espérait le transmettre à son fils aîné, *Omar* ; mais le règne de ce prince fut agité par des troubles continuels et des révoltes sans cesse renaissantes.

Il y avait à cette époque en Égypte un prince de la famille des *Beny-Hafs*, qui s'était arrêté dans ce pays, après avoir fait le pèlerinage de la Mekke ; fils de l'émyr *Abou-l-Abbas-Ahmed* et petit-fils du cheykh *Abou-Abd-Allah-Mohammed-él-Leyâny*, ce prince se nommait *Zakaryâ-Abou-Yahîà*, comme tant d'autres princes de sa famille. Il était alors d'un âge avancé, sans ambition, et seulement occupé des sciences ; cependant, sans être effrayé de l'infortune de son aïeul, il crut l'occasion favorable pour s'emparer à son tour de l'autorité souveraine ; et, s'avançant vers Tripoli, parvint à se rendre maître de Tunis. Ayant mis *Khaled* à mort, il se fit proclamer lui-même khalyfe, au commencement du mois de *Redjeb* de l'année 711 de l'hégire (novembre 1311 de notre ère).

Mais bientôt un frère de *Khaled*, nommé *Abou-Beker* et surnommé *Abou-Yahyâ*, vint de Bougie attaquer *Zakaryâ*, et le chassa de sa capitale. Le prince détrôné se retira à Tripoli, et son fils *Abou-Abd-Allah*, désigné par le sobriquet d'*Abou-Darbéh*, essaya sans succès de se maintenir dans la ville de *Ma-*

hadya, où il s'était fait proclamer khalyfe, sous le titre impérial de *él-Mostanser-b-Illah*, porté déjà par trois de ses prédécesseurs ; voyant tous leurs efforts inutiles, le père et le fils prirent le parti de chercher une retraite en Égypte.

Le vainqueur en s'emparant du pouvoir prit le surnom d'*él-Motouakkel-Ala-Allah* (le confiant en Dieu), et régna sans trouble jusqu'à sa mort, arrivée au mois de *Redjeb* de l'an 747 de l'hégire (octobre 1346 de notre ère).

Il eut pour successeur son fils nommé *Omar-Abou-Hafs III*[e] du nom, comme le fondateur de la dynastie. Son règne fut loin d'être aussi tranquille que celui de son père ; et il vit de tous côtés les provinces tunisiennes se refuser à reconnaître son autorité.

Des rebelles s'adressèrent à *Abou-l-Hassan-Aly*, roi des *Bény-Méryn* ou des *Zénètes* (2), et le déterminèrent à entrer en armes dans les États d'*Omar* ; ce prince éprouva une grande défaite auprès de *Qayrouân*, l'an 748 de l'hégire (1347 de l'ère chrétienne), et son neveu, *Abou-Faddel-ben-Yahyâ*, qui avait cherché une retraite à *Tunis*, fut tué dans sa fuite.

Abou-l-Hassan-Aly, déjà maître des villes de *Qossantynah* (Constantine) et de *Bougie*, prit alors possession de *Tunis*.

Depuis cet événement l'histoire nous apprend seulement que le royaume de *Tunis* passa entre les mains d'*Ibrahym* (3), fils d'*Abou-Faddel*, lorsque la dynastie des *Bény-Méryn* fut détruite ; mais elle se tait sur les successeurs de ce prince, qui occupèrent le trône tunisien jusqu'à l'époque de la conquête de Tunis par le sultan de Constantinople.

Je crois utile de raconter avec quelque détail les événements qui amenèrent pour *Tunis* cette catastrophe mémorable, au récit de laquelle sera consacré le chapitre suivant.

---

(1) On conserve à la Bibliothèque nationale l'original d'un traité conclu, l'an 712 de l'hégire (1313 de l'ère chrétienne), entre ce prince et *Sanche*, roi de *Mayorque*, comte de *Roussillon*, de *Cerdagne* et de *Montpellier*.

(2) Les princes de la dynastie des *Bény-Méryn*, ou des *Zénètes*, régnaient alors à *Telmessân*, à Fez et à Marok, où leur domination s'est maintenue jusqu'à l'an 762 de l'hégire (1360 de l'ère chrétienne).

(3) Vulgairement *Brahym*.

CHAPITRE X.

Suite de la dynastie des Beny-Hafs; — Moulay-Mohammed; — Moulay-Hassan; — Reschyd; — expédition de *Khayr-éd-dyn* (Barberousse) contre Tunis; — détrônement de Moulay-Hassan; — il se réfugie auprès de Charles-Quint; — première expédition de cet empereur contre Tunis; — débarquement des Espagnols à Carthage; — prise de la Goulette et de Tunis; — traité des Espagnols avec Moulay-Hassan; — révolte de Tunis; — nouvelle fuite de Moulay-Hassan; — il est rétabli une seconde fois par les Espagnols; — troisième fuite de ce même prince; — son fils Hamidah se fait proclamer roi de Tunis. — Prise de Tunis par les Algériens; — troisième expédition des Espagnols contre Tunis.

Malgré les catastrophes diverses, la dynastie des *Bény-Hafs* avait su maintenir son système héréditaire; et malgré les tentatives diverses de plusieurs compétiteurs, dont elle avait rendu vaines les velléités ambitieuses, elle régnait ainsi depuis plus de trois siècles à *Tunis*, lorsque, l'an 940 de l'hégire (1533 de notre ère), le roi *Moulay-Mohammed*, prince d'un caractère faible, parvenu à un âge avancé, désigna pour son successeur son fils *Moulay-Hassan*, quoiqu'il ne fût pas l'aîné de ses enfants. Mais ce prince, affaibli par l'âge, s'était déterminé à cette préférence parce que la mère de ce fils était particulièrement sa favorite.

Cette décision ne fut pas accueillie sans murmure par les grands du royaume. Cependant, *Moulay-Mohammed* étant mort, *Moulay-Hassan* monta sur le trône en vertu de la volonté paternelle.

Le premier acte du nouveau roi fut de faire étrangler ses frères, dont il craignait la révolte; mais le plus jeune d'entre eux, *Reschyd*, parvint à s'échapper, et se réfugia à Alger auprès de *Khayr-éd-dyn*, le célèbre *Barberousse*, dont il implora la protection.

Le souverain d'Alger était en effet alors le célèbre *Barberousse*. Deux frères, fameux pirates, ont été désignés par nos historiens européens sous ce surnom commun, à cause de la couleur de leur barbe; l'aîné portait le nom de *Aroudj* et le second celui de *Khayr-éd-dyn*, qui signifie l'élu de la religion, et que nos écrivains ont altéré tour à tour en ceux de *Hariadan*, *Airadin*, *Cheredin*, etc. Ce dernier, qui fut le plus célèbre, était né vers l'an 881 de l'hégire (1476 de notre ère,) dans l'île de Metelin (l'ancienne Lesbos), d'une Andalouse et d'un renégat sicilien, qui quitta son métier de potier de terre pour celui de pirate; les deux frères suivirent les traces de leur père, et firent la course ensemble avec un tel succès qu'ils remplirent du bruit de leurs exploits la dernière moitié du quinzième siècle et la première du seizième. Devenus la terreur de tous les navigateurs de la Méditerranée, ils réussirent à se rendre maîtres d'Alger, dont ils firent hommage au sultan de Constantinople, afin de se faire de cette suzeraineté une sauve-garde contre les vengeances de ceux que leurs déprédations ne cessaient de dépouiller : non-seulement le sultan accepta le vasselage offert, mais encore, appréciant toute l'importance qu'il y avait à attacher à son service un homme aussi redoutable que l'ancien pirate devenu roi d'Alger, il conféra à *Khayr-éd-dyn* la dignité de *Qapitan-pacha* ou de généralissime des flottes ottomanes (1).

Khayr-éd-dyn accueillit le prince fugitif, l'emmena avec lui à Constantinople, et proposa au sultan Soliman (2) de

---

(1) L'histoire de la vie de *Khayr-éd-dyn* ne fut qu'un tissu de victoires mémorables, mais la plupart étrangères à celle de Tunis.

Je joindrai ici l'empreinte de son sceau, tiré de pièces qu'il signa à Tunis même pendant sa conquête.

(2) *Souleymán-Khán*, fils de Selym Ier, était le douzième prince de la dynastie ottomane; il succéda à son père l'an 926 de l'hégire (1520 de l'ère chrétienne). Il régna quarante-huit ans, et mourut à l'âge de soixante-quatorze ans, dans le mois de *saffar* de l'an 974 de l'hégire (1566 de notre ère) : nos historiens le désignent sous le nom de Soliman Ier du

se servir du nom de ce malheureux prince pour faire la conquête de *Tunis* : le sultan adopta ce projet : une flotte formidable, aux ordres de *Khayr-éd-dyn*, fut dirigée sur *Tunis*, et l'on eut soin de répandre d'avance le bruit que le but de cet armement était de placer *Reschyd* sur le trône de *Tunis*; mais au moment du départ le prince tunisien, au lieu d'être reçu sur la flotte armée en son nom, avait été arrêté et jeté dans une prison, où il finit ses jours.

La flotte ottomane arriva devant *Tunis*. Les Tunisiens, dont *Moulay-Hassan* n'avait pas su se faire aimer, persuadés que la flotte turke leur amenait le prince *Reschyd*, prirent les armes, chassèrent leur roi, et ouvrirent leurs portes à *Khayr-éd-dyn*.

L'amiral ottoman se mit en possession des forts, prit toutes ses mesures défensives, et déclara alors aux Maures qu'il ne s'agissait plus de *Reschyd*, qu'ils avaient cessé d'être les sujets des *Bény-Hafs*, et qu'ils avaient désormais pour maître le sultan *Soliman*. Les Tunisiens, indignés d'une telle mauvaise foi, se soulevèrent; mais la force acheva ce que la ruse avait commencé.

C'est à l'époque de la conquête de Tunis par *Khayr-éd-dyn* que l'on doit rapporter la médaille suivante, qui se trouve dans les cabinets de quelques curieux.

On ne sait si cette médaille, d'un travail fort grossier, et dont la légende arabe est très-incorrecte (1), a été frappée alors par les ordres de *Khayr-éd-dyn* lui-même, pour éterniser le souvenir de sa victoire, ou si on la doit à l'adulation de quelques-uns des petits princes dont les États bordent la Méditerranée, qui aurait espéré par cette basse flatterie se mettre à l'abri des attaques du terrible corsaire (2).

Moulay-Hassan s'était vainement adressé aux tribus arabes pour les engager à s'armer en sa faveur contre les Turks : alors un de ses renégats lui donna le conseil de recourir plutôt à Charles-Quint. Cet empereur accueillit d'autant plus favorablement la demande de *Moulay-Hassan* que d'ailleurs il n'avait pas vu sans mécontentement l'entreprise des Turks sur *Tunis*; et il se décida facilement à tenter une expédition contre eux. Toutefois, dans cette circonstance, son intention était non de faire une conquête, mais seulement de nuire aux ennemis de la chrétienté; il chercha à obtenir pour cette entreprise la participation des autres puissances européennes. Le pape, le roi de Portugal et l'ordre de Malte unirent leurs forces aux siennes, et les flottes réunies se préparèrent à l'attaque de Tunis.

Le général des Turks fit aussitôt demander du secours à la Porte-Ottomane; mais *Soliman*, engagé alors dans une guerre d'Asie, lui répondit qu'il ne devait rien attendre de Constantinople dans ce moment, et qu'il eût à se défendre avec ses propres ressources. C'est ce que fit *Khayr-éd-dyn*.

L'empereur avait voulu prendre en personne le commandement de cette expédition (3). Il partit de Barcelone le 31

---

nom : il eut pour successeur son fils, *Sultan-Sélim-Châh* (Selim II).

(1) On trouve quelques variantes à cette empreinte dans celle que donne O. G. Tychsen (*Introductio in rem nummariam Muhamedanorum*), d'après la médaille qui se trouve au cabinet numismatique de Saxe-Gotha.

(2) Cette seconde hypothèse paraîtra préférable, d'après le nom italien *Barbarossa*, inscrit du côté de la face, et surtout d'après le texte de la légende inscrite au revers. On y lit en effet :

KHAYR-ÈD-DIN PACHAH DJÉZAYR SOULTAN TOUNES :

« *Khayr-éd-dyn*, *Páchá d'Alger*, *Sultan de Tunis*; »

et il est peu vraisemblable que *Barberousse*, malgré tout l'orgueil que lui inspirait sa victoire, ait pu alors prendre lui-même, sur une médaille frappée par son ordre, le titre de *Sultan* d'un royaume qu'il ne venait de conquérir qu'au nom du Sultan de Constantinople, et comme grand amiral des flottes ottomanes.

(3) Une des places de Tunis porte encore

mai 1535, avec les flottes combinées d'Espagne, de Portugal, de Flandre et de Gênes, et il se dirigea sur la Sardaigne, où se rendirent de leur côté celles de l'Italie et de Malte. Vers la fin de juillet l'armée impériale, composée de quatre cents voiles, dont quatre-vingt-dix galères, était arrivée devant Carthage; le débarquement s'effectua sans peine, et le quartier général occupa le lieu même où près de trois siècles auparavant saint Louis avait assis son camp. Les troupes débarquées formaient une armée d'environ vingt-sept mille hommes, dont les différents corps étaient commandés par six bons généraux (1).

Ces forces étaient plus que suffisantes pour battre les Maures, qui n'opposèrent au débarquement des Espagnols qu'une faible résistance.

La *Goulette* et *Tunis* étaient tombés au pouvoir de Charles-Quint, après une grande bataille livrée sous les murs de la ville, et dans laquelle Barberousse fut obligé de prendre la fuite; ce fut en vain qu'il crut alors trouver une retraite dans Tunis. Ses excursions sur les côtes de la Méditerranée avaient mis en ses mains vingt mille esclaves chrétiens qu'il avait réunis à Tunis, et qu'il avait employés à creuser le canal de la Goulette afin de procurer aux bâtiments une entrée plus facile dans le port. Ces esclaves avaient été laissés par lui dans la ville, tandis qu'il allait dans la campagne présenter le combat aux Espagnols: délivrés de leurs gardiens par la réunion de toutes les troupes maures en un seul corps d'armée, les esclaves chrétiens s'étaient emparés de Tunis, dont ils ouvrirent les portes à Charles-Quint.

L'armée espagnole se retira après avoir fait un traité avec *Moulay-Hassan*, laissant dans le fort de la *Goulette* une garnison de mille hommes sous le commandement de *Bernardin de Mendoza* ; cette garnison devait être soldée par *Moulay-Hassan*; et on laissa également au commandant espagnol dix galères.

Néanmoins, les Tunisiens, ne voyant dans *Moulay-Hassan* qu'un esclave des chrétiens, se révoltèrent bientôt, et *Qayrouân* ainsi que toutes les villes maritimes ne tardèrent pas à suivre l'exemple de la capitale : le nouveau roi de *Tunis* se vit derechef obligé de prendre la fuite, et réduit à implorer encore l'appui de l'Espagne. Cet appui lui fut promis, mais ne put lui être accordé immédiatement par l'empereur, trop occupé alors sur le continent européen par d'autres guerres : cependant deux années ne se passèrent pas sans que Charles-Quint ne songeât à rétablir son protégé sur le trône dont il venait d'être renversé pour la seconde fois.

En l'année 1537 le marquis de *Terre-Neuve*, envoyé par le vice-roi de Sicile, d'après les ordres de Charles-Quint, fit rentrer dans la soumission la ville de *Soussah*, et en 1539 *André Doria* réduisit à l'obéissance celles de *Sfax*, de *Klybeah* (l'ancienne *Clypœa*), de *Monastyr*, etc.

Cette seconde restauration ne fut pas plus heureuse que la première; et la soumission imposée par la force aux Tunisiens ne fut pas de longue durée.

En l'an 1542 de notre ère (949 de l'hégire), *Moulay-Hassan* passa en Sicile pour implorer une troisième fois l'assistance du roi d'Espagne contre les dispositions séditieuses que continuait à montrer la population; mais, profitant de son absence, son fils *Hamidah* se révolta lui-même, et se fit proclamer *roi de Tunis*, malgré la garnison espagnole de la *Goulette*, trop faible pour s'y opposer.

En apprenant cet événement, *Moulay-Hassan* accourut de Sicile avec cinq cents

---

de nos jours le nom de *place de Charles-Quint* ou de *place de l'Empereur*, parce que la tradition rapporte que ce prince y avait fait camper ses troupes, et y avait même établi sa tente impériale.

(1) 1° La division espagnole (vieilles troupes), formant quatre mille hommes, ayant pour général le marquis *Duguast*;

2° La division espagnole (nouvelles levées), huit mille hommes, général le duc d'*Albe*;

3° La division allemande, sept mille hommes, général *Maximilien Piedrabuena*;

4° La division italienne, quatre mille hommes, général le prince de *Salerne*;

5° La division portugaise, deux mille hommes, général l'infant *Louis de Portugal*.

Ces cinq corps, tous d'infanterie, présentaient un effectif de vingt-cinq mille combattants.

La cavalerie ne compta que quinze cents hommes, dont mille volontaires nobles de toute nation et cinq cents cavaliers andalous, commandés par le marquis de *Mondechar*.

Musulmans, auxquels se joignirent deux mille Chrétiens, mauvaises recrues, que le vice-roi lui avait permis de prendre à sa solde, et dont il donna le commandement à un gentilhomme napolitain, nommé *Lofredo*.

Arrivé à la *Goulette*, il marcha sur Tunis, malgré le sage avis de *Tobar*, gouverneur du fort de la *Goulette*, qui l'engageait à ne point se présenter devant Tunis avec une division de troupes chrétiennes.

En effet, la vue des Chrétiens exaspéra les Musulmans. La troupe de *Lofredo* fut taillée en pièces. *Moulay-Hassan* lui-même fut blessé et fait prisonnier, et son fils *Hamidah* lui fit crever les yeux; mais peu de temps après ce malheureux prince obtint de l'usurpateur la liberté, avec la permission de se retirer en Sicile.

Le prince usurpateur put jouir pendant vingt-huit années de la couronne qu'il avait acquise par son crime; mais si la vengeance céleste fut tardive à le punir, elle n'en tomba pas avec moins de sévérité sur sa tête, et l'ennemie perpétuel de Tunis, Alger, fut choisie par les décrets divins pour exécuter ses arrêts contre le prince parricide.

En l'année 1570 de notre ère (978 de l'hégire), *Outch-Aly*, nommé aussi *Ulugh-Aly* (le grand *Aly*), Pachâ ou Bey d'Alger (1), attaqua *Tunis*, en fit la conquête, et en chassa le roi *Hamidah*, qui se réfugia auprès des Espagnols de la *Goulette*.

Cette domination d'Alger sur Tunis avait été le rêve constant des Algériens, et le but continuel des entreprises des Beys ou des Deys qu'ils avaient eus à leur tête. La possession de cette ville rivale réalisée déjà pendant une courte période par *Khayr-éd-dyn* (Barberousse) était bientôt échappée de ses mains : elle ne resta pas plus longtemps dans celles de *Outch-Aly*.

---

(1) Ce bey, le dix-septième de ceux qui ont régné à Alger, était un renégat calabrois, qui était à cette époque regardé comme le plus fameux corsaire; il ne conserva son pouvoir que trois ans à Alger, de l'an 975 de l'hégire (1568 de l'ère chrétienne) jusqu'à la fin de l'an 978 (1571 de notre ère.) Il fut remplacé par un renégat corse, qui avait été son lieutenant et qui portait le nom de *Memminy*.

Alarmé de l'extension que prenait la puissance des Algériens par la conquête de *Tunis*, le roi d'Espagne, Philippe II, ordonna en 1573 une nouvelle expédition contre cet État, et en donna le commandement à son frère naturel, *Don Juan d'Autriche*, déjà célèbre par la bataille de Lépante.

Les ordres de Philippe II étaient de ne s'établir nulle part sur les côtes d'Afrique, et, fatigué des énormes dépenses que coûtaient à l'Espagne ses improductifs établissements sur les côtes barbaresques, il prescrivit à *Don Juan* de raser toutes les villes qui tomberaient en sa possession et d'abandonner même la forteresse de la *Goulette*.

Don Juan arriva devant Tunis avec une flotte nombreuse et plus de vingt mille hommes de troupes : les Turks, effrayés, abandonnèrent la ville de *Tunis*, et *Outch-Aly* lui-même, se croyant peu en sûreté dans sa ville d'Alger contre les troupes espagnoles, se retira à Constantinople, et *Don Juan* prit possession de Tunis sans combat. Mais, au lieu de suivre les ordres de Philippe II, rêvant, au contraire, la création d'un État européen en Barbarie, ambitionnant pour lui-même la couronne de ce royaume projeté, encouragé dans ses projets par la cour de Rome, le vainqueur de *Tunis* épargna la ville, dont il donna l'administration provisoire à un frère de *Hamidah*, en y laissant une garnison de quatre mille hommes, et pour mieux tenir en bride les habitants il ordonna de construire un nouveau fort entre la ville et le lac.

La ville de *Bizerte* fut occupée également par une garnison espagnole, et, au lieu de détruire le fort de *la Goulette*, *Don Juan* en augmenta encore les défenses et en donna le commandement à *Porto-Carrero*, l'une de ses créatures les plus dévouées.

Le prince, après avoir laissé des garnisons espagnoles dans les forts les plus importants de la côte, était retourné en Europe, avec l'espoir que Philippe II sanctionnerait ses actes; mais avant que la question ne fût décidée, la scène changea complètement dans le royaume de *Tunis*, et une fatale catastrophe vint confirmer les préventions de Philippe II contre tous les systèmes d'établissements en Afrique.

CHAPITRE XI.

Seconde expédition des Turks contre Tunis; — Sinân-Pâcha; — attaque de Tabarkah; — débarquement des troupes ottomanes; — siège de Tunis; — prise de la Goulette et Tunis par l'armée ottomane; — massacre de la garnison espagnole; — captivité de Moulay-Mohammed-él-Hafsy, dernier roi de Tunis.

Le sultan Selym-Châh (1) s'était montré irrité des succès de *don Juan* à Tunis, et au printemps de l'année 1574 de notre ère (fin de l'an 981 de l'hégire) il envoya contre les Espagnols de *Tunis* une flotte formidable, portant quarante mille hommes et commandée par *Sinân-Pacha*, qui s'était déjà illustré par la conquête de l'*Yémen*, et qui avait lui-même demandé d'être chargé de cette nouvelle expédition.

L'ancien dey d'Alger, qui était devenu *Qapytân-Pachâ* et avait pris le nom de *Kelydj-Aly* (2), avait saisi avec empressement cette occasion de prendre sa revanche de l'échec que trois ans auparavant lui avait fait éprouver *Don Juan d'Autriche*; il s'était chargé de la conduite de la flotte ottomane, composée de deux cents galères, armées d'une nombreuse artillerie, et accompagnées de plusieurs bâtiments de transport portant le matériel et les munitions de guerre.

Cette expédition, l'une des plus importantes qui eût été faite jusque alors par les Ottomans, eut un plein succès.

L'armée navale quitta Constantinople le premier jour du mois de *Raby-él-âouel*, et se dirigea d'abord vers le port de *Navarin*, en Morée, où elle fit une courte relâche : ayant repris la mer, elle fit voile vers les côtes des possessions vénitiennes, qu'elle ravagea ; puis, le neuvième jour de sa navigation elle arriva en vue de *Tabarkâh*, où eurent lieu les premières hostilités.

La garnison de cette forteresse était espagnole : vivement attaquée par les Ottomans, elle se défendit plus vivement encore ; mais, après un combat acharné, elle fut forcée de céder au nombre et de se replier sur un autre fort de la côte : là les Chrétiens eurent à soutenir un nouveau combat, dans lequel périrent un grand nombre de Musulmans, entre autres *Mohammed-Bey*, qui était le *kiahya* (lieutenant) du *Qapytân-Pachâ*. Le combat, commencé à midi, n'avait cessé qu'à l'heure du *moghreb*, c'est-à-dire au coucher du soleil.

Renonçant à renouveler son attaque, la flotte ottomane reçut l'ordre d'appareiller et d'aller croiser sur les côtes de Sicile, où elle exerça de nouveaux ravages, et dont elle fut bientôt repoussée par les habitants, que la vue de leurs villages pillés et incendiés, de leurs femmes et de leurs enfants enlevés, avait armés du courage du désespoir.

Quittant alors les parages de la Sicile, les Ottomans se décidèrent à retourner vers les côtes de *Tunis*, et le 18 de *Raby-él-âouel* leur flotte arriva enfin devant un fort ruiné du territoire tunisien, situé près la forteresse de *Klybeah*, à environ dix-huit milles à l'est de *Tunis*. En arrivant au mouillage tous les bâtiments de l'armée navale se pavoisèrent de pavillons de mille couleurs, fêtant ainsi d'avance les triomphes qu'elle allait remporter.

Trois jours après, le 21, la flotte ottomane jeta l'ancre devant l'entrée du

---

(1) *Selym-Chah-ben-Souleyman*, que nos historiens nomment Sélym, deuxième du nom (treizième prince de la dynastie ottomane), était fils du sultan *Souleymân*, dont il a été question ci-dessus note 2, page 175 ; il avait atteint l'âge de quarante ans lorsqu'il succéda à son père, l'an 974 de l'hégire (1566 de notre ère) : ce fut sous son règne que l'île de Chypre fut conquise et que les Turks perdirent la fameuse bataille de *Lepante*, l'an 979 de l'hégire (1571 de l'ère chrétienne). Ce prince mourut l'an 982 de l'hégire (1574 de notre ère), laissant pour successeur au trône ottoman son fils *Mourâd-ben-Selym*, connu de nos historiens sous le nom d'*Amurat III*.

(2) Il est plus connu sous le nom de *Aly-él-fartâz* (*Aly* le Teigneux). Au sujet de ce surnom je ferai la remarque que les Orientaux ne regardent aucunement comme injurieux les sobriquets et surnoms tirés des imperfections du corps; c'est ainsi que le nom du conquérant de l'Asie, *Tamerlan*, n'était autre chose que *Tymour-lenk* (Tymour le boiteux) : un des plus célèbres vizirs de l'empire ottoman fut moins connu par son nom propre que par le sobriquet qu'il adopta lui-même, de *Topal*, signifiant également *boiteux* dans la langue turke.

canal de la *Goulette* : le débarquement des troupes expéditionnaires eut lieu immédiatement, ainsi que celui de l'artillerie de siége et du matériel. Le camp fut aussitôt établi; l'on eut soin de placer hors de l'atteinte des canons du fort les tentes destinées au général en chef *Sinân* et au *Qapytan-Pachâ*.

Le premier soin des assiégeants fut de se mettre eux-mêmes à l'abri de l'attaque de ceux qu'ils venaient assiéger : de hauts et forts retranchements furent élevés en terre autour du camp, qui fut en même temps ceint de fossés larges et profonds : puis on construisit à la hâte quelques batteries.

L'attaque commença : l'artillerie espagnole ouvrit sur les assaillants un feu meurtrier et bien nourri. Les assiégeants ne faisaient que des progrès très-lents, lorsqu'on vit arriver au camp ottoman le Pachâ de Tripoli, *Moustafâ-Pachâ*, accompagné de *Hayder-Pachâ*, qui avait défendu *Qayrouân* contre le roi de Tunis, *Moulay-Mohammed-él-Hafsy*. Le général en chef chargea ces deux Pachâs du siége de *Tunis*, tandis qu'il presserait lui-même celui du fort de la *Goulette*; et il mit sous leurs ordres, pour cette opération, une division formée par mille fusiliers (*toufenkdjyân*) et de mille volontaires, que commandait leur Aghâ *Habil-Bey*; l'artillerie qui accompagnait cette colonne se composait de plusieurs grosses pièces de siege et de plusieurs pierriers.

Les troupes espagnoles qui occupaient *Tunis*, jugeant que la ville était trop grande pour les moyens de défense qu'elles pouvaient employer, et que le château, seul point fortifié de l'enceinte, tombait presque en ruines(1), avaient pris le parti d'en sortir, et de se retirer dans le fort situé en dehors de la porte de la Marine, et dont le prince *don Juan d'Autriche* avait ordonné la construction quelque temps auparavant : mais ce fort n'était pas encore entièrement achevé, et les Espagnols cherchèrent à suppléer aux ouvrages non encore construits par des palissades et des retranchements en terre : ces retranchements furent armés d'une formidable artillerie, et on les approvisionna de toutes les munitions de guerre nécessaires pour soutenir un long siége : plus de six mille hommes tant chrétiens que renégats y étaient venus chercher un asile.

Ainsi évacuée par les Espagnols, *Tunis* ne put offrir aucune résistance; les deux Pachâs en prirent possession sans coup férir, et s'occupèrent à fortifier les points de l'enceinte reconnus comme trop facilement accessibles.

Maîtres de la ville, ils tournèrent leur attaque contre le fort où les troupes espagnoles s'étaient retranchées : ils crurent cependant nécessaire de demander des renforts au général en chef, qui s'empressa de leur envoyer un nouveau détachement que le *Qapytan-Pachâ* se chargea de commander lui-même.

Mais la réunion de ces troupes avec celles des deux Pachâs ne parut pas encore suffisante à l'amiral ottoman pour réduire les Espagnols enfermés dans le fort; et un nouveau renfort fut demandé à *Sinân-Pachâ*, qui n'hésita pas à envoyer aux assiégeants mille janissaires, commandés par *Médjy-Pachâ* et par *Aly-Aghâ-Selâhdâr* (2), avec une batterie de huit canons et de six pierriers.

Cependant, sans s'effrayer de ces préparatifs redoutables, la garnison du fort fit plusieurs sorties, pénétra jusque dans les retranchements des Ottomans, et leur fit éprouver les plus grandes pertes.

Sinân-Pachâ crut alors devoir quitter son camp de la *Goulette*, pour venir diriger par lui-même les opérations contre le fort, et ne retourna continuer le siége de la *Goulette* qu'après avoir donné aux deux Pachâs ses instructions sur le plan qu'ils devaient suivre dans leurs attaques.

Pendant que le siége des deux forts continua en même temps, *Sinân-Pachâ* vit arriver dans son camp *Ahmed-Pa-*

---

(1) Les restes de ce fort sont connus des Tunisiens sous la double dénomination du *Bastion* (*él-Bastyoun*) et de *Kouksou adkân*; ce lieu sert aujourd'hui de tannerie; et les fondations de la citadelle espagnole s'y voyaient encore du temps de *Hamoudah-Pachâ*, dont nous parlerons ci-après.

(2) Le mot *Selâhdâr* signifie proprement *écuyer*. On donne ce titre à l'aghâ chargé du soin des armes du sultan, et qui accompagne ce prince en portant devant lui son sabre de cérémonie.

chá (1), nouveau Bey d'Alger, qui lui amenait un contingent de troupes, et qui reçut ordre d'établir son quartier devant la partie méridionale du fort de la *Goulette*.

Ces troupes fraîches assurèrent bientôt l'avantage aux Ottomans : le 14 du mois *Raby-el-Tâny*, un chemin couvert qui communiquait à l'ancien bâtiment des douanes, où les Espagnols avaient établi leurs avant-postes, fut enlevé après un combat sanglant ; le fossé fut comblé, et sur son emplacement fut élevée une redoute, dont le feu commandait les ouvrages extérieurs de la place.

Un nouveau renfort vint encore accroître la supériorité numérique des assiégeants ; *Ramaddán-Pachá*, que *Ahmed-Pachá* avait laissé pour gouverner Alger en son absence, avait quitté cette ville, et amenait à *Sinân-Pachá* un corps de trois mille hommes : il reçut l'ordre d'aller se joindre aux deux Pachâs qui assiégeaient le fort près de Tunis, pour les aider à hâter la fin du siége.

Enfin, le sixième jour du mois de *Djemâdy-él-âouel* de l'an 981 de l'hégire (1573 de notre ère), le général en chef ordonna un assaut général contre le fort de la *Goulette*. La garnison espagnole, épuisée par une suite non interrompue de combats, décimée par le feu continuel des batteries contre lesquelles ses remparts la protégeaient mal, ne put résister aux innombrables assaillants qui l'attaquaient de toutes parts ; elle fut tout entière passée au fil de l'épée : les Chrétiens, les renégats, les Maures qui s'y étaient réfugiés, tous tombèrent sous le tranchant des cimeterres ottomans, et les seuls dont la vie fut épargnée furent le gouverneur espagnol et *Mouley-Mohammed-él-Hafsy*, qui avait succédé sur le trône de *Tunis* à son frère *Hamidah*, et qui fut le dernier rejeton de la famille des *Bény-Hafs* : ils furent l'un et l'autre jetés dans une prison, en attendant qu'il fût décidé de leur sort.

Ainsi tomba au pouvoir des Musulmans, après quarante jours de siége, la forteresse de la Goulette, dont la construction n'avait pu être achevée par les Chrétiens qu'en quarante années.

Considérant les dépenses qu'exigerait la réparation de ce fort après les désastres d'un siége aussi destructif, *Sinân-Pachá* jugea sa conservation inutile ou même dangereuse à une si grande distance du centre de l'empire. Il ordonna qu'il fût détruit de fond en comble et entièrement rasé : les troupes ottomanes furent immédiatement employées aux travaux de cette démolition, et le général en chef s'empressa de se rendre devant le fort de Tunis, afin de mettre par sa prise la dernière main à sa conquête.

A peine arrivé au camp des assiégeants, *Sinân-Pachá* ordonna une attaque générale, à laquelle il prit part de sa personne : mais, les assiégés se défendant avec une intrépidité digne d'un meilleur sort, ce ne fut qu'après deux assauts que les Turks réussirent enfin à arborer leurs étendards sur les remparts de la place.

Trois mille Chrétiens périrent dans ces deux combats acharnés ; et le reste de la garnison, montant à environ cinq mille hommes, sortant du fort presque écroulé, alla prendre position sur la plage, derrière des retranchements élevés à la hâte.

Les Espagnols y furent bientôt suivis et attaqués par les Musulmans ; ils s'y défendirent avec le courage que donne le désespoir : la mêlée fut terrible ; on se battait corps à corps, face à face, fer contre fer, poitrine contre poitrine, se frappant, se saisissant, s'étreignant, se déchirant l'un l'autre : les épées, les cimeterres, les poignards se brisaient ; les ongles et les dents remplaçaient horriblement ces armes dans cette épouvantable lutte. Tous les Espagnols furent massacrés, et il ne resta plus un seul Chrétien vivant sur la terre tunisienne.

Toutefois *Sinân-Pachá*, dans ce massacre général, avait cru devoir épargner deux cents artilleurs experts dans l'art de la fonte des canons : il les envoya à l'arsenal de Constantinople, où, attachés deux à deux par une chaîne au pied, ils furent employés à la fabrication de l'artillerie pour la marine ottomane.

---

(1) *Ahmed-Pachá*, surnommé *él-iskanderâny*, parce qu'il était natif d'Alexandrie, fut le dix neuvième des Beys qui régnèrent à Alger ; il était parvenu au pouvoir l'an 979 de l'hégire (1572 de notre ère). Il avait succédé à *Memminy*, renégat corse, et fut remplacé, l'an 982 de l'hégire (1574 de notre ere) par un renégat sarde, *Ramaddán*, dont il va être bientôt question.

Cette dernière catastrophe complétait la victoire de *Sinân-Pachâ* le 25 du mois de *Djemady-él-àouel* de l'an 981 de l'hégire (1573 de l'ère chrétienne). Cette conquête était achetée au prix de la vie de dix mille Chrétiens et de dix mille Musulmans (1).

Rien ne retenait plus *Sinân-Pachâ* sur les côtes d'Afrique; comme trophée de son triomphe, il avait envoyé au Sultan les deux seuls prisonniers dont il avait épargné la vie, le gouverneur de la *Goulette*, l'infortuné *Porto-Carrero*, et *Mouley-Mohammed-él-Hafsy*, dernier roi de *Tunis* (2) : il revint lui-même à Constantinople jouir des félicitations et des récompenses que lui décerna le Sultan.

CHAPITRE XII.

Sinân-Pachâ organise le nouveau gouvernement de Tunis; — Pachâ-Bey, Divan, janissaires; — ôddâ-bâchys; — leurs excès; — massacre des membres du Divan par les milices; — élection d'un nouveau Divan et d'un Dey; — continuation des troubles; — mutineries de la soldatesque; — expulsion et massacre de plusieurs Pachâs; — création de Beys indépendants du Pachâ; — leur ambition; — leurs tentatives pour établir l'hérédité dans leurs familles; — Mohammed; — Tcheleby.

Avant de quitter Tunis, *Sinân-Pachâ* voulut en organiser le gouvernement, et assurer pour l'avenir à la Porte-Ottomane la possession de sa nouvelle conquête par des institutions conservatrices de l'autorité que ses armes venaient d'y établir (3). Jugeant bien que l'esprit re-

(1) Le nombre des pièces de canon que la victoire de *Sinân-Pachâ* mit en son pouvoir fut de deux cent vingt-cinq; il en envoya cent quatre-vingt-dix à Constantinople; les trente-cinq autres furent laissées pour la défense de la forteresse de Tunis contre les nouvelles attaques que l'Espagne aurait pu tenter.

(2) Les historiens orientaux ont gardé le silence sur le sort ultérieur de ces deux prisonniers; mais il est vraisemblable qu'ils terminèrent leur misérable vie à Constantinople dans une longue captivité, aux cachots des *Sept-Tours*.

(3) Je crois que le lecteur ne verra pas sans intérêt l'empreinte suivante, qui offre le sceau de *Sinân-Pachâ* apposé par lui aux différents actes qu'il souscrivit à Tunis, et sur

muant de ces peuples, qui lui avaient fourni l'occasion d'enrichir l'empire ottoman de cette belle province, ne tarderait pas à essayer de secouer le joug imposé par la force militaire, si cette même force ne continuait son action compressive, il avait voulu ne remonter sur ses vaisseaux qu'après avoir créé à Tunis une forme gouvernementale qu'il crût capable d'y défendre les droits du Sultan contre toute velléité de désobéissance et toute tentative de rébellion.

Il laissa donc à Tunis, en partant pour Constantinople, un Pachâ, auquel, avec le titre de Bey, il délégua son autorité, et qui fut chargé par lui de la haute administration de ce royaume.

Il lui adjoignit un Divan, presque entièrement composé de gens de guerre ayant pris part à la conquête, et mit sous leurs ordres un corps de cinq mille janissaires, qui devaient assurer leur autorité et contenir les nouveaux sujets du Sultan.

Le pouvoir était partagé entre le Divan et le Pachâ; celui-ci avait dans ses attributions spéciales la police, les finances et l'administration civile, tandis que le Divan réglait les affaires militaires et tout ce qui concernait les corps de troupes.

Ces milices, comprises sous l'appellation commune de *Yoldach*, étaient divisées en deux cents *Ortas* ou *Oddâs*, c'est-à-dire en compagnies de vingt-cinq hommes (4); chacune d'elles était commandée par un capitaine (*Oddâ-Bâchy*).

lequel on lit avec son nom la date de l'année 981 de l'hégire.

(4) On donnait aussi à ces compagnies le nom de *Beyrâk* (drapeau), parce que chacune d'elles était distinguée par son étendard particulier.

Ces *Oddâ-Bâchys*, choisis parmi les plus anciens des *Yoldach*, parvenaient ensuite au titre de *Bach-Oddaler*, et remplissaient alors les fonctions de conseillers du Divan ; enfin, après six mois d'exercice dans ce nouveau grade, ils pouvaient être promus à la dignité de *Boulouk-Bâchy* (colonel).

Après avoir rempli leurs fonctions comme membres du Divan, les plus anciens *Boulouk-Bâchys* en sortaient pour aller commander dans quelques villes les garnisons ; et alors ils recevaient le titre d'*Aghâs*.

Tous les six mois aussi on choisissait le plus ancien des *Boulouk-Bâchys* pour lui conférer le titre de *Tchâouch-Bâchy* ou de *Bach-Tchâouch* ; la solde de ces divers officiers était proportionnée au rang auquel ils étaient parvenus dans la hiérarchie militaire.

Dans la première création, le Divan n'était composé que d'un *Kiahyâ* (lieutenant général), de huit *Tchâouch*, de deux *Khodjâs* (secretaires), d'un interprète (*terdjmân*) et de vingt-cinq autres membres conseillers soit *Oddâs-Bâchys* (capitaines), soit *Boulouk-Bâchys* (colonels). Cette réunion de fonctionnaires décidait en dernier ressort de toutes les affaires importantes qui lui étaient soumises, de concert avec l'*Aghâ*, président de ce conseil.

Cet *Aghâ* ne conservait que six mois ces hautes fonctions de présidence ; mais, à chaque nouvelle élection, son successeur était toujours choisi parmi les *Boulouk-Bâchys* qui faisaient partie du Divan.

Cette prérogative fit bientôt naître parmi les membres de cette classe privilégiée un tel orgueil, qu'ils osèrent se permettre habituellement les plus grands excès d'injustice et de violence, non-seulement contre la population tunisienne, mais encore contre le corps de la milice (*Tayféh*).

Celle-ci, qui avait partagé et servi les excès de ses officiers supérieurs tant qu'ils n'avaient pesé que sur la population inoffensive, n'eut pas la même tolérance quand cette tyrannie s'exerça sur les corps armés. A peine deux années s'étaient écoulées depuis le départ de *Sinân-Pachâ*, les milices se rassemblèrent tumultueusement, fondirent sur le château, où se tenait l'assemblée du Divan, et en massacrèrent presque tous les membres.

Cependant, après cette exécution sanglante, les janissaires, voulant montrer qu'ils n'avaient été poussés à cette insurrection par aucun esprit de révolte contre la Porte-Ottomane, déclarèrent hautement qu'ils n'avaient prétendu que venger leurs injures particulières, et qu'ils restaient les fidèles sujets du Sultan, qui sans doute ignorait les abus intolérables dont ils s'étaient vus forcés de faire justice eux-mêmes : puis ils choisirent parmi eux les membres d'un nouveau Divan, à la tête duquel ils placèrent un Président, également pris parmi eux et amovible à leur volonté. Ce nouveau fonctionnaire, auquel ils donnèrent le titre de *Dây* ou de *Dey*, était ainsi dans une dépendance absolue des corps militaires qui l'avaient élu, qui pouvaient le révoquer au moindre caprice : il était spécialement chargé d'employer l'autorité qui lui était confiée à contre-balancer celles du *Bey* et du Divan lui-même, envers lesquels il exerçait une opposition permanente.

Dans cette nouvelle organisation l'autorité du *Pachâ-Bey* représentant le Sultan avait été respectée ; il était resté en dehors des excès des *Boulouk-Bâchys* et du mécontentement des milices ; mais cet état de choses ne dura que dix années, et bientôt la forme du gouvernement de Tunis reçut une modification nouvelle.

Un *Pachâ* chargé de dettes ne se fit pas scrupule d'y subvenir par la soustraction de cent mille sequins du trésor public : exaspérés par ses avanies et ses violences, les habitants de Tunis furent poussés à bout par ce dernier acte de brigandage ; se réunissant aux janissaires, également mécontents, ils chassèrent le Pachâ spoliateur, et toutes les tentatives de la Porte-Ottomane ne purent parvenir à sa réintégration : enfin, après de longues négociations avec le Divan de Constantinople, un nouveau Pachâ fut reçu dans la ville aux conditions suivantes :

1° Les charges de *Pachâ* et de *Bey* devaient dorénavant être séparées et distinctes, sans pouvoir être exercées par le même fonctionnaire.

2° Le *Pachá*, envoyé de Constantinople, devait être renouvelé tous les trois ans, sans pouvoir être prorogé dans ses fonctions.

3° Les *Pachás* ne devaient plus avoir aucune part à l'administration, et se contenter du rôle inactif de représentant du Sultan, en conservant d'ailleurs les honneurs et les émoluments attachés à sa place.

4° Un *Bey*, indépendant du *Pachá*, était créé pour remplir les fonctions de grand trésorier du royaume ou d'administrateur général des finances; c'était lui qui deux fois chaque année, en été et en hiver, devait, sous les ordres du *Dey*, parcourir le territoire avec un corps de troupes pour exiger l'impôt nommé *Kharadj*.

Mais les *Beys* ne restèrent pas longtemps dans cet état de dépendance et d'infériorité; peu à peu leur influence s'accrut, soit par le moyen des sommes considérables qui passaient entre leurs mains, soit par leurs relations habituelles avec les corps de troupes qui les suivaient dans leurs expéditions fiscales, soit enfin par les liaisons que ces mêmes expéditions leur donnaient occasion de nouer avec les plus puissants des chefs de tribus arabes des frontières : bientôt tout le pouvoir passa entre leurs mains, et ils ne laissèrent que peu d'autorité au Divan et au *Dey*, qui n'apparaissait plus dans les affaires publiques que pour être la victime des démêlés qui s'élevaient entre le *Bey* et le Divan.

Le premier *Dey* que les milices avaient établi avait pris le titre de *Khalyfah* (vice-roi, ou lieutenant du souverain); il fut massacré par la soldatesque même qui l'avait élu, et *Ibrahim I*er du nom lui avait succédé l'an 993 de l'hégire (1585 de l'ère chrétienne); mais, craignant un sort pareil à celui de son prédécesseur, il se retira à la *Mekke*, et préféra une vie tranquille à un pouvoir flottant et périlleux.

Ce fut sous le troisième *Dey, Quárá-Othmán*, que la puissance des *Beys* commença à s'accroître, et *Mourád-Bey I*er du nom fut celui qui le porta au plus haut degré, usant de l'influence que lui donnaient ses victoires sur les Algériens, auxquels il avait enlevé le pays de *Keff* et le *Beled-él-Djeryd*. Il se rendit maître de l'élection des *Deys*, auxquels il ne laissa qu'une ombre d'autorité, maîtrisa le Divan, et tenta de rendre le titre de *Bey* héréditaire dans sa famille. Sous ce *Dey* et ses successeurs *Tunis* devint florissante par les prises innombrables que faisaient ses corsaires sur les côtes des États chrétiens, et par le commerce actif qu'elle entretenait avec les nations voisines.

Le Sultan avait fermé les yeux sur ces demi-rébellions, et, s'inquiétant peu de ces révolutions intestines, il continuait de conférer comme auparavant le titre d'administrateur suprême du nouveau domaine que la Porte-Ottomane s'estimait heureuse de conserver par cette concession, à des Pachás envoyés de Constantinople chaque année, gouverneurs fictifs et éphémères, dont l'histoire a enseveli dans l'oubli les noms et les actes obscurs; nommés, destitués et remplacés par les intrigues du sérail ou du Divan, ils auraient passé inaperçus sur la scène élevée du gouvernement de Tunis, s'ils n'y avaient laissé un souvenir fatalement vivace de violences, d'avanies et de spoliations.

Souvent plusieurs d'entre eux avaient voulu reconquérir par l'intrigue ou par la force la position active dont avaient joui leurs prédécesseurs dans le gouvernement de Tunis : ils avaient chaque fois échoué dans leurs prétentions, et se dédommageaient par une tyrannie spoliatrice exercée sourdement sur les populations et les particuliers.

Leur inhabileté, égalant leur cupidité et leur avarice, laissa peu à peu les milices turkes établies à *Tunis* par *Sinán-Pachá* prendre une influence de plus en plus croissante, et leur permit de saisir elles-mêmes le gouvernement; tantôt leur faiblesse avait encouragé ces milices à de nouveaux empiétements sur le peu d'autorité qu'on leur avait laissée; tantôt leurs violences irréfléchies avaient provoqué les mécontents aux excès les plus subversifs; enfin, à peine vingt années s'étaient écoulées depuis la conquête de *Sinán-Pachá*, que l'an 1003 de l'hégire (1594 de l'ère chrétienne) les milices se mutinèrent de nouveau, et, s'étant déclarées en révolte ouverte contre le Pachá gouverneur, elles chassèrent de Tunis le fonctionnaire ottoman, et établirent un nouveau gouvernement de forme à peu près républicaine.

Le même système fut également adopté à la même époque par les États voisins de Tripoli et d'Alger; et il s'est conservé dans cette dernière Régence jusqu'au moment où la conquête des Français vint y mettre fin, en remplaçant la domination musulmane par une domination européenne.

On donna tantôt le titre de *Bey* de Tunis, tantôt celui de *Dey* au nouveau dépositaire du pouvoir; mais il n'en était réellement que le prête-nom, toute l'autorité et la puissance résidant uniquement dans un Divan, composé, soit des principaux chefs de la milice, soit même de quelques simples soldats, dont les seuls titres étaient l'intrigue ou l'audace.

C'était ce Divan qui réglait toutes les affaires, disposait de tout, nommait les Beys, ou les destituait à son gré, pour remplacer le fonctionnaire disgracié par un de ses compétiteurs plus redouté, ou plus adroit et plus libéral : car ce trône éphémère et précaire du *Beylyk* de Tunis s'achetait le plus souvent par des largesses et des prodigalités, quand il n'était pas le prix de la révolte et de la violence.

Aucune partie de l'histoire de Tunis n'est moins intéressante que cette période du gouvernement des Beys électifs; aucune autre partie des annales de la Régence ne présente moins de faits mémorables, quoique nulle autre époque n'ait offert plus de petites révolutions intérieures, d'élections, de dépositions et même de catastrophes sanglantes; car peu de ces Beys tirés du corps des milices sont morts de mort naturelle, et presque toujours c'était le cadavre d'un Bey assassiné qui servait de première marche au trône de celui qui, osant le remplacer, ne pouvait ignorer qu'il se dévouait au même sort.

Au milieu de tels désordres et de tels désastres cet état de choses dura à peu près un demi-siècle, jusqu'à l'époque où le Dey *Mohammed-Tcheleby*, le dernier des *Beys* ou *Deys* élus, suivant l'usage, par les milices, fut renversé du trône par deux frères, qui parvinrent à se soustraire eux-mêmes au joug de la soldatesque et à rendre leur pouvoir héréditaire dans leur famille.

CHAPITRE XIII.

Établissement de la souveraineté héréditaire dans la Régence;—Mohammed-Bey;—Aly-Bey; — Chaabân, Dey d'Alger, s'empare de Tunis; — Ahmed-ben-Chouk; — Mohammed-Bey rentre à Tunis; — Ramaddân-Bey; — Mourâd-Bey; — sa révolte; — Ibrahym-ès-Chéryf; — Hassan-ben-Aly; — meurtre de Ibrahym-ès-Chéryf.

Ce fut en l'an 1060 de l'hégire (1650 de notre ère) qu'eurent lieu les premiers symptômes de cette nouvelle révolution qui rendit indépendants les Beys de *Tunis*, en annulant le pouvoir du Divan militaire, qui jusque alors avait été le vrai souverain de la Régence. Depuis cette dernière révolution, qui établit à *Tunis* une forme de gouvernement régulière et stable, il y a bien eu dans la Régence des catastrophes personnelles pour les princes qui occuperont le trône; mais aucun de ces événements ne changea le système héréditaire, et ceux même qui niaient ce droit à l'égard des princes auxquels ils voulaient arracher l'autorité, le réclamaient en faveur de leur propre descendance, dès que leur usurpation avait été couronnée du succès.

La fuite du Dey *Mohammed-Tcheleby*, contraint, après quelques années de lutte, de céder le trône à l'agression violente des deux frères *Aly-Bey* et *Mohammed-Bey*, permit à ceux-ci, non-seulement de saisir le pouvoir, mais encore d'employer les forces qu'ils avaient réunies, à se délivrer du système électif et à rendre héréditaire la souveraineté de Tunis. Parvenus à la suprême puissance par la force des armes et sans les formalités de l'élection, ils prétendirent affranchir de cette dépendance leurs descendants, et leur transmettre par droit d'hérédité un trône dont ils ne devaient la possession qu'à leurs efforts personnels.

Ils y réussirent; leur habileté comprima peu à peu la turbulence insolente des milices et les prétentions des chefs de la force militaire : soit par la crainte qu'ils inspirèrent, soit par les faveurs et les largesses qu'ils répandirent, ils parvinrent à faire reconnaître généralement, dans toute la Régence, leur pouvoir comme héréditaire et transmissible sans élection dans leur famille.

L'aîné des deux frères, *Aly-Bey*, fut le premier qui jouit de l'autorité souveraine fondée sur ce nouveau système. La lutte avec *Mohammed-Tcheleby* avait été violente, mais assez promptement terminée; celle avec le Divan militaire eut une plus longue durée; mais ce fut une lutte sans violence, toute d'intrigues et de négociations partielles.

Le reste du règne d'*Aly-Bey* fut paisible, et n'éprouva aucune secousse assez violente pour mettre en danger le nouveau trône, et en mourant il laissa l'héritage du pouvoir à son frère.

Le règne de *Mohammed-Bey* aurait été aussi tranquille, et également exempt de troubles dans son assez longue durée, si ses dernières années n'avaient vu cette tranquillité interrompue par une catastrophe à laquelle le souverain de la Régence était loin de s'attendre.

Le Dey qui venait de monter sur le trône d'Alger, *Chaabán* (1), à la tête d'une puissante armée, marcha à l'improviste contre le souverain de *Tunis*, l'an 1100 de l'hégire (au mois de septembre de l'an 1689 de notre ère). Il assiégea la capitale de la Régence, qu'il contraignit *Mohammed-Bey* d'abandonner : devenu ainsi maître de la résidence royale, le vainqueur plaça *Ahmed-ben-Chouk* sur le trône de la Régence; puis il se hâta de retourner avec son armée, où le rappelait la nécessité de sa propre défense contre une flotte française.

Cependant *Mohammed-Bey* s'était réfugié chez les Arabes de la frontière; et il réussit à faire embrasser son parti par ces peuplades; profitant alors de l'absence forcée de *Chaabán* et de l'embarras où jetait ce Dey la guerre survenue entre la France et Alger, il reprit l'offensive, et s'avança à la tête des forces qu'il put réunir contre *Ahmed-ben-Chouk*, sur lequel il remporta plusieurs avantages.

Alors, à son tour, il vint mettre le siége devant la capitale dont il avait été expulsé, et peu de temps après il réussit à en redevenir le maître.

Chaabán, pressé alors plus vivement encore par les escadres de *d'Estrées* et de *Tourville*, que ne l'avaient été par celle de *Duquesne* (2) ses prédécesseurs *Él-Hassan* (3) et *Hosseyn-Mezzomorto*, s'était trouvé dans l'impossibilité absolue d'envoyer le moindre secours à *Ahmed-ben-Chouk*, qui fut réduit à prendre la fuite et à chercher une retraite à Alger.

Ainsi réintégré sur le trône dont il avait été dépossédé, *Mohammed-Bey* rétablit son autorité l'an 1107 de l'hégire (1695 de l'ère chrétienne) sur toutes les provinces de la Régence, et la conserva jusqu'à sa mort sans être davantage inquiété par les Algériens, trop occupés à se défendre eux-mêmes contre les attaques de la France pour pouvoir songer à de nouvelles hostilités contre leurs voisins, et trop heureux de ne pas s'en voir attaqués à leur tour, à titre de justes représailles.

Mohammed-Bey eut pour successeur son second frère, *Ramaddán-Bey*. Le règne de ce prince fut pendant quelque temps paisible et tranquille; mais la trop grande douceur de son caractère et la mansuétude qu'il montra dans son gouvernement n'étaient convenables ni aux mœurs de ses sujets ni aux circonstances critiques dans lesquelles il se trouva; et ce défaut d'une fermeté nécessaire dans ces pays fut à la fin la cause de sa perte.

Son neveu *Mourâd-Bey*, fils d'*Aly-*

---

(1) *Chaabán*, trente-neuvième Dey d'Alger, y régna pendant environ douze années, de l'an 1099 de l'hégire (1688 de l'ère chrétienne) à l'an 1112 de l'hégire (1700 de notre ère). Il avait succédé à *Ybráhym*, et eut pour successeur *él-Hassán*. Pendant la durée de son règne il avait été obligé de partager le pouvoir avec *Ramaddán*, qui avait pris le titre de *Pachá*.

(2) *Duquesne* avait bombardé deux fois Alger, la première fois en 1682, pendant le règne de *Él-Hassan*; lorsqu'il fit subir un second bombardement à cette ville, en 1684, les Algériens, exaspérés par leurs pertes, se révoltèrent, et le Dey alors régnant, *Hosseyn-Mezzomorto*, ne put échapper à leur fureur que par une fuite précipitée.

(3) *Él-Hassan*, trente-sixième Dey d'Alger, avait succédé à *Hadjy-Aly* ; il régna de l'an 1081 de l'hégire (1670 de notre ère) à l'an 1094 de l'hégire (1683 de l'ère chrétienne) : il eut pour successeur *Hosseyn Mezzomorto*, qui ne régna qu'environ une année.

Bey, impatient de monter sur un trône qui devait lui appartenir un jour par droit d'hérédité, son oncle n'ayant pas de postérité, profita de la faiblesse de *Ramaddán-Bey* pour se former un parti, se déclara en révolte ouverte contre son oncle, l'attaqua, le fit prisonnier, et le mit à mort pour s'assurer contre tout revirement possible des affaires.

Le règne du prince parricide ne fut qu'un tissu de cruautés intolérables et de crimes inouïs : ce règne dura trop longtemps pour le bonheur de la Régence; mais enfin le prince, exécré universellement, fut à son tour assassiné par *Brahym* ou *Ibrahym-ès-Chéryf* (1); et par ce meurtre la dynastie de *Mohammed-Bey* se trouva éteinte après le court espace de quatre règnes seulement.

Ibrahym-ès-Chéryf se fit proclamer *Bey* par le Divan ainsi que par les milices, et monta sans aucune opposition sur le trône du prince dont il venait de délivrer la Régence.

Cependant les Algériens avaient repris contre Tunis leurs hostilités longtemps suspendues, et *Ibrahym-ès-Chéryf* ayant été fait prisonnier dans un combat qu'il livra à ses agresseurs, l'armée élut pour *Bey*, à sa place, *Hassan-ben-Aly* (2), fils d'un Corse renégat, nommé *Aly-êl-Turky*, qui avait été esclave à Tunis et qui était devenu *kiahyà* du Bey *ès-Chéryf*.

En ce prince commença une nouvelle dynastie: son règne fut presque toujours exempt de troubles; et il dut cette tranquillité, si rare dans ces contrées, non-seulement à l'habileté de son administration, mais encore au suffrage universel de ses sujets, dont il sut mériter la bienveillance et l'attachement.

Cependant le nouveau Bey sentit que sa sécurité ne pourrait être irrévocablement assurée tant que son prédécesseur *Ibrahym-ès-Chéryf* serait vivant et pourrait lui faire courir les chances d'une rivalité dangereuse. Les souvenirs qu'*Ibrahym-ès-Chéryf* avait laissés de son passage sur le trône tunisien lui étaient favorables, et devaient lui créer un grand nombre de partisans secrets; d'ailleurs, les Algériens eux-mêmes ne pouvaient ils pas, en rendant la liberté à leur prisonnier, tenter de jeter ainsi dans les provinces tunisiennes un brandon de discorde capable d'allumer un funeste incendie et de favoriser les projets haineux d'Alger, cette éternelle ennemie de Tunis.

Cette crainte inspira à *Hassan-ben-Aly* l'idée de recourir à la ruse pour se débarrasser du rival qu'il redoutait : il chercha à attirer *Ibrahym-ès-Chéryf* dans les États de la Régence, par l'appât d'un faux espoir; il y réussit assez facilement, en publiant qu'il ne gardait le trône de Tunis qu'à titre de dépôt, et qu'il n'attendait que le retour d'*Ibrahym-ès-Chéryf* pour se démettre entre ses mains de l'autorité souveraine, qu'il prétendait n'exercer qu'en qualité de régent provisoire.

Abusé par une démonstration aussi capable de flatter son ambition, *Ibrahym-ès-Chéryf* ne tarda pas à s'échapper des mains des Algériens, qui peut-être fermèrent les yeux sur cette évasion, par le motif indiqué ci-dessus; et il se rendit à *Ben-Zert* (Bizerte), où il fut aussitôt saisi et mis à mort par les ordres de *Hassan-ben-Aly* : cette exécution, qui désormais rassura ce dernier Bey contre toute crainte ultérieure de rivalité, eut lieu au mois de janvier de l'an 1118 de l'hégire (1706 de notre ère).

CHAPITRE XIV.

Suite du règne de Hassan-ben-Aly; — traité avec la France; — Aly-Pachá; — Sa révolte; — meurtre de Hassan-ben-Aly; — Mohammed-ben-Aly; — Babá-Aly-Agba Dey d'Alger; — restauration de la dynastie de Hassan-ben-Aly; — inauguration de Mohammed-Bey.

Tandis qu'il jouissait ainsi d'une tranquillité intérieure, *Hassan-ben-Aly* avait assuré sa sécurité à l'extérieur par des stipulations pacifiques contractées avec celles des puissances européennes dont l'inimitié pouvait lui paraître redoutable; un traité conclu avec la France, l'an 1133 de l'hégire (1720 de l'ère chrétienne), avait fait cesser toute hostilité entre les deux États et réglé les relations

---

(1) Le nom d'*Ibrahym* (Abraham) est vulgairement altéré par les Barbaresques en celui de *Brahym*.

(2) Plusieurs historiens nomment ce prince *Housseyn-ben-Aly*.

réciproques de leur commerce respectif.

Dès lors *Hassan-ben-Aly* commença à jouir d'un règne calme et paisible : rien ne manquait à son bonheur, qu'un enfant qui pût après lui hériter de ce trône dont il venait par le meurtre de son rival de s'assurer la possession ; mais il n'avait pu encore obtenir du ciel cette faveur si désirée, malgré le grand nombre de femmes qui peuplaient son *harem*, ou peut-être à cause de cette multiplicité même. Renonçant enfin à toute espérance de postérité, il se détermina à désigner pour son successeur son neveu *Aly-Bey*, auquel il avait depuis quelque temps confié le commandement général de toutes les forces militaires de la Régence.

L'ordre de la succession au trône de Tunis avait été ainsi réglé, lorsqu'un événement fortuit vint amener inopinément un changement dans ces dispositions ; une jeune esclave génoise, capturée par un des corsaires de *Hassan-Bey*, fut amenée devant ce prince : la jeune captive était d'une rare beauté ; elle lui plut, et il la fit placer dans son *harem*, où peu de temps après elle devint enceinte.

S'étant assuré de la certitude de cette grossesse, *Hassan-ben-Aly* convoqua le Divan pour lui annoncer solennellement cette heureuse nouvelle : il demanda ensuite à l'assemblée si elle consentirait à reconnaître pour héritier du trône tunisien l'enfant qui allait naître de l'odalisque génoise, dans le cas où cet enfant serait du sexe masculin : il avoua en même temps que jusqu'à ce moment ses sollicitations et ses vives instances n'avaient pu convertir la jeune mère à la foi musulmane.

La question ainsi soumise à la délibération du Divan y éprouva quelque difficulté : l'assemblée, en effet, déclara d'abord que le fils d'une esclave chrétienne ne pouvait aucunement prétendre au droit de régner sur les populations musulmanes de Tunis.

Cependant tout finit par s'arranger à la satisfaction de *Hassan-ben-Aly*; il parvint à gagner successivement par ses largesses ou par d'autres moyens les suffrages de la majorité du Divan ; la jeune odalisque mit au monde un enfant mâle, et, soit que l'amour maternel eût amolli la résistance religieuse de la captive génoise, soit que le Divan eût cru devoir se montrer moins intolérant que dans sa première délibération, cet enfant, déclaré l'héritier du trône de Tunis, reçut en naissant le nom musulman de *Mohammed Bey*; et l'investiture officielle du nouveau-né comme futur souverain de la Régence fut, moyennant quelques présents, obtenue sans trop de difficultés de la Porte-Ottomane. Ce fils fut en peu d'années suivi de deux autres, qui furent nommés *Mahmoud-Bey* et *Aly-Bey*.

L'heureux père de trois héritiers si longtemps inespérés annonça à son neveu *Aly* que, le ciel ayant accordé à ses vœux un changement aussi favorable dans sa destinée, le successeur qu'il s'était précédemment désigné ne pouvait plus conserver aucun droit d'hérédité à l'autorité souveraine ; mais, pour adoucir autant que possible le désappointement que devait causer à l'héritier déshérité une déclaration aussi fâcheuse, *Hassan-ben-Aly* y joignit l'assurance que son amitié pour son neveu n'éprouverait aucune diminution par cette détermination nouvelle : il voulut même confirmer cette assurance d'affection par une preuve authentique, et il fit conserver à son neveu *Aly*, par le Divan de Constantinople, le titre de *Pachâ* de Tunis, titre qui rendait ce jeune prince le second personnage de la Régence.

Le neveu feignit de se soumettre volontairement aux décisions de son oncle, et d'accepter avec satisfaction et reconnaissance le dédommagement honorable qu'il recevait de la haute position qui lui était enlevée par ce changement ; en conséquence, sans faire éclater aucun murmure, il s'empressa de prendre le nom d'*Aly-Pachâ*, au lieu de celui d'*Aly-Bey*, qui lui avait été concédé par anticipation ; mais, sous ce voile d'obéissance, il ne cherchait qu'à cacher les noirs desseins qui fermentaient dans son cœur : son ambition, frustrée des espérances dont elle s'était si longtemps nourrie, ne pouvait s'habituer à voir passer en d'autres mains un pouvoir qu'il avait regardé jusque alors comme devant un jour lui appartenir ; l'humiliation qu'il croyait avoir subie lui devenait de jour en jour plus intolérable.

Enfin, ne pouvant plus supporter les pensées qui torturaient son orgueil, si cruellement blessé, *Aly-Pachá* abandonna la cour de son oncle, et se réfugia dans les montagnes des *Ossélites*, où il avait secrètement travaillé à se former un parti puissant. Mais il ne tarda pas à sortir de cette retraite : il revint, à la tête de nombreux corps de troupes qu'il était parvenu à rassembler, attaquer son oncle et son bienfaiteur.

En apprenant la trahison et l'ingratitude de son neveu, *Hassan ben-Aly* avait rassemblé son armée ; il livra bataille au rebelle, le battit, le mit en fuite, et le força à se réfugier sur le territoire algérien.

Pendant son séjour dans cette retraite forcée, *Aly-Pachá* s'appliqua activement à gagner les bonnes grâces du Divan d'Alger, en lui faisant toutes les promesses qu'il crut susceptibles de flatter les intérêts de la Régence algérienne. Il réussit à captiver tellement la bienveillance de ce corps, qu'il en obtint les secours nécessaires pour pouvoir reprendre une position offensive. Aussitôt il se hâta de marcher de nouveau contre son oncle.

Hassan-ben-Aly fut moins heureux dans cette campagne que dans la précédente ; l'an 1148 de l'hégire (1735 de l'ère chrétienne) fut pour lui une année de désastres : forcé d'abord d'abandonner sa capitale, bientôt après il perdit une grande bataille, et se vit obligé d'aller chercher un refuge dans les montagnes de *Qayrouân*.

La famine ne tarda pas à succéder pour le *Bey* fugitif aux malheurs de la guerre : contraint par le manque des subsistances d'abandonner la retraite qui l'avait protégé, il alla s'établir à *Soussah*, port situé dans la partie orientale de la Régence.

Là il trouva le capitaine d'un vaisseau marchand français, nommé *Barillon*, que par les promesses d'une brillante fortune si ses affaires venaient à se rétablir, il vint à bout de déterminer à subvenir à tous ses besoins et à ceux de la suite qui l'avait accompagné. Mais le sort ne permit pas au malheureux *Hassan-ben-Aly* de réaliser ses promesses : voyant chaque jour sa fortune plus désespérée, il prit le parti d'envoyer sa famille à Alger, asile ordinaire des Beys de Tunis détrônés, et où il comptait se retirer bientôt après lui-même ; mais il fut découvert, dans son trajet, par *Younas-Bey*, fils d'*Aly-Pachá*, qui décapita de sa propre main l'oncle de son père.

Ainsi débarrassé de son plus dangereux ennemi, *Aly-Pachá* se flattait à son tour de se maintenir paisiblement sur le trône qu'il venait d'usurper ; craignant que le détrônement de son oncle n'eût fait regarder par le cabinet de Versailles comme annulé le traité qui avait été conclu en 1720 entre la France et *Hassan-ben-Aly*, il s'était hâté de renouveler cet acte conservateur d'une bonne intelligence, en l'an 1155 de l'hégire (1742 de l'ère chrétienne) : tout semblait donc à l'intérieur et à l'extérieur devoir mettre l'usurpateur à l'abri de toute crainte. Son espoir fut déçu, et sa tranquillité ne tarda pas à être troublée par des dissensions domestiques.

Il avait trois fils, dont l'aîné était cet *Younas-Bey* le meurtrier de *Hassan-ben-Aly* : le second de ses fils, nommé *Mohammed-ben-Aly*, jouissait plus particulièrement que ses frères de l'affection de son père : cette prédilection fit naître dans l'esprit du jeune prince le dessein de s'emparer de l'autorité souveraine, au détriment de *Younas-Bey*, son aîné. En conséquence, il travailla à détruire l'affection qu'*Aly-Pachá* portait à celui-ci, et il y réussit à un tel point, qu'il obtint l'ordre de l'arrestation de *Younas-Bey*, sous prétexte d'un complot ourdi contre son père par cet héritier du trône.

Younas-Bey, qui se doutait des mauvaises intentions de son frère *Mohammed-ben-Aly*, se tenait sur ses gardes, et se réfugia dans la *Qasbéh* (1) ; mais les troupes d'*Aly-Pachá* étant venues l'y investir, il ne parvint qu'avec peine à leur échapper, et courut à son tour chercher un asile à Alger.

La ruine et la fuite de *Younas-Bey* ne satisfaisaient pas entièrement *Mohammed-ben-Aly* ; et il voyait encore avec inquiétude son plus jeune frère placé si près du trône à la possession duquel il aspirait à tout prix : il s'en débarrassa par le poison. Alors le Divan

(1) Citadelle de Tunis. *Voyez* ci-dessus, page 10.

proclama *Mohammed-Ben-Aly* héritier présomptif du trône de la Régence.

Dès ce moment le prince fratricide crut pouvoir espérer la jouissance non contestée du fruit de ses crimes ; mais l'état des choses changea bientôt pour lui de face.

Alger venait d'éprouver une de ces révolutions si fréquentes dans les pays soumis au gouvernement militaire et anarchique, où le suprême pouvoir est souvent le prix décerné par la multitude au plus audacieux et au plus criminel : un nouveau *Dey* venait d'être élu par la soldatesque, l'an 1168 de l'hégire (1754 de l'ère vulgaire) ; le choix des milices algériennes était tombé sur *Babâ-Aly-Aghâ* (1). Ce *Dey* succédait à *Aly-Ouzoun*, renégat albanais, qui n'avait régné que quelques heures, et qui, après avoir assassiné son prédécesseur *Mohammed-Khodjah*, et s'être proclamé lui-même *Dey* d'Alger, avait été immédiatement après massacré à son tour par les gardes du palais (2).

Le nouveau souverain d'Alger avait été antérieurement envoyé en ambassade à Tunis : pendant son séjour dans cette ville l'orgueilleux *Younas-Bey* lui avait fait subir un affront qu'il n'avait pas oublié ; il saisit donc avec empressement l'occasion de s'en venger sur ce prince fugitif, réduit maintenant à implorer sa protection. Loin d'accueillir ses instances et ses supplications, il résolut d'étendre sa vengeance sur la famille entière de *Younas-Bey*, et d'épouser les intérêts des fils de l'infortuné *Hassan-ben-Aly*.

L'an 1169 de l'hégire (1755 de l'ère chrétienne) une armée algérienne fut donc envoyée, sous le commandement du *Bey* de Constantine (3), pour rétablir

(1) Le mot turk *Babâ* signifie *père* : ce titre se donnait communément à tous les *Deys*, et même à tout homme avancé en âge, qu'il eût ou non des enfants.

(2) Le Dey *Babâ-Aly-Aghâ* se maintint pendant onze années sur le trône d'Alger ; il fut remplacé, l'an 1179 de l'hégire (1766 de notre ère), par le Dey *Mohammed*, que les historiens remarquent être mort *dans son lit et de vieillesse*, cas excessivement rare dans l'histoire des souverains d'Alger.

(3) Cette ville est nommée par les Maures *Qossentynâh*, nom altéré de celui de *Cons-*

cette famille sur le trône, dont l'injustice et l'ingratitude secondées par la victoire l'avaient précipitée.

Le succès couronna l'entreprise de *Babâ-Aly*; les fils de *Hassan-ben-Aly* se rendirent maîtres de Tunis ; *Aly-Pachâ* fut saisi et étranglé sur-le-champ : l'aîné des princes vainqueurs fut proclamé *Bey* avec toutes les formalités usitées, et reçut l'hommage solennel de ses nouveaux sujets, sous le nom de *Mohammed-Bey*.

CHAPITRE XV.

Mohammed-Bey ; — Aly-Bey ; — rupture avec la France ; — arrivée d'une escadre française ; — bombardement de Porto-Farina et de Bizerte, de Soussah, de Monastyr ; — envoi d'un qapydjy-bâchy de Constantinople ; — négociations ; — traité de paix ; — ambassade en France.

La restauration de la dynastie de *Hassan-ben-Aly* s'était ainsi heureusement terminée, le 6 du mois de *Dou-l-Hadgéh* de l'an 1169 de l'hégire (31 août 1756 de notre ère), et le meurtre de ce malheureux prince avait trouvé dans ses fils de justes vengeurs.

Le nouveau souverain de Tunis était un jeune prince d'un caractère doux et facile, et sa restauration sur le trône tunisien semblait promettre à la Régence de cicatriser les plaies profondes que depuis un grand nombre d'années elle avait reçues de tant de guerres et de révolutions successives : malheureusement ce prince mourut le 14 du mois de *Djemâdy-êl-Tâny* de l'an 1172 de l'hégire (11 février de l'an 1759 de notre ère), après deux ans et demi seulement de règne, ne laissant pour lui succéder que deux fils en bas âge, *Mahmoud-Bey* (4) et *Ismayl-Bey*.

Le frère de *Mohammed-Bey*, nommé *Aly-Bey*, second fils de *Hassan-ben-*

tantina, qu'elle a porté dans le moyen âge. C'est l'ancienne *Cirta*, résidence des rois de Numidie ; elle avait aussi été appelée *Sittianorum Colonia*, du nom d'un partisan nommé *Sittius*, dont *César* tira de grands services dans la guerre d'Afrique.

(4) *Mahmoud-Bey* parvint plus tard au trône de *Tunis*, l'an 1230 de l'hégire (1814 de l'ère chrétienne).

Aly, monta donc alors sur le trône le jour même de la mort de son frère, sous promesse de le restituer à l'aîné de ses neveux dès qu'il aurait atteint l'âge nécessaire pour prendre les rênes du gouvernement ; mais l'attrait irrésistible du pouvoir souverain et le désir de perpétuer ce pouvoir dans sa propre descendance persuadèrent bientôt à *Aly-Bey* de violer ses promesses solennelles : ainsi, loin de songer à les accomplir, il mit tout en usage pour tenir ses neveux à l'ombre, et pour mettre en évidence son propre fils *Hamoudâh* : il lui donna en conséquence le commandement général des troupes de la Régence, et sollicita pour lui auprès de la Porte-Ottomane le titre de *Pachâ* : pour obtenir cette faveur du gouvernement de Constantinople, il employa habilement l'entremise et l'influence des ambassadeurs européens, qu'il avait su mettre dans ses intérêts.

C'est ainsi qu'*Aly-Bey* parvint à assurer d'avance à son fils *Hamoudah-Pachâ* le respect et les suffrages de ses futurs sujets, et ce jeune prince réussit tellement à se rendre maître de l'esprit de ses cousins mêmes, qu'à la mort de son père, arrivée, ainsi que nous le verrons ci-après, le 13 du mois de *Djemady-él-Tâny* de l'an 1196 de l'hégire (26 mai 1782 de notre ère), après un règne de vingt-trois ans, ces légitimes héritiers du trône furent les premiers à lui rendre hommage comme *Bey* souverain de Tunis, et se résignèrent d'eux-mêmes à une condition privée, renonçant volontairement à toute prétention ultérieure au trône de la Régence, où les appelaient leurs droits méconnus d'hérédité et les promesses formelles de leur oncle.

Sous aucun règne précédent l'État tunisien n'avait encore joui d'une tranquillité intérieure aussi parfaite que pendant les onze premières années du règne d'*Aly-Bey*, lorsqu'en l'année 1770 de notre ère (1184 de l'hégire) ce prince vit son trône exposé aux plus grands dangers par l'imprudence qu'il eut d'exciter contre lui la colère de la France, avec laquelle jusque-là il avait vécu sur le pied de la meilleure intelligence.

Plusieurs causes concoururent à appeler les armes de Louis XV contre *Tunis*, qui semblait avoir entièrement oublié les châtiments infligés, moins d'un siècle auparavant, par Louis XIV à l'audace des puissances barbaresques.

La première cause de cette rupture entre la France et *Tunis* tirait son origine de l'incorporation de l'île de Corse aux provinces du royaume de France, consentie par la république de Gênes, et sanctionnée par un édit de *Louis XV*, rendu le 15 août 1768.

La Corse avait constamment depuis le moyen âge appartenu aux Génois; mais ils avaient eu presque toujours à lutter contre l'esprit d'indépendance des habitants de cette île, et la dernière insurrection, en 1734 et 1735 avait été tellement sanglante et terrible, qu'elle avait forcé la république à réclamer les secours de la France : les troupes françaises firent rentrer l'île sous l'obéissance de Gênes; mais leur départ permit bientôt à la révolte, qui reconnut pour chef *Paschal Paoli*, de relever une tête plus menaçante : appelées de nouveau par la république, les troupes françaises, commandées par M. de *Maillebois* occupèrent, en 1763, les villes et les places du littoral; mais les Corses, réfugiés dans leurs montagnes, se refusaient à toute espèce de soumission, et paraissaient même disposés à appeler les Anglais à leur secours : ce fut alors que le ministre Choiseul, craignant de voir cette île tomber comme celle de Mayorque et comme Gibraltar au pouvoir de l'Angleterre, traita avec les Génois pour la cession à la France d'un domaine dont la possession leur était à charge, et qui leur causait sans cesse des embarras et des dépenses sans aucune utilité réelle. Paoli, chef de l'insurrection corse, lutta encore pendant un an contre les Français, ainsi qu'il l'avait fait contre les Génois; mais la vigueur avec laquelle il fut poursuivi le contraignit enfin à abandonner la Corse, et sa fuite assura la soumission entière de cette île.

Avant l'occupation des Français Gênes et l'île de Corse étaient avec le Bey de *Tunis* dans un état hostile; aussi, pendant la guerre qu'y soutinrent les Français, le cabinet de Versailles avait cru devoir demander au *Bey*, avec lequel la France était en paix, des patentes pour servir de sauvegarde contre les corsaires tunisiens, aux bâtiments employés au transport des vivres et munitions que l'armée française était obligée de tirer du continent : ces patentes avaient été délivrées sans difficulté ; mais elles furent jugées superflues lorsque la Corse fut déclarée partie intégrante de la France, les navires corses, devenus ainsi navires français, devant dès lors participer à toutes les franchises de la marine française.

Cependant, à cette époque, des vaisseaux de guerre tunisiens, armés en course, rencontrèrent des bâtiments corses non pourvus de patentes tunisiennes ; les navires corses furent aussitôt capturés, et les gens de l'équipage mis aux fers. Un envoyé du ministère français vint bientôt à *Tunis* protester contre cette prise, et réclamer la restitution des bâtiments, ainsi que la liberté des équipages jetés dans les bagnes, alléguant que les Corses étaient devenus sujets du roi de France, c'est-à-dire d'une puissance amie, et avaient cessé d'être sujets de la république de Gênes, avec laquelle *Tunis* avait continué d'être en guerre.

Non-seulement *Aly-Bey* repoussa ces réclamations, mais il refusa même de conférer davantage avec l'envoyé français, qui, forcé de quitter *Tunis*, alla à Versailles faire partager au ministère son indignation et son ressentiment : la guerre contre le *Bey* de Tunis fut décidée d'autant plus volontiers que deux motifs venaient encore se joindre au premier pour engager la France à une rupture.

Voici le premier de ces deux motifs :

La pêche du corail est plus abondante sur les côtes septentrionales de l'Afrique, que sur les autres points de la Méditerranée : les Génois avaient fondé pour cette pêche un établissement dans l'île de *Tabarkah* (1), située à trente-huit lieues (152 kilomètres) à l'ouest de *Tunis*. Cette pêche leur produisait des profits considérables, et ils en jouissaient en toute sécurité moyennant une faible redevance qu'ils payaient au souverain de *Tunis* ; mais cet établissement avait passé entre les mains de la compagnie fondée en France sous le titre de *Compagnie d'Afrique* : à l'époque où *Tunis* était en guerre avec la France la pêcherie de *Tabarkah* avait été détruite par *Aly-Pachâ*, et tous les Chrétiens qui l'habitaient avaient été réduits en esclavage.

Dès lors *Tabarkah* n'eut plus de pêcherie de corail, dont le privilége ne fut conservé que par les habitants de *la Calle* (2). Lorsque la paix eut été rétablie entre la Régence et la France, celle-ci demanda au *Bey* la concession du droit de pêcher le corail dans les eaux de Tunis ; les bateaux corailleurs devaient en partant de la Calle stationner soit à *Tabarkah*, soit à *Bizerte*; et cette concession pour deux années, fixées par un traité, moyennant un droit fixe à payer au gouvernement tunisien, pouvait être renouvelée ou cesser d'avoir lieu à l'expiration du terme, suivant que le gouvernement français en manifesterait l'intention. La pêche s'établit ; mais à l'expiration des deux années *Aly-Bey*, contrairement aux stipulations formelles du traité, annula la concession, et déclara la pêche du corail désormais interdite aux bateaux de *la Calle* : ce fut en vain que les Français réclamèrent le droit authentique qu'ils avaient seuls, de prorogation ou de renonciation au privilége de la pêcherie, et les bateaux qui, forts de leur droit, osèrent se présenter à *Tabarkah* ou à *Bizerte* furent immédiatement capturés.

Enfin, un troisième motif accéléra le commencement des hostilités.

Un vaisseau de guerre tunisien, armé en course, commandé par un *Rays* (3) nommé *Souleymân-él-Djerby*, rencontra en mer un navire de commerce français, il en fit venir le capitaine à son bord, en exigea des vivres au delà de ses besoins, et s'empara même de force d'une partie des provisions. Le capitaine français, qui avait voulu réclamer contre cet abus de la force, avait été maltraité par le *Rays* et cruellement battu : ses doléances, portées par lui devant l'Ami-

(1) Voyez ci-dessus, p. 22.

(2) *La Calle* est une petite ville située entre *Tabarkah* et *Bône*. elle était occupée par une population presque toute française, dont les habitants payaient un droit fixe et annuel aux souverains de Tunis et à ceux d'Alger.

(3) On donne ce titre aux capitaines des bâtiments soit de la marine militaire, soit de la marine marchande.

rauté de France, décidèrent le départ de l'expédition, dont les préparatifs avaient été tenus secrets jusque alors, pour ne pas laisser le temps au gouvernement tunisien d'apprêter sa défense.

Le jeudi 28 du mois de *Moharem* de l'an 1184 de l'hégire (23 mai 1770) trois gros vaisseaux français vinrent jeter l'ancre devant *la Goulette*, et envoyèrent chercher le consul de France à Tunis; en même temps tous les bâtiments du commerce français qui se trouvaient dans le port de Tunis quittèrent ce mouillage pour aller se rallier aux trois vaisseaux de guerre; et dès lors les Tunisiens ne purent plus douter des intentions hostiles de l'escadre française.

Cette rupture inattendue avec la France inquiéta d'autant plus *Aly-Bey*, qu'il venait d'apprendre la victoire que les Russes avaient remportée (1) sur le sultan *Moustafá* (2).

Les trois vaisseaux de guerre français n'étaient que l'avant-garde de forces plus imposantes, qui devaient les rejoindre; ils se contentèrent donc de tenir en état de blocus pendant vingt-cinq jours le fort de *la Goulette* et l'entrée du canal. Le dimanche 27 du mois de *Safar* 1184 de l'hégire (21 juin 1770) le reste de l'escadre arriva devant *Tunis*: cette division navale, commandée par le comte de *Broves*, se composait de seize bâtiments, savoir : deux vaisseaux de guerre, l'un de 74, l'autre de 50 canons, deux frégates chacune de 26 canons, une grosse barque armée de 18 canons, deux chebeks chacun de 20 canons, deux galiotes à bombes, une flûte, et, de plus, d'autres navires armés fournis par la marine de Malte.

Les vaisseaux français ne firent aucun mouvement pendant deux jours; puis le chef de l'escadre fit passer au *Bey* une dépêche portant les réclamations suivantes :

1° La participation de la Corse aux avantages des traités conclus antérieurement entre la France et Tunis;

2° La restitution par le gouvernement tunisien de tous les bâtiments et de tous les esclaves pris par le *Bey* ou ses sujets sur la Corse depuis sa réunion à la France;

3° La restitution des esclaves corses capturés avant que la Corse fût devenue française;

4° La continuation du privilége pour les pêcheries de corail;

5° La réinstallation d'un établissement français tel qu'il existait précédemment à *Tamekart* (3), petite ville située sur le cap *Negro*, entre l'île de *Tabarkah* et *Bizerte*;

6° La punition du *Rays* tunisien *Souleymân-él-Djerby*, pour son attentat envers un sujet français;

7° Enfin le remboursement de tous les frais qu'avait occasionnés à la France son armement contre Tunis.

La dépêche ajoutait que si le gouvernement tunisien n'obtempérait pas à ces demandes, les hostilités commenceraient; et le chef d'escadre accordait trente heures pour que le *Bey* pût réfléchir et lui rendre une réponse; ce délai expiré, devait commencer immédiatement le bombardement.

La réponse d'*Aly-Bey* fut remise au terme prescrit; mais elle était vague, évasive et ne décidant aucun des points de la demande. Le chef d'escadre se décida alors à laisser seulement devant *la Goulette* les trois vaisseaux qui en avaient commencé le blocus, et avec le reste de l'escadre il alla bombarder *Porto-Farina* et *Bizerte*. Le bombardement de *Porto-Farina* dura deux jours entiers; celui de Bizerte commença le mercredi 10 *Raby-él-Tány* 1185 de l'hégire (août 1770), et dura un jour et une nuit; plus de 300 bombes furent lancées sur la ville, et des brûlots allèrent porter l'incendie dans son port. Les habitants, épouvantés, abandonnèrent la ville pour aller

---

(1) Bataille gagnée sur les bords du *Prouth* par le maréchal *Romanzof*.

(2) Le sultan *Moustafá-ben-Ahmed* fut le vingt-sixième sultan de la dynastie ottomane; il est désigné par nos historiens sous le nom de *Moustafá* IIIe du nom. Ce prince, fils de *Ahmed-ben-Mohammed* (Ahmed III), succéda à son cousin *Othmán-ben-Moustafá* (Othmán III), l'an 1171 de l'hégire (1757 de l'ère chrétienne, et, après un règne de dix-sept ans environ, laissa, l'an 1187 de l'hégire (1774 de notre ère), le trône de Constantinople à son frère *Abd-él-Hamyd-ben-Ahmed*.

(3) Cet établissement avait été fondé à la fin du dix-septième siècle.

se réfugier avec leurs femmes et leurs enfants dans l'intérieur des terres, à l'abri des projectiles incendiaires dont l'escadre française ne cessait d'écraser leurs maisons, déjà presque entièrement détruites.

Un violent coup de vent força l'escadre française de quitter le 4 août le mouillage devant *Bizerte*, pour venir reprendre celui de *la Goulette* : deux jours après (le 6 août) elle appareilla de nouveau, et se dirigea vers le sud-est : elle vint, le 13 août (mardi 21 de *Raby-él-Tány*, jeter l'ancre devant *Soussah*, dont elle commença le bombardement dès le lendemain : la population se hâta de fuir, et la ville, déserte, fut seule exposée au feu des Français, qui lancèrent sur *Soussah* plus de mille projectiles.

Après avoir fait subir le même sort au port de *Monastyr*, l'escadre vint à la fin d'août reprendre son mouillage devant *la Goulette*.

Les hostilités duraient ainsi depuis plus de trois mois, sans que le *Bey* annonçât plus de propension à céder, et sans que le chef d'escadre se désistât des conditions qu'il avait imposées ; rien ne semblait donc présager un terme prochain à cet état de choses, lorsqu'il arriva à *Tunis* un *Qapydjy-Báchy* de Constantinople : cet envoyé extraordinaire de la Porte-Ottomane avait profité, pour aborder les côtes de la Régence, de l'absence de l'escadre française, occupée alors, dans l'est, aux bombardements de *Soussah* et de *Monastyr* : le but de sa mission était de demander à *Aly-Bey* un contingent d'hommes et de vaisseaux pour aider le Sultan à se défendre contre les Russes, qui le pressaient vivement.

Voyant que la position du *Bey* lui-même le mettait dans l'impossibilité absolue de satisfaire à cette demande et le contraignait de réserver toutes ses forces pour sa propre défense, le *Qapydjy-Báchy* prit le parti de se rembarquer pour retourner à Constantinople, persuadé que s'il rencontrait l'escadre française en mer, il aurait une sauvegarde suffisante dans son titre d'envoyé du Sultan, avec lequel la France était alors en bonne intelligence.

En effet, en revenant à son mouillage de *la Goulette*, l'escadre française rencontra le navire du *Qapydjy-Báchy*, que le commandant fit venir à son bord et avec lequel il s'entretint des affaires de *Tunis*.

Le *Qapydjy-Báchy*, après avoir témoigné ses craintes qu'une telle attaque contre un vassal de la Porte-Ottomane ne fût capable d'amener une rupture entre la France et le sultan, s'offrit pour être l'intermédiaire d'une négociation qui pût rétablir la paix entre les Tunisiens et les Français ; cette offre fut acceptée par le chef d'escadre, et l'envoyé ottoman retourna à Tunis, accompagné de M. *Barthélemy de Saizieu*, consul de France dans cette résidence, et de quelques officiers de la marine française, chargés de renouveler les sept demandes qu'avait formulées le chef d'escadre dans sa dépêche préliminaire.

Aly-Bey donna son adhésion aux deux premières réclamations, dont il reconnut la justice ; il repoussa la troisième, la quatrième et la cinquième ; promit de faire examiner la conduite de *Souleymân-él-Djerby*, qu'il assurait être en fuite et qu'il ferait punir, si ce *Rays* était reconnu coupable ; mais il se refusa absolument au remboursement des frais d'une guerre qu'il assurait lui avoir été injustement intentée, et pour laquelle il prétendait, au contraire, avoir lui-même le droit de réclamer des indemnités.

Cependant un armistice fut accordé par M. *de Broves* ; des conférences continuèrent d'avoir lieu, et enfin la paix fut conclue le 2 septembre sur les bases suivantes :

1° La Corse fut assimilée à la France pour toutes les franchises et les priviléges qu'assuraient aux Français les traités antérieurs ;

2° Les esclaves corses faits depuis l'incorporation de la Corse à la France devaient seuls être immédiatement rendus par le gouvernement tunisien : les bâtiments corses pris sous pavillon français devaient être restitués, ou remplacés par une juste indemnité ;

3° La jouissance de la pêche du corail était prorogée pour cinq années ; elle devait être exécutée par douze bateaux corailleurs de *la Calle*, et le *Bey* s'obligeait à indemniser la Compagnie d'Afrique du dommage qu'elle avait reçu par l'interruption de cette jouissance;

4° La Compagnie d'Afrique obtenait le privilége d'exporter de la Régence, sans être assujettie à aucun droit, trois mille *qâfyz* (1) de blé;

5° La France renonçait à ses prétentions sur la restauration de l'établissement de *Tamekart*;

6° La France devait faire au Bey de *Tunis* les présents consacrés par l'usage à la conclusion de chaque traité de paix;

7° L'indemnité pour frais de la guerre devait être réglée à Versailles par un ambassadeur que le *Dey* y enverrait prochainement;

8° Les hautes parties contractantes déclaraient que par la signature de ces articles étaient rétablies dans toutes leurs teneurs les stipulations et conventions réciproques contenues dans les traités de paix et de commerce antérieurement conclus, notamment ceux de 1720 et de 1742, pour recevoir désormais leur plein et entier effet comme avant les hostilités.

Après la signature de ces conventions l'escadre appareilla et revint en France. Quelque temps après *Aly-Bey* envoya à Versailles, pour recevoir la ratification du traité, une ambassade de plusieurs membres du Divan, à la tête desquels il plaça *Ibrahym-Khodjah*, secrétaire général de cette assemblée : l'ambassade rapporta de riches présents pour le *Bey*; et dès lors la bonne intelligence fut entièrement rétablie entre Tunis et la France.

Sorti ainsi heureusement de cette crise fatale, *Aly-Bey* vit la plus grande tranquillité établie dans ses États pendant tout le reste de son règne : les douze années qui s'écoulèrent depuis l'époque de ce traité jusqu'à la fin de sa vie ne furent troublées par aucune agitation intestine, par aucune tentative de révolution; et les princes qui auraient pu avoir quelque intérêt à essayer de le remplacer sur le trône, où il s'était assis au mépris de leurs droits, paraissaient avoir trop à se louer du sort qu'il leur avait fait pour vouloir s'engager contre lui dans des entreprises hasardeuses et incertaines.

(1) *Voyez* sur cette mesure de capacité, ci-dessus, page 38.

La meilleure intelligence continua à régner entre ce prince et la France, et nous en trouvons la preuve dans une lettre écrite, le 15 juillet 1778, par M. de *Sartine*, alors ministre de la marine, et adressée aux amirautés des ports de la Méditerranée (2) à l'époque où la France était en guerre avec l'Angleterre.

CHAPITRE XVI.

Mort d'Aly-Bey. — Hamoudah-Pachá; — sa famille; — son ministre, Moustafâ-Khodjah; — agression des Algériens; — Ismayl ben-Younas revient à Tunis; — sa mort; — infraction des traités avec la France; — nouveau traité avec la république; — ambassade tunisienne à Paris; — paix définitive entre la France et Tunis.

Aly-Bey mourut le 13 du mois de *Djèmády-él-Tány*, de l'an 1196 de l'hégire (26 mai 1782), après avoir occupé le trône de *Tunis* pendant vingt-trois années.

Le lendemain de la mort de ce prince, son fils *Hamoudah-Pachá*, que son père avait déjà, pendant les dernières années de sa vie, associé à son autorité et à son gouvernement, le remplaça sans aucune opposition au souverain pouvoir,

(2) Voici quelques extraits de cette lettre, dont j'ai cru la publication utile :

« ..... Vous n'ignorez certainement pas que « nos capitulations et nos traités avec le Grand-« Seigneur et les princes de Barbarie ont établi « cette maxime, que *La marchandise amie ne* « *perd pas cette qualité sur un vaisseau en-* « *nemi*;

« Les musulmans ont toujours observé avec « fidélité cette disposition; S. M. est résolue « d'en maintenir l'exécution, et de ne pas souf- « frir que ses sujets y donnent atteinte;

« Son intention est, en conséquence, que « vous enjoigniez aux armateurs de la Médi- « terranée que, dans le cas où ils viendraient « à s'emparer de bâtiments anglais dont la « cargaison appartiendrait, en tout ou en par- « tie, aux sujets du Grand Seigneur, ou à « ceux des États de Barbarie avec lesquels « nous sommes en paix, *tels que Tunis et* « *Tripoli*, ils aient à conserver intacte la « cargaison entière, ou la partie appartenant « auxdits sujets ou États; et même, s'ils « étaient à portée du port pour lequel cette « cargaison serait destinée, de l'y faire débar- « quer, dans le cas où cette opération serait « praticable sans inconvénient..... »

et aucune portion de la population tunisienne ne songea à former un parti en faveur des fils de *Mohammed-Bey*, que leur oncle *Aly-Bey* avait dépouillé de leurs droits d'hérédité.

Le nouveau souverain de Tunis était né vers le milieu du dix-huitième siècle de notre ère, et était déjà âgé de plus de trente ans lorsqu'il prit possession du trône.

Il avait deux frères et cinq sœurs; l'aîné de ses frères mourut sans laisser de postérité; mais le second de ces deux princes, *Othmân-Bey*, devait survivre à *Hamoudah-Pachâ* et lui succéder.

Parmi les cinq sœurs que *Aly-Bey* avait données à *Hamoudah-Pachâ*, deux furent épousées par le premier ministre de la Régence, *Moustafâ-Khodjah* (1), au neveu duquel, nommé *Mahmoud*, fut mariée la troisième; *Ismayl-Kyahyâ*, qui avait été *Qapytan-Pachâ* de la Porte-Ottomane, épousa la quatrième; quant à la cinquième, elle avait préféré le célibat au mariage. *Moustafâ-Khodjah*, que *Hamoudah* s'était choisi à la fois pour son beau-frère et son premier ministre, était un esclave géorgien, qui avait appartenu au prince avant son avènement au trône de *Tunis*, et qui en avait obtenu la liberté en récompense de sa fidélité et de ses bons services; toutefois, malgré son affranchissement, *Moustafâ-Khodjah* n'en était pas moins resté attaché à son ancien maître, dont il conserva la faveur lorsque ce prince devint souverain de la régence.

Cette faveur se signala à la fois par son double mariage avec deux sœurs de *Hamoudah-Pachâ* et par sa nomination au poste de premier ministre; mais le *Bey* n'eut qu'à se louer de son choix: il trouva dans son beau-frère un administrateur aussi habile et aussi actif que fidèle et dévoué, sur lequel il put se reposer en toute confiance: c'est, en effet, à la prudence et aux conseils de *Moustafâ-Khodjah* que ce prince fut redevable de la tranquillité et du bon ordre qui régnèrent dans ses États pendant les premières années de son règne.

(1) *Khodjah* est un mot turk: c'est un titre honorifique, qu'on donne ordinairement aux écrivains ministériels et aux principaux personnages de l'administration.

Lorsque son beau-frère mourut, *Hamoudah-Pachâ* ne lui donna pas de successeur à la tête de son gouvernement, et, ne trouvant à sa cour aucun personnage qu'il pût investir de la même confiance, il annonça la résolution de gouverner par lui-même, sans premier ministre.

Cette résolution sembla porter bonheur aux affaires de la Régence; des agressions tentées par les Algériens furent repoussées avec de brillants succès par celui des favoris du *Bey* qui joignait aux fonctions de garde des sceaux, ou chancelier d'État, celles de capitaine des gardes du palais et de lieutenant général des forces militaires de la Régence (2).

D'un autre côté, la tranquillité intérieure semblait assurée par la résignation volontaire des fils de *Mohammed-Bey* dans le rôle secondaire et inactif auquel les avait réduits *Aly-Bey*, et la seule inquiétude que pouvait concevoir *Hamoudah-Pachâ* avait rapport à un fils de *Younas-Bey*, nommé *Ismayl*, réfugié à *Alger*, où il continuait de séjourner, et que l'on soupçonnait d'avoir été l'instigateur des dernières agressions tentées par les Algériens contre la Régence.

Ces attaques ayant échoué, *Ismayl-Ben-Younas* avait témoigné le désir d'obtenir de *Hamoudah-Pachâ* la permission de venir résider à la cour de Tunis; en sollicitant cette faveur, il s'était formellement engagé à abjurer toute pensée hostile envers ce prince, et promettait de se conduire en fidèle sujet: la permission lui fut aussitôt accordée par *Hamoudah-Pachâ*, dont la politique trouva plus utile à sa surveillance d'avoir immédiatement sous sa main ce compétiteur éventuel, que de le laisser à Alger, prêt à servir d'instrument à quelque velléité nuisible de ces anciens ennemis de son trône.

Le fils de *Younas-Bey* se rendit en

(2) Ce général fut récompensé de ses victoires par le privilége de s'asseoir devant le *Bey*, honneur le plus insigne dont puisse jouir un esclave; car il n'avait pas cessé de l'être, malgré les hautes fonctions dont il était revêtu, le *Bey* ayant constamment refusé de lui accorder sa liberté.

effet à Bizerte, où *Hamoudah-Pachá* envoya à sa rencontre une garde d'honneur : il se fit habiller magnifiquement, et lui donna un appartement au *Bardo*, le Versailles de la Régence. Le nouvel hôte du *Bey* habita ce château pendant plusieurs années, sans se permettre aucune démarche qui pût exciter de nouveaux soupçons ; mais les Algériens, qui n'avaient peut-être consenti à son départ qu'avec une arrière-pensée, réussirent à établir avec lui une correspondance secrète, et travaillèrent à le séduire : cette correspondance fut découverte et interceptée par *Hamoudah-Pachá*; elle ne lui laissa aucun doute sur la trahison d'*Ismayl-Ben-Younas* et sur les complots auxquels il participait ; la punition ne se fit pas attendre : le complice des conspirateurs algériens fut sur-le-champ saisi et aussitôt étranglé au *Bardo*.

Ce foyer de conspirations extérieures ayant été étouffé par cette exécution, *Hamoudah-Pachá* aurait dû jouir tranquillement de la prospérité de ses États, délivrés à la fois des perturbations intestines et des craintes d'une guerre étrangère; mais les agitations de la révolution qui, à la fin du siècle dernier, avait renversé la monarchie française parurent au *Bey* de Tunis des circonstances favorables qui lui permettaient d'enfreindre les traités qui le liaient avec la France, et de recommencer ses violences contre la marine de la République, qu'il savait trop occupée de ses grands intérêts à l'intérieur et de ses guerres avec l'Europe entière pour ouvrir les yeux au dehors sur ces infractions partielles.

Toutefois, ces tentatives hostiles furent réprimées, et le *Bey* de Tunis se vit contraint de solliciter de la Convention nationale un nouveau traité de paix, qui fut conclu avec l'autorisation du Comité de salut public entre lui et le Consul général *Devoize*, et signé à *Tunis*, le 6 prairial an III (1) (lundi 25 mai 1795).

Les anciens traités entre la France et la Régence avaient fixé à trente milles des côtes de France la distance qui devait être la limite des courses des Tunisiens contre les puissances européennes avec lesquelles ils se trouveraient en état de guerre; entre autres stipulations

(1) Fin de l'année 1209 de l'hégire.

du nouveau traité, un article supplémentaire, décrété le 20 thermidor an III! (15 août 1795), modifia cette distance à une portée de canon, et fixa à cet éloignement des côtes de France et de Barbarie les limites de l'immunité tant pour les ennemis de la République française et les armements tunisiens, que pour leurs ennemis respectifs. Cette disposition devait avoir son exécution, soit qu'il y eût en effet des canons sur le rivage, soit qu'il n'y en eût point, excepté dans les ports de la *Goulette* et de *Porto-Farina*, où les Français ni leurs ennemis ne pourraient faire de prises ni inquiéter en aucune manière la navigation (2).

La bonne intelligence était ainsi rétablie entre la République française et la Régence de Tunis : pour la consolider, *Hamoudah-Pachá* envoya à Paris, dans le mois de *Chaabán* de l'an 1211 de l'hégire, c'est-à-dire en pluviôse an V (janvier 1797), une ambassade solennelle.

L'ambassadeur tunisien était *Sydy-Mohammed-Khodjah*, intendant de l'arsenal de *Tunis* (*Terskanéh-amyn*) : cet envoyé présenta au Directoire exécutif les lettres de son maître, qui y prenait les titres de *Pachá-Bey* et de *Myrmyran Tounès* (prince des princes de *Tunis*) ; et, après avoir visité les principaux établissements de Paris, il retourna à Tunis, rapportant au *Bey* des promesses d'amitié, accompagnées de riches présents (3).

(2) L'exécution de cet article supplémentaire ne devait avoir son effet qu'après quatre mois, afin d'avoir le temps d'en prévenir les puissances intéressées.

(3) Un des établissements publics visités alors par l'ambassadeur tunisien fut l'Imprimerie de la République, où il vit avec admiration composer et imprimer devant lui un compliment en langue française et arabe; l'art de la typographie était à cette époque entièrement inconnu à Tunis. Je crois devoir ajouter ici le texte même de ce compliment, d'après l'original que je possède, comme une pièce rare et curieuse de cette époque.

« LOUANGE A DIEU UNIQUE.

« Cet écrit a pour objet de demander que
« *Sydy Mohammed-Khodjah*, intendant de
« l'arsenal et ambassadeur de Tunis, en ce

Cependant l'année suivante, lorsque, l'an VI de la République (1798), l'expédition d'Égypte et l'occupation par les Français de cette province, vassale de la Porte-Ottomane, eut été considérée par le Divan de Constantinople comme *casus belli*, le *Bey* de Tunis n'hésita pas à rompre lui-même avec la République française et à envoyer ses corsaires contre les bâtiments que la mère-patrie envoyait au secours de sa colonie naissante. Les hostilités réciproques continuèrent entre les deux États, surtout par *Bonaparte*, devenu premier Consul, et elles ne cessèrent que lorsque le *Bey* de Tunis obtint un armistice, qui fut signé à Tunis, le 9 du mois de *Raby-el-akher* de l'an 1215 de l'hégire, c'est-à-dire le 9 fructidor an VIII de la République (7 août 1800), par le citoyen *Devoize*, qualifié de Chargé d'affaires et de Commissaire général des relations commerciales de la République (1), et muni des pleins pouvoirs du premier Consul pour traiter d'une paix définitive.

Voici la teneur des conditions de cet armistice, qui n'ont été publiées par aucun historien contemporain :

« 1° A commencer du 9 fructidor « toutes les hostilités seront suspendues « entre les deux nations.

« 2° Le *Bey* donnera immédiatement « aux commandants de ses corsaires, et « à ceux armés par ses sujets, des ordres « de respecter le pavillon français ; et « s'ils venaient à s'emparer de bâtiments

« ennemis de la Régence, sur lesquels se « trouveraient des marchandises dont « la propriété française serait constatée « par le manifeste et police de charge- « ment, elles seront rendues sur-le- « champ à qui elles appartiendront.

« Le citoyen *Devoize* s'engage, de son « côté, de faire défendre par le gouver- « nement de la République à tous com- « mandants de ses armements, et no- « tamment de ceux de la Corse, de cou- « rir sur le pavillon tunisien ; et quant « aux marchandises trouvées à bord des « bâtiments ennemis de la République, « chargées par des sujets du Bey, il sera « usé de réciprocité comme dessus.

« 3° Tout bâtiment pris de part et « d'autre après le 9 fructidor sera rendu « avec ses équipages et sa cargaison.

« 4° En attendant la paix définitive, « les bâtiments de Tunis seront reçus « dans les ports de France, comme ceux « de la République seront admis dans les « ports de la Régence.

« 5° Dans le cas de rupture du présent « armistice, il est convenu qu'il sera ré- « ciproquement donné avis de la reprise « des hostilités deux mois avant qu'elles « recommencent. »

La paix définitive ne tarda pas à être conclue sur les mêmes bases que l'armistice ci-dessus, et dès lors il a régné entre la France et la Régence une bonne intelligence qui n'a pas cessé jusqu'à nos jours : pendant les dix années qui s'écoulèrent depuis ce traité aucun événement digne de remarque ne signala l'histoire de Tunis ; mais l'année 1226 de l'hégire (1811 de notre ère) vit tout à coup interrompre cet état paisible et prospère par une catastrophe qui répandit la terreur dans toute la Régence.

« moment à Paris, agrée ce témoignage d'a- « mitié, imprimée en sa présence pour lui « faire connaître l'art de l'imprimerie. Nous « désirons aussi que le Bey de Tunis, prince « des princes, HAMOUDAH-PACHA, trouve « dans cette attention l'assurance de l'amitié « sincère qui existe entre les deux gouver- « nements. »

« *A l'Imprimerie de la République.*

« Dans le mois de *Chaabân* 1211 de l'hé- « gire, qui correspond au mois de pluviôse « (c'est-à-dire le mois pluvieux) de l'an 6 de « l'ère de la République française. » (Février 1797.)

(1) Ce titre était celui qu'on attribuait alors aux agens extérieurs du gouvernement français, depuis que le titre de *Consul* avait été réservé pour la qualification des trois hauts fonctionnaires de la république.

CHAPITRE XVII.

Suite du règne d'Hamoudah-Pachâ ; — son entreprise contre les milices turkes ; — révolte de ces milices ; — elles sont attaquées et battues ; — leur retraite ; — leur massacre ; — supplice des chefs des rebelles ; — mort de Hamoudah-Pachâ.

Se voyant ainsi à l'abri de toutes craintes intérieures et extérieures, *Hamoudah-Pachâ*, dans les vues d'une politique éclairée et prudente, conçut une mesure non moins importante pour assurer désormais sa sécurité.

Le souvenir des malheurs passés et le spectacle des troubles continuels d'Alger, causés par l'esprit inquiet et remuant de la milice, lui ouvrirent les yeux sur la nécessité d'enlever aux Turks l'influence dangereuse qu'ils s'étaient arrogée sur toutes les affaires du gouvernement de la Régence. Dès lors il s'appliqua à les en éloigner par degrés. Du temps de son père, *Aly Bey*, et dans les commencements de son propre règne, les Turks étaient redevenus réellement les maîtres de tout à Tunis : *Hamoudah-Pachâ* voulut leur substituer peu à peu des hommes plus dévoués à ses intérêts, choisis particulièrement parmi ses Géorgiens et les renégats européens, ou dans d'autres classes qui avaient mérité sa confiance : aussi depuis cette époque de son règne la Régence de Tunis ne peut plus être considérée comme soumise au gouvernement des Turks, et ce n'est qu'alors que la souveraineté de *Tunis*, rendue déjà héréditaire par les *Beys* ses prédécesseurs, devint entre ses mains un pouvoir indépendant et entièrement absolu.

Cependant ce système de réformes salutaires et cette tendance nouvelle imprimée au gouvernement tunisien vers l'économie et le bon ordre ne purent s'établir sans soulever quelques orages, qui auraient menacé l'existence même du trône de la Régence, et l'indépendance que ses efforts avaient su s'acquérir, si la fermeté du *Bey* n'était parvenue à les comprimer, lorsque l'explosion en éclata avec une violence qu'il n'avait pu ni prévoir ni prévenir.

En effet, le vendredi 10 du mois de *Chaabân*, huitième mois de l'année 1225 de l'hégire (30 août 1811), des troubles soudains agitèrent la ville de Tunis et en épouvantèrent les habitants.

Mécontents de se voir enlever successivement tous les moyens d'influence et de pouvoir dont jusque alors ils avaient été en possession, et d'être forcés de céder les prérogatives dont ils avaient joui, à une famille qui les avait déjà privés du droit d'élection, et dont la dignité de *Bey* était devenue le domaine exclusif, transmis par un droit d'hérédité qu'ils voulaient anéantir, les soldats turks formèrent le projet d'exterminer le *Bey* réformateur avec toute sa famille et ses adhérents, pour nommer parmi eux un *Bey* de leur propre nation, comme il se pratiquait à Alger. Déjà ils avaient fixé le jour pour l'exécution de leur complot : c'était un vendredi, jour férié de la religion musulmane, et auquel le *Bey* avait coutume de venir du *Bardo* à *Tunis*, pour se rendre à la mosquée et y assister aux prières solennelles prescrites par la loi.

Les conjurés devaient attaquer le *Bey* et le massacrer avec toute sa cour, au moment même de leur entrée dans la mosquée; ensuite se porter en force au *Bardo*, et y égorger également le reste de sa famille et de ses serviteurs fidèles.

Averti de la conspiration, le *Bey* refusa d'abord d'y croire; néanmoins, soit qu'il conservât quelques doutes, soit que quelque heureux hasard l'eût favorisé, il ne quitta pas le *Bardo* le jour destiné à cet effroyable massacre. Déconcertés par ce contre-temps, les Turks pensèrent que leur complot pouvait avoir été découvert, et, dans le cas où le prince eût pu l'ignorer encore, ils craignirent, en différant leur attentat jusqu'au vendredi suivant, de voir leur secret éventé par quelque circonstance fortuite : ils prirent donc la résolution d'éclater dès cette nuit-là même; et le 30 août, à neuf heures du soir, ils se jetèrent sur les boutiques, qui furent en grande partie pillées, saccagées et brûlées.

La population ayant pris les armes pour réprimer ces désordres, les Turks évacuèrent la ville, et se retirèrent à la *Qasbêh* (1), au nombre de deux mille deux cents; malheureusement cette forteresse était gardée par une garnison turke, qui s'empressa d'en ouvrir les portes aux rebelles. Ceux-ci, après avoir organisé leurs moyens de défense, se hâtèrent de procéder à l'élection d'un nouveau *Bey*, et d'instituer un gouvernement formé parmi eux.

Cette élection faite, ils tirèrent plusieurs salves d'artillerie, signal convenu pour donner avis de leur réussite aux garnisons des forts de la *Goulette*, de *Qeff*, de *Bizerte*, de *Soussah* et des au-

(1) *Voyez* sur cette forteresse de Tunis ci-dessus, page 10.

tres parties de la côte, afin que de leur côté elles arborassent simultanément l'étendard de la révolte.

Mais le *Kyahyâ* de *Porto-Farina*, qui remplissait les fonctions de ministre de la marine, s'était hâté, à l'instant même où il avait appris les premiers actes de la rébellion, d'armer les Arabes et les *Zouaves* (troupes maures), et avait sans retard pris le fort de la *Goulette*, dont il soupçonnait la garnison de complicité avec les conspirateurs. Au même moment le premier ministre du *Bey* entrait, de son côté, à Tunis avec toutes les troupes qu'il avait pu rassembler.

Les rebelles avaient arboré le pavillon vert, drapeau du Sultan Ottoman, déclarant par là abolir l'indépendance de Tunis, et ne plus reconnaître que la Porte-Ottomane pour souveraine immédiate : tous les forts de la ville restés au pouvoir du Bey reçurent aussitôt l'ordre de tirer à outrance et sans interruption sur la *Qasbéh*, où les Turks étaient retranchés, et la canonnade dura de part et d'autre depuis six heures du matin jusqu'au soir.

Cependant, à l'approche de la nuit les Turks avaient déjà beaucoup ralenti leur feu, lorsque M. *Devoize*, consul de France, vint offrir au *Bey* et mettre à sa disposition pour activer le service de ses batteries des soldats d'artillerie français, qui venaient d'arriver à Tunis de Malte, où ils avaient longtemps été retenus prisonniers de guerre ; le feu de différents forts fut alors dirigé avec une habileté telle, que les révoltés, frappés de terreur, ne virent d'autre ressource qu'une fuite précipitée, si elle leur était encore possible.

Environ mille sept cents Turks, qui avaient échappé à la canonnade des Français, parvinrent en effet à faire retraite. Le *Bey* ayant donné ordre à ses troupes de ne pas arrêter les fuyards au passage, bien sûr qu'ils tomberaient infailliblement entre les mains des Arabes qu'il avait chargé d'occuper la campagne aux environs et de les exterminer.

Il aurait été d'ailleurs d'autant plus imprudent de dégarnir la ville de troupes pour combattre ces fugitifs désespérés, qu'on n'en connaissait pas encore le nombre total, et qu'on courait les chances d'une résistance opiniâtre en les attaquant réunis à leur sortie.

On ignorait de même le nombre des révoltés qui étaient restés enfermés obstinément dans la *Qasbéh* ; mais lorsqu'on eut laissé passer les fuyards, dont beaucoup échappèrent aux Arabes, cinq cents Turks formant le reste de la garnison qui avait défendu la *Qasbéh* mirent bas les armes le dimanche 12 du mois de *Chaabân* (1er septembre), et se rendirent prisonniers. Trente chefs environ furent conduits devant le *Bey*, qui leur reprocha sévèrement leur rébellion, les fit jeter dans les cachots du fort, et peu après en fit décapiter la plupart.

Aussitôt que la tranquillité fut rétablie dans la ville, le *Bey* envoya aux Arabes de nouveaux ordres, leur enjoignant de poursuivre vivement les fuyards et de les prendre vivants, autant que cela serait possible. A demi morts de faim et de fatigue, ils avaient pris le chemin de *Tabarkah*, dont ils avaient dessein de se rendre maîtres, et dont ils devaient ouvrir les portes aux Algériens, avec lesquels Tunis était en guerre.

Ceux d'entre eux qui ne pouvaient suivre la marche de la colonne étaient massacrés par leurs propres camarades, dans la crainte que, tombant entre les mains des Arabes qui les poursuivaient, ils ne leur révélassent le plan de l'expédition vers laquelle ils se dirigeaient. Mais ces massacres ne servirent qu'à faire découvrir leur projet ; car les Arabes, ayant trouvé plus de cinquante de ces malheureux égorgés ainsi le long du chemin, devinèrent que les Turks en suivant cette route et prenant cette précaution barbare ne pouvaient avoir d'autre but que l'occupation de *Tabarkah*, et en conséquence ils se hâtèrent de joindre cette colonne fugitive et de l'attaquer.

Après deux jours d'une marche forcée, les Turks, se voyant atteints par les Arabes, malgré leur diligence, n'osèrent plus tenir la plaine, où la cavalerie des Bédouins les aurait facilement exterminés ; ils prirent donc le parti de se retirer sur une montagne nommée *Gebel-Ensaryeh*, qui est à la distance d'environ vingt lieues (80 kilomètres) de Tunis ; ils se mirent donc en état de défense dans ce poste favorable, décidés à y vendre chèrement leur vie.

Arrivés au pied de ces hauteurs, les Arabes se partagèrent en deux corps; l'un cerna la montagne, l'autre mit pied à terre, et monta résolument à l'assaut : quoique réduits à moins de quinze cents combattants, les rebelles purent encore tenir longtemps tête aux Arabes; mais à la fin la supériorité du nombre l'emporta : six cents Turks mirent bas les armes, les autres étaient restés sur le champ de bataille ; du côté des Arabes la perte n'avait été que de deux cents hommes. La nouvelle de cette victoire fut aussitôt portée au *Bey*, et on prit ses ordres sur le sort que devaient subir les prisonniers.

Ce prince ordonna qu'on lui envoyât le prétendu *Bey*, nommé par les rebelles, ainsi que les membres du nouveau ministère qu'ils avaient composé et vingt-sept enfants qui avaient suivi les Turks dans leur fuite : quant aux autres révoltés, il permettait de les tuer tous ; et les Arabes, de tout temps ennemis jurés des Turks, exécutèrent cet ordre avec ardeur. Le 5 du mois de *Chaabân* (4 septembre) tous les prisonniers furent massacrés, à l'exception de trente-deux, qui furent conduits au *Bardo*. Les cinq principaux chefs furent étranglés avec le faux *Bey*, et les ministres, ainsi que les enfants, mis en prison : plus tard les ministres du Bey rebelle subirent le même sort que leur chef, après qu'*Hamoudah-Pachâ* eut tiré de leurs aveux tous les renseignements nécessaires pour prévenir une nouvelle révolte ; les enfants prisonniers obtinrent grâce entière, et furent incorporés dans la garde particulière du prince.

Le Bey laissa aux Bédouins toutes les dépouilles des Turks, et ce butin fut considérable ; car il consistait en argent, or, diamants, armes, et autres effets précieux, qu'ils avaient volés dans le pillage des boutiques de la ville.

Ainsi se termina cette rébellion, et le Bey prit toutes les mesures nécessaires pour s'assurer qu'un semblable attentat ne pourrait jamais se renouveler.

Le règne de *Hamoudah-Pachâ* fut beaucoup plus long que ceux de la plupart de ses prédécesseurs, et surtout que ceux de ses prédécesseurs électifs. La plupart de ceux-ci n'avaient eu qu'un règne éphémère ; l'assassinat ne les avait fait monter au pouvoir qu'avec la perspective que l'assassinat les en ferait descendre. Par une exception remarquable dans ces annales de violences, de meurtres et de catastrophes, *Hamoudah-Pachâ* se maintint paisiblement sur le trône de Tunis pendant trente-trois années : il mourut la veille de la fête d'*Él-Fettar* (1) de l'an 1229 de l'hégire (14 septembre 1814 de l'ère chrétienne) (2).

Je ne puis terminer ce récit du règne de *Hamoudah-Pachâ* sans dire quelques mots du sceau de ce prince, dont je joins ici l'empreinte.

J'ai regardé cette insertion comme d'autant plus intéressante, qu'elle me fournira l'occasion de quelques remarques curieuses.

On y lit, dans le cartouche formé par le cercle intérieur, la légende suivante, contenant le nom et les titres du prince :

Hamoudah-Pacha-Bey, Myrmyran (3).

(1) Ce nom, qui signifie en arabe *la cessation du jeûne*, est donné par les Musulmans au premier jour du mois de *Chaouâl*, parce qu'en effet c'est le jour où cesse l'obligation du jeûne imposé aux Musulmans par leur religion pendant le mois entier de *Ramaddân*. On donne aussi à ce jour le nom d'*Iyd-él-Fittr* (la fête de la cessation du jeûne). C'est à cause de cette fête que le dixième mois de l'année lunaire des Musulmans, *Chaouâl*, a reçu chez les Barbaresques le nom de *Chahar-Aftour*.

(2) Le lecteur trouvera sur *Hamoudah-Pachâ* des détails plus circonstanciés dans le chapitre VIII de la première partie ci-dessus, détails donnés par le docteur Frank lui-même, dont les deux voyages et le séjour à Tunis eurent lieu sous le règne de ce prince.

(3) Le mot *Myrmyrân* signifie *prince des princes*.

La légende circulaire renferme la phrase votive suivante :

Allahoumm dâm moulk-ho, — fy dâr-el-djehâd Tounes.

« Que Dieu éternise son règne ! — dans « le siége de la guerre sacrée, Tunis. »

Puis on lit la date de l'avénement du prince, 1196 de l'hégire.

La première observation que me fournit cette légende est que cette même date, ici exprimée en chiffres, se trouve également représentée par les caractères composant les quatre mots de la légende intérieure, réunis à ceux des trois premiers mots de la phrase votive qu'offre la légende circulaire, en prenant ces caractères dans leur valeur arithmétique ; car on sait que toutes les lettres arabes ont, indépendamment de leur valeur alphabétique, une valeur arithmétique, dont l'usage remplace fréquemment les signes de l'arithmétique décimale.

La seconde observation est que ce sceau est gravé sur une grande cornaline vivement colorée, pierre à laquelle les Orientaux attribuent la plus puissante influence pour le bonheur de ceux qui la portent ou qui en font habituellement usage (1).

---

(1) *Voyez* ci-dessus, page 140, ce que rapporte le docteur Frank des influences hygiéniques attribuées par les Tunisiens aux diverses pierres précieuses. Mais, indépendamment de ces effets physiques, les préjugés du vulgaire dans l'Orient attachent à l'usage des pierres précieuses des influences morales et surnaturelles.

Un écrivain arabe, nommé *Teyfâchy*, dont le manuscrit est conservé à la Bibliothèque nationale, a consacré un ouvrage entier à cette matière, et sa pharmacopée telesmatique est beaucoup plus étendue que celle qui nous a été donnée par le docteur Franck.

Suivant lui, le rubis (*yâqout*) fortifie le cœur, éloigne la foudre et la peste : il apaise la soif, arrête le flux de sang, etc.

L'émeraude (*zemroud*) guérit la piqûre des vipères, ou toute autre blessure venimeuse ; elle aveugle même les serpents auxquels on la présente ; elle chasse les démons et les mauvais esprits ; c'est un spécifique contre l'épilepsie, les douleurs d'estomac, les maux d'yeux.

D'après ces deux considérations, on ne sera pas étonné d'apprendre que les Tunisiens aient regardé le sceau de leur prince comme un talisman auquel il a dû la prolongation remarquable de son règne.

CHAPITRE XVIII.

Othmân-Bey ; — Mahmoud-Pachà ; — Sydy-Housséyn-Bey ; — Moustafâ-Bey ; — Sydy-Ahmed-Pachâ Bey, maintenant régnant ; — description de son sceau ; — ses réformes ; sa tendance vers la civilisation européenne ; — érection de la chapelle consacrée à saint Louis ; — collège Européen.

Hamoudah-Pachâ eut pour successeur son frère *Othmân-Bey*, fils, comme lui, d'*Aly-Bey* ; ce prince prit possession de l'autorité souveraine le lendemain de la mort de son frère, c'est-à-dire le jour même de la fête d'*él-Fettar* de l'an 1229 de l'hégire (15 septembre 1814 de notre ère) ; mais son règne, plus court que celui d'aucun de ses prédécesseurs, comprit à peine trois mois entiers dans sa durée éphémère (2). Quatre-vingt-seize jours après son avénement, il quittait à la fois et le trône et la vie, et le 8 du mois de *Moharrem* de l'an 1230 de l'hégire (20 décembre 1814 de notre ère) il était massacré avec ses en-

---

Le diamant (*elmâs*) n'est pas moins utile contre l'épilepsie, les maux d'estomac et la colique.

La turquoise (*fyrouzéh*) fortifie la vue, guérit les ophthalmies et les piqûres de scorpion.

La cornaline (*aqyq*) calme la colère, arrête les hémorragies, guérit les maux de dents ; elle préserve de la mauvaise fortune, est un gage de bonheur constant et de prolongation de la vie.

L'hématite (*maghnâttys*) calme les douleurs de la goutte, facilite l'accouchement, détruit l'action des poisons.

Le jade (*yechm*) garantit de la foudre et des mauvais rêves.

Enfin la gemme appelée œil de chat (*ayn-el-hor*) préserve de l'influence des mauvais regards et met à l'abri des coups du sort ; bien plus, dans un combat elle rend celui qui la porte invisible aux yeux de son adversaire ; etc.

(2) Trois mois et six jours.

fants, abandonnant par ce meurtre le suprême pouvoir à son cousin *Mahmoud*, fils de *Mohammed-Bey*, et l'aîné des deux princes que l'usurpation de leur oncle *Aly-Bey* avait écartés du trône. De toute la famille d'*Othmân-Bey* il n'y eut d'épargné que les deux plus jeunes de ses enfants, qui, assure-t-on, vivent encore, et qui sont renfermés dans une prison avec leur mère.

Avec *Othmân-Bey* s'est éteinte la branche collatérale descendant d'*Aly-Bey*, et le pouvoir suprême est rentré dans la branche aînée des descendants d'*Aly-êt-Turky*.

Le jour même du meurtre d'*Othmân*, *Mahmoud*, qui prit le titre de *Pachâ*, s'était emparé du trône de Tunis; son ambition, longtemps dissimulée, était parvenue au but de ses désirs; mais sa jouissance se borna à neuf années trois mois et dix jours, et il mourut le 28 du mois de *Redjeb* de l'an 1239 de l'hégire (30 mars 1824 de l'ère chrétienne).

Il laissa le trône de Tunis à son fils, *Sydy-Housséyn-Bey*, qui fut reconnu pour souverain le jour même de la mort de son père.

Ce prince régnait depuis dix années à Tunis, lorsqu'une catastrophe qu'on était bien loin de prévoir est venue soudainement changer la position des puissances barbaresques et préparer à l'Afrique septentrionale un nouvel avenir: cet événement fut l'outrage qu'osa se permettre envers la France le Dey d'Alger *Housséyn-Pachâ*, et la vengeance qu'en tira cette puissance en le renversant de son trône et en faisant la conquête de ses États.

La Régence de Tunis s'était bien gardée de prêter le moindre secours à celle qui s'était montrée constamment sa rivale et son ennemie; le Bey s'était même empressé d'assurer sa position auprès des vainqueurs, en souscrivant à un traité conclu avec M. Mathieu de Lesseps, consul général, le 8 août 1830, et dont, entre autres conditions, l'article 2 abolissait pour toujours dans les États tunisiens la course des pirates et l'esclavage des Chrétiens (1).

---

(1) Voyez, sur cet esclavage, ci-dessus le chapitre XVIII de la première partie, dans lequel le docteur Frank raconte les détails révoltants dont il fut lui-même témoin pendant son séjour à Tunis.

(2) Deux ans cinq mois et sept jours.

On assure d'ailleurs que ce prince, qui régna sur la Régence pendant onze années et deux mois, y parut suivre, dans sa politique et son administration, la marche sagement progressive dont *Hamoudah-Pachâ* avait légué l'exemple à ses successeurs.

Sydy-Housséyn-Bey mourut le 29 du mois de *Moharrem* de l'an 1251 de l'hégire (26 mai 1835 de notre ère).

Sa mort fit passer la souveraineté de la Régence entre les mains de son frère *Moustafâ-Bey*, qui en prit possession le lendemain de la mort de son frère, c'est-à-dire le 30 du mois de *Moharrem* (27 mai), et qui, après avoir régné seulement près de deux ans et demi (2), par sa mort, arrivée le 10 du mois de *Redjeb* de l'an 1253 de l'hégire (11 octobre 1837), transmit le trône de Tunis à son fils *Sydy-Ahmed-Bey*, maintenant régnant.

Ce prince a été proclamé souverain de la Régence le jour même de la mort de son père, et dès le commencement de son règne il a obtenu de la Porte-Ottomane la dignité de *Pachâ*, dont le titre avait déjà été accordé par le Divan de Constantinople à plusieurs de ses prédécesseurs.

Depuis qu'il a reçu cette faveur, il a changé son nom d'*Ahmed-Bey* en celui d'*Ahmed-Pachâ-Bey*, ainsi qu'on peut le remarquer dans l'empreinte de son sceau, que le lecteur verra peut-être ici avec plaisir:

On lit en effet dans le cartouche que forme le cercle intérieur de ce sceau les mots suivants, tracés en caractères arabes, remarquables par leur élégance :

A'BD-HO AHMED-PACHA-BEYK (1).

Ce titre de Pachâ ne lui avait pourtant pas été concédé par la Porte-Ottomane aussitôt après son avénement au trône de Tunis ; les premiers rapports du gouvernement de Constantinople avec lui s'étaient montrés malveillants, et le Divan avait témoigné son mécontentement des innovations que le nouveau prince commençait à introduire dans ses États.

En 1838 une expédition partit de Constantinople, sous les ordres de *Tahir-Pachâ*, et se présenta dans les eaux de Tunis, afin de rétablir la domination turke et de détrôner le *Bey*. Grâce à l'attitude ferme du gouvernement français, qui, prévenu à temps, envoya sur les lieux les amiraux Lalande et Gallois pour s'opposer au débarquement de *Tahir-Pachâ*, cette expédition échoua complétement, et l'amiral turk fit exécuter à Tripoli ce qu'il n'avait pu faire à Tunis. Ce fut alors que le titre de *Pachâ* fut accordé au Bey par le Divan, comme un témoignage authentique des dispositions pacifiques du sultan à son égard.

Ce prince a paru, dès son avénement au trône tunisien, plus porté encore que ses prédécesseurs à introduire parmi ses peuples les bienfaits de la civilisation européenne, et chaque jour de son administration a été marqué par une amélioration nouvelle ; voulant s'associer autant que le lui permettaient les mœurs de ses sujets aux efforts que les puissances chrétiennes tentaient pour l'abolition de l'esclavage, il avait fait un pas vers ce but en interdisant absolument dans ses États la vente à l'enchère des esclaves, et avait fait fermer le marché où se faisait publiquement cet odieux trafic (2). Dédaignant les préjugés du vulgaire des Musulmans contre les Chrétiens, non-seulement il a accueilli et favorisé les Européens dans ses États, mais il y a appelé des officiers français pour discipliner ses milices et les former à la tactique européenne (3) ; il a même confié à des ingénieurs français l'exécution d'une grande carte générale de toutes les provinces de la Régence (4).

C'est à l'affection particulière professée par *Ahmed-Pachâ-Bey* pour la France que nous devons l'autorisation donnée par ce prince pour l'érection d'une chapelle consacrée à saint Louis, au milieu des ruines de cette Carthage illustrée par les derniers exploits et la mort du saint roi : cette autorisation est d'autant plus remarquable, qu'elle enfreint de la manière la plus frappante les usages de ces contrées et les préjugés qui y sont enracinés depuis tant de siècles par les traditions musulmanes.

En effet, quoique l'exercice de la religion chrétienne n'y soit point interdit, et que l'existence des chapelles et autres lieux consacrés au culte chrétien y soit autorisée, cependant l'érection de tout

---

(1) Le mot *a'bd-ho*, qui commence cette légende, signifie littéralement *le serviteur de LUI*, et est employé habituellement par les Arabes comme synonyme de l'expression *Abd-Allah* (le serviteur de Dieu).

En effet, dans le langage mystique des Musulmans le mot HOU (LUI) est regardé comme un des principaux noms de Dieu, signifiant ainsi l'Être par excellence, CELUI QUI EST : ce nom paraît correspondre au nom divin de JÉHOVAH, usité chez les Hébreux, et dont le HOU des Arabes est peut-être dérivé.

Ce mot sacré, fortement articulé du fond de la poitrine, forme le cri que poussent en chœur les derviches en tournoyant frénétiquement dans leurs danses mystiques.

(2) Voyez ci-dessus le chapitre XVII de la première partie, dans lequel le docteur *Frank* donne les détails les plus circonstanciés sur ce marché et sur les ventes qui y avaient lieu journellement.

(3) Le Bey s'occupe avec un soin tout particulier de son armée, dont il regarde la création comme son œuvre favorite : ses troupes régulières montent déjà à vingt mille hommes disciplinés et formés à la tactique européenne.

Les officiers français qui avaient été chargés par notre gouvernement, sur la demande du Bey, d'aider le prince de leurs lumières dans l'organisation de son armée, étaient en 1845 le colonel d'infanterie *Lavelaine*, le lieutenant-colonel d'artillerie *Lecorbeiller*, et le chef de bataillon *Gillard*.

(4) Cette belle carte a été dressée et publiée en 1841, au dépôt général de la guerre, sous la direction de M. le général Pelet, d'après les observations et les reconnaissances de M. Falbe, capitaine de vaisseau danois, de M. Pricot-Sainte-Marie, capitaine d'état-major, et d'après les renseignements recueillis par eux.

nouvel édifice de cette espèce y est sévèrement prohibée, et les permissions n'ont jusqu'à présent été jamais accordées que pour la réparation des édifices déjà existants. Bien plus, *Ahmed-Pachâ-Bey* a refusé de vendre le terrain destiné à la construction de cette nouvelle chapelle, et a voulu en faire un don gratuit à la France.

Ce monument, édifié par l'ordre et aux frais du roi Louis-Philippe, à la mémoire de son illustre aïeul, et comme un complément lointain du magnifique musée historique de Versailles, occupe au centre même des ruines de Carthage le sommet de la colline où fut assise autrefois l'antique citadelle de *Byrsa* : la chapelle est entièrement isolée de toute habitation; et la solitude de ce monument ajoute encore à la majesté des souvenirs qu'il consacre. On ne voit autour de la modeste enceinte qui le forme que quelques misérables tentes de poil de chameau, où quelques bergers nomades cherchent un asile contre les ardeurs du soleil africain.

On doit féliciter l'architecte (1) d'avoir, dans la construction de ce monument à la fois français et barbaresque, su fondre quelques détails de l'art arabe dans les formes de l'architecture gothique.

Dans le jardin qui entoure la chapelle ont été disposées çà et là quelques belles colonnes trouvées dans les fouilles nécessitées par la construction : on y remarque aussi un beau torse d'une statue en marbre, une élégante mosaïque qu'on a ingénieusement placée au fond d'un bassin d'eau limpide, dont le cristal fait vivement ressortir les couleurs diverses dont les dessins sont diaprés.

Enfin, la même enceinte renferme des dépendances où un logement a été préparé pour l'abbé *Bourgade* (2), aumônier de la chapelle.

(1) La construction de cette chapelle a été dirigée par M. *Jourdain*, l'un de nos architectes les plus recommandables par leur goût et leurs connaissances.

(2) Auteur d'un ouvrage conçu dans les vues les plus utiles, publié par souscription, en 1847, chez MM. Firmin Didot frères, sous le titre de *Soirées de Carthage*, et dont le produit doit être consacré à augmenter les ressources de l'hôpital de Tunis ainsi que du collège Européen.

Mais ce digne chapelain fait sa résidence la plus habituelle dans la ville; car il partage ses soins entre le sanctuaire qu'il est chargé de desservir et le soulagement des pauvres chrétiens, pour lesquels son zèle évangélique a su créer à Tunis un hôpital avec les seules ressources de la charité.

Un autre établissement, que la Régence tunisienne doit également à la sollicitude patriotique et éclairée de M. l'abbé Bourgade, et qui est en même temps une des preuves les plus remarquables du penchant que ne cesse de témoigner *Ahmed-Pachâ-Bey* pour la France, ainsi que de son constant désir de propager dans ses États la civilisation et les institutions de l'Europe, c'est le *collége Européen*, créé à Tunis sous la direction de zélés et savants missionnaires.

Dans ce collège, véritable gymnase de régénération, sont admis à participer aux bienfaits d'une instruction salutaire, non-seulement les enfants des chrétiens établis dans la Régence, mais encore ceux des populations musulmane et juive; ils y reçoivent ensemble, avec l'enseignement de la langue française et des autres idiomes principaux de l'Europe, les premiers éléments des sciences les plus utiles à la société humaine.

Ahmed-Pachâ-Bey paraît avoir compris toute l'importance qu'aura pour l'amélioration de ses peuples cet établissement salutaire; il ne s'est pas contenté d'autoriser sa création, mais il a voulu en mainte circonstance témoigner son approbation à cette entreprise, et il s'est empressé de lui accorder tous les encouragements qui ont été sollicités auprès de son gouvernement.

C'est déjà un progrès bien remarquable que cette fusion dans une même réunion scolastique et dans une communauté d'enseignement des enfants musulmans avec ceux des Chrétiens, jadis objet de leur antipathie, et surtout avec ceux des Juifs, jusque alors véritables *parias* de l'Orient, à peine regardés par

L'auteur de cet ouvrage emploie les connaissances qu'il a acquises de la langue arabe et de la religion musulmane à essayer de convertir par le raisonnement et la citation des phrases mêmes du Koran les sectateurs de l'islamisme à la religion chrétienne.

les Musulmans comme appartenant à l'espèce humaine; et on peut certainement calculer d'avance quelle haute influence aura cette institution par la suite, même dans un avenir peu éloigné, sur la civilisation future des populations barbaresques, et sur la propagation des lumières de notre Europe dans ces contrées, qui s'enorgueillissaient autrefois à juste titre d'être la patrie des *saint Cyprien*, des *saint Augustin*, parmi les Chrétiens; des *Ebn-Khaledoun* (1), des *Léon l'Africain* (2), parmi les Arabes, et de tant d'autres savants illustres; mais qui depuis plusieurs siècles n'ont plus été fameuses que par l'ignorance la plus abjecte et la plus infâme piraterie (3).

(1) Le nom de ce célèbre historien arabe est un de ceux qui ont le plus souvent retenti, depuis quelques années, dans le monde savant; et les manuscrits que possèdent maintenant de ses ouvrages plusieurs bibliothèques de l'Europe ont pu nous convaincre qu'il n'y avait rien d'exagéré dans les éloges que lui ont donnés les Orientaux.

Son nom entier est *Oualy-éd-dyn-abou-Zeyd-Abd-er-Rahman*: on ne sait d'où lui vient le surnom d'*Ebn-Khaledoun*, sous lequel il est généralement connu; il naquit à Tunis, l'an 732 de l'hégire (1332 de notre ère). Après avoir étudié dans sa patrie auprès des hommes les plus savants de son temps, il s'attacha au général *Mohammed-ben-Tafarken*, gouverneur de Tunis; puis il passa au service des souverains de Fez et d'autres princes d'Afrique.

L'an 784 de l'hégire (1385 de l'ère chrétienne) il quitta tout à fait cette contrée pour passer à Alexandrie, et de là au Kaire, où il fixa sa résidence; il y fut nommé grand Qâddy des *Malekites* par le sultan mamlouk *Barqouq*. Destitué plusieurs fois, par suite d'intrigues, mais rétabli chaque fois avec honneur dans cette place éminente, il suivit en Syrie *Faradj*, successeur de *Barqouq*, qui allait s'opposer aux progrès de Tamerlan. Quoique accueilli de la manière la plus favorable par le conquérant mogol, qui voulait l'attacher à sa cour, *Ebn-Khaledoun* revint au Kaire, où il mourut dans les derniers jours de Ramaddân de l'an 808 de l'hégire (1406 de notre ère), âgé de soixante seize ans et vingt-cinq jours.

(2) *Voyez* sur cet illustre géographe la note 1, page 33, ci-dessus.

(3) L'utilité du collège de Tunis paraît avoir été appréciée par notre gouvernement et avoir excité son intérêt; les journaux du mois de

CHAPITRE XIX.

Visite du duc de Montpensier au Bey de Tunis; — détails de la réception du prince; — Bey du camp; — ses fonctions; — drapeau de la religion musulmane; — visite du Bey; — départ du Prince; — voyage à Tunis de deux autres fils du roi.

Les relations de sympathie et de bienveillance réciproquement manifestées depuis plusieurs années entre la France et Tunis s'accrurent encore en l'année 1845, et les deux gouvernements virent les liens qui les unissaient se resserrer de nouveau, par la visite amicale que vint rendre le duc de Montpensier au Pachâ de Tunis.

Le prince tunisien n'avait, sans doute, pu voir qu'avec un secret plaisir notre attaque d'Alger humilier la Régence qui s'était montrée la constante ennemie de Tunis; mais ensuite il avait pu être alarmé de nous savoir si près de lui depuis que notre conquête avait été complétée. Cependant, il avait fini par comprendre qu'il n'avait rien à redouter du voisinage de la France, et qu'il ne pouvait en recevoir que la contagion de sa généreuse civilisation.

Les Français établis à Tunis avaient eu plus d'une fois occasion de se convaincre de ces nouveaux sentiments du Bey, par les marques de bienveillance particulière qu'ils en avaient reçues en plusieurs circonstances; ils apprirent avec joie la nouvelle du projet qu'avait formé un des fils du roi de venir visiter le pays consacré par la mort de saint Louis; et ils regardèrent cette visite comme le plus sûr moyen d'assurer les priviléges dont ils jouissaient dans la Régence, en confirmant *Amed-Pachâ-Bey* dans les dispositions favorables qu'il manifestait habituellement à leur égard, depuis son avénement au trône.

Parti d'Alger le 18 juin, à midi, sur la corvette *le Gomer*, commandée par le capitaine *Goubin*, le voyageur royal ar-

septembre annoncent qu'une proposition doit être présentée à l'Assemblée nationale législative pour en obtenir une allocation en faveur de cet établissement, afin de lui donner toute l'extension dont il est susceptible, et que réclament les intérêts réunis de la Régence et de la France.

riva le 20 au matin en vue du fort de la Goulette.

Le consul général chargé des affaires de France, M. de *Lagau*, qui venait d'arriver à Tunis sur *le Lavoisier*, avait prévenu le Bey de l'arrivée de l'hôte illustre que la France envoyait pour le visiter; *Ahmed-Pachá* avait témoigné combien il était flatté d'une telle visite, et avait assuré le consul qu'il n'épargnerait rien pour en témoigner sa reconnaissance. On doit, en effet, avouer que l'ancienne hospitalité arabe n'aurait pu, dans une pareille réception, donner des preuves d'une courtoisie plus ingénieuse et plus délicate, renouvelant la magnificence chevaleresque des anciens Maures de Cordoue et de Grenade.

Depuis plusieurs jours un palais délicieux, nommé *Dar-él-Bey*, à la fois élégant et magnifique, meublé entièrement à l'européenne, mais rappelant dans ses exquises recherches les merveilles féériques des mille et une nuits, avait été préparé pour le prince musulman pour recevoir et fêter son hôte chrétien.

Le fort de la Goulette salua le prince français de vingt-et-un coups de canon: le Bey y avait envoyé au-devant de lui ses deux ministres *Sydy-Moustafá*, saheb-él-tabè (garde des sceaux), et *Sydy-Mahmoud, kyahyat-halq-él-ouad* (ministre de la marine et gouverneur de la Goulette (1): ce dernier n'était pas étranger à la France; car c'est lui qui y avait été envoyé par le Bey pour assister au sacre de Charles X., en 1825.

Le duc de Montpensier fut reçu à la Goulette dans un palais que le Bey y a fait élever, mais qu'il n'habite que pendant la saison des bains de mer.

Avant de se rendre à Tunis il visita les fortifications de cette citadelle, dont il examina soigneusement toutes les parties, et dont il passa en revue la garnison, armée à l'européenne. Son attention y fut particulièrement attirée par deux anciens canons d'un calibre énorme, véritables objets d'art, et désignés sous les noms de *Saint-Pierre* et de *Saint-Paul*; ces deux pièces d'artillerie, fondues à Florence et portant les armes des Médicis, avaient été données en présent à la Régence, il y a plusieurs siècles, par un des ducs de la Toscane, et attestent ainsi le soin qu'avaient les petits souverains de l'Italie de se maintenir en bonne intelligence avec les États barbaresques, dont ils redoutaient l'agression.

Une voiture du Bey, envoyée par ce prince, conduisit à Tunis le duc de Montpensier, accompagné d'une escorte de cavalerie, commandée par un officier français. Sur le passage du prince était accourue une population nombreuse d'indigènes, qui se pressait de toute part autour du cortège, et dont le mouvement, la variété des costumes, les bournous admirablement drapés, dissimulaient la nudité de l'immense plaine qui sépare de la ville le rivage de la mer.

Le duc descendit à la porte même du palais que le Bey avait mis à sa disposition, et que ce prince n'habite lui-même que rarement, ne l'occupant qu'une fois ou deux chaque année dans le mois de *Ramaddân*. On se ferait difficilement une idée de la somptuosité des appartements de ce palais, de la beauté des marbres, de la richesse des incrustations, de l'élégance des mosaïques, et de l'exquise délicatesse des sculptures qui le décorent.

Le Bey avait eu l'ingénieuse prévenance d'en couvrir les murs de gravures représentant toutes les grandes batailles qui dans le dernier demi-siècle ont illustré la France, depuis les premières victoires de la république en Italie jusqu'à la prise de Constantine.

Ayant pris possession de cette magnifique résidence, le duc de Montpensier reçut la visite de toute la cour du Bey, à la tête de laquelle se présentait le *Bey du camp*, nommé *Sydy-Mohammed-Bey*.

Le titre de *Bey du camp* est celui qui est attribué à l'héritier présomptif du prince régnant, et qui n'est pas toujours son descendant immédiat: car on sait que dans la Régence la couronne ne se transmet point nécessairement du père au fils, mais que le droit de succession est dévolu au plus âgé des princes de la famille royale: c'est ainsi que *Moustafá-Bey* avait succédé à son frère,

(1) L'expression *halq-él-ouad*, qui signifie proprement *la gorge du canal*, est la dénomination particulière sous laquelle les Tunisiens désignent la Goulette.

quoique celui-ci eût un fils, et que maintenant ce fils est le successeur présumé d'*Ahmed-Pachâ-Bey*, dont il n'est que le cousin.

Le *Bey du camp* est particulièrement chargé de la levée des impôts dans les provinces : pour faire cette collecte il part chaque année deux fois de Tunis, c'est-à-dire dans les deux saisons d'été et d'hiver, à la tête d'une petite armée, et il parcourt successivement toutes les divisions du territoire : cette double tournée annuelle est pour lui une occasion toute naturelle d'apprendre à connaître d'une manière plus particulière les contrées et les populations sur lesquelles il est appelé à régner un jour (1).

Le prince français reçut en même temps *Sydy-Moustafâ-Khaznadar*, beau-frère du Bey, grand trésorier ou ministre des finances, et qui est un de ceux dont les conseils ont le plus de poids dans le gouvernement; *Sydy-Moustafâ-Agha*, ministre de la guerre, autre beau-frère du Bey, *Sydy-ben-Ayad*, personnage très-influent et qui appartient à l'une des plus grandes familles du pays, les religieux de la mission apostolique, et enfin une nombreuse députation des Français qui résident à Tunis.

Le lendemain 21 le duc alla rendre visite au Bey au palais du *Bardo* (2). Des salves d'artillerie y fêtèrent la bienvenue de l'hôte français; pour sa réception le Bey fit arborer l'étendard de l'islamisme portant la représentation du cimeterre à double lame (3), réservé uniquement pour certains jours consacrés par la religion du Prophète.

Le dessin ci-dessus représente cet étendard sacré, sur lequel est figuré le cimeterre d'*Aly* entouré d'une inscription arabe où on lit la légende suivante :

*B-îsm Illah ér-rahmán ér-rahym —
Ennâ fatahná le Koum fatehánn mobeynánn.*

« Au nom de Dieu clément et miséricordieux, — certes, nous vous avons accordé une victoire éclatante (4). »

Ahmed-Pachá attendait le duc de Montpensier dans la plus belle salle de son palais; en l'apercevant il courut l'embrasser, et le plus affectueux entretien eut lieu entre eux pendant plus d'une demi-heure. Le prince visita ensuite non-seulement les divers appartements du palais, mais encore la caserne qui y est annexée, puis de là il se rendit à la *Manouba*, autre palais magnifique des anciens rois maures, maintenant transformé en caserne de cavalerie, et ensuite à une autre caserne, celle de l'artillerie, placée dans un palais d'une plus simple architecture, et qui fait moins regretter que la *Manouba* le nouvel emploi auquel sont consacrées les magnificences des anciens palais arabes.

A son retour à Tunis le prince trouva les cours du *Dar-él-Bey* remplies d'une foule de visiteurs à turbans; c'étaient les protégés de la France, des Grecs, des Juifs, surtout des Algériens en grand nombre; la démarche de ces derniers a produit beaucoup d'effet sur la population tunisienne, regardant comme le plus bel hommage rendu à la France et à son ascendant en Afrique, cet empresse-

(1) Le *Bey du camp* actuel est grand amateur de peinture, de sculpture et de ciselure; il passe de longues journées à tourner le cuivre, le bois et l'argent. On a de lui de fort jolis ouvrages qui feraient honneur à d'habiles artistes européens. De mœurs douces, d'habitudes paisibles, vivant au milieu d'une famille nombreuse, où grandissent ses cinq filles et ses quatre fils, il jouit en sybarite d'une très-grande fortune, et n'envie nullement le pouvoir souverain.

(2) *Voyez* sur ce palais ci-dessus, page 11.

(3) Ce cimeterre est celui que la tradition prétend avoir été porté par *Aly*, gendre du Prophète, et qui lui avait été donné par Mahomet lui-même. On donne à cette arme sacrée le nom de *Dou-l-fiqár*, et un axiome souvent répété par les Musulmans est cette phrase : *Mâ seyf éllâ Dou-l-fiqár, ou-mâ fetá éllâ-Aly.*

« Il n'y a d'épée que *Dou-l-fiqár*, et de héros que *Aly*. »

(4) Ces paroles forment le premier verset du quarante-huitième chapitre du Koran, intitulé *Sourat-él-Fatèh* (chapitre de la Victoire).

ment des Algériens musulmans établis à Tunis, à comprendre et accepter la nouvelle condition de leurs frères d'Alger.

Le dimanche 22 fut consacré par le duc de Montpensier à la visite de la chapelle dédiée à saint Louis, où il fut reçu par l'aumônier revêtu de ses habits sacerdotaux (1); puis il parcourut toutes les ruines de l'ancienne cité d'Annibal, depuis le lieu où l'on s'accorde généralement à reconnaître la trace des deux ports, en passant par les fameuses citernes si souvent signalées par les voyageurs, jusqu'au cap à la pointe duquel l'auteur de l'*Énéide* a placé le bûcher de Didon.

Le 23 le Bey reçut son hôte à la *Mohammedyéh*, autre résidence royale, à quelques lieues de Tunis. Pour s'y rendre on traverse un lac d'eau salée, dont le fond, à sec pendant l'été, ne montre alors qu'une couche de sel blanc, qui de loin ressemble encore à une nappe d'eau. Le prince y fut également salué par l'artillerie et par l'étendard de Mahomet flottant sur le palais.

Au retour le prince visita la caserne du colonel *Sélym*, soldat digne des temps héroïques de l'empire ottoman : il y a quelques années il avait combattu corps à corps une panthère qui s'était échappée de la ménagerie du *Bardo*, et son bras droit a gardé les traces des dents de l'animal furieux.

Quoique cette caserne ait été construite pour sa destination et ne soit pas un ancien palais, elle mériterait d'en porter le nom : au centre est une cour immense pavée en dalles de marbre et entourée d'élégantes galeries ; là encore l'instruction des troupes est en grande partie l'œuvre d'un officier français (2).

Le 24 le duc de Montpensier reçut au palais qu'il habite la visite d'*Ahmed-Pachá-Bey* lui-même : c'est la première que ce prince ait jamais rendue, et la plus grande preuve de l'affection qu'il porte à la France. Cette visite fut suivie presque aussitôt de l'envoi de présents magnifiques, consistant en superbes chevaux de race, un sabre d'un travail merveilleux et couvert de diamants, une selle d'une richesse admirable, de riches étoffes, etc.

Le prince français laissa à son tour aux principaux officiers du Bey de riches souvenirs de son passage dans leur pays. Le lendemain 25, après avoir visité la fonderie de canons, dirigée par le lieutenant-colonel *Lecorbeiller*, le duc de Montpensier partit pour Alexandrie ; mais avant son départ il avait été faire une dernière visite au *Bey*, qui dès la veille était venu coucher dans son palais de la Goulette pour s'y préparer à recevoir les adieux de l'hôte illustre qui allait le quitter, et qu'il semblait ne voir partir qu'avec regret.

Mais cet illustre visiteur ne fut pas le seul envers lequel le Bey de Tunis eut à exercer sa magnifique hospitalité : bientôt deux autres fils du roi Louis-Philippe, le duc d'Aumale et le prince de Joinville, dédommagèrent *Ahmed-Pachá-Bey* du départ du duc de Montpensier, et vinrent à leur tour visiter la Régence (3) ; on n'a pas besoin de dire que les deux princes français y furent accueillis avec le même empressement et la même cordialité hospitalière que l'avait été leur jeune frère, par le souverain de Tunis, qui se montra heureux de trouver dans cette triple visite une preuve certaine de

---

(1) Le duc de Montpensier décora M. l'abbé Bourgade de la croix de la Légion d'honneur, juste récompense de son zèle patriotique et de sa charité infatigable.

(2) Cet officier est le commandant *Gillard*.
On a vu ci-dessus que ces troupes montaient maintenant à 20,000 hommes effectifs : à l'avénement de *Ahmed-Pachá-Bey* elles ne se composaient que de deux régiments d'infanterie s'élevant tout au plus à 5,000 hommes ; il en porta d'abord l'effectif à 10,000 hommes, et créa un régiment de cavalerie ; quelque temps après il forma un régiment d'artillerie et un second régiment de cavalerie.

Les soldats tunisiens sont armés et habillés à l'européenne ; l'infanterie porte le pantalon garance et une petite capote bleue semblable à celle de notre infanterie légère ; la cavalerie, lanciers et chasseurs, pantalon garance, capote bleue ; l'artillerie, capote et pantalon bleus. Toute l'armée est coiffée du *fez*, orné de jugulaires et d'une plaque en cuivre surmontée d'ornements qui indique l'arme et le numéro du régiment.

(3) Le prince de Joinville arriva à Tunis le 28 juin 1846 ; il y fut rejoint le 5 juillet par son frère le duc d'Aumale, et tous deux quittèrent la capitale de la régence le 7 juillet suivant.

la bienveillance du gouvernement français, et la triple confirmation des promesses de bonne intelligence et d'appui qu'il en avait déjà reçues à différentes époques.

CHAPITRE XX.

Voyage du Bey de Tunis en France; — son embarquement à Porto-Farina; — hauts fonctionnaires dont il se fait accompagner; — sa réception à Paris; ses visites aux divers monuments et établissements publics; — ses aumônes; — son retour dans ses États.

Depuis ces royales visites *Sydy-Ahmed-Pachâ-Bey* n'avait cessé de saisir toutes les occasions dans lesquelles il pouvait manifester sa sympathie pour la France et son désir de lui être agréable; s'enquérant du progrès des arts en Europe, surtout en France, et impatient de voir se reproduire dans ses États, par les mains de ses sujets, les merveilles qu'il en avait apprises. Déjà il avait introduit dans les États de la Régence plusieurs manufactures où se fabriquaient avec les laines tunisiennes les draps et les étoffes qui jusque alors avaient été tirés des fabrications étrangères : il avait annoncé le dessein de fonder à Tunis une imprimerie, et d'autres projets encore devaient peu à peu assimiler ces contrées aux pays civilisés de l'Europe.

Mais bientôt il voulut donner une preuve plus frappante et plus irréfragable du vif et sincère désir qui l'animait de faire participer les Tunisiens aux bienfaits de la civilisation européenne : non content des communications habituelles avec l'Europe, dont la facilité et la fréquence manifestaient aux peuples de la Régence les avantages incontestables de cette civilisation, et tendaient journellement à la propager parmi eux, il résolut d'aller lui-même la voir de ses propres yeux, dans le principal foyer des lumières qui l'ont créée, et dont à son tour elle augmente le progrès et l'éclat.

D'après cette pensée, le Bey de Tunis fit connaître à l'improviste, et à la grande surprise de toute sa cour, le dessein qu'il avait conçu de quitter momentanément ses États, pour aller en personne visiter la France et Paris; explorer les causes de l'état florissant de nos contrées, et en réexporter les connaissances, qu'il jugeait si sagement devoir concourir à l'amélioration et au bonheur futur de son pays.

Aucun des préjugés si anciennement enracinés dans les contrées orientales ne put arrêter l'exécution de ce projet d'une propagande vraiment philanthropique, et le Bey s'embarqua au port de Porto-Farina, à la fin de l'année 1262 de l'hégire (novembre 1846 de notre ère), sur le bateau à vapeur français *le Dante*, que notre gouvernement s'était empressé de mettre à sa disposition.

Il s'était fait accompagner, dans le voyage qu'il venait d'entreprendre, par une suite nombreuse des Tunisiens les plus recommandables, parmi lesquels on remarquait deux des principaux personnages de la Régence, *Moustafâ-Khaznadâr* (1), son grand trésorier, et *Moustafâ-Aghâ*, son ministre de la guerre, tous deux ses beaux-frères, bien capables l'un et l'autre de seconder ses intentions en étudiant et appréciant nos systèmes administratifs, financiers et militaires.

On remarquait aussi à la suite du prince tunisien un autre de ses beaux-frères, le général *Mohammed-Morabeth*, M. *Raffo*, secrétaire et conseiller de la Régence, le colonel *Salah*, commandant la garde du palais, le colonel *Ahmed-Aly-él-Diaf*, premier secrétaire, les colonels *Khayr-éd-dyn* et *Hassouna-Metely*, le contre-amiral *Hassouna-Moraly*, le chevalier *Lombroso*, premier médecin.

Le Bey voulut aussi amener avec lui deux vieillards de sa famille : peut-être par mesure de surveillance, et afin d'être assuré en les tenant sous sa main qu'aucune brigue nuisible contre ses intérêts ne se formerait à Tunis pendant son absence de sa capitale.

Il laissa en partant l'administration de ses États à son cousin *Sydy-Hamda* et à son premier ministre portant le titre de *Saheb-Tabè*; mais il défendit expressément à ces deux fonctionnaires, qu'il investissait de son pouvoir, qu'aucune tête tombât à Tunis pendant son absence.

Cette dernière marque d'une huma-

(1) Le mot *khaznadâr*, ou *khazindâr*, signifie *trésorier*; ce titre se donne aussi à l'administrateur général des finances.

nité si rare parmi les princes de l'Orient, que laissait le Bey comme un adieu a ses sujets, avait ému tous les cœurs tunisiens de reconnaissance; aussi, lorsque le Bey monta sur le bâtiment à vapeur qui devait le conduire en France, une multitude d'embarcations réunies spontanément et portant une population nombreuse, le suivirent longtemps hors du port de la Goulette avec toutes les marques du plus vif regret; le Bey lui-même était fort touché de ces demonstrations d'attachement.

Avant de s'embarquer il avait réuni son armée à la Goulette pour la passer en revue : « Je vous quitte, avait-il dit, « mais c'est pour vous que je vais en « France. »

Parti le 14 du mois de *Dou-l-hadjéh*, 1262 (5 novembre 1846), après une heureuse traversée et une navigation de quatre jours, le Bey arriva à Toulon le 17 de *Dou-l-hadjéh* (8 novembre).

Le ministre des affaires étrangères avait envoyé dans ce port, pour l'y recevoir et l'accompagner dans son voyage à travers la France, le premier secrétaire interprète de son ministère, M. Alix Desgranges, et un aide de camp du ministre de la guerre avait été chargé de veiller aux soins de la route, au matériel des transports et aux autres détails du voyage.

Admis au bout de cinq jours (le 13 novembre) à la libre pratique, il fut reçu à son débarquement dans le port par toutes les autorités civiles et militaires, et fut accueilli à la préfecture maritime avec tous les honneurs qu'on décerne ordinairement aux princes regnants et alliés de la France.

Mais il se refusa à faire un plus long séjour dans cette ville, et à peine y avait-il pris quelques instants de repos, qu'impatient de connaître la capitale de la France, il se hâtait de prendre la route de Roquevaire, se dirigeant directement vers Paris.

Partout sur sa route, depuis Toulon jusqu'à la capitale, *Ahmed-Pachâ* fut reçu en souverain, et des salves d'artillerie annonçaient son passage; partout où il s'arrêtait les autorités venaient le complimenter, et des gardes d'honneur lui étaient données; les populations montraient sur son passage un empressement cordial dont il paraissait heureux.

A Aix, ayant entendu des acclamations devant la porte de son hôtel, il voulut descendre dans la rue, et là, s'adressant au peuple, il dit qu'il regrettait de ne pouvoir remercier en particulier chacun de ceux qui l'entouraient. Puis, apercevant un drapeau tricolore, il ajouta en le montrant de la main : « C'est lui que je sa-« lue pour tous. » Ce mouvement plein de noblesse impressionna vivement la foule.

Il arriva à Paris le 23 novembre, à une heure après midi, par un convoi spécial que l'administration du chemin de fer d'Orléans avait mis à la disposition du prince et de sa suite.

Le palais de l'Élysée fut donné au Bey pour son logement, et le lendemain même de son arrivée à Paris il fut reçu en cérémonie au Tuileries, par le roi et par toute la famille royale; il fut conduit à cette réception solennelle par le comte de Saint-Mauris, introducteur des ambassadeurs, et y parut suivi de *Moustafâ-Khaznadâr* et de *Moustafâ-Aghâ* : la connaissance que ce prince a acquise de la langue italienne, qu'il parle avec assez de facilité, lui permit d'entretenir avec le roi une conversation suivie, sans avoir besoin de recourir à l'interprete qui lui avait été donné pour l'accompagner à cette présentation (1).

Ahmed-Pachâ-Bey employa les journées suivantes à visiter les monuments, les musées du Louvre, d'histoire naturelle, d'artillerie et les autres merveilles de notre capitale; à explorer nos manufactures, nos établissements industriels; à assister à des revues brillantes, soit au fort de Vincennes, soit au vaste hippodrome du Champ de Mars, où l'on déploya, pour le fêter, tout l'appareil qui quelques mois auparavant avait été mis sous les yeux d'*Ibrahim-Pachâ*, et le souverain de Tunis se montra aussi impressionné à ces divers spectacles, si nouveaux pour lui, que l'avait été le fils

(1) Cet interprète était M. Alix Desgranges, dont j'ai parlé ci-dessus, et qui joint aux fonctions de premier secrétaire interprète des langues orientales au ministère des affaires étrangères, celle de professeur au Collège de France et à l'École des jeunes de langues établie au collège Louis-le-Grand, sous la direction de son frère M. Desgranges ainé.

14.

du vice-roi d'Égypte : comme lui il rendit un juste hommage à la splendeur artistique industrielle et militaire de la France, qui se plaisait ainsi à dérouler successivement devant son nouvel hôte le tableau de ses richesses en tout genre.

Le 25 il visita l'école Militaire et les Invalides; entré dans l'église et arrivé devant le cercueil de l'Empereur, il se recueillit longtemps. « Voici, dit-il enfin, « celui qui a rempli l'univers de son « nom, et dont la gloire éclaire encore « le monde! » Comme on lui montrait encore l'épée de l'Empereur : « Cette « épée dit-il, a remporté bien des victoi- « res; mais la plus belle, c'est quand « les Français s'égorgeaient entre eux, « de les avoir défendus contre eux-mê- « mes et de leur avoir donné la paix in- « térieure. »

L'hôtel de la Monnaie (1), le Jardin des Plantes, le puits de Grenelle, la bibliothèque Nationale furent aussi l'objet de l'examen attentif du Bey; dans ce dernier établissement il admira la collection magnifique de manuscrits orientaux, et lut avec intérêt les originaux autographes, qui y sont conservés, de plusieurs traités conclus entre la France et quelques-uns des princes ses prédécesseurs au trône de Tunis.

Lors de sa visite à l'école Polytechnique, il assista, dans le grand amphithéâtre, aux curieuses expériences de physique et de chimie, dont chacune fut pour lui et pour sa suite l'occasion d'une surprise nouvelle, et ouvrait à son esprit les perspectives les plus inattendues. « Je « ne m'étonne plus, disait-il, du grand « renom de cette école dans le monde. « J'ai déjà moi-même des remercîments « à lui présenter, car c'est de son sein « que sont sortis les habiles officiers et « les savants ingénieurs dont la France « a bien voulu me prêter le concours ; « Tunis leur devra sa régénération fu- « ture : la science partage avec l'épée le « privilége de fonder des empires et de « les maintenir. »

Versailles, la masse imposante de ses grandes eaux, l'étendue de son vaste parc, ses magnificences architecturales,

la variété pittoresque de ses sites, et surtout son précieux Musée historique, obtinrent également le tribut des éloges et l'admiration du prince tunisien.

A la grande revue du Champ de Mars, dans laquelle se pressait l'élite de l'armée française, on remarqua que, s'associant déjà à nos usages européens, et s'assimilant pour ainsi dire à ces Français qu'il venait visiter, le prince africain portait les épaulettes de nos officiers généraux et s'était ceint du grand cordon de la Légion d'honneur dont le roi lui avait envoyé précédemment la décoration (2).

Bien plus, en passant devant le front des régiments d'infanterie qui avaient pris une part glorieuse à la guerre d'Afrique, et voyant leurs drapeaux criblés par les balles algériennes, le Bey, en les honorant d'un salut plusieurs fois répété, voulut applaudir aux victoires remportées par ces braves soldats sur les ennemis naturels et longtemps acharnés de la Régence qu'il gouverne.

Sa première visite à Versailles n'avait pas suffi pour satisfaire la curiosité du Bey; bientôt après il renouvela cette visite, et fut reçu sur la magnifique terrasse qui borde la grande façade du château, par le corps entier de l'École de Saint-Cyr, qu'il passa en revue. « J'ai « déjà vu, dit-il à ces jeunes élèves, « j'ai déjà vu aux Invalides l'ancienne « gloire de la France; à la revue de son « admirable armée au champ de Mars, « j'ai vu sa gloire présente; maintenant, « en vous je vois sa gloire future. »

Toutefois, au milieu des fêtes qui furent données alors au Bey de Tunis pour célébrer sa bienvenue, on prétend que plus d'une puissance européenne éprouva quelque jalousie de ce cérémonial, et témoigna même son mécontentement, de voir traiter en prince souverain un Bey, qu'elles s'obstinaient à ne considérer que comme un simple vassal de la Porte-Ottomane.

---

(1) Suivant l'usage de cet établissement on y frappa devant le royal visiteur une médaille commémorative de son voyage en France.

(2) Depuis que le Bey avait reçu à Tunis cette décoration il se faisait honneur de s'en parer dans les grandes circonstances, et surtout dans ses audiences solennelles ; on l'avait vu se revêtir de cet insigne européen lorsque, avant son départ pour la France, il avait été faire ses adieux au tombeau de son père.

Ce mécontentement diplomatique alla même, dit-on, jusqu'à motiver une protestation formelle de l'ambassadeur du sultan de Constantinople contre ces honneurs, qu'il regardait comme excédant l'étiquette obligée, et qu'il prétendait être une offense à la dignité de son maître, dont, suivant lui, la France semblait ainsi méconnaître la suzeraineté.

Depuis cette époque, l'orgueil ottoman se donna chaque année la satisfaction d'essayer la menace d'une expédition contre Tunis; obligeant par là la France, à chacune de ces démonstrations, de faire sortir de Toulon quelques vaisseaux destinés à croiser dans la Méditerranée, afin de tenir en respect le mauvais vouloir du gouvernement ottoman.

Indépendamment de cette position demi-hostile de Constantinople envers Tunis, d'autres embarras sont venus encore compliquer l'état actuel des affaires de la Régence ; les réformes salutaires que le Bey régnant avait entreprises, et qu'il a poursuivies avec constance et vigueur dans ses États, ont soulevé les mécontentements de la partie la plus fanatique et la moins éclairée de la population ; mais, malgré ces difficultés, le Bey n'en continue pas avec moins de pertinacité sa marche progressive, et les inspirations de notre diplomatie, qui ont prévalu jusqu'à ce jour dans le conseil du gouvernement tunisien, l'ont rattaché à nos intérêts, qui sont en même temps les véritables intérêts de la Régence.

Ce résultat est pour la France de l'importance la plus haute, puisqu'il assure la frontière orientale de nos possessions algériennes, et nous permet ainsi de tourner toute notre attention sur le voisinage inquiétant de Marok : la conservation d'une pareille alliance devra donc paraître bien désirable, malgré les inconvénients et les ombrages que pourraient faire naître le penchant d'*Ahmed-Pachâ-Bey* pour la France, son voyage à Paris, et la manière solennelle dont notre pays a accueilli son hôte africain.

Quoi qu'il en soit, après un séjour de près d'un mois à Paris, *Sydy-Ahmed-Pachâ-Bey* a quitté cette capitale le 16 décembre pour aller coucher à Fontainebleau, et de la se rendre immédiatement à Toulon, où l'attendait le vaisseau *le Labrador*, qui devait le reporter dans ses États.

Mais avant son départ, voulant laisser parmi nous un souvenir de son voyage plus intéressant et plus honorable que celui de la curiosité qu'il avait partout excitée, ce prince envoya au préfet du département de la Seine une somme de vingt-cinq mille francs, destinée à être distribuée aux familles indigentes de Paris dont cette année calamiteuse avait accru la détresse; déjà, à son premier passage en se rendant à Paris, il avait laissé dans toutes les villes où il couchait des sommes considérables pour le soulagement des classes malheureuses; à Roanne, ému douloureusement des désastres qui venaient de frapper cette malheureuse ville, il avait voulu concourir par une somme de cinquante mille francs à leur réparation : témoignant ainsi que pour le véritable esprit de charité, le malheur et la compassion réparatrice sont de toutes les religions, et par ces actes de bienfaisance d'un *fidèle croyant* envers des *infidèles*, il a mérité d'entendre sur son passage les bénédictions du pauvre se mêler aux acclamations louangères des flatteurs et des courtisans.

La traversée du Bey pour son retour à Tunis dura cinquante-deux heures, et il arriva à la Goulette le 30 décembre; en passant de nuit aux environs du cap Blanc, le Bey remarqua que la côte offrait des dangers pour les navigateurs, et il décida aussitôt qu'un phare serait immédiatement construit sur l'un des îlots des *Cani*, terminant ainsi son pèlerinage au centre de la civilisation comme il l'avait commencé, par un acte d'humanité et de bienfaisance, heureux présage pour les peuples de la Régence des fruits qu'ils devaient incessamment recueillir de la pérégrination philanthropique de leur prince (1).

---

(1) Lorsque, du vaisseau qui l'emportait loin de Tunis, *Ahmed-Pachâ* avait vu disparaître les côtes de l'Afrique, il s'était écrié : « Les « princes musulmans en allant dans l'Arabie

214 L'UNIVERS.

Je terminerai ici ce Tableau historique du passé et du présent de *Tunis*, où les lecteurs trouveront même une anticipation, pour ainsi dire, sur l'histoire de son avenir, puisqu'ils y auront appris (1) que *Sydy-Ahmed-Pachâ-Bey*, n'ayant pas d'enfants qui puissent lui succéder,

« visiter les deux villes saintes (*Haraméyn*), « aspirent à obtenir le titre de pèlerin de « la Mekke (*hadjy*) ; moi, je serai le premier « qui ait été visiter la terre des Francs pour « mériter le titre de pèlerin de la civilisation « européenne (*hadjy frandjy*). »

(1) *Voyez* ci-dessus, page 208.

et se conformant à l'usage presque généralement suivi par ses prédécesseurs, a d'avance désigné son cousin *Mohammed-Bey*, fils de son oncle *Housséyn-Bey*, comme héritier présomptif de la souveraineté de la Régence : le peu de détails dans lesquels je suis entré sur le caractère et les habitudes de ce futur souverain de Tunis annonce dès à présent qu'il y sera le digne successeur d'*Ahmed-Pachâ-Bey* dans ses projets régénérateurs et dans ses efforts pour y introduire les sciences, les arts, et les mœurs de l'Europe civilisée.

TABLEAU GÉNÉALOGIQUE ET CHRONOLOGIQUE
DE LA DYNASTIE REGNANTE A TUNIS.

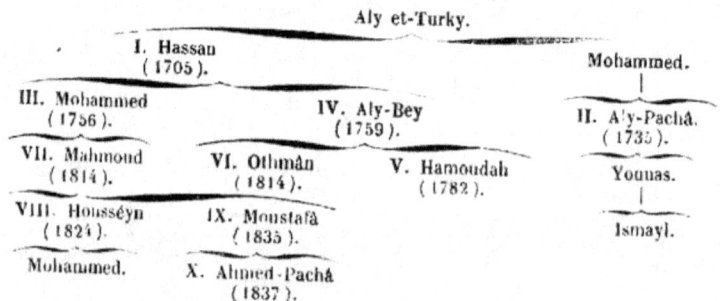

APPENDICE.

NOTICE SUR LES MONNAIES DE TUNIS.

Bourbine ; — Bourbe ; — Aspre ; — Qarroube ; — Piastre ; — Sequin ; — Soultany ; — Mahboub ; — Monnaies de Tripoli ; — Monnaies d'Alger, du Kaire, de Marok, de Constantinople et d'Espagne ayant cours à Tunis.

Les monnaies de Tunis n'ayant été données jusqu'à présent que d'une manière fort inexacte et incomplète par les écrivains qui se sont occupés de la numismatique orientale, et dans plusieurs ouvrages consacrés à la description des monnaies considérées sous le point de vue commercial, j'ai pensé qu'il serait utile et même agréable au lecteur de trouver ici un tableau complet de ces monnaies, présentant, dans un cadre resserré, avec leur fidèle empreinte, leurs rapports respectifs entre elles, et leur évaluation comparée à celle de nos monnaies européennes.

Je me suis d'autant plus volontiers décidé à joindre ici cette Notice que je me suis vu dispensé par ce travail d'un assez grand nombre de notes, dont, sans cet Appendice spécial, j'aurais inévitablement été forcé de faire l'insertion fréquente au bas des pages du texte de l'Opuscule composé par le docteur *Frank* ; il n'était en effet, en rédigeant ses vingt chapitres, entré dans aucun détail monétaire, quoiqu'il en eût senti la nécessité indispensable, et s'était borné à m'envoyer une collection des monnaies tunisiennes, me priant de faire un travail à ce sujet : c'est ce travail, réclamé par lui, dont je vais mettre un extrait abrégé sous les yeux du lecteur.

I.

La pièce de monnaie tunisienne la plus petite dans sa dimension et la plus basse dans sa valeur est en cuivre, et nommée par les habitants *felous-reqyy*, c'est-à-dire *menue monnaie*, les Européens qui font le commerce avec Tunis donnent à cette monnaie le nom de *bourbine* ; il en faut douze pour équivaloir à un *aspre*, par conséquent six cent vingt-quatre pour composer la piastre tunisienne.

Cette pièce de monnaie est presque toujours tellement fruste et irrégulierement taillée, qu'elle ressemble souvent à des fragments informes coupés grossièrement dans une lame de cuivre, et que nous ne pouvons en donner ici aucune empreinte.

D'ailleurs cette monnaie, qui ne figure ici que pour mémoire, a presque cessé d'être dans la circulation habituelle. Ces *bourbines*, qui avaient cours autrefois dans le commerce de détail, en ont peu à peu disparu ; depuis près d'un demi-siècle on n'en voyait que bien rarement, et bientôt cette petite pièce ne sera plus qu'une monnaie idéale, comme est la *bourbe* ou *demi-aspre*, dont je vais parler.

Cependant on tient compte des *bourbines* dans les opérations de change, et dans les comptes, qui se tiennent en *piastres, qarroubes, aspres* et *bourbines*, comme autrefois nous tenions nos comptes par livres, sols et deniers, quoique cette dernière division de la livre tournois ne fût plus devenue chez nous qu'une monnaie idéale.

Au reste, dans cette disparition à peu près totale des bourbines hors de la circulation habituelle, on peut voir un indice de renchérissement progressif des denrées et des marchandises de mince valeur, qui a peu à peu rendu tout à fait inutiles au commerce minime ces dernières divisions de la piastre : c'est la même cause qui a fait peu à peu disparaître chez nous les petites piécettes de nos anciens deniers.

II.

Le *fels*, que les Européens nomment *bourbe*, n'est pas une pièce frappée, mais une *monnaie idéale*, qui n'est employée que dans les comptes : elle équivaut à six bourbines; deux *fels* équivalent à un *aspre*, et il en faut cent quatre pour égaler la valeur d'une piastre tunisienne.

III.

La pièce que les Européens nomment *aspre* (1) ou *blanquile*, et que les gens du pays désignent par le nom de *nassery*, vaut deux *bourbes*, ou douze *bourbines*; il en faut cinquante-deux pour former la valeur de la piastre tunisienne.

Je joins ici l'empreinte de cette petite pièce d'argent.

Cette petite monnaie porte à la face A, dans un cercle ponctué, le nom du sultan *Moustafà*;

Sur le revers on lit *dourib-fi-Tounès* (frappé à Tunis), avec la date de l'année 1175 de l'hégire (1761 de l'ère chrétienne).

IV.

Le *qarroube*, ou la *qarroube*, que les Tunisiens nomment *qaroubéh* ou *qaroubah* (2), vaut trois *aspres* et un quart, ou trente-neuf *bourbines*; sa valeur est la seizième partie de la piastre tunisienne (3).

---

(1) Cette dénomination est dérivée du mot ασπρος, qui signifie *blanc* en grec vulgaire; en langue turke on donne aux *aspres* le nom de *aqtchéh*.

(2) Ce mot s'écrit aussi *kharroubah*, nom du fruit que nous nommons *carroube*, et que les botanistes appellent *siliqua dulcis*.

(3) *Voyez* ci-dessus, page 86, ce qui a été dit sur cette division par seize, employée par les Tunisiens, non-seulement dans leur système monétaire, mais encore dans leur système pondéral et dans l'échelle de leurs mesures de longueur et de capacité.

Le lecteur trouvera ici l'empreinte de la *qaroubah* :

La face A n'a d'autre légende que la suivante, en trois lignes, entourée d'un cercle accompagné d'une circonférence ponctuée :

Soultán — Moustafa — Khan.

c'est-à-dire :

Sultan — Moustafa — Khan.

Sur le revers on lit, comme sur la précédente, *dourib-fy-Tounès* (frappé à Tunis), mais la date est ici différente, c'est celle de l'année 1171 de l'hégire.

Le sultan *Moustafà*, dont le nom est placé sur cette pièce, comme sur la précédente, en hommage de suzeraineté, est *Moustafa-ben-Ahmed*, troisième du nom, vingtième sultan de la dynastie ottomane, qui occupa le trône de Constantinople de l'an 1171 de l'hégire (1757 de notre ère) à l'an 1187 de l'hégire (1774 de l'ère chrétienne); ainsi cette pièce a été frappée l'année même de son avénement.

Une observation digne de remarque est celle de la coïncidence parfaite du poids des anciennes *qarroubes* avec celui du *gramme* de notre poids décimal; ainsi l'unité que nous avons adoptée pour notre système pondéral se trouve être aussi celle du système monétaire anciennement établi en Barbarie. S'il est vrai, comme l'ont assuré les auteurs du nouveau système adopté chez nous, qu'un des grands avantages qui devait résulter de son introduction soit que toutes les pièces de monnaie peuvent en même temps servir de poids exact, il est bien à regretter qu'en changeant le titre de la *qarroube*, à Tunis, on en ait aussi changé le poids : sans cette altération elle aurait eu sur la France l'avantage d'être à la fois l'unité du système pondéral et du système monétaire.

V.

Enfin la piastre de Tunis, désignée dans le pays par le nom de *riâl*, est une pièce d'argent de bas aloi, qui vaut seize *qarroubes*, cinquante-deux *aspres* ou *nasserys*, cent quatre *bourbes* (*fels*), et six cent vingt-quatre *bourbines*.

Je joins ici l'empreinte d'une piastre tunisienne :

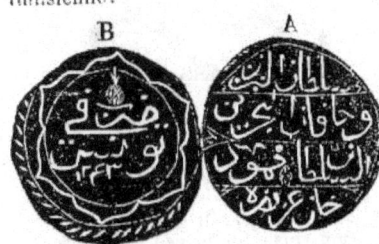

La face A offre la légende suivante, en quatre lignes séparées par des traits :

Soultân el-Berréyn, — *ou Khâqân él-Baharéyn*, —
És-Soultân MAHMOUD, — KHAN, *Azz nasr-ho.*

Souverain des deux continents, — et Monarque des deux mers, —
Le Sultan MAHMOUD, — KHAN, que Dieu illustre sa victoire.

Le Sultan dont cette pièce porte le nom est *Mahmoud-ben-Abd-él-Hamyd* (onzième du nom), surnommé *Adely*, c'est-à-dire le *Juste*, trentième Sultan de la dynastie ottomane, qui régna à Constantinople de l'an 1223 de l'hégire (1808 de l'ère chrétienne) à l'an 1255 de l'hégire (juillet 1839 de notre ère); il avait succédé à son frère *Moustafâ IV*, détrôné le 28 juillet 1808, et il a eu pour successeur son fils aîné, le Sultan *Abd-él-Medjyd*, maintenant régnant.

Les piastres tunisiennes ont subi successivement plusieurs variations dans leur poids et dans leur titre; cette altération a principalement eu lieu depuis la fin du règne de *Housséyn-Bey*.

En effet, le poids des anciennes était de 15 grammes et un peu plus d'un quart de gramme (2,642 dix-millièmes); tandis que le poids des nouvelles n'est que de 11 grammes et moins d'un demi-gramme (481 millièmes). Le titre des premières était de 0.4040, et maintenant celui des secondes de 0,2874. Ce qui établit une valeur de 218 francs et 89 centimes pour le kilogramme d'argent, ainsi qu'il est payé dans les changes. Aussi la valeur de l'ancienne piastre était de 1 franc 15 centimes en monnaie de France, tandis que la nouvelle ne vaut qu'un peu moins de 62 centimes et un quart.

Le rapport des poids entre ces deux espèces de piastres est comme 2 est à 3 ; celui qui résulte de leur différence de titre est comme 287 est à 404, et celui de leurs valeurs intrinsèques et respectives, comme 8 est à 15.

Au reste dans le cours légal 4 piastres et demie équivaudraient au *mahboub*, dont il sera question ci-après : cependant le rapport entre ces deux pièces de monnaie est sujet à de grandes fluctuations; principalement par les opérations du change entre la France et Tunis, et par les altérations que le gouvernement tunisien fait subir au titre de sa piastre.

VI.

Depuis une trentaine d'années on a frappé à Tunis des pièces d'une plus grande dimension, et qui représentent deux piastres ; on leur donne le nom de *ryâléyn*.

Leur empreinte, que je joins ici, est

entièrement semblable, sauf la grandeur, la date et le nom du prince, aux simples piastres que nous venons de voir.

On lit en effet sur celle-ci la date de 1218 de l'hégire (1) et le nom du sultan *Selym*. Cette double piastre est reçue pour une valeur de 1 franc 60 centimes.

VII.

Depuis la même époque on a frappé aussi des quarts de piastre, dont je joins ici l'empreinte :

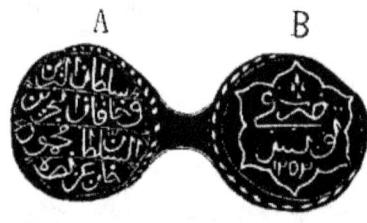

Ces quarts de piastre portent la même empreinte que les piastres et les doubles piastres, n'en différant que par la dimension.

VIII.

Le sequin, nommé *mahboub* ou *zer-mahboub*, comme à Tripoli, au Kaire et à Alger, est plus souvent désigné à Tunis par le nom de *soultany*.

C'est une pièce d'or à peu près de la dimension d'un sequin de Venise, mais moins épaisse, et dont la valeur est reçue, ainsi que je viens de le dire, pour quatre piastres et demie, suivant son cours légal ; mais, par les raisons que j'ai indiquées, son prix s'est élevé en l'année 1831 dans les changes de Tunis à cinq piastres et sept huitièmes, et dans ceux de Marseille à 6 francs 25 centimes ou même à 6 francs 35 centimes.

Les mêmes causes qui avaient produit cette hausse alors ont depuis cette époque concouru à l'augmenter progressivement.

Le *sequin* a pour diviseur des demi-sequins et des quarts.

Le demi-sequin est une pièce d'or appelée *nousf-mahboub*, et plus vulgairement *nouss-mahboub*; on lui donne aussi le nom de *nousf-soultany* ou de *nouss-soultány*.

Ces demi-sequins n'ont été frappés à Tunis que depuis le commencement de ce siècle : c'est aussi de la même époque que date l'émission des quarts de sequin (*roub-mahboub*).

Ces trois pièces d'or portent les mêmes inscriptions, et ne diffèrent l'une de l'autre que par leurs dimensions respectives ; en voici l'empreinte :

La face A porte, en quatre lignes dans un champ partagé par trois traits et entouré d'un double cercle séparé l'un de l'autre par une rangée de points, l'inscription suivante, un peu différente de celle des sequins d'Alger et d'Égypte, dont il sera question ci-après :

*Soultán — él-berréyn ou él-baharéyn,
— es-Soultán Moustafa — Khán, a'zz nasr'ho!*

« Le Souverain — des deux continents et des
« deux mers. — Le Sultan Moustafa
« Khan, que Dieu illustre sa victoire ! »

Le revers B présente, dans un encadrement pareil, en quatre lignes non séparées par des traits, comme dans le premier côté, l'inscription suivante :

1185 — *Dourib* — *fy* — Tounes.

c'est-à-dire :

« 1185 — frappé — à — Tunis. »

L'an 1185 de l'hégire a commencé le lundi 4 avril de notre année 1771.

Le Sultan sous lequel cette monnaie fut frappée est Moustafâ III, dont nous avons déjà vu ci-dessus le nom cité sur une monnaie.

On trouve aussi des pièces de cette nature avec la date de 1171 de l'hégire, époque de l'avénement de ce sultan au trône de Constantinople (2).

---

(1) Cette année a commencé le vendredi 10 avril de l'an 1803 de notre ère.

(2) L'an 1171 de l'hégire a commencé le mercredi 3 septembre de l'an 1757 de notre ère.

On rencontre encore de ces pièces portant la date de l'an 1189 de l'hégire (1776 de l'ère chrétienne).

Comme ces dernières pièces sont frappées sous le règne d'un autre sultan, et offrent des légendes différentes, j'ai cru utile d'en offrir également ici l'empreinte :

La face A porte, dans un double cercle non ponctué, la même inscription que le sequin précédent, à l'exception toutefois du nom *Moustafà*, remplacé ici par celui de *Abd-él-Hamyd*.

Le revers B présente, en quatre lignes, la légende suivante :

Dourib — fy — Tounes — 1189.

c'est-à-dire :

« Frappé — à — Tunis, — 1189. »

L'an 1189 de l'hégire, deuxième du règne du sultan *Abd-él-Hamyd*, a commencé le samedi 4 mars 1775 de notre ère.

Le Sultan *Abd-él-Hamyd-Ben-Ahmed*, dont cette pièce offre le nom, était le vingt-septième prince de la dynastie ottomane ; il a régné de l'an 1187 de l'hégire (1771 de l'ère chrétienne) jusqu'à l'an 1203 de l'hégire (1789 de notre ère).

Il avait succédé à son frère le Sultan *Moustafà*, dont nous avons vu une monnaie ci-dessus, et eut pour successeur le Sultan *Selym*, fils de son prédécesseur.

Quoique les sequins et les demi-sequins de Tunis soient en général à un titre aussi élevé que ceux du Kaire et d'Alger, on a cependant coutume de ne les admettre qu'au poids dans les payements qu'on reçoit, ces pièces étant toujours plus ou moins rognées, et correspondant rarement par leur valeur intrinsèque à leur valeur nominale.

IX.

Je ne croirais pas avoir complété, autant qu'il m'est possible, ce qu'il m'a paru important de faire connaître sur les monnaies de Tunis si j'omettais ici les empreintes de deux petites monnaies d'argent, très-minces et de forme carrée, qui sont d'environ près de deux siècles antérieures à celles que je viens de décrire, mais qu'on peut cependant rencontrer quelquefois chez les changeurs de Tunis.

Voici l'empreinte de la première :

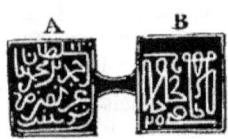

Sur la face A on lit l'inscription suivante, en quatre lignes :

Soultân — Ahmed ben-Mohammed — Khân, a'zz nasr-ho ! darb — Tounes.

« Sultan — Ahmed, fils de Mohammed — Khan, que Dieu illustre sa victoire ! frappé — de Tunis. »

Le Sultan de Constantinople dont cette ancienne monnaie porte le nom était le quatorzième prince de la dynastie ottomane, que nos historiens connaissent sous le nom de *Achmet I*[er] du nom, et qui régna depuis l'an 1012 à l'an 1026 de l'hégire (1) ; quoique ni la face ni le revers n'offrent de millésime, il est probable que la date de cette monnaie est l'année même de l'avènement du prince.

La seconde pièce de monnaie présente cette empreinte.

(1) L'année 1012 de l'hégire a commencé le mercredi 1 juin de l'année 1603 de notre ère.

On y lit, sur la face, A, dans un limbe quadrangulaire et ponctué, l'inscription suivante, en trois lignes :

Soultân — Mourad ben — Ahmed-Khan.

« Sultan — MOURAD, fils de — Ahmed-Khan. »

Le revers, B, contient la légende suivante, en quatre lignes, entourées par un limbe pareil à celui de la face :

Azz nasr-ho ! — Darb Tounes — Séneh — 1033.

« Que Dieu illustre sa victoire ! — Frappe de « TUNIS. — Année — 1033 (1). »

Le prince qui régnait à Constantinople à l'époque où cette monnaie a été frappée était le dix-septième Sultan de la dynastie ottomane, *Amurat IV*; il occupa le trône depuis l'an 1032 de l'hégire (2) jusqu'à l'an 1049 (3), époque à laquelle il fut remplacé par son frère *Ibrahym-Ben-Ahmed*.

Ces deux dernières monnaies, qui sont d'anciens *parats* ou d'anciennes *qarroubes*, n'ont plus de cours habituel dans le commerce, et ne reçoivent dans les changes qu'une valeur idéale, relative soit à leur poids, soit surtout à leur rareté.

Il est à remarquer que ce mode extraordinaire de frapper des monnaies sur un flan quadrangulaire avait été renouvelé, à l'égard des deux pièces précédentes, de l'usage des princes *al-Mohades*, qui ont fait fabriquer un grand nombre de pièces d'argent de cette forme ; mais depuis cette dernière époque cet usage a cessé d'être suivi, et on n'a plus frappé sous les princes suivants que des monnaies dont le flan était plus ou moins régulièrement circulaire.

X.

Les monnaies d'Espagne, telles que la piastre *colonnata*, nommée par les Maures *bou-medfa*, c'est-à-dire la *pièce aux*

(1) L'année 1033 de l'hégire a commencé le mercredi 25 octobre de l'an 1623 de notre ère.

(2) L'an 1032 de l'hégire a commencé le vendredi 25 octobre de l'année 1622 de l'ère chrétienne.

(3) L'an 1049 de l'hégire a commencé le mardi 23 avril de l'an 1639 de notre ère.

canons (4), et la pièce d'or nommée *quadruple*, sont reçues habituellement à Tunis comme monnaies courantes dans le commerce.

XI.

Les relations fréquentes qui ont toujours existé, soit par le voisinage, soit par le commerce, entre Tunis et Alger, ont depuis longtemps introduit dans la Régence de Tunis la circulation habituelle et autorisée des monnaies algériennes, surtout des pièces d'or, comme aussi, par réciprocité, les monnaies tunisiennes sont reçues à Alger non-seulement dans les transactions du commerce, mais aussi dans les achats courants des plus minimes denrées et des objets habituellement nécessaires à la vie.

On peut cependant remarquer que les *bourbes* et les *qarroubes* de Tunis sont moins répandues à Alger que les piastres tunisiennes, et surtout les sequins *soultanys* et les demi-sequins (*nousf-soultanys*) de la Régence.

En conséquence je crois utile de donner ici l'empreinte des trois monnaies algériennes qui ont le plus souvent cours à Tunis.

Empreinte de la *qarroube* algérienne :

Empreinte du sequin algérien :

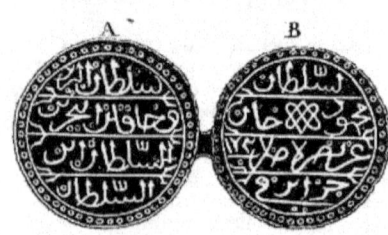

(4) Cette dénomination a été donnée aux piastres espagnoles par les Barbaresques à cause des deux colonnes qui flanquent l'écusson, et que les Maures ont prises pour deux canons.

Empreinte du demi-sequin algérien :

Je me bornerai à donner ici ces empreintes, l'explication de leurs légendes ayant déjà été donnée par moi dans l'ouvrage que j'ai publié en 1844 sous le titre de *Tableau général des Monnaies ayant cours en Algérie*.

XII.

Les monnaies de Constantinople, du Kaire et même celles de Marok ont, comme celles d'Alger et de Tripoli, un cours légal et habituel dans la Régence de Tunis ; j'ai jugé inutile de donner des specimens de celles des pièces de Constantinople et du Kaire, qui sont presque entièrement semblables à celles qui sortent des ateliers monétaires de Tunis, de Tripoli et d'Alger, et je me bornerai à donner ici l'empreinte des trois monnaies marokaines qu'on rencontre le plus souvent dans le commerce à Tunis.

La première est le *mouzounah*, petite pièce d'argent très-mince, équivalant à l'aspre de Tunis, et qui est reçue dans cette ville pour la même valeur :

La seconde, la *drachme* ou *dirhem*, équivalant à quatre *aspres* :

La troisième enfin est la pièce d'or que les Marokains appellent *mitsqâl*, et à laquelle les Européens donnent le nom de *petit ducat d'or* :

XIII.

Les monnaies de Tripoli sont encore plus fréquentes à Tunis que celles d'Alger, et les monnaies d'or surtout y sont souvent plus nombreuses dans les forts payements que celles de la Régence.

Je crois donc devoir ajouter encore ici les deux empreintes suivantes de ces monnaies de Tripoli, qui sont remarquables par l'élégance avec laquelle elles sont frappées :

La face, B, porte dans un double cercle ponctué, et en quatre lignes, l'inscription suivante :

Soultân él-berréyn, — ou Khâqan él-bahareyn, — és-Soultân, ébn — és-Soultân.

« Souverain des deux continents, — et mo-
« narque des deux mers, — le Sultan, fils
« — de Sultan. »

Cette inscription de la face est la même que celle des sequins du Kaire.

Le revers, A, offre d'abord, dans le même entourage, le *toghrâ*, ou chiffre impérial, du Sultan *Abd-él-Hamyd*, dont nous avons déjà vu ci-dessus une monnaie ; puis en dessous de ce chiffre, et en quatre lignes, on lit la légende suivante :

Dourib — fy — Traboulous-Gharb — 1187.

« Frappé — à — Tripoli d'Occident — 1187 (1). »

Cette monnaie a été frappée l'année de l'avènement du Sultan *Abd-él-Hamyd*.

(1) L'année 1187 de l'hégire a commencé le jeudi 25 mars de l'an 1773 de l'ère chrétienne.

XIV.

Cette seconde empreinte est celle d'une variété du sequin de Tripoli qui ne diffère de la pièce précédente, du côté de la face, B, que par les traits qui séparent les lignes et par l'insertion du chiffre dix-sept au-dessus du mot *ébn* (fils).

La différence du côté du revers, A, est plus grande ; elle consiste surtout en ce qu'elle ne porte pas le *toghrâ* impérial, et qu'elle contient l'inscription suivante, en quatre lignes également séparées par des traits :

Es-Soultân — *Selym-Khân; azz nasr-ho!* — *Dourib fy Traboulous* — *Gharb*, 1203.

« Le Sultan — Selym-Khân ; Dieu illustre sa « victoire ! — Frappé à Tripoli — d'Occi-« dent, 1203 (1). »

Le Sultan dont cette monnaie offre le nom est *Selym-ben-Moustafa* (IIIe du nom), vingt-septième prince de la dynastie ottomane, qui succéda à son oncle, *Abd-êl-Hamyd*, l'an 1203 de l'hégire (1789 de l'ère chrétienne) : c'est lui qui occupait le trône de Constantinople à l'époque de notre mémorable expédition d'Égypte, et il a régné jusqu'à l'an 1222 de l'hégire (2).

Une remarque essentielle à faire ici est que les sequins de Tripoli sont en or du plus bas titre, et que leur alliage est d'argent, ce qui fait paraître très-pâle cet or ainsi allié.

Je terminerai cette notice par un avertissement essentiel au commerce, à l'égard des divers sequins de Tunis, ainsi que ceux de Tripoli, d'Alger, et même

(1) L'année 1203 de l'hégire a commencé le mercredi 20 sept. de l'an 1788 de notre ère.
(2) L'année 1222 de l'hégire a commencé le mardi 26 février 1807 de l'ère chrétienne.

du Kaire ; c'est que, ainsi que je l'ai déjà dit ci-dessus, leur valeur intrinsèque ne concourt pas toujours avec leur valeur nominative, et qu'il est prudent de ne les accepter en payement qu'après leur avoir fait subir l'épreuve du trébuchet du changeur, et après s'être assuré de leur titre métallique.

Dans les pays les plus civilisés de l'Europe, où des lois fixent de la manière la plus stricte le titre et le poids des espèces d'or et d'argent, et où l'on met en usage les procédés les plus parfaits pour y parvenir, il n'est cependant pas très-rare de rencontrer des pièces de même valeur dont le titre et quelquefois le poids ne sont pas rigoureusement les mêmes ; et ce fait est trop bien connu des essayeurs, et de ceux qui s'occupent du commerce des métaux précieux, pour que l'on puisse être étonné de voir que les sequins et même les piastres n'offrent pas un résultat identique lorsqu'on les soumet à l'essai et au trébuchet, quoique ces pièces soient frappées la même année, et on en sera d'autant moins surpris, qu'on devra se rappeler que les gouvernements orientaux qui font frapper ces pièces n'ont aucune loi qui les astreigne à une stricte régularité : de manière qu'ils sont maîtres d'altérer le titre et le poids de leurs monnaies toutes les fois que cette altération leur paraît convenir à leurs intérêts.

———

Arrivé au terme du travail que je m'étais imposé pour la Description et la Notice historique de la Régence, je ne puis poser la plume sans témoigner ma reconnaissance aux personnes instruites qui ont bien voulu m'aider de quelques renseignements relatifs à cette contrée, entre autres, à M. *Duchenoux*, qui a séjourné quinze années à Tunis en qualité de chancelier du consulat (maintenant secrétaire interprète du ministère des affaires étrangères et professeur à l'École des jeunes de langues établie à Paris au collège de Louis-le-Grand), dont je ne puis assez louer l'obligeance ; j'associerai dans mes remerciments M. *Alix Desgranges*, dont j'ai fait mention ci-dessus, page 211, et M. *Alphonse Rousseau*, premier interprète du consulat général de la république française à Tunis, membre de notre Société Asiatique de Paris.

J. J. MARCEL.

1er décembre 1849.

TABLE DES MATIÈRES

CONTENUES DANS L'HISTOIRE DE TUNIS.

Notice Préliminaire. . . . . Page 1

PREMIÈRE PARTIE,

PAR LOUIS FRANK.

Introduction. 3

Chapitre Premier. — Anciennes révolutions de Tunis; détails géographiques. 4

Chapitre II. — Rade et lac de Tunis; la Goulette. 7

Chapitre III. — Ville de Tunis; château; environs; palais du Bey; anciens aqueducs. 9

Chapitre IV. — Carthage; Utique; Porto-Farina; Bizerte. 12

Chapitre V. — Zaghouân; porte romaine; temples; aqueducs; Mohammeyah. 16

Chapitre VI. — Description sommaire de la Régence. 20

Section Ire. — Littoral; Bizerte; Tabrakah; cap Blanc; cap Serra; cap Negro; la Calle. . . . . ib.

Section II. — Vallées intérieures du quartier d'Été; monuments; inscriptions. 23

Section III. — Partie orientale du quartier d'Été; Péninsule; grottes antiques; cap Bon; Hamâmét. 28

Section IV. — Quartier d'Hiver; Djerby; Qayrouân; Beled-èl-Djerid; tribus arabes. 36

Chapitre VII. — Climat de la Régence; sol et productions; culture; maisons de campagne; animaux domestiques. 47

Chapitre VIII. — Le Bey de Tunis; gouvernement de la Régence; tribunaux; anecdotes judiciaires. 56

Chapitre IX. — Administration intérieure; revenus publics; gouverneurs de provinces; service intérieur du palais; caractère du Bey; sa famille. . . 66

Chapitre X. — Forces militaires de la Régence; troupes de terre; forces maritimes. 72

Chapitre XI. — Commerce de la Régence. 78

Chapitre XII. — Poids et mesures usités à Tunis. 85

Chapitre XIII. — Européens établis à Tunis; Consuls. 89

Chapitre XIV. — Juifs de Tunis; leur écriture. 95

Chapitre XV. — Maures, renégats; manière de vivre des Tunisiens; écriture des Maures. 99

Chapitre XVI. — Femmes mauresques; polygamie; musique mauresque; ophiophages; funérailles; circoncision. . 106

Chapitre XVII. — Commerce des Nègres; caravanes; chasse des autruches. 115

Chapitre XVIII. — Esclavage des Européens; corsaires. 124

Chapitre XIX. — Maladies les plus fréquentes dans la Régence. 130

Chapitre XX. — Médecins tunisiens; amulettes; eaux thermales. 136

SECONDE PARTIE

PAR J. J. MARCEL.

	Page.
CHAPITRE Ier. — Fondation de Tunis; Didon; guerres puniques; Tunis sous la république romaine.	144
CHAPITRE II. — Tunis et Carthage sous les empereurs romains; christianisme.	148
CHAPITRE III. — Tunis sous les empereurs byzantins; Vandales; invasion des Perses; invasion musulmane.	150
CHAPITRE IV. — Cinq expéditions des Arabes; conquête de l'Afrique.	154
CHAPITRE V. — Prise de Tunis; gouverneurs envoyés par les Khalyfes.	157
CHAPITRE VI. — Domination des Aghlabites; règne des Khalyfes Fatymites.	160
CHAPITRE VII. — Dynastie des Zéyrites; conquêtes des Normands en Afrique; Almohades.	164
CHAPITRE VIII. — Dynastie des Beny-Hafs; expédition de saint Louis en Afrique.	168
CHAPITRE IX. — Suite de la dynastie des Beny-Hafs; prise de Tunis par le roi de Zénètes.	173
CHAPITRE X. — Suite de la dynastie des Beny-Hafs; expédition de Barberousse contre Tunis; première expédition de Charles-Quint; seconde et troisième expédition des Espagnols.	175
CHAPITRE XI. — Expédition de Sinân-Pachâ contre Tunis; captivité de Moulay-Mohammed-êl-Hafsy, dernier roi de Tunis.	179
CHAPITRE XII. — Sinân-Pachâ organise le nouveau gouvernement de Tunis; massacre du divan par les milices; tentatives des nouveaux Beys pour établir l'hérédité dans leur famille.	182
CHAPITRE XIII. — Établissement de la souveraineté héréditaire dans la Régence; Chaabân, Dey d'Alger, s'empare de Tunis; Mohammed-Bey rentre à Tunis; Hassan-ben-Aly.	185
CHAPITRE XIV. — Aly-Pachâ; restauration de la dynastie de Hassan-ben-Aly; Mohammed-Bey.	187
CHAPITRE XV. — Aly-Bey; rupture avec la France; bombardement; traité de paix.	190
CHAPITRE XVI. — Hamoudah-Pachâ; ambassade tunisienne à Paris.	195
CHAPITRE XVII. — Révolte des milices turkes; mort de Hamoudah-Pachâ.	198
CHAPITRE XVIII. — Othman-Bey; Mahmoud-Pachâ; Sydy-Housséyn-Bey; Moustafà-Bey; Sydy-Ahmed-Pachâ-Bey, maintenant régnant; chapelle de Saint-Louis; collège européen.	202
CHAPITRE XIX. — Visites du duc de Montpensier, du prince de Joinville et du duc d'Aumale au Bey de Tunis.	206
CHAPITRE XX. — Voyage du Bey de Tunis en France.	210
TABLEAU GÉNÉALOGIQUE ET CHRONOLOGIQUE.	214

APPENDICE.

NOTICE SUR LES MONNAIES DE TUNIS, DE TRIPOLI, ETC. 215

FIN DE TUNIS.

TABLE DES MATIÈRES

CONTENUES DANS CE VOLUME.

(Les chiffres *sans initiale* indiquent les pages de l'*Algérie*; ceux précédés de T., les pages de *Tunis* et ceux précédés de Tr., les pages de *Tripoli*.)

Abd-el-Kader. Son apparition, page 280 ; son traité avec le général Desmichels, 282; ses progrès, rupture, 283-284 ; mouvements de troupes, 297 ; gouvernement de l'émir, 300 ; excursion dans la Kabylie, 302 ; passage des Portes de Fer, 303 ; rupture de paix, 304 ; plan de campagne, 305 ; il attaque Médéah et Miliana, 306 ; compétiteur d'Abd-el-Kader, 312 ; incursions, 320 ; prise de la smala d'Abd-el-Kader, 321 ; réapparition d'Abd-el-Kader, 334 ; sa soumission, 344.
Abousir (*Taposiris*). Tr., 56.
Aghadem, puits Tr., 103.
Aghadès, ville. Tr., 103, note.
Aglabites (Dynastie des). T., 160.
Aglabites. Suite de leur histoire, T., 161-163.
Ahmed-Pacha, bey actuel de Tunis. Son sceau, T., 203 ; réformes, chapelle de Saint-Louis, collège, 204-205 ; il reçoit la visite du duc de Montpensier, 206-209 ; il visite la France, son arrivée à Paris, 210-213.
Alger. Bombardé par les Français sous Louis XIV, expédition de Duquesne, 247 ; expédition espagnole, en 1775, contre Alger, 252 ; derniers deys, *ibid.*
Algérie. Organisation de cette régence sous la domination turque, 242 ; milice, paye, tribunaux, 243 ; révolutions intérieures, 244 ; force de la milice, perception des impôts, corsaires, 245 ; relations avec les autres nations de l'Europe, 248 ; histoire intérieure sous les Turcs, 249, 250, 251 ; derniers deys, 252-255. — *L'Algérie depuis* 1830 *jusqu'en* 1848, p. 255 et suiv. ; causes de rupture entre le dey d'Alger et la France, 256 ; premières mesures offensives, l'expédition est décidée, 257 ; composition de l'armée expéditionnaire, 258 ; composition de la flotte, départ de la flotte et incident de la traversée, 259 ; arrivée à Sidi-Féruk, mouillage de la flotte, débarquement des troupes, 260 ; tempête du 16 juin, premières opérations militaires, combat de Staoueli, 261 ; combat de Sidi-Khalef, 262 ; attaque et destruction du fort l'Empereur, capitulation et entrée dans Alger, 263. — *Commandement du maréchal Bourmont*. Trésor de la Cashah, 264 ; commission de gouvernement, organisation de la police, conseil municipal, 265 ; départ d'Hussein-Pacha, récompenses,

révolution de juillet, 266. — *Commandement du général Clauzel*. Opérations militaires jusqu'à l'arrivée du général Clauzel, 266 ; actes administratifs du 1er septembre au 31 décembre 1830, 267-270 ; opérations militaires, 270-271. — *Commandement du général Berthezène*, 272. Nouvelles tentatives sur Bône, 273 ; état des choses à Oran, mesures administratives, 274-277. — *Commandement du général Rovigo*. Opérations militaires, nouvelle occupation de Bône, progrès de la domination française, 276. — *Commandement intérimaire du général Voirol*. Événements survenus dans les trois provinces, 279 ; apparition d'Abd-el-Kader, 280 ; occupation de Bougie, 281. — *Commandement du général d'Erlon*. Nouvelle organisation politique de l'Algérie, 282-283. — *Gouvernement du maréchal Clauzel*, 286. Expédition de la Mascara, expédition de Tlemcen, 287 ; état de la province d'Alger, 288 ; est de la régence, hostilités, 289. — *Gouvernement du général Damrémont*, 292. Événements de la province d'Alger, 293. — *Gouvernement du maréchal Valée*, 296 ; évêque d'Alger, situation générale, 301. — *Bugeaud, gouverneur général*. Préliminaires de la campagne, 309 ; événements de la province d'Alger, 315 ; organisation des tribus soumises, combats dans la province d'Alger, opérations de l'armée, 321-322 ; administration en 1843, 323 ; événements de la province d'Alger en 1844, guerre avec le Maroc, 325-326 ; derniers événements de 1844, administration en 1844, 329 ; mouvements des populations indigènes, 330 ; nouvelle organisation administrative, 336 ; année 1846, 337 ; actes administratifs en 1846, soumission des Kabyles de Bougie, 339 ; opérations militaires dans le sud, 342. — *Commandement du duc d'Aumale*, 342. — Conclusion, 346-347.
Ali-bey. Conclut un traité de paix avec la France, T., 194.
Almohades (Dynastie des). T., 166-167.
Almoravides (Dynastie des). T., 167-168.
Ambassadeur tunisien à Paris. T., 197.
Anay, ville. Tr., 103.
Apollonie (aujourd'hui *Souso*). Ruines de cette antique cité, Tr., 41-43.
Augila, oasis. Tr., 68-72.

15ᵉ *Livraison*. (TUNIS.)   15

TABLE DES MATIÈRES.

Aumale (Duc d'). Son commandement en Algérie, 342-347.
Aurès. Expédition, 332.

Barca, désert. Tr., 15, 72-74.
Bedeau (Le général). Opérations, 314.
Bédouins des monts Gourianah. Tr., 9.
Beled-el-Djerid, pays riche en dattes. Tr., 107.
Benghasi (*Hespérie* des anciens). Description de cette ville, Tr., 27-28.
Beni-Hafs (Dynastie des). T., 168-170; suite de leur histoire, 173-176.
Ben-Salem. Soumission de ce chef, 340.
Berthezène (Le général). Son commandement en Algérie, 272-277.
Bey. Fonctions, palais, Tr., 67-71.
Biskara (Campagne de) en 1844, 323.
Bizerte. Bombardée par les Français, T., 193.
Boghar (Destruction de), 312.
Bondjem, ville du Fezzan. Tr., 96.
Bougie. Occupation de cette ville, 281.
Bou-Maza. Soumission de ce chef, 340.
Bourgade. Directeur du collège français à Tunis, T., 205.
Bourmont (Le maréchal). Son commandement en Algérie, 264-266.
Bousaïda, dans la grande Syrte. Tr., 18.
Braïga, au fond de la grande Syrte. Tr., 20.
Bugeaud (Le maréchal). Combat de Sikak, 290; commande la division d'Oran, 292; nommé gouverneur général, 309; occupation de Mascara, destruction de Saïda, etc., 310; départ de l'Algérie, 342.

Chapelle de Saint-Louis, sur les ruines de Carthage. T., 205.
Charles-Quint. Prise de Tunis, T., 177.
Chenedireh, petite ville. Tr., 47.
Chrétiens renégats. T., 101.
Cinyphus, fleuve. Tr., 13.
Clauzel (Le général). Son commandement en Algérie, 266-272.
Clauzel (Le maréchal). Son gouvernement en Algérie, 286-292.
Constantine. Première expédition, 290-292; deuxième expédition, 295; organisation administrative de cette province, 299; situation de cette province en 1840, 308; situation en 1841, 313; situation en 1842, 319; événements arrivés dans cette province, 339.
Courants de la Méditerranée. Tr., 24-26.
Cyrène. Description de la ville ancienne, ruines actuelles, grottes sépulcrales, récits de Pacho, de Beechey, etc., Tr., 31-41.

Damrémont (Le général). Son gouvernement en Algérie, 292-296.
Dattier. Tr., 83, 101.
Déira. Massacre des prisonniers français, 338.
Dellis. Trouble dans ce cercle, 333.
Derné (l'ancienne *Darnis*). Tr., 50-51.
Desmichels (Le général). Son traité avec Abd-el-Kader, 281.
Devoize, consul français à Tunis. T., 94.

Djahorah. Ruines, Tr., 45.
Djebel-Assoud, montagnes du Fezzan. Tr. 95 et suiv.
Djerbi, île. Tr., 1-2.
Djidjéli. Expéditions sous Louis XIV, 245-246; son occupation par le maréchal Valée, 301.
Dynastie régnante à Tunis. Tableau généalogique, T., 214.

Eltchis, ambassadeur. T., 67.
Erlon (Le général). Son commandement en Algérie, 282-286.
Erythron, ville. Tr., 48.
Esclavage des Européens à Tunis. T., 124-129.
Euphrantes, tour. Tr., 18.

Fezzan. État physique, Tr., 84-85; agriculture, productions naturelles, 85-89; animaux, 89-91; habitants, 91-92; services et forces militaires, 92-93; histoire, topographie, 93 et suiv.
Flore de Tripoli et des pays environnants. Tr., 74 et suiv.; herbier de Della-Cella, décrit par Viviani, 120-126

Gadamès (*Cydamus* de Pline). Tr., 107.
Gara, île. Tr., 21.
Gatrone, ville du Fezzan. Tr., 100.
Ghad, ville du Fezzan. Tr., 101.
Gherta-Poulous. Ruines, Tr., 44.
Ghernès, petite ville. Tr., 45.
Ghimenès, ville. Tr., 21.
Ghraat. Station de l'intérieur de l'Afrique, Tr., 108.
Gourbos (Eaux minérales de). T., 142.
Gourianah, montagnes près de Tripoli. T., 9.
Grenna. Voyez *Cyrène.*
Guangara (Wouangara), royaume. Décrit par Léon l'Africain, Tr., 104.

Hamoudah-Pachá, bey de Tunis. T., 195-197; suite de son règne, 197-200; sceau de ce prince, 201-202.
Hamoudah-Pachá, bey de Tunis. T., 70-71.
Hassan-ben-Aly, bey de Tunis. Son traité avec la France, 187-189.
Hespérides (Jardins des). Tr., 76 et suiv.
Hudia, dans la grande Syrte. Tr., 19.

Juifs. Leurs mœurs, coutumes, conditions, etc., à Tunis, T., 95 et suiv.; femmes juives, 96; spécimen d'écriture juive, 98-99; renégats juifs, 101.

Kabyles. Leur soumission, 339.
Kabylie. Expédition, 340.
Kayr-éd-Dyn, amiral turc. Fait la conquête de Tunis, T., 176.
Kessours. Expédition, 332.
Koubbeh. Ruines, Tr., 49.
Kouskousou, mets des Maures. T., 101.

La Condamine. Sa description de Tripoli et d'Alger, d'après un manuscrit inédit de la Bibliothèque nationale, Tr., 100 et suiv.

TABLE DES MATIÈRES.

Lamia, caverne de la Syrte. Tr., 19.
Lamloudeh, ville. Tr., 46-47.
Lamoricière (Le général). Opérations, 314.
Lebida (*Leptis Magna*). Tr., 11-12.
Léthé, rivière des anciens. Tr., 29.
Lotus, arbrisseau de la Cyrénaïque. Tr., 82 et suiv.
Louis XIV. Rupture avec Tunis, T., 191 et suiv.

Macta (Bataille de la), 285.
Maradah, oasis. Tr., 69.
Marah, château. Tr., 50.
Marmarique. Description topographique, Tr., 51-56; habitants, 57-59; sol, végétaux, animaux, 59-60.
Maroc. Guerre avec le Maroc, 326-329; traité de délimitation, 333.
Mascara (Occupation de), 310; campagne d'hiver, 311.
Muscara (Expédition de), 287.
Massakhit. Ruines, Tr., 48.
Maures. Étymologie de ce nom; leur physionomie et leur caractère, leur taille, leur industrie, leur haine pour les chrétiens, leur écriture, T., 99-105; femmes mauresques, leurs costumes, leur toilette, préjugés sur leur grossesse, répudiation, divorce, polygamie, réclusion des femmes, leur jalousie, leurs amusements, musique mauresque, chanteuses, danseuses publiques, ombres chinoises, bateleurs, ophiophages, canivores, femmes publiques, mariages, funérailles, circoncision, 106-112.
Méchrou, puits du désert. Tr., 102.
Médéah (Expédition de) par le maréchal Valée, 305.
Médecine à Tunis. T., 65.
Médecins à Tunis. T., 136 et suiv.
Medinet-Sultan. Station dans la grande Syrte, Tr., 18.
Mesurate, cap. Tr., 15.
Miliana (Occupation de), 306.
Monnaies de Tunis. Bourbe, aspre, karroube, piastre, T., 214-219.
Monnaies de Tripoli. T., 220-221.
Mostaganem. Expédition, 316; soumission des tribus, *ibid*.
Mosquée de Qayrouàn. T., 65.
Mourzouk, capitale du Fezzan. Tr., 94.
Muktahr. Limite des districts de la Syrte et de Barka, Tr., 19.

Nasamons. Tr., 22-23.
Naustathmos. Tr., 43.
Nègres (Commerce des). Marchés d'esclaves, traversée du désert, etc., T., 115-123.

Opiophages, ou mangeurs d'opium. T., 102.
Oran. Appartenant aux Espagnols, tombe au pouvoir des Turcs. 250; ville reprise par les Espagnols en 1732.
Oran. État de cette ville après la conquête, 274; prince d'Oran, 289; événements dans cette province en 1840, 307.

Palmiers. Notice sur les palmiers d'Afrique, T., 116 et suiv.
Philènes (Autel des). Tr., 19-20.
Philippeville. Fondation de cette ville, 299.
Piastres tunisiennes. T., 217.
Porto-Farina. Bombardé par les Français, T., 193.
Psylles, jongleurs. T., 134.
Ptoléméta (Tolémétà). Tr., 29-30.

Qâyd (Caïd), chef administrateur et juge. T., 66-67.

Régence. Voyez *Algérie*.
Rovigo (Le général). Son commandement en Algérie, 277-279.

Sachrin, au fond de la grande Syrte. Tr., 20.
Saïda (Destruction de), 310.
Saint Louis. Son expédition à Tunis, T., 170-171.
Savary, ambassadeur d'Henri IV. Conclut un traité avec l'Algérie, 241.
Sequins, pièces d'or de Tunis. T., 218.
Sétif. Son occupation, 301.
Sikak (Combat de), 290.
Silphium. Plante célèbre de la Cyrénaïque, Tr., 80 et suiv.
Sockna, ville du Fezzan. Tr., 96, 97.
Sources thermales et bains à Tunis. T., 140-142.
Sort, ville. Tr., 17.
Soudan. Note sur les langues de ce pays, Tr., 120-128.
Soussah. Bombardé par les Français, T., 194.
Syouah (oasis d'*Ammon*). Récits comparatifs des anciens et des modernes, 61-66.
Syrte, marais. Tr., 15-16.
Syrte (Grande). Observations générales, Tr., 21-28.

Tafna. Établissement d'un camp à l'embouchure de cette rivière, 250; traité de la Tafna, 294.
Tagiura, plaine. Tr., 10.
Takfarmas. Révolte de ce Berbère, T., 149.
Talismans chez les Tunisiens. T., 140.
Targhan, ville du Fezzan. Tr., 100.
Tegherhy, ville du Fezzan. Tr., 101.
Tereth (*Tintis* des anciens). Tr., 46.
Terianah (Eaux minérales de). Tr., 143.
Teuchira. Tr., 30.
Tlemcen (Expédition de) sous le maréchal Clausel, 287.
Tourba, cap (*Zephyrium*). Tr., 49.
Traité de l'Algérie en 1604 avec la France, traité de 1628, 241-242.
Tripoli (régence). Limites, Tr., 1; description de l'intérieur, 60 et suiv.; végétaux, 74 et suiv.; aperçu historique, 108
Tripoli (ville). Description, Tr., 2-3; arc de triomphe romain, 4; château, 5; histoire de cette ville, 5-7; ses habitants, 7; vieux Tripoli, 8; description de Tripoli par La Condamine, 110 et suiv.

Tunis (régence). Forces militaires, troupes de terre, recrutement, soldats turcs, soldats maures, troupes arabes auxiliaires, guerres, tournées fiscales et militaires, forces maritimes, pusillanimité de quelques États européens envers la régence, T., 72-78 ; commerce, exportations, importations, relations commerciales avec la France et les autres États européens, négociants français établis à Tunis, 78-85 ; poids, 85 ; mesures de longueur, 86 ; mesures de capacité, 88 ; mesures agraires, 88 ; mesures itinéraires, 89 ; maladies fréquentes, éléphantiasis, T., 130 ; peste, 131-132 ; morsures d'animaux vénimeux, 133 ; ophthalmies, variole, 134-135 ; dissenterie, 136 ; médecins, et leurs méthodes, etc., 137-139 ; sources thermales, bains, 140-142 ; monnaies, 215-222.

Tunis (ville). Sa fondation, T., 144-145 ; son histoire sous les Phéniciens et les Carthaginois, 146-148 ; sous les Romains et sous les chrétiens, 148-150 ; sous les empereurs byzantins et les Vandales, 150-154 ; sous la domination des Arabes, 154-157 ; suite, prise de Tunis, 157-160 ; dynastie des Aghlabites, 160 ; juifs, leur commerce, spécimen de leur écriture, T., 97-99 ; prise de la citadelle par saint Louis, 171 ; prise par Khayr-Eddyn, 176 ; prise par Charles-Quint, 177 ; tombe une seconde fois au pouvoir des Turcs, 179 ; organisation d'un nouveau gouvernement, 182-185 ; beys héréditaires, 185-187 ; suite de leur histoire, 187-190 ; rupture avec la France, 191 ; traité de paix, 194 ; suite de l'histoire des beys de Tunis, 195-197 ; rupture avec la république française, armistice, 197-198 ; Européens établis, rapports des consuls avec le bey, cérémonie du baisement de mains, consuls, quartier qu'ils habitent, logement, insolence des soldats turcs envers les Européens, T., 89-94 ; juifs de Tunis, femmes juives, leurs costumes, leurs mœurs, courtiers, colporteurs, marchands ambulants, ordonnance du bey à leur sujet, rabbins, leur sévérité, leurs enquêtes morales, usuriers juifs, conditions des prêts, écritures des juifs de Tunis, 95-99 ; manière de vivre des Tunisiens, ivrognerie, usage de l'opium, Turcs de Tunis, 101-103.

Tunisiens. Voyez *Tunis.*

Turcs. Leur expédition contre Tunis, massacre de la garnison espagnole, T., 179-182.

Valée (Le maréchal). Son gouvernement en Algérie, 296-308.

Vents étésiens. Leur cause, Tr , 23-24.

Voirol (Le général). Son commandement en Algérie, 279-282.

Wadi-Rammel. Tr., 10.

Zaffran (*Aspis* de Strabon). Tr., 17-18.

Zaghouan, eaux minérales. T., 143.

Zeg-zeg. Royaume, décrit par Léon l'Africain, Tr., 104.

Zeghen, village du Fezzan. Tr., 98.

Zeliten, village du littoral de Tripoli. Tr., 14.

Zéyrites. Leur dynastie, T., 164-166.

Zoara, ville voisine de Tripoli. Tr., 8.

Zuita (*Cillala* de Pline). Tr., 106.

www.ingramcontent.com/pod-product-compliance
Lightning Source LLC
Chambersburg PA
CBHW071705300426
44115CB00010B/1317